भारतीय राजनीतिक विचारक

(Indian Political Thinker)

पी.के. त्यागी

विश्वभारती पब्लिकेशन्स

नई दिल्ली- 110002

विश्वभारती पब्लिकेशन्स
4378/4B अंसारी रोड, दरियागंज,
नई दिल्ली-110002
दूरभाष : 011-43526979, 23285119

संस्करण 2026

ISBN–978-81-89000-844
मूल्य : ₹ 1395/-

विशाल गर्ग द्वारा विश्वभारती पब्लिकेशन्स के लिए प्रकाशित। हिमांशु प्रिंटर्स, दिल्ली द्वारा शब्द-संयोजन तथा तरुण ऑफसेट प्रिंटर्स, दिल्ली में मुद्रित।

Bhartiya Rajneetik Vicharak by P. K. Tyagi

भूमिका

लेखक ने अपनी पुस्तक 'भारतीय राजनीतिक विचारक' में न केवल राजनीतिक नेताओं हिन्दू उदारवादियों तथा आध्यात्मिक राष्ट्रवादियों, उदारवादियों, उग्रवादियों तथा समाजवादियों–के अपनी मातृभूमि को साम्राज्यवादियों की दासता से मुक्त करने के यत्नों का क्रमिक विश्लेषणात्मक वर्णन किया है वरन् उनके ऐसे सामाजिक आर्थिक एवं राजनीतिक विचारों का विवेचन किया है, जिनका भारतीय राष्ट्रीय आन्दोलन पर गहरा प्रभाव पड़ा। पाश्चात्य राजनीतिक विचार से अलग आधुनिक भारतीय विचार भारतीय राजनीति शास्त्रियों एवं दार्शनिकों के चिन्तन का फल न होकर यह सन्त-महात्माओं, समाज-सुधारकों, जनवादियों, राजनीतिक नेताओं और अंग्रेज़ों के प्रति निष्ठा रखने वाले व्यक्तियों के विचारों का क्रमिक विकास है। निःसन्देह प्राचीन भारत में मनु और चाणक्य जैसे राजनीतिक विचारकों ने अपने चिन्तन की छवि छोड़ी जो पाश्चात्य विचारकों के लिए एक उदाहरण बन गया। भविष्य में ऐसी कल्पना भारतीय राजनीतिक विचारकों के बारे में की जा सकती है। मनु और चाणक्य का विस्तारपूर्वक वर्णन तुलनात्मक दृष्टि से किया गया है।

इस पुस्तक के आरम्भ में दी हुई पुरोवाक् केवल ऐतिहासिक पृष्ठभूमि है जो पाठ्यक्रम में सम्मिलित नहीं है तथापि उसका अध्ययन अनिवार्य है। इस पुस्तक में उन अनुभवी, विवेकशील राजनीतिक विचारकों का जो अत्यन्त प्रशस्त रूप में एक लम्बे काल में गूँथी गई राजनीतिक चिन्तन माला का प्रतिनिधित्व करते हैं का वर्णन किया गया है। राजनीति शास्त्र के विद्यार्थी की ही नहीं वरन् एक सामान्य अध्येता की भी उत्सुकता बनी रहती है, परिचय प्राप्त करने का उन भारतीयों की विशिष्ट मंडली से जिन्होंने किसी न किसी रूप में स्वतन्त्रता-प्राप्ति के निमित्त अपना महत्त्वपूर्ण योग ही नहीं दिया, वरन् अपने अनुभव और उन्मेष का नियोजन करते हुए नवाचार प्रवर्तक स्वरूप इसकी प्राप्त्यर्थ अत्युपयोगी उपाय भी सुझाए। ब्रह्म समाज के प्रवर्तक, राजा राममोहन राय संवैधानिक आन्दोलन के

जनक, ऐसे परिप्रेक्ष्य में आविर्भूत हुए आधुनिकता के अग्रदूत बनकर जब उनकी कर्मभूमि पर बसने वाले घूम रहे थे। पुरातनता का निर्माक बदन पर चिपका कर और चल नहीं, धँस रहे थे। सर्वथा अप्रासंगिक विगलित रूढ़ियों के दलदल में जी. के. गोखले, अभ्यर्थना और याचना की नीति के पक्षधर, जिन्हें नरमवादियों का भी नरमवादी कहा जाता है। बाल गंगाधर तिलक प्रतिष्ठित हुए भारतीय जनमानस में जो एक अतिवादी के रूप में और जो परिभाषित हुए भारतीय अशान्ति के जनक के रूप में और 'पूर्ण स्वराज्य' के जो संदेशहर बने। एम.ए. जिन्ना आरम्भ में समर्पित राष्ट्रवादी, कालान्तर में दुर्भाग्यपूर्ण परिणति हुई जिनकी एक कट्टर साम्प्रदायिक नेता नें—जिन्होंने दो राष्ट्र सिद्धान्त के नारे के द्वारा वैमनस्य का वह विष फैलाया जो देश विभाजन के विष वृक्ष के रूप में खड़ा आज भी भारतीय राष्ट्रवाद की शक्तियों की पराजय का हृदय विदारक स्मारक है। अरविन्द घोष—एक अध्यात्म परायण राष्ट्रवादी, पूर्ण स्वराज्य के प्रवक्ता और कृतज्ञ राष्ट्र सश्रद्धा जिन्हें भारतीय चिन्तकों में "राजसी भव्यता—सम्पन्न चिन्तक" के रूप में स्मरण करता है। एम. एन. राय पूर्व मार्क्सवादी जो बाद में 'मूल मानववाद' के पक्षधर बने। इसके पश्चात वह नवीन मानवतावादी बने। अहिंसा के देवदूत, सत्य के प्रवक्ता एम. के. गांधी के उत्तराधिकारी, समर्पित राष्ट्रवादी तथा विशिष्ट ख्याति प्राप्त ऐसी विभूति जिसकी तुलना रूज़वेल्ट, चर्चिल, लेनिन, माओ आदि से की जाती है। जवाहरलाल नेहरू एक उच्च कल्पना प्रवण आदर्शवादी आदर्शोन्मुखी समाजवादी थे। महात्मा गांधी के अनुरक्त शिष्य, एक दार्शनिक अराजकतावादी और दान सिद्धान्त के प्रवर्तक आचार्य विनोबा भावे। जयप्रकाश नारायण जो मार्क्सवाद छोड़, सर्वोदयवादी बने और जीवन के अन्तिम वर्षों में भ्रष्टाचार मुक्त, कुशल न्याय परायण प्रशान्त स्वतन्त्र भारत जनता को दिलाने के लिए संघर्ष करते रहे। इसके अतिरिक्त दलितों के मसीहा, डॉ. बी. आर. अम्बेडकर, जो भारतीय संविधान के प्रधान शिल्पी थे, को उस संस्करण में सम्मिलित करने से पाठ्यक्रम को और समृद्धि प्राप्त हुई है।

पुस्तक में सुधार सम्बन्धी सुझावों का स्वागत किया जाएगा और पुस्तक के आगामी संस्करण में उनको उपयोगिता, स्वीकार्यता के आधार पर समाविष्ट करने पर विचार किया जाएगा। लेखक उन सभी लेखकों तथा विचारकों के प्रति कृतज्ञता प्रकट करते हैं जिनसे प्रस्तुत पुस्तक में पर्याप्त उदाहरण दिए गए हैं।

अनुक्रम

1
मनु

"पाश्चात्य संसार के लिए मनु की संहिता (मनुसंहिता) अपने विषय तथा प्रकार की सर्वोत्तम कृति है—हिन्दू विधि-शास्त्र का यह प्राचीनतम ग्रन्थ है।"

—डी. मेकेन्ज़ो ब्राउन

"मनु के नियम जिन्हें संस्कृत में मानव धर्मशास्त्र, मनु स्मृति नाम दिया गया है, यह अति विशाल, व्यापक विषय क्षेत्र को समाहित करने वाला एक बृहदाकार ग्रन्थ है। परिमाण की दृष्टि से यह विश्वकोशीय स्तर का है।"[1] हिन्दू विचारणा में परस्पर सम्बद्ध अनेक विषयों पर 2685 श्लोक हैं। इसमें जीवन के विभिन्न चरणों के विभिन्न जातियों, व्यक्तियों के सामाजिक कर्त्तव्यों का समावेश है। इसके अतिरिक्त यह एक धर्मनिष्ठ, न्यायकारी शासक के लिए शासन सम्बन्धी उचित दिशा-निर्देशों का वर्णन है और उसके क्षेत्र में नियम व्यतिक्रमणकारियों (transgressors) के लिए दण्ड सम्बन्धी प्रावधान भी हैं। इसमें मात्र सुशासन के लिए राजा के लिए ही निर्देश नहीं है, परन्तु स्त्री तथा पुरुष दोनों के लिए सामाजिक जीवन के सामान्य आचार-व्यवहार सम्बन्धी उपयोगी सूत्र भी हैं। इस विश्वप्रसिद्ध कृति में विभिन्न जातीय स्त्री-पुरुषों के सम्बन्धों के औचित्य की सीमाओं, पति-पत्नी के ऐकान्तिक सम्बन्ध, जन्म, मृत्यु, सृष्टि-विज्ञान, कर्म, पुनर्जन्म, धर्मानुष्ठान, दैनिक जीवन की बातें, सड़क दुर्घटनाओं के विपटान की प्रक्रिया, गुरु-पत्नी के प्रति यौन दुराचरण के लिए पश्चात्ताप यह सभी तो कुछ तो बड़ी कुशलता से अपनी निरूपण परिधि में समेट लिया है इस ग्रन्थ ने। वेण्डी डानिन्जर ने ठीक ही कहा है, "उपसंहार रूप में हम कह सकते हैं कि इसका मूल पाठ संसार में जिस रूप में है, जैसा है, जीवन को कैसे जीया जाए—जीवन का

सर्व समावेशकारी प्रतिनिधित्व करता है।'[2]

स्थायी महत्त्व का यह बृहदाकार ग्रन्थ, हिन्दू धर्म के प्रमुख, प्रभावी स्वरूप का मूलभूत निर्णायक व्याख्यान है और हिन्दुत्व धर्म के प्रभावशाली अभिकल्पन (Designininl) तथा समग्र भारतीय समाज की संरचना के पूर्ण परिचय तक ले जाने के लिए एक सीधी सरल रेखा का कार्य करता है। यह सम्मति वास्तव में उपयुक्त ही है कि आधुनिक हिन्दू परिवार का कोई अध्ययन, मनोविज्ञान, शरीर, लिंग सम्बन्धी परिज्ञान, धन तथा भौतिक द्रव्यों के प्रति दृष्टिकोण, राजनीति, कानून, जाति, सामाजिक व्यवहार, प्रथाएँ, आदर्श संसार का त्याग तथा सांसारिक लक्ष्य इसमें कुछ भी ऐसा नहीं है जिसकी मनु ने अथवा जिसने मनु की सर्वग्राही बौद्धिक क्षमता की उपेक्षा की हो। अतः यह कहना कि मनु प्रणीत मनुस्मृति, हिन्दू धर्म के विकास का जहाँ तक सम्बन्ध है, एक उल्लेखनीय कीर्तिमान के रूप में असाधारणतः महत्त्वपूर्ण कृति है, उचित ही है।

हिन्दू धर्म की, हिन्दू समाज की धार्मिक तथा सामाजिक पद्धतियों पर इसका निर्णायक प्रभाव पड़ा है। मनुस्मृति का रचना काल सहज निर्धारणीय नहीं है। मनु के नाम का उल्लेख महाभारत में भी है। इस प्रश्न के विषय में विद्वानों में मतभेद है। हिन्दू सभ्यता के लेखक आर.पी. मुकर्जी इसे बुद्धोत्तर कालीन रचना मानते हैं। बेनीप्रसाद के मतानुसार, "अपने वर्तमान स्वरूप में मनु और कौटिल्य दोनों ही ईसा काल के प्रारम्भ के उत्तरवर्ती (Posterior) प्रतीत होते हैं, परन्तु संयुक्त रूप से यह दोनों अनेक शताब्दियों पूर्व विकसित राजनीतिक विचारणा के विभिन्न प्रकारों का सर्वोकृष्ट प्रतिनिधित्व करते हैं।"[3]

मेक्समूलर के मतानुसार मनुस्मृति ईस्वी सन् की चौथी शताब्दी में लिखी गई। दूसरी ओर जी. बूलर इस ग्रन्थ की विद्यमानता दूसरी शताब्दी में स्वीकार करते हैं।

डॉ. जौली के मतानुसार मनुस्मृति, याज्ञवल्क्य स्मृति, जो पहली या दूसरी शताब्दी के पूर्व की रचना नहीं है, से भी पूर्व की रचना है। के.पी. जायसवाल बलपूर्वक कहते हैं कि "इसकी रचना ई.पू. दो शताब्दी तथा ईस्वी सन् की दो शताब्दियों के मध्य किसी समय हुई।"[4] एक अन्य अवधारणा जो प्रचारित की गई, उसके अनुसार एक अन्य याज्ञवल्क्य स्मृति जिसमें मनु का उल्लेख है, ईस्वी सन् 150-200 के मध्य लिखी गई। अतः एक विद्वान् का मत है, 'जहाँ तक याज्ञवल्क्य की विधि-शास्त्रीय कृति की रचना तिथि का सम्बन्ध है, यह अनुमानतः हमारे युग की प्रथम शताब्दी के मध्य किसी समय की आँकी गई है। इसकी पूर्व रचना का काल यद्यपि निश्चित रूप से निर्धारित नहीं किया जा सकता, परन्तु अन्तः साक्ष्य के आधार पर कहा जा सकता है कि वर्तमान उपलब्ध कृति मनु की पूर्व विधि-शास्त्रीय रचना की तुलना में काफ़ी बाद की रचना है।"[5]

बेनीप्रसाद का भी यह मत है कि याज्ञवल्क्य स्मृति के लेख ने मनु से विचार ग्रहण किए हैं। इसके अतिरिक्त इसमें अर्थशास्त्रों तथा विष्णु आदि पुराणों से भी विचार ग्रहण किए गए हैं। इससे यह पता चलता है कि मनुस्मृति की रचना याज्ञवल्क्य स्मृति से पूर्व हुई। अतः डॉ. जौली तथा के.पी. जायसवाल के मनुस्मृति के रचना काल सम्बन्धी निष्कर्ष अधिक तथ्याधारित होने के कारण स्वीकार्य हैं। मनुस्मृति का मूल पाठ, अनेक पूर्वकालीन महत्त्वपूर्ण लेखकों के पाठों की परिणति है तथा इसमें अनेक युगों की बौद्धिक परिपक्वता का प्रतिफलन है। इसकी रचना का श्रेय मनु नामक अपने आप में अनुश्रुति (Legend) बने व्यक्ति को दिया गया है जो मानव जाति का पूर्वज माना गया है। उन्हें 'आदम' का भारतीय संस्करण माना जा सकता है। अंग्रेज़ी 'ह्यूमन' का संस्कृत पर्याय मानव मनु का वंशज है। इस प्रकार मनु शब्द स्वतः मानव जाति का द्योतक है। उनकी ख्याति यूरोप में भी पहुँची। विशिष्ट विधि-शास्त्रीय विचार श्रेणी की ऐकान्तिक 'सम्पदा' का समावेश मनुस्मृति में है। इसमें विधि विषयों का पूर्ववर्ती ग्रन्थों की अपेक्षा अधिक व्यवस्थित, प्रणालीबद्ध एवं पूर्णतर निरूपण प्रस्तुत किया गया है। धर्मशास्त्रों में इसका स्थान सर्वोपरि है। पुरातन हिन्दू विधि प्रणाली का इसे आधार माना जाता है। ब्राउन के मतानुसार, "पाश्चात्य जगत के लिए अपने विषय का मनुस्मृति ही ऐसा ग्रन्थ है जो सर्वाधिक परिचित है। हिन्दू धर्म की यह सर्वाधिक प्राचीन कृति है।"[6]

मनुस्मृति मात्र धर्मशास्त्र ही नहीं है, परन्तु सामाजिक आचरण-व्यवहार, जीवन-पद्धति सम्बन्धी उन सभी सूत्रों का इसमें समावेश है जो सभी वर्गों एवं कालों के लिए वैध हैं। यह स्वतः हिन्दू राजनीतिक प्रणाली का एक स्रोत है। क्षत्रियों के कर्त्तव्यों का उल्लेख करते समय शासन एवं प्रशासन पर विचार किया गया है। वर्णों, आश्रमों के कर्त्तव्यों के साथ प्रशासनिक सिद्धान्तों का विशद निरूपण किया गया है। मनु प्रथम विधि-शास्त्र-प्रदाता और मानव जाति के जनक रूप में समादृत हैं। मानव जाति के वह पिता हैं—संस्थापक हैं, एक सामाजिक और नैतिक व्यवस्था के तथा एक ऐसे ऋषि हैं जिन पर पवित्र ग्रन्थों का दैवी बोध हुआ था।[7]

मनुस्मृति के विषय

अन्य स्मृतियों की भाँति मनुस्मृति में भी मानव जीवन के एक ही उद्देश्य का नहीं, वरन् सभी चार उद्देश्यों—धर्म, अर्थ, काम और मोक्ष का प्रतिपादन किया गया है। विषयगत अनुक्रमणिका बारह अध्यायों में फैली है। प्रतिपाद्य विषय निम्नांकित हैं—

(i) सृष्टि का आरम्भ, (ii) वर्णों के कर्त्तव्य, (iii) पाँच प्रमुख बलियें, (iv) स्नातक द्वारा पालनीय नियम, (v) भक्ष्याभक्ष्य विचार, (vi) वानप्रस्थ और संन्यास,

(vii) नागर विवादों का अधिनियम, (Adjudication), कर-व्यवस्था, राजधर्म, (viii) क्षत्रियों से प्रश्न पूछना, (ix) पति-पत्नी के कर्त्तव्य, (x) सम्पत्ति विभाजन, (xi) तप तथा पापों का प्रायश्चित्त, (xii) आत्मज्ञान जिससे अन्ततः मोक्ष की प्राप्ति होती है। उल्लिखित विषय-सूची से पता चलता है कि मनुस्मृति का मुख्य सम्बन्ध सामाजिक सम्बन्धों तथा आचरण से है। संयोगवश इसमें राजनीतिक प्रसंग भी देखने को मिलते हैं। कुछ महत्त्वपूर्ण अवधारणाओं पर, जो मनुस्मृति में प्राप्त हैं, पर आगामी विवरण में विचार किया गया है।

राज्य सम्बन्धी अवधारणा तथा इसका स्रोत

राजधर्म पर विचार करते समय मनु ने राज्य के उत्स का भी उल्लेख किया है। यह हमें संविदा सिद्धान्त का स्मरण दिलाता है। वह कहते हैं, एक-दूसरे के भय से विभिन्न जीवन जब अनेक दिशाओं में भागने लगे तब रचना की सुरक्षा के लिए ईश्वर ने राजा को प्रस्तुत किया। राजा की उत्पत्ति इन्द्र, पावन, यम, सूर्य, अग्नि, वरुण, चन्द्रमा तथा कुबेर इन आठ देवों के सार तत्त्व से हुई है। यह देव पूरे ब्रह्माण्ड की रक्षा करते हैं। इस पितृसत्तात्मक देव को सूर्य देव का पुत्र कहा गया। इस प्रकार का राजा, भव्यता, महिमा के कारण अन्य सभी मर्त्यों को पीछे छोड़ गया। घोषाल के शब्दों में, "इस राजा को ईश्वर के अंशों से बनाया गया है। इसी कारण वह अपनी कान्ति और तेज से सभी राजाओं में सर्वोत्तम है। सूर्यवत् वह आँखों और हृदयों को जलाता है। मानव उसे आँख उठाकर देख नहीं सकता।"[8] महाभारत में उल्लेख है कि मनु को लोगों के लिए राजा की भूमिका का निर्वहन करने का ईश्वरीय आदेश है। प्रकृति की विकृति का वह निवारण करें। अन्ततः उनसे लोगों का स्वतः समझौता हो जाता है। वह सहर्ष राजा के प्रति अपनी जो भी देयता है, देते हैं। उनकी सुरक्षा के प्रति राजा आश्वस्त करते हुए उनके प्रति पितृतुल्य व्यवहार करता है। राजनीतिक दायित्व इस प्रकार उभर कर आते हैं—लक्ष्यार्थ अथवा प्रकट रूप में। राजा का अधिकार और सत्ता बल पर आधृत है। प्रजा दण्ड भय से राजाज्ञा का पालन करती है। राजा राज्य में न्यायपूर्ण शासन करता है। बलात् विवशकारिणी राजकीय सत्ता के कारण राज्य के उत्स का मनु का सिद्धान्त समझा जा सकता है। बुराई क्योंकि मानव प्रकृति में निहित है, अतः दण्ड भय उन्हें सत्पथ पर लाता है। इससे प्रकृति की एक अवस्था की व्याख्या होती है।

सावयवी राज्य के सिद्धान्त

मनु सुव्यवस्थित, सावयवी राज्य के सिद्धान्त में विश्वास करते थे। राज्य के

यह सात अंग थे—(i) राजा, (ii) मंत्री, (iii) पूँजी, (iv) राष्ट्र, (v) कोष, (vi) सेना, (vii) मित्र।

राजा की स्थिति सर्वोपरि होने के कारण, राजा और राज्य का प्रयोग सामान्यतः अन्तर्विनिमय रूप में होता था। राज्य को राष्ट्र और निवासियों को राष्ट्रक कहा जाता था। मनुस्मृति के काल में राज्य अति विशाल था। इसे आर्यावर्त कहते थे। यह उत्तर में हिमालय से सुदूर दक्षिण में विन्ध्य तक फैला था। पूर्व और पश्चिम में यह समुद्र से घिरा हुआ था। इन दो प्रमुख प्रदेशों को ब्रह्मवर्त और मध्यवर्त कहा जाता था।

राज्य के कार्य

राज्य कार्यों का विश्लेषण हमें यह बताता है कि मनु द्वारा चित्रित राज्य एक कल्याणकारी राज्य है। मात्र रक्षा करने तथा संयत रखने तक ही सीमित न होकर राज्य कार्यों की परिधि में संचार और सम्पारण (Promotion) भी समाविष्ट थे।

प्रमुख राजकीय कार्य इस प्रकार थे—(i) सभी वर्ण कर्त्तव्यों का सुचारु निर्वहन करते हुए, नियमों का पालन करें, यह सुनिश्चित करना। (ii) बाहरी आक्रमण से सुरक्षा और आन्तरिक शान्ति सुनिश्चित करना। (iii) कानून द्वारा मूल्यों पर नियन्त्रण रखना। (iv) पारिवारिक, श्रेणीगत विवादों को सुलझाना। (v) वैश्यों को व्यापार, कृषि तथा पशुपालन व्यवसायों में लगाए रखना। (vi) शूद्रों को उच्च वर्णस्थ लोगों की सेवा में नियोजित करना। (vii) वर्गगत झगड़ों को बढ़ने न देना और प्रत्येक को उचित, स्वस्थ स्थिति में रखना। (viii) सांस्कृतिक गतिविधियों, संस्थाओं को प्रोत्साहन देना तथा (ix) उन अभागों को पालन-पोषण के लिए देना जो अपनी सहायता स्वयं नहीं कर सकते। राज्य के उपरोक्त कार्यों को ध्यान में रखते हुए एक विद्वान ने यह टिप्पणी की, "विधायन सम्बन्धी मनु की कुछ ऐसी अनुशंसाएँ हैं जो आधुनिक राजनीति के विद्यार्थी को भी समाजवादी प्रतीत हों।"[9]

राजा की अवधारणा—मानव संहिता के प्रणेता मनु ने राजा को दिव्यता की आभा प्रदान की है। हम पहले कह चुके हैं कि प्रथम राजा की सृष्टि ब्रह्मा जी ने स्वरचित सृष्टि की रक्षा के लिए की थी। आठ देव तत्त्वों से निर्मित राजा अपने कर्त्तव्य-निर्वहन में इन तत्त्वों की विशेषताओं को प्रभावी रूप से प्रकट कर सकता था। एक शिशु राजा भी साधारण मर्त्य न होकर देवतुल्य था। जायसवाल के शब्दों में, "देव उसके व्यक्तित्व में अवतरित होते थे, अतः राजा स्वयं देव बन जाता था। मानव संहिता के प्रणेता ने राजा को मूर्त दिव्यता दी और अवमानना का दण्ड

उससे पूर्ण सत्ता विहित किए जाने के रूप में दिया गया।"[10]

मनुस्मृति कहती है, कोई भी व्यक्ति ऐसे कानून की अवज्ञा न करे जो राजा जारी करता है और जो उसके पक्ष में जाते हैं, उसके लिए लाभप्रद हैं। कोई व्यक्ति उस कानून का भी उल्लंघन न करे जो उसके लिए कष्टप्रद हो अथवा उसके पक्ष में न जाता हो। इस प्रकार राजा एक परिवर्तनशील देवता है और उसका आदेश सर्वथा पालनीय है। इतना होने पर भी उसके प्रति प्रजा की आज्ञाशील होने की बाध्यता असीम नहीं थी।

मनु राजा से किन्हीं विशिष्ट गुणों का प्रतिनिधित्व करने की अपेक्षा रखते थे। उदाहरणार्थ, वृद्ध ब्राह्मणों के प्रति राजा अभिवादनशील हो, वेदों में, तीन प्रकार के विज्ञानों में अनेक वृत्तियों, व्यवसायों में पारंगत हो। इन्द्रियाँ उसके वश में रहें। काम-वासनाजन्य दस विकारों से मुक्त हो। आठ क्रोधजन्य विकार भी उसमें न हों, कृपणता, लोलुपता से वह दूर हो।

राजा के कार्य

मनुस्मृति के अनुसार राजा को कार्यपालिका, विधायन, प्रशासन सम्बन्धी वृत्तियों के अतिरिक्त न्याय-व्यवस्था, धार्मिक, आय सम्बन्धी, सैनिक, प्रबुद्ध ज्ञान तथा विद्योचित वृत्तियों का भी वहन करना पड़ता है। इनका संक्षिप्त विवरण यहाँ अप्रासंगिक न होगा।

(i) कार्यपालिका सम्बन्धी–इस शीर्षकाधीन कार्यों के दो पक्ष हैं : सुरक्षा और दण्ड। सुरक्षा के व्यापक क्षेत्र में सभी जातियों, वृत्तियों, वर्णस्थ लोगों को यह प्राप्त होनी चाहिए। सशक्त से निबल को, अवयस्कों, महिलाओं आदि को सुरक्षित, भयमुक्त रखते हुए राजा यह भी सुनिश्चित करे कि किसी जाति अथवा वर्गगत भ्रान्ति को कोई प्रश्रय न दिया जाए। सुरक्षा कार्य के लिए विविध अर्हताओं एवं क्षमताओं द्वारा अर्जित निधि का छठा भाग लोगों से राजा प्राप्त करने का अधिकारी था।

न्याय को पूर्णता प्रदान करने के अर्थ में दण्ड विधान का ग्रहण होता था। दण्ड परिधि में मात्र धूर्त, दुष्ट ही आते थे।

(ii) प्रशासनात्मक–नियोक्ता के रूप में उचित नियुक्तियाँ करना, बुद्धिमान, सुयोग्य अधिकारियों द्वारा अनेक प्रकार की प्रशासनिक समस्याएँ सुलझाने में लगे सरकारी कर्मचारियों के कार्यों का निरीक्षण करना। भ्रष्टाचार निवारण के लिए मनु राजा को यह निर्देश देते हैं कि भ्रष्ट अधिकारियों की सम्पत्ति अधिगृहीत कर उन्हें पदच्युत कर दिया जाए। सेली टोरे की सम्मति में–"भ्रष्ट, धन-लोलुप अधिकारियों

से लोगों को सुरक्षित रखने के लिए मनु की दण्ड-व्यवस्था में उचित प्रावधान था।''[11]

(iii) विधायन सम्बन्धी—क्योंकि अठारह शीर्षक पहले से ही विद्यमान थे, राजा का विधायन सम्बन्धी मुख्य कार्य पहले से ही विद्यमान विनियमों को प्रभावी ढंग से क्रियान्वित करने तक ही सीमित रह गया था। नए कानून न बना सकने के कारण वह विनियमन सम्बन्धी कानून ही बना सकता था।[12]

(iv) न्यायिक—18 शीर्षकान्तर्गत मामलों की वह दरबार में नित्य जाँच करता था। न्यायिक प्रशासन का संचालन राजा के अधिकारियों द्वारा होता था।

(v) धार्मिक—राजा घरेलू अनुष्ठानों एवं बलि आदि धार्मिक कृत्यों के लिए मुख्य पुरोहित की नियुक्ति करता था। अन्य कार्यवाहिक पुरोहितों का चयन भी वह स्वयं करता था।

(vi) आय सम्बन्धी—राज्य कोष नियमन का कार्य राजा के हाथों में था। दर वह निर्धारित करता था। कर तथा शुल्क लगाता था। वह न्यायोचित कर लेता था। आपातकाल में करों में वृद्धि भी हो सकती थी। मानव संहिता में यद्यपि राजा को अपना वित्त मंत्री भी दिखाया गया है, तथापि मनु ने उसे यह पद संज्ञा प्रदान नहीं की है।[13]

(vii) राजा से युद्ध में वीरता और सम्मानपूर्वक लड़ने की आशा की जाती थी।

राजकीय निवास तथा दुर्ग का चयन राजा स्वयं करता था। सैनिकों को आवश्यक राजनीति सम्बन्धी सैन्य निर्देश देने वाले प्रधान सेनापति की नियुक्ति भी राजा ही करता था। राजा द्वारा नियुक्त राजदूत, युद्ध तथा शान्ति वार्त्ताओं का भी संचालन करते थे।

(viii) विद्या ज्ञान सम्बन्धी—संस्कृति के प्रचार का दायित्व इसी शीर्षकाधीन था। राजकीय सत्ता की गरिमा और कार्यों की विशालता का वर्णन करते हुए मनु कहते हैं कि ''उसे आठ देवों के साहसी आचरण को अपनाना चाहिए। कर-संग्रह उसे सूर्यवत् बिना किसी को कष्ट पहुँचाए करना चाहिए। जैसे सूर्य रश्मियों के ताप से जल ग्रहण करता है, और पृथ्वी को उर्वरा, हरी-भरी बनाने के लिए इसे वर्षा रूप में बिखेर देता है, उसी प्रकार प्रजा से कर प्राप्त कर राजा को प्रजा के कल्याण में उसे नियोजित करना चाहिए। सर्वत्र व्यापक गुप्तचर जाल के रूप में उसे वायु के समान अपनी उपस्थिति सार्वजनिक करनी चाहिए। प्रजाजनों पर उसका नियन्त्रण यम के समान सुदृढ़ नियमन करने वाला हो। अत्याचारी को वह न्याय पाश में वरुण के समान बाँध ले। चन्द्रवत् वह सर्वत्र आह्लाद और प्रसन्नता फैलाता है। पाशविक वृत्ति के जो नराधम हों, उन पर उसका क्रोध मध्याह्न के सूर्य का ताप बनकर गिरे। विधि पालक, शान्त लोगों का वह पृथ्वीवत् सम्बल बने, उनका

पोषण वैसे ही करे जैसे अपने पर बसने वालों का धरती पोषण करती है।"[14]

मनु काल में राजा के दायित्व व्यापक, गम्भीर थे। वह निरंकुश स्वेच्छाचारी न होकर, धर्म के अंकुश में बँधा हुआ था। राजा को दिया जाने वाला प्रशिक्षण, मनुस्मृति में निर्दिष्ट राजा की दिनचर्या उसके कुपथगामी होने के विरुद्ध विश्वस्त रक्षोपाय थे। कुपथगामी होकर, मर्यादा भंग करने पर राजा पर सामान्य नागरिक की अपेक्षा पन्द्रह गुणा अधिक 'कर्षापण' लगता था।[15] मनु राजा से अपेक्षा करते थे कि गम्भीर, असाधारणतः महत्त्वपूर्ण विषयों पर वह सहयोगी मन्त्रियों से मंत्रणा करे। मनु की दृष्टि में अपनी ही बुद्धि पर शासन चलाने वाला मूर्ख और अयोग्य था। पहले वह मन्त्रियों से व्यक्तिशः मंत्रणा करता था और आवश्यकता पड़ने पर संयुक्त रूप से भी मंत्रणा करता था। यह राजा के लिए लाभप्रद होती थी। मनु कुशलतम मंत्री को निर्णयों के क्रियान्वयन का दायित्व सौंपने की प्रेरणा करते हैं। सामान्यतः निर्णयों के क्रियान्वयन का कार्य चांसलर अथवा प्रधानमंत्री का होता था।[16] राजा को उच्च अधिकारियों की भी सलाह लेना आवश्यक था परन्तु इन अधिकारियों के कार्यों पर कड़ी नजर रखा जाना आवश्यक था। प्रजा का उत्पीड़न करने और उन पर अत्याचार करने की स्थिति में वह राजा को मात्र पदच्युत ही नहीं, वरन् उसकी हत्या करने का सुझाव भी निस्संकोच देते हैं। मनु तो प्रधान कार्यपालिका अधिकारी के अधिकार-क्षेत्र में भी राजा को लाने की बात करते हैं।[17] विधिसम्मत शासन राजा पर स्वतः एक अंकुश है।

अतः निष्कर्ष रूप में हम कह सकते हैं कि मनु का राजा पूर्णाधिकार सम्पन्न, स्वेच्छाचारी नहीं था। मनु ने राजा को धर्म की मर्यादा में बाँधा और प्रमुख राजनीतिक अधिकारी के अधिकार क्षेत्र में लाकर, उसकी निरंकुशता पर अंकुश लगा दिया। जिन अर्थों में यू. के. में स्टूअर्ट वंश के राजाओं में राजा के शासक के रूप में दिव्यत्व के सिद्धान्त का प्रस्तुतन हुआ था, मन ने उन अर्थों में राजा के दिव्याधिकार को स्वीकार नहीं किया है। उनका बल राजा पद की गरिमा से जुड़ी दिव्यता पर है, अधिकारों की अपेक्षा से नहीं। राजा अपने को निरंकुश बना देने वाले सत्तासूचक कानून पारित नहीं कर सकता था, मात्र विनियमन परक कानून ही वह बना सकता था।

मात्र वही राजा जो अभिषेक के समय ग्रहण की गई अपनी शपथ के प्रति सत्यनिष्ठ हो, अपने सहयोगियों, मन्त्रियों की सहमति से शासन चलाता हो, दण्ड देने का अधिकार उसे ही है, न कि किसी लोभी और निरंकुश को।

शासन के उद्देश्य

मनु जैसे भारतीय चिन्तकों का इन उद्देश्यों के प्रति दृष्टिकोण व्यवहारवादी

तथा प्रयोजनवादी था। पश्चिम के अराजकतावादी और पूर्णतन्त्रवादियों के अतिवाद से इसे मुक्त रखा गया था। राजा के उद्देश्यों का मनु का परिगणन निम्न प्रकार है :

(i) नैतिक सत्यपरायणता विकसित, सम्पन्न करने में लोगों की सहायता कर उन्हें समर्थ बनाना। (ii) धनार्जित करना। (iii) प्रसन्नता-प्राप्ति में लोगों की सहायता करना। राज्य में सर्वोच्च स्थानीय होने के कारण इन उद्देश्यों की प्राप्ति में राजा का सर्वाधिक योग होता था। उस भूमि को प्राप्त करने में सचेष्ट होने पर भी मनु आग्रह करते थे जो राजा के पास पहले नहीं थी। नवाधिगत (Newly acquired) क्षेत्र की सुरक्षा राजा सुनिश्चित करे। जो कुछ प्राप्त और वर्द्धित (Expanded) किया गया है, वह योग्य पात्रों को उपहारस्वरूप दिया जाए। इससे स्पष्ट है कि शक्ति के बल पर शासन की नीति चार सूत्री थी, उदाहरणार्थ–अधिग्रहण, रक्षण, अनेक उपायों से उसमें वृद्धि तथा भूमि तथा सम्पत्ति का सुपात्रों को दान।

विधान मंडल का प्रावधान

भले ही यह विरोधाभास प्रतीत हो, परन्तु यह सत्य है कि मनु ने विधान मण्डल का प्रावधान किया है। इसके लिए परिषद् शब्द का उन्होंने प्रयोग किया है। इसमें उनका समावेश होता था जो तीन वेदों–ऋक्, यजु और साम में पारंगत हो। महत्त्वपूर्ण कानूनी विषयों पर निर्णय लेने की क्षमता से युक्त तीन व्यक्तियों से इसका गठन हो सकता था। मनु ने इसकी न्यूनतम सदस्य संख्या दस निर्धारित की है। इसकी शक्ति का आधार संख्या न होकर बौद्धिक क्षमता था। परिषद् का एक सदस्य निरुक्त और मीमांसा दर्शन का तलस्पर्शी विद्वान होता था, एक धर्मशास्त्र पर असाधारण अधिकार रखता था जो तीनों प्रमुख व्यवसायों का प्रतिनिधित्व करते हों। इतनी योग्यता वाले सदस्य यदि न मिलें तो तीन से भी काम चल जाता था। मनु तो यहाँ तक कहते हैं कि यदि तीन सदस्य भी उपलब्ध न हों तो एक ऐसा वैदिक विद्वान भी पर्याप्त है जो वेदों की व्याख्या करने में भी सक्षम हो। ऐसी स्थिति में यह व्यक्ति ही राष्ट्रीय नीतियों पर निर्णय लेता था।[18]

राजदूत की नियुक्ति

मनुस्मृति में राजदूत की नियुक्ति का भी प्रावधान है। वह सर्वशास्त्र पारंगत होना चाहिए! संकेतों, बाह्य चिह्नों तथा कार्यों को समझ सकता हो। सर्वप्रिय हो। अपने कार्य में कुशल तथा व्यवहार-पटु हो। उसकी स्मरण शक्ति तीव्र हो। वह आकर्षक व्यक्तित्व का स्वामी, साहसी तथा प्रभावी वक्ता हो। देश-काल का उसे व्यापक ज्ञान हो। राजदूत युद्ध और शान्ति सम्बन्धी वार्त्ताएँ संचालित करते थे।

प्रशासन के प्रकार

प्रादेशिक, न्यायिक वित्तीय जैसे अनेक प्रकार के प्रशासनों का मनु उल्लेख करते हैं। यहाँ इनका संक्षिप्त विवरण अप्रासंगिक न होगा। यह विवरण विद्यार्थी को प्राचीन भारत की प्रशासनिक संचरना के भीतर झाँकने का अवसर देगा।

(क) प्रादेशिक प्रशासन—मनु पदानुक्रम (hierarchical) प्रशासनिक संरचना का विवरण प्रस्तुत करते हैं।

ग्रामीण समुदायों के लघु संघ ऐसे प्रादेशिक प्रशासन की मूल इकाई थे। प्रत्येक ग्रामीण समुदाय का एक मुखिया होता था और इसकी सहायता कुछ ग्रामीण अधिकारी करते थे। छायादार वृक्षों के नीचे एकत्रित जन-समुदाय द्वारा व्यक्त सम्मति इसके लिए निर्णायक होती थी। प्रत्येक ग्राम एक मुखिया के आधीन होता था। यह सभी प्रकार के कार्य करता था। ग्रामों में उनकी भूमि के धारणाधिकार और अवधि के अनुपात में लगान के अंश का भुगतान करता था। मुखिया की इस कार्य में सहायता एक लेखपाल और चौकीदार करता था। इसके अतिरिक्त एक ब्राह्मण, पुरोहित, जौहरी, लोहार, बढ़ई, नाई, कुली और एक चर्मकार भी उपस्थित रहता था। यदि दो ग्रामों और भूमिधारियों के मध्य कोई विवाद हो जाता तो राजा अथवा कोई न्यायाधीश ज्येष्ठ मास में मामले की जाँच करता जब भूमि पर लगे चिह्न स्पष्ट दिखाई दें।[19] राजा से यह अपेक्षा रहती थी कि वह एक शास्त्राधिकारी के नेतृत्व में सेना की एक कम्पनी तैनात करे। इसके अतिरिक्त राजा प्रत्येक ग्राम के लिए एक अधिपति नियुक्त कर सकता था। आवश्यक होने पर वह दस, बीस, सौ अथवा एक सहस्र ग्रामों के लिए भी एक अधिपति (Lord) की नियुक्ति कर सकता था। पदानुक्रम (hierarchical) पद्धति से नियुक्त यह अधिपति अपने क्षेत्रों की आपराधिक गतिविधियों के विवरण अपने निकटतम वरिष्ठ अधिकारी को देते थे। इन अधिकरियों के अपने ग्रामों से सम्बद्ध सहयोगी कर्मचारियों के कार्यों का निरीक्षण राजा का विश्वासपात्र मंत्री करता था।

प्रत्येक कस्बे में राजा एक उन्नत पद पर नियुक्त सशक्त अधीक्षक को स्थानिक करता था। इनकी स्थिति नभोमंडल में नक्षत्र जैसी होती थी।[20] प्रत्येक ग्राम का अधिपति ग्रामवासियों से नित्य भोजन, जल, ईंधन आदि सामग्री प्राप्त कर राजा को पहुँचाता था। सोलीटोर इस प्रशासनिक तन्त्र में तारतम्य युत एक ऐसा सिद्धान्त खोजते हैं जो न्यूनतम प्रशासनिक इकाई को उच्चतम इकाई से ऐसे जोड़ लेता है कि प्रत्येक इकाई अपने क्षेत्र में सक्रिय होते हुए भी, दूसरे से सम्बद्ध रहती है और सभी इकाइयों की शृंखला राज्य की सर्वोच्च सत्ता से जुड़ी रहती है।[21]

(ख) न्यायिक प्रशासन—प्रशासन की इस विधा का मनु ने विस्तृत विवेचन किया है। इसके अतिरिक्त पवित्र ग्रन्थ श्रुति, वेद, स्मृति तथा परम्परा—यह सब

भी न्याय के प्रमुख और सन्देहातीत विश्वसनीयता वाले स्रोत हैं। पवित्राचरण पुरुषों का व्यवहार, यह भी न्याय के स्रोत के रूप में मान्य हो सकती है। दो ग्रन्थों में मतों की भिन्नता होने पर तो मनु के अनुसार दोनों की ही विधि रूप में मान्यता समादरणीय है, परन्तु ऐसा प्रथा और विवेक को ही निर्णायक मानकर होना चाहिए। मनु कहते हैं, जो कुछ भी आचरण पवित्र जनों का हो अथवा द्विज, विधि समर्पित विद्वान जो व्यवस्था दें, यदि वह देश की प्रथानुकूल है तो वह विधि रूप में स्वीकार्य है। स्थानीय, जातीय प्रथाएँ जहाँ सम्मान्य हैं, वहाँ शेष का जहाँ तक सम्बन्ध है, केवल वही स्वीकार्य हो जो तर्कसम्मत, सुपाच्य हो। मनु का आग्रह इस बात पर था कि सभी कानूनी विवाद स्थानीय आचरण अथवा प्राचीन पाक परम्पराओं के अनुरूप निपटाये जाने चाहिए। या होने पर भी इसमें कोई सन्देह नहीं कि उन्होंने न्यायाधीशों को शाश्वत नियम का पालन करने का परामर्श दिया।

कानूनों की व्याख्या का कार्य उन्होंने एक ब्राह्मण को सौंपा जो राजा के आदेशानुसार कार्य करता था। शूद्र को उन्होंने यह अधिकार नहीं दिया। उनकी सम्मति में, "यदि एक राज्य में शूद्र कानूनी विषयों पर व्यवस्था दे तो वह कानून नीचे इस प्रकार धँस जाएगा जैसे गाय दलदल में धँस जाती है।"

साक्षी और साक्ष्य के विषय में भी मनु ने चर्चा की है। उन्होंने तीन प्रकार के मानवीय प्रमाणों का एक मामले के निर्णय के सन्दर्भ में उल्लेख किया है। वह लिखते हैं, यदि मनुष्य रूप में प्रमाण न मिले तो ऐसी स्थिति में दैवी प्रमाणों का भी आश्रय लिया जा सकता है। देखना, सुनना और उसके अनुरूप, साक्ष्य वास्तव में अच्छा है। ऐसा साक्षी धर्म की स्थिति से गिरता नहीं है। साक्षी अच्छे आचार का व्यक्ति ही होना चाहिए। अपराध के स्थान का वह निवासी हो। साक्षी के लिए देश, श्रेणी तथा कुल की अच्छाइयों का ज्ञान आवश्यक है। एक अकेला ही ऐसा साक्षी पर्याप्त है जो कृपण अथवा लोलुप न हो। स्त्रियाँ, चाहे कितनी पवित्र हों, बौद्धिक अस्थिरता के कारण उन्हें साक्षी नहीं बनाना चाहिए। यदि निर्धारित शर्तों की साक्षी न मिले तो मनु स्त्री साक्ष्य को वर्जित नहीं मानते। ऐसी स्थिति में तो बालक, वृद्ध, शिष्य, भाई, नौकर आदि की साक्षी भी ग्राह्य है। मिथ्या साक्ष्य दण्डनीय था। कार्य यदि मानव साक्ष्य में साध्य न हो तो दैवी साक्ष्य (कष्टपूर्ण परीक्षण) अनिवार्य था। शपथ लेना, आग जलाना और पानी में डुबाना आदि उपाय इसमें आते थे। दीवानी मुकद्दमों में अपील का भी प्रावधान था। यदि कोई मंत्री अथवा प्रद्विवाक् (वह अधिकारी जो अभ्यर्थी तथा प्रतिवादी दोनों का साक्ष्य एकत्र करने के कार्य पर नियुक्त हो) अनुचित निर्णय देता था तो राजा मुकद्दमे पर पुनर्विचार कर सकता था।

न्यायिक प्रशासन का विस्तृत विवरण

इसका मनु ने विस्तृत विवरण दिया है। न्याय सम्बन्धी मामलों की जाँच करने वाला राजा अपने न्यायालय में ब्राह्मणों तथा अनुभवी पार्षदों के साथ प्रवेश करता था। इसके उपरान्त निम्न निर्दिष्ट 18 विषयों में से किसी के अन्तर्गत पड़ने वाले वादी, अप्रतिवादी के मामले की जाँच करता था। यह कार्य स्थानीय व्यवहार, आचरण तथा पवित्र विधि की प्राचीन संस्थाओं द्वारा निर्धारित सिद्धान्तों के आधार पर किया जाता था। यह विषय इस प्रकार थे–

(i) ऋण न लौटाना, (ii) साझेदारों में चिन्ताजनक विवाद खड़े हो जाना, (iii) निवेश तथा धरोहर, (iv) स्वामित्व अधिकार के बिना बेच देना, (v) उपहार का पुनर्ग्रहण करना, (vi) वेतन न देना, (vii) समझौते का पालन न किया जाना, (viii) क्रय तथा विक्रय को निरस्त कर देना, (ix) पशुओं के स्वामी तथा अनेक सेवकों के मध्य विवाद, (x) सीमा सम्बन्धी विवाद, (xi) किसी पर प्रहार करना, (xii) मान-हानि, (xiii) चोरी, (xiv) हिंसा तथा डकैती, (xv) स्त्री-पुरुष के अवैध सम्बन्ध (xvi) पति-पत्नी के कर्त्तव्य, (xvii) उत्तराधिकार में प्राप्त वस्तु का विभाजन, (xviii) द्यूत क्रीड़ा और (xix) पण क्रिया (Betting)।

सामान्यतः लोगों के मुकद्दमों पर राजा निर्णय लेता था। यदि राजा स्वयं ऐसा न कर पाता तो वह इसके लिए कोई विद्वान् ब्राह्मण नियुक्त कर देता। दरबार में राजा तीन कर-निर्धारकों के साथ प्रवेश करता और मामले पर पूरी तरह विचार करता था। न्यायिक कार्रवाई संचालित करने के समय उससे पूर्ण रूप से ध्यान देने की आशा रहती थी। सत्य पर ध्यान देते हुए विवाद के उद्देश्य तथा साक्षियों को भी ध्यानातीत न करे। मुकद्दमा लड़ने वाला, घर के व्यक्तियों, स्थानीय पुरुषों (शूद्र भी इसमें आ सकते थे) को बुला सकता था। चारों वर्णों के विश्वस्त व्यक्ति जो अपने कर्त्तव्य के प्रति जागरूक हों, निर्लोभी हों, मुकद्दमे के साक्षी रूप में मान्य होते थे। जिनका मामले से निजी स्थार्य जुड़ा हो, जो किसी पक्ष के साथी अथवा शत्रु हों, मिथ्या साक्ष्य के लिए दोषी ठहराए गए हों, किसी गम्भीर रोग से पीड़ित अथवा नैतिक अपराध से कलंकित व्यक्ति साक्षी रूप में स्वीकार नहीं किए जाते थे। इसके अतिरिक्त राजा यान्त्रिक (Mechanic), अभिनेता, वेद का विद्यार्थी और तपस्वी को भी साक्षी स्वीकार नहीं किया जाता था।

दण्ड

मनुस्मृति में दण्डों का भी परिगणन किया गया है। यह दण्ड, जुर्माना, फटकार, शारीरिक यंत्रणा तथा निर्वासन का रूप ले सकता था। शारीरिक उत्पीड़न के द्वारा भी जो अपराधी वश में नहीं आ सकता था तो दण्ड के सभी प्रकारों का

उस पर संयुक्त रूप से प्रयोग होता था। ब्राह्मण यदि क्षत्रिय की मान-हानि का दोषी पाया जाता तो उस पर 50 पण का अपराध शुल्क लगाया जाता था। मान-हानि का केन्द्र यदि वैश्य होता तो दण्ड की राशि 25 पण होती थी। शूद्र की स्थिति में यह मात्र बारह पण होती थी। क्षत्रिय द्वारा ब्राह्मण की मान-हानि होने की स्थिति में दण्ड राशि 100 पण होती थी। यदि दोषी वैश्य होता तो जुर्माना 150 पण होता था। शूद्र के दोषी होने पर उसे शारीरिक दण्ड दिया जाता था। ब्राह्मण यदि दूसरे ब्राह्मण का अपराधी हो तो दण्ड की राशि 12 पण होती थी। ब्राह्मण के प्रति कुवचनों का प्रयोग करने पर शूद्र की जीभ तक काटी जा सकती थी। उच्च वर्णस्थ व्यक्ति पर शूद्र जिस अंग से प्रहार करता, दण्ड स्वरूप उसे उस अंग से वंचित होना पड़ता था। उच्च वर्ण के बराबर समवर्ती स्थान पर बैठने पर शूद्र का कूल्हा दाग दिया जाता था। वरिष्ठ व्यक्ति पर थूक देने पर उसके होंठ काट लिए जाते हैं। इससे स्पष्ट है, मनु भेदभाव दर्शाते हुए शूद्र के विरुद्ध विभेदकारी दण्ड निर्धारित करते हैं। परन्तु इस सत्य के प्रति भी वह जागरूक प्रतीत होते हैं कि अन्यायपूर्ण दण्ड प्रतिष्ठा की हानि करता है। जीवनोपरान्त स्वर्ग का आनन्द भी ऐसा करने से नहीं मिलता। अतः मनु राजा को इस दिशा में सतर्क रहने का परामर्श देते हैं।[22]

लोकप्रियता तत्त्व का सन्निवेश

मनु, जिनके जातिवादपरक सामाजिक ढाँचे और निम्न वर्णस्थ व्यक्तियों के विरुद्ध विभेदकारी दृष्टिकोण के कारण हिन्दू समाज अप्रजातान्त्रिक बन गया, कुछ महत्त्वपूर्ण विवादों के समाधान के लिए लोकप्रियता के तत्त्व को सन्निविष्ट करने का भी उल्लेख करते हैं। आज की भाँति सुदूर अतीत में भी खेत और ग्राम सीमाओं के निर्धारण में विवाद हो जाते थे। मुकदमेबाज़ी की स्थिति बनी रहती थी। कुओं, तालाबों और मन्दिरों के रूप में विद्यामान चिह्नों को अनुज्ञेय साक्ष्य (decisive evidence) के रूप में स्वीकार न किया जा सके तो मनु साक्षियों के साक्ष्य पर बल देते हैं। साक्षियों से दो वादकारों तथा ग्रामीणों की उपस्थिति में पूछताछ की जाए। सर्वसम्मति से मान्य सीमा निर्धारण को विधिवत् अभिलिखित किया जाए। संयोगवश, यदि साक्षी न आ पाएँ तो चार निकटवर्ती गाँवों के निवासियों को निर्णय करने का अधिकार होता था।

आश्चर्य की बात है कि मनु ऋणदाता को ऋण पुनर्प्राप्ति करने के लिए छलपूर्ण उपायों के प्रयोग की न केवल अनुमति ही देते हैं, वरन् राजा से भी यह अपेक्षा करते हैं कि इसके लिए उसे प्रताड़ित न किया जाए।

कार्यवाही संचालन

दरबारी कार्रवाई संचालन विधि का भी मनु वर्णन करते हैं। राजा इस कार्रवाई की अध्यक्षता करता था। ब्राह्मण और विद्वान् पार्षद उसकी सहायता करते थे। राजा की अनुपस्थिति में तीन पार्षदों की सहायता लेकर एक विद्वान् ब्राह्मण विवाद का निर्णय करता था। निर्णायक निष्कर्षों के आधार पर सत्य तक पहुँचते थे। कार्रवाई के चलते सत्य, लक्ष्य, साक्षियों, वाद के समय स्थानादि पर पूरा ध्यान दिया जाता था। साक्षी रूप में केवल अकृपण तथा निर्लोभ व्यक्ति ही विश्वस्त माने जाते थे। इसमें वर्ण का विचार नहीं होता था। किन्तु शूद्र को कानून की व्याख्या करने का अधिकार नहीं था। दण्ड जहाँ अपराध की गम्भीरता पर दिया जाता था, वहाँ अपराधी की जाति भी देखी जाती थी। स्पष्टतः दण्ड के लिए यदि जाति को भी ध्यान में रखा जाए तो न्याय के आधुनिक मानदण्ड इसे कोई प्रश्रय नहीं देते, भले ही उस युग में इसकी कोई वैधता हो।

वित्तीय प्रशासन

सम्यक् विचार के पश्चात् ही कर्त्तव्य तथा कर का निर्धारण करने की आशा मनु राजा से करते थे। राजा को यह सुनिश्चित करना था कि किसी योग्य कर्ता के किए गये कार्य का उचित पुरस्कार मिले। राज्य को जहाँ पर्याप्त आय होती थी, वहाँ प्रजा को भी अनेक सुविधाएँ उपलब्ध थीं। कर न लगाकर न तो राजा को अपने ही मूल पर प्रहार करना चाहिए तथा न ही अत्यधिक कर-बोझ द्वारा औरों पर प्रहार करना चाहिए। उन्होंने बलपूर्वक कहा कि कर लेने के पश्चात् भी प्रजा की रक्षा में असमर्थ राजा का पतन निश्चित है। उनके शब्दों में जोंक, बछड़ा और मधुमक्खी अपना आहार जैसे धीरे-धीरे पाते हैं, वैसे ही बिना कष्ट दिए मर्यादित रूप में, राजा अपने स्रोतों से वार्षिक कर प्राप्त करे। इसके बदले प्रजा को राजा उत्तम सुरक्षा प्रदान करे। ऐसा न होने पर प्रजा का कोपभाजन बन कर वह नरक में जाएगा।'' उन्होंने करों से प्राप्त राशि के बहुविध आबंटन का भी उल्लेख किया है। (i) बलि–पदार्थ, राशि और कर रूप में जनता से प्राप्त अन्य सामग्री। (ii) व्यापारियों द्वारा विक्रय के लिए सामान पर लगने वाला शुल्क। (iii) अपराधी से प्राप्त वह अपराध राशि जो उसकी देह क्षमता को ध्यान में रख उससे ली गई हो।

वह आगे स्पष्ट करते हैं कि राजा को भूमि की स्थिति को ध्यान में रखते हुए उपज का छठा, आठवाँ अथवा बारहवाँ भाग प्राप्त करना चाहिए। वह भी ध्यान में रखा जाना चाहिए कि भूमि को जोतने में कितना श्रम लगा है। इसी प्रकार राजा पेड़ों, मांस, मधु, मक्खन, सुगन्धित सामग्री अथवा द्रव्य, खालों, जड़ी-बूटियों, मिट्टी के बर्तनों तथा बेंत और पत्थर से बनी वस्तुओं के छठे भाग को प्राप्त कर

सकता है। राजा सभी विक्रेय (Marketable) वस्तुओं के क्रय तथा विक्रय मूल्यों का निर्धारण कर सकता था। व्यापारियों के लिए मूल्य निर्धारण सार्वजनिक रूप से होता था। नाप-तोल के बाटों तथा पैमानों को वह विधिवत् प्रमाणित कर तथा वर्ष में दो बार उनका पुर्निरीक्षण हो। उसे व्यापारियों को वार्षिक सीमा शुल्क देने को भी कहना चाहिए। मिस्त्री अथवा यान्त्रिक शिल्पकार तथा हाथ का काम करने वाले शूद्र इस शुल्क से मुक्त रहें। परन्तु एक मास में एक दिन उन्हें राज्य के लिए काम करना होगा। विक्रय वस्तु के मूल्य का राजा को बीसवाँ भाग लेना चाहिए। राजा के अधिकार क्षेत्र में आने वाले वह पदार्थ जो निर्यात योग्य न हों, उनके माध्यम से लोगों को शोषण करने वाले व्यापारी की सम्पत्ति का राजा को अधिग्रहण कर लेना चाहिए। बैलगाड़ियों में लादकर पण्य सामग्री ले जाने वालों से वह चुंगी लेने का सुझाव भी देते हैं। मनु के सम्पत्ति के स्रोत तथा वैधता विषयक विचार निस्संदेह प्रशंसनीय हैं। भूमि स्वामित्व पर उनका विचार है कि जो भूमि का स्वामी है, उसे समाज के लिए रक्त चूसने, शोषण करने वाली जोंक नहीं मानना चाहिए। वह उसके स्वामित्व को माथे के पसीने तथा श्रम-बल से अर्जित करता है। इसमें हमें समाजवाद के अंकुर दिखाई देते हैं।

अन्तर्राज्यीय सम्बन्ध

मनु सुगम, सुलभ कार्य-साधकों को नैतिक सिद्धान्तों की अपेक्षा वरीयता प्रदान करते हैं—ऐसी स्थिति में जब अन्य राज्यों से व्यवहार का प्रश्न हो। बल प्रयोग, कूटनीति, संराधन और अन्य उपहारों के माध्यम से राज्य के शेष भाग पर प्रभुत्व जमाने के वह पक्षधर थे। स्थिति को अच्छी प्रकार परखकर राजा निश्चय करता था कि वह दूसरे पक्ष के सामने झुककर उससे शान्ति स्थापित कर मैत्री करे अथवा न करे। उन्होंने राजा के समक्ष प्रयोग में लाने के लिए यह छः उपाय सुझाए—मैत्री, युद्ध, अभियान, रुकना, सेना को बाँट देना और रक्षा की प्रार्थना करना। वह आगे भी इन उपायों का प्रविभाजन (Sub-division) करते हैं। इसके अतिरिक्त वह सेना के युक्ति चालन, ऋतुओं, अभियान के प्रकारों, दावों को प्रभावी बनाने की दृष्टि से सेना के गठन तथा पद निर्धारण पर भी विशद विवेचन करते हैं। उन्होंने शत्रु राज्य को समाप्त करने का सुझाव दिया। यदि एक राजा शत्रु के किसी नगर को घेर लेने में समर्थ हो तो उसे वहीं पड़ाव डाले पड़ा रहना चाहिए। दबाव के द्वारा शत्रु राज्य को परेशानी की स्थिति में रखना चाहिए। उसे वहाँ के जलाशयों, प्राचीरों तथा खाइयों को नष्ट कर देना चाहिए। शत्रु पक्ष के विभिन्न वर्गों में विद्वेष तथा विग्रह को उसे उत्तेजित करना चाहिए।

कूटनीतिज्ञों की योग्यताएँ तथा भूमिका

मनु निकटवर्ती राज्यों से सम्बन्ध स्थापन में कूटनीतिज्ञों की भूमिका को बड़ा महत्त्वपूर्ण मानते हैं। राजनयिकों की नियुक्ति के लिए वह कुछ दिशा निर्देश भी प्रस्तुत करते हैं। सभी विधाओं में पारंगत, संभ्रान्त, कुलीन, सत्यनिष्ठ, चतुर, निर्भीक, श्रेष्ठ, वाग्मी, तीव्र स्मरण शक्ति वाला, नियुक्ति के स्थान से परिचित, उचित कार्य समय का ज्ञान रखने वाला, संकेतों, मुद्राओं, नियमों आदि को समझने वाला हो—ऐसे व्यक्ति को ही मनु राजदूत रूप में नियुक्त करने के पक्ष में है। अपने राजा के लिए मित्र बनाने और अन्य राजाओं की उससे अलग करने में राजदूत की भूमिका निर्णायक और महत्त्वपूर्ण थी। उसका दायित्व बड़ा गम्भीर था।

उसे अपने शासन के कार्यकर्त्ताओं को किसी प्रकार के विश्वासपात्र में प्रवृत्त होने तथा स्वयं अपने दुर्बल पक्ष को जानने से रोकना चाहिए। उसे अपने सुयोजित उपक्रम शान्त, ध्यानरत मुनि की भाँति निर्धारित करने चाहिएँ। सिंह के समान अपने पराक्रम का प्रदर्शन करना चाहिए, एक भेड़िए के समान अपने शिकार को वह दबोच ले और आवश्यकता पड़ने पर खरगोश की गति से पीछे हट जाए। विजय अभियान के अन्तर्गत वह सभी शत्रुओं को इन कार्य साधकों के द्वारा वश में करे—संधि, युद्ध, अभियान, रुकना, सेना को सुविधानुसार टुकड़ियों में बाँटकर और सुरक्षा के लिए प्रार्थना द्वारा। उन्होंने राजा को परामर्श दिया कि वह निकटतम पड़ोसी को अपना शत्रु समझे और शत्रु के पड़ौसी को मित्र। इन दोनों से जो परे हो उसे तटस्थ समझे। ऊपर बताए चार कार्य साधनों द्वारा इन चारों को अपने वश में करना है। मनु ने प्रथम और अन्तिम कार्य-साधक पर अधिक बल दिया है। उनकी दृष्टि में दूसरे दो सीधे, सच्चे नहीं थे।

उन्होंने गठजोड़ की अवधारणा का भी स्पष्टीकरण किया है। तात्कालिक तथा भविष्य में लाभ देने वाले गठजोड़ दो प्रकार के हैं—1. जब कोई अपने मित्र के साथ अभियान पर जाता है। 2. जब मित्र अलग-अलग कार्य करते हैं।

छः सूत्री विदेश नीति

प्रायः हिन्दू राज तन्त्र के सभी चिन्तक छः सूत्री विदेश नीति के विषय में एकमत हैं और सभी अन्तर्राज्यीय सम्बन्धों में इसके पालन के पक्षधर हैं। मनु तो अन्यों से आगे बढ़कर उस समय तथा परिस्थिति का भी निर्देश करते हैं जब राजा इस नीति का अनुसरण करे। उन्होंने इस नीति के यह सूत्र गिनाए हैं—(i) संधि, अर्थात् परस्पर सहयोग के लिए समझौता। (ii) विग्रह, शत्रुता। (iii) आसन्न (आक्रमण के लिए तैयार रहना)। (iv) यान विधिवत् घोषणा के पूर्व ही युद्ध की तैयारी करना। (v) समाश्रय (राज्यों के मंडलान्तर्गत ही गौण स्थानीय गठजोड़)।

(vi) द्वैध भाव (सेनाओं का बँटवारा)। इसमें से कुछ का उन्होंने स्पष्टीकरण किया है यान, अर्थात् युद्ध के लिए अभियान दो प्रकार का हो सकता है। (क) अकेले, (ख) किसी मित्र के साथ। युद्ध दो कारणों से किया जाता था। अपने स्वार्थ परितोष के लिए अथवा मित्र को संकट से उबारने के लिए। स्पष्टतः यदि कोई शक्तिशाली राज्य इस युद्धाभियान को आरम्भ करता तो यह किसी मित्र के सहयोग से ही होता, यदि मात्र सहायता उपलब्ध कराना ही इसका उद्देश्य होता। इसके लिए वही स्थिति उपयुक्त है जब अपनी सेना सशक्त हो, प्रसन्न हो तथा उसका मनोबल ऊँचा हो। शत्रु-पक्ष की स्थिति ठीक इसके विपरीत होनी चाहिए।

आसन्नः राजा जब यह अनुभव करे कि उसके पास सेना, परिवहन साधनों की यथेष्ट मात्रा नहीं है। सावधानी के चलते हुए अपने मित्र के संराधन की दिशा में बढ़ता है। अपनी सेना दुर्बल होने की स्थिति में ही इस कार्य साधन का प्रयोग करना चाहिए। सद्भावपूर्ण समझौते का मित्र प्रयत्न कर सकता है और युद्ध टाला जा सकता है।

द्वेष भाव : इसके अन्तर्गत शत्रु सेना के विभिन्न वर्गों में विग्रह की स्थिति उत्पन्न कर देना। यदि शत्रु सभी प्रकार से सशक्त हो तो इस प्रकार की नीति अपनाई जा सकती है। राजा को परामर्श दिया जाता था कि थोड़ी-सी सेना के साथ अपने को दुर्ग में ही रखे और शक्तिशाली सेना के साथ शत्रु सेना में फूट डालने के लिए प्रधान सेनापति से कहें। मनु ने इसे एक सैनिक चाल का नाम दिया है।

समाश्रय : इसका सहारा उस राजा को लेना चाहिए जो अपने शत्रु द्वारा एकदम पराजित होने की स्थिति में आ चुका हो। इसका अर्थ था किसी और का आश्रय ढूँढ़ना। ऐसी स्थिति तभी आती थी जब किसी तीसरे से उसकी सुरक्षा भी संकट में आ चुकी हो।

संधि

मनु इसे एक महत्त्वपूर्ण कार्य साधक मानते हैं। उनके शब्दों में, "राजा का समृद्धि की स्थिति में होना इस पर इतना निर्भर नहीं करता है कि उसके पास भूमि के रूप में कितना क्षेत्र और कितना स्वर्ण है। यह इस बात पर निर्भर है कि उसका एक मित्र है, भले ही वह दुर्बल हो, परन्तु अनेक भावी सम्भावनाएँ उनके लिए खोलता है। सज्जन, कृतज्ञ, अनुरक्त, धैर्यवान् होने पर एक दुर्बल मित्र भी वरणीय हैं।"

उपरोक्त नीतियों का निर्धारण मनु ने शक्ति-सन्तुलन बनाए रखने के उद्देश्य से किया है। यह आधुनिक पारिभाषिक शब्द है जिससे प्राचीन भारतीय भलीभाँति परिचित थे। शक्ति-सन्तुलन प्राचीन समय में अन्तर्राष्ट्रीय राजनीति में

प्रेरक शक्ति का काम करता था। इस विषय में मनु ने लिखा, "राजनीति के नियमों से जो राजा परिचित हैं, इन कार्य-साधकों की महत्ता समझते हुए जो यथासमय, यथास्थिति इसका प्रयोग करता है, वह जानता है कि मित्र, शत्रु तथा तटस्थ में से कोई भी उससे श्रेष्ठ अथवा उच्चतर नहीं है। न ही कोई उतना विश्वसनीय।" दूसरे शब्दों में कहा जा सकता है कि एक योग्य, बुद्धिमान शासक विभिन्न शक्तियों से इस प्रकार क्रीड़ारत रहता था कि परिणामस्वरूप आने वाली स्थिति उसकी शक्ति से हीनतर हो।

नीति के साधक कौटिल्य की भाँति मनु ने भी नीति के ऐसे चार उपाय सुझाए थे जिसमें विजित क्षेत्र में विजेता की स्थिति दृढ़तर हो। साम (संराधन अथवा वार्त्ता) इसमें पहला उपाय था जिससे वह राज्य में समृद्धि ला सकता था। साम के भी उन्होंने पाँच प्रकार बताए हैं। (i) शत्रु की योग्यता और उसकी विशेषताओं को समझकर संराधन में प्रवृत्त होना। (ii) पूर्ववर्ती मधुर सम्बन्धों और कार्यों का स्मरण करना और कराना। (iii) सम्बन्ध के उभय पक्षीय लाभों को गिनाना। (iv) भविष्य के सम्भावित लाभों की ओर संकेत। (v) उभयपक्षीय हितों में सहयोगपूर्ण सुमेल जो दोनों पक्षों का लक्ष्य है।

दान—यह ऐसा उपाय है जिसमें दुर्लभ, मूल्यवान वस्तुएँ, धन, कन्याएँ तथा अन्य वांछनीय वस्तु उपहार में दिया जाना आता है।

भेद—यह भी एक ऐसी युक्ति है जिसमें भय, सन्देह तथा फूट उत्पन्न कर, इसी उद्देश्य की सिद्धि करना।

दण्ड—इसके अन्तर्गत दण्ड प्रयोग है जिसमें अनेक प्रकार की युक्तियाँ आवश्यक हो सकती हैं। सभी युगों में अन्तर्राज्यीय सम्बन्धों के क्षेत्र में अभीष्ट परिणामों की प्राप्ति के लिए शारीरिक शक्ति का प्रयोग सर्वाधिक प्रभावी माना गया है। दण्ड वस्तुतः एक कूटनीतिक युद्ध था, सशस्त्र संघर्ष नहीं और वास्तविक युद्ध आरम्भ होने से पूर्व प्रयोग में आने वाला अन्तिम उपाय था।

मनु अन्य उपायों का भी उल्लेख करते हैं, जैसे छलना, माया तथा उपेक्षा आदि।

इनका प्रयोग शत्रु के अन्यायी होने की दशा में ही उचित था शत्रु की हानि होने की आशा से ही ऐसा होता था। प्रयोग में आने वाली एक अन्य युक्ति इन्द्रजाल थी। यह जादू-टोने के समान ही था। इससे राजा को आतंकित किया जाता था। इसमें वशीकरण के उद्देश्य से झाड़-फूँक कर अपनी नीति सम्बन्धी निर्णय लिया जाता था। पासा फेंककर अपनी नियति को स्वीकार करने पर दोनों पक्षों के सहमत होने यह युद्ध टाला जाता था। कौरवों ने पांडवों को पराजित करने के लिए और तेरह वर्ष का अज्ञातवास देने के लिए इसी युक्ति का प्रयोग किया

था। इन कार्य-साधकों का उल्लेख करते हुए मनु कहते हैं, "राजा के लिए यह श्रेयस्कर है कि इन सभी को वश में करने के लिए संराधन आदि कार्य साधकों, वीरता तथा नीति का ही सहारा ले। किन्तु, विश्व-विजय सर्वदा सम्भव नहीं होती, अतः यह भी आवश्यक हो जाता है कि किनारे पर रहकर तटस्थ रहा जाए। इन सम्भावित दृष्टिकोणों को उपसंहार रूप में इस प्रकार वर्णित किया गया है, यह नीति सम्बन्धी छः उपाय हैं–षड्गुण। यह क्रमशः इस प्रकार हैं–गठजोड़, युद्ध, अभियान, रुकना, सेना में भेद डालना तथा संरक्षा माँगना।"[23]

विजीगीषु राजा

मनु राजा को विजीगीषा सहित आगे बढ़ने को प्रेरित करते हैं। उसकी विदेश नीति का सदा सही लक्ष्य होना चाहिए। प्रदेश सम्बन्धी अनेक संरूपों में वह निहित खतरा देखते थे।

पड़ौसी राज्यों के साथ लगी सीमाएँ प्रायः खीझ उत्पन्न करतीं। अतः वह राज्य के चारों ओर के पड़ौसियों को राजा का स्वाभाविक शत्रु मानते थे। पड़ौसी भी इस राजा के प्रति सामान्य शत्रुता के कारण परस्पर एकजुट रहने की प्रतिज्ञा करते थे। पीछे की ओर स्थित पड़ौसी एक वास्तविक प्रच्छन्न शत्रु था यदि शत्रु के विरुद्ध कूच करने के लिए दूसरी दिशा की ओर चलना पड़ता। ऐसी स्थिति में या तो उसकी मैत्री अर्जित कर ली जाए अथवा युक्तिपूर्वक उसे पड़ौसी से उलझा दिया जाए। शरण की सम्मति है, "राज्य तन्त्र के कार्य की सीमा रेखा के भीतर ही रहते हुए विषय को विकसित किया गया है, इन परिवर्तनों के साथ कि मनु विदेश से सम्बन्धों में किसी अनैतिकता को प्रश्रय नहीं देंगे। उनकी कूटनीति में सरलता है ऋजुता है, क्योंकि वह अनुभव करते हैं कि द्वैधता, कपटाचार के प्रतिदान स्वरूप भी यही मिलता है।"[24] स्पष्ट है कि मनु यह नहीं चाहते कि कार्य साधकों का प्रयोग भ्रमवश अनैतिकता मान लिया जाए। कपटाचार को वह कूटनीतिक क्षेत्र से निष्कासित कर देते हैं। युद्ध में प्रवृत्ति अन्तिम विकल्प है क्योंकि इसके परिणाम पूर्वानुमेय नहीं हैं।

राजा और लघु निदेशिका प्रस्तुत करना

मनु ने राजा और शत्रु विषयक एक लघु निदेशिका भी राजा के लिए प्रस्तुत की है। यदि उसे समयशक्ति अथवा उत्कृष्टतर शक्ति वाले राजा से किसी प्रकार के संतर्जन (thscat) की आशंका है तो उसे क्षत्रिय वर्णानुरूप कर्त्तव्य का ध्यान हो और युद्ध से वह विरत न हो। प्रत्येक चुनौती का सामना करते हुए अपनी सामान्य प्रजा तथा ब्राह्मणों के सम्मान की रक्षा करनी चाहिए। वह राजा को

आश्वस्त करते हैं कि यदि अन्तिम श्वास तक वह वीरतापूर्वक युद्ध करेगा तो मरणोपरान्त स्वर्ग के सुख का भागी होगा।

राजा को वह रक्षात्मक होने का परामर्श देते हैं। प्रजा यदि हृदय से उसके प्रति अनुरक्त न हो, शत्रु की अपेक्षा वह अधिक सशक्त हो। युद्धोपकरणों से उसकी उच्च्च मनोबल वाली सेना यथेष्ट सज्जित हो और उसका मनोबल ऊँचा हो। इसके विपरीत शत्रु सेना के पास पर्याप्त युद्ध सामग्री न हो और मनोबल भी निम्न स्तरीय हो तो उसे शत्रु पक्ष पर आक्रमण कर देना चाहिए।

चौथे, राजा को शारीरिक आघात लगने और प्रबलीकरण के निमित्त सेना को अतिरिक्त सैन्य शक्ति मिलने की आशा हो तो उसे अगला निर्णय लेने में समय का व्यवधान डाल देना चाहिए। पाँचवीं बात यह है कि शत्रु प्रदेश पर धावा बोलने की स्थिति में राजा को राजधानी की ओर बढ़ना चाहिए। ऐसा करने का उपयुक्त समय बसन्त अथवा शिशिर ऋतु है। उस समय उसे बासन्तिक अथवा शिशिर कालीन फसल प्राप्त हो सकती है। यदि बहुविध विजय के प्रति राजा आश्वस्त है और शत्रु अनेक विपत्तियों में फँसा, अशक्त हो तो किसी भी ऋतु में उस पर धावा बोला जा सकता है। उस प्रदेश को विजित कर लेने की स्थिति में पराजित देश के इष्ट देवों के प्रति वह सम्मान की भावना रखें और उन ब्राह्मणों का भी आदर उसे करना चाहिए जो इसका पूजार्चन करते हों। इस प्रदेश के कानून का भी आदर उसे करना चाहिए। पराजित देश को उसे आभूषण भेंट करने चाहिएँ। उस प्रदेश के साथ वह मैत्री, गठजोड़ और सन्धि भी कर सकता है। विदेश नीति पर तथा युद्ध नीति सम्बन्धी उनके द्वारा प्रस्तुत दिशा निर्देशों का मूल्यांकन करने से पता चलता है कि वह कूटनीति और युद्धकला दोनों को मिलाकर एक ही बार में उन पर अपने विचार रखते हैं। विदेश नीति के क्रियान्वयन में वह नैतिकता की अपेक्षा कार्य साधकों को अधिक महत्त्व देते हैं। अपनी प्रभुसत्ता की स्थिरता सुनिश्चित करने के लिए बल प्रयोग, कूटनीति, संराधन तथा उपहार देना आदि इन सभी का अवलम्ब ले। जैसे समय की माँग हो वह नर्म पड़ जाएगा, आगे बढ़ेगा अथवा गठजोड़ कर शान्ति से रहेगा। इसके अतिरिक्त सैन्य रणनीति निर्धारण युक्ति चालन पर विचार करते हुए वह एक अनुभवहीन, अदक्ष व्यक्ति की अपरिपक्वता का ही परिचय देते हैं। इसके समर्थन में हम उनके ऋतु, युद्ध अभियान की विधाओं और सैन्य रणनीति निर्धारण विषयक विचारों का उल्लेख कर सकते हैं। विजित प्रदेश को नष्ट कर देने का विजेता राजा को उनका परामर्श, स्वयं उस प्रदेश में डेरा हालकर वहाँ के लोगों को माल पहुँचाते रहने का सुझाव देना, निरन्तर उस प्रदेश की घास, खाद्य सामग्री, ईंधन, जल और जलाशयों, प्राचीरों को ध्वस्त कर उसके समुदाय के विभिन्न वर्गों में विग्रह की स्थिति उत्पन्न करने पर आग्रह

करना, हमारे लिए भयावह स्मरण दिलाने की चेष्टा है रक्त पिपासु, दुर्दान्त, क्रूर तानाशाहों के आक्रमणों का जो इनके द्वारा अपने बर्बरतापूर्ण शासन को चिरस्थायी करने का मानवता विरोधी प्रयास करते थे। किन्तु, हम इतना अवश्य कहेंगे कि मनु यह वैचारिक उद्भावना प्राचीन युग की प्रवृत्तियों के अनुरूप थी। जब अन्तर्राष्ट्रीय संस्थाओं का अस्तित्व तो क्या, किसी को उनकी कल्पना भी नहीं थी। उस समय शान्तिप्रियता को कायरता छिपाने वाले एक छद्मावरण के रूप में ही देखा जाता था।

शान्तिकालीन शासन के लिए राजा के लिए दिशा निर्देश

(क) उसे अपने राज्य में द्यूत क्रीड़ा तथा बाज़ी लगाने को प्रतिबन्धित करना चाहिए। यह व्यसन घातक होते हैं। एक प्रकार से खुले रूप में की जाने वाली यह डकैती ही है। द्यूत अथवा शर्तबाज़ी के व्यसन में ग्रस्त लोगों को शारीरिक दण्ड देना चाहिए।

(ख) असत्य घोषणा करने वालों को भी शारीरिक दण्ड मिलना चाहिए। प्रजा को भ्रष्ट करने वाले, नारी हत्यारों, शत्रु पक्षों का साथ देने वाले भी इसी दण्ड के अधिकारी हैं।

(ग) दिए जाने वाले दण्ड की न्यायपूर्णता के विषय में यदि राजा आश्वस्त है तो दण्ड निरस्त नहीं होना चाहिए। इसके विपरीत यदि ज्ञात हो कि मन्त्रियों अथवा पूछताछ करने वाले न्यायाधीशों ने मामले को उसकी इच्छानुरूप नहीं निपटाया तो दण्ड निरस्त हो सकता है और अन्यायपूर्ण निर्णय देने वालों पर जुर्माना लगाना चाहिए।

(घ) एक सत्यनिष्ठ, सदाचारी राजा एक जघन्य अपराधी की उसके अपराध के कारण अधिग्रहीत सम्पत्ति निजी प्रयोग के लिए नहीं लेगा, क्योंकि ऐसा करने से वह भी दोष का भागी होगा।

(ङ) एक निम्न वर्गस्थ व्यक्ति यदि जान-बूझकर एक पुरोहित को सताए तो राजा अपराधी को मृत्यु दण्ड तक दे सकता है।

(च) चोरों को दण्डित करने के उपरान्त राजा को कर संग्रह करना चाहिए, अन्यथा राज्य का आधार हिल जाएगा और वह स्वर्ग से वंचित हो जाएगा।

(छ) गुप्तचर रूपी नेत्रों से राजा को प्रत्यक्ष अथवा परोक्ष रूपेण चोरों का पता लगाना चाहिए। विधि वर्जित व्यापार में रत, प्रत्यक्ष चोर हैं और सेंध लगाने, गला काटने वाले छिपे चोर हैं।

(ज) अनार्य होने पर भी स्वयं को जो आर्य कहें, जुआरी, धूर्त, उत्कोच भोगी (Bribe Seekers) भविष्यदवक्ता, मंत्री तथा चिकित्सक जो अनुचित आचरण में

रत हों, चतुर वेश्याओं, इन सभी को राजा को समाज के शरीर में चुभने वाला शूल मानना चाहिए।

उल्लिखित दो श्रेणियों के अपराधियों को राजा उनकी शक्ति और आपराधिक गम्भीरता ध्यान में रख प्रभावी दण्ड देना चाहिए।

(झ) न्यायकारी राजा को अपराधी को निस्संकोच दण्डित करना चाहिए, यदि वह चुराई वस्तुओं के साथ पकड़ा जाए। इसके अतिरिक्त इन चोरों के पोषक और आश्रयदाता भी दण्डनीय हैं।

(ञ) आपराधिक कार्यवाहियों, जैसे ग्राम का लुटना, बाँध का तोड़ा जाना और राजमार्ग पर डकैती पड़ती देखें, मूकदर्शक बन देखें, उन्हें सभी वस्तुओं सहित देश से निर्वासित कर देना चाहिए।

(द) राजकोष को लूटने वालों, शत्रु के साथ मिलकर षड्यंत्र रचने वालों ओर रात्रि के समय चोरी करने वालों को राजा विभिन्न प्रकार के शारीरिक दण्ड दे। सुझाए दण्डों में अंग-भंग के अतिरिक्त गम्भीर मामले में उनका वध भी शामिल है।

(ठ) राजकीय राजमार्ग पर ऐसे बन्दीगृह बनाए जाएँ जहाँ ऐसे बन्दी रखे जाएँ जिनका जघन्य अपराधों के लिए अंग-भंग किया गया हो।

(ड) प्राचीर अथवा द्वार तोड़ने वाले अथवा खाई को भरने वाले व्यक्ति को निर्वासन का दण्ड दिया जाना चाहिए।

(ढ) जादू-टोने, टोटके आदि अपराधों के लिए जुर्माना लगाया जाना चाहिए।

(ण) एक स्वर्णकार जो धूर्ततापूर्ण, अभद्र व्यवहार करे उसका शरीर उस्तरे से टुकड़ों में काट दिया जाए।

(त) जलाशय को नष्ट करने वाले, भण्डार गृह में घुस जाने वाले, शस्त्रागार, मन्दिर, पुल, ध्वज, चित्रों अथवा बुतों को क्षतिग्रस्त करने वालों को कठोर दण्ड देना चाहिए।

(थ) गुप्तचरों का जाल फैलाकर, शक्ति और स्फूर्ति से कार्यरत रहकर, उसे देश को अपने अधिकार, सत्ता का परिचय देना चाहिए।

(द) अनुचित कार्यों में रत पुरोहितों के प्रति राजा को आदर भाव नहीं रखना चाहिए।

मनु द्वारा राजा के लिए प्रस्तुत इन दिशा-निर्देशों का उपसंहार करते हुए हम कह सकते हैं कि मनु राजा से अपेक्षा करते हैं कि इन्द्र, सूर्य, वायु, यम, वरुण, चन्द्रमा, अग्नि तथा पृथ्वी का मूर्त प्रतीक हो। वह साग्रह कहते हैं कि ''शासक पुरोहितों के बिना उन्नति नहीं कर सकते। इसी प्रकार पुरोहित भी राजा के बिना फल-फूल नहीं सकते। दोनों मिले रहें, सहयोग करते रहें तो मात्र इस लोक में ही नहीं, परलोक में भी फल-फूल सकते हैं।''[25]

सामाजिक जीवन का स्वरूप

देशी तथा पाश्चात्य समाजशास्त्री कदर्थित चार वर्णों के अन्तर की कदर्थित सामाजिक व्यवस्था से मनु को जोड़ते हैं। वास्तव में, वह मूलतः इन चार वर्णों के अन्तः सम्बन्ध की पृष्ठभूमि में सामाजिक जीवन के स्वरूप का वर्णन करते हैं। इनका वर्गीकरण इस प्रकार है–पुरोहित (ब्राह्मण) शासक तथा योद्धा (क्षत्रिय) सामान्य नागरिक (वैश्य) सेवा करने वाले (शूद्र)। उन्होंने कहा, प्रकृति के समान, सामाजिक श्रेणियाँ भी भोक्ता और भोग्य दो वर्गों में बाँटी जाती हैं। इस आधार पर इनमें आनुमानिक धर्मतन्त्रात्मक भेद (जो अकाट्य हैं) किए जाते हैं।[26] उच्च वर्णस्थ द्वारा निम्न वर्णस्थ का पदानुक्रमिक परिवेष्टन (hierarchical encirclement) आरम्भिक पारिभाषिक शब्दावली में स्पष्ट किया जाता है। वास्तव में उनकी संसार की परिभाषा भोजन खाने वाले के आसपास ही घूमती है। भोजन तो सामाजिक जगत् में विभिन्न वर्गों के अन्तःसम्बन्ध दर्शाने का सांकेतिक उपाय है। वास्तव में निम्न वर्ग के विरुद्ध एक अक्षम्य पूर्वाग्रह ही है कि उन्हें उच्चतर स्थिति के व्यक्तियों का भोजन समझा जाता है। डॉनिन्जर और स्मिथ के अनुसार, "किसी समाज के अन्तर्गत सामाजिक, राजनीतिक तथा आर्थिक अन्तर्वैयक्तिक सम्बन्धों का यह तथ्यपूर्ण, परन्तु अप्रशंसित विवरण है।"[27]

मनु ब्राह्मण को अन्य वर्गों का स्वामी मानते हैं, समाज में उसकी प्रतिष्ठा सर्वोपरि महत्त्व की है। स्वभावापेक्षया ब्राह्मण सर्वश्रेष्ठ है, संयमित रहने के कारण और मानव वृत्ति, स्वभाव में स्वस्थ रूपान्तरण लाने वाले अनुष्ठानों का संचालन होने के नाते निस्संदेह उसका महत्त्व सर्वाधिक है। उन्होंने पुरोहित, राजा तथा सामान्य नागरिक इन तीन श्रेणियों को द्विज (दो जन्म लेने वाले) कहा है तथा शूद्र को एक जन्म लेने वाला बताया है। एक-एक शंखधर की सम्मति में यह एक विकृत विचार प्रस्तुत है और शूद्र विषयक मनु के विचारों की उन्होंने इसे भ्रामक व्याख्या बताया है। निम्न वर्गस्थ हिन्दू (दलित) भी इस विचारधारा का पिष्ठपोषण करने लगे। इन आलोचकों में से अधिकांश ईसाई मिशनरी अथवा मुस्लिम प्रचारक हैं जो धर्मान्तरण के उद्देश्य से अधिक प्रेरित हैं। इस प्रकार विदेशी तत्त्वों के भारत में आ जाने से मनु के विचारों को हिन्दू समाज के पतन का कारण बताया गया।[28] शंखधर की यह सम्मति उचित ही है कि अम्बेडकरवादियों ने मनु की वर्ण-व्यवस्थापरक धारणा की पूर्वाग्रह प्रेरित विकृत व्याख्या की है। मनु की मान्यता है कि जन्मना हम सब शूद्र हैं यह मात्र शक्ति के गुणों के ग्रहण करने तथा उपनयन संस्कार के पश्चात् ही सम्भव है कि वह द्विज बने। एक शूद्र ब्राह्मण बन सकता है। मर्यादा से च्युत होने पर ब्राह्मण शूद्र बन सकता है। थिरु कोराल का भी यही मत है। ब्राह्मण अपने गुणों के कारण सम्मान पाते थे, फिर भी वह दान

पर निर्भर रहने वाले, दरिद्र थे। वह शपथपूर्वक राजनीतिक सत्ता का त्याग करते थे। इससे स्पष्ट है कि मनु ब्राह्मण के लिए राजनीतिक सत्ता वर्जित करते हैं और संयत, त्यागपूर्ण जीवन का विधान करते हैं। यह हमें प्लेटो कल्पित उस अभिभावक श्रेणी का स्मरण दिलाता है जो राज्य और आर्थिक सत्ता को सम्मिलित रूपेण भोग नहीं कर सकती थी और जीवन को अनुशासित रखती थी। अन्तर केवल इतना है कि प्लेटो के दार्शनिक राजाओं से बनी यह अभिभावक श्रेणी शासकों की श्रेणी थी। दूसरी ओर बौद्धिक दृष्टि से उच्चस्थानीय होते हुए भी ब्राह्मण शासक नहीं थे। अधिक से अधिक वह परामर्शदाता अथवा हिन्दू राज्यतन्त्र में किन्हीं परिस्थितियों में राजा बनाने वाले थे। इसके अतिरिक्त सामान्य धारणानुसार मनु शूद्रों को दास माने जाने के विरुद्ध थे। सौहार्द, मानवता का जहाँ तक प्रश्न है, हिन्दू समाज का वह अनिवार्य अंग थे। उनके लिए उच्चतर सामाजिक और सांस्कृतिक जीवन-स्तर प्राप्त करने के अवसर खुले थे।

इसके अतिरिक्त मनु का वर्ण-व्यवस्था सिद्धान्त किसी दुर्भाव-प्रेरित भेदभाव अथवा अन्यायपूर्ण पूर्वाग्रह पर आश्रित न होकर सुजनन, विज्ञान, प्रजनन शास्त्र, दर्शन, मनोविज्ञान, आचार शास्त्र के विज्ञानसम्मत और नैतिक सिद्धान्तों पर आधारित हैं। इस प्रकार उनके द्वारा अभिकल्पित सामाजिक संरचना न तो विक्षिप्त मनोदशा का परिणाम है, न रुग्ण और अनैतिक मानसिकता की ही यह देन है। न ही जैसा आलोचकों ने इसे कलंकित किया है यह कठोर और अस्वीकार्यतः पुरातन है। वैदिक मान्यताओं की दुर्भावपूर्ण भ्रान्त व्याख्याओं का ही यह दुष्परिणाम है कि मनु पर जातीय आधार पर हिन्दू समाज के विभाजन का दोषारोपण किया जाता है। अभी हाल में मेल्बोर्न (आस्ट्रेलिया) में सम्पन्न विश्व संस्कृत सम्मेलन में प्राचीन संस्कृत प्रथमवर्गीय रचनाओं की महत्ता दर्शाई गई और उस दुर्भाव तथा पूर्वाग्रह को अपावृत किया गया जो पाश्चात्य आलोचना और उनके उच्छिष्ट भोजी थोथे भारतीय विद्वानों द्वारा अवांछनीय, अनुचित आलोचना की मूल प्रेरणा है। दुर्भाग्य से इन शिक्षा देने वालों के निरन्तर होने वाले बुद्धि-विरोधी विचारानुशासन के सामने आत्मसमर्पण कर देना भारतीय समाज के लिए सुदूर अतीत से ही अभिशाप रहा है। किन्तु हम समझते हैं कि यदि हम यह कहें कि मनु का विधि-शास्त्र ब्राह्मण लोगों पुरोहित वर्ग ने बनाया था, इसलिए इसका पाठ न केवल पुराहितों द्वारा रचित है, वरन् उन्हीं के लिए है। निम्नोक्त चित्रण द्वारा मनु यह स्पष्ट करते हैं, ''ब्राह्मण लोगों के लिए अनुकरणीय निदर्शन है, प्रतिमान है। मानव जाति का वह पूर्णतम सर्वांगपूर्ण प्रतिनिधि है—उपलक्षण रूप में वह विद्वत्ता, पावनता एवं धर्मपरायणता का चरम प्रस्तुतन है।''[29] इसके अतिरिक्त फ्रेडरिक नीत्शे जिन्होंने मनु के लेखों के भाष्य किए हैं, चार से कम जातियों का उल्लेख

नहीं किया है—पुरोहित, योद्धा, व्यापारी और सेवा करने वाली निम्न स्तरीय जाति शूद्र। यह पाश्चात्य विद्वान् भारतीय साहित्य समृद्धि का कितना भी यशोगान करें, परन्तु मनु द्वारा समाज के विभाजन से उत्पन्न होने वाली पीड़ा को दलितों के मनों से हटाया नहीं जा सकता। आश्चर्य की बात है कि अपनी कृति 'शुद्र कौन थे' में डॉ. अम्बेडकर ने मनुस्मृति के अनेक अध्यायों से उद्धरण प्रस्तुत कर उनमें शूद्रों के विरुद्ध दी गई टिप्पणियाँ तथा व्यवस्थाएँ ऐसी हैं कि वह मानव रूप में अपने अस्तित्व का कोई औचित्य नहीं देखते। उपनयन संस्कार द्वारा द्विजत्व का अधिकारी बन जाना कोई सरल कार्य नहीं है। अतः सन्देह और आशंकाएँ अनावश्यकतः उभरती हैं।

मनु तथा लिंग सम्बन्धी असमानता

मनु का स्त्री चित्रण एक ऐसे दुर्बल अस्तित्व के रूप में है जिसे जीवन में पदे-पदे सुरक्षा की अपेक्षा है। उनका मत है, "स्त्री की रक्षा बचपन में पिता, यौवन में पति तथा वृद्धावस्था में पुत्र करता है।"[30] मनु लोगों का आह्वान करते हैं कि उन्हें बड़ी सतर्कता से अपनी पत्नियों की रक्षा करनी चाहिए। इससे उनकी सन्तान भी शुद्ध निष्कलंक रहेगी। पुरुष को वह परामर्श देते हैं वह स्त्री को धन संचित करने, उसे व्यय करने, भोजन बनाने पर तथा सामान की देखभाल करने तथा पूजार्चन जैसे शुद्धिकर कार्यों में व्यस्त रखे। साथ ही वह यह कहते हैं कि "घर में उन पुरुषों द्वारा रखी जाने वाली स्त्रियों, जिनके कार्य पर भरोसा किया जा सकता है, वह सुरक्षित नहीं रह पातीं। परन्तु स्त्रियाँ जब स्वतः अपनी सुरक्षा करती हैं तब वह भली प्रकार सुरक्षित रहती हैं।"[32] परन्तु इतनी सतर्कता मनु अवश्य बरतते हैं कि वह एक सदाचारिणी, पवित्र और कुलटा स्त्री के भेद को पहचान सकें। जो स्त्री पति-परायणा है, मन, वचन और शरीर पर जो संयम रख सकती है, मरणोपरान्त वह अपने पति के लोक में पहुँच जाती है। इसके विपरीत जिसकी पति के प्रति निष्ठा नहीं है, उसका दूसरा जन्म एक गीदड़ के मुख में होता है। अपने दुष्कर्मों के कारण अनेक व्याधियों की यंत्रणा उसे सहन करनी पड़ती है।

स्त्री की तुलना वह खेत से और पुरुष की बीज से करते हैं। खेत और बीज के समागमन से शरीर से सन्तान रूप में जीवोत्पत्ति होती है। "उपयुक्त ऋतु में बोये जाने वाले बीज की जो विशेषता होगी, उसी प्रकार का बीज अपनी विशेषाताओं सहित प्रकट होगा।"[33]

विद्रोही, बेईमान, हिंसक, आठ वर्ष तक बंध्या रहने वाली ऐसी पत्नी जिसकी सन्तान ग्यारहवें वर्ष में मर जाएँ, ग्यारह वर्षों तक जो कन्याओं को ही जन्म दे और जो अप्रिय भाषिणी हो, को प्रतिस्थापित करने का भी मनु सुझाव देते

हैं। उचित आचार, व्यवहार वाली स्त्री भी यदि रुग्ण रहती हो तो बिना तिरस्कार के, मनु उसके प्रतिस्थापन को भी उचित, वैध मानते हैं।

मनु इस बात पर बल देते हैं कि पति-पत्नी आजीवन एक-दूसरे के प्रति अनुरक्त रहें और एक-दूसरे के विश्वासपात्र बने रहें। दोनों को आजीवन साथ रहने का उचित परामर्श भी उन्होंने दिया है।

कन्या का विवाह करने के लिए तथ्यों को छिपाने वाले माता-पिता के लिए मनु एक व्यवहार-संहिता का उल्लेख करते हैं। इस प्रकार छलपूर्वक सम्पन्न विवाह को उन्होंने निरस्त करने का सुझाव भी दिया है। किन्तु यदि एक स्त्री किसी पुरुष से पागलपन, दुराचार, नपुंसकता अथवा किसी कुटेव के कारण हुए रोग के कारण उससे घृणा करे तो उसे उत्तराधिकार से वंचित नहीं किया जाना चाहिए। वर्तमान संशोधित हिन्दू कानून के अनुसार भी ऐसे कुछ कारणों से विवाह विच्छेद हो सकता है, यद्यपि विवाह विच्छेद की स्थिति में स्त्री को निर्वाह योग्य व्यय पाने की अनुमति है। एक स्त्री के लिए यह अकथनीयतः भयावह स्थिति है कि वह एक नपुंसक या रोगी व्यक्ति के साथ बँधी रहे। कन्या के माता-पिता के लिए भी यह अनुचित है कि वह युवक के माता-पिता से तथ्यों को छिपाएँ जिनके परिणामस्वरूप सम्बन्ध कटु हो और दोनों पक्षों की प्रतिष्ठा पर क्षतिचिह्न (Stigma) लग जाए। किन्तु, मनु की यह स्थापना कि स्त्री किसी-न-किसी रूप में पुरुष पर आश्रित रहे, अतीत का एक अवशेष मात्र ही है जो नितान्त अस्वीकार्य और अप्रासंगिक है, आज के युग में जब स्त्री-पुरुष की समानता के प्रति समादर भाव न केवल कानून में स्थानित, मान्य हैं, वरन् समाज के उच्च वर्ग में भी एक अनिवर्त्य स्थिति के रूप में मान्य है।

एक अन्य अप्रिय, आपत्तिजनक बात जो मनु ने कही है वह यह है कि पुरुष पत्नी को निजी पसन्द से नहीं, वरन् देवताओं से उपहार स्वरूप प्राप्त करता है। इस कारण पुरुष ऐसी चरित्र-परायण स्त्री को प्रसन्न रखे और देवों का सम्मान करे। उनके मतानुसार स्त्री का जन्म सन्तानोत्पत्ति और पुरुष की वंश-वृद्धि के लिए हुआ है। "देव प्रदत्त नियम के अनुसार स्त्री-पुरुष के लिए एक संयुक्त दायित्व निर्धारित है।" यद्यपि यह कथन निर्विवाद है, तथापि स्त्री को मात्र सन्तान जानने का एक यंत्र मानना और वह भी परमात्मा के प्रसाद के रूप में, यह एक ऐसी पुरातन धारणा है जो वर्तमान युग के उस उदारवादी युवा वर्ग के लिए अमान्य है जो जीवन-सहचर का वरण स्वेच्छा से करता है और भरण-पोषण की अपेक्षित साधन-क्षमता होने पर ही जिसे सन्तान अभीष्ट है।

उभयपक्षीय निष्ठा सम्बन्धी मनु का उपदेश आनन्दमय दाम्पत्य जीवन का आधार है और इसका दृढ़ता से पालन करना चाहिए। प्रसन्नता और वरदानों से समृद्ध वैवाहिक जीवन के लिए मनु के इस परामर्श का चिरस्थायी महत्त्व है।

निष्कर्ष

मनु निरूपित राज्यत्व विषयक अवधारणा, राज्य तन्त्र के संचालन के लिए प्रशासन के अनेक रूपों, राज्य का उत्स विषयक विवेचन, राजा के रक्षक रूप में आविर्भाव का वर्णन, विभिन्न सरकारी कार्यों भारतीय चिन्तकों की भाँति मनु का दृष्टिकोण भी उद्देश्यपरक, व्यावहारिक है। इसके अतिरिक्त यह भी ज्ञात होता है कि पाश्चात्य राजनीतिक विचारकों द्वारा प्रतिपादित सिद्धान्त मनु तथा कौटिल्य के चिन्तन का ही परिणाम है।

इसे धृष्टता न समझा जाए यदि हम कहें कि हिन्दू राज्य तन्त्र में हमें जिस अन्तर्निहित जीवनन्ता और स्थायित्व का दर्शन होता है, वह किसी भी पाश्चात्य राज्यतन्त्र में उपलब्ध नहीं है। एक राज्य तन्त्र की परीक्षा उसकी जीवन धारिता और सतत विकासोन्मुखी होने से होती है। जायसवाल के शब्दों में, "इस मानदण्ड के अनुसार हम पाते हैं कि संस्कृति तथा मानवीय प्रसन्नता को अपने योगदान के कारण हिन्दू राज्य तन्त्र बहुत सफल सिद्ध हुआ है।"[34]

डनकन और डेरियट के विचारानुसार, "मनु की कृति विधि न्याय शास्त्र के क्षेत्र में भारत की महत्तम उपलब्धि है।" तुलनात्मक कानून की दृष्टि से भी कृति यह पाश्चात्य विद्वानों को आकृष्ट करती रही है। प्राचीन विधि शास्त्र की यह ऐसी रचना है जो हर दृष्टि से हम्मूरावी से अधिक श्रेष्ठ और मूल्यवान और जो अपने बल पर मूसा के प्रतिज्ञा-पत्र तथा संहिता की तुलना में खड़ी होने की क्षमता रखती है।"[35] यूरोपीयन क्षेत्रों से जो साधुवाद मनु को मिला है वह मात्र भारतविदों तक ही सीमित नहीं है। नीर्शे का प्रशंसोद्रेक तो इतना था कि उन्होंने मनु को रहस्यमयी ऊँचाई तक पहुँचा दिया। ईसाई मत की अवमानना करने के लिए एक सुलभ, विश्वस्त शास्त्र के रूप में इसका प्रयोग किया। उन्होंने कहा, "ईसाइयत के उद्देश्य बुरे हैं, इसके साधन भी बुरे हैं। एक विरोधी की भावना से मैंने मनु का अध्ययन किया, परन्तु इस न्यायशास्त्रीय प्रतिपादन को मैंने अतुलनीय महत्त्व की रचना पाया। अध्ययन से हमें तत्काल पता चलता है कि इसके मूल में एक वास्तविक दर्शन है। वह सभी बातें जो ईसाइयत की अति गहन, अभद्र अश्लीलता का केन्द्र रही हैं, मनु स्मृति में उनका प्रतिपादन आदर, विश्वास और प्रेम से किया गया है—स्त्रियों द्वारा सन्तानोत्पत्ति तथा विवाह का यहाँ उदाहरण स्वरूप वर्णन किया जा सकता है।"[36]

किन्तु आलोचकों के मतानुसार सामाजिक जीवन के स्वरूप का चार सामाजिक वर्गों में चित्रण एक ऐसे धर्मतन्त्रात्मक अन्तर को प्रकट करता है जो कि युग में हिन्दू जाति पर एक कलंक माना जाता है और वर्तमान युग में अपनी अप्रासंगिकता, प्रयोजनहीनता के कारण मात्र एक सामाजिक वर्जना बनकर रह गया है। पुरोहित

वर्ग को मनु जन-साधारण के लिए आदर्श, उदाहरणात्मक वर्ग मानते हैं जो मानव की चरम उत्कृष्टता का प्रतिनिधित्व करता है। इसके विपरीत वह निम्न वर्गस्थ लोगों के लिए 'चांडाल' जैसे घोर गर्हता सूचक विशेषण का प्रयोग करते हैं। यह गर्हित मनोवृत्ति समाज में आज भी है जबकि हमारे संविधान-निर्माताओं ने अस्पृश्यता उन्मूलन का प्रावधान सामाजिक समानता के नवयुग के सूत्रपात के लिए किया था। आलोचकों को अखरने वाली दूसरी बात है स्त्रियों का पुरुषों पर पूर्णतः आश्रित रहना। उनके यह विचार हमारे प्राचीन साहित्य में उपलब्ध उन विचारों का एकदम विलोम है जिनमें स्त्री-पुरुष को समान स्तरीय माना गया है और स्त्रियों को पूज्या और सम्मानास्पद माना गया है। इसमें सन्देह नहीं कि स्त्रियों के प्रति स्नेह और सहानुभूति के जो विचार नीत्शे की दृष्टि में मनुस्मृति में मिलते हैं, उन्हीं से प्रभावित होकर वह कहते हैं, मैं मनुस्मृति के अतिरिक्त किसी ऐसी पुस्तक को नहीं जानता जिसमें स्त्रियों के प्रति ऐसे कोमल, दयापूर्ण विचार हों–एक स्त्री का मुख कभी प्रदूषित नहीं होता।"[37]

किन्तु घर ज्योति और सन्तानोत्पत्ति की क्षमता के कारण प्रशंसित करने पर भी यह उपेक्षणीय नहीं है कि पुरुष की तुलना में स्त्री प्रस्तुतन निम्न स्तरीय रखा गया है। मनु स्त्री को मात्र पुरुष की भोग्या मानते हैं। पूर्वाग्रह प्रदूषित ऐसी धारण वर्तमान समय में घृणास्पद, अमान्य है। आज तो स्त्री प्रत्येक क्षेत्र में पुरुष के समस्तरीय है। अतः मनु की असमानता की धारणा, उत्तराधिकार विषयक उनके मन्तव्य वर्तमान युगानुरूप नहीं हैं। अतः मनु मानवता के आधे भाग की ही कृतज्ञता के पात्र हैं। यू. एन. घोषाल का यह मत उचित ही है, "राज्य की अंगभूत एकता की अवधारणा का जिस समग्रता से मनु ने प्रस्तुतन किया है, वैसा उनकी कोई पूर्ववर्ती नहीं कर सकता है।" मनु ने कहा था, "ऐसे शासन तन्त्र में जिसमें सात अंग हों, महत्त्व की दृष्टि से उनमें से किसी एक को दूसरे की अपेक्षा महत्तर नहीं कहा जा सकता। प्रत्येक अंग का प्रयोजन किन्हीं विशेष उद्देश्यों की पूर्ति के लिए होता है। अतः सन्दर्भ में वह सर्वाधिक महत्त्वपूर्ण है।

सन्दर्भ

1. Wendy Doniger and B. K. Smith : The Laws of Manu. (1991 ed.), Penguin classics, p. 16.
2. Ibid., p. 17.
3. Beni Prasad : Theory of Government in ancient India, p. 157.
4. K.P. Jayaswal : Manu and Yajnavalkya, p. 21.
5. S.C. Vidyarnave : Yagnavalk yasmriti, p. 17.

6. D. Mackenzie Brown : The White Umbrella, pp. 26-27.
7. Subhashmi Aryan : In the land of Rishis—Hindustan Times February 19, 1995, (Magazine section). p. 66
8. U.N. Ghoshal : A History of Hindu Political Theories, PP. 180-81
9. Kewal Motwani : Manu Dharmashastra, p. 150.
10. K.P. Jayaswal : Hindu Policy, pp. 225-26.
11. BA. Saletore : Ancient Indian Political Thought and Institutions, pp. 305-09.
12. See details in Judicial Administration in Arthsastra by B.K. Pandit Chapter 3, p. 11.
13. Manu, VII, 65, as quoted in K.P. Jayaswal, Hindu Policy, (ed. 1978), p. 85.
14. U.N. Ghoshal : A History of Indian Political Ideas, p. 164.
15. Manu VII, 336.
16. K.P. Jayaswal, op. cit., p. 278.
17. Kewal Motwani op. cit., pp. 137-39.
18. Ibid., p. 145.
19. Manusmriti, VIII, pp. 237-65.
20. Parmatma Sharan op. cit., p. 228.
21. B.A. Saletore op. cit., p. 851.
22. Beni Prasad op. cit., pp. 363–65.
23. P. Sharan op. cit., pp. 237-38.
24. Wendy Doniger and B. K. Smith, op. cit., p. 232
25. Wendy Doniger and B.K. Smith op. cit., p. 232.
26. Ibid., p. 26.
27. Ibid., p. 13.
28. M.M. Sankhdhar : Manu misinterpreted–A Letter to the Editor in Hindustan Times, April 11, 1994.
29. Wendy Doniger and B.K. Smith op. cit., p. 23.
30. Ibid., p. 197.
31. Ibid., p. 198.
32. Ibid., p. 201
33. K.P. Jayaswal op. cit., p. 352.
34. J.D.M. Derrett : Manusastravivarana Introduction, 2 Vols. (1973).
35. Ibid.
36. Friedrich Nietzsche : The Anticahrist, section 56, p. 176.
37. Ibid., p. 22.

2

कौटिल्य

"कौटिल्य के कृतित्व की विशुद्ध त्रुटिहीनता, पूर्ण समीचीनता, इसकी प्रेरक आगमनात्मकता, क्रियात्मक स्वरूप, उसका दृढ़ अस्खलनीय तर्क, किसी बाह्य नैतिक अथवा धार्मिक मानदण्ड की अवमानना और उसका विषयगत, रुचिपरक वैविध्य—यह सब विशेषताएँ मिलकर, इस कृतित्व को एक अप्रतिम विशिष्टता प्रदान करते हैं।"

—डी. आर. भण्डारकर

भारतीय राजनीतिक चिन्तन के जनक, कौटिल्य का आरम्भिक जीवन रहस्यमय है। चणक ग्रामोत्पन्न होने के कारण उनका नाम चाणक्य पड़ा। डॉ. गणपति शास्त्री के मतानुसार वे कुटाला गोत्र में उत्पन्न हुए थे। इसी से उनका नाम कौटिल्य पड़ा। उनके माता-पिता ने नामकरण संस्कार के अवसर पर उन्हें विष्णुगुप्त नाम दिया।[1] एक अन्य प्रचलित मतानुसार कुटाला अन्न से भरे पात्र को कहते हैं। इस पात्र में रखे अन्न पर जो ब्राह्मण निर्भर रहते हैं, उन्हें कुटाला कहते थे। क्योंकि उनके पूर्वज इस व्यवसाय में थे, अतः उनका कौटिल्य नाम पड़ा। दृढ़ इच्छाशक्ति और संकल्प वाले तक्षशिला के ब्राह्मण होने के कारण उन्होंने पाटलिपुत्र के राजा नन्द से अपने अपमान का प्रतिकार लेने का निश्चय किया। अपमानित होने के उपरान्त उन्होंने राजधानी छोड़ने का निश्चय किया। मार्ग में उनकी भेंट चन्द्रगुप्त से हुई। चन्द्रगुप्त में उन्होंने एक उदीयमान तरुण को देखा और उसी समय उन्होंने उसे मगध के सिंहासन पर बिठाने का अभियान छेड़ दिया। प्रथम प्रयास में वे असफल रहे। परन्तु अपने सैनिकों का पुनर्गठन कर, सीमावर्ती राज्यों को अधिकार में लेते हुए मगध की राजधानी पर आक्रमण कर दिया। दुष्ट राजा

घनानन्द जो नन्द वंश का अन्तिम शासक था, ई.पू. 322 में मारा गया। इस प्रकार ई.पू. 321 में चन्द्रगुप्त के मगध के सिंहासन पर बैठने के साथ मौर्य वंश का राज्य आरम्भ हुआ। चन्द्रगुप्त ने ई. पू. 298 तक राज्य किया। इसका पूरा श्रेय कौटिल्य को जाता है जो उस समय तक एक व्यापक प्रसिद्धि प्राप्त नाम हो चुका था। उनकी कूटनीतिक कुशलता और प्रशासन सम्बन्धी उनका, अतिविशाल, व्यापक ज्ञान, इन दोनों के कारण उनके शिष्य को केवल नन्द के विरुद्ध सफलता मिली, वरन् अपने राज्य को सुदृढ़ भी कर लिया। इस साम्राज्य में न केवल कुछ परस्पर असम्बद्ध जिले समाविष्ट थे, जिन्हें एक ही क्षत्रप के अधीन कर लिया गया। यह एक ऐसी वास्तविक इकाई थी जो एक ही शासनान्तर्गत थी और जिसने न केवल सर्वत्र राजा के अधिकार को प्रतिष्ठित किया वरन् जनसाधारण का भी हित साधन हुआ।[2]

प्रथम बार देश में एक साम्राज्य को आदेश माना जाता था–यह कार्य केन्द्र द्वारा पदानुक्रमेण नियुक्त अधिकारियों के एक दल द्वारा होता था–चाणक्य द्वारा अभिकल्पित प्रशासनिक ढाँचे के अन्तर्गत कौटिल्य जो मंत्री थे। अर्थशास्त्र के लेखक का नाम कौटिल्य होना चाहिए–जो उनका गोत्र नाम है।

अर्थशास्त्र की रचना तिथि तथा उसके रचयिता के सम्बन्ध में विद्वानों में मतभेद है। विद्वानों के एक वर्ग के मतानुसार इसका रचना काल ई.पू. 400 है। दूसरे वर्ग के विद्वान् इसे ईसवी सन् की तीसरी और चौथी शताब्दी की रचना मानते हैं। यंह एकदम सम्भव प्रतीत होता है कि मौर्य कौटिल्य ने इसकी रचना की हो और किसी अन्य सम्पादक ने इसे दोबारा लिखा हो अथवा चाणक्य के विभिन्न विचारों अथवा लेखों का संकलन कौटिल्य के सिद्धान्त के रूप में प्रसिद्ध होने पर अर्थशास्त्र के नाम से स्वयं प्रस्तुत किया हो।[3] अर्थशास्त्र के रचनाकाल सम्बन्धी विवाद में पड़ने का कोई प्रयोजन नहीं है। किन्तु यह सम्भव है कि अर्थशास्त्र एक प्रतिभासम्पन्न, अति बुद्धिमान राजनीतिक की रचना हो जो मौर्य साम्राज्य का संस्थापक हो। किन्तु अर्थशास्त्र की खोज 1904 में हुई, यह विवेचन चन्द्रगुप्त मौर्य के काल 322-298 ई.पू. का माना जाता है।

तंजौर जिले के एक अज्ञातनामा व्यक्ति ने इस विशाल ग्रन्थ की पाण्डुलिपि डॉ. शोभा शास्त्री को दी जिन्होंने 1909 में इसे संस्कृत में प्रकाशित कराया। 1915 में इसका अंग्रेज़ी अनुवाद भी प्रस्तुत किया गया। आर.पी. कॉंग्ले ने विभिन्न भाषाओं में प्रकाशित अर्थशास्त्र की सात पाण्डुलिपियों का उल्लेख किया है।[4]

अर्थशास्त्र की खोज ने यह भी स्पष्ट कर दिया कि प्राचीन भारतीयों की बौद्धिक खोजों के सम्बन्ध में पाश्चात्य विद्वानों का पक्षपातपूर्ण, एकपक्षीय दृष्टिकोण,

भारतीयों की उपलब्धियों का महत्त्वापकर्षण कर उन्हें कितने हीन रूप में प्रस्तुत करता है। कौटिल्य का अर्थशास्त्र उन सभी अर्थशास्त्रों का संकलन है जो भारतीय आचार्यों द्वारा प्रणीत थे। यह सभी धरती की सम्पदा एवं इसके सम्पोषण को ध्यान में रखकर लिखे गए थे। अतः कौटिल्य के अर्थशास्त्र को अर्थशास्त्रपरक सभी विचारों की ऐसी परिणति के रूप में स्वीकार किया जाता है जिसमें पूर्ववर्ती अर्थशास्त्रों का सार समाविष्ट है। वास्तव में अर्थशास्त्रीय विचार का यह बृहदाकर ग्रन्थन आज तक सुरक्षित रहा है, कुछ तो इसलिए क्योंकि इसमें पुराकालीन राजनीतिक विचारों का समावेश है और कुछ इसलिए कि यह उन्मेषपरक है। अपने तीक्ष्ण विश्लेषणात्मक तर्क, राज्यतन्त्र का विशाल यथार्थपरक अध्ययन होने के कारण चाणक्य भारतीय राजनीतिक चिन्तन के अनेक वाग्जालों को दूर करने में सफल हो सके।[5] कौटिल्य अन्यों की अपेक्षा सूक्ष्मतर विश्लेषण कर, बुद्धिमत्तापूर्ण निर्णय लेने में अपनी असाधारण क्षमता के कारण भारतीय राजनीति विज्ञान की पुनर्रचना में पूर्णतः सक्षम हैं।[6]

अर्थशास्त्र में कौटिल्य का दोहरा उद्देश्य है—(i) यह पता लगाना कि एक शासक अपने प्रदेश की रक्षा कैसे कर सकता है। (ii) किन नीतियों और उपायों द्वारा वह अन्य क्षेत्रों को अपने राज्य में मिला सकता है। प्रथम उद्देश्य की प्राप्ति के लिए वह अपने विवेचन में राज्य प्रशासन के सिद्धान्तों का विशद अध्ययन प्रस्तुत करते हैं। दूसरे उद्देश्य के लिए वह अन्य राज्यों के साथ सम्बन्धों के परिप्रेक्ष्य में विदेश नीति का सूक्ष्म विश्लेषण करते हैं। कौटिल्य अनुभव करते हैं कि उन दो उद्देश्यों की पूर्ति के लिए राज्य की गतिविधि उसकी इतिकर्तव्यकता के पूरे क्षेत्र को समाहित कर लेती है। अतः कौटिल्य की दृष्टि में उनका अर्थशास्त्र राज्यतन्त्र संचालन सम्बन्धी विज्ञान है।[7] इस राज्यतन्त्र संचालन में शासक की क्षमता एक माध्यम है जिसके द्वारा वह अपना अधिकार सुरक्षित रख सकता है। अपने अधिकार को सुरक्षित रखने का अर्थ इतना ही नहीं है कि शासक अपने व्यक्तिगत हितों को ही सुरक्षित रखे। उसके लिए यह भी आवश्यक है कि वह सामाजिक एवं राजनीतिक गठन का भी सम्पोषण करने में समर्थ हो। वे मानते हैं कि प्रभावी प्रशासन सभ्य अस्तित्व का एक मौलिक सर्वथा अपरिहार्य उपादान है और एक विशेष संस्कृति का अस्तित्व प्रशासन के समग्र, विशुद्ध ज्ञान पर निर्भर है। आल्टेकर का यह कथन उचित ही है कि 'अर्थशास्त्र मात्र राजनीति के सिद्धान्तों के विवेचन से कहीं अधिक प्रशासन तन्त्र संचालन की नियमावली है।''[8]

प्रशासन सम्बन्धी अवधारणा पर विचार करने से पूर्व आवश्यक है कि राज्य सम्बन्धी अवधारणा और अन्य सम्बद्ध बातों के विषय में चाणक्य जो कहते हैं, उससे हम परिचित हो जाएँ।

राज्य की अवधारणा

यह यथार्थ, व्यवहारवादी होने के कारण चाणक्य ने राज्य के उत्स पर विचार करने में समय गँवाना उचित नहीं समझा। इसके स्थान पर उनका विवेचन राजनीति के व्यावहारिक आयामों पर अधिक केन्द्रित है। प्राचीन भारतीय मान्यता के अनुसार कौटिल्य के राज्य को आध्यात्मिक अनुज्ञप्ति (Sanction) प्राप्त है। किसी भी संयोगवश की गई टिप्पणी का राज्य की सत्ता इस आधार पर औचित्य प्रमाणित करती है कि ऐसा उस संविदा के अन्तर्गत किया गया जो राजा तथा जनता के मध्य हुआ है, ईश्वर के निर्देश पर जिससे कि वह अराजकता, भ्रम और अव्यवस्था की स्थिति से उबर सके। राज्य अन्न भण्डार का छठा, पण्य पदार्थ (Merchandise) का दसवाँ तथा कुछ स्वर्ण प्राप्त कर अपनी प्रजा की सुरक्षा सुनिश्चित करता था। अर्थशास्त्र में कहा गया है कि प्रजा के मध्य यह विज्ञापित किया जाना चाहिए कि राजा की सत्ता उत्स संविदात्मक (Contractual) है। वे राज्य की सत्ता के उत्स को नियति निर्दिष्ट मानते हैं। इस प्रकार यह माना जा सकता है कि कौटिल्य की अभिकल्पना का राज्य लोगों द्वारा अनुभूत उसकी आवश्यकता का परिणाम है तथा इसका अस्तित्व जनता का कल्याण करने के लिए है।

राज्य की उनकी परिभाषा (सप्तांग सिद्धान्त) (Saptanga Theory) : कौटिल्य द्वारा उनकी प्रशंसनीय देन है। इस परिभाषा में जो व्यापक और विशद है राज्य के सात अंगों का उल्लेख इस प्रकार है–(i) स्वामी, (ii) अमात्य, (iii) जनपद, (iv) दुर्ग, (v) कोष, (vi) दण्ड तथा (vii) मित्र। इस सात तत्त्वों का उल्लेख प्राचीन भारतीय राजनीति शास्त्र में भी उपलब्ध है। इन सात तत्त्वों के प्रकरण को सप्तांग सिद्धान्त कहा गया है।

कौटिल्य द्वारा प्रस्तुत राज्य सम्बन्धी विवरण में प्रमुखता से यह दर्शाया गया है कि राजा अपने राजनीतिक अधिकार का प्रयोग करता था तथा प्रशासनिक बातों पर अधिकारी उसे परामर्श देते थे। राजा एक सुदृढ़, किलेबन्दी द्वारा सुरक्षित राजधानी से अपने प्रदेश पर शासन करता था। उसके राज्य में स्थायित्व और सुरक्षा सुनिश्चित करने के लिए सेना और कोष थे। उनके मित्र राज्य की रक्षार्थ उसे सहायता देते थे। डॉ. परमार के शब्दों में, "अर्थशास्त्र में प्रस्तुत सात तत्त्वों का निरूपण स्वतः इतना व्यवस्थित, क्रमबद्धपूर्ण तथा विशद है कि अन्य राजनीतिक ग्रन्थों में इससे उपमित होने योग्य, इसका समवर्ती कुछ भी नहीं है।"[9]

राजा की कठिनाइयों का विवरण देते हुए, कौटिल्य राज्य के तत्त्वों की संख्या सात से घटाकर मात्र दो मूलभूत तत्त्वों, राजा और राज्य तक सीमित कर देते हैं। इतना अधिक संख्या लघुकरण और औचित्य इस बात से समझ में आता है कि

मुख्यतः तो महत्त्व राज्य तथा उसके द्वारा शासित जनपद (देश) का ही होता है। जहाँ प्रथमोक्त (Former) राजा की सत्ता मन्त्रियों की नियुक्ति करती है, सेना गठित करती है और अपने मित्रों का चुनाव करती है, अवरोक्त जनपद (प्रदेश) उसे दुर्ग की सुरक्षा प्रदान करते हैं, वहाँ प्रजा उसके कोष का संभरण कर देकर करती है। कौटिल्य राजा को प्रभुसत्ता को प्रतीक मानते हैं और राज्य द्वारा अर्थ ग्रहण होता है उसके द्वारा शासित प्रदेश का। स्पष्टतः राजा तथा उसका प्रदेश दोनों में राज्य के दो सर्वाधिक महत्त्वपूर्ण तत्त्व आ जाते हैं। कौटिल्य के अनुसार स्वामी (राजा) का अन्य सभी प्रकृतियों (Elements) की अपेक्षा सर्वाधिक महत्त्व है।

राज्य के तत्त्वों का संक्षिप्त विवेचन

(i) स्वामी : राजा की स्थिति एवं गरिमा अत्युच्च थी। उससे यह अपेक्षा थी कि उसमें कुछ विशेष गुण हों। अर्थात् (i) वह उच्च कुलोत्पन्न हो, उस प्रदेश का निवासी हो, (ii) दूसरों में विश्वास संचरित करने की उसमें क्षमता हो, (iii) वह सर्वसुलभ हो, सत्यनिष्ठ और धर्मपरायण हो, (iv) सुतीक्षण बुद्धि से वह सम्पन्न हो, (v) वह वीर हो, शीघ्र निर्णय लेने में समर्थ और उसका मन शक्तिशाली हो, दृढ़निश्चयी हो। हिले ब्रेण्ड के शब्दों में, "परिगणित गुणों में से अन्तिम ऐसा है जो रहस्यपरक आदर्शवादोन्मुखी है—अर्थ ग्रहण की अपेक्षा से उसमें अतिव्याप्ति है।"[10]

(ii) अमात्य : यह राज्य का दूसरा तत्त्व है। भले ही राजा कितना शक्तिशाली क्यों न हो, वह स्वतः प्रशासन तन्त्र का संचालन नहीं कर सकता। वे इस पर बल देते हैं कि एक पहिया गति नहीं करता। सफल होने के लिए राजा को मन्त्रियों की सहायता और सम्मति दोनों की आवश्यकता होती है। अमात्य शब्द सभी पार्षदों, अधिकारियों और सभी प्रशासनिक विभागाध्यक्षों के लिए प्रयुक्त होता है। कुछ स्थलों पर अर्थशास्त्र में यह शब्द मुख्यमन्त्री के लिए भी प्रयुक्त हुआ है जो प्रशासन की धुरी है और राजाओं को पदासीन भी करता है। उसे 'मंत्री', यह पद संज्ञा दी गई है। पदानुक्रम की अपेक्षा से वे द्वितीय स्थानीय विशिष्ट अधिकारी हैं। इस प्रकार स्पष्ट है कि 'अमात्य' शब्द से मंत्री तथा प्रशासनिक अधिकारी दोनों का ही ग्रहण होता है।

कौटिल्य ने मन्त्री की भी अपेक्षित योग्यताओं का उल्लेख किया है, जैसे वह प्रदेश का नागरिक हो, उच्च कुलोत्पन्न हो, वह सहज नियन्त्रित हो सके। वह कलाओं में सुप्रशिक्षित हो, उसके पास एक वैज्ञानिक की दूरभेदी दृष्टि हो, वह प्रत्युत्पन्नमति हो, उसमें स्फूर्ति, शक्ति और उत्साह हो, सत्यनिष्ठ रहते हुए उसमें

कष्ट सहन की क्षमता हो। सबके प्रति मैत्री भाव रखे, दृढ़ आस्थावान हो, शारीरिक एवं चारित्रिक दोनों बलों का स्वमी हो, अकड़ाव न होते हुए भी मानसिक दृष्टि से चपल न हो। उसमें स्वाभाविक सौम्यता हो और द्वेषभाव फैलाने वाला न हो।[11] यह स्पष्ट है कि जिसमें यह गुण हों, वह प्रशासन के लिए एक मूल्यवान निधि ही हो सकता है।

शासन का संचालन करने के लिए राजा को सहायता के लिए एक बहुसदस्यीय समिति हो, पर मन्त्रियों की संख्या इसमें तीन या चार से अधिक न हो। राजा उनसे एक-एक करके अथवा संयुक्त रूप से परामर्श कर सकता था। किन्तु, वह स्वतः अपने विवेक के आधार पर भी निर्णय कर सकता है। कौटिल्य इस बात पर महत्त्व देते हैं कि यदि एक मन्त्री हो तो उस पर नियन्त्रण कठिन हो सकता है, दो हों तो परस्पर झगड़ सकते हैं, राज्य के नाश का कारण भी बन सकते हैं, राजा के विरुद्ध षड्यन्त्र में भी प्रवृत्त हो सकते हैं। अधिक संख्या होने से राज्य में गोपनीयता पर प्रभाव पड़ सकता है। अतः उचित यही है कि यह संख्या तीन या चार के अधिक न हो। कौटिल्य मन्त्रिपरिषद् का भी उल्लेख करते हैं। मन्त्रिपरिषदों के आकार का निर्धारण राज्य की आवश्यकताओं के आधार पर होना चाहिए। किसी भी मंत्रणा के समय मन्त्री तथा मन्त्रि परिषद् दोनों को बुलाना चाहिए। राजा को कौटिल्य यह परामर्श देते हैं कि उद्देश्य की सिद्धि के लिए यदि आवश्यक हो तो राजा बहुमत को स्वीकार कर सकता है। यदि यह उद्देश्य की सिद्धि में साधन नहीं है तो राजा अपने विवेक के आधार पर उचित कार्य का निर्णय स्वयं ले सकता है।

(iii) जनपद (Janapada) : जनपद के दो अर्थ हैं–प्रदेश और जनसंख्या। कौटिल्य जनपद की विशेषताओं का उल्लेख करते हुए कहते हैं, प्रदेश चट्टानों वाला न हो, क्षारयुत (Saline) न हो तथा न ही यह असमतल हो। यह बंजर, अनुर्वर न हो तथा शेर आदि वन्य जन्तुओं से मुक्त हो। भूमि उर्वरक होनी चाहिए, प्रचुर मात्रा में लड़की होनी चाहिए। हाथियों के वन होने चाहिए। इसमें बसने वाले किसान परिश्रमी और निष्ठावान हों। स्पष्ट है जनपद की इन विशेषताओं का संकेत उन लोगों की ओर है जो इसके निवासी हों। अतः जनपद शब्द जनसंख्या और प्रदेश दोनों के लिए प्रयुक्त किया गया है। अरस्तू की भाँति कौटिल्य ने भी प्रदेश अथवा जनसंख्या के आकार का कोई निश्चित निर्धारण नहीं किया है।

(iv) दुर्ग (Durga) : दुर्ग से अभिप्राय है 'किला'। अर्थशास्त्र के दो स्वतन्त्र भागों में 'दुर्ग विधव' तथा 'दुर्ग निवास' इन दो शब्दों का प्रयोग किया गया है। पहले का अभिप्राय दुर्ग के निर्माण से है और दूसरे का अभिप्राय उसके आयोजन और अभिन्यास (Lay out) से है।

(v) कोष (Finance) : कोष को राज्य का सर्वाधिक महत्त्वपूर्ण तत्त्व माना गया है, क्योंकि सभी कार्यों के लिए कोष की आवश्यकता अनिवार्य है। इसे सर्वोच्च महत्त्व प्रदान करते हुए कौटिल्य कोष की वृद्धि तथा न्यूनता के कारणों का विवेचन सविस्तार प्रस्तुत करते हैं। कोष का वह भाग जिसमें सोना-चाँदी, आभूषण तथा रत्नादि हों, उसका विधिवत् अधिग्रह राजा के पूर्वजों अथवा स्वयं राजा को कर लेना चाहिए। उनके मतानुसार कोष इतना प्रचुर हो कि किसी प्रकार की विपत्ति का सामना किया जा सके।

(vi) दण्ड (सेना) : कौटिल्य के अनुसार दण्ड (सेना) के अन्तर्गत वंशानुक्रमित अथवा वेतन पर नियुक्त सैनिक, अश्वारोही, पैदल सेना तथा रथारोही सम्मिलित होते हैं। वह सैनिक दृष्टि से क्षत्रियों को उत्कृष्ट मानते हैं, क्योंकि वह श्रेष्ठ योद्धा होते हैं। राष्ट्र के समक्ष यदि आपात स्थिति हो तो कौटिल्य वैश्य और शूद्र को भी सेना में प्रविष्ट होने से प्रतिबन्धित नहीं करते। सेना को आक्रमण के समय सैन्य सामग्री तथा उपकरणों से भली प्रकार सज्जित रखा जाना चाहिए तथा सैनिकों की पत्नियों तथा अन्य आश्रितों के पर्याप्त सम्पोषण की समीचीन व्यवस्था कर उन्हें सन्तुष्ट रखा जाना चाहिए। सैनिकों को धैर्यवान और दक्ष होना चाहिए तथा सदैव राजा के संकेत और आह्वान पर अभियान के लिए समृद्ध रहना चाहिए।

(vii) मित्र : मित्र के सम्बन्ध में उनकी अवधारणा राजनीतिक तथा सैनिक दृष्टि से सुलभ कार्य साधकों पर ही नहीं, वरन् नैतिक सिद्धान्तों पर भी आधारित है। वह इस बात पर बल देते हैं कि मित्र सच्चा होना चाहिए जिससे आवश्यकता पड़ने पर सहायता देने को तैयार हो। एक गुणवान व्यक्ति ही मित्र हो सकता है। उनके मतानुसार, पड़ौस में होने पर भी यदि कोई राजा कृपण, धन-लोलुप, अन्यायी, अनिष्टकारी हो तो ऐसा राजा मित्र नहीं, शत्रु होता है।

निस्सन्देह राज्य के कौटिल्य द्वारा परिगणित अनेक गुणों को हम आधुनिक युग में विधिवत् राज्य सम्बन्धी अवधारणा में कोई स्थान नहीं दे सकते।

सेना, कराधान, पूँजी तथा मित्र आदि गुण कौटिल्य द्वारा अभिकल्पित रूप में राज्य की आधुनिक अवधारणा में सम्मिलित नहीं किए जा सकते। मात्र प्रभुसत्ता ही राज्य का ऐसा गुण है जो सर्व समावेशकारी है। राज्य के पास जो कर-संग्रह करने की बलात् विवशकारी सत्ता है, वह इसी प्रभुसत्ता के कारण है।

किन्तु, पूर्वोक्त राज्य के सप्तांग सिद्धान्त तथा राज्य की आधुनिक परिभाषा में हम आंशिक समानता पाते हैं। तथ्य तो यह है कि यह राज्य के कुछ और गुण उसमें जोड़ देती है। स्पेलमैन के शब्दों में, "प्राचीन भारत में राज्य की विशद परिभाषा के सन्दर्भ में हम कह सकते हैं कि प्राचीन भारत में राज्य का अस्तित्व न केवल एक राजनीतिक वास्तविकता थी, परन्तु राज्य सम्बन्धी एक सैद्धान्तिक

अभिकल्पना भी थी जिसके आधार पर यह विषय भाव क्षेत्र में भी विवेचित हुआ था।"[12]

राज्यों का वर्गीकरण

कौटिल्य, राज्य के विभिन्न रूपों से, ऐसा लगता है, भली-भाँति परिचित थे और राज्यतन्त्र के लिए उनके निहितार्थों से भी वे अपरिचित नहीं थे। वह एकतन्त्र को राज्य की साधारण विधा मानते थे। इससे विचलित होने को वे एक व्यसन तथा राज्य के लिए एक विभीषिका मानते थे। इन व्यतिक्रमों में उन्होंने इन दो का परिगणन किया है—**(i) द्विराज्यः** पिता-पुत्र अथवा दो भाइयों का राज्य, **(ii)** विराज्य : एक विदेशी का राज्य। तुलना की दृष्टि से उन्होंने प्रथमोक्त रूप को वरीयता प्रदान की है। वे कुलेर संघ का भी उल्लेख करते हैं जो द्विराज्य के समान ही है। इसे शासन की निरन्तरता सुनिश्चित करने के लिए उस स्थिति के विकल्प रूप में स्वीकार किया जाता है जब उत्तराधिकार क्रम में राजा का पुत्र अयोग्य हो और उसका राज्यारोहण सन्दिग्ध हो।

वे दो प्रकार के संघों का उल्लेख करते हैं, यद्यपि वे उनके गठन का विस्तृत विवरण नहीं देते। 'वास्त्रोपजि विनः' एक प्रकार का संघ है जिसके निवासी प्रधानतः कृषि तथा व्यापार में प्रवृत्त रहते हुए भी आवश्यकता पड़ने पर युद्ध के समय शस्त्र भी उठा सकते हैं। 'राजसब्दोपजीविनः' दूसरे प्रकार का संघ है। यह राजा की उपाधि अथवा उसके पदनाम पर चलता था। इससे यह संकेत मिलता है कि संघ की शासन परिषद् के सभी पार्षदों को 'राजन्' की उपाधि प्रदान की जाती थी। दोनों में से एक प्रकार के संघ की एक से अधिक प्रमुखों को आवश्यकता थी। इन संघों तथा इनके प्रति साम्राज्यिक नीति पर पूरे दो अध्याय लिखे गए है। कौटिल्य सुझाव देते हैं कि आवश्यकतानुसार दूसरे प्रदेशों को अपने प्रदेश में मिला लेना भी उचित है।

उन्होंने एक अन्य वर्गीकरण प्रस्तुत किया है जिसका आधार अन्तर्राज्यीय सम्बन्ध तथा उनमें से प्रत्येक का स्तर है। इस आधार पर उन्होंने राज्यों के सम, हीन तथा गण यह तीन वर्ग निर्दिष्ट किए हैं। सम राज्यों में सम्बन्ध की अपेक्षा से समस्तरीयता है और प्रत्येक का स्वतन्त्र राज्य है। हीन राज्य, निम्न स्तरीय है और इनमें जागीरें, अपने अधीनस्थ प्रदेश अथवा संरक्षित राज्य आते हैं। गण राज्य सर्वोपरि स्तर के राज्य हैं—जिनके लिए 'चक्रवर्ती राज्य' पर पारिभाषिक शब्द रखा गया है।

यहाँ पर यह कहना उचित होगा कि मौर्यों के राज्यों में राज्य संघीय हुआ करता था और उसमें अनगिनत प्रान्त होते थे परन्तु कौटिल्य साम्राज्य शक्ति और

प्रान्तों के आपस में किस प्रकार के सम्बन्ध थे, का स्पष्ट वर्णन नहीं करते। राजनीति विज्ञान शास्त्र के प्रसिद्ध लेखक मौर्य राज्य को एक प्रकार की लचीली कानफेडरेशन कहते हैं।

राज्य क़ी भूमिका

कौटिल्य राज्य के लिए रक्षणात्मक, नियामक, कल्याणकारी तथा आर्थिक वृत्तियों के निर्वहन सम्बन्धी भूमिका का निर्देश करते हैं। राज्य का मुख्य कार्य उन चुनौतियों का सामना करना है जो बाह्य अथवा आन्तरिक किसी भी प्रकार की हों। अतः उन्होंने यह नियम प्रस्तुत किए हैं जिनका पालन करके राज्य साहसपूर्वक, एकजुट होकर संभावित विपत्ति का सामना कर सके। उनकी दृष्टि में राज्य का सर्वोपरि महत्त्व का कार्य है धर्म की रक्षा तथा राज्यान्तर्गत प्रदेश की रक्षा। राज्य को बाह्य आक्रमण से सुरक्षा के उपाय करने तथा उस सामान्य व्यवस्था का पोषण करना है जो देश की प्रथाओं और आचार में मूर्त हो। दूसरे अर्थों में राज्य का प्रमुख कर्त्तव्य धर्म की और सामाजिक व्यवस्था की रक्षा करना है। राजा धर्म का प्रख्यापक (Promulgator) है, उसे क्रियान्वित करने वाला निष्पादक है। धर्म का विधायन राजा के अधिकार क्षेत्र में नहीं है। प्रत्येक व्यक्ति अपने वर्ण और आश्रम के अनुसार कर्त्तव्य पालन करे, यह सुनिश्चित करना भी राज्य के प्रतिनिधि राजा का कार्य है। वर्णों तथा उनके अनुसार करणीय कर्मों के सम्बन्ध में भ्रम इतना घातक सिद्ध हो सकता है कि इससे समाज और अन्ततः राज्य भी नष्ट हो सकता है। अतः इसके सम्बन्ध में कानून लागू किए गए तथा न्यायपालिका की प्रतिष्ठा की गई जिससे सामाजिक व्यवस्था बनी रहे।

राज्य जनता के कल्याण के लिए यह कार्य भी करता था जैसे–(i) बाँध, टैंक तथा अन्य सिंचाई सम्बन्धी निर्माण कार्य। व्यापार मार्गों को खोलना, चारागाहों और खानों का विकास करना, भूमि क़ी जुताई और दुर्भिक्ष, बाढ़, अग्निकाण्ड तथा भूकम्प जैसे प्राकृतिक विभीषिकाओं से लोगों की रक्षा करना। इन सभी कार्यों के लिए आवश्यक धन प्राप्त करने के लिए शासन को भूमि, उद्योगों तथा व्यापारिक व्यवसायों पर कर लगाना पड़ा। (ii) इसके अतिरिक्त दरिद्र वर्ग, अनाथों, वृद्धों, अशक्त लोगों, गर्भवती महिलाओं और नवजात शिशुओं की सहायता का दायित्व भी शासन ने अपने ऊपर लिया। (iii) शासन ने वह दशाएँ, स्थितियाँ भी निर्दिष्ट कर दीं जिनमें विवाह-विच्छेद, अलग होने और पुनर्विवाह की अनुमति दी जा सकती थी। (iv) आशंकित स्वास्थ्य सम्बन्धी संकटों तथा आधिदैविक विपत्तियों से सुरक्षा प्रदान करने के लिए भी प्रावधान स्थिर किए जाते थे। (v) सार्वजनिक मनोरंजन (जिनमें जुआ खेलना भी था) पर शासन का नियन्त्रण होता था जिससे

राष्ट्र का नैतिक स्वास्थ्य बिगड़ने न पाए। (vi) कौटिल्य ने, छोटे बच्चों, विधवा कन्याओं, वृद्धों तथा अविवाहित लड़कियों के हित में सर्वोत्तम सुरक्षा मानते हुए, संयुक्त परिवार प्रणाली को समाज में लागू किया। इसके अतिरिक्त शासन आर्थिक कार्य भी करता था। यह कुछ उद्योग भी चलाता था, शस्त्रों का निर्माण करने के लिए। खानों का स्वामित्व इसके पास था। सिक्के ढालने, मोतियों, बहुमूल्य पत्थरों तथा नमक तैयार करने के लिए शासन की ओर से फ़ैक्ट्री चलाई जाती थी। वन्य क्षेत्र का विकास और प्रबन्ध भी शासन की ओर से किया जाता था। हाथियों के वन पर राज्य का एकाधिकार था और डेरी संचालन राज्य का उपक्रम था। इसके अतिरिक्त लोगों के लिए परिवहन व्यवस्था संचालन शासनाधीन था। राजकीय नावों और समुद्री यानों के लिए सामग्री, उपकरण निर्माण और वयन उद्योग जहाँ नागरिक अथवा सैनिक आपूर्ति के लिए सभी प्रकार के वस्त्र बुने जाते थे—पर भी राज्य का नियन्त्रण था।

इस विवरण से यह समझा जा सकता है कि कौटिल्य का राज्य समाजवादी राज्य था। वास्तव में ऐसा नहीं था। शासन की ओर से निजी औद्योगिक उपक्रम चलाने तथा भूमि की जुताई करने की अनुमति थी। कुछ खानों का पट्टा भी किराए पर निजी क्षेत्र को दिया जाता था। इस प्रकार जैसा आज भारत में है, उस युग में भी मिश्रित अर्थव्यवस्था का प्रचलन था। किन्तु, उत्पादन में कमी को रोकने, उद्योगों की अधिक उन्नति और उपभोक्ताओं के हितों को ध्यान में रखते हुए, इन उद्योगों के कार्य पर राज्य का नियन्त्रण होता था। कृषि व्यवसाय में रत लोगों को हानि की स्थिति में उदारता से ऋण दिए जाते थे और अनाज के बीज भी दिए जाते थे। राज्य तो सहायता प्रदान करते हुए यहाँ तक भी करता था कि जल भण्डारण के लिए जो जलाशयों का निर्माण कराते थे, उन्हें 5 वर्ष की छूट करों में दी जाती थी और ऐसे भूमि जोतने वाले कृषिकारों के लिए जो पुराने जलाशयों की सफाई अथवा उनके नवीकरण का कार्य करते थे, तीन से चार वर्षों की कर छूट दी जाती थी।

जहाँ पर नियमनपरक (Regulatory) कार्यों का सम्बन्ध है, विशाल स्तर पर नियुक्तियाँ करने वाला नियोक्ता होने के कारण, एक संविदा के माध्यम से नियोक्ता और नियुक्त के सम्बन्धों का नियमन करता था। वह वेतन की दर और उसके भुगतान की विधि निश्चित करता था। पूरे काम के लिए वेतन न देना अथवा आंशिक वेतन देना दण्डनीय अपराध था। काम की उपेक्षा करने वाले अथवा शिथिल कर्मचारी अथवा ऐसे कर्मचारी जो चोरी करें अथवा विध्वंसक कार्रवाई करें, वह भी दण्डनीय था। इस प्रकार स्थिति के आग्रह पर, समयोचित हस्तक्षेप के द्वारा राज्य नियोक्ता तथा नियुक्त सन्तुलन बनाए रखता था। इसके अतिरिक्त राज्य

का व्यापार पर भी नियन्त्रण था। व्यापारियों को उन्हीं बातों का प्रयोग करने की अनुमति थी जिनका राज्य द्वारा मानकीकरण हो चुका हो। महसूल और बिक्री कर सब वस्तुओं पर लागू था। लाभ की दर भी निश्चित थी। बाज़ार के कार्य का समय भी निश्चत था। राज्य तथा उसके निवासियों के हित की दृष्टि से आयात सीमित था। विष तथा अल्कोहल का आयात प्रतिबन्धित था, किन्तु बीजों और औषधियों के आयात पर कोई महसूल नहीं लगाता था।

राज्य के कार्यों के विश्लेषण से स्पष्ट है कि कौटिल्य का उद्देश्य एक कल्याण राज्य की स्थापना था वे कहते हैं, "प्रजा की प्रसन्नता में ही राजा की प्रसन्नता है। प्रजा के लिए भी जो कुछ भी लाभकारी है, उसमें उसका अपना भी लाभ है।"[13] एक अन्य स्थल पर वे लिखते हैं, "बल ही सत्ता है, अधिकार है। इन साधनों के द्वारा साध्य है प्रसन्नता।" कौटिल्य की इन पंक्तियों ने सैलेटोरे को यह लिखने की प्रेरणा दी, "जिस राज्य के पास सत्ता और अधिकार है, उसका एकमात्र उद्देश्य अपनी जनता की प्रसन्नता में वृद्धि करना है। इस प्रकार कौटिल्य ने एक कल्याणकारी राज्य के कार्यों को उचित रूप में निदेशित किया है।"[14] वास्तव में कौटिल्य द्वारा संकल्पित राजा आधुनिक कल्याण राज्य में निकट की समानता है। उनके राज्य के अस्तित्व की सार्थकता मात्र रक्षा प्रदान करने या संयमित रखने में ही नहीं है, वरन् विकसित और सम्पोषित करने में है। उनके राज्य का प्रधानोद्देश्य धर्म, अर्थ और काम का सम्पारण (Promotion) है। उनके मानस दर्शन (Visualization) के अनुसार यह तीनों उद्देश्य एक-दूसरे के पूरक हैं और जीवन में पूर्ण प्रसन्नता लाने के लिए मनोयोगपूर्वक इनकी सिद्धि के लिए प्रयत्न करना चाहिए।

उपसंहार की ओर आते हुए कहा जा सकता है कि कौटिल्य का राज्य एक ऐसी युक्ति, उपकरण है जिससे यह सुनिश्चित किया जा सके कि दैव विहित सामाजिक व्यवस्था की रक्षा की जा सके। अपनी व्यापक रूपरेखा में राज्य के संविदापरक उत्स का उनके द्वारा प्रस्तुत सिद्धांत आधुनिक समाज संविदा सिद्धान्त के निकट है।[15] दूसरी बात यह है कि उनके द्वारा प्रस्तुत राज्य का सप्तांग सिद्धान्त राजनीतिक चिन्तन के क्षेत्र में उनका अद्भुत योग है। तीसरी बात यह है कि उनके द्वारा विशदरूपेण निरूपित राज्य की आर्थिक, नियमन सम्बन्धी सामाजिक और नैतिक गतिविधियों का क्षेत्र आज के आधुनिक राजनीतिक चिन्तन को यह मानने पर बाध्य कर देगा कि कल्याणकारी राज्य की अभिकल्पना अतीत से हमें दाम (Legacy) रूप में प्राप्त हुई है। तथ्य तो यह है कि कल्याणकारी राज्य की आधुनिक अवधारणा एक कद पीछे रह जाती है क्योंकि इसमें मानव-प्रसन्नता के आदर्श को प्रश्रय नहीं दिया गया है जिसका कौटिल्य ने प्रबलता से पक्षपोषण किया है।

चौथी बात यह है कि कौटिल्य द्वारा विचारित राज्य की भूमिका विवश कर देती है उसे यह निष्कर्ष निकालने पर कि राज्य के कार्य प्रशासनिक स्तर पर संचालित किए जाने का एक बुद्धिसम्मत आधार होना चाहिए। अतः वे राज्य प्रशासन का सजीव चित्रण, सूक्ष्मतम दृष्टि से एक सुलझे यथार्थवादी के रूप में करते हैं। वे जिस प्रकार एक प्रयोजनमूलक व्यवहारवादी की दृष्टि से सामाजिक व्यवस्था के रक्षण और अराजकता को रोकने का विवेचन करते हैं, वह एक समीक्षक को प्रेरित करता है कि वह मेशियावेली, अरस्तू तथा बिस्मार्क से उनकी तुलना करे।

राजत्व की उनकी अभिकल्पना

राजाओं के दैवी अधिकार का मिथक अवच्छेदित कर उन्होंने एक अग्रगामी पक्ष-प्रदर्शक का कार्य किया है।[16] अर्थशास्त्र में वे आशा व्यक्त करते हैं कि जिस राजा का अभिषेक किया जाए, उसका निर्वाचन लोगों द्वारा भी किया जा सकता है। राजा के कार्य ईश्वर के कार्यों के समान अवश्य हैं, परन्तु उसके लिए यह भी आवश्यक है कि वह अविकारी, सदाचारी, संयमी, जनता का रक्षक और उनके कल्याण का संरक्षक हो। पूर्ण प्रचलित कानून से हटकर जाने का उसे जो विवेकाधिकार दिया गया है, वह इसके संरक्षण के लिए ही दिया गया है। वह वरदायक इन्द्र, दण्डाधिकारी यम का मूर्तिमान मिश्रण हो। राज्य धर्म का निष्ठापूर्ण निर्वहन करने के उपरान्त ही वह स्वयं को अपने उन्नत पद के योग्य प्रमाणित कर सकता है। स्वेच्छाचारी, अयोग्य और कर्त्तव्य के प्रति उदासीन राजा शासनाधिकार खो देता है और प्रजा को अधिकार है कि वह उसके स्थान पर किसी और को आसीन करे। किन्तु एक व्यावहारिक चिन्तक के रूप में वह राज्य तन्त्र को शासन के लघुतम स्तर के रूप में देखते थे और राजा को वास्तविक 'स्वामी' सत्ताधारी शासक के रूप में देखते थे। इतना ही नहीं, कौटिल्य तो प्रजा के प्रति पितृतुल्य व्यवहार की भी राजा से अपेक्षा करते हैं। इसी कारण उन्होंने यह बलपूर्वक कहा है कि प्रजा की प्रसन्नता में ही राजा की प्रसन्नता निहित है। उससे यह आशा की जाती है कि अपनी प्रजा के समक्ष धर्मपरायण जीवन-सरणि का आदर्श प्रस्तुत करे। सत्ता के मुख्य धारक के रूप में राजा के लिए यह आवश्यक है कि वह उच्च कुलीनता, धर्मनिष्ठ आचरण, ग्रहणशील मस्तिष्क, अनुशासित विवेक, प्रचण्ड उत्साह की ऊर्जा का भण्डार, उद्देश्य के प्रति दृढ़ निश्चय वाला, सभी कला विज्ञानों में समीचीन प्रशिक्षण प्राप्त, साहस, शीघ्र निर्णय की क्षमता—इन सभी का मूर्त प्रतिनिधित्व अपने व्यक्तित्व में करे। इन्हीं गुणों का सन्दोह (Blend) उसे एक उत्कृष्ट शासक बनाता है।

कौटिल्य राजा के नैतिक तथा बौद्धिक अनुशासन पर अपना ध्यान विशेषतः केन्द्रित रखते हैं। इसे वे राज्य में सुप्रशासन का आधार मानते हैं। अतः वे समुचित शिक्षा का सुझाव देते हैं—इससे पूर्व कि राजा सिंहासन पर बैठे। शिक्षा निरंकुशता पर स्वारोपित आन्तरिक अंकुश है। इसके फलस्वरूप राजा की चेतना में एक क्रान्तिकारी परिवर्तन उपस्थित होता है जिससे वह एक दार्शनिक शासक बन जाता है।

युवराज का प्रशिक्षण

यह मानते हुए कि जन्म से राजा के लिए आवश्यक गुण किसी राजा में नहीं होते, कौटिल्य युवराज (भावी शासक) के लिए उचित प्रशिक्षण अनिवार्य मानते हैं। अतः राजा के लिए आन्वीक्षिकी (दर्शनशास्त्रीय अध्ययन), त्रयी (वैदिक विद्या), वर्ता (अर्थशास्त्र), तथा दण्डनीति (राजनीति)। इसके अतिरिक्त वह मानविकी साहित्य, धर्मशास्त्र और युद्ध-विज्ञान की शिक्षा भी प्राप्त करे।

राजकुमार मात्र शिक्षा ही प्राप्त न करे, वरन् तृष्णा, क्रोध, कृपणता तथा अहंकार से बचने के लिए जितेन्द्रिय बनने का भी अभ्यास करे। उसे क्रोध और कामजन्य विकारों से दूर रहना होता था। क्रोधजन्य भयंकरतम विकट मर्यादा, शालीनता, धन तथा न्याय आदि का दुरुपयोग है। इसी प्रकार काम से उत्पन्न होने वाले विकार हैं—आखेट, द्यूतक्रीड़ा, स्त्री-गमन और मद्यपान। राजा को इन व्यसनों में लिप्त होने से रोका गया है और स्वयं को संयत अनुशासित करने का परामर्श दिया गया है। कौटिल्य तृष्णा, क्रोध, कृपणता, अहंकार, शिथिलता तथा आत्यन्तिक प्रसन्नता को राजा के घोर शत्रु मानते हैं। यदि राजा इन दोषों से स्वयं को मुक्त नहीं कर सकता तो वह अपने राज्य पर नियन्त्रण नहीं रख सकता, चाहे समस्त भूतल पर ही उसका अधिकार क्यों न हो।

राजा की सुरक्षा

कौटिल्य राजा की सुरक्षा के प्रति बड़े उत्सुक हैं जो राजकुमारों, रानियों, बन्दियों तथा प्रार्थियों का दुरभिसंधियों और कुचक्रों का कभी भी शिकार हो सकता है। उचित प्रकार की शिक्षा और प्रशिक्षण ही उसकी सुरक्षा के लिए निरन्तर बनी रहने की आकांक्षा का समुचित उत्तर है। अतः उन्होंने कुचक्रियों, सत्ता के भूखे लोगों के षड्यन्त्रों से राजा की रक्षा के कई उपाय सुझाए हैं। गुप्तचरों और सतर्कता विभाग की उच्च स्तरीक्ष दुर्भेद्य व्यवस्था, राजमहलों में आने वाले सभी व्यक्तियों और वस्तुओं पर सूक्ष्म दृष्टि, अवरार्ध वृत्ति में लगे, कुख्यात बन्दियों पर बाज की नजर रखना, राजा के स्वास्थ्य की परीक्षा के लिए दरबार में उसका

व्यक्तिगत चिकित्सक, राजघराने के सभी सदस्यों की गतिविधि पर सतर्क दृष्टि रखना और राजा के स्नान-गृह में नियुक्त दरबारियों पर कड़ी दृष्टि और कुछ उपाय हैं जिनका सुझाव कौटिल्य राजा की सुरक्षा के लिए देते हैं। सभी नियमों तथा विनियमों का पालन कठोरता से होना चाहिए जिससे राजा की सुरक्षा सुनिश्चित की जा सके। इसके अतिरिक्त राजा को यह भी परामर्श किया गया कि वह राज्य के ही वनों में शिकार करे। वह सैनिक वेश में सेना का निरीक्षण करे। सार्वजनिक उत्सवों में अपने व्यक्तिगत सुरक्षा अधिकारियों के पहरे में जाए और सन्तों और तपस्वियों से भेंट के समय समीचीन रूप से शस्त्रों से लैस सुरक्षा प्रहरियों के संरक्षण में हो। राजा की सुरक्षा के लिए सुझाए यह रक्षोपाय एकदम अनिवार्य हैं, क्योंकि राजा सामाजिक व्यवस्था का प्रतिनिधि है, अराजकता को वश में रखता है, प्रशासन के स्तर को उठाता है, देश को शासित करता है, नीतियों को क्रियान्वित करता है और समस्त शासन तन्त्र को ऊर्जा स्थानीय होकर उत्प्रेरण देता है। राज्य की सुरक्षा के लिए उसकी व्यक्तिगत सुरक्षा अत्यावश्यक है। डॉ. परमार के शब्दों में, "प्राचीन भारत के राजनीतिक तन्त्र में राजा की इस प्रकार स्थिति को ध्यान में रखते हुए, कौटिल्य ऐसे सतर्कतापूर्ण अत्यवधानी (meticulous) रक्षोपाय सुझाते हैं।"[17]

राजा के कर्त्तव्य

प्राचीन भारत में सरकार से मात्र पुलिस के कार्य का ही संकेत नहीं मिलता। सरकार की हिन्दू अभिकल्पना में सुरक्षात्मक और अनुशासनात्मक सभी कार्य समाविष्ट हैं। इसके अतिरिक्त यह भी राज्य के कार्यों की सूची में है कि "वह भौतिक आवश्यकताओं की पूर्ति के साथ-साथ मानव अस्तित्व द्वारा साध्य उद्देश्यों की प्राप्ति की सुविधा भी उसे (प्रजा को) प्रदान करे।"[18]

इससे स्पष्ट है कि कौटिल्य कालीन राजा अपने राज्य में पवित्र नियमों पर आचरण करता था। पवित्र नियमों और परम्पराओं का वह निष्ठावान निर्वाहक था। वह परिवारों की विभिन्न रीतियों और प्रथाओं को सम्मान देता था। यदि वह धर्म संहिता और शान्ति व्यवस्था के अनुकूल हों। राजा अपनी प्रजा को सुरक्षा प्रदान करने और उनके कल्याण के लिए उन्हें प्रसन्न रखने के उद्देश्य से कार्य करता था। अपनी प्रसन्नता की अपेक्षा वह प्रजा की प्रसन्नता को वरीयता देता था। अतः कौटिल्य ने सामाजिक व्यवस्था को एक नया आयाम दिया-"राजा को सर्वसत्तासम्पन्न, प्रजारक्षक और उसके लिए समग्र जीवन सुनिश्चित करने वाला शासक इस रूप में प्रस्तुत करे।"[19] किन्तु उनके मतानुसार परिस्थितियों में परिवर्तन के अनुरूप राजा के अधिकारों एवं उसकी स्थिति में परिवर्तन होता है।

कार्यपालिका

राजा का सर्वोपरि कर्त्तव्य था प्रजा को सुरक्षा प्रदान करना। राज्य का उद्देश्य था 'योगक्षेम' अर्थात् सुरक्षा और कल्याण—प्रजा की समृद्धि और प्रसन्नता। राजा अपने राज्य और प्रजा की अग्निकाण्ड, बाढ़ तथा दुर्भिक्ष, चूहों, शेरों, साँपों, पिशाचरों तथा कृमियों से रक्षा करता था। राजा से यह आशा भी की जाती थी कि वह शान्ति भंग करने वाले तत्त्वों को राज्य से हटा दे। वह अनाथों, वृद्धों, दुर्बलों तथा असहाय गर्भवती महिलाओं तथा उन बच्चों का पोषण करता था जिन्हें वह जन्म देती थीं। प्रजा के कल्याण में राजा का कल्याण और उसकी प्रसन्नता में उसकी प्रसनन्नता निहित है। शासक के नाते उसे नियुक्ति करने का अधिकार था। वह मन्त्रियों तथा पुरोहित की नियुक्ति कर उन पर नियन्त्रण रखता था।

विधायन

राजा कानून बनाने वाला नहीं था। मात्र उसका संरक्षक था। कानून का स्रोत दिव्यता के अतिरिक्त, प्रथाएँ तथा परम्पराएँ थीं। अधिक से अधिक वह नियम, विनियम निर्धारण जैसे गौण विधान कार्य का सकता था। मौर्य राजा न्यूनाधिक अर्ध विधायी कार्य करते थे।[20]

न्यायिक

राजा न्याय का स्रोत था क्योंकि न्याय का सर्वोच्च प्रबन्धक, वितरक तथा कानून लागू करने वाला सर्वोच्च अधिकारी था। न्यायाधीशों पर नियन्त्रण की अन्तिम सत्ता राजा में ही निहित थी। न्याय के समुचित प्रबन्ध, वितरण तथा प्रतिष्ठित कानून का व्यतिक्रम न हो, वह सुनिश्चित करना उसका कर्त्तव्य था। वह बिना भेदभाव के न्याय करे और दण्ड देते समय यह देखे के दण्ड अपराध की गम्भीरता के अनुरूप हो। राजा के अधिकार मूलतः न्यायिक हैं, न कि विधायन सम्बन्धी। वह कानून का निर्माण अथवा उसमें संशोधन नहीं करता था, केवल उसे लागू करता था।

वित्तीय

वह वित्तीय विषयों में अन्तिम सर्वोच्च अधिकारी था। उसे यह देखना था कि राज्य कोष का क्षरण न हो क्योंकि रिक्त राज्यकोष राष्ट्र की शक्ति को चूस लेता है। राजा आय व्यय विवरण का नित्य निरीक्षण करता था।

सेना

राजा पदेन सेना का सर्वोच्च सेनापति था। कब युद्ध छेड़ा जाए और कब

शान्ति हो, इसका निर्णय वही करता था। युद्धक्षेत्र में वह सेना का नेतृत्व करता था। वह हाथियों, घोड़ों, रथों और सेना की पैदल टुकड़ी का प्रतिदिन निरीक्षण करता था।

आर्थिक

वह राज्य की आर्थिक भलाई को भी देखता था। अतः वह कृषि और वाणिज्य को भी प्रोत्साहन देता था। वाणिज्यिक और व्यापारिक मार्गों की सुरक्षा सुनिश्चित करता था। वह लकड़ी, वन सम्पदा, हाथी के वनों, बाँधों, तटबन्धों की रक्षा द्वारा राष्ट्रीय आय में वृद्धि सुनिश्चित करता था।

विविध

इसके अतिरिक्त वह अन्य विविध कार्य भी करता था, लोगों की विभिन्न आवश्यकताओं की पूर्ति, स्वच्छता का प्रबन्ध, चिकित्सा सुविधा उपलब्ध कराना, दरिद्र व्यक्तियों की सहायता देना, शिक्षा और कलाओं की उन्नति करना। वह विद्वानों, कलाकारों तथा योगाभ्यास विशेषज्ञों को संरक्षण प्रदान करता था। इस प्रकार राजा एक ऐसा प्रतिनिधि था जिसमें पूरी आधिकारिक सत्ता मूर्त हो गई हो।

राजा के उपरोक्त कार्यों की लम्बी तालिका से स्पष्ट हो जाता है कि उनकी कार्य-सूची बड़ी व्यस्त थी।

अवकाश का क्षण उसके लिए विरल ही था। भले ही वह कितना योग्य क्यों न होता, प्रशासन तन्त्र का एकाकी संचालन उसके लिए सम्भव नहीं था। अतः वह मन्त्रियों की एक भली प्रकार गठित परिषद् नियुक्त करता था। यह मन्त्रिपरिषद् राज्य के महत्त्वपूर्ण विषयों पर परामर्श देती थी।

राजा की मन्त्रिपरिषद्

कौटिल्य का राजा आज की पारिभाषिक शब्दावली में मात्र संवैधानिक अध्यक्ष नहीं थी। राजा की आन्तरिक मंत्रिपरिषद् में तीन से चार तक मन्त्री होते थे, जबकि मुख्य मन्त्रिपरिषद् में उनकी संख्या कहीं अधिक होती थी—जो निर्भर करती थी राज्य के आकार और शक्ति पर। सामान्य मत्रिपरिषद् राज्य की सर्वोच्च कार्यपालिका थी और यह राजा के निर्णयों को क्रियान्वित करती थी। वह राज्य का सर्वोच्च प्रशासनिक अंग था और इसमें वह मंत्री थे जो पदायुक्रम से प्रशासन तन्त्र के उच्च स्थानों पर प्रतिष्ठित थे। वरीयता-क्रम में सर्वप्रथम स्थानीय था। सभी श्रेणी के मंत्री और विभिन्न विभागों के अधीक्षक इसमें थे। अधिकारियों के इस वर्ग को सामूहिक रूप से तीर्थ—एक मार्ग जिसमें से गुजरा जा सके अर्थात् एक

पारगमन (Passage)। उन्हें यह नाम इसलिए दिया गया, क्योंकि आदेश इनके माध्यम से स्थानान्तरित होते थे। इन तीर्थों में सर्वाधिक महत्त्वपूर्ण मंत्री, पुरोहित, सेनापति और युवराज होते थे। यह चार विशिष्ट व्यक्ति संयुक्त रूप से राजा के आन्तरिक मन्त्रिमंडल के सदस्य थे–मंत्री पदानुक्रम में राजा के पश्चात् द्वितीय स्थानीय थे। यह चार विशिष्ट व्यक्ति जो राजा की अन्तरंग मंत्रिपरिषद के सदस्य थे, राज्य को विधि अनुसार न्यायपूर्वक, सम्यक् रूपेण संचालित करने में राजा की सहायता करते थे।

पुरोहित

राजनीतिक श्रेणीक्रम तथा राजा के दरबार में पुरोहित की निर्णायक भूमिका थी। राजा का मार्गदर्शन पुरोहित ऐसे ही करता था जैसे गुरु-शिष्य का, पिता पुत्र का और स्वामी अपने सेवक का। पुरोहित चरित्रवान् व्यक्ति था, प्रतिष्ठित परिवार से सम्बद्ध था। वेद, षड्दर्शन, दण्डनीति का विद्वान था। यह मनु के मंत्रिपरिषद् से भिन्न है जिसमें 12 सदस्य होते थे। वह अज्ञानुवर्ती था और दैव अथवा मानव द्वारा प्रस्तुत विपत्तियों को अथर्ववेद निर्दिष्ट प्रायश्चित्तिक (Expiatory) अनुष्ठानों द्वारा रोकने की क्षमता रखता था। पुरोहित के राजकीय कर्त्तव्य धर्मपरक कर्मकाण्ड तक ही सीमित थे। उसके राजनीतिक अधिकार व्यक्तिगत थे, वह राजा से उसके व्यक्तिगत सम्बन्ध पर निर्भर थे। कौटिल्य के राज्य के मंत्री संसद के प्रति उत्तरदायी जन प्रतिनिधि न होकर राजा के प्रति उत्तरदायी थे जो अपने गुप्तचरों के माध्यम से उनकी गतिविधियों पर दृष्टि रखता था। स्वामिभक्ति सन्दिग्ध होने पर पुरोहित भी सेवामुक्त किया जा सकता था। प्रशासनिक मामलों में उसकी सम्मति बड़ी महत्त्वपूर्ण थी।

सेनापति

श्रेणीक्रम में आगे आने वाला सेनापति है। सेनापति सेना का सर्वोच्च नायक न होकर आज के प्रतिरक्षा मंत्री का ही प्राचीन प्रतिरूप था। उसके लिए साहसी, अनुशासित, बुद्धिमान, दृढ़निश्चयी, स्वामिभक्त, निष्ठावान और युद्धविद्या में पारंगत होना आवश्यक था। उसका कार्य सैनिकों को प्रभावशाली प्रशिक्षण देना और शस्त्रों के प्रयोग तथा रणनीति निर्धारण में प्रवीण बनाना था। उसे मित्र राजओं और शत्रु राजाओं के शस्त्र-भण्डार की जानकारी होनी चाहिए। वह धरती की निचाई तथा पर्वत की ऊँचाई पर भी युद्ध में प्रवीण होना चाहिए। इस पद पर कौटिल्य राज्य परिवार के किसी योग्य व्यक्ति की नियुक्त के पक्ष में थे। अत्यन्त प्रभावी स्थिति में होने के कारण राजा के लिए सतर्क रहना आवश्यक था।

युवराज

इसके पश्चात् युवराज है (जो साधारणतः राजा का ज्येष्ठ पुत्र होता है)। वह देश के दैनिक प्रशासन से अपने को सम्बद्ध रखता था। कौटिल्य राजा को प्रेरित करते हैं कि वह बचपन में ही युवराज की शिक्षा और प्रशिक्षण पर ध्यान दे। कौटिल्य अनुभव करते थे कि प्रौढ़ होकर युवराज एक उदात्त शासक के रूप में पुष्पित होगा; यदि उसे अध्यात्म तथा संसार में जो कुछ भद्र है उसकी उचित शिक्षा दी जाए। जो भी हानिकर हो, उससे दूर रखा जाए।[21] कौटिल्य कुमार्ग पर युवराज के चलने के विरुद्ध रक्षा के उपाय सुझाते हैं जिससे वह सदाचार का मार्ग न छोड़ सके। स्त्री-गमन, मादक पदार्थों का सेवन, मद्यपान, जुआ, निरन्तर शिकार करना तथा अपने पिता के विरुद्ध षड्यन्त्र करना, इन सभी को कौटिल्य कुव्यसनों में परिगणित करते हैं। वह यह विश्वास भी व्यक्त करते हैं कि युवराज को इन सभी के विरुद्ध सचेत किया जा सकता है। युवराज के लिए कोई कर्त्तव्य विशेष निर्धारित न करने पर भी वह यह अवश्य चाहते हैं कि सैनिक अभियानों, विद्रोह को कुचलने के लिए उसे सेनापति के स्थान पर भेज देना चाहिए।

राजा तथा उसकी परिषद् के सदस्य

कौटिल्य यद्यपि राज्यतन्त्र के विरुद्ध नहीं हैं, परन्तु एकतन्त्रीय तानाशाही के वे विरुद्ध थे। अतः वे मन्त्रिपरिषद् में जनकल्याण, जीवन तथा सम्पत्ति की रक्षा जैसा महत्त्वपूर्ण विषयों पर विचार-विमर्श को महत्त्व देते हैं। बहुमत द्वारा समर्थित कार्य-योजना को स्वीकार करने का वह राजा को परामर्श देते हैं। यहाँ वे मनु का अनुमोदन करते प्रतीत होते हैं जो राजा को मनमाने ढंग से कार्य करता देख मूर्ख कहने में भी संकोच नहीं करते।

कौटिल्य मन्त्रिपरिषद् के सदस्यों के लिए एक आचार-संहिता निर्धारित करते हैं। आचार-संहिता इस प्रकार है—

पार्षद महल में राजा की अनुमति से प्रविष्ट हों, राजा से न अधिक निकट, न अति दूर अपना आसन ग्रहण करें, असंस्कृत, पक्षपातपूर्ण तथा निराधार वक्तव्य न दें। अकारण हँसें नहीं। आवाज के साथ थूके नहीं। परस्पर गुप्त वार्ता में प्रवृत्त न हों, आँखों में संकुचन लाना, होंठों को भींचना जैसी सांकेतिक चेष्टाएँ न करें। किसी के बोलते समय बात न करें। पड़ौसी राज्यों के प्रतिनिधियों से न मिले। पदच्युत कर्मचारियों अथवा जिनसे हानि की सम्भावना हो, ऐसे व्यक्तियों से न मिलें। इसके अतिरिक्त सर्वोच्च हितों में उन्होंने विचार-विमर्श के लिए एक स्थान निर्धारित करने का परामर्श दिया, जिससे कोई असम्बद्ध व्यक्ति उनकी बात न सुन सके। मंत्रणाधीन विषय इतना गुप्त रखा जाए कि पक्षियों को भी उसकी

ध्वनि न मिले। गोपनशील प्रकृति वाले तथा उपेक्षित मंत्री की निष्ठा के प्रति चाणक्य सन्देहशील लगते हैं। असावधानी के अतिरिक्त प्रेम, नशोन्माद होते हुए बोलना तथा पार्षदों की अन्य कुटेव, इसका परिणाम होता है कि उचित, उद्देश्यमूलक मंत्रणा नहीं दे पाते। अतः वह उन पर कड़ी सतर्कता रखने का सुझाव देते हैं—सतर्कता उस समय तक रखी जाए जब तक हाथ में लिया कार्य पूरा न हो जाए। विश्वास भंग करने वाले पार्षदों को वह कड़ा दण्ड देने का भी सुझाव देते हैं। पार्षदों तथा राजा के अधिकारों के तुलनात्मक विशेषण से पता चलता है कि राजनीतिक तन्त्र में राजा सर्वोच्च स्थानीय है, उसमें व्यापक सत्ता निहित है वह न्याय का उत्स भी था और उसका प्रहरी भी। वह सेना का सर्वोच्च सेनापति था और जनता के भौतिक और नैतिक चरित्र को बढ़ाने वाला था। मंत्री उसकी सहायता करता था। किन्तु, कौटिल्य यह अनुभव करते थे कि राजा जो निर्णायक भूमिका निभाता है, मन्त्रियों और पार्षदों अथवा उनकी पत्नियों की छल योजनाओं का शिकार हो सकता है। अतः उन्होंने इस स्थिति से उसकी रक्षा करने के लिए अर्थशास्त्र के चार अध्यायों में इसके निमित्त रक्षोपायों पर प्रकाश डाला है। राजा जनमत की उपेक्षा नहीं कर सकता था जिसका महत्त्व स्वयं राजा से अधिक था। उसे रीतियों और पवित्र विधानों की रक्षा और उनका पोषण करना था। इनका निदेशन राजधर्म द्वारा होता था। इससे स्पष्ट ध्वनित होता है कि प्राचीन राजा मनमाने तानाशाही ढंग से कार्य नहीं करता था जैसा कि पाश्चात्य आलोचकों का अनुमान है। युवराज के रूप में उसे उचित शिक्षा और प्रशिक्षण पर बल देना, कौटिल्य की उस उत्सुकता का प्रमाण है कि वह अत्युत्कृष्ट व्यक्ति को ही राष्ट्र के इस सर्वोच्च स्थान पर प्रतिष्ठित करना चाहते थे। कौटिल्य के राजा का समग्र रूप में अवलोकन करने पर प्लेटो द्वारा अभिकल्पित दार्शनिक राजा सजीव हो उठता है। कौटिल्य राजा को युग के सृजन के रूप में देखते थे।

प्रशासन विभाग तथा उच्चाधिकारी

कौटिल्य के युग में प्रशासनिक विभागों का अनुमान अधीक्षकों की तथा अन्य उच्चाधिकारियों की सूची से लगाया जा सकता है। अधीक्षकों की सूची में वर्णित निम्न विभाग परिगणित किए गए हैं—भण्डार-गृह, शाण्डिल्य, वन, उत्पादन, शस्त्रागार, नाप-तोल, मार्ग-कर, वयन, कृषि, मदिरा, बूचड़खाना, भेड़, गाएँ, घोड़े, हाथी, पैदल सेना, पारपत्र, चरागाह, भूमि तथा स्वर्ण कार्यालय। कुछ उच्च पदाधिकारियों को सौंपे कार्य इस प्रकार हैं—

(क) प्रबन्धक (Chamberlain)—वह राजा की सेवा में उपस्थित रहता था। राज्य के कोषागार के निर्माण का निरीक्षण करता था। साथ ही वह अन्नागार,

वन्योत्पादन भंडार, शस्त्रागार तथा जेलों की व्यवस्था भी देखता था। विशेषज्ञों, की सहायता से वह रत्नों, खनिज पदार्थों जो उच्च अथवा निम्न कोटि के होते थे, को प्राप्त करता था।

(ख) मुख्य समाहर्ता अधिकारी (Collector General)—वह दुर्गों, देहाती क्षेत्रों, खानों, भवनों, वनों, पशुओं तथा यातायात मार्गों से प्राप्त आय की देखभाल करता था। हाथ में लिए हुए कार्य, पूर्ण हो गए कार्य, आंशिक रूपेण पूर्ण कार्य, आय-व्यय के ब्यौरे तथा शुद्ध बचत–इन सभी का ध्यान रखता था। आय की उत्तरोत्तर वृद्धि तथा व्यय यथासम्भव न्यून हो, यह वह सुनिश्चित करता था।

(ग) लेखा अधीक्षक (Superintendent of Accounts)—इस अधिकारी को लेखपाल (Accountant) के कार्यालय निर्माण का निरीक्षण करना होता था। इसका द्वार पूर्व अथवा उत्तर की ओर हो। जिसमें यथाक्रम अलग-अलग बैठने का स्थान निर्धारित हो। व्यवस्थित, सुरुचिपूर्ण ढंग से पुस्तकें शेल्फ में रखी हों। इस बात का भी उसे ध्यान रखना था कि लाभ, हानि, व्यय, विलम्ब से प्राप्त आय आदि रजिस्टर में नियमित रूप से अंकित हो जाएँ। उसे ही हाथ में लिए कार्य, आंशिक अथवा पूर्णतः सम्पन्न कार्य, प्राप्ति, व्यय तथा शुद्ध बचत तथा जो कार्य आगे हाथ में लेने हैं, उनका विवरण प्रस्तुत करना होता था।

(घ) नगर अधीक्षक (City Superintendent)—नगर अधीक्षक राज्य की राजनधानी की देखभाल के लिए होता था। उसे राजधानी की समस्याओं तथा अन्य विषयों के लिए उत्तरदायित्व सौंपा जाता था। उसे राज के समय में होने वाले कण्टकों, अशोभनीय घटनाओं (nuisance) का विवरण राजा को भेजना पड़ता था। विवरण न भेजने अथवा कर्त्तव्य के प्रति उदासीन होने की स्थिति में वह दण्ड का भागी हो जाता था। वह जल के बड़े टैंकों, सड़कों, दुर्ग की दीवारों और नगर के गुप्त पारणों (Passage) पर रक्षात्मक कार्यों का निरीक्षण करता था। आते-जाते किसी भी खोई हुई, असावधानी अथवा भूल से छोड़ी गई वस्तु को वह अपने पास सुरक्षित रख लेता था।

(ङ) गोप (Gopa)—गोप बीस अथवा चालीस राजघरानों का हिसाब-किताब रखता था। उसके लिए वहाँ रहने वाले स्त्री-पुरुषों के कुल, गोत्र, नाम अथवा उनके व्यवसाय के विषय में, वरन् आय अथवा व्यय की भी जानकारी लेना आवश्यक था। इन अधिकारियों के अतिरिक्त स्थानिक, नगर के सभी ओर के हिसाब की देखभाल करता था। व्यापारी उसे उन लोगों के बारे में भी सूचना देते थे जो ऐसे समय अथवा स्थान पर अपनी वस्तुएँ बेचते थे जो इसके लिए वर्जित थे। अपव्ययी जोखिम भरी कारगुज़ारियों में लगे व्यक्ति की भी उसे सूचना मिलती थी। परमात्मा शरण ठीक ही लिखते हैं, "तुरन्त आकृष्ट करने वाली, अर्थशास्त्र की यह सर्वथा

अनुपेक्षणीय विशेषता है कि प्रशासन तन्त्र के चलन और कार्य का उसमें अति विस्तृत, विशद वर्णन किया गया है। अनेक सरकारी अधिकारियों के कर्त्तव्यों का ब्यौरा देते हुए कौटिल्य न केवल कार्यालय संगठन पर ही ध्यान केन्द्रित रखते हैं, वरन् उनकी सूक्ष्म, पारभेदी दृष्टि से व्यावसायिक तकनीक भी अछूती नहीं रहती।''[22]

राज्य कौशल के स्तम्भ

कौटिल्य इस बात पर बल देते हैं कि राजा की प्रशासन पर पकड़ की दृढ़ता उसी स्थिति में सम्भव हो सकती है यदि गुप्तचरों, कूटनीतिज्ञों तथा विश्वस्त मन्त्रियों का जाल बिछा हो तथा अछेद्य, अभेद्य प्रतिष्ठा वाले अधिकारियों का जाल बिछा हो। इसी प्रकार राज्य कौशल के स्तम्भों का गठन होता है।

(i) गुप्तचर्या (जासूसी)

गुप्तचर्या प्राचीन भारत में विदेश नीति का आवश्यक अंग थी। कौटिल्य चाहते थे कि राजा प्रत्येक क्षेत्र में अपने गुप्तचर तैनात करे। वास्तव में मौर्य साम्राज्य गुप्तचर्या के लिए प्रसिद्ध था। यहाँ तक कि मेगस्थनी भी लिखता है कि ''समाज में गुप्तचरों की एक विशेष श्रेणी थी। यह गुप्तचर नगरों, सेना में तथा देहाती क्षेत्रों में फैले हुए थे। जो कुछ भी उनके क्षेत्र में होता था, उसकी सूचना गुप्तचर राजा अथवा दण्डाधिकारी को देते थे। वेश्याओं को भी गुप्तचर्या के काम पर लगाया जाता था। इस प्रकार यातायात अथवा संचार साधनों की न्यूनता के कारण हुई असुविधा दूरस्थ क्षेत्रों तक तैनात उन गुप्तचरों द्वारा दूर हो जाती थी जो सभी भागों से सूचना एकत्र कर सम्बद्ध अधिकारियों को दे देते थे। इससे मौर्य साम्राज्य की और स्थायित्व को सुनिश्चित करने में बड़ी सहायता मिलती थी। वह विदेशों में भी राजा की ओर से गुप्तचर नियुक्त करने का सुझाव देते हैं। यह गुप्तचर विदेश सेवाओं में प्रविष्ट होकर विदेशी राजा के सहज विश्वास-भाजन बन जाते थे। सूचना जो आवश्यक थी, उसे प्राप्त कर अपने देशस्थ राजा को भेज देते थे। कौटिल्य की गुप्तचर प्रणाली नैतिकता की अपेक्षा शीघ्र परिणामदायी कार्य साधकों को अधिक महत्त्व देती थी। वह गुप्तचर समाज के विभिन्न वर्गों से लिए जाते थे, अनेक प्रकार के वेश बदलते, रूप बदलते। उन्हें बड़े दुष्कर कार्य सौंपे जाते थे। उन्हें राजा के अधिकारियों की राज्यभक्ति की परीक्षा लेने, गुप्त सूचना लेने, जनमत को जानने, गुप्त उद्देश्यों की सिद्धि, अपराध रोकने, विद्रोह का दमन करने और राजा की लोकप्रियता बनाये रखने के उद्देश्य से नियुक्त किया जाता था।'' कौटिल्य ने राजा को मात्र इन गुप्तचारों पर ही विश्वास करने के विरुद्ध सावधान किया है। उनके द्वारा प्रदत्त सूचना की विश्वसनीयता के त्रिकोणीय

परीक्षण का वह सुझाव देते हैं। असत्य, भ्रामक सूचना देने पर गुप्तचरों को कठोर दण्ड दिया जाता था। इस प्रकार गुप्तचर प्रणाली सुगठित, प्रभावी, सक्षम रहती थी। लगता है कौटिल्य परिषद् भवन से महत्त्वपूर्ण सूचना के बाहर जाने के विषय में आशंकित हैं। इसी दृष्टि से वह भवन में कुछ पक्षियों और पशुओं के प्रावधान की बात करते हैं।

(ii) दूत (Diplomat)

कौटिल्य अन्तर्राज्यीय सम्बन्धों को बनाए रखने और राज्य के और विस्तार के लिए कूटनीति को बड़ा महत्त्व देते हैं। उसके अनुसार कूटनीति की सफलता दूतों की भूमिका पर निर्भर करती है जिनकी उल्लेखनीय बुद्धिमत्ता, गतिशील व्यक्तित्व, प्रतिकूल विरोधी परिस्थितियों को भी अनुकूल, मित्रतापूर्ण परिस्थितियों में बदल सकती है। अतः कौटिल्य दूत में होने वाली योग्यताओं का परिगणन करते हैं। उनके अनुसार दूत में मंत्री होने की योग्यता होनी चाहिए, वह देश का नागरिक हो, भली प्रकार शिक्षित हो, लोकप्रिय तथा शिष्टचारी हो, निर्भीक परिष्कृत वक्ता हो, उसमें सम्भाषण की प्रगल्भता हो, भव्य व्यक्तित्व का स्वामी हो और उसकी निष्ठा अविभाजित हो। दूत का स्तर मन्त्रिमण्डल के सदस्य के समकक्ष है।

दूत के प्रकार

कौटिल्य दूतों को तीन वर्गों में बाँटते हैं–(i) निस्सृष्टार्थ (जिन्हें बात करने के पूर्णाधिकार प्राप्त हों)। (ii) परिमितार्थ (जिनमें मंत्री की ¾ योग्यता हो और जिसको एक विशेष उद्देश्य को प्राप्त करने के लिए लगाया गया हो)। (iii) सन्देशहर (राजाज्ञा अथवा सन्देश पहुँचाने वाले) और प्रत्युत्तर लाकर देने वाले और मंत्री की निर्धारित योग्यताओं से उसमें आधी योग्यता हो।

इस प्रकार हम कह सकते हैं कि कौटिल्य दूतों की एक ऐसी श्रेणीबद्धता का मानस दर्शन कर पाए जो आज की स्थिति में भी प्रासंगिक है।

उनके कर्त्तव्य

इन दूतों को सौंपे गए कर्त्तव्य अतीव दुष्कर और जोखिम-भरे थे। उन्हें सन्देशहर का काम करना था। शत्रु पक्ष में मित्र ढूँढ़ते थे। छल योजना द्वारा शत्रु पक्ष में मित्रों के मध्य विग्रह की स्थिति उत्पन्न करनी थी। शत्रु पक्ष की गुप्तचर सेवा का भेदन कर उनके रहस्य प्राप्त करने की भी उनसे अपेक्षा थी। ऐसे अधिकारियों का भी कर्त्तव्य उन्हें निभाना था जो मैत्री सन्धि कर दो देशों के मध्य युद्ध को टालने का कार्य करते थें। यदि ऐसी स्थिति आ जाए कि उन्हें अपनी

राष्ट्रीय शक्ति का प्रमाण देना पड़े तो वह अधिकृत देश की सम्पत्ति तथा उसके रत्नों को अधिकार में लेकर ऐसा कर सकते हैं। इसके अतिरिक्त वह सम्बद्ध राज्य के अधिकारियों से मैत्री सम्बन्ध स्थापित कर, उनका विश्वास प्राप्त कर उनकी सैन्य शक्ति, गुप्तचर गतिविधियों, दुर्ग के आकार तथा क्षेत्रफल सम्बन्धी, खनिज भण्डारों, सैनिक उपायों तथा उनके सहज भेद्य दुर्बल स्थानों के सम्बन्ध में सूचना प्राप्त कर सकते हैं। इस प्रकार की उपयोगी सूचना चिकित्सकों, तापसों, व्यापारियों आदि अनेक प्रकार के छद्मवेश धारी गुप्तचरों के माध्यम से प्राप्त की जा सकती है। वह दूतों से यह भी आशा करते हैं कि भिखारियों, नशोन्मत्त, मानसिक रूप से विक्षिप्त (Insane) लोगों और गूढ़ लिपि का अर्थ निकालने के द्वारा भी इस प्रकार की सूचना एकत्र करें। दूतों के लिए यह आवश्यक था कि वह अपना विवरण गूढ़ संकेत चिह्नों में प्रेषित करें।

किन्तु इस प्रकार के दूतों को नियुक्त करने के उपरान्त भी राजा को शिथिल नहीं होना था, इसके विपरीत वह सतर्क, सावधान होकर उसके राज्य में नियुक्त अन्य देशों के राजदूतों पर दृष्टि रखता था, यह सुनिश्चित करने के लिए कि उसके राज्य की गुप्त सूचनाएँ यह विदेशी राजदूत कहीं अपने राज्यों को तो नहीं दे रहे। अतः कौटिल्य सुझाव देते हैं, इन दूतों के प्रति यथोचित सम्मान भाव रखते हुए भी, इनका आतिथ्य करने वाले राज्य को इन्हें सन्देहमुक्त दृष्टि से नहीं देखना चाहिए। इसी नीति द्वारा यह सुनिश्चित किया जा सकता है कि शत्रु राज्य की ओर से हमें न्यूनतम हानि की आशंका हो। इसके अतिरिक्त इसका भी ध्यान रखा जाए कि कूटनीतिक प्रतिनिधियों का विनिमय उसी स्थिति में किया जाए जब किसी उभयपक्षीय लाभप्रद उद्देश्य के कार्यक्रम के लिए यह आवश्यक हो। अपने राजा के अनुदेशों का दृढ़ता तथा निष्ठा से पालन करना चाहिए।

आज के युग की भाँति उस युग में भी दूत जो कुछ अपने राजा की ओर से सन्देश रूप में कहते थे, उसके विषय में उन्हें उन्मुक्तता (Immunity) प्राप्त थी। इसी कारण चाणक्य सुझाव देते हैं कि किसी निम्न जाति (भले ही चाण्डाल क्यों न हो) के दूत को भी मारना नहीं चाहिए क्योंकि वह अपने देश के राजा का सन्देश देकर मात्र अपने कर्त्तव्य का पालन कर रहा है। प्राचीन भारत में दूत की वैयक्तिक प्रतिष्ठा, सुरक्षा की अहरणीयता के सिद्धान्त की अनुल्लंघनीयता का सम्मान इसी रूप में ही मान्य नहीं था कि उसके विरुद्ध हिंसा का प्रयोग न हो, वरन् उत्पीड़न और बन्दीकरण से भी उसे उन्मुक्तता प्राप्त थी। अपनी नियुक्ति के देश में उसे स्वतन्त्र रूप से कहीं भी जाने का अधिकार था और वह किसी प्रकार के घाट कर अथवा सीमाशुल्क की देयता से मुक्त था। उनकी सुरक्षा का दायित्व राज्य का था। उपसंहार रूप में कहा जा सकता है कि कौटिल्य कूटनीतिज्ञों,

गुप्तचरों तथा मन्त्रियों को मात्र राज्य-कौशल के स्तंभ के रूप में ही नहीं देखते थे, वरन् वह उन्हें राजा के लिए शक्ति का स्तंभ भी मानते थे। अधिकारियों तथा मन्त्रियों के सिरों पर गुप्तचर्या राज्य के दण्ड विधान की तलवार के रूप में लटकती थी और इस प्रकार राजा के प्रति उनकी निष्ठा रहती थी। यह ऐसे युग में था जब यातायात और संचार के साधन मात्र अपनी अनुपस्थिति से ही पहचाने जाते थे। अतः कौटिल्य ने गुप्तचर विभाग पर अर्थशास्त्र में विशेष ध्यान दिया है।

प्रशासनिक सेवा की सत्यनिष्ठा

प्रशासनिक सेवाओं की सत्यनिष्ठा और स्वामीभक्ति बनाए रखने के लिए आवश्यक तकनीक पर कौटिल्य विस्तार से प्रकाश डालते हैं। अभेद्य, अनिंद्य सत्यनिष्ठा वाले कर्त्तव्यनिष्ठ अधिकारियों को राजा प्रचुर रूप में पुरस्कृत, प्रसादित करता है तथा अधिकारों को दुरुपयोग करने वालों, उत्कोच भोगी, अनुचित रूप से धन जमा करने वाले कर्त्तव्यविमुख कर्मचारियों को वह कठोर दण्ड देता है। अपराधी अधिकारियों को राजा को किसी प्रकार के मानसिक प्रतिबन्ध के बिना दण्ड देना चाहिए। जहाँ एक ओर वह सत्यनिष्ठ, कर्त्तव्यपालन अधिकारियों को वेतन अथवा उच्च पद के रूप में पुरस्कृत करता है, वहीं प्रमादी उत्कोच भोगी (Corrupt) अधिकारियों की निन्दा, उन पर दण्ड शुल्क लगाने यहाँ तक कि मृत्युदण्ड देने में भी राजा संकोच नहीं करता था। चन्द्रगुप्त के काल में राज्य की आय का एक चौथाई भाग वेतनों पर व्यय किया जाता था। ऐसा इसलिए होता था कि प्रशासन के अधिकारी सन्तुष्ट रहें, घूस न लें। इस प्रकार कर्मचारी सन्देह की परिधि से ऊपर उठकर कर्त्तव्यपालन में निष्ठा का परिचय देते थे। भ्रष्टाचार की सम्भावना ही नहीं रहती थी। भ्रष्टाचारी, उपेक्षा और अवज्ञाशील अधिकारियों के हाथों राजस्व की हानि रोकने के लिए कौटिल्य एक नहीं, अनेक उपाय सुझाते हैं, जैसे भारी दण्ड शुल्क लगाना, अनुचित रूपेण प्राप्त सम्पत्ति का अधिग्रहण, एक विभाग से दूसरे विभाग में स्थानान्तरण, पदच्युत करना और परीक्षणावधि पर उसे जारी रहने देना। वास्तव में कौटिल्य जिनमें प्रशासनिक बुद्धि बड़ी तीक्ष्ण थी और मानव मनोविज्ञान में जिनकी गहरी पैठ थी, वे भली-भाँति जानते थे कि प्रलोभनकारी परिस्थितियों में अपने को जब सरकारी अधिकारी पाते हैं तो वह नैतिक पतन को रोक नहीं पाते। अतः वह प्रोत्साहनों के साथ-साथ भयावह निवारकों का भी सुझाव देते हैं।

आयोजन

कौटिल्य ने सार्वजनिक नीतियों के निर्माण में आयोजन की महत्ता को समझा था। आर्थिक क्षेत्र में वह आयोजन पर विशेष महत्त्व देते हैं। उनका

सर्वाधिक ध्यान कृषि सम्बन्धी आयोजन पर ही केन्द्रित रहा है। इसका कारण यह है कि उनके समय में अर्थव्यवस्था प्रधानतः भूमि पर ही आधारित थी। लोगों की अन्न सम्बन्धी आवश्यकता की आपूर्ति सुनिश्चित करना, यही राज्य की मुख्य चिन्ता थी। कृषि उत्पादनों पर भारी कर का सुझाव भी दिया गया था, जिससे प्राप्त प्रचुर धन दुर्भिक्ष अथवा बाढ़ की विपत्ति के समय आवश्यक अन्न सामग्री जुटाने के लिए उपयोग में लाया जा सके। उनका उद्देश्य उत्पादन की दृष्टि से गाँवों को स्वावलम्बी बनाना था। अतः उन्होंने आँकड़े एकत्र करने और प्राकृतिक जनशक्ति के रूप में उपलब्ध संसाधनों के सांख्यिकीय (Statistical) मापन के एक विश्वसनीय तन्त्र का प्रस्ताव रखा। समन्वयात्मक विकास सुनिश्चित करने के अतिरिक्त उन्होंने संसाधनों के रक्षण पर भी बल दिया तथा खान, वन, सिंचाई, औद्योगिक उपक्रम तथा पशुधन रक्षण के क्षेत्र में नवीन परियोजनाएँ आरम्भ करने की महत्ता पर भी बल दिया। आयोजन परियोजना से पूर्व होता था। ग्रामीण आयोजन के क्षेत्र में मुख्य अभिधारणा (Postulation) यह थी कि "एक ग्रामीण बस्ती में 100 से कम और 500 से अधिक परिवार नहीं होंगे। सामरिक महत्त्व का 800 ग्रामों का केन्द्र भली प्रकार दुर्ग रचना से घिरा एक सुरक्षित प्रदेश होता था। 400 ग्रामों का क्षेत्र मध्यम प्रकार की दुर्ग रचना द्वारा सुरक्षित होता था।"[23] विपणन अर्थव्यवस्था के प्रति उनका दृष्टिकोण वैज्ञानिक था, उत्पादित सामग्री की विपणन समस्याओं और मूल्यों के उतार-चढ़ाव की समस्या से वह जूझे। व्यापारियों के अत्यधिक लाभ कमाने तथा ऐसी ही अन्य अनुचित कार्रवाइयों के प्रति पूर्णतः सजग होकर उन्होंने थोक व्यापारियों के लाइसेन्सीकरण, पण्य सामग्री (merchandise) की गुणवत्ता के समीचीन परीक्षा तथा प्राधिकृत व्यापारियों के द्वारा ही उनकी बिक्री जैसे कठोर निवारक उपायों का सुझाव दिया। इस प्रकार उन्होंने वस्तुओं की निर्बाध उपलब्धि तथा मूल्यों को स्थिरता सुनिश्चित की।

इसके अतिरिक्त उन्होंने माँग और आपूर्ति का एक सिद्धान्त भी बनाया। आवश्यक वस्तुओं के मूल्य निर्धारित करने के लिए नियम बनाए गए। राज्य ने सारे देश में वस्तुओं के वितरण का प्रबन्ध अपने हाथ में लिया।

कौटिल्य ने एक समीचीन श्रमिक नीति का भी निर्धारण किया जिसके अनुसार श्रमिकों को किए गए कार्य का वेतन दिया जाएगा। न किए गए कार्य के लिए वह वेतन के अधिकारी नहीं होंगे। इसके अनुसार यदि नियोक्ता की ओर से किसी कारणवश कार्य बन्द किया जाए तो श्रमिकों को उसका वेतन मिलेगा और यदि श्रमिक बीच में कार्य छोड़ दे और प्रतिस्थानीय किसी और को उसके लिए प्रस्तुत किए बिना चला जाए तो वह वेतन का अधिकारी नहीं होगा। सेवावधि में मृत्यु होने की स्थिति में मृतक के आश्रितों को निर्वाह राशि दी

जाएगी। शिशु, वृद्ध तथा मृत श्रमिकों की विधवाओं को राज्य की ओर से वित्तीय सहायता दी जाती थी। आयोजन सम्बधी उनकी अवधारणा में इन महिलाओं पर विशेष ध्यान दिया गया जिन्हें कार्य की आवश्यकता थी। विधवाएँ, विकलांग लड़कियाँ, अविवाहित महिलाएँ तथा घर से दूर अथवा जो यात्रा कर रही हों और धन की उन्हें आवश्यकता हो, उन्हें सरकारी वयन प्रतिष्ठानों (Weaving establishments) से सूत दिया जाता था जिसे वह कातती थीं और उन्हें निर्धारित वेतन मिलता था। विपत्ति में पड़ी महिलाओं को शोषण के विरुद्ध सुरक्षा प्रदान की जाती थी। कार्य प्रवीणा महिलाओं को प्रोत्साहित करने के लिए पुरस्कृत किया जाता था।

उनके आयोजन का विस्तार इतना व्यापक था कि उसकी परिधि में अन्तर्राष्ट्रीय व्यापार, आबकारी, सीमा शुल्क (विदेशी माल पर लगाया जाने वाला) तथा आयात-निर्यात की समस्याएँ—सभी इसकी परिधि में आ जाते थे। विदेशों से व्यापार बढ़ाने के उद्देश्य से अनेक विदेशी वस्तुओं को आयात शुल्क से मुक्त रखा गया। इन उपायों के परिणामस्वरूप आयात-निर्यात की सम्भावनाएँ उज्ज्वल हो गईं तथा वाणिज्य को प्रोत्साहन मिला। उदादीकरण की इस नीति से हमें भारत सरकार की वर्तमान वित्तीय नीति का स्मरण हो आता है। उनकी योजनाबद्ध अर्थव्यवस्था भारत की वर्तमान मिश्रित अर्थव्यवस्था के समान ही है। जहाँ एक ओर खान, टकसाल, नमक का उत्पादन, वस्त्रोद्योग, मदिरा, शस्त्र तथा उपभोक्ता सामग्री को सीधे राजकीय नियन्त्रण में रखा गया था, वहीं दूसरी ओर निजी उपक्रम तथा निजी पूँजी निवेश को यथोचित मान्यता दी गई। अतः आर्थिक आयोजन सम्बन्धी उनका दृष्टिकोण जिस पर राज्य की स्थायी समृद्धि निर्भर थी, सोद्देश्यपरक और व्यावहारिक था। रामस्वामी के शब्दों में, "आर्थिक आयोजन के अन्तर्गत राज्य कला की तीन मुख्य क्रियात्मक विधाएँ—ग्रामीण तथा नागरिक क्षेत्रों के पोषण के लिए संसाधनों का संरक्षण, राज्य की रक्षा और आपात समय में देश की आक्रामक क्षमता को सुदृढ़ बनाना—समाविष्ट होनी चाहिए।"[24]

कूटनीति

कौटिल्य राज्य कला का जहाँ तक प्रश्न है, अत्यन्त प्रतिभासम्पन्न है, इसका प्रमाण 'मण्डल' विदेश नीति में युद्ध और शान्ति विषयक उनके विचार जो उद्घाटित हुए हैं, कूटनीति सम्बन्धी उनकी अवधारणा में से मिलता है। उनका मण्डल सिद्धान्त कूटनीति के अध्ययन को उनका एक अति विशिष्ट योग है और अन्तर्राष्ट्रीय राजनीति के अभिकल्पन (Conceptualization) की दिशा में उसका महत्त्व युगान्तरकारी है। यह सिद्धान्त कूटनीति तथा गठबन्धनों के बारह सहभागियों

का अनुबोधक (Perceptive) विश्लेषण प्रस्तुत करता है।[25] इस सिद्धान्त के अनुसार राजा (विजेता) में इतनी महत्त्वाकांक्षा तो अवश्य होती है कि वह विदेशी क्षेत्र को अपने आधीन कर ले। इस कारण उसे पड़ौसी राज्यों से सम्बन्ध के विषय में सावधान रहना पड़ता है। निकटवर्ती राज्य का शासक उसका शत्रु है जबकि उसके शत्रु के दूसरी ओर स्थित प्रदेश का शासक उसका स्वाभाविक मित्र है। इसका कारण यह है कि दोनों में कोई तत्कालीन स्पर्धा नहीं है। इसके अतिरिक्त यह भी ध्यान रखने योग्य है कि शत्रु पक्ष का दूसरा पड़ौसी भी शत्रु के दुर्बल पड़ जाने से लाभ की स्थिति में आ सकता है। इसी आधार पर कौटिल्य का प्रतिपादन करते हैं, और निकटवर्ती राज्यों के अन्तर्व्यावहारिक उपायों को स्पष्ट करने का प्रयत्न करते हैं। इसके अतिरिक्त वह छः वैकल्पिक नीतियों को भी समझाते हैं, जैसे—संधि, जिसमें शान्ति का वचन दिया गया हो, युद्ध छेड़ने की बात हो, उदासीन अथवा असम्बद्ध रहने की बात हो, युद्ध की तैयारी करनी हो, किसी अन्य शक्ति से गठजोड़ करना हो, एक को शान्ति का वचन देकर दूसरी शक्ति से युद्ध करना। स्पष्टः मण्डल सिद्धान्त का उद्देश्य क्षेत्र में शक्ति सन्तुलन बनाए रखने और पड़ौसी राज्यों से व्यवहार की तकनीक उपलब्ध कराना था।[26]

छः सूत्री विदेश नीति

वास्तव में कौटिल्य की अन्तर्राष्ट्रीय व्यवहार सम्बन्धी अवधारणा राज्य कौशल के दो मूल सिद्धान्तों 'विश्व विजय' और 'विश्व दृढ़ीकरण' पर आधारित है। उनकी इस छः सूत्री विदेश नीति से जीर्णता की स्थिति से उबरकर स्थिरता और प्रगति की ओर राज्य की यात्रा समझ में आती है। मण्डल के राज्यों के पारम्परिक सम्बन्धों में इस नीति का प्रतिफलन (Reflection) होता है। जो पक्ष अपने को उदासीन रखता है, वह शान्त ही रहता है। जिसके पास आवश्यक साधन हों, वह शत्रु की ओर कूच करता है। जिस पक्ष के पास ऐसे आवश्यक साधन न हों, वह स्वयं अपनी रक्षा के लिए भी परसहायतापेक्षी होता है। जिस किसी को भी युद्ध विजय करने में सहायता की अपेक्षा होती है, वह एक से शान्ति कर दूसरे के विरुद्ध छेड़ने को आतुर होगा। राज्य की विभिन्न स्थितियों में कल्पना करते हुए, कौटिल्य संधि, विग्रह, आसन, यान, सभाश्रय तथा द्वैधभाव, विदेश नीति के अंशों के रूप में इन छः को परिगणित करते हैं।

संधि (Peace Treaty) : इसका अर्थ अपने से वरिष्ठ, सशक्ततर पक्ष से ऐसे समझौते के तैयार करने से है जिसे किन्हीं विशेष शर्तों पर किया जाए।

विग्रह (State of Hostility) : इससे संकेत मिलता है शत्रुता की स्थिति का। यह प्रतिरक्षात्मक तथा आक्रमक दोनों प्रयोजनों को सिद्ध करने में सहायक

होती है। इस नीति का अनुसरण शत्रु के आक्रमण को सफलतापूर्वक विफल करने, उसके प्रदेश को अधिकृत करने अथवा किसी अन्य मोर्चे पर उसे युद्ध में लगाने के उद्देश्य के लिए होता है। यदि राज्य की शक्ति में वृद्धि करनी हो और उसकी सत्ता बनाए रखनी हो तो कौटिल्य विग्रह की अपेक्षा सन्धि को वरीयता प्रदान करते हैं, क्योंकि विग्रह का परिणाम कठिनाइयाँ, व्यय तथा हानि होता है।

आसन (Armed Ventrality) : इसका सम्बन्ध सशस्त्र तटस्थता से है। इससे यह अर्थ निकलता है कि उस समय तक प्रतीक्षा की जाए तब शत्रु अपने को दुर्बल माने, कठिनाई में हो अथवा किसी अन्य राजा से वह लड़ाई में फँसा हो, अन्यथा उस समय की प्रतीक्षा की जाए जब शत्रु की तुलना में अपनी शक्ति में वृद्धि हो।

यान (March against Enemy) : इसका अनुसरण उस समय किया जाना चाहिए जब अपनी स्थिति निश्चित रूप से शत्रु की तुलना में सुदृढ़तर हो, क्योंकि इसमें समुचित तैयारी से शत्रु की ओर कूच करना पड़ता है। विग्रह और यान दोनों साथ चलते हैं। वह एक सम्भूय अभियान का भी सुझाव देते हैं, जिसका अर्थ है शत्रु के विरुद्ध सामान्य अभियान। यह विजीगीषु के शत्रु के विरुद्ध सम्मिलित प्रयास है। विजीगीषु को मित्रों के सम्भावित विश्वासघात के प्रति सावधान किया जाता है। उसे अत्यन्त विश्वस्त मित्रों के चयन का ही परामर्श दिया जाता है।

समाश्रय (An alliance with superior power) : यह अपनी रक्षा सुनिश्चित करने के लिए एक सशक्ततर सत्ता से एक दुर्बल राजा द्वारा की जाने वाली वह सन्धि है जब उसे एक अधिक बलवान राजा की ओर से या तो आक्रमण की आशंका हो अथवा उस पर आक्रमण किया गया हो। ऐसे दुर्बल राजा को उन सम्भावित मित्रों का परिचय दिया जाता है, जो उसके मित्र बन सकते हों। उसे आश्रय प्रदान करने को तो तैयार हो। ऐसे राजा को सतर्क रहकर उस अवसर की प्रतीक्षा करनी चाहिए, जो अपनी स्वतन्त्रता पुनर्प्राप्त करने के लिए उसे मिले, बिना स्वयं किसी के सन्देह का भाजन बनते हुए।

द्वैधभाव (Double Dealing) : यह दोहरा व्यवहार है। एक के साथ शान्ति बनाए रखना, दूसरे से युद्ध करना। ऐसा करने का उद्देश्य सेना तथा धन के रूप में सहायता प्राप्त कर किसी अन्य के विरुद्ध युद्ध छेड़ना है।

स्पष्टतः कौटिल्य की विदेश नीति का उद्देश्य एक स्वाभाविक शत्रु के विरुद्ध छेड़कर उसे पराजित कर अपनी शक्ति बढ़ाना है—विश्व विजय की दिशा में यह पहला कदम है। उपरोक्त सभी प्रकार छः नीतियों का एक ही उद्देश्य है—सत्ता अधिगत करना। शीघ्र कार्यसाधकता न कि नैतिकता, अन्तर्राष्ट्रीय व्यवहार, सम्बन्ध में प्रेरक सिद्धान्त होता है। राज्य के हितों को ही सर्वोपरि मानकर सदा उन्हें ही

ध्यान में रखना चाहिए।

किन्तु इतना होने पर भी, कौटिल्य शान्ति की महत्ता समझ, युद्ध की अपेक्षा उसे वरीयता प्रदान करते हैं, क्योंकि युद्ध से जीवन तथा धन की महान क्षति होती है।

अतः विदेश नीति के क्षेत्र में शान्ति स्थापना के लिए प्रभावी नीति के रूप में सन्धि का परामर्श दिया गया है। एक दुर्बल राजा द्वारा तनाव को शिथिल करने के लिए सन्धि का अवलम्ब लिया जाता है। इस विदेश नीति की छः निर्दिष्ट विधाओं का उपयोग विवेकहीनता पूर्वक अत्यधिक नहीं करना चाहिए। समय की माँग को देखकर ही विवेक के अधीन होकर ही इन्हें काम में लाना चाहिए। इनमें राजनीतिक और सैनिक दृष्टिकोण को ही प्रधानता मिलनी चाहिए। विदेश नीति सम्बन्धी निर्णय लेते समय इन पर सम्यक्तः विचार कर लेना चाहिए। (i) मंत्रशक्ति (मंत्रणा की शक्ति), (ii) प्रभु शक्ति (पदार्थों, साधनों की शक्ति) तथा (iii) उत्साह शक्ति (ऊर्जा, प्रेरणा शक्ति)। कौटिल्य की धारणानुसार विचार, मनन की शक्ति राजा की बौद्धिक शक्ति का प्रतिनिधित्व करती है। जबकि पदार्थ, उपकरण शक्ति द्वारा प्रतिनिधित्व होता है उसकी भौतिक शक्ति का। उसे सदा ऐसी नीति का अनुसरण करना चाहिए जो उसे ह्रास की स्थिति से बचाए रखे।

साम, दाम, दण्ड, भेद का सिद्धान्त

यह सिद्धान्त भी कौटिल्य की विदेश नीति का एक अंग है आधुनिक युग में भी इसका उतना ही प्रासंगिक होना चाणक्य के व्यावहारिक, प्रयोजनपरक दृष्टिकोण का परिचायक है। साम दृष्टिकोण है मैत्री का। यह प्रक्रिया है शिष्ट, विचार-विमर्श के माध्यम से शत्रु सेना के अधिकारियों को अपने राजा के विरुद्ध विश्वासघात करने के लिए तैयार कर लेना। राजा को गाँवों, वनों, मार्गों तथा यातायात, पशुओं की सुरक्षा करने का परामर्श दिया जाता है। जो निर्वासित किए जाएँ, उन्हें अपने पास वह बुला ले। इस प्रकार के उपाय से एक दुर्बल राजा को वश में किया जा सकता है। दाम की नीति के द्वारा राजा शत्रु पक्ष के राजद्रोहियों को अपनी ओर कर सकता है। कूटनीति में कुछ के लिए कुछ भी करने की आवश्यकता नहीं है—यह नियम माननीय है। अभीष्ट परिणामों की प्राप्ति बलिदान द्वारा सुनिश्चित की जानी चाहिए।

भेद का अभिप्राय उस नीति से है जिसका उपयोग फूट डालकर राज्य करने के लिए किया जाता है। इसके फलस्वरूप एक शक्तिशाली राजा और सत्ता को अपने अधीन किया जा सकता है। कौटिल्य शत्रु पक्ष में फूट डालकर उसे दुर्बल करने के अनेक उपाय भी सुझाते हैं। इनमें यह उपाय समाविष्ट हैं—एक पड़ौसी

राजा को उसके विरुद्ध उकसाना, एक बन्दी राजकुमार को द्रोह के लिए तैयार करना और विरोध के भाव इसी प्रकार राज्य-परिवार के किसी असन्तुष्ट व्यक्ति में भरना।

दण्ड का प्रयोग उसी स्थिति में किया जाना चाहिए जब ऊपर सुझाए तीनों उपाय विफल हो जाएँ। सशस्त्र संघर्ष की अपेक्षा यह एक कूटनीतिक युद्ध अधिक है। वास्तविक युद्ध आरम्भ से पहले यह अन्तिम उपाय है। कौटिल्य दण्ड के ऐसे अनेक प्रकारों का वर्णन करते हैं, जिनके प्रयोग से शत्रु को खुले युद्ध में बन्दी बनाया जा सकता है, विश्वासघातपूर्ण युद्ध से उसे वश में कर, गुप्त षड्यन्त्र द्वारा उस पर प्रहार करना और गड़बड़ी की स्थिति में दुर्ग का पतन होने पर उसे बन्दी बना लेना।

छः सूत्री विदेशी नीति के प्रभावी क्रियान्वयन के लिए साम, दाम, दण्ड तथा भेद इन चार उपायों का अवलम्ब आवश्यक कार्य साधक के रूप में अपरिहार्य है। कौटिल्य के मतानुसार, जहाँ तक युद्ध संचालन और अन्तर्राज्यीय सम्बन्धों का प्रश्न है, मानवतावादी, नैतिक सिद्धान्त शाश्वत रूपेण प्रासंगिक नहीं माने जा सकते। एक व्यवहारवादी विचारक के नाते कौटिल्य अनुभव करते थे कि राजनीतिक उथल-पुथल सभी राज्यों को प्रभावित करती है। अतः दुर्बल राजा को सावधान रहने की आवश्यकता है। दुर्बल राजा को अन्य राज्यों से गठजोड़ करने का अवश्य यत्न करना चाहिए जिससे उसके राज्य की रक्षा हो सके। जहाँ सशक्त राजा के लिए यह स्वाभाविक है कि वह विजय और अपनी स्थिति सुदृढ़तर करने को आतुर हो, वहीं दुर्बल राजा अपने अस्तित्व, आत्मरक्षण के लिए अधिक चिन्तित रहता है। इस प्रकार से युद्ध टाले जा सकते हैं। इस प्रकार कौटिल्य के मण्डल सिद्धान्त में समाविष्ट है सम्बन्धों का वह जाल जो बारह राज्यों के समूह में होना चाहिए और उन निर्णायक सूत्रों को भी स्पष्ट करते हैं जिनसे उनकी भावी स्थिति स्पष्ट होती है। अन्तर्राज्यीय सम्बन्धों का नियमन करने वाली उनकी छः सूत्री विदेश नीति अपने युग के समान आज के युग में भी प्रासंगिक है और इस प्रकार अपने प्रणेता के विचारों की विश्वजनीन प्रयोज्यता को असंदिग्ध रूप से स्थापित करती है।

युद्ध और शान्ति के नियम और कानून सम्बन्धी उनकी अवधारणा

कौटिल्य की दृष्टि में कानून एक राजसी आदेश है। यह शास्त्रानुमोदित है। यह यद्यपि न्याय एवं युक्ति द्वारा अनुचालित है तथापि राजा से उच्चतर इसके लिए कोई मान्य सत्ता नहीं है। न्याय प्रशासन में राजा किसी भी रुचि अथवा अरुचि को ध्यान में नहीं रखता था। कानून सर्व समावेशी होना चाहिए। मात्र

कूटनीति की शिक्षा तक ही सीमित न होकर, समाज के सांस्कृतिक स्तर को उठाने और आवश्यकताओं की पूर्ति की भी इससे अपेक्षा की जाती है। कौटिल्य अन्तर्राष्ट्रीय कानून और सम्बन्धों के प्रति यथार्थवादी दृष्टिकोण अपनाते हैं। उनके द्वारा निर्दिष्ट कानूनों का वर्गीकरण इस प्रकार है–1. युद्ध सम्बन्धी कानून, 2. शान्ति सम्बन्धी कानून, 3. तटस्थता सम्बन्धी कानून।

युद्ध सम्बन्धी कानून

कौटिल्य युद्ध को एक आक्रामक कार्रवाई के रूप में चित्रित करते हैं। नियमित रूप से युद्ध की घोषणा होने पर ही कौटिल्य सैन्य अभियान का सुझाव देते हैं। कार्रवाई को जारी रखने का अर्थ शान्तिपूर्ण सम्बन्धों को समाप्त कर युद्ध आरम्भ करना है। कौटिल्य सभी विकल्प विफल होने के उपरान्त युद्ध छेड़ने का परामर्श देते हैं।

स्पष्ट है कि शान्ति व्यवस्था को छिन्न किए बिना शत्रु पर सब प्रकार का दबाव डालने के कौटिल्य पक्ष में हैं। कौटिल्य अनुभव करते हैं कि युद्ध छिड़ जाने पर सभी कूटनीतिक सम्पर्क टूट जाते हैं। युद्ध के चलते वार्ता की भी संभावना विचारणीय नहीं रहती। युद्ध से साधारण नागरिक भी प्रभावित होते हैं। शत्रु राज्य से मैत्री सम्बन्ध रखने का नागरिक अधिकार खो देते हैं। यह सम्बन्ध होने पर उन्हें राजद्रोही माना जा सकता है।

शत्रुओं के रोगी और घायल सैनिकों के प्रति कौटिल्य मानवता का व्यवहार करने का परामर्श देते हैं। कुशल शल्य चिकित्सकों द्वारा उनकी परिचर्या हो तथा सर्वोत्तम उपलब्ध चिकित्सा उन्हें प्रदान की जाए। वह विजेता को लूटपाट, संहार तथा अन्य ध्वंसात्मक कार्रवाई में होने से वर्जित करते हैं। नागरिकों को न सताया जाए तथा युद्ध के विनाश से उनकी रक्षा की जाए।

कौटिल्य समुद्री युद्ध के लिए भी नियम निर्धारित करते है। वह इस बात पर बल देते हैं कि जिन पोतों अथवा अन्य समुद्री यानों में विस्फोटक सामग्री हो और सन्दिग्ध व्यक्ति उनका संचालन कर रहे हों तो उन्हें अधिकार में ले लेना चाहिए। बुरे मौसम के कारण यदि कोई यान शत्रु के बन्दरगाह में चला जाए तो उसे छोड़ देना चाहिए। आश्चर्य की बात है कि आधुनिक अन्तर्राष्ट्रीय कानून में भी यानों के लिए रियायत का प्रावधान नहीं है। इससे स्पष्ट है कि प्रायः मेशियावेलिन के रूप में तिरस्कृत किए जाने वाले कौटिल्य भी शान्तिवादियों के रूप में विख्यात लोगों से कहीं अधिक सहृदय थे। वह वास्तविक युद्धरत सैनिकों के अतिरिक्त, जो सेना के साथ शिविर सामग्री ले जाने, सड़कों और पुलों के मार्ग से युद्ध सामग्री ले जाने के कार्य में रत हों, के प्रति अति सदय थे। उनका परामर्श

है कि युद्ध में बन्दी बना लिए जाने के बाद उनसे मृदु व्यवहार किया जाए। यह एक अन्य प्रमाण है कौटिल्य के आधुनिक युगीन परिप्रेक्ष्य में प्रासंगिकता का, क्योंकि हेग कन्वेंशन की तेरहवीं धारा में इस प्रकार के सीधे युद्ध में न लगे व्यक्तियों को दी जाने वाली रियायतों पर प्रकाश डाला गया है।

लूट के रूप में अधिग्रहीत चल अथवा अचल सम्पत्ति के सम्बन्ध में अपने उल्लेख के कारण कौटिल्य आधुनिक अन्तर्राष्ट्रीय कानून के और भी निकट आ जाते हैं। अन्तर्राष्ट्रीय कानून में आज भी यह व्यवस्था है कि युद्धोपरान्त इस प्रकार अधिग्रहीत सम्पत्ति पर उस राज्य का स्वामित्व है जिसके सैनिकों ने इस पर अधिकार किया है। यह एक सशक्त शासक के लिए प्रलोभन का स्रोत है और इसी के वश होकर, वह अनेक राजाओं की सहायता से युद्ध से प्राप्य इस सम्पत्ति को पाने के लिए प्रेरित होता है।

कौटिल्य मात्र युद्ध सम्बन्धी ही ऐसे नियम निर्धारित नहीं करते जिन्हें हम आज तक स्वीकार करते हैं, वरन् वह शान्ति के भी ऐसे नियमों का प्रतिपादन करते हैं, जिन्हें अन्तर्राष्ट्रीय समुदाय में आज भी मान्यता प्राप्त है। स्वराज्य सम्बन्धी अपनी अवधारणा में बाह्य हस्तक्षेप को कोई प्रश्रय न देते हुए भी कौटिल्य निजी हितों का सम्पारण और स्वार्थों का विवर्धन करने वाले किसी शक्तिशाली राज्य द्वारा हस्तक्षेप की सम्भावना के प्रति भी जागरूक थे। यही कारण है कि वह साम, दाम, दण्ड और भेद का अवलम्ब लेकर शक्ति-सन्तुलन बनाए रखने पर बल देते हैं। शक्ति-सन्तुलन में विचलन होने की स्थिति में हस्तक्षेप की आवश्यकता पड़ता है। वह राजा को किसी ऐसे राजा की सहायता न देने का परामर्श देते हैं जो आर्थिक परिक्षीणता (State of liquidation) से ग्रस्त हो। स्थिति को यथावत् बनाए रखने से ही शक्ति-सन्तुलन बनाए रखने में सहायता मिल सकती है। पड़ौसी राज्यों में हस्तक्षेप आवश्यक हो जाता है, क्योंकि वहाँ का घटनाक्रम अप्रभावित नहीं रह सकता। चटर्जी के शब्दों में, "प्राचीन भारत में सभी बड़ी शक्तियाँ इसी सिद्धान्त से प्रेरित थीं और पालनीय नीति के रूप हस्तक्षेप में प्रवृत्त होती थीं।"[27] वस्तुतः हस्तक्षेप सम्बन्धी कौटिल्य द्वारा परिगणित कारणों की आधुनिक कूटनीति में भी जो उपाय प्रचलित हैं, उनसे समानता है। इतिहास हस्तक्षेप के ऐसे उदाहरणों से भरा है जब शक्ति सम्बन्धों में परिवर्तन के उद्देश्य से द्वैधभाव (Ambivalent) की स्थिति उत्पन्न हो जाती है।

कौटिल्य एक शासक द्वारा नए प्रदेश को हस्तगत किए जाने का भी उल्लेख करते हैं। इस प्रकार वह शासक की बुराइयों का प्रतिकार अपने गुणों से देकर, उस प्रदेश पर अपने आधिपत्य को स्थायी बना सकता है। सीधे आक्रमण द्वारा विजित, समामेलित प्रदेश के लोगों से विजेता मानवीय व्यवहार करते हुए, उन्हें सम्मानित

करे, कृतार्थ करे तथा अपनी नई प्रजा को कुछ रियायतें भी दे। वहाँ की प्रथाओं और उत्सवों के प्रति आदरभाव रखे। किन्तु हानिकारक, उपद्रवी तत्त्वों का सफाया अवश्य होना चाहिए। आज के अन्तर्राष्ट्रीय कानून के समान कौटिल्य भी राज्य द्वारा अपने जल संसाधनों, मार्गों तथा द्वेष मुक्त भाव से किसी राज्य के भू अथवा जल मार्गों के प्रयोग पर राज्य के आधिकार का समर्थन करते हैं। इससे राजा को यह अधिकार मिल जाता है कि मछली पकड़ने, शंख और मोती एकत्र करने की अनुमति किसी को दे सके। यह अन्य विदेशी समुद्री यानों को अपने प्रदेश के जल मार्ग के उपयोग की अनुमति देता है। वह उसके तटों और बन्दरगाहों पर प्रवेश कर सकते हैं। परन्तु यह अनुमति मात्र उन्हीं के लिए है जो दस्यु वृत्ति (Piratical activities) में प्रवृत्त नहीं होते और निर्धारित शुल्क देते हैं। आधुनिक अन्तर्राष्ट्रीय कानून में भी यह व्यवस्था है कि एक राज्य अपने उच्च सामुद्रिक धरातल पर पुलिस की चौकसी का दायित्व निभाते हुए, ये सुनिश्चित करे कि दस्यु वृत्ति न होने पाए, विशेषः उन स्थानों पर जो उसके समुद्र-तट के साथ लगते हैं।

कौटिल्य दल त्यागकर पलायन करने वाले लोगों का अन्य क्षेत्र में आश्रय खोजने का भी उल्लेख करते हैं। यह पलायन चाहे बन्दी किए जाने के भय, असन्तोष, समस्याओं का समाधान न मिलने अथवा प्रलोभन के कारण हो। एक राजकुमार यदि किसी भद्र अथवा सज्जन वृत्ति के राजा के राज्य में आश्रय माँगता तो पलायन वृत्ति को और बढ़ावा मिलता। इस प्रकार के पलायनों का अन्तर्राज्यीय सम्बन्धों पर दुष्प्रभाव पड़ता था।

तटस्थता का सिद्धान्त (आसन)

कौटिल्य द्वारा प्रतिपादित विदेश नीति की 'आसन' एक महत्त्वपूर्ण विधा है। कौटिल्य कहते हैं कि जब दो राज्य अथवा राज्यों के सामूहिक वर्ग परस्पर लड़ते हैं तो अन्य ऐसे राज्य जिनका लड़ाई से कोई सम्बन्ध नहीं है, वह अपना निर्णय स्वयं लेते हैं। यह तो वह लड़ाई से पूर्णतः दूर रह सकते हैं अथवा किसी एक का पक्ष ले सकते हैं यह भी सम्भव है कि वह किसी मध्य मार्ग का अनुसरण करने पर विवश हो जाएँ, अपनी दुर्बलता अथवा किसी एक दल से हुए समझौते का ध्यान में रखते हुए। इसका परिणाम सारे घटनाक्रम के प्रति उदासीनता भी हो सकता है। एक राजा तटस्थ रहने का मार्ग अपना सकता है, यदि कोई अन्य राजा ऐसा करने का आग्रह करे। वह परिस्थितियों से विवश होकर भी ऐसा कर सकता है। इस प्रकार हम कह सकते हैं कि "कौटिल्य की दृष्टि में मौन रहना, युद्ध से दूर रहना है पूर्ण उपेक्षा यह सभी तटस्थता के पर्याय हैं।"[28] कौटिल्य स्थिति की वास्तविकता

को तटस्थता भाव की मूल प्रेरणा मानते हैं। वे कहते हैं, केवल वही राज्य जो अपनी रक्षा करने की स्थिति में हो, तटस्थता का भाव अपना सकता है।

कौटिल्य सशस्त्र तटस्थता का भी उल्लेख करते हैं। सशस्त्र तटस्थता की स्थिति में अपने को वह राजा रखता है जो धावा बोलने की स्थिति में न होते हुए भी अपनी रक्षा प्रभावी रूप से कर सकता है। एक तटस्थ राज्य को ऐसी स्थिति में अवश्य प्रतिरोध करना चाहिए यदि एक लड़ाकू राज्य तटस्थ राज्य के जहाजों की तलाशी ले। आधुनिक समय में भी इसी नीति का अवलम्ब लिया जाता है। वास्तव में कौटिल्य का दृष्टिकोण यथार्थवादी था। अन्तर्राष्ट्रीय कानून सम्बन्धी समस्याओं तथा अन्तर्राज्यीय सम्बन्धों का जहाँ तक प्रश्न है उनकी उपनति (approach) बुद्धिसंगत और व्यावहारिक थी।

शक्ति-सन्तुलन

कौटिल्य शक्ति-सन्तुलन के पक्षधर हैं। वे युद्ध के अतिरिक्त गठजोड़ पर भी बल देते हैं। गठजोड़ के कारण साम्यावस्था में विषमता आ जाती है। कुछ राज्य जिन्हें बाहरी खतरे की आशंका होती है, स्वतः इस योग्य नहीं होते कि अपने बूते पर इसका सामना कर सकें। अतः वह स्वयं ऐसे राज्यों की खोज में रहते हैं जिन्हें स्वयं ऐसे खतरों की आशंका रहती है। इस प्रकार एक साँझे शत्रु का सामना करने के लिए वे गठजोड़ करते हैं। जब शत्रु राज्य को यह अनुभव होता है कि अनेक दुर्बल राज्यों के परस्पर मिल जाने से स्वयं उसकी सुरक्षा खतरे में पड़ गई है तो इसके विस्तारवादी मनोरथों को व्याघात पहुँचेगा। ऐसी स्थिति में यह राज्य भी राज्यों के पहले गठजोड़ के विरुद्ध अपने समर्थक ढूँढने पर विवश होगा।

इस प्रकार के गठजोड़ कौटिल्य के समय में मुख्यतः आत्म-रक्षा के लिए किए जाते थे, तथापि भूमि, स्वर्ण तथा उपनिवेश बनाने का मनोरथ भी इसका कारण होता था। गठजोड़ बनाने और मित्र बनाने के उद्देश्य के कारण कौटिल्य का मण्डल का सिद्धान्त सामने आया। इस सिद्धान्त ने अन्तर्राज्यीय सम्बन्धों की धुरी की भूमिका निभाई। कभी-कभी कौटिल्य आवश्यकता से अधिक सावधान हो जाते हैं। वे राजा को परामर्श देते हैं कि अपने से उच्चतर स्थिति का राजा मित्र का भी विश्वास न करे, क्योंकि उसकी सम्पन्नता उसका मन बदल सकती है। आरम्भ में वह भले ही अपने भाग की प्राप्त सामग्री पर सन्तोष प्रकट करे, परन्तु बाद में उच्चतर स्थिति वाला, विजेता राजा अपना मनोरथ बदल सकता है। इस तरह पहले को दूसरे के प्रति सन्देह का दृष्टिकोण अपनाना चाहिए। वे यह भी सुझाव देते हैं कि युद्ध द्वारा प्राप्त सामग्री का परस्पर वितरण होने के पश्चात् मण्डल में पारस्परिक संघर्ष को टालने के लिए, इस गठजोड़ को समाप्त कर दिया जाए।

मण्डल के हित को ध्यान में रखते हुए कौटिल्य विजेता को परामर्श देते हैं कि वह सहयोगी मित्रों को इस प्रकार हस्तगत सामग्री का अधिकांश भाग दे। इस दृष्टि से भी कौटिल्य का दृष्टिकोण तर्कसंगत तथा व्यावहारिक लगता है।

राज्यों को मान्यता

आधुनिक अन्तर्राष्ट्रीय नियम की यह अन्तर्भूत विशेषता (राज्यों को मान्यता) भी प्राचीन राजनीतिक विचारणा के अवशेष रूप में ही हमें प्राप्त हुई है। पूर्व विद्यमान राज्यों से सम्बन्धों को सुदृढ़ करने के उद्देश्य से, एक अन्य राज्य भी औरों के साथ अपने लिए मान्यता की खोज कर सकता है। ऐसा अन्तर्राज्यीय समागमों, जैसे अवश्मेध, राजसूय तथा वाजपेयी यज्ञों के अवसरों पर किया जाता था। ऐसे समागमों में राजा लोग उन लोगों को पार्श्व में रखते थे जो मान्यता के प्रत्याशी हों। जहाँ तक अर्द्ध स्वतन्त्र अथवा संरक्षित राज्यों का प्रश्न था, प्रभुसत्ता सम्पन्न राजा अपेक्षित मान्यता प्रदान करता था। सामान्यतः संरक्षित राज्य अपने अस्तित्व के लिए ऋणी होते हैं। किसी प्रभुसत्ता सम्पन्न उच्च स्तरीय राजा के आधिराज्य (Suzerainty) उसके प्रति प्रशंसोद्गर अभिव्यक्त करते हुए स्वीकार करते हैं। इस प्रकार के संरक्षण के बदले वह सेवक के रूप में उसकी सेवा में रत होकर अपने आधिराज की आवश्यकताओं की पूर्ति करते थे। संरक्षित राज्य के शासक को रक्षार्थ दुर्ग अथवा अन्य भवनों के निर्माण की अनुमति नहीं थी। वह विवाह समारोह सम्पन्न नहीं करता था। युवराज नियुक्त नहीं कर सकता था, हाथियों को अपने अधिकार में नहीं ले सकता था। घोड़ों का व्यापार और किसी शत्रु के विरुद्ध युद्ध नहीं छेड़ सकता था। उससे यह अपेक्षा थी कि वह अपने संरक्षण प्रदाता की दीर्घायु के लिए प्रार्थना करता और यह घोषित करता कि आवश्यकता पड़ने पर वह अपने को सेवा में प्रस्तुत कर देगा। इससे ज्ञात है कि प्राचीन भारतीयों का समानता में विश्वास नहीं था। उस युग में सम्भवतः समानता थी ही नहीं। प्रत्येक राजा विश्वविजयी बनकर 'चक्रवर्ती' बनने के लिए उत्सुक था। अतः उनके साधनों, सामर्थ्य तथा स्थिति में अन्तर, अन्य अन्तरों के लिए भी उत्तरदायी हैं। इनके कारण समानता मात्र एक मिथक बनकर ही रह गई है। आज के युग में भी समानता का अस्तित्व मात्र संयुक्त राष्ट्र संघ के घोषणा-पत्र में ही सिमटकर रह गया है। आज तक आधिपत्यपरक अमरीकी भूमिका और दिसम्बर 1991 में अपने विघटन होने से पूर्व रूस की भी इसी प्रकार की भूमिका से इन्कार नहीं किया जा सकता है।

अतः चाणक्य प्रतिपादित मण्डल सिद्धान्त से उपलब्ध होने वाला शान्ति का आश्वासन इस तथ्य पर ही आधारित है कि शत्रु के लिए युद्ध अधिक से अधिक

दुष्कर और महँगा बना दिया जाना चाहिए। ऐसा संधियों द्वारा शक्ति-सन्तुलन बनाकर ही दिया जा सकता है। इसके अतिरिक्त उनकी 6 सूत्री विदेश नीति ऐसे अनेक उपायों को उद्घाटित करती है जिनके द्वारा दुर्बल का रक्षण सुनिश्चित करता है, एक विजेता के स्वार्थ विवर्धन पर अंकुश लगाना तथा उसकी सत्ता का सम्पोषण सुनिश्चित किया जा सकता है। विशेषतः इसके द्वारा यह भी स्पष्ट हो जाता है कि अन्तर्राष्ट्रीय सम्बन्धों का आधार नैतिक मानदण्डों के स्थान पर शीघ्र सुलभ, प्रभावी कार्य साधकों पर होना चाहिए। आज तक अन्तर्राष्ट्रीय सम्बन्धों और नियमों के सम्बन्ध में कौटिल्य के विचार प्रेरणा-संकेतों के रूप में सादर मान्य हैं। विश्व संस्था तथा इसके अन्य अंग जिनका गठन शान्ति स्थापन के लिए हुआ है।

कानून तथा न्याय सम्बन्धी उनकी अवधारणा

कानून के विषय में चाणक्य की यह धारणा है कि वह एक राजकीय आज्ञा है जो एक दण्डपरक अनुज्ञप्ति (Punitive Sanction) द्वारा लागू होती है। दण्ड द्वारा अनुशासित यह आज्ञा, सांसारिक जीवन के सम्पोषण, विज्ञान के विकास, दर्शन के अध्ययन तथा खोज, अर्थशास्त्र तथा वेदाध्ययन के लिए आवश्यक है। कौटिल्य कहते हैं, "जो शासक दण्ड को मात्र धारण ही नहीं करता, वरन् कठोरता से लागू भी करता है, उसका अपनी प्रजा पर आतंक रहता है, जो दण्ड को कोमलता से धारण करता है, वह घृणा का पात्र होता है। वह राजा जो दण्ड को न्याय की रक्षार्थ धारण करता है, वह सम्मानित होता है।"[29] राजा को अपने अधिकार का प्रयोग सावधानी से करना चाहिए और दण्ड तभी देना चाहिए, जब वह आवश्यक हो। यदि ऐसा हो तो राजा का दण्ड विधान चिरंजीवी होगा। इसके विपरीत यदि इसका प्रयोग न्यायसम्मत नहीं होता तो इससे न केवल घर के लोगों को उत्तेजना होगी, वरन् घूमते-फिरते मुनि जनों के रोष का भी यह कारण बनेगा। यदि आवश्यक होने पर भी इसका उपयोग न हो तो प्रदेश में अराजकता की स्थिति आ जाएगी। बड़ी मछली छोटी को निगल जाएगी और सभ्य जीवन संकट में पड़ जाएगा। न्याय प्रतीक है उन सभी का जो न्यायसम्मत है और इसके बिना किसी राज्य की कल्पना नहीं की जा सकती।

कौटिल्य के अनुसार न्याय का अभिप्राय है वर्णाश्रम विधान का पालन। उनके अनुसार वर्णाश्रम धर्म का समुचित पालन ही न्याय है। इस धर्म में रत रहकर मनुष्य स्वर्ग का पात्र होकर आनन्द का भोग करता है। इसकी अवहेलना के परिणामस्वरूप अन्य वर्णों के अन्तर्मिश्रण से भ्रान्ति उत्पन्न होगी, कुव्यवस्था फैलेगी और अन्ततः संसार के अन्त का कारण भी बन सकता है।[30] राजा को यह

सुनिश्चित करना है कि लोग अपने कर्त्तव्यों का पालन करें तथा उनकी अवहेलना नहीं।

कौटिल्य धर्म (पवित्र नियम), व्यवहार (साक्षी) तथा राजासन (राजकीय आज्ञा) को धर्म की पहचान स्वीकार करते हैं और उसका स्रोत भी मानते हैं। कौटिल्य राजा को पवित्र नियम की व्याख्या का अधिकार देते हैं तथा कठिन स्थिति के समय उसकी पूर्ण उपेक्षा की अनुमति भी देते हैं। इस प्रकार परम्परावादियों से हटकर वह अपना स्वतन्त्र मार्ग अपनाते हैं। परिवर्तनशील स्थिति के परिप्रेक्ष्य में वह पवित्र नियम की अपेक्षा राजाज्ञा को अधिक मान्यता प्रदान करते हैं। वास्तव में राजाज्ञा और पवित्र नियम में टकराव की दशा में चाणक्य राजाज्ञा का ही वर्चस्व स्वीकार करते हैं।

जहाँ तक न्याय प्रशासन का सम्बन्ध है, कौटिल्य शीघ्रता और समता के सिद्धान्त को बड़ा महत्त्व देते हैं। मामलों के शीघ्रतापूर्ण निपटान के लिए वह न्यायिक प्रशासन के विकेन्द्रीकरण पर बल देते हैं। दो प्रकार के न्यायालयों के गठन की कौटिल्य बात करते हैं जैसे–**(i) धर्मास्थीय :** इनमें दीवानी विवादों का निर्णय है, जैसे ऋण, संविदा, विक्रय, उत्तराधिकार तथा अन्य ऐसे ही विषय। **(ii) कण्टकशोधन :** इनमें राजनीतिक अधिकारियों के भ्रष्ट व्यवहार, दूषित मनोवृत्ति तथा अन्य गम्भीर आपराधिक विषय।

वह इस बात पर भी बल देते हैं कि न्यायालय विवादों को न केवल शीघ्र निपटाएँ, वरन् बिना भेदभाव के उन्हें निपटाएँ। मनु के विपरीत वह किसी ब्राह्मण के प्रति नरम दृष्टिकोण अथवा उसके साथ भेदभाव को कहीं प्रश्रय नहीं देते। ब्राह्मण यदि कोई अपराध करता है तो यह न्याय के सामने समानता के सिद्धान्त का निष्पक्ष पालन करते हुए उसे कानून के प्रावधानों के अनुसार दण्ड देने का आग्रह करते हैं। कानून के संहिताबद्ध करने की दिशा में यह एक स्तुत्य कदम है। डॉ. परमार के शब्दों में, "कौटिल्य एक वास्तविक कानूनी संहिता बन्धन प्रस्तुत करते हैं और न्याय सिद्धान्त को सुचारु रूपेण व्यवस्थित करते हैं।"[31] कौटिल्य न्यायिक संगठनों को एक तर्कसंगत आधार प्रदान करते हैं। दण्ड के सिद्धान्त, न्याय के नियम, न्यायाधीशों के कार्य करने की दशाएँ अर्हताएँ, न्यायाधीशों का वर्गीकरण तथा कानून और न्याय प्रशासन–इन सभी को कौटिल्य तर्कसम्मत आधार पर प्रतिष्ठित करते हैं।

किन्तु यह युक्ति दी जा सकती है कि अर्थशास्त्र में न्याय प्रशासन के विशद विवेचन का अभाव है। फिर भी, जहाँ तक मूल तत्त्व का प्रश्न है, आधुनिक न्यायिक प्रणाली की तुलना में अपनी प्रतिष्ठा बनाए हुए है। न्यायिक कार्रवाई की चार अवस्थाएँ हैं–(i) अभ्यर्थी (Plaintiff) का बयान, (ii) प्रार्थी का उत्तर, (iii)

वास्तविक मुकद्दमा जिसके अन्तर्गत आते हैं, साक्षियाँ जो मामले को सिद्ध करने के लिए होती हैं, दोनों पक्षों की जिरह तथा अन्त में निर्णय। आपराधिक मामलों में दण्ड के रूप में जुर्माना लगाया जाता था, शारीरिक यंत्रणा दी जाती थी, बलात् खानों में काम करवाया जाता था। अथवा मृत्यु का भी विधान था। दीवानी मामलों में सम्पत्ति का बहाल कराया जाना तथा जुर्माना यह सामान्य उपाय प्रतिकार के थे। सन्दिग्ध अपराधियों को अभिशंसी (Incriminating) साक्षी के कारण शारीरिक यंत्रणा नहीं दी जाती थी। कौटिल्य ऐसी यंत्रणा का विधान ऐसे ही अपराधियों के विरुद्ध करते हैं जिनके विरुद्ध पर्याप्त प्रमाण हैं। सन्दिग्ध ब्राह्मणों को यह यंत्रणा के विरुद्ध उन्मुक्तता प्रदान करते हैं और जो उन्हें उत्पीड़ित करता था उस पर भारी जुर्माना लगाया जाता था। इससे ब्राह्मण के प्रति पक्षपात का आभास मिलता है, सम्भवतः इसलिए कि वह स्वयं एक ब्राह्मण थे। कानूनों को वास्तविक संहिताबद्ध करने के कौटिल्य के कार्य में हमें उनके महत्त्वपूर्ण योग के दर्शन होते हैं। उन्होंने विभिन्न प्रकार के कानूनों का विवेचन अति विशद योजनाबद्ध रूप में किया है। अर्थशास्त्र के धर्मास्थीय भाग के विषय में तो हम यहाँ तक कह सकते हैं कि अनेक विषयों के श्रेणी-क्रम का जहाँ तक सम्बन्ध है, यह भाग आधुनिक विधायन का भी आधार बन सकता है। किन्तु इसके व्यापक दृष्टि क्षेत्र वास्तविक जीवन की यथार्थताओं की अनुभूति की समीचीनता तथा मानववाद की उज्ज्वलता के होते हुए भी भारतीय विधायकों ने इसकी उपेक्षा की है।

इसके अतिरिक्त दण्ड विधान विषयक जो सिद्धान्त कौटिल्य द्वारा निरूपित है, वह हमारे विचार की अपेक्षा रखते हैं। दण्ड सम्बन्धी उनके प्रावधानों का क्षेत्र इतना सर्वांगीण है कि उसमें सभी गम्भीर अथवा छोटे अपराध आ जाते हैं। जहाँ तक विषय सम्बन्धी ज्ञान का सम्बन्ध है, काने उन्हें विषय का विश्वकोष (encyclopaedic) मानते हैं।[32] जुर्माने लगाना, अंग भंग कर देना, बन्दीकरण, मृत्यु दण्ड–यह दण्ड के ऐसे प्रकार हैं, जिनका कौटिल्य ने विस्तार से वर्णन किया है। कौटिल्य की दण्ड संहिता बड़ी कठोर प्रतीत होती है। इसका अपराधी, विशेषतः भयानक अपराधियों पर अभीष्ट सुधारात्मक प्रभाव पड़ना स्वाभाविक है। वह न्यायाधीशों और न्यायालय अधिकारियों को भी नहीं छोड़ते। कौटिल्य द्वारा विस्तारपूर्वक निरूपित और निर्धारित न्याय प्रक्रिया इस बात को प्रकट करती है कि उनके युग के विचक्षण राजनेता न्यायिक प्रणाली को कितना महत्त्व देते थे।

वस्तुतः न्याय करना वह राजा का मुख्य कर्त्तव्य मानते थे। वह इस बात पर आग्रह करते थे कि न्याय की अवमानना से राज्य नष्ट हो जाता है और इसके रक्षण से राज्य का सम्पोषण होता है। इसमें सन्देह नहीं कि कौटिल्य द्वारा अर्थशास्त्र में वर्णित न्यायप्रणाली का स्पष्टीकरण अनेकशः त्रुटिपूर्ण है। विधायन

प्रक्रिया का इसमें अपूर्ण वर्णन है। लगता है मात्र रेखाचित्र प्रस्तुत किया गया है। ऐसा ही न्यायिक संरचना के सम्बन्ध में कहा जा सकता है। न्यायालयों का स्तर, क्रम निर्धारण, अपील करने का अधिकार, दीवानी तथा फौजदारी कानून जैसे विषयों का व्यवस्थित योजनाबद्ध विभाजन न करना, कण्टकशोधन न्यायालयों का प्रावधान कर राजा के हाथ में अत्याचार करने का एक उपकरण दे देना, जातिवाद के आधार पर विशेषाधिकार देना—यह सभी प्रावधान न्याय व्यवस्था के तर्कसम्मत कर्त्तव्य वहन पर कुप्रभाव डालते हैं। इसके अतिरिक्त कौटिल्य ने न्यायाधीशों की स्थिति, उनकी शक्ति तथा स्वतन्त्रता का कहीं स्पष्टीकरण नहीं किया है। इतना होने पर भी हम उन्हें यह श्रेय दिए बिना नहीं रह सकते कि उन्होंने उच्च जाति तथा निम्न जाति के मध्य असमानता को कम करने का सराहनीय कार्य किया। उन्होंने कहा, "यदि एक ब्राह्मण अपराध करे, उसकी सम्पत्ति का अधिग्रहण कर लिया जाए और उसे बलात् खानों में काम पर लगा दिया जाए। यदि बड़े विश्वासघात का ब्राह्मण दोषी पाया जाए तो उसे जल समाधि दे देनी चाहिए। इस प्रकार हम देखते हैं कि स्वयं ब्राह्मण होते हुए, उसके प्रति नरमी की उपनति (Leniently disposed) होते हुए भी वह भारत के प्रथम ऐसे विधि प्रदाता हैं जो सभी के लिए यह सुनिश्चित करते हैं कि समाज में सभी को व्यवहार की समानता तथा न्याय प्राप्त है। इस प्रकार निष्कर्ष रूप में कहा जा सकता है कि कौटिल्य प्राचीन युग के प्रथम ऐसे विधि प्रदाता हैं जिन्होंने बिना जाति अथवा लिंग के भेद के सभी को न्यायिक रक्षोपाय (Safeguards) उपलब्ध कराए। न केवल उन्होंने सत्वर (Speedily) न्याय देने पर आग्रह किया, वरन् स्वाभाविक न्याय सिद्धान्त का भी दृढ़ता से पक्ष-पोषण किया आधुनिक न्यायशास्त्र में उपलब्ध अनेक सिद्धान्त जिन्हें महत्त्वपूर्ण स्थान प्राप्त है। इनके मूल उत्स कौटिल्य का चिन्तन ही है। उन्होंने कानून के कार्य क्षेत्र को दूरगामिता प्रदान की तथा चरम कोटि के दण्डों का भी प्रावधान किया। अतः कहा जा सकता है कि प्राचीनकालीन न्यायिक प्रशासन आज के अत्युन्नत प्रशासन की तुलना में खड़े होने में सक्षम है—आधुनिक न्याय-व्यवस्था अति सर्वांगीण और पूर्ण है। किन्तु इतना होने पर भी इसमें कौटिल्य के युग जैसी शीघ्र न्याय दिलाने की विशेषता नहीं है।

उपसंहार

प्राचीन हिन्दू राजनीति शास्त्र के विभिन्न पक्षों के विश्लेषणात्मक मूल्यांकन से पता चलता है कि अर्थशास्त्र में राज्यतन्त्र के तथा बहु विषयों के प्रतिपादन से उसके सर्वतोमुखी होने का पता चलता है। 2000 वर्ष पूर्व प्रस्तुत यह विवरण आधुनिक राजनीतिज्ञों के लिए भी न केवल प्रासंगिक है, वरन् उसके लिए

प्रकाश-स्तम्भ का काम भी देते हैं। एक-दूसरे के प्रति राजा तथा प्रजा के कर्त्तव्यों की उभय पक्षीयता का जैसा कौटिल्य ने निरूपण किया है और उसका महत्त्व दर्शाया है इससे शासक को अपने शासन को स्थिर रखने तथा प्रजा को अपने अधिकारों के रक्षण का एक सूत्र हाथ लग गया है। उनका मण्डल सिद्धान्त विकसित देशों को दी गई उनकी वह समृद्ध दाय है जिसका उपयोग वह अविकसित अथवा अर्द्ध विकसित देशों पर अपना प्रभाव रखने में कर सकते हैं। वह कूटनीतिक सूत्र, जिनका सम्बन्ध राजा के अधिकार क्षेत्र विस्तृत कर उसका अधिराज्यपरक आधिपत्य स्थापित करने से है, वह आज भी सत्ताग्रही, पदलोलुप सत्ताधारियों द्वारा गुप्तचरों का जाल बिछाकर कूटनीतिज्ञों की दूरस्थ देशों में नियुक्ति कर उनकी अधिकार लिप्साग्नि में ईंधन का काम करती है।

इसी प्रकार धर्म तन्त्रात्मक प्रशासनिक संरचना में उच्चाधिकारियों की निर्णायक भूमिका, निष्पक्ष न्यायपालिका की अपरिहार्यता तथा कल्याण राज्य में वित्तीय सुव्यवस्था, स्वस्थ वित्तीय संरचना द्वारा सुनिश्चित करना और सुन्दर रूपेण विचारित कर प्रणाली सम्बन्धी जो निर्देशक सूत्र उन्होंने प्रस्तुत किए हैं, उन्होंने हिन्दू राज्य तन्त्र पर अपनी अमिट छाप छोड़ी है।

ऊपर जिन प्रशंसनीय विचारों का वर्णन किया गया है, वह असंदिग्ध रूप से राजनीतिक चिन्तकों (प्राचीन अथवा अर्वाचीन) की विशिष्ट मण्डली में कौटिल्य को एक महत्त्वपूर्ण स्थान का अधिकारी बनाती है। राज्य कौशल तथा सार्वजनिक प्रशासन सम्बन्धी अपनी नियम पुस्तक (Manual) के कारण वह अमर हो गए हैं और लगभग प्रत्येक घर में उनका नाम मात्र चर्चित ही नहीं सादर अर्चार्चेत भी है। उनका अर्थशास्त्र सिद्धान्त वाक्यों और व्यावहारिक तथ्योक्तियों से समृद्ध है। इसका प्रयोग व्यापक स्तर पर किया जा सकता है और इसमें महत्तर यथार्थवाद और आगमनात्मक तर्कणा का स्वस्थ सम्पुट है। यह भारतीय राजनीतिक चिन्तन और राजतन्त्र का पूर्ण खिला, पुष्पण है।

एक तुलना

उन्हें मेशियावेली का भारतीय प्रतिरूप बताना उनकी प्रशासनिक योग्यता के स्तर, राजनीतिक विलक्षणता, विवेक तथा नैतिक मानदण्डों की अन्यायपूर्ण अवमानना ही होगी। सच तो यह है कि राज्य कौशल के शिल्पी मेशियावेली नहीं चाणक्य के कौटिल्य ने नैतिकता को राजनीति की तुलना में गौण स्थानीय नहीं रखा। मेशियावेली के मतानुसार राजनीतिक सत्ता तथा नैतिकता एक-दूसरे के अपवर्जक हैं, परस्पर मिलते नहीं। इसके विपरीत कौटिल्य के मतानुसार सत्ता का औचित्य वहीं तक है, जहाँ तक वह मानव-जीवन को उन्नत और समृद्ध कर पाती है।

कौटिल्य अपने राजा से एक भद्र मानवोचित व्यवहार की अपेक्षा करते थे। वह मनसा, वाचा और कर्मणा भद्रता का प्रतिनिधित्व करे। मेशियावेली इसके विपरीत अपने शासक से गुणी अथवा गुणज्ञ होने की आशा नहीं रखते। मात्र बाह्यतः वह सज्जन प्रतीत हो, उसके लिए इतना की पर्याप्त था। अतः कौटिल्य के प्रति न्याय करने के लिए यह आवश्यक है कि वह बलपूर्वक कहा जाए कि कौटिल्य के विचारों का आशय मेशियावेली से मात्र भिन्न ही नहीं, वरन् मौलिक रूपेण परस्पर विरोधी हैं।

उचित होगा यदि कौटिल्य की तुलना अरस्तू से ही जाए। सेलीटोर के मतानुसार, "वे एक-दूसरे के विरोधी न होकर पूरक हैं।"[33] यह दो चिन्तक राजनीतिक संगठन का विलक्षण चित्रण करते हैं। कौटिल्य अधिक विस्तार में जाते हुए अन्तर की रिक्तता को भी भर देते हैं। दोनों राजनीतिक चिन्तक मात्र सत्ता हस्तगत करने के स्थान पर राजनीतिक उद्देश्यों को अधिक महत्ता प्रदान करते हैं। सेलीटोर कहते हैं, "अरस्तू का 'पोलिटिक्स' तथा कौटिल्य का अर्थशास्त्र एक बृहद् ग्रन्थ के दो भाग माने जाने चाहिए, जिनमें वह सब मिलता है जो यूनान और मिस्र ने भारत को दिया।"[34] डॉ. बेनीप्रसाद ने सार रूप में हिन्दू राजनीतिक चिन्तन में कौटिल्य के अर्थशास्त्र का स्थान बड़े उपयुक्त ढंग से निर्धारित किया है, "अर्थशास्त्र हिन्दू साहित्य में अनुपम एवं अप्रतिम है। अपने परिप्रेक्ष्य में यह पूर्ण है, नियमन में सुविस्तृत है तथा विषय प्रतिपादन में पूर्ण तथा सटीक हैं। यह आकस्मिक स्थितियों के लिए प्रावधान करता है। इतनी व्यापकता लिए है कि कोई भी सम्भावना उनकी कल्पना की परिधि से बाहर नहीं है। हिन्दू राजनीतिक तथा प्रशासनिक सिद्धान्त का इसमें प्रस्तुत विवेचन इतना पूर्ण है कि शेष अपेक्षणीय कुछ नहीं रहता।"[35] इससे इन्कार नहीं हो सकता कि कौटिल्य का अर्थशास्त्र राज्य तथा सरकार विषय पर ऐसा प्रभावी और व्यापक विवेचन है जिसका प्रयोग एक सुलभ लघु पथदर्शिका पुस्तक के रूप में एक प्रशासक युद्ध और शान्ति सभी स्थितियों के लिए कर सकता है।

अतः अल्टेकर के अनुसार, "अर्थशास्त्र मात्र दार्शनिक और प्रशासनिक विषयों पर सैद्धान्तिक विवेचन ही नहीं है। यह एक प्रशासक के लिए सुलभ अत्युपयोगी मार्गदर्शिका लघु पुस्तिका का काम देती है। मुख्यतः इसका सम्बन्ध सरकार की राजनीतिक समस्याओं से है।"[36]

इसके अतिरिक्त अर्थशास्त्र को हम इस रूप में भी चित्रित कर सकते हैं कि यह राजनीतिक आनुमानिक चिन्तन और सिद्धान्तीकरण की सुदीर्घ परम्परा की ऐसी संचयी अभिव्यक्ति है जिससे हमें राज्य कौशल के विभिन्न पक्षों पर उल्लेखनीय स्पष्टीकरण मिलता है। सैन्य संगठन और रणनीति को इसमें प्रमुख

स्थान दिया गया है और कौटिल्य की सूक्ष्म दृष्टि, राजस्व संचयन सभी स्रोतों से तथा इसके सार्थक वितरण जैसे विषय को भी अपनी पकड़ से दूर नहीं होने देती। जटिल, निरीक्षण, प्रति निरीक्षण के आधार पर खड़ी की गई राज्य की इमारत की सूची स्तम्भीय संरचना और एक व्यापक, विशाल जासूसी तन्त्र, यह सब प्रकट करते हैं प्राचीन राज्य तन्त्र की उस अन्तर्भूत विसंगतियों को, जिनके लिए उत्तरदायी थी, सर्वथा अपर्याप्त और अनुपयुक्त पुराकालीन संचार-व्यवस्था।

वास्तव में अर्थशास्त्र प्राचीन भारतीय राजनीतिक चिन्तन की प्रतिनिधि रचना है। कौटिल्य ने राजनीति को एक सामान्य स्तर से उठाकर स्वतन्त्र विज्ञान के उच्च स्तर पर पहुँचा दिया। अर्थशास्त्र को उन्होंने एक सर्वांगपूर्ण, व्यवस्थित, प्रणालीबद्ध, तर्कसंगत, ज्ञान विधा की गौरवपूर्ण स्थिति तक पहुँचाया।[37] उनका विषय निरूपण स्वतन्त्र है तथा तथ्यों के प्रमाणीकरण एवं सत्यापन के लिए वैदिक वाङ्मय से उद्धरण नहीं लिए। उनके विचारावलोकन के उपरान्त, पता चलता है कि उन्होंने राजनीति को नैतिक खोज की परम्परागत प्रणाली से प्रथक् कर दिया है। राजा से उनकी अपेक्षा है कि वह धरती को जीतकर सत्याधारित अपने धर्म के अनुसार उसका भोग करे। व्यक्तिगत रूप में वे संयम और अनुशासन के प्रबल पक्षधर हैं। सुशासन के मौलिक सिद्धान्त के रूप में उनकी प्रासंगिकता मात्र मान्य ही नहीं, समादृत भी है। निष्कर्ष यही है कि कौटिल्य एक ऐसे यथार्थवादी हैं जो अपने ही समय के साथ न चलकर, परोक्षदर्शिनी दृष्टि के बूते पर इससे भी आगे निकल जाते हैं।

सन्दर्भ

1. Sankaracharya: Commentary on Kamandaka.
2. Paul Masson-Oursel et al: Ancient India and Indian Civilization, p. 37.
3. J.W. Mabbett. Truth, Myth Politics in Ancient India (1972), p. 136.
4. R.P. Kangle The Kautilya Arthasastra Vol. 1, 1960 (Preface).
5. Dr. Aradhana Parmar: Techniques of Statecraft. A study of Kautilya Arthasastra (1987 ed.), p. 5.
6. 'Kautilyas' Arthasastra is much more than a summary of the earlier works of its class. It involves on the contrary in the form of a closer analysis and a sounder judgement on the points at issue, a virtual reconstruction of the science". U. N. Choshal : A history of Indian Political Ideas Part II.
7. R.P. Kangle op. cit., p. 2.
8. A.S. Alteker : State and Government in Ancient India, pp. 10-11.

9. Dr. Aradhana Parmar: op. cit., p. 27.
10. Quoted in R.P. Kangle op. cit., p. 23.
11. Arthsastra B.K. ch. 9-1.
12. Dr. Spellman : Political Theory of Ancient India (1964 ed.), p. 133.
13. Arthsastra BK. I, ch. 19-34.
14. B.A. Saletore : Ancient Indian Political Thought and Institutions (1963), Vol. 5, p. 87.
15. Aradhana Parmar : op. cit., p. 45.
16. "No divine origin of king is preached in the passage of the Arthsastra nor is any absolutism preached there"—K.P. Jayawal. op. cit., p. 226.
17. Aradhana Parmar: op. cit., p. 58.
18. N.C. Bandyopadhaya: Kautilaya (1927 ed.), p. 107.
19. Parmatma Sharan : Ancient Political Thought and Institutions, p. 63.
20. B.P. Sinha: Reading in Kautilyas' Arthasastra (1976 ed.), p. 29.
21. Arthasastra : Ch. 17-33.
22. Parmatma Sharan : op. cit., p. 195.
23. Ibid., p. 86.
24. T.N. Ramaswami : Essentials of Indian Statecraft, p. 20-22.
25. Five kings in front, five in the rear, one in madhyama, one udasina, one conquerer.
26. Aradhana Parmar: op. cit., p. 258.
27. H. Chatterjee : International law and Inter-State Relations in Ancient India (1958 ed.), p. 25.
28. Arthasastra BK. VII Ch. 4-3.
29. Arthasastra Ch. 4. 8-10.
30. Ibid., Ch.3. 14-15.
31. Dr. Aradhana Parmar : op. cit., p. 258.
32. P.V. Kane: History of Dharamsastra, Vol. III, pp. 252-58.
33. B.A. Saletore : op. cit., Vol. 20, p. 210.
34. Ibid.
35. Beni Prasad : State in Ancient India (1928 ed.)
36. A.S. Altekar: op. cit., pp. 10-11.
37. B.C. Gokhale : Ancient India, p. 106.

3

सर सय्यद अहमद खाँ

"भारत हम दोनों (हिन्दुओं तथा मुसलमानों) की मातृभूमि है, जो एक ही हवा में साँस लेते हैं। पवित्र नदियों (गंगा तथा यमुना) का पानी पीते हैं और उसी भूमि के उत्पादन को भोगते हैं।"

—सय्यद अहमद

भारतीय विचारों का इतिहास अपूर्ण ही रहेगा, यदि हम राजा राममोहन राय जैसे उदारवादी नेताओं द्वारा आरम्भ किए पुनर्जागरण काल में मुस्लिम योगदान की अनदेखी कर दें। अपने हिन्दू प्रतिस्थानीयों (Counterparts) की भाँति, मुस्लिम नेताओं ने भी आधुनिक दृष्टिकोण, राष्ट्रीय आदर्शों तथा सम्प्रदाय निरपेक्षता के विकास में उल्लेखनीय योग दिया है। ऐसे नेताओं में सर सय्यद अहमद खाँ जो भारतीय क्षितिज पर आधुनिक भारत के शिल्पी के रूप में उदित हुए।

जीवन परिचय

सय्यद अहमद खाँ भारतीय मुस्लिम समुदाय में पैदा हुए। उन्नीसवीं सदी के एक महान् मुस्लिम नेता थे। इनका जन्म 17 अक्तूबर, 1817 को और देहान्त 28 मार्च, 1898 को हुआ था। इनका सम्बन्ध दिल्ली के एक सम्पन्न परिवार से था, जिसे मुग़लों के दरबार में काफी प्रतिष्ठा प्राप्त थी। सय्यद को घर पर ही अपने पिता तथा गृहशिक्षक से शिक्षा मिली। उन्होंने अरबी तथा फारसी का अच्छा ज्ञान प्राप्त कर लिया और यूनानी चिकित्सा तथा गणित का ज्ञान भी प्राप्त किया।

परन्तु वे अपनी शिक्षा को पूरा न कर सके और उन्होंने अपना अधिकतम समय शिक़ार खेलने, तैरने तथा दूसरे शानो-शौकत के कार्यों में लगाया।

सर सय्यद अहमद खाँ ने स्वयं को एक ऐसे उदार, मूलवादी मुसलमान के रूप में परिभाषित किया जो विधिसम्मत शासन को अत्यन्त महत्त्व देते थे, जिनका विश्वास गणतन्त्रवाद में था और उत्तरदायित्व निर्धारण (Principle of accountability) जिनके लिए मान्य था। "चेतना के स्वातन्त्र्य के लिए वह प्रतिबद्ध थे। अपने पूरे सार्वजनिक जीवन में विचाराभिव्यक्ति की स्वतन्त्रता का पक्षपोषण किया।"

—इक़बाल ए. अन्सारी (हिन्दुस्तान टाइम्स, 18 अक्तूबर, 1996)

उनके बड़े भाई की मृत्यु के कारण उनके जीवन में एक महान् परिवर्तन आया। अठारह वर्ष की उम्र में उन्होंने अपना सिर मुंडवा दिया, दाढ़ी बढ़ा ली और एक साधु का जीवन व्यतीत करना शुरू कर दिया। बाईस वर्ष की आयु में अपने पिता की मृत्यु के कारण अपने परिवार के मुखिया बन गए। वे पारिवारिक प्रथा के अनुसार आसानी से मुग़ल दरबार में स्थान प्राप्त कर सकते थे परन्तु दूरदर्शी होने के कारण उन्होंने ऐसा नहीं किया। इसके स्थान पर उन्होंने 1838 में एक छोटे से न्याय-अधिकारी के रूप में ईस्ट इण्डिया कम्पनी की नौकरी ले ली। वे भारत में अंग्रेज़ी सरकार के अधीन न्यायाधीश के पद तक पहुँच गए और 'Companion of the order of the Star of India' की सम्मानित उपाधि प्राप्त की। 1870 में वे कम्पनी की नौकरी से अवकाश प्राप्त करने के पश्चात् 1878 में भारत के वायसराय की परिषद् के सदस्य नियुक्त हुए। वे 1882 तक परिषद् के सदस्य रहे और 'Knight Commander of the Star of India' की उपाधि प्राप्त की। 1898 में उनकी मृत्यु हो गई। उन्होंने जीवन में कुछ शैक्षणिक खोज का कार्य किया, अलीगढ़ में आंग्ल-मुस्लिम स्कूल की स्थापना की (बाद में जिसे मुस्लिम विश्वविद्यालय अलीगढ़ में बदल दिया गया) तथा भारतीय समाज में विवादग्रस्त साम्प्रदायिक मामलों को जन्म दिया।

उनके लेखों, भाषणों, ईस्ट इण्डिया कम्पनी तथा अलीगढ़ कॉलेज के प्रधानाचार्य कट्टर पंथी श्री बेक के सम्पर्क में आने से सिद्ध होता है कि चाहे शुरू में सय्यद अहमद राष्ट्रवादी थे, परन्तु बाद में वे कट्टर सम्प्रदायवादी बन गए और अपने पीछे दो राष्ट्रों का सिद्धान्त छोड़ गए। हम सय्यद का राष्ट्रवादी तथा सम्प्रदायवादी के दोनों रूपों में संक्षिप्त रूप से अध्ययन करेंगे और उनमें आए इन महान् परिवर्तनों के कारणों की भी खोज करेंगे। हम उनके अंग्रेज़ पक्षीय व्यवहार का भी वर्णन करेंगे।

एक राष्ट्रवादी के रूप में

निःसंदेह सय्यद अहमद एक भारतीय देशभक्त थे, जिन्होंने शुरू में अपने भाषणों में देश-भक्ति के भाव व्यक्त किए। उनके अनुसार 'कौम' शब्द की परिभाषा संकुचित भी हो सकती है और विस्तृत भी। उन्होंने स्वयं इस शब्द की परिभाषा अलग-अलग समय पर अलग-अलग की। सम्भवतः राष्ट्रवाद की भावना के कारण ही वे साम्प्रदायिक तथा धार्मिक विचारों के दायरे से ऊपर उठ सके। उदाहरण के लिए 27 जनवरी, 1883 को अपने एक भाषण में उन्होंने कहा, "जैसे आर्य हिन्दू बाहर से आकर भारत में बस गए और अपने पहले के स्थानों को भुलाकर भारत को ही अपना देश समझने लगे, मुसलमानों ने भी ठीक उसी तरह किया...उन्होंने सैकड़ों वर्ष पहले अपने अपने घरों का त्याग किया और वे भी अब भारत को अपनी ही भूमि समझते हैं।...मेरे हिन्दू भाई तथा मेरे धर्मानुयायी मुसलमान एक ही हवा में सांस लेते हैं गंगा तथा यमुना नदियों का पवित्र पानी पीते हैं, और उसी भूमि के उत्पादन को भोगते हैं, जो कि भगवान ने इस देश को दी है, व इकट्ठे ही जीते-मरते है...मैं पूर्ण विश्वास से कहता हूँ कि यदि हम एक क्षण के लिए भगवान के बारे में अपनी धारणा को अपने दैनिक जीवन के मामलों में से भुला दें, तो इसमें कोई सन्देह नहीं होगा कि हिन्दू तथा मुसलमान एक ही राष्ट्र (कौम) से सम्बन्धित हैं...और देश की प्रगति तभी सम्भव हो सकती है जब हम में हृदयों की एकता हो, आपसी सहानुभूति तथा प्रेम हो...मैंने यह हमेशा ही कहा है कि हमारी भारत भूमि एक नव विवाहित दुलहिन की भाँति है जिसकी दो सुन्दर तथा चमकीली आँखें हिन्दू तथा मुसलमान हैं; अगर ये दोनों आँखें आपस में मिलकर रहेंगी तो दुलहिन सदैव जगमगाती रहेगी और अगर इनमें एकता नहीं रहेगी, तो दुलहिन एक तुच्छ-सी चीज बनकर रह जाएगी और शायद यह आंशिक रूप से अंधी भी हो जाए।"

एक अन्य भाषण के उद्धरण से भी एक बात का पता चलता है। उन्होंने कहा, "...थोड़े में कौम शब्द से अभिप्राय एक देश में रहने वाले लोगों से है। हिन्दुओं तथा मुसलमानो! क्या तुम भारत की अपेक्षा किसी अन्य देश के निवासी हो? क्या मुसलमान उसी भूमि में नहीं दफन किए जाते जहाँ पर हिन्दुओं का दाह किया जाता है? अगर तुम इसी भूमि पर जीते और मरते हो, तो याद रखो कि हिन्दू और मुस्लिम शब्दों का प्रयोग केवल धर्म के लिए किया जाता है, अन्यथा हिन्दू, मुसलमान तथा ईसाई जो इस देश में रहते हैं, एक ही कौम हैं। जब इन सभी वर्गों को एक ही कौम कहा जाता है, तो उन्हें देश की भलाई के लिए इसी प्रकार का आचरण भी करना चाहिए।"[1]

एक अन्य अवसर पर आर्य समाज की ओर से आयोजित एक स्वागत समारोह में उन्होंने कहा, "मेरे विचारनुसार हिन्दू शब्द का प्रयोग किसी धर्म के लिए नहीं किया जाता। प्रत्येक भारतीय अपने आपको हिन्दू कह सकता है। मुझे खेद है कि चाहे मैं एक भारतीय हूँ, तुम मुझे हिन्दू नहीं मानते हो। तुम्हें यह बात अवश्य ही समझ लेनी चाहिए कि विदेशियों के लिए हम सभी हिन्दू हैं, चाहे हम मुसलमान हैं अथवा हिन्दू।"[2] एक अन्य स्थान पर उन्होंने कहा, "जैसे कि आर्यों को हिन्दू कहा जाता है वैसे मुसलमान भी हिन्दू हैं, अर्थात् हिन्दुस्तान के निवासी।"[3]

उनके भाषणों के कारण उन्हें निर्विवाद रूप से हिन्दुओं तथा मुसलमानों, दोनों का ही नेता माना जाता था। अलीगढ़ कॉलेज के लिए धन इकट्ठा करने के सम्बन्ध में 1884 में उनके पंजाब के दौरे के समय उन्हें हिन्दुओं तथा मुसलमानों—दोनों की ओर से अगणित मानपत्र भेंट किए गए थे, जिनमें उनकी राष्ट्र के प्रति की गई सेवाओं की चर्चा की गई थी। उन्होंने दोनों सम्प्रदायों के लोगों को एक साझा मोर्चा बनाने की सलाह दी ताकि भारत में सभी सम्प्रदायों की भावनाओं का प्रतिनिधित्व करने वाली संयुक्त राष्ट्रीयता का उदय हो सके। उनके अनुसार कर्म की विभिन्नता अवश्यमेव तथा अपरिवर्तनशील है। मनुष्य के लिए यह कभी भी सम्भव नहीं है कि सभी लोगों को एक ही धर्म का अनुयायी बनाया जाए।[4]

उनके जीवन के राष्ट्रवादी युग में, उन्होंने इलबर्ट कानून का समर्थन किया जिसमें भारतीय जजों के विरुद्ध पक्षपात को दूर किया गया था। 1884 में उन्होंने बाबू सुरेन्द्रनाथ बनर्जी के लिए एक सार्वजनिक सभा का आयोजन किया, जिसमें इस विषय पर बातचीत होनी थी कि भारतीय नागरिक सेवा (Indian Civil Service) की प्रतियोगिता परीक्षाएँ एक साथ भारत तथा इंग्लैंड में करवाई जाएँ और उन्होंने स्वयं इस सभा का सभापतित्व किया। उन्होंने बिना संकोच के इस बात को माना कि पढ़े-लिखे बंगाली हिन्दू राष्ट्रीय स्वतन्त्रता आन्दोलन के मुखिया है। 1884 में 'इण्डियन एसोसिएशन' लाहौर द्वारा दिए गए मानपत्र का उत्तर देते हुए उन्होंने कहा, "मैं इस बात को स्वीकार करता हूँ कि हमारे देश में बंगाली ही केवल ऐसे लोग हैं जिन पर हम ठीक ही गर्व कर सकते हैं। यह उनके कारण ही है कि हमारे देश में ज्ञान तथा स्वतन्त्रता को बढ़ावा मिला है और देशभक्ति की भावनाओं का प्रसार हुआ है। मैं यह पूरी निष्ठा से कहा सकता हूँ कि वे सारे भारत में लोगों (कौम) का सार हैं।"[5]

आगरा में वायसराय के हाथों एक स्वर्ण पदक इस आधार पर ग्रहण करने से इनकार कर देना क्योंकि भारतीयों के लिए बैठने की व्यवस्था वायसराय के बहुत पीछे की गई थी, उनके राष्ट्रवाद को परिलक्षित करता है। किसी अंग्रेज़ द्वारा

भारतीय का अपमानित होना, वह सहन नहीं कर पाते थे। समालोचकों की धारणानुसार सक्रिय राजनीति से दूर रहने की अपनी प्रवृत्ति के कारण ही वह कांग्रेस में सम्मिलित नहीं हुए। अन्य मुसलमानों को भी उन्होंने राजनीति अथवा किसी अन्य दल में सम्मिलित न होने की प्रेरणा दी।

इन सभी तथ्यों से स्पष्ट होता है कि सय्यद अहमद एक राष्ट्रवादी थे जिनका विश्वास भारतीय राष्ट्रवाद में था और जिन्होंने संयुक्त राष्ट्रीयता का समर्थन किया। डॉ. सुखबीर ने बड़े अच्छे ढंग से इसका सार प्रस्तुत किया है। "भारत में राष्ट्रीयता के निर्माण के लिए सर सय्यद अहमद खाँ के प्रयत्न किसी प्रकार भी कम महत्त्वपूर्ण नहीं हैं...क्योंकि कुछ समय के लिए तो उन्होंने भारतीय राष्ट्रवाद में जो कुछ सर्वोत्तम था, उनका नमूना प्रस्तुत किया।"[6] हक (Haq) के शब्दों में–"सय्यद अहमद से पहले कौम शब्द का प्रयोग कौम अथवा राष्ट्र के अतिरिक्त शेष सभी भावों में प्रयुक्त होता था, क्योंकि राष्ट्र की धारणा को जैसे आज समझा जाता है, उस समय ऐसी धरणा का विकास नहीं हो पाया था।... सय्यद अहमद की रचनाओं में कौम शब्द का अर्थ भारतीय राष्ट्र लिया गया है, जिसमें देश के लोगों के बीच में धार्मिक, सांस्कृतिक तथा सामाजिक विभिन्नताओं को कोई महत्त्व नहीं दिया गया।"[7]

ऊपर के दो कथनों से स्पष्ट होता है कि 1887 से पहले के अपने जीवन-काल में सय्यद अहमद राष्ट्रवाद के समर्थक थे। उनके राष्ट्र में विश्वासों की विभिन्नता के बावजूद भी सभी सम्प्रदाय शामिल थे।

सय्यद–एक सम्प्रदायवादी के रूप में

राष्ट्रवादी सय्यद तब एक कट्टर सम्प्रदायवादी बनकर सामने आए जब उन्होंने भारतीय राष्ट्रीय कांग्रेस के एक राष्ट्रीय संगठन होने के बारे में सन्देह प्रकट किया। 1887 में यह परिवर्तन देखने को आया। उन्होंने कांग्रेस को बंगालियों का एक संगठन कहकर अपने मुसलमान भाइयों को उससे अलग रहने की खुले तौर पर राय दी। कांग्रेस के प्रधान बदरूद्दीन तैयबजी को लिखे अपने एक पत्र में उन्होंने कहा, "मैं 'राष्ट्रीय कांग्रेज' शब्द का अर्थ नहीं समझ कहा हूँ। क्या यह मान लिया जाए कि भारत में रहने वाली विभिन्न जातियाँ तथा वर्ग एक राष्ट्र से सम्बन्धित हैं अथवा एक राष्ट्र का निर्माण कर सकते हैं और उनके उद्देश्य तथा आकांक्षाएँ एक-सी हो सकती हैं? मैं समझता हूँ कि यह बिल्कुल असम्भव है और जब यह सम्भव है तो राष्ट्रीय कांग्रेस जैसे कोई बात नहीं हो सकती और न ही इससे लोगों को एक जैसा लाभ ही प्राप्त हो सकता है...मैं हर उस कांग्रेस पर, चाहे उसका कोई भी स्वरूप क्यों न हो, आपत्ति उठाता हूँ, जो भारत को एक राष्ट्र

मानती है।"[8] उन्होंने पूरे बल से कांग्रेस के इस प्रस्ताव का विरोध किया कि प्रतियोगिता परीक्षाएँ एक साथ भारत तथा इंग्लैंड में करवाई जाएँ। उन्होंने देश की सेवाओं के लिए प्रतियोगिता परीक्षाओं की निन्दा की। इसके स्थान पर उन्होंने सरकार द्वारा नौकरियों के लिए चयन करने की राय दी। उन्होंने ऐसा भारतीय हिन्दुओं की योग्यता तथा बुद्धिमत्ता को देखते हुए ही कहा। उन्होंने चुनाव द्वारा प्रतिनिधित्व देने की प्रणाली का भी विरोध किया क्योंकि उसके अनुसार यह प्रणाली भारत के लिए उपयुक्त नहीं थी। उनके अनुसार "भारत में अब भी जातीय भेद पनपता है, जहाँ पर जातियों का मिश्रण नहीं है, जहाँ धार्मिक विभिन्नताएँ अब भी हिंसक रूप धारण किए हुए हैं, जहाँ पर आधुनिक दृष्टि से शिक्षा की प्रगति समान रूप से अथवा अनुपाती रूप से जनता के सभी वर्गों में नहीं हुई है।" उन्होंने तो यहाँ तक कह दिया कि प्रतिनिधि सरकार भारत के लिए उपयुक्त नहीं है, क्योंकि भारत एक सुदृढ़ राष्ट्र नहीं बना है। भारत के लोग विभिन्न भाषाएँ बोलते हैं, उनके रीति-रिवाज अलग हैं और उनका लालन-पालन विभिन्न ऐतिहासिक रुढ़ियों (Tradition) के अनुसार हुआ है। अतः उन्होंने निष्कर्ष निकाला कि स्थानीय संस्थाओं तथा जिला परिषदों में चुनाव के आधार पर विभिन्न हितों को प्रतिनिधित्व देते की बात के बुरे परिणाम होंगे।

उन्होंने भारतीय राष्ट्रीय कांग्रेस के मुकाबले में दो संस्थाएँ कायम कीं—यूनाइटिड इण्डियन पेटरियोटिक एसोसिएशन United Indian Patriotic Association (1889) तथा मुहम्डन एंग्लो ओरियण्टल डिफेन्स एसोसिएशन (Mohammedan Anglo Oriental Defence Association) (1893)। दूसरी संस्था राजभक्तों की थी, जिसका काम मुसलमानों में राजनीतिक आंदोलन को रोकना था।

1893 में उन्होंने इस आधार पर कांग्रेस की निन्दा की कि उसके उद्देश्यों तथा लक्ष्यों का आधार इतिहास तथा समकालीन यथार्थता नहीं था। उन्होंने इस बात पर बल दिया कि भारत में विभिन्न राष्ट्रीयताएँ (Nationalities) रहती है, जिनके विश्वास विभिन्न हैं, जो विभिन्न भाषाओं को प्रयोग करती हैं और जिनकी विभिन्न ऐतिहासिक प्रथाएँ हैं। अतः मुसलमानों को एक ही राष्ट्र का भाग नहीं समझ लेना चाहिए। वे एक अलग राष्ट्र हैं। एक अन्य भाषण में उन्होंने कहा, "अब मान लीजिए कि सारे अंग्रेज़ भारत से जा रहे हैं...तो भारत पर कौन राज्य करेगा? क्या यह सम्भव है कि इन परिस्थितियों में दो राष्ट्र—मुसलमान तथा हिन्दू—एक ही सिंहासन पर बैठकर एक जैसी शक्ति को प्राप्त कर सकेंगे? निश्चय ही ऐसा नहीं हो सकेगा। यह जरूरी है कि उनमें से एक-दूसरे को विजित करके उसे नीचे पटक दे। यह आशा करना कि दोनों बराबर होंगे, एक बहुत बड़ी भूल होगी।"[9]

तब से उन्होंने मुसलमानों को तब तक सरकार के विरुद्ध हिन्दू आन्दोलन में भाग न लेने को कहा, जब तक वे पूर्ण रूप से राष्ट्रीयता से वंचित नहीं हो जाते और हिन्दुओं का दास बनने का गर्व प्राप्त नहीं कर लेते। वे प्रायः यह कहा करते थे कि तथाकथित हिन्दू राज्य के पुनरुत्थान की अपेक्षा अंग्रेज़ी राज्य के अधीन ही मुसलमानों के धार्मिक तथा साम्प्रदायिक अधिकारों की अधिक ठीक तरीके से रक्षा हो सकती है।

गत शताब्दी के आठवें दशक में जो उन्होंने भाषण दिए उनसे पता चलता है कि सय्यद अहमद जो कभी पहले राष्ट्रवादी थे, अब वे पूर्णरूप के कट्टर सम्प्रदायवादी बन गए थे। भारतीय राष्ट्रीय कांग्रेस के सामने अपने एक भाषण में उन्होंने कहा, "हिन्दुओं तथा मुसलमानों के कुछ लक्ष्य तथा उद्देश्य भिन्न तथा विवादग्रस्त हैं... कोई भी मुसलमान, चाहे वह एक नीच जाति का है अथवा तथाकथित उच्च जाति का, इस बात को कभी भी सहन नहीं कर सकेगा कि उसे दूसरे सम्प्रदाय का दास बना दिया जाए...।"[10]

फरवीर 1888 में एक अन्य अवसर पर उन्होंने हिन्दू नेताओं को उनके भाषणों पर आपत्ति उठाने के कारण मुँहतोड़ उत्तर दिया। उन्होंने कहा, "अगर हमारे बंगाली मित्र उनके राष्ट्र (मुसलमानों) को पैरों के नीचे रौंदना चाहते हैं, तो उन्हें यह समझ लेना चाहिए कि हम झुकने वाले नहीं हैं...।"[11] सर सय्यद अहमद के इस प्रकार के बदले हुए व्यवहार के फलस्वरूप मुसलमानों का कांग्रेस के विरुद्ध आन्दोलन शुरू हो गया, जिसके कारण भारत में अंग्रेज़ी शासन की अवधि बढ़ गई और पाकिस्तान की स्थापना के बीज बोए गए। चिरल (Chirol) ने सर सय्यद द्वारा अंग्रेज़ी सरकार की इस प्रकार सेवा करने के बदले श्रद्धांजलि अर्पित करते हुए कहा है, "इस जमाने में सर सय्यद अहमद जैसा अंग्रेज़ी सरकार का कट्टर तथा माना हुआ और कोई समर्थक नहीं देखा गया है। उनकी मृत्यु के पश्चात् न केवल उनके शैक्षणिक कार्य ही कायम रहेंगे, अपितु उनकी राजनीतिक धारणा भी जीवित रहेगी जो उन्होंने पढ़े-लिखे मुसलमानों की एक बहुत बड़ी संख्या को दी कि उनका भविष्य अंग्रेज़ी राज्य की सुरक्षा के साथ जुड़ा हुआ है।"[12] चिरोल की इन बातों से पता चलता है कि सर सय्यद अहमद ने हिन्दू समुदाय द्वारा अधिरोहित कांग्रेस के शासन की अपेक्षा अंग्रेज़ी शासन को अच्छा समझा।

स्वर्गीय लाला लालपत राय ने, जो कि पहले सर सय्यद की राष्ट्रीय गतिविधियों के कारण अनके महान् प्रशंसक थे, सर सय्यद को लिखे अपने एक पत्र में कहा, "...क्या यह बुढ़ापे का असर तो नहीं है कि तुम इस प्रकार वर्तमान स्थिति में पहुँच गए हो?...श्रीमान! तुम्हारे पतन को देखकर मुझे आदम के पतन की याद आती है, जैसे कि शैतान को हमारे पूर्वज आदम के पतन का कारण माना जाता

है। यह निराशा की बात है कि जब हम देखते हैं कि भारत के अपने ही सपूत जाग्रत भारत के उद्देश्य का परित्याग कर रहे हो...सर सय्यद! ईश्वर के लिए अपनी स्थिति पर पुनर्विचार कीजिए और हमें ठीक उस समय निराश न कीजिए जब आशा की किरण हम पर तथा मातृभूमि पर चमकने लगी है।"[13] लाला लाजपत राय के पत्र के लहजे से यह स्पष्ट होता है कि सर सय्यद जो कि कभी कट्टर राष्ट्रवादी थे, अपनी पहली धारणा को छोड़कर एक कट्टर सम्प्रदायवादी बन गए जिससे उनके मित्रों तथा प्रशंसकों को अत्यन्त निराशा हुई। अब प्रश्न यह उत्पन्न होता है कि एक कट्टर राष्ट्रवादी एक सम्प्रदायवादी क्यों बन गया? इसके कारणों को हम नीचे के विवरण में देख सकते हैं।

सर सय्यद क्यों एक सम्प्रदायवादी बने?

ऐसे कई कारण हैं जिन्होंने उनके मन को क्रान्तिकारी बन दिया और उन्हें सम्प्रदायवाद का रास्ता अपनाने पर मजबूर किया।

(क) अंग्रेज़ों की 'फूट डालो और राज्य करो' (Divide and Rule) **नीति**—अंग्रेज़ उपनिवेशवादी इस बात को अच्छी तरह समझते थे कि पूँजीवादी समर्थक तथा सामाजिक दृष्टि से पिछड़े हुए समाज में धार्मिक शत्रुता का आसानी से शोषण किया जा सकता है। उन्होंने बिना विलम्ब के 'फूट डालो और राज्य करो' की नीति को लागू करके अपने शासन को सदैव बनाए रखने के उद्देश्य से भारत के दो बड़े धार्मिक सम्प्रदायों में आपसी घृणा की भावना को बढ़ावा देने का काम शुरू कर दिया। अन्यथा 1857 की क्रान्ति के समय दो सम्प्रदायों में जो एकता आई वे उसे देखकर भयभीत हो गए थे। इस प्रकार की एकता भविष्य में शासकों के लिए घातक सिद्ध हो सकती थी। अतः उन्हें ऐसे नेताओं की जरूरत थी जो कि अंग्रेज़ी शासन के अधीन भारत के लोगों को नेतृत्व दे सकें। सर सय्यद को उन्होंने चढ़ता हुआ सितार पाया। उन्होंने देखा कि हिन्दू तथा मुसलमान दोनों ही सर सय्यद को ऊँचा उठा रहे थे। इस प्रकार के नेता के विश्वास को जीतने का अर्थ हिन्दू-मुसलिम एकता को सीधा आघात पहुँचाना था और इसके परिणामस्वरूप भारत में अंग्रेज़ी शासन को लम्बे समय तक कायम रखना था। अतः अलीगढ़ कॉलेज के प्रधानाचार्य, श्री बेक के द्वारा सर सय्यद की राष्ट्रवादी भावना को नष्ट कर उनके मुसलमानों तथा सरकार के बीच में सहयोग को बढ़ावा देने की भावना के कार्य को शुरू किया गया। बेक सर सय्यद को यह बात मनवाने में सफल हो गए कि अंग्रेज़ों-मुसलमानों में अपनी गठजोड़ के द्वारा ही मुस्लिम सम्प्रदाय की दशा का सुधार हो सकता था और राष्ट्रीय गठजोड़ मुसलमानों के लिए मुसीबतों के पहाड़ खड़े कर सकता था।[14]

(ख) कांग्रेसी नेताओं की अदूरदर्शिता–तत्कालीन कांग्रेसी नेताओं की अदूरदर्शिता ने भी सर सय्यद को सम्प्रदायवादी बनाने में कोई कम महत्त्वपूर्ण भूमिका नहीं निभायी। वे विदेशी शासकों की गुप्त चालों को भी न समझ सके और उन्हें सर सय्यद की लालसा का पता न चला कि वे कांग्रेस में महत्त्वपूर्ण स्थान ग्रहण करने के इच्छुक थे। उनकी इच्छा कांग्रेस का तीसरा प्रधान बनने की थी। कांग्रेस के जन्मदाता अपरिपक्वता के कारण सर सय्यद की मानसिक स्थिति का अध्ययन न कर सके। कांग्रेसी नेताओं की ओर से सर सय्यद के साथ समझौता करने का कोई प्रयत्न न किया गया। कांग्रेस से भ्रान्तिमुक्त (Disillusioned) होकर सर सय्यद शीघ्र ही उपनिवेशवादियों के चंगुल में फँस गए। 28 दिसम्बर, 1887 को लखनऊ में आल इण्डिया मुस्लिम एज्यूकेशनल कांफ्रेंस (All India Muslim Education Conference) में, अपने भाषण में उन्होंने मुसलमानों को कांग्रेस से अलग रहने का आग्रह किया। इससे उनकी कांग्रेस के प्रति घृणा का पता चलता है। उन्होंने कहा, "जब हमारे हिन्दू भाई अथवा बंगाली मित्र ऐसे कदम उठाने लगते हैं जिनसे हमें हानि होती है और हमारे सम्प्रदाय का अपनान होता है, तो हम उनके मित्र नहीं बने रह सकते और निःसन्देह यह हमारा कर्त्तव्य बन जाता है कि अपने सम्प्रदाय की हिन्दुओं तथा बंगालियों से रक्षा करें, जो हमें हानि पहुँचाने की सोच रहे हों।"[15] वास्तव में सय्यद तत्कालीन कांग्रेसी नेताओं द्वारा किए गए अपमान तथा दुर्व्यवहार के कारण बहुत क्षुब्ध थे।

(ग) सय्यद की चापलूसी–अंग्रेज़ों ने 1889 में सय्यद की K.C.S.I. की उपाधि प्रदान करने में भी चातुरी से काम लिया। उपनिवेशवादियों की प्रशंसा का पात्र बनने के लिए, वे उसकी चापलूसी के आगे बिल्कुल लम्बे लेट गए। तत्पश्चात् उन्होंने मुसलमानों की अंग्रेज़ों के प्रति श्रद्धा का प्रदर्शन करने का भरसक प्रयत्न किया।

(घ) हिन्दुओं के प्रति अंग्रेजों की शत्रुता–सर सय्यद हमेशा मुस्लिम बुद्धिजीवियों के स्तर को ऊपर उठाने के इच्छुक थे। इस उद्देश्य की पूर्ति के लिए उन्होंने हमेशा अंग्रेज़ों की सहायता की आशा की। शुरू में उन्होंने सोचा कि हिन्दुओं के साथ सहयोग से उनके इस लक्ष्य की पूर्ति हो सकती थी। अतः उन्होंने कांग्रेस का समर्थन किया। बाद में, उन्हें पता चला कि अंग्रेज़ी सरकार हिन्दुओं के विरुद्ध थी और कांग्रेस में हिन्दुओं का प्रभुत्व था। अतः उन्होंने हिन्दुओं तथा कांग्रेस की ओर से अपने व्यवहार को बदल दिया। अंग्रेज़ों को प्रसन्न करने के लिए इस प्रकार के विरोध को अधिक स्पष्ट तथा ज़ोरदार बनाया गया।

(ङ) सय्यद की मुसलमानों को ऊपर उठाने की उत्कण्ठा–सय्यद पर बेक के प्रभाव को मानने से इन्कार नहीं किया जा सकता, परन्तु यह बात मानी

नहीं जा सकती कि बेक ही सर सय्यद को कांग्रेस तथा राष्ट्रवाद से हटाने के लिए उत्तरदायी हैं। वास्तव में सय्यद निरन्तर मुस्लिम बुद्धिजीवियों के सुधार के गीत अलाप रहे थे। ग़दर के पश्चात् मुसलमानों के प्रति अंग्रेज़ों के व्यवहार से वे अप्रसन्न थे और वे पूरी ईमानदारी से मैत्री के लिए प्रयत्न कर रहे थे। सर सय्यद अंग्रेज़ों को मुसलमानों का दमन करने की नीति में परिवर्तन लाने में सफल हो गए और उन्होंने अंग्रेज़ों को यह विश्वास दिलवा दिया कि मुसलमान गदर के लिए उत्तरदायी नहीं थे। अपनी प्रसिद्ध पुस्तक "The causes of the Indian Revolt" में उन्होंने यह सिद्ध करने का प्रयत्न किया कि 1857 की क्रान्ति का कारण वे बहुत-सी शिकायतें थीं, जो सामान्य रूप से भारत के लोगों के मन में इकट्ठी हो रही थीं। विधान परिषद् में भारतीयों को प्रवेश न देने की बात क्रान्ति का मुख्य कारण थी। उन्होंने यह दिखाने का भरसक प्रयत्न किया कि भारतीय मुस्लिम अंग्रेज़ी सरकार के विरुद्ध नहीं थे। उन्होंने इस बात पर भी बल दिया कि यदि कुछ मुसलमान लालच तथा फुसलावे में आकर ग़दर करने वाले लोगों द्वारा पथभ्रष्ट किए गए थे, तो उन्हें फिर से सरकार की भक्ति में वापस लाया जा सकता है। उन्होंने अपने सहधर्मियों को बिना झिझक के अंग्रेज़ों को पूर्ण सहयोग देकर अंग्रेज़ी राज्य के वरदान से अधिकतम लाभ उठाने को भी कहा। उनकी जहाँ पर भी नियुक्ति हुई, वहाँ पर उन्होंने संस्थाओं को खोलने का महान् कार्य किया, और इन संस्थाओं ने लोगों के मन में अंग्रेज़ समर्थक विचार भर दिए। वे अपने इस कार्य में सफल रहे।

ऊपर के विचार से यह सिद्ध होता है कि शुरू से ही सर सय्यद के सामने एक उद्देश्य था। उस उद्देश्य की पूर्ति के लिए, वे अपने व्यवहार को और अपनी राजभक्ति को बदलते रहे। कुछ एक आलोचकों के अनुसार, वास्तव में उनके विचारों में कोई परिवर्तन नहीं आया। वे जो कुछ 1853 में थे, ठीक वही 1883 में थे। वास्तव में यह एक अत्युक्ति है। निश्चय ही उनके जीवन के अन्तिम भाग में उनके विचारों में परिवर्तन आया। सय्यद की चुनाव प्रणाली में कोई रुचि नहीं थी। उन्होंने भारत तथा इंग्लैंड में एक साथ प्रतियोगी परीक्षाएँ करवाने का समर्थन भी नहीं किया। परन्तु उनके सामने जो लक्ष्य था उसमें कोई भी परिवर्तन नहीं आया। इस लक्ष्य की पूर्ति के लिए अपनाए जाने वाले साधनों में निश्चय ही परिवर्तन आया। शुरू में उन्होंने इस उद्देश्य से हिन्दुओं तथा कांग्रेस का सहयोग प्राप्त करने का प्रयत्न किया कि शायद इससे मुसलमान बुद्धिजीवियों के उद्धार के लक्ष्य की पूर्ति हो सकेगी। बाद में जब उन्होंने देखा कि कांग्रेस साम्राज्यवादियों की आँखों का रोड़ बन गई है और हिन्दुओं की सहायता से कहीं मुसलमानों के हितों को नुकसान न पहुँचे, तो उन्होंने पहली धारणा को बदल दिया। उन्होंने कांग्रेस तथा

हिन्दुओं की निन्दा करना भी शुरू कर दिया।

अतः इन तथ्यों से स्पष्ट होता है कि मूल रूप में सय्यद एक सम्प्रदायवादी थे और शुरू का उनका राष्ट्रवाद उनके लक्ष्य को ही पूरा करने के लिए था। उन्होंने अपना जीवन एक राजभक्त से शुरू किया और अपने अन्त तक अंग्रेज़ों की राजभक्ति को बनाए रखा। उन्होंने इस राजभक्ति को अपने भाइयों के हित में उचित प्रदर्शित किया, जो ग़दर में भाग लेने के कारण अंग्रेज़ों का विश्वास खो बैठे थे। जब उन्होंने देखा कि समय के साथ-साथ कांग्रेस अंग्रेज़ी सरकार की आलोचक बनती जा रही है, तो उन्होंने कांग्रेस से अपना सम्बन्ध तोड़ लिया। कांग्रेस का समर्थन करने का अर्थ अंग्रेज़ों को नाराज़ करना था, जिससे मुसलमानों की प्रगति को धक्का लग सकता था। अतः सारांश यह कि सर सय्यद राष्ट्रवादी होने की अपेक्षा सम्प्रदायवादी अधिक थे। दो मुख्य जातियों के बीच में घृणा के बीज बोने का आंशिक श्रेय उन पर ही है, जो कि बाद में दो राष्ट्र सिद्धान्त के रूप में पनपा और भारत के विभाजन का आधार बना।

सर सय्यद के कुछ अन्य राजनीतिक तथा सामाजिक विचार

हम सर सय्यद को किसी मौलिक राजनीतिक विचार के लिए श्रेय नहीं दे सकते। फिर भी अपने समकालीनों की भाँति उन्होंने भी भारतीयों को विधान परिषदों में लेने का समर्थन किया और ईस्ट इण्डिया कम्पनी के विरुद्ध भारतीयों की क्रान्ति का विश्लेषण किया। गदर का मुख्य कारण भारतीयों को विधान परिषदों में न लेना माना गया। शासकों तथा शासितों के बीच में प्रभावशाली संचार का अभाव, लोगों की शिकायतों के लिए उचित माध्यम का अभाव, लोगों की इच्छाओं तथा धार्मिक भावनाओं के प्रतिकूल कानूनों को पास किया जाना, लोगों की महत्त्वाकांक्षाओं की ओर से सरकार की अनभिज्ञता, शासकों द्वारा भारत के लिए अच्छी सरकार के लिए मौलिक तत्त्वों की ओर ध्यान न देना, सेना के प्रबन्ध में गड़बड़ी इत्यादि कारण भी ग़दर के लिए उत्तरदायी थे। अतः शासकों के हितैषी के रूप में वे चाहते थे, अंग्रेज़ गदर से शिक्षा लें। उन्होंने शासकों तथा शासितों के बीच में मैत्री तथा सहानुभूतिपूर्ण मेल-जोल की आवश्यकता पर बल दिया। उनके सुझावों के फलस्वरूप ही Indian Council Act, 1861 में भारतीयों को विधान परिषद् में लेने की व्यवस्था की गई। 1878 में सर सय्यद को परिषद् का सदस्य मनोनीत किया गया था। 1881 में पुनः उन्हें नियुक्त किया गया था। वे पाँच वर्ष तक परिषद् में रहे और वास्तक में वे पहले भारतीय थे, जिन्हें सर्वोच्च विधान परिषद् (Supreme Legislative Council) में विधेयक प्रस्तुत करने का श्रेय प्राप्त हुआ। उनके विधान परिषदों में निर्वाचित प्रतिनिधियों को लेने के बारे में जो

विचार थे, वे उन्हें भारतीय उदारवाद के मुखियों के निकट ले जाते हैं। 1883 में उन्होंने चुनाव द्वारा प्रतिनिधित्व देने का विरोध किया और कुछ समय के पश्चात् यह कहा कि प्रतिनिधि सरकार भारत के लिए उपयुक्त नहीं है।

दूसरे, उन्होंने ऐसी संस्था के गठन का सुझाव दिया जो कि अंग्रेज़ संसत्पण्डितों को भारतीयों की आवश्यकताओं तथा आकांक्षाओं से जानकारी दिलाने का कार्य कर सके। इसके फलस्वरूप 1866 में British India Association की स्थापना की गई। तीसरे, उन्होंने (Ilbert-Bill) का पूर्ण समर्थन किया जिसके द्वारा न्याय प्रशासन में जातीय भेद-भाव को समाप्त किया गया था।

चौथे, उन्होंने सुरेन्द्रनाथ बेनर्जी का इस बात के लिए समर्थन किया कि भारतीय नागरिक सेवा (Indian Civil Service) में प्रवेश के लिए भारतीयों को बराबर की सुविधाएँ तथा अवसर दिए जाएँ। उन्होंने एक ऐसा संगठन बनाने का भी प्रयत्न किया जो भारतीयों को यूरोप की यात्रा करने की सुविधाएँ प्रदान करे, परन्तु यह योजना सिरे न चढ़ सकी।

पाँचवें, उन्होंने नागरिक सेवाओं में प्रवेश के लिए प्रतियोगी परीक्षा के स्थान पर मनोनीत करने की प्रथा का विरोध किया, चाहे शुरू में उन्होंने प्रतियोगिता परीक्षाओं का समर्थन किया था। उनके विचारों में इस प्रकार का परिवर्तन आना जरूरी था क्योंकि मुसलमान प्रतियोगिता परीक्षाओं के माध्यम से नौकरियों में प्रवेश करने में हिन्दुओं के मुकाबिले में असफल हो रहे थे।

छठे, उन्होंने अंग्रेज़ी शासन को सुदृढ़ बनाने और भारतीयों के मन में से उन भावों को निकालने के लिए, जो कि कांग्रेस के समर्थक सारे देश में फैला रहे थे, United Indian Patriotic Association नामक संस्था की स्थापना की। निःसन्देह यह एक राष्ट्र विरोधी कदम था।

सातवें, उनका लोकप्रिय सरकार में कोई विश्वास नहीं। जे.एस. मिल की भाँति उन्हें भी 'बहुमत के अत्याचार' का भय था। उन्हें भय था कि लोकप्रिय सरकार कहीं मुसलमानों के हितों को हानि न पहुँचाए।

अन्त में, सामाजिक प्रश्नों पर उनके विचार बहुत उदार थे। वे उन सामाजिक बुराइयों को दूर करने के बहुत ज्यादा इच्छुक थे, जो कि मुसलमानों में आ गई थीं। परन्तु वे आमूल परिवर्तनों के पक्ष में नहीं थे। वे चाहते थे कि सुधार बड़ी चौकसी तथा शान्ति से लाए जाएँ, और इनके कारण इस्लाम के बुनियादी उसूलों पर कोई प्रभाव न पड़े। अतः हम यह परिणाम निकाल सकते हैं कि सर सय्यद अहमद उन्नीसवीं शताब्दी के एक महान् मुसलमान थे, जिन्होंने अपने मुसलमान भाइयों को ऊँचा उठाने के लिए बहुत कुछ किया। "मुसलमानों के दीर्घ उतार-चढ़ाव वाले इतिहास में मात्र सर सय्यद ही ऐसे थे जिन्होंने लोगों के उत्थान एवं उनके पुनरुज्जीवन का गम्भीर

दायित्व अपने ऊपर लिया। 1857 में 'भारतीय विप्लव' के सर्वाधिक पीड़ित वर्ग होने के कारण वह अपनी भू-सम्पत्ति से भी हाथ धो बैठे थे।"[16] चाहे अंग्रेज़ी भाषा के बारे में उनका ज्ञान सीमित था, फिर भी उन्होंने अंग्रेज़ी शिक्षा के अध्ययन पर बल दिया। वे पाश्चात्य संस्कृति के प्रशंसक थे। अतः उन्होंने अपने मुसलमान भाइयों से कहा कि "उन्हें न केवल उदार अंग्रेज़ शासकों के वरदान को ही स्वीकार करना चाहिए। अपितु उन्हें पाश्चात्य संस्कृति का भी अध्ययन करना चाहिए। डॉक्टर वर्मा ने उनके बारे में ठीक ही कहा है, कि वे 'मुसलमानों को आधुनिक शिक्षा के प्रचार के मुखिया' और 'ज्ञान के महान प्रवर्तक थे'।"[17]

सम्भवतः उन्हें पृथक्कतावादी प्रवृत्तियों के उभरने की आशंका थी। इतिहास के घटनाक्रम में यह भविष्य की घटनाओं का पूर्व संकेत प्रमाणित हुआ।

सन्दर्भ

1. Safarnamah, p. 94.
2. Ibid., p. 140.
3. Sir Syed ke Akhbari Mazamin, (Delhi, 1893), p. 55.
4. Safarnamah, p. 123.
5. The Tribune: February 9, 1884. Reply of Syed Ahmad to the address given to him by the Indian Association, Lahore.
6. Dr. Sukhbir Chaudhary : Growth of Nationalism in India, Vol. I, p. 508, (1973 ed.)
7. M.U. Haq: Muslim Politics in Modern India (1970 ed.)
8. Ram Gopal: Indian Muslims, p. 67.
9. G. Allanan, p. 3.
10. Ibid., pp. 2-3.
11. Jamal-ud-Din Ahmad, n. 9, p. 1.
12. Valentine Chirol : Indian unrest, (1910 ed.), p. 133
13. Lala Lajpat Rai : The Man in his words, a collection of his writings and speeches, pp. 15-6. 25-7.
14. Asoka Mehta and Achyut Pattawerdhan : Communal Triangle, pp. 53-4.
15. Jamal-ud-Din Ahmed : 'Muslim Freedom Movement' —The Pakistan Times, Dated July 9, 1967
16. Aslooh Ahmad Ansari : The Man with Vision : An article in Hindustan Times, October 17, 1995.
17. Dr. V.P. Verma: Modern Indian Political Thought (1971 ed.), p. 330.

4

स्वामी दयानन्द सरस्वती

"समस्त विश्व में भारत जैसा कोई अन्य देश नहीं है। हम किसी समय विश्वगुरु थे।"

—स्वामी दायानन्द सरस्वती

आर्य समाज के संस्थापक स्वामी दयानन्द विश्व के ऐसे बहुत थोड़े विशिष्ट व्यक्तियों में थे जिन्होंने मानवता की मुक्ति के लिए सर्वस्व बलिदान कर दिया। "वे प्रबोधन (Enlightenment) के प्रवक्ता, स्वतन्त्रता के अग्रदूत तथा शान्ति और सौहार्दपूर्ण विश्व के संदेशहर थे।"[1] भारतीय क्षितिज पर उनका आविर्भाव विचार और सक्रियता के नए युग के सूत्रपात का संकेत था। "उनका नाम आधुनिक इतिहास के प्रत्येक पृष्ठ पर प्रमुखता से अंकित है।"[2] वे एक उद्भट विद्वान् महान योगी, गम्भीर दार्शनिक और राजनीतिक विचारक थे। "एक समाज सुधारक के रूप में प्रतिमा-पूजन, अस्पृश्यता, बाल-विवाह तथा सती जैसी सामाजिक कुप्रथाओं के विरुद्ध अन्तहीन संघर्ष छेड़ा। जाति, पंथ, रंग तथा लिंग जैसी उन सभी अर्गलाओं को उन्होंने विश्व-भ्रातृत्व के सिद्धान्त का प्रचार कर तोड़ने का यत्न किया।"[3]

संक्षिप्त जीवन-वृत्त

उनका जन्म 1824 में काठियावाड़ (गुजरात) के टंकारा (मौर्वी) ग्राम में एक धर्मनिष्ठ परिवार में हुआ था। उनका सम्बन्ध एक प्रसिद्ध सामवेदी ब्राह्मण परिवार

से था। उनके पिता कर्सन जी एक जमादार (तहसीलदार के समकक्ष) के पद पर थे। वे सादा जीवन व्यतीत करने वाले, कट्टर पुरातनपंथी धार्मिक विचारों के व्यक्ति थे। दयानन्द की माता में धीरता, सौम्यता और मधुरता आदि गुण मूर्त हो उठे थे। अपने माता-पिता का गहरा प्रभाव उनके व्यक्तित्व में स्पष्टतः दिखाई देता है। एक ओर जहाँ हम उनमें पिता की दृढ़ संकल्प शक्ति देखते हैं, वहीं हम उनमें माता के उस विशाल सहानुभूति संवेद्य हृदय का स्पन्दन भी पाते हैं जो अपने स्नेह में पूरे विश्व को लेने को आतुर हैं। पाँच वर्ष की आयु से उनकी शिक्षा आरम्भ हुई। स्वयं को उन्होंने असाधारण शिष्य प्रमाणित किया। आठ वर्ष की आयु में उनका यज्ञोपवीत हुआ। अब से उन्होंने अधिक जागरूकता और सावधानी से धर्मानुष्ठानों को सम्पन्न करना था। 'क्योंकि मेरा परिवार शैव मतावलम्बी था, अतः उनका सबसे बड़ा उद्देश्य मुझे धार्मिक रहस्यों में प्रवृत्त करना था और मुझे किसी मिट्टी के भद्दे, अनगढ़े शिव के प्रतीक की पूजा विधि सिखाई गई।''

अगले 6 वर्षों तक उन्होंने वेदों तथा व्याकरण का अध्ययन किया। एक व्यापारिक अधिकारी पुत्र होने के नाते उन्हें व्यापारिक विषयों की भी अच्छी जानकारी मिली। शिव के प्रति उनकी आस्था विचलित हो गई, शिवरात्रि के दिन यह देखकर कि एक चूहा शिव प्रतिमा पर उछल-कूद मचाते हुए उसे गन्दा कर रहा है। अपने शिव भक्त पिता से उन्होंने कहा, ''मैं एक चेतन/सर्वशक्तिमान ईश्वर के विचार और पाषाण के बीच कोई समानता नहीं पाता जो बिना प्रतिरोध एक चूहे को स्वयं को भ्रष्ट करने से रोक नहीं पाता।'' इसके अनन्तर वह प्रतिमा-पूजन के प्रति सन्दिग्ध हो गए। प्यारी बहन और चाचा के निधन ने उन्हें इतना झकझोर दिया कि वे घर-बार छोड़ कष्ट संवलित मानवता को वेदना-मुक्त करने का विचार करने लगे। उनके विवाह के लिए आतुर माता-पिता की इच्छाओं की अवमानना करते हुए उन्होंने आजन्म अविवाहित रहने का व्रत लिया। अन्ततः दयानन्द ने माता-पिता के स्नेह की छत्र-छाया से अन्तिम विदा ली और अपने विवाह के उनके विचार को फलीभूत नहीं होने दिया। अगले कुछ वर्ष उन्होंने अनेक स्थलों पर भटकने और ज्ञान-प्राप्ति के निमित्त अनवरत संघर्ष में व्यतीत किए। बुद्ध की भाँति उन्हें भी मृत्यु की घटना ने विचलित किया। अतिशय प्रेम करने वाली अपनी बहन की मृत्यु से वे स्तब्ध रह गए। ब्रह्मचर्य की दीक्षा लेते हुए भी उन्होंने काषाय वस्त्र पहनकर संन्यासाश्रम धारण किया। उन्हें घर लौटाने के माता-पिता के सभी प्रयत्न विफल हो गए। इस प्रकार तीन बातें, प्रतिमार्चन का अनादर, संचार से विरक्ति तथा अनुष्ठानों से पराङ्मुख होना, हम तीन बातें उनकी विचारणा में प्रमुखरूपेण अधिश्लिष्ट हो गईं। बाद में इन्हीं के आधार पर उनके व्यक्तित्व तथा धर्म सम्बन्धी दर्शन का स्वरूप निर्धारित हुआ।

कुटिल, चक्करदार मैदानों में अपने घूमने के समय वे अनेक महान योगियों के सम्पर्क में आए। 14 नवम्बर, 1860 को उनकी भेंट विरजानन्द से हुई जिन्होंने बड़े अनुनय-विनय के पश्चात् उन्हें अपना शिष्य बनाना स्वीकार किया। स्वामी विरजानन्द ने उन्हें विभिन्न चरणों में वेदाध्ययन आरम्भ कराया और यह अनुभव करते हुए कि उनका शिष्य प्रखर, अत्युच्च कोटि की प्रतिभा का धनी है, विरजानन्द ने उन्हें विश्व में वेदों का सन्देश देने का आह्वान किया। उन्होंने ग्वालियर, जयपुर, पुष्कर, अजमेर, हरिद्वार, काशी, प्रयाग, बंगाल, बिहार, पश्चिमोत्तर सीमा प्रान्त आदि प्रदेशों की यात्रा की तथा मूर्तिपूजा के विरुद्ध अदम्य साहस से प्रचण्ड प्रचार किया। सभी स्थानों पर पुरातनपंथी पण्डितों ने उन्हें अपमानित किया, परन्तु गम्भीर शास्त्र चर्चा में पण्डितों को हर बार मुँह की खानी पड़ी। कलकत्ता में जन-समूहों के समक्ष दी गई उनकी वक्तृता पर टिप्पणी करते हुए इण्डियन मिरर ने लिखा, "उनकी वाग्मिता अनुपम असाधारण है। भाषा साधारण होते हुए भी भव्यता-भारित है। उनका शब्द-चयन उपयुक्त और सटीक है कि यह स्वीकार करने को बाध्य हैं कि उनकी विद्वत्ता और अध्ययन अत्यन्त गहन और व्यापक हैं, उनका चिन्तन गम्भीर और दर्शन क्षमता असाधारणतः व्यापक और पारगामी है।"

18 अप्रैल, 1875 को उन्होंने बम्बई (अब मुम्बई) में आर्य समाज का प्रवर्तन किया। 3 मार्च, 1877 से फरवरी 1878 तक उन्होंने विचारों का प्रचार किया। 1878 में थियोसोफ़िकल सोसाइटी कर्नल अल्कॉट, मैडम ब्लैवेट्स्की तथा अमरीकी थियोसोफ़िकल सोसायटी अमरीका के रिकॉर्डिंग सेक्रेटरी ऑगस्टस अस्ट्रेन के गम्भीर अनुरोध पर वह थियोसोफ़िकल सोसायटी को आर्य समाज की शाखा बना लेने के प्रश्न पर विचार करने को सहमत हो गए। अप्रैल 1883 में जोधपुर नरेश ने उन्हें अपने राज्य में आने का निमन्त्रण दिया। तत्कालीन जोधपुर षड्यन्त्रों और कुचक्रों का केन्द्र था। उनके आगमन का यहाँ के लोगों पर बड़ा प्रभाव पड़ा। स्वयं महाराजा भी उनके प्रभाव से अछूते नहीं रहे। महाराजा वेश्या नन्हीं जान के हाथों कठपुतली बने हुए थे। स्वामीजी यथावसर उसके दुष्चरित्र की स्पष्ट और तीव्र आलोचना करते थे। प्रतिशोध लेने के अवसर की खोज में रहने वाली वेश्या नन्हीं जान अपने कुटिल मनोरथ में सफल हो गई। दूध के माध्यम से वह स्वामीजी को विष देने की योजना में सफल हो गई। 30 सितम्बर, 1883 को वे रुग्ण हो गए। डॉक्टरों के भरसक प्रयास करने पर भी उनकी दशा उत्तरोत्तर बिगड़ती गई। परिवर्तन के लिए उन्हें अबू ले जाया गया। महाराजा ने उनके साथ डॉक्टर और उनकी परिचर्या के लिए सेवक भेजे। परन्तु, उनका उपचार न हो सका। 20 अक्तूबर, 1883 को सायं 6 बजे उनका दिव्यात्मा नश्वर शरीर को छोड़ गया। निधन से पूर्व उन्होंने मुण्डन कराया और स्नान किया। उन्होंने लोगों को अपने

सामने से हटकर पीछे खड़े होने का अनुरोध किया। उनकी मृत्यु के दृश्य को अनेक लोगों ने पर्दे के पीछे से देखा। स्वामीजी ने संस्कृत में ईश्वर की उपासना की और तत्पश्चात् हिन्दी में की। उनके महान आत्मा के स्वर्ग गमन के पूर्व उनके अन्तिम शब्द, ''ईश्वर तेरी इच्छा पूर्ण हो'' उनकी अपूर्व सहनशीलता का दिग्दर्शन करते हैं।

सुप्त आत्माओं को प्रज्ज्वलित करने वाली ज्योति बुझ गई। ताराचन्द के शब्दों में, ''ऋषि दयानन्द के निधन से शान्ति का अग्रदूत चला गया, मानवता का रक्षक नहीं रहा और नहीं रहा उस भूमि का हृदय जो मानव इच्छाओं का केन्द्र रही। सत्य धर्म का प्रवक्ता, अशक्त लोगों का सहायक, जो वंश का रक्षक, अनाथों का मित्र और विधवाओं से सहानुभूति रखने वाला विदा हो गया।'' आर्य समाज के लिए वे एक महान विरासत छोड़ गए। भारतीय राष्ट्रवाद को उभारने में आर्य समाज की मुख्य भूमिका रही है।

रोमाँ रोलाँ ने इन शब्दों में उन्हें भावभीनी श्रद्धांजलि अर्पित की है, ''भारत की राष्ट्रीय चेतना के पुनर्जन्म और पुनर्जागरण के क्षण में उन्होंने परिचय दिया तात्कालिक और समयोचित कार्य निष्पन्न करने वाली सर्वोपरि शक्ति का, प्रामाणिक रूपेण सिद्ध कर दिया उन्होंने कि ''वे जन साधारण के कितने महान उद्धारक थे। उनके आर्य समाज ने चाहे वह चाहते अथवा नहीं, 1905 में बंगाल में विद्रोह का मार्ग प्रशस्त किया। संगठन और पुनर्निर्माण के वे सर्वोत्तम, उत्साही अग्रणियों में से एक थे।''[4] प्राचीन रीतियों और अन्धविश्वासों को जो प्रबल चुनौती उन्होंने दी, वही राजनीतिक, आर्थिक मुक्ति आन्दोलन की आधारशिला सिद्ध हुई। उनके शिष्यों, लाला लाजपत राय तथा श्रद्धानन्द ने देश की बलिवेदी पर शहीदों के रूप में अपने प्राणों की आहुति दी। स्वदेशी के सम्बन्ध में उनके मत कर राजनीतिक परिदृश्य पर अत्यन्त प्रभाव पड़ा। वैदिक शिक्षा पद्धति के पुनरुज्जीवन के प्रति उनके उत्साह के परिणामस्वरूप ही गुरुकुलों का आविर्भाव हुआ। राष्ट्रवाद सम्बन्धी उनकी अवधारणा विशेष स्थान की अधिकारिणी है। प्रबुद्ध राज्यतन्त्र की उनकी संकल्पना प्रजातान्त्रिक सिद्धान्त के व्यवहार को ग्रामोद्धार का आधार बनाकर राष्ट्रमण्डल का गठन, अहिंसा के सिद्धान्त में संशोधन, लौकिक सत्ता के स्थान पर ईश्वरीय नियमों को वरीयता देना, उनकी यह वैचारिक तथा राजनीतिक स्थापनाएँ विशद निरूपण, स्पष्टीकरण की अपेक्षा रखती हैं।

जहाँ यह उल्लेख करना अप्रासंगिक नहीं होगा कि दयानन्द क्रम अथवा प्रणालीबद्ध राजनीतिक, दार्शनिक अथवा विचारक नहीं थे। मार्क्स, लास्की तथा ग्रीन की भाँति उन्होंने कोई निश्चित सिद्धान्त नहीं रखे। परन्तु उनके लेखों तथा निजी सम्भाषणों में उनके राजनीतिक विचार अवश्य सामने आते हैं। उनके दोनों

प्रसिद्ध ग्रन्थों, सत्यार्थ प्रकाश और ऋग्वेदादि भाष्य भूमिका में एक पूरा अध्याय उनके राजनीतिक विचारों पर है।

उनके राजनीतिक विचार

(क) भारतीय राष्ट्रवाद : इसमें सन्देह नहीं कि दयानन्द पक्के राष्ट्रवादी थे। किन्तु उनका राष्ट्रवाद अखिल भारतीय स्तर का नहीं माना जाता क्योंकि वे मात्र कट्टरपंथी हिन्दुओं की ही आलोचना करते थे। मुसलमानों के अधिक्षेप का भी वे केन्द्र बने। किन्तु यह तथ्य विस्मरणीय नहीं है कि हिन्दू राष्ट्रवाद जिसे स्वामीजी की शिक्षाओं ने उत्प्रेरित किया, निस्सन्देह भारतीय राष्ट्रवाद का ही अंग था। यदि वह हिन्दू संगठन और एकजुटता के पक्षधर थे तो ऐसा कर उन्होंने परोक्ष रूपेण भारतीय राष्ट्रवाद को सशक्त बनाया। इसी कारण वह ब्रिटिश साम्राज्यवाद की शक्ति का सामना करने का साहस जुटा पाया। उन्होंने अपने देशवासियों में राष्ट्रीय चेतना को जगाया और इस बात को बलपूर्वक कहा, "किसी देश की उन्नति का भवन विदेशी नींव पर नहीं रखा जाता। उन्होंने देशवासियों का वेदों की ओर लौट जाने का आह्वान किया और उनकी शिक्षाओं को आचरण का आधार स्वीकार करने की प्रेरणा दी।"[5]

वास्तव में वेद भारतीय धर्म, संस्कृति और सभ्यता के मूल स्रोत हैं। मौलिक रूपेण समग्रतः परिवर्तित भारत के नवोदय के बीज वेदों में छिपे हैं।[6]

भारत के प्रबुद्ध वर्ग और अशिक्षित वर्ग दोनों को हीनता ग्रन्थि (inferiority complex) से मुक्त होकर, निराशा को दूर कर, भारत की महानता का अनुभव करने की प्रेरणा देने के काम में दयानन्द ने प्रकाश-स्तम्भ का काम किया। उनके शब्दों में, "सारे संसार में भारत के समान कोई देश नहीं है। किसी समय हम विश्वगुरु थे। समस्त मानवता अपनी शिक्षा तथा बौद्धिक विकास के लिए हमारा ऋणी है। आज जो शिक्षा भूतल में प्रसारित हुई है, उसका आरंभ भारत से ही हुआ।"[7] हमारा हीनता ग्रन्थि से ग्रस्त होने का कोई कारण नहीं है। हमारी गरिमा विदेशी आधिपत्य के कारण लुप्त हो गई थी। निराशा से मुक्त होने के लिए उन्होंने भारतीयों को विदेशी आधिपत्य से मुक्त होने की प्रेरणा दी। उनके शब्दों में, "साम्प्रदायिक भेदभाव से मुक्त जाति पूर्वाग्रह के आधार पर पक्षपात शून्य विदेशी राज्य यदि न्याय, सहानुभूतिपूर्ण भी हो तो भी स्वशासन का स्थान कभी नहीं ले सकता।"[8] समस्त भारतीयों को उन्होंने प्रतिदिन प्रभु से यह प्रार्थना करने के लिए कहा, "हे परम परमेश्वर, शासकों पर भी शासन करने वाले सर्वोच्च शासक, आप कृपापूर्वक हमें वह साहस, धैर्य, नैतिक भद्रता, सौजन्यता, शक्ति, बल, शरीर और मन प्रदान कराएँ तथा अन्य वह सभी उत्कृष्ट गुण जिनके कारण हम स्वतन्त्र

सार्वभौम, स्वशासन का उपभोग करने में समर्थ हों। हे प्रभु! आप ऐसी कृपा कीजिए कि हमारा यह देश कभी किसी विदेशी द्वारा आक्रान्त न हो। हम अपनी स्वाधीनता खोकर कदापि विदेशियों के अधीन न रहें।"[9] मात्र इतना ही नहीं, उन्होंने स्वदेशी के प्रयोग की प्रेरणा दी और हिन्दी भाषा का प्रयोग करने का आह्वान किया। ऐसे न्यायालयों में जाने से उन्होंने लोगों को मना किया जहाँ जातीय भेदभाव होता हो।

उनके द्वारा प्रवर्तित आर्य समाज ब्रिटिश साम्राज्यवाद के विरुद्ध महती शक्ति सिद्ध हुआ। हण्टर समिति के प्रतिवेदन के अनुसार, "आर्य समाज : इसका धर्म राष्ट्रीयता है और राष्ट्रीय राजनीति इसके सदस्यों को प्रभावित करती है।"[10] यह तथ्य स्पष्टतः प्रमाणित करते हैं कि भारतीय स्वतन्त्रता के निमित्त दयानन्द का योगदान अविस्मरणीयतः महत्त्वपूर्ण है। दयानन्द के कुछ आलोचकों का मत है कि अन्य पंथों और सम्प्रदायों का दयानन्द द्वारा किए खण्डन से भारतीय राष्ट्रवाद को लाभ की अपेक्षा हानि अधिक हुई है। यह धारणा भ्रान्त है। स्वयं दयानन्द के मतानुसार, "मेरा एकमात्र उद्देश्य सत्य को मानना और इसे मानने की अन्यों को प्रेरणा देना है। मैं विभिन्न मतों के, चाहे वह भारत के हों अथवा विदेश के, अवगुणों को स्वीकार नहीं करता तथा न ही उनकी अच्छी बातों को अस्वीकार करता हूँ।"[11] तथ्य तो यह है कि "असत्य, चाहे इस्लाम, ईसाइयत अथवा हिन्दू मत का हो, उसकी वह निन्दा करते थे और विभिन्न मतों की ऐसी सभी बातों को अस्वीकार करते थे जो विरोध को बढ़ाती हों। उनके हृदय में किसी के प्रति घृणा और द्वेष का भाव नहीं था। आलोचना वह उसी की करते थे जो उनकी दृष्टि में असत्य हो और वह सभी सम्प्रदायों और मतों को एक विश्व धर्म-ध्वज के नीचे लाना चाहते थे।"[12] इस प्रकार दयानन्द के विषय में यह कहना उपयुक्त होगा कि विभिन्न मतों में विग्रह की स्थिति उत्पन्न करने के विपरीत ऋषि दयानन्द उन्हें एक सत्याधारित विश्वधर्म में दीक्षित करना चाहते थे।

एक सच्चे राष्ट्रवादी के रूप में, भारतीय चरित्र की निष्क्रियतापूर्ण सहशीलता का उल्लेख किया और वे इससे भी अपरिचित नहीं थे कि अधिकांश लोग कोरे भाग्यावलम्बी बनकर शक्ति क्षीण करने में लगे थे। इसके अतिरिक्त वह पारस्परिक कलह, साम्प्रदायिक विभिन्नताओं, जीवन में पावनता का अभाव, शिक्षाहीनता, बाल विवाह, जिसमें सम्बद्ध पक्षों को अपना मत प्रकट करने का अवसर नहीं मिलता था, असत्य व्यवहार तथा वेदों की उपेक्षा—इन सभी का सर्वपक्षीय अधःपतन और सक्रिय उत्तरदायित्व भावशून्यता में सम्मिलित योग था।

अतः उन्होंने व्यक्तिगत नैतिकता, पवित्रता और सामाजिक पुनर्निर्माण की आवश्यकता पर बल दिया। भारतीयों के नैतिक, सामाजिक उन्नयन के लिए

उन्होंने नवजागरण की सन्देशवाहिनी अनुभव की। भारतीयों की तुलना में अंग्रेज़ों की श्रेष्ठतर सामाजिक क्षमता, अधिक प्रभावी सामाजिक संस्थाओं, आत्म-त्याग, जन सेना भाव, उद्यमशीलता, शासन के प्रति आज्ञानुवर्विता तथा देश-प्रेम के प्रति वह आश्वस्त थे। उनके मतानुसार इन्हीं विशेषताओं के कारण अंग्रेज़ भारतीयों पर शासन करते थे। अतः उन्होंने अपने देशवासियों को अपने सामाजिक चरित्र में सुधार लाकर उसमें निर्भयता का संचार करने की प्रेरणा दी।

"मात्र वही मनुष्य कहलाए जाने का अधिकारी है जिसमें मनन करने की क्षमता हो। अन्यों के सुख-दुखादि के प्रति और उसमें वैसी ही अनुभूति प्रवणता हो, जैसी अपने लिए है। अन्यायकारी कितना ही बलवान क्यों न हो, उससे भयभीत न हो। परन्तु धर्माचारी पुण्यात्मा चाहे अशक्त हो, उससे डरे। सत्यनिष्ठ सज्जन पुरुषों का पक्ष लेते समय अपनी पूरी शक्ति और योग्यता लगा दे। इसके विरीत दुष्ट, अत्याचारी प्रभुतासम्पन्न शासकों की शक्ति की उपेक्षा करते हुए चाहे वह पृथ्वी के किसी भाग पर हों, को अपमानित, लज्जित और निष्प्रभ करने में कोई कसर न उठा रखे।" सक्रिय राजनीति से यद्यपि वह दूर रहे, तथापि उनके प्रचण्ड देशभक्त का महत्त्व कम नहीं आँका जा सकता। भारत को उन्होंने आर्यावर्त की संज्ञा दी। प्रख्यात दार्शनिक की भाषावली में उन्होंने भारत को 'पारसमणि' कहा और यह भी कहा कि यह देवताओं की भूमि है। उन्होंने भारत में स्वतन्त्र स्वनियंत्रित तथा भयरहित स्वशासन के अभाव पर शोक प्रकट किया। अपने लेखों में उन्होंने भारत की दासता पर वेदना व्यक्त की और ईश्वर से दैवी सहायता की अभ्यर्थना की कि यह देश-विदेशी दासता के पाश से मुक्त हो। उनके एक आलोचक शिरॉल ने परोक्ष रूप से उन्हें राष्ट्रवाद का प्रमुख प्रवक्ता बताया। दयानन्द के झुकाव के विषय में उन्होंने कहा, "दयानन्द के सुधार का प्रवर्तन मात्र इतने तक ही नहीं है कि हिन्दुत्व में सुधार लाया जाए। इसका महत्त्व इसे वह दिग्विन्यास प्रदान करना है जो उनकी सम्मति में इसका अराष्ट्रीयकरण कर रहे है।" इसके अतिरिक्त उन्होंने देशीय भाषाओं को त्वरा प्रदान कर भारतीय राष्ट्रवाद को और प्रोत्साहन प्रदान किया। संस्कृत के विद्वान् होते हुए भी उन्होंने सत्यार्थ प्रकाश की रचना हिन्दी में की। आश्चर्यचकित बात तो यह है कि पाश्चात्य शिक्षा प्राप्त भारतीयों पर भी उनके राष्ट्रवाद का प्रभाव पड़ा। एक ऋषि और संन्यासी के रूप में उन्होंने भारतीय जनता को मंत्रमुग्ध कर दिया। उनके विषय में यह सम्मति उचित है कि वह राष्ट्रवाद के अग्रदूत, स्वराज्य के प्रबल पोषक, ऐसे स्वशासन के प्रवक्ता जिसका प्रतिस्थानीय विदेशियों का उत्तम शासन भी नहीं हो सकता, थे।

(ख) निर्वाचित राजतन्त्र : उनका राजनीतिक जीवन आगे वर्णित विचारों से प्रतिबिम्बित होता है। उन्होंने वेदों और मनुस्मृति का संश्लेषण प्रस्तुत किया।

अवरोक्त (Latter) के माध्यम से उन्होंने धर्माधारित राज्यतन्त्र का विचार ग्रहण किया। मनु ने ऐसे राजा का उल्लेख किया है जो धर्मानुकूल शासन करे और अपने मन्त्रियों का सहयोग प्राप्त करे। दूसरी ओर वेदों में राजा के निर्वाचित किए जाने का वर्णन है। दयानन्द ने निर्वाचन के सिद्धान्त पर बल दिया। राजा को व्यवस्थापिका सभा के अध्यक्ष के रूप में प्रस्तुत किया गया है। सर्वाधिक विद्वान् तथा बुद्धिमान सदस्य को ही राजा के रूप में निर्वाचित किया जाता था। वे चाहते थे कि राजनीतिक अधिकार नैतिकता के विचार पर आधृत हों। वे आध्यात्मिक नेताओं से राजनीतिक नेताओं के मार्गदर्शन का अनुरोध करते थे।

(ग) प्रजातन्त्र की संकल्पना : दयानन्द एक पूर्ण प्रजातन्त्रवादी थे। दो कारणों से प्रजातन्त्र के प्रति उनका प्रेम प्रकट होता है–

(i) आर्य समाज की संगठनात्मक संरचना का आधार निर्वाचन पर है। सर्वोच्च स्थान से नीचे तक पदाधिकारी कार्यकर्तादि अथवा किसी गठित बोर्ड के सदस्य सभी को निर्वाचित होना पड़ता है। हिन्दू धार्मिक प्रणाली में निर्वाचन पद्धति का लागू किया जाना निस्सन्देह एक क्रान्तिकारी कदम था।

(ii) अपने आदर्श राज्यतन्त्र के अन्तर्गत सरकार के सभी वैध अंगों के लिए वह निर्वाचन के सिद्धान्त के पक्षधर थे। इसके अतिरिक्त उन्होंने धर्मार्थ सभा, विद्यार्थ सभा, राजार्थ सभा–इन तीन सभाओं के गठन तथा उनकी रचना और उनके कार्यों की भी व्याख्या की है। वह इनके कार्यों पर निमंत्रण तथा पारस्परिक अधिकार सन्तुलन बनाए रखने के सिद्धान्त में विश्वास करते थे। वह अधिकारवाद और तो और किसी सरकारी अवयव द्वारा सत्ता के दुरुपयोग को रोकने के लिए आवश्यक है। उनके अपने शब्दों में, "किसी एक व्यक्ति में पूर्ण सत्ता कदापि निहित नहीं होने दी जाए। राजा जो व्यवस्थापिका सभा का अध्यक्ष है तथा व्यवस्थापिका सभा यह एक-दूसरे के ऊपर आश्रित रहे। इन दोनों पर जनता का नियंत्रण हो और जनता व्यवस्थापिका सभा के शासनाधीन हो।"[13]

(घ) आरम्भिक स्थानीय (मूल) प्रजातन्त्र के पक्षधर (ग्रामीण प्रशासन): उन्होंने ऐसी राजनीतिक प्रणाली का निरूपण किया जिसमें प्रजातन्त्र का सार हो, यद्यपि यह प्रत्यक्ष रूपेण राज्यतन्त्रीय संरचना प्रतीत हो। वे एक ऐसे मण्डल के पक्षधर हैं जिसकी प्रभावशाली इकाई ग्राम हो। मनुस्मृति के आधार पर उन्होंने ग्राम तथा प्रशासन तन्त्र के मिलाए जाने का सुझाव दिया। सत्यार्थ प्रकाश में वे लिखते हैं, "शासक को ग्रामों के मध्य एक प्रशासनिक कार्यालय रखना चाहिए। वहाँ अनेक अधिकारी हों जो राज्य कार्य का संचालन करें। एक ग्राम के लिए वह एक शीर्षस्थ (at the head) अधिकारी रखे। दूसरा अधिकारी दस से अधिक ग्रामों के लिए, तीसरा बीस से अधिक ग्रामों के लिए, चौथा सौ से अधिक और पाँचवाँ ऐसे

एक सहस्र से अधिक गाँवों के लिए नियुक्त होना चाहिए। एक गाँव का यह प्रमुख शासनाधिकारी, दस ग्रामों के अपने प्रतिस्थानीय को गुप्त रूपेण अपने क्षेत्र में होने वाली आपराधिक घटनाओं की दैनिक जानकारी दे। 10 ग्रामों का अधिकारी बीस ग्राम वाले को, बीस ग्राम वाला सौ ग्राम वाले को और उससे आगे वह एक सहस्र ग्राम वाले को यह विवरण दे। इस प्रकार ऊपर जाते-जाते यह विवरण 10 हजार ग्रामों के प्रमुख शासनाधिकारी को मिले। 10 हजार ग्रामों का यह अधिकारी एक ऐसी सभा को यह विवरण पहुँचाए जो एक लाख लघु नागरिक बस्तियों की व्यवस्था देखती हो। यह सभी सभाएँ एक ऐसी सर्वोच्च अन्तर्राष्ट्रीय सभा तक यह विवरण दें, जो विश्व का प्रतिनिधित्व करती हो। 10,000 ग्रामों से ऊपर भी वह दो अधिकारी नियुक्त कर सकता है। इनमें से एक सभा का अध्यक्ष हो और दूसरा जागरूक होकर बड़े ध्यान से दण्डाधिकारियों तथा अन्य अधिकारियों के कार्य का निरीक्षण करे।"[14] ग्रामीण समस्याओं की देखभाल के लिए एक पृथक् मन्त्री हो। इसमें स्पष्ट है कि गांधीजी से पूर्व ही दयानन्द ने ह्रासोन्मुखी ग्रामीण राज्य-व्यवस्था तथा अर्थव्यवस्था का चित्रण किया और प्रशासनिक तन्त्र से ग्रामों को मिलाने की वकालत की। कालान्तर में आवश्यक सुधारों का क्षेत्र होते हुए भी, हम कह सकते हैं कि दयानन्द पंचायती राज संकल्पना के सन्देशहर थे।

(ङ) अहिंसा का संशोधित स्वरूप (Non-Violence Modified) : शान्तिवादी न होने के कारण दयानन्द अहिंसा की संकल्पना के सामान्य अर्थों में दृढ़ अनुयायी नहीं थे। किन्तु मनुस्मृति के आधार पर उन्होंने वेद विद्या में भली प्रकार निष्णात ऋषियों की नैतिकता को मानवीय आचरण के लिए प्रमाणित आधार अवश्य स्वीकार किया है। उन्होंने अपराधियों के लिए दण्डों का विधान भी किया है। एक डाकू को मृत्युदण्ड देने पर उन्हें शोक नहीं होता, यद्यपि उन्होंने यथावश्यक हिंसा के प्रयोग का ही निर्देश दिया है और समग्ररूपेण अहिंसा का उन्होंने कभी पक्ष नहीं लिया। किन्तु अपने व्यक्तिगत जीवन में उन्होंने अहिंसा का पूर्णतः पालन किया। अनेकावसरों पर अपने ऊपर आक्रमण करने वाले धूर्त व्यक्तियों को उन्होंने क्षमा कर दिया। उन्होंने चरम कोटि की क्षमाशीलता का परिचय देते हुए उस व्यक्ति को क्षमा कर दिया जिसमें महाराजा जोधपुर द्वारा रखी हुई एक वेश्या के उकसाने पर उन्हें घातक विष दिया था।

(च) ईश्वरीय नियमों की आधिराज्यता (Suzerainty of Divine Law) : किसी भी सांसारिक सत्ता की अपेक्षा वह मात्र ईश्वरी सत्ता की प्रामाणिकता स्वीकार करते थे। वह न तो राज्य को ध्वंस करने के पक्ष में थे तथा न ही ऐसी राजनीतिक पद्धति का समर्थन उन्होंने किया जहाँ विधि पालन के लिए राज्य की ओर सशक्त विवशकारी उपाय न बरते जाएँ। एक संन्यासी के रूप में वह ईश्वर

की परम सत्ता को स्वीकार करते थे। यदि चुनाव की स्थिति उत्पन्न हो जाए राजनीतिक वरिष्ठ शासकों और ईश्वर के नियमों के बीच तो हमारे लिए स्वीकार्यता ईश्वरीय नियमों की होनी चाहिए। अतः वे कहते थे, "हम इस विश्व के स्वामी, प्रजापति ईश्वर की प्रजा हैं, जो राजाओं का राजा है। वह सच्चा शासक है। हम सब उसके विनम्र सेवक हैं।"[15]

(छ) वेदों की सार्वभौमिकता (Vedic Universalism) : ऋषि दयानन्द वैदिक पुनरुद्धार के विचार के प्रबल समर्थक थे। किन्तु उनकी दृष्टि में संकीर्णता नहीं थी जो मात्र भौगोलिक क्षितिजों में बद्ध होकर रह जाए। उन्होंने घोषणा की, "यद्यपि मैं आर्यावर्त में उत्पन्न हुआ तथा यहाँ रहता हूँ तथापि मैं समस्त मानवता के मोक्ष का अभिलाषी हूँ।" किसी व्यक्ति का कोई बन्धन उन्हें स्वीकार नहीं था। उनकी विश्वजनीन मानवतावादी संकल्पना की झलक उनके इन शब्दों में मिलती है, "समस्त विश्व की भलाई करना समाज (आर्य समाज) का मुख्य उद्देश्य है। मैं उस धर्म में विश्वास करता हूँ जो सार्वभौमिक नियमों पर आधारित हो, जिसमें वह सभी कुछ हो जिसे सारी मानवता सत्य के रूप में स्वीकार करती हो और जो अनुवर्ती युगों में भी प्रासंगिक होकर सर्वत्र पालनीय हों। केवल मात्र वही मेरे लिए स्वीकार्य है जो सभी व्यक्तियों द्वारा सभी युगों में प्रमाणित, स्वीकार्य माना जाए।

इस सन्देश का प्रचार आर्य समाज के माध्यम से और एक परोपकाररत संस्था परोपकारिणी सभा द्वारा किया जाना था जिसका संचालन, नियमन 23 न्यासी करते थे। सभा के लिए यह तीन कर्त्तव्य निर्धारित थे—(i) वैदिक ज्ञान का प्रचार करना। (ii) संसार के सभी भागों में वेद प्रचार के लिए प्रचारक भेजना, वहाँ ऐसे प्रचार केन्द्र स्थापित करना जहाँ वैदिक धर्म का प्रचार हो, लोगों को सत्य का ग्रहण और असत्य का त्याग करने की प्रेरणा दी जाए। (iii) अनाथों को सुरक्षा और सुशिक्षा प्रदान की जाए।

यद्यपि दयानन्द भारत के दलित और पतित वर्ग के लोगों की मुक्ति की आवश्यकता पर बल देते थे, तथापि संसार में पवित्र वैदिक धर्म के प्रचार के प्रति उनकी उत्सुकता का अवराकलन नहीं (underestimation) किया जा सकता। वह वास्तव में विश्व-बन्धुत्व के मूर्धन्य प्रवक्ता थे। उन्होंने कहा, "हम सभी विदेशियों से ऐसा ही व्यवहार करते हैं जैसा हम अपने देशवासियों से करते हैं। यह जहाँ तक मानव जाति के उन्नयन का प्रश्न है, हमारे लिए ऐसा व्यवहार शोभनीय है।"[16] उनके अन्तर्राष्ट्रीयवाद में विश्व के राष्ट्रों के संघ की भावी सम्भावना का समावेश नहीं है। डॉ. वर्मा के शब्दों में, "यह मात्र एक प्रचारक का कल्पना प्रवण (Romantic) अन्तर्राष्ट्रीयवाद ही था, ऐसे मसीहा का जो दिन की अत्यन्त उत्सुकता से प्रतीक्षा कर रहा था, जब समस्त विश्व वेदानुसार आचरण में प्रवृत्त

होगा।"[17] पं. बिशन नारायण दास, कांग्रेस अध्यक्ष (1912) ने, उनके विषय में उचित ही कहा है, "स्वामी दयानन्द की गणना निस्सन्देह उन सशक्तम और महत्तम विभूतियों में की जा सकती हैं जिन्होंने अनगिनत मानव संततियों के भाग्य को स्वरूप प्रदान किया, उसे सँवारा है।"[18]

उपसंहार

संक्षिप्त जीवन-वृत्त तथा विचार के विश्लेषणात्मक अध्ययन से पता चलता है कि दयानन्द एक उद्‌भट वैदिक विद्वान् थे जो वैदिक ज्ञान का प्रसार विश्व के कोने-कोने में चाहते थे। गहन चिन्तन तथा आत्म ग्रहण की शक्ति में उनका पूर्ण विश्वास था। वे अनेक सिद्धि-प्राप्त प्रतिष्ठित योगी थे। आर्य समाज के वे प्रवर्तक थे। जिसने ब्रिटिश साम्राज्यवाद के चंगुल में अपने पादाक्रान्त देश को मुक्त कराने में प्रशस्त भूमिका निभाई। क्योंकि उन्होंने विभिन्न मतों और संगठित पंथों की कुरीतियों, मान्यताओं और आचरण के विरुद्ध धर्मयुद्ध छेड़ा, उन्हें ईसाइयत के प्रोटेस्टेण्ट वर्ग के प्रवर्तक मार्टिन लूथर का भारतीय संस्करण माना गया। यह उचित ही है कि उन्हें आधुनिक भारत के निर्माता के रूप में स्वीकार किया गया है। अस्पृश्य वर्ग सहित सभी के लिए समानाधिकार का उनका सन्देश तथा उनके वेदाध्ययन अधिकारपरक उनकी व्यवस्था यह ऐसी बातें हैं जिनसे पुरातन पंथी ब्राह्मणों के अस्पृश्यता सम्बन्धी दृष्टिकोण को बड़ा आघात लगा। महात्मा गांधी के शब्दों में, "उन अनेक उत्कृष्ट विरासतों में जो स्वामी दयानन्द हमारे लिए छोड़ गए हैं, अस्पृश्यता के विरुद्ध दी गई उनकी निश्चयात्मक व्यवस्था निस्सन्देह एक है।"

के. एम. मुंशी का यह कथन उचित ही है, "दयानन्द सरस्वती आधुनिक भारत के प्रथम शिल्पी थे। उनकी विद्वत्ता अत्यन्त प्रखर तथा चरित्र महान था। उससे भी बड़ी बात है, उनकी दृष्टि सभी साधारण राष्ट्र निर्माताओं की अपेक्षा अधिक स्पष्ट और व्यापक थी। आज के नव हिन्दुत्व, भारतीय राष्ट्रवाद, हिन्दू सभा की मनोवृत्ति में दर्शनीय ओज, महात्मा गांधी की कार्य प्रणाली में सर्वत्र स्वामीजी के विशुद्ध, त्रुटिहीन दृष्टिकोण और दूरदर्शितामयी राजनीतिमत्त (Statesmanship) का प्रभाव दर्शनीय है। उनकी स्मृति असंशयेन भावी भरत की विरासत को समृद्ध बनाएगी।"

इसमें सन्देह नहीं कि बुद्ध और शंकर की परम्परा में दयानन्द अन्तिम युग-प्रवर्तक हिन्दू सुधारक, दार्शनिक थे। आज का सशक्त, वर्चस्वी हिन्दू धर्म दयानन्द का हम सभी को उपहार है। जैसा यूरोपियनों के लिए लूथर ने किया था, ठीक उसी प्रकार दयानन्द ने हिन्दुत्व के आत्मा के लिए स्वतन्त्रता सुनिश्चित की। उन्होंने जाति-भेद के वंचनामय मिथक अपावरित कर पुरातनपंथी ब्राह्मणवाद

का चिट्ठा खोल दिया। "भद्र कार्य और आचरण द्वारा न कि जन्मना हम आर्य बन सकते हैं।" यह दयानन्द की मान्यता थी। प्रसिद्ध इतिहासकार के. पी. जायसवाल की सम्मति में, "न केवल दयानन्द 19वीं शती के महानतम भारतीय हैं, न केवल दयानन्द विश्वामित्र, नारद तथा शंकर की वंश-परम्परा में वृद्धि कर रहे हैं, वरन् इतिहास में मानवता के आधुनिक मुक्ति-प्रदाताओं की पंक्ति में उच्चासन पर वह प्रतिष्ठित हैं।"

वे वास्तव में कर्मयोगी थे। उन्होंने समाज को कुरीतियों तथा अन्य विकृतियों से मुक्त करने में उल्लेखनीय सफलता प्राप्त की। हिन्दू जाति के निमित्त की गई उनकी सेवाएँ इतिहास के पृष्ठों पर अंकित हैं। डी. ए. वी. कॉलिज लाहौर के दिवंगत प्रिंसीपल बख्शी रामरतन के शब्दों में, "वेद को प्रकाश-स्तम्भ रूप में हाथ में लेकर, उन्होंने किस प्रकार हमारा मार्गदर्शन किया, आज यह इतिहास बन चुका है। उन्होंने देशाटन किया, एक कोने से दूसरे कोने तक। यह इस प्रकार किया जैसा उनके पहले किसी ने नहीं किया था। वे परिश्रम करते रहे—अनवरत, अनथक, लिखा, लिखते रहे, प्रवचन करने में प्रवृत्त रहे। उनके कर्मशील जुझारूपन से, अनेक निद्राहीन रातों को देश की वेदना से उनके हृदय की कसक से ऐसा लगता था जैसे विश्राम स्वयं उनके कतराकर कहीं विश्राम करने चला गया था। तब लोगों को अनुभव हुआ वह साधारण मर्त्य प्राणी नहीं थे, वह भारत के रक्षक, मुक्तिदाता थे। केवल भारत के ही क्यों, समस्त मानवता के वह मुक्तिदात थे। लोगों में भेदभाव विग्रह उत्पन्न करने वालों को उनसे कठोर आलोचना का भाजन बनना पड़ा। उन्होंने सार्वभौम सत्य का प्रचार किया। सार्वभौम धर्म का प्रचार किया तथा समस्त मानवता के कल्याण के वे पक्ष पोषक थे। उन्होंने सभी को एक धर्म के नीचे लाने का प्रयास किया। अतः कट्टर हिन्दू के रूप में उनकी निन्दा करना अनुचित है और न ही कट्टर हिन्दुत्व के वह कभी पक्षधर रहे। हम एच.बी. सारदा के इस कथन से सहमत हैं, "समय बताएगा कि वह मानवता के सर्वोत्तम उपकारकों में से एक थे। मानवता के वह सच्चे उद्धारक, मुक्तिदाता तथा उन्नायक थे।"[19] स्वामीजी के अपने यह शब्द स्वतः अत्यन्त मुखर हैं और उनके आलोचकों को प्रभावी रूप से निरुत्तर कहते हैं, "आजकल सभी मतों में विद्वान हैं। यदि वह पूर्वाग्रह छोड़ दें उन सभी सत्य बातों को स्वीकार करें जो सब मतों में एक-सी हैं, मतभेद त्यागकर परस्पर सौहार्दपूर्वक व्यवहार करें। संसार का बहुत भला होगा। विद्वानों के मतभेद जनसाधारण के मतभेदों को और उग्र बनाते हैं। परिणामस्वरूप दुःख बढ़ता है और सुख क्षीण होता जाता है।"[20]

सन्दर्भ

1. Bawa Arjan Singh : Dayanand Saraswati, Founder of Arya Samaj (1979 ed.) Reprint, p. 84.
2. Ibid., p. (i).
3. Bawa Chhajir Singh : Life and Teaching of Swami Dayanand Saraswati (1979 ed.)—Editorial note, p. 4.
4. R. Rolland : The Life of Ramakrishna. pp. 157-58.
5. Aurobindo Ghose : 'Bankim, Tilak, Dayanand' (Calcutta 1947), pp. 44-45.
6. Ibid.
7. Satyaratha Prakash. (1956 ed.). pp. 351-2.
8. Ibid., pp. 217-18.
9. Dayanand, Aryabhivinya. pp. 303-4.
10. Home (Political) Hunter Committee Report Vol. VI, Evidence KW to file No. 64. January, 1923. p. 188.
11. Satyaratha Prakash, p. 54.
12. Ibid., p. 64.
13. Light of Truth (English Translation of Satyaratha Prakash by Bharadvaja), pp. 162-63.
14. Ibid., Based on Manusmriti. VII, pp. 101-17.
15. Light of Truth : Ch. VI. p. 202.
16. Swami Dayanand : Satyartha Prakash. p. 737.
17. V.P. Verma, op. cit., p. 50.
18. Bawa Chajju Singh : Life and Teachings of Swami Dayanand Saraswati (1971, ed.), p. 182.
19. Dayanand Commemoration Volume (1933 ed.), p. 13.
20. Satyaratha Prakash. Introduction. pp. i-x.

5

दादाभाई नौरोजी

"सम्पूर्ण मनुष्य के लिए अपनी बुद्धि को स्वतन्त्र करके अपने कर्त्तव्य के स्तर को ऊँचा उठाकर और अपनी सभी शक्तियों को सम्पन्न करके, उसे स्फूर्त, पवित्र तथा कुशल बनाना लक्ष्य है।"

—दादाभाई नौरोजी

दादाभाई नौरोजी का जन्म 4 सितम्बर, 1825 ई. को एक पारसी परिवार में हुआ। उनके पिता, नूरोजी पालवजी, एक पारसी पुजारी थे। जब दादाभाई अभी चार वर्ष के ही थे, तो उनके पिता का देहान्त हो गया। उनकी माता मावेबाई ने उनका लालन-पालन किया। उन्होंने उन्नीसवीं शताब्दी के दूसरे दशक में स्थापित की गई 'नेटिव एजूकेशन सोसाइटी' बम्बई में शिक्षा ग्रहण की। दूसरे बुद्धिमान ग्यारह साथियों सहित उन्हें कॉलेज की शिक्षा के लिए प्राध्यापक बाल गंगाधर शास्त्री द्वारा चुना गया। वे बम्बई की एलफिल्टन संस्था के एक महत्त्वपूर्ण विद्यार्थी थे। उनकी बुद्धिमत्ता को देखते हुए सर एरसकीन पेरी (Erskin Perry), बम्बई हाई कोर्ट के न्यायाधीश तथा शिक्षा बोर्ड के प्रधान ने उनको कानून की पढ़ाई करने के लिए इंग्लैंड भेजने पर आधा खर्चा देना स्वीकार किया। यह बात पूरी न हो पाई, क्योंकि पारसी समुदाय ने यह भय व्यक्त किया कि इंग्लैंड जाने तथा वहाँ पर रहने से कहीं वे अपने पूर्वजों के धर्म का त्याग न कर दें। इसके तुरन्त पश्चात् ही उन्होंने एलफिस्टन स्कूल में Head Native Assistant का पद स्वीकार कर लिया। इसके दो वर्ष पश्चात् उन्हें गणित तथा प्राकृतिक दर्शन का प्राध्यापक नियुक्त किया

गया। यह प्रथम अवसर था जबकि किसी भारतीय को यह पद मिला हो। 1885 तक उन्होंने एलफिस्टन कॉलेज में काम किया। इसके पश्चात् वे एक प्रसिद्ध पारसी कम्पनी–कामा एण्ड कम्पनी–के साक्षी के रूप में, उसके व्यापार की देखरेख के लिए इंग्लैंड गए।

दादाभाई ने अपने इस प्राध्यापन के समय अपने आपको सामाजिक, शैक्षणिक, राजनीतिक तथा धार्मिक सुधारों में पूरी लगन से लगा दिया। उन्होंने महिला शिक्षा पर बल दिया। नगर में इसके प्रयत्नों के ही फलस्वरूप लड़कियों के बहुत से स्कूल खोले गए। उन्होंने हिन्दू विधवाओं की शादी पर बल दिया, धार्मिक सुधारों का प्रचार किया और संयम पर बल दिया। उन्होंने कई महत्त्वपूर्ण संस्थाएँ स्थापित कीं, जैसे कि स्टूडैंट लायब्रेरी तथा सांइटिफिक सोसाइटी, बम्बे एसोसिएशन, फ्रामजी कुवासजी इंस्टीट्यूट, दी ईरानी फण्ड, पारसी जेमनेजियम, विधवा पुनर्विवाह संस्था (The Widow Remarriage Association), तथा विक्टोरिया एण्ड एलब्रेट अजायबघर।

उन्होंने अपनी शुरू की राजनीतिक गतिविधियाँ बॉम्बे एसोसिएशन द्वारा जारी रखीं। यह संस्था 26 अगस्त, 1852 को स्थापित की गई थी। इस संस्था ने बम्बई की सोई हुई जनता को जगाया और खुले तौर पर ईस्ट इण्डिया कम्पनी के शासन का विरोध किया। ईस्ट इण्डिया कम्पनी के इस प्रकार विरोध के कारण इस संस्था के कुछ सदस्यों को इससे अलग होना पड़ा। कुछ समय के पश्चात् यह संस्था समाप्त हो गई उन्होंने भारत के पढ़े-लिखे लोगों के भावों को जगाने के लिए 'रास्त गुफ्तार' (सत्य का पता देने वाला) एक पाक्षिक पत्र जारी किया। इंग्लैंड में उन्होंने लंदन में ईस्ट इण्डिया एसोसिएशन चलाई। 1892-95 ईसवी में ये पहले भारतीय थे, जिन्हें ब्रिटिश संसार की सदस्यता प्राप्त हुई। इसके लिए उन्हें उदार दल का समर्थन प्राप्त था। 1897 में वे भारतीय खर्चे से सम्बन्धित वेल्बी आयोग (Welby Commission) के सामने उपस्थित हुए। उन्होंने लन्दन इण्डियन सोसाइटी शुरू की ताकि सामाजिक उत्सवों पर अंग्रेज़ तथा भारतीय आपस में मिलकर भारत से सम्बन्धित मामलों पर विचार-विमर्श कर सकें। 1907 तक दादाभाई नौरोजी इसके अध्यक्ष पद पर टिके रहे। वे तीन बार इण्डियन नेशनल कांग्रेस के अध्यक्ष बने। उन्होंने अपने सुप्रसिद्ध 'ड्रेन' के सिद्धान्त को अपनी रचना (Poverty and Un-British rule in India) द्वारा प्रस्तुत किया। 81 वर्ष की आयु में अधिक काम करने के कारण उनका स्वास्थ्य बिगड़ गया। अतः 11 अक्टूबर, 1907 को वे स्थायी रूप से भारत लौट आए। उनके स्वदेश लौटने पर बहुत खुशी मनाई गई। उसके पश्चात् उन्होंने अवकाश का जीवन व्यतीत करना शुरू कर दिया। उन्होंने मिसिज़ एनी बेसेण्ट की प्रार्थना पर होम रूल लीग की बम्बई शाखा की अध्यक्षता

को स्वीकार कर लिया, परन्तु लीग के निर्माण से पहले ही 30 जून, 1917 को उनका देहान्त हो गया। उनकी मृत्यु पर श्री नारायण चन्दनाकर ने कहा–"अगर हम उनके जीवन का मूल्यांकन करें और जो मिसाल उन्होंने कायम की, उसे देखें, तो पूर्ण सच्चाई तथा न्याय से कहा जा सकता है कि अपने जीवन में कुछ उन्होंने किया, जो यातनाएँ उन्होंने सहन कीं, जो कुछ उन्होंने पढ़ाया, वे जोरोस्टर कर्म की मूर्ति थे...जो सूर्य तिरानवे वर्ष पहले भारत पर उदय हुआ था, जब वह अस्त हो गया है, परन्तु मैं कहता हूँ कि वह पुनः भारत के पुनर्जन्म के रूप में उदय होगा।"[1]

नौरोजी के राजनीतिक विचार

(क) राजनीतिक शक्ति का नैतिक आधार : दूसरे उदारवादियों की भाँति दादाभाई ने भी राजनीतिक शक्ति के लिए नैतिक आधार की धारणा पर बल दिया। उनके अनुसार राजनीतिक ढाँचा न्याय, उदारवाद तथा मानवता पर आधारित है। राजनीतिक शक्ति का वास्तविक आधार हृदयों का मिलन, भावनाएँ तथा मनोभाव है। यह मान लेना गलत है कि राजनीतिक शक्ति बर्बर शक्ति पर आधारित है। उन्होंने कहा, "आप शस्त्रों की सहायता से अथवा क्षणिक बर्बर शारीरिक शक्ति द्वारा साम्राज्य स्थापित कर सकते हैं, परन्तु आप इसे केवल नैतिक शक्ति द्वारा ही निरन्तर बनाए रख सकते हैं। बर्बर शक्ति किसी-न-किसी समय तो टूट जाएगी, परन्तु ईमानदारी निरन्तर बनी रहेगी।"[2] भारत में आंग्रेजी राज्य की निरन्तरता का जिक्र करते हुए उन्होंने कहा कि अंग्रेज़ी राज्य लोगों के विश्वास के कारण ही कायम है न कि उनकी सैनिक शक्ति के कारण। उनके शब्दों में "...बर्बर शक्ति साम्राज्य को स्थापित कर सकती है परन्तु वह इसे बनाए नहीं रख सकती। केवल नैतिक शक्ति तथा न्याय और सचाई ही इसे कायम रख सकते हैं।"[3] अतः उन्होंने कहा कि राजनीतिक शक्ति का आधार सद्भाव तथा आपसी विश्वास होना चाहिए, संगीन तथा खोपड़ी उतारना नहीं होना चाहिए। उन्होंने भविष्यवाणी की कि अंग्रेज़ों द्वारा अपनाई जाने वाली बुद्धिहीन नीति अंग्रेज़ी साम्राज्य के पतन का कारण बनेगी।

(ख) अंग्रेज़ी राज्य के लाभों को मान्यता : दादाभाई का अंग्रेज़ों के निरपेक्ष व्यवहार तथा उनकी न्यायप्रियता में विश्वास था। उन्होंने भारत में अंग्रेज़ी राज्य के लाभों को मान्यता दी। उन्होंने ब्रिटेन की प्रगतिवादी सभ्यता की सराहना की और वे पाश्चात्य शिक्षा के गुणों को भी कम महत्त्व प्रदान नहीं करते। उन्होंने एक बार कहा था, "हमारा सौभाग्य है कि हम एक ऐसे राज्य के आधीन हैं जो हमें इस प्रकार मिलने की सुविधा प्रदान करता है। हम निस्संकोच मन की बात

कह सकते हैं। ऐसा ब्रिटिश शासन में ही सम्भव हो सकता है।" उन्होंने प्रशिक्षित प्रशासकीय व्यक्तियों तथा रेलवे जैसी मकैनिकल टेकनोलोजी के कारण अंग्रेज़ी शासन को सराहा। वे भारत में अंग्रेज़ी राज्य के वरदान से इतने प्रभावित हुए कि उन्होंने अंग्रेज़ों द्वारा अपना पवित्र उत्तरादायित्व निभाने तक उनके राज्य को भारत में बनाए रखने का समर्थन किया। उन्होंने अपने देशवासियों से कहा कि "आप एकता और सहृदयता से कार्य करें और ब्रिटिश शासन के प्रति संयत हों।"[4] उन्होंने आशा व्यक्त की, "...वह दिन दूर नहीं जब दुनिया में ब्रिटिश राष्ट्र जैसा महान् राष्ट्र सच्चे नागरिकों का हाथ पकड़ेगा और इस महान् प्राचीन भारत देश की विशाल जनता के साथ न्याय करेगा और मनुष्य जाति को लाभ पहुँचाएगा तथा वरदान देगा।"[5]

उन्होंने महसूस किया कि भारत तथा इंग्लैंड के हित एक सामान हैं और एक-दूसरे विरोधी नहीं हैं। अतः उन्हें अंग्रेज़ों की दयालुता में पूरा विश्वास था। अतः उन्होंने एक बार कहा था, "कभी-न-कभी हमें वस्तुतः ब्रिटिश सरकार वह देगी जिसकी हमें इच्छा है। अतः अंग्रेज़ों की समझ पर हमें विश्वास रखना चाहिए और यह मानकर निश्चिन्त होना चाहिए कि अंग्रेज़ राष्ट्र ऐसा करने की अपनी सहृदयता का प्रमाण देने के लिए कोई भी आवश्यक बलिदान देने में झिझकेगा नहीं। एक बार उन्होंने कहा, "...कभी-न-कभी अंग्रेज़ी सरकार हमें वही कुछ अवश्य ही देगी जो कुछ हम माँगेंगे। अतः हमें इंग्लैंड की आत्मा में पूरा भरोसा जमाना चाहिए और हमें इस बात के लिए तसल्ली रखनी चाहिए कि अंग्रेज़ी राष्ट्र इस बात में कि क्या न्यायसंगत है और क्या उचित है अपनी निष्कपटता का परिचय देने के लिए प्रत्येक प्रकार का बलिदान करने के लिए तैयार होगा।"[6]

(ग) अंग्रेज़ी राज्य की निरंकुशता के प्रति जागरूकता (Awareness of the autocracies of the British Rule) : दादाभाई भारत में अंग्रेज़ी सरकार की निरंकुश तथा मनमानी प्रवृत्तियों के प्रति भी पूर्णतः जागरूक थे। उन्होंने यह भी माना कि 'सरकार की दुष्ट प्रणाली' देश को बर्बादी तथा दिवालियेपन की ओर लिए जा रही है। उन्होंने इस प्रकार की प्रणाली में आमूल परिवर्तन करने की राय दी। उन्होंने कहा कि अंग्रेज़ी राज्य अगर अजनबी तथा निरंकुश बना रहा, तो इसका अवश्य ही पतन होगा। 'इंग्लैंड का भारत के प्रति कर्त्तव्य' नामक पत्र में उन्होंने बल दिया कि बीस लाख हताश भारतीय तथा दस लाख अंग्रेज़ी सैनिकों के बीच में टक्कर अवश्यम्भावी है। उन्होंने प्रायः लार्ड सालिसबरी (Salisbury) के शब्दों को दुहराया कि "अन्याय सर्वशक्तिशाली का भी नाश कर देता है।" निरंकुशता तथा अत्याचार के शासन को लम्बे समय तक नहीं बनाए रखा जा सकता। परन्तु उनका अंग्रेज़ी राष्ट्र की नैतिकता में पूरा विश्वास था। वे चाहते थे

कि अंग्रेज़ भारत में शिष्ट भूमिका निभाएँ। उन्होंने आशा व्यक्त की कि अंग्रेज़ जल्दी ही आर्थिक लोभ को बढ़ाने वाली कुनीति के बारे में सतर्क होंगे, जो नीति साम्राज्य की जड़ों को हिला देगी। उन्होंने अंग्रेज़ों से कहा कि यह उनके अपने ही हित में है कि वे भारत के आर्थिक स्रोतों के भारी निकास को बन्द कर दें। भारत उप-सचिव श्री लोई मेल्टेट को 13 सितम्बर, 1880 को लिखे अपने एक पत्र में उन्होंने कहा, ''पढ़े-लिखे तथा विचारशील देशवासियों के मन में यह दृढ़ विश्वास है कि अगर इस धरती पर कोई राष्ट्र है, जो कि कभी भी जान-बूझकर लोगों को न तो कष्ट देगा और न ही उन्हें गुलाम बनाएगा, न उनका अपमान करेगा और जो अगर यह महसूस करेगा कि अनजाने में किसी को कोई कष्ट पहुँचा है, तो वह तुरन्त प्रत्येक प्रकार का बलिदान देकर उस राष्ट्र को आघात पहुँचाए बिना कष्ट को दूर करेगा, वह ब्रिटिश राष्ट्र है। यह विश्वास देशवासियों की अंग्रेज़ी शासन में दृढ़भक्ति को बनाए हुए है। वे जानते हैं कि भारत की वास्तविक आर्थिक और नैतिक प्रगति अंग्रेज़ी शासन के लम्बे समय तक रहने पर ऐसा और कोई राष्ट्र नहीं है, जिसने विजयी होकर भी पराजितों की भलाई को अपना कर्त्तव्य समझा हो।''[7] उन्होंने कहा, ''ब्रिटिश शासन के भारत में स्वस्थ और यथार्थ वित्त व्यवस्था उस समय तक नहीं हो सकती, जब तक विदेशी दासता के दोषों का निवारण नहीं किया जाता।''

वास्तव में वे इंग्लैंड में नैतिक जागृति पैदा करना चाहते थे, ताकि उनकी ओर से 1833 के चार्टर एक्ट द्वारा तथा 1858 की सुप्रसिद्ध उद्घोषणा द्वारा किए गए वायदों को पूरा किया जा सके। उद्घोषणा में स्पष्ट रूप से कहा गया कि भारत सरकार धार्मिक सहिष्णुता, स्वतन्त्रता, बुद्धिमानों के लिए नौकरियों की व्यवस्था तथा कानून के सामने समानता के सिद्धान्तों का अनुसरण करेगी। दादाभाई ने इस उद्घोषणा को 'भारतीयों के लिए मेगनाकार्टा' कहा। उन्होंने सुझाव दिया कि भारतीय शिष्ट मण्डल इंग्लैंड में जाकर भारतीयों की शोचनीय दुरवस्था का विवरण ब्रिटिश सरकार को प्रस्तुत करे। एक बार उन्होंने कहा, ''हमें घोषणा करनी चाहिए कि हम राज्य के प्रति पूर्णः स्वामिभक्त हैं। उन लाभों को हम साभार स्वीकार करते हैं जो ब्रिटिश शासन की देन हैं। प्राप्त शिक्षा की हम सराहना करते हैं और उससे मिले प्रकाश की भी हम अनदेखी नहीं कर सकते।''

उनके ऊपर के कथन से स्पष्ट होता है कि यदि वह अंग्रेज़ी साम्राज्य की बुराइयों का वर्णन तो वह करते हैं परन्तु वह विदेशी राज्य के गुणों से भी परिचित हैं। आधुनिक आलोचक इसे देशभक्ति का विरोध कहते हैं परन्तु हमारे विचार से यह एक समझदारी और वास्तविकता पर आधारित विचारधारा है।

(घ) अंग्रेज़ों के लिए पथ-प्रदर्शन (A Guideline for the British) :

दादाभाई ने भारत में अंग्रेज़ी राज्य का समर्थन किया। अतः उन्होंने अंग्रेज़ों से भारत में कष्ट तथा तबाही का अन्त करने को कहा। "वे चाहते थे कि भारतीयों की राजनीतिक तथा आर्थिक मुसीबतों का अन्त हो। अंग्रेज़ी राज्य वास्तविक रूप से तभी लाभदायक तथा वरदायी सिद्ध हो सकता है अगर भारतीयों को अंग्रेज़ों की अगुवाई में भारत में भाग लेने दिया जाए।"[8] उन्होंने ब्रिटिश हाउस ऑफ कॉमन में घोषणा की कि "तब तक भारत सुदृढ़ आर्थिक आधार पर खड़ा नहीं हो सकता, जब तक विदेशी आधिपत्य को उचित मात्रा में कम नहीं किया जाता। विदेशी शासन के कारण अनुपातहीनता से वित्तीय लूट मची है और अंग्रेज़ों द्वारा महत्त्वपूर्ण सरकारी नौकरियों को सँभालने की वजह से देश में प्रशासकीय अनुभव खत्म हुआ है तथा भारतीयों में बेकारी बढ़ी है।"[9] उन्होंने सेवाओं के भारतीयकरण की भी राय दी ताकि भारतीयों में उत्साह, साधन-सम्पन्नता तथा महत्त्वपूर्ण कर्त्तव्यों को निभाने की क्षमता का विकास हो। सेवाओं के भारतीयकरण के बिना, भारत के लोग "न तो ऊँचे उठ सकते हैं कि न ही उच्च सरकारी पदों के लिए क्षमता का विकास कर सकते हैं, क्योंकि उन्हें कोई अवसर नहीं मिला है : जिसका परिणाम यह निकला है कि उनकी योग्यताएँ ठप्प हो गई हैं।"

1885 में बम्बई के कांग्रेस के पहले अधिवेशन में उन्होंने जोरदार शब्दों में विधान परिषदों के सुधार की आवश्यकता पर बल दिया और भारत में प्रतिनिधि संस्थाओं की स्थापना की बात जोरदार शब्दों में कही। उन्होंने कहा, "हमें किस बात के लिए अंग्रेज़ों की प्रजा होने का गर्व है, किस वहज से हम अपने भूतकाल के शासकों की अपेक्षा अंग्रेज़ों के प्रति अधिक भक्ति की भावना दिखाते हैं, उनके लिए वास्तविकता यह है कि ब्रिटेन इस समय स्वतन्त्र तथा प्रतिनिधि सरकार का जनक है और हम उनकी प्रजा तथा बच्चे होने के नाते स्वतन्त्रता तथा प्रतिनिधित्व के हकदार हैं।"[10]

1906 में उन्होंने इस बात पर बल दिया कि "स्वशासित उपनिवेशों की भाँति भारत में भी विधानमण्डलों के निर्माण का कार्य शुरू किया जाना चाहिए। उनकी अंग्रेज़ों के साथ इस बात के लिए कोई सहमति नहीं थी कि हमें तब तक प्रतीक्षा करनी चाहिए जब तक हम सारे पूर्ण रूप से तैयार नहीं हो सकते। अंग्रेज़ों ने अपनी संसद के लिए ऐसी कोई प्रतिज्ञा नहीं की थी। हमें 150 वर्षों में योग्य नहीं समझा गया है। हम तब तक कभी भी योग्य नहीं बन सकते, जब तक हम वास्तविक रूप में काम को तथा उत्तरदायित्व को नहीं सँभालते।"[11] उन्होंने अंग्रेज़ों को भारत तथा इंग्लैंड के वित्तीय संबंधों को सुधारने को भी कहा।

(ङ) साम्राज्यवाद (Imperialism) के बारे में उनके विचार : उन्होंने साम्राज्यवाद का विरोध किया क्योंकि इससे बुराई उत्पन्न हुई है और वित्तीय ह्रास

हुआ है। साम्राज्यवादी शासन की निरंतरता से जान-बूझकर लूट मची है और देश बर्बाद हुआ है। इससे अकथनीय दुःख तथा मुसीबतें आई हैं। साम्राज्यवाद की स्वाभाविक प्रवृत्तियों के कारण राजनीतिक सत्ताधारियों को हानि पहुँचाई गई और उनकी नैतिक चेतनाओं को समाप्त किया गया है। उन्होंने ब्रिटेन की राजनीति को दूषित किया है, क्योंकि साम्राज्यवादी अधिपतियों ने इसमें सामाजिक विद्रोही तत्त्व भी दिया है। उन्होंने अंग्रेज़ों को चेतावनी देते हुए कहा, "एक संवैधानिक सरकार की प्राप्ति के लिए वीरता-भरे संघर्ष के शानदार इतिहास के पश्चात् इंग्लैंड अब भारत में ऐसे प्रशिक्षित अंग्रेज़ों की संस्था का पालन कर रहा है जो मनमानी कर रहे हैं और जिसमें असहिष्णुता तथा ज्यादती करने की भावना भरी है, जिसमें संवैधानिक विषमता है...अंग्रेज़ भारत को ऊपर उठाने की अपेक्षा अब तक अपने आपको एशियाई निरंकुशवाद के स्तर तक नीचे की ओर ले गए हैं...।"[12] इससे स्पष्ट है कि दादाभाई ने साम्राज्यवाद की निरंकुशता की बुराइयों का चित्र भली-भाँति प्रस्तुत किया है। वे नहीं चाहते थे कि ब्रिटिश साम्राज्यवादियों की राजनीतिक शक्ति भारतीय लोगों का मुँह बन्द करके तथा उन्हें निःशस्त्र करके कायम रखी जाए। वे चाहते थे कि अंग्रेज़ों की राजनीतिक शक्ति पारस्परिक स्नेह तथा जन-भावनाओं पर आधारित हो।

उनके साम्राज्यवाद के बारे में विचार तथा उसके भारतीय राजनीतिक जीवन पर प्रभावों से स्पष्ट रूप से पता चलता है कि दादाभाई अंग्रेज़ी राज्य तथा उसके वरदान से इतने अनुरक्त नहीं थे। उनकी प्रारम्भिक भारतीयों की अंग्रेज़ों के प्रति पूर्ण भक्ति की बात ज्यादा देर तक बनी न रह सकी। उन्होंने इस बात को महसूस किया कि स्वराज्य-प्राप्ति के बिना भारत राष्ट्रीय महत्त्व को प्राप्त नहीं कर सकता। 1906 में उन्होंने तीन अधिकारों की माँग की—लोक सेवाओं में भारतीयों की संख्या को बढ़ाना और सारा विभागीय शासन उनके हाथ में दे देना; स्वशासित उपनिवेशों (Self-governing colonies) के आधार पर विधानमण्डलों में भारतीयों के प्रतिनिधित्व को बढ़ाना और भारत तथा इंग्लैंड के बीच में न्यायपूर्वक सम्बन्धों की स्थापना करना।

(च) स्वशासन के बारे में उनके विचार (His views on Self-Government): चाहे आरम्भ में वे अंग्रेज़ी राज्य के प्रशंसक थे, परन्तु बाद में दादाभाई ने यह महसूस किया कि भारत के सभी आर्थिक तथा राजनीतिक रोगों का एकमात्र इलाज स्वशासन है। उन्होंने यह आशा व्यक्त की कि उनके ही जीवन में अंग्रेज़ भारत में सम्मानपूर्वक ढंग से स्वशासन लागू कर देंगे। अंग्रेज़ों की प्रतिक्रियावादी नीतियों ने उन्हें कटु शब्दों के प्रयोग पर विवश का दिया। विशेषतः ऐसा 1905 में बंग विभाजन के पश्चात् हुआ। 1906 के कलकत्ता कांग्रेस

अधिवेशन की अध्यक्षता उन्होंने ऐसे समय की जब बंगाल दुःख और अव्यवस्था की स्थिति में था। अंगेज सरकार ने आन्दोलन को कुचल देने के लिए कठोर दमनकारी उपाय किए। इससे उत्तोजित होकर दादा ने स्वराज्य को कांग्रेस का लक्ष्य घोषित किया। प्रस्ताव का यह उद्धरण उनके बदले विचारों पर पर्याप्त प्रकाश डालता है। "यह संकल्प किया जाता है कि स्वशासी बस्तियों को मारुति कार प्रदान किया जाए।"

परन्तु उन्होंने स्वशासन की प्राप्ति के लिए पशुशक्ति के प्रयोग को उचित न समझा। उनका विश्वास याचिकाओं, प्रार्थना-पत्रों, सभाओं तथा सम्मेलनों के साधनों को प्रयुक्त करने में था। उनका अंग्रेज़ों की ईमानदारी में पूरा विश्वास था। अतः उन्होंने अंग्रेज़ो को परामर्श दिया कि उन्हें भारत को अधीन राष्ट्र समझने की अपेक्षा अपना विश्वासी साझीदार तथा सहयोगी समझना चाहिए। उन्होंने भारतीयों से भी कहा कि वे निराश होकर कोई हिंसक कार्रवाई न करें। उन्होंने बलपूर्वक कहा, "हम भारतीय एक बात में विश्वास करते हैं कि यद्यपि जॉन बुल मोटी बुद्धि वाला है, तथापि यदि हमारी बात उसके सिर को पार कर उसके मस्तिष्क में चली जाए, यह बात कि अमुक बात उचित है तो आप निश्चिन्त रहें कि वह अवश्य होगी।" वे उद्देश्य-प्राप्ति के लिए शान्तिपूर्ण उपायों में विश्वास रखते थे। उन्होंने स्वदेशी तथा बहिष्कार आन्दोलन को संघर्ष के सवैधानिक उपाय बताया। इससे पता चलता है कि स्वदेशी और बहिष्कार का वे विरोध नहीं करते थे।

उन्होंने भारतीयों से आग्रह किया कि उन्हें धर्मनिरपेक्ष राष्ट्रवादी होना चाहिए और जाति तथा वर्ग के भेद के बिना एक संयुक्त मोर्चा बनाना चाहिए। उन्होंने कहा, "अपनी राजनीतिक स्थिति में सारे व्यक्ति एक समान हैं। उन्हें दुःख-सुख में एक-दूसरे का साथ देना चाहिए। इस एकता के बिना सभी प्रयत्न व्यर्थ होंगे।"[13] गोखले ने उनके बारे में ठीक ही कहा, "एक सर्वोच्च प्रकार की सर्वोत्तम देशभक्ति का नमूना जो किसी देश ने कभी उत्पन्न किया हो।"[14]

कहा जाता है कि अपने जीवन के अन्तिम दिनों में दादाभाई इण्डियन नेशनल कांग्रेस के उग्रवादी नेताओं से प्रभावित हुए। उन्होंने श्रीमती एनी बेसेण्ट तथा बाल गंगाधर तिलक द्वारा स्थापित की गई इण्डियन होम रूल लीग की सदस्यता प्राप्त की। परन्तु यह एक मध्यवर्ती दौर था। इस तथ्य का पता उनके भारतीयों को पहले विश्वयुद्ध में अंग्रेज़ों का पक्ष लेने की अपील से चलता है। उनकी भारत में स्वशासन की स्थापना की लालसा की पूर्ति माण्टेग्यू चेम्सफ़ोर्ड सुधारों, अगस्त 1917 की उद्घोषणा से होती दिखाई देती है, परन्तु दो महीनों पहले उनका देहान्त हो गया।

(छ) स्वाधीनता विषयक उनके विचार (His Views on Liberty) :

मनुष्य की मौलिक स्वाधीनता के वह पक्षधर थे। वह अंग्रेज़ों से आशा करते थे कि वह भारतीयों को मौलिक स्वतन्त्रताएँ प्रदान करें। वे कहते थे कि जब कुछ मौलिक स्वतन्त्रताओं का उपभोग अंग्रेज़ स्वयं करते हैं तो भारतीयों को वह क्यों इनसे वंचित रखें। ब्रिटेन स्वतन्त्र और प्रतिनिधि सरकार का जन्मदाता है और हम उनकी सन्तानतुल्य प्रजा हैं तो हमें उत्तराधिकार में आशीर्वादस्वरूप स्वतन्त्रता और प्रतिनिधित्व मिलना चाहिए। उनकी सम्मति में मूल्यतम, न्यूनतम सुविधाओं से भारतीयों को वंचित रखना ब्रिटिश चरित्र, ईसाइयत के विरुद्ध है। सेवाओं में वे भारतीयों के लिए अधिक भाग की माँग करते थे। प्रशासनिक विभागों का प्रबन्ध वे भारतीयों के हाथों सौंपना चाहते थे। आई.सी.एस. परीक्षाएँ भारत और इंग्लैंड में एक साथ हों जिससे योग्य भारतीय ब्रिटेन की सभी प्रशानिक सेवाओं में भाग ले सकें। हम चाहते हैं सभी प्रशासनिक विभागों का प्रबन्ध भारतीयों के हाथ में हो। उन्होंने वित्तीय क्षेत्र में भी भारत को इंग्लैंड के समानान्तर स्थिति में रखे जाने की माँग की जिससे ब्रिटेन द्वारा भारत का आर्थिक शोषण बन्द हो।

(ज) दादाभाई का ड्रेन का सिद्धान्त (आर्थिक विचार) (Drain Theory) : दादाभाई को केवल भारतीय जनता में राजनीतिक जागृति लाने का श्रेय ही प्राप्त नहीं, अपितु उन्होंने आर्थिक राष्ट्रवाद की भी नींव रखी। सर्वप्रथम उन्होंने ही भारत के लोगों तथा विदेशियों को चेतावनी दी कि विदेशी तिजोरी से धीरे-धीरे भारत का धन निकलकर जा रहा है और भारत आर्थिक दृष्टि से कमजोर होता जा रहा है। अतः दादाभाई ने भारतीयों की भयंकर गरीबी का भण्डा फोड़ा। उन्होंने धन के निकास के भयंकर परिणामों का ज्ञान कराया। उन्होंने इस बात पर बल देकर कहा कि अकाल, भुखमरी तथा महामारी इस प्रकार के आर्थिक शोषण का ही परिणाम हैं। उन्होंने भारतीयों की भयंकर गरीबी तथा दारुण आर्थिक दशा की ओर अंग्रेज़ों का ध्यान खींचने का निश्चय किया और उनसे आग्रह किया कि वे आर्थिक भार के भाग को भारतीय वित्त से हटाकर ब्रिटिश वित्त-व्यवस्था पर डालें। यह एक बहुत बड़ा काम था, विशेष रूप से उस स्थिति में जब देश की सारी आय का पता लगाना था और प्रति व्यक्ति आय को देखना तथा कर प्रणाली की स्थिति का अनुमान लगाना था। अतः दादाभाई ने खोज के सारे साधन जुटाए और सभी सम्भव स्रोतों से जानकारी प्राप्त की। उन्होंने भारीय वित्त पर बहुत से पत्र लिखे। उनके पत्र 'Ways and Means of India' (भारत के साधन) का विशेष रूप से वर्णन करने की जरूरत है। उनके निरन्तर प्रयत्नों के फलस्वरूप भारत की आर्थिक स्थिति का पता लगाने के लिए एक संसदीय कमेटी गठित हो गई थी। इस कमेटी के समक्ष उन्होंने भारतीय पक्ष को विस्तारपूर्वक रखा।

चूँकि ड्रेन का सिद्धान्त भारत के आर्थिक राष्ट्रवाद की आत्मा है, यह

आवश्यक है कि दादाभाई के इस सम्बन्ध में विचारों को देख लिया जाए और इस विनाश को रोकने के लिए जो सुझाव उन्होंने दिए हैं उनका भी अध्ययन किया जाए। अपनी सुप्रसिद्ध रचना 'भारत में ग़रीबी तथा अब्रिटिश राज्य' (Poverty and un-British Rule in India) में उन्होंने निकास (Drain) के सिद्धान्त का वर्णन किया है। उन्होंने वैज्ञानिक विधि का प्रयोग किया है। उनका पृथक्करण तथा सामान्यीकरण (rhetorical abstractions and generalizations) में कोई विश्वास नहीं था। इसके स्थान पर वे वास्तविकता में विश्वास रखते थे। उन्होंने देखा कि भारतीय सार्वजनिक ऋण के नीचे दबे हुए हैं, जो कि साम्राज्यवादियों की विनाशकारी आर्थिक नीति के कारण और बढ़ता जा रहा है। भारी प्रशासकीय मशीनरी का आर्थिक बोझ भी भारतीय अर्थव्यवस्था को दुर्बल बना रहा था। उन्होंने बताया कि "इण्डिया आफिस का वार्षिक खर्चा पाँच लाख पौंड था, और रायल इंजीनियरिंग कॉलेज का खर्चा 1,34,000 पौंड तथा इण्डिया आफिस संस्थापन का खर्चा 2,30,000 पौंड वार्षिक था। 1870 में ग्लैंडस्टोन ने भी कहा कि भारत पर बहुत बोझ पड़ रहा है, क्योंकि उस समय वार्षिक खर्चा 3,90,00,00 पौंड तक बढ़ चुका था। 1893 में ये आँकड़े बढ़कर 6,80,00,000 पौंड सालाना हो गए थे। दादाभाई ने ड्यूक ऑफ अरगाईल का हवाला दिया है जिसमें ड्यूक ने कहा कि खर्चा 'भारत के लिए अन्यायकारी तथा अवैध उपहार है।'"[15] दादाभाई ने इस बात की पुष्टि के लिए बंगाल सिविल सर्विस के माण्टगोमरी मार्टिन फ्रेड्रिक शोर का नाम लेने से भी कोई झिझक नहीं दिखाई। इन ब्रिटिश अधिकारियों ने यहाँ तक कह दिया कि इस प्रकार का लगातार तथा इकट्ठा निकास इंग्लैंड के लिए भी हानिकारक है। अतः दादाभाई ने कहा कि ब्रिटिश भारतीय सरकार जैसी अत्याचारी तथा दमनकारी और कोई सरकार भारत में नहीं हुई। भारतवासियों को उनके प्राकृतिक अधिकारों से वंचित किया गया है और उन्हें उनकी आजीविका के अवसर भी प्रदान नहीं किए गए। अतः देश का खून चूसा जा रहा है। गरीब भारतवासी कर दे रहे हैं और वह राशि अंग्रेज़ों को अमीर बनाने के लिए खर्च की जा रही है। भारतीय धन के इस प्रकार के अत्याचारी तथा अन्यायपूर्ण निकास के फलस्वरूप भारतीय गरीबी की चक्की में पिस रहे हैं। इससे भारतीय अर्थव्यवस्था तथा पूँजी के विकास में बाधा उत्पन्न हुई और भारत में विदेशी पूँजी लगाई जाने लगी, जिससे विदेशियों ने देश का खूब शोषण किया। अंग्रेज़ों के अनुसार भारतीयों की आर्थिक विपन्नता का कारण जनसंख्या की बहुलता और आर्थिक कानून का अयोग्यतापूर्ण शोचनीय क्रियान्वयन है। नौरोजी ने इस वक्तव्य का खण्डन करते हुए कहा, "भारतीय आर्थिक विपन्नता आर्थिक कानूनों का अयोग्यतपूर्ण शोचनीय क्रियान्वयन नहीं है, किन्तु यह परिणाम है ब्रिटिश नीति के शोचनीय विचारहीन

कार्य का।" यह तो भारतीय माल का भारत में ही निर्ममतापूर्ण क्षरण है और इसे इंग्लैण्ड के लाभ के लिए वहाँ भेजने की प्रक्रिया है। इस दुःखद स्थिति के लिए उत्तरदायी है आर्थिक कानूनों के विकृत क्रियान्वयन द्वारा भारतीयों का अंग्रेज़ों द्वारा रक्त चूसना। इसी से भारत का विनाश हो रहा है। यदि स्वाभाविक, आर्थिक कानून को निष्पक्ष न्यायोचित रूप में व्यवहृत किया जाए तो भारत स्वतः इंग्लैण्ड बन जाएगा कि इंग्लैण्ड को भी बहुविध लाभ प्राप्त होगा। प्लेटो की भाँति—जिसने दो नगरों की बात कहीं—अमीरों का नगर तथा गरीबों का नगर, दादाभाई ने भी दो प्रकार के भारत की बात कही—अमीरों का भारत तथा लाखों शोषितों का भारत।

इन सबके कारण दादाभाई ने कहा, "...जब तक इस विनाशकारी निकास को उचित ढंग से नियंत्रित नहीं किया जाता और भारत के लोगों को उनके अपने ही देश में उनके प्राकृतिक अधिकार नहीं दिए जाते, भारत का आर्थिक सुधार सम्भव नहीं है।"[16] दादाभाई द्वारा लोगों को प्राकृतिक अधिकार देने की बात हमें जेफरसन की स्वतन्त्रता की उद्घोषणा तथा लॉक की नागरिक सरकार की याद दिलाती है। यह भारतीयों के विदेशी साम्राज्यवादियों द्वारा शोषण का वास्तविक चित्र है, जिन्होंने भारतीयों की कीमत पर ऐयाशी तथा ठाठ का जीवन व्यतीत किया। भारतीय वित्त का निकास बहुत बढ़ता जा रहा था। उन्नीसवीं शताब्दी के शुरू में यह तीस लाख पौंड था और थोड़े समय के पश्चात् यह बढ़कर नब्बे लाख पौंड हो गया। अतः बचत का जो हिस्सा था वह लगभग छिन्न-भिन्न हो चुका था। लाभ तथा अतिरिक्त धन के देश में पंजीकरण की आज्ञा नहीं था। पूँजी के संचन के बिना औद्योगिक विकास में बाधा उत्पन्न होती थी। दादाभाई ने ठीक ही कहा, "...चूँकि निकास भारत को पूँजी कायम करने के लिए रोकता है, अंग्रेज़ उस पूँजी को, जिसको कि वे निकारकर यहाँ से ले गए थे, वापस देश में लाकर सारे व्यापार तथा महत्त्वपूर्ण उद्योगों पर एकाधिकार कायम कर लेने के लिए लगाते हैं और फिर भारत का शोषण करते हैं और इसके धन को निकाल लेते हैं, इस बुराई का स्रोत सरकारी निकास (drain) है।"[17]

आर्थिक ड्रेन (निकास) के अतिरिक्त, दादाभाई ने नैतिक निकास की ओर भी संकेत किया, जिसने बड़ा भयंकर रूप धारण कर लिया। भारतीयों को निम्न स्तर की नौकरियाँ दी गई—जैसे कि डिप्टी कलेक्टर, अतिरिक्त, सहायक आयुक्त, उप-पुलिस अधीक्षक इत्यादि। उन्हें महत्त्वपूर्ण तथा उत्तरदायित्व तथा नेतृत्व वाले पदों से वंचित किया गया। अतः उनके व्यक्तित्व अविकसित ही रहे। इसके अलावा अंग्रेजों ने भारत में रहते समय जो ज्ञान तथा अनुभव ग्रहण किया, उसका भी देश को नुकसान हुआ। जब वे अवकाश पाकर इंग्लैंड लौट गए। अंग्रेज़ों ने भारत को अपना घर नहीं समझा। उन्होंने भारत को केवल अपना आधीन राष्ट्र ही

समझा जिस पर कि उनका आधिपत्य था। अतः उनकी नौकरी के खत्म होने पर भारत को उनके महान् अनुभव से कोई लाभ न पहुँच सका। उनके शब्दों में, "डिप्टी कलेक्टर अथवा अतिरिक्त आयुक्त अथवा उसी जैसे निम्न पदों पर, इंजीनियरिंग, मैडीकल तथा दूसरी सभी सेवाओं के राजनीतिज्ञता, प्रशासन अथवा उच्च वैज्ञानिक पढ़े-लिखे व्यवासायों में सभी अधिकार तथा ज्ञान भी यहाँ से निकाल लिया जाता है वह भी विलायत जाता है, जब इन व्यवसायों के लोग अपनी सेवाओं का त्याग करते है और इंग्लैंड जाते हैं।"[18]

मुसलमानी काल में इस प्रकार के नैतिक विकास का अभाव था। मुसलमानों ने भी भारत को लूटा पर या तो वे वापस चले गए या भारत में ही स्थायी रूप से बस गए। अतः जो अनुभव मुसलमानों ने प्राप्त किया, वह व्यर्थ न गया। दूसरी ओर बर्बाद करने वाले अंग्रेज़ों की नीति का उद्देश्य नैतिक तथा आर्थिक लूट था, जिसने भारतीयों का खून भी चूस लिया। अगर पहले शासकों ने अनियमित रूप से कसाइयों की भाँति इधर-उधर से भारत के शरीर को नोचा, अंग्रेज़ों ने यान्त्रिक नियमितता एवं योजनाबद्ध इस देश का शोषण करते हुए, शल्य चिकित्सा के तीक्ष्ण औजारों से भारत के शरीर को काटा।[19] दुर्भाग्य से इस प्रकार की आर्थिक शोषण की प्रक्रिया को सभ्यता तथा प्रगति के मोहक विशेषण प्रदान किया गए। "वास्तव में अंग्रेज सबसे बुरे आक्रामक थे।"[20] भारतीयों का उपयोग केवल मजदूरों के रूप में होता है। वह मात्र लकड़ी चीरने वाले और पानी खींचने वालों की दयनीय स्थिति में रह रहे हैं। तब उन्होंने यह भी अनुभव किया कि यदि भारतीय सम्पदा विदेश जाने और देशवासियों के रक्त चूसने की घातक प्रक्रिया समाप्त न की गई तो भारतीयों का नैतिक सुधार लगभग असम्भव ही होगा।[21]

आर्थिक स्रोत के परिणाम उनकी इस अवधारणा को यथार्थ में ही विस्फोटक और विचारोत्तेजक बनाया गया है। ठीक उसी प्रकार जैसी मार्क्स द्वारा प्रस्तुत वर्ग-संघर्ष तथा शोषण की अवधारणा।

आर्थिक लूट के परिणाम

"कार्ल मार्क्स के वर्ग संघर्ष के तथा शोषण के सिद्धान्त के समान उनके ड्रेन का सिद्धान्त अत्यधिक भड़कीला तथा गहरे चिन्तन करने वाला है।"[22]

आर्थिक लूट की नीति के निम्नलिखित परिणाम निकले—(क) इससे भारत की लगातार आर्थिक बर्बादी होती चली गई। भारत को उसके महान् आर्थिक स्रोतों से वंचितं किया गया और उसे उत्पादन के अयोग्य बना दिया गया।

(ख) ड्रेन के द्वारा भारतीय स्रोतों का संग्रहण किया गया था, उसका एक दैत्य की भाँति प्रगुणन हो सकता था। उसे और निकास की प्रक्रिया में प्रयुक्त

किया जा सकता था। अतः दादाभाई ने कहा, "...अब तक भारत का धन भूमि की सतह के ऊपर से बहकर इंग्लैंड को जाता रहा है; अब भूमि के अन्दर का धन भी ले जाया जा रहा है और भारत को धराशायी किया गया है कि अब वह अपनी सहायता स्वयं करने के योग्य भी नहीं है। इतना होने पर भी अंग्रेज़ भारत को दिए जाने वाले 'रेलवे' तथा विदेश व्यापार आदि तथाकथित वरदानों का ढोल इतनी ऊँची ध्वनि में बजाएँगे कि हम सुनते-सुनते उकता जाएँगे।"[23] अतः वे भारत की पूँजी तथा उसके स्रोतों के निकास के विरुद्ध थे और उन्होंने इस प्रकार के निकास को, अत्याचारी, दमनकारी तथा अविवेकी कहा।

निकास को रोकने के लिए उनके सुझाव

दादाभाई ने तत्कालीन आर्थिक शोषण की दशा को सुधारने के लिए ठोस सुझाव दिए। जैसे कि–(क) भारतवासी स्वयं देश के स्रोतों का विकास करें। उन्हें अंग्रेज़ी पूँजी पर भी निर्भर रखना चाहिए।

(ख) बहुत से खर्चे जो कि भारतीय खजाने से किए जाते हैं, उन्हें अंग्रेज़ी खज़ाने में से किया जाए–जैसे भारत दफ्तर का खर्चा, अंग्रेज़ी फौजों पर भारत में होने वाले खर्चे और चितराल अभियान का खर्चा।

(ग) भारत तथा इंग्लैंड के बीच के वित्तीय सम्बन्धों की उचित ढंग से खोज की जाए और उन्हें नैतिक तथा न्यायपूर्ण आधार प्रदान किया जाए।

(घ) मैकाले के विचारों का समर्थन करते हुए उन्होंने राय दी कि भारत को ब्रिटेन का अच्छा ग्राहक बनने में सहायता की जाय न कि इसे केवल गुलाम राष्ट्र ही रखा जाए।

उन्होंने इन सुझावों के पीछे जो उद्देश्य था उसकी व्याख्या करते हुए कहा कि ये आर्थिक तथा नैतिक निकास को रोकने के लिए जरूरी हैं। उन्होंने कहा, "मेरा उचित परामर्श यह है कि सही कानून लागू किए जाएँ, जिनके द्वारा दो देशों के बीच में सम्बन्धों को सुदृढ़ किया जा सके, जो दोनों देशों के लिए वरदान तथा लाभकारी सिद्ध हों। न्यायनिष्ठता, अकेले ही एक राष्ट्र की उन्नति में सहायक सिद्ध हो सकती है; अन्याय तो सबसे शक्तिशाली राष्ट्र का भी पतन कर देगा।"[24]

उनके समाजवादी सुझाव

दादाभाई सारे विश्व में समाजवाद की लहर के धीरे-धीरे फैलने के बारे में सचेत थे। उन्होंने ब्रिटिश समाजवादियों के सहयोग को प्राप्त करने का प्रयत्न किया। उस समय का एक महान् समाजवादी Hyndman उनका परम मित्र था।

उन्होंने 14 अगस्त से 20 अगस्त, 1904 तक Amsterdam के अन्तर्राष्ट्रीय समाजवादी सम्मेलन में भाग लिया। इस सम्मेलन में उन्होंने अंग्रेज़ों की भारतीय स्रोतों के निकास की नीति का पर्दाफाश किया, जिसके कारण भारतीयों को महान् गरीबी तथा आर्थिक निराश्रयता का मुँह देखना पड़ा था। Holborn के टाऊन हाल में आयोजित एक सभा में, उन्होंने सभी लोगों को बुढ़ापे में पैंशन देने की व्यवस्था करने के बारे में एक प्रस्ताव रखा। उन्होंने सुप्रसिद्ध पुस्तिका–'श्रम का अधिकार' में औद्योगिक आयुक्तों के न्यायालय की कोर्ट की व्यवस्था के लिए भी अपील की। उन्होंने मजदूरों के दावे को "सम्पत्ति के रूप में मानने का समर्थन किया।"[25]

परन्तु दादाभाई का मार्क्स के साथ मुकाबला नहीं किया जा सकता, जो कि उनका समकालीन तथा एक महान् समाजवादी था। मार्क्स तथा दादाभाई दोनों ही इसके बारे में चिन्तित थे कि ब्रिटेन वाले मानचेस्टर के हितों के हाथों में कठपुतली बने हुए थे। परन्तु दोनों में भारतीय वित्त के बारे में अंग्रेज़ों के इरादों पर सहमति नहीं थी। मार्क्स के अनुसार, "अग्रेज भारत को अपने सामान के लिए मण्डी के रूप में प्रयुक्त करना चाहते थे, बेशक दादाभाई ने महसूस किया था कि अंग्रेज़ भारत में अपनी पूँजी लगाने के उतने ही इच्छुक थे जितने कि वे अपनी वस्तुओं की बिक्री के लिए इच्छुक थे। दादाभाई चाहते थे कि अंग्रेज़ उचित तथा समान शर्तों के आधार पर पूँजी के मामले में मुकाबले में आएँ और इजारदारी monopoly न बनाए रखें। उन्होंने तो यहाँ तक राय दी कि भारत तथा इंग्लैंड के बीच में खुला व्यापार हो। दो देशों के बीच में इस प्रकार का खुला व्यापार तभी सम्भव हो सकता था, जब भारत को अपने स्रोतों पर स्वतन्त्र अधिकार सौंपा जाए। अतः उन्होंने कहा कि भारत तथा इंग्लैंड के बीच में खुला व्यापार एक भूखे, थके हुए तथा पंगु व्यक्ति तथा एक शक्तिशाली घुड़-सवार व्यक्ति के बीच में दौड़ के समान होगा। शक्तिशाली अंग्रेज़ी हितों के आगे भारत को अवश्य ही दीवार का सहारा लेना होगा।"[26] उन्होंने कहा, "इस प्रकार का स्व व्यापार तभी सम्भव हो सकता है जब भारत से या तो निकास को रोका जाए या उसे उचित सीमा के अन्दर लाया जाए। ब्रिटिश साम्राज्यवादियों की सीमाओं को जानते हुए, उन्होंने स्वदेशी को अपनाने की राय दी, जो कि भारत की अप्राकृतिक आर्थिक गड़बड़ी के लिए थोपी गई आवश्यकता है।"[27]

लक्ष्यों की पूर्ति के लिए दादाभाई की राजनीतिक विधियाँ

अपने लक्ष्यों की प्राप्ति के लिए दादाभाई ने संवैधानिक विधियाँ अपनाने पर बल दिया। उनकी पहली माँग–प्रतियोगिता परीक्षाएँ भारत तथा इंग्लैंड दोनों देशों में साथ-साथ करवाने, उनकी बाद की माँग–विधान परिषदों का सुधार अथवा

स्वराज्य अथवा स्वशासन की माँग (अंग्रेज़ी साम्राज्य के अन्दर रहते हुए) आदि सबको संवैधानिक आन्दोलन के द्वारा पूरा करवाना था। इस प्रकार के आन्दोलन में–(क) अपने प्रयोजन के न्याय में विश्वास; (ख) अंग्रेज़ों की न्यायप्रियता और इन्साफ में श्रद्धा; (ग) अंग्रेज़ों को अपनी माँगों के औचित्य के बारे में यकीन दिलवाने के लिए निरन्तर प्रयत्न करना। दादाभाई को अंग्रेज़ों की न्यायप्रियता में पूर्ण विश्वास था। अतः उन्होंने अपने देशवासियों से आग्रह किया कि वे अपनी माँगों के औचित्य के बारे में अंग्रेज़ों को विश्वास दिलाएँ, ताकि न्यायप्रिय अंग्रेज़ उन्हें स्वीकार कर लें। उन्होंने अंग्रेज़ी जनता को भारत में अब्रिटिश शासन के बारे में जानकारी देने का भरसक प्रयत्न किया। उन्होंने अंग्रेज़ चेतना को भारत के प्रति अपने कर्त्तव्य के बारे में जगाने का प्रयत्न किया। उनके सक्रिय प्रबोधन के फलस्वरूप इण्डियन नेशनल कांग्रेस ने इंग्लैंड में 1899 में सर विलियम वेडबर्न की अध्यक्षता में एक कमेटी कायम की। इस कमेटी ने भारतीय आकांक्षाओं को विशेष रूप से अंग्रेज़ी जनता के सामने तथा सामान्य रूप में सरकार के सामने प्रस्तुत करने की महत्त्वपूर्ण भूमिका नेभाई। 1921 में इस कमेटी का विघटन (dissolve) किया गया था जब गांधीजी ने भारत के लिए स्वराज्य के लक्ष्य को प्राप्त करने के लिए अहिंसावादी तथा असहयोग आन्दोलन चलाया।

स्पष्ट रूप में दादाभाई का तरीका याचिकाएँ तथा प्रार्थना-पत्र देने का था जिसे बाद में उग्रवादियों ने 'भिक्षावृत्ति' (mendicancy) कहा। उनके शब्दों में, ". ..आन्दोलन नैतिक शक्ति का सभ्य शान्तिमय हथियार है, और जब सम्भव हो, बर्बर शारीरिक शक्ति की अपेक्षा इसे अधिक महत्त्वपूर्ण समझा जाता है।" इन संवैधानिक विधि के महत्त्व को कम नहीं करना चाहिए क्योंकि इसमें बहुत अधिक मात्रा में उत्साह तथा बलिदान की भावना भरी होती है और इसके द्वारा भारतीयों में अपने जन्मजात अधिकारों के बारे में जागृति पैदा की गई। इसके अलावा, इससे अंग्रेज़ों को भी उन जन्मजात अधिकारों के बारे में जागरूक किया गया, जो शासक द्वारा शासित राष्ट्र के लिए जरूरी होते हैं। 1906 में उन्होंने कहा, "हमारा विश्वास और भविष्य हमारे अपने हाथों में है। यदि हम अपने प्रति सत्यनिष्ठ हैं, देश के प्रति सत्यनिष्ठ हैं तथा अपनी अथवा प्रशासन की उन्नति के निमित्त किसी भी बलिदान के लिए तत्पर हैं तो मुझे किंचित् सन्देह नहीं कि सच्चे, न्यायप्रिय ब्रिटिश के व्यवहार करते समय अभीष्ट परिणामों की हमारी खोज विफल नहीं होगी।"

दादाभाई ने लक्ष्य की प्राप्ति के लिए हिंसक विधि का समर्थन नहीं किया। उन्होंने अंग्रेज़-मार्क्सवादी-Hyndman की मन्त्रणा की कोई परवाह नहीं की। शायद वास्तविक राजनीतिज्ञ होने के नाते, उन्हें अपने देशवासियों की सीमित कार्यक्षमता

का पता था और अंग्रेज़ की महान् शक्ति का भी उन्हें ज्ञान था, जिसका मुकाबला एक शस्त्रहीन पराधीन राष्ट्र द्वारा नहीं किया जा सकता था। उन्होंने इस बात को भी स्वीकार किया कि अंग्रेज़ों के साथ सम्बन्ध कायम रखना दोनों राष्ट्रों के हित में है।

अहिंसावादी संविधायी संग्राम से उनका तात्पर्य गोखले तथा फिरोजशाह मेहता आदि दूसरे उदारवादियों की अपेक्षा अधिक व्यापक था। इसमें स्वदेशी तथा बहिष्कार के लिए स्थान था, जिसे उस समय के बंगाली नेताओं ने मान्यता दी। वास्तव में, जैसा पहले कहा जा चुका है, उनकी दृष्टि में परिवर्तन उस समय, बाद में आया जब अंग्रेज़ों ने बंग विभाजन किया। इस दृष्टिकोण के कांग्रेसियों में दादाभाई उदारपंथियों की अपेक्षा उग्रपंथियों के अधिक निकट लगते हैं। जैसाकि पीछे कहा गया है, उनका अंग्रेज़ों की जन्मजात न्यायप्रियता तथा अच्छाई में विश्वास था, परन्तु उनका विश्वास उस समय भयंकर रूप से हिल गया जब अंग्रेज़ों ने अपने पवित्र वायदों को पूरा न किया। अतः जब उन्होंने भारतीयों के प्रति अंग्रेज़ों के निर्दय व्यवहार को देखा तो वे उनके विरुद्ध विद्रोह करने से भी नहीं झिझके। उनके द्वारा बाद में बहिष्कार की बात वास्तव में उनकी निराशा का ही फल है। परन्तु वे पूर्णरूप से निराश नहीं हुए। दृढ़ता उनके सिद्धान्त का मूल आधार था। उन्हें तत्कालीन ब्रिटिश प्रधानमंत्री—हेनरी केम्पवेल मैन तथा जॉन मार्ले (John Morley) भारत भारत सचिव की उदार उद्घोषणाओं में आशा की झलक दिखाई दी। दुर्भाग्यवश वे 20 अगस्त, 1917 की ब्रिटिश संसद में माण्टेग्यु की उद्घोषणा को पढ़ने के लिए जीवित न रह सके।

निष्कर्ष

दादाभाई निःसन्देह भारत के महापुरुष (grandman) की उपाधि के पात्र हैं। वे निःसन्देह आधुनिक भारत के पहले देशभक्तों तथा निर्माताओं में से थे। गोखले ने ठीक ही दादाभाई का चित्र इस प्रकार प्रस्तुत किया है—"सर्वोच्च प्रकार की देशभक्ति की अद्वितीय मिसाल"। उन्होंने समकालीनों में बहुत प्रसिद्धि प्राप्त की और इण्डियन नेशनल कांग्रेस के जन्म से चालीस वर्ष पहले सार्वजनिक जीवन को संगठित किया। 'आर्थिक विकास' की उनकी धारणा उतनी विस्फोटक तथा विचारप्रेरक थी जितनी कि मार्क्स की श्रेणी-संघर्ष शोषण की धारणा है। वह निस्सन्देह भारतीय राष्ट्रवाद की आर्थिक नींव रखने वालों में अग्रणी थे। शब्दाडम्बरपूर्ण काल्पनिकता के स्थान पर वह आँकड़ों पर अधिक विश्वास करते थे। अतः उन्हें एक ऐसा अनुभववादी अर्थशास्त्री कहना अतिशयोक्तिपूर्ण न होगा जिन्होंने भारत में समाजवादी वैचारिकता के आधार सुझाए थे। परन्तु दादाभाई की तुलना उच्च

कोटि के रिकार्डो, मिल तथा मार्क्स जैसे अर्थशास्त्रियों के साथ नहीं की जा सकती।

शुरू में उन्होंने जो सवैधानिक ढंगों द्वारा दयालु अंग्रेज़ से रियायतें माँगीं, वे समय के अनुकूल थीं। भारतीय जनता को अधिकारों का कोई पता नहीं था और वे विदेशी शासकों के आधिपत्य की बुराई के बारे में भी अचेत थे। परन्तु समय के व्यतीत होने के साथ-साथ जब दादाभाई दूसरे समकालीनों के साथ मिलकर सोए हुए दिलों को जगाने में सफल हुए, तो उनके समक्ष जो लक्ष्य था उसमें भी परिवर्तन हुआ। वे स्वयं स्वराज्य के अग्रदूत बन गए जो उनके अनुसार सभी राजनीतिक रोगों का एकमात्र इलाज था। यह कहना असंगत नहीं होगा कि दादाभाई अपने देशवासियों के लिए अंग्रेज़ी साम्राज्य के अन्दर रहकर स्वराज्य चाहते थे, जबकि तिलक जैसे महान् देशवासियों के लिए अंग्रेज़ी साम्राज्य के अन्दर रहकर स्वराज्य चाहते थे, जबकि तिलक जैसे महान् देशभक्तों ने स्वराज्य को अपनी जन्मसिद्ध अधिकार कहकर इसकी माँग की। अंग्रेज़ों द्वारा भारत की खोज के उनके विषय को कालान्तर में अतिवादियों ने और अधिक विकसित किया।

उन्होंने भारतीय सामाजिक विज्ञानों को दो उल्लेखनीय देन दीं–जैसे कि भारतीय राजनीति की आर्थिक व्याख्या और प्राकृतिक अधिकारों की धारणा पर बल। उन्होंने भारतीयों के लिए दो प्रकार के अधिकारों का दावा किया। ब्रिटिश नागरिकों के रूप में–जन्मसिद्ध अधिकार और ऐसे अधिकार जिन्हें देने का उन्हें वचन दिया गया था यानी pledged अधिकार। उन्होंने दो अधिकारों को तुरन्त कार्यान्वित करने पर बल दिया–1. सरकारी नौकरियों में भारतीयों की भर्ती तथा 2. प्रतिनिधित्व। उन्नीसवीं शताब्दी के छठे तथा सातवें दशक में गुलाम राष्ट्र के लिए अधिकारों की माँग करना ड्रेन सिद्धान्त की व्याख्या करके हमारे देश के लोगों की निर्धनता और आर्थिक दीनता के कारणों को स्पष्ट करना उनकी निःसन्देह एक उच्च कोटि की देन है।

राजनीति का नैतिकीकरण उनकी एक अन्य महत्त्वपूर्ण देन है, जिसकी तुलना रूसो से की जा सकती है। रूसो ने प्रायः यह दावा किया, "अधिकारों के बिना शक्ति राज्य का अस्थायी आधार है, अधिकारों सहित शक्ति राज्य का स्थायी आधार है।" दादाभाई ने अपने सुप्रसिद्ध 1893 के लाहौर कांग्रेस अधिवेशन में दिए गए भाषण में कहा, "आप शस्त्रों की सहायता से अथवा क्षणिक बर्बर शारीरिक शक्ति द्वारा साम्राज्य स्थापित कर सकते हैं, परन्तु आप इसे केवल नैतिक शक्ति द्वारा ही निरन्तर बनाए रख सकते हैं। बर्बर शक्ति का तो अवश्य ही किसी-न-किसी समय पतन होगा, परन्तु ईमानदारी निरन्तर बनी रहेगी।"

उन्होंने अंग्रेज़ी शासन की इस तथ्य पर आलोचना की, कि इसका नैतिक आधार नहीं था। उन्होंने लगातार इस बात का प्रयत्न किया कि भारत तथा इंग्लैंड के लोगों की आत्मा जगे और अपने उचित स्थान पर टिके। उनके अपने निजी जीवन से इस बात का प्रमाण मिलता है कि उन्होंने आत्मा की आवाज़ के अनुसार ही कार्य किया और उन्होंने इसके अनुसार चलकर सच्चाई, ईमानदारी तथा निष्कपटता के अनुसार ही अपने जीवन को ढाला। डॉक्टर वर्मा ने ठीक ही उन्हें, "आधुनिक भारतीय इतिहास में एक चमत्कार कहा है।"[28]

सन्दर्भ

1. Quoted by Masani : Dadabhai Naoroji, The Grand Old Man of India, p. 538.
2. दादाभाई का अध्यक्षीय भाषण, लाहौर कांग्रेस, 1893.
3. Poverty and un-British Rule in India, pp. 300-01.
4. Dadabhai Naoroji : Speeches and Writings, pp. 66-67.
5. Ibid. p. 67.
6. Ibid. p. 9.
7. Dadabhai Naoroji : Poverty and un-British Rule in India, pp. 201-202.
8. Ibid., p. 219.
9. Dadabhai's Speeches and Writings, pp. 134-35 (Speech in the House of Commons on Aug. 14, 1894).
10. Ibid., p. 105.
11. Ibid., p. 82.
12. Dadabhai Naoroji : Poverty and un-British Rule in India, pp. 214-15.
13. Ibid., p. 97.
14. G.K. Gokhle: Speeches and Writings, p. 911.
15. Dadabhai Naoroji : Poverty and Un-British Rule in India, p. 38.
16. Dadabhai's memorandum on "The Moral Poverty of India and Native Thoughts on the British Indian Policy, "Poverty and un-British Rule in India, p. 203.
17. Dadabhai Naoroji : Poverty and un-British Rule in India, p. 38.
18. Ibid., p 38.
19. Ibid., p. 211.

20. Ibid., p. 224.
21. Ibid., p. 190.
22. Dr. Nanak Chand Malhotra: Indian Socialist Thinking (1956 ed.), p. 62.
23. Ibid., pp. 227-228.
24. Ibid., p. 465.
25. V.P. Verma. : op. cit., p. 117.
26. Dadabhai Naoroji : Poverty and un-British Rule in India, p. 62.
27. Ibid., p. 95.
28. V.P. Verma. : op. cit., p. 119.

6

महादेव गोविन्द रानाडे

"सम्पूर्ण मनुष्य के लिए अपनी बुद्धि को स्वतन्त्र करके अपने कर्त्तव्य के स्तर को ऊँचा उठाकर और अपनी सभी शक्तियों को सम्पन्न करके, उसे स्फूर्त करने, पवित्र करने तथा कुशल बनाना लक्ष्य है।"

—रानाडे

महादेव गोविन्द रानाडे को "एक महान् व्यक्ति, एक प्रचण्ड देशभक्त, एक धार्मिक सुधारक, एक चिन्तक, मनुष्य का अगुआ, एक योग्य इतिहासकार तथा एक सुप्रसिद्ध अर्थशास्त्री माना जाता है।" इनका जन्म 18 जनवरी, 1842 को नासिक के स्थान पर हुआ था और उनकी मृत्यु 16 जनवरी, 1901 को बम्बई में हुई। इनका सम्बन्ध चितपावन ब्राह्मण समुदाय से था, जिसने बम्बई प्रान्त के शैक्षणिक तथा राजनीतिक जीवन में महत्त्वपूर्ण भूमिका निभाई। रानाडे का लालन-पालन एक कट्टरता-भरे वातावरण में हुआ, बेशक इस प्रकार के प्रतिकूल वातावरण का भावी सुधारक के मन तथा आचरण पर कोई विशेष प्रभाव न पड़ा। उन्होंने अपनी प्रारम्भिक शिक्षा कोल्हापुर में ग्रहण की। अपने पिताजी की उन्हें सबसे ऊँची अंग्रेज़ी शिक्षा दिलवाने की इच्छा के कारण उन्हें एलफिंस्टन स्कूल, बम्बई में भेजा गया। उन्होंने बी.ए. की परीक्षा प्रथम श्रेणी में तथा आनर्स द्वितीय श्रेणी में पास की जो कि उस समय में एक बहुत ही महत्त्वपूर्ण बात थी। उन्होंने 1865 में इतिहास में एम.ए. की डिग्री प्राप्त की और 1866 में एल.एल.बी. की उपाधि प्राप्त की। उनके प्रतिभाशाली शैक्षिक (Academic) जीवन का प्रमाण इसी बात से

मिल जाता है कि उन द्वारा विश्वविद्यालय की परीक्षा में दिए गए कुछ उत्तर ऐडिनबरा विश्वविद्यालय के प्राध्यापक सर अलेकजेण्डर ग्रांट को विद्यार्थियों को प्रोत्साहन देने के लिए भेजे गए। बाद में उन्हें बम्बई विश्वविद्यालय में पहले भारतीय फैलो के रूप में चुने जाने का सम्मान प्राप्त हुआ। उन्होंने अपना जीवन एक अध्यापक के रूप में शुरू किया, परन्तु इसके तुरन्त बाद उन्हें गौण न्यायाधीश का वांछित पद मिल गया। न्यायाधीश के रूप में उनकी सेवाओं को देखते हुए उन्हें बम्बई हाईकोर्ट का न्यायाधीश नियुक्त किया गया। वे 1901 तक अर्थात् अपनी मृत्यु तक इस पर टिके रहे।

उनकी शैक्षणिक, सामाजिक तथा राजनीतिक मामलों में रुचि लोकप्रसिद्ध थी। वे 1884 में स्थापित की गई दक्कन एजुकेशन सोसाइटी को प्रोत्साहन देने का एकमात्र स्रोत थे। 1885 में उन्हें बम्बई विधान परिषद् का अतिरिक्त कानून-सदस्य नियुक्त किया गया। उन्हें दोबारा 1890 तथा 1893 में विधान परिषद् का सदस्य नियुक्त किया गया। गणेश वासुदेव जोशी द्वारा पूना में स्थापित सार्वजनिक सभा के पीछे इनका ही मुख्य हाथ था। यह सभा पूना की मुख्य राजनीतिक संस्था थी, जिसने लोगों में सामाजिक तथा राजनीतिक जागृति भरी और लोगों की आवश्यकताओं तथा लालसाओं का सरकार के सामने प्रतिनिधित्व किया। इस सभा के साथ उनके सम्बन्धों के कारण अंग्रेज़ी सरकार को उनकी सच्चाई पर सन्देह होने लगा। वे इण्डियन नेशनल कांग्रेस के भी महान् नेता थे और वास्तव में वे उन बहत्तर सदस्यों में थे, जिन्होंने कांग्रेस के पहले अधिवेशन में बम्बई में भाग लिया था। उनकी अद्वितीय प्रतिभा के कारण उन्हें महाराष्ट्र का सुकरात (Socrats) कहा जाता था। कांग्रेस के जन्मदाता ए. ओ. ह्यूम (A.O. Hume) ने भी उन्हें अपना राजनीतिक गुरु माना।[1] 'इण्डियन सोशल रिफॉर्मर' के सम्पादक चिन्तामणि के शब्दों में, "रानाडे में प्रचण्ड बुद्धिमत्ता, साधु आचरण, बहुपक्षीय गतिविधि, कर्त्तव्यपरायणता तथा मातृभूमि के प्रति अगाध प्रेम था, जो कि उनके लाखों प्रशंसकों के लिए एक चमत्कार तथा प्रोत्साहन था।" वास्तव में रानाडे ने अपनी मातृभूमि के लाखों लोगों में पुनर्जागृति लाने के लिए अपना सारा जीवन लगा दिया।

रानाडे—एक समाज-सुधारक के रूप में

रानाडे समाज-सुधारक योद्धा थे। उन्होंने भारत के नव-निर्माण में अपना अमूल्य योगदान दिया। उनका सारा जीवन सामाजिक सुधारों के लिए निरन्तर अभियान था। वे बंगाल के ब्रह्म समाज के प्रतिरूप प्रार्थना समाज के सक्रिय सदस्य बन गए। इस समाज ने दूसरी जातियों के साथ मिलकर खाने, अन्तर्जातीय

विवाह तथा विधवाओं के पुनः विवाह का प्रचार किया। इस संस्था ने विधवाओं के लिए एक निकेतन खोला तथा दलित वर्गों के लिए एक धर्म प्रचार संस्था भी चलाई। अतः हिन्दू धर्म की पवित्रता का काम इस समाज ने अपने जिम्मे ले लिया। रानाडे ने इस संस्था की गतिविधियों में महत्त्वपूर्ण भूमिका निभाई। वे 1866 में स्थापित विधवा विवाह समुदाय के सदस्य बन गए। विधवा पुनर्विवाह का उन्होंने प्रबल समर्थन किया। उन्होंने एक बार कहा, "विधवा समर्थकों ने यह कभी नहीं कहा कि एक विधवा अपना वैधव्य काल दिवंगत पति की एकान्त निष्ठापूर्ण स्मृति में व्यतीत न करे। वह प्रचुर रूप में इन वीरतापूर्ण, धीरतापरक उच्च भावों को भी प्रशस्त मानते हुए उनका आदर करते हैं। किन्तु यदि कोई स्त्री ऐसा कठोर साधनामय जीवन व्यतीत नहीं कर सकती, स्त्री जो मात्र अभी एक कन्या ही है, जिसे यह भी पता नहीं कि उसका पति कौन है या जानने से पूर्व ही कि पत्नी के कर्त्तव्य क्या हैं, वैधव्य त्रासदी भोगने पर विवश हो जाए तो एक अपरिचित पति की स्मृति (जिसे वह सँजो भी न सकी हो) में अवशिष्ट जीवन बिताए—यह आशा क्या उसका निर्मम उपहास नहीं है!"[2]

जब स्वामी दयानन्द सरस्वती पूना में सामाजिक तथा धार्मिक सुधारों के प्रचार के लिए गए, तो रानाडे ने उन्हें पूर्ण सहयोग दिया। उन्होंने सरकार पर लड़कियों के विवाह की न्यूनतम योग्यताएँ निश्चित करने तथा हिन्दू विवाह प्रणाली के दूसरे मामलों में सुधार करने की दृष्टि से कानून पास करवाने के लिए बल देने के लिए बम्बई के सुप्रसिद्ध समाज-सुधारक ब्रह्मजी मालाबारी का पूर्ण रूप से समर्थन किया। उन्होंने निम्नलिखित मामलों में राज्य के द्वारा कार्रवाई करने की राय दी—(क) विवाह के लिए लड़कों तथा लड़कियों के लिए न्यूनतम आय—16 से 18 वर्ष लड़कों के लिए तथा 10 से 12 वर्ष लड़कियों के लिए, (ख) विवाह की रीति को पूरी करने से पहले सम्बन्धित व्यक्ति नगरपालिकाओं तथा जिला बोर्डों से लायसेंस प्राप्त करें। (ग) विश्वविद्यालय उन छात्रों को सम्मानित करें जो कालेज के दिनों में विवाह न करें। (घ) 45 वर्ष की आयु से ऊपर वाले पुरुषों को कुमारी लड़कियों के साथ शादी करने की आज्ञा न दी जाए। (ङ) पहली पत्नी के जीवित होते हुए दूसरे शादी का आज्ञा केवल शास्त्रों की रीति के अनुसार दी जाए। (च) चौदह वर्ष से कम उम्र वाली पत्नी के साथ किए गए संभोग को हठ संभोग या बलात्कार मानकर दण्ड दिया जाए।

रानाडे ने आधुनिक समय के सामाजिक व्यवहार को नियमित करने के लिए मध्यकालीन शास्त्रों को चुनौती दी। वे लोगों को जातीय व्यवस्था की लौह अर्गला में से निकालना चाहते थे। उन्होंने सामाजिक मामलों में तर्क को लागू करने पर बल दिया। उन्होंने समाज-सुधारकों को सबसे पहले अपने आपको

सुधारने को कहा। एक विवेकपूर्ण (rationalistic) सुधारक के नाते वे लोगों को यह बताना चाहते थे कि वांछित तब्दीली वेदों तथा स्मृतियों के अनुरूप है और इसमें पवित्रता भरी है। परन्तु उन्होंने समाज-सुधारकों को सावधानी संयम तथा भूतकाल का आदर करते हुए आगे को बढ़ने के लिए कहा।

इण्डियन नेशनल सोशल कान्फ्रेंस के माध्यम द्वारा उन्होंने सामाजिक सुधारों का एक व्यापक दृष्टिकोण अपने देशवासियों के सामने रखा, जिसमें मनुष्य के विकास के सभी पहलू सम्मिलित थे। उन्होंने नियमित रूप से सोशल कांफ्रेस के वार्षिक अधिवेशनों में भाग लिया और अपने प्रभावशाली भाषणों द्वारा सभी रिपोर्टों का सारांश लोगों के सामने रखा, जो रिपोर्टें उनके पास देश के सभी कोनों से पहुँचती थी। उन भाषणों पर टिप्पणी करते हुए जैम्स केलोक (James Kellock) ने कहा है, 'रानाडे एक योग्य सेनापति थे, जो एक अभियान का नेतृत्व कर रहे थे...जिनकी आँख हमेशा अन्तिम लक्ष्य पर टिकी हुई होती थी और उस लक्ष्य के सन्दर्भ में सफलता तथा असफलता का ध्यान रख रहे होते थे।''[3] चाहे वे एक प्रबल सुधारक थे, उन्हें इसके लिए धर्मयोद्धा नहीं कहा जा सकता। उन्होंने न तो क्रान्ति का प्रचार किया और न ही बलिदान की राय दी।

सामाजिक तथा राजनीतिक सुधार

रानाडे के अनुसार राजनीतिक तथा सामाजिक सुधार एक-दूसरे के साथ घनिष्ठ रूप से जुड़े हुए हैं। उन्हें मानव-शरीर के अंगों की शाँति एक-दूसरे से अलग नहीं किया जा सकता। बम्बई में पहले प्रान्तीय सामाजिक सम्मेलन में भाषण करते हुए उन्होंने कहा कि राजनीतिक से समाज-सुधार को अलग करना उतना ही असम्भव है, जितना कि गुलाब के सुन्दर फूल से उसकी मनमोहक सुगन्धि का अथवा सूरज के प्रकाश को उसकी गर्मी से। उनके शब्दों में, ''जब आप राजनीतिक दृष्टि से गिरे हुए होंगे तो आप एक अच्छी सामाजिक प्रणाली कायम नहीं कर सकेंगे और आप जब तक अपनी सामाजिक प्रणाली के लिए तर्क तथा न्याय को आधार नहीं बनाते, आप राजनीतिक अधिकारों तथा सुविधाओं के पात्र नहीं बन सकते। जब आपके सामाजिक प्रबन्ध अधूरे होंगे, आप अच्छी आर्थिक प्रणाली कायम नहीं कर सकेंगे। अगर आपके धार्मिक विचार निम्न तथा तुच्छ हैं, आप सामाजिक, आर्थिक तथा राजनीतिक जीवन में सफल नहीं हो सकते। यह आपसी निर्भरता आकस्मिक नहीं है, परन्तु यह आपकी प्रकृति के नियम की ही देन है।'' अतः रानाडे ने इस बात पर बल दिया कि प्रत्येक तरह के सुधार एक साथ होने चाहिए। एकपक्षीय सुधार—राजनीतिक, धार्मिक अथवा

सामाजिक–जीवन तथा समाज की आंगिक प्रकृति के लिए असंगत होगा। अतः वे विदेशी शासन को हटाने के विचार से सहमत न हो सके।

सामाजिक सुधार की विधियाँ

रानाडे ने समाज-सुधारकों द्वारा प्रयोग में लाई जाने वाली–चार विधियों के बारे में कहा। वे थीं: परम्परागत विधि; अन्तःकारण की विधि; वैधानिक विधि; तथा क्रान्तिकारी विधि। वे पहली तीन विधियों के समर्थक थे और उन्होंने चौथी विधि का विरोध किया। परम्परागत विधि का उद्देश्य लोगों को एक बात के लिए मनाना था कि ऐच्छिक तब्दीली के पीछे वेदों तथा स्मृतियों की मान्यता है। रानाडे ने विधवा विवाह के प्रचार में इस विधि का प्रयोग किया। स्वामी दयानन्द तथा आर. जी. भण्डारकर भी इसी विधि के समर्थक थे। रानाडे ने कहा, "वेदों तथा स्मृतियों में इसकी आज्ञा दी गई है जो कि सभी युगों में समान कानून बना रहा है और कलियुग के लिए विशेष कानून है; और यह दिखाया गया है कि वर्जना करने वाले सभी ग्रन्थ अधिकतर अस्पष्ट हैं तथा सामान्य हैं और विवाह की अनुमति देने वाली दशाओं को समाप्त कर देने के स्थान पर केवल उनकी संख्या की ही सीमित करने में वे सफल हुए हैं।"[4] उन्होंने लड़कियों के विवाह के लिए 12 वर्ष की उम्र तथा लड़कों के लिए 18 वर्ष की उम्र निश्चित करने के कानून के समर्थन में स्मृतियों के हवाले प्रस्तुत किए। विवाह की समाप्ति की तब तक आज्ञा न दी जाए तब तक लड़की 18 वर्ष की तथा लड़का 25 वर्ष का नहीं हो जाता। प्रत्यक्ष रूप से इस प्रकार की विधि का भूतकाल के साथ सम्बन्ध कायम रहता है। रानाडे भूतकाल का सम्मान करते थे, परन्तु इसके साथ ही वह इस अतीत को धूमिल बनाने वाली व्यर्थ की बाधाओं को भी उखाड़ देना चाहते थे जिन्होंने पिस्सुओं की भाँति देश का रक्त चूस लिया है।"

अन्तरात्मा की प्रक्रिया मानवीय चेतना को प्रत्यक्ष रूप से प्रभावित करती रहती है और इसी ने मनुष्य उचित-अनुचित के विवेक को प्राप्त करता है। अन्तरात्मा की वाणी हममें छिपी ईश्वर की वाणी है। जब तक अन्तरात्मा को जगाया नहीं जाता, बाहर के साधनों द्वारा कुछ भी अच्छाई प्राप्त नहीं की जा सकती। हमारे जैसे राष्ट्र की आत्मा को जगाना आसान नहीं है, परन्तु कुछ एक प्रत्यक्ष चिह्न दिखाई दे रहे हैं कि मृतक हड्डियाँ नए जीवन में थराथरा रही हैं तथा "जो अंग पहले ठण्डे होकर निर्जीव हो चुके थे, उनमें नई गरमी के आ जाने से जीवन का संचार हो रहा है।"[5]

जब पहली दो विधियाँ निष्फल हो जाती हैं, वैधानिक विधि अर्थात् विधि-निर्माण द्वारा समाज-सुधार लागू करने अथवा जातीय पंचायत द्वारा लागू करने की विधि

को अपनाया जाना चाहिए। परन्तु इस विधि को लागू करने से पहले इसके पक्ष में लोकराय कायम कर लेनी चाहिए। रानाडे ने कानून द्वारा युवावस्था के लिए 10 से 12 वर्ष की आयु कर देने के लिए कहा। परन्तु उन्होंने यह स्वीकार किया कि इस विधि के परिणाम न तो स्थायी हैं और न ही सम्पूर्ण हैं। कानून द्वारा रीति-रिवाजों तथा चलनों को बदला नहीं जा सकता, क्योंकि इनकी जड़ें सामाजिक ढाँचे में गहरी चली गई होती हैं।

चौथी विधि, जो कि क्रान्तिकारी विधि है, वह रानाडे को पसन्द न थी। उन्होंने महसूस किया कि इस विधि के कारण देश सचेत लोगों की सेवाओं से वंचित रहता है। इससे समाज की ऐतिहासिक निरन्तरता टूटती है और अन्त में अच्छाई की जगह बुराई ज्यादा पैदा करती है।

इन विधियों के बारे में रानाडे के विचारों के मूल्यांकन से पता चलता है कि वे जीवन तथा समाज की बदली हुई नई परिस्थितियों में पुराने रीति-रिवाजों को लगाना चाहते थे। उनके शब्दों में, "समाज की भाँति एक जीवित जीव में, कोई पुनरुद्धार सम्भव नहीं है। मृतकों को एक ही बार या तो जलाया जाता है या उन्हें दफन किया जाता है और मृत भूत का पुररुद्धार केवल पुरानी सामग्री को नई जीवित सामग्री में बदलने से ही किया जा सकता है। अगर पुनरुद्धार सम्भव न हो तो बुद्धिमान लोगों के लिए सुधार का एक ही मार्ग बाकी रह जाता है।"

रानाडे के राजनीतिक विचार

रानाडे केवल एक महान समाज सुधारक ही नहीं थे, परन्तु वे एक उच्च कोटि के राजनीतिक 'ऋषि' भी थे। किल्लाक के शब्दों में, "उन्नीसवीं शताब्दी की अन्तिम चौथाई में भारतीयों द्वारा चलाए जाने वाले अधिकतर राजनीतिक आन्दोलनों में उनका ही प्रोत्साहन देने वाला महान मस्तिष्क काम करता रहा है।"[6] वे इण्डियन नेशनल कांग्रेस के निर्माताओं में से एक थे, जिसे विदेशी शासन को भारत से खत्म करने का श्रेय प्राप्त है। कांग्रेस के निर्माता तथा कांग्रेस के अध्यक्ष ए. ओ. ह्यूम ने भी उन्हें अपना राजनीतिक गुरु माना। वास्तव में वरनैकूलर प्रेस तथा शस्त्र एक्ट, नागरिक सेवाओं की परीक्षाओं के केन्द्र एशिया आदि प्रश्नों में रानाडे के विचारों को काफी महत्त्व दिया जाता था। रानाडे के कुछ एक राजनीतिक विचार इस प्रकार हैं:

(क) एक व्यक्तिवादी (Individualist) **के रूप में :** चाहे रानाडे ने राज्य की आंगिक एकता पर बल दिया और राज्य को "समय की सर्वोच्च तथा निरपेक्ष बुद्धिमत्ता कहा, जो दूसरी प्रवृत्तियों को वास्तविक रूप देते हैं, और उन्हें एकत्रित तथा सर्वप्रिय बनाने में लगी हैं।"[7] फिर भी वे बुनियादी तौर पर एक व्यक्तिवादी

थे। उनका व्यक्तिगत उत्साह तथा उत्तरादयित्व में पूर्ण विश्वास था। उन्होंने निजी सम्पत्ति तथा समझौते की स्वतन्त्रता का विरोध नहीं किया। उनका उद्देश्य राज्य न होकर व्यक्ति ही था। उनके अनुसार राज्य व्यक्तियों के कल्याण के लक्ष्य की पूर्ति के लिए एक साधन मात्र है। परन्तु वे एक रूढ़िवादी तथा कट्टर व्यक्तिवादी नहीं थे। वे इस प्रकार के व्यक्तिवादी थे कि जो व्यक्ति को अत्यधिक महत्त्व प्रदान करते थे। उनका व्यक्ति 'समाज में एक व्यक्ति' था। उनके व्यक्ति को असीम स्वतन्त्रता प्राप्त नहीं थी। वह राज्य का प्रतिरोधी नहीं था, क्योंकि राज्य का उद्देश्य उसे अधिक कुलीन, प्रसन्न, धनी तथा अधिक निपुण बनाने का था। परन्तु उन्होंने व्यक्ति से राज्य के साथ सहयोग करने की आशा की, ताकि उसे निपुणता प्राप्त हो सके। उनके शब्दों में, 'हमारी निपुणता की, किसी बाह्य प्रबन्ध द्वारा, चाहे वह कितना भी बढ़िया क्यों न हो, कभी भी आशा नहीं की जा सकती, जब तक सम्बन्धित व्यक्ति अपने ही कल्याण के लिए अपने कर्त्तव्य के निजी और सामाजिक क्षेत्र के साथ सहयोग करने के लिए तैयार नहीं होता।"[8] व्यक्ति के कल्याण की प्रक्रिया में उन्होंने राज्य की सहायता को एक गौण तत्त्व माना और व्यक्ति से स्वयं उन कष्टों को दूर करने की आशा की, जो कि उसके अपने ही पैदा किए हुए हैं।

(ख) व्यक्तिगत स्वतन्त्रता (Individual Liberty) : व्यक्तिगत स्वतन्त्रता के बारे में उन्होंने महसूस किया कि जो स्वतन्त्रताएँ हमें विदेशियों के द्वारा प्रदान की गई हैं, वे सुविधाएँ ऐसी हैं जो केवल परिस्थितियों से विवश होकर हमें प्रदान की गई हैं। ये वास्तविक रूप से हमारी नहीं हैं; वे केवल अधिकार हैं, विकास नहीं है..."[9] उनका उद्देश्य व्यक्ति की बुद्धि को मुक्त करके, उसके कर्त्तव्य के स्तर को ऊँचा उठाकर तथा उसकी सभी शक्तियों को निपुणता प्रदान करके उसको नवीभूत करने और पवित्र करने का था। इससे उनकी व्यक्तिगत स्वतन्त्रता की लालसा का तथा उनके व्यक्तिवाद में निर्विवाद विश्वास का पता चलता है। परन्तु उनका व्यक्तिवाद उन्नीसवीं शताब्दी का नहीं, परन्तु बीसवीं शताब्दी का था। वे निष्ठुर मुकाबिले के विरुद्ध थे, जो कि पूँजीवादी अर्थव्यवस्था की एक महत्त्वपूर्ण विशेषता थी और राज्य का 'खुले मुकाबिले' (Laissez-faire) का सिद्धान्त था। परन्तु उन्होंने व्यक्तिगत स्वतन्त्रता का समर्थन किया और राज्य के माध्यम द्वारा वह उसे प्राप्त करना चाहते थे।

(ग) राज्य के कार्य तथा स्वरूप (Nature and Functions of the State) : वे भारतीय राजनीति-चिन्तन के मुखिया थे जिन्होंने राज्य की प्रकृति तथा उद्देश्यों का गम्भीर अध्ययन किया। उनका विचार था कि "राज्य अपनी सम्मिलित क्षमता में शक्ति, बुद्धिमत्ता, दया तथा उसके बढ़िया नागरिकों की निष्कपटता का

प्रतिनिधित्व करता है।"[10] यहाँ पर वे जर्मन आदर्शवादी राजनीतिक चिन्तकों से प्रभावित हुए लगते हैं। चाहे यह असंगत लगता है, मौलिक रूप में रानाडे एक व्यक्तिवादी थे। जैसा कि पहले कहा जा चुका है, उनके लिए राज्य नहीं बल्कि व्यक्ति ही लक्ष्य था। अतः राज्य केवल लक्ष्य की पूर्ति के लिए एक साधन मात्र ही था। वह लक्ष्य था। अतः राज्य केवल लक्ष्य की पूर्ति के लिए एक साधन मात्र ही था। वह लक्ष्य व्यक्तियों का कल्याण है। राज्य व्यक्तियों के जीवन को अधिक कुलीन, प्रसन्न, धनी तथा अधिक निपुण बनाने के लिए हैं। अतः रानाडे उन शुरू के भारतीय चिन्तकों में से थे, जिन्होंने कल्याणकारी राज्य के युग की घोषणा की। उन्होंने औद्योगिक समाज में कल्याणकारी राज्य के सिद्धान्त के बढ़ते हुए महत्त्व का अनुभव किया। उन्होंने राज्य को, हर तरह राष्ट्रीय आवश्यकताओं की पूर्ति के लिए राष्ट्रीय अंग माना। उनके अनुसार राज्य केवल कानून तथा व्यवस्था बनाए रखने का एक साधन मात्र नहीं है। इसे भारत जैसे आर्थिक दृष्टि से पिछड़े हुए देशों में उत्पादन तथा वितरण की प्रक्रिया के क्षेत्र में महत्त्वपूर्ण भूमिका निभानी चाहिए। उनके शब्दों में, "आज एक ऐसे राष्ट्रीय माध्यम के रूप में राज्य की अधिकाधिक मध्यता हो रही है, जो ऐसे क्षेत्रों में सभी राष्ट्रीय आवश्यकताओं का ध्यान रखता है जिनकी आपूर्ति के लिए व्यक्तिगत अथवा सामूहिक प्रयत्न भी पर्याप्त नहीं होते, प्रभावी नहीं होते और अल्प व्यय साध्य भी नहीं होते। राज्य से सभी कर्त्तव्यों के प्रति यही दृष्टिकोण स्वस्थ है। मात्र शान्ति व्यवस्था बनाए रखने तक ही उसकी स्थिति का अपक्षेप (Relegation) का देना, वास्तव में समाज की सामाजिक संघों से प्राप्य लाभों से वंचित करने के समान ही होगा।"

रानाडे ने दादाभाई नौरोजी के ड्रेन के सिद्धान्त को अस्वीकार कर दिया। उन्होंने भारत की गरीबी के लिए आर्थिक निकास को उत्तरदायी नहीं ठहराया। बल्कि खुले मुकाबिले की नीति तथा राज्य की ओर से उदासीनता को ही इसका कारण माना। औद्योगीकरण का अभाव तथा भारतीय अर्थव्यवस्था के मुख्य रूप में खेती पर निर्भर होने के कारण भारत की अर्थव्यवस्था बिगड़ी है और गम्भीर रूप से गरीबी आई है।

उन्होंने राय दी कि "सरकार को स्वयं एक उद्योगपति की भूमिका निभानी चाहिए। अगर सरकार ऐसा करने से झिझकती है, तो इसे नए उद्योगों को शुरू में गारण्टी तथा प्रोत्साहन देना चाहिए।"[11] सरकार अपने डाक तथा रेल विभागों के लिए कुछ छोटी-मोटी वस्तुओं का उत्पादन कर सकती है। वह भारतीय उत्पादकों से चमड़े तथा लड़की का सामान खरीद सकती है, और नए कारोबार के लिए लाभदायक ग्राहक सिद्ध हो सकती है। जब तक निजी कार्य आत्मनिर्भरता प्राप्त नहीं करते, तब तक सरकार उन्हें गारण्टी दे सकती है, अथवा अनुदान दे सकती

है। सरकार नए कार्यों के लिए सहायता दे सकती है और तकनीकी संस्थाओं की स्थापना के लिए विदेश निवास (Immigration) तथा विदेश गमन (Emigration) की सुविधाएँ प्रदान कर सकती है। वास्तव में रानाडे औद्योगिक उत्पादन में जान स्टुअर्ट मिल द्वारा प्रस्तावित अधिकार से भी कहीं अधिक राज्य को देने के पक्ष में थे।

उन्होंने जरूरतमन्दों तथा अमीरों के बीच में न्याय तथा ईमानदारी की भावना से उत्पादन के उचित वितरण पर बल दिया। अतः उन्होंने अनर्जित अथवा लूटी हुई आमदनी को लोगों के कल्याण के लिए सरकारी खजाने में सीधे कानूनों अथवा करों द्वारा जमा करवाने की राय दी। उन्होंने इंग्लैंड के मानचेस्टर हितों के आधार पर भारत में भी कारखानों के लिए कानून बनाने का सुझाव दिया। राज्य को शिक्षा प्रणाली का विकास करना चाहिए तथा उसका उद्देश्य सांस्कृतिक पुनर्निर्माण होता चाहिए।

अगर समाज-सुधारक ऐच्छिक सुधारों को लागू करने के लिए कोई कठिनाई महसूस करें, तो राज्य को उनके इस कार्य में सहायता करनी चाहिए। उन्होंने सभी सामाजिक, आर्थिक तथा राजनीतिक सुधारों को, एक-दूसरे के साथ जुड़ा हुआ माना। अतः उन्होंने राज्य से सभी प्रकार के सुधारों की आशा की, जो स्वराज्य का आधार बन सकते हैं। उनके अपने शब्दों में, "आप तब तक अपने आपको राजनीतिक अधिकारों तथा सुविधाओं के निचले स्तर पर रखेंगे और एक अच्छी सामाजिक व्यवस्था को प्राप्त नहीं कर सकेंगे, जब तक आपकी सामाजिक प्रणाली तर्क तथा न्याय पर आधारित नहीं होती। आप अच्छी आर्थिक प्रणाली भी कायम नहीं कर सकते, जब तक कि आपके सामाजिक प्रबन्ध अपूर्ण हों। अगर आपके धार्मिक विचार निम्न तथा तुच्छ हैं, तो भी आप सामाजिक, आर्थिक अथवा राजनीतिक क्षेत्र में सफल नहीं हो सकते। आपसी निर्भरता कोई घटना नहीं है, परन्तु यह प्रकृति का नियम है।"[12] अतः रानाडे का इक्के-दुक्के ढंग से किए जाने वाले सुधारों में कोई विश्वास नहीं था।

इस प्रकार के राज्य के विभिन्न उद्देश्य से जिनका लक्ष्य व्यक्तियों का कल्याण है (जैसा कि रानाडे ने कहा है) हम यह परिणाम निकाल सकते हैं कि रानाडे ने राज्य की प्रकृति का आदर्शवादी तथा व्यक्तिवादी संयोग करके उसको नई दिशा प्रदान की। वे व्यक्तिवादी लगते हैं, जो कि आधुनिक कल्याणकारी राज्य के सिद्धान्त के उलट है, और वे भारतीय समाजवाद के अगुआ हैं, चाहे यह रास्ता विरोधाभासी (Paradoxical) लगता है, फिर भी यह उस समय तक न्यायपूर्ण बात थी।

(घ) रानाडे द्वारा स्वतन्त्रता की व्याख्या (His Interpretation of

Freedom): स्वतन्त्रता के बारे में रानाडे की धारणा युक्तिसंगत तथा न्यायिक (Judicial) थी। उनके अनुसार स्वतन्त्रता का अर्थ बन्धन का न होना अथवा कानून के अन्दर किसी प्रकार की प्रभुता का होना नहीं है। एक दूसरों की असहाय निर्भरता का खण्डन करती है और शक्ति तथा सत्ता के सारे अनुचित स्रोतों से मुक्त करती है। इस दृष्टि से रानाडे की तुलना मान्टेसक्यू (Montesquieu) से की जा सकती है। अतः 1893 में उन्होंने कहा, "स्वतन्त्रता का अर्थ है कानून बनाना, कर लगाना, दण्ड देना तथा पदाधिकारियों की नियुक्ति करना। स्वतन्त्र तथा परतन्त्र देश में अन्त केवल यह है कि पहली दशा में दण्ड देने से पूर्व उसके लिए कानून जरूर ही होना चाहिए; कर लगाने से पहले स्वीकृति अवश्य ही ली जाए; कानून बनाने से पहले राय जरूर ही ली जाए।"[13] जिस देश में कानून का शासन होता है और संसदीय सरकार की स्थापना की जाती है, स्वतन्त्रता वहाँ पर होती है। न्यायापालिका उस देश की रीढ़ की हड्डी होती है जो स्वतन्त्र होता है। विकेन्द्रीकरण (Decentralization) एक स्वतन्त्र देश की मुख्य बात होती है।

(ङ) प्रशासकीय बुराइयों की शुद्धि (A Purge of Administrative Evils) : रानाडे ने भारत के प्रशासन की बुराइयों को दूर करने के लक्ष्य को भी अपनाया। वे इन बुराइयों को दूर करना चाहते थे। प्रशासन को दया, उदारता तथा संयम के आदर्शों को अपनाना चाहिए। उनके अनुसार उग्र गर्व तथा व्यक्तिगत गुण-वर्णन के कारण प्रशासकीय मशीनरी नष्ट हो गयी है। कर्त्तव्य-पालन की भावना ही प्रशासकीय कुशलता को नैतिक आधार प्रदान करती है।

(च) एक स्वप्न (A Vision) : रानाडे के मन में समृद्ध भारत का एक चित्र था। अतः उन्होंने देश के लिए एक उज्ज्वल भविष्य की कल्पना की। फिर भी देश की पुनर्जागृति तथा पुनर्निर्माण के लिए भारत की वीरता को अवश्य ही पूर्ण बनाया जाना चाहिए। कलकत्ता में 1896 में आयोजित एक सामाजिक सम्मेलन में उन्होंने कहा :

"स्वतन्त्र मानवता से, उल्लसित (buoyant) आशा के साथ, उस निश्चय के साथ जो कभी भी अपने कर्त्तव्य से जी नहीं चुराता, न्याय की भावना से, जो सबसे न्यायपूर्वक व्यवहार करती है, साफ बुद्धि तथा शक्तियों से जो पूर्ण रूप से परिपक्व हैं, तथा अन्त में उस प्रेम से जो सभी बन्धनों को पार कर जाता है, इस प्रकार का भारत दुनिया के राष्ट्रों में अपना उचित स्थान प्राप्त करेगा और अपनी स्थिति तथा अपने भाग्य का स्वयं स्वामी होगा...। वे भाग्यशाली हैं जो दूर भविष्य में ऐसे देखते हैं; वे अधिक प्रसन्न हैं; जिन्हें इसके लिए कार्य करने की आज्ञा दी जाती है और इसके लिए मार्ग तैयार करते हैं और सबसे अधिक प्रसन्न वे हैं जिन्हें इसे अपनी आँखों से देखने का सौभाग्य प्राप्त होता है और एक बार फिर

इस पवित्र भूमि पर चलते हैं।"

इस स्वप्न को देखने लिए निरन्तर संघर्ष की आवश्यकता है ताकि अधिकार प्राप्त हो सकें और भारतीय जनता का आचरण ऊँचा हो।

रानाडे के मुख्य आर्थिक विचार

रानाडे ने गम्भीर रूप से स्मिथ, माल्थस (Malthus), रिकार्डो (Ricardo) तथा मैक-कुलो (Mc-Cullough) के आर्थिक विचारों का अध्ययन किया और वे इस परिणाम पर पहुँचे कि उनके विचार भारत के लिए उपयोगी नहीं हैं। परन्तु वे फ्रेड्रिकलिस्ट के रक्षावाद (Protectionism) तथा ऑग्स्टकॉस्टों की प्रमाणवादी कार्य-पद्धति से प्रभावित हुए। उन्होंने भारत की आर्थिक बुराइयों को दूर करने के लिए, प्रभावशाली कदम उठाए जाने पर बल दिया। उन्होनें आर्थिक लक्ष्यों की प्राप्ति के लिए राज्य को हस्तक्षेप करने को कहा। उद्योगों के तेजी से विकास के लिए उन्होंने देश में विदेशी धन को लगाने का सुझाव दिया। उन्होंने धनी आबादी वाले क्षेत्रों में से लोगों के आर्थिक तथा नैतिक कल्याण के लिए नए स्थानों पर चले जाने की राय दी। उन्होंने सरकार को भूमिकर की नीति में परिवर्तन करने को कहा। संक्षेप में उनका आर्थिक दर्शन स्मिथ तथा रिकार्डो के आर्थिक विचारों के विरुद्ध था। परन्तु उन्हें मार्क्सवादी भी नहीं कहा जा सकता, क्योंकि उन्होंने भारत के पूँजीवादी विकास का समर्थन किया।

जैसा कि पहले कहा गया है उन्होंने दादाभाई के विकास (Drain) के सिद्धान्त को नहीं माना और भारत की विकट गरीबी के निम्नलिखित कारण बताए–

(क) कृषि पर एकमात्र धन के उत्पादन का स्रोत समझकर निर्भर करना;

(ख) नए उद्योगों में लगाने के लिए पूँजी का अभाव;

(ग) ऋण की पौरातनिक प्रणाली;

(घ) कुछ क्षेत्रों में बहुत अधिक भीड़ का होना;

(ङ) साहसिक कार्य करने के साहस का अभाव;

(च) प्रचलित गतिशील अर्थव्यवस्था तथा रूढ़िवादी सामाजिक ढाँचे के बीच में एकरूपता का न होना।

उद्योगों, व्यापार तथा कृषि के साथ-साथ विकास के द्वारा ही देश का आर्थिक कल्याण सम्भव हो सकता है।

उन्होंने किसानों की पूर्ण रूप से कृषि पर निर्भरता के कारण हुई दीन दशा पर भी विशेष बल दिया। उन्होंने आग्रह किया कि किसान भारी ऋण के नीचे दबे हुए हैं और पूँजी के अभाव के कारण ग्रामीण उद्योगो की दयनीय दशा हो रही है।

प्रतिदिन पढ़ने वाले भूमिकर के कारण किसानों की दशा और भी बिगड़ती चली जा रही है। उन्होंने कहा कि "राष्ट्रीय खुशहाली हमारे देश में नहीं है क्योंकि हम अधिकतर कृषि पर निर्भर हैं और कृषि निर्धन किसानों के हाथ में है जिन्हें भारी अदायगी करनी पड़ती है।"[14] अतः उन्होंने यह राय दी कि किसान को ऋण के चक्र में से निकाला जाए और भूमिकर उन्हें वापिस लौटाया जाए। उन्होंने ग्रामीण ऋण के स्विटजरलैंड, हंगरी, फ्रांस, बेल्जियम तथा इटली के ढाँचे के अनुसार पुनर्गठित करने की राय दी।

रानाडे खुले मुकाबले (Laissez-faire) के सिद्धान्त के विरुद्ध थे। उन्होंने औद्योगीकरण का समर्थन किया और गैर-सरकारी व्यवसायों को सस्ते ब्याज पर ऋण देने की सिफारिश की। उन्होंने लोहा, कोयला, कागज़, काँच, चीनी तथा तेल उद्योगों के विकास की राय दी। उन्होंने भूमिधारी उद्योगों में जमा तथा वित्त बैंक स्थापित करने का आग्रह किया। हमारे संविधान के निर्माताओं ने नए उद्योगों की स्थापना के बारे में उनके विचारों को महत्त्व प्रदान किया है। एक स्वप्नद्रष्टा (Visionary) के रूप में, उन्होंने कल्पना की कि अगर भारत में औद्योगीकरण हो पाया, तो देश इस भयंकर मुकाबले के युग में जीवित नहीं रहा सकेगा।

निष्कर्ष

रानाडे के सामाजिक, आर्थिक तथा राजनीतिक विचारों से पता चलता है कि वे एक समाज-सुधारक, एक तीक्ष्ण अर्थशास्त्री तथा एक उग्र राष्ट्रवादी थे। भारतीय अर्थव्यवस्था पर उनके लेखों तथा उनकी विविध रचनाओं से उनके भारतीय सामाजिक विज्ञानों की विद्वत्ता का पता चलता है। परन्तु वे एक अर्थशास्त्री नहीं थे और न ही उनका नई आर्थिक विचारधारा के साथ कोई सम्बन्ध ही था। उन्होंने भावी भारत के अर्थशास्त्रियों के द्वारा विश्लेषण के लिए अर्थ विज्ञान की कोई नियमबद्ध ढंग से धारणा प्रस्तुत नहीं की। वे न तो राष्ट्रीय विकास योजना के बारे में कोई ठोस सुझाव पेश कर सके और न ही उन्होंने आर्थिक कल्याण के लिए कोई विस्तृत विषय सामने रखा। डॉक्टर वर्मा ने ठीक ही उन्हें, भारतीय आर्थिक विचारधारा में मार्गदर्शक कहा है।[15] उन्होंने आर्थिक अनुभूति की गहराई में तो दादाभाई नौरोजी को पीछे छोड़ दिया है।

समय बीतने के साथ-साथ उनके राजनीतिक विचारों में युग प्रतिकूलता आती गई। उनके द्वारा इस विचार को उग्रवादियों तथा क्रान्तिकारियों ने अच्छा नहीं समझा कि भारत में सामाजिक तथा नागरिक चेतना अंग्रेज़ों के साथ भारतीयों के कारण आई है। बल्कि उन्होंने तो रानाडे के इस विचार की खिल्ली उड़ाई कि अंग्रेज़ों का भारत में आना ईश्वरीय वरदान था। परन्तु रानाडे ने भारत के राष्ट्रीय

तथा सामाजिक पुनर्निर्माण के कार्य को तीव्रता प्रदान की, जिसका कि देश के नौजवान कार्यकर्त्ताओं के मनों पर गम्भीर प्रभाव पड़ा।[16]

रानाडे द्वारा स्वतन्त्रता पर बल देने की बात भारतीय राजनीतिक-चिन्तन में एक महत्त्वपूर्ण देन है। उन्होंने प्रत्येक प्रकार की स्वतन्त्रता का समर्थन किया। उन्होंने उन सभी रुकावटों को हटाने का सुझाव दिया जिनके कारण स्वतन्त्रता बंधनों में पड़ी है और जिससे फलस्वरूप देश का सम्मान कम हुआ है। लोकमान्य तिलक के शब्दों में, ''रानाडे की पहली विशेषता यह थी कि उन्होंने राष्ट्र की सर्वपक्षीय उन्नति पर बल दिया, केवल एक पक्षीय प्रगति पर बल नहीं दिया। रानाडे के सामने केवल महाराष्ट्र ही नहीं था, चाहे उनकी गतिविधियों का प्रमुख क्षेत्र वही था, परन्तु सारा भारत उनकी दृष्टि में था।''

निस्सन्देह रानाडे भारत में एक ऐसे राज्य के पैगम्बर थे जिसे हस्तक्षेप करने का अधिकार है और वे भारतीय राष्ट्रवाद के भी अगुआ थे। उन्होंने कहा, ''हमारा यह देश उदीयमानता की भूमि है। हमारी यह जाति अभीष्ट (Chosen) जाति है।''[17] चाहे ये शब्द हमें जर्मनी के नात्सियों के दावे की याद दिलाते हैं।[18] फिर भी उनमें से उस संकीर्ण राष्ट्रवाद की गंध नहीं आती, जिसका कि नात्सियों ने प्रचार किया था। वास्तव में रानाडे भारतीयों में उस विश्वास को पुनः भरना चाहते थे, जो साम्राज्यवादी शान की निरंतरता के कारण खो गया था। अतः उन्होंने भारतीय जाति को 'अभीष्ट जाति' कहा। डॉक्टर वर्मा ने रानाडे की बहुमुखी प्रतिभा का वर्णन बड़े सुन्दर ढंग से इस प्रकार किया है–

''रानाडे आधुनिक ऋषि थे। वे एक अध्यापक थे, जिन्होंने सामाजिक उद्धार आर्थिक प्रगति, सांस्कृतिक विकास तथा राष्ट्रीय एकता की शिक्षा दी। उन्होंने राष्ट्र के नैतिक तथा भौतिक कल्याण का सन्देश दिया। उन्होंने पूर्व की कीमतों तथा आदर्शों के साथ पश्चिम की राजनीतिक तथा आर्थिक विचारधारा के संयोजन पर बल दिया। रानाडे को भारतीय इतिहास तथा राजनीति में देशभक्ति का पैगम्बर कहा जाता है और स्वतन्त्रता, सामाजिक प्रगति तथा व्यक्तिगत आचरण का पुनः संस्थापन करने वाला प्रचारक कहा जाता है।''[19]

सन्दर्भ

1. D.G. Karve: Ranade : The Prophet of Liberated India, p. 1.
2. James, Kellock, : Mahadev Govind Ranade, p. 111.
3. Ibid., p. 89.
4. Ibid., op cit.. pp. 96-7.
5. Speech at the Calcutta Session of the Conference, 1896 Indian Social

Reform, Vol. II, p. 72.

6. J. Kellock : op. cit., p. 111.
7. M.G. Ranade : Miscellaneous Essays, p. 226.
8. Ibid. : Essays on Indian Economics, p. 172.
9. Ibid. Miscellaneous Essays, p. 210.
10. Ibid., p. 78.
11. Ibid : Essays on Indian Economics, op. cit., p. 183.
12. Miscellaneous writings, pp. 23 1-32.
13. James Kellock : Mahadev Govind Ranade, Patriot and Social Servant, p. 115.
14. Ibid., p.111.
15. V.P.Verma :op.cit., p. 136.
16. Ibid.,p. 136.
17. Ranade Miscellaneous Writings, p. 208.
18. नात्सियों ने आर्य जाति को संसार की सब जातियों से उत्तम समझा।
19. V.P.Verma, op.,cit., p. 136.

7

विपिन चन्द्रपाल

"स्वराज्य का आदर्श जो हमारे सामने प्रकट हुआ है, वह दैवी लोक-तत्त्व का आदर्श है..."

—विपिन चन्द्रपाल

विपिन चन्द्रपाल उन अगुओं में से थे जो भारत को विदेशी दासता से मुक्त कराने के लिए लड़े और जिन्होंने यातनाएँ सहन कीं। वे स्वयं अपने पैरों पर खड़े हुए। वह 1858 में पॉएल (अब बंगला देश) ग्राम में उत्पन्न हुए थे। उनके पिता ढाका में एक छोटे जज के न्यायालय में मात्र एक पेशकार थे। उनकी इच्छा अपने पुत्र को अंग्रेज़ी की उच्च शिक्षा देने की थी। अतः विभिन्न हाई स्कूलों में उनका प्रवेश कराया गया। उनकी कॉलेज की शिक्षा अपूर्ण थी। वे कलकत्ता विश्वविद्यालय की पहली कला की परीक्षा भी पास न कर सके। कम शिक्षा के बावजूद भी उन्होंने कटक के एक हाई स्कूल के मुख्याध्यापक के रूप में अपनी जीवन शुरू किया। उन्होंने सिल्हट में एक हाईस्कूल चलाया और पाँच वर्षों तक उसके मुख्याध्यापक पद को सँभाला। इसके पश्चात् वे बंगलौर के एक हाई स्कूल के मुख्याध्यापक बने। उन्होंने कुछ वर्ष कलकत्ता नगर लायब्रेरी में पुस्तकाध्यक्ष (Librarian) के रूप में भी काम किया। विभिन्न विषयों के बारे में उनकी मानसिक पकड़ बहुत जबरदस्त थी, उनकी कलम में बहुत शक्ति थी और उनकी वक्तृत्व शक्ति बहुत प्रचण्ड थी। बंकिमचन्द्र, सुरेन्द्र नाथ बनर्जी तथा बी.के. स्वामी के जीवन तथा उपदेश का उन पर बहुत प्रभाव पड़ा। 1876 में शिवनाथ शास्त्री ने उन्हें ब्रह्म

समाज की ओर लगाया। परन्तु बाद में उन्होंने हिन्दू धर्म के परस्पर पंथ, सिद्धान्त तथा ईश्वर ज्ञान को अपना लिया। अपने जीवन के अन्तिम वर्षों में उन्होंने वैष्णव धर्म को अपना लिया। उन्होंने हिन्दू देवताओं को ईश्वरीय रचना का सर्वोत्तम नमूना माना, जिनको कि उच्चकोटि की ऐन्द्रिक योग्यता द्वारा देखा जा सकता है। उन्होंने भगवान कृष्ण को भारत की आत्मा कहा और उन्हें 'आध्यात्मिक दृष्टि से प्रेरित तथा सांस्कृतिक दृष्टि से संयोजित संघ' माना।

उन्होंने 1887 में मद्रास के कांग्रेस अधिवेशन में भाग लिया और उस अधिवेशन में हथियारों के कानून (Arms Act) के विरुद्ध बहुत जोशीला भाषण दिया। अगत 1901 में उन्होंने अपना पत्र 'न्यू इण्डिया' जारी किया। इसके तुरन्त ही बाद उन्होंने अपने आपको राजनीति के भँवर (vortex) में पाया और रातोंरात राजनीतिक नेतृत्व प्राप्त कर लिया। अरविन्द घोष के शब्दों में, "पाल राष्ट्रवाद के एक सर्वशक्तिशाली पैगम्बर बन गए और शायद वे देश में सर्वोत्तम तथा मौलिक चिन्तक थे।" उन्होंने अंग्रेज़ी सरकार के विरुद्ध बंगाल के विभाजन के कारण चलाए जाने वाले स्वदेशी आन्दोलन में बढ़-चढ़कर भाग लिया। उन्होंने स्वायत्तता का समर्थन किया और अंग्रेज़ी, नियन्त्रण में पूर्ण मुक्ति पर बल दिया। डॉ. वर्मा ने ठीक ही 'पुनर्जाग्रत (renascent) बंगाल का पैगम्बर'[1] कहा है। उन्होंने अरविन्द से मिलकर उग्रवाद को अपनाया और उग्रवादी दल की सदस्यता प्राप्त कर ली। उन्होंने स्वराज्य, स्वदेशी तथा निष्क्रिय प्रतिरोध पर बहुत बढ़िया भाषण दिए। 1907 में उन्हें गिरफ्तार कर लिया गया और पहले उन्हें प्रेजीडेन्सी जेल कलकत्ता में और बाद में उन्हें बक्सर सैण्ट्रल जेल में रखा गया। उन्होंने अरविन्द के विरुद्ध जिन पर कि राजद्रोह (sedition) का आरोप लगाया गया था, गवाही देने के इन्कार कर दिया। अतः वे अंग्रेज़ साम्राज्यवादियों की आँखों का काँटा बन गए। उन्हें 9 मार्च, 1908 को रिहा किया गया। अगस्त 1908 में वे इंग्लैंड चले गए और वहाँ पर तीन वर्ष ठहरे। इस दौरान उन्होंने हिन्दू धर्म तत्त्व (Theology) तथा भारतीय राष्ट्रवाद पर पुस्तकें लिखीं। उन्होंने वहाँ 'स्वराज्य' नाम का एक पत्र भी निकाला। पाल ने अपनी जीवन-कथा लिखनी शुरू की जिसकी दो जिल्दें पूरी करने के पश्चात् छपवा दी गईं। उनकी दूसरी पुस्तक भारतीय राष्ट्रवाद तथा राष्ट्रीयता प्रशंसा के योग्य है।

चिरल (Chirol) ने ठीक ही पाल को 'महान बौद्धिक शक्ति' कहा है। परन्तु इंग्लैंड में कुछ वर्ष रहने के कारण वे बिल्कुल ही बदल गए, शायद यह आर्थिक कठिनाइयों के कारण ही हुआ। उन्होंने अपने जीवन के अन्तिम ग्यारह वर्ष एकाकीपन में एक गरीबी में गुजारे। उनकी मृत्यु 1932 में हुई। गांधीजी के साथ मतभेद होने के कारण उनकी मृत्यु को कम ही महसूस किया गया।

विपिन चन्द्रपाल के राजनीतिक विचार

पाल एक धर्म-प्रचारक थे और वे उच्चकोटि के राष्ट्रवादी भी थे। वे उग्रवादी होते हुए भी उदारवादियों के उदारवादी थे।

पाल का राष्ट्रवाद का सिद्धान्त

पाल राष्ट्र के आंगिक सिद्धान्त के समर्थक थे। उनके अनुसार राष्ट्र पृथक् व्यक्तियों का समूह (Agglomeration) नहीं है, जिनका एक तान्त्रिक (Mechanical) समझौते द्वारा अस्तित्व कायम हुआ है। इसके स्थान पर यह मनुष्य का विस्तृत तथा बृहत् स्वत्व है। आध्यात्मिक तथा नैतिक होने के नाते, यह अपने आपको ऐतिहासिक स्मृतियों तथा भावी मन्तव्यों की टिकाऊ निरन्तरता में प्रकट करता है। एक लेख में उन्होंने लिखा, "एक राष्ट्र में व्यक्ति, जो कि इसका निर्माण करते हैं, एक-दूसरे के साथ आंगिक सम्बन्धों के द्वारा जुड़े रहते हैं और वे उस पूर्ण के अंग हैं...तार्किक रूप से जीव अंग से पहले आता है। अंग विकास करते हैं, अंगों में परिवर्तन आता है, परन्तु जीवन हर समय एक-सा ही रहता है। व्यक्ति पैदा होते हैं और व्यक्तियों की मृत्यु होती है, परन्तु राष्ट्र हमेशा के लिए कायम रहता है।"[2] उन्होंने देशवासियों का आह्वान किया, "हमें यह समझना चाहिए कि हम इस देश में उत्पन्न हुए हैं और यह हमारे जीवन को ठीक उसी प्रकार पोषण प्रदान करता है जैसे माँ बढ़ते बच्चे को पोषण देती है। हमारे शारीरिक अस्तित्व के लिए यह देश हमारी माता है।"

उन्होंने भारतीय तथा यूरोपीय राष्ट्रवाद के बीच में अन्तर किया। भारतीय राष्ट्रवाद संस्कृति पर बल देता है, जबकि यूरोपीय राष्ट्रवाद क्षेत्रीय एकता पर बल देता है। अतः यूरोपीय राष्ट्रवाद अरक्षित क्षेत्रों पर अधिकार जमाने पर बल देता है और अज्ञान मण्डियों पर कब्जा करने को प्रोत्साहन देता है, जबकि भारतीय राष्ट्रवाद चिरकाल से इस प्रकार के संकीर्ण राष्ट्रवाद की धारणा को नहीं मानता आ रहा है। राष्ट्रवाद की यूरोपीय धारणा "संकीर्ण, स्वार्थी, असहनशील तथा आक्रमणकारी है।"[3] वास्तव में पाल आध्यात्मिक राष्ट्रवाद के अगुआ थे। उन्होंने भारत के राष्ट्रीय आन्दोलन को आध्यात्मिक आन्दोलन कहा। अतः उन्होंने केवल राजनीतिक अधिकारों की प्राप्ति के विचार को ही स्वीकार नहीं किया। इसके अलावा उन्होंने आध्यात्मिक राष्ट्रवाद को अनुदारवादी रूढ़िवाद के साथ नहीं मिलाया। राष्ट्रवाद के उनके द्वारा धार्मिक स्वरूप पर बल देने में भारतीय चेतना का बहाव छिपा हुआ था, और भारतीयों में नैतिक गुणों का संचार करने का उद्देश्य निहित था, ताकि वे मानवता के सार्वभौमिक जीवन में अपना योगदान दे सके। अतः उनके राष्ट्रवाद का अन्तर्राष्ट्रवाद के साथ कोई टकराव नहीं है।

उन्होंने यह भी राय दी कि जिस राष्ट्र का लालन-पालन धार्मिक नीवों पर होता है, वह एक शाश्वत सत्ता बन जाता है। परन्तु उनका राष्ट्रवाद हिन्दू आबादी वाले भारत तक ही सीमित नहीं था। वह अपनी मौलिकता तथा आशय में धर्मनिरपेक्ष था। उनके शब्दों में, "पवित्र तथा धर्मनिरपेक्ष तत्त्व लोगों के अपेक्षया प्रारम्भिक जीवन में अद्भुत रूप से मिले हैं।"[4] 'न्यू इण्डिया' नामक पत्र में उन्होंने कहा, "...नया भारत न तो हिन्दू है न ही मुसलमान...और न ही ब्रिटिश परन्तु यह विभिन्न तथा अमूल्य सामग्री से बना हुआ है, जो कि विश्व की तीन महान सभ्यताओं के निरन्तर विकास के द्वारा प्रदान की गई है, जिनका कि वर्तमान भारतीय समुदाय के तीन वर्गों द्वारा प्रतिनिधित्व किया जाता है।"

एक उत्साही राष्ट्रवादी होने के नाते उन्होंने प्राकृतिक अधिकारों के सिद्धान्त का भी समर्थन किया जो कि प्रत्येक व्यक्ति के जन्मजात अधिकार माने जाते हैं। ये अधिकार ईश्वर द्वारा व्यक्तियों को प्रदान किए गए हैं। इन्हें संवैधानिक अधिकारों के साथ नहीं मिलाना चाहिए। ये अधिकार सरकार की उत्पत्ति के कारण थे, लोगों की उत्पत्ति के कारण नहीं थे।[5]

पाल की राष्ट्रवाद की धारणा के निष्पक्ष विश्लेषण से पता चलता है कि यह एक नकारात्मक धारणा नहीं थी। इसका वास्तविक मूल्य था और इसका अन्तर्राष्ट्रीय वाद से कोई विरोधाभास नहीं था। उनके शब्दों में, "अन्तर्राष्ट्रीय मिश्रण नए राष्ट्र के व्यक्तित्व को समाप्त नहीं करता, परन्तु इसके विपरीत वह इसे नई शक्ल तथा नया रूप प्रदान करता है, जिसमें पुराने प्रकार के रूप विलुप्त नहीं होते और न ही पुरानी भावनापूर्ण रूप से समाप्त हो जाती है, परन्तु जहाँ पर इनमें नया परिवर्तन आ जाता है तो इनका रूपान्तर हो जाता है।"[6] राष्ट्रवाद की अनिवार्यता (Indispensableness) के विचार के लिए राष्ट्र के अस्तित्व को बनाए रखने की बात को उचित महत्त्व दिया है। उनके अनुसार, "...सर्वप्रथम प्रत्येक राष्ट्र को अपने प्रति ही सच्चा होना चाहिए। यह एक राष्ट्र की उसकी अपनी ही प्रतिभा, उसके अपने स्वभाव, उसके अपने उचित तथा सच्चे स्वत्व के प्रति भक्ति है।"[7]

व्याख्या में परिवर्तन

उनकी इंग्लैंड की यात्रा के पश्चात् उनके राष्ट्रवाद के विचारों में परिवर्तन आया। पी. सी. राय ने इस परिवर्तन को राजनीति की एक दुर्घटना बताया है कि पाल में 'उदारवादियों के उदारवादी' होने का परिवर्तन आया जो भारत को अंग्रेज़ी साम्राज्यवाद के साथ टाँके रखना चाहते थे।[8] उन्होंने 'संघात्मक अन्तर्राष्ट्रवाद अथवा साम्राज्यवादी संघ' का विचार प्रस्तुत किया। उन्होंने कहा, "मुझे राष्ट्रवाद तथा अन्तर्राष्ट्रवाद के बीच में कोई विरोध दिखाई नहीं देता, परन्तु उनका विश्वास

है कि किसी भी राष्ट्रवादी प्रचार (प्रोपेगंडा) का कोई नैतिक महत्त्व नहीं, जो कि इनको पूरा करने के लिए काम नहीं करता—एक संघात्मक साम्राज्य के विशाल जीवन में, जो कि सार्वभौमिक मानवता की प्रगति की चरम सीमा प्रक्रिया में एक महान कदम होगा, यही एक आदर्श है—सारे सामाजिक विकास का अन्त।"[9] अतः उन्होंने साम्राज्यवाद को अन्तर्राष्ट्रवाद की ओर एक कदम माना।

स्पष्ट रूप से पुराना पाल, जो कि शुरू में भारत के कल्याण के लिए दहाड़ता था, अब वैसा पाल नहीं रहा। कहा जाता है कि वित्तीय कठिनाइयों के कारण उन्हें अपने कुछ लेख अंग्रेज़ी पत्रों को भेजने पड़े, जो कि उग्रवाद की भाषा को पसन्द नहीं करते थे और उन्होंने प्रचण्ड देशभक्त को अपने ही अनुरूप कर लिया। इंग्लैंड में उनके अपने चलाए हुए पत्रों 'इण्डिया, इण्डियन सोशियोलॉजिस्ट तथा इण्डियन स्टूडेण्ट' में भी संयत उदारवाद का स्वर था। यह भी शीघ्र ही आर्थिक कठिनाइयों के कारण लुप्त हो गया। उनमें आने वाले इस परिवर्तन के कारण उससे उनके प्रचण्ड राष्ट्रवादी होने के कारण जो सम्मान उन्हें मिला था, वह खत्म हो गया। जो पाल पहले भारत की स्वतन्त्रता के लिए एक महान राष्ट्रवादी के रूप में संघर्ष करते रहे थे वे अब नहीं रहे। उनमें एक महान परिवर्तन देखने को मिला। अतः इंग्लैंड से उनकी वापसी पर उनके देशवासियों ने उनका कोई अभिनन्दन नहीं किया। परन्तु यह एक अल्पकालीन बात थी। 1920 में, पाल दोबारा मौलिक रूप में सामने आए। उन्होंने निष्क्रिय असहयोग का प्रचार किया ताकि अंग्रेज़ों को यह बात बताई जा सके कि भारत अधिक समय तक परतन्त्र नहीं रह सकेगा। वे चाहते थे कि गांधी जो निष्क्रिय असहयोग द्वारा सम्पूर्ण स्वायत्तता के लिए संघर्ष करें और केवल अंग्रेज़ी माल के बहिष्कार पर ही बल न दें, और न ही उपाधियों तथा अवैतनिक पदों, और मॉण्टेग्यू-चेम्सफोर्ड सुधार योजन द्वारा प्रस्ताविक सुधार परिषदों के लिए चुनावों के बहिष्कार को ही अधिक महत्त्व प्रदान करें। परन्तु राष्ट्र ने गांधीजी का साथ दिया और 1905 में बंगाली स्वदेशी आन्दोलन के पिता को राजनीतिक भारत की ओर से कोई श्रेय प्राप्त न हुआ।

संघ के बारे में उनके विचार

जैसा कि पहले भी कहा जा चुका है, पाल अपने जीवन के एक पड़ाव पर विचार से आकृष्ट हुए थे। उन्होंने एकात्मक सरकारों को केन्द्रित सरकारें कहा जिनमें वर्ग-शासन की रुचि निहित रहती है। कोई भी केन्द्रीकृत राज्य, विशेषतः भारत जिसके ऊपर विस्तृत भू प्रदेश और समुद्री सीमा की रक्षा का गम्भीर दायित्व है, एक महान सैनिक शक्ति के रूप में विकसित नहीं हो सकती। उन्होंने कहा,

"अखिल भरतीय संघ का उच्चादर्श, संयुक्त राज्य भारत स्वराज्य का एक ही ऐसा स्वरूप है जो कि हमारे भूतकाल के विकास तथा हमारे जीवन के विशेष विचारों की शाश्वत आत्मा है। जो पद्धति इस विकास द्वारा युगों-युगान्तरों से प्रगति चली आ रही है, वह उसके अनुरूप है।"[10] अपने परिकल्पित संघ में उन्होंने केवल प्रान्तीय स्वायत्तता पर बल नहीं दिया, अपितु उन्होंने जिले की स्वायत्तता पर भी बल दिया। उनके अपने ही शब्दों में, "प्रान्तीय सरकार पर सर्वप्रिय नियंत्रण कायम करने के लिए इन्हें जिलों में बाँटना आवश्यक है और प्रत्येक प्रान्त में केन्द्र सरकार विभिन्न जिलों का ही एक संघ होना चाहिए...सामान्य प्रान्तीय समुदायों में इन जिलों को उनकी अपनी इच्छा से विकास करने की आज्ञा क्यों न दी जाए? इसके विपरीत, अगर जिलों को इस प्रकार की स्वायत्ता नहीं दी जाएगी, तो ये जिले प्रान्त में वास्तविक लोकतन्त्रीय सरकार की स्थापना के मार्ग में बाधा उपस्थिति करेंगे।"[11] पाल जिले की सरकार को भी एकात्मक सरकार बनाने के पक्ष में नहीं थे। उन्होंने जिले की सम्पूर्ण सरकार के लिए जिला संसदों की स्थापना का सुझाव दिया। ये संसदें अपने निर्वाचकों के प्रति उत्तरदायी होंगी और जिले के स्तर पर कार्यकारिणी का भी चुनाव करेंगी। जिले की कार्यकारिणी जिले की विधानपालिका के प्रति उत्तरदायी होगी। चूँकि इस प्रणाली में वर्ग-शासन तथा केन्दीयकरण नहीं होगा, वासतविक लोकतन्त्र को प्राप्त किया जा सकेगा। उनके द्वारा सरिकल्पित संघ की रूपरेखा इस प्रकार है, "जिलों को सरकारों का निर्माण इन ग्रामीण समुदायों पर किया जाएगा। इसी प्रकार प्रान्तीय सरकार जिला सरकारों के संघ पर बनाई जाएगी और भारत की केन्द्रीय सरकार, भाषा के आधार पर बनाए गए विभिन्न भारतीय प्रान्तों पर बनाई जाएगी।"[12] वे इस प्रणाली में वंशगत संकीर्णता के बारे में भली-भाँति सचेत थे, परन्तु उन्होंने इसके लिए अत्याधिक विकसित रेलवे प्रणाली तथा लोक वाहन, व्यापार तथा वाणिज्य तथा अधिक उत्तरवादी संस्कृति को सबसे बढ़िया संरक्षण समझा।

साम्राज्य संघवाद

जैसा कि पहले भी कहा जा चुका है आर्थिक कठिनाइयों के कारण तथा इंग्लैंड की यात्रा के पश्चात् पाल की सारी विचारधारा में एक महान परिवर्तन आया। भारतीय स्वतन्त्रता के समर्थक ने साम्राज्यवादी संघवाद का प्रचार करना आरम्भ कर दिया। भारतीय राष्ट्रवाद के पैगम्बर ने स्वतन्त्रा के ऐकान्तिक सिद्धान्त को एक भयंकर तथा आत्मघाती आदर्श कहना शुरू कर दिया। उन्होंने मानवजाति की नैतिक एकता की दलील देते हुए संघात्मक साम्राज्य स्थापित करने का सुझाव दिया। अतः उनके अनुसार संघात्मक ऊपरी ढाँचा सार्वभौगिक मानवता के लिए

भूमिका का काम देगा। उनकी परिकल्पना वाले साम्राज्यवादी संघ में ग्रेट ब्रिटेन, आयरलैंड, मिस्र, भारत और दूसरे देश शामिल थे, जिन्हें आन्तरिक स्वायतत्ता प्राप्त होगी और जो संघ में बराबर के भागीदार बनकर अपनी भूमिका निभाएँगे। डॉक्टर वर्मा का विचार है कि, "एक आदर्श में न केवल उच्च सैद्धान्तिक धारणा देखने को मिलती है, अपितु यह समय के बहुत ही थी क्योंकि चीन की नवशक्ति विश्व शक्ति के लिए जापान का एक प्रतियोगी के रूप में उभरना तथा अखिल इस्लामवाद के उदय होने के कारण भारत को नए खतरों का सामना करना पड़ रहा था।"[13] पाल ने अपने पहले के उग्र राष्ट्रवाद के साथ साम्राज्य संघवाद को मिलाने का प्रयत्न किया। उन्होंने इसे राष्ट्र की नींवों को पक्का करने के लिए एकमात्र साधन माना। परन्तु, इस प्रकार के प्रयत्न की बहुत अधिक आलोचना की गई। इस नवीन विचार के प्रचार तथा गांधीजी के वर्तमान शताब्दी के दूसरे शतक में असहयोग आन्दोलन की आलोचना करने के कारण, वे न केवल देश के उच्च नेताओं की पंक्ति में से ही नहीं निकाल दिए, परन्तु इससे आलोचकों ने उन्हें उदारवादियों का उदारवादी कहकर भी बदनाम करना शुरू कर दिया और उन्होंने पूर्ण रूप से पाल से अपना सम्बन्ध तोड़ लिया।

स्वराज्य के बारे में उनके विचार

स्वराज्य केवल एक राजनीतिक शब्द ही नहीं है। यह शब्द लोगों के सर्वोच्च सैद्धान्तिक तथा धार्मिक साहित्य में से लिया गया है। उनके शब्दों में, "वेदान्त में ऐसी आध्यात्मिक अवस्था का वर्णन करने के लिए, जिसमें कि व्यक्ति अपना संयोग सारे विश्व के साथ स्थापित कर देता है, केवल सभी बन्धनों से मुक्ति नहीं है, परन्तु विश्व में दूसरी सभी बातों के साथ सम्पूर्ण समन्वय स्थापित करने का नाम है।"[14] उनके अनुसार स्वराज्य एक नकारात्मक नहीं, अपितु सकारात्मक धारणा है। पाश्चात्य शब्द 'फ्रीडम' (Freedom) का स्वराज्य के साथ मुकाबला करते हुए उन्होंने कहा, "हमारी भाषा में यह शब्द पराधीनता के अर्थों में प्रयुक्त नहीं होता, जिसका शाब्दिक अर्थ अंग्रेज़ी का शब्द 'इण्डीपैण्डैन्स' (Independence) नहीं है, बल्कि यह आत्म-पराधीनता है, जो कि एक सकारात्मक धारणा है। इसका अर्थ नियन्त्रण का अभाव नहीं है और न ही निर्भरता अथवा नियन्त्रण है, परन्तु यह आत्मनियंत्रण, आत्म-संयम तथा आत्मनिर्भरता है। वास्तव में हमारी आत्म-पराधीनता (Self-subjection) का अर्थ अंग्रेज़ी शब्द आत्म-संयम (Self-restraint) आत्म-नियन्त्रण (Self-regulation) अथवा आत्म-निर्भरता (Self-dependence) से कहीं अधिक महत्त्वपूर्ण है। हिन्दू विचारधारा में आत्मा का पर्यायवाची सार्वभौमिकता है। अतः हमारी विचारधारा में आत्म-नियंत्रण का अर्थ

वास्तविक रूप से सार्वदेशिकता के अपने व्यक्तित्व को पूर्णतः आधीन कर देना है।''[15]

इस प्रकार की स्वराज्य की धारणा की व्याख्या विशेष रूप से भारतीय है, जिसका समर्थन, भारतीय संस्कृति की विशेष प्रतिभा तथा इसके पिछले इतिहास तथा विकास द्वारा किया गया है। यह भारतीय राष्ट्रवाद की भावना का प्रतिनिधित्व करता है और व्यक्ति का सार्वदेशिकता के साथ मिलाप करवाता है। यह उनको स्वतन्त्रता का आश्वासन देता है, जो अनेकता में एकरूपता को मानते हैं और देखते हैं कि वास्तविक रूप में ''एक जीवन, एक मन, एक इच्छा तथा एक भावना है, जिसके द्वारा वे अपने आपको विभिन्न उपकरणों द्वारा तथा विभिन्न ढंगों द्वारा पूर्ण बनाते हैं।''

भारतीय स्वराज्य, भारतीय लोगों का स्वराज्य था। यह लोकतन्त्रीय स्वराज्य था। उन्होंने पश्चिमी देशों की राजनीतिक संस्थाओं को अपनाने की राय दी। उन्होंने कहा कि विकेन्द्रीकरण, संघ, उपक्रम तथा वापस बुलाने जैसे स्वराज्य के अनिवार्य तत्त्व भारतीय प्रतिभा के लिए उपयुक्त हैं। इस प्रकार के आदर्श की प्राप्ति से भारतीय राष्ट्रवाद की परिणति एक संयुक्त राज्य में होगी। पाल ने ऐसी पाश्चात्य राजनीतिक प्रणालियों को भी अपनाने की सलाह दी जो भारतीय प्रतिभा के अनुरूप थीं। वे भारत के लिए ऐसी स्वतन्त्रता नहीं चाहते थे, जो देश के बीते हुए ऐतिहासिक आदर्शों से अपना नाता तोड़ ले। अतः उनके स्वराज्य को 'दैवी लोकतन्त्र' का नाम दिया गया। उनके अपने ही शब्दों में, ''स्वराज्य का आदर्श जो हमें पता चला है, वह दैवी लोकतन्त्र का आदर्श है। लोकतन्त्र का यह आदर्श यूरोप तथा अमरीकी के लड़ने-झगड़ने वाले पदार्थवादी तथा अत्याचारी लोकतन्त्रों की अपेक्षा ऊँचा है।''[16] इस प्रकार के दैवी लोकतन्त्र के सिद्धान्त के अस्तित्व की एकता को वेदान्ती धारणा में खोजा जा सकता है। भगवद्गीता प्रत्येक व्यक्ति को दैवी आत्मा प्रदान करती है। अतः सारे व्यक्ति एक जैसे सत्कार, गौरव तथा अधिकार के हकदार हैं। अतः पाल का दैवी लोकतन्त्र का सिद्धान्त आधुनिक लोकतन्त्र के 'एक व्यक्ति एक मत' के मेकानकी सूत्र को पुनः लागू करता है और इसके साथ आध्यात्मिक तत्त्व को जोड़ देता है, जो कि इस देश के लोगों के हृदयों में तुरन्त प्रतिक्रिया उत्पन्न कर देता है।

स्वीकृत विधियाँ

1904 तथा 1908 के बीच, पाल ने इण्डियन नेशनल कांग्रेस के नेतृत्व को भिक्षुकों की उपाधि दी और उनके द्वारा इस्तेमाल किए जाने वाले ढंगों को 'राजनीतिक भिक्षा' (Political mendicancy) कहा। लाला लाजपतराय और

बालगंगाधर तिलक के साथ मिलकर पाल ने राष्ट्र के सामने राष्ट्रीय शिक्षा, स्वदेशी तथा बहिष्कार का प्रोग्राम रखकर स्वराज्य के लक्ष्य को पूरा करने को कहा। शुरू में बहिष्कार को बंगाल के विभाजन के विरुद्ध विरोध प्रकट करने के लिए प्रयुक्त किया गया, परन्तु पाल ने बहिष्कार को विदेशी निरंकुश शासकों के साथ असहयोग के सारे प्रोग्राम को लागू करने के लिए प्रयुक्त किया। बहिष्कार की व्याख्या करते हुए उन्होंने कहा, "इसका अर्थ यह है कि यह अधिक एक बिन्दु से दूसरे बिन्दु तक बढ़ेगा, एक नगर से दूसरे नगर तक जाएगा, एक खण्ड से दूसरे खण्ड तक जाएगा, आप मुझे कहने की आज्ञा देंगे कि यह एक प्रान्त से दूसरे प्रान्त को जाएगा..."[17] बंगाल में हमने केवल अंग्रेज़ी माल के बहिष्कार का ही तजुर्बा नहीं किया, परन्तु हमने सभी अवैतनिक सरकारी समुदायों का भी बहिष्कार किया है।" उन्होंने अंग्रेजों से स्वराज्य के लिए भिक्षा माँगने का विरोध किया।

उन्होंने प्रचलित शिक्षा प्रणाली की भी निन्दा की और राष्ट्रीय शिक्षा प्रणाली की आवश्यकता पर बल दिया जो कि केवल राष्ट्रीय शिक्षा संस्थाओं द्वारा ही दी जा सकती थी। बंगाल के विभाजन के कारण, पाल ने विद्यार्थियों को शिक्षा संस्थाओं से बाहर निकल आने का सुझाव दिया। हजारों विद्यार्थियों ने अपने जोशीले नेता की अपील पर अमल किया। पाल के अनुसार स्वदेशी तथा बहिष्कार को एक-दूसरे से अलग नहीं किया जा सकता।

मौलिक रूप में बहिष्कार का मतलब था अंग्रेज़ी वाणिज्य का बहिष्कार, विदेशी माल का परित्याग तथा स्वदेशी को अपनाना—अर्थात् केवल भारतीय माल का ही प्रयोग करना। उनके अनुसार, स्वदेशी अवश्य ही अपने आपको राजनीति के साथ संयोग बनाकर रखे और जब स्वदेशी अपने आपको राजनीति के साथ मिला लेती है तो यह बहिष्कार बन जाता है और यही बहिष्कार निष्क्रिय प्रतिरोध का आन्दोलन बन जाता है।

इन विधियों को हिंसक नहीं कहा जा सकता। पाल ने वास्तव में स्वराज्य की प्राप्ति के लिए हिंसा के प्रयोग को ठीक नहीं समझा।

उन्होंने कहा, "पागलखाने के बाहर भारत में कोई भी व्यक्ति वर्तमान स्थिति में नागरिक स्वतन्त्रता की प्राप्ति के लिए हिंसा, अथवा गैर-कानूनी ढंगों को अपनाने की राय नहीं देगा।"[18] उन्हें इस बात का पूर्ण निश्चय था कि भारत का प्रशासन शारीरिक शक्ति के प्रयोग के बिना भी ठप्प हो सकता था। "...हम अब भी राज्य की मशीन में से अपने हाथ खींचकर भारत के प्रशासन को असम्भव बना सकते हैं...हमारा ढंग निष्क्रिय प्रतिरोध का है, जिसका अर्थ है संगठित रूप से सरकार का कोई भी ऐच्छिक अथवा अवैतनिक सेवा करने से इनकार करना... ।"[19] श्री अरविंद (Aurobindo) ने पाल के बताए हुए ढंग पर टिप्पणी करते हुए

कहा, "पाल निष्क्रिय प्रतिरोध (Passive Resistance) के पहले प्रचारक थे।" उन्होंने अपने एक लेख में "The sinful desire" में निष्क्रिय प्रतिरोध के आदर्श को सभ्यता के अनुकूल बताया।[20] आश्चर्य की बात है कि वे कानून की सीमाओं को पार नहीं करना चाहते थे। परन्तु क्या कानून की सीमा में रहने का अर्थ अपने अधिकारों का त्याग करना नहीं होता। वे चाहते थे कि सरकार के कानून लोगों के मौलिक अधिकारों का सम्मान करें। उनके शब्दों में, "जब तक इस प्रकार के कानून हमारे जीवन तथा व्यक्ति अथवा सम्पत्ति के मूल अधिकारी का सम्मान करते रहेंगे, हम कानून की सीमा में रहेंगे और निष्क्रिय प्रतिरोध को अपनाकर कानून का उल्लंघन नहीं करेंगे...।"[21]

जैसा कि पहले कहा गया है कि पाल बाद में उदारवादी बन गया। उन्होंने पूरी तरह तिलक के प्रतिचारी सहयोग (Responsive cooperation) के नारे का समर्थन नहीं किया। उन्होंने गांधीजी के 1922 के असहयोग आन्दोलन का भी विरोध किया। उन्होंने अहिंसावादी प्रस्ताव का भी समर्थन नहीं किया, क्योंकि इसके निकट भूत तथा गुजार रहे वर्तमान के साथ सम्पर्क टूटता है।[22]

एक समाजवादी के रूप में

पाल ने यूरोप तथा संयुक्त राज्य अमरीका में प्रचलित आर्थिक प्रणाली में प्रतियोगी पूँजीवाद की भी निन्दा की। वे नहीं चाहते थे कि भारतीय औद्योगिक पाश्चात्य पूँजीवादी प्रणाली का अनुसरण करे। उन्होंने यह पूरी दृढ़ता से महसूस किया कि 'भूख से उत्पन्न समाजवाद' (Home driven socialism) इसी पूँजीवाद का ही फल है। 1912 में जब समाजवाद भारत में प्रचलित नहीं हुआ था पाल ने कहा, "इसे झुठलाया नहीं जा सकता कि समाजवाद कुछ हद तक आधुनिक चिन्तन है क्योंकि वह आधुनिक अर्थव्यवस्था के बारे में कल्पना करता है और आने वाली शताब्दी में पश्चिमी संसार और भारत के अतिरिक्त बाकी पूर्वी देशों में ऐतिहासिक क्रान्ति ला सकता है।"[23] उन्होंने बोल्शेविक आन्दोलन के साथ अपनी सहानुभूति दिखाई और उसमें संसार के दलित लोगों के लिए आशा की एक किरण देखी। वोल्शेविकवाद का अर्थ बताते हुए उन्होंने कहा, "...आज जर्मन युद्धवाद के पतन के पश्चात् (रूस के निरंकुश जार शासकों के अन्त के पश्चात्) सारे विश्व में एक नई शक्ति पैदा हुई है—वह शक्ति है लोगों की अपने उचित अधिकारों को सुरक्षित रखने के दृढ़ विश्वास की शक्ति—लोगों का धनियों और तथाकथित उच्च वर्ग के द्वारा शोषण के विरुद्ध स्वतन्त्र तथा प्रसन्न जीवन व्यतीत करने का अधिकार।"[24]

वे केवल औद्योगिक शोषण के विरुद्ध ही नहीं थे, बल्कि वे औद्योगीकरण के

भी विरुद्ध थे। क्योंकि औद्योगिकीकरण भारतीयों को यूरोपीय सभ्यता में पूर्णतया ढाल देगा।[25] उन्होंने भारत में नैतिकता के पतन के लिए भी औद्योगिक भावना को दोषी ठहराया। इसके कारण धन पर आधारित नयी सामाजिक व्यवस्था का उदय हुआ है। अतः हम आधुनिक पूँजीवादी औद्योगिकवाद का त्याग करके ही अपनी संस्कृति तथा आचरण की रक्षा कर सकते हैं। अतः उन्होंने बल देकर कहा, "यदि हम वास्तविक स्वतन्त्रता लेना चाहते हैं तो हमें अपने ऊपर पूँजीवाद के बोझ को कम करना होगा और इसके लिए सबसे प्रभावशाली साधन है देश के अपने पुराने ग्रामीण जीवन को पुनः जगाना।"[26]

उनके औद्योगिक पूँजीवाद के विरोध तथा प्राचीन ग्रामीण जीवन के पुनरुद्धार की लालसा, जो कि भारत के लाखों लोगों को आर्थिक दृष्टि से सुरक्षित जीवन बिताने के योग्य बनाती है, से हम यह अनुमान लगा सकते हैं कि वे एक अस्पष्ट समाजवादी थे। उन्होंने अपने समाजवाद को हिन्दू समाजवाद का नाम दिया।[27] परन्तु हिन्दू शब्द एक नई पद्धति थी। उनके द्वारा मजदूरों के लिए अधिक मजदूरी तथा सप्ताह में अधिकतम 48 घण्टे काम के लिए रखना, काम के बराबर घण्टे, भारत में अतिरिक्त लाभों पर कर लगाना तथा राज्य के द्वारा सभी अतिरिक्त लाभों को अपने हाथ में ले लेना इत्यादि सुझावों से पता चलता है कि वे समाजवादी थे। 1925 के सन्देश में उन्होंने कहा कि हर प्रकार का श्रम मानसिक (mental) व दस्ती (manual) मानवीय है।[28] उनका विचार था कि अतिरिक्त धन को लोगों को शिक्षित करने में प्रयुक्त किया जाय तथा उसे सफाई के लिए प्रयोग में लाया जाए और उससे लोगों के व्यक्तित्व का विकास किया जाए। निःसन्देह यह एक समाजवादी सुझाव तथा गुलाम भारत में आर्थिक वितरण के लिए एक आंशिक उपचार था।

ये सामाजिक विचार उनकी पहले की सरकार द्वारा अपनाई जाने वाली 'खुले मुकाबले' (Laissez faire) की नीति को रद्द करते हैं। 1902 से 1907 तक उन्होंने राय दी, "सरकार तथा भारत के लोगों के बीच हितों में संघर्ष को देखते हुए देशभक्तिपूर्ण भारतीय राजनीति यही होनी चाहिए कि उसी पुरानी स्वतन्त्र प्रतियोगिता की नीति को स्वीकार किया जाए जिसमें सरकार के नियंत्रण में मौलिक अधिकारों के रक्षण का दायित्व ही रहता है।"[29]

एक समाजवादी के रूप में उन्होंने समाज की आंगिक संकल्पनों को स्वीकार किया। परन्तु उनका विश्वास था कि व्यक्ति और समाज दोनों का अपनी पूर्णता प्राप्त करने की दृष्टि से एक-दूसरे से अन्योन्याश्रित सम्बन्ध है।[30] उन्होंने टॉल्स्टाय के व्यक्तिपरक विचार की इस आधार पर आलेचना की कि इसमें नैतिक शिष्टाचार के आधार पर सामाजिक और नागरिक संस्थाओं की अपेक्षा व्यक्ति की स्वतन्त्र सत्ता को माना गया है।

परिणाम

विपिन चन्द्रपाल एक महान विद्वान्, एक परिपक्व चिन्तक, एक उत्प्रेरित (inspired) शिक्षा शास्त्री, एक तीक्ष्ण पत्रकार, पुप्रसिद्ध लेखक तथा एक उग्र राष्ट्रवादी और पहले दर्जे के देशभक्त थे। यह एक भाग्य का ही चक्र है कि स्वदेशी आन्दोलन की आग उगलने वाला देवदूत, बाल, पाल, लाल की त्रिमूर्ति में प्रसिद्ध, जिसने अंग्रेज़ों को उत्तेजित किया, वह जब दूसरी यात्रा के बाद इंग्लैंड से 1908 में वापिस लौटा, तो पूर्ण रूप से बदला हुआ था। उग्रवादी राष्ट्रवाद का मुखिया शाही संघ का समर्थक बन गया। उदारवादी राष्ट्रवादियों का कट्टर आलोचक स्वयं 'उदारवादियों का उदारवादी' (Moderate of Moderates) बन गया। इससे स्पष्ट रूप से सिद्ध होता है कि उनके विचारों में असंगति है, जो कि उनके विचारों में अंग्रेज़ों की ओर झुकाव की सूचक है।

चाहे वे राजनीति में कभी भी उदार नहीं बने, फिर भी वे शीघ्र ही भारतीय सक्रिय राजनीति में से अपने राजनीतिक जीवन के दूसरे चरण (1920-1932) में निकल गए। उन्होंने जीवन के ये वर्ष दरिद्रता, एकान्त तथा कष्टों में बिताए। अतः वे अज्ञात ही इस दुनिया से चल बसे। निःसन्देह यह एक महान दुख की बात है कि वे इतने महान देशभक्त होते हुए भी गांधीजी के असहयोग आन्दोलन के विरोध के कारण उनके निकट न आ सके। गांधीजी से उनके दूर रहने का एक कारण यह भी था कि उन्होंने (पाल ने) निष्क्रिय प्रतिरोध की योजना निकाली और भारत को शाही संघ (Imperial Federation) की एक इकाई बनाने का सुझाव दिया। गांधीजी से अपने मतभेदों की चर्चा करते हुए पाल ने स्वयं वाराणसी के राजनीतिक सम्मेलन में कहा था, "मैं जादू नहीं जानता परन्तु मैं तर्क (Logic) जानता हूँ।" पाल के इन शब्दों ने उन्हें राजनीतिक दृष्टि से कम महत्त्वपूर्ण बना दिया। भारतीय जनता ने जिसने किसी समय पाल को उनके साहस के कारण, जो कि उन्होंने 'बन्दे मारतम्' वाले मुकद्दमे में अरविन्द घोष के विरुद्ध गवाही देने से इन्कार करके दिखाया था, एक ऊँची चोटी तक पहुँचा दिया था, उन्हें एक कायर उदारवादी कहा और उन्हें अशिष्ट तरीके से परे फेंक दिया। विचारों की असंगति तथा उनके द्वारा अंग्रेज़ी संघ के साथ भारत को बाँधे रखने के सुझाव के कारण वे राजनीतिक दृष्टि से बिल्कुल अप्रिय हो गए, परन्तु 1905 के बंगाली स्वदेशी आन्दोलन के अगुआ के प्रति आभार प्रकट न करने में कोई न्यायोचितता नहीं है, जिसने थोड़े समय के लिए अंग्रेज़ी साम्राज्य की नींव को हिला दिया था। इसके अतिरिक्त उन्होंने जो संघ, विकेन्द्रीकरण, जनमत तथा वापस बुलाने की विधियों पर बल दिया, उन्हें स्वतन्त्र भारत को दाय (Lagacy) के रूप में अपनाना चाहिए। इसके अतिरिक्त मानववाद पर जातियों की एकता के आधारभूत दर्शन

के रूप में आग्रह के कारण वह मानववादियों की विशिष्ट मण्डली में प्रमुख स्थान के अधिकारी हैं। उन्होंने उचित ही कहा है, "ईश्वर का वास कोटि-कोटि जनों में है—भूखे और वस्त्रहीन लोगों में नारायण के रूप में वह जाग्रत हो रहा है।"[31]

सन्दर्भ

1. V.P. Verma, op. cit., Modern Indian Political Thought, p. 21.
2. Acrticle entitled Bande Matram, July, 6, 1906.
3. B.C. Pal, : Soul of India, pp. 134-35.
4. Ibid. : The Spirit of Indian Nationalism, p. 11.
5. Ibid. : His life and Utterances, p. 27-28.
6. Ibid., Swadeshi and Swaraj, p. 167.
7. Ibid., p. 161.
8. P.C. Roy, : Gandhi & his contemporaries, p. 38 (1972 ed.)
9. B.C. Pal, : Nationality and Empire, pp. 19-20.
10. Ibid.: Swaraj, The Goal and the Way, pp. 54-55.
11. Ibid., p. 63.
12. Ibid., pp. 65-66.
13. Dr. V.P., Verma, : op. cit., p. 216.
14. B.C. Pal : The Spirit of Indian Nationalism, p. 46.
15. Ibid. : Nationality and Empire, p. 34.
16. B.C. Pal : Life and Utterances, pp. 95-96.
17. Ibid. Swadeshi and Swaraj, pp. 272-73.
18. B.C. Pal, B.C. : Swadeshi, The Goal and the Way, pp. 23.
19. Ibid., p. 24.
20. Foreword by Pal : Memories of my life and times, p. 7.
21. Ibid.: Swadeshi and Swaraj, p. 135.
22. Ibid.: Swaraj, p. 16.
23. Ibid. : Nationality and Empire, p. 40.
24. Ibid. : The World Situation and Ourselves, pp. 22-23.
25. Ibid. : Nationality and Empire, p. 252.
26. Ibid. : Swaraj, The Goal and the Way, p. 106.
27. Ibid. : Nationality and Empire, pp. 85-86
28. Quoted in Appendix in B.C. Pal. Memories of my life and times, p. 655.
29. B.C. Pal: Swaraj, pp. 178-79.
30. Ibid. : Foreword Memories of my life and times, p. viii.
31. Ibid. : Memories of my life and times, p. 664.

8

रवीन्द्रनाथ टैगोर

"मेरा धर्म उस संराधन में निहित है जो मैं अपनी व्यष्टि (Individual Being) से निखिल ब्रह्माण्ड में अभिव्यक्त उस विशिष्ट मानव से कर सकूँ।"

—रवीन्द्रनाथ टैगोर

रवीन्द्रनाथ टैगोर आधुनिक एशिया के अत्यन्त विशिष्ट व्यक्तियों में से एक थे। एक कवि और साहित्यकार के रूप में बंग साहित्यिक क्षेत्र में वे गेटे के तुल्य समादृत थे। पाश्चात्यविदों की दृष्टि में वे अध्यात्मिक पूर्व के सांस्कृतिक राजदूत और भारत के असाधारण राष्ट्रीय नेता थे। अपनी कविता के माध्यम से उन्होंने देशवासियों के हृदयों में देशभक्ति का संचार किया। गांधीजी ने उन्हें एक महान प्रहरी के रूप में चित्रित किया। मानववाद, विश्बन्धुत्व और मानव एकता के प्रबल पक्षधर थे। काउण्ट केसरलिंग के अनुसार, "वे सर्वाधिक विश्वजनीनता का प्रतिनिधित्व करने वाले ऐसे अप्रतिम आकर्षण के स्वामी है जो अपनी परिधि में सभी को समाविष्ट कर लेता है। वे सर्वोत्तम पूर्ण मानव थे।" वे न तो एक राजनीतिज्ञ तथा न ही मात्र एक विद्याविद् थे। इतना होने पर भी समकालीन राजनीतिक तथा राजनीतिक चिन्तन को उनका योगदान स्मरणीय है।

संक्षिप्त जीवन-वृत्त

उनका जन्म, कलकत्ता में गंगा किनारे स्थित जोरासान्को नामक स्थान में 7

मई, 1861 को हुआ था। उनके एक पूर्वज जो खुलना (अब बंगला देश में) से मछली पकड़ने वाले ग्राम गोविन्दपुर आकर बस गए थे, विदेशी जहाजों को रसद पहुँचाते थे। स्थानीय लोग उन्हें ठाकुर के रूप में सम्बोधित करते थे। यूरोपियन इसका टैगोर के रूप में अशुद्ध उच्चारण करते थे। इस प्रकार परिवार को एक नया नाम प्राप्त हुआ। अंग्रेज़ों ने स्थानीय अधिकारियों से गोविन्दपुर, सुतान्ती , कलीकटा आदि पट्टे पर ले लिए। इससे परिवार को बड़ी समृद्धि प्राप्त हुई। उनके दादा द्वारकानाथ तथा रवीन्द्रनाथ के पिता (चौदहवीं सन्तान) यद्यपि सुविधा और विलासमय परिवेष्टनों में पले थे, तथापि धार्मिक वृत्ति के बन गए। उनकी माता शारदा देवी अभीष्ट मात्रा में उन्हें ममता नहीं दे सकीं। उभरते बालक पर इस मातृसुलभ ममता के अभाव का प्रभाव पड़ा। शैशवकाल में ही उन्होंने बड़ी सजीव कविताएँ लिखीं। आठ वर्ष की आयु से ही उन्होंने कविताएँ लिखना आरम्भ कर दिया। ग्यारहवें वर्ष में वे अपने पिता के साथ हिमालय की यात्रा पर निकल पड़े। डलहौज़ी में वे एक स्थान बाकरोटे गए। कलकत्ता के चलते हुए मार्ग में, वे शान्तिनिकेतन स्थान पर भी रुके। इसे उनके पिता ने पहले खरीद लिया था। डलहौजी में रहते हुए टैगोर ने अपने पिता से संस्कृत, खगोल विज्ञान तथा अंग्रेज़ी की शिक्षा प्राप्त की। उन्हें उपनिषद् तथा वाल्मीकि रामायण का भी अध्ययन कराया गया। इस अध्ययन का उनके जीवन के निर्माण के वर्षों में उन पर आदर्श प्रभाव पड़ा। औपचारिक स्कूली शिक्षा से टैगोर अपना तादात्म्य नहीं बिठा पाए। उन्होंने अनुभव किया कि इस प्रकार के बन्धन से वे लदवाकार (Dwarf) बनकर रह जाएँगे। अतः उन्होंने इसे अलविदा कह दिया। इस समय तक उनके भीतर का कवि जाग उठा था। उन्होंने वार्षिक हिन्दू मेले में एक देशभक्तिपूर्ण कविता पढ़ी। यह कविता अंग्रेज़ी-बंगाली साप्ताहिक अमृत बाजार पत्रिका में छपी। इससे उन्हें उत्साह और प्रेरणा मिली। शीघ्र ही अपने को असहाय मानते हुए निराशा में अभिभूत हो गए। उनके एक भाई सत्येन्द्रनाथ जो आई.सी.एस. थे और अहमदाबाद में डिस्ट्रिक्ट जज थे, ने पिता को कवि को आई.सी.एस. अथवा बैरिस्टर के रूप में जीवन आरम्भ करने के लिए शिक्षा प्राप्त करने के लिए इंग्लैंड भेजने का परामर्श दिया। 20 सितम्बर, 1878 को अपने छोटे भाई के साथ कवि इंग्लैंड के लिए रवाना हो गए। किन्तु वह अच्छा प्रदर्शन नहीं कर सके। अतः उन्हें भारत वापिस बुला लिया गया। अब कवि अपने बड़े भाई ज्योतिरिन्द्रनाथ तथा उनके परिवार के साथ पहले चन्द्रनगर तथा उसके पश्चात् कलकत्ता में रहने लगे। एक सुहानी सुबह कवि अपने में आध्यात्मिक उन्नयन का अनुभव करने लगे। इससे उन्हें वह क्षमता प्राप्त हुई जिसके कारण वे सभी वस्तुओं तथा मनुष्यों को अपनी चरम उपयोगिता के साथ देखने लगे। वे सभी जीवनधारियों में एक नवीन प्रेम का अनुभव करने लगे तथा

उन पर मँडराए अवसाद के बादल छितराने लगे। इसके कारण उनका जीवन एकरूपतामयी नीरसता से भर गया था। 25 वर्ष की अवस्था में उनका विवाह कर दिया गया, यद्यपि अभी तक आजीविका के लिए किसी स्थायी वृत्ति को स्थिर नहीं कर पाए थे। अतः उनके पिता ने उन्हें बंगाल तथा उड़ीसा में परिवार की अचल सम्पत्ति की देखभाल का काम सौंपा। पिता द्वारा सौंपे गए दायित्व का पालन करते हुए वे दलित किसान वर्ग के सम्पर्क में आए जो अज्ञानता में गहराई तक डूबे होने पर कारण विषम परिस्थितियों से जूझ रहे थे। उन्होंने उनके हृदय में मानववाद को उद्दीप्त किया। उन्होंने निराशा की एक स्थिति से उन्हें उबारने का यत्न किया। 22 दिसम्बर, 1901 में शान्ति निकेतन में एक आश्रम की स्थापना की जिसे उन्होंने ब्रह्मचर्याश्रम का नाम दिया। स्वयं उनके पाँच बच्चे जिनके तीन लड़कियाँ और दो लड़के थे, इसमें प्रवेश पाने वाले पहले थे। शान्ति निकेतन में दी जाने वाली शिक्षा का युवा मस्तिष्कों को इन भावों से परिपूर्ण कर देना था, "हम मानवीय संसार में उत्पन्न हुए हैं और हमारे मन का सभी निकटवर्ती पदार्थों से सुमेल होना चाहिए।"

1912 में वे इंग्लैंड तथा अमरीका गए। वहाँ उन्होंने प्राचीन भारतीय आदर्शों पर एक व्याख्यानमाला प्रस्तुत की। कालान्तर में इस व्याख्यान माला के व्याख्यान 'साधना' शीर्षक से प्रकाशित हुए। उन्होंने कनाड़ा, जापान, चीन तथा ईरान की यात्रा की। अन्य अनेक यूरोपियन देशों की भी उन्होंने यात्रा की। जापान में उन्होंने अपने श्रोताओं को परामर्श दिया कि वे पाश्चात्य विचारों को अन्धाधुन्ध स्वीकार न करें।

यूरोप उस अवस्था में अपनी उदारता की चरम सीमा का द्योतन करता है, जब उसका मुख सभी के कष्ट निवारण की मुद्रा सहित समस्त मानवता की ओर होता है। और यह यूरोप ही है जो दुर्भावना-पंकिल अपना मुख मात्र अपने ही हितों पर मोड़ता है। दुर्दम्य, सर्वग्रासी दर्प की चरम सीमा से परिचय कराने के लिए यूरोप अपनी सारी महानता और प्रभुत्व, अपने उन मित्रों को लेकर जो, मानव में अमर्त्य, शाश्वत हैं, उसके विरुद्ध हैं—दाव पर लगाकर भी अपने कुटिल मनोरथ सिद्ध करने पर उतारू हो जाता है।"

उन्होंने कनाडा में प्रचलित रंगभेद की नीति का विरोध किया। उन्होंने पश्चिम को पूर्व के आत्मा से लाभान्वित होने की प्रेरणा दी और पूर्व को भी पश्चिम के अनुभवों से लाभ उठाने का आग्रह किया। उन्होंने कहा, "यूरोप का दीप जल रहा है और हमें अपना बुझा दीपक उससे जलाना चाहिए। इसी के आलोक में हमें समय के मार्ग पर अग्रसर होना चाहिए। हमें अंग्रेज़ों से सम्बन्धों के प्रयोजन को सिद्ध करना चाहिए।"[1] यही विश्वजनीन मानववाद की उस

अवधारणा का स्रोत है जिसका टैगोर ने प्रचार किया था। पूर्वी और पश्चिमी बुद्धियों के मिलन-स्थल के रूप में उन्होंने शान्तिनिकेतन की स्थापना की। किन्तु पूर्व और पश्चिम को मिलाने के अपने प्रयासों को बड़ा आघात लगा, 1911-12 के बाल्कन युद्ध तथा 1914 से 1918 के विश्वयुद्ध के कारण। इससे वह अति निराश, संतप्त हुए। अपने मोहभंग को उन्होंने इस प्रकार प्रकट किया : "मैंने एक बार कल्पना की थी कि यूरोप की ऊष्मा के कारण सभ्यता की धारा पुनः प्रवाहित होगी। पर आज जबकि मैं संसार से विदा होने को तैयार बैठा हूँ, उस विश्वास को खोकर मैं दिवालिया बन चुका हूँ।" 13 अप्रैल, 1921 को घटित जलियाँवाला बाग हत्याकाण्ड के कारण उन्होंने अपनी 'नाइट' की उपाधि लौटा दी। निरन्तर बिगड़ते स्वास्थ्य के कारण उनका कष्ट और बढ़ गया। अस्सी वर्ष की परिपक्वावस्था में 7 अगस्त, 1941 को उन्होंने अपना अन्तिम श्वास लिया। स्वतन्त्रता की उषा को वे देख नहीं पाए, जिसका सपना उन्होंने बड़े प्यार में संजोया था। किन्तु स्वतन्त्र भारत के राष्ट्रपान के रूप में स्वीकृत उनके द्वारा रचित 'ज़न मन गण' उस महान कवि को भारत के राष्ट्रवाद के बौद्धिक नेता के रूप में दी हमारी मान्यता थी।

डॉ. वर्मा के शब्दों में, "टैगोर की प्रेरक कविता, एक अधोगतिप्राप्त जाति के पुनरुद्भव का एक साहित्यिक वाहन बन गया। अपने साहित्य के माध्यम से उन्होंने भारतीय संस्कृति के कुछ उदात्ततम आदर्शों को जीवन्त, मूर्त बना दिया। उनके गीतों और सन्देशों ने असंख्य सामाजिक और राजनीतिक कार्यकर्ताओं के लिए प्रेरणा-स्रोत का कार्य किया। अतः व्यक्तिशतः स्वतन्त्रता की राजनीतिक लड़ाई से सम्बद्ध न रहने पर भी टैगोर भारतीय स्वतन्त्रता के द्रष्टा के रूप में अर्चित और चर्चित हुए।

उनके राजनीतिक विचार

इससे पूर्व कि हम उनके राजनीतिक विचारों, यदि राजनीतिक विचारों के रूप में उनका वर्गीकरण किया जा सकता है, का उल्लेख करें, यह बताना अप्रासंगिक नहीं होगा कि साम्राज्यवादी एड़ियों के नीचे कुचले जा रहे पराधीन देश के प्रबुद्ध नागरिक टैगोर पर समकालीन राजनीति का क्या प्रभाव पड़ा। उदाहरणार्थ 1898 के राजद्रोह अधिनियम, तिलक की गिरफ्तारी का उन्होंने रोषपूर्ण विरोध किया। उन्होंने सरकार द्वारा स्वतन्त्रता आन्दोलन को कुचलने के सभी दमनकारी उपायों की तीव्र भर्त्सना की। 1905 के बंग विभाजन ने उन्हें सड़कों पर विरोज जुलूसों का नेतृत्व करने को विवश कर दिया। पूरी शक्ति से उन्होंने राष्ट्रीय शिक्षा के विचार तथा स्वदेशी आन्दोलन का पूरी शक्ति से समर्थन किया। उन्होंने 1908

में बंगाल प्रान्त में सम्मेलन की अध्यक्षता की ओर समाज सेवा तथा हिन्दू मुस्लिम एकता पर बल दिया। जलियाँवाला बाग के अमानुषिक नरसंहार ने उनकी चेतना को झकझोरकर रख दिया और वे कलकत्ता में जनसभा को सम्बोधित करने को बड़े उत्सुक थे। परन्तु अत्यधिक आतंकित होने के कारण इसके लिए तैयार नहीं हुए। वायसराय लॉर्ड चेम्सफोर्ड के नाम लिखा उनका पत्र उनकी वेदना को बड़ी सजीव अभिव्यक्ति प्रदान करता है। "आज मैं अपनी सभी विशिष्टता प्रदान करने वाली उपाधियों तथा अलंकरणों से स्वयं को मुक्त कर अपने उन अभागे देशवासियों के साथ खड़ा होना चाहता हूँ जो अपनी तथाकथित महत्त्वहीनता के दण्डस्वरूप उस निम्नीकृत स्थिति में डाले जाकर इस प्रकार अपमानित हो रहे हैं जो नितान्त अमानवीय है।" किन्तु राजनीतिक घटनाचक्र को प्रभावित करने और स्वयं उससे प्रभावित होने पर भी टैगोर का कवि उन पर इतना प्रभावी रहा कि राजनीति का क्षेत्र उन्हें नगणयतः तुच्छ जान पड़ा। मेरे मन ने उन दिनों के राजनीतिक आन्दोलनों के क्षुद्र उन्माद के प्रति कोई रुचि नहीं दिखाई, क्योंकि मुझे वह सब राष्ट्रीय चेतना की शक्ति से शून्य लगे। मुझे लगा जैसे देश के प्रति उनकी अनभिज्ञता चरम कोटि की है और मातृभूमि के प्रति वास्तविक सेवा भाव के प्रति उनकी उपेक्षा चरमबिन्दु पर है। मैं एक असह्यतः आक्रोश मिश्रित धैर्यहीनता से पीड़ित था, संत्रस्त था मैं स्वयं अपने तथा अपने निकटवर्ती परिवेश के प्रति एक असह्य असन्तोष की भावना से। तत्कालीन राजनीति के प्रति उनकी विरक्ति स्पष्टतः देखी जा सकती थी, 1921 के असहयोग आन्दोलन से स्वयं को पृथक् रखने के उनके निश्चय में। 1932 के उस साम्प्रदायिक अधिनिर्णय के प्रति भी उनका दृष्टिकोण घृणा का ही रहा जिसमें दलित वर्ग के लोगों को हिन्दुओं से पृथक् करने की व्यवस्था थी। इसके साथ ही गांधीजी के आमरण अनशन से प्रभावित होकर उन्होंने यह कहते हुए इसे अपना नैतिक समर्थन दिया, "गांधीजी का जीवन इसी योग्य है कि उसका उत्सर्ग भारत की एकता तथा अखण्डता के लिए किया जाए।"

इस सारे विवरण से पता चलता है कि टैगोर का परिगणन गांधी, नेहरू तथा सुभाष जैसे उन अग्रिम पंक्ति के नेताओं में नहीं किया जा सकता जिन्होंने मातृभूमि की स्वतन्त्रता के लिए संघर्ष किया। किन्तु टैगोर प्रजातन्त्र, अधिकार, स्वतन्त्रता, राष्ट्रवाद तथा अन्तर्राष्ट्रीयवाद का महत्त्व गम्भीरता से अनुभव करते थे। रूसी साम्यवाद की वे तीव्र भर्त्सना करते थे तथा वे कभी फासिज्म के दर्शन के पक्षधर नहीं बने। अब हम उनके कुछ मुख्य राजनीतिक विचारों पर विवेचना करते हैं।

(i) प्रजातन्त्र की अवधारणा (Concept of Democracy) : उन्होंने प्रजातन्त्र

के सम्बन्ध में कहा कि यह प्रभुसत्ता के प्रयोग में जनता का सहभाग है। इसका अर्थ है समाज में सभी के लिए राजनीतिक समानता। राजनीतिक समानता के अतिरिक्त, आर्थिक तथा सांस्कृतिक समानता की ही इसमें महत्त्वपूर्ण भूमिका है। प्रजातन्त्र, यदि समाज सर्वसम्मति से इसे स्वीकार करता है तो यह निर्बाध रूप से विकसित, प्रोत्साहित, यहाँ तक कि प्रशंसित भी होता है। परन्तु वास्तव में यह एक वंचना ही होता है। उन्होंने लोगों के धर्म का पालन करने, स्वावलम्बी होने तथा कुशल और साधन-सम्पन्न होने की प्रेरणा दी। शासन की बागडोर मात्र आत्म-परितोष रत राजनीतिज्ञों के हाथों में नहीं होगी। यह तभी सम्भव होगा जब ऐसा वास्तविक प्रजातन्त्र होगा जो नैतिकता से असंपुटित न हो। इसके लिए आवश्यक है कि सभी सेवा के अधिकार का मूल्य समझें और उसे स्वीकार करें। समुदाय के हित में सभी समुदाय की सेवा में रत हों। आत्म-केन्द्रित होने, अहं परितोष करने की प्रवृत्ति को छोड़ना होगा। मात्र राजनीतिक अधिकारों के होने और निर्वाचन के समय उनके उपयोग से ही सन्तुष्ट रहने से कोई प्रयोजन सिद्ध नहीं होता।

(ii) अधिकार : टैगोर अधिकारों के संदेशहर माने जाते हैं। उनके शब्दों में, "मनुष्य को अधिकार माँगने के स्थान पर, स्वयं अपने लिए उनकी सृष्टि करनी होगी।"[2] अधिकारों पर मात्र मानव का ही ऐकान्तिक अधिकार नहीं है। यह निस्पृह भाव से उच्च उद्देश्य के निमित्त योगदान करने से स्वतः प्राप्त हो जाते हैं। उनके शब्दों में, "अधिक स्थान के स्वामित्व के कारण मनुष्य अधिकारों को अर्जित नहीं करता, न ही बाह्य आचरण ही उसे इनका अधिकारी बनाता है। अधिकारों का उसका अर्जन इस बात पर निर्भर है कि वह किस सीमा तक वास्तविक है—वास्तविकता का मानदण्ड है उसकी चेतना का क्षेत्र।"[3] विवेकानन्द के समान टैगोर भी अधिकारों को प्राप्त करने के लिए उस शक्ति का संचार आवश्यक समझते हैं जो अधिकारों का अनुभव करने के लिए आवश्यक हैं। यह बात व्यक्ति तथा वर्ग दोनों पर समान रूप से लागू होती है। गीतांजलि में वह कहते है, "मुझे इतना सामर्थ्य दो कि मैं विपन्न का साथ कभी न छोड़ूँ और शक्तिशाली दुरभिमानी और दुर्विनीत के सामने अपने घुटने न झुकाऊँ।"[4] वे चाहते थे कि लोग अपने पुनरुत्थान के लिए नैतिक दृष्टि से इतने सशक्त हों कि उन्हें गर्वोन्नत स्वेच्छाचारियों के आगे झुकाना न पड़े। इसी प्रकार वे कृषक-किराएदारों के पक्षधर थे। उन्होंने ग्रामीण पुनरुत्थान का भी आग्रह किया। उन्होंने भारतीय ग्राम के प्रति उत्साह में भरे हों, उनके अपने कुटीर उद्योग हों तथा उनमें परस्पर सहयोग हो। बंगाल प्रान्तीय सम्मेलन को 1908 में सम्बोधित करते हुए उन्होंने कहा, "रैयत लोगों को इतना शक्तिशाली होना चाहिए कि उन पर अत्याचार करने का भी प्रलोभन किसी

में शेष न हो।"

जमींदारों से वे आशा करते थे कि वे रैयतों पर अत्याचार न करें तथा न ही उनका शोषण करें। इसके विपरीत उन्हें उनके कल्याण के लिए काम करना चाहिए। रचनात्मक उद्देश्य के लिए कष्ट सहने और धैर्यपूर्वक आत्म-त्याग के द्वारा ही किसी को अपना अधिकार मिल सकता है। वे अपने देशवासियों से यह आशा नहीं करते थे कि वे साम्राज्यवादियों द्वारा फेंके गए टुकड़ों के पीछे दौड़ें। उन्हें अपने में ठोस शक्ति का संचय करना चाहिए।

सर सैयद अहमद खाँ के समान वे भी शासक और शासित के मध्य उदार, अनुग्राही सम्पर्क के अभाव पर दुःखी थे। अंग्रेज़ शासक गर्वोन्नत थे। यही कारण था कि वे लोगों से दूर रहते थे।

टैगोर अंग्रेज़ों के आत्मीयता, संवेदनहीन शासन की निन्दा करते थे। वे राजनीतिक स्वतन्त्रता के पक्षधर थे, जिसके बिना लोगों का नैतिक सूत्र हिल जाता है। उनकी सम्मति में मात्र आत्मनिर्णय के अधिकार द्वारा ही मानवता के अधिकार को सफलतापूर्वक प्रतिष्ठित किया जा सकता है।

(iii) उनकी स्वतन्त्रतापरक संकल्पना : उनकी संवेदनशील, सर्जनात्मक आत्मा सत्ता केन्द्रीकरण के विरुद्ध विद्रोह कर उठता। मानवात्मा की स्वायत्तता के वे प्रवक्ता थे। यन्त्रवत् एकरूपतामयी परम्पराओं, एकपक्षीय अत्याचारी कानूनों, पुरोहितीय पूर्वाग्रहों तथा संकीर्ण सामाजिक मान्यताओं के विरुद्ध स्वतन्त्रता में प्रतिरोधक शक्ति है। राज्य व्यक्ति के हित को सुरक्षित करने के लिए है। व्यक्ति राज्य के हितों को सुनिश्चित करने के लिए नहीं है। टैगोर एक प्रकार से व्यक्ति की नैतिक तथा आध्यात्मिक स्वतन्त्रता को पावनता का स्तर प्रदान करते हैं। अरविन्द तथा विवेकानन्द के समान टैगोर की भी स्वतन्त्रता की एक आध्यात्मिक संकल्पना है। विश्वजनीन स्वरूप प्राप्त करने के उपरान्त ही इसका अनुभव सम्भव है। इस प्रकार टैगोर प्रेम को स्वतन्त्रता की एक पगडण्डी मानते हैं। सहानुभूतिपूर्ण सहयोग, दया और विश्वास की अनुभूति के माध्यम से ही मनुष्य स्वतन्त्रता के निकट लाया जा सकता है। गीतांजलि में अपने प्रभु से वे प्रार्थना करते हैं जिसका अनुवाद कविता के रूप में हिन्दी में करने का प्रयत्न किया है–

"मुक्त भय त्रास से मन जहाँ रहे,
स्वाभिमान से भरा शीश जहाँ उन्नत रहे,
निर्विकार हो प्रवाह ज्ञान का जहाँ बहे,
पकड़ विचार की संकीर्णता न जहाँ गहे,
भ्रातृ-सूत्र में बँध विश्व जहाँ समृद्धि लहे,
लघु स्वार्थ खण्डों में न वह कभी खण्डित रहे,

निकल अंतस् से सत्य के, शब्द मर्म अपना कहे,
अनपका उद्यम श्रम से, फैली बाँहों में पूर्णता गहे,
सरिता विवेक की जहाँ निर्बाध मन्थर बहे,
शुष्क मरु कुटेव सिक्ता का दूर उससे रहे,
कृपा तुम्हारी यदि प्रभो, मुझ पर बनी रहे,
क्रिया के गतिशील पंखों से वह शोभित रहे,
खग विचार का मेरे उड़ान क्षितिज व्यापक में भारत रहे,
विराम ले वह जहाँ, आश्वस्त चिराश्रित रहे,
स्वतन्त्रता के उसी स्वर्ग में बसेरा उसका रहे।"[5]

टैगोर मूलतः व्यष्टि की अस्मिता, उसकी स्वतन्त्रता के सन्देशहर थे। उस पर आधिपत्य के पक्षधर नहीं थे। उनका विश्वास था कि अन्ततोगत्वा सत्ता के प्रहरियों का दर्प दलन होगा। अदृष्ट नियति और दिव्य गमतामयी माँ का वरद हाथ यान्त्रिक शक्ति और कूटनीतिक कौशल के इन स्वामियों को कभी पराभूत कर देगा। इस विश्वास को वह इन शब्दों में व्यक्त करते हैं, "दलित वर्ग के मूक रोष को सदा ही विश्व के 'नैतिक सन्तुलन नियम' का समर्थन प्राप्त हुआ है। हवा जो इतनी पतली है, अत्यन्त भारहीन लगती है, वह भी ऐसे तूफानों को जन्म देती है जिन्हें तोड़ना अथवा मोड़ना किसी के बस की बात नहीं होती। इसी तथ्य को इतिहास ने अनेकदा, अनेकधा प्रमाणित किया है।"[6]

टैगोर भारत तथा एशिया की राजनीतिक स्वतन्त्रता के समर्थक थे। उन्होंने बड़े सशक्त, प्रभावी ढंग से भारतीय स्वराज्य का पक्ष रखा, यह स्वराज्य ही उनके मतानुसार सभी भारतीय रोगों का अचूक औषध था। जलियाँवाला बाग नरसंहार को पाकर विक्षुब्ध मर्माहत टैगोर ने तत्कालीन वायसराय को पत्र लिखकर अपने 'नाइटहुड' का त्याग करने के निर्णय से अवगत करना, उनके उत्कट स्वातन्त्र्य प्रेम का ज्वलन्त प्रमाण है। 1932 में कांग्रेस द्वारा संचालित सविनय अवज्ञा आन्दोलन के समय उन्होंने यह बलपूर्वक माँग की कि स्वतन्त्रता तात्त्विक रूप में प्रदान की जाए भारत को। डॉ. वर्मा के शब्दों में, "स्वतन्त्रता का सिद्धान्त भारतीय राजनीतिक दर्शन को टैगोर की महत्त्वपूर्ण देन है। मूलतः कवि होने के उनके स्वरूप को ध्यान में रखकर हम कह सकते हैं कि वे स्वायत्तता के चारण (Bard) हैं, प्रेम पवित्रता, कल्पना-शक्ति तथा सर्जनशीलता के वह संदेशहर हैं। किसी प्रकार के प्रतिबन्ध तथा यान्त्रिक विचारानुशास्त्र की बात को उनके चिन्तन में कोई प्रश्रय नहीं है। उनके लिए स्वतन्त्रता वास्तव में ऐकान्तिक स्वाधीनता में नहीं, वरन् पूर्ण सामाजिक सम्बन्ध के आह्लादमय सुमेल में अनुभाव्य है।"[7]

(iv) राष्ट्र तथा राष्ट्रवाद पर उनके विचार : टैगोर के अनुसार राष्ट्र एवं

राज्य सम्बन्धी धारणाएँ भारतीय मूल की नहीं हैं। यह यूरोपियन मस्तिष्क की देन है। टैगोर के अनुसार राज्य एक सत्तापरक संगठन है। राष्ट्र राज्य की अवधारणा को वह सबसे बड़ी बुराई के रूप में देखते थे। उनका मत था कि इसके नाम पर शेष संसार के दुर्बलता का लाभ उठाया जाता है। इसका उद्देश्य सफलता प्राप्त करना है, भलाई को प्रोत्साहन देना नहीं। इसके द्वारा नैतिकता के मूल्य पर सामूहिक स्वार्थ का सम्पारण होता है। इस प्रकार के राष्ट्रवाद से मानववाद के विकास में बाधा पड़ती है। राष्ट्र तथा राष्ट्रवाद दोनों ही अनुदार अवधारणाएँ हैं जिनका आधार बड़ा संकीर्ण है। टैगोर राष्ट्र को मनुष्यों के सामाजिक हितों के विपरीत मानते हैं। उनके शब्दों में, "एक सामाजिक व्यक्ति का उद्देश्य स्वार्थहीनता है, परन्तु एक राष्ट्र का उद्देश्य, व्यावसायिक व्यक्ति की भाँति स्वार्थपरायणता है। राष्ट्र, राज्य और राष्ट्रवाद के पक्षधर समाजों के मध्य बाधाएँ खड़ी कर देते हैं। उनके अनुसार, "हिन्दू सभ्यता का आधार जहाँ समाज है, वहाँ यूरोपियन सभ्यता का आधार राज्य है। मनुष्य या तो समाज के माध्य से अथवा राज्य के माध्यम से महानता प्राप्त कर सकता है अथवा समाज के माध्यम से। किन्तु यदि हम कभी ऐसा सोचें कि यूरोपियन उदाहरण तथा आदर्श को सामने रखकर राष्ट्र-निर्माण करना मात्र एक ही विकल्प है और मानवता का एकमात्र उद्देश्य है तो हम गलत सोच रहे हैं।"

जीवन के अनुवर्ती वर्षों में उनके राष्ट्रवाद सम्बन्धी दृष्टिकोण में परिवर्तन आ गया, सम्भवतः यूरोपियन साम्राज्यवाद की ज्यादतियों के कारण ही ऐसा हुआ। उन्होंने अन्तर्राष्ट्रीय सूझ-बूझ के परिप्रेक्ष्य में भारतीय राजनीतिक और सामाजिक समस्या का समाधान ढूँढ़ना आरम्भ कर दिया। उन्होंने ऐसे आदर्श भारतीय समाज की कल्पना की जिसमें विभिन्न मतों, संस्कृतियों के अनुयायी परस्पर मिलकर जीवनयापन कर रहे हैं। ऐसे समाज के उदय से ही संसार में भारत की उन्नति मिलकर जीवनयापन कर रहे हैं। ऐसे समाज के उदय से ही संसार में भारत की उन्नति को प्रश्रय मिल सकता है। स्पष्ट है कि उन्होंने भारतीय राष्ट्रवाद को एक अन्तर्राष्ट्रीय दृष्टिकोण प्रदान किया।

(v) अन्तर्राष्ट्रीयवाद तथा विश्वजनीनतावाद (Internationalism and Universalism) : वे ऐसे युग में अन्तर्राष्ट्रीयवादी थे जब संसार के लोग एक राज्य के अधिकारों पर ही आग्रह करते थे। उन्होंने जातिभेद सम्बन्धी पूर्वाग्रहों के विरुद्ध लोगों को अग्रिम चेनावनी दी जो मानव एकता पर घातक प्रहार करते हैं। उन्होंने लोगों के समक्ष विश्व का चित्रण एक ऐसे घर के रूप में किया जिसमें मानव आत्मा का वास है और जो मात्र शस्त्रों का भंडारण स्थल ही नहीं है। मात्र राजनीतिक सत्ता का ही संचय स्थल वह नहीं है। अतः उन्होंने राष्ट्रों के मध्य बन्द

दीवारों को गिरा देने की बात कही और जातिगत संश्लेषण तथा सांस्कृतिक सहयोग की आधारशिला रखने का आग्रह किया। शशधर सिन्हा के शब्दों में, "टैगोर उन खतरों के प्रति जागरूक थे जो मानवता के सामने थे और वह अन्तर्राष्ट्रीय मेल-मिलाप की, मानवता को बचाने के लिए आवश्यकता भी अनुभव करते रहे थे।"[8] वास्तव में उनका उद्देश्य मानवता का एक ऐसा संघ बनाना था जिससे अन्तर्राष्ट्रीय कानून और सामूहिक सुरक्षा का युग आरम्भ हो और जंगल के पाशविक कानून को विदा किया जाए। उन्होंने राष्ट्रों से सन्देह, भय, अविश्वास, लम्पटता तथा राष्ट्रीय अहं को छोड़ने का आग्रह किया तथा सौहार्द, मैत्री तथा अपनी-अपनी संस्कृतियों के अन्तर्मिलन जैसे गुणों को अपनाने की प्रेरणा दी। वे उन्हें पारस्परिक सहयोग तथा सहअस्तित्व में विश्वास रखने का परामर्श देते थे। उन्होंने मात्र अपने ही हित को सामने रखने वाले राष्ट्र को यह चेतानवनी भी दी, "ऐसा राष्ट्र जो अपने को शेष संसार से अलग कर लेता है, उसका यह कार्य नए युग की भावना के विपरीत होगा और ऐसे राष्ट्र में शान्ति नहीं होगी। भविष्य में जिस राष्ट्र को अपनी सुरक्षा की चिन्ता है, उसे विश्व कल्याण के आदर्श को स्वीकार करना होगा।"[9] विश्वभारती विश्वविद्यालय सांस्कृतियों संश्लेषण तथा सहयोग के आदर्श का जीवन्त उदाहरण है। पौर्वात्य और पाश्चात्य संस्कृतियों का आकर्षक समागम यहाँ देखने को मिलता है। अन्तर्राष्ट्रीयतावाद के सन्देशहर के रूप में उन्होंने मैत्री, बन्धुत्व, आपसी सहयोग एवं अन्योन्यता (Reciprocity) के भारतीय आदर्श के महत्त्व को दर्शाया।

वास्तव में उन्होंने उदारतापूर्वक राष्ट्रवाद की भावना को अन्तर्राष्ट्रीयतावाद से सम्पृक्त (Blend) करने की उदारता दिखाई। टैगोर ने भारतीय अध्यात्मक-सागर वेद तथा उपनिषद् में गहराई से निमज्जन किया था। उन्होंने इसी कारण मानव एकता तथा समस्त विश्व की परस्पराश्रयिता (Interdependence) पर बल दिया। उन्होंने मानवता के व्यापक आधार पर भारत को विश्व से मिलने के राजा राममोहन राय के आदर्श की मुक्त कण्ठ से सराहना की। इसके साथ ही उन्होंने देशवासियों को पश्चिम के अन्धानुकरण के विरुद्ध चेतावनी दी तथा भारतीय संस्कृति का सम्पोषण करते हुए इसकी भव्यता पर समुचित गर्व करने की बात कही। विश्व के सर्वविध कल्याण की इस भारतीय प्रार्थना में उनकी बड़ी आस्था थी, "सभी सुखी हों, सभी रोगमुक्त हों, सभी यह जानें कि भद्र क्या है और किसी को भी कष्ट न हो।"

(vi) टैगोर तथा रूसी साम्यवाद (Communism) : 1930 की उनकी रूस-यात्रा की उन पर अमिट छाप पड़ी। उस देश की शिक्षण सम्बन्धी पुनर्निर्माण की योजनाओं- परियोजनाओं की उन्होंने बड़ी प्रशंसा की। उस यात्रा के अन्तर्गत

दिए उनके व्याख्यानों में उन्होंने अपने को दार्शनिक, सांस्कृतिक और शैक्षिणिक विषयों तक ही सीमित रखा। वे रूसी तानाशाहों की क्रूरतापूर्ण दमन नीतियों के प्रति अनभिज्ञ नहीं थे। 'रुसियेर पत्र' में उन्होंने लिखा, गत कुछ वर्षों में रूसी जनता ने तानाशाहों का कठोर शासन झेला है। किन्तु अपने को बनाए रखने के लिए इस शासन के जारशाही के इस मार्ग का अनुसरण नहीं किया कि वे लोगों के मस्तिष्क पर अपना दबाव रखें—उन्हें अज्ञान में रखकर, धार्मिक अन्धविश्वासों में डूबा रहने दें। मैं इसमें विश्वास नहीं करता कि दण्ड विधान वहाँ प्रभावहीन रहा है, परन्तु यह बात ध्यान में रखने की है कि वहाँ शिक्षा का विकास बड़े वेग से हुआ है। साम्यवाद के विकास के लिए उन्होंने आधुनिक पूँजीवाद की विषमता, शोषण तथा अधिग्रहणपरक प्रवृत्ति को उत्तरदायी ठहराया। उनके शब्दों में आधुनिक सभ्यता की इस अमानवीय पृष्ठभूमि ने ही बॉल्शेविज्म के लिए मार्ग प्रशस्त किया है। मानव सदा के लिए व्यष्टिहीन समूहवाद (Individual-less Collectivity) की अवास्तविकता को सहन नहीं करेगा। समाज के लोभ के गढ़ को निश्चत ही हमने विजित और नियन्त्रित करना है। परन्तु, फिर प्रश्न रह जाता है कि यदि व्यक्ति को ही समाप्त कर दिया जाए तो समाज की रक्षा कौन करेगा? यह सम्भव नहीं कि आज बॉल्शेविज्म सामाजिक उपचार है। परन्तु डॉक्टरी उपचार सदा के लिए नहीं हो सकता। किन्तु सम्पत्ति की सामूहिकता के विचार से वह सहमत नहीं थे। सम्पत्ति को वे व्यक्तित्व की अभिव्यक्ति के वाहन के रूप में अवश्य स्वीकार करते थे। किन्तु वह इसे ऐसा पदार्थ नहीं मानते थे कि जिसका लोभवश असीमित संचय किया जाए। उन्होंने श्रमिकों के सहकारी श्रम का पक्ष लिया। राज्य पर निर्भरता की स्थिति के वह पक्षधर नहीं थे। साम्यवादियों के समान वह भी यह स्वीकार करते थे कि वर्तमान अर्थव्यवस्था में लाभेच्छा ही मूल प्रेरक शक्ति है। किन्तु उन्होंने साम्यवादियों से भी नैतिकता को अर्थव्यवस्था का आधार बनाने का आग्रह किया जिससे व्यक्ति का विकास एकांगी न रह जाए। मानव को वह मात्र आवश्यकताओं की एक लम्बी सूची स्वीकार करने को तैयार नहीं थे। उसे ऐसा जीवित पैसे का बैग नहीं समझ लेना जो लाभ के एक स्तर से दूसरे स्तर तक मण्डूक-प्लुति (Leap of the Frog) में ही लगा रहे।

इसी प्रकार राष्ट्र के आर्थिक जीवन पर भी उसे अलग करके दृष्टि नहीं डालनी चाहिए। मात्र आर्थिक सम्पदा ही ऐसी नहीं है जो राष्ट्र के पास होनी चाहिए। भारतीयों की सांस्कृतिक परिक्षीणता भी हमारे लिए लज्जास्पद है, यद्यपि हमारी प्राचीन सांस्कृतिक दाय अति समृद्ध थी। मात्र इतने से ही हमें अपनी वर्तमान स्थिति पर सन्तुष्ट नहीं होना चाहिए। एक साम्यवादी की भाँति वे भी भारतीय किसान की दुर्दशा पर चिन्तित थे। उनके प्रयत्नों से कृषक सहयोग बैंक

की स्थापना हुई। इसका उद्देश्य उन्हें ऋण देने वाले साहूकारों के चंगुल से छुटकारा दिलाना था। उन्होंने नोबल प्राइज़ के रूप में प्राप्त अपनी पुरस्कार राशि का कुछ भाग इसमें निस्संकोच निवेश किया। कृषि में सुधार के द्वारा, सहकारी संस्थाओं का गठन कर तथा ग्रामीणों में स्वावलम्बन की भावना का संचार कर उन्होंने ग्रामोद्योग के पुनरुत्थान में महत्त्वपूर्ण योग दिया। निश्चय ही इससे किसानों के कष्ट बहुत सीमा तक दूर हो गए। वे नहीं चाहते थे कि जमींदार रैयत वर्ग का शोषण करें। उन्होंने कहा, "रैयत लोगों को इतना शक्तिशाली होना चाहिए कि जमींदार उनका शोषण करने का दुस्साहन न कर सके। ऐसा होने पर वह उन्हें किसी प्रकार की यंत्रणा भी नहीं दे सकते। क्या जमींदार एक दुकानदार है जो अपनी तुच्छ प्राप्ति का ही हिसाब लगाता रहेगा? यदि वह अपने देने के पैतृक विशेषाधिकार का उदारतापूर्वक प्रयोग नहीं करता, तो उसके स्वत्व रूप में जो कुछ शेष बचा है, वह भी छिन जाने की आशंका है।" सामान्यतः वे समाज को सक्रिय, सशक्त बनाना चाहते थे तथा उनकी इच्छा थी कि समाज का राजनीतिक स्वरूप चाहे कैसा भी हो उन सभी को शारीरिक और बौद्धिक उन्नति के अवसर मिलने चाहिएँ जो आज इनसे वंचित हैं।

एक बार उन्होंने कहा था, "वह मस्तिष्क के साथ लगे चलते-फिरते ऐसे उदर हैं, जिन्हें देखकर दयार्द्र होकर हम यह प्रार्थना करने पर विवश हो जाते हैं, हे ईश्वर! इन पर दया कर, इन्हें जीवन के किसी सुन्दरता के आवरण से ढाँप दो।"[10] भूतपूर्व सोवियत संघ में ऐसा नहीं था। वहाँ इस प्रकार के अवसर उपलब्ध थे पर मात्र साम्यवाद के समर्थकों के लिए ही।

उपसंहार

टैगोर के राजनीतिक विचारों के विश्लेषणात्मक मूल्यांकन के उपरान्त हम इस निष्कर्ष पर पहुँचते हैं कि टैगोर उच्च श्रेणी के देशभक्त तथा उत्कट राष्ट्रवादी थे। उन्होंने कहा था, "उसकी समस्त विपन्नता, कष्ट और भाग्यहीनता के होते हुए भी मैं बार-बार भारत में जन्म लेना चाहूँगा, क्योंकि मैं भारत को सर्वाधिक प्रेम करता हूँ।"[11] वे राजनीतिक व्यक्ति न होकर एकता, मेल, सहयोग तथा अखण्ड, अविभाजित मानववाद के पक्षधर थे। बंग विभाजन के अवसर पर कहे उनके प्रेरक शब्दों ने बंगाल के क्षितिज को गुंजायमान कर दिया। स्वदेशी, समाज-सुधार तथा राष्ट्र की अखण्डता की उनकी 'आतुरता' के कारण उन्हें तत्कालीन भारतीय राजनीतिक क्षेत्र में प्रमुख स्थान प्राप्त हुआ। शान्ति और सौहार्द के वे सन्देशहर थे। उन्होंने विश्वजनीनतावाद और अन्तर्राष्ट्रीयतावाद के मार्ग में बाधक आक्रामक राष्ट्रवाद तथा सत्ता की जो तीव्र भर्त्सना की उसके कारण हम उन्हें मूलतः एक

मानववादी तथा मानवता प्रेमी कहने को बाध्य हैं। 1930 के पश्चात् विश्व स्वतन्त्रता के पक्ष में टैगोर के स्वर से अधिक प्रखरतर किसी और का स्वर नहीं हुआ। उनकी दृष्टि में भारत की स्वतन्त्रता पूरे विश्व की स्वतन्त्रता से जुड़ी हुई थी। 1937 तथा 1938 में फ़ासिज़्म तथा साम्राज्यवाद की उनकी तीव्र भर्त्सना इसका प्रचुर प्रमाण है।

किन्तु यहाँ यह कहना अप्रासंगिक नहीं होगा कि टैगोर के कुछ विचार उनके कवि के कल्पनालोक तक ही सीमित थे।

उदाहरणार्थ, राष्ट्रवाद की उनकी आलोचना औचित्य की सीमा को पार करती प्रतीत होती थी। वे राष्ट्रवाद को साम्राज्यवादी क्षमता के समवर्ती मानते हैं जो कुछ अनुचित प्रतीत होता है। राष्ट्रवाद ने लोगों को सामन्तवादी पाश से मुक्त कराया। एक तन्त्रात्मक साम्राज्यवाद के अत्याचारों से बचाया। जाति, उपजाति तथा मुहल्ले के संकीर्ण परिवेशों से उभकर ऊपर उठने की लोगों को प्रेरणा दी। "बहुवर्णी, बहुमुखी समृद्धि ही हरीतिमा से रंजित राष्ट्र के विकास के बिना बहुदेशीयवाद तथा विश्वजनीनता वाद भी अनुर्वर तथा काल्पनिक ही लगते हैं। अतः मैं यह कहने का लोभ संवरण नहीं कर सकता कि राष्ट्रवाद का टैगोर का विरोध अतिवाद की सीमा रेखा को स्पर्श करता है तथा इसके प्रति इनके विचार एक निद्रोत्तेजक, घातक मादक पदार्थ के तुल्य ही लगता है।"[12]

दूसरी बात यह है कि वे राजनीतिक क्षेत्र में नैतिक दृष्टिकोण के पक्षधर थे जो आज के अहं प्रत्यहंवाद, मांचेस्टरवाद प्रधान युग में एकदम अप्रासंगिक लगता है। उन्होंने मोशयाबोली प्रतिपादित राज्य शिल्प का विरोध किया जो आज के राजनीतिक व्यक्ति का आलोक स्तम्भ है जो एक समाज-सुधारक से ही अधिक एक राजनीतिक अवसरवादी तथा चापलूस हैं। कष्ट संवलित मानव के पीड़ा हरण से उसका कोई लेना-देना नहीं है। प्लेटो तथा गांधी के समान टैगोर राजनीति को अनैतिक लोगों का क्षेत्र तथा धूर्तों के अन्तिम अवलम्ब के रूप में स्वीकार नहीं करते थे। दुर्भाग्य से यह आज एक अकाट्य कटु सत्य है। स्वतः वे एक दिव्य अलौकिक मानव थे। सभी कार्यों में वे ईश्वरत्व का अनुभव करते थे। प्रेम उनके लिए सभी मतों का आधार था। उनका धर्म किसी भौगोलिक सीमा को स्वीकार नहीं करता था। उनके द्वारा यदा-कदा विश्वजनीनतावाद और अन्तर्राष्टीयतावाद के पक्षपोषण के मूल में मानव-प्रेम की ही प्रेरणा थी। यह सत्य होते हुए भी कि वे अपने स्वप्नों को साकार नहीं कर पाए, इससे उनके मानव-प्रेम में कोई अन्तर नहीं आया। मृत्यु से कुछ समय पूर्व कहे उनके शब्दों ने इस सत्य की सबल पुष्टि की है, "जब मैं पीछे मुड़कर अतिवाहित हुए वर्षों के विस्तृत पथ पर पड़े गौरवपूर्ण सभ्यता के इतिहास के भग्नावशेष देखता हूँ, तब भी इस मानवीय पराजय को

उसकी अन्तिम पराजय मानने के गम्भीर अपराध करने की स्थिति में अपने को नहीं पाता।"[13] निश्चय ही विश्वबन्धुत्व के सन्देश तथा विश्व मानव के उनके आदर्श का आगामी संतति के लिए चिरस्थायी महत्त्व है।

सन्दर्भ

1. Tagore : Towards Universal Man (1962 ed.), p. 352.
2. Tagore : The call of Truth.
3. Sadhana, pp. 18-19.
4. Gitanjali, p. 36.
5. Ibid., p. 35.
6. Sadhana, pp. 18-19.
7. Gitanjali, p. 36.
8. Sasadher Sinha: Social thinking of Rabindranath Tagore (1962 ed.), p. 143.
9. W. Norman Brown, "Some concepts for the modern world from Hindu and Indian Buddhist Tradition—an article in Centenary Volume of Rabindranath Tagore (1961), p. 395.
10. Tagore : Sadhana, p. 111.
11. Modern Review, February, 1917.
12. V.P. Verma, op. cit., p. 100.
13. Tagore Towards Universal Man (1962 ed.), p. 350.

9

लाला लाजपत राय

"विदेशी शासकों के प्रति असहयोग करना ही पराधीन लोगों के लिए उचित मार्ग है। हम न तो सहयोग के लिए वचनबद्ध हैं तथा न ही असहयोग के लिए। जो भी इन परिस्थितियों में हमारे लिए सबसे अधिक क्रियात्मक, श्रेष्ठतम तथा सम्भव है, वह हमें करना चाहिए।"

'दी पीपल', 26 जुलाई, 1925
—लाला लाजपत राय

लाला लाजपत राय, "जो 'शेरे पंजाब' के नाम से लोकप्रिय हैं, डुडकी (Dhudike) (जगरांव) के एक अग्रवाल परिवार में 28 जनवरी, 1865 में पैदा हुआ थे और 17 नवम्बर, 1928 को उनका निधन हुआ।"[1] कॉलिज के कुछ सहयोगियों के प्रभाव के कारण तथा लाहौर के कुछ जनसेवी व्यक्तियों के परामर्श स्वरूप लालाजी ने 1882 में आर्य समाज में प्रवेश किया। आर्य समाज की सदस्यता का उनके मस्तिष्क पर प्रबल प्रभाव पड़ा। उन्होंने स्वीकार किया, "मुझमें जो कुछ भी अच्छा या श्रेयस्कर है, वह सभी मुझे आर्य समाज ने दिया है—आर्य समाज ने ही मुझे देश-प्रेम की भावना से समुपेत किया तथा आर्य समाज ने ही मेरे हृदय में सत्य, धर्म एवं स्वतन्त्रता की भावना का संचार किया पुनः यह आर्य समाज ही था, जिससे मुझे यह पाठ मिला कि समाज, धर्म तथा देश हमारी पूजा के पात्र हैं और वह स्वर्ग के राज्य के अधिकारी होते हैं, जो इनकी सेवा के लिए त्याग करते हैं।" यद्यपि लालाजी आर्य समाजी थे, तथापि वह हिन्दू पुनरुद्धारवादी (Revivalist)

नहीं थे।[3] एक युवक के रूप में लालाजी ने मेजिनी तथा गेरीबाल्डी की प्रसिद्ध जीवनियों और बेन्थॉम तथा जे.एम. मिल की पुस्तकों से प्रेरणा प्राप्त की। अपने ऊपर मेज़िनी के प्रभाव का उल्लेख करते हुए उन्होंने कहा, "मेज़िनी का जीवन मैंने पूरा पढ़ा। इसने मेरे हृदय को छू लिया। सुरेन्द्रनाथ बैनर्जी के अंग्रेज़ी भाषण के प्रभाव से कहीं गहरा प्रभाव इस जीवनी का मुझ पर पड़ा। इस महानतम इटालियन का राष्ट्रवाद अति गहन है, उनकी नैतिक वरिष्ठता, विशाल मानववाद और व्यापक सहानुभूति ने मुझे अच्छी प्रकार तरंगित किया।" उन्हें स्वामी दयानन्द तथा राजा राममोहन राय की पुस्तकों से भी प्रेरणा मिली। लाला साईं दास तथा गुरुदत्त विद्यार्थी की संगति ने उन्हें देशभक्त बना दिया। एक प्रतिभाशाली लेखक गहन विद्वत्ता के धनी तथा एक प्रभावशाली वक्ता के रूप में उन्होंने ख्याति प्राप्त कर ली थी और उस समय तक वह तीस वर्ष के भी नहीं हुए थे। वे एक रूढ़िवादी तो नहीं किन्तु कट्टर हिन्दू अवश्य थे। दक्षिण अफ्रीका स्थित भारतीयों का उनके द्वारा किया प्रबल समर्थन, पंजाब के अकालग्रस्त लोगों की सहायता, यह उनके मानवीय दृष्टिकोण के ज्वलन्त उदाहरण हैं।

उन्होंने 1888 में कांग्रेस में प्रवेश किया। सर सैयद अहमद के नाम लिखे अपने खुले पत्रों के कारण, वे सक्रिय राजनीतिक में आए। इन पत्रों को कांग्रेस के इलाहाबाद अधिवेशन के अवसर पर वितरित किया गया था। यद्यपि वे सर सैयद के प्रशंसक थे, तथापि वह उनमें प्रकट होने वाली पृथकतावादी प्रवृत्तियों (Separatist tendencies) को सहन नहीं कर सकते थे। 1893 के लाहौर कांग्रेस अधिवेशन में यह युद्धोन्मुख राष्ट्रवाद (Militant Nationalism) के प्रवक्ता बाल गंगाधर तिलक के निकट आ गए। 1904 में स्थापित, अपने पत्र 'दि पंजाब' के माध्यम से उन्होंने 'उग्र राष्ट्रवाद' का प्रचार किया। 1905 में उन्होंने गोखले के साथ 'ब्रिटिश जनमत' के सामने कांग्रेस का प्रतिनिधित्व किया, ब्रिटेन में चुनाव के अवसर पर 'बंग भंग विरोधी' और स्वदेशी आन्दोलनों ने उन्हें उस समय के प्रथम श्रेणी के राष्ट्र नेताओं में स्थान दिया। 7 मई, 1907 को उन्हें पंजाब में विस्फोटक स्थिति उत्पन्न करने के कारण मांडले (Mandalay) (वर्मा) में निर्वासित कर दिया गया। सोलह महीने बाद उन्हें छोड़ दिया गया। उन्होंने दो पत्रों, 'Englishman' तथा 'Daily Express' के विरुद्ध मानहानि के मुकद्दमे जीतकर अपनी स्थिति को पुष्ट कर दिया। इन दोनों पत्रों ने उन्हें 'पक्का राजद्रोही' तथा 'क्रान्तिकारी' बताया था। 1913 में, भारत में सुधारों के प्रश्न पर, उन्होंने पुनः ब्रिटिश सरकार के सामने कांग्रेस का प्रतिनिधित्व किया। मई, 1914 से फरवरी 1920 तक वे भारत से बाहर रहे, क्योंकि उस समय स्वदेश लौटना उचित नहीं समझा। 1917 में उन्होंने भारतीय होम रूल लीग, अमरीका की स्थापना की। 20 फरवरी, 1920 को बम्बई

लौटने पर उनका भव्य स्वागत किया गया। उन्होंने गांधीजी के असहयोग आन्दोलन में सम्मिलित होकर मनोयोगपूर्वक उसमें भाग लिया। 1921 में उन्हें 'राजद्रोह सभा विरोधी अधिनियम' के अधीन गिरफ्तार कर लिया गया। 'चौरी चौरी काण्ड' जिसके परिणामस्वरूप असहयोग आन्दोलन वापिस ले लिया गया, के बाद लाजपत राय का गांधीजी के नेतृत्व से विश्वास उठ गया। उन्होंने विधान मण्डलों के माध्यम से स्वाधीनता-संग्राम को जारी रखने के उद्देश्य से पं. मोतीलाल नेहरू तथा सी. आर. दास के नेतृत्व में स्वराज पार्टी की सदस्यता स्वीकार की। इसके तुरन्त पश्चात् उन्होंने अनुक्रियाशील (Responsive) सहयोग की नीति का पालन करने वाली 'Independent Congress' नाम से अपनी एक पार्टी बनाई। किन्तु, उनकी पार्टी ने स्वराज पार्टी से पूर्ण सहयोग किया। 30 अक्तूबर, 1928 की लालाजी ने लाहौर में साइमन कमीशन का बहिष्कार करने वाले एक जुलूस का नेतृत्व किया। सत्ता के नशे में चूर ब्रिटिश साम्राज्यवादियों के लाठी प्रहारों के शिकार व्यक्तियों में वह भी थे। लाठी प्रहारों से सिंह गर्ज उठा, "यह लाठी प्रहार ब्रिटिश साम्राज्यवाद में चुभने वाली कीलों का काम करेंगे।" उनकी भविष्यवाणी सत्य सिद्ध हुई, यद्यपि वह स्वयं स्वतन्त्रता का सवेरा देखने के लिए जीवित नहीं रहे। लाठी प्रहारों के कारण 17 नवम्बर, 1928 को उन्होंने जीवन की अन्तिम साँस ली।

लाजपत राय के राजनीतिक विचार

लालाजी न तो एक दार्शनिक थे तथा न ही राजनीतिक सिद्धान्तवादी। राम मोहन राय के समान समाज सुधारक की कोटि में भी वे नहीं आते। दयानन्द और विवेकानन्द के समान वह नव धर्म के संस्थापक भी नहीं हैं। फिर भी उनके विषय में यह कहना कि उनके व्यक्तित्व में महान विचारक और मानवता के मुक्तिदाता की विशेषताएँ मिलती हैं—मात्र आनुमानिक महत्त्व का ही कथन नहीं है।

(i) राष्ट्रीयता का विचार (Views on Nationalism)—लाजपत राय, पक्के राष्ट्रवादी थे, यद्यपि वे आक्रामक प्रकार के राष्ट्रवादी थे। उनका राष्ट्रवाद 19वीं शताब्दी के भारतीय राष्ट्रवादियों के समान था। उनका विचार था कि प्रत्येक राष्ट्र का यह मौलिक अधिकार है कि वह किन्हीं आदर्शों का पोषण करे और इस अधिकार में किसी प्रकार का हस्तक्षेप अप्राकृतिक एवं अन्यायपूर्ण है। अतः उन्होंने भारत के इस अधिकार पर बल दिया कि वह एक सशक्त एवं स्वतन्त्र राजनीतिक आधार बनाकर अपने को शक्तिशाली बना सकता है। वे सरकार चलाने में 'शासित की सहमति' के सिद्धान्त में विश्वास रखते थे। पराधीन भारतीयों से उन्होंने आग्रह किया कि वह अपने में देशभक्ति का संचार करें। उनकी दृष्टि में देशभक्ति का अर्थ है स्वाधीनता और न्याय के प्रति गहन प्रेम तथा

राष्ट्रीय स्वाभिमान। इसका स्रोत हृदय है और इस सशक्त भावना निदर्शन की क्षमता को ऊँचा आयाम मिलता है।

इस भावना को उनके राष्ट्रीयता के सिद्धान्त से बल मिला जिसकी प्रेरणा उन्हें भारत के भूतकाल से मिली। अपनी प्रसिद्ध कृति 'यंग इण्डिया' जिसका प्रथम संस्करण अमरीका में 1916 में निकला था, उन्होंने भारत के राष्ट्रीय आन्दोलन के विकास पर प्रकाश डाला है। उन्होंने ब्रिटेन पर भारतीय पैसे और भारतीय रक्त से भारत पर अधिकार जमा लेने का आरोप लगाया। उन्होंने अंग्रेज़ों द्वारा भारत विजय कर लेने कारण उस तलवार की शक्ति को नहीं बताया जिसे अंग्रेज़ दिखाते थे, वरन् अपनी दुर्बोध कूटनीति और वंचनात्मक दाव-पेंचों के कारण ही वह भारत पर अधिकार कर सके। उन्होंने 1857 के विद्रोह को राष्ट्रीय एवं राजनीतिक आन्दोलन की संज्ञा दी। वे चाहते थे कि भारतीय यह अनुभव करें कि स्वतन्त्रता के पौधे को शहीदों के रक्त से सींचा जाता है। उन्होंने अंग्रेज़ों को अग्रिम चेतावनी दी कि उसके दमन से राष्ट्रीय आन्दोलन को और बढ़ावा मिलेगा। भारत में आतंकवाद और हिंसा भड़क उठने के लिए उन्होंने उन्हीं को उत्तरदायी ठहराया। उन्होंने युवकों को प्रमाद त्यागने और देश को पराधीनता से मुक्त कराने की प्रेरणा दी।

"युवा भारत के प्रतिनिधियों! उठो! हम किसी से कम नहीं हैं। तुम्हें स्वयं पर देशवासियों पर विश्वास नहीं है। तुम्हारा देश दण्डवत् मुद्रा में लेटा है। आपका मन और चरित्र दुर्बल हैं। अपने में विद्युत शक्ति भरो, आत्मविश्वास जुटाओं, स्वावलम्बी बनो। तुम देखोगे, यह जाति अमर पक्षी (Phonix) जैसे ऊँची उड़ान भरती हुई सारे विश्व में फैल जाएगी।"

उन्होंने अंग्रेज़ों द्वारा भारत को आर्थिक दृष्टि से शोषित करने के अनवरत आन्दोलन की भी पोल खोली। उनकी सम्मति में "भारत पर अंग्रेज़ों द्वारा अपने स्वामित्व का विस्तार करने की कहानी, एक लम्बी प्रक्रिया की कहानी है जिसके अन्तर्गत हमें सैनिक और आर्थिक शोषण द्वारा धीरे-धीरे मारने की योजना बनाई जो 100 वर्ष में पूरी हुई।"[4] भारत पर "आर्थिक दबाव सार्वजनिक सेवाओं के व्यय तथा सेना के व्यय में उत्तरोत्तर वृद्धि के रूप में डाला गया।"[5]

एक सच्चे राष्ट्रवादी के रूप में उन्होंने राष्ट्र के सर्वतोमुखी विकास की आवश्यकता पर बल दिया। उन्होंने कष्ट संवलित जनता के शैक्षिक, सामाजिक तथा आर्थिक उत्थान का प्रबल समर्थन किया। अपनी पुस्तक 'Political Future of India' में उन्होंने कहा, "हमारा उद्देश्य जीने की स्वतन्त्रता प्राप्त करना है। जीवन क्या होना चाहिए इस सम्बन्ध में हमारी अपनी संकल्पना के अनुसार अपने आदर्शों का अनुसरण करते हुए, हम अपने व्यक्तित्व का विकास करें। हम

उद्देश्य की उस एकता को प्राप्त करें जिससे अन्य राष्ट्रों से हमारा अन्तर राष्ट्र प्रकट हो सके। हम अपने लिए स्वतन्त्रता और सम्मान की स्थिति ला सकें। ऐसी स्थिति जहाँ हम अन्दर से सुरक्षित रहें और बाहर से हमारे कार्यों में हस्तक्षेप न हो।"[6]

कांग्रेस इंडिपेण्डेण्ट पार्टी के नेता के रूप में उसकी भूमिका उनकी सम्प्रदायवादी निरपेक्षवादी विचारधारा का परिचय मिलता है और इसके अतिरिक्त उनके राष्ट्रवाद का भी।

एक राष्ट्रवादी के रूप में राष्ट्रीय शिक्षा की अवधारणा पर बल देकर उन्होंने अतीव महत्त्वपूर्ण कार्य किया। अपनी प्रसिद्ध कृति 'भारत की राष्ट्रीय शिक्षा नीति की समस्या' में उन्होंने शिक्षा सम्बन्धी दर्शन का विश्लेषण प्रस्तुत किया। राष्ट्रीय शिक्षा की उनकी नीति में स्वदेशी के साथ आधुनिक भाषाओं के अध्यापन का भी समावेश है। वह गम्भीरता से अनुभव करते थे, शिक्षा मात्र संसाधनों का दुरुपयोग ही है, यदि राष्ट्रीय दायित्वों के प्रति इनके द्वारा चेतना का संचार नहीं होता। उनका मत था कि राष्ट्रीय शिक्षा शासन द्वारा नियंत्रित, प्रशासित और अनुदानित होनी चाहिए। इसका उद्देश्य सामाजिक कल्याण का सम्पारण होना चाहिए। शारीरिक, मानसिक विकास के साथ-साथ यह देशभक्ति और राष्ट्रवाद का भी संचार करे। इससे मानव का विकास एक ऐसी जीवन्त विचारशक्ति के रूप में होगा जो स्वयं सामाजिक जीवन के कष्टों से परिचित हो, स्वयं उनसे निकला हो और उनके निवारणार्थ प्रतिबद्ध हो। समाज ऐसा हो जो उसकी योग्यता में वृद्धि करे, उसे वह क्षमता दे जिससे वह समाज का उपयोगी सदस्य बने।

उन्होंने भारतीयों को सार्वजनिक कर्त्तव्य की उच्च भावना को विकसित करने तथा एक उच्च स्तरीय सार्वजनिक नैतिकता का आदर्श उपस्थित करने की प्रेरणा दी। वे चाहते थे कि लोग अपनी वैयक्तिक आवश्यकताओं की अपेक्षा राष्ट्र एवं उसके हित को प्राथमिकता दें। वे अपनी इस बात को बिल्कुल स्पष्ट रूप में कहते थे, राष्ट्र राज्य से ऊँचा है।[7] राष्ट्र ही राज्य के स्वरूप का निर्धारण करता है। उसकी सामूहिक क्षमता राज्य के स्वरूप में आमूल परिवर्तन भी कर सकती है।

राष्ट्रवाद तथा साम्प्रदायिकता (Nationalism Vs Internationalism)

एक कट्टर राष्ट्रवादी होते हुए भी लालाजी का विश्वास था कि "हिन्दुओं के हितों को सुरक्षित रखा जाए। 1909 में इण्डियन काउन्सिल एक्ट के पास होने और मुसलमानों के लिए पृथक् निर्वाचक मण्डल निर्धारित होने के पश्चात् लालाजी कांग्रेस पर यह आरोप लगाने का लोभ संवरण नहीं कर सके कि उसने आरम्भ से ही हिन्दू हितों की उपेक्षा की है।"[8] भारत में मुसलमान अल्प संख्या में थे, तथापि पंजाब में उनका बहुमत था। अतः उनके मतानुसार मुसलमानों ने

हिन्दुओं को वहाँ से धकेल दिया है। वे यह दावा निरन्तर रखते रहे कि "कांग्रेस को नाम से ही नहीं काम से भी एक हिन्दू आन्दोलन का रूप लेना चाहिए।"[9] इससे कुछ ही वर्ष पूर्व भी उनकी सम्मति थी, "यह मेरी दृढ़ धारणा है कि हिन्दू सदा हिन्दू रहेंगे और मुसलमान सदा मुसलमान रहेंगे। उनके धार्मिक विचार इतने भिन्न हैं कि पूर्ण एकता होनी असम्भव है। किन्तु यह दोनों राजनीतिक में एक ही ध्येय के लिए काम कर सकते हैं, क्योंकि दोनों को अभारतीयों से समान शिकायतें हैं।"[10] स्पष्ट है कि यह समान उद्देश्य भारतीयों की मुक्ति ही हो सकता है। दिसम्बर, 1909 के पंजाब हिन्दू सम्मेलन में उन्होंने हिन्दू-मुस्लिम एकता स्थापित करने में कांग्रेस की असफलता का रहस्य खोला और हिन्दुओं से आग्रह किया कि वे तोते की तरह भारतीय एकता की रट लगाने से पूर्व अपने मतभेद भुला दें।[11] उन्होंने तो यहाँ तक कह दिया, "भारतीय सम्प्रदायों के संघर्षों के मध्य मैं पहले हिन्दू हूँ और भारतीय उसके पश्चात्।"[12] किन्तु साथ ही उन्होंने यह भी कहा, "भारत की राजनीतिक मुक्ति सभी सम्प्रदायों के एक ही राष्ट्रीय इकाई के रूप में मिल जाने के परिणामस्वरूप ही आनी चाहिए।"[13]

पुनः 1911 में, जब आर्य समाज का मुसलमानों से संघर्ष हुआ, उन्होंने हिन्दी के अध्ययन तथा प्रयोग के लिए 'हिन्दू एलीमेंटरी एजूकेशन लीग' की नियुक्ति की। वह उर्दू-हिन्दी विवाद के पुनः उठ खड़े होने के लिए उत्तरदायी थे। यहाँ तक कि उन्होंने पंजाबियों से उर्दू साहित्य का बहिष्कार करने का अनुरोध किया।[14] इससे यह प्रकट है लालाजी जहाँ भारतीय एकता चाहते थे, वहाँ हिन्दू के रूप में भी उनका स्थान गौण नहीं था। भारत में हिन्दू-मुस्लिम एकता के प्रबल समर्थक होते हुए भी, वह विभिन्न वर्गों के मध्य होने वाले उन संघर्षों से भी अवगत थे, जो भारतीय एकता के पूर्ण साक्षात्कार में बाधक थे।[15] आरम्भ में अवश्य वह एक हिन्दू सम्प्रदायवादी के रूप में नज़र आते हैं, जो हिन्दू हितों की रक्षार्थ उत्सुक है और जो कांग्रेस द्वारा उनकी अपेक्षा से क्षुब्ध हो उठता है। उनके द्वारा हिन्दू महासभा की सदस्यता ग्रहण किए जाने, इसके 1925 के अधिवेशन के अध्यक्ष बनाए जाने और हिन्दुओं के उत्थान के लिए उनके द्वारा कार्यक्रम निर्धारित किए जाने से इस धारणा की और भी पुष्टि होती है।

निर्धारित कार्यक्रम इस प्रकार था—

(i) महासभा का सारे देश में संगठन करना।

(ii) ऐसे हिन्दुओं के लिए सहायता की व्यवस्था करना जो साम्प्रदायिक दंगों के कारण असहाय और पीड़ित हों।

(iii) इन हिन्दुओं को पुनः हिन्दू बनाना जो बलपूर्वक मुसलमान बनाए गए हैं।

(iv) सेवा समितियों का गठन करना।

(v) हिन्दी को लोकप्रिय बनाना।

(vi) हिन्दू त्योहारों को इस प्रकार मनाना जिससे हिन्दुओं में भ्रातृभाव का संचार हो।

(vii) सभी राजनीतिक विवादों में हिन्दू हितों का प्रतिनिधित्व करना।

(viii) हिन्दू कृषकों तथा उनसे इतर वर्गों में सद्भाव का संचार करना।

(ix) हिन्दू महिलाओं की स्थिति सुधारना।

(x) हिन्दुओं का मुसलमान तथा ईसाइयों से सद्भाव बढ़ाना।[16]

किन्तु आर्य समाज के अनुयायी तथा नेता के रूप में उन्होंने 1914 में बलपूर्वक कहा, "भारत एकान्ततः हिन्दुओं का देश नहीं है। भारत का भविष्य निहित है हिन्दुत्व और राष्ट्रीयता के सुमेलपूर्ण समन्वय में। 1924 में उन्होंने हिन्दुओं मुसलमानों में सुचारु सौहार्दपूर्ण सम्बन्धों की आवश्यकता का उल्लेख किया। उन्होंने हिन्दुओं तथा मुसलमानों को पृथक् निर्वाचक मण्डल सम्बन्ध व्यवस्था का तीव्र विरोध किया और कहा कि "इससे साम्प्रदायिक विद्वेष बढ़ेगा। मेरे मतानुसार, हिन्दू राज्य अथवा मुस्लिम राज्य का नारा शरारतपूर्ण है। हमारे लिए उचित यही है कि हम प्रजातान्त्रिक राज्य की बात करें। इस राज्य में हिन्दू, मुस्लिम तथा अन्य सम्प्रदायों का सहभागी के रूप में सहवर्तन होगा न कि किसी विशेष मतानुयायी के रूप में।"

उपरोक्त कार्यक्रम के विश्लेषण से यह पता चलता है कि भारतीय राष्ट्रीयता का यह अग्रणी हिन्दुओं का भी प्रहरी बन गया। किन्तु निश्चय ही वह रूढ़िवादी कट्टरपंथी हिन्दू नहीं थे। यही कारण है कि वह अन्य जातियों में सद्भावपूर्ण सम्बन्ध रखना चाहते थे। वह आर्य समाज से भी निरन्तर गतिशीलता की ऐसी नीति का अनुसरण करने का आग्रह करते थे जिससे पुरातनता से भी वह अपना लगाव बनाए रखे। यह प्राचीन भारतीय परम्परा एवं संस्कृति से सम्बन्ध तोड़ना नहीं चाहते थे, किन्तु भारतीयों से वह यह आशा अवश्य रखते थे कि वह वर्तमान काल की संस्थाओं और संस्कृति के शस्त्रागारों से प्राप्त होने वाले ज्ञान रूपी शस्त्रों से अपने को सज्जित अवश्य करें।" अतः वह उन अर्थों में हिन्दू पुनरुद्धारवादी नहीं थे, जैसा कि सामान्यतः समझा जाता है। उनकी विदेश यात्रा से उनके दृष्टिकोण में व्यापकता और दृष्टि में विशालता लाने में सहायता मिली। उन्होंने अपने देशवासियों से अनुरोध किया कि यह पश्चिम की आक्रामक भावना को ग्रहण करें और उनको बौद्धिक उपलब्धियों को आत्मसात् करें। अब वह हिन्दी का पक्षपोषण छोड़कर राष्ट्रभाषा रूप में हिन्दुस्तानी की बात करने लगे।

हिन्दू जाति के प्रति उनकी तीव्र भावना और उसके उत्थान के लिए उनकी

उत्कट इच्छा से, भारतीय एकता के प्रति तथा हिन्दू-मुस्लिम सुमेल के प्रति उनकी भावना का टकराव नहीं होता था। इस प्रकार की विचारधारा एक प्रगाढ़ राष्ट्रवादी की हो ही सकती थी, जिसने विशुद्ध राष्ट्रीय भावना को आत्मसात् किया हो। एक लेख में उन्होंने कहा था, "अपने देश में धार्मिक संघर्षों के द्वारा हम सारे अश्वेत संसार की दासता का कारण बनेंगे। यह विश्व आधिपत्य की ओर बढ़ते हुए श्वेत व्यक्तियों के सामने उनके पिछड़ जाने का कारण होगा। इसी कारण अश्वेत व्यक्ति निरन्तर श्वेत लोगों की दासता में रह रहे हैं।...धार्मिक रूपों, धार्मिक फार्मूलों पर और विश्वासों पर अड़े रहना प्रत्येक सम्प्रदाय द्वारा राजनीतिक क्षेत्र में धार्मिक मतभेदों को मान्यता प्रदान करना, आदर्श-प्राप्ति का उचित मार्ग नहीं।"[17]

वह इस पक्ष में नहीं थे कि धर्म भारत की एकता को खण्डित करे और एक मर्मान्तक स्वर में उन्होंने कहा, "भारत में हमारे लिए राष्ट्रवाद इतना दूर है जितना संसार के लिए अन्तर्राष्ट्रीयतावाद। इस समय सम्प्रदायवाद ने इसे एक ओर विस्थापित कर पथ से विमुख कर दिया। ऐसा लगाता है मानो कम-से-कम इस क्षण के लिए तो सम्प्रदायवाद ने उसकी हत्या कर दी हो।"[18] हिन्दुओं को संगठित रहने की प्रेरणा करते हुए और सभाओं का गठन करते समय, भारतीय के मुख्य ध्येय को वह विस्मृत नहीं करते। इससे प्रकट है कि वह प्रथमतः और मुख्यतः राष्ट्रवादी थे, यद्यपि अपने अन्य समकालीन नेताओं की भाँति राष्ट्रीयता के वास्तविक अर्थ से अनभिज्ञ नहीं थे। उनकी राष्ट्रीयता की परिभाषा इस प्रकार थी, 'हमारा एक नाम, एक पूर्वज, एक इतिहास, एक भाषा तथा एक ही भविष्य।"

पृथक् निर्वाचक मण्डल के साम्प्रदायिक आधार का उनका विरोध परिचायक है उनके उत्कट और समर्पित राष्ट्रभाव का। डॉ. ढंकी के शब्दों में, "हम विरोध का स्रोत उनका यह दृढ़ विश्वास था कि यह राष्ट्रवाद की भावना के विकास में तथा राष्ट्रीय स्वतन्त्रता के मार्ग में एक अवरोध होगा।"[19]

आजीवन वह संयुक्त मताधिकार के लिए संघर्षरत रहे। वस्तुतः यह ऐसे भारतीय नेता थे जिन्होंने मुसलमानों की शक्ति का अनुमान लगाया तथा भारतीय संविधान की कार्य परिधि के अन्तर्गत ही उनकी भावनाओं का परितोष करने का सुझाव दिया। संघीय संरचरना के अन्तर्गत मुस्लिम-बहुल प्रदेशों को स्वशासी बनाने का प्रस्ताव इसी कारण था।[20]

लाजपतराय एक उग्रवादी के रूप में

भारतीय राजनीति के क्षेत्र में बाल पाल तथा लाल की त्रयी, उग्रवाद के अग्रदूत के रूप में प्रसिद्ध है। उन्होंने नर्मदलीय नीतियों की भिक्षावृत्ति की नीति कहकर भर्त्सना की। उनकी दृढ़ सम्मति थी कि पूर्ण राष्ट्रीय स्वायत्तता का लक्ष्य

प्रार्थनाओं और समझाने-बुझाने के उपायों से प्राप्त नहीं किया जा सकता। स्वेदशी और बहिष्कार का लालाजी ने नए भारत के धर्म के रूप में समर्थन किया। उन्होंने इन उपायों के व्यवहार को 'आत्मोत्सर्गपरक'[21] देश-भक्ति की अभिव्यक्ति की संज्ञा दी।[22] उन्होंने नर्मदल का अचल वफादारी के उपदेश का उपहास किया और कहा कि राजनीतिक दासता की भारतीय स्थिति का यह अर्थ लगाना कि भारत राजनीतिक प्रशिक्षण प्राप्ति के लिए एक लाभप्रद स्कूल में है—भारतीयों के साथ एक क्रूर उपहास है।

तिलक के विरुद्ध, किन्तु पाल तथा अरविन्द के समान लाला लाजपत राय भी ब्रिटिश साम्राज्य के अन्तर्गत स्वायत्त शासन के उद्देश्य में विश्वास नहीं करते थे। 'साम्राज्य दिवस' मनाने वाले भारतीयों का उन्होंने यह कहकर उपहास किया, "यही वे लोग हैं जिन्होंने भारतीय देशभक्त को दल-दल में फँसा दिया है।"[23] अंग्रेज़ों द्वारा प्रदत्त अवैतनिक उपाधियों की उन्होंने यह कहकर भर्त्सना की, "यह वह श्वेत समाधियाँ हैं जो सड़े हुए भ्रष्टाचार को आश्रय दिए हुए हैं। यह ऐसे रुग्ण प्रकोष्ठ हैं जो क्षुद्रतम स्वार्थ के रोगों को जन्म देते हैं और भाई-भतीजावाद से जिनका पोषण होता है।"[24] नर्मदलीयों के विपरीत जो अराजकता के स्थान पर स्थिरता चाहते थे, लाजपत राय के विचार में अशान्ति उन्नति का सन्देशवाहक है और इससे राजनीतिक दासता से मुक्ति मिलती है। पंजाब सरकार के तत्कालीन मुख्य सचिव मेक्लेगन की सम्मति में वह कॉलोनाइजेशन बिल के विरुद्ध 1907 में भारत आन्दोलन चलाने वाले भारतीय राष्ट्रवादियों के नेता सरदार अजीत सिंह से भी अधिक भयानक क्रान्तिकारी थे। "वायसराय हार्डिंग और सेक्रेटरी आफ स्टेट क्रिऊ ने उन्हें भयानक नेता और उग्रवादियों का साथी कहा है।"[25] पंजाब के लेफ्टिनेण्ट गवर्नर सर डेन्जिल इब्सटन ने भी आन्दोलन दबाने के लिए लाजपत राय को देश से निकाल देने की बात कही थी। वर्मा में अपने को भेजने के सरकारी कदम पर टिप्पणी करते हुए लालाजी ने कहा था, "आप जो चाहे करे, आन्दोलन को दबाने के लिए। बलिदान होने की इच्छा और भी तीव्र होगी तथा राष्ट्रीय जागृति और तीव्र होगी। लालाजी के इन शब्दों में परिज्ञान होता है, उनके साहसपूर्ण हृदय का जिसे साम्राज्यवादी शक्ति दबा नहीं सकती।"

1914 में, आतंकवाद के कार्यों का उन्होंने यह कहकर समर्थन किया कि इनके द्वारा राष्ट्रीय स्वातन्त्र्य की भावना की विशुद्ध अभिव्यक्ति होती है। उन्होंने अंग्रेज़ों के युद्ध सम्बन्धी प्रयत्नों में सहायता देने से सम्बद्ध कांग्रेसी नीति को पसन्द नहीं किया। एक लेख में उन्होंने ब्रिटिश राज्य को अत्याचारी और उत्पीड़क बताते हुए कहा, "क्रान्तिकारी विचारों के प्रसार और राष्ट्रीय स्वतन्त्रता के विकास को रोका नहीं जा सकता। भारत ने एक ऐसे नए दौर में प्रवेश किया है, जब

उसके पुत्रों ने उस पर बलिदान होने की सार्थकता को समझ लिया है। आज पर इसलिए मर रहे हैं कि वह अपने देश को स्वतन्त्रता का मार्ग प्रशस्त कर सकें।''[26]

यद्यपि लालाजी उग्रवादी थे, तथापि वह एक सशस्त्र क्रान्ति में विश्वास नहीं रखते थे। 15 अगस्त, 1919 को उन्होंने पंजाबियों से कहा, ''हम अभी एक सशस्त्र क्रान्ति के लिए न तो परिपक्व हैं तथा न ही योग्य हैं। हम क्रान्ति अवश्य चाहते हैं, किन्तु शक्ति और हिंसा से नहीं। मध्यम श्रेणी का गठन करो, किसानों और श्रमिकों को एकत्र करो तथा गांधीजी का अनुसरण करो।''[27] इस शताब्दी के दूसरे दशक के आरम्भ में उन्होंने गांधीजी की नीति, उद्देश्यों तथा उन्हें पूरा करने के उपायों को लगभग स्वीकार कर लिया था। इस समय तक गांधीजी ने स्वराज्य का राग छेड़ना आरम्भ कर दिया था वे भी कहने लगे, ''मैं लाखों मनुष्यों को दास बनाए रखने वाले साम्राज्य का अंग बनने की स्वीकृति देने की अपेक्षा इच्छापूर्वक दास बने रहना पसन्द करूँगा। मैं इस प्रकार के साम्राज्य के अधिकारों और उत्तरदायित्वों का भागीदार नहीं बनना चाहता।''[28] यह स्पष्ट है कि लालाजी नर्मदल वालों के उद्देश्य सम्बन्धी मन्तव्य से सहमत नहीं थे। वास्तविक शारीरिक बल प्रयोग को छोड़कर, वह किसी भी उपाय का चाहे वह अंग्रेज़ों के लिए कितना और अवज्ञाशील क्यों न हो समर्थन करते थे। उन्होंने सविनय अवज्ञा आन्दोलन का यह कहकर समर्थन किया कि यह ''सत्य और कर्त्तव्य की भावना पर आधारित है। यह मूलतः उचित है।''[29] असहयोग के विषय में उनकी सम्मति थी, ''एक पराधीन देश के लोगों के लिए विदेशी शासकों से असहयोग ही मात्र एक उचित विकल्प है। किन्तु किसी-किसी दृढ़ और ऐसे कार्यक्रय के लिए असहयोग जिसमें लचीलापन न हो, अनेक विषमताओं से भरे, राष्ट्र के लिए एक ऐसा प्रयत्न है जिसका परिणाम मात्र असफलता ही हो सकती है। हम न तो असहयोग से अथवा न सहयोग की रणनीति से बँधे हैं। वही हमारे लिए श्रेयस्कर है जो परिस्थितियों के अनुकूल हो। किन्तु, यह इस बात पर बल देते थे कि हमारे स्वतन्त्रता-आन्दोलन का प्रत्येक कदम ऐसे समय उठाया जाए जो इसके लिए एकदम उपयुक्त हो। उन्होंने गांधीजी द्वारा 'चौरीचौरा' की एकमात्र हिंसक घटना के फलस्वरूप सविनय अवज्ञा आन्दोलन समाप्त करने पर खेद व्यक्त किया। एक पत्र में उन्होंने लिखा, ''एक राजनीतिक नेता एक सेनानायक होता है और कोई सेनानायक दुर्बल हृदय नहीं हो सकता। वह उसकी अवज्ञा करने वाले सैनिकों की निन्दा, अपमान, यहाँ तक कि उन्हें गोली भी मार सकता है, किन्तु उसे ऐसा कोई अधिकार नहीं है कि वह अपने हथियार डालकर अपनी पराजय स्वीकार कर अपने सैनिकों को बन्दी बनवा दे, केवल इसी आधार पर कि उसके कुछ सैनिकों ने उसकी अवहेलना की है। सामान्यतः वह शस्त्र-क्रान्ति के विरुद्ध थे, किन्तु वह क्रान्ति के विरोधी नहीं

थे। हृदय और मस्तिष्क की क्रान्ति पर वह बल देते थे। हिंसा और बल प्रयोग का उनकी क्रान्ति की अवधारणा में कोई प्रश्रय नहीं था। उनके शब्दों में, "हमें हिंसा की नहीं, संकल्प की दृढ़ता की आवश्यकता है, शीघ्र सहज कार्य साधकों की नहीं, सिद्धान्तों की आवश्यकता है।"

अन्त में हम कह सकते हैं कि लालाजी इस अर्थ में अतिवादी थे कि अन्त अतिवादियों की भाँति उन्होंने भी स्वराज्य-प्राप्ति, स्वदेशी, राष्ट्रीय शिक्षा, शान्तिपूर्ण प्रतिरोध और विदेशी वस्तुओं के बहिष्कार पर बल दिया। इसके अतिरिक्त अपने सशक्त लेखों, संस्थाओं के गठन तथा प्रचार संगठनों को भी राजनीतिक मुक्ति का माध्यम बनाकर आन्दोलन को नई शैली प्रदान की।

लाला लाजपत राय तथा समाजवाद

इंग्लैंड में श्री रेम्ज़े मैक्डोनल्ड जैसे ब्रिटिश समाजवादी नेताओं से लालाजी के सम्पर्कों का उनके मस्तिष्क पर बहुत प्रभाव पड़ा।

20 फ़रवरी, 1920 को अमरीका से अपनी वापसी पर उन्होंने समाजवादी विचारों को लोकप्रिय बनाने का निश्चय किया। सिडनी बेब नामक एक ब्रिटिश समाजवादी ने उनकी पुस्तक 'आर्य समाज' की भूमिका में लिखा था, "यद्यपि हम उन्हें एक मताग्रही (doctrinaire) समाजवादी नहीं कह सकते, तथापि अन्य समाजवादियों की भाँति वह भी स्वीकार करते हैं कि आज का पूँजीवादी समाज अन्याय एवं उत्पीड़न पर आधारित है और आरंभिक युगों की अपेक्षा जब अधिक अत्याचारी और बर्बर है।"[30] विदेश से गांधीजी को 1919 में लिखे एक पत्र में उन्होंने मस्तिष्क का स्पष्ट चित्रण प्रस्तुत किया। उन्होंने लिखा, "तुरन्त किए जाने वाले कार्यों में से एक यह है कि आर्थिक उद्देश्यों के लिए कृषकों और श्रमिकों का साथ देते हुए देश का गठन किया जाए। हमें कार्य नीचे से आरम्भ करना चाहिए। ऊपर के लोग अपना ध्यान स्वयं रखेंगे। मैं अधिक आर्थिक कार्रवाई चाहता हूँ।" यद्यपि वह भारतीय कृषकों तथा श्रमिकों के मार्गदर्शक थे, तथापि लालाजी को हम एक साम्यवादी अथवा मार्क्सवादी नहीं कह सकते। उन्होंने स्वयं स्वीकार किया है, 'मैं न तो साम्यवादी हूँ तथा न ही साम्यवादी सिद्धान्तों से मुझे सहानुभूति है।"[31] सारी दुनिया के श्रमिक आन्दोलन की एकता की बड़ी बात में उनका विश्वास नहीं था। भारतीय श्रमिक का पेट सस्ते सिद्धान्तों और साम्यवाद के आकर्षक शब्दों से नहीं भरा जा सकता। भारतीय श्रमिक को जो चाहिए, वह उनकी सम्मति में, कोरे सिद्धान्त नहीं, अपितु वह सहायता है जो सरकार तथा नियोक्ताओं (emplayer) के विरुद्ध अपनी शिकायतें दूर कराने के लिए उसे संगठित होने के लिए चाहिए। उसके आगे साम्यवाद अथवा कोई अन्य

वाद प्रस्तुत करना, उससे अन्तर्राष्ट्रीय एकता की इस प्रकार बात करना मानो वह पहले ही प्राप्त कर ली गई है। अन्तर्राष्ट्रीय सम्बन्ध जोड़ने के लिए, उससे यह कहना कि अपने को वह अन्तर्राष्ट्रीय विवादों में झोंक दे, इन सब बातों का अर्थ है उसे पथ-भ्रष्ट करना।''[32]

किन्तु, भारतीय ट्रेड यूनियन कांग्रेस (1920) के प्रथम अध्यक्ष के रूप में उन्होंने ट्रेड यूनियन कांग्रेस से अन्तर्राष्ट्रीय श्रम संगठन में अपने प्रतिनिधि भेजने का अनुरोध किया। उन्होंने भारतीय श्रमिकों तथा यूरोपियन श्रमिक वर्ग की मैत्री का पक्षपोषण किया। बोलशेविज़्म का सामना करने का एकमात्र उपाय धरती के विभिन्न मनुष्यों को, जिनका सम्प्रति शोषण हो रहा है, उनके उचित अधिकार दिलाना है। अन्यथा विश्व के असन्तुष्ट एवं शोषित देश, बोल्शेविज़्म के हृदयविदारक केन्द्र बन जाएँगे। भारत को जल्दी ही अपने स्वरूप को पहचानना होगा, अन्यथा हिमालय भी भारत में बोल्शेविज्म के प्रदेश को रोक नहीं सकेगा। एक सन्तुष्ट और स्वशासी भारत इसके विरुद्ध सबसे अच्छी सुरक्षा होगी और इसके विपरीत एक असन्तुष्ट तथा उत्पीड़ित भारत इसके लिए शायद सबसे अधिक उपजाऊ भूमि सिद्ध होगा।[33]

साम्यवाद की उस धारा की ओर संकेत करते हुए जो सारे विश्व को चपेट में ले रही थी, उन्होंने कहा था कि अंग्रेज़ों को भारत पर निरंकुशतापूर्वक शासन समाप्त कर देना चाहिए और इसमें शान्तिपूर्णक जनतन्त्र की स्थापना और उसका विकास करना चाहिए।

वह इस मार्क्सवादी सिद्धान्त के पक्ष में नहीं थे, कि किसी देश के लिए श्रमिक वर्ग की तानाशाही स्थापित करने से पूर्व पूँजीवादी दौर में से गुजरना आवश्यक है। वह भारत में यूरोप जैसे कीड़ों द्वारा खाए हुए, सड़े-गले, वीभत्स प्रकार के पूँजीवाद का प्रतिरूप उपस्थित करने को अबुद्धिमत्तापूर्ण मानते थे। उन्होंने भारत में औद्योगिक सभ्यता लाने का इस आधार पर कड़ा विरोध किया कि यह पूँजीवादी एक साम्राज्यवादी है। तथ्यों के पूँजीवादी रूपान्तर की अपेक्षा उन्होंने उनके समाजवादी और बॉल्शेविक रूपान्तर में अधिक विश्वसनीयता पाई।[34] ब्रिटिश समाजवादियों पर से उनका विश्वास उठ गया था, क्योंकि वह साम्राज्यवादी शक्तियों को समर्थन करते थे।

वह सबके लिए वास्तविक स्वतन्त्रता, समानता और अवसर चाहते थे। वह आर्थिक विकृति, लाभ कमाने की तृष्णा को सभी संघर्षों का मूल मानते थे। वह वर्ग युद्ध और वर्ग शत्रुता की आवश्यकता को स्वीकार नहीं करते थे। उन्होंने एक बार कहा था, ''हम वर्गों का एक मठ नहीं बनाना चाहते, किन्तु जहाँ तक सम्भव हो, हम वर्ग-संघर्ष को टालना चाहते हैं। यदि अनिवार्य है तो हम एक मिल में से

गुजरेंगे, किन्तु हमें प्रयत्न यह करना चाहिए कि इसकी आवश्यकता न पड़े।''[35]

उनका समाजवाद पाश्चात्य समाजवादी विचारकों से भिन्न था। यह भारत की वास्तविक स्थिति के अनुरूप था। अतः वह एक विकेन्द्रीकृत अर्थव्यवस्था के समर्थक थे और खद्दर के आर्थिक महत्त्व को स्वीकार करते थे। किन्तु वह कातने और खादी के अन्धानुयायी नहीं थे।

एक समाजवादी के रूप में, वह समाज के विस्तृत कार्यक्षेत्र में विश्वास करते थे, उदाहरणार्थ, शिक्षा देना, हस्पतालों को चलाना और रोगों तथा निरक्षरता को दूर करना। उन्होंने कहा, ''जिस प्रकार राज्य के लिए विद्यालय प्रदान करना आवश्यक है, वैसे ही हस्पताल प्रदान करना भी सरकार के लिए आवश्यक है। किन्तु इससे भी आवश्यक यह है कि राज्य ऐसे उपाय करे जिससे रोगों से न केवल बचाव ही हो, वरन् रोग पनप ही न पाएँ। अतः यह निष्कर्ष निकाला जा सकता है कि वे प्रथम भारतीय नेता हैं जिन्होंने समाजवादी विचारों के भारत में प्रवेश का मार्ग प्रशस्त किया। निस्सन्देह उन्होंने उन रेखाओं के अंकन के कार्य में मार्गदर्शन किया जिन पर समाजवादी अधिरचना बन सके। यह भी असन्दिग्ध है कि लालाजी मार्क्सवादी परम्परा के वैज्ञानिक समाजवादी न होकर मानवतावादी समाजवादी थे। जहाँ उन्होंने अंग्रेज़ी समाजवाद को उपहासास्पद बताया, वहाँ यूरोपियन समाजवाद को त्वचा से भी हल्का बताया। एक सच्चे समाजवादी का चित्रण उन्होंने इन शब्दों में किया है, ''एक विशुद्ध समाजवादी की परीक्षा इस बात से होती है कि साम्राज्यवाद के प्रति उसका दृष्टिकोण क्या है और पीड़ितों के प्रति व्यवहार कैसा है? दरिद्र नारायण की सेवा के बिना कोई समाजवादी नहीं हो सकता। अपने सिद्धान्तों को यदि वह धीरे-धीरे भी व्यवहार में नहीं ला सकता तो समाजवादी कहलाने का उसे अधिकार नहीं है।''[36]

लाजपत राय तथा समाज-सुधार

एक उत्कट राष्ट्रवादी होने के साथ-साथ लालाजी एक प्रबल समाज-सुधारक भी थे। उन्होंने आर्य समाज एवं लोक सेवक मण्डल (Servants of People Society) जिसके वह संस्थापक थे, के माध्यम से सामाजिक एवं मानवीय सेवा कार्य किए। उन्होंने अपने को अस्पृश्यता निवारण एवं दलित वर्ग के कष्ट दूर करने के लिए समर्पित कर दिया। दलित वर्ग के उद्धार के निमित्त अछूतोद्धार सभा उन्हीं की प्रेरणा से बनी। वह अनेक शिक्षण संस्थाओं के संस्थापक थे तथा राष्ट्रीय शिक्षा के सिद्धान्त में उनका विश्वास था। उन्होंने दलित लोगों से मित्रता की और उनकी दशा सुधारने के लिए संघर्ष किया। उन्होंने एक आर्यसमाजी के नाते जाति के आधार पर सब प्रकार की समानताओं का विरोध किया और वह

ऐसे वास्तविक धर्म के विकास में विश्वास करते थे जो सच्ची उन्नायक शक्ति है। अन्य मतों और पन्थों के प्रति उन्होंने आदरभाव पर बल दिया। नारी-मुक्ति के समर्थन में उन्होंने आवाज उठाई। बाल-विवाह को उन्होंने मानवता के विरुद्ध जघन्यतम अपराध कहा। स्त्री शिक्षा की महत्ता स्वीकारते हुए उन्होंने राष्ट्रीय विद्यापीठ की स्थापना पर बल दिया। अतीत से पूर्ण सम्बन्ध-विच्छेद के वह पक्ष में नहीं थे। आज के सन्दर्भ में प्रासंगिक प्राचीन मूल्यों के संरक्षण के वह समर्थक थे। वह ऐसा भविष्य घड़ना चाहते थे जो अतीत के गौरव के अनुरूप हो। देशवासियों का आह्वान करते हुए उन्होंने कहा, "यदि हमारे उद्देश्य पवित्र और उच्च हैं, यदि हम उच्च चरित्र, आत्म त्याग तथा उदात्त कार्य रूपी शस्त्रों का प्रयोग करते हुए अपने अभियान को आगे बढ़ाते हैं तो लक्ष्य-प्राप्ति में सफल होंगे। समाज सम्बन्धी विचारों की दृष्टि से वह नरम दल वालों के अधिक निकट थे। उनके समान वह भी यह मानते थे कि समाज-सुधार और राजनीतिक कार्य में घनिष्ठ सम्बन्ध है। वह राज्य को समाज-सुधार माध्यम बनाए जाने में संकोच नहीं करते थे। उन्हें इस बात का खेद था, "भारत में सुधारों को पूर्वाग्रह एवं मूर्खता के तीव्र प्रतिरोध का सामना करना पड़ रहा है और उन्हें इसके विरुद्ध राज्य से बिल्कुल सहायता नहीं मिलती है।"[37]

उपसंहार

लाला लाजपत राय के आर्थिक, सामाजिक तथा राजनीतिक विचारों के निष्पक्ष मूल्यांकन से प्रकट है कि लालाजी एक बहुमुखी प्रतिभा के धनी थे। निश्चय ही वह एक प्रबल राष्ट्रवादी थे और देश में समाजवादी विचारों का प्रसार करने वाले अग्रणी नेताओं में से थे। उनका जीवन मातृभूमि के लिए धैर्यपूर्वक कष्ट सहन, निष्काम सेवा और पूर्ण निष्ठा का भव्य अभिलेख है। ऐसा उन्होंने इसलिए किया कि हम जीवित रह सकें। उन्होंने भारतीय स्वतन्त्रता की ज्योति-रेखा को न केवल जीवन में, वरन् मृत्यु के पश्चात् भी ज्योतित किया जिससे मुक्त भारतीय आत्माओं में भी चेतना आ गई। उनकी छाती पर पड़े लाठी प्रहार निश्चय ही ब्रिटिश साम्राज्यवाद के कफन की कीलें प्रमाणित हुए। डॉ. ढंकी के शब्दों में, "निष्कर्ष रूप में हम कह सकते हैं, लाजपत राय एक उत्साही, आस्थावान, राष्ट्रवादी थे। उनका जीवन निस्वार्थ सेवा, समर्पित उद्यमशीलता जो देश-सेवा में नियोजित होने का विरल उदाहरण था।"[38] भारत की मुक्ति और राष्ट्रवाद के प्रति अनेक दुर्दम्य और दीप्त उत्साह से हिन्दू धर्म तथा संस्कृति के प्रति उनके आदर से काई विरोध नहीं था। वह राष्ट्रवाद और हिन्दू धर्म के संराधन के प्रबल समर्थक थे। यहाँ तक कि शान्ताराम हॉल बम्बई में लालाजी के स्वागतार्थ जो सभा 20

फरवरी, 1920 को एम. ए. जिन्ना की अध्यक्षता में आयोजित की गई थी उसमें जिन्ना ने भी उन्हें भारत के महानतम सपूतों में से एक बताया। प्रो. डी.सी. शर्मा के शब्दों में, "लालाजी ने हिन्दुओं में एकता और सुधार की भावना को सशक्त बनाया। सबसे बढ़कर तो यह है कि वह आजीवन राष्ट्रीय एकता के लिए समर्पण भाव से सेवारत रहे। उन्होंने अपने देश की सेवा वाणी और लेखनी से विधान मण्डलों में और उनसे बाहर भी की। उनका नाम कृतज्ञ देशवासियों के मानस-पटल पर सदा अंकित होगा। उन्होंने वैदिक आदर्शों को गरिमामयी उच्चता प्रदान की और उनका यह विश्वास यथार्थ ही था कि वैदिक आदर्श आधुनिक सभ्यता के आदर्शों की अपेक्षा वास्तविकता के अधिक निकट है।"[39] "वह धार्मिक और बौद्धिक व्यवहार संहिता का, सामाजिक व्यवहार की सरणियों और कलात्मक मानदण्डों का पाश्चात्य बौद्धिक उपलब्धियों से संश्लेषण कराने के पक्ष में थे।"[40]

यह विधि की विडम्बना ही थी कि देश में सर्वाधिक सहृदय पुरुषों में से एक, पंजाब केसरी स्वतन्त्रता के उस पौधे को फलते--फूलते वृक्ष के रूप में बढ़ा हुआ नहीं देख सके जिसे उन्होंने और उनके समकालीन व्यक्तियों ने लगाया और अपने आँसुओं और रक्त से सींचा। अपनी श्रद्धांजलिपरक टिप्पणी में गांधीजी ने लिखा, "लालाजी का अर्थ है, संस्था। अपने युवाकाल से ही देश-सेवा को उन्होंने अपना धर्म बना लिया और उनकी देशभक्ति संकीर्ण नहीं थी। उन्हें अपने देश से प्रेम था, क्योंकि उन्हें विश्व से प्रेम था। उनका राष्ट्रवाद अन्तर्राष्ट्रीयवाद था।" वह एक ऐसे मानवतावादी थे जो विभिन्न समुदायों में सद्भाव चाहते थे। आगामी संतति उन्हें आधुनिक भारत के एक शिल्पी के रूप में स्मरण करेगी। राष्ट्रवाद के साथ-साथ सम्प्रदाय निरपेक्षता और अन्तर्राष्ट्रीयतावादी सिद्धान्त भी रक्षित-पोषित रहेंगे।

सन्दर्भ

1. Dr. J.S. Dhanki 'The story of my life' by Lala Lajpat Rai, (1977 ed.). p. i.
2. 'The People' May 2, 1926.
3. Comparing Tilak with himself he said, "He was an orthodox revivalist, I was a social reformer. He was a *pucca* Sanatanist; I was an Arya Samajist"—The People--a Weekly, Agust 2, 1925.
4. लाजपत राय, "England's Debt to India", p. 327.
5. लाजपत राय, 'Unhappy India', p. 372-98.

6. लाजपत राय, 'The Political Future of India', p. 197.
7. Ibid. National Education in India, p. 147.
8. पंजाब, जून 29, 1909.
9. Argor, Daniel : Moderates or Extremists in Indian National Movement, (1947 ed.), p. 148.
10. पंजाबी, 13 अक्तूबर, 1906
11. Indian Review, दिसम्बर, 1909, पृ. 932.
12. Ibid.
13. Ibid.
14. P.N.N.R Zamindar, August 24, 1911.
15. The People, जुलाई 26, 1925.
16. Indra Prakash, A view of the History and Work of Hindu Mahasabha and the Hindu Sangathan Movement as Quoted by M. Weiner. in Party Politics in India, p. 11.
17. दी पीपल, जुलाई 26, 1925
18. दी पीपल, जुलाई 27, 1925.
19. Dr. J.S. Dhanki : op. cit., p. 16.
20. Ganesh : Lala Lajpat Rai, The Man in his World, p. 64.
21. 'Swadeshi Movement', Indian Review, May, 1906, pp. 353-56.
22. Ibid.
23. Patriotism towards the Empire, Indian Review, Jan., 1907
24. 'Title Hunters', Panjabi, Jan. 27, 1907.
25. Luther, Hardinge to Crewe, March 4, 1914.
26. Lala Lajpat Rai : Reflections on the Political Situation in India, pp. 4, 16,21,42
27. Lajpat Rai : India's Will to Freedom (a collection of Lajpat Rai's Writings), pp. 20-22.
28. Report of the 35th 1. N. C. Nagpur, 1920, p. 52.
29. Lajpat Rai : Ideals of Non-Cooperation, p. 64.
30. Lajpat Rai : India's Will to Freedom, pp. 36-37.
31. The People, Sept. 23, 1928.
32. The People : March 20, 1927.
33. Lajpat Rai : The Political Future of India, pp. 206-7.
34. लाजपतराय : ऑल इण्डिया ट्रेड यूनियन कांग्रेस के प्रथम अधिवेशन में अध्यक्षीय भाषण, India's Will to Freedom, p. 177.

35. Lajpat Rai : The Political Future of India, pp. 204.
36. The Political situation in one of the three articles published in Tribune, dated December 11, 14 and 16., 1927.
37. Lajpat Rai : Unhappy India, p. 91.
38. Dr. J. S. Dhanki : op. cit, p. 18.
39. Lajpat Rai : Some Observations on Civilization, U. S. A., pp. 333-43.
40. Lajpat Rai : The Evolution of Japan and other Papers, p. 96.

10

सर मुहम्मद इकबाल

"इकबाल बड़ा उपदेशक है,
मन बातों में मोह लेता है।
गुफ्तार का ग़ाज़ी बन तो गया,
किरदार का ग़ाज़ी बन न सका।"

—इकबाल

जीवन-परिचय

डॉक्टर मुहम्मद इकबाल—ख्यात कवि, धार्मिक, दार्शनिक तथा राजनीतिक आदर्शवादी का जन्म स्यालकोट (पश्चिम पंजाब में) के स्थान पर 22 फरवरी, 1873 को हुआ और उनका निधन 21 अप्रैल, 1938 को लाहौर के स्थान पर हुआ। उनका सम्बन्ध एक मध्यम श्रेणी के परिवार से था। उन्होंने अपनी शुरू की शिक्षा स्यालकोट में प्राप्त की और दर्शन में एम. ए. की डिग्री गवर्नमेंट कॉलेज, लाहौर से प्राप्त की। मूल रूप में दर्शन के प्राध्यापक के रूप में उनकी नियुक्ति ओरिएनटल कॉलेज में हुई। इसके तत्पश्चात् उन्हें गवनेमेण्ट कॉलेज, लाहौर में प्राध्यापक की नौकरी मिल गई। लाहौर में 6 वर्ष नौकरी करने के पश्चात् वे 1905 में उच्च शिक्षा प्राप्त करने के उद्देश्य से यूरोप चले गए। वे वहाँ पर 3 वर्ष रहे और जर्मनी तथा कैम्ब्रेज में दर्शन का अध्ययन किया और विधि का अध्ययन लन्दन में किया। उन्होंने म्यूनीच (Munich) विश्वविद्यालय से डॉक्टर आफ फिलासफी

(Doctor of Philcsophy) की उपाधि ग्रहण की। उनका Ph. D. का विषय 'Metaphysics in Persia' था। उनके विचारों पर Dr. Mc. Taggart तथा James Ward का बहुत प्रभाव पड़ा। यूरोप से वापस लौटने के बाद उन्होंने गवर्नमेंट कॉलेज, लाहौर में अपना पहले वाला स्थान सँभाल लिया। इसके अतिरिक्त उन्होंने वकालत करनी भी शुरू कर दी। प्राध्यापक के रूप में अपनी नौकरी के दौरान वे उर्दू के कवि के रूप में चमके और उनकी शुरू की कविताओं में राष्ट्रीय भावनाएँ देखने को मिलती हैं। चूँकि वे अध्यापक के कार्य को अपनी वकालत के साथ-साथ निभा न सके और कवि के रूप में वे कल्पना की उड़ान में ही मगन रहते थे, उन्होंने 1911 में नौकरी का त्याग कर दिया। तब से उन्होंने अपने आपको कविता लिखने में लगा दिया। साथ ही आजीविका के लिए उन्होंने वकालत करना भी जारी रखा। वे शीघ्र ही भारतीय मुसलमानों में उच्चकोटि के चिन्तक तथा साहित्यकार के रूप में सामने आए। 1922 में भारत सरकार ने उन्हें Knighthood की उपाधि से सम्मानित किया। अपने जीवन के अन्तिम चरण में वे राजनीति की ओर खिंच गए। 1927 में मुसलमानों ने उन्हें पंजाब विधान परिषद् का सदस्य चुन लिया। 1930 में उन्हें इलाहाबाद के मुस्लिम लीग के अधिवेशन का अध्यक्ष बनाया गया। इलाहाबाद में उनका अध्यक्षीय भाषण भारतीय राजनीति में एक सीमान्त (Iandmark) माना जाता है। इससे इकबाल के चिन्तन में राष्ट्रवादी से सम्प्रदायवादी होने के परिवर्तन का पता चलता है। उन्हें भारतीय सवैधानिक समस्याओं के बारे में अपने विचार प्रस्तुत करने के लिए पहले तथा दूसरे गोलमेज सम्मेलन में सम्मिलित होने के लिए निमंत्रण दिया गया था। 21 अप्रैल 1938 में इकबाल का देहान्त हो गया।

इकबाल के राजनीतिक विचारों का विचार करने तथा उनके दृष्टिकोण में एक राष्ट्रवादी से सम्प्रदायवादी बन जाने के परिवर्तन के कारणों को समझने से पहले यह कहना अनिवार्य है कि वे जलाल-उल-दीन रूमी से बहुत अधिक प्रभावित हुए थे। वे एक धार्मिक दार्शनिक बन गए और उन्होंने मुस्लिम धार्मिक विचारधारा के पुनर्निर्माण के लिए प्रयत्न किया। गत शताब्दी में उन्होंने इस्लाम दीनधर्म तथा विधिशास्त्र और मानवीय विचारधारा की इन्द्रियग्राह्य (phenomenal) प्रगति के प्रमुख झुकावों को एकस्वर करने का यत्न किया।

इकबाल के राजनीतिक विचार

इकबाल के राजनीतिक विचारों का अध्ययन दो चरणों में किया जा सकता है—उनके यूरोप जाने से पहले तथा वहाँ से वापस लौटने के पश्चात्।

(क) एक राष्ट्रवादी के रूप में (As a Nationalist)—यूरोप की यात्रा

करने से पहले युवक इकबाल एक उग्र राष्ट्रवादी थे। उन्होंने अपने देश की उपासना की और प्रेम तथा एकता भरी कविताएँ लिखीं। उनकी प्रसिद्ध कविता–'तराना-ए-हिन्दी' लगभग भारत का राष्ट्रगान बन गई। इस कविता में उन्होंने अपने सपनों के भारत के गुण इन शब्दों में गायन किए–

"सारे जहाँ से अच्छा, हिन्दोस्ताँ हमारा।
हम बुलबुले हैं इसकी, यह गुलिस्ताँ हमारा।।
पर्वत वह सबसे ऊँचा हमसाया आसमान का।
वह संतरी हमारा, वह पासवाँ हमारा।।
मज़हब नहीं सिखाता आपस में बैर करना।
हिन्दी हैं, हम वतन है, हिन्दोस्ताँ हमारा।।"[1]

इकबाल का यह राष्ट्रीय गान अब तक हमारे हृदयों को छूता है और उनकी देशभक्ति की भावना का पता देता है। एक अन्य गीत 'हिन्दुस्तानी बच्चों का कौमी गीत' में उन्होंने एक सच्चे राष्ट्रवादी के रूप में भारत का चित्र प्रस्तुत करते हुए लिखा है कि भारत एक ऐसी भूमि है, जहाँ पर पैग़म्बरों ने राष्ट्रीय एकता का सन्देश दिया। उन्होंने कहा कि :

"जहाँ पर चिस्तीयों ने सत्य का संदेश दिया,
जहाँ पर नानक ने एकता के गीत गाये,
वह देश जिसे तातारों से अपना घर बनाया,
जिसने अरब लोगों को अरब से लुभायमान किया,
और उन्हें अपनी भूमि का त्याग करना पड़ा,
वह देश मेरा घर है, वह मेरा घर है।"[2]

'नया शिवाला' नामक एक अन्य कविता में इकबाल ने अपनी मातृभूमि के प्रत्येक कण को देवता कहा है।

(ख) सम्प्रदायवादी इकबाल (Iqbal, the communalist) : यूरोप की यात्रा के फलस्वरूप उनके विचारों में एक महान परिवर्तन आया। वे राष्ट्रवादी न रहे। वहाँ से लौटने के पश्चात् वे पूर्ण रूप से बदल चुके थे। उनकी पहली धारणा, 'हिन्दी हैं, वह वतन हैं हिन्दोस्ताँ हमारा' पूर्ण रूप से बदल गई। उन्होंने लिखना शुरू किया, "चीन, अरब और भारत हमारे हैं। हम मुसलमान हैं और सारा विश्व हमारा है।" तब प्रगतिवादी इकबाल प्रतिक्रियावादी इकबाल बन गया। उनका पहले का राष्ट्र-प्रेम लोप हो गया। उसके स्थान पर वे एक कट्टर खिलाफतवादी तथा कट्टर इस्लामवादी बन गए। अपनी प्रसिद्ध कविता, 'शिकवा और

जवाब-ए-शिकवा' में उन्होंने स्पष्ट रूप से कहा, "धर्म ही राष्ट्र (कौम) को जन्म देता है और उसे बनाए रखता है; अगर धर्म नहीं रहेगा, तो कौम भी नहीं रहेगी।"[3]

उन्होंने देशभक्ति को 'मूर्ति पूजा का सूक्ष्म रूप कहकर' खण्डन किया,[4] जिसे इस्लाम किसी रूप में भी सहन करने के लिए तैयार नहीं है। अतः उन्होंने देशभक्ति के स्थान पर इस्लाम भक्ति का सुझाव दिया। उनके लिए इस्लाम एक धर्म मात्र ही नहीं था। यह एक जाति को स्वतन्त्र बनाने वाला था और इस्लाम एक जाति बन चुका था।[5]

उन्होंने यह कहना शुरू कर दिया कि राष्ट्रवाद इस्लाम की भावना के विरुद्ध है। उन्हें भय था कि राष्ट्रवाद की भावना कहीं इस्लामी भ्रातृभाव की एकता को आघात न पहुँचाए और प्रत्येक मुस्लिम देश पृथक् राष्ट्रवाद की भावना को बढ़ावा न देने लगे। उन्होंने जो पूरे जोर से खिलाफत आन्दोलन का समर्थन किया वह उनके सार्वभौतिकतावाद की धारणा से स्पष्ट रूप से टकराता है और इस बात की पुष्टि होती है कि उनके लिए कट्टर इस्लामवाद का अर्थ मुस्लिम राज्यों की एकता थी।

उन्होंने इस बात पर बल दिया कि इस्लाम न तो राष्ट्रवाद था और न ही साम्राज्यवाद, परन्तु एक राष्ट्र मण्डल था, जो कि राजनीतिक मामलों के लिए जातीय विभिन्नता को स्वीकार करता है और आधारभूत एकता में विश्वास रखता है। उनके शब्दों में, "मेरा वास्तविक मन्तव्य एक बढ़िया सामाजिक व्यवस्था की स्थापना करने तथा विश्व के सामने एक सर्वमान्य आदर्श प्रस्तुत करने का है, परन्तु मेरे लिए इस्लाम की सामाजिक व्यवस्था तथा महत्त्व को भुलाकर ऐसे आदर्श की रूपरेखा प्रस्तुत करना सम्भव नहीं होगा, जिसका अत्यन्त महत्त्वपूर्ण उद्देश्य जाति, वर्ग, रंग तथा आर्थिक स्थिति के बनावटी मत-भेदों को समाप्त करना है... चाहे मैं इस्लाम में पूरी श्रद्धा रखता हूँ, परन्तु मैंने इस्लाम को शुरुआत के तौर पर चुना है। मैंने ऐसा राष्ट्रीय अथवा धार्मिक कट्टरता के कारण नहीं किया, बल्कि इसलिए कि यह समस्या को जानने के लिए एक वास्तविक कदम है।"

अतः इकबाल ने यह नारा चुना, "वापस पुराने इस्लाम को।" उन्होंने 'मिल्लत' की धारणा पर बल दिया—जिसका अर्थ मुस्लिम मैत्री का स्फटिकीकरण है। काबा उसका भौगोलिक केन्द्र होगा। खुदा के लिए प्रेम तथा खुदा के अन्तिम पैगम्बर में श्रद्धा—इस्लामी एकता के बन्धनों को पक्की तरह बाँधेंगे। दैवी कानून है—'मिल्लत' का नेतृत्व प्राप्त करना। इस्लामी मैत्री में उनके दृढ़ विश्वास के कारण इकबाल ने राष्ट्रसंघ को यूरोपीय कूटनीति का दुर्बल ढाँचा कहकर त्याग दिया, जिसका पतन निकट भविष्य में अनिवार्य था। उन्होंने कांग्रेस की यह कहकर तीव्र आलोचना की कि वह हिन्दुओं की संस्था है। उन्होंने इसके प्रतिनिधि

स्वरूप को चुनौती देते हुए कहा कि इसका सम्बन्ध और सम्पर्क भारत के राजाओं, महाराजाओं से है। अतः उन्होंने मुसलमानों की एकमात्र प्रतिनिधि संस्था के रूप में मुस्लिम लीग का दावा प्रस्तुत किया। उन्होंने अपने मुसलमान भाइयों का आह्वान किया कि वह कांग्रेस छोड़कर मुस्लिम लीग में आ जाएँ। वह कांग्रेस के धर्मनिरपेक्ष स्वरूप पर कटाक्ष भी करने लगे। वे मानते थे कि भारत में एक पूर्ण इकाई के गठन के लिए जहाँ मेल और सौहार्द हो, सम्प्रदायवाद अपरिहार्य है। उन्होंने भारत में ही एक 'मुस्लिम इण्डिया' बनाने की मुसलमानों की माँग को उचित बताया।

उन्होंने बताया, "ब्रिटिश साम्राज्य के अन्तर्गत अथवा इसके बाहर स्वायत्त शासन मिले, परन्तु अब ऐसा लगता है कि उत्तर-पश्चिमी भारतीय मुस्लिम संघटन, विशेषतः उत्तर-पश्चिमी भारतीय मुसलमानों के लिए तो उनकी अन्तिम नियति है।"[6]

वास्तव में, वह समझते थे कि उत्तर-पश्चिमी भारतीय मुस्लिम राज्य भारत को विदेशी आक्रमण से सर्वोत्तम सुरक्षा प्रदान करेगा—चाहे वह आक्रमण संगीनों का हो अथवा विचारों का। उन्होंने कहा, "अतः मैं भारत और इस्लाम दोनों के सर्वोत्तम हितों के लिए एक संघटित मुस्लिम राज्य की माँग करता हूँ। भारत के लिए इसका लाभ, शान्ति और सुरक्षा है और मुसलमानों को अरब साम्राज्यवाद की मोहर से मुक्ति मिलेगी जिससे वह यह श्रेय न ले सके कि यह राज्य उसकी शक्ति के कारण बना है।"[7] वास्तव में मुस्लिम राज्य की इस वकालत के परिणामस्वरूप पाकिस्तान बना और कालान्तर में इसकी परिणति दो राष्ट्रों के सिद्धान्त में हुई।

इकबाल ने राष्ट्रवाद का विरोध क्यों किया?

अब प्रश्न उठता है कि इकबाल जो कि कभी एक महान राष्ट्रवादी थे, राष्ट्र के विरुद्ध क्यों हो गए?

पहली बात तो यह है कि यूरोप की उनकी यात्रा के कारण उनके विचारों में एक महान परिवर्तन आया। इसकी पूरी छानबीन करने की जरूरत है। सम्भव है कि यूरोपीय प्रभाव के कारण वे राष्ट्रवाद से हट गए हों।

दूसरे, उन्होंने यह जाना कि अखिल भारतीय राष्ट्रवाद का नारा अगर वास्तविक रूप धारण कर लेता है तो इसका परिणाम हिन्दुओं की निरन्तर प्रभुता होगा, क्योंकि भारत में उनका ही बहुमत है। इस प्रकार के शासन में, जिसमें हिन्दुओं का प्रभुत्व होगा, मुसलमानों की सांस्कृतिक तथा धार्मिक प्रगति में बाधा उपस्थित होगी। अतः उन्होंने संघात्मक प्रणाली की सरकार का सुझाव दिया,

जिसमें केन्द्र को कमजोर रखा जाए ताकि संघ की इकाइयाँ स्वायत रूप से कार्य कर सकें। 1930 के लीग के अधिवेशन के अध्यक्षीय भाषण में उन्होंने कहा, 'मैं मुसलमानों को सरकार की ऐसी प्रणाली को अपनाने की राय कदाचित् नहीं दूँगा, चाहे वह अंग्रेज़ी प्रकार की हो, अथवा भारतीय मूल की हो, जिसमें वास्तविक संघ के सिद्धान्तों की अवहेलना की गई हो अथवा जो प्रणाली उन्हें एक विभिन्न राजनीतिक सत्ता के रूप में स्वीकार न करती हो।''

तीसरे, उन्होंने भारतीय राष्ट्रवाद को बुर्जुआ राष्ट्रवाद कहा और भारतीय राष्ट्रीय कांग्रेस को एक बुर्जुआ समुदाय। उन्होंने अपने अध्यक्षीय भाषण में 1930 में तो यहाँ तक कहा दिया कि भारतीय राष्ट्रीय कांग्रेस देसी राजाओं जैसी संस्था ही है। अतः उन्होंने भारतीय राष्ट्रवाद तथा कांग्रेस दोनों का खण्डन किया, जो इसके समर्थक थे।

चौथे, इकबाल को भय था कि कहीं राष्ट्रवाद की धारणा से इस्लामी भाईचारे में फूट न पड़ जाए। अतः इस्लामी एकता के बन्धनों को खोला जाए। ''उन्होंने पश्चिमी धारणा के राष्ट्रवाद को मुसलमानी भाईचारे के लिए घातक विष की संज्ञा दी और इसका सक्रिय रूप से प्रचार साम्राज्यवादी शक्तियों का इस्लाम को कमजोर बनाने का यत्न था।''[8] उन्होंने इस्लामी विचारधारा के अनुसार 'अभियुक्त राष्ट्रवाद' तथा 'परिभ्रष्ट साम्राज्यवाद' के स्थान पर सारे विश्व को 'ईश्वर का परिवार' माना।[9]

नए मुस्लिम राज्य की विचारधारा

जैसा कि पहले कहा गया है, इकबाल ने राष्ट्रवाद का त्याग कर दिया। वह उन्नीसवीं शताब्दी में इस्लाम के पुनरुज्जीवन के प्रति जागरूक थे। भारत में सर सैयद, रूस में मुफ्ती आलमताम और अफगानिस्तान में सैयद जलालुद्दीन की गतिविधियों में हमें मुस्लिम समुदाय के पुनर्जागरण के दर्शन होते हैं। वे बड़ी गम्भीरता से अनुभव करते थे कि भारतीय मुसलमानों की नियति उनके लिए एक पृथक् राज्य के गठन के साथ जुड़ी हुई है। मुसलमानों का संहार उनके लिए असह्य था। उनके लिए इस प्रकार का संहार एक राष्ट्रवादी संहार था। उनकी यही धारणा थी कि राजनीतिक दृष्टि से स्वतन्त्र भारत में मुसलमान अल्पसंख्यकों पर हिन्दू बहुमत के अत्याचार की संभावना है। इसी कारण उन्होंने भारत के अन्तर्गत मुसलमानों के लिए पृथक् राज्य के बारे में सोचना शुरू कर दिया। 1930 के लीग के अधिवेशन में अपने अध्यक्षीय भाषण में उन्होंने कहा, ''भारत एशिया का लघु रूप है। इसके कुछ लोगों का सांस्कृतिक सम्बन्ध पूर्व के राष्ट्रों के साथ है और कुछ लोगों का सम्बन्ध मध्य तथा पश्चिम एशिया के देशों के साथ है। अगर भारत में प्रभावशाली सहयोग के सिद्धान्त की खोज की जाए तो इस प्राचीन भूमि

में जिसने काफी समय से कष्ट सहन किए, शान्ति तथा आपसी सद्भाव बढ़ेगा।'' उन्होंने शान्ति तथा सद्भाव का युग लाने के लिए सुझाव दिए और इस समस्या का समाधान पृथक् मुस्लिम राज्य की स्थापना ही बताया। अपने भाषण के अन्तिम शब्दों में वे अपने उद्देश्य में बिल्कुल स्पष्ट थे। उन्होंने कहा, ''मैं चाहता हूँ कि पंजाब, सीमान्त प्रान्त तथा बुलोचिस्तान को मिलाकर एक राज्य बनाया जाए। स्वराज्य चाहे ब्रिटिश साम्राज्य के अन्तर्गत हो चाहे उसके बाहर, उत्तर-पश्चिम भारत के मुसलमानों के लिए एक इकट्ठा उत्तर-पश्चिम भारतीय मुसलमानों का राज्य मुझे अनिवार्य लगता है।'' इस प्रकार यह स्पष्ट है कि इकबाल तीस के दशक के आरम्भ में पश्चिमोत्तरी भारतीय मुस्लिम राज्यों के संघनन का उत्साहपूर्वक पक्ष ले रहे थे। इकबाल संयुक्त भारत में मुसलमानों का भविष्य अन्धकारपूर्ण मानते थे। इस प्रकार इसके पश्चात् वह एक विशिष्ट प्रदेश में पश्चिमोत्तर भारतीय मुसलमानों की सभ्यता के प्रमुखतम प्रवक्ता बने। 29 दिसम्बर, 1930 को एक अध्यक्षीय भाषण में उन्होंने कहा, ''समांगीकृत सजातीय भारत की अवधारणा संविधान को आधृत करना अथवा ब्रिटिश जनतान्त्रिक भावनाओं द्वारा निदेशित सिद्धान्तों का भारतीय सन्दर्भ में प्रचलन, उसे अनिच्छापूर्वक गृहयुद्ध के लिए तैयार करना है।''[10] अतः इकबाल के सुझावों के अनुसार उत्तर-पश्चिम भारत के मुसलमानों को भारतीय शासन प्रणाली के अन्तर्गत विकास करने के पूरे अवसर मिलने चाहिए थे। परन्तु उन्हें अपने ही राज्य—भारत के अन्तर्गत मुस्लिम-भारत का निर्माण करना होगा। इकबाल ने इस विचार को दोबार दुहराते हुए 6 दिसम्बर, 1933 को देश के धार्मिक, ऐतिहासिक तथा सांस्कृतिक सम्बन्धों के आधार पर पुनर्वितरण पर बल दिया। 28 मई, 1937 को जिन्ना को लिखे अपने एक पत्र में उन्होंने एक बात को दुहराया कि देश का पुनर्वितरण करना अथवा अधिक बहुमत वाले मुस्लिम राज्यों की स्थापना करना अत्यन्त आवश्यक है।''[11]

इन सभी तथ्यों से स्पष्ट होता है कि इकबाल पाकिस्तानी पृथक्वाद के सैद्धान्तिक प्रवक्ता थे। वह भाग्य की विडम्बना ही थी कि एक समय जो हिन्दू-मुस्लिम एकता का समर्थक था, वह आज प्रथक्तावाद का अगुआ बन गया और प्रवक्ता बन गया एक पृथक् मुस्लिम राज्य का, मुख्यतः पश्चिमोत्तरी भारतीय मुसलमानों के लिए। अतः पाकिस्तान के मुसलमान उन्हें पाकिस्तान का आदि निर्माता मानते हैं और उनके काव्य-संग्रहों को, जिनमें पृथकता के भाव भरे हैं, अपनी धर्म पुस्तक कुरान के बाद दूसरा स्थान देते हैं।

इकबाल—एक समाजवादी के रूप में

इकबाल ने समाजवाद का कोई वैज्ञानिक सिद्धान्त प्रस्तुत नहीं किया, परन्तु

उनकी कुछ कविताएँ समाजवादी झुकाव को प्रस्तुत करती हैं और पूँजीवाद की बुराइयों को नंगा करती हैं। कई स्थानों पर इकबाल ने शोषण को समाप्त करने के लिए क्रान्तिकारी आन्दोलन करने का सुझाव दिया है। अपनी एक सुप्रसिद्ध कविता 'खुदा का फरिशतों को हुकम' में उन्होंने लिखा है–

जाओ और मेरी दुनिया के ग़रीबों तथा कंगालों को उठाओ।
और अमीरों के महलों की दीवारों को जड़ से हिला दो।
अव्वाम (जन साधारण) की हकूमत के दिन नजदीक हैं।
पुरानी यादगारें जहाँ कहीं भी पा जाएँ उन्हें गिरा दो।
क्या कोई ऐसा खेत है जो किसान को रोजी न दे।
जाओ और उस खेत के गेहूँ का एक-एक दाना जला दो।

अबादतगाहें (पूजा-स्थल) जो संगमरमर की बनी हैं मुझे उन सबसे नफरत हैं जाओ और बन्दगी करने के लिए मेरे लिए मिट्टी का छोटा-सा झोंपड़ा बना दो।

स्पष्ट है कि इकबाल ने क्रान्ति का प्रचार किया और उस दिन की आशा की जिस दिन को अव्वाम (जनता) का राज्य होगा। एक अन्य कविता में उन्होंने पूँजीवाद की बुराइयों को नंगा किया है। उन्होंने लिखा–

"आदमी अब भी शोषण तथा साम्राज्यवाद का शिकार है; क्या यह एक महान् प्रकोप नहीं कि आदमी ही आदमी का शिकार करे?...सियासी पालिसी (राजनीतिक नीति) का कोई भी जादू उस सभ्यता को सुदृढ़ नहीं बना सकता, जो पूँजीवाद के रेत पर आधारित है।"

इकबाल, भौतिकवाद से प्यार तथा दिखावे की लालसा के कारण पाश्चात्य सभ्यता के विरुद्ध थे। एक स्वप्नदर्शी होने के नाते उन्होंने यह भविष्यवाणी की कि पूँजीवाद पर आधारित सभ्यता लम्बे समय तक नहीं चल सकती। स्मिथ के शब्दों में, "इकबाल ने पूँजीवाद की आर्थिक निष्ठा को देखा। उन्होंने लोकतन्त्र में उदारवाद के पाखण्ड द्वारा इसके शोषण को देखा और वे पूर्ण रूप से पूँजीवादी जगत का सफाया करने के पक्ष में थे।"

वास्तव में उन्होंने पूँजीवाद की धारणा को धार्मिक दृष्टि से देखा। कुरान के मतानुसार, "खुदा ने दुनिया अपने जीवों के लिए बनाई।" अतः इस पर पूँजीपति अथवा भूमिपति का किसी प्रकार का अधिकार ईश्वरीय कानून में अन्यायपूर्ण हस्तक्षेप माना जाएगा। वे खुदा की अलौकिकता (Majesty) में विश्वास रखते थे और उसे ही सारी दौलत का स्वामी समझते थे और मनुष्य केवल उसके न्यासी ही हैं।

कुरान में शोषण अथवा वर्ग और श्रेणीगत आधिपत्य की निन्दा की गई है।

इकबाल ने किसी भी रूप में हो, शोषण की निन्दा की है। पूँजीवादी शोषण के विरुद्ध हिंसात्मक क्रान्ति का सुझाव दिया। इकबाल ने इस पर बल दिया कि इस्लाम आय के स्रोतों और व्यय के क्षेत्रों को सीमित कर आर्थिक जीवन में संयम पर बल देता है। इस प्रकार यह पूँजीवादी प्रवृत्तियों को नियन्त्रित कर उनकी वृद्धि को रोकता है। अधिकारहरण (Expropriation) के द्वारा पूँजीवाद और जमींदारी को प्रभावहीन बना देता है। स्वत्रतन्त्रता और समानता पर आधृत ऐसे समाज का गठन होता है जिसमें विवाद मिट जाते हैं। विश्वास और सर्वोच्च कोटि की मानवीय सहृदयता के दर्शन होते हैं।

इस आध्यात्मिक दार्शनिक विवरण से हमें यह परिणाम नहीं निकाल लेना चाहिए कि मार्क्स की भाँति इकबाल एक समाजवादी नहीं थे। वे पूँजीवाद का खण्डन करके समाजवाद का कोई सिद्धान्त प्रस्तुत न कर सके। क्योंकि उन्हें अर्थ तथा समाजवाद के दर्शन के मूल सिद्धान्तों की कोई शिक्षा प्राप्त नहीं थी। उन्होंने कुरान के दृष्टिकोण से इस समस्या को लिया। हम स्मिथ के इस कथन से सहमत हैं कि, "इकबाल को समाजवाद का इतना ज्ञान नहीं था। वे विश्लेषणपूर्वक तथा तार्किक रूप से पूँजीवाद की त्रुटियों को समझ न सके। परन्तु वे भावुक तौर पर एक समाजवादी थे क्योंकि उनका मानवता से प्रेम था।"[12] इकबाल मात्र पूँजीवाद के ही नहीं साम्राज्यवाद के भी विरोधी थे। उनके मतानुसार साम्राज्यवाद के कारण धनहीन लोगों का शोषण होता हैं वे कहते थे कि जहाँ एक निर्धन की भूख उसकी आत्मा को नष्ट करती है वहाँ एक सुल्तान और सम्राट् की भूख राज्य और धर्म के विनाश का कारण बनती है। इकबाल भौतिकवाद के प्रति चाहे और लोभ वर्धनशीलता के कारण पाश्चात्य सभ्यता के विरोधी थे। एक स्वप्नद्रष्टा के रूप में उन्होंने पूँजीवाद पर आधारित सभ्यता के विनाश की भविष्यवाणी की। स्मिथ के शब्दों में, "इकबाल ने पूँजीवादी आर्थिक निष्ठा को देखा था, उन्होंने प्रजातान्त्रिक उदारता के छलनामय नाटक से अपने को निकाला था, जिसका अन्तिम परिणाम शोषण ही था। यही कारण था कि वह पूँजीवादी संसार के व्यापक अत्याचार के प्रति संवेदनशील थे।"[13] अपनी कविता 'जविद जामा' में वे कहते हैं, "जहाँ पूर्व ने अपने को अध्यात्म पर केन्द्रित रखा और भौतिकवाद की उपेक्षा की, वहाँ पश्चिम ने ठीक इसके विपरीत किया। उन्होंने पूर्व और पश्चिमी संस्कृतियों के संश्लेषण पर बल दिया।

धर्म निरपेक्षवाद का उनका विरोध—(धर्मतांत्रिक राज्य में उनका विश्वास)

इकबाल एक इस्लामी धार्मिक पुनर्जागरणवादी थे, चाहे उनका व्यवहार कट्टरवादी नहीं था। अपने भाषणों में से एक में उन्होंने कहा, "इस्लामी मान्यतानुसार,

समस्त जीवन का आध्यात्मिक आधार शाश्वत है।...हमें यह नहीं भूलना चाहिए कि जीवन केवल मात्र सीधा सरल परिवर्तन है। जीवन में संरक्षण के तत्त्व भी स्वतः छिपे रहते हैं। अपनी पीठ पर अतीत का भार लेकर जीवन आगे सरकता है। किसी भी सामाजिक परिवर्तन, आदर्श और वृत्ति को ध्यान में रखते हुए हम जीवन में निहित में निहित इन संरक्षण तत्त्वों की अनदेखी नहीं कर सकते।''[14] वे कुरान के उसूलों में विश्वास रखते थे और उन्होंने नीत्शे (Nietzsche) के नास्तिकता के प्रचार का खण्डन किया। उन्होंने वर्तमान राष्ट्रीयता के सिद्धान्तों तथा सूत्रों में जो नास्तिक भौतिकवाद दिखाई देता है उसका भी विरोध किया। उन्होंने मनुष्य के आध्यात्मिक उद्धार के आदर्श का तथा आध्यात्मिक आधार पर मानवता के सामाजिक विकास का समर्थन किया। उन्होंने आध्यात्मिकता को छोड़कर भौतिकवाद से प्रेम करने के कारण पाश्चात्य सभ्यता का खण्डन किया और मैक्यवली जैसे दार्शनिकों की 'शैतान का दूत' कहकर भर्त्सना की, क्योंकि उसने नैतिकता को राजनीति से अलग कर दिया था। उन्होंने 'फक्र' की इस्लामी धारणा बताई और धर्म को प्रगति की शक्ति के रूप में ऊपर उठाया। उनके कथनानुसार–''धर्म...जो कि न तो कोई सिद्धान्त है और न ही पादरीगिरी और न ही संस्कार है, अकेले ही आधुनिक मनुष्य को नैतिक रूप से उस भार तथा उत्तरदायित्व के लिए तैयार कर सकता है, जो आधुनिक विज्ञान की प्रगति के कारण उस पर आ पड़ा है और जो उसे अनिवार्य रूप से उसमें लपेटे हुए है और धर्म ही उसमें वह विश्वास भर सकता है जो उसे आज एक व्यक्ति पर विजय पाने तथा उसे बाद के लिए सुरक्षित रखने की योग्यता प्रदान करता है।''[15]

यद्यपि इकबाल सामाजिक स्थिरता और जीवन संरक्षक तत्त्वों की महत्ता स्वीकार करते हैं, तथापि वह मुस्लिम विधि-शास्त्र से सम्बद्ध उदारवादी वर्ग के विचारों की वैधता की भी, कुरान के प्रति आस्थावान रहते हुए भी उपेक्षा नहीं करते। इस प्रकार वह समय की परिवर्तित वास्तविकता को अपने मस्तिष्क से दूर नहीं करते। अतः उन्हें सम्पूर्ण पुनरुज्जीवक मानना उचित नहीं।

राजनीति में नैतिकता को मिलाने के दृष्टिकोण ने इकबाल को 'शरीयत' के कानूनों पर आधारित धर्मतान्त्रिक राज्य की स्थापना के बारे में सोचने पर बाध्य कर दिया। उन्होंने आध्यात्मिकता के आधार पर राजनीति तथा प्रशासन के गठन का सुझाव दिया। वे नहीं चाहते थे कि मनुष्य के जीवन के सामाजिक, आर्थिक, राजनीतिक तथा धार्मिक पहलुओं को अलग-अलग करके देखा और माना जाए। उन्होंने महसूस किया कि धर्म ही जीवन के सभी पहलुओं को रूप प्रदान करता है, अतः इकबाल खुदा की प्रभुता के विचार की ओर लौटे, जो कि शरीयत के कानूनों द्वारा सामने आती है और उन्होंने प्रभुसत्ता की आधुनिक धारणा को नहीं माना

जिसमें लोगों को अथवा 'सामान्य इच्छा' (General will) को प्रभुसत्ताधारी माना जाता है। उन्होंने इस बात पर बल दिया कि कुरान में धर्म तथा राज्य, नैतिकता तथा राजनीतिक को एक स्थान पर इकट्ठा कर दिया गया है, ठीक उसी तरह जिस तरह प्लेटो ने अपनी रचना 'रिपब्लिक' में किया है।[16] उन्होंने जोर देकर कहा कि ईसाई मत के विपरीत इस्लाम धर्म-विपरीत राजनीति के सिद्धान्त को नहीं मानता। अतः आध्यात्मिक तथा दुनियावी जगत् को पृथक् नहीं किया जा सकता। उनके शब्दों में, 'इस्लाम के दृष्टिकोण से राज्य एक मानवीय संगठन में आध्यात्मिकता की प्राप्ति का ही एक प्रयत्न है।''[17] अतः इकबाल मानसिक दृष्टि से सम्प्रदायनिरपेक्ष राज्य की अवधारणा का समर्थन करने के लिए तैयार नहीं हो सके। इकबाल ने कहा, ''कुरान यह आवश्यक समझता है कि धर्म, राजनैतिकता और राजनीति को एक ही समझा जाए जैसे प्लेटो ने रिपब्लिक में किया।''[18]

यहाँ पर यह कहना अनुचित नहीं होगा कि चाहे इकबाल का विश्वास एक धर्मतान्त्रिक राज्य की स्थापना में था—ऐसा राज्य जो शरीयत के कानूनों पर आधारित हो और खुदा की प्रभुसत्ता को मानता हो, परन्तु उन्होंने इस धारणा को नहीं माना कि शासक को खुदा का प्रतिनिधि माना जाए। अतः उनकी कल्पना वाले धर्मतान्त्रिक राज्य में शासक अपनी सत्ता का दुरुपयोग करके तानाशाह नहीं बन सकेगा। इसके अतिरिक्त उनका यह विचार था कि राज्य का लक्ष्य आध्यात्मिक निपुणता लाना तथा प्रजा के धार्मिक जीवन को विकसित करना था यदि राज्य यह सब न कर सके तो उसका पतन निश्चित था।

दूसरे, उनके द्वारा राज्य को एक विशेष धर्म पर आधरित करने की बात आधुनिक धर्मनिरपेक्ष राज्य के सिद्धान्त के लिए एक चुनौती है, जो कि धर्म को व्यक्ति का निजी मामला समझता है। धर्म ही जीवन की सभी अवस्थाओं को स्वरूप प्रदान करता है। ईश्वर की सार्वभौम प्रभुसत्ता में उनकी आस्था जिसकी अभिव्यक्ति मनुष्य जीवन की सभी अवस्थाओं को उसके द्वारा शासित होने के माध्यम से होती है, जिस सम्बन्ध के शरीयत में कानून बने हैं, वही इकबाल के धर्मतन्त्रपरक दृष्टिकोण का उत्स (Source) है।

पाश्चात्य सभ्यता के बारे में उनके विचार

जैसा कि पहले बताया जा चुका है, इकबाल तीन वर्ष तक यूरोप में रहे। इन तीन वर्षों ने उनके दृष्टिकोण को पूर्ण रूप से बदल दिया और उनके मन पर न मिटने वाला प्रभाव डाला। पाश्चात्य सभ्यता ने इकबाल पर पूर्ण रूप से दो प्रभाव डाले। एक ओर मन का वैज्ञानिक झुकाव तथा यूरोपियनों की अंधाधुंध नकल तथा न थकने वाली शक्ति, असीम ओज तथा यूरोपियन जीवन की उत्तेजित

हलचल और मानवीय जीवन के सामने बहुत अधिक संभावनाओं के चित्रों का इकबाल पर बहुत गहरा प्रभाव पड़ा। दूसरी ओर यूरोपियन समाज के भौतिकवाद ने, जिसने बहुत से लोगों के जीवन में हृदयों का नाश करने और आपसी गला काटने वाले मुकाबले को जन्म दिया है।[19] इकबाल को पश्चिम ने भ्रम जाल में से निकाल दिया। अतः उन्होंने अपने देशवासियों को पूर्ण रूप से पश्चिम की नकल न करने को कहा, चाहे उन्होंने इस बात की छूट दे दी कि जो कुछ भी पाश्चात्य सभ्यता में लाभदायक है, उसे ले लेने में कोई बुरी बात नहीं है। उन्होंने इस्लाम तथा उसके सिद्धान्तों को पाश्चात्य सभ्यता की अपेक्षा बढ़िया माना। अतः यूरोप से वापस लौटने पर उन्होंने अपने मुसलमान भाइयों को अपने भीतर पश्चिम के गतिवाद तथा इस्लाम के नैतिक गुणों को बसा लेने की राय दी। पश्चिम की प्रबल गतिविधियों से प्रेरित होकर उन्होंने गदा हाथ में लेकर सोई हुई आत्माओं को जगाया और उनमें यह धारणा भर दी कि जीवन को निश्चेष्ट चिन्तन में खोने की अपेक्षा उसे सक्रिय तथा जोश से भरकर जीना चाहिए। अतः पाश्चात्य प्रभाव ने उन्हें त्याग तथा मूक सन्तोष जिसे सूफीवाद प्रोत्साहन देता है, चुनौती देने पर बाध्य किया। इसने उन्हें इस धारणा का खण्डन करके, कि ब्रह्माण्ड स्थिर तथा गतिहीन है और ईश्वर इस पर एक तानाशाह के रूप में अधिकार जमाए हुए है, इसके स्थान पर यह विचार करके, कि दुनिया एक गतिशील वस्तु है जिसका विकास मनुष्य द्वारा तथा मनुष्य के माध्यम से ईश्वर के द्वारा हो रहा है, इस्लामी विचारधारा में आमूल परिवर्तन ला दिया।

एक प्रगतिवादी धार्मिक पुनर्जागरणवादी

चाहे इकबाल एक धार्मिक पुनर्जागरणवादी थे और इस्लाम के सिद्धान्तों में तथा खुदा की प्रभुता में विश्वास रखते थे, फिर भी उन्हें एक कट्टर धर्मानुवर्ती (Conformist) नहीं कहा जा सकता। उन्होंने इस्लामी विचारधारा में नई रीति लाने का सुझाव दिया। मिसाल के तौर पर ईश्वर का एक रूढ़िवादी ढंग से चित्र प्रस्तुत करने के स्थान पर उन्होंने उसे सर्वव्यापी ईश्वर माना जो एक ब्रह्माण्ड से अलग किसी अन्य स्थान पर निवास नहीं करता और वहाँ से इस सारी क्रिया को नहीं चलाता। वह हमारा ही एक भाग और भीतर से ही हमारी समस्याओं का सामना करता है। अतः उन्होंने उस रूढ़िवादी विचार का खण्डन किया जिसके अनुसार ईश्वर के अस्तित्व को इस दुनिया से अलग माना जाता है।

इसी तरह वे इस्लाम में गलत प्रवृत्तियों से भी निवृत्त हो गए। उनका उद्देश्य लोगों में जोश तथा उत्साह भरने का था। अतः उन्होंने स्थिर तथा गतिहीन ब्रह्माण्ड के कट्टर इस्लामी विचार का खण्डन किया। उन्होंने तो यहाँ तक कह दिया कि जो

लोग जीवन की खुशियों से वंचित रहते हैं, वे उनकी अपेक्षा भारी पापात्मा हैं, जो ईश्वर के अस्तित्व को मानते ही नहीं।

एक धर्मनिष्ठ की भाँति उन्होंने मनुष्य को निष्क्रिय रूप से ईश्वर की इच्छा के आगे अपने आपको अर्पित कर देने को ठीक नहीं समझा। उनका कहना है कि मनुष्य को सक्रिय गतिविधियों द्वारा ईश्वर के प्रतिनिधि के रूप में रहना चाहिए। अतः हम यह परिणाम निकाल सकते हैं कि इकबाल पूर्ण रूप से एक धार्मिक पुनर्जागरणवादी नहीं थे। अतः उन्हें कट्टर इस्लाम के दृष्टिकोण से एक अधर्मानुवर्ती माना जाना चाहिए।

निष्कर्ष

इकबाल की जीवनी, राजनीतिक तथा धार्मिक विचारों के मूल्यांकन से पता चलता है कि वे एक मौलिक आध्यात्मिक तथा राजनीतिक चिन्तक की अपेक्षा एक कवि थे। उनकी कविताओं ने उन्हें पश्चिम एशिया के एक महान कवि के रूप में प्रसिद्धि प्रदान की, परन्तु उनके विचारों में असंगतियाँ (inconsistencies) थीं। उन्होंने राष्ट्रीय दृष्टिकोण वाली कविताएँ लिखकर अपना कवि के रूप में जीवन शुरू किया। "परन्तु दूसरी मिश्रित इच्छाओं तथा विभिन्न हितों की भाँति वे धीरे-धीरे सीमित राष्ट्रवाद की ओर झुके, जिस राष्ट्रवाद का आधार आध्यात्मिक विश्वास तथा धार्मिक श्रद्धा ही उन्होंने माना।"[20] आश्चर्य की बात है कि यह सब कुछ उनके यूरोप से तीन वर्षों के पश्चात् लौटने पर हुआ। वे अपने सम्प्रदाय के अल्पसंख्यकों के हितों की रक्षा करने वाले योद्धा बन गए। उन्होंने अपने सम्प्रदाय के कल्याण के कार्य के साथ अपने आपको जोड़ दिया और उनका नाता उस दल से जुड़ा गया जो उनके दीन के भाइयों के लिए अलग देश की माँग कर रहा थां अतः उन्होंने भारत के अन्तर्गत एक मुस्लिम राज्य की स्थापना करने तथा दबे हुए लोगों को बहुमत के अत्याचारों के विरुद्ध आवाज उठाने के महान कार्य किए। अहमद अली ने ठीक ही लिखा है,..."उस समय जबकि भारत के मुसलमान इस तथ्य को जान चुके थे कि वे जीवन की दौड़ में पीछे रह गए थे और अपने उद्देश्यों तथा राजनीतिक आदर्शों की पूर्ति के लिए उन्होंने मुस्लिम लीग की स्थापना की, इकबाल ने अपने सम्प्रदाय के लोगों के कल्याण का कार्य शुरू किया और अपने मुसलमान भाइयों के लिए एक अलग देश की स्थापना की कल्पना की।"[21]

वे ऐसे मज़हबी राज्य की स्थापना के समर्थक थे जिसमें केवल खुदा की ही प्रभुसत्ता कायम हो सकेगी। अब प्रश्न उत्पन्न होता है कि ऐसे राज्य में खुदा की प्रभुसत्ता कैसे लागू की जा सकेगी और इस दैवी प्रभुसत्ता की, राजनीतिक तथा आर्थिक मामलों में, अभिव्यक्ति का माध्यम कौन बनेगा? इकबाल इसका कोई

ठोस उत्तर न दे सके। सम्भवतः विवादग्रस्त मामलों में कुरान ही अन्तिम सत्ता मानी जाएगी पर जब कुरान की ही व्याख्या विभिन्न प्रकार से की जाएगी तो इससे एक अन्य समस्या बड़ी हो जाएगी। आलोचक इकबाल को शरीयत पर अधिक अनुचित बल देने के कारण, धर्मशास्त्रीय पुनर्जागरणवादी कहने से नहीं चूके।

उनकी दैवी प्रभुसत्ता पर आधारित आध्यात्मिक लोकतन्त्र की धारणा हमें राजनीतिक लोकतन्त्र तथा लौकिक प्रभुसत्ता के सिद्धान्त से दूर ले जाती है जो सिद्धान्त आज दलित मानवता का प्रिय लक्ष्य बन गया है। अतः आलोचक उन्हें प्रतिक्रियावादी तथा मध्यकालीन धर्ममत का समर्थक योद्धा कहने में न्यायसंगत है।[22] इकबाल ने उसे अतिमानव (Superman) की संज्ञा दी है।

इसी तरह उनके द्वारा पूँजीवाद का खण्डन तथा बुर्जुआ श्रेणी के अत्याचारों, शोषण तथा अन्याय के विरुद्ध क्रान्ति की ललकार से भी करोड़ों दलित लोगों के आँसू नहीं पोंछे जा सकते। समाजवाद का एक ठोस सिद्धान्त प्रस्तुत करने पर ही उन्हें दलित मानवता के अगुआ के रूप में मान्यता दी जा सकती थी।

मजहबी राज्य पर बल देने तथा धर्मनिरपेक्षवाद के स्थान पर कट्टर इस्लाम के सिद्धान्तों का प्रचार करने के कारण इकबाल को धर्मशास्त्रीय पुनर्जागरणवादी कहा जाता है। इकबाल के द्वारा भारतीय राष्ट्रीय कांग्रेस को देसी राजाओं से तुलना देने और भूमिपतियों तथा अंग्रेज़ों के पिट्ठुओं वाले दल, मुस्लिम लीग के गुणगान से पता चलता है कि उन्होंने भारतीय राष्ट्र के बारे में एक बार जो धारणा बना ली, उसी के आधार पर उन्होंने पक्षपात की दृष्टि से भारतीय राजनीति का चित्र पेश किया और तथ्यों तथा वास्तविकता को मोड़-तोड़कर प्रस्तुत किया। उनके चिन्तन में असंगतियों के कारण अहमद अली ने बड़े सुन्दर ढंग से सारांश प्रस्तुत किया है, "उनके चिन्तन ने कल्पना की और उनकी कल्पना ने उनके चिन्तन की अवज्ञा की। सन्तुलन न बनाए रखने के कारण उन्होंने प्रायः दूसरे की कीमत पर एक का उन्मूलन कर दिया। अतः हम उनकी रचनाओं को असंगतियों से भरा हुआ पाते हैं।"[23]

सन्दर्भ

1. Iqbal : Bang-i-Dara (I 3ed. 1949), p. 82.
2. Ibid., p. 87.
3. Iqbal : Bang-i-Dara, p. 223.
4. Stray Reflections : A note Book of Allama Iqbal, pp. 26-27.

5. Ibid., p. 100.
6. M.H. Eaiyid : The sound of fury (1988 ed.), p. 167.
7. Ibid.
8. Speeches and statements of Iqbal, pp. 203-5.
9. Ibid., p. 203.
10. Ibid., p. 195.
11. Heector Bolitho : Jinnab Creator of Pakistan, p. 114.
12. W. C. Smith: Modern Islam in India, p. 125.
13. Ibid., p. 127.
14. Six Lectures, p. 292.
15. Is religion possible? Six Lectures on the reconstruction of Religious thought in Islam (Chapter VII).
16. Ibid., p. 231.
17. Ibid., p. 217.
18. Sir Mohammad Iqbal : The Reconstruction of Religious Thought in Islam, p. 158.
19. W.C. Smith : op. cit., p. 114.
20. Ibid., op. cit., p. 15.
21. Ahmed Ali : A Pakistan's news—an article in Illustrated Weekly of India, dated October, 20, 1974, p. 15.
22. V. P. Verma: Modern India Political Thought, p. 356(1971 ed.)
23. Ahmed Ali : op. cit., p. 19. "His thought despised imagination and his imagination the thought. Not being able to maintain equilibrium he often annulled the one at the expense of the other. We therefore find his work full of contradictions."

11

सरदार पटेल

"शताब्दियों पश्चात् आज समय आया है जब भारत गर्व से कह सकता है कि वह पूर्ण से संगठित, एकीकृत राष्ट्र है, सच्चे अर्थों में। भारत की एकता के लिए हमें कार्य करना चाहिए। यदि हम असफल रह जाते हैं तो हमें सदा के लिए लज्जा और अपमान की त्रासदी भुगतनी होगी।"

— पटेल

सर्वतोमुखी प्रतिभा के धनी, जननेता, कुशल कूटनीतिज्ञ, सशक्त क्षमता वाले प्रशासक, बुद्धिमान राजनेता, परिणामवादी व्यावहारिक राजनीतिज्ञ सरदार पटेल, जिन्हें भारतीय 'लौह पुरुष' कहते हैं, का जन्म झवेरभाई तथा लाड़बाई के घर गुजरात में कैरा जिला स्थित नाडियाड में 31 अक्तूबर, 1875 को हुआ था। उनके पिता का सम्बन्ध, लेवा पट्टीदार के नाम से प्रसिद्ध एक युद्धप्रिय कृषक जाति से था। इस जाति ने 1857 में भारतीय स्वतन्त्रता के प्रथम संघर्ष में प्रमुख भाग लिया था। अपने पैतृक गाँव करमसद में उन्होंने आरम्भिक स्कूल शिक्षा प्राप्त की। 18 वर्ष की आयु में 1893 में उनका विवाह झवेरबाई से हुआ। उनकी पत्नी आज्ञापरायणा, (Docile) विनीत जीवनसंगिनी थीं। परन्तु दाम्पत्य जीवन की यह अवधि 1908 तक ही रही। पटेल ने पाँचवीं कक्षा तक अंग्रेज़ी में शिक्षा पाई। 22 वर्ष की अवस्था में उन्होंने मैट्रिक परीक्षा पास की और नाडियाड के एक वकील के आधीन वह काम करने लगे। जिला वकील बनने के लिए उन्होंने साथ-साथ तैयारी की और तीन वर्ष में वे जिला वकील बन गए।

1900 में गोधरा में उन्होंने एक छोटा कार्यालय खोल लिया। यहाँ उनके बड़े भाई विट्ठलभाई पहले से ही वकालत कर रहे थे। बाद में दोनों भाई बोरसद में आ गए, यद्यपि वल्लभभाई ने आरम्भिक दो वर्षों तक गोधरा में ही ठहरना पसन्द किया। फ़ौजदारी कानून सम्बन्धी अपनी विशेष योग्यता के कारण वह अपने समकालीन वकीलों से आगे निकल गए। अगस्त, 1910 में वे इंग्लैंड गए और 1913 की फरवरी में पूर्ण योग्यता प्राप्त बैरिस्टर बनकर वह भारत लौटे।

बम्बई के प्रधान न्यायाधीश ने उन्हें न्यायाधीश का पद देने का प्रस्ताव रखा, परन्तु उन्होंने इस पद को अस्वीकार करते हुए अपनी ही वकालत अहमदाबाद में करते रहने का निर्णय किया। फौजदारी मामलों में उनकी वकालत खूब चमकने लगी। लोकसभा के पहले अध्यक्ष, भावलंकर ने वकील पटेल पर यह सुन्दर टिप्पणी प्रस्तुत की है—अच्छे सिले कपड़ों में, सिर पर एक विशेष पर रखा फेल्ट हैट, मुख की मुद्रा में कठोर अनुशासन और गम्भीरता लिए, दीप्त, पैनी दृष्टियुक्त आँखें, अल्पभाशी आगन्तुकों का स्वागत मात्र एक सामान्य अभिवादन से करना, बिना लम्बी वार्ता में प्रवृत्त हुए, नेत्रों में झलकती गम्भीरता चिन्तनशीलता का परिचय देती हुई। जब कभी भी वे अपनी जबान खोलते, ऐसा लगता मानो वे अन्यों को हीन मानते हुए अपनी श्रेष्ठता जतला रहे हों। यह था चित्र युवक बैरिस्टर का जो अहमदाबाद में वकालत करने आया था। वह ब्रिज के अच्छे खिलाड़ी थे और इसमें उनकी रुचि उस समय तक रही जब तक वे वकालत करते रहे। 1919 में जब उनकी लोकप्रियता शिखर पर थी एक फौजदारी के वकील के रूप में, वकालत छोड़कर वे सार्वजनिक जीवन में आ गए।

वे 1917 में गांधीजी के सम्पर्क में आए। गुजरात सभा, जिसके गांधी अध्यक्ष तथा पटेल मंत्री थे, के द्वारा यह एक-दूसरे के निकट लाए गए। उनके पश्चात् पटेल गांधीजी के निष्ठावान अनुयायी बन गए। एस. के. पटेल के शब्दों में, "1917 का वर्ष गांधीजी के जीवन में क्रान्तिकारी परिवर्तन लाया। यह ऐसा परिवर्तन था जिसने उन्हें सार्वजनिक जीवन में धकेल दिया तथा उन्हें एक सर्वाधिक लोकप्रिय जननायक बना दिया। यह वर्ष था जब गुरु और शिष्य मिले। इस गुरु-शिष्य सम्बन्ध में कुछ दिव्यत्व का पुट था। गुजरात सभा के मंत्री के रूप में अहमदाबाद में पटेल से प्लेग विरोधी अभियान चलाया।"

इसके पश्चात् बलात् मजदूर बनाए लोगों की समस्या हाथ में ली और उन्हें प्रेरित किया कि वे अपने श्रम के बदले उचित पारिश्रमिक की माँग करें। इस अभियान का अभीष्ट प्रभाव पड़ा। गांधीजी की सहायता से उन्होंने कौरा जिले में किसानों 'कर न दो' आन्दोलन चलाया और उसमें वे बड़े सफल रहें इससे सत्याग्रह की तकनीक की सशक्तता सिद्ध हो गई और कालान्तर में अंग्रेज़ों के

चंगुल से भारत की पूर्ण मुक्ति के लिए इसका सफलतापूर्णक प्रयोग किया गया। 1917 में वे अहमदाबाद नगरपालिका के पार्षद भी चुने गए। 8 वर्ष पश्चात् वे इसी नगरपालिका के अध्यक्ष निर्वाचित हुए। अपने अध्यक्ष काल में उन्होंने अहमदाबाद को एक स्वच्छ, स्वस्थ तथा साफ नगर बनाने में बड़ा यत्न किया। किन्तु, नगरपालिका को 9 फरवरी, 1922 को निलम्बित कर दिया और इसका प्रबन्ध एक मनोनीत समिति को सौंप दिया गया। इस निलम्बन के लिए असहयोग आन्दोलन के प्रति पटेल का समर्थन ही था। पटेल के आग्रह पर गांधीजी ने बारदोली में प्रसिद्ध सविनय अवज्ञा आन्दोलन आरम्भ किया। यद्यपि चौरी-चौरा की हिंसक घटना के पश्चात् गांधीजी द्वारा इस आन्दोलन को वापस लेने की व्यापक निन्दा हुई परन्तु शिष्य ने अपने गुरु गांधी का साथ देते हुए उनके इस कदम को उचित बताया। संघर्ष के समय पटेल ने लोगों को परामर्श दिया, "आप वही करें जैसा गांधीजी आज्ञा दें। यदि वे हमें खड़े होने को कहेंगे तो हम ऐसा ही करेंगे।" बाद में वह उस 'दण्डात्मक कर' के विरोध में खड़े हो गए जो बोरसद के लोगों से कठोर सुरक्षा के उपायों पर हुए व्यय की क्षतिपूर्ति के लिए लगाया गया था। पटेल के विरोध के फलस्वरूप सरकार को विवश होकर स्वयं यह व्यय वहन करना पड़ा। गांधीजी ने उनकी कुशल नेतृत्व की क्षमता को स्वीकार करते हुए पटेल को 'बारदोली के सरदार' की उपाधि से सम्मानित किया। इसके पश्चात उन्होंने अपना ध्यान बारदोली पर केन्द्रित किया। उन्होंने भूमि लगान में वृद्धि के विरुद्ध विद्रोह किया तथा किसानों को लगान न देने को प्रेरित किया। लोगों ने अपने नेता का अनुसरण किया। 69 पटेलों और ग्यारह तलातियों ने अपने पदों से त्यागपत्र दे दिया। पुनः सरकार को झुकना पड़ा। 22% के स्थान पर लगान में केवल 5.7% की वृद्धि की गई।

बारदोली सत्याग्रह पर टिप्पणी करते हुए अहलूवालिया कहते हैं, "हमारे स्वतन्त्रता-संग्राम के इतिहास में बारदोली सत्याग्रह एक कीर्तिमान है। इसने भारतीय इतिहास को एक नई अर्थवत्ता और महत्त्व प्रदान किया तथा अनुवर्ती बड़े संघर्ष का मार्ग भी प्रशस्त किया।"[1] बारदोली अभियान ने पटेल के व्यक्तित्व को मुखर किया तथा उनकी संगठन क्षमता को प्रमाणित रूप से प्रतिष्ठित किया। उन्होंने अनेक राजनीतिक सम्मेलनों को आमन्त्रित किया। मार्च 1929 में काठियावाड़ में, महाराष्ट्र में मई 1929 में तथा इसके पश्चात् तामिलनाडू में सी. राजगोपालाचारी के अनुरोध पर। इसके पश्चात् कर्नाटक जाकर उन्होंने किसानों को सम्बोधित किया। उनके भाषणों ने तिलक की स्मृति को सजीव कर दिया। इसके अनन्तर उन्होंने बिहार के किसानों का आह्वान करते हुए उनके ब्रिटिश आतातायियों से भयभीत न होने को कहा। उन्हें लाहौर कांग्रेस का अध्यक्ष पद प्रस्तुत किया, परन्तु

उन्होंने इस प्रस्ताव को स्वीकार नहीं किया। इससे स्पष्ट है कि उस समय तक उन्हें ऊँचे पद अथवा स्थिति के प्रलोभन से लुभाया नहीं जा सकता था।

अब आरम्भ होता है उनकी गिरफ्तारी और रिहाई का समय। उन्हें 7 मार्च, 1930 को बन्दी बनाया गया तथा 26 जून, 1930 को मुक्त कर दिया। इसी वर्ष में उन्हें अगस्त में बन्दी बनाने के पश्चात् नवम्बर 1930 में उन्हें मुक्त कर दिया गया। कराची में मार्च, 1931 में कांग्रेस अधिवेशन के वह अध्यक्ष निर्वाचित हुए तथा इसमें उनके अध्यक्षीय भाषण में उनकी विनम्रता स्पष्टतः अनुभाव्य है, "आपने इस उच्चतम पद के लिए एक साधारण किसान को चुना है, जो आज प्रत्येक भारतीय की स्पृहा है।" उनके प्रयत्नों का ही यह परिणाम था कि गांधी-इर्विन समझौते का अनुमोदन उत्तेजित सदस्यों ने कर दिया। उन्होंने युवकों को धैर्य रखने का परामर्श दिया और वह स्वीकार कर लिया।

1932 में गोलमेज सम्मेलन के पश्चात् उन्हें 4 जनवरी, 1932 को पुनः गिरफ्तार कर लिया गया। उन्हें 1934 में छोड़ा गया। कांग्रेस ने प्रान्तीय असेम्बली का चुनाव लड़ने का निर्णय लिया। पटेल के नेतृत्व में एक संसदीय उपसमिति बनाई गई। उन्हें प्रत्याशियों का चुनाव करना था। यह उन्होंने निर्धारित मानदण्डों का पालन करते हुए और तीव्र आलोचना की उपेक्षा करते हुए किया। उन्होंने मतदाताओं को भी शिक्षित किया। कांग्रेस को भारी सफलता मिली। ग्याहर में से पाँच प्रान्तों में कांग्रेस को पूर्ण बहुमत मिला। चार प्रान्तों में यह सबसे बड़ा दल था। केवल दो प्रान्तों, पंजाब तथा सिन्ध में यह अल्पमत में रहा।

1939 में विश्वयुद्ध छिड़ जाने पर पटेल ने कांग्रेस कार्य समिति के सदस्यों को युद्ध के समय ब्रिटेन की सहायता करने पर सहमत करा लिया, इस शर्त के साथ कि युद्ध के पश्चात् वह भारत को स्वतन्त्रता प्रदान कर देगा। इस विषय पर गांधीजी जो अहिंसा में विश्वास करते थे, कांग्रेस से अलग पड़ गए। किन्तु स्वतन्त्रता देने का वचन उस समय एक मृगतृष्णा के समान भ्रामक लगा। 8 अगस्त, 1942 को भारत छोड़ो प्रस्ताव पारित हुआ। इसके परिणामस्वरूप पटेल तथा अन्य नेताओं को गिरफ्तार कर लिया गया। 25 जून, 1945 को लॉर्ड वेवल ने शिमला में एक सम्मेलन बुलाया। पटेल ने इसमें भाग नहीं लिया। जिन्ना की हठधर्मी के कारण सम्मेलन असफल हो गया। पटेल इसकी असफलता से निराश हुए। ऐसा लगता था कि वीटो का अधिकार जिन्ना के पास है। 1945 में लेबर पार्टी के सत्तारूढ़ होने पर, भारत को प्रान्तीय स्वायत्तता देने तथा केन्द्रीय असेम्बली के निर्वाचन कराने का आश्वासन दिया गया। पटेल उस संसदीय समिति के अध्यक्ष बनाए गए जिसे धन संचय, प्रत्याशियों के चयन तथा चुनाव अभियान चलाने के लिए गठित किया गया था। सामान्य स्थानों में से 91% स्थानों पर

कांग्रेस को विजय मिली और 8 प्रान्तों में स्पष्ट बहुमत मिला। यथाशीघ्र भारत स्वतन्त्रता प्राप्त करे, इस उद्देश्य से एक केबिनेट मिशन भारत भेजा गया। भारत सरकार का गठन किया गया। मुस्लिम लीग जिसने पहले इसमें सम्मिलित होने से इनकार कर दिया, बाद में इसमें आने को सहमत हो गई, पर केवल इसे नष्ट करने के उद्देश्य से। 24 मार्च, 1947 को माउण्ट बेटन को वायसराय बनाकर भेजा गया। उनसे यह भी अपेक्षा थी कि भारतीय नेताओं के मध्य विवादों को वह सुलझाने का प्रयास करें। जहाँ कांग्रेस अविभाजित भारत के पक्ष में थी, वहीं मुस्लिम लीग का मुसलमानों के लिए पृथक् प्रदेश पाकिस्तान बनाए जाने पर प्रबलाग्रह था। अनुवर्ती घटना-क्रम का पूर्वाभास होने के कारण पटेल ने विभाजन का विरोध नहीं किया।

उन्होंने कहा, "भारत के विभाजन पर मैं अन्तिम विकल्प ही बचे रहने की उस स्थिति में पहुँचने पर ही सहमत हुआ, जब हमारे हाथों से सब कुछ चले जाने की नौबत आ गई थी। 3 जनू, 1947 को एक सर्वदलीय सम्मेलन में भारत विभाजन योजना (जिसे माउण्ट बेटन योजना का नाम दिया गया था) स्वीकार कर ली गई। 15 अगस्त, 1947 का दिन भारत को स्वतन्त्रता प्रदान करने के लिए निश्चिय किया गया। पटेल का सपना साकार हुआ। उन्होंने कहा, "प्रसन्नता के इस क्षण में गम्भीर दायित्वों, जिनका निर्वहन हमें करना पड़ेगा और जो स्वतन्त्रता अपने साथ लाई है और जिनका हमें सामना करना है, विस्मृत नहीं करना है। हमारा मुख्य कर्त्तव्य है निष्ठा और उत्साह से हमने उन खतरों से, जो बाह्य अथवा आन्तरिक हों—अपनी स्वतन्त्रता को बचाए रखना है।"

स्वतन्त्रता के पश्चात् पटेल ने भारत के एकीकरण में निर्णायक भूमिका निभाई। देशी रजवाड़ों को असाधारण व्यावहारिक कौशल और विवेक के बल पर विश्वास में लेकर, समझाने-बुझाने, बहलाने के उपरान्त 562 देशी रियासतों का भारतीय संघ में विलय कर उन्होंने भारतीय मानचित्र का पुनर्रेखांकन किया था। अविचलित धैर्य, असाधारण दूरदर्शिता, सुदृढ़ संकल्प और अक्षमाशील कठोरता का परिचय देते हुए हैदराबाद सत्ता मद से उन्मत्त हैदराबाद के निजाम को घुटने टेकने पर विवश कर दिया। किन्तु उन्होंने उसे राजप्रमुख (एक संवैधानिक अध्यक्ष) बने रहने दिया। उन्होंने रियासती शासकों का आह्वान किया कि वे अपने प्रदेशों को भारतीय संघ में मिला दें और आनुवंशिक सम्मान और अधिकारों और वार्षिक भत्तों को स्वीकार करते रहे। शासकों ने उनके साथ सहयोग कर बुद्धिमत्ता का परिचय दिया। लन्दन टाइम्स के अनुसार, "रियासतों के विलय करने सम्बन्धी उनकी उपलब्धि के कारण, उन्होंने इतिहास में अपना स्थान अर्जित कर लिया है जो बिस्मार्क के समकक्ष अथवा उससे भी उच्चतर हो सकता है।" इस प्रकार की

बुद्धिमत्तापूर्ण दूरदर्शिता उनके मस्तिष्क पर, मध्यकालीन राजनीतिक-दार्शनिक मेशियावेली की कल्पना वाले 'प्रिंस' के मन पर पड़े प्रभाव को प्रकट करता है। वे एक पुस्तक के इस वाक्य से अत्याधिक प्रभावित थे, "एक दूरदर्शी नेता को वस्तुओं को यथावत् दृष्टि से देखना चाहिए, न कि उस दृष्टि से जो उसकी आशाओं, अभिलाषाओं से रंजित हो।"[2] तथ्य तो यह है कि वह एक विशुद्ध, सीधे यथार्थवादी थे जिनके आकलन में इच्छाओं की घुसपैठ वर्जित है और भावनाएँ जिसे प्रभावित नहीं कर पातीं। लौह पुरुष ने लोहे की कठोरता का परिचय देते हुए हिन्दू-मुस्लिम उपद्रवियों पर लौह प्रहार किया। उन्होंने दिल्ली पर बलात् अधिकार करने के मुसलमानों के षड्यन्त्र का पर्दाफाश किया। उन्होंने पुलिस को एक मस्जिद पर आक्रमण करने का आदेश दिया जिसमें बारूद और शस्त्रों का भण्डार था। मुसलमान उन्हें अपना शत्रु और हिन्दुओं का पक्षधर मानते थे। यहाँ तक कि मौलाना आजाद ने भी उन्हें नहीं छोड़ा। किन्तु यह एक धर्मनिरपेक्ष राष्ट्रवादी का दुर्भाग्यपूर्ण अतथ्याधारित मूल्यांकन था। निस्सन्देह मुसलमानों के प्रति उनकी सहानुभूति थी, परन्तु उनके प्रति सहानुभूति का यह भाव राष्ट्रीय प्रतिष्ठा अथवा एकता के मूल्य पर नहीं हो सकता था। 1949 से उनकी शारीरिक स्थिति बिगड़ने लगी, उनके स्वास्थ्य का ह्रास आरम्भ होने लगा। बम्बई में दिए एक भाषण में उन्होंने कहा, "मेरी अब ऐसी अवस्था हो गई है, जब मुझे विश्राम की आवश्यकता है। परन्तु मेरा हृदय आकुल है इसके लिए कि मैं अपनी अवशिष्ट जीवनावधि को इस संकटपूर्ण समय में राष्ट्र-सेवा में नियोजित कर दूँ। मेरी उत्कट इच्छा है कि मैं भारत को स्थिर, सशक्त और समृद्ध राष्ट्र के रूप के उदय होता देखूँ ओर शेष जीवन इस उद्देश्य को मैं समर्पित करता चाहता हूँ।"

10 मार्च, 1950 को वह कलकत्ता गए, एक ऐसे समय जब बड़े पैमाने पर पूर्वी बंगाल से हिन्दुओं का भारत की ओर पलायन हो रहा था। इससे पश्चिमी बंगाल के हिन्दू उत्तेजित हो उठे और उन्होंने पाकिस्तान को सम्भावित प्रतिशोध की चेतावनी भी दी। सरदार पटेल के दौरे के परिणामस्वरूप दोनों प्रधान मन्त्रियों के मध्य 8 अप्रैल, 1950 को एक समझौता हुआ जिसके अनुसार पाकिस्तान न केवल अल्पसंख्यकों की रक्षा करने, वरन् उनकी सम्पत्ति लौटाने पर भी सहमत हो गया। हिन्दू शरणार्थियों को पाकिस्तान में अपने घरों को लौट जाने को कहा गया। इस प्रकार उनकी दूरदर्शिता के परिणामस्वरूप तथा कड़े उपाय करने पर दो पड़ौसियों के मध्य युद्ध टल गया और अल्पसंख्यक समस्या का समाधान हो गया। 7 नवम्बर, 1950 को उन्होंने चीन की विस्तारवादी महत्त्वाकांक्षाओं के सम्बन्ध में नेहरू को पूर्व चेतावनी दी। 9 नवम्बर, 1950 को दिल्ली में दिए भाषण में उन्होंने कहा, "कोई भी निश्चयपूर्वक नहीं कह सकता कि तिब्बत में चीन की कार्रवाई का

क्या परिणाम होगा। किन्तु बल प्रयोग, अन्ततः अधिक भय और तनाव ही उत्पन्न करता है। इस प्रकार विश्वयुद्ध भड़क सकता है और इसका परिणाम भयानक होगा–मानवता के सर्वनाश के रूप में। अंतड़ियों की चिरकालीन समस्या के कारण सरदार पटेल को अस्पताल में प्रविष्ट कराया गया। अधिक प्रभावी उपचार के लिए उन्हें दिसम्बर, 1950 में बम्बई ले जाया गया। तीन दिन पश्चात् उन्हें दूसरी बार दिल का दौरा पड़ा और 15 दिसम्बर, 1950 को मध्य रात्रि के कुछ घण्टों पश्चात् ही उनका निधन हो गया। महान सरदार पटेल को उनके निधन पर भावपूर्ण श्रद्धांजलि दी गई। उनकी रियासतों के विलय सम्बन्धी उपलब्धि के विषय में लॉर्ड माउण्टबेटन ने कहा, "उनकी स्मृति, भारतीय जनमानस का जहाँ तक सम्बन्ध है, सदा अमर रहेगी। देशी राज्यों के मंत्री के रूप में 1947-48 के मध्य उन्होंने सर्वाधिक विकट समस्या जो कभी भी किसी नेता के सामने उपस्थित हुई हो, का अतीव दूरदर्शिता, बुद्धिमत्ता और सूझ-बूझ के साथ समाधान किया। रियासतों के विलय के साथ ही, रजवाड़ों की प्रतिष्ठा की भी अनदेखी न कर उन्होंने उत्कृष्ट बौद्धिक परिपक्वता पर परिचय दिया। लन्दन टाइम्स ने उन्हें जर्मनी के बिस्मार्क का भारतीय संस्करण बताया। पं. नेहरू ने संसद में बोलते हुए, इन मार्मिक शब्दों में उनका स्मरण किया, "उनका जीवन एक गौरव गाथा है जिसे इतिहास अंकित करेगा अनेक पृष्ठों में इतिहास समाहित करेगा उन्हें नवीन भारत के निर्माता और सुदृढ़ कर्त्ता के रूप में। परन्तु हममें से अनेक उन्हें स्मरण करेंगे स्वतन्त्रता आन्दोलन के हमारे सैनिकों के महान नेता के रूप में–एक ऐसे मित्र एवं विश्वस्त सहचर के रूप में जिन पर हम सदैव निर्भर कर सकते थे एक शक्ति के महान स्तम्भ के रूप में जो विपत्ति के समय काँपते हृदयों को स्थिर करने की क्षमता रखते थे।"[3] पाकिस्तानी प्रधानमंत्री लियाकत अली खाँ ने भी उनके निधन के अवसर पर कहा, "वह जो कुछ भी कहते थे, उनके लिए वही व्यवहार्य था और जिसे वह व्यवहार्य मानते थे उसे ही करते थे।" संयुक्त राष्ट्रसंघ के तत्कालीन महासचिव ने कहा, "श्री पटेल के निधन से भारत ने एक महान नेता खो दिया और संयुक्त राष्ट्रसंघ ने एक महान मित्र खो दिया है।"[4]

इस प्रकार उनके निधन से रिक्तता आ गई, एक ऐसे अभाव का सामना राष्ट्र को करना था जो इतना बड़ा था कि उसकी पूर्ति बड़ी कठिन थी। गांधीजी के निधन के उपरान्त वे नेहरू के और निकट आ गए, जिससे वे बापू की चिरपोषित, रक्षित आकांक्षाओं की पूर्ति कर सकें। ऐसा हो जाने पर राष्ट्र को और अधिक शक्ति मिलती। किन्तु, दुर्भाग्यवश वह ज्योति जिससे अनेक तमाच्छादित हृदय ज्योतित होते थे, बुझ गई। आगामी संतति, उचित ही है, यदि उन्हें अनुपम दूरदर्शिता, विलक्षण भविष्य दर्शन, असाधारण विवेकशीलता, अनुचित निर्णय क्षमता,

दुर्दम्य शक्ति और सुदृढ़ अडिग इच्छाशक्ति के ऐसे विरल गुणों के प्रतिक के रूप में चित्रित करे, जो ऐसे व्यक्ति के लिए अपरिहार्य है जो राष्ट्र का भाग्य विधायक हो। उनके शब्दों में निश्चयात्मकता ध्वनित होती थी। स्थिति की बड़ी से बड़ी गम्भीरता के मध्य भी वे विचलित नहीं होते थे। किसी भी आन्दोलन से वे अपने पक्ष से हटते नहीं थे। किसी आरोप से वे खिन्न नहीं होते थे। स्थिति जितनी गम्भीर होती थी, उतना ही वे शान्त और गम्भीर होते थे।

उनके राजनीतिक विचार

अपने अनेक समकालीनों की भाँति पटेल को राजनीतिक चिन्तक और राजनीति सिद्धान्तविद् की कोटि में नहीं रखा जा सकता। उन्होंने कोई मत स्थिर नहीं किया तथा न ही किसी राजनीतिक सिद्धान्त को उन्होंने सामने रखा। किसी भी प्रबुद्ध राजनीतिक नेता की भाँति उनके कुछ राजनीतिक विचार थे जो अनुकरणीय तथा परिगणनीय हैं। वे कर्मठ और सर्वांश में प्रयोजन और व्यवहारवादी नेता थे।

(क) एक गांधीवादी के रूप में (As a Gandhite)—जैसा कि उपरोक्त विवरण से स्पष्ट है, पटेल गांधीजी की कृति हैं, यद्यपि कई विषयों अथवा अवस्थाओं में दोनों में बड़े मतभेद भी हो जाते थे। मौलाना आजाद के शब्दों में, "अहमदाबाद में प्रवास के समय, पटेल पर गांधीजी की दृष्टि गई और उन्होंने पटेल को प्रशंसा-भरी दृष्टि को केन्द्र बनाया तथा धीरे-धीरे क्रमशः उनके व्यक्तित्व का निर्माण भी किया।" इसमें सन्देह नहीं कि गांधीजी ने उन्हें कांग्रेस कार्यसमिति का सदस्य भी बनाया और तत्पश्चात् 1931 में कांग्रेस का अध्यक्ष उन्हें बनाया। गांधीजी ने अनुभव किया कि पटेल में उल्लेखनीय गुण हैं। पटेल भी विकट स्थिति में अपने राजनीतिक गुरु का साथ देते। उन्होंने गांधीजी की अहिंसा की अवधारणा को तत्कालीन परिस्थितियों में सर्वोपयुक्त व्यवहार्य सिद्धान्त के रूप में स्वीकार किया। 1918 में उन्होंने कैरा जिले में अपने गुरु के निर्देश पर किसानों के लिए कार्य किया। इस प्रकार उन्होंने गांधीजी के असहयोग आन्दोलन को गति प्रदान की। 1918 में ही वे पुनः बारदोली सत्याहग्रह के नेता के रूप में सामने आए। उन्होंने किसानों के पक्ष में सरकार विरोधी आन्दोलन का नेतृत्व किया, क्योंकि सरकार किसानों से मिलने वाले लगान में 25% की वृद्धि करना चाहती थी। उन्होंने लोगों को स्मरण कराया, "प्रतिनिधित्व नहीं तो कर नहीं।" उन्होंने लोगों को साहसपूर्वक कष्ट सहने के लिए आह्वान किया, अन्यथा सरकार आपके पक्ष को न्यायसम्मत नहीं मानेगी। गांधीवादी अहिंसा किसी भी स्थिति में निर्भर रहने की शिक्षा देती है। इस प्रकार गांधीजी की भाँति, उन्होंने अपने ग्रामीण भारतीय बन्धुओं, जो कष्टमय जीवन बिता रहे थे, का पक्षधर बन उनकी सेवा की और

हृदय को प्रिय लगने वाले लक्ष्यों और आदर्शों की पूर्त्यर्थ अहिंसा की तकनीक में अपनी निष्ठा व्यक्त की।

उन्होंने गांधीजी की प्रसिद्ध डाँडी (मछुआरों का एक ग्राम) यात्रा का आयोजन किया। सूरत के निकटवर्ती इस ग्राम के अशिक्षित निवासियों को उन्होंने अपने नेता का यह सन्देश दिया—जिस अंग्रेज़ी शासन के कारण भारत की नैतिक, भौतिक और आध्यात्मिक बर्बादी हुई है, उसका नाश अवश्य करना चाहिए। 'बैरिस्टर जॉन की भाँति, उन्होंने भी लोगों को प्रेरित किया कि वे अपने नेता (गांधीजी) जो उनके उद्धारक के रूप में आएँगे, उनका सश्रद्धा, सोत्साह स्वागत करें।''[5]

स्वतन्त्रता-प्राप्ति के पश्चात् पटेल गांधीजी के आदेश के समक्ष अवनत हो गए और नेहरू को प्रधानमंत्री स्वीकार कर लिया। किन्तु उप-प्रधानमंत्री के रूप में भी वे निष्क्रिय नहीं बैंठे और जिसे उचित समझते थे, उसके प्रति आग्रह बनाए रखते। उस समय भारत में यह परिहासोक्ति बड़ी प्रचलित थी, भारत के दो प्रधानमंत्री हैं—एक विदेश मंत्रालय और काश्मीर को देखता है और दूसरा आन्तरिक प्रबन्धन देखता है—एक नॉर्थ ब्लॉक में है तो दूसरा साउथ ब्लॉक में है। उन्हें गृह मंत्रालय का कार्य सौंपा गया। उनके गृह मन्त्रित्व काल में उपद्रव हुए। गांधीजी इससे दुःखी हुए और स्थिति को सामान्य बनाने के लिए उन्हें आमरण अनशन करना पड़ा। गांधीजी की हत्या के उपरान्त कुछ लोगों ने उत्तेजित होकर पटेल के प्रति अशोभनीय टिप्पणी की। प्रभावी और पर्याप्त सुरक्षा प्रबन्ध बिरला हाउस पर न होने का दायित्व पटेल पर डाला गया और इस शिथिलता के परिणामस्वरूप ही गांधीजी की हत्या हुई। कुछ क्षुद्राशय, दुर्भाव प्रेरित, अदूरदर्शी लोगों ने तो गांधीजी की हत्या के लिए वास्तव में पटेल को दोषी ठहराया। पाकिस्तान बन जाने के उपरान्त उससे कैसे सम्बन्ध हों और उससे कैसा व्यवहार किया जाए, इस पर मतभेद हो सकते थे, पर इस कारण गांधीजी के प्रति पटेल का आदर भाव कम नहीं हुआ। हत्या से कुछ समय पूर्व पटेल गांधी से मिलने आए। गांधीजी ने उन्हें उनके (पटेल) और नेहरू के मध्य मधुर, सद्भावपूर्ण सम्बन्ध बनाए रखने की इच्छा से अवगत कराया। ''मन्त्रिमण्डल में आपकी और नेहरू दोनों की उपस्थिति आवश्यक है। इस स्थिति में पदों की व्यवस्था में किसी प्रकार का व्यवधान घातक होगा।'' शोक है कि महात्माजी व्यक्तिगत रूप से उनमें एकता देख नहीं पाए। परन्तु मृत्यु ने इन दोनों महान नेताओं को परस्पर मिला दिया। गांधीजी के आदर्शों और उनके व्यक्तित्व के प्रति पटेल की निष्ठा और आदर उनके शब्दों में ध्वनित होते हैं, ''दूसरे लोग रोकर जी हल्का कर अपने को सान्त्वना दे सकते हैं। मैं ऐसा नहीं कर सकता। मेरा मस्तिष्क तो मांस का लोथड़ा मात्र रह गया है।'' महादेव

देसाई, गांधीजी ने निजी सचिव ने अपनी डायरी में इस सम्बन्ध में जो अंकित किया है, उससे पूरा प्रकरण जीवन्त हो उठता है। वे लिखते हैं, "ऐसा लगता है मानो पटेल गांधी से कह रहे हों, 'मेरी यह इच्छा और प्रार्थना है कि हम दोनों साथ ही संसार से विदा हों। आपके पश्चात् मैं भी जीवति नहीं रहना चाहता।'" वास्तव में ऐसा ही हुआ। बाद के इतिहासकार इस बात पर बल देते हैं कि नेहरू और पटेल के मध्य हुए संघर्ष में आजाद पृष्ठभूमि में थे। विवाद का विषय था–द्विराष्ट्रीयता के सिद्धान्त को स्वीकार करने और पाकिस्तान के आविर्भाव के परिवर्तित परिप्रेक्ष्य में धर्मनिरपेक्षता की व्याख्या। गांधी और नेहरू मुसलमानों से भारत छोड़कर पाकिस्तान न जाने का आग्रह करने के पक्ष में थे। एक प्रकार से जहाँ वे भारत को मुसलमानों की समस्याओं और सुरक्षा के प्रति अधिक संवेदनशील थे। पाकिस्तान से आने वाले हिन्दू और सिख की समस्याओं के प्रति वे इतने संवेदनशील नहीं थे। सरदार का दृष्टिकोण उनसे भिन्न था। उनका यह दृढ़ मत था कि जिन्होंने द्विराष्ट्र के सिद्धान्त को स्वीकार कर अपना समर्थन दिया और मार्गदर्शन के लिए किसी बाहरी राष्ट्र के जो मुखापेक्षी हैं, उन्हें इस देश में स्थान नहीं दिया जा सकता। 30 जनवरी, 1948 को पटेल ने मन्त्रिमण्डल से त्याग-पत्र देने का निश्चय कर लिया और महात्माजी को उनकी हत्या से कुछ समय पूर्व अपने निर्णय की सूचना भी दे दी थी। किन्तु गांधीजी की हत्या के कारण यह संकट टल गया क्योंकि गांधीजी की इच्छा थी कि पटेल और नेहरू मिलकर कार्य करें।

(ख) एक राष्ट्रवादी के रूप में (As a Nationalist)—वे कट्टर राष्ट्रवादी थे। नेहरू, गांधी के समान उन्होंने कारावास की यातनाएँ झेलीं, अपमान सहा। स्वतन्त्रता के प्रमुख पुरोधाओं की श्रेणी में महत्त्वपूर्ण स्थान के वे अधिकारी हैं। केवल वही थे, जिन्होंने कांग्रेस संगठन, जो अपना स्वरूप खो चुका था, को नया स्वरूप प्रदान किया। इस प्रकार उन्होंने इसे शक्तिशाली राजनीतिक उपकरण बना दिया। 1930 में उन्होंने कांग्रेस के अध्यक्ष के रूप में कार्य किया जो देश को विदेशी दासता के पाश से मुक्त कराने के लिए प्रयत्नशील उस समय की एक ही पार्टी थी। 1931 में, वह इण्डियन नेशनल कांग्रेस के अध्यक्ष निर्वाचित हुए। उन्हीं की अध्यक्षता में सम्पन्न इस अधिवेशन में मौलिक अधिकार सम्बन्धी प्रस्ताव पारित किया गया। अपने हृदयस्पर्शी, प्रभावपूर्ण सम्बोधन में उन्होंने विदेशी शासन की निरंकुशता, निर्ममता की तीव्र आलोचना की जिसने भगतसिंह तथा उनके अन्य सहयोगी शहीदों का मृत्यु-दण्ड प्रबल आक्रोश पूर्ण विरोधी जनमत की पूर्ण उपेक्षा करते हुए भी निरस्त नहीं किया। उनके अध्यक्ष रूप में अधिवेशन संचालन की क्षमता की सर्वत्र मुक्त कण्ठ से सराहना हुई और पार्टी के अत्युत्कृष्ट नेता के रूप में उनकी सराहना की गई।

उनका मत था कि युद्ध काल में भारत को ब्रिटेन की सशर्त सहायता करनी चाहिए। वे कहते थे—यदि भारत भारतीयों के लिए नहीं है तो वह दूसरों के लिए युद्ध क्यों लड़े। उन्होंने उन भारतीयों की भी आलोचना की जो स्वतन्त्रता के लिए जापान की सहायता लेने के पक्ष में थे क्योंकि मंचूरिया को अधिगत कर जापान ने अपने साम्राज्यवादी प्रवेश लिप्सा परक मनोरथों को स्पष्टतः अनावृत कर दिया था। क्रिप्स मिशन की असफलता ने भारतीयों का भ्रम दूर कर उनका मोह भंग कर दिया, अतः पटेल भारत छोड़ो आन्दोलन के पक्ष में थे। वे शीघ्र परिणाम प्राप्त करने को आतुर थे। अतः एक प्रबल जनान्दोलन और बहुपक्षीय, क्रियात्मक कार्यक्रम—तत्कालीन समय की माँग थी। यद्यपि वे मूलतः अहिंसावादी थे, तथापि इस अवसर पर टेलीफोन संचार व्यवस्था को निष्क्रिय करने, यातायात को भी ठप्प करने जैसे ध्वंसात्मक कार्यों का भी समर्थन करने के पक्ष में थे। नवम्बर 1945 में उन्होंने कांग्रेस के समर्थन में प्रबल प्रचार किया। उन्होंने लोगों से कहा कि वह चुनाव विदेशियों के राज्य में होने वाले अन्तिम चुनाव हैं। 1946 में उन्होंने घोषणा की कि भारत अति शीघ्र स्वतन्त्र होगा और अंग्रेज़ और उसे अपने अधिकार में नहीं रख सकेंगे। डब्ल्यू व्हॉट के शब्दों में, "मुझे संदेह है कि यदि वह कांग्रेस में एक सुचारु, अनुशासित तन्त्र का गठन नहीं करते तो सत्ता हस्तान्तरण इतना शीघ्र नहीं हो सकता था।" एक इंग्लिश राजनीतिक नेता की सरदार पटेल के प्रति यह एक अत्यन्त प्रशस्त सम्मति थी। भारत को एक सुदृढ़, सुगठित राष्ट्र बनाने के लिए गृहमंत्री के रूप में उन्होंने दिन-रात अथक परिश्रम किया। हैदराबाद में पुलिस कार्रवाई का संचालन करने का जनरल चौधरी को दिया उनका आदेश जिसके अनुसार निजाम हैदराबाद का दर्प पूर्णतः चूर्ण कर, कश्मीर तथा जूनागढ़ रियासतों के प्रति उनका सोद्देश्यपूर्ण व्यवहारवादी दृष्टिकोण यह प्रोज्जवल प्रमाण है उनके राष्ट्रवादी उत्साह, देशभक्ति भावना तथा दृढ़ संकल्प शक्ति का। वे केवल एक ही वाद, राष्ट्रवाद में विश्वास करते थे जिसकी प्रज्वलित अग्नि में अन्य सब वाद भस्म हो जाते हैं। सच्चे राष्ट्रवादी के रूप में उन्होंने चीनी विस्तारवादी आकांक्षाओं के प्रति नेहरू को अग्रिम चेतावनी दे दी थी।

(ग) एक धर्मनिरपेक्षवादी (As a Secularist)—सामान्यतः यह समझा जाता है कि पटेल कट्टर हिन्दू थे और मुस्लिम विरोधी थे। मौलाना आजाद ने अपनी 'इण्डिया विन्ज़ फ्रीडम' में उन्हें इसी रूप में चित्रित किया है। उनके आलोचक उनकी निन्दा करते समय इस सीमा तक जाते हैं कि उन्हें विभाजन के उपरान्त के काल में गांधी विरोधी के रूप में प्रस्तुत करते हैं। इसका कारण वह यह बताते हैं कि विभाजन के उपरान्त उपद्रव भड़कने पर गांधीजी को आमरण अनशन रखना पड़ा और पटेल शीघ्र ही सामान्य स्थिति लाने में असफल रहे। बाद

में जब एक मतान्ध हिन्दू के हाथों, अपर्याप्त सुरक्षा व्यवस्था के कारण, गांधीजी की हत्या हो गई। गांधीजी की विरला हाउस की प्रार्थना सभा के समय तो पटेल विरोधी पक्ष ने 'साम्प्रदायिक गृह मन्त्री' पटेल पर ही सारा दोष मढ़ दिया। उनके विरोधी पक्ष द्वारा उनके विरुद्ध यह निन्दापरक प्रचार अतिशयोक्तिपूर्ण है। हिन्दू-मुसलमानों के मध्य पारस्परिक संराधन के प्रति उनकी उत्सुकता अपने किसी अन्य समकालीन से कम नहीं थी। अपने अध्यक्षीय भाषण में उन्होंने कहा, "अपने पूर्ववर्ती के फार्मूले का प्रयोग करते हुए मैं एक हिन्दू के नाते, अल्पसंख्यकों को एक स्वदेशी पत्र और पेन देता हूँ और मुझे अपनी माँगें लिखकर देने का अनुरोध करता हूँ। मैं इन्हें स्वीकार कर लूँ, ऐसी आशा मुझसे की जाएगी। मैं जानता हूँ यह शीघ्रता का और सहजता का उपाय है। किन्तु इसके लिए हिन्दुओं को साहस की अपेक्षा है। हमें हृदय की एकता चाहिए, समझौते के कागज पर प्रस्तुत पैबन्द लगी एकता नहीं जो छोटे से दबाव से भी चरमरा जाती है। वह एकता तभी आ सकती है जब बहुसंख्यक वर्ग साहस जुटा पाए और अल्पसंख्यक वर्ग से स्थानान्तरण के लिए भी तैयार हो।"[6] करांची कांग्रेस द्वारा उनकी अध्यक्षता में पारित मौलिक अधिकार सम्बन्धी प्रस्ताव से भी स्पष्ट होता है कि वह कांग्रेस में मुसलमानों और मित्रों को सुरक्षित रखना चाहते थे। अल्पसंख्यक उपसमिति के अध्यक्ष के रूप में उनका कार्य विशेष महत्त्व का है। वह यह सुनिश्चित करने को अत्यन्त उत्सुक थे कि हिन्दू बहुसंख्यक वर्ग और मुस्लिम तथा हरिजन अल्पसंख्यक वर्ग में मतभेद तथा अन्तर समाप्त हो जाएँ। उन्होंने कहा, "मैं केवल एक जाति चाहता हूँ भारतीय।" उन्होंने जाति-प्रथा के रूप में हिन्दू जाति में विद्यमान दुर्बलता की ओर स्पष्ट संकेत किया और इसे दूर करने का आग्रह किया। उन्होंने हरिजनों के लिए 10 वर्षों के लिए सुरक्षा का सवैधानिक प्रावधान सुझाया। डॉ. अम्बेडकर ने भी इसे अति प्रशंसनीय और स्वागत योग्य बताया। "मैं चाहता हूँ प्रत्येक व्यक्ति अपना परिचय इस रूप में दे कि वह भारतीय है, न कि इस रूप में कि वह अमुक जाति अथवा वर्ग का है।" डॉ. अम्बेडकर ने कहा, "पटेल एक सुचारु रूपेण समांगीकृत समाज का गठन चाहते थे। अतः प्रत्येक उस वर्ग से उन्होंने सम्पर्क स्थापित किया जिसे अंग्रेज़ों के शासन काल में विशेष सुविधाएँ प्राप्त थीं। उन्होंने सिखों, ईसाइयों और पारसियों को एक संयुक्त सूची के अन्तर्गत आ जाने के लिए मना लिया। एंग्लो इण्डियन समुदाय को उन्होंने इस रूप में संरक्षण प्रदान किया कि एक सर्वसम्मत फार्मूला स्वीकार किया गया कि यदि इस वर्ग के प्रतिनिधि लोक सभा अथवा राज्य विधान मण्डल में निर्वाचित न हो सकें तो भारत का राष्ट्रपति उनके प्रतिनिधियों को संसद में आ राज्य का राज्यपाल उन्हें विधान मण्डल में मनोनीत करे। वह मुसलमानों के लिए वयस्क मताधिकार पद्धति

को समाप्त कर देना चाहते थे क्योंकि इससे दोनों सम्प्रदायों के मध्य खाई बढ़ती जाती थी और इसकी परिणति देश के विभाजन के रूप में हुई। इस पद्धति को जारी रखने का परिणाम होता साम्प्रदायिकता के प्रसार को प्रोत्साहन देना, भारत में अनेक पाकिस्तान बनने देना। अतः यह स्पष्ट है कि अल्पसंख्यकों के प्रति उनका दृष्टिकोण कट्टरपंथी मतान्धता का नहीं था। यह एक धर्मनिरपेक्षवादी विचारों से ओतप्रोत अपने मनरूपी स्रोत से निकला एक राष्ट्रवादी दृष्टिकोण था। 1948 के आरम्भ में जब बंगाल से हिन्दुओं को मारकर खदेड़ा जा रहा था और पश्चिमी बंगाल के हिन्दुओं की भावनाओं में उबाल आ रहा था, कलकत्ता में एक सभा को सम्बोधित करते हुए उन्होंने कहा, 'भारत एक हिन्दू राज्य नहीं, वरन् धर्मनिरपेक्ष राज्य घोषित होगा।'''

(घ) राष्ट्र को सुदृढ़ता और शक्ति प्रदाता के रूप में (Consolidator of India)—स्वतन्त्रता के आविर्भाव के पश्चात् पटेल ही थे जिन्होंने महाराजा और नवाबों, जिनकी संख्या 562 थी की समस्या का समाधान किया। देशी रियासतों का भारत में विलय बड़ा कार्य था जिसे सरदार पटेल ने बड़ी कुशलता और बुद्धिमत्ता से अति प्रशंसनीय ढंग से सम्पन्न किया। इस प्रकार विभिन्न प्रकार के समुदाय को जो अंग्रेज़ों के चाटुकार थे, विलासितापूर्ण परिवेश में रहते थे, नवीन भारत की परिवर्तित स्थिति के अनुकूल अपने को बना सकें, यह सुनिश्चित करना, बड़े साहस का ऐसा कार्य था, जो असाधारण शक्ति और योग्यता की अपेक्षा रखता था। वी.पी. मेनन और सी.सी. देसाई के सक्रिय सहयोग के कारण वे अपने इस महान उद्देश्य में सफल हो सके। कुछ छोटी रियासतों का राज्यों में विलय कर दिया गया, कुछ संघ के अन्तर्गत आ गईं, विलय के संधि पत्र के प्रावधानों के अनुसार। इन्हें नया नाम दिया गया। हैदराबाद जैसे कुछ राज्यों को सैनिक कार्रवाई के द्वारा, घुटने झुकाकर सीधी राह पर आने को विवश किया गया। यदि उन्हें स्वतन्त्रापूर्वक कार्य करने दिया जाता तो वे काश्मीर समस्या भी हल कर देते। कहा जाता है कि हैदराबाद घटना के उपरान्त एक बार कश्मीर के तत्कालीन मुख्यमंत्री बख्शी गुलाम मुहम्मद से पूछा, "आप काश्मीर समस्या क्यों नहीं सुलझा लेते?" उन्होंने उत्तर दिया, "अपने मित्र नेहरू जी से कहिए, इसे दो महीने के लिए मुझे सौंप दें।" राज्यों के विलय की इस प्रक्रिया के परिणामस्वरूप भारतीय संघ सुदृढ़ बन गया। विलय के पश्चात् इन राज्यों के प्रजातन्त्रीकरण की प्रक्रिया आरम्भ की गई। इस प्रकार भारत विश्व के समक्ष अब स्वयं को एक ऐसे घर के रूप में प्रस्तुत नहीं कर रहा था। जिसके अनेक टुकड़े हों। राज्यों के सुचारु रूपेण सम्पन्न विलय के परिणास्वरूप, पटेल को उनकी उपलब्धि के लिए भारत के बिस्मार्क का नाम दिया गया। प्रो. कूपलैण्ड के शब्दों में, "भारतीय राज्य के विजय का काम उत्कृष्टतम दूरदर्शिता एवं बद्धिमत्तापूर्ण कार्यों में से एक

है, जिसकी तुलना अन्य प्रदेशों को अपने राष्ट्र में मिलाने के भव्य कार्यों से की जा सकती है।'' लन्दन टाइम्स ने भी यह प्रशंसापूर्ण टिप्पणी की, ''राज्यों के विलय का उनका कार्य बिस्मार्क के समतुल्य है—सम्भवतः उससे भी इस गौरवपूर्ण कार्य का सर्वोज्ज्वल पक्ष यह था कि राजाओं के मन में इसने कोई दुर्भावना और कटुता नहीं छोड़ी। देश को सुदृढ़ बनाने का यह कार्य उन्होंने राज्यों के शासकों के सद्भाव को अर्जित करते हुए सम्पन्न किया। वास्तव में यह एक रक्तहीन क्रान्ति थी। उन्हें प्रिवीपर्स की सुविधा थी और कुछ को राजप्रमुख अथवा उप राजप्रमुख के रूप में पदेन नामित किया गया। यहाँ तक कि स्वयं गांधीजी ने भी सरदार के इस कार्य की इन शब्दों में सराहना की। उन्होंने कहा, 'राजाओं से निपटने का कार्य अतीव दुष्कर था, परन्तु मुझे विश्वास है कि सरदार ही थे जो इसे हाथ में लेकर पूरा कर सकते थे।'''

(ङ) उनके आर्थिक विचार (His Economic Ideas)—नेहरू की तुलना में सरदार पटेल को पूँजीपति समर्थक के रूप में देखा जाता है और नेहरूजी का चित्रण एक समाजवादी के रूप में होता है। इसमें सन्देह नहीं कि वे भारतीय समाजवादियों के बढ़ते प्रभाव के विरुद्ध थे और कांग्रेस में भी वामपंथ के उभरने से वह क्षुब्ध थे। वे पूँजीवाद को समाप्त कर पूँजीवादियों के निष्कासन का विरोध करते थे। वह उनसे एक न्यासी की भूमिका निभाने की आशा करते थे। 1931 में कांग्रेस अधिवेशन को अध्यक्ष के रूप में सम्बोधित करते हुए उन्होंने कहा, ''जहाँ मैं जमींदारों, महाराजाओं के अधिकारों का सम्मान उस सीमा तक करूँगा जहाँ तक वह परिश्रम करते पसीना बहाते लाखों लोगों को कष्ट नहीं पहुँचाते, वहाँ मेरा मुख्य उद्देश्य तो यह है कि मैं पीड़ित और दलित वर्गस्थ लोगों को इतना ऊँचा उठने में सहायता पहुँचाऊँ कि वे उच्चतम स्तरीय व्यक्ति के पार्श्विक हो सकें। ईश्वर का धन्यवाद है कि सत्य और अहिंसा और सत्य के सन्देश के कारण आज उनकी प्रतिष्ठा और शक्ति का कुछ अंश उनके पास बचा है।'' अतः स्पष्ट है कि वे पूँजीवादियों और कष्ट संवलित साधारण जनता दोनों के पक्षधर थे। वे कहते थे, ''साम्यवादी उतने ही अच्छे या बुरे साम्राज्यवादी हैं जितना कोई और हो सकता है।'' वे न तो मार्क्सवादी समाजवाद और न ही ब्रिटिश समाजवाद के समर्थक थे। चर्चिल के इस मत के वे पोषक थे, ''समाजवाद केवल दो स्थानों में हो सकता है—स्वर्ग में जहाँ इसकी आवश्यकता नहीं है, अथवा नरक में जहाँ यह पहले से ही है।'' समाजवादियों से वे बहुधा यह पूछते थे, ''समाजवाद की बात करने से पूर्व अपने से पूछो तुमने कितनी सम्पत्ति उत्पन्न की है। पहले केक के आकार को बढ़ाओं, इससे पूर्व कि उसके वितरण की बात की जाए।'' वास्तव में गांधीवादी समाजवाद के पोषक थे।

वास्तव में वे भारतीय समाजवाद का विकास संस्कारिता द्वारा चाहते थे न

कि बलात् विवशकारी उपायों द्वारा। वे चाहते थे लोगों को लाभप्रद काम मिले, न कि विशालकाय, बड़े यंत्र उनका स्थान लें। एकदम उच्चस्तरीय औद्योगीकरण आरम्भ कर देने से अति विशाल स्तर पर उत्पादन की आशंका हो सकती है। इसे ध्यान में रखते हुए वे गांधीजी के समान सहकारिता के आधार पर लघु उद्योगों तथा यंत्रों का प्रयोग चाहते थे।

विशाल उद्योगों की स्थापना से यह भय रहता है कि विश्व की मंडियों पर अधिकार की होड़ आरम्भ हो जाएगी। एक विकृत आर्थिक स्पर्धा के परिणामस्वरूप सेनाओं का विशाल स्तरीय गठन होगा और राजनीतिक वर्चस्व प्राप्त करने की लालसा प्रचण्ड होगी। वे औद्योगीकरण के विरोधी नहीं थे, किन्तु यदि वे जीवित रहते, सम्पूर्ण औद्योगीकरण को स्वीकार नहीं करते। उन्होंने ग्रामीण उद्योगों का प्रबल समर्थन किया जिससे किसान अपनी आय में वृद्धि कर सकें। पूँजीवादी वर्ग की उद्यम परायण दक्षता, गतिशीलता और उत्साह के प्रति भी वे पूर्णतः आश्वस्त थे। सत्य तो यह है कि सम्पन्न तथा विपन्न दो वर्गों के अस्तित्व में उनका विश्वास था। वे श्रमिक वर्ग की भावनाओं को जमींदारों और पूँजीपतियों के विरुद्ध उकसाकर उनका दुरुपयोग नहीं करते थे। वे श्रमिकों की हड़ताल को उचित नहीं मानते थे। बम्बई में एक बार श्रमिकों को सम्बोधित करते हुए उन्होंने कहा, "आपको स्मरण रखना चाहिए कि आप मात्र अपनी आजीविका के लिए श्रम नहीं करते। आप वह पशु नहीं हैं जिन्हें चाबुक की मार से वश में किया जाए। आपको देश के प्रति अपनी महत्त्वपूर्ण भूमिका को ध्यान में रखना चाहिए और अपने से पूछना चाहिए कि आप किसके लिए काम कर रहे हैं। याद रखिए कि आपकी कार्यक्षमता और परिश्रम पर आपके देश की महानता निर्भर है।" इस प्रकार यह स्पष्ट है कि वे दलित, संतप्त श्रमिक वर्ग के कल्याण के पक्षपोषक थे। यह और बात है कि वे इस सम्बन्ध में समाजवादियों की भाँति किसी वाद के कगार में बद्ध दृष्टिकोण पर निर्भर नहीं थे। निश्चय ही वे भी श्रमिकों की दशा में सुधार लाकर उनके जीवन-स्तर को उठाना चाहते थे, परन्तु ऐसा करते समय सम्पन्न व्यक्तियों के धनापहरण को वह उचित नहीं मानते थे। उन्होंने एक बार कहा था, "यदि सरकार सभी सम्पन्न व्यक्तियों और पूँजीपतियों की सम्पत्ति जब्त कर उन्हें गरीबों में बाँट दे तो भी सभी को उससे एक दिन का भोजन उपलब्ध नहीं होगा।" जब तक वे जीवित रहे, राष्ट्रीयकरण की ओर प्रवृत्ति नहीं थी। एक बार उन्होंने अपनी यह सम्मति व्यक्त की थी, "कुछ व्यक्ति चाहते हैं हम उद्योगों का राष्ट्रीयकरण कर दें पर हम जो अपनी साधारण सरकार नहीं चला सकते, उद्योग कैसे चलाएँगे।"[7] पटेल के यह शब्द उनकी विचारणा का परिचय देते हैं।

उपसंहार

पटेल पक्के यथार्थवादी थे, कर्मशील व्यक्ति थे। चीन ने जब तिब्बत पर अधिकार कर लिया उस समय पटेल ने नेहरू को चीन के विरुद्ध अग्रिम चेतावनी दी थी। 7 नवम्बर, 1950 को उन्होंने नेहरू को लिखा, "चीन द्वारा तिब्बत अधिकृत कर लेने के उपरान्त लगता है चीन हमारे द्वार तक अपने विस्तारवादी मनोरथ लेकर पहुँच गया है। साम्यवाद साम्राज्यवाद पर एक विचारधारा का छद्मवेश है जो अत्यन्त भयावह है।" उनकी यह पूर्व ज्ञान सत्य प्रमाणित हुआ।

पर्याप्त अंशों में गांधीवादी होने पर भी, वे कई बार अपने गुरु से भिन्न सम्मति रखते थे, अहिंसा को वे एक नीति के रूप में तो स्वीकार करते थे किन्तु जीवन-दर्शन के रूप में नहीं। वह सुकर कार्य साधकों पर निर्भर रहने में विश्वास नहीं करते थे और न ही अवसरवादी दर्शन में ही उनकी आस्था थी। चीन ने तिब्बत को निगल लिया तो उन्होंने कहा, "हम हिंसा का उत्तर हिंसा से देंगे। अपने विरुद्ध बल प्रयोग का उत्तर हम बल प्रयोग से देंगे। इस प्रकार गांधीजी की भाँति अहिंसा को इतना पाक स्तरीय नहीं बनाया कि अवसर पड़ने पर उससे इतर कोई मार्ग अपनाया ही न जाए। आधुनिक भारत के निर्माण में उनका योग गांधी और नेहरू से किसी भी प्रकार कम महत्त्वपूर्ण या न्यूनतर नहीं है। वे पीछे एक ऐसा स्मारक छोड़ गए हैं जो उन स्मारकों से कहीं अधिक स्थायी और स्मरणीय है जिनका अशोक और अकबर मात्र सपना लेते थे और जिन्हें वे कभी पूरा नहीं कर पाए।[8] निस्सन्देह सरदार का ही वह व्यक्तित्व था जिसने इस देश को निरन्तर टुकड़ों में खण्डित होने से बचाया और वरदान दिया एक सुगठित अस्तित्व और सर्वांगपूर्ण प्रशासन का। उन्हें एक विलक्षण रूपेण दूरदर्शी नेता के रूप में परिभाषित किया जा सकता है। उनके विचारों में तिलक तथा गांधी के विचारों का मिश्रण है। अपने लाखों प्रशंसक देशवासियों के लिए उनका व्यक्तित्व चमत्कारिक था, अनेक रहस्यों में आवेष्टित। किन्तु जहाँ गांधीजी और नेहरू जी जनता से प्रेम और आदर प्राप्त कर रहस्यमयी ऊँचाइयों को छूने लगे, वहाँ भारतीय जनमानस में पटेल की छवि राष्ट्र को सुदृढ़ और सुगठित बनाने वाले शिल्पी के रूप में अंकित है। वास्तव में अतीव संकट की घड़ी में नेहरू और पटेल जैसे कुशल नाविकों के हाथ में पतवार होने के कारण राष्ट्रतरी संकट की इस वेला से उबरकर किनारे लगी। तहमन्कर ने उचित ही कहा है, "संसार में ऐसे उदाहरण कम हैं, जब दो असमान प्रकृत्ति वाले राष्ट्रनायकों ने अपने सहयोगात्मक तारतम्य का विस्मयजनक परिचय देते हुए राष्ट्र को उन्नति की ओर अग्रसर किया। दृष्टिकोण में अनुपेक्षणीय असमानताएँ होने पर भी अपने क्षेत्र में महान इन दो राष्ट्र विभूतियों की एकजुटता

में स्पृहणीय मूर्त हो उठी थी। भारतीय संस्कृति की चिरयुगीन एकता जो विभिन्नताओं से ऊपर रहकर अक्षुण्ण अपने आपको रख सकी।"[9]

सन्दर्भ

1. B.K. Ahluwalia & Shashi Ahluwalia: Architects of Swaraj, (1982 ed.), p. 82.
2. M.R. Kohli : A man of thought and action—an article in Hindustan Times magazine section, dated October 31, 1993.
3. As quoted by D.V. Tahmankar: Sardar Patel, p. 260.
4. Ibid.
5. D.V. Tahmankar: Sardar Patel, p. 117.
6. Patel's address at Karachi Congress (1931).
7. M.R. Kohli : op. cit., p. 4.
8. D.V. Tahmankar: op. cit., p. 280.
9. Ibid., p. 284.

12

आचार्य नरेन्द्रदेव

"...एकता के लिए चिल्लाने के स्थान पर, जिसका कोई आधार नहीं दीखता, हमारा कर्त्तव्य बनता है कि राष्ट्रीय संघर्ष को तेज़ करने के लिए पद्धतियों की खोज करें... ।"

—नरेन्द्रदेव

नरेन्द्रदेव, विचार की स्पष्टता तथा दृष्टिकोण की गुरुता रखने वाले एक प्रसिद्ध अंग्रेज़ी तथा हिन्दी-लेखक, एक प्रभावशाली प्रवक्ता, का जन्म 13 अक्टूबर, 1889 ईसवी में सीतापुर में हुआ और उनका देहान्त 19 फरवरी, 1956 में हुआ। लगभग बीस वर्षों तक उनका सम्बन्ध काशी विद्यापीठ के साथ रहा, पहले अध्यापक के रूप में और बाद में प्रधानाचार्य के रूप में। वे लखनऊ और बनारस विश्वविद्यालयों के उपकुलपति भी रहे। उन्होंने एक राष्ट्रवादी के रूप में तिलक तथा अरविन्द के विचारों का अनुसरण किया। उन्होंने असहयोग-आन्दोलन में भी भाग लिया और गिरफ्तारी दी। जेल में उनके स्वास्थ्य को बहुत धक्का लगा। 1935 में उन्हें कांग्रेस समाजवादी दल का अध्यक्ष चुन लिया गया। अतः वे एक राष्ट्रीय नेता बन गए। उन्हें एक प्रमुख समाजवादी माना गया, जिन्होंने समाजवादी विचारधारा का बहुत जोर-शोर से प्रचार किया। उन्होंने कृषक-आन्दोलन में बहुत रुचि दिखाई। उन्हें दो बार अखिल भारतीय किसान सभा का अध्यक्ष चुन लिया गया। काफी वर्षों तक वे अखिल भारतीय कांग्रेस समिति के सदस्य बने रहे। उन्होंने कांग्रेस तथा समाजवादियों के बीच में साधनों की विभिन्नता की राय नहीं दी। परन्तु

उन्होंने इस बात को जोरदार शब्दों में कहा कि अगस्त 1947 के पश्चात् कांग्रेस राष्ट्र की आशाओं की पूर्ति नहीं कर पाई है, क्योंकि यह एक पार्टी ही बनकर रह गई है और इनमें केन्द्रीकरण तथा निरंकुशता के झुकाव देखने को मिलते हैं। सितम्बर, 1952 में उन्होंने कांग्रेस समाजवादी दल के कृषक मजदूर प्रजा दल में विलय के लिए अपना आशीर्वाद दिया।

उनकी दो महान पुस्तकें "Socialism and National Revolution" जो 1946 में प्रकाशित हुईं और "राष्ट्रीयता व समाजवाद" को 1949 में छपी और उसके अतिरिक्त अनेक लेख जो उन्होंने समाजवादी विचारधारा पर लिखे उनके विचारों का आइना है। अरविन्द, तिलक और गांधीजी की विचारधारा से वह बहुत प्रभावित हुए। उनका श्रेणी-सिद्धान्त की चर्चा करना उन पर मार्क्सवादी प्रभाव स्पष्ट करता है। उनको आशा थी कि मार्क्सवादी सिद्धान्त के द्वारा ही नया समाज उत्पन्न हो सकता है। बुद्ध मत ने भी उनके मन को अधिक प्रभावित किया।

वह उर्दू, और अंग्रेज़ी के बहुत अच्छे वक्ता (orator) थे। जवाहर लाल नेहरू ने उनके विषय में ठीक ही कहा है, "उनकी उपलब्धियाँ अनेक और कई क्षेत्रों में थीं।"[1] परन्तु उनके शरीर ने उनका साथ नहीं दिया।

राजनीतिक विचार और उनका आधार

चाहे नरेन्द्रदेव गांधीजी के निकट के साथी और गांधीजी से बहुत अधिक प्रेम भी करते थे, परन्तु विचारधारा की दृष्टि से वे एक मार्क्सवादी थे। मार्क्स की भाँति उन्होंने तार्किक भौतिकवाद को नहीं माना, यद्यपि उन्होंने तार्किक के सिद्धान्त तथा कार्यपद्धति (Methodology) को स्वीकार किया। उन्होंने मार्क्सवाद के भौतिकवादी अद्वैतवादी सिद्धान्त को भी माना, जो कि गति की सार्वभौमता को स्वीकार करता है। अतः उन्होंने विश्व को एक प्रक्रिया माना। इस प्रकार की विचारधारा के लिए वे मार्क्स के ऋणी हैं। उनके अपने ही शब्दों में, "हम अपने निर्धारित कार्य को केवल उसी दशा में पूरा कर सकते हैं अगर हम समाजवाद तथा तार्किक भौतिकवाद के सिद्धान्तों को, जिनका वर्णन मार्क्स ने किया है, समझेंगे। इससे हम सभी स्थिति को समझकर कार्य के सही आधार को समझ सकेंगे। हमें अपनी धारणा वैज्ञानिक समाजवाद पर बनानी चाहिए और अव्यवहारी समाजवाद को स्वीकार नहीं करना चाहिए।..."[2]

नरेन्द्रदेव की इन पंक्तियों से पता चलता है कि उन्होंने वैज्ञानिक समाजवादी बनने का प्रयत्न किया। परन्तु मार्क्स की भाँति नहीं, जोकि स्वयं वैज्ञानिक समाजवादी था। नरेन्द्रदेव एक नैतिक समाजवादी थे और उनका विश्वास नैतिक गुणों में था। अतः कई स्थानों पर उन्होंने समाजवाद को मानवीय बुनियादों का

आधारित सांस्कृतिक आन्दोलन कहा है।

मार्क्सवादी विचारधारा के उत्तराधिकारी साम्यवादियों की उन्होंने आदर्शों के आधार पर आलोचना की। यह वह आदर्श हैं जो वह अपने अनुकूल नीति में समाविष्ट करना चाहते हैं। वह कहते हैं, ''साम्यवाद की प्रजातन्त्र के लिए कोई प्रतिबद्धता नहीं। उन मूल्यों के प्रति भी उनका कोई आदर नहीं है जो मानवीय व्यक्तित्व-विकास के लिए आवश्यक हैं। यह उसी संसदीय प्रजातन्त्र का उपहास करता है जिसके लिए दूसरे महायुद्ध में इसने संघर्ष किया। आचार सम्बन्धी किसी नीति संहिता की भी इसे आवश्यकता नहीं है और यदि इसके उद्देश्य की सिद्धि में सहायता मिले तो यह संदिग्ध नैतिकता वाले उपायों के प्रयोग में भी कोई संकोच नहीं करेगा।''[3]

नरेन्द्रदेव के मन पर हिन्दू तथा बौद्ध दर्शन का भी गहरा प्रभाव पड़ा, अतः उन्होंने गुणों (Values) की पवित्रता को महत्त्वपूर्ण समझा। उनके लिए सत्यता का अपना ही अस्तित्व है। परन्तु उन्होंने गांधीजी के अहिंसा-सिद्धान्त को ज्यों-का-त्यों नहीं माना। नरेन्द्रदेव के मुख्य राजनीतिक विचार इस प्रकार हैं।

(क) एक मार्क्सवादी के रूप में

डॉ. राधाकृष्णन् कहते हैं, ''भारतीय समाजवादी पार्टी की उज्ज्वल ख्याति के प्रतीक आचार्य नरेन्द्रदेव भारत में समाजवाद लोकप्रिय होने से पूर्व ही लोकप्रिय नेता बन गए थे।''[4] एक महान दार्शनिक के यह शब्द स्वतः मुख्य और उद्घाटक हैं।

नरेन्द्रदेव को ठीक ही एक उग्र भारतीय मार्क्सवादी कहा जाता है। दूसरे मार्क्सवादियों की अपेक्षा, जिन्होंने कि मास्को की नीति का अनुसरण किया और देश के स्वतन्त्रता-संघर्ष में कोई भाग नहीं लिया, नरेन्द्रदेव ने अंग्रेज़ों के विरुद्ध स्वतन्त्रता-संग्राम में अपने समय के दूसरे राष्ट्रवादियों की भाँति भाग लिया और वे जेल में भी गए। उन्होंने दूसरे समाजवादियों को भी स्वतन्त्रता-आन्दोलन में भाग लेने के लिए प्रोत्साहन दिया, क्योंकि उनके विचारानुसार राजनीतिक स्वतन्त्रता देश में समाजवादी युग लाने की पहली शर्त है। उन्होंने राजनीतिक स्वतन्त्रता को समाजवाद के मार्ग का एक अनिवार्य पड़ाव माना। अतः उन्होंने पूरे जोर से कांग्रेस के 1942 के 'भारत छोड़ो' प्रस्ताव का समर्थन किया और कहा कि इससे स्वतन्त्रता की समाजवादी दिशाओं की व्याख्या सामने आती है।''[5] उनकी राय में इस प्रकार का प्रस्ताव परिश्रमी जनता के उद्धार के लिए जरूरी है। इसका उद्देश्य खेतों में काम करने वाले किसानों तथा कारखानों में काम करने वाले मजदूरों के हाथों में सत्ता देकर जन-साधारण की प्रभुसत्ता की स्थापना करना है।

अतः मार्क्स की भाँति उन्होंने स्वतन्त्रता को मजदूर वर्ग की प्रभुता ही माना। उन्होंने इस बात को महसूस किया कि भारत में अंग्रेज़ी शासन को बनाए रखने की जिम्मेदारी देशी नरेशों, पूँजीपतियों तथा सामन्तों के सिर पर है। बुर्जुआ श्रेणियों की इस अपवित्र साँठ-गाँठ के फलस्वरूप जनता का भारी शोषण हुआ है, अतः लोगों के राजनीतिक तथा आर्थिक कल्याण की अत्यन्त आवश्यकता है। इस प्रकार का कल्याण तभी सम्भव हो सकता है, जबकि मजदूर, किसान तथा छोटे बुर्जुआ लोग इकट्ठे हो जाएँ। उनकी यह भविष्यवाणी बिल्कुल ठीक निकली कि द्वितीय विश्वयुद्ध के पश्चात् बड़े पैमाने पर लोग क्रान्ति करेंगे। यहाँ पर वे किस मार्क्सवाद के निकट पहुँच गए हैं, क्योंकि मार्क्स के सिद्धान्त में क्रान्ति का महत्त्वपूर्ण स्थान है। 1934 में दिए गए एक अध्यक्षीय भाषण में उन्होंने कहा, "श्रमिकों का आर्थिक आन्दोलन एक राजनीतिक आन्दोलन का रूप ले लेता है। क्योंकि उन्हें यह समझाने में विलम्ब नहीं होता कि साम्राज्यवादी सरकार पूँजीवाद का साथ देती है। उनकी मित्र बन जाती है।" मार्क्स की भाँति वे भी इतिहास की भौतिक दृष्टि से व्याख्या के समर्थक थे और उन्होंने पूँजीवाद को उत्पादन के रास्ते में एक बहुत बड़ी बाधा माना।

इसके अलावा, उन्होंने मार्क्स की भाँति लोगों को पूँजीवादी शासन के विरुद्ध भड़काने पर भी बल दिया। उनके मतानुसार पूँजीवाद एकाधिकार की स्थिति तक पहुँच चुका था। इसमें आकर उसका क्षय होने लगता है। रक्तशोषक कृमियों का रूप ले लेता है। उसमें ऐसी असंगतियाँ आ जाती हैं जिनके कारण पूँजी, श्रम तथा साम्राज्यवादी शक्तियों में संघर्ष होता है। मार्क्स के इस कथन को दोहराया, "श्रमजीवी वर्ग की माँग तत्त्वतः समाज में वर्गहीनता लाना है...।"[6] उनकी यह पक्की धारणा थी कि लोगों को स्वतन्त्रता तथा लोकतन्त्र के भड़कीले नारों से जगाया नहीं जा सकेगा। कुछ विशेष शिकायतों को दूर करने के नारे ही उनमें जागृति ला सकते हैं। कांग्रेस समाजवादी दल के नेता के रूप में उन्होंने किसानों को संगठित करने तथा उनके साथ होने वाले अन्याय के बारे में उन्हें जागरूक करने का भरसक प्रयत्न किया। इसी तरह उन्होंने मजदूर वर्ग में क्रान्तिकारी नेताओं के अभाव को महसूस किया और उनमें निराशा की झलक देखी। अतः उन्होंने मज़दूर श्रेणी के आन्दोलन के प्रोत्साहन की आवश्यकता को महसूस किया। इसके लिए किसानों तथा मजदूरों को अगुआई दी और उन्हें आर्थिक कार्यक्रम द्वारा कांग्रेस के साथ अपना सम्बन्ध स्थापित करने की राय दी। इस प्रकार के दृष्टिकोण से सिद्ध होता है कि नरेन्द्रदेव राष्ट्रीय कार्यक्रम से पृथक् नहीं थे और वे मजदूर वर्ग के अगुआ बने रहे, जिसके कारण उन्हें भारतीय उद्देश्यों के अनुकूल कार्य करने वाला 'मार्क्सवादी' कहा जा सकता है।

आलोचकों की इस सम्मति से वह असहमत थे कि राष्ट्रवादी और समाजवादी अवधारणाओं में संशोधन किया जाए। उन्होंने कहा, "एक सच्चे मार्क्सवादी की यह महान विशेषता है कि वह अपने दृष्टिकोण में रूढ़िवादी और वर्गवादी नहीं होता। द्वन्द्वात्मक पद्धति की यह विशेषता है कि वह एक ऐसी जीवन्त-पद्धति है जिसमें बड़ा लचीलापन है। जो इसका अनुसरण करता है, उसे स्वयं को परिवर्तनशील स्थिति के अनुकूल ढालना पड़ता है।"[7] वास्तव में उन्होंने राष्ट्रीय संघर्ष की लोगों को एक आर्थिक विचारधारा देकर समाजीकरण किया। इस प्रकार उचित ही है कि उन्हें भारतीय समाजवादी आन्दोलन का मार्गदर्शक और मित्र कहा गया है।[8] उन्हें विश्वास था कि निकट भविष्य में भारत में समाजवादी क्रान्ति के परिणामस्वरूप जनतान्त्रिक समाजवाद की स्थापना होगी।

(ख) एक क्रान्तिकारी के रूप में

मार्क्स की भाँति उन्होंने भारत में भी समाजवादी क्रान्ति की भविष्यवाणी की। उन्होंने इस बात को बिल्कुल स्वीकार नहीं किया कि भारत एक औद्योगिक दृष्टि से पिछड़ा हुआ तथा कृषि-प्रधान देश है और इसमें जन-क्रान्ति नहीं लाई जा सकती। भारत में एक समाजवादी क्रान्ति अवश्यमेव है, क्योंकि जनता भूख का शिकार है और बुर्जुआ तथा साम्राज्यवादियों ने इसका खूब आर्थिक शोषण किया है। अतः सामाजिक क्रान्ति का वहाँ भड़क उठना अत्यन्त सम्भव है जहाँ चिरकाल तक लोग शिकार रहे हों आर्थिक शोषण का जिसके कारण वह विनाश के कगार पर पहुँच गए हों। भले ही वह देश आर्थिक रूप से पर्याप्त विकसित न हो। यदि क्रान्ति के लिए उपयुक्त स्थिति है जैसा कि भारत में इस समय है तो संकट के बढ़ने के साथ स्थिति भी बिगड़ जाती है।[9] उन्होंने लेनिन के इस सिद्धान्त को भी स्वीकार किया है कि यह जरूरी नहीं कि क्रान्ति केवल उन ही देशों में हो सकती है जो औद्योगिक दृष्टि से कमजोर हैं, अपितु क्रान्ति वहाँ पर भी सम्भव है जहाँ पर साम्राज्यवाद का बन्धन कुछ ढीला है। उनका संविधानवाद अथवा सुधारवाद में कोई विश्वास नहीं था। (Reformism) में कोई विश्वास नहीं था।

परन्तु इस प्रकार की क्रान्ति के लिए जनता को राजनीतिक शिक्षा तथा उनमें राजनीतिक जागृति लाने की आवश्यकता होती है। उन्हें वैज्ञानिक समाजवाद का ज्ञान करवाना अनिवार्य है और अव्यावहारिक समाजवाद तथा सामाजिक सुधार से चौकस करना भी जरूरी है। इस उद्देश्य से उन्होंने वर्तमान सामाजिक व्यवस्था में परिवर्तन लाने के लिए एक अनुशासित राजनीतिक दल को संगठित करने का सुझाव दिया, जिसे पता हो कि उसे क्या करना है, कैसे करना है और जिसे केवल तोड़ने का ही पता न हो, बल्कि निर्माण का भी ज्ञान हो।

(ग) श्रेणी-सिद्धान्त में उनका विश्वास

यद्यपि नरेन्द्रदेव का गांधीजी के साथ निकट का सम्बन्ध था, फिर भी उन्होंने श्रेणी-परिवर्तन के गांधीजी के सिद्धान्त को स्वीकार नहीं किया। उन्होंने मार्क्स की भाँति श्रेणी-संघर्ष के सिद्धान्त को माना, चाहे इसके लिए उन्होंने शान्तिमय ढंगों का प्रयोग करने पर बल दिया। स्वतन्त्र भारत में भी उन्होंने 'श्रेणी संघर्ष के सिद्धान्त को अपनाया। उन्होंने कहा कि श्रेणी संघर्ष श्रेणियों का आधारित समाज का अटूट अंग है।''[10] उनके अनुसार, "...देश में बड़ी तेजी से समाज के विभिन्न वर्गों में विभिन्नता की प्रक्रिया चल रही है, जोकि राष्ट्रीय-आन्दोलन से ऊपरी तथा मध्य श्रेणी की परतों को काटती जा रही है। नई श्रेणियाँ बन रही हैं और वे लोगों से पृथक् होती चली जा रही हैं...।''[11] यहाँ पर यह कहना असंगत नहीं होगा कि मार्क्स की भाँति नरेन्द्रदेव ने—शोषित तथा शोषक—दो वर्गों के सिद्धान्त को स्वीकार नहीं किया। इसके लिए लगता है कि वे बर्खारिया (Berkharin) के विचारों से प्रभावित हुए हैं, जिन विचारों का उसने अपनी पुस्तक Historical Materialism' में वर्णन किया है। अपनी पुस्तक के प्रभाव के अधीन उसने कहा है कि बुर्जुआ तथा मजदूर दो सामाजिक श्रेणियों के अतिरिक्त मध्य श्रेणी परिवर्त (transition) तथा मिश्रित श्रेणियाँ भी हैं। उन्होंने मजदूर श्रेणी को अधिक महत्त्व दिया और औद्योगिक प्रबन्ध में उनका साथ मिलाने पर बहुत अधिक बल दिया। उन्होंने भारत की सामाजिक तथा आर्थिक समस्याओं के लिए श्रेणी-संघर्ष को उत्तरदायी ठहराया। अतः उन्होंने निम्न-मध्य श्रेणी तथा जनता के बीच में मैत्री का समर्थन किया, ताकि विदेशी शासन को समाप्त करके अन्त में आर्थिक बन्धनों को भी तोड़ा जा सके। गांधीजी के विपरीत उन्होंने सामाजिक स्वामित्व पर बल दिया और ट्रस्टीशिप के गांधीजी के सिद्धान्त का विरोध किया।

(घ) भूमिदारी के पुनर्निर्माण के समर्थक के रूप में

नरेन्द्रदेव को भारतीय कृषक वर्ग के आर्थिक पतन के कारण काफी धक्का लगा, जोकि भारतीय अर्थव्यवस्था की रीढ़ की हड्डी है। उन्होंने किसानों को किसान सभाएँ बनाकर अपने आर्थिक हितों को सुरक्षित रखने के लिए मिलकर काम करने को कहा।[12] उन्होंने ग्रामीण विकास के लिए साक्षरता आन्दोलन चलाने का भी सुझाव दिया, क्योंकि उन्होंने 'जन-शिक्षा' को सभी प्रकार की प्रगति की एक अनिवार्य शर्त माना। उन्होंने सहकारी समितियों के निर्माण तथा उन्हें सुदृढ़ बनाने के लिए शिक्षा को अनिवार्य समझा। अतः उन्होंने कृषि के सहकारी संगठन का सुझाव दिया। उन्होंने किसानों के ऋण को समाप्त करने और उनको सस्ते ब्याज का ऋण देने की व्यवस्था करने तथा राज्य और किसानों के बीच से

भूमिपतियों को हटा देने पर बल दिया। जो महाजन किसानों को ब्याज की ऊँची दर पर ऋण देते हैं, गाँवों के सहकारी प्रजातन्त्र में उनका भी कोई स्थान नहीं होना चाहिए। गाँवों में सरकारी लोकतन्त्र लागू करके एक लोकतन्त्रीय गाँव-सरकार की स्थापना की जानी चाहिए। ग्रामीणों में नए विचारों का संचार करने के लिए तथा उनके सांस्कृतिक पिछड़ेपन को दूर करने के लिए सभी गाँवों में एक नवजीवन आन्दोलन' चलाया जाए और भारतीय किसानों को समाजवादी विचारधारा का ज्ञान करवाया जाए।

"गाँव को एक सहकारी ग्राम मण्डल का रूप देकर ही अपने पाँव पर खड़ा किया जा सकता है। और इस सहकारी ग्राम मण्डल का स्वतन्त्र किसानों के रूप में एक जनतांत्रिक आधार होना चाहिए। जमींदार और महाजन को परे हटा देना चाहिए। गाँव को भ्रष्ट, अत्याचारी पुलिस बल से भी मुक्ति मिलनी चाहिए। गाँव की पंचायत का इस कार्य तन्त्र पर कोई नियंत्रण होना चाहिए। रचनात्मक, सामाजिक सेवा को खुला क्षेत्र मिलना चाहिए। सबसे बढ़कर यही आततायी, असामाजिक तत्त्वों को और शोषक वर्ग का सामना करने के लिए किसानों को संगठित करेंगे।"[13]

(ङ) एक धर्मनिरपेक्षवादी के रूप में

नरेन्द्रदेव धर्मनिरपेक्ष राष्ट्रवादी नेता थे और वह एक सांस्कृतिक पुनरुत्थानवादी (Revivalist) नहीं थे। इसका अर्थ यह नहीं कि वह धार्मिक अध्ययन के विरुद्ध थे। वास्तव में देश में सामाजिक योजना को चलाने के लिए उनका धर्मशास्त्रीय तथा काल्पनिक धारणाओं में कोई विश्वास नहीं था। एक भाषण में उन्होंने कहा था, "जब कांग्रेस धर्मनिरपेक्ष प्रजातन्त्र की बात करती है तो वह गम्भीरता से ऐसा करती है। हमें अपना हाथ बढ़ाकर साम्प्रदायिकता के अस्तित्व को समाप्त करने और भावनाओं को विषाक्त करने वाले साम्प्रदायिकता के विष को मिटा देने में उसे सहयोग देना चाहिए। हमारा राज्य सशक्त बने, इसके लिए यह आवश्यक है कि देश के वातावरण में धर्मनिरपेक्ष प्रजातन्त्र समाया रहे।"[14]

(च) गांधीजी के रचनात्मक कार्यक्रम का उनके द्वारा विरोध

नरेन्द्रदेव गांधीजी के रचनात्मक कार्यक्रम तथा संविधानवाद की नीति के विरुद्ध थे जिसका अनुसरण सविनय अवज्ञा आन्दोलन के स्थगित हो जाने के पश्चात् कुछ-एक कांग्रेसियों ने किया था। उनके विचारानुसार गांधीजी की नीति जनता की सरकार के विरुद्ध क्रान्तिकारी कदम उठाने में सहायता नहीं कर सकती। उन्होंने क्रान्तिकारी स्थिति में सीधी कार्रवाई तथा रचनात्मक कार्य के बीच

में अदला-बदली की नीति को भी नहीं सराहा। उनके विचारानुसार क्रान्तिकारी स्थिति हमेशा बनी रही है। सभी स्थितियों में उचित अगुआई ही लोगों के उत्साह को बनाए रख सकती है। अतः उन्होंने कहा, "समाजवादी विचारधारा को लेकर और लोगों को आर्थिक दृष्टि से चेतन तथा राजनीतिक दृष्टि से संगठित करके हम भारत के लोगों को स्वतन्त्रता की ओर ले जा सकते हैं। आगामी क्रान्तिकारी कार्य काफी बड़ा और भारी होगा।"[15]

अब प्रश्न यह उठा है कि नरेन्द्रदेव ने गांधीजी के रचनात्मक कार्यक्रम को क्यों महत्त्व प्रदान नहीं किया? इसका कारण स्पष्ट है। गांधीजी ने इसका इसलिए समर्थन किया कि उनके विचारानुसार रचनात्मक कार्य अहिंसावाद की सिखलाई के लिए एक बहुत बढ़िया साधन है। समाजवादियों ने इसलिए इसकी खिल्ली उड़ाई, क्योंकि इसके द्वारा जनता को क्रान्ति के लिए अथवा उसमें श्रेणी की भावना पैदा करने के लिए कोई प्रोत्साहन नहीं दिया जा सकता। इन जैसे ही आधारों पर नरेन्द्रदेव ने रचनात्मक कार्य का विरोध किया। उनके शब्दों में, "... चाहे कैसा भी कोई रचनात्मक कार्यक्रम क्यों न हो, परन्तु वह क्रान्तिकारी समाजवादी परिवर्तन के लिए उपयुक्त नहीं है।"[16]

हड़तालों में विश्वास तथा संविधानवाद का विरोध

एक क्रान्तिकारी होने के कारण वे संविधानवाद के विरुद्ध थे। उन्होंने गवर्नमेण्ट ऑफ इण्डिया एक्ट (1935) का विरोध करने के लिए आह्वान किया, क्योंकि उनके विचार में यह अपने आधिपत्य के स्थायीकरण के लिए अंग्रेज़ों की एक युक्ति थी। उनकी सम्मति थी कि एक दल जो पूर्ण स्वराज्य के लिए संघर्षरत हो, किसी भी स्थिति में साम्राज्यवाद के लिए समझौता नहीं कर सकता। इसे लक्ष्य की प्राप्ति होने तक संघर्ष जारी रखना पड़ेगा।[17] औपनिवेशिक राज्य के काल में वह सदा इस बात पर बल देते थे कि स्वतन्त्रता हिंसा के बिना प्राप्त नहीं की जा सकती। लगता है कि वे जार्ज सोरेल के आम हड़ताल के सिद्धान्त से प्रभावित हुए थे। वे आम हड़ताल के हथियार के भावुक, सैद्धान्तिक तथा निपुण लाभों के बारे में जानते थे। उनका विचार था कि आम हड़ताल देश की अर्थ-व्यवस्था को पंगु बना देगी और विदेशी शासकों को यहाँ से चले जाने के लिए मजबूर कर देगी। इसके अतिरिक्त आम हड़ताल बहुत ज्यादा संगठन सम्बन्धी शक्ति पैदा कर देगी जो सामाजिक क्रान्ति के लिए आधार तैयार करने में सहायता कर सकती है। रूस के विपरीत भारत में हड़ताल का सर्वहारा हथियार अभी तक प्रयुक्त नहीं किया जा सका; पर मजदूर वर्ग उस समय अपना प्रभाव पैदा कर सकता है जब आम हड़ताल के हथियार को राष्ट्रीय संघर्ष में प्रयोग में लाकर इसके द्वारा तुच्छ

बुर्जुआ को हड़ताल की क्रान्तिकारी संभावनाओं द्वारा प्रभावित किया जा सके।[18]

गांधीजी के निधन के पश्चात् उन्होंने सत्याग्रह की तकनीक के प्रति निश्चित झुकाव का परिचय दिया। उन्होंने बलपूर्वक कहा कि "कोई भी सरकार अथवा कोई अन्य शक्ति एक व्यक्ति को उसके सत्याग्रह करने के अधिकार से वंचित नहीं कर सकती।"[19] गया में 1955 में हुए पी.एस.पी. के द्वितीय सम्मेलन के अध्यक्षीय भाषण में उन्होंने कहा, "जब तक शोषण और अत्याचार जारी रहेगा, सत्याग्रह और हड़ताल का क्रम भी जारी रहेगा। किन्तु इन उपायों का प्रयोग वह एक वर्गहीन, समाजवादी समाज की रचना के लिए चाहते थे। उन्होंने कठोर संविधानवाद और सशस्त्र विप्लव की भर्त्सना की। समाजवादी आन्दोलन की प्रारम्भिक अवस्था में संसदीय तथा असंसदीय दोनों कार्यों को बराबर का महत्त्व दिया जाएगा। दूसरे (असंसदीय) कार्यक्रम में शिक्षा, संगठन, निर्माण और संघर्ष आदि का समावेश होगा। गांधी की भाँति वह भी साधनों की पवित्रता पर बल देते थे। साधनों की पवित्रता साधनों की पवित्रता के समान महत्त्वपूर्ण है। बुरे साधनों से हम अच्छे उद्देश्य सिद्ध नहीं कर सकते है।"[20]

उनका दृष्टिकोण

यह जानते हुए भी कि पूँजीवाद व साम्यवाद सारे संसार में फैलने का यत्न कर रहे हैं। आचार्य जी एक दूरदर्शी होने के कारण लोकतन्त्रीय समाजवाद के युग की कल्पना करते रहे। उन्होंने महसूस किया कि लोहे का परदा (Iron Curtain) जो साम्यवादियों ने बना रखा था। धीरे-धीरे उठ रहा था। रूसी साम्यवादी उदार बनता जा रहा था। मनुष्य के हृदय में लोकतन्त्रीय भावना प्रज्वलित होती दिखाई दे रही थी। मनुष्य जिसने स्वयं अपने आपको पहचाना नहीं था अब अपनी वास्तविकता जान चुका है। उनके शब्दों में, "जब जनता जाग्रत होती है और अज्ञानता का अन्धकार छँट जाता है तो वह अपनी वास्तविकता पहचान लेंगे और तब सर्वोच्चता स्थापित होगी।"

लोकतन्त्रीय समाजवाद का उनका सिद्धान्त

प्रजा समाजवादी दल ने अपनी दूसरी सालाना बैठक जो गया में हुई थी, में अपनी नीति प्रकाशित की। उस नीति में आचार्य जी के लोकतन्त्रीय समाजवाद जो भारत के अनुकूल है, का वर्णन किया। आचार्य जी तंगदिल राष्ट्रवादी नहीं थे और न ही वह अपने आपको लोकतन्त्र समाजवाद के निर्माता कहलाने के इच्छुक थे। उन्होंने लोकतन्त्र के विरुद्ध रीति-रिवाजों को नहीं अपनाया और संसार के अनेक देशों की लोकतन्त्रीय और समाजवादी प्रचलित परम्पराओं को अपनाया।

उन्होंने महसूस किया कि भारत का भविष्ट लोकतन्त्रीय समाजवाद से ही उज्ज्वल हो सकता है। दूरदर्शी होने के नाते उन्होंने कहा, "जैसे-जैसे रूसी नागरिक का सांस्कृतिक स्तर बढ़ता है और लोहे का परदा उठता है, रूसी साम्यवाद उतना ही उदार बनेगा जबकि कुछ समय पश्चात चीन अपनी प्राचीन सभ्यता और अपनी अन्तर्राष्ट्रीय स्थिति में परिवर्तन के कारण वह स्वयं अपने आपको स्वतन्त्र समझेगा और महसूस करेगा कि उसे वही करना चाहिए जो वह हृदय से चाहता है तो उस समय इस प्रकार की स्थिति उत्पन्न होगी, जो लोकतन्त्रीय समाजवाद के साथ मिलती-जुलती हो।"[21] रूस में इनकी भविष्यवाणी सच साबित हुई। उनके भारतीय लोकतन्त्रीय समाजवाद के महत्त्वपूर्ण अंश निम्नलिखित हैं–

1. शोषित वर्ग के अगुआ

भारतीय सामाजिक आन्दोलन ने श्रमिक वर्ग के लोगों जिन्होंने एक नया संसार बनाने का संघर्ष किया एक नई दिशा दिखाई। श्रमिक वर्ग में किसान और मजदूर दोनों सम्मिलित थे। उनका यह कहना था कि कृषि, अर्थव्यवस्था, औद्योगिक अर्थव्यवस्था के आधीन नहीं है।

2. जाति रहित ढाँचा

जाति रहित पदक्रमिक (Hierarchical) सामाजिक ढाँचा जो जाति पर आधारित है लोकतन्त्र के रास्ते में बाधा है और सामाजिक परिवर्तन को रोकता है। व्यवसायिक कठोरता से चिपटा हुआ है। स्वतन्त्र संघ का विरोधी है। श्रम के गौरव को कम करता है। लोकतन्त्र के रीति-रिवाजों को बढ़ावा देता है। श्रमिक वर्ग को सामाजिक सम्मान से वंचित रखता है।[22] इससे स्पष्ट होता है कि जाति रहित समाज लोकतन्त्र और समाजवाद के लिए आवश्यक है।

3. लोकतन्त्रीय विकेन्द्रीकरण

लोकतन्त्रीय समाजवाद तानाशाही और नौकरशाही का विरोधी है, इसीलिए वह शक्ति तथा जिम्मेदारी के विकेन्द्रीकरण के पक्ष में थे। उनका कहना था कि स्थानीय स्तर पर लोकतन्त्रीय केन्द्र बनाए जाएँ और कार्य संघ (Association) लोकतन्त्रीय ढंग से संघटित किए जाएँ। उन्हें स्वतन्त्रता दी जाए। ग्रामों में लोकतन्त्रीय ढाँचा अपनाया जाए। सांस्कृतिक और भाषा की स्वतन्त्रता को महत्त्व दिया जाए। रसायनिक और आर्थिक क्षेत्रों में विकेन्द्रीकरण ही राज्य को तानाशाही से सुरक्षित रख सकता है। उन्होंने इस बात पर बल दिया कि विकेन्द्रीकरण सीमित होना चाहिए। उन्होंने ग्राम पंचायत को राज्य शक्ति का एक मुख्य अंग बताया है।

4. उद्योग का सामाजिककरण

उनका कहना था कि देश की पूँजी को बढ़ाने और जनता की भलाई के लिए उद्योगों का सामाजिककरण और अर्थव्यवस्था का योजनाबद्ध होना आवश्यक है, "आचार्य के शब्दों में सामाजिककरण इस प्रकार का होना चाहिए कि वह उद्योगों के साथ ऐसा ताल-मेल करे जिसे उत्पादन बड़े और उसके वितरण में सुधार आए और मजदूरों को अधिक सुरक्षा और स्वतन्त्रता प्रदान हो।"[23] आर्थिक योजनाएँ संसद द्वारा विद्वानों और सामाजिक संस्थाओं की सहायता से बनाई जाए। बड़े उद्योगों के मालिक जनता स्वयं हो परन्तु भारतीय सरकार, राज्य सरकारें और स्थानीय सरकारें इन उद्योगों का शासन चलाएँ। देश की सन्तुलित अर्थव्यवस्था जिसमें बेरोजगारी न हो, प्रदान करने के लिए छोटे उद्योगों को भी अपनाना होगा। मजदूरों की इन उद्योगों में भागीदारी आवश्यक हो, उन्हें शासनिक बोर्ड (Boards) में प्रतिनिधित्व मिलना चाहिए परन्तु मजदूरों को मानना होगा कि सरकार का उन पर नियन्त्रण होगा।

5. सहकारी समितियों का होना

समाजवादी ढाँचे में सहकारी (Co-operatives) समितियाँ अति आवश्यक है क्योंकि उनके द्वारा घरेलू वस्तुओं का वितरण प्रशंसनीय है। उनके शब्दों में पूँजीवादी ढाँचे में "उपभोक्ता सहयोग (Consumers co-operatives) उद्योगपतियों की शक्तियों को विरोध करने में महत्त्वपूर्ण भूमिका निभाते हैं।"[24] इसी प्रकार ग्राम अर्थव्यवस्था में सहयोग को बुनियादी नियम माना जाएगा। सहकारी खेती-बाड़ी और बहुकार्य सहकारी समितियों के द्वारा सिंचाई, अच्छे बीज, खाद्य और औजारों का वितरण होना चाहिए।

6. सम्पत्ति का अधिकार राष्ट्रीय हितों के अनुकूल

सम्पत्ति का अधिकार समाजवादी ढाँचे में अपनाया जाता है परन्तु यह मौलिक नहीं होता और इसे छीना भी नहीं जा सकता। सम्पत्ति एक सामाजिक संस्था है जिसका प्रयोग सामाजिक नियमों, आवश्यकताओं और शर्तों के अनुसार होता है। सम्पत्ति का प्रयोग जनता के हित के विरुद्ध नहीं किया जाना चाहिए। इसका प्रयोग जनता की भलाई और उन्नति के लिए होना चाहिए।

7. उद्योग में लोकतन्त्र

समाजवाद उद्योगों में भी लोकतन्त्र में विश्वास रखता है यही कारण है कि वह उद्योग में किसी प्रकार की तानाशाही का विरोध करता है। यही कारण है कि

सामाजिक अर्थव्यवस्था स्थापित करने के लिए समाजवाद विचारधारा के अनुसार मजदूरों, मैनेजरों और इंजीनियरों के आपसी सहयोग आवश्यक हैं। नरेन्द्रदेव के शब्दों में, "ज्ञान और श्रम दोनों का इकट्ठा पाया जाना समाजवाद का महत्त्वपूर्ण नियम है। बुद्धिजीवी और श्रमिकों का सामाजिक मेल होना प्रशंसनीय है और इसका बढ़ावा सामाजिक एकता ला सकता है।"[25]

8. अहिंसक उपायों को मानना

मजदूरों के शोषण और उन पर अत्याचार को समाप्त करने के लिए गांधीजी के बताए हुए सत्याग्रह और हड़तालों के साधनों को अपनाना चाहिए। हिंसक क्रान्ति से दूर रहना चाहिए, "नरेन्द्रदेव के शब्दों में सामाजिक आंदोलन के समर्थन में लोकतन्त्रीय शक्तियों को जुटाने में हमें अहिंसावादी, शान्ति के समर्थक और लोकतन्त्र का पुजारी बनना होगा। हमें लोकतन्त्रीय नियमों को स्वीकार करने वाले भारतीय को विश्वास दिलाना होगा कि हम लोकतन्त्रीय समाजवाद को चाहते हैं और हम किसी प्रकार की तानाशाही उन पर थोपना नहीं चाहते।"[26] उन्होंने कृषक, उद्योग मजदूर और दूसरे श्रमिक वर्ग का आपस में घनिष्ठ सहयोग देने की राय दी है।

9. सामाजिक नैतिकता की आवश्यकता

लोकतन्त्रीय समाजवादी राज्य में ऐसी नैतिकता की आवश्यकता होगी। जिसमें पूर्ण सामाजिक जागरूकता हो। सामाजिक जागरूकता ऐसे समाज में सम्भव होगी जो शोषण, अत्याचार और दबाव से मुक्त हो, "नरेन्द्रदेव के शब्दों में लोकतन्त्रीय समाजवाद मनुष्य के नैतिक विकास में पीढ़ियों से विकास करता आया है और सामाजिक नैतिकता को अपने लक्ष्य की पूर्ति मानता है। यह नैतिक नियम जो मानवता पर आधारित हो, शक्ति प्रदान करता है और ऐसे पुराने रीति-रिवाजों को अपनाता है जो समाजवाद के विरुद्ध न हो।"[27] वह वास्तव में सामाजिक नैतिकता को मानवता पर आधारित नैतिकता कहते है, "क्योंकि यह अहंकार, श्रेणी संघर्ष, शोषण और किसी प्रकार के दबाव ने मुक्त है। इस प्रकार की सामाजिक नैतिकता जीवन को नया मोड़ देगी। मनुष्य के व्यक्तित्व को आदर, श्रम का गौरव, सामाजिक न्याय, सर्वकल्याण, मनुष्य की स्वतन्त्रता और लोकतन्त्रीय सहयोग मानव को उन्नति का समर्थन करेगी।"[28]

10. समाजवाद एक सांस्कृतिक आन्दोलन

समाजवाद न ही केवल आर्थिक बल्कि एक सांस्कृतिक आन्दोलन भी है।

यह सांस्कृतिक आवश्यकताओं, मानव की भावनाओं को सामाजिक मान्यता देने की चेष्टा करता है। इसके अतिरिक्त मानव संस्कृति को विकसित करने के लिए एक ऐसे श्रेणी रहित समाज की स्थापना करता है जो हर प्रकार के दबाव और शोषण से मुक्त हो और जिसमें किसी प्रकार के श्रेणियों के झगड़े न हों। लोकतन्त्रीय समाजवाद में सांस्कृतिक उन्नति को बढ़ावा दिया जाएगा जो नए वातावरण के अनुकूल होगा और जिसमें भिन्न प्रकार की संस्कृतियाँ सम्मिलित होंगी। किसी क्षेत्र के सांस्कृतिक स्वतन्त्रता को भंग नहीं किया जाएगा। स्त्रियों का सांस्कृतिक पिछड़ापन समाप्त करना होगा।

11. समाजवाद एक अन्तर्राष्ट्रीय आन्दोलन के रूप में

ऐसे संसार की स्थापना करना है जिसमें मनुष्य आर्थिक, राजनीतिक और सामाजिक अधीनता से मुक्त हो और जिसमें सब प्रकार के मनुष्यों को बिना किसी मतभेद के मौलिक अधिकार प्राप्त हो और वह अपनी भौतिक उन्नति और आध्यात्मिक विकास की दशा में बढ़ रहा हो। समाजवाद साम्राज्यवाद का विरोधी है। यह जाति मतभेद का विरोध करता है और संयुक्त राष्ट्र संघ के नियम और लक्ष्य को अपनाता है। यह रूसियों का क्षेत्र विकास की नीति और अमरीकी राजनीति में उत्तमता प्राप्त करने की भावनाओं को घृणा करता है, नरेन्द्रदेव ने कहा, ''संसार की मुक्ति लोकतन्त्रीय समाजवाद में है और वह जो लोकतन्त्र और समाजवाद में दृढ़ विश्वास रखते हैं। संसार में शान्ति के नए आन्दोलन के अगुआ हो सकते हैं।''[29]

निष्कर्ष

नरेन्द्रदेव के विचारों के आलोचनात्मक अध्ययन के पश्चात् हमें यह पता चलता है कि कुछ हद तक वे एक मार्क्सवादी थे। उनके द्वारा समाजवाद के मानवीय आधारों पर दिए गए बल तथा मार्क्सवादी सिद्धान्त के आधार पर नए समाज के निर्माण की धारणा से उनका समाजवादी सिद्धान्त गतिशील बन गया है। उनकी रचनाएँ, जिनमें एक पुस्तक तथा कुछ लेख शामिल हैं, अनुभव-सिद्ध हैं। उनकी पुस्तक समाजवादी आन्दोलन तथा किसान आन्दोलन को प्रोत्साहन देने के उद्देश्य से तैयार की गई थी। आंशिक रूप से वे अपने उद्देश्य में सफल हुए। दीक्षित ने ठीक ही कहा है, ''वह एक मार्क्सवादी तथा प्रजातांत्रिक समाजवादी थे। वह मानवीय मूल्यों और सांस्कृतिक विरासत पर बल देते थे।''[30]

उनके द्वारा आर्थिक विचारधारा की अनिवार्यता पर लोगों द्वारा कार्रवाई करने के लिए बल देकर यह सिद्ध किया गया है कि उन्होंने राष्ट्रीय स्वतन्त्रता-संग्राम

को मजदूरों के कल्याण के लिए चलाए जाने वाले संघर्ष के साथ मिला दिया है। डॉक्टर वर्मा के शब्दों में, "समाजवादी सिद्धान्तकार के रूप में नरेन्द्रदेव लेनिन के बल-प्रयोग द्वारा शक्ति को हाथ में लेने के सिद्धान्त के स्थान पर मार्क्स के श्रेणी-संघर्ष के सिद्धान्त से अधिक प्रभावित हुए थे।"[31] श्रेणी-संघर्ष का सिद्धान्त उन्हें गांधीजी के श्रेणी-परिवर्तन के सिद्धान्त से दूर ले जाता है।

एक वास्तववादी होने के नाते, वे नहीं चाहते थे कि मजदूरों तथा किसानों को राष्ट्रीय स्वतन्त्रता तथा लोकतन्त्र के खोखले नारों से मूर्ख बनाया जाए। उन्होंने जो मजदूरों-किसानों को स्वतन्त्रता-संग्राम आन्दोलन में साथ मिलाने का यत्न किया, इतिहास में इसके लिए उन्हें दलित लोगों के राजनीतिक तथा आर्थिक उद्धार के दृढ़ समर्थन के रूप में सदैव याद किया जाएगा। उनके निकट राजनीति और आचार शास्त्र में निकट का तालमेल हैं यही कारण है कि उनकी राजनीति में निम्न स्तरीय कार्य साधकों और छल योजनाओं के लिए कोई स्थान नहीं है। उन्होंने पद का त्याग किया और जनसेवा को वरीयता दी। यदि समाजवादी उद्देश्यों के लिए उन्हें राजनीतिक संघर्ष भी करना पड़ा तो वह पीछे नहीं हटे। जन सेवा के रूप में उनके पास साधना का ऐसा माध्यम था कि संकीर्ण वर्गगत हितों के विचार के कलुषित नहीं हुआ था। उन्हें श्रद्धांजलि देते हुए अशोक मेहता ने ठीक ही कहा है, "उनके लिए राजनीति सेवा का पर्याय था। एक साध्य था, छल योजना नहीं। उनकी राजनीति के शैली तत्त्व निर्माण में उनकी पवित्र भावना का हाथ था। उनके इस प्रज्वलित ज्योति शलभ से अपनी लघु मोमबत्तियों को जलाकर समृद्ध होना चाहते हैं।"[32]

सन्दर्भ

1. Quoted in M.B. Lall : Acharya Narendra Deva—Yug aur Nitratev.
2. Narendra Deva : Socialism and the National Revolution, p. 148.
3. Dikshit Chandrodaya: op. cit., pp. 44-45
4. S. Radhakrishna : Janata, March 11, 1956.
5. Narendra Deva's Presidential address at the All India Congress Socialists Conference on May 17, 1934, 'Socialism and the National Revolution', pp. 6-7.
6. Presidential Address at the first Session of All India Congress Socialist Conference, May 17, 1934.
7. Ibid.
8. Dikshit Chandroday : Democratic Socialism in India (1871 ed.), p. 6.

9. Archarya Narendra Deva : Towards Socialist Society, op. cit., p.p. 458-59
10. National Herald : June 26, 1949.
11. Ibid.. pp. 22-23.
12. Addressing the Annual Conference of All India Kisan Sabha, March, 1939.
13. As quoted in Dikshitc, op. cit., pp. 14-5.
14. Ibid., p. 41.
15. Presidential Address at the first session of Al Congress Socialists Conference, May, 1934—'Socialism and the National Revoution.'
16. Narendra Deva : Presidential Address, 'Socialism and National Revolution', op. cit. p. 38.
17. Acharya Narendra Deva : op. cit. p. 38.
18. Ibid., p. 70.
19. National Herald, June 26, 1949.
20. Presidential speech at the second conference at Gaya December, 1955.
21. Dikshit Chandrodays Democratic Socialism in India.
22. Ibid., p. 62.
23. Ibid., p. 66.
24. Ibid.,
25. Ibid., p. 68.
26. Ibid., p. 70.
27. Ibid., p. 73.
28. Ibid.,
29. Ibid., p. 79.
30. Ibid., p. 7.
31. Ibid., p. 59.
32. Ashok Methta : A Dacade of Indian Politics, (1969-77), pp. 1-2.

13

डॉ. बी. आर. अम्बेडकर

"सामाजिक सुधार के बिना राष्ट्रीय भावना का विकास नहीं हो सकता।"

—बी. आर. अम्बेडकर

दलितों के नेता और सामाजिक समानता के लिए संघर्षशील योद्धा डॉ. अम्बेडकर का जन्म 14 अप्रैल, 1981 को मध्यप्रदेश के नगर महू के मध्यवर्गीय परिवार (महारस) में हुआ था।[1] उनके पिता रामजी जकपाल सैनिक शिक्षा सेवा के अन्तर्गत एक मुख्याध्यापक थे। माता की ममता का सुख भीमा बाई के इस पुत्र ने मात्र पाँच वर्ष की आयु तक भोगा।[2] तत्पश्चात् इनके पोषण का दायित्व मीरा बाई पर पड़ा। उनके पिता का सम्बन्ध कबीर विचारधारा से था जो हिन्दुओं पोषण जाति-प्रथा को स्वीकार नहीं करती। युवक भीमराव के मन पर इसका गहरा प्रभाव पड़ा और अस्पृश्य समझे जाने वाले लोगों के प्रति अपमान और तिरस्कारपूर्ण व्यवहार को देखकर वह मात्र मूकदर्शक ही नहीं रह सकते थे। उन्होंने प्राथमिक शिक्षा सतारा में और हाईस्कूल शिक्षा बम्बई के प्रसिद्ध एल्फिन्सटन हाईस्कूल में प्राप्त की। क्योंकि द्वितीय भाषा के रूप में संस्कृत भाषा के अध्ययन की अनुमति उन्हें नहीं मिली, अतः अपनी इच्छा के विरुद्ध उन्हें फारसी भाषा पढ़नी पड़ी। वह संस्कृत को महाकाव्यों का स्वर्ण कोष मानते थे। व्याकरण को ऊँचाई छूने के लिए जिसमें झुलाया गया, संस्कृत वह पालना था। राजनीति, दर्शन, तर्कशास्त्र, नाटक तथा आलोचना जैसे अनेक विषयों के बहुपक्षीय विवेचन कोष से यह अति सुसमृद्ध भाषा है, ऐसा उनका अभिमत था। उन्होंने 1907 में मैट्रिक की परीक्षा

पास की। उस समय अस्पृश्य वर्ग के किसी युवक के लिए यह असाधारण उपलब्धि मानी जाती थी। उन्होंने एल्फ़िन्सटन कॉलिज में अपना अध्ययन जारी रखा। उनके पिता के पास धनाभाव के कारण बड़ौदा के महाराजा से प्रार्थना की गई कि उन्हें 250/- मासिक छात्रवृत्ति दी जाए। स्नातक बन जाने पर महाराजा बड़ौदा ने अपनी सेना में उन्हें एक लेफ्टीनेंट बना दिया। 1913 में महाराजा ने तीन अन्य विद्यार्थियों के साथ उन्हें उच्च शिक्षा के लिए अमरीका भेज दिया। उन्होंने कोलम्बिया विश्वविद्यालय से एम.ए. तथा पी-एच. डी. की उपाधियाँ प्राप्त कीं। कोलम्बिया में उनके साथ समानता का व्यवहार किया गया जो भारत में उन्हें नहीं मिल सकता था। उनके 'भारत का राष्ट्रीय लाभांश' शीर्षक शोध प्रबन्ध, जो एक ऐतिहासिक, विश्लेषणत्मक निरूपण था, पर उन्हें पी.एच. डी. की उपाधि मिली। इस अनुभव ने उनके जीवन को नया रंग दिया और उन्हें अस्पृश्यों के अधिकारों के लिए संघर्ष करने को विवश कर दिया। लिंकन तथा वाशिंगअन के जीवन तथा कृतित्व का भी उन पर गहरा प्रभाव पड़ा। 1916 में वह लन्दन लौटे और वहाँ विधि शास्त्र का अध्ययन करने के लिए Group Inn और राजनीति शास्त्र के लिए London School of Economics में प्रवेश प्राप्त किया। छात्रवृत्ति की अवधि समाप्त होने पर, समझौते के अनुसार उन्हें भारत लौटना पड़ा और महाराजा के सैनिक सचिव के रूप में वह सेवारत हो गए। अधिक काल तक वह राज्य की सेवा नहीं कर सके, क्योंकि शिक्षा सम्बन्धी उनकी उत्कृष्टता के होने पर भी उनके साथ अस्पृश्यों जैसा दुर्व्यवहार किया गया। वह बम्बई लौट आए तथा वहाँ Sydenham College में 1918 में वह Political Economy (राजनीतिक अर्थव्यवस्था) के प्रोफेसर नियुक्त हुए। 1919 में वह महाराजा कोल्हापुर के सम्पर्क में आए जो लन्दन में विधि और अर्थशास्त्र में अध्ययन पूरा करने के लिए उन्हें आर्थिक सहायता देने पर सहमत हो गए। 'रुपए की समस्या' शीर्षक अपने पुनः प्रस्तुत शोध प्रबंध पर London School of Economics द्वारा उन्हें डॉ. ऑफ साइन्स की उपाधि प्रदान की गई। इस प्रकार भारत का एक अस्पृश्य युवक बैरिस्टर, पी-एच. डी. (अमरीका) और डी. एस. पी. (लन्दन) हो चुका था।

अपने परिश्रम तथा बुद्धि के बल पर उन्होंने दिखा दिया कि किसी व्यक्ति की योग्यता इस बात पर निर्भर नहीं कि वह किस जाति, वर्ण में उत्पन्न हुआ है। इसका ऐसा कोई क्षेत्र नहीं है जिसे वह स्वयं प्रभावित नहीं कर सकता अथवा स्वयं उससे प्रभावित नहीं हो सकता।[3] यहाँ यह कहना अप्रासंगिक न होगा कि लन्दन में अपने प्रवास के समय उन्होंने संसदीय प्रजातन्त्र, स्वतन्त्रता और उदारवाद के मूल्यों का गहराई से अध्ययन किया और इस अध्ययन को उपयुक्त समय पर भारतीय संविधान के प्रमुख शिल्पी के रूप में उसका आधार बनाने का उन्होंने

भरसक यत्न किया।

1926 में बम्बई विधान परिषद् के वह सदस्य मनोनीत हुए। उन्होंने वहाँ वह दावा प्रस्तुत किया कि अस्पृश्य वर्ग क्योंकि एक विशिष्ट स्वतन्त्र अस्तित्व है, अतः उनके लिए स्थान सुरक्षित किए जाएँ। उन्होंने बम्बई विधान परिषद् की 140 सीटों में से 22 इस वर्ग के लिए आरक्षित किए जाने की माँग की। इससे पता चलता है कि नेतृत्व क्षमता उनमें शीघ्रता से उभर रही थी। तीस के दशक के आरम्भ में उन्होंने अंग्रेज़ों द्वारा आयोजित उन तीनों गोलमेज सम्मेलनों में अनुसूचित जाति के प्रतिनिधि के रूप में भाग लिया जो भारत की भावी राज्य-व्यवस्था के गठन के उद्देश्य से बुलाई गई थीं। इस प्रकार के प्रतिनिधित्व से उन्हें यह अनुभव होने लगा कि एक प्रकार से यह अनुसूचित जातियों की स्वतन्त्र स्थिति के प्रति मान्यता है। उन्होंने पहली गोलमेज कॉन्फ्रेन्स में बलपूर्वक कहा कि निर्वाचन की दृष्टि से दलित वर्ग को एक पृथक् समुदाय के रूप में मान्यता दी जानी चाहिए तथा भारत को स्वशासन प्रदान करने वाले किसी भी संविधान को उन्हें उस समय तक स्वीकार नहीं करना चाहिए, जब तक उनकी माँगें उचित रूप से स्वीकार नहीं की जाती।"[4]

उन्होंने समान नागरिकता, विधानमण्डलों, सरकार और मन्त्रिमण्डल में समुचित प्रतिनिधित्व की माँग की। दूसरे गोलमेज सम्मेलन में उन्होंने साग्रह कहा कि सभी जातियों को अपनी-अपनी संख्या के आधार पर उचित आनुपातिक प्रतिनिधित्व मिलना चाहिए। उन्होंने पृथक् मताधिकार का प्रबल समर्थन किया। 17 अगस्त, 1932 को घोषित रेम्जे मेक्डॉनल्ड साम्प्रदायिक अधिनिर्णय (Award) में दलित वर्ग को एक अल्पसंख्यक समुदाय के रूप में मान्यता प्रदान करते हुए, उनके लिए पृथक् मताधिकार की माँग की। उन्हें इसके माध्यम से सामान्य निर्वाचन क्षेत्रों से चुनाव लड़ने का भी अधिकार दिया गया, इस प्रावधान के साथ कि 20 वर्ष के पश्चात् आरक्षण की व्यवस्था स्वतः समाप्त हो जाएगी।

इस प्रकार हम देखते हैं, "अस्पृश्य वर्गों को प्रथम बार एक स्वतन्त्र राजनीतिक अस्तित्व प्रदान किया गया, साथ ही अपनी मातृभूमि के भविष्य निर्माण का अधिकार भी उन्हें दिया गया। इतिहास में इसे इस रूप में अंकित किया जा सकता है कि यह अस्पृश्य वर्ग के उन्नयन की डॉ. अम्बेडकर की विचारधारा की विजय थी।"[5] पृथक् मताधिकार के दलित वर्ग को दिए इस अधिकार के विरोध में गांधी ने उपवास रखा तथा उस समय तक अनशन न तोड़ने की बात कही जब तक यह योजना वापिस नहीं ली जाती। अम्बेडकर ने गांधीजी के इस प्रस्ताविक उपवास को प्रसिद्धि पाने की "विज्ञापनबाजी' की तिरस्कार परक संज्ञा दी। इसके लिए अम्बेडकर पर अनेक निन्दापरक विशेषण–'नरपिशाच',

'देशद्रोही', 'भाड़े का टट्टू' की बौछाड़ की गई। गांधीजी के उपवास पर उनका यह कथन, "महात्मा कोई अमर व्यक्ति नहीं हैं, न ही कांग्रेस एक अमर संस्था, कई महात्मा आए और चले गए, किन्तु अस्पृश्य लोग अस्पृश्य ही रहे"[6] के कारण वह राष्ट्रीय नेताओं की बड़ी तीखी आलोचना के भाजन बने। सारे राष्ट्र की आँखें अम्बेडकर पर टिकी थी। अन्ततः राष्ट्र की इच्छा के प्रति उन्होंने समर्पण कर दिया और यर्वदा जेल में गांधीजी से मिलने के पश्चात् उन्होंने पूना पेक्ट में निर्दिष्ट उनकी शर्तों को मान लिया। इस पेक्ट के अनुसार मेक्डॉनल्ड के अधिनियम को निरस्त कर दिया गया। इस प्रकार पृथक् मताधिकार के स्थान पर, दलित वर्ग के नेता ने यह स्वीकार कर लिया कि चुनाव दो चरणों में हों। प्रथम चरण में दलित वर्ग के लोग स्वयं चुनाव करेंगे। दूसरे चरण में सामान्य निर्वाचक मण्डल द्वारा ऐसे चार निर्वाचित व्यक्तियों के लिए एक का निर्वाचन किया जाएगा। सीटों के निर्धारित कोटा में अवश्य वृद्धि हुई, परन्तु डबल वोट का अधिकार समाप्त कर दिया गया। कुछ आलोचकों ने अपनी पूर्वस्थिति से गांधीजी के जीवन को बचाने के लिए विचलन को सराहते हुए उन्हें सच्चा राष्ट्रवादी बताया। परन्तु अम्बेडकर ने गांधीजी के जीवन को बचाने की अपनी इस भूमिका को अपनी विजय बताया।"[7] आश्चर्य की बात तो यह है कि "अस्पृश्य वर्ग के नेता के रूप में कांग्रेस ने मेरी स्थिति को पहले की भाँति चुनौती देते हुए सहजता से स्वीकार कर लिया। सभी आँखें स्वभावतः मुझ पर थीं—इस आन्दोलन के प्रमुख व्यक्ति अथवा शान्ति के खलनायक के रूप Vilain of Peace में।"[8]

अतः तीसरे और चौथे दशकों के अन्तिम वर्षों में वह अनुसूचित जातियों के राजनीतिक अधिकारों एवं प्रतिनिधित्व के लिए संघर्षरत रहे। 1941 में वह वायसराय की प्रतिरक्षा परामर्शदात्री समिति के सदस्य मनोनीत किए गए। 1942 में वह वायसराय की कार्यकारी पार्षद (भारत सरकार) के श्रम विभाग के सदस्य नियुक्त किए गए। जुलाई 1942 में उन्होंने दलित वर्ग के अपने नेतृत्व को सुदृढ़ बनाने और उसे राष्ट्र स्वरूप प्रदान करने के उद्देश्य से अखिल भारतीय दलित सम्मेलन की स्थापना की।

द्वितीय विश्वयुद्ध के पश्चात् राजनीतिक घटनाचक्र में तेज़ी आ गई। भारत को साम्राज्यवाद के पाश से मुक्ति मिल गई। स्वतन्त्र भारत के केन्द्रीय मन्त्रिमंडल में प्रथम विधि मंत्री के रूप में उन्हें लिया गया। विधि मंत्री के रूप में उन्हें भारतीय संविधान का प्रारूप तैयार करने वाली पाण्डुलेखन समिति का अध्यक्ष बनाया गया। नवम्बर 1949 में संविधान के पाण्डुलेख का उन्होंने संविधान सभा में संचालन किया।

इस कार्य में उनकी असाधारण निपुणता का ही परिणाम था कि संविधान

सभा ने इसे स्वीकार कर लिया। अतः उन्हें आधुनिक भारत का मनु कहा गया है। जून 5, 1952 को अमरीका के कोलम्बिया विश्वविद्यालय ने उन्हें मुख्य नागरिक के रूप में मान्यता प्रदान की। साथ ही उन्हें एक सामाजिक कार्यकर्त्ता और भारत में मानवाधिकारों के प्रबल प्रवक्ता के रूप में भी उन्हें सराहा गया। 5 फरवरी, 1951 को संसद में उनके द्वारा हिन्दू कोड बिल प्रस्तुत किया गया जिससे पुरातनपंथिता, अप्रासंगिक विचारों तथा विगलित कुरीतियों से दूषित हिन्दू कानून में आवश्यक संशोधनपरक सुधार करने की उनकी उत्सुकता का प्रमाण मिलता है। विशेष सुधार की आवश्यकता सम्पत्ति अधिकारों के विषय में महिलाओं के साथ भेदभाव और क्रूर पति से विवाह-विच्छेद के द्वारा मुक्ति पाने का प्रावधान न होने के कारण अनुभव की गई। संसद में इस विधेयक के असफल होने के कारण अम्बेडकर शोकोद्गार व्यक्त करने पर विवश हो गए। उन्होंने यह टिप्पणी की, "इस बिल की हत्या कर दी गई, इस पर किसी को रोना नहीं आया। किसी के पास प्रशंसा और समवेदना का इसके लिए एक भी शब्द नहीं था। मात्र इसकी चार धाराएँ ही पारित की गई थीं। 27 सितम्बर, 1951 को नेहरू मन्त्रिमंडल से उनके त्यागपत्र देने के अनेक कारणों में से एक यह भी था। नेहरू से सम्बन्ध-विच्छेद के अनेक कारण थे—काश्मीर विषय पर नेहरू से उनके मतभेद, त्रुटिपूर्ण विदेश नीति जिसके कारण प्रतिरक्षा पर निरन्तर अधिक धनराशि का प्रावधान करना पड़ता था, अनुसूचित जातियों की शोचनीय स्थिति के प्रति सरकार की उपेक्षा—इन सभी कारणों से अम्बेडकर को मन्त्रिमण्डल से पृथक् होने का निर्णय लेना पड़ा। इसके उपरान्त वह शासक दल के प्रबल आलोचक बन गए। अनुसूचित जाति संध के नेता के रूप में 1952 के निर्वाचन के लिए उन्होंने प्रजा सोशलिस्ट पार्टी से गठबन्धन का प्रयास किया। जनवरी 1952 में उन्होंने लोक सभा का चुनाव लड़ा परन्तु उनकी करारी हार हुई। इसका कारण उनके द्वारा काश्मीर के विभाजन का पक्ष लेना और उनके दल का भली-भाँति संगठित न होना था। मार्च 1952 में वह राज्य सभा के लिए निर्वाचित हो गए। मई 1954 में एक उपचुनाव लड़कर लोकसभा में उन्होंने प्रवेश करने का एक अन्य प्रयास किया, परन्तु वह पुनः असफल रहे। उन्हें अनुभव हो गया कि जिसका प्रभावी ग्रामीण आधार न हो, उस दल का कोई भविष्य नहीं है।"[9]

शैशव काल से ही हिन्दुओं द्वारा उनके प्रति अपमानजनक दुर्व्यवहार, संस्कृत तथा वेदाध्ययन से उन्हें वंचित रखना, बड़ौदा में तथा बम्बई बार में प्राप्त कटु अनुभव—इस सबके कारण वह अनुभव करने लगे कि अनुसूचित ज़ातियों के प्रति हिन्दू धर्म तथा समाज द्वारा किए जाने वाले अन्याय का कोई अन्त नहीं। वह अनुभव करने लगे कि दया, समानता और स्वतन्त्रता के भावों का हिन्दू समाज में

अभाव है। अतः उन्होंने हिन्दू धर्म त्यागने का निश्चय किया और 14 अक्तूबर, 1956 को, दशहरा के दिन उन्होंने प्रसिद्ध नगर नागपुर में बौद्धमत स्वीकार किया, जहाँ प्राचीन काल में बौद्ध नागा अत्युन्नत स्थिति में रहते थे। आइजेक (Issac) के मत में, "वास्तव में अपने लिए बौद्धमत का चुनाव करना, अपनी राष्ट्रीयता से एक प्रकार के समझौते के रूप में था।"[10] वह दावा करते थे, "मैं भारत राष्ट्र का हूँ–एक भारतीय हूँ। काठमांडू में आयोजित विश्व बुद्ध कांग्रेस में उन्हें नव बुद्ध की उपाधि प्रदान की गई। बौद्धमत को वह स्वदेशी ही मानते थे और यह अनुभव करते थे कि हिन्दू बौद्धमत के साथ समान, समपार्श्विक (Collateral) विरासत के भागी हैं। 15 नवम्बर, 1956 को उन्होंने विश्व बौद्ध सम्मेलन में भाग लिया और बुद्ध तथा मार्क्स शीर्षक पर व्याख्यान दिया।

6 दिसम्बर, 1956 को यह प्रतिभाशाली संविधानवेत्ता, दलित वर्ग का मसीहा निद्रा की स्थिति में ही चिरनिद्रा में लीन हो गया। ऐसा सम्भवतः मधुमेह के कारण किसी स्नायुतन्त्र के निष्प्रभावन का परिणाम था। उनके पार्थिव शरीर को राजगृह (बम्बई स्थित उनका निवास स्थान) भेजा गया। बौद्ध धर्माचार्यों द्वारा दादर स्थित हिन्दू शव दाह-गृह पर उनका दाह संस्कार लाखों लोगों की उपस्थिति में सम्पन्न कराया गया। इस अवसर पर श्मशान में ही एक लाख से अधिक लोगों ने बौद्ध मत स्वीकार किया। उनकी मृत्यु पर पं. नेहरू ने कहा था, "हिन्दू समाज में विद्यमान सभी अत्याचारपरक बातों के विरुद्ध सशक्त विद्रोह के प्रतीक के रूप में उन्हें स्मरण किया जाएगा।" बर्मा के प्रधानमंत्री ऊ नू ने कहा, "वह उन व्यक्तियों में से थे जिन्होंने समाज-सुधार की प्रक्रिया को त्वरा प्रदान की।" इस वीर, साहसी, जुझारू नेता को भारत के राष्ट्रपति डॉ. राजेन्द्र प्रसाद, सी. राजगोपालाचारी, (भारत के प्रथम भारतीय गवर्नर जनरल) तथा वी.डी. सावरकर ने भी भावभीनी श्रद्धांजलि अर्पित की। भारत सरकार द्वारा प्रदेय सर्वोच्च अलंकरण भारत रत्न से उन्हें 14 अप्रैल, 1990 को मरणोपरान्त सम्मनित किया गया। 1990-91 में उनकी जन्म शताब्दी 'सामाजिक न्याय वर्ष' के रूप में मनाई गई।

गुरु तथा प्रभाव

डॉ. अम्बेडकर ने स्वीकार किया कि उन पर तीन व्यक्तियों का प्रभाव पड़ा। इन्हें वह अपना प्रेरक और उपदेशक मानते थे। पहले गुरु कबीर थे, जिन्होंने उन्हें भक्ति की ओर प्रेरित किया। दूसरे फुले, महाराष्ट्र के समाज-सुधारक जिनसे उन्हें प्रेरणा मिली दलितों, उत्पीड़ितों की दशा सुधारने और दतर्थ उद्यमशील रहने की। महाराष्ट्र के मर्टिन लूथर माने जाने वाले फुले के आक्रोश का केन्द्र ब्राह्मणवाद था। अम्बेडकर के बौद्धमत से मानसिक और तात्त्विक शान्ति प्राप्त की। अमरीकी

प्रवासान्तर्गत संविधान के चौदहवें संशोधन से, जिसमें नीग्रो लोगों को स्वतन्त्रता प्रदान की गई, वे अत्यधिक प्रभावित हुए। इससे भारत में दलितोद्धार के निमित्त संघर्षरत होने की उन्हें प्रेरणा मिली। इसके अतिरिक्त महान् शिक्षक तथा समाज सुधारक बूकर टी वाशिंगटन के जीवन से उन्हें बड़ी प्रेरणा मिली। इसके अतिरिक्त प्रजातन्त्र, समानता और भ्रातृत्व के विचारों की भी उन पर अमिट छाप थी। यह सब भारतीय राजनीति में प्रवेश करने से पूर्व हुआ। उनके मतानुसार मनु के नियम नहीं वरन् समुचित संवैधानिक रक्षोपाय (Safeguards) अस्पृश्यों को स्वतन्त्र जीवनयापन के योग्य बनाएँगे। वह अनुभव करने लगे कि भारतीय राजनीतिक और सामाजिक जीवन पर पाश्चात्य प्रभाव के फलस्वरूप ही अस्पृश्य लोगों को बद्ध करने वाले शोषण के पाश भिन्न-भिन्न हो सकेंगे। लन्दन तथा अमरीका में उनके दीर्घकालीन अध्ययन के द्वारा उन पर यह प्रकट हुआ कि हिन्दू सामाजिक पद्धति अस्पृश्य वर्ग का सामाजिक तथा राजनीतिक शोषण और उत्पीड़न से प्राण सुनिश्चित नहीं कर पाएगी।[11]

एक साहित्यकार के रूप में इससे पूर्व कि हम एक समाज सुधारक, राष्ट्रवादी, संविधानवेत्ता तथा समाजवादी के रूप में दिए उनके योगदान की समीक्षा करें, यह आवश्यक प्रतीत होता है कि उनकी उन साहित्य उपलब्धियों का चित्रण किया जाए जिससे उनकी विचारणा के स्तर तथा अत्युच्च व्यक्तित्व का पाठकों को प्रतिफलन प्राप्त हो सके। उनकी रचनाएँ, जिनकी संख्या बीस से अधिक है, उनके क्षेत्र में आज भी प्रामाणिक मानी जाती हैं। उनके कुछ उल्लेखनीय ग्रन्थ इस प्रकार हैं–(1) Customs in India (1917), (2) Small Holdings in India and their Remedies (1917), (3) The Problems of the Rupee (1923), (4) The Evolution of the Provincial Finance in British India (1925), (5) Annihilation of Caste (1938), (6) Federation versus Freedom , (7) Mr. Gandhi and the Emancipation of the untouchables (1943), (8) Rande, Gandhi and Jinnah (1943), (9) Thoughts on Pakistan (1945), (10) What Congress and Gandhi have into untouchables? (1945), (11) Communal Deadlock and a way to solve it (1945), (12) Who were Shudras? (1946), (13) Pakistan or the Partition of India (1948), (14) States and Monorities (1947), (15) History of Iindian Currency and Banking Part I (1947), (16), (17) The Untouchables (1948), (18) Maharashtra as a Linguistic State (1948), (19) Gospel of Budhism (1952), (20) Thoughts on Linguistic State (1955), (21) The Buddha and Dharma. (1957).

इन महान् , चिरस्थायी महत्त्व की कृतियों से डॉ. अम्बेडकर उभरकर आते हैं एक साहित्यिक प्रतिभा के रूप में, परन्तु यह परिचायक हैं उनकी बहुमुखी प्रतिभा तथा कुशाग्र बुद्धि के भी। उल्लिखित रचनाओं के अतिरिक्त उन्होंने ऐसे अनेक लेखों का प्रणयन किया जिन्होंने समाज तथा राष्ट्रीय मानस पर अमिट छाप छोड़ी है। कुछ महत्त्वपूर्ण लेख जिनसे उनकी लेखन-कला का पता चलता है इस प्रकार हैं–Caste in India, their mechanism genesis and development; Independent Labour party constitution and rules; What ails the world today? Labour and Parliamentary Democracy; Buddha and the future of his Religion, Future of Parliamentary Democracy; Linguistic States: Need for checks and balances; My Personal Philosophy; Buddhism and conclusion; Precedent for the successful working of Democracy/ उनकी साहित्यिक कृतियाँ, जैसा कि पहले कहा जा चुका है चिरस्मरणीय रहेंगी और उनमें से कुछ तो ईसाइयों के लिए बाइबल के समान, उनके अनुयायियों के लिए धार्मिक महत्त्व की हैं।

इन महान्, चिरस्थायी महत्त्व की कृतियों के अतिरिक्त, डॉ. अम्बेडकर ने मराठी साप्ताहिक 'हूक नायक' का जनवरी 1920 में प्रकाशन आरम्भ किया। इसका उद्देश्य था समाज के इस वर्ग की समस्याओं को दर्शाकर उनके समाधानार्थ लोगों में जागृति उत्पन्न करना।

'बहिष्कृत भारत' नाम से 3 अप्रैल, 1927 को उन्होंने एक अन्य पाक्षिक पत्र प्रकाशित किया। इसमें समाज के अशक्त वर्गों की कठिनाइयों को प्रकट करने के साथ उनके चिरकालीन अप्रदत्त (Long denied) अधिकारों को उन्हें उनकी जनसंख्या के अनुपात में प्राप्त कराने का अनुरोध किया गया था। दिसम्बर, 1930 में उन्होंने एक अन्य साप्ताहिक पत्रिका 'जनता' का प्रकाशन किया जिसने ऊँच, नीच, सम्पन्न, दरिद्र के भेद सहित समाज के प्रवक्ता की भूमिका निभाई। Equality एक अन्य अंग्रेज़ी पत्र था जिसमें उन्होंने समानता और संगठन को विज्ञापित किया। इन पत्रों ने पूरे समाज को एक नया दर्शन दिया और उनके विचारों की दिशा को बदल दिया। वास्तव में, "इन पत्रों में बाबा साहिब के मौलिक चिन्तन और उसके युक्तिसम्मत विश्लेषण के साथ-साथ उनके देश-प्रेम को भी अभिव्यक्ति मिली है।"[12]

उनके राजनीतिक विचार

(क) एक सामाजिक क्रान्तिकारी (A Social Revolutionary) : डॉ. बी. आर. अम्बेडकर का परिचय शताब्दियों से हिन्दूओं, विशेषतः ब्राह्मणों के हाथों

अपमानित होने वाले दलित वर्ग के उद्धारक के रूप में दिया जा सकता है। अतः उनके मुख्य योगदान को इस रूप में स्वीकारा जा सकता है कि उन्होंने समुदाय को तिरस्कार और आधीनता के उस दलदल से उबारा जिसमें धर्मान्ध, धर्म के ठेकेदार ब्राह्मणों ने उन्हें फँसा दिया था। इसके लिए उन्होंने सतत्, अथक प्रयास किया।

इस प्रकार का वीरत्वपूर्ण संघर्ष उन्हें एक समाज-सुधारक, दलित, पतित, अस्पृश्योद्धारक और पुरातनपंथिता, मतान्धता और कट्टर जातिवाद के विरुद्ध संघर्षकर्त्ता की गौरवपूर्ण संज्ञा का अधिकारी बना देता है। उन्होंने मनु निर्दिष्ट जाति-प्रथा का विरोध किया और वह अस्पृश्यता जो हिन्दू समाज के मौलिक गठन को जीर्ण कर रही थी, उसके विरुद्ध खड़े हो गए। नीचे हम उनके समाज-सुधार कार्यक्रम की दो विधाओं का विवेचन करेंगे जिनके द्वारा वह सामजिक न्याय का नया युग लाना चाहते थे।

(i) जातिवाद विरोधी पद्धति (Anti Caste System) : उनका मत था कि जातिवाद पर आधारित हिन्दू समाज शोषण तथा असमानता के स्थिरीकरण का कारण बनता है। वर्ण-व्यवस्था के कारण अस्पृश्यों का एक वर्ग सामने उभरकर आया है। इस पद्धति के अन्तर्गत ब्राह्मणों का प्रभुत्व इतना रहा कि उन्हें अस्पृश्यों के प्रति क्रूरतापूर्ण व्यवहार करने की निर्बाध स्वतंत्रता मिल गई। दुर्भाग्यवश इस पीड़ादायी, क्रूर पद्धति का ब्राह्मणों ने प्रबल समर्थन किया जो हिन्दू धर्म के स्वयंभू (So-called) ध्वजवादी और मनुस्मृति के पक्षधर थे। अतः वह अनुभव करते थे कि परम्परागत धर्म का प्रचण्ड विरोध और मनुस्मृति जैसे ग्रन्थों को जानने से अस्पृश्यों की स्थिति में और अन्ततोगत्वा भारतीय समाज में सुधार लाया जा सकता है। उन्होंने स्वयं 29 सितम्बर, 1927 को मनुस्मृति की प्रतियों की होली जलाई थी महाद में और दूसरों को भी ऐसा करने को उकसाया। उनके इस कृत्य से गांधीजी भी यह कहने को बाध्य हो गए कि अम्बेडकर हिन्दू धर्म के लिए एक चुनौती है।[13] बाबा साहब, वस्तुतः हिन्दू धर्म के विरोधी नहीं थे। उनके आक्रोश के केन्द्र तो वह व्यक्ति थे जो धर्म की इतनी भ्रान्तिपूर्ण व्याख्या करते थे जिससे हिन्दुओं के एक वर्ग को एक-दूसरे वर्ग को अपमानित करने का एकाधिकार मिल जाता है। उन्हें यह अनुभव हुआ कि हिन्दू धर्म में सदा ही समानता के विचार की बलि दी। अतः उन्होंने अपने जीवन की अन्तिम अवस्था में बौद्ध धर्म की दीक्षा ली जो समानता, मानववाद, करुणा तथा भ्रातृत्व का पोषक है। स्कूल के विद्यार्थी होने के समय से, बाद में बैरिस्टर बनने के समय से महाराजा की सेवा में रहते हुए भी उन्हें व्यक्तिगत अनुभव यही प्राप्त हुआ कि अस्पृश्यों, शूद्रों के साथ मानवीय व्यवहार नहीं किया जाता। इस प्रकार जातिवाद हिन्दू धर्म पर एक कलंक था। इसे निश्चय ही दूर किया जाना चाहिए। उनकी दो कृतियों—'जाति भेद का विनाश'

और "What did Gandhi and Congress do for Untouchables?" में जातिवाद के दोषों को अनावृत्त (Exposed) किया गया है और समाप्त कर देने पर आग्रह किया गया है। अपनी दूसरी पुस्तक में उन्होंने इन दोषों पर विस्तार से प्रकाश डाला है, जो इस प्रकार है–

(i) जातिवाद के कारण हिन्दुओं का विनाश हुआ। यह उनकी अवनति का कारण है।

(ii) चार वर्णों के आधार पर हिन्दू जाति का संगठन असम्भव है, क्योंकि इससे शोषण को बढ़ावा मिलता है।

(iii) हिन्दू समाज का ऐसा संगठन हानिकारक है, क्योंकि शिक्षा-प्राप्ति तथा सशस्त्र प्रशिक्षण के अधिकार से वंचित कर इससे उनके मनोबल का ह्रास होता है।

(iv) जातिवाद पर आधृत समाज में स्वतन्त्रता, समानता तथा भ्रातृत्व के सिद्धान्तों को कोई प्रश्रय नहीं होता। अतः उन्होंने सुझाव दिया कि जाति अथवा श्रेणीवाद को प्रोत्साहन देने वाली सामाजिक चेतना को समाप्त कर देना चाहिए और शास्त्रों के ईश्वरीय आधार को ध्वस्त कर देना चाहिए। उन्होंने कहा था, "जाति-प्रथा ने हिन्दू वंश का नाश किया है। हिन्दू समाज को इसके गहन अन्धकार में डाल दिया है और यह एक अशक्त दुर्बल समाज बनकर रह गया है।"[14] उनका यह दृढ़ विश्वास था कि जातिवाद को समाप्त किए बिना हिन्दू समाज की उन्नति तथा विकास अप्रत्याशित है। जातिवाद की कुप्रथा के समूलोच्छेदन के बिना भारत में समाजवाद नहीं आ सकता था न ही प्रजातन्त्र सफल हो सकता है। भारत में शान्ति तथा राष्ट्रीय अखण्डता जातिवाद की समाप्ति पर ही सम्भव है। उन्होंने इस बात पर बल दिया कि यहाँ सामाजिक संगठन में मौलिक परिवर्तन लाने के लिए सामाजिक क्रान्ति और सामाजिक सुधार की आवश्यकता है।

उनके अनुसार जातिवाद का स्रोत पवित्र शास्त्रों में भी ढूँढ़ा जा सकता है। अतः उन्होंने प्रत्येक पुरुष तथा स्त्री से अनुरोध किया कि वह शास्त्रों के प्रभाव से अपने को मुक्त रखें, उनकी दिव्यता के प्रति अपनी आस्था त्याग दें, जिससे जातिवाद से मुक्त हुआ जा सके। उन्होंने अन्तर्जातीय विवाहों पर बल दिया जिससे दो जातियों के रक्त के मिश्रण से पारस्परिक सम्बन्ध की निकटता अनुभव हो और अन्ततः जातिपरक भावना समाप्त हो जाए। हिन्दू धर्म के उद्धार के लिए उन्होंने ब्राह्मणवाद को भी समाप्त करने का अनुरोध किया। उन्होंने अपनी जाति के लोगों को ऐसे कार्य न करने की प्रेरणा दी जो उन्हें अस्पृश्य बना देते हैं। अपनी हीनता-ग्रन्थि से उबर जाने के पश्चात् अस्पृश्य लोग सवर्ण लोगों के

समकक्ष ही अपने को पाएँगे। इस प्रकार के उपाय जातिवाद के उन्मूलन के लिए रचनात्मक और प्रभावी होंगे। अम्बेडकर के साथ मतभेद होते हुए भी गांधीजी जाति-प्रथा समाप्त करने के उनके विचार से सहमत थे।

पूना समझौते से पता चलता है कि कांग्रेस ने अस्पृश्यों के लिए आरक्षण व्यवस्था को स्वीकार कर समानता के सिद्धान्त का अनुमोदन कर दिया। बाद में गांधीजी ने अस्पृश्य वर्ग को हरिजन की संज्ञा प्रदान की। यह समझौता हिन्दू धर्म के विघटन को रोक सकता था यदि हरिजनों के लिए पृथक् मताधिकार की माँग (जिसे मैकडॉनल्ड ने भी स्वीकार कर लिया था) को मानकर लागू कर दिया जाता।

(ii) अस्पृश्यता का स्थिरीकरण (Perpetuation of Untouchability): युगों पुराना हिन्दू धर्म का यह अभिशाप घिनौनी जाति-प्रथा का ही परिणाम है। उन्होंने कहा था, अस्पृश्यता का मूल जाति-प्रथा में है। गांधीजी के साप्ताहिक 'हरिजन' के प्रथम अंक को भेजे संदेश में उन्होंने कहा था, "जाति-च्युत व्यक्ति जाति-प्रथा की ही उपज है। जब तक जाति-प्रथा है, तब तक जाति-च्युत व्यक्ति रहेंगे। इस प्रथा के रहते जाति बहिष्कृत लोगों की मुक्ति असम्भव है। इस प्रथा को नष्ट कर ही उनका प्राण सुनिश्चित कर सकते हैं।"[15] इसी मान्यता के पारिणामस्वरूप उन्होंने जातिवाद का प्रचण्ड विरोध करते हुए इसके पक्षपोषकों से लोहा लिया और इसकी उपज जाति बहिष्कृत लोगों के उद्धार का बीड़ा उठाया। परिणामस्वरूप जो अस्पृश्य कुएँ से जल नहीं ले सकते थे, मन्दिर-प्रवेश जिनक लिए वर्जित था, शिक्षा-प्राप्ति का जिन्हें अधिकार नहीं था, सामाजिक, राजनीतिक दृष्टि से भी किसी प्रकार लाभान्वित होने के अधिकार से जो वंचित थे, उन्हें अम्बेडकर से नई दिशा प्राप्त हुई। अस्पृश्यों के उत्थान के लिए उन्होंने 20 जुलाई, 1924 को बम्बई में 'बहिष्कृत हितकारिणी सभा' की स्थापना की। इसके उद्देश्य इस प्रकार थे, "(अ) दलितों को शिक्षित करने के लिए आवासों की स्थापना करना, (आ) सांस्कृतिक विकास के लिए वाचनालयों और आध्यात्मिक केन्द्रों की स्थापना करना, (इ) आर्थिक विकास के लिए औद्योगिक और कृषि विद्यालयों का खोलना। (ई) अस्पृश्यता उन्मूलन के लिए आन्दोलन छेड़ना। (उ) उच्च वर्ण की विद्यमानता की बुरी प्रथा को दूर करना।"[16]

कोलाबा जिले के महार ग्राम के छवतर टैंक का प्रयोग करने के लिए 500 अस्पृश्यों के आन्दोलन का उन्होंने 20 मार्च, 1927 को नेतृत्व किया। वीरेश्वर पंगल से अस्पृश्यों को सम्बोधित करते हुए उन्होंने कहा, "आपने अपने अधिकार को दृढ़ता से स्थिर करते हुए प्रस्तुत करना है। यदि आप ऐसा नहीं करते तो आपमें और मूल पशु में कोई अन्तर नहीं।"[17] उन्होंने स्वयं इस टैंक का पानी पिया और बाद में इसे सार्वजनिक घोषित कर दिया गया। इसके अतिरिक्त उन्होंने

प्रसिद्ध नासिक आन्दोलन अस्पृश्यों को मन्दिर में प्रविष्ट कराने के लिए 2 मार्च, 1930 को आरम्भ किया। अन्ततः दलित उनके नेतृत्व में अक्तूबर 1935 से मन्दिरों में प्रवेश पाने में सफल हो गए।

इसके उपरान्त उन्होंने लन्दन के प्रथम गोलमेज सम्मेलन में दलित वर्ग का दृष्टिकोण प्रस्तुत करने के लिए गोलमेज सम्मेलन में भाग लिया। वहाँ उन्होंने इस वर्ग के लिए समानाधिकार, भेद भावपूर्ण व्यवहार से बचाने के उचित रक्षोपायों, सरकारी सेवाओं में आरक्षण, उनके विकास के लिए पृथक् विभाग और मनुस्मृति के स्थान पर एक नई आचार संहिता की माँग की। इससे यह प्रमाणित होता है कि वह सच्चे अर्थ में दलितों के मसीहा थे। एक ऐसे समाज-सुधारक थे वह जिन्होंने हिन्दू समाज में बहुत गहरी जातिपरक सामाजिक संरचना को हिला देने में सफलता प्राप्त की। साइमन कमीशन तथा गोलमेज सम्मेलन को दलित वर्ग का पक्ष प्रस्तुत करना, अस्पृश्यों के लिए मेक्डॉनल्ड परिनिर्णय में पृथक् मताधिकार का प्रावधान, किन्तु फिर पूना समझौते के अन्तर्गत गांधीजी के मूल्यवान जीवन को बचाने के लिए इसे निरस्त कर देना, किन्तु उनके लिए सीटों का आरक्षण सुनिश्चित करना, गांधीजी द्वारा उन्हें हरिजन की सम्मानपूर्ण संज्ञा देना, अनुसूचित वर्ग को राष्ट्रीय राजनीति में लाने के लिए अनुसूचित जाति संघ की स्थापना और संविधान के मसौदे में अम्बेडकर द्वारा उनके अधिकारों को सुरक्षित करने का प्रावधान रखना, संवैधानिक रूप से भारत में अस्पृश्यता को प्रतिबन्धित किया जाना, यह सभी महत्त्वपूर्ण तत्त्व हैं एक समर्पित समाज सुधारक के अनवरत संघर्ष की गाथा के जो उसने अपने वर्गस्थ पीड़ित शोषित लोगों को निजात दिलाने के लिए छेड़ा था। अम्बेडकर ने चिरकालीन ब्राह्मणों द्वारा दी गई अमानवीय यंत्रणाओं से उन्हें उबारने में सफलता प्राप्त की। अन्त में संविधान में 16 ऐसे अनुच्छेदों को समाविष्ट करना जो दलित वर्ग की प्रत्यक्ष राजनीतिक सहभाग के आलोक स्तम्भ स्वरूप हैं—जो स्मरण दिलाते हैं उनके मुक्तिदाता ऐसे समाज-सुधारक का जो आज उनके मध्य नहीं हैं।

(iii) सामाजिक न्याय का पक्षधर (Champion of Social Justice) : जाति-प्रथा की समाप्ति और अस्पृश्यता के निवारण के परिणामस्वरूप सामाजिक न्याय के नए युग का सूत्रपात हुआ। अतः संविधान के पाण्डुलेख को तैयार करने वाली समिति के अध्यक्ष के रूप में उन्हांने सामाजिक तथा आर्थिक न्याय के परिप्रेक्ष्य में सामान्य जनों की आकांक्षाओं को उचित महत्त्व दिया है। ऐसा करते हुए उन्होंने अपने ही कथन को ध्यान में रखा, "जब कभी मानवाधिकारों को छीना गया है, उन्हें प्राप्त करने के लिए युद्ध और रक्तपात हुआ है।"

अतः भारतीय राज्यव्यवस्था में समीचीन स्थिति तथा उपयुक्त अवसरों का

आश्वासन मौलिक अधिकारों तथा निदेशक सिद्धान्तों के माध्यम से देना, यह उनका उद्देश्य था। उन्हें इसका अनुभव था कि संविधान का प्रारूप बनाने वाली समिति के अध्यक्ष का गौरव उन्हें दिया गया।

(ख) महिला अधिकारों के अग्रदूत (A Crusader of Women's Rights) : डॉ. अम्बेडकर सामाजिक, राजनीतिक और आर्थिक समानता के पक्षधर थे। अतः वह महिलाओं के प्रति भेदभावपूर्ण व्यवहार के स्थिरीकरण के विरुद्ध प्रभावी रक्षोपाय चाहते थे। इस उद्देश्य के लिए उन्होंने हिन्दू कोड बिल प्रस्तुत किया जिसके मूलभूत उद्देश्य चार थे—(i) जन्माधृत अधिकारपरक सिद्धान्त को समाप्त किया जाए। (ii) सम्पत्ति पर स्त्रियों का पूर्णाधिकार। (iii) पिता की सम्पत्ति में स्त्री का अधिकार। (iv) विवाह-विच्छेद के लिए प्रावधान। विधेयक के इन प्रावधानों में अधार्मिक अथवा सामाजिक कुछ भी नहीं था। वर्तमान हिन्दू कानून सभी हिन्दूओं पर समान रूप से लागू नहीं था तथा यह संविधान के अनुरूप नहीं है। अम्बेडकर ने नया संहिताकरण उल्लिखित चार उद्देश्यों की प्राप्ति के लिए सुझाया था। उन्होंने बलपूर्वक कहा, "हिन्दू कोड को अधिनियमित (Enacted) कर देने से हिन्दू कानून संविधान के अनुरूप हो जाएगा।" संविधान की धारा 15 में कहा गया है, "राज्य किसी के प्रति जन्मस्थान के आधार पर भेदभाव नहीं करेगा।" विधेयक यद्यपि अत्यावश्यक था, तथापि हिन्दुओं के विभिन्न वर्गों ने इसका विरोध किया। सरदार पटेल ने भी इसका विरोध किया। किन्तु, नेहरू मन्त्रिमंडल के विधि मंत्री के नाते और हिन्दू कोड के पक्षधर होने के कारण अम्बेडकर ने 5 फरवरी, 1951 को लोक सभा में हिन्दू कोड विधेयक प्रस्तुत किया। वह 1952 में आम चुनावों से पूर्व संसर में इसका संचालन करने को बड़े उत्सुक थे। नेहरू ने, निश्चय ही अपने दल के व्यक्तियों के दबाव के कारण, यह सुझाव रखा कि विधेयक के विवाद तथा विवाह-विच्छेद विषयक भाग को पृथक् विधेयक माना जाए। परन्तु अन्ततः विधेयक को गिर जाने दिया गया। डॉ. अम्बेडकर के शब्दों में बिना आँसू बहाए, बिना प्रशंसा में कुछ कहे, इस विधेयक को मृत होने दिया गया, दफना दिया गया—मात्र चार धारा में पारित हो जाने के उपरान्त अम्बेडकर को बड़ी निराशा हुई, उनके त्याग-पत्र के कारणों में से यह प्रमुख कारण था। प्रेस से एक भेंट में उन्होंने स्वीकार किया कि विधेयक विषयक नेहरू की नीति उनके मन्त्रिमंडल से त्याग-पत्र के अनेक कारणों में से एक था। इस प्रकार का त्याग निस्संदेह, उन्हें स्त्रियों के अधिकारों के जागरूक प्रहरी और एक असाधारण सुधारक के रूप में हमारे समक्ष उभारकर लाता है। स्त्रियों को समानाधिकार के लिए उनकी सुदृढ़ प्रतिबद्धता ने हमारे संविधान पर अपनी छाप छोड़ी है।"[18]

व्यापक मताधिकार पर उनके द्वारा बल दिया जाना उनकी जनतान्त्रिक

चेतना और लिंगों के आधार पर पूर्ण समानता की उनकी आन्तरिक उत्प्रेरणा का प्रमाण है।

मानवाधिकारों का पक्षधर

डॉ. अम्बेडकर सामान्यतः मानवाधिकारों के पक्षधर थे। वह राज्य को एक ऐसा संगठन मानते थे जिसके उद्देश्य इस प्रकार थे–(i) प्रत्येक नागरिक को जीवन, स्वतन्त्रता, प्रसन्नता की खोज वाणी और धर्म की स्वतन्त्रता सुनिश्चित करना। (ii) दलित वर्ग को उत्थान के अवसर प्रदान कर राजनीतिक, सामाजिक और आर्थिक असमानता दूर करना और सभी नागरिकों को अभाव तथा भय से मुक्ति प्रदान करना।[19] स्वातन्त्र्योत्तर भारत में भी वह नागरिकों की स्वतन्त्रता और अधिकारों के पक्षपोषक बने रहे। उनकी दृष्टि में वास्तविक स्वतन्त्रता मात्र राजनीतिक नहीं होती, वह सामाजिक, आर्थिक, बौद्धिक और आध्यात्मिक भी होनी चाहिए।[20] उन्होंने राज्य की केन्द्रीय सत्ता के व्यक्तिगत स्वतन्त्रता से संपृक्त होने (To blend with) का सुझाव दिया। इस प्रकार वह मानव अधिकारों के अटल पक्षधर थे। "जिस समतावादी (egalitarian) विचारधारा का प्रचार उन्होंने आजीवन किया, उसे वस्तुतः अत्यन्त सुन्दर रूप में समानता के अधिकार विषयक भारतीय संविधान के मौलिक अधिकारों में उपसंहार रूप में प्रकट किया गया जिसे तैयार करने में डॉ. अम्बेडकर का प्रमुख योग था। जाति, वृत्ति, मत, लिंग तथा अन्य किसी भी आधार पर बिना भेद किए यह सुनिश्चियत करना कि सभी कानून की दृष्टि में समान हैं, सभी को उसकी सुरक्षा समान रूप से प्राप्त है–उनके लिए कानूनी समानता का सार था।"[21]

वह कानून के शासन में विश्वास करते थे जिससे लोगों की स्वतन्त्रता सुनिश्चित की जा सके। कानून से समाज के विभिन्न वर्गों में समानता सुनिश्चित करने और सामाजिक न्याय और शान्ति बनाए रखने में सहायता मिलती है। इस प्रकार कानून स्वतन्त्रता और समानता का प्रहरी है। सभी को बिना जाति, वर्ण और वृत्ति के भेदभाव के यह सीमा में रखता है। उन्होंने कहा था, "कानून ने मनुष्य को नहीं बनाया, वरन् मनुष्य ने स्वयं कानून को अपनी प्रसन्नता के लिए बनाया है।"[22] उन्होंने इस बात पर बल दिया कि "कानून सामाजिक और मानवीय हो तथा इसका प्रभाव व्यापक हो।"[23] सच तो यह है कि मानव स्वतन्त्रता में अपनी आस्था के कारण ही वह कानून के शासन के पक्षधर बने। वह प्रत्येक के लिए अधिकार सुनिश्चित करने को बड़े उत्सुक थे। उनका मत था कि मात्र कानून से ही अधिकारों की रक्षा नहीं होती। समाज की नैतिक और सामाजिक चेतना की भी इसमें महत्त्वपूर्ण भूमिका है। उन्होंने कहा, "यदि समाज मौलिक

अधिकारों का विरोध करता है तो कोई कानून, कोई दण्ड, कोई न्यायपालिका उन्हें सुनिश्चित नहीं कर सकती।''[24] इस प्रकार लोगों के अधिकारों के रक्षक के रूप में उन्होंने राज्य की कानूनी शक्ति और जनता के मध्य सुमेल स्थापित करने का प्रयत्न किया।

''राज्य कानून का माता-पिता और उसकी सन्तान भी है। कानून का एक स्वरूप वह है जिसके द्वारा राज्य शासित होता है। उसका दूसरा स्वरूप है, जिस पर राज्य शासन करता है।'' उन्होंने सामाजिक एकता के प्रसार के लिए बल प्रयोग की भर्त्सना की। वह लोगों को अन्धविश्वासों और मिथ्या अनुष्ठानों, रीतियों के पाश से मुक्त कराना चाहते थे, क्योंकि यह तर्क को निष्फल कर देते हैं और अन्तर्दृष्टि को कुचल देते हैं। अतः उन्होंने बलपूर्वक कहा, ''प्रत्येक स्त्री-पुरूष को शास्त्रों की दासता से मुक्त होने दो। उनके मनों को शास्त्राधारित विगलित धारणाओं के मल से स्वच्छ कर दो।'' उन्होंने अनुभव किया कि मानवीय संस्थाओं, व्यवस्था तथा पद्धतियों में कोई पावनता नहीं रह जाती, यदि वह लोगों के उत्थान और कल्याण को सिद्ध नहीं करते और उनकी उन्नति में बाधक हैं। अवरोक्त स्थिति में (In the latter case) उन्हें समाप्त करने के लिए वह क्रान्ति को भी न्यायोचित मानते हैं। इस प्रकार की क्रान्ति से निहित स्वार्थों तथा उनके द्वारा किए जाने वाले शोषण को समूल दूर किया जा सकता है और उन सुविधाओं तथा अवसरों का पुनर्वितरण सुनिश्चित हो सकता है जो मानव जीवन को उल्लासमय, संगठित और सुसमायोजित (well-adjusted) बनाने में सहायक होती हैं। स्वयं चिरकाल से आतंकित, उत्पीड़ित वर्ग से सम्बद्ध होने के कारण, उनमें इस वर्ग से उत्थान के लिए अदम्य, दुर्जेय साहस था। अतः उनकी इच्छी थी कि दलित वर्गस्थ लोग साहसी और वीर हों जिससे समाज में उसके सदस्यों के लाभार्थ चिरस्थायी परिवर्तन लाया जा सके। उनकी इसी धारणा के कारण डॉ. सरोजिनी नायडू ने उन्हें 'भारत का मुसोलिनी' की निन्दापरक संज्ञा प्रदान की। यह निन्दोक्ति वस्तुतः अतिशयोक्तिपूर्ण थी। वह इटली के तानाशाह की भाँति कोई आतंकवादी नहीं थे। आतंकवाद लोगों को भयभीत करता है, जबकि अम्बेडकर का उद्देश्य लोगों को भयमुक्त करना था। वह सामाजिक सुधार के लिए मानवीय कानून में विश्वास करते थे, अर्थात् विधायनपरक कार्य का अवलम्ब लेकर वह सामाजिक परिवर्तन चाहते थे, न कि उन मानवीय उपायों में जिनके द्वारा मुसोलिनी जैसे भयानक तानाशाह समाज में परिवर्तन लाना चाहते हैं।

सामाजिक न्याय तथा धर्म की अवधारणा

फ्रेंच दार्शनिक रूसो के तीन शब्दों, समानता, स्वतन्त्रता और भ्रातृत्व से वह

अत्यन्त प्रभावित थे। समानता पर आधारित न्याय की अवधारणा को स्वीकार कर वह रूसो से आगे बढ़ गए। वास्तव में सामाजिक न्याय, न्याय सम्बन्धी अवधारणा का एक आयाम है जो समाज के गठन को स्वतन्त्रता, समानता तथा भ्रातृत्व के आधार पर करना चाहता है। न्याय की इस प्रकार की अवधारणा को यदा-कदा समाज के उन वर्गों के प्रति असमान अथवा वरणात्मक व्यवहार को प्रश्रय देना पड़ता है जिन्हें (Preferential) चिरकाल से कुछ मौलिक सुविधाओं और अवसरों से वंचित रखा गया हो—उन्हें समाज के अन्य वर्गों के समकक्ष लाने के लिए।

डॉ. अम्बेडकर की न्याय सम्बन्धी अवधारणा एक ऐसी सामाजिक पद्धति के पक्ष में है जो जीवन के प्रत्येक क्षेत्र में मनुष्य के मनुष्य से सम्बन्धों पर आधारित हो। क्योंकि दलित वर्ग पर अन्याय की निरन्तरता का कारण हिन्दू धर्म कहा और स्वयं अम्बेडकर दलित वर्ग से सम्बद्ध थे, उनकी न्याय सम्बन्धी अवधारणा उनकी धर्म तथा नैतिकता से सम्बद्ध अवधारणा से निकटतः सम्बद्ध है। धर्म सम्बन्धी उनकी अवधारणा तर्कसंगत, नैतिक, मानवतावादी और करुणामयी है। यह इसमें सभी विश्वासकर्ताओं को समानता के स्तर पर रखकर समानता का व्यवहार करती है। ऐसा धर्म जो अपने अनुयायियों के प्रति दुर्व्यव्यहार करता है और उन्हें असह्य वंचनाओं की अर्गलाओं में बद्ध करता है, कोई धर्म नहीं है। एक तर्कप्रिय बुद्धिवादी मानव-प्रेमी होने के नाते वह धूर्ततापूर्ण व्यवहार का न तो समर्थन कर सकते थे और न ही उनके लिए वह सह्य था। वह एक ऐसे धर्म के प्रवक्ता थे जो नैतिकता के उन सार्वभौम सिद्धान्तों पर आधारित हो जो सभी लोगों, चाहे वह किसी देश, काल अथवा जाति से सम्बद्ध हों, समान रूपेण पालनीय और प्रासंगिक हों। यह युक्ति पर आधारित हो, समानता, स्वतन्त्रता और भ्रातृतव के मूल सिद्धान्त इसके लिए सहज धर्म हों। ऐसी स्थिति में वह हिन्दू धर्म से पूर्णतः असन्तुष्ट थे। कारण यह था कि धर्म सामाजिक एकता के सिद्धान्त का पोषण नहीं करता था और इसके विपरीत भेदभावपूर्ण व्यवहार के द्वारा सामाजिक पृथक्ता को उकसाता था। जैसा पहले कहा गया है, वह जातिवाद को अस्पृश्यता का मूल कारण मानते थे। अस्पृश्यता हिन्दू धर्म की घृणितम विकृति थी। चतुर्वर्ण की अवधारणा असमानता का मूल कारण है। अतः वह हिन्दू धर्म को चतुर्वर्ण से मुक्त करना चाहते थे जिससे इसके अन्तर्गत सभी लोगों का समावेश हो और सामाजिक एकता को सम्पारित किया जा सके। एक प्रकार से धर्म को वह मानवता की सेवा का साधन बनाना चाहते थे। वह ऐसी सामाजिक पद्धति को अस्वीकार करते थे जिसमें भद्रता जातिवाद द्वारा आक्रान्त हो और नैतिकता पक्षी की भाँति जातिवाद के कगार में बद्ध हो। वह ब्राह्मणों द्वारा शूद्रों के शोषण को स्वीकार नहीं कर सकते थे।

मनुष्य तथा उसमें छिपी शक्तियों में उनकी गहन आस्था थी। इन्हीं निहित शक्तियों के आधार पर मनुष्य अपने कष्टों को शामिल कर सकता था, अपनी दरिद्रता को दूर कर सकता था और दासताजन्य कष्ट को भी कम कर सकता था। उन्होंने कहा, "आप स्वयं अपनी दासता से अपने को मुक्त कर सकते हैं। इसे दूर करने के लिए आप परमात्मा अथवा किसी अन्य विलक्षण पुरुष पर निर्भर न रहें। जितनी जल्दी आप इस भ्रान्ति से अपने को मुक्त कर पाएँगे कि आपके कष्ट पूर्व निर्दिष्ट हैं, उतना ही आपके लिए यह श्रेयस्कर होगा। भाग्य पर नहीं, अपनी शक्ति पर भरोसा कीजिए।[25] वह तो यहाँ तक कहते थे कि ईश्वर अथवा किसी अन्य चमत्कारी पुरुष पर विश्वास करना असत्य पर विश्वास करना होगा। ऐसा विश्वास मनुष्य को भाग्यवादी तथा निष्क्रिय बना देता है। अतः वह मनुष्य के आत्मोन्नति अर्जित करने, स्वयं ज्ञानोपार्जन करने और इस प्रकार आत्म-सम्मान प्राप्त करने की आशा करते थे। वह आत्मा के सिद्धान्त में विश्वास नहीं करते थे क्योंकि इस प्रकार जन्म से मृत्यु तक मनुष्य का पुरोहितीय नियन्त्रण हो जाता है। वह कर्म के सिद्धान्त को भी अस्वीकार करते हैं, जिसके अनुसार मनुष्य अपने जन्म के कर्मों के आधार पर किसी सम्पन्न परिवार में जन्म ले सकता है। यह एक भयंकर सिद्धान्त है जो अनिष्टकारी अभिकल्पनाओं (designs) से पूर्ण है। इस सिद्धान्त से ऐसी मनोवृत्ति का मनुष्य वश में हो जाता है जो उसे असहाय बना देती है।

इस प्रकार हम देखते हैं कि अम्बेडकर, हिन्दू सामाजिक संरचना, जिसका आधार वह त्रुटिपूर्ण हिन्दू धर्म था जो मनुष्य के स्तर का निम्न अथवा उच्च वर्ग में उनके जन्म के आधार पर निर्धारित करता है, को पुनर्गठित करने को अति उत्सुक थे। इस प्रकार की सामाजिक पद्धति में मनुष्य की उपलब्धियों का कोई मूल्य नहीं है। उसके स्तर को नियति द्वारा पूर्व निर्दिष्ट माना जाता है। वह एक ऐसी सामाजिक व्यवस्था के पक्षधर थे जिस पर मानव जीवन का आधार स्वतन्त्रता, समानता और सौहार्द पर हो। एक ऐसी समाज व्यवस्था चाहते थे वह जिसमें एक की स्वतन्त्रता का अर्थ दूसरे के लिए दासता न हो। उन्होंने ऐसी नीति पर बल दिया जिसमें उत्पीड़ित और दलित वर्ग के लोगों के साथ वरीयतापरक व्यवहार किया जाए। उनके विचार भारतीय संविधान में अधिश्लिष्ट हैं जिसका प्रारूप उनके नेतृत्व में तैयार किया गया था। भारतीय संविधान में ऐसे अनेक नेतृत्व में तैयार किया गया था। भारतीय संविधान में ऐसे अनेक प्रावधान समाविष्ट हैं जिनमें सामाजिक रूपेण पिछड़े वर्ग के लिए वरीयतापरक व्यवहार सुनिश्चित किया गया है। एक प्रकार से डॉ. अम्बेडकर हिन्दू धर्म के मुक्तिदाता थे, क्योंकि उन्होंने सामाजिक समानता के लिए संघर्ष किया जिसके कारण ही हिन्दू समाज

संगठित रह सकता था। अतः उनके द्वारा पूर्व व्यक्त की गई यह भावना, "यद्यपि मैं एक हिन्दू के रूप में उत्पन्न हुआ, क्योंकि इस पर मेरा वश नहीं था, तथापि यह निश्चय करना मेरे अधिकार में है कि मैं हिन्दू के रूप में मरूँगा अथवा नहीं।"[26] उनकी यह भावना सत्य सिद्ध हो गई। डॉ. अम्बेडकर शताब्दी वर्ष 1992 को मनाया जाना, उनके प्रति सर्वोच्च श्रद्धांजलि थी। यह वर्ष सामाजिक न्याय वर्ष के रूप में मानाया गया था।

आधुनिक मनु

भारतीय संविधान के शिल्पी डॉ. अम्बेडकर को संविधान के सदस्यों, जिन्होंने संविधान का अनुमोदन किया था, द्वारा आधुनिक भारतीय मनु की संज्ञा प्रदान करना उचित ही है। एस. सहाय का यह कथन उचित ही है कि "स्वतन्त्रता-प्राप्ति जैसी उपलब्धि के श्रेय के अधिकारी यदि महात्मा गांधी हैं तो इन्हें संहिताबद्ध करने का श्रेय उनके प्रखरतम आलोचक तथा हमारे संविधान के प्रमुख शिल्पी डॉ. अम्बेडकर को जाता है।"[27] जिस असाधारण कौशल का परिचय देते हुए उन्होंने भारतीय संविधान का संचालन किया, उसे मात्र वर्तमान संतति ही नहीं, प्रत्युत् अनुवर्ती संततियाँ भी कृतज्ञतापूर्वक स्मरण करेंगी। संसार के अनेक संविधानों को उलट-पटल कर ढूँढ़ना, उनके मन्थन के उपरान्त संविधान का प्रारूप तैयार करना, अतीत के कटु अनुभवों से दूर रहने के मनोभाव के प्रति जागरूक रहकर, देश के करोड़ों चिर अपोषित, क्रूरतापूर्वक षोषित अधिकार-वंचित लोगों की आकांक्षाओं को उचित मान देते हुए, उन्हें स्वायत्तता देने के उद्देश्य से सत्ता के अनियन्त्रित निरंकुश प्रयोग पर उचित रक्षोपायों के रूप में उपयुक्त अंकुश लगाकर और अपनी उस उत्कट इच्छा को मूर्त रूप देते हुए कि सामाजिक, आर्थिक न्याय सभी के लिए उपलब्ध हो—यह था कठिन, गुरुतर कार्य जिसका सम्पादन असाधारण योग्यता का परिचय देते हुए डॉ. अम्बेडकर ने किया। डॉ. पट्टाभि सीतारमैया के शब्द उल्लेखनीय हैं, "मैं डॉ. अम्बेडकर को यह बताना चाहता था कि किस प्रकार उन्होंने विरोध रूपी बाधाओं को विचूर्णित करने के लिए स्टीम रोलर की शक्ति और ऊर्जा से पूरित बुद्धिमत्ता और विवेक का नियोजन अपनी इस भव्य उपलब्धि को प्राप्त करते हुए किया। दुर्जय, साहसपूर्ण स्थिति में रहते हुए उन्होंने विरोध निरस्त करते हुए, सभी करतलों का अनुमोदन की मुद्रा में समतलीकरण किया—क्षुद्र अकिंचन जो कुछ था, उसकी उपेक्षा करते हुए और जिसे उचित समझा, उसी का दृढ़ता से पक्ष लिया, बिना परिणाम की चिन्ता किए।"[28] किन्तु डॉ. के. बी. राव का मत था कि डॉ. अम्बेडकर संविधान का जहाँ तक सम्बन्ध है, पितृ स्थानीय न होकर मातृ स्थानीय है। वह नेहरू और पटेल को जो वास्तविक संविधान निर्माता

हैं, को पितृ स्थानीय मानते हैं। वह अम्बेडकर को इसलिए मातृ स्थानीय मानते हैं, क्योंकि निर्णय लेने में उनकी भूमिका नहीं थी। स्वयं अपने मौलिक विचार प्रस्तुत करना तो दूर रहा, उन्हें दूसरों के विचारों से समझौता करना पड़ा और उन्हीं को प्रस्तुत करना पड़ा। डॉ. पायत्री भी उन्हें एक संविधानवेत्ता के रूप में प्रस्तुत करते हैं। पांडित्य, विशाल अध्ययन, कल्पना-प्रवणता, तर्कण., अभिव्यक्ति, सौष्ठव तथा अनुभव आदि सभी योग्यताओं और गुणों के सुक्रमित, सुविन्यस्त पुंज को उन्होंने अपने दायित्व निर्वहन में सुन्दरता और सुरुचिपूर्णता से नियोजित किया था। जब कभी संविधान के प्रावधानों की आलोचना का उत्तर वह सदन में देते और जब वह अपना स्थान ग्रहण कर लेते, सन्देहों की धुंध लुप्त हो जाती, भ्रम के बादल छँट जाते और स्थिति स्पष्ट निखरी हुई सामने आ जाती थी। वास्तव में वह आधुनिक मनु थे और उन्हें संविधान का जनक और प्रधान शिल्पी कहना उपयुक्त ही है।''[29] पं. नेहरू ने भी उनकी इस क्षेत्र में योग्यता को, विशेषतः उनके निधन के अवसर पर, इन शब्दों में स्वीकार किया, ''प्रायः उनके सम्बन्ध में कहा जाता है कि वह हमारे संविधान के शिल्पियों में से एक थे। इसमें सन्देह नहीं कि संविधान-निर्माण में किसी ने भी इतनी कर्मठता और सावधानी का परिचय नहीं दिया जितना डॉ. अम्बेडकर ने।'' उन्होंने मौलिक अधिकारों और निदेशक सिद्धान्तों का प्रबलता से पक्ष लिया।

इन दोनों का आलोचकों ने मात्र आदर्शोन्मुखी, आकर्षक बातों के अतिरिक्त और कुछ नहीं कहकर इनका विरोध किया था। अन्ततोगत्वा केन्द्र में सत्तारूढ़ होने वाले राजनीतिक दलों के लिए यही 'मौलिक अधिकार' तथा 'निदेशक सिद्धान्त' पथ-चिह्न सिद्ध हुए। उनकी अध्यक्षता में तैयार किए गए भारतीय संविधान में ऐसे अनेक प्रावधान हैं जिनमें राज्यों का आह्वान किया गया है कि वह अपने सभी लोगों के लिए सामाजिक और आर्थिक न्याय और स्वाधीनता, समानता तथा सौहार्द उपलब्ध कराएँ। इनमें कई ऐसे प्रावधान भी हैं जो दलित वर्ग के लिए अधिमानपरक (Preferential) व्यवहार की व्यवस्था करते हैं। अतः हम अपने संविधान के उपयुक्त स्वरूप के लिए डॉ. अम्बेडकर के राजनीतिक विवेक और व्यावहारिक दूरदर्शिता को श्रेय दे सकते हैं।

एक राष्ट्रवादी के रूप में

भारत सरकार द्वारा उन्हें 'भारत रत्न' का सर्वोच्च सम्मान दिया जाना कृतज्ञ राष्ट्र के प्रतिनिधि द्वारा उनकी असाधार'ग सेवाओं के प्रति कृतज्ञता ज्ञापन है। स्पष्ट है कि एक राष्ट्रवादी को ही यह सम्मान दिया जा सकता है, भले ही वह चार दशकों के पश्चात् दिया गया हो। तथ्य तो यह है कि उनके राष्ट्रीयतापरक उत्साह

का जहाँ तक प्रश्न है, परस्पर विरोधी सम्मतियाँ व्यक्त की गई हैं। स्वाधीनता आन्दोलन तथा राष्ट्रपिता सम्बन्धी उनकी विरोधी टिप्पणियों के कारण भावोत्तेजित लोगों द्वारा उन्हें राष्ट्र विरोधी कहा गया। दलित वर्ग के लिए पृथक् मताधिकार पर उनका बल परिणामस्वरूप 1932 में मेक्डॉनल्ड अधिनिर्णय सुनाया जाना, विरोधस्वरूप गांधीजी द्वारा अनशन रखा जाना, गांधीजी को उपवास त्यागने पर राजी होने के लिए अनुरोध करते अम्बेडकर पर टिकी सभी निगाहें, राष्ट्रीय 'भारत छोड़ो आन्दोलन' के आरम्भ होने के समय उनका वायसराय की मन्त्रि परिषद् का सदस्य बनना—इन सभी से उत्तेजित होकर लोगों ने देश विरोधी और राष्ट्रविरोधी कहा। के सन्थानम् ने यह टिप्पणी की, "जब कांग्रेस के प्रति विरोध भाव एक योग्यता बनी, अम्बेडकर ने उपयुक्त अवसर देखा और 1942 में भारत छोड़ो आन्दोलन के अवसर पर उन्होंने वायसराय की मन्त्रि परिषद् में प्रवेश किया।"[30]

लाला लाजपतराय से अमरीका में हुई अपनी एक झड़प के समय अम्बेडकर ने एक बार कहा था, "तुम अस्पृश्य लोगों को अपने आधीन कर अपनी राजनीतिक क्षमता का निवारण चाहते हो, इसी कारण अस्पृश्य राष्ट्रीय आन्दोलन में सम्मिलित नहीं होंगे।"[31] वह दृढ़ता से अनुभव करते थे कि दलित वर्ग के लिए आरक्षण की माँग शासन करने वाले वर्ग पर प्रभावी नियन्त्रण रखने के लिए अत्यावश्यक है। उनका मत था कि किसी राष्ट्र के सन्दर्भ में राष्ट्रवाद तभी सार्थक है जब उसका आधार सामाजिक एकता की दृढ़ भावना हो और अन्तर्राष्ट्रीयतावाद के सम्बन्ध में राष्ट्रवाद तभी प्रासंगिक है जब वह भ्रातृ-भाव पर आधारित हो। अतः राष्ट्रवाद के विषय में इस भ्रान्ति को और प्रश्रय नहीं होना चाहिए कि किसी अन्य देश अथवा समुदाय को आप उत्पीड़न का लक्ष्य बना सकते हैं। राष्ट्रीयता वह उसे चेतना को मानते थे जो विभिन्न वर्गों के मध्य विद्यमान सम्बन्धों की प्रगाढ़ता का भान कराती है। राष्ट्रवाद उनके अनुसार एक पृथक् राष्ट्रीय अस्तित्व के रूप में, व्यापक राष्ट्रीय सम्बन्ध सूत्र में बद्ध रहते हुए—रहने की इच्छा है। अतः वह बलपूर्वक कहते थे कि राष्ट्रवाद उस समय तक नहीं आ सकता जब तक राष्ट्रीयता की भावना अनुभाव्यतः विद्यमान न हो[32] वह मानते थे कि उच्च वर्ण के हिन्दू निम्न वर्णस्थ हिन्दुओं के साथ धूर्ततामय, शोषणपरक व्यवहार करते थे। वह तो सवर्ण हिन्दुओं के प्रति अपने विरोध को यह कहने की सीमा तक ले गए कि बंग-भंग आन्दोलन तथा इसका सरकार विरोधी स्वरूप स्वार्थी स्वर्ण हिन्दुओं की छलयोजना का ही परिचायक है।[33] यह सभी तथ्य एक आलोचक को यह मानने पर बाध्य करते हैं कि दलित वर्ग का यह मसीहा देश को विदेशी दासता से मुक्त कराने को इतना उत्सुक नहीं था जितना उच्च वर्ण के हिन्दुओं, मुख्यतः ब्राह्मणों के शोषण पाश से दलित लोगों को मुक्ति दिलाने के लिए। किन्तु इस धारणा में थोड़ा अतिशयोक्ति

का पुट है। उनमें जो राष्ट्रवाद था उसका उत्स विदेशी आधिपत्य के प्रति विरोध और आन्तरिक उत्पीड़न के प्रति विरोध था। उनमें राष्ट्रीयता का भाव राष्ट्र तथा उसके निवासियों के प्रति गर्व और सम्मान के माध्यम से मुखर हुआ था। उनका मत था कि लोगों की स्वतन्त्रता के अभाव में राष्ट्रवाद आन्तरिक दासता का साधन बन जाता है, एक ऐसा उपकरण जो दास कर्मियों को बलात् श्रम नियोजन में लगाकर उन्हें संगठित उत्पीड़न का शिकार बनाने के काम आता है।[34] उनका यह मत युक्तिसंगत ही था कि राष्ट्रवाद को अपना पूर्ण सुमेल उसी समय अनुभव होता है जब वर्ण, जाति और वृत्ति के भेद के बिना मानव-मानव के माध्य सौहार्द हो। वह अत्यन्त दुखी होकर कहते हैं, "सत्ता में सहभाग के अल्पसंख्यक वर्ग के किसी भी दावे को साम्प्रदायिकता का श्रम दिया जाता है जबकि सत्ता पर बहुसंख्यक वर्ग के एकाधिकार को राष्ट्रवाद का नाम दिया जाता है।"[35] यही उनकी राष्ट्रवादी अवधारणा की सही व्याख्या है–जो प्रत्येक पराधीन देश को जहाँ स्वतन्त्र देखना चाहती है, वहीं सभी देशों में किसी-न-किसी वर्ग के शोषणपरक आधिपत्य में पड़े स्वतन्त्र देशों के लोगों को इस त्रासदी से मुक्त कराना भी जिसका उद्देश्य है।

इस सारे विवरण से पता चलता है कि अम्बेडकर ने जिन्हें बचपन, लड़कपन तथा यौवन में कट्टरपंथी हिन्दुओं के हाथों अपमानित होना पड़ा, दलित वर्ग के हितों तथा उनके शोषण से मुक्त होने के विषय को राष्ट्रीय आन्दोलन के साथ जोड़ दिया था। किन्तु मात्र इसी आधार पर उन्हें देश विरोधी मानना आलोचकों के लिए युक्तिसंगत नहीं है। गांधी, नेहरू तथा पटेल से उनके मतभेदों के कारण भी हम उन्हें देश अथवा राष्ट्र विरोधी नहीं मान सकते। यदि उन्हें ऐसा माना जाता तो संविधान का पाण्डु लेख तैयार करने वाली समिति की अध्यक्षता के लिए उन्हें मनोनीत नहीं किया जाता तथा न ही वह ऐसी स्थिति में सामाजिक जनतन्त्र सम्बन्धी अपने विचारों को संविधान में समाविष्ट नहीं कर पाते। उनकी कल्पना में ऐसा संगठित समाज था जहाँ नागरिकों में यह भावना रची-बसी हो कि वह आदि से अन्त तक केवल भारतीय ही हैं। उनका यह सोचना उचित ही था कि इस प्रकार का संगठित प्रजातन्त्र ऐसी स्थिति में सम्भव नहीं जहाँ समाज के एक बड़े वर्ग को राष्ट्रीय मुख्यधारा से पृथक् रखा गया हो। उनके चिन्तन में एक ऐसा भारत था जो अविभाजित हो और अविभाज्य ही रहे। अतः उन्होंने संविधान सभा में आर्थिक और सामाजिक प्रजातन्त्र पर जो बल दिया था, वह युक्तिसंगत ही था। उन्होंने कहा था, "हमें मात्र राजनीतिक स्वतन्त्रता से ही सन्तुष्ट नहीं रहना चाहिए–राजनीतिक स्वतन्त्रता स्थिर नहीं रह सकती यदि सामाजिक प्रजातन्त्र का इसे सम्बल प्राप्त न हो। सामाजिक प्रजातन्त्र जीवन की एक ऐसी विधा है

जिसमें स्वतन्त्रता, समानता और सौहार्द को जीवन के सिद्धान्तों के रूप में स्वीकार किया गया हो।''[36] इस सन्दर्भ में भारत के संविधान के आमुख में उनका राष्ट्रवाद प्रतिफलित हुआ है, जिसमें कहा गया है, ''सभी नागरिकों के लिए सामाजिक, आर्थिक और राजनीतिक न्याय सुनिश्चित करना स्वतन्त्रता विचारों, विश्वास आस्था, उपासना की समानता अवसर और सामाजिक स्थिति की और देश के नागरिकों के मध्य भ्रातृभाव की भावना को बढ़ावा देना जिससे व्यक्ति की प्रतिष्ठा और राष्ट्र की एकता सुनिश्चित की जाए।'' इस प्रकार की विचारणा को कोई भी राष्ट्रवादी साम्प्रदायिक अथवा जातिवाद परक नहीं कह सकता। यह एक प्रजातान्त्रिक राष्ट्र की विशेषताएँ हैं जो अपनी संरचना को सुगठित रखना चाहता है और अपने राज्य तन्त्र की बनावट को सुदृढ़ करना चाहता है। इसके अतिरिक्त, इसके सच्चे राष्ट्रवादी के रूप में उन्होंने सामान्य भाषा के रूप में हिन्दी को स्वीकार कर एक सामान्य संस्कृति को विकसित करने पर भी बल दिया। हिन्दी को उसका गौरवपूर्ण स्थान दिलाने के लिए उन्होंने संघर्ष किया, यद्यपि उनकी अपनी मातृभाषा हिन्दी थी तथापि उनकी शिक्षा-दीक्षा अंग्रेज़ी में हुई थी।

उनकी धर्म सम्बन्धी अवधारणा

अदूरदर्शी आलोचक उनके विषय में यह असत्य प्रचार करते हैं कि वह नास्तिक हैं। वस्तुतः वह एक प्रयोजनवादी धार्मिक नेता थे। वह हिन्दू धर्म के कट्टरपंथी विश्वासों के विरोधी थे और मनुस्मृति को जलाकर उन्होंने कट्टरपंथी हिन्दुओं के आक्रोश को निमन्त्रण दिया। वह मनुस्मृति को असमानता, क्रूरता और अन्याय का प्रतीक मानते थे। हिन्दुत्व के विषय में उन्होंने कहा था, ''जिस धर्म में मानव का दूसरे मानव से मानवीय व्यवहार करना वर्जित हो, वह धर्म न होकर शक्ति का प्रदर्शन करना है। वह धर्म जो अशिक्षित रखे और दरिद्र को दरिद्र ही रहने दे, कोई धर्म न होकर एक दण्ड ही है।[37] यही कारण था कि वह हिन्दू के रूप में संसार से प्रयाण नहीं करना चाहते थे। उनकी यह कामना पूरी हुई और संसार से वह एक बौद्ध के रूप में विदा हुए। इससे यह स्पष्ट है कि वह एक धर्म विशेष के प्रति इसलिए विरुद्ध थे क्योंकि उसकी प्रवृत्ति शोषण-परक है। उन्होंने मार्क्स की भाँति धर्म को जनता के लिए 'अफीम' मानते हुए उसका स्थिति की अपेक्षा से अवपतन कर पीछे पृष्ठभूमि की ओर नहीं धकेल दिया। उन्होंने कहा था, ''मैं कुछ लोगों के इस कथन से सहमत नहीं हूँ कि समाज के लिए धर्म की आवश्यकता नहीं है। मैं व्यक्तिगत जीवन और समाज में व्यवहार के लिए आधार के रूप में धर्म की आवश्यकता अनुभव करता हूँ।''[38] वह धर्म के पक्षधर अवश्य थे, परन्तु उसके नाम पर प्रचलित धूर्तता, वंचना और शोषण के वह विरोधी थे।

वह धर्म को मानव गतिविधियों के लिए एक उत्प्रेरक ऊर्जा के रूप में स्वीकार करते थे। वह कहते थे, "मनुष्य मात्र रोटी के सहारे ही जीवित नहीं रह सकता। उसके पास एक मस्तिष्क है जिसे विचारों के लिए भोजन चाहिए।"[39] इस प्रकार व्यक्तिगत जीवन तथा सामाजिक व्यवहार के लिए धर्म एक आवश्यक आधार है। किन्तु इसकी प्रासंगिकता और श्रेष्ठता का निर्णय सामाजिक आचारपरक नैतिकता के मानदण्ड से होना चाहिए। वह एक ऐसे धर्म के पक्ष-पोषक थे जिसमें सार्वभौम, सर्वतन्त्र सिद्धान्त समाविष्ट हों और जिनकी सार्थकता काल की इयत्ता में बँधी न हो। उन्होंने धर्म की चार विशेषताएँ गिनाई हैं–(i) सामाजिक आचार-व्यवहार को अनुशासित और नियमित करने वाले सिद्धान्तों का जिसमें समावेश हो–ऐसा धर्म। (ii) धर्म जो तर्कसम्मत हो और जिसे विज्ञान का पर्याय माना जा सके। (iii) इसमें एक ऐसी नैतिक आचार-संहिता हो जिसके अन्तर्गत समानता, स्वतन्त्रता तथा सौहार्द की मूलभूत विशेषताएँ उदात्तीकरण प्रदान करे।[40]

उपरोक्त विशेषताओं के आलोक में हिन्दू धर्म पर दृष्टिपात करने पर अम्बेडकर इस निष्कर्ष पर पहुँचते हैं कि "हिन्दू धर्म में यह विशेषताएँ नहीं हैं। अतः उन्होंने ऐसे धर्म को नष्ट करने का सुझाव दिया। उनके अनुसार ऐसे धर्म को नष्ट करने की बात में कुछ भी अधार्मिक नहीं है।"[41] वह एक ऐसे धर्म के प्रवक्ता के रूप में हमारे समक्ष आते हैं जो नियमों का नहीं, सिद्धान्तों का धर्म हो।

अम्बेडकर के अनुसार एक सच्चे धर्म में इन विशेषताओं का होना आवश्यक है–1. हिन्दू धर्म का एक प्रामाणिक ग्रन्थ हो। 2. पुरोहितीय पदों पर उत्तराधिकार की व्यवस्था समाप्त हो और इस पर नियुक्ति एक ऐसी परीक्षा-पद्धति के आधार पर हो जो सभी के लिए खुली हो। 3. पुरोहितों को राज्य की ओर से प्रमाणपत्र मिलना चाहिए। 4. कानून द्वारा पुरोहितों की संख्या सीमित हो। 5. पुरोहितों के नैतिक आचार, विश्वास तथा उपासना का राज्य द्वारा निरीक्षण हो।[42]

बौद्धमत क्यों?

अन्त में 14 अक्तूबर, 1956 को विजय दशमी के दिन नागपुर में, जहाँ बौद्ध नागाओं ने प्राचीन काल में बड़ी उन्नति की थी, उन्होंने बौद्धमत की दीक्षा ली। इस मत से उन्हें सान्त्वना मिली। इसके नैतिक आधार, समानता, न्याय और मानवतावाद से बड़े प्रभावित हुए। तीस साल से स्वयं हिन्दुओं के उत्पीड़न, अपमानजनक यंत्रणा के भुक्तभोगी रहकर, अम्बेडकर यह मानने लगे कि हिन्दू समाज में अस्पृश्यों के साथ कभी न्यायसंगत व्यवहार नहीं होगा।

सम्भवतः उन्होंने इससे पहले हिन्दू धर्म का त्याग इसलिए नहीं किया कि उसमें जो सर्वोत्तम था, वह उन्हें प्रिय था। परन्तु वह एक विषय में पूर्णतः स्पष्ट थे

कि हिन्दू धर्म में रहते हुए जातिवाद को समाप्त करने की बात उसी प्रकार व्यर्थ है जैसे विष को मधुर बनाने का प्रयास।[43]

उनके स्व प्रस्तुत विवरण के अनुसार बौद्धमत को उन्होंने इसलिए स्वीकार किया क्योंकि इसमें यह तीन स्वर्णिम सिद्धान्त प्रज्ञा, मिथ्या विश्वासों तथा अलौकिकता के विरुद्ध जागरूकता, करुणा तथा समानता समाविष्ट हैं। उन्होंने इस धर्म को इस आधार पर वरीयता प्रदान की क्योंकि यह दलित लोगों को आशा बँधाता है तथा हमें ज्ञान, सत्पथ और करुणा के तीन सिद्धान्तों द्वारा निदेशित जीवनयापन की प्रेरणा देता है। अतः वह करते थे, "बौद्ध धर्म भारतीय संस्कृति का अभिन्न अंग है। मैंने यह सुनिश्चित करने में पूरी सावधानी बरती है कि मेरे बौद्ध मत में दीक्षित होने से देश की सांस्कृतिक परम्परा को कोई क्षति न पहुँचे।"[44] इसके साथ ही उन्होंने यह भी निस्संकोच कहा कि पुराने धर्म को त्यागने पर उन्हें पुनर्जन्म तथा नरक के मुक्ति मिलने का अनुभव हुआ। उन्होंने अपने अनुगतों को (Followers) यह भी स्मरण कराया जो उन्होंने 1935 में प्रण किया था, "मैं हिन्दू के रूप में उत्पन्न हुआ हूँ, पर हिन्दू के रूप में नहीं मरूँगा।" उन्होंने अपना प्रण पूरा किया। बौद्धमत को भारत में पुनरुज्जीवित करने पर उन्हें गर्व का अनुभव हुआ। बौद्धमत ने उन्हें एक नई पहचान दी।

आइजेक के मतानुसार, "बौद्धमत एक प्रकार से एक ऐसा समझौता था जो उन्होंने अपनी राष्ट्रीयता की भावना से किया था।...मैं इस देश भारत का हूँ और मैं भारतीय हूँ।"[45] वह बौद्धमत को स्वदेशी मानते थे। अतः उन्होंने स्पष्ट कर दिया कि बौद्धमत का वरण कर उन्होंने भारतीय संस्कृति अथवा ऐतिहासिक परम्पराओं को कोई हानि नहीं पहुँचाई। स्वतन्त्रता के सन्देशहर और उसके रक्षक बुद्ध केवल भारत ही नहीं, पूरे विश्व के हैं।

बौद्धमत तथा मार्क्सवाद

वह मार्क्सवाद के पूर्ण उत्तर के रूप में स्वीकार करते थे बौद्धमत को क्योंकि यह शोक निवारण के उपाय सुझाता है। एक प्रेरणापूर्ण, भाषण में, जो वर्ल्ड फेलोशिप आफ बुद्धिस्ट्स के चौथे सम्मेलन में उन्होंने दिया था 20 नवम्बर, 1956 को, उन्होंने कहा था, बौद्धमत उसी समय तक जीवित रह सकता है जब तक यह अपने को साम्यवाद को प्रतिस्थानीय बनाए रख सकता है। उन्होंने दोनों प्रणालियों की तुलना करते हुए कहा, यदि साम्यवादी प्रणाली का आधार बल-प्रयोग है तो इनके विपरीत बौद्धमत का आधार जनतान्त्रिक है।

अम्बेडकर ने मार्क्स के ऐतिहासिक भौतिकवाद को स्वीकार नहीं किया। इसी प्रकार उन्होंने श्रमिक संघ की तानाशाही, वर्ग संघर्ष, धर्म और नैतिकता को

स्वीकार नहीं किया। उनमें मात्र यही समानता है कि वह दोनों दलित वर्ग के पक्षधर हैं। उनका उद्देश्य भी समान है। यदि मार्क्स के मतानुसार निजी सम्पत्ति का अधिकार दुःख-पीड़ा और दासता का कारण है, बुद्ध भी इनके निवारण पर बल देते हैं। आलोचकों के मतानुसार बुद्ध द्वारा प्रयुक्त दुःख शब्द उचित व्याख्या की अपेक्षा रखता है। कीर कहते हैं, "सभी कुछ नश्वर है, अतः सम्पत्ति के लिए कोई संघर्ष नहीं होना चाहिए। यदि समाज में सम्पत्ति के अधिकार को स्वीकार न किया जाए तो बौद्धमत को इसमें कोई आपत्ति नहीं होगी।"[46] दूसरी बात यह है कि दोनों ही अनात्मवादी और अनीश्वरवादी हैं। तीसरे दोनों तर्क और युक्ति के पक्षधर हैं।

डॉ. अम्बडेकर तथा मार्क्सवाद : डॉ. अम्बेडकर ने मार्क्स द्वारा प्रस्तुत इतिहास की भौतिकवादी व्याख्या को स्वीकार नहीं किया। मार्क्स के मतानुसार उपयोगी शक्तियों में परिवर्तन के परिणामस्वरूप उपयोगी सम्बन्धों में भी परिवर्तन होता है। आर्थिक प्रणाली ही वह आधार है जिस पर राजनीतिक, सांस्कृतिक और आध्यात्मिक रचना आधारित होती है।

स्पष्ट है कि मार्क्सवादियों के अनुसार ऐतिहासिक विकास में आर्थिक परिवर्तनों की प्रमुख भूमिका होती है, तथापि वह अन्य बातों की भी बिल्कुल अपेक्षा नहीं करते। भारतीय मार्क्सवादी भी यह मानता है कि आर्थिक परिवर्तनों के परिणामस्वरूप सामाजिक परिवर्तन भी होते हैं। डॉ. अम्बेडकर इससे सहमत नहीं हैं। उनका मत था कि सामाजिक परिवर्तनों का मूल कारण आर्थिक सम्बन्ध में न होकर धर्म में निहित है। अतः उनका मत है कि मात्र आर्थिक परिवर्तन ही भारत में सामाजिक परिवर्तन नहीं ला सकता। उनके शब्दों में, "कोई भी विद्वान् इतिहास के आर्थिक ढाँचे पर प्रहार कर सकता है, उस आर्थिक ढाँचे पर जिसे भारतीय समाजवादी स्वीकार करते हैं, किन्तु मैं यह मानता हूँ कि सम्पत्ति के समाजीकरण द्वारा ही समाजवादी समाज के रोगों का उपचार हो सकता है। प्रत्येक घटना के पीछे आवश्यक नहीं कि आर्थिक ह्रास को ही कारण रूप में उत्तरदायी माना जाए।"[47]

दूसरी बात यह है कि मार्क्स का विश्वास श्रेणी-संघर्ष में भले ही हो, परन्तु अम्बेडकर इस संघर्ष के पक्ष में नहीं थे। उनका मत था जातिगत भेद श्रमिक वर्ग के मध्य संघर्ष को निरन्तरता प्रदान करते हैं। इस प्रकार वह एकता सुनिश्चित नहीं कर सकता। किसी भी प्रकार की क्रान्ति के लिए क्रान्तिकारियों के मध्य समानता तथा भ्रातृत्व की भावना होना आवश्यक है।

तीसरे, डॉ. अम्बेडकर ने मार्क्सवादी राज्य नीति तथा श्रमिक वर्ग की तानाशाही को स्वीकार नहीं किया। वह संसदीय प्रजातन्त्रपरक प्रणाली तथा राजनीतिक

स्वतन्त्रता के पक्ष-पोषक थे।

चौथे, वह व्यक्तिगत स्वतन्त्रता के समर्थक थे, जिसे मार्क्सवाद में न्यूनतम महत्त्व प्राप्त है। निर्धनता निवारण के नाम पर व्यक्तिगत स्वतन्त्रता की बलि चढ़ाने के डॉ. अम्बेडकर पक्ष में नहीं थे। वह ऐसी प्रणाली की भर्त्सना करते थे जिसमें मानव स्वतन्त्रता को कोई प्रश्रय न दिया गया हो। वस्तुतः उनका पक्ष प्रजातान्त्रिक समाजवाद था न कि अराजकता।

पाँचवें, वह नैतिकता सम्बन्धी मार्क्स के विचार से सहमत नहीं थे। मार्क्स श्रेणीगत समाज की श्रेणीगत नैतिकता की बात करते थे। वह मात्र श्रमजीवी हितों को सुरक्षित रखना चाहते थे। डॉ. अम्बेडकर की आस्था ऐसी नैतिकता में थी जो प्रत्येक जाति तथा देश पर समान रूप से लागू हो सके। उनके मतानुसार एक वर्ग के नैतिक विचार दूसरे वर्ग के लिए हानिप्रद हो सकते हैं। इस प्रकार यदि पूरा मानव समाज श्रेणीगत नैतिकता में विश्वास रखे तो इसका पतन अवश्यम्भावी है।

छठी बात यह है कि मार्क्स धर्म को जनता के लिए अफीम के नशे के समान मानते हैं जिसमें मुक्ति को कोई स्थान नहीं है तथा अन्तर्दृष्टि नष्ट हो जाती है। मार्क्सवाद का नारा था—यदि मनुष्य को रहना है तो ईश्वर को जानना पड़ेगा। इसके विपरीत डॉ. अम्बेडकर सामाजिक जीवन के लिए धर्म को अनिवार्य मानते थे। वह धर्म को ऐसी सामाजिक शक्ति मानते थे जो समाज में शक्ति के लिए आवश्यक है। वह धर्म के बिना सामाजिक जीवन को अपूर्ण मानते थे। उनके शब्दों में, ''मुझमें जो कुछ अच्छा है अच्छा समाज मेरी शिक्षाओं से किस प्रकार लाभान्वित हुआ है, यह सब मेरी आन्तरिक धार्मिक भावना के कारण ही है। मैं वास्तविक धर्म चाहता हूँ। इससे अलग धर्म के नाम पर कुछ नहीं चाहिए।''[48] अतः वह जीवन तथा समाज के व्यवहार के लिए धर्म का आधार आवश्यक मानते थे।

सातवें, अम्बेडकर बौद्धमत को इसलिए चाहते थे कि उसका आधार अहिंसा है। इसके विपरीत मार्क्स हिंसात्मक उपायों से क्रान्ति उपस्थित करने में कुछ भी अनुचित नहीं मानते थे। अम्बेडकर इसी को दोनों (मार्क्सवाद तथा बौद्धमत) के मध्य अन्तर का बिन्दु मानते थे। बौद्धमत के प्रेम और करुणामय उपायों के साथ मनुष्य लम्बे समय तक बेशक प्रतीक्षा के कष्टप्रद क्षण व्यतीत कर सकता है, परन्तु परिणामस्वरूप जो प्राप्त होता है वह चिरस्थायी होता है, किन्तु इसके विपरीत मार्क्सवादी उपाय भयावह और दुर्बल होते हैं। उन्होंने एक बार अपने अनुयायियों का सावधान करते हुए कहा, ''साम्यवादी सफलताओं की ओर सतृष्ण दृष्टि रखकर उनकी ओर आकृष्ट मत हो। मुझे पूरा विश्वास है हममें से यदि एक

भी बुद्ध जैसा बन जाए तो साम्यवादियों जैसी सफलता हम प्रेम और विश्वास से अर्जित कर सकते हैं।"[49]

यद्यपि मार्क्सवाद तथा बौद्धमत के मध्य अन्तर को डॉ. अम्बेडकर स्पष्टतः रेखांकित करते हैं, तथापि वह अनुभव करते थे कि इनमें तारतम्य लाया जा सकता है। ऐसी स्थिति में बौद्धमत को मार्क्सवाद का विकल्प नहीं माना जा सकता। सामाजिक परिवर्तन तथा क्रान्ति लाने के लिए दोनों एक-दूसरे के पूरक की भूमिका निभा सकते हैं। उन्होंने कहा था, "यदि सामाजिक ढाँचों को बदला नहीं गया तो वर्तमान व्यवस्था शीघ्र ही टूट जाएगी। यदि प्रजातन्त्र भारत में सफल नहीं होता तो उसका विकल्प साम्यवाद है।"[50]

एक पृथक्तावादी के रूप में

दलित वर्ग के इस मसीहा को आलोचकों ने पृथक्तावादी बताया है। 1909 के मिण्टो-मार्ले सुधारों के लागू होने के समय से अब तक के संवैधानिक विकासों पर दृष्टिपात करने से पता चलता है कि मुसलमानों के लिए पृथक् मताधिकार के विषय पर चर्चा चल रही थी। इसके साथ ही अस्पृश्यों के लिए भी ऐसी ही व्यवस्था पर चर्चा हो रही थी। मुसलमानों के लिए ऐसी व्यवस्था हो जाने के उपरान्त भी यह चर्चा चलती रही। इस अधिनियम के पारित होने के पूर्व मुसलमान यह आग्रह करते रहे कि अस्पृश्यों का पंजीकरण हिन्दुओं के रूप में नहीं होना चाहिए।[51] कांग्रेस तथा मुस्लिम लीग के मध्य हुए 1916 के लखनऊ समझौते में लॉर्ड मिण्टो द्वारा आरम्भ की गई प्रक्रिया को आगे बढ़ाते हुए विभाजन साम्प्रदायिक आधार पर स्वीकार किया जाना एक भयंकर भूल थी। बाद में लॉर्ड साउथ बॉरो की अध्यक्षता में गठित मताधिकार समिति के सामने साक्षी देते हुए, अम्बेडकर ने दलित वर्गों के लिए पृथक् मताधिकार और जनसंख्या के अनुपात में स्थानों के आरक्षण की भी माँग की। इसके साथ ही वह यह चाहते थे कि अस्पृश्यों का निर्वाचन अस्पृश्य लोग ही करें। किन्तु, अम्बडेकर की माँग स्वीकार नहीं की गई।

बम्बई प्रान्तीय समिति के सदस्य (3 अगस्त, 1928) के रूप में उन्होंने आरम्भ में साइमन कमीशन की निन्दा तथा बहिष्कार किया, परन्तु दोनों अलग-अलग कारणों से। अम्बेडकर को ब्रिटिश साम्राज्यवाद का पिछलग्गू बताकर उनकी भर्त्सना की गई। उन्होंने बलपूर्वक कहा कि दलित वर्ग एक विशिष्ट और स्वतन्त्र वर्ग अस्तित्व है। ऐसी स्थिति में विधान-मंडलों में उनके लिए स्थान आरक्षित होने चाहिए तथा उस समय के उनके एक या दो प्रतिनिधियों को मनोनीत करने का प्रचलन बन्द होना चाहिए। उन्होंने बम्बई विधान परिषद् की 140 सीटों में 22

दलितों के लिए आरक्षित करने की माँग की। उन्होंने वयस्क मताधिकार के साथ और वैकल्पिक पृथक् मताधिकार के अन्तर्गत भी स्थानों के आकर्षण की माँग की। आयोग ने उनके इस दृष्टिकोण को अस्वीकार कर दिया। अतः उन्होंने 17 मई, 1929 को पृथक् रिपोर्ट प्रस्तुत की जिसमें उन्होंने अपना पक्ष रखा।

1928 की प्रसिद्ध नेहरू समिति रिपोर्ट में भी विधान-मंडलों में दलित प्रतिनिधियों के लिए कोई विशेष प्रावधान नहीं रखा गया था। रिपोर्ट में विशेष मताधिकार तथा आरक्षण को अनुचित और हानिकर बताते हुए मनोनयन का भी विरोध किया गया। कड़वा घूँट न निगल पाने के कारण अम्बेडकर ने कहा, "यह व्यवस्था उच्च वर्ण का आधिपत्य और ब्राह्मणों के शासन को सुरक्षित करने के लिए की गई है।"

अंग्रेज़ों द्वारा 1930 में लन्दन में बुलाए गए गोलमेज सम्मेलन में अम्बेडकर को दलित वर्ग का पक्ष रखने के लिए बुलाया गया। अम्बेडकर के शब्दों में, "यह निमन्त्रण अनुसूचित जातियों की स्वतन्त्र स्थिति के प्रति सरकारी मान्यता थी।"

उन्होंने सुझाव दिया कि अस्पृश्यों को वर्णहीन हिन्दुओं के रूप में नामोद्दिष्ट (Designated) किया जाए। वह प्रोटेस्टेण्ट हिन्दू अथवा अनुवर्ती (Non-Conformist) हिन्दू हैं। उन्होंने बलपूर्वक कहा कि उनका हिन्दुओं से अपना पृथक् अस्तित्व है और उन्हें क्रीतदास के रूप में रखा जाता है। उनके अधिकारों का अपहरण किया जा सके। इसीलिए हिन्दू प्रकटतः उन्हें अपना कहते रहे।[52]

12 नवम्बर, 1930 को गोलमेज सम्मेलन के प्रथम अधिवेशन में बोलते हुए अम्बेडकर ने पूछा, 'क्या अंग्रेज़ सरकार ने अस्पृश्यता-निवारण के लिए कुछ भी किया है? अस्पृश्यों के प्रति जो दुर्व्यवहार अब तक किया गया है, उसमें किसी प्रकार का उपचारात्मक शोध अब तक नहीं किया गया है। नौ गठित उपसमितियों में से अम्बेडकर ने तीन पर काम किया। उनमें से एक अल्पसंख्यक उपसमिति थी। उन्होंने कहा कि दलितों को एक पृथक् समुदाय के रूप में मान्यता दी जाए जहाँ तक चुनाव प्रक्रिया का सम्बन्ध है। उन्होंने चेतावनी दी कि यदि समुचित रूप से उनकी माँगें स्वीकार न हुईं तो वह देश के लिए किसी स्वशासन प्रदायी संविधान को स्वीकार नहीं करेंगे।"[53] इसके साथ ही उन्होंने सामान्य नागरिकता, सामान्य अधिकारों का स्वतन्त्र प्रयोग, विधान-मंडलों में पर्याप्त प्रतिनिधित्व, सरकारी नौकरियों और मन्त्रिमंडल में भी उचित प्रतिनिधित्व की माँग की।

7 सितम्बर, 1931 के गोलमेज सम्मेलन में भी अम्बेडकर ने इस बात पर बल दिया कि सभी समुदायों को उनकी जनसंख्या के अनुपात से सत्ता में सहभाग मिलना चाहिए। उन्होंने पृथक् मताधिकार का पक्ष लिया तथा अल्पसंख्यक समझौता जिस पर मुसलमानों, ईसाइयों, एंग्लों इण्डियन तथा यूरोपियन ने हस्ताक्षर किए, के

भी वह एक पक्षधर थे और उन्होंने इसका अनुमोदन किया। अखिल भारतीय दलित कांग्रेस, जिसका मई 1932 में काम्टी में अधिवेशन हुआ, ने भी अम्बेडकर के दावे का समर्थन किया।

17 अगस्त, 1932 को रेम्जे मेक्डॉनल्ड ने साम्प्रदायिक अधिनिर्णय की घोषणा की। इसके अनुसार दलितों को एक अल्पसंख्यक समुदाय के रूप में मान्यता प्रदान की गई तथा पृथक् मताधिकार का अधिकार भी उन्हें दिया गया। इसके साथ ही उन्हें सामान्य निर्वाचन क्षेत्रों में भी चुनाव लड़ने का अधिकार दिया गया, परन्तु साथ में यह प्रावधान भी था कि सीटों का आरक्षण तथा पृथक् मताधिकार प्रणाली 20 वर्ष के पश्चात् स्वतः निरस्त हो जाएगी। इस प्रकार अस्पृश्यों को एक स्वतन्त्र राजनीतिक अस्तिव प्रदान किया गया तथा भारत के भावी स्वरूप निर्धारण में सहभाग का कानूनी अधिकार भी उन्हें मिल गया। इतिहासकार इसे अस्पृश्यों के उत्थान की अम्बेडकर की विचारधारा की विजय के रूप में अंकित करते हैं।[54] इस साम्प्रदायिक अधिनिर्णय के विषय में अम्बेडकर ने कहा, "इससे अस्पृश्यों को दो लाभ प्राप्त हुए—(i) पृथक् मताधिकार व्यवस्था के अन्तर्गत प्राप्त सीटों का निर्धारण कोटा, (ii) दोहरे मतदान का अधिकार—एक जिसका प्रयोग पृथक् मताधिकार के अन्तर्गत दूसरा सामान्य मताधिकार व्यवस्था के अन्तर्गत।[55] पृथक् मताधिकार व्यवस्था के विषय में उन्होंने कहा, "पृथक् मताधिकार की माँग कर हम हिन्दू समाज को क्षति नहीं पहुँचाना चाहते। इस मताधिकार व्यवस्था के द्वारा हम यही चाहते हैं कि अपने भाग्य के निर्धारण करते समय हम सवर्ण हिन्दुओं की इच्छा पर निर्भर न रहें।"[56] गांधीजी ने अस्पृश्यों को पृथक् अस्तित्व देने का तीव्र विरोध किया। उन्होंने तो यहाँ तक कह दिया कि "अस्पृश्यों के प्रमुख हितों को तो मैं भारत की स्वतन्त्रता के लिए भी नहीं बेचूँगा।"[57] वह यह बड़ी गम्भीरता से अनुभव करते थे कि अधिनिर्णय सम्बन्धी अम्बेडकर के दृष्टिकोण का परिणाम हिन्दू धर्म का विभाजन होगा और यह अस्पृश्यों के हितों में भी नहीं होगा। इससे तो अनेक बन्धन लम्बे समय तक बने रहेंगे। परन्तु अम्बेडकर अपने इस मत पर अडिग रहे कि पृथक् मताधिकार, वयस्क मताधिकार तथा संविधान में निर्दिष्ट मौलिक अधिकार अस्पृश्यों के लिए पूर्ण सुरक्षा सुनिश्चित करेंगे। गांधीजी ने साम्प्रदायिक अधिनिर्णय द्वारा पहुँचाई हानि को दूर करने के लिए आमरण अनशन रखा। अम्बेडकर ने इसे 'राजनीतिक विज्ञापनबाजी' बताया। सभी की आँखें अम्बेडकर की ओर लगी थीं जिन्हें आलोचकों ने 'पिशाच' देशद्रोही और भाड़े का टट्टू आदि निन्दापरक विशेषणों से तिरस्कृत किया। गांधीजी के विषय में इस टिप्पणी (अम्बेडकर की), "महात्मा कोई अमर व्यक्ति नहीं है तथा न ही कांग्रेस अमर है। महात्मा आते रहे और जाते रहे, परन्तु

अस्पृश्य मात्र अस्पृश्य ही रहे," राष्ट्र की तीव्र भर्त्सना का केन्द्र बनी। किन्तु सब ओर से दबाव पड़ने के कारण अम्बेडकर को नरम पड़ना पड़ा। गांधीजी के मूल्यवान जीवन को बचाने के लिए सभी चिन्तित थे। इसके परिणामस्वरूप 25 सितम्बर, 1932 को प्रसिद्ध पूना समझौता सामने आया जिसके कारण मेक्डॉनल्ड का साम्प्रदायिक अधिनिर्णय निरस्त हो गया। किन्तु अम्बेडकर को यह अच्छा नहीं लगा। उन्होंने कहा, "दूसरा मत जो मेक्डॉनल्ड ने हमें दिया था वह अमूल्य विशेषाधिकार था। कोई भी स्वर्ण हिन्दू अपने निर्वाचन क्षेत्र में अस्पृश्यों की उपेक्षा नहीं कर सकता था तथा हितों के विरुद्ध जा सकता था, क्योंकि वह उनके मतों पर निर्भर करता था।"[58]

वास्तव में पूना समझौता, जिसे अनुसूचित वर्ग ने स्वीकार किया था, दो चरणों में चुनाव कराने की व्यवस्था की गई थी। पृथक् मताधिकार व्यवस्थान्तर्गत चार दलित वर्ग के प्रत्याशियों को चुना जाना था। बाद में सामान्य मताधिकार व्यवस्थानतर्गत इन चार निर्वाचितों में से एक का निर्वाचन किया जाना था। अनुसूचित वर्ग को प्रान्तीय विधान सभाओं में 148 स्थान दिए गए तथा केन्द्रीय असेम्बली में ब्रिटिश इण्डिया से हिन्दू स्थानों का दस प्रतिशत इन्हें दिया गया। बाद में पूना पेक्ट गवर्नमेण्ट ऑफ इण्डिया एक्ट 1935 में सम्मिलित कर लिया गया।

डॉ. अम्बेडकर को बाद में अनुभव हुआ कि 1937 के सामान्य निर्वाचनों में अनुसूचित वर्ग के प्रत्याशियों की पराजय का कारण वह निर्वाचन पद्धति थी जो पूना पेक्ट में निर्दिष्ट थी। अतः 23 सितम्बर, 1944 को, अनुसूचित जाति संघ की कार्यकारिणी की बैठक में एक प्रस्ताव के माध्यम से पुनः पृथक् मताधिकार की माँग की। उन्होंने बाद में कहा, "पूना पेक्ट को निरस्त करना ही चाहिए। अन्तर्राष्ट्रीय कानून के अन्तर्गत कोई भी संधि अन्तिम और अलंघनीयतः पाक (sacrosanct) नहीं है।"[59] पूना पेक्ट को वह इसके लिए भी दोषी मानते थे क्योंकि उनके अनुसार 6 करोड़ अस्पृश्य मताधिकार से इसके कारण वंचित हो गए। स्वाधीन भारत में 1952 के चुनावों में उनकी अपनी पराजय के पश्चात् तो उन्हें पक्का विश्वास हो गया कि उनकी पराजय संयुक्त मताधिकार प्रणाली है। 22 दिसम्बर, 1953 को राज्यसभा में दिए एक भाषण में उन्होंने कहा, "पूना पेक्ट ने स्वावलम्बन की स्थिति के लिए आन्दोलनरत अनुसूचित वर्ग के हितों पर घातक प्रहार किया है।" उन्होंने कैबिनेट मिशन के 1946 के प्रस्तावों पर भी निराशा प्रकट की। उन्होंने पूना समझौते को समाप्त कर पृथक् मताधिकार व्यवस्था के पुनर्चलन की माँग दोहराई। अनुसूचित जाति को एक अल्पसंख्यक समुदाय घोषित कराने के लिए जी-तोड़ प्रयास किया जिससे अल्पसंख्यक समुदाय

के अधिकार उन्हें प्राप्त हो सकें। भारत के संविधान निर्माण के लिए गठित संविधान सभा को उन्होंने संबोधित करते हुए कहा, "इस समस्या का समाधान ऐसा होना चाहिए जिससे बहुसंख्यक और अल्पसंख्यक दोनों का विलय हो जाए—वह एक ही अस्तित्व हो जाए। अल्पसंख्यक एक विस्फोटक शक्ति है जो यदि फट पड़े तो राज्य के पूरे ढाँचे को ध्वस्त कर सकती है।" उन्होंने बहुसंख्यक हिन्दुओं को एक साम्प्रदायिक बहुसंख्यक समुदाय कहा न कि एक राजनीतिक बहुसंख्यक समुदाय। अतः उन्होंने हिन्दुओं को प्रेरणा दी कि वह अल्पसंख्यकों से भेदभावपूर्ण व्यवहार न करें। जिस क्षण भी बहुसंख्यक भेदभाव की वृत्ति त्याग देंगे, उसी क्षण अल्पसंख्यकों के बने रहने का कारण नहीं रहेगा और वह स्वयः लुप्त हो जाएँगे।[60]

इन तथ्यों के विश्लेषणात्मक अध्ययन से पता चलता है कि पृथक् मताधिकार प्रणाली के इस प्रवक्ता ने अपनी माँग मात्र उनके हितों की रक्षा की दृष्टि तथा उनकी दशा सुधारने के उद्देश्य से की थी। वह विधानमंडलों में भी उनका प्रभावी प्रतिनिधित्व स्वरूप सुनिश्चित करना चाहते थे। वह एक आततायी बहुसंख्यक वर्ग द्वारा दलितों पर किए जाने वाले अत्याचारों के प्रति पूर्णतः सजग थे। उन्हें इन अत्याचारों के लम्बे समय तक जारी रखे जाने का भय था।

परवर्ती संवैधानिक घटनाक्रम से यह तथ्य सामने आता है कि अनुसूचित वर्ग के नेता के रूप में सत्ता हस्तांतरण के प्रस्तावों और योजनाओं को अन्तिम रूप देने में उनका प्रभावी योग था। परेल बम्बई में सम्पन्न अनुसूचित जाति संघ के वार्षिक अधिवेशन (6 मई, 1945) में उन्होंने अपनी योजना प्रकट कर दी।

अम्बेडकर योजना

उन्होंने इस बात पर बल दिया कि संवैधानिक सुधारों का आधार निम्न सिद्धान्तों पर होना चाहिए—(i) बहुसंख्यक वर्ग का शासन सैद्धान्तिक रूपेण अधार्य (untenable) तथा व्यवहार में असमर्थनीय है। (ii) हिन्दू अपनी संख्या के आधार पर पूर्ण बहुमत का दावा न करें। बहुत हो तो वह सापेक्षिक बहुमत की आशा रख सकते हैं। (iii) सापेक्षिक बहुमत का हिन्दुओं का यह प्रतिनिधित्व इतना बड़ा भी न हो कि वह छोटे अल्पसंख्यक वर्गों का समर्थन प्राप्त कर अपना राज्य स्थापित कर लें। (iv) इसी प्रकार प्रमुख अल्पसंख्यकों के लिए भी यह प्रतिनिधित्व इतना नहीं होना चाहिए कि वह अपना एक गठबन्धन बनाकर पूर्ण बहुमत प्राप्त कर लें। (v) इस प्रकार सशक्त प्रभाव, महत्त्व को बहुसंख्यक दल से अलग कर अल्पसंख्यकों में इस प्रकार बाँट दिया जाए जिससे उनका प्रतिनिधित्व उनकी सामाजिक स्थिति के अनुरूप हो। (vi) सभी अल्पसंख्यक वर्गों का सम्मिलित

रूप में प्रतिनिधित्व की दृष्टि से पूर्ण बहुमत हो।[61] उनके द्वारा सुझाए प्रस्तावों के आधार पर हिन्दुओं का प्रतिनिधित्व 40%, मुसलमानों का 32%, अनुसूचित वर्ग का 20%, एंग्लों इण्डियन का 1%, ईसाइयों का 30% और सिखों का 4% होना चाहिए। केवल योजना प्रस्तुत होने के समय उन्होंने वायसराय की एक्जीक्यूटिव काउंसिल में जनसंख्या के आधार पर तीन स्थानों की माँग की। 5 अप्रैल, 1946 को अपने स्मरण-पत्र में, जो उन्होंने केबिनेट मिशन के सामने रखा, अनूसूचित वर्ग के लिए पृथक् मताधिकार की माँग, विधान-मंडलों, कार्यपालिका और सार्वजनिक सेवाओं में उनके लिए पर्याप्त प्रतिनिधित्व की माँग की। सितम्बर, 1946 में उन्होंने ब्रिटिश शासन की भारत में समाप्ति के पूर्व विशेष सवैधानिक सुरक्षा उपायों की अस्पृश्यों के लिए माँग की। दलित वर्ग का यह अग्रणी समर्थक निरन्तर इस बात के लिए उत्सुक रहा कि हिन्दुओं से उनकी पृथक्ता बनी रहे। अनुसूचित संघ के नेता के रूप में अपने सभी भाषणों में इस बात पर विशेष आग्रह किया कि कोई भी संविधान जो इस वर्ग की सहमति के बिना बना होगा, वह उससे बाध्य नहीं होंगे। उन्होंने समान अधिकारों की माँग की। किन्तु 1946 के आम चुनावों में अनुसूचित जाति संघ का सफाया हो गया और उनकी अपनी स्थिति भी बहुत कुछ धूमिल हो गई। एक अन्य उल्लेखनीय हरिजन नेता जगजीवन राम ने अम्बेडकर के इस दावे को स्वीकार नहीं किया कि वही हरिजनों के नेता हैं। यहाँ तक कि केबिनेट मिशन की भी यही धारणा थी कि अम्बेडकर के अनुयायी बम्बई प्रेसीडेन्सी तथा मध्य भारत तक सीमित हैं।

ब्रिटिश युग के अवसान और भारत में स्वतन्त्रता के उदय होने पर अम्बेडकर ने समय की धारा को पहचाना और अपनी गांधी तथा कांग्रेस विरोधी स्वरूप त्याग दिया। अतः उन्हें महत्त्वपूर्ण पद दिया गया। भारतीय संविधान के प्रमुख शिल्पी के रूप में उन्होंने हरिजनों के लिए अनेक सुरक्षा प्रावधान संविधान में रखे, तथापि संयुक्त मताधिकार संविधान का आधार स्वीकार किया गया। किन्तु, नेहरू मन्त्रिमंडल के सदस्य रूप में वह नेहरू जी से अधिक समय तक बनकर नहीं रख सके। 22 सितम्बर, 1951 को उन्होंने इस आधार पर त्यागपत्र दे दिया कि नेहरू जी ने वचनानुसार उन्हें योजना विभाग न देकर, उनकी पदावनति की है और अनुसूचित वर्ग के प्रति उनकी सरकार का उपेक्षा का भाव है।

यह संवैधानिक घटना-क्रम तथा भारतीय मन्त्रिमंडल से उनका अन्तिम बहिर्गमन, यह सब संविधान-निर्माण में उनकी महत्त्वपूर्ण भूमिका होने पर भी, द्योतक है अम्बेडकर की उस अदमित उत्कण्ठा का जो बाध्य कर रही थी उन्हें हिन्दुत्व की परीधि से बाहर आने के लिए। अपने जीवन के अन्तिम वर्षों में बौद्धमत में उनका दीक्षित होना, हमारे इस दावे को और भी पुष्ट करता है। हिन्दू

समुदाय द्वारा उनके बन्धुओं पर किए अत्याचारों को वह मूक दर्शक बनकर सहन नहीं कर सकते थे और सामने आता है यह तथ्य भी कि दलितों पर आधिपत्य के प्रति हिन्दुओं में आज भी अधिकार प्रवण की-सी जागरूकता है। जो हो, ऐसी भूमिका को साम्प्रदायिक कहकर तिरस्कृत नहीं किया जा सकता। तथ्य तो यह है कि कुछ मतान्ध हिन्दू दलित समुदाय के इस नेता से कहीं अधिक साम्प्रदायिक लगते हैं। सत्य तो यह है कि यदि अम्बेडकर ने पृथकता का प्रचार किया, अपनी आतुरता दर्शाते हुए कि वहाँ हिन्दुओं के अत्याचारों से मुक्त होना चाहते हैं तो इसका दायित्व हिन्दू धर्म का अहित करने वाले उसके इन ठेकेदारों पर ही है।

प्रजातन्त्र की उनकी अवधारणा

डॉ. अम्बेडकर प्रजातान्त्रिक सरकार के प्रवक्ता थे। पाश्चात्य जनतन्त्रों से इतने अधिक प्रभावित थे कि वह उनके अनुरक्त होने की सीमा तक उन पर मुग्ध थे। अतः उन्होंने स्वतन्त्रता के आदर्श का समर्थन किया, समानता, सौहार्द तथा सामाजिक न्याय के वह पक्षधर रहे जो प्रजातन्त्र के मूलाधार हैं। वह कहते हैं, "प्रजातन्त्र सरकार का एक रूप मात्र ही नहीं है, वह तो एक स्वरूप है सामाजिक संगठन का।"[62] अतः ऊँच-नीच का विचार किए बिना इसे सभी के कल्याण की ओर ध्यान देना चाहिए। इस प्रकार के जनतन्त्र को कैसे सम्पोषित किया जाए? वह यह उपाय सुझाते हैं—(i) संवैधानिक उपायों द्वारा, (ii) स्वतन्त्रताओं को किसी महान् व्यक्ति के चरणों में अर्पित किया जाए, (iii) प्रयत्न किया जाना चाहिए कि राजनीतिक जनतन्त्र, यथार्थ में सामाजिक जनतन्त्र बन जाए।[63] आजीवन उन्होंने दलित वर्ग तथा महिलाओं को समान सामाजिक स्तर दिलाने का संघर्ष किया, उस जाति-प्रणाली का विरोध किया जिसके कारण भारतीय सामाजिक एकता का सूत्र दुर्बल हो गया तथा जिसके कारण प्रजातन्त्र मात्र एक विडम्बना रह गया। अम्बेडकर की अध्यक्षता में संविधान का पाण्डुलेख तैयार करने वाली समिति ने संविधान के आमुख में स्वतन्त्रता तथा अनेक प्रकार की समानताओं और सामाजिक न्याय का ही प्रावधान नहीं किया है, परन्तु सभी को सामाजिक न्याय के प्रति भी आश्वस्त किया है। इसके अतिरिक्त दलित वर्ग को आर्थिक उत्थान की संकल्पना भी राजकीय नीति के निदेशक सिद्धान्त के प्रकरण में प्रस्तुत की गई है। उन्होंने एक बार संविधान सभा में कहा था, "निदेशक सिद्धान्तों का बड़ा महत्त्व है क्योंकि वह हमारे लिए स्पष्टतः आर्थिक प्रजातन्त्र का ध्येय निर्दिष्ट करते हैं।"[64]

राजनीतिक प्रजातन्त्र के विषय में उनकी सम्मति है कि उसके चार आधार-स्तम्भ हैं—(i) व्यक्ति अपने आप में स्वतः एक साध्य है। (ii) व्यक्ति के कुछ ऐसे अहरणीय अधिकार हैं जिन्हें उसे देने के लिए संविधान को उसे आश्वस्त

करना चाहिए। (iii) व्यक्ति को किसी प्रकार का विशिष्ट अधिकार देने की यह पूर्विका (Precedent) न हो कि उसे प्राप्त करने के लिए उसे कोई संवैधानिक अधिकार छोड़ने पड़ेंगे। (iv) राज्य निजी व्यक्ति को ऐसे अधिकार नहीं देगा जिससे वह दूसरों पर शासन करे।

उन्होंने इन उपरोक्त बातों का स्पष्टीकरण करते हुए कहा कि बेरोजगार व्यक्तियों को काम करने के अधिकार के बदले में कुछ मौलिक अधिकार छोड़ने को बाध्य किया जाता है। उन्होंने यह भी कहा कि सरकारी नियन्त्रण के न होने पर एक निजी नियोक्ता तानाशाह बनने की चेष्टा करता है और इस प्रकार प्रजातन्त्र की छवि धूमिल पड़ जाती है। वह इस तथ्य के प्रति जागरूक थे कि एक मौलिक उद्देश्य को सिद्ध करने के लिए मात्र बहुसंख्यक शासन पर ही निर्भर नहीं रहा जा सकता। उनका लक्ष्य एक ऐसा संविधान था जो श्रमिकों के लिए स्वतन्त्रता सुनिश्चित कर सके तथा स्वतन्त्रता तथा समानता के मध्य सन्तुलन रख सके। इससे स्पष्ट है कि वह ऐसे साम्यवादी शासन के स्थान पर जो स्वतन्त्रता को कुचल देता है, समाजवादी प्रजातन्त्र चाहते थे। एक सच्चे प्रजातन्त्रवादी के रूप में, वह हिंसा का त्याग और अहिंसात्मक उपायों का अवलम्ब चाहते थे। उन्होंने कहा, "प्रजातन्त्र शासन की एक ऐसी पद्धति है जिसमें लोगों के जीवन में लोगों के आर्थिक और सामाजिक जीवन में बिना रक्तपात के प्रस्तुत किए जाते हैं।"[65]

संसदीय प्रजातन्त्र, जिसका चुनाव उन्होंने भारत के लिए किया, की सफलता के लिए कुछ आवश्यक गुणों का निर्देश किया है–(i) समाज में ऐसी असमानताएँ नहीं होनी चाहिए, जिसमें किसी वर्ग के लिए विशेष सुविधाएँ न हों। (ii) विरोध पक्ष का होना। (iii) कानून तथा न्याय के क्षेत्र में समान व्यवहार का होना। (iv) संवैधानिक नैतिकता का पालन। (v) बहुसंख्यकों का अत्याचार न हो। (vi) समाज में नैतिक व्यवस्था हो। (vii) सर्वसाधारण के हितों की चिन्ता तथा शासन उनके प्रति अनुभूति संवेद्य हो।[66]

शोक है कि इनमें से अधिकांश विशेषताएँ मात्र किसी जीर्ण मैले बैग में उसी तक सीमित, एकदम अनुपयोगी पूँजी के रूप में बन्द होकर रह गई है। समाज की नैतिक व्यवस्था एक भ्रम मात्र रह गया है। जनचेतना अति दुर्लभ हो गई है। बहुसंख्यक वर्ग निरन्तर अल्पसंख्यकों को उत्पीड़न का भाजन बनाता रहा है। संवैधानिक नैतिकता एक विडम्बना बनकर रह गई है। सम्पन्न तथा निर्धन व्यक्तियों के मध्य अन्तर बढ़ता जा रहा है। अतः यह प्रकट है कि डॉ. अम्बेडकर के सपनों का प्रजातन्त्र अभी तक मृगतृष्णा ही है।

एक समाजवादी के रूप में

एम. जोड ने कहा था, ''समाजवाद उस हैट की तरह है जिसे सब कोई पहनना चाहता है जिससे उसका आकार बिगड़ जाता है।'' दलित वर्ग के उद्धारक, अम्बेडकर तथा 1936 में स्थापित इण्डीपेण्डेण्ट लेबर पार्टी के नेता भी समाजवाद की ओर झुके हुए थे। यद्यपि अपने वर्गस्थ लोगों के कल्याण के प्रति उनकी निष्ठा और अनुरक्ति दृढ़ थी, तथापि उन्होंने अपने पूर्व स्थापित दल का नाम सम्प्रदायसूचक नहीं रखा। इसका नाम इण्डियन लेबर पार्टी रखा गया था। उन्होंने पार्टी के नाम में आने वाले 'लेबर' शब्द का स्पष्टीकरण करते हुए कहा, ''पार्टी एक श्रमिक संगठन था, इस अर्थ में कि इसका मुख्य उद्देश्य श्रमिक वर्ग के हितों का शोषण करना था। दलित वर्ग शब्द के स्थान पर 'लेबर' शब्द का प्रयोग इसलिए किया गया है क्योंकि इस शब्द में अर्थ की अपेक्षा से 'दलित वर्ग' भी समाविष्ट है।''[67] यह पार्टी बम्बई प्रेजीडेन्सी में कांग्रेस के विरुद्ध सशक्त प्रतिपक्षी दल के रूप में कार्य करती थी। इसने किराएदारी, हड़ताल विरोधी विधेयक, कोठी विधेयक तथा 1938 के औद्योगिक विवाद विधेयक सम्बन्धी कांग्रेसी नीतियों की आलोचना की। श्रमिक संघवादियों (Syndicalists) की भाँति अम्बेडकर ने भी हड़ताल कर शस्त्र रूप में प्रयोग करने का समर्थन किया। वह इसे अपराध नहीं, वरन् मात्र एक नागरिक दोष मानते थे। उन्होंने हड़ताल को स्वतन्त्रता के अधिकार का एक दूसरा नाम बताया। अतः उनके मतानुसार औद्योगिक विवाद विधयेक श्रमिकों को दासता की असहाय स्थिति में ला फेंकता है। उन्होंने इस विधेयक को 'श्रमिक नागरिक स्वतन्त्रता अधिकार निलम्बन अधिनियम' का नाम दिया। उन्होंने इसे प्रतिक्रियावादी अवनतिशील कदम बताया। उन्होंने विधेयक के लिए इन भर्त्सनापरक विशेषणों का प्रयोग किया, ''बुरा, खूनी तथा क्रूर (bad, bloody and brutal)।''[68]

वायसराय की कार्यकारी परिषद् के श्रम सदस्य के रूप में (2 जुलाई, 1942) उन्होंने स्पष्ट शब्दों में कहा कि 'वह नियोक्ता तथा श्रमिकों के मध्य कोई भी संघर्ष हो उसमें श्रमिक वर्ग का पक्ष लेंगे।''[69] उन्होंने श्रमिकों को प्रेरणा दी कि वह भारत में श्रमिकों की सरकार बनाने के लिए प्रयत्नशील रहें। उन्होंने कहा, ''यह पर्याप्त नहीं कि भारत में स्वराज्य आए। महत्त्वपूर्ण तो यह है कि स्वराज्य रहता किसके हाथों में है।''[70] 7 मई, 1943 को बम्बई में आयोजित एक त्रिपक्षीय श्रम सम्मेलन में जो उनकी अध्यक्षता में हुआ उन्होंने कहा, वेतन, आय सम्बन्धी विषयों और श्रमिकों की एक सामाजिक संस्था के निर्माण जैसे विषयों के अनुशीलन के लिए एक कार्यतन्त्र का गठन किया जाए। अप्रैल, 1944 में एक संशोधनकारी विधेयक से उन्होंने प्रस्ताव रखा कि निरन्तर क्रियाशील फैक्ट्रियों में काम करने वाले श्रमिकों को सवेतन अवकाश की सुविधा भी मिलनी चाहिए। वे इस सिद्धान्त

को श्रमिकों संहिता का स्थायी अंग बनाना चाहते थे। उन्होंने अनिवार्य समझौता वार्ता, मध्यस्थता आदि को इस आधार पर उचित बताया कि यह श्रमिकों के लिए लाभप्रद है। 27 नवम्बर, 1945 को दिल्ली में उनकी अध्यक्षता में आयोजित भारतीय श्रमिक सम्मेलन में उन्होंने श्रमिकों से कहा कि वह पूँजीवादियों से पूछें कि वह श्रमिकों के जीवन-स्तर को ऊँचा क्यों नहीं उठाते। पुनः प्रादेशिक श्रमायुक्तों के समक्ष दिसम्बर 1945 में सम्बोधन देते हुए उन्होंने एक शान्ति कर कार्यतन्त्र सम्बन्धी और न्यूनतम वेतन विधायन सम्बन्धी प्रावधान करते हुए औद्योगिक विवाद अधिनियम में संशोधन का सुझाव दिया। औद्योगिक शान्ति के लिए यह आवश्यक था। उनका यह दृढ़ मत था कि शोषण को दूर करने, श्रमिक कल्याण उपायों को स्वीकार करने और उचित औद्योगिक सम्बन्ध बनाए रखने से हम औद्योगिक शान्ति सुनिश्चित कर सकते हैं।

वायसराय की कार्यपालिका के श्रम सदस्य के अपने कार्यकाल के समय तथा उससे पूर्व इण्डियन लेबर पार्टी की सदस्यता के समय उनके विचारों से स्पष्ट होता है कि वह मात्र भावना की दृष्टि से ही नहीं, वरन् व्यावहारिक दृष्टि से भी समाजवादी थे। संविधान सभा में उनके कुछ भाषणों से भी उस शक्ति का पता चलता है जिससे वह आर्थिक समानताओं का पक्ष पोषण करते थे। "हम राजनीतिक स्वतन्त्रता और समानता प्राप्त कर चुके हैं, परन्तु आर्थिक तथा सामाजिक समानता के बिना यह पर्याप्त नहीं है।"

निर्धन, कष्ट संवलित भारतीय जनता की पीड़ा को मुखर करते हुए उनके पक्ष में अम्बेडकर के समाजवादी विचारों का द्योतन मिलता है। उनकी सामाजिक आर्थिक स्तर में सुधार तथा उनके बौद्धिक हितों के सम्पोषण के प्रति उनकी आतुरता से भी उनकी समाजवादी प्रवृत्ति का परिचय मिलता है। कृषि को उद्योग का समस्तरीय बनाकर उन्होंने उसे उचित महत्त्व दिया और उनकी सम्मति थी कि भूमि किराए के रूप में जनता पर कर लगाया जाए। उन्होंने कृषि भूमि पर सरकारी स्वामित्व का समर्थन किया और वह भूमि की जुताई के प्रजातान्त्रिक, सामूहिक रूप के पक्षधर थे। उन्होंने कहा था, "भूमि के जोत क्षेत्रों का सामूहिकीकरण तथा किराएदारी सम्बन्धी विधान से श्रमिकों, दास श्रेणी के शूद्रों तथा अस्पृश्यों का भी कोई लाभ नहीं होगा। मात्र सामूहिक कृषि से ही नहीं, यदि कृषि एक राजकीय उद्योग हो, तभी उनका लाभ हो सकता है।"[71]

एक समाजवादी के रूप में उन्होंने सामाजिक और आर्थिक अधिकारों को मौलिक अधिकारों में सम्मिलित करने की बात कही, किन्तु वह उन्हें निदेशक सिद्धान्तों में समाविष्ट करने में सफल हो सके। इन सिद्धान्तों के विषय में उन्होंने कहा, "यदि इनका दिशा-निर्देश समाजवादी नहीं है और इनकी विषयगत धारिता

समाजवादी (Subject Content) समाजवादी नहीं है, तो मैं समझ नहीं पाता कि और समाजवाद क्या है।''[72]

अर्थव्यवस्था के राष्ट्रीयकरण में उनका विश्वास था। उनके मतानुसार पूँजीवादी अर्थव्यवस्था आर्थिक असमानताओं को दूर कर कष्टों को शमित करने में असमर्थ है। बेरोजगारी, श्रमिकों के प्रति अमानुषिक व्यवहार, सुदीर्घ कार्यावधि, कार्य-स्थल की शोचनीय दशा तथा दमनकारी उपाय–यह सब पूँजीवादी अर्थव्यवस्था के दुर्भाग्यपूर्ण परिणाम हैं। समाजवाद के पक्ष-पोषक होने के नाते वह प्रायः कहते थे, ''भारत के औद्योगीकरण के लिए राजकीय समाजवाद आवश्यक है। निजी अर्थव्यवस्था ऐसा नहीं कर सकती तथा यदि प्रयत्न किया जाए तो यह आर्थिक विषमताओं को ही जन्म देगी–भारत के लिए यह चेतावनी की घण्टी है।''[73] उन्होंने आयोजन को अपनाने तथा शोषण को समाप्त करने पर बल दिया। वह अनुभव करते थे कि औद्योगिक सौहार्द, श्रमकल्याण तथा अनुकूल औद्योगिक सम्बन्धों का ही परिणाम हो सकता है। यद्यपि, साम्यवादियों की भाँति वह पूँजीवादियों को उखाड़ देने के पक्ष में नहीं थे तथापि वह उनके प्रति कठोर रवैया अपनाने में संकोच नहीं करते थे और वह सोवियत पद्धति के समान कृषि के सामूहिकीकरण के समर्थक थे। किन्तु उन्होंने पूँजीवादियों को निकालने के लिए मार्क्स द्वारा सुझाए हिंसात्मक उपायों की भर्त्सना की। उन्होंने शान्तिपूर्ण संवैधानिक आन्दोलन की प्रभाविता में अपनी पूर्ण आस्था प्रकट की। आलोचकों का मत है कि वह स्वातन्त्र्योत्तर काल के प्रबल समाजवादी डॉ. राममनोहर लोहिया के निकटवर्ती हैं। उन्होंने बीमा उद्योग के राष्ट्रीयकरण का सुझाव दिया तथा उद्योगों का राजकीय स्वामित्व तथा राजकीय प्रबन्ध का पक्षपोषण किया। उन्होंने उन अति स्पष्ट सामाजिक तथा आर्थिक असमानताओं को दूर करने की भी बात कही जो पूँजीवादी प्रणाली के अन्तर्भूत हैं। वास्तव में वे क्रमिक चरणों में समाजवाद के विकास को पसन्द करते थे। उनके आर्थिक विचारों को ध्यान में रखते हुए, कुबेर कहते हैं, ''अर्थशास्त्री के रूप में उनकी स्थिति में उनका प्रतिफलन एक राजनीतिक राजनेता के रूप में हुआ है। आर्थिक विषयों पर उन्होंने तभी लिखा जब राजनीतिक क्षेत्र में ऐसा करना उनके लिए उपयोगी कार्यसाधक सिद्ध हुआ। उद्यपि राजनीतिक गतिविधियों का प्राबल्य उनके अर्थशास्त्र अध्ययन पर हावी रहा, तथापि यहाँ यह कहना अनुप्रयुक्त न होगा कि उनके रूप में असाधारण योग्यता के अर्थशास्त्री को खोने पर हमारी महान क्षति हुई है।''[74]

आश्चर्य की बात है कि डॉ. कुबेर का अभिमत इस विचार से नहीं मिला कि डॉ. अम्बेडकर एक समाजवादी थे। उनके अनुसार अम्बेडकर द्वारा मार्क्सवाद को अस्वीकृत करना और बौद्धमत की दीक्षा लेना प्रतिक्रियावादी कदम थे। वे

कहते हैं, "एक प्रकार से ऐसा कर अम्बेडकर ने श्रमिकों तथा कृषकों के आन्दोलन को प्रतिक्रियावादी (reactionary) और रहस्यवादी (Metaphysical) अवधारणाओं में विलीन कर दिया।"[75]

आश्चर्यजनक यह भी है कि उन्होंने गांधीवाद का यह कहकर उपहास किया है कि "गांधीवाद उन लोगों का दर्शन है जो उनके खाते-पीते, सुविधापूर्ण, अवकाशपूरित क्षणों से भरे जीवन का यापन करते हैं। यह लोगों को इस भ्रान्ति में डालते हैं कि वह अपने दुर्भाग्य को, अपने भाग्य का सर्वोत्तम प्रसाद मानकर ग्रहण कर लें। गांधीवाद, सफाई के काम को निरन्तरता प्रदान करता हुआ इसे ही समाज की सर्वोपरि सेवा मानता है।"[76] वास्तव में उन्होंने गांधीवाद को सही रूप में समझा नहीं।

एक सामाजिक मानववादी के रूप में

डॉ. जाटव अम्बेडकर की विचार सरणि को सामाजिक मानववाद की संज्ञा प्रदान करते हैं। इसमें यह सिद्धान्त समाविष्ट है–(i) सभी मनुष्यों को मध्य समानता हो। (ii) प्रत्येक मनुष्य अपने आप में स्वतः एक साध्य है। (iii) प्रत्येक को सामाजिक, आर्थिक, राजनीतिक और धार्मिक स्वतन्त्रता का अधिकार हो। (iv) प्रत्येक व्यक्ति अभाव तथा भय से मुक्त हो। (v) स्वतन्त्रता, सौहार्द का सम्पोषण करना और मानव द्वारा मानव का और एक वर्ग द्वारा दूसरे वर्ग के शोषण के निवाराणार्थ उद्यमशील रहना। (vi) एक ऐसे प्रजातान्त्रिक समाज का समर्थन, पक्ष पोषण करना जिसमें शासन की जनतन्त्रीय संसदीय प्रणाली हो। (vii) सामाजिक परिवर्तन लाने के लिए अहिंसात्मक उपायों की प्रभाविता में विश्वास और वर्ग संघर्ष तथा गृहयुद्ध से बचने के लिए शान्तिपूर्ण, समझाने-बुझाने के उपाय काम में लिए जाएँ। (viii) किसी भी विषय, सिद्धान्त अथवा परम्परागत विश्वास की अतिवादपरक चरम पराकाष्ठा का त्याग किया जाए। (ix) अध्यात्मिक अनुशासन की आवश्यकता (x) तथा बुद्ध द्वारा बताया विश्व-प्रेम, समानता, मानव भ्रातृभाव को सुदृढ़ आधार पर प्रतिष्ठित करना।"[77]

डॉ. जाटव, डॉ. अम्बेडकर की विचारधारा के आधार के रूप में निम्न सिद्धान्तों का उल्लेख करते हैं–(i) स्वतन्त्रता, समानता तथा भ्रातृत्व के रूप में सामाजिक, आर्थिक तथा राजनीतिक स्वतन्त्रता के लिए संघर्ष करना। (ii) किसी भी प्रकार के साम्राज्यवाद–सामाजिक, राजनीतिक, आर्थिक अथवा धार्मिक के प्रति तीव्र अरुचि। (iii) हिंसा के प्रति आक्रोश, न्याय तथा प्रेम के प्रति आकर्षण व्यक्त करने के लिए संवैधानिक उपायों के लिए प्रतिबद्धता। (iv) प्रजातान्त्रिक गतिशीलता की ओर प्रवृत्ति। (v) एक ऐसा मानववाद जो मनुष्य को सभ्यता और संस्कृति के

निर्माता के रूप में देखे और उसमें वह शक्ति और विशेषता देखे जिसके कारण वह ज्ञान, प्रेम के बल पर उठ सकता है।[78]

इन उपरोक्त सिद्धान्तों के अतिरिक्त उनके द्वारा किए गए प्रयासों को भी जोड़ सकते हैं—(i) अपनी जाति का नेता होने पर भी राजनीति को धर्मनिरपेक्ष स्वरूप देने के लिए प्रयत्न। (ii) राष्ट्र की एकजुटता और अखण्डता के लिए प्रयत्नशील होना और राष्ट्रपिता के जीवन के संकटापन्न होने पर पृथक्तावादी दृष्टिकोण को त्याग देना।

एक प्रयोजनवादी विचारक

सक्रिय राजनीति में उनके समय में उनके जैसा कोई प्रयोजनवादी भारतीय नेता नहीं था। यह तथ्य इन बातों से प्रकट होता है। अशान्ति के उन वर्षों में जब भारतीय नेता साम्राज्यवादी चंगुल से स्वतन्त्र होने को आतुर थे और विभाजन पृथक्तावादी प्रवृत्तियाँ सिर उठा रही थीं, उन्होंने पाकिस्तान की माँग का समर्थन किया। वह गम्भीरता से अनुभव करते थे कि यदि कोई अन्य विकल्प न हो तो पाकिस्तान की माँग का समर्थन होना चाहिए। इससे पूर्व उन्होंने मुस्लिम लीग को बन्द करने का सुझाव दिया और हिन्दू और मुसलमानों की एक संयुक्त पार्टी के गठन का भी सुझाव दिया जिससे हिन्दू राज की भयानक मनोग्रस्ति से छुट्टी मिल सके। किन्तु, कालान्तर में ऐसी पार्टी के गठन के लिए स्थिति अनुकूल नहीं थी। अतः उन्होंने कहा, "क्या मुसलमान पाकिस्तान लेने पर कटिबद्ध हैं। अथवा, पाकिस्तान एक नारा मात्र है? क्या यह एक क्षणिक मनोदशा है? अथवा क्या यह उनकी स्थायी भावनाओं का द्योतन करता है? इस विषय पर मतभेद हो सकता है। एक बार यदि निश्चित हो जाए कि मुसलमान पाकिस्तान चाहते हैं तो इसमें सन्देह नहीं कि इस माँग की स्वीकार करने में ही बुद्धिमत्ता है। उनके मतानुसार पाकिस्तान हिन्दू और मुसलमान दोनों को दासता और अधिकार अपहरण के भय से मुक्ति दिलाएगा।"[79] पाकिस्तान गांधीजी के कड़े विरोध और इस घोषणा के पश्चात् भी कि वह उनके शव पर होगा, एक वास्तविकता बन गया। जैसा हम जानते हैं पाकिस्तान गांधीजी की हत्या से पहले बन गया। किन्तु गांधीजी असहाय थे, तथा तत्कालीन नेताओं ने जो खण्डित भारत के भाग्यविधाता बने, उनकी अपेक्षा की।

उन्होंने दलितों के हितों और उनकी स्वतन्त्रता के प्रश्न को राष्ट्रीय स्वतन्त्रता के बड़े आन्दोलन से जोड़ दिया। उनके शब्दों में, "ऐसा स्वराज्य के परिवेश में ही सम्भव है कि आप अपने हाथ में ऐसी राजनीतिक सत्ता ला पाएँ जिसके बिना आप अपने लोगों की स्वतन्त्रता प्राप्त नहीं कर सकते।"[80]

आरम्भ में वह पृथक् मताधिकार के पक्ष में थे और मेक्डोनल्ड अधिनिर्णय के परिणामस्वरूप इसे स्वीकार भी कर लिया गया था। किन्तु जब महात्मा गांधी के स्तर के वरिष्ठ राष्ट्रीय नेता ने हिन्दू हिन्दुओं के मध्य विग्रह की स्थिति उत्पन्न करने के अंग्रेज़ों के कुटिल मनोरथ को असफल करने के लिए अनशन का अवलम्ब लिया तो उन्होंने गांधीजी तथा अन्य नेताओं से समझौता कर लिया। उनके इस पारम्परिक सहमति का परिणाम पूना समझौते के रूप में सामने आया जिसमें संयुक्त मताधिकार जारी रखने की व्यवस्था के साथ अनुसूचित जातियों के लिए आरक्षण भी सुनिश्चित किया गया था।

किन्तु जीवन के अन्तिम चरण में लगता है कि उनका व्यवहारवाद, सोद्देश्यतावाद पृथक्तावादी अवेक्षाओं (Conssiderations) से आच्छादित हो गया। जनवरी, 1952 में लोक सभा का चुनाव लड़ते समय उन्होंने कश्मीर विभाजन का पक्ष लिया और मुसलमानों के लिए पृथक् मताधिकार की माँग की। अतः उन्हें चुनावों में पूर्ण पराजय का सामना करना पड़ा।

मई, 1954 में उन्होंने अनुसचित जाति संघ के चिह्न पर पुनः उपचुनाव लड़ा, परन्तु इस बार भी पराजय ही उनके हाथ लगी। आलोचकों ने उनकी विचारणा को विकृत और दोषपूर्ण माना क्योंकि आज तक भारत काश्मीर को अपना अविभाज्य अंग मानता है। पृथक् मताधिकार को आज भी आँख की किरकिरी के रूप में देखा जाता है और एक ऐसी कुटिल चाल के रूप में जिसके द्वारा हिन्दुओं और मुसलमानों के मध्य फूट उत्पन्न की जा सके। पृथक् मताधिकार पद्धति को जारी रखने की वकालत का परिणाम भारतीय प्रदेश में पाकिस्तानी प्रभाव वाले क्षेत्रों का अस्तित्व हो जाना और निरन्तर शीत अथवा ऊष्ण युद्धों के उपरान्त कश्मीर का विभाजन हो जाना। यह यथार्थवाद के मार्ग से ऐसा विचलन था जिसकी आशा उन जैसे उच्चस्तरीय, विशाल बौद्धिक और राजनीतिक कोटि के नेता से बिल्कुल नहीं थी।

उपसंहार

उनके जीवन के विभिन्न पक्षों को ध्यान में रखते हुए हम इस निष्कर्ष पर पहुँचते हैं कि भारत भू के महत्तम सपूतों में से डॉ. अम्बेडकर एक दीप्तिमान नक्षत्र के रूप में सदा तीक्ष्ण बुद्धि वाले, विवेकशील राजनेताओं के तारक मंडल के मध्य, उनकी शोभा बनकर सदा चमकते रहेंगे। स्वतन्त्र भारत के भाग्य-निर्माण में उनकी महत्त्वपूर्ण भूमिका की कृतज्ञ राष्ट्र के जनमानस पर सदा अमिट छाप बनी रहेगी। दलित वर्ग के मसीहा, मानवाधिकारों के प्रवक्ता, दृढ़ संकल्प, सुतीक्ष्ण राजनीतिक सुझ-बूझ, विशाल विद्वत्ता तथा प्रभावी वाग्मिता—ऐसे अविस्मरणीय

गुणों का पुंज था उनका व्यक्तित्व। उन्हें भावभीनी श्रद्धांजलि देते हुए लोकसभा के भूतपूर्व अध्यक्ष, अनन्त शयन आयंगर ने ठीक ही कहा है, "डॉ. अम्बेडकर का व्यक्तित्व, हिमालय की ऊँचाई लिए हुए गतिशील व्यक्तित्व था। भूमि के निम्नतम स्तर से उठकर वह अनुसूचित वर्ग के मूर्धन्य नेता बने। हमारे संविधान के वह पथ-खोजी बने। समाज सुधारों के क्षेत्र में उन्होंने कल्याणकारी योजनाएँ प्रारम्भ कीं। भारत ने उनकी मृत्यु से एक यशस्वी पुत्र खो दिया है।"

उनके राजनीतिक विचारों, जिनका आधुनिक भारतीय राजनीतिक चिन्तन में प्रमुख स्थान है, मूल्यांकन करते समय हमें यह नहीं भूलना चाहिए कि अम्बेडकर आजीवन नकारात्मक हीनता के परिवेश में ही रहे। "संकटों में उत्पन्न हो, वह उन्हीं में पले, बढ़े। उनके निधन के समय, वही जन-समूह, जिनके कल्याण के लिए वह आजीवन जुझते रहे, संकट की स्थिति में था।"[81] वैचारिक निर्धारण में व्यक्ति के परिवेश का महत्त्वपूर्ण स्थान होता है। कई स्थलों में राष्ट्रपिता गांधी, कांग्रेस यहाँ तक कि राष्ट्रीय आन्दोलन की उनकी आलोचना अनावश्यकतः कटु रही है। उन्होंने उनकी नीयत को सन्देहायित किया और मनोरथों तथा प्रयत्नों का अनुचित अर्थ लगाया। गांधीजी ने हिन्दू बिरादरी में ही अनुसूचित वर्ग को 'हरिजन' का सम्मानपूर्ण नाम दिया। अम्बेडकर की सन्देह-परिधि से यह भी मुक्त नहीं रह सका। जीवन में अनेक अवसरों पर लगता है, उनका देश प्रेमोत्साह शिथिल, निष्क्रिय पड़ गया और अपने जातीय बन्धुओं के उत्थान की चिन्ता उन पर हावी रही। परिणामतः कुबेर के शब्दों में, "उन्होंने अपने लोगों के कल्याण को, देश को, विदेशी चंगुल से मुक्त कराने के प्रश्न से भी अधिक वरीयता प्रदान की।"[82] स्वराज्य के सन्निकट होने पर उन्होंने राष्ट्रीय नेतृत्व से (Pragmatic Thinking) का परिचय दिया। जाति का नेता रहने की आतुरता के साथ ही उन्होंने राष्ट्रीय राजनीतिक परिप्रेक्ष्य को सम्प्रदाय निरपेक्ष (Secular) रखने का सहृदयतापूर्ण यत्न किया। इस प्रकार राजनीतिक दूरदर्शिता के लिए आज तक पूजे जाने वाली राष्ट्र-निर्माता विभूतियों के तारक मंडल (galaxy) में उनका गौरवपूर्ण स्थान है।

सन्दर्भ

1. Dhananjay Keer: Dr. Ambedkar—Life and Mission, (1962 ed.), p. 8.
2. B. R. Ambedkar was the 14th child of his parents.
3. "Bhim Rao Ambedkar and Education—an article by Dr. Ram Kishore Misra contributed in "Bharat Ratna—Dr. Ambedkar" by R. B. Rao.

4. Coupland : The Constitutional Problem of India, p. 120.
5. S. R. Bharat : Muktisangram, p. 59.
6. D.G. Tendulkar: Mahatma Gandhi, p. 210.
7. Keer: Mahatma Jyoti Rao Phooley—Father of Social Revolution (1965 ed.), p. 208.
8. As quoted in Bharat Ratna—Dr. Ambedkar by Dr. R. B. Rao (1993 ed.), p. 95.
9. The Times of India, dated May 19. 1951.
10. Issacs : India's Untouchables, p. 182.
11. W.N. Kuber–Builders of Modern India (1990 reprint ed.), p. 22.
12. Rajendra Patouria : Ambedkar–A successful and powerful jour-nalist—an article, p. 53 in R.B. Rao Bharat Ratna—Dr. Ambedkar.
13. Harijan. July 11, 1938.
14. L.R. Bali: Dr. Ambedkar—Jeevan Aur Darshan (1987 ed.), p. 169.
15. D.G. Tendulkar: op. cit., p. 236.
16. Harijan: July 11, 1936, p. 81.
17. Dr. Amar Nath Bajpai: Dr. Ambedkar and uplifiment of Down-Trodden—an article quoted in Bharat Ratna, Dr. Ambedkar edited by Dr. R.B. Rao.
18. B.R. Ambedkar: States and Minorities—What are their rights and laws to secure them in the free Constitution of India, p. 32.
19. Ambedkar: States and Minorities, p. 3.
20. W.N. Kuber: op. cit., p. 96.
21. Shriram Singh : Bharat Ratna Baba Sahab Dr. B. R. Ambedkar as a Social Reformer and pilot of the Indian Constitution.—an essay contributed in R.B. Rao, op. cit., p. 72.
22. Ambedkar: Annihilation of Caste, pp. 77-87.
23. Ibid., p. 32.
24. Ambedkar: Ranade, Gandhi and Jinnah, pp. 34-35
25. D. R. Jatava: The political philosophy of B.R. Ambedkar (1965 ed.), p. 37.
26. B.R. Ambedkar: Ham Buddh Kyon Bana (1991 ed.), pp. 39-40.
27. C.A. Debates, Vol. XI, p. 788.
28. Ibid., p. 628
29. M.Y. Pylee : Constitutional Government of India, p. 138.
30. K. Santhanam : Ambedkar Refuted, p. 25.
31. Khairenaday : Life of Ambedkar (Marathi), Vol. I, p. 72 as quoted in

'Builders of Modern India' by W.N. Kuber, p. 117.

32. Ambedkar: Pakistan, p. 21.
33. Ibid., p. 107.
34. W.N. Kuber : op. cit., p. 117.
35. Ambedkar: States and Minorities, p. 52.
36. As quoted in Bharat Ratna—Dr. Ambedkar by R.B. Rao, p. 4.
37. Dr. Ram Naresh Chaudhry: The Relevance of Baba Sahab Dr. Bhim Rao Ambedkar—an article in R.B. Rao edited: Bharat Ratna-Dr. Ambedkar.p. 6.
38. Keer Dhananjaya: Dr. Ambedkar—Life and Mission (1981 ed.), p. 256.
39. Ibid., p. 462.
40. Ambedkar: Annihilation of Caste, p. 72.
41. Ibid., pp. 73-74.
42. Ibid., pp. 74-75.
43. W.N. Kuber : op. cit., p. 83.
44. Keer : op. cit., p. 495.
45. Issacs : India's Ex-untouchables, p. .182.
46. Keer Dhananjaya : op. cit., p. 507.
47. Dr. Ambedkar: op. cit., pp. 3-4.
48. Ibid., p. 303.
49. Dr. D.R. Jakh : Dr. Bhim Rao Ambedkar ka Rajneetik Darshan, p. 135.
50. Illustrated Weekly of India, July 12, 1953.
51. Ambedkar: Pakistan or Partition of India, p. 235.
52. Ambedkar: Letters to Gaekward, pp. 98-99.
53. Coupland : The Constitutional Problem of India, p. 120.
54. S.R. Bharat : Muktisangram, p. 59.
55. Ambedkar: Congress and Gandhi, p. 68.
56. Ibid., p, 69.
57. Ibid., p. 61.
58. Sapru Committee Report, p. 220.
59. The Times of India, July 21, 1946.
60. CAD, Vol. VII, p. 39.
61. V. Nagarkar: Minorities of Pakistan, pp. 383-84.
62. Ambedkar: States and Minorities, p. 32.
63. CAD, Vol. XI, p. 979.

64. CAD, Vol. VII, p. 494.
65. Ambedkar: Parliamentary Democracy, p. 6.
66. Ibid.
67. Manifesto of the I.L.P.
68. Debates 1958. Vol. IV, p. 1359.
69. The Times of India, July 27, 1942.
70. Ambedkar: The Annihilation of Caste, p. 17.
71. Ambedkar: States and Minorities, p. 15.
72. CAD, Vol. VII, p. 709.
73. Shiv Bhushan Gupta: Dr. Bhim Rao Ambedkar as an Economist, a paper contributed in R.B. Rao : op. cit., p. 231.
74. W.N. Kuber: Ambedkar : A critical study, p. 386.
75. Ibid., p. 307.
76. Ambedkar: Congress and Gandhi, pp. 281-84.
77. D.R. Jatav : Social philosophy of Dr. Ambedkar as quoted in W.N. Kuber, op. cit., pp. 110-111.
78. Ibid., p. 111.
79. As quoted in R.B. Rao, op. cit., p. 240.
80. R.P. Dutt: India Today, pp. 243-44.
81. Dr. B. R. Ambedkar—The militant champion of the untouchables —a paper contributed by Dr. M.N. Nigam in R.B. Rao, op. cit., p. 241.
82. W.N. Kuber: op. cit., p. 112.

14

सुभाषचन्द्र बोस

"मैं एक स्वप्नद्रष्ट हूँ। किन्तु मेरे नयनों में तैरने वाले स्वप्नों में, मेरे लिए सर्वाधिक आकर्षक स्वप्न, जिसने मेरे मानस को सर्वाधिक आकर्षक स्वप्न, जिसने मेरे मानस को सर्वाधिक रंजित किया है। वह स्वप्न है—भारत की स्वतन्त्रता का।"

—नेता जी, 27 सितम्बर, 1944

संक्षिप्त जीवन-वृत्त

हमारी मातृभूमि को विदेशी शासकों के चंगुल से छुड़ाने के लिए संघर्षरत राजनीतिज्ञों की विशिष्ट मण्डली में सुभाषचन्द्र बोस एक ज्योतिर्धर, तेजस्वी व्यक्तित्व हैं। भारत के स्वतन्त्रता-संग्राम में वे सर्वाधिक विवादास्पद, परन्तु बहुरंगी सजीवता वाले, वास्तव में ऐसे व्यक्ति हैं जो एक अनुश्रुति बन गए हैं। दास के शब्दों में, "नेताजी सुभाषचन्द्र बोस भारत के सर्वोच्च कोटि के उन ख्यातिप्राप्त नेताओं में से एक थे जिन्होंने राष्ट्रीय आन्दोलन में महत्त्वूर्ण योग दिया। राष्ट्रीय नेता के रूप़ वे महात्मा गांधी तथा जवाहरलाल नेहरू के समतुल्य होते हुए इन दोनों के समवर्ती स्थान के अधिकारी थे।"[1] उनके संक्षिप्त जीवन-वृत्त से परिचित होने के पश्चात् उन परिस्थितियों से अवगत हो सकेंगे जो उन्हें एक ऐसा नर केसरी बनाने में सहायक हुईं कि वे देश के लिए सर्वोच्च बलिदान दे सके। उनका जन्म उड़ीसा प्रान्त की तत्कालीन राजधानी कटक में 23 जनवरी, 1897 को हुआ

था। पाँच वर्ष की आयु में उन्हें मिशन स्कूल, कटक में प्रविष्ट कराया गया। वे सात वर्ष तक इस स्कूल में रहे। 1909 में उन्होंने रावेन्शॉ कौलिजियेट स्कूल कटक में प्रवेश माँगा।

उन्हें अपने अध्यापकों की प्रशंसा मिली। इसी स्कूल में वे एक आध्यात्मिक दुविधा से गुजरे। उन्हे बड़ा मानसिक कष्ट हुआ और मानसिक संघर्ष में भी उनका समय बीता। स्वामी रामकृष्ण तथा विवेकानन्द प्रिय थे। उनके विचारों का अध्ययन करने के पश्चात् वे उनसे अत्यन्त प्रभावित हुए। उनमें एक परिवर्तन आ गया। माता-पिता के लिए वे इतने 'अच्छे' नहीं थे जो उनके इंगित पर नाचते। वे स्वीकार करते हैं, "विवेकानन्द के प्रभावान्तर्गत आकार मैं अपने परिवार के साथ संघर्ष की स्थिति में आ गया और सामाजिक व्यवस्था के प्रति भी मैं उतना मैत्रीपूर्ण रहा। मैं दुर्बल था, संघर्ष लम्बा खिंचा और सफलता प्राप्ति इतनी सुगम नहीं थी। इसके कारण मैं तानव और प्रसन्नता के वश हो गया तथा हताश के भी कई क्षण बिताने पर विवश हो गया।" विवेकानन्द की शिक्षाओं से सुभाष को संकट से उबरने में सहायता मिली। स्वामीजी की शिक्षाओं से वे लगभग सम्मोहन की स्थिति में आ गए। "समाज-कल्याण कार्यों में व्यस्त रहकर अपनी मुक्ति की खोज करो।" एक 90 वर्षीय साधु से उनकी भेंट सन्तोषप्रद होते हुए भी, उन्हें शान्ति न दे सकी। यही कारण था वे विवेकानन्द के सन्देश से प्रेरणा पाकर समाज-सेवा में प्रवृत्त हुए। वस्त्रहीन, अशिक्षित ग्रामीणों की सेवार्थ वे मित्रों सहित गाँवों में आए।

इन कार्यों में व्यस्त रहने पर भी, माता-पिता को आश्चर्य में डालते हुए, मैट्रिकुलेशन परीक्षा में सुभाष ने कलकत्ता विश्वविद्यालय में द्वितीय स्थान प्राप्त किया। स्कूली शिक्षा समाप्त करने के उपरान्त सुभाष ने प्रेसीडेन्सी कॉलिज पटना में प्रवेश लिया। यद्यपि प्रेसीडेन्सी कॉलिज क्रातिकारियों की आश्रय-स्थली थी, तथापि सुभाष का उनसे सम्पर्क नहीं हो पाया। एक दिन अपने माता-पिता को चिन्तातुर करते हुए वे गुप्त रूप से घर छोड़ कहीं चले गए। चिन्ताग्रस्त माता-पिता उनके पुनरागमन की आशा त्याग चुके थे, तभी अकस्मात् वे स्वतः प्रकट हो गए। दो मास के इस अज्ञातवास में उन्हें अनेक तथाकथित 'पवित्रात्माओं' के सम्पर्क में आने का अवसर प्राप्त हुआ। इनके खोखलेपन को देखकर उनका भ्रम दूर हो गया। मोहभंग हो गया। अपनी इस आध्यात्मिक खोज के पश्चात् वे पुनः पढ़ाई में लग गए। सम्भवतः ओटन सम्बन्धी प्रकरण पाठकों को रुचिकर लगे। ओटन, एक ब्रिटिश प्रोफ़ेसर भारतीय राष्ट्रवाद की आलोचना करने से नहीं चूकते थे। इसके कारण उनके विद्यार्थी क्रुद्ध, उत्तेजित हो उठे। उत्तेजना के वशीभूत होकर उन्होंने उन्हें पीट दिया। सुभाष इन विद्यार्थियों में नहीं थे, किन्तु उन्होंने अपने बचाव में कुछ नहीं कहा। उन्हें कॉलिज से निष्कासित कर दिया गया। इस घटना

के विषय में ओटन लिखते हैं, "19 वर्ष का युवा आदर्शवादी (जो कॉलिज के अनुशासन बोर्ड के समाने बुलाया गया था) बोर्ड के सामने एक 'रोमन टोगा' पहले खड़ा था। ऐसा प्रतीत होता था कि कपड़ों की तहों के नीचे उनके पास कोई वस्तु थी। उनकी तलाशी लेने के पश्चात् कोई बम नहीं निकला। मैं सोचता हूँ कि बोस बोर्ड के साथ उपहास में रत होकर मजा ले रहे थे। मुझे जहाँ तक स्मरण है, उन्होंने अपने बचाव में कुछ नहीं कहा। अन्ततः उन्हें कॉलिज से निष्कासित करने का निर्णय लिया गया।"

कटक में सुभाष ने समाज-सेवा का कार्य हाथ में लिया। महामारी के रूप में फैले मलेरिया से पीड़ितों की शुश्रूषा उन्होंने दिन-रात की। इसी बीच उनके माता-पिता और भाई कॉलिज से उनके निष्कासन आदेश को निरस्त कराने में सफल हो गए। किन्तु, सुभाष ने जुलाई 1917 में स्कॉटिश चर्च कॉलिज, कलकत्ता में प्रवेश लिया। उन्होंने कॉलिज के प्रादेशिक सेना दल में भी प्रवेश लिया। इससे उन्हें कालान्तर में बड़ी सहायता मिली जब उन्होंने 25 वर्ष पश्चात् आजाद हिन्द फौज का गठन किया। 1919 में उन्होंने विश्वविद्यालय में द्वितीय स्थान प्राप्त करते हुए प्रथम श्रेणी में स्नातक परीक्षा दर्शनशास्त्र (आनर्स) के साथ पास की। उनके माता-पिता ने उन्हें I.C.S. की प्रतियोगिता में भाग लेने यू.के. जाने के लिए मना किया। कहा जाता है कि देश में विस्फोटक स्थिति देखते हुए जान-बूझकर उन्हें यू.के. भेज दिया। जलियाँवाला बाग नरसंहार काण्ड हो चुका था। इसके विरोध में तरुण रक्त विद्रोह करने की तैयारी कर रहा था। इस काण्ड के पाँच महीने पश्चात् 15 सितम्बर, 1919 को उन्होंने भारत से प्रस्थान किया। इतिहासकारों के मतानुसार नृशंसता की जिस सीमा तक यह नरसंहार उस समय हुआ था, सुभाष सम्भवतः इससे अनभिज्ञ थे। साम्राज्यवादियों ने कर्फ़्यू लगा दिया था और इस विभीषिका को गुप्त रखा गया था। यदि उन्हें इसका पता होता तो वे सम्भवत : यू.के. नहीं जाते।

I.C.S. की परीक्षा में उन्हें चतुर्थ स्थान मिला। इस सफलता के पश्चात् उन्हें मानसिक अन्तर्द्वन्द्व का सामना करना पड़ा—इस स्वर्ग से उतरी वरदान स्वरूप मिली नागरिक सेवा में वे प्रतिष्ट हों, अथवा नहीं। अपने अग्रज शरत्चन्द्र बोस को लिखा उनका पत्र बड़े स्पष्ट रूप से उनकी मानसिक स्थिति का उद्घाटन करता है। उस समय उन्होंने लिखा, "भारतीय नागरिक सेवा सभी प्रकार की सांसारिक सुख-सुविधाएँ प्रदान करा सकती है, किन्तु प्रश्न यह है कि ये सारी सुख-सुविधाएँ हम आत्मा का सौदा करके तो नहीं पा रहे? मैं समझता हूँ यह स्वीकार कर लेना मात्र एक दम्भ ही होगा कि जिन स्थितियों के अधीन हो एक व्यक्ति को I.C.S. में कार्य करना पड़ता है, वह उच्चतम मानवीय आदर्शों के

अनुरूप हैं।" उनके इन उद्गारों से उनके पिता तथा शेष परिवार जन पूर्णतः निराश हो गए। 22 अप्रैल, 1921 को 24 वर्ष की अवस्था में उन्होंने अपना त्यागपत्र दे दिया। 16 जुलाई, 1921 को उन्होंने सी.आर. दास को अपनी सेवाएँ अर्पित कर दीं और अपने जीवन की भावी कार्य-योजना के सम्बन्ध में उनका परामर्श चाहा। 16 जुलाई, 1921 को वे भारत लौट आए तथा अपने जीवन को राष्ट्र-सेवा में समर्पित करने का व्रत लिया।

एम.एन. राय से मिलकर उन्होंने उनसे क्रान्ति पर विचार-विमर्श किया। उन्होंने गांधीजी से भी भेंट की, परन्तु गांधीजी से वह विशेष प्रभावित नहीं हुए। उनके अपने शब्दों में, "मैं 19 जुलाई, 1921 को बम्बई पहुँचा। मैंने गांधीजी से भेंट का अवसर प्राप्त किया। महात्मा गांधी से भेंट की अनुमति माँगने का मेरा मुख्य उद्देश्य, अभियान के नेता से उस अभियान की स्पष्ट अवधारणा के विषय में, जिसमें सम्मिलित होने का मैं विचार कर रहा था, उनसे जानकारी प्राप्त करना था। मैंने संसार के विभिन्न भागों में क्रान्तिकारियों द्वारा प्रयुक्त उपायों तथा रणनीतियों का कुछ अध्ययन किया हुआ था तथा इसी ज्ञान के प्रकाश में महात्मा गांधी के मन का अध्ययन कर उनके उद्देश्य से परिचित होना चाहता था।" इस भेंट के उपरान्त वे निराश होकर लौटे क्योंकि वे गांधीजी की कार्य-योजना से सहमत नहीं हो सके। उन्होंने स्वयं अपनी कार्य-योजना बनाकर उसे क्रियान्वित करने का विचार किया। सी.आर. दास उनके आदर्श बने। सी.आर. दास में उन्होंने मानवता के प्रति प्रेम से आप्यायित, अत्युदार ऐसे व्यक्ति के दर्शन किए जो ज्ञान की राशि पुंज था। इस प्रकार की श्रद्धासिक्त सम्मति रखते हुए भी, उन्होंने उनका विचारहीन अनुसरण नहीं किया। वे अपने दृष्टिकोण तथा स्वतन्त्र निर्णय-क्षमता पर ही निर्भर रहे। 1923 के अन्त तक वे बंगाल प्रान्तीय कांग्रेस कमेटी के महासचिव पद पर आसीन हो गए। सी.आर. दास इसके अध्यक्ष थे। 1927 में जब साइमन कमीशन का बहिष्कार हुआ और लाला लाजपत राय विदेशी शासकों के लाठी-प्रहारों का शिकार हो गए, सरकार के विरुद्ध आन्दोलन छेड़ने का एक स्वर्णावसर सुभाष के साथ लगा। उन्होने कहा, "इसमें कोई सन्देह नही कि यदि कांग्रेस कार्य-समिति अपने दोनों हाथों में शक्ति और साहस जुटा पाती तो 1930 के आन्दोलन का पूर्वानुमान उसे दो वर्ष पूर्व हो जाता।" वास्तव में अब तक तिलक, लाला लाजपत राय, बी.सी. पाल तथा अरविन्द जैन अतिवादियों का सुभाष पर पर्याप्त प्रभाव पड़ चुका था। आइरिश आन्दोलन सीन फ़िन (Sinn Fein) का अतिवादियों पर बड़ा प्रभाव पड़ा।

इस काल में धीरे-धीरे युवा आन्दोलन भी पनप रहा था। जवाहरलाल नेहरू की अध्यक्षता में युवा कांग्रेस का कलकत्ता में (अगस्त में) अधिवेशन बुलाया गया।

इसी प्रकार एक अखिल भारतीय युवा कांग्रेस का आयोजन भी आर.एफ. नेरीमैन की अध्यक्षता में किया गया। बोस युवा कांग्रेस की स्वागत समिति के अध्यक्ष थे। उन्होंने प्रबल क्रियाशीलता का सशक्त आह्वान किया जबकि गांधी तथा अरविन्द शान्तिवाद के पक्षधर थे। उन्होंने इस अवसर पर अच्छी प्रकार अनुशासित एक स्वयंसेवी दल का भी गठन किया। अपने चुम्बकीय आकर्षण वाले व्यक्तित्व तथा आकर्षक वर्दी के कारण, इस दल के प्रधान सेनानायक के रूप में प्रतिनिधियों को असाधारणतः आकृष्ट किया। कलकत्ता कांग्रेस में बोस तथा नेहरू ने मोतीलाल नेहरू समिति रिपोर्ट पर मिलकर एक संशोधन प्रस्तुत किया। उन्हें, जैसा कि रिपोर्ट में कहा गया था, भारत के लिए एक औपनिवेशिक दर्जा स्वीकार नहीं था। इसके विपरीत वे पूर्ण स्वतन्त्रता के पक्षधर थे। सुभाष के शब्दों में, ''मुख्य प्रस्ताव में आपने ब्रिटिश सरकार ने एक वर्ष का समय दिया है। क्या आप अपने हृदय पर हाथ रखकर यह मान सकते हैं कि इस अवधि में आप उपनिवेश का दर्जा प्राप्त कर सकेंगे?'' अपने भाषण में स्वयं पं. मोतीलाल नेहरू यह स्वीकार कर चुके हैं कि उन्हें इस समय-सीमा में इस लक्ष्य की प्राप्ति सम्भव नहीं लगती। फिर हम इन बारह महीनों के लिए अपना ध्वज नीचा क्यों रखे। हम स्पष्टतः यह क्यों न कहें कि ब्रिटिश सरकार में विश्वास का जहाँ तक प्रशन है, उसका अंश भी अब शेष नहीं है और हम एक साहसी कदम उठाने को बाध्य हो गये हैं।'' गांधीजी के अनुयायियों का आधिपत्य होने के कारण संशोधन गिर गया।

23 जनवरी, 1930 को एक स्वतन्त्रता जुलूस का नेतृत्व करते हुए बोस बन्दी बना लिए गए तथा उन्हें एक वर्ष का कठोर कारावास दण्ड रूप में भुगतना पड़ा। जुलाई 1930 में उन्होंने जेल में दुर्व्यवहार के विरुद्ध अनशन किया। जेल में अधिकतर वे शान्त रहे। कारागार से मुक्त होने पर वे कलकत्ता के महापौर बने, क्योंकि निर्वाचित महापौर 6 मास की निर्धारित अवधि में बन्दी होने के कारण शपथ नहीं ले सके। जनवरी 1931 में बंगाल अशान्त क्षेत्रों में उनके प्रवेश पर लगे प्रतिबन्ध का उल्लंघन करने पर उन्हें 7 दिन का कारावास और मिला।

रिहा होने के पश्चात् वे स्वतन्त्रता दिवस, 26 जनवरी, 1931 को एक प्रदर्शन का नेतृत्व करते हुए घायल होने के उपरान्त पुनः बन्दी बना लिया गए। 6 सप्ताह पश्चात् वे गांधी-इरविन समझौते के पश्चात् अन्य राजनीतिक बन्दियों के साथ छोड़ दिए गए। इस समझौते में उनका कोई विश्वास नहीं था। वास्तव में वे इसके आलोचक थे। गांधीजी द्वारा सविनय अवज्ञा आन्दोलन स्थगित करने पर उन्होंने कहा, ''हम अपने शासकों का हृदय परिवर्तन करने में स्वयं कष्ट सहकर अथवा प्रति प्रेम जताकर, कभी सफल हो पाएँगे, ऐसी आशा दुराशा मात्र ही सिद्ध होगी। सविनय अवज्ञा आन्दोलन को स्थगित करने का गांधीजी का नवीनतम

कदम, स्वयं अपनी असफलता को स्वीकार कर लेना है। जहाँ तक वर्तमान कांग्रेस के कार्य करने की प्रणाली का सम्बन्ध है, हम स्पष्टतः कहना चाहते हैं कि एक राजनीतिक नेता के रूप में महात्मा गांधी असफल सिद्ध हुए हैं। असहयोग आन्दोलन को हमें उग्रतर रूप देना होगा और स्वतन्त्रता आन्दोलन सभी मोर्चों पर छेड़ना होगा।'' किन्तु इस आलोचना का लोगों के मनों पर प्रभाव नहीं पड़ा, क्योंकि गांधीजी ने आमरण अनशन रख लिया था और लोग उनके स्वास्थ्य के प्रति चिन्ता करने लगे। अतः एक विद्वान के मतानुसार, ''जिसे एक घातक बम के रूप में प्रयुक्त किया गया था, वह मात्र एक गीली फुलझड़ी (damp squib) ही प्रमाणित हुई।''[2] तीसरे दशक के आरम्भिक चरण में उन्हें पुनः जेल भेज दिया गया और 1937 में रिहा कर दिया गया। रिहाई के पश्चात् गांधीजी से उनकी लम्बी मंत्रणा चली क्योंकि गांधीजी कुछ सप्ताहों तक कलकत्ता में बोस भाइयों के अतिथि रहे। गांधीजी बोस से इतने प्रभावित हुए कि उन्होंने 1938 में उन्हें कांग्रेस अध्यक्ष के रूप में निर्वाचित करने का निश्चय कर लिया। वास्तव में गांधीजी इतने चतुर अवश्य थे जो यह समझ लेते कि बोस उस समय तक एक ऐसी प्रभावी स्थिति में आ चुके थे कि उनकी उपेक्षा नहीं की जा सकती और वही एक ऐसे व्यक्ति हैं जो कांग्रेस के विभाजन का माध्यम बन सकते हैं। क्योंकि क्षितिज पर युद्ध के बादल मँडरा रहे थे, अतः बोस अनुभव करते थे कि कांग्रेसजनों की एकता समय की आवश्यकता है। पहली बार गांधीजी से वह सहमत हुए और गांधीजी के इस विचार को उन्होंने तत्काल अपनी सहमति प्रदान की कि भारत के संविधन निर्माण का कार्य स्वतन्त्रता प्राप्ति के पश्चात् भारत की संविधान सभाकरेगी। 19 फरवरी, 1938 को हरिपुरा में कांग्रेस के 51वें अधिवेशन की अध्यक्षता बोस ने की। उनके प्रशंसकों ने इसे उनके 'राजनीतिक राज्याभिषेक' की संज्ञा दी है। अध्यक्षीय गाड़ी में जो 51 बैलों द्वारा हाँकी जा रही थी और 51 तोरण द्वारों के बीच से निकल रही थी, भव्य में बैठे थे कांग्रेस अध्यक्ष सुभाषचन्द्र बोस, जो भारत की जाग्रत राष्ट्रीयता के उत्साहपूर्ण अभिवादन को स्वीकार कर रहे थे। उन्होंने सहयोगी कांग्रेस जनों का आह्वान किया स्वतन्त्रता का नया संघर्ष छेड़ने के लिए।

सितम्बर 1938 में, म्युनिच संधि के पश्चात् अपनी मातृभूमि के निवासियों से अनुरोध किया कि वह आने वाले युद्ध के साथ ही राष्ट्रीय आन्दोलन की तैयारी करें। गांधीवादियों ने इसका विरोध किया। गांधीजी को उन्होंने औद्योगीकरण के लिए सर्वांगीण योजना तैयार करने के उद्देश्य से एक योजना आयोग का गठन कर, अप्रसन्न होने का एक और कारण प्रस्तुत कर दिया। औद्योगीकरण गांधीजी के लिए आँख की किरकिरी के समान था। 1939 में जब विश्वयुद्ध अवश्यभावी हो गया, बोस तूफानी परिस्थितियों में राष्ट्र-तरी को किनारे लगाने के उद्देश्य से

पुनः कांग्रेस अध्यक्ष बनना चाहते थे। वे चाहते थे कि अंग्रेज़ों को अन्तिम चेतावनी रूप में 6 मास में भारत छोड़ने के लिए कहा जाए। गांधीजी बोस के पुनर्निर्वाचन के विरुद्ध थे। उन्होंने नेहरू का नाम प्रस्तावित किया, किन्तु उन्होंने अपना नाम वापिस ले लिया। मौलाना आजाद भी अपने नाम पर सहमत नहीं हुए।

गांधीजी का तीसरा चुनाव डॉ. पट्टाभि सीता रमैय्या का नाम था। बोस, जिनका नाम प्रान्तीय कांग्रेस समिति ने प्रस्तावित किया था, अपना नाम वापिस लेने पर सहमत नहीं हुए। अनेक व्यक्तियों को पूर्णतः आश्चर्यचकित करते हुए बोस ने डॉ. पट्टाभि को पराजित कर दिया। बोस अपनी विजय के प्रति पूर्णतः आश्वस्त थे जैसे कि उनके इस वक्तव्य से स्पष्ट है, "मैं गणितीय सुनिश्चितता से कह सकता हूँ कि मैं सीता रमय्या को पराजित कर दूँगा।" इस प्रकार खुले रूप में सीता रमैय्या का समर्थन करने वाले गांधीजी को अपमानजनक पराजय का मुँह देखना पड़ा। यह गांधीजी की व्यक्तिगत पराजय थी जिससे वह कभी अपना मानसिक संराधन नहीं कर पाए। यहाँ तक कि बोस ने भी गांधीजी के वक्तव्यों और विचारों पर अपनी प्रतिक्रिया बड़े दुःख के स्वर में व्यक्त की। "मैंने, जितना ध्यान इसे दिया जाना चाहिए, उतना ध्यान हाल के कांग्रेस अध्यक्ष के चुनाव के सम्बन्ध में गांधीजी के वक्तव्य पर दिया है। यह जानकर मुझे बड़ा दुःख हुआ कि इसके परिणाम को गांधीजी अपनी व्यक्तिगत पराजय के रूप में ले रहे हैं। इस विषय में मैं सादर उनसे अपना मतभेद प्रकट करता हूँ। मतदाताओं (प्रतिनिधि गण) से महात्मा गांधी के पक्ष और विपक्ष में मतदान करने के लिए नहीं कहा गया था।"

अतः मेरे तथा अन्य अधिकांश व्यक्तियों के मत में इस संघर्ष का परिणाम व्यक्तिशः गांधीजी को प्रभावित नहीं करता।

बोस रुग्ण हो गए। 10 मार्च, 1939 को जुलूस में उनके स्थान पर उनके चित्र को रखा गया। बोस अनेक महत्त्वपूर्ण सत्रों में भाग नहीं ले सके। उन्होंने एक प्रस्ताव रखा जिसमें सविनय अवज्ञा आन्दोलन की धमकी देते हुए अंग्रेज़ों को छः महीने में भारत को आत्म-निर्णय का अधिकार दिलाने के लिए विवश कहने को कहा गया था। प्रस्ताव गिर गया। बोस ने अपने को अपमानित अनुभव किया। अधिवेशन के तीसरे दिन पन्त ने गांधीजी तथा पुरानी कार्य-समिति में विश्वास व्यक्त करते हुए एक प्रस्ताव रखा। परोक्ष रूप में इसका अर्थ बोस के प्रति अविश्वास व्यक्त करना था। कार्य-समिति के गठन के सम्बन्ध में इस प्रस्ताव में निर्देश दिया गया था।

स्पष्टतः गांधीजी से परामर्श लेने के लिए बोस को बाध्य कर दिया गया

था। इस बाध्यता का पालन करते हुए बोस लम्बे और नियमित पत्र-व्यवहार के माध्यम से गांधी का परामर्श लेते रहे। किन्तु, गांधी इसी पर आग्रह करते रहे कि वे पंत के प्रस्ताव से बाध्य नही हैं। गांधीजी के आग्रहपूर्ण अनुरोध के उपरान्त 29 अप्रैल, 1939 के गांधीजी ने एक पत्र में उन्हें लिखा, "आपने पन्त प्रस्ताव के निर्देश के सन्दर्भ में मुझसे कार्य-समिति के सदस्यों के नाम देने को कहा है, जैसा मैं अपने पत्रों और तारों में लिख चुका हूँ, मैं ऐसा करने में असमर्थ हूँ।" इस असहयोग की स्थिति में बोस के पास त्यागपत्र देने के अतिरिक्त कोई विकल्प नहीं था। उनके त्यागपत्र पर टिप्पणी करते हुए एच.वी. कामथ कहते हैं, "यह उनकी क्रान्तिकारी प्रतिभा ही थी जिसके कारण गम्भीर अन्तर्राष्ट्रीय संकट और आन्तरिक उथल-पुथल की स्थिति में उन्होंने कांग्रेस को किसी प्रकार दुर्बल और अस्थिर करने के स्थान पर कांग्रेस तथा राष्ट्र को एक ऐसे सशक्त सुदृढ़ माध्यम के रूप में चित्रित किया जो युद्ध की स्थिति में ब्रिटिश साम्राज्यवाद द्वारा भारतीय संसाधनों के शोषण के प्रभावी प्रतिरोध के रूप में चित्रित किया। कांग्रेस में किसी भी प्रकार का विघटन स्वयं उस उद्देश्य के लिए घातक सिद्ध होता जो स्वयं प्रिय था।

कांग्रेस से त्यागपत्र देने के उपरान्त उन्होंने फॉर्वर्ड ब्लाक के नाम से एक नई पार्टी का गठन किया। 22 जून, 1939 को बम्बई में फॉर्वर्ड ब्लॉक का सम्मेलन हुआ जिसमें स्वीकृत विधान के अनुसार भारत की स्वतन्त्रता के लिए कांग्रेस के अन्तर्गत ही कार्य करना था। केवल कांग्रेस के प्राथमिक सदस्य ही इसकी सदस्यता के लिए आवेदन कर सकते थे। यह स्वतः उत्कट देश-प्रेम से ओत-प्रोत सुभाष की महानता का ज्वलन्त प्रमाण है। वे कांग्रेस को कोई आघात नहीं पहुँचाना चाहते थे। फॉर्वर्ड ब्लॉक के प्रथम सम्मेलन में ही वाम शक्तियों के समेकीकरण (Consolidation) की प्रक्रिया आरम्भ हो गई। इस समेकीकरण के लिए जो समिति गठित की गई थी उसमें कांग्रेस सोशलिस्ट पार्टी, नेशनल फ्रंट, रेडिकल डेमोक्रेटिक पार्टी तथा स्वयं फार्वर्ड ब्लॉक यह सब सम्मिलित थे। समिति के इन सभी घटकों की बात को एक समान माना जाता था। किन्तु कांग्रेस ने इसे अपने लिए चुनौती समझा तथा कुछ ऐसे प्रस्ताव पारित किए जिनका बोस ने विरोध किया। बोस ने देश का दौरा करते हुए अनेक सभाओं को सम्बोधित किया तथा ब्रिटिश सरकार के युद्ध प्रयासों में भारत के किसी भी प्रकार के सहयोग के विरुद्ध प्रचार किया। इसी बीच कांग्रेस को भी अपनी भूल का अनुभव हुआ। 8 सितम्बर, 1939 को वर्धा में कांग्रेस कार्यसमिति की बैठक ब्रिटिश युद्ध प्रयासों के प्रति भारतीय दृष्टिकोण स्थिर करने के लिए हुई। बोस जो इसमें विशेष अतिथि के रूप में आमन्त्रित किए गए थे, ने युद्ध द्वारा प्रस्तुत भारत के लिए स्वर्णावसर

का पूरा लाभ उठाने तथा इसे हाथ से न निकलने देने का राष्ट्र को आह्वान किया। उन्होंने तत्काल स्वतन्त्रता आन्दोलन आरम्भ करने का सुझाव दिया। अक्तूबर, 1939 में, फार्वर्ड ब्लॉक द्वारा नागपुर में एक साम्राज्यवाद विरोधी सम्मेलन का आयोजन किया गया। मार्च 1940 में ब्लॉक ने अखिल भारतीय समझौता विरोधी एक विशाल प्रदर्शन का आयोजन किया। यह प्रदर्शन रामगढ़ में किया गया था, जहाँ कांग्रेस का भी सम्मेलन हो रहा था। गांधीजी ने इसे अपने नेतृत्व के लिए एक चुनौती समझा, दूसरी ओर अंग्रेज़ों ने फार्वर्ड ब्लॉक को उत्पीड़ित किया। बोस को कांग्रेस से निष्कासित कर दिया गया, किन्तु बंगाल प्रदेश कांग्रेस के अध्यक्ष उनसे परामर्श लेते रहे। इससे स्वयं कांग्रेस में उनकी लोकप्रियता का पता चलता है। 3 जुलाई, 1940 को उन्हें पुनः गिरफ्तार कर लिया गया क्योंकि उसी दिन अपने स्वयंसेवकों को साथ लेकर हॉल्वेल स्मारक को गिराने की घोषणा की थी। उनकी यह ग्यारहवीं जेल-यात्रा थी। सम्भवतः यह उनकी अन्तिम जेल-यात्रा थी। उनकी अनुपस्थिति में ही उन्हें केन्द्रीय असेम्बली के सदस्य रूप में निर्वाचित कर लिया गया। सामान्य स्थिति में इस सदस्यता के कारण गिरफ्तारी के विरुद्ध उन्हें उन्मुक्तता (Immunity) प्रदान की जानी चाहिए थी, परन्तु पराधीन देश होने के कारण उन्हें अधिकार से वंचित कर दिया गया।

जेल में रहते हुए देश की स्वाधीनता के प्रति उनकी इच्छा बलवती होती गई। वे आतुर, व्याकुल हो उठे, कुछ चमत्कारिक कार्य उसके के लिए। उन्हें एक युक्ति सूझी। 29 नवम्बर, 1940 को उन्होंने असवैधानिक रूप से उन्हें उत्पीड़ित करने और बन्दी बनाए जाने के विरोध में आमरण अनशन कर दिया। उन्हें बलपूर्वक भोजन देने के विरुद्ध उन्होंने अंग्रेज़ों को चेतावनी दी।

उनका स्वास्थ्य बिगड़ने के कारण 5 दिसम्बर, 1940 को उन्हें जेल से मुक्त करने के पश्चात् उन्हें घर में नजरबन्द कर दिया गया। शारीरिक रूप से वह जर्जर हो चले थे। अतः चिकित्सकों ने सम्बन्धियों को उनसे न मिलने का परामर्श दिया। 16 जनवरी, 1941 को उन्होंने अपने शयन-कक्ष में रहकर एकान्त सेवन की इच्छा घोषित की। अगले दिन वे छद्म वेश में घर से निकल गए। उनके अदृश्य हो जाने का समाचार केवल 26 जनवरी, 1941 को ही पता चला। इसने एक हलचल उत्पन्न कर दी। सामान्य जनता ने सोचा कि वे संन्यास लेकर पाण्डिचेरी अथवा हिमालय की ओर चले गए। अदृश्य हो जाने के उनके साहसी, नाटकीय कार्य से राष्ट्रवादियों का उत्साह बढ़ गया। साम्राज्यवादियों की सुरक्षा टुकड़ी की कार्यकुशलता का कच्चा चिट्ठा भी इससे खुल गया। उनका इस प्रकार भाग जाना, भारतीय देशभक्तों की अदम्य इच्छा-शक्ति का प्रतीक है और अंग्रेज़ों के लिए नियति क्रम की पूर्व सूचना के रूप में एक चेतावनी भी थी।

एक पठान के वेश में भारतीय सीमा पार कर काबुल होते हुए वे जर्मनी पहुँचे। दास के शब्दों में, "बोस का नाटकीय ढंग से जर्मनी पलायन, वहाँ फ्री इण्डिया सेण्टर, फ्री इण्डिया रेडियो जैसी संस्थाओं का उनके द्वारा स्थापन और आजाद हिन्द सेना का गठन—यह उपलब्धियाँ अत्युच्च कोटि के कूटनीतिक के रूप में, उनके अत्युत्कृष्ट परिपक्व कार्य-कौशल का प्रमाण प्रस्तुत करते हैं। वार्ता के द्वारा उन्हें आशा थी हिटलर से समझौते की। परन्तु हिटलर के प्रति समवेदनहीनता (Imponsiveness) के कारण उनके प्रयास विफल हो गए। अतः बोस निराश हो गए, उनका भ्रम दूर हो गया। इसी बीच उन्हें जापान से क्रान्तिकारी रासबिहारी बोस का निमन्त्रण मिला। रासबिहारी बोस, जो 1912 में हार्डिंग बम काण्ड में सम्मिलित थे और जो बाद में जापान चले गए थे और एक भारतीय सेना का गठन कर जापानियों की युद्ध में सहायता कर रहे थे, ने इस निमन्त्रण का जापान आकर आजाद हिन्द आन्दोलन की बागडोर उनसे ग्रहण करने का अनुरोध किया। वे वृद्ध हो जाने के कारण अब इसे थामने में असमर्थ हो चले थे। रासबिहारी को भारत की स्वाधीनता के निमित्त जापान की उदारतापूर्ण सहायता की आशा थी। सुभाष के तुरन्त इस प्रस्ताव को स्वीकर कर लिया। जून 1943 में जापान आकर उन्होंने जापानी शिविरों में भारतीय सैनिकों से भेंट की। अपने आकर्षक, चुम्बकीय व्यक्तित्व से उनका हृदय जीत लिया। 60000 सैनिकों की आजाद हिन्द फौज का उन्होंने गठन किया।[3] उन्होंने सैनिकों का आह्वान करते हुए उन्हें यह प्रेरक सन्देश दिया, "तुम मुझे रक्त दो, मैं तुम्हें आजादी दिलाने का वचन देता हूँ।" उन्होंने सेना का नेतृत्व करते हुए बर्मा के मार्ग से, जापानी सेना के साथ भारत में प्रवेश किया। युद्ध के एक मोर्चे से वह दूसरे पर जाते, सैनिकों को सम्बोधित करते और उनमें देशभक्ति का संचार करते। उन्होंने टोकियो से मनीला की वायुयान से यात्रा की। वहाँ से सिंगापुर गए और उसके बाद वह रेन्यॉस गए। युद्धरत सैनिकों के लिए उनका आह्वान मंत्र था, "दिल्ली चलो" फरवरी 1944 से अप्रैल 1945 तक मित्र राष्ट्रों के विरुद्ध आजाद हिन्द सैनिकों ने वीरतापूर्ण अभियान चलाया। वह भारतीय प्रदेश में प्रविष्ट हो गए।

दुर्भाग्यवश 18 अगस्त, 1945 को जब वह एक बम्बार वायुयान में दोपहर दो बजे सिंगापुर से टोक्यो जा रहे थे, ताइहोकू (जो फॉर्मूसा में है) में उनका विमान दुर्घटनाग्रस्त हो गया। वे गम्भीर रूप से घायल हो गए। उनका शरीर बहुत जल चुका था। अंततः मध्य रात्रि बारह बजे उन्होंने अपनी यशस्वी ऐहिक लीला का संवरण कर लिया।[4] उस विमान में कर्नल हबीबुर्रहमान उनके एकमात्र साथी थे। उन्हें भी हाथों में साधारण घाव लगे। 21 अगस्त, 1945 को ताइपेह की श्मशान भूमि में उनका दाह संस्कार किया गया। करोड़ों कृतज्ञ, उनकी अर्चना, उपासना

करने वाले देशवासियों में से मात्र कर्नल रहमान ही दाह संस्कार के इस हृदय-विदारक दृश्य के एकमात्र साक्षी थे।[5] उनकी अस्थियों का संचय कर्नल रहमान ने 22 अगस्त, 1945 को किया। 14 सितम्बर, 1945 को रेंको जी मन्दिर टोक्यो में उनकी अस्थियों को रखा गया। दास के शब्दों में, 'श्रीकृष्ण के समान ही वीरतापूर्ण, यशस्वी जीवनयापन के परश्चात् उन्हीं की भाँति एक सुदूर, अज्ञात द्वीप में अपने महान आत्मा को देह के पाश से मुक्त कर अमर लोक को प्रस्थान किया।''[6] यह आभारी देश का उनके प्रति अपार सम्मान और अगाध स्नेह ही था कि पचास वर्ष से अधिक व्यतीत हो जाने पर भी उनकी मृत्यु पर विश्वास एक क्लिष्ट और दुष्पाच्य कटु सत्य है।

उनकी मृत्यु के प्रकरण को असत्य, मनगढ़न्त माना जाता था। अतः कर्नल शाहनवाज और जस्टिस जी.डी. खोसला की अध्यक्षता में दो पृथक् आयोगों का गठन किया गया। इसका गठन इस प्रकरण से संबद्ध तथ्यों का पता लगाने के लिए हुआ था। दोनों आयोगों ने उनकी मृत्यु की पुष्टि करते हुए, स्पष्ट निर्णय दिया। किन्तु देश के प्रिय नेताजी राष्ट्र के प्रति निःस्वार्थ सेवा, राष्ट्र के प्रति अनुपम भक्ति तथा समर्पण भाव के कारण सदा अमर रहेंगे। सरोजिनी नायडू के शब्दों में, ''नेताजी का नाम भारत के स्वाधीनता इतिहास का अभिन्न अंग है। उनके जीवन के अन्तिम वर्ष यदि वास्तव में वह उनके जीवन के अन्तिम वर्ष हैं, जो एक विशद, हृदयोद्वेलक (Stirring the heart) चामत्कारिक नाटकीयता से सम्पुटित होकर हमारे सामने उभारते हैं एक महान, समर्पित देशभक्त की प्रेरक, उज्जवल छवि को। एक अतुलनीय वेग की स्वतन्त्रता की उमंग जिसके साहस, कार्य समारम्भ का उल्लेखनीय कौशल, कल्पना-शाक्ति, संगठन-शक्ति तथा नेतृत्व की क्षमता—इन सभी की पूर्णतम अभिव्यक्ति उन्होंने प्रदान की विदेश में—यह था योग्यता, गुणों का भरपूर सन्निहन (Amassing) जिसका सफल नियोजन उन्होंने देश की स्वतन्त्रता के लिए किया। मेरे विचार में उनकी सर्वोच्च उपलब्धि थी अपनी सेना में राष्ट्र भावना का संचार करना और अपने प्रति सैनिकों की प्रगाढ़ आस्था और प्रेम अर्जित कर पाना। निस्सन्देह उनका पूरा जीवन ब्रिटिश साम्राज्य के विरुद्ध, दीर्घ, अविरत एक संघर्ष है जिसमें समझौते को कहीं कोई प्रश्रय नहीं है।[6]

नेताजी के राजनीतिक विचार

नेताजी एक राजनीतिक, दार्शनिक अथवा सिद्धान्तवादी से कहीं अधिक एक देशभक्त, राष्ट्रनेता थे। वे एक उग्र संघर्षकर्ता तथा प्रचण्ड वक्ता थे। अपनी प्रखर वाग्मिता के बल पर वे देश की भावना का लोगों में संचार कर सकते थे

किन्तु वे राष्ट्र आन्दोलन के विकास और उसकी धारा पर अवश्य चिन्तन करते थे। इसी को हम उनके राजनीतिक विचारों की श्रेणी में वर्गीकृत कर सकते हैं। उनकी प्रसिद्ध पुस्तक 'The Indian Struggle'[7] सूक्ष्म विश्लेषण और राजनीतिक चिन्तन से भरी है। उन्होंनें पहले जीवनचर्या एक आध्यात्मिक आदर्शवादी के रूप में आरम्भ की और इसका अन्त एक राजनीतिक यथार्थवादी के रूप में हुआ। विदेशी दासता के पाश से देश को मुक्त कराने सम्बन्धी उनके लक्ष्य, राजनीतिक मूलवाद, अध्यात्मपरक, राष्ट्रपरक के प्रति उनका योग—यह आधार बने उनकी गतिशीलता प्रधान नवीन कार्य-सरणि का।[8]

उनके कुछ राजनीतिक विचार इस प्रकार हैं—

(i) गांधीजी के आलोचक के रूप में

गांधीजी के उग्र विरोध, जिसका उल्लेख विगत पृष्ठों में किया गया है, के होते हुए भी नेताजी की उनके प्रति बड़ी आदर भावना थी। 6 जुलाई, 1944 को रंगून रेडियो से उन्होंने गांधीजी के नाम एक सन्देह प्रसारित किया था। यह इस भावना को स्पष्ट, सजीव रूप में प्रकट करता है। उन्होंने कहा था, "हमसे अधिक इससे और अधिक प्रसन्न कौन होगा यदि हमारे देशवासी अपने ही प्रयत्नों से देश को स्वतन्त्र कराने में सफल हो जाएँ ओर यदि अंग्रेज़ आपके भारत छोड़ो प्रस्ताव को स्वीकर कर, स्वतः भारत छोड़ने को उद्यत हो जाएँ। किन्तु हम अपना संघर्ष यह मानकर चला रहे हैं कि इनमें से कुछ भी होने वाला नहीं है और सशस्त्र संघर्ष अनिवार्य है।...भारत का स्वातन्त्र्य युद्ध आरम्भ हो चुका है...हमारे राष्ट्रपिता! इस पवित्र स्वतन्त्रता युद्ध के लिए हम आपसे आपकी सदिच्छाओं और आशीर्वाद प्रदान करने की प्रार्थना करते हैं।" इतना होने पर भी निम्न बातों पर गांधीजी से उनके मतभेद एक अकाट्य सत्य है।

(क) गांधीवाद में राजनीति को उसी के धरातल पर रखकर विचार नहीं किया जाता था। नैतिकता के प्रश्न से इसे पृथक् नहीं किया जाता। दोनों गांधीवाद में अपरिहार्य रूप से अनुस्यूत (intertwined) हैं। बोस इस बात में विश्वास करते थे, "हमें किसी को वैसा ही व्यवहार देना चाहिए, जैसे स्वयं उसका है—"We have to render unto Caesar what is Caesar's."[9] बोस, राजनीति को नैतिकतोन्मुखी बनाना उचित नहीं मानते थे। पक्के यथार्थवादी होने के कारण बोस राजनीतिक आदान-प्रदान में विश्वास करते थे और समय-समय पर मुख की मुद्रा और भंगिमा में परिवर्तन लाने को भी वह अनुचित नहीं मानते थे। उन्हें यह ठीक नहीं लगा जब 1931 में लन्दन में गोलमेज सम्मेलन में सरल, खुले हृदय से, अन्दर के अपने सभी मनोरथ ताश के पत्तों की भाँति मेज पर रख दिए। उन्होंने

कहा, "राजनीतिक आदान-प्रदान का यह सूत्र है कि आप बाह्यतः अपने को इतना सशक्त प्रकट करें जितने आप वास्तव में नहीं है।"[10] वे चाहते थे कि गांधीजी सम्मेलन में अपना पक्ष दृढ़ता से रखें। "यदि गांधीजी तानाशाह स्टालिन, ड्यूस मुसोलिनी अथवा हिटलर की भाषा में बात करते जो जॉन बुल उसे समझकर आदर से सिर झुका लेता।"[11] स्पष्ट है कि जहाँ बोस पर प्रयोजनवादी राजनीतिज्ञ थे, वहाँ गांधी एक नैतिकतावादी दार्शनिक थे। यदि गांधी एक राजनीतिक विरोधी से बात करते समय सत्य और नैतिकता का अवलम्ब लेते वहाँ बोस राजनीतिक कर्म साधकों (Expedients) का उपकरण रूप में प्रयोग करते। बोस अनुभव करते थे कि गांधीजी विरोधी की मनोवैज्ञानिक स्थिति को समझने में असफल रहे।

(ख) गांधीजी भले उद्देश्य की प्राप्ति के लिए साधनों के प्रयोग पर बल देते थे। उनकी विचारधारा थी, "जैसे साधन होगे, साध्य भी वैसा ही होगा।" यदि गांधी अन्तरात्मा की आवाज में विश्वास रखते थे, बोस कूटनीति आकलन और राजनीतिक शक्ति में विश्वास करते थे। बोस अनुभव करते थे कि गांधीजी के अहिंसात्मक आन्दोलन-असहयोग तथा सविनय अवज्ञा, यह दोनों शान्ति पूर्ण प्रतिरोध पर आधारित थे, न कि सक्रिय प्रतिरोध पर। गांधीजी की शान्तिप्रियता का अर्थ है; समझौते की नीति–यह भारतीय स्वतन्त्रता के मार्ग में सबसे बड़ी बाधा है। स्वतन्त्रता के विषय में समझौते को कोई प्रश्रय नहीं है।

बोस मानते थे कि मात्र अहिंसा से स्वराज्य नहीं लाया जा सकता। अहिंसात्मक सत्याग्रह जनमत को उत्प्रेरित तो कर सकता है, परन्तु स्वतन्त्रता के प्रातः का उदय मात्र उसी से नहीं हो सकता। अतः वे चाहते थे कि अहिंसा को सशक्ततर और अधिक प्रभावी बनाने के लिए कूटनीति और अन्तर्राष्ट्रीय प्रचार का भी प्रयोग किया जाना चाहिए। सी. आर. दास और पं. मोतीलाल नेहरू की कूटनीतिक तकनीक की वह प्रशंसा करते थे। अंग्रेज़ों के विरुद्ध यद्यपि उन्होंने सशस्त्र संघर्ष छेड़ा, तथापि रंगून रेडियो से अपने प्रसारण में उन्होंने इसके लिए गांधीजी का आशीर्वाद भी माँगा। यदि गांधी अहिंसा के पक्षधर थे, बोस अवसर मिलने पर निस्संकोच अंग्रेज़ों से लोहा लेते थे। दास के शब्दों में, "बोस भी गांधी की भाँति एक अध्यात्मवादी थे, परन्तु वह राष्ट्र के जीवन में बल प्रयोग की सम्भावन को नकार नहीं सकते थे। साधनों और साध्य के प्रश्न पर इसी कारण दोनों में मतभेद थे।"[12]

(ग) गांधी राष्ट्रवाद की अवधारणा के उस स्वरूप के पक्षधर थे जिसमें भारत का सम्पूर्ण चित्र हो। इस प्रकार वह 'सम्पन्न और अभावग्रस्त' इन दोनों सामाजिक वर्गों के प्रवक्ता थे। इनके विपरीत बोस इन दोनों वर्गों के मध्य अन्तर को अवश्यमावी मानते थे कि वाम दलों के आविर्भाव के द्वारा ही अधिक उग्र और मूल

परिवर्तनवादी शक्तियाँ उभर कर सामने आएँगी। इस प्रकार की पार्टी जो गांधीवाद की परिधि से बाहर हो, केवल मात्र वही स्वतन्त्रता-प्राप्ति में सहायक हो सकती है। बोस ने कहा, "भारत की स्वतन्त्रता गांधीजी के नेतृत्व में प्राप्त नहीं होगी।" किन्तु निस्संग रूप में विचार के पश्चात् उन्हें गांधीजी के महत्त्व का पता चला तथा वह इस निष्कर्ष पर पहुँचे, "भारत उन्हें खोना नहीं चाहता, विशेषतः आज की परिस्थिति में। भारत की स्वतन्त्रता के लिए नहीं, मानवता के लिए हमें उनकी आवश्यकता है।" (अध्यक्षीय भाषण, हरिपुरा कांग्रेस)।

(घ) दीप्ति और आभामयी माता के रूप में मेजिनी की राष्ट्र परिकल्पना से बोस सहमत थे। इस मोहक परिकल्पना की ओर से लोगों का ध्यान हटाकर गांधीजी ने दरिद्रता जैसी भीषण समस्याओं की ओर कर दिया। अस्पृश्यता तथा अन्य सामाजिक कुरीतियों की ओर भी लोगों का उन्होंने ध्यान खींचा। लोगों की सहायता करना, गांधीजी के लिए यह निष्ठामयी धार्मिक भावना का प्रश्न था। बोस मानते थे कि विश्व को भारत के आध्यात्मिक सन्देश देना है। गांधी इस बात से प्रभावित नहीं थे।[13] गांधीजी द्वारा साधुओं और ऋषियों के प्रति गहरी आस्था और श्रद्धा रखने वाली भारतीय जनता की भावनाओं को जाने-अनजाने छेड़ना बोस को अच्छा नहीं लगता था। बोस मानते थे कि इस प्रकार जन भावनाओं को छोड़कर उनसे लाभ उठाने से तात्त्विक विषयगत विचारणा और बुद्धिसंगत विश्लेषण के क्रम में व्याघात पड़ता है। उनकी दृष्टि में यह तकनीक बुद्धिसंगत नहीं थी। यहाँ लगता है बोस की आलोचना औचित्य की सीमा लाँघकर अनावश्यकतः अमैत्रीपूर्ण हो गई है, क्योंकि लोगों के प्रति गांधीजी का प्रेम जनता के प्रति एक जनश्रुति बन चुका था जिसके सम्बन्ध में कुछ भी कृत्रिम नहीं था।

(ii) आत्म-त्याग की आवश्यकता

राष्ट्र-निर्माण के कार्य में लगे व्यक्तियों को कष्ट सहन और आत्म-त्याग के दौर से गुजरना पड़ता है। इस दृष्टि से उन पर स्वामी विवेकानन्द का प्रभाव स्पष्ट दिखाई देता है। आत्मोत्सर्ग के बिना कोई भी साक्षात्कार सम्भव नहीं है। वह समझते थे कि यदि राजनीतिक स्वतन्त्रता का स्वप्न साकार करना है तो सहन तथा आत्म-त्याग के मार्ग से होकर जाना पड़ेगा।

(iii) सामाजिक और आर्थिक स्वतन्त्रता अनिवार्य है

मात्र राजनीतिक स्वतन्त्रता ही पर्याप्त नहीं है। यद्यपि राजनीतिक स्वतन्त्रता के लिए उन्होंने संघर्ष किया, तथापि सामाजिक और आर्थिक स्वतन्त्रता के महत्त्व पर भी उन्होंने बल दिया। "इतिहास अपने युक्तिसंगत क्रम का अनुसरण करेगा।

राजनीतिक संघर्ष भी साथ-साथ करना पड़ेगा। जो दल देश को राजनीतिक स्वतन्त्रता दिलाएगा, वही दल लोगों को सामाजिक और आर्थिक स्वतन्त्रता भी दिलाएगा।''[14]

(iv) बोस का वामपंथ

तीस के दशक में ही बोस वामपंथ के प्रमुख प्रवक्ता बन गए थे। यदि बीस के दशक में उनका वामपंथ भारत को उपनिवेश बनाने की माँग के विरोध के रूप में मुखर हुआ था, वहाँ तीस के दशक में उसे स्पष्टतम अर्थोन्मुखी विन्यास भी मिला। 19 मार्च, 1940 को रामगढ़ में आयोजित समझौता विरोधी सम्मेलन के अध्यक्षीय भाषण में उन्होंने कहा, ''जब स्वतन्त्रता आएगी राष्ट्रीय पुनर्निर्माण युग आरम्भ होगा और यह हमारे आन्दोलन का समाजवादी दौर होगा। वही वामदलीय होंगे जो बिना समझौता किए साम्राज्यवाद के विरुद्ध संघर्ष करेंगे। हमारे आन्दोलन के अगले चरण में वामपंथ समाजवाद का पयार्यवाची होगा।'' किन्तु बोस कभी कट्टरपंथी मार्क्सवादी नहीं बन सके।

अध्यात्मवादी हिन्दू दर्शन में आस्था के कारण वह मार्क्स के द्वन्द्वपरक भौतिकवाद को स्वीकार नहीं कर सके। किन्तु समाजवादी विचारधारा को उनका समर्थन प्राप्त था। अपने हरिपुरा कांग्रेस के अध्यक्षीय भाषण में उन्होंने कहा था, ''मुझे इसमें कोई सन्देह नहीं है कि निर्धनता, निरक्षता, रोग, वैज्ञानिक उत्पादन तथा वितरण सम्बन्धी हमारी समस्याओं का समाधान समाजवादी पद्धति के द्वारा ही हो सकता है।''[15] वह दरिद्रता निवारण और निरक्षरता का समूलोच्छेदन चाहते थे। जमींदारी प्रथा का अन्त तथा कृषकों पर लदे कृषि सम्बन्धी ऋण भारों की सामाप्ति भी उनका उद्देश्य था। औद्योगिक विकास को वह राज्य स्वामित्व तथा निमन्त्रण में रखना चाहते थे। अध्यक्षीय भाषण से उद्धत उनके यह शब्द उल्लेखनीय हैं, ''योजना आयोग की अनुशंसा (Recommendation) पर राज्य को एक ऐसी सर्वांगीण योजना बनानी पड़ेगी जिसके अन्तर्गत धीरे-धीरे हम अपनी सम्पूर्ण कृषि तथा आर्थिक पद्धति का समाजीकरण कर सकें उत्पादन तथा विनियोजन दोनों क्षेत्रों में।''[16] यह समाजवाद के प्रचार तथा श्रमजीवी वर्ग के लोगों के हितों के पक्षधर थे। बर्लिन से एक प्रसारण में उन्होंने कहा था, ''भारत की स्वतन्त्रता के लिए हमें लड़ना है; तब भारत में पूरी स्वतन्त्रता में उन्होंने भावी स्वरूप निर्धारण बिना हस्तक्षेप के हमें करना है। स्वतन्त्र भारत में समाज व्यवस्था का आधार न्याय, समानता तथा सौहार्द के शाश्वत सिद्धान्तों पर होगा।''[17]

उन्होंने स्वतन्त्र भारत में एक ऐसी वामपंथी पार्टी के गठन पर बल दिया जिसके कार्यक्रम निम्नलिखित हों :

(i) यह पार्टी सर्वसाधारण के हितों के लिए ही काम करे न कि निहित स्वार्थों के लिए।

(ii) यह पार्टी भारतीय जनता की पूर्ण राजनीतिक, आर्थिक स्वतन्त्रता के लिए कार्य करेगी।

(iii) यह संघीय शासन प्रणाली को अपना अन्तिम लक्ष्य मानकर उसकी स्थापना के लिए यत्नशील रहेगी। किन्तु यह कुछ समय शाही अधिकार सम्पन्न सशक्त केन्द्र सरकार के लिए कार्य करेगी।

(iv) यह राष्ट्र के कृषि सम्बन्धी और औद्योगिक जीवन के पुनर्गठन के उद्देश्य से एक उत्तम राजकीय आयोजन पद्धति की स्थापना के लिए कार्यरत रहेगी।

(v) यह प्राचीन ग्रामीण समुदायों के आधार पर इसकी संरचना का गठन करेगी।

(vi) यह जमींदारी प्रथा समाप्त कर उसने स्थान पर एक समान भूस्वत्वाधिकार पद्धति लागू करेगी।

(vii) यह विक्टोरिया अर्थ में प्रजातन्त्र स्वीकार नहीं करेगी। किन्तु एक कठोर सैनिक अनुशासन में बद्ध शक्तिशाली दल के हाथ में सत्ता की बागडोर देना चाहेगी जिससे भारत का विघटन न हो।

(viii) यह भारतीय स्वतन्त्रता के पक्ष में अन्तर्राष्ट्रीय प्रचार करेगी तथा वर्तमान अन्तर्राष्ट्रीय संस्थाओं का भी सहयोग प्राप्त करेगी।

(ix) यह एक राष्ट्रीय कार्यसमिति के अधीन सभी मूल परिवर्तनवादी दलों को संगठित करेगी[18] वाम शक्तियों को सुदृढ़ करने के बोस के प्रयत्न अधिक सफल नहीं हुए। उनके फॉर्वर्ड ब्लॉक ने निस्संदेह अंग्रेज़ साम्राज्यवाद के विरुद्ध अटल, दृढ़ निश्चयात्मक आन्दोलन छेड़ा था।

पार्टी के उल्लिखित कार्यक्रम के आलोचनात्मक विश्लेषण से हम इस निष्कर्ष पर पहुँचते हैं कि समाजवादी विचारों के प्रतिपादकों में बोस अग्रणी थे। वास्तव में, उन्होंने जवाहरलाल नेहरू के सहयोग से कांग्रेस के अन्तर्गत ही वाम दल का गठन किया। ट्रेड यूनियन कांग्रेस के अध्यक्ष के रूप में उन्होंने घोषणा की थी, "हम समाजवाद, पूर्ण समाजवाद के पक्ष-पोषक हैं।"[19] मार्च 1931 में नौजवान भारत सभा सम्मेलन में भारतीय समाजवाद को परिभाषित करते हुए कहा कि भारतीय समाजवाद राजनीतिक स्वतन्त्रता, पूर्ण आर्थिक स्वतन्त्रता तथा पूर्ण सामाजिक समानता है। उन्होंने भविष्यवाणी की, "समाजवाद हमारे लिए तात्कालिक समस्या नहीं है, फिर भी स्वतन्त्रता-प्राप्ति तक जनता को समाजवाद के लिए तैयार करने के लिए समाजवाद का प्रचार आवश्यक है।"[20] इन वक्तव्यों से स्पष्ट है कि

नेताजी की प्रवृत्ति समाजवाद की ओर थी। यदि आज वह जीवित होते और हमारे राष्ट्र की बागडोर उनके हाथ में होती तो वह स्पष्टतः समाजवाद को अवमिश्रित (Diluted) रूप में नहीं, वरन् विशुद्ध रूप में स्वीकार करते—अनमने होकर पंगु समाजवाद को हमारे उन कर्णधारों के समान वह छाती से चिपकार न रहते, जो 1947 के पश्चात् राष्ट्र के भाग्य-निर्माता बनने का सौभाग्य प्राप्त कर सके। वह एक नए प्रकार का समाजवाद प्रतिपादित करते जो भारतीय ऐतिहासिक परम्पराओं तथा भौगोलिक संरूपण के अनुरूप होता है। वह मार्क्सवाद तथा आध्यात्मिक मूल्यों के संश्लेषण को स्वीकार करते।

(v) बोस और उनका फॉर्वर्ड ब्लॉक

सुभाष ने फॉर्वर्ड ब्लॉक की स्थापना उन शक्तियों को एकजुट करने के उद्देश्य से की थी जो ब्रिटिश राज्य के उग्र विरोध में रत होकर उसके तात्कालिक पतन के लिए प्रयत्नशील थे। देश की स्वतन्त्रता अल्पतम समय में प्राप्त करना इसका उद्देश्य था।

संक्षेप में इस पार्टी के प्रमुख सिद्धान्त इस प्रकार हैं—

(क) पूर्ण स्वराज्य का उद्देश्य प्राप्त करने के लिए साम्राजय विरोधी दृढ़निश्चयात्मक संघर्ष छेड़ना।

(ख) भारत को एक पूर्णतः आधुनिक तथा समाजवादी राज्य बनाना।

(ग) राष्ट्र के आर्थिक पुनरुत्थान के लिए बड़े पैमाने पर वैज्ञानिक उत्पादन।

(घ) उत्पादन तथा वितरण दोनों पर राज्य का स्वामित्व तथा नियन्त्रण।

(ङ) धार्मिक उपासना के क्षेत्र में व्यक्ति को स्वतन्त्रता।

(च) भारतीय समुदाय के सभी वर्गों को भाषायी तथा सांस्कृतिक स्वायत्तता।

(छ) सभी व्यक्तियों को समानाधिकार।

(ज) स्वतन्त्र भारत में नई सामाजिक व्यवस्था लाने के लिए सभी के लिए समानता और सामाजिक न्याय के सिद्धान्त को स्वीकार करना।[21]

डॉ. वी पी. शर्मा इन पर टिप्पणी करते हुए कहते हैं कि राजनीतिक स्वतन्त्रता के सिद्धान्त को इन सिद्धान्तों में कोई स्थान नहीं दिया गया है। उनके मत में जान-बूझकर इसकी अनदेखी की गई है। वे कहते हैं, "एक प्रकार से यह माना जा सकता है कि अधिकारों की समानता के अन्तर्गत राजनीतिक स्वाधीनता का अधिकार भी आ जाता है, फिर भी यदि अधिक स्पष्टता से राजनीतिक स्वतन्त्रता का निरूपण भी कर दिया जाता।"[22] ऐसा लगता है इस प्रकार का निष्कर्ष अनावश्यकतः निकाला गया है। सुभाष ने जिस वीरता से देश की स्वतन्त्रता के लिए एक वीर सैनिक की भाँति युद्ध छेड़ा, उसके आलोक में ऐसा

नहीं लगता कि उन्होंने जान-बूझकर इस सिद्धान्त की उपेक्षा की होगी। अनुवर्ती घटनाओं ने सिद्ध कर दिया कि बोस ने मातृभूमि की बलिवेदी पर जीवन बलिदान कर दिया, उस स्वतन्त्रता की प्राप्ति के लिए जिससे देशवासियों को चिरकाल से वंचित रखा गया था।

(vi) बोस तथा फ़ासिज्म

बोस पक्के राष्ट्रवादी थे। इसी कारण उन्हें अपनी मातृभूमि की स्वतन्त्रता के लिए शक्तिशाली व्यक्तियों से सैनिक सहायता के लिए उनके द्वारा खटखटाने में कोई संकोच नहीं था। फ़ासिस्ट तानाशाहों के प्रति उनकी भावनात्मक प्रवृत्ति से इनकार नहीं किया जा सकता, क्योंकि उन्होंने उनसे मिलकर सहायता की अपेक्षा की थी। उन्होंने मुसोलिनी से इटली में 1931 में गांधीजी की भेंट की सराहना की। उन्होंने कहा, "गांधीजी ने इटली जाकर जनता की बड़ी सेवा की। दुःख इसी बात का है कि वहाँ वे अधिक समय तक नहीं ठहरे तथा और अधिक व्यक्तिगत सम्पर्क स्थापित नहीं किए।"[23] वे निस्सन्देह इंग्लैंड के विक्टोरिया प्रजातन्त्र के विरोधी थे और इसी प्रकार का भाव बुर्जुआई फ्रांसीसी गणतन्त्र के प्रति भी उनका था। उन्होंने भविष्यवाणी रूप में कहा था, "मैं शीघ्र ही साम्यवाद और फ्रासिज्म का संश्लेषण प्रस्तुत करूँगा।" इस संश्लेषण को उन्होंने साम्यवाद का नाम दिया। उन्होंने साम्यवाद की कुछ ऐसी विशेषताओं का भी उल्लेख किया जो फ़ासिज्म में भी मिलती हैं। उदाहरणार्थ दोनों ही व्यक्ति की अपेक्षा राज्य की सर्वोपरिता के सिद्धान्त को मानते हैं। दोनों संसदीय प्रजातन्त्र की निन्दा करते हैं। दोनों विसम्मत (Dissenting) अल्पमत दल के शासन के पक्षधर हैं। दोनों औद्योगीकरण के पक्ष में हैं। उनका मत था कि यह समानताएँ अपने संश्लिष्ट (Synthesized) रूप में नए साम्यवाद का आधार बन सकती हैं। यद्यपि किसी स्वतन्त्रता के अग्रदूत के मन से ऐसे विचार का उत्पन्न होना एक विरोधाभास-सा लगता है तथपि हमें यह ध्यान में रखना चाहिए कि यह विचार ऐसे मस्तिष्क से आया था जो एक समय गूढ़ वेदान्तिक रहस्यों से प्रभावित था। ऐसा सम्भवतः इसलिए था कि वे देश को दासता-पाश की अर्गला से मुक्त कराने को अत्यधिक आतुर थे। वे उग्र राष्ट्रवादी थे, अतः उन्हें उन धुरी (Axis) शक्तियों से सहायता लेने में कोई संकोच नहीं था जिन्होंने तथाकथित जनतन्त्रों को हिलाकर अपना वर्चस्व स्थापित कर लिया था। उन्होंने जो नेताजी (जिसका अर्थ फ़्यूहरर है) की सम्मानसूचक उपाधि प्राप्त की थी, उससे यह अनुमान नहीं लगाना चाहिए कि यह इतने कठोर, निरंकुश होते जितना हिटलर (फ़्यूहरर) था। उन्होंने कभी साम्राज्यवादी विस्तारवाद, किसी जाति का वर्चस्व, विरोधी वर्गों के शोषण और तानाशाह की इच्छा की

सर्वोपरिता–जो फ़ासिज्म की प्रमुख विशेषताएँ थीं–का समर्थन नहीं किया। अतः एक फ़ासिस्ट के रूप में उनकी निन्दा करना अन्यायपूर्ण होगा। तथ्य तो यह है कि उनकी आस्था समानता और अन्तर्राष्ट्रवाद में थी–जो फ़ासिष्ट तानाशाहों के आक्रोश के मुख्य स्वीकार होते रहे हैं।

(vii) बोस तथा राष्ट्रवाद

सुभाष एक उत्साही राष्ट्रवादी प्रचण्ड देशभक्त थे। अत्यन्त प्रलोभनकारी आई.सी.एस. से उनका त्यागपत्र, समय-समय पर स्वतन्त्रता आन्दोलन में भाग लेने के कारण उनकी गिरफ्तारियाँ, कड़ी सुरक्षा-व्यवस्था होने पर भी उनका अदृश्य हो जाना–हिटलर, मुसोलिनी तथा जापानी सम्राट् से उनकी झड़पें, आजाद हिन्द फौज का उनके द्वारा गठन, आजाद हिन्द की अस्थायी सरकार का नेतृत्व करना, सिंगापुर रेडियो से उनकी प्रेरणाप्रद वक्तृताएँ तथा अन्त में एक गुप्त मिशन पर जाते समय विमान दुर्घटना में उनका निधन–इन सभी से जो उज्ज्वल छवि निखरकर आती है, वह एक देश-प्रेम और उत्कट राष्ट्रवाद की है। यद्यपि उन्होंने राष्ट्रवादी अवधारणा के विकास में कोई सैद्धान्तिक योग नहीं दिया है, तथापि एक कर्मयोगी और अत्युच्च स्तरीय प्रचण्ड प्रतिभा के स्वामी के रूप में उन्होंने राष्ट्रवाद की श्रेष्ठता के आदर्श को हमारे देश में सर्वप्रिय बनाया जिसे उत्तराधिकार में पारिवारिक कलह, पुरोहितवाद और तानाशाही साम्राज्यवाद यह विकृतियाँ मिली हैं। अंग्रेज़ी साम्राज्यवाद के पाश से भारत को मुक्त कराने की एक उन्मत्त की लगन जिससे वे ओत-प्रोत थे तथा देश के लिए महान कष्ट जो उन्होंने सहे थे, इन सभी ने उन्हें इतिहास में मूर्धन्य राष्ट्रीय नेताओं के समकक्ष ला खड़ा किया है। भारतीय संस्कृति पर उन्हें गर्व था। इसके अतिरिक्त सभ्यता के रूप में भारत को अपने गौरवशाली अतीत से जो उत्तराधिकार रूप में मिला, उन सब पर वह गर्व करते थे। उन्हें पूर्ण विश्वास था कि स्वतन्त्रता-प्राप्ति के बिना भारत राष्ट्रों के वर्ग में अपना उचित स्थान नहीं ले सकता।[24]

आत्मसमर्पण करते शत्रु के सैनिकों को पराजय की हीन स्थिति से उबारकर सैनिक के गर्वपूर्ण स्थान पर पहुँचाना, उनकी आवश्यकताओं की पूर्ति के लिए अपने देश के कुछ थोड़े से लोगों को प्रेरित कर उन्हें इस पूर्ति का स्रोत बनाना, भूख से मरने की स्थिति में भी उनके मनोबल को ऊँचा रख पाना, अपने आप में इतिहास में उज्ज्वलाक्षरों में अंकित किए जाने योग्य अजेय, शौर्य, साहस और देश-प्रेम की प्रेरणात्मक गाथा है। यह उनके प्रखर राष्ट्रवाद का प्रमाण है। हरीत शाह के शब्दों में, "देशभक्तों की राष्ट्र-प्रेम से ओतप्रोत शृंखला में उन्होंने हिन्दू, मुसलमानों, सिख तथा ईसाइयों को एक सूत्र में पिरोकर देशभक्तों की अनेक रंगों

की एक ऐसी माला प्रस्तुत की थी जो भारत माता के कण्ठ का हार बनी। दिन-भर मजदूरी कर पैसा कमाने वाले, पुरुष, स्त्री और बच्चों के जनमानस में देश-प्रेम का समुद्र जिस प्रकार उमड़ रहा था—यह स्वर्गिक दृश्य अपने आपमें हमारी विरासत (heritage) का मूल्यवान, अभिन्न अंग है।"[25]

अपने सैनिकों को सम्बोधित करते हुए बोस ने कहा, "समय आ गया है जब प्रत्येक भारतीय को युद्ध-भूमि की ओर बढ़ना है। स्वतन्त्रता-प्रेमी भारतीयों का रक्त जब प्रवाहित होने लगता है, तब स्वतन्त्रता भारत को मिलेगी।" आजाद हिन्द फौज के सेनापति का पद जब उन्होंने सँभाला तो विशेष आदेश में उन्होंने कहा, "भारतीय स्वतन्त्रता के हित में तथा आजाद हिन्द फ़ौज के हित में मैंने अपनी सेना का सीधा नेतृत्व अपने हाथ में ले लिया है, आज से। यह व्यक्तिशः मेरे लिए हर्ष और गर्व का विषय है, क्योंकि किसी भी भारतीय के लिए इससे बढ़कर और कौन-सा सम्मान होता कि वह भारत के लिए स्वतन्त्रता-संघर्ष में रत सेना का सेनापति बने।"[26] उनकी देशभक्ति तथा गहन राष्ट्रवाद का यह भी प्रमाण है कि उन्होंने भारतीय हितों को न तो जर्मन, न ही जापान के हाथों समर्पित किया। यह बात उन्होंने जापानियों को स्पष्ट कर दी थी कि भारतीय प्रदेश की ओर अभियान के अन्तिम चरण का न तो वे नेतृत्व ही कर पाएँगे तथा न ही उसका पुरस्कार ही उन्हें मिलेगा। जापानी उन्हें मात्र अपनी कठपुतली समझने की भूल नहीं कर सकते थे। शाह लिखते हैं, "कोई भी जापानी भारत भूमि पर अपना पैर रखने का दुस्साहस नहीं कर सकता था, इस उद्देश्य से कि सफेद रंग के शासक के स्थान पर कोई पीला शासक भारत पर शासन करे।"[27]

जहाँ तक अपने ही प्रयासों से भारत को स्वतन्त्र कराने का प्रश्न था, नेताओं का मत पूर्णतः निश्चित और स्पष्ट था। जापानियों से सहायता लेने का अर्थ यह कदापि नहीं था कि भारतीय हितों को उनके हाथों गिरवी रख दिया जाए। उस स्वतन्त्रता को जो अंग्रेज़ों से लेनी थी, भी खतरे में डालने का कोई प्रश्न ही नहीं था। उन्होंने कहा, "यह एक ऐसा उत्तरादायित्व है जो हम किसी ओर के कन्धों पर नहीं डाल सकते। ऐसा करना हमारे राष्ट्रीय सम्मान के प्रतिकूल होगा।" उनके आरम्भिक आलोचक उनकी इस आधार पर एक राष्ट्रवाद विरोधी के रूप में निन्दा करते थे कि साम्राज्यवादियों से सहायता माँगकर वह एक साम्राज्यवादी के स्थान पर दूसरे साम्राज्यवादी को हमारी धरती पर पाँव जमाने का निमन्त्रण दे रहे हैं। उनकी यह निन्दा पूर्णतः असत्य और भ्रामक सिद्ध हो जाती है, यदि हम अनुवर्ती घटनाओं तथा नेताजी के दृढ़ निश्चयात्मक वक्तव्यों का विश्लेषण करें। इस प्रकार की आलोचना के प्रति वे कितने सजग थे, यह उनके इस वक्तव्य से प्रकट है, "क्या आपको विश्वास है कि मेरे पास इतनी बुद्धि है कि वह मुझे मूर्ख न बना

सकें। मेरी बात पर विश्वास कीजिए। मैं आपको विश्वास दिलाता हूँ कि जापानी हमें धोखा नहीं दे सकते। वह ऐसा तभी कर सकते हैं जब हम भली प्रकार स्वयं को एक अनुशासनबद्ध सेना के रूप में सगठित नहीं करते, स्वतन्त्रता के युद्ध के लिए। हमें हर प्रकार के बलिदान के लिए उद्यत रहना है।''

ब्रिटिश साम्राज्यवादियों, जिन्हें वे धूते और शोषक कहते थे, के प्रति उनकी कठोर आलोचना की वृत्ति और अटल, दृढ़ विरोध का दृष्टिकोण प्रमाण है इस बात का कि वे उत्कृष्ट राष्ट्रवादी थे जो विदेशी आधिपत्य से देश को मुक्त कराने की अदम्य ललक से ओतप्रोत थे। अंग्रेज़ों ने भी उन्हें अपना शत्रु कहकर उनकी भर्त्सना की। 26 अप्रैल, 1942 को बर्लिन से अपने प्रसारण में उन्होंने बलपूर्वक कहा, 'ब्रिटेन के वेतनभोगी प्रचारक मुझे 'शत्रुओं के गुप्तचर' के रूप मे चित्रित कर रहे हैं। मुझे, जब मैं अपने देशवासियों को सम्बोधित करता हूँ, अपने विषय में किसी प्रमाण-पत्र की अपेक्षा नहीं है। मेरा समग्र जीवन अंग्रेज़ साम्राज्यवाद के विरुद्ध एक अटल, निश्चयात्मक और दीर्घ संघर्ष रहा है और मेरी वृत्ति की शुद्धता का सर्वोत्तम प्रमाण-पत्र है। मैं जीवनपर्यन्त भारत का सेवक रहा हूँ और जीवन की अन्तिम घड़ी तक मैं वही रहूँगा। मेरी आस्था, मेरी भक्ति, मेरी प्रतिबद्धता केवल भारत के प्रति ही रही है, और भविष्य में भी भारत के प्रति ही रहेगी।''

पुनः 4 जुलाई, 1943 को सिंगापुर में 'फ्री इण्डिया मूवमेण्ट' के नेताओं के सम्मेलन का उद्‌घाटन करते हुए उन्होंने अपने कन्धे से कन्धा मिलाकर चलने वाले सहयोगियों का ऐसे मर्मस्पर्शी शब्दों में आह्वान किया, जो साम्राज्यवादियों के विरुद्ध लोहा लेने वालों के कानों में सदा गूँजते रहेंगें, ''हमारे सामने एक गम्भीर संघर्ष है, हमारा शत्रु एक साथ ही शक्तिशाली, मर्यादाहीन तथा क्रूर है।... स्वतन्त्रता की ओर इस अभियान में, आपको भूख, प्यास, विपत्तियों, अनिच्छापूर्वक चालन, यहाँ तक कि मृत्यु का भी सामना करना पड़ेगा, तथापि इस कष्ट सहन की अवस्था से जब आप निकल आएँगे तो सामने खड़ी स्वतन्त्रता स्वयं आपका स्वागत करेगी। मुझे विश्वास है कि आप अपने दरिद्र और पराधीन देश में समृद्धिदायिनी स्वतन्त्रता की राज्य लक्ष्मी की प्रतिष्ठा करेंगे।'' आजाद हिन्द फ़ौज का गठन हो जाने के पश्चात् सिंगापुर टाउन हॉल के सामने मार्च पास्ट के पश्चात् सैनिकों को सम्बोधित करते हुए नेताजी ने कहा, ''आज मेरे जीवन का सबसे गौरवशाली क्षण है। भाग्य ने प्रसन्न होकर, कृपापूर्वक आज मुझे यह घोषणा करने का अवसर दिया है—स्वतन्त्र भारत की सेना का गठन हो चुका है। यह सेना देश को अंग्रेज़ों की दासता से मुक्त कराएगी। आज ब्रिटिश साम्राज्य के मजार पर खड़े एक बच्चे को भी यह विश्वास है कि ''सर्वशक्तिमान ब्रिटिश साम्राज्य जब अतीत की वस्तु बन चुका है। साथियों! युद्ध में आपका केवल एक ही नारा हो—'दिल्ली

चलो, दिल्ली चलो।' यह आपका गौरव है, सम्मान है कि आप भारत की राष्ट्रीय सेना के गठन के लिए आगे आने वाले प्रथम व्यक्ति हैं। आज आप राष्ट्रीय सम्मान के प्रहरी हैं और भारतीय आशाओं और आकांक्षाओं के प्रतीक हैं। महत्त्व इसका नहीं है कि हममें से भारत को स्वतन्त्र देखने के लिए कौन जीवित रहेंगे। हमारे लिए इतना ही पर्याप्त है कि भारत स्वतन्त्र होगा और इस उद्देश्य के लिए हम अपना सब कुछ न्यौछावर कर देंगे।" नेताजी का यह वक्तव्य एक साहित्यिक प्रस्तुतन है, शौर्य का प्रेरणाप्रद विधान है और इतना ही नहीं, एक देश-प्रेमी के राष्ट्र भक्ति से आप्यायित हृदय का सजीव चित्रण है।

पुनः आजाद हिन्द गवर्नमेण्ट की स्थापना से पूर्व, एक मर्मस्पर्शी सम्बोधन में उन्होंने कहा, "अपनी धूर्तता के कारण भारतीयों को पूर्णतः निराश कर और उन्हें संघर्ष के लिए निर्भीक बनाकर, अपनी लूट के द्वारा भुखमरी और मृत्यु के कगार पर भारतीयों को खड़ा करने के पश्चात्, भारतीयों के सद्भाव का अधिकार खो दिया है और अब वह अस्तित्व का जहाँ तक सम्बन्ध है, संकट की स्थिति में आ गया है। मात्र एक शोला भड़कना ही पर्याप्त है, इस दुःखदायी राज्य के अन्तिम अंश को जलाने के लिए। इसी को भड़काना भारत की स्वतन्त्रता सेना का काम है। अब क्योंकि स्वतन्त्रता का प्रभाव सन्निकट है, भारतीयों का यह कर्त्तव्य है कि वह अपनी अस्थायी सरकार का गठन करें और इसके ध्वज के नीचे रहकर अपना संघर्ष जारी रखें। यह अस्थायी सरकार अधिकारिणी है प्रत्येक भारतीय की निष्ठा की। ईश्वर के नाम पर, विगत संततियों के नाम पर तथा वीरगति प्राप्त शूरवीरों के नाम पर हम भारतीयों का आह्वान करते हैं कि वह हमारे ध्वज के नीचे एकत्र होकर भारत की स्वतन्त्रता के लिए प्रहार करने के लिए उद्यत हों।" घोषणा-पत्र पर राष्ट्राध्यक्ष, प्रधानमंत्री तथा युद्ध मंत्री के रूप में सुभाषचन्द्र बोस तथा सरकार के अन्य सदस्यों के 21 अक्तूबर, 1943 के दिन हस्ताक्षर किए गए।

नेताजी के राष्ट्रवाद ने कभी पराजय स्वीकार नहीं की। स्वतन्त्रता संघर्ष के गहनतम अंधकार के क्षण में भी उन्होंने आशावाद का संबल नहीं छोड़ा। अपनी अन्तिम यात्रा से पूर्व उनका सन्देश मुखरित करता है उनके राष्ट्रवाद की प्रचण्डता को। "निविड़तम अंधकार का क्षण भी प्रभाव का सन्देशहर होता है। भारत स्वतन्त्र होगा और वह भी शीघ्र।"[28] उनकी भविष्यवाणी सत्य सिद्ध हुई, यद्यपि उच्च कोटि के राष्ट्रभक्त सुभाष इसे देखने के लिए जीवित नहीं रहे।

उनका उपाय

पूर्ववर्ती विवरण से स्पष्ट है कि अध्यात्म से प्रेरित रहस्यवादी होते हुए भी सुभाष आमूल परिवर्तनवादी थे। उग्रता की ओर उन्मुख उनका दृष्टिकोण आज

सर्वमान्य सत्य है। उनका मत था कि बिना बलिदान के कोई देश स्वतन्त्रता प्राप्त नहीं कर सकता। उनके इन विश्वासों के कारण, वह उग्रतापरक दृष्टिकोण प्राप्त कर क्रान्ति के पक्षधर बने, जबकि कांग्रेस की अधिकृत रूपेण नीति नरमवाद की ही रही।

दास के अनुसार, "जहाँ गांधी अहिंसात्मक सत्याग्रह की बात करते थे, बोस जिन्हें शान्तिप्रिय सत्याग्रहियों के प्रति ब्रिटिश हिंसा का कटु अनुभव था, हिंसात्मक क्रान्ति के उपायों का प्रयोग कर, विदेशी सहायता प्राप्त कर, विदेशी शोषकों को भारत की पाक धरा से खदेड़ने के लिए, नेता सुभाष देश का आह्वान करने लगे।"[29] उन्होंने नरमवादियों की नीति की निन्दा की। अरविन्द के इस नारे से वह बड़े प्रभावित हुए कि स्वतन्त्रता-प्राप्ति से पूर्व अपने को रक्त तथा अग्नि से पवित्र करना आवश्यक है।

उनका मत था कि अंग्रेज़ों ने क्योंकि हमारे विरुद्ध तलवार उठाई है, हमें भी प्रत्युत्तर में तलवार उठानी चाहिए।

पूर्ण स्वतन्त्रता के प्रति उनका आग्रह, अपनी मातृभूमि के दिव्यत्व में उनकी निष्ठा जिससे वह उसकी स्वतन्त्रता के लिए बड़े से बड़ा बलिदान करते हुए प्रयत्नशील रहे तथा राष्ट्रीय आन्दोलन को धार्मिकता से संपुटित करना, यह परिणाम था उनके द्वारा आजीवन निर्वाहित उग्रवाद की परम्पराओं का। वृहद् लेखन तथा भाषणों के द्वारा उन्होंने इन राजनीतिक सिद्धान्तों के प्रसार में विशाल योग दिया। उन्होंने इन्हें ऐतिहासिक महत्त्व भी प्रदान किया। "किन्तु वह आतंकवाद तथा अराजकता के पक्षधर नहीं थे। यह और बात है कि वह आतंकवादियों के साहसी, बलिदानी कृत्यों में प्रतिफलित उनके जुझारूपन के प्रशंसक थे। इस तथ्य के प्रति वह जागरूक थे कि ऐसी गतिविधियों से देश को स्वतन्त्रता नहीं मिलती। यही कारण था कि वह इनका संचालन करने वाली किसी भी संस्था से संबद्ध नहीं हुए। कुछ कोरे सिद्धान्तवादी जो बोस तथा उनकी आई. एन. ए. के सम्बन्ध में निन्दापरक टिप्पणी करते हैं, वह गांधीजी की सत्याग्रह तकनीक की कसौटी पर उन्हें उतारते हैं, जो न्यायसम्मत नहीं है।"[30] आचार्य कृपलानी की यह टिप्पणी उचित ही है, "श्री सुभाष बोस तथा उनकी आई.एन. ए. के कार्यों का आकलन करते समय कांग्रेसजन यदि गांधी सत्याग्रह तकनीक के आधार पर ऐसा करते हैं तो यह अनुचित है। यह अन्याय होगा यदि उन्हें देशभक्त न माना जाए जो वीरता से अपने देश की स्वाधीनता के लिए लड़े, ऐसी वीरता जो पूर्व और पश्चिम के अन्य देशभक्तों ने भी प्रदर्शित की हो। अपने राष्ट्र को विदेशी चंगुल से मुक्त करने के प्रयास में अनेकों ने बड़े व्यक्तिगत जोखिम उठाए। अनेकों ने अपनी अस्थियाँ बिछाकर आसाम और बर्मा के युद्ध क्षेत्रों को सफेद कर दिया था।"[31]

इसके अतिरिक्त बहिष्कार तथा शान्तिपूर्ण प्रतिरोध के सिद्धान्त के क्षेत्र में भी उनका उल्लेखनीय योगदान है। उन्होंने लोगों का आह्वान किया कि वह कर न दें। लगान का भुगतान भी न करें। अन्य ऐसे उपायों का अवलम्ब लें जिनसे सरकार आर्थिक और सहायता प्राप्त न कर सके और गौर्टिक सेना के वर्तमान समर्थकों को रिझाने के लिए और उनकी सहानुभूति प्राप्त कर सकें। यह भी सुनिश्चित किया जाए कि सेना, पुलिस और अन्य कर्मचारियों द्वारा सशक्त संघर्ष द्वारा सत्ता न हथिया ली जाए।

उपसंहार

भारत शीघ्र ही स्वतन्त्र हो गया था। यद्यपि भारत के क्षितिज पर स्वतन्त्रता के प्रभात का उदय हुआ, तथापि वह सूर्य, जिसने स्वतन्त्रता का पथ आलोकित किया था, दुर्भाग्य से अस्त हो गया। सुदूर के विदेशी गगन की ऊँचाई से उनकी नश्वर काया ने सदा के लिए विदा होते समय देशवासियों को अलविदा कहा—"सुदूर देश का क्षेत्र, जो उन्होंने अपनी उस संघर्ष भूमि के लिए चुना जहाँ से वह शक्तिशाली ब्रिटिश साम्राज्य के विरुद्ध इसका संचालन कर रहे थे। परन्तु नेताजी अमर रहेंगे, उस समय तक जब तक अनुवर्ती संततियाँ श्रद्धासिक्त आभार सहित उस शौर्य गाथा का स्मरण करेंगी जिसके कारण सुभाष बोस की प्रतिभा जन-जन के लिए एक प्रेरक अनुश्रुति बन गई। उनकी निर्भीकतामयी वीरता, अदम्य मौज की लहर, उनका कष्ट सहन तथा उत्सर्ग, यह सभी भारतीय स्वतन्त्रता संघर्ष का अभिन्न अंग बन गए हैं। आगामी संतति उनके जीवन की विलक्षण उपलब्धियों से समृद्ध यशस्वी गाथा को गर्व, श्रद्धा के भाव से सुनेगी और उन्हें एक ऐसे शूरवीर के रूप में प्रणाम करेगी जिनके कारण स्वतन्त्रता की उषा ने अपनी आभा छिटकाई।"[32] किन्तु विशुद्ध सैद्धान्तिक राजनीतिक विचार की दृष्टि से, हम सहमत हैं वी. पी. शर्मा के इस कथन से, "बोस आधुनिक भारतीय राजनीतिक सिद्धान्त विचारणा के इतिहास में विचारणीय महत्त्व रखते हैं, क्योंकि उन्होंने राष्ट्रीय स्वतन्त्रता, समाजवाद और साम्यवाद तथा फासिज्म के संश्लेषण को लोकप्रिय बनाया है।"[33]

बोस एक समाजवादी की अपेक्षा राष्ट्रवादी अधिक हैं, एक कोरे सिद्धान्तवादी, भाव प्रवण व्यक्ति की अपेक्षा यथार्थवादी अधिक हैं। उनका योगदान इसमें निहित है कि उन्होंने अपने सभी राजनीतिक सिद्धान्तों को क्रियात्मक रूप दिया। इस प्रकार वह एक क्रियाशील नेता थे, कर्मयोगी थे जो सगर्व कहते थे, "भारत इतिहास का निर्माण करेगा और जो देश इतिहास का निर्माण करता है उसके ऊपर राजनीतिक अथवा सामाजिक रूढ़ियों का बोझ नहीं होता।"[34] उनके राजनीतिक

विचारों के विश्लेषणात्मक अध्ययन से पता चलता है कि वह पक्के धर्मनिरपेक्षवादी थे जिनका धर्म अथवा प्रान्त के आधार पर भेदभाव करने में कोई विश्वास नहीं था। उनकी आई. एन. ए. में सभी का समावेश था हिन्दू, मुसलमान और सिख। वह सफल हुए अपने वीर सैनिकों में इस भावना का संचार करने में कि वह इसी धरती के पुत्र हैं। कर्नल हबीबुर्रहमान जो उनकी अन्तिम और घातक वायुयान यात्रा में उनके सहभागी थे, वह एक मुसलमान थे, ने उनकी अस्थियों का संचय किया, जो हिन्दू परिवार में सबसे बड़ा पुत्र करता है। गांधीजी जैसा महान धर्मनिरपेक्षवादी की उनके प्रति यह प्रशंसोक्ति इसका ज्वलन्त प्रमाण है : "उनके जीवन से सबसे बड़ा पाठ जो हम ग्रहण कर सकते हैं वह है उनकी वह योग्यता जिसने उन्हें उनके सैनिकों में धार्मिक और प्रान्तीय सीमाओं से ऊपर उठकर एक महान उद्देश्य के निमित्त संयुक्त रूप से स्वेच्छा से अपना रक्त बहाना। इसके कारण वे इतिहास में अमर हैं।" वे भारतीय थे और अन्त तक एक भारतीय ही रहे। स्वतन्त्रता-प्राप्ति के निमित्त उनका बलिदान सर्वोच्च है। घर में नजरबन्दी से उनकी साहसपूर्ण और युक्ति-कौशल से मुक्त होकर भाग जाना, विदेशी धरा पर स्वतन्त्रता की सेना का गठन तथा अन्त में आजाद हिन्द फौज के वीरों जनरल शाह नवाज़, कर्नल ढिल्लो और कैप्टेन सहगल पर अभियोग चलाने के उपक्रम की बात ने देशभक्ति की लहर उन्मुक्त रूप में प्रवाहित कर देना इन सभी की सुखद परिणति 15 अगस्त, 1947 के दिन के रूप में हुई। हम एस. ए. अय्यर के शब्दों के साथ समाप्त करते हैं, "इतना की कहना पर्याप्त है कि नेताजी ने भारत का द्वितीय स्वतन्त्रता संग्राम छेड़ा और इस प्रकार स्वतन्त्रता हमें 10 वर्ष पहले प्राप्त हो गई।"[35]

आजाद हिन्द सेना के तीन जीवित अधिकारियों पर अभियोग नहीं चलाया जाता यदि सुभाषचन्द्र बोस विजयी होते। इसका लिखित प्रमाण उपलब्ध है कि जिन्ना ने एक बार कहा था, "मुझे यदि बोस से वार्ता करने का अवसर मिलता तो मैं पाकिस्तान का लक्ष्य कभी प्राप्त नहीं कर पाता।"[36]

सन्दर्भ

1. Hari Har Das: Subhash Chandra Bose and the Indian National Movement, Preface, (1983 ed.).
2. B.K. Ahluwalia: Architects of Swaraj. (1982 ed.), p. 170.
3. See Hugh Toya : The Springing Tiger and Shah Nawaz Khan's My Memories of the I.N.A., and its, Netaji.

4. Harin Shah : Verdict from Formosa—Gallant End of Netaji (1956 ed.), p. 50.
5. Ibid., p. 108.
6. H.H. Das : op. cit., Preface.
6A. Quoted in L.R. Sarin, op. cit., p. 111.
7. Indian Edition of the Indian Struggle as published by Thacker (Calcutta) in 1948.
8. H.H. Das, op. cit., Preface.
9. Bose : The Indian Struggle, p. 409.
10. Ibid., p. 320.
11. Ibid.
12. Han Hari Das : op. cit., p. 314.
13. Ibid.
14. Bose : The Indian Struggle, pp. 413-14.
15. Quoted in the Indian Annual Register-1938, Vol. I, p. 340.
16. Ibid., p. 341.
17. Broadcast from Berlin, 26th April, 1942.
18. Bose : op. cit., pp. 428-29.
19. Samar Guha: Socialism and Netaji Janata, January 26, 1959.
20. Quoted in S.R. Sharma : Netaji—His life and works, pp. 100-101.
21. Ibid., pp. 100-01.
22. V.P. Verma: Modern Indian Political Thought, p. 583 (1983 ed.)
23. Bose : op. cit., p. 322.
24. H.H. Das, op. cit., p. 315.
25. Harin Shah : Gallant Bond of Netaji, p. 3.
26. Special order of the Day, August 25, 1943.
27. H. Shah : op. cit., p. 2.
28. Special order of the Day—Azad Hind Fauj HQ, dated April 24, 1945.
29. H.H. Das op. cit., p. 316.
30. Ibid., p. 317.
31. Acharaya Kriplani : The I.N.A.
32. Dr. S. Radhakrishnan in Shri Ram Sharma (ed.) : Netaji, His Life and Works, p. iv.
33. V.P. Verma : op. cit., p. 584.
34. Quoted in Dr. G.K. Mookerjee : Builders of Modern India Subhash Chandra Bose, pp. 10 1-03.
35. S.A. Ayer: Unto Him a Wintness, p. x.
36. Hindustan Times, Dec, 17, 1995.

15

राममनोहर लोहिया

"गांधी तथा मार्क्स से सीखने के लिए अमूल्य खजाने पड़े हैं।"

—लोहिया

डॉ. राममनोह लोहिया, भारतीय राजनीति के एक विवादग्रस्त व्यक्तित्व, भारतीय प्रकार के समाजवाद के प्रचण्ड प्रचारक तथा एक महान् देशभक्त थे और उनका जन्म 23 मार्च, 1910 में अकबरपुर के वैश्य परिवार में हुआ था। वैश्य परिवार में जन्मे लोहिया को उनका उपनाम लोहिया इसलिए मिला क्योंकि उनके पूर्वजों का लोहे का व्यापार था। अपने आदरणीय पिताश्री हीरालाल, जो स्वयं एक पक्के कांग्रेसी तथा गांधीजी के अनुयायी थे, से उन्होंने राष्ट्रीयता की भावना तथा अभावग्रस्त व्यक्तियों के प्रति सहानुभूति उत्तराधिकार में प्राप्त की थी। वह ऐसे वातावरण में पले-बढ़े जो जातिवाद के पूर्वाग्रह से रहित था। जब वह अभी एक बालक ही थे तभी से अपने दलित तथा अभावग्रस्त लोगों की सहायता की इच्छा जाग्रत हुई। कलकत्ता के विद्यासगार कॉलिज से उन्होंने स्नातक की परीक्षा पास की तथा 1932 में जर्मनी से अर्थशास्त्र में पी.एच. डी. की उपाधि प्राप्त की। जर्मनी में शिक्षा के निमित्त उनके प्रवास की अवधि में उनके कुछ विचारों पर प्रभाव पड़ा। बाद में यह विचार परिवक्व हो गए।

जर्मनी में उन्होंने मार्क्स तथा हीगल के मूल ग्रन्थों का अध्ययन किया तथा उनके विचारों से परिचय प्राप्त किया। उन्हें यह पता चला कि इतिहास की गतिविधि, उसके चलन के सम्बन्ध में इन दोनों को यह बताने में असफलता ही

हाथ लगी है कि मानवता की नियति का निर्धारण इतिहास अपने चलन द्वारा किस प्रकार करता है। जर्मनी में, "समाजवादी पार्टी से उनकी सबसे बड़ी बौद्धिक एकरूपता रही।"[1] विद्यार्थी रूप में उन्होंने स्वतन्त्रता आन्दोलनों में सक्रिय भाग लिया। गांधी द्वारा आरम्भ किए गए आन्दोलन में उन्होंने सक्रिय भाग लिया। 1928 में कलकत्ता में साइमन कमीशन का बहिष्कार करने के लिए आयोजित एक सभा की अध्यक्षता की। 1934 में भारत में कांग्रेस सोशलिस्ट पार्टी के गठन में उनकी महत्त्वपूर्ण भूमिका रही। 1936 में नेहरू जी ने उन्हें कांग्रेस द्वारा स्थापित विदेश विभाग के मन्त्रि पद का भार सौंपा। उन्होंने अगस्त 1938 तक बड़ी योग्यता से इस पद पर कार्य किया। इस कार्य में उन्होंने भारतीय विदेश नीति के आधार पर लोहिया ने यह चार पुस्तिकाएँ प्रस्तुत कीं (i) On the Struggle for Civil Liberties, (ii) Indian Foreign Policy, (iii) India & China, (iv) The Salaries of Govt. Officers. 1937 में उन्होंने 'स्वराज्य क्यों और कैसे' नामक हिन्दी पुस्तिका लिखी। उनका निबन्ध Economics after Marx' द्वितीय युद्ध में व्याप्त वैचारिक उत्तेजन का ही परिणाम था। उन्होंने देश के स्वतन्त्रता-संग्राम में एक महत्त्वपूर्ण भूमिका निभायी, विशेष रूप से 1942 के 'भारत छोड़ो आन्दोलन' के समय। राजनीतिक कारणों के कारण उन्होंने कई बार गिरफ्तारी दी। उन्होंने 3 जुलाई, 1951 में फ्रेंकफ़रट (Frankfurt) जर्मनी (Germany) में (International Socialist Conference) अन्तर्राष्ट्रीय समाजवादियों के सम्मेलन में भाग लिया। वे कांग्रेस समाजवादी दल के संस्थापकों में से एक थे और 1953 में एशियाई समाजवादी सम्मेलन बुलाने का श्रेय भी उन्हें प्राप्त है। कांग्रेस समाजवादी दल के अध्यक्ष के रूप में उन्होंने समाजवादी विचारधारा में गांधीजी के विचारों को जोड़ा। उन्होंने कुटीर-उद्योगों के पुनरुत्थान तथा छोटी मशीनों के प्रयोग तथा कम-से-कम पूँजी लगाकर अधिक-से-अधिक श्रम का प्रयोग करके विकेन्द्रीकृत अर्थव्यवस्था कायम करने पर बल दिया। उनके समकालीन समाजवादी साथी अशोक मेहता ने इस बात पर बल दिया कि कांग्रेस की विचारधारा समाजवादी विचारधारा से भिन्न नहीं थी। अतः उन्होंने कांग्रेस दल तथा प्रजा सोशालिस्ट दल (P.S.P.), अशोक मेहता और डॉ. लोहिया दोनों जिसके संस्थापकों में से थे, के बीच में हार्दिक सहयोग का सुझाव दिया। परन्तु डॉ. लोहिया ने इस विचार का समर्थन नहीं किया। उन्होंने कहा कि साम्यवादियों तथा कांग्रेस और समाजवाद में समान्तर है। अतः वे नहीं चाहते थे कि प्रसोपा (P.S.P.) कांग्रेस के साथ मिल जाए। वे साम्यवादियों के साथ जरूरत पड़ने पर चुनाव गठजोड़ कर सकते हैं। उन्होंने अशोक मेहता के समाजवाद को लूला-लँगड़ा समाजवाद कहा और अपने समाजवाद को लड़ाकू समाजवाद।

दिसम्बर 1955 में लोहिया की अध्यक्षता में भारतीय समाजवादी दल का निर्माण हुआ। तब से लोहिया भारत की विदेश-नीति के कटु आलोचक बन गए। उन्होंने नेहरू की गुटनिरपेक्षवाद की नीति का भी समर्थन नहीं किया। इसके स्थान पर उन्होंने एक ठोस गुट के साथ मिल जाने पर बल दिया।

वे हिन्दी के समर्थक थे। अतः उन्होंने अंग्रेज़ी के स्थान पर हिन्दी को भारत की सरकारी भाषा बनाने पर बल दिया। उन्होंने कहा कि अगर सरकारी कामकाज अंग्रेज़ी में चलता रहा तो वास्तविक लोकतन्त्र एक भ्रम-सा बनकर रह जाएगा।

30 सितम्बर, 1967 को पुरस्थ ग्रन्थि बढ़ने पर दिल्ली के विलिंगडन अस्पताल में लोहिया का ऑपरेशन किया गया। 57 वर्ष की आयु में 12 अक्तूबर, 1967 को उन्होंने अन्तिम श्वास ली। मृत्यु-शय्या पर लेटे अपने को जब उन्होंने अनेक डॉक्टरों से घिरा पाया, तो नेल्सन की भाँति उन्होंने कहा, "मुझ अकेले के लिए इतने सारे डॉक्टर। करोड़ों ऐसे हैं जिन्हें एक डॉक्टर भी नसीब नहीं होगा।" इस प्रकार एक दुर्लभ व्यक्ति जिसमें बहुविज्ञता थी, बहुविध योग्यता थी, वह नहीं रहा। डॉ. महरोत्रा के शब्दों में, "डॉ. लोहिया मात्र एक राजनीतिज्ञ ही नहीं थे, परन्तु स्वतन्त्र विचारणा वाले एक दार्शनिक भी थे। स्त्रियों की स्थिति, आदिवासी, पिछड़े वर्ग की स्थिति सुधारने के लिए वह प्रयत्नशील रहे। वे एक अर्थशास्त्री थे जिनके पास अविकसित देश की उन्नति के लिए अनेक योजनाएँ थी।"[2] जिस प्रकार मरणोपरान्त उन्हें प्रशस्तियाँ मिलीं, इससे हमें उनके इस कथन का स्मरण हो आता है, "भारतीय इतिहास का यह एक पक्ष है कि मानसिंह की पूजा हम उसके जीवन काल में करते हैं, परन्तु प्रताप जैसे नर केसरी की ओर हमारा ध्यान उनके मरणोपरान्त जाता है। लिमये के अनुसार, "वे एक मौलिक विचारक, असाधारण नेता, विरोधी थे। आधुनिक भारत के निर्माण में उनकी महत्त्वपूर्ण भूमिका थी। वह ऐसे कर्मयोगी थे जो एकान्त में नहीं रहते थे जिससे लोग उन तक पहुँच न पाएँ।"

विचारधारा की दृष्टि से हम यह कह सकते हैं कि प्रसोपा (P.S.P.) तथा राममनोहर लोहिया के समाजवादी दल में कोई महत्त्वपूर्ण अन्तर दिखाई नहीं देता।

डॉ. लोहिया के राजनीतिक विचार

जयप्रकाश नारायण, नरेन्द्रदेव तथा लोहिया के विश्लेषणात्मक अध्ययन से पता चलता है कि पहले दो समाजवादियों पर मार्क्सवादी प्रभाव अधिक था और तीसरे भारतीय समाजवादी पर कम। परन्तु उन दोनों की अपेक्षा, लोहिया पर गांधीवादी विचारधारा का प्रभाव बहुत अधिक था। उन्होंने एशियाई दृष्टिकोण से समाजवादी विचारधारा को विस्तृत रूप से प्रस्तुत किया। उनके राजनीतिक चिन्तन

को दार्शनिक उदारवादता (Philosophical Liberalism) और वास्तविकता पर आधारित अगरवाद (Extremism) या दृढ़ता कहा जा सकता है।[3]

डॉ. लोहिया के निम्नलिखित मुख्य राजनीतिक विचार हैं—

एक समाजवादी के रूप में

समाजवाद के बारे में डॉ. लोहिया के विचार उनकी सुप्रसिद्ध रचना 'मार्क्स : गांधी तथा समाजवाद' में भलीभाँति व्यक्त किए गए हैं। उन्होने गांधी और मार्क्स के दो विरोधी विचारों में समझौता कराने का प्रयत्न किया है। उनके शब्दों में, "गांधी तथा मार्क्स से सीखने के लिए अमूल्य खजाने पड़े हैं।" उन्होंने इस बात को बिल्कुल नहीं छिपाया कि मार्क्सवाद अथवा गांधीवाद को ज्यों-का-त्यों स्वीकार करने में कोई बुद्धिमत्ता नहीं है। अच्छा यही होगा कि दोनों के मिश्रण से कोई बीच का रास्ता निकाला जाए। अतः उन्होंने दोनों को मिलाकर एक समुचित इकाई का स्वरूप प्रदान करने का प्रयत्न किया।[4] उनके शब्दों में, "समाजवाद को स्वयं गांधीवाद या मार्क्सवाद कहने की आवश्यकता नहीं और ना ही उसे गांधी या मार्क्सवादी विरोधी कहा जाना चाहिए। ऐसा करना चिन्तन (Thought) को भुलाकर सुन्दर शब्दों को अपनाना है।" वास्तव में उन्होंने समाजवाद के गांधीवादी तथा मार्क्सवादी विवरण की विलक्षण रूप से रक्तहीन सिद्धान्त' (curiously anemic doctrines) कहा। समाज को हम उधार की साँसों पर जीवित नहीं रखना चाहते। बहुत समय तक हमने साम्यवाद से आर्थिक उद्देश्य उधार किए हैं। जब तक समाजवाद उस आधार वाक्य, जिस पर पूँजीवाद और साम्यवाद खड़े हैं, निरस्त कर, उससे स्वयं मुक्त नहीं होता, इसके स्थान पर सामान्य और आर्थिक उद्देश्यों में सुमेलपूर्ण सामंजस्य स्थापित नहीं करता, तब तक वह एक अपरिपक्व तर्कहीन सिद्धान्त ही रहेगा। कठोर रूढ़िवाद से मुक्ति का उन्होंने परामर्श दिया। विचारों को वह राजनीतिक ऊर्जा का केन्द्र बनाना चाहते थे।

उन्होंने कहा, "भारतीय समाजवाद को उधार की साँसों पर जीवित नहीं रहना चाहिए। अधिक समय तक इसने साम्यवाद के आर्थिक लक्ष्य अपनाए और पूँजीवाद तथा उदारवाद से सामान्य और अर्थशास्त्रेत्तर मुद्दों को अपनाया...जब तक हमारा समाजवाद अपने आपको पूँजीवाद और साम्यवाद के घेरे से मुक्त नहीं करता और केवल अपने ही आर्थिक तथा सामान्य लक्ष्य नहीं अपनाता यह एक युक्तिहीन सिद्धांत बना रहेगा..."[5] इसलिए इन्होंने अपने समाजवादी समर्थकों की कठोर सिद्धातों में अलग रहने की सलाह दी। "समाजवाद को अपने आपको ना तो गांधीवाद ना ही मार्क्सवाद घोषित करना चाहिए और ना ही इसे गांधीवाद और मार्क्सवाद का विरोधी कहना चाहिए क्योंकि ऐसा कहना चिन्तन के स्थान पर

सुन्दर शब्दों को अपनाना है।"[6]

उन्होंने मार्क्स के पूँजीवाद के विश्लेषण को अपनाया जो उनके दिनों में इंग्लैंड तथा जर्मनी में लागू किया जाता था और मार्क्स द्वारा निजी सम्पत्ति की भर्त्सना करने की सराहना की। उन्होंने मार्क्स के तार्किक भौतिकवाद (Dialectical Materialism) को स्वीकार किया, चाहे उन्होंने रूढ़िवादी मार्क्सवाद की अपेक्षा चेतना को अधिक महत्त्व प्रदान किया। लोहिया ने मार्क्स के श्रेणी-संघर्ष के सिद्धान्त को भी नहीं माना, उन्होंने इस सिद्धान्त को अपूर्ण तथा 'पूर्ण रूप से' गलत माना है। उनके मतानुसार, "श्रेणी संघर्ष का साम्यवादी सिद्धान्त, वंचना, विश्वासघात तथा सांस्कृतिककरण का सिद्धान्त है।"[7] पूँजीवाद के भ्रान्तिपूर्ण विश्लेषण पर यह आधृत है। पूँजीवादी वर्ग का नाश करने के इच्छुक साम्यवादी वास्तव में उन्हीं की उत्पादन-पद्धति का अनुकरण करते हैं। समाजवादी यह दोनों कार्य साथ-साथ करते हैं। उनके मतानुसार श्रेणियों का जाति रूप में, जाति का वर्ग रूप में बदल-बदल कर मानवता के सामने आते रहना वास्तव में प्रगति विरोधी है। उसकी राय है कि "मानवता श्रेणियों में अदला-बदली में ही लगी रही है।"[8] सवर्ण जातियों तथा ढीले संगठन वाली श्रेणियों के बीच में निरन्तर संघर्ष चलता रहा है। यदि जातियाँ गतिहीन जड़ता तथा परम्परा सिद्ध रूढ़िवादी शक्तियों का प्रतिनिधित्व करती हैं तो ठीक श्रेणियाँ सामाजिक गतिशीलता की गतिशील शक्तियों का प्रतिनिधित्व करती हैं। मानवीय इतिहास, जातियों तथा श्रेणियों के आन्तरिक आन्दोलन का प्रतिबिम्ब प्रस्तुत करता है। डॉ. वर्मा के शब्दों में, "लोहिया की श्रेणियों तथा जातियों के बीच संघर्ष की धारणा केवल परेटो (Pareto) के पट्टेदारों के भूमि के हितों, जो कि समूह की दृढ़ता के अवशेषों का प्रतिनिधित्व करते हैं और धनवानों के हितों, जो संयोजन (Combination) के अवशेषों का प्रतिनिधित्व करते हैं, के बीच में संघर्ष के सिद्धान्त का ही एक रूप है।"[9]

इस प्रकार हम देखते हैं कि समाजवादियों को श्रेणी-संघर्ष साम्यवादियों के श्रेणी संघर्ष से भिन्न है। यद्यपि वह मानते थे कि मार्क्स ने कभी-कभी बल प्रयोग की बात की होगी, परन्तु लेनिन की भाँति उन्होंने धूर्तता, झूठ तथा बुरे आचरण का प्रारूप प्रस्तुत नहीं किया। श्रेणी-संघर्ष सामाजिक परिवर्तन की गत्यात्मकता में सहायक है, यह मानने पर भी वह इस पर तात्कालिकता का सिद्धान्त लागू करते हैं।[10]

लोहिया ने कहा है कि रूस में लेनिन का तोड़-मरोड़कर वर्णन या विवेचन किया गया है। अगर मार्क्स ने व्यक्तिगत स्वतन्त्रता को महत्त्व प्रदान किया, तो रूस के साम्यवादियों ने इसे श्रमिकों तक ही सीमित कर दिया है। उन्होंने रूस में

प्रचलित साम्यवाद की खुले-आम निन्दा की। उन्होंने राय दी कि झूठ के द्वारा सत्य की विजय एक विश्व के वध के द्वारा स्वास्थ्य, बलिदान के द्वारा राष्ट्रीय स्वतन्त्रता, और तानाशाही द्वारा लोकतन्त्र को प्राप्त करना असम्भव है। व्यावहारिक रूप से देखने से पता चलता है कि रूस में साम्यवादी अपने लोगों को रोटी अथवा स्वतन्त्रता प्रदान करने में सफल नहीं हुए हैं। इस प्रकार के विश्वास के कारण साम्यवाद के प्रति उन्हें अपकर्षण हो गया। वह इसे बुर्जुआई बताने लगे। लाखों कष्ट संवलित लोगों को धोखा देने मात्र का ही यह एक सिद्धान्त था। अतः उन्होंने रूस के अखण्डित सर्ववाद की निन्दा की। स्वतन्त्रता पर आधृत सर्वपक्षीय स्वतन्त्रता पर उन्होंने बल दिया। सार्वभौम सत्ता को यथासम्भव खण्डों में विभक्त करने के वह पक्षधर थे। पूँजीगत विकास के मार्क्सवादी विचार का उन्होंने पुनराकलन किया। अतिरिक्त मूल्यपरक अवधारणा को पुनः परिभाषित किया और उन सिद्धान्तों का वर्णन किया जो पूँजीवाद और साम्राज्यवाद रूपी दो जुड़वाँ अस्तित्वों का स्रोत हैं। उन्होंने यह सामान्यीकरण प्रस्तुत किया कि पूँजीवादी इतिहास के विकास का परिणाम विश्व को दो ऐसे भागों में बाँट देना है जिनमें से एक के पास अत्युच्च स्तरीय पूँजी सम्पन्न विकसित उद्योग है और दूसरे के पास गतिरोध से जड़ हुई अर्थव्यवस्था है।[11] अतः डॉ. लोहिया पूँजीवाद के विरुद्ध अभियान चलाकर समाजवाद की स्थापना करने की साम्यवाद विधि को स्वीकार करने के लिए तैयार नहीं थे।

समाजवाद उपयोगिता, व्यवहारवाद का समाजवाद था। वह बहुत अंशों में यूरोपीय समाजवादियों द्वारा प्रतिपारित समाजवाद के पास विश्वजनीन दृष्टि का अभाव था। इसका उद्देश्य मात्र अपने ही लोगों का जीवन-स्तर सुधार उन्हें सामाजिक सुरक्षा देना है। उनके शब्दों में, ''वर्तमान समय में यूरोपीय समाजवादी अपने-अपने देशों में आँकड़ों सम्बन्धी सामग्री तथा आवश्यकताओं को आँकने की समस्या मे इतने उलझे हैं कि सम्पूर्ण विश्व का चित्र उनके सामने नहीं आता।[12] वह यह भी अनुभव करते थे कि यूरोपीय समाजवाद जहाँ क्रमिक रूपेण, संवैधानिक रूप वाला और वितरणपरक है, वहाँ विश्व के अन्य भागों में वह कठोर, कभी-कभी असंवैधानिक और उत्पादन पर बल देने वाला है। उनकी सम्पत्ति थी कि एशिया के परम्परागत समाजवाद ने वैसाखियाँ खोजने की अपनी नीति में परिष्करण कर लिया है। नवीन समाजवादी अवधारणा के लिए यह उचित नहीं कि वह बाईं अथवा दाईं ओर झुके। यह इस सिद्धान्त पर आधृत हो कि पूँजीवाद और साम्यवाद दोनों ही नव सभ्यता के निर्माणार्थ, अप्रासंगिक, अनुपयोगी हैं। उन्होंने इस बात पर बल दिया कि एशिया में समाजवाद के सिद्धान्त तथा उद्देश्य निर्धारित करने से पूर्व यह दो बातें ध्यान में रहनी चाहिए–

1. एशिया के स्थानीय परिवेश में समाजवाद का प्रयोग।
2. विचारधारा और विश्वव्यापी अवधारणा।[13]

वह चाहते थे कि समाजवादी छवि इतनी स्पष्टता से उभरे कि पूँजीवाद तथा साम्यवाद की तुलना में इसकी स्पष्ट पहचान की जा सके। वह चाहते थे कि यह सुसंबद्ध, सशक्त हो, अन्यथा यह समय और स्थान के वश होकर किसी अन्य प्रणाली में समाविष्ट हो जोएगा। उनकी इच्छा थी कि समाजवाद अर्थव्यवस्था तथा सामान्य उद्देश्यों में सुमेल स्वयं निश्चित करे। अन्यथा यह एक तर्कहीन सिद्धान्त उद्देश्यों में सुमेल स्वयं निश्चित करे। अन्यथा यह एक तर्कहीन सिद्धान्त बनकर रह जाएगा। उनकी दृष्टि में समाजवाद और साम्यवाद का अन्त यह है—

समाजवाद – प्रजातन्त्र + केन्द्रीकरण

गृहयुद्ध + रूस = साम्यवाद

दोनों में उपायगत तथा दृष्टिकोणगत विभिन्नताएँ हैं। यहाँ साम्यवाद उत्पादन से पूँजीवाद के सम्बन्ध को हटाकर अपनी ही शक्तियाँ प्रस्तुत करता है, वहाँ समाजवाद दोनों को बदल देता है। मात्र प्रजातन्त्र के आधार पर ही उनमें पहचान करना भूल है। जहाँ एक इसका पक्षधर है, वहीं दूसरा विरोधी है।

गांधी के प्रभाव के कारण लोहिया ने इस बात पर बल दिया कि मार्क्सवाद के आर्थिक लक्ष्यों को, गांधीजी की सत्याग्रह की पद्धति तथा आर्थिक और राजनीतिक विकेन्द्रीकरण द्वारा प्राप्त किया जा सकता है। उनके अनुसार समाजवाद मन्द पड़ सकता है और गतिशील हो सकता है, अगर वह गांधीवाद के मूल तत्त्वों को अपने में लीन कर लेता है। इसी तरह अकेला गांधीवाद दुनिया के लिए विशेष लाभकारी सिद्ध नहीं हो सकता। वे गांधीजी के विरोधियों के दिल को अपील करने तथा निजी कष्ट के द्वारा उन्हें अपने दृष्टिकोण को अपनाने की पद्धति से प्रभावित नहीं हुए थे। अतः उन्होंने यह राय दी कि गांधीवाद को एक पृथक् राजनीतिक दर्शन बनाए नहीं रखना चाहिए, बल्कि इसे समाजवाद में मिला देना चाहिए। समाजवादियों को भी सामाजिक अन्याय का मुकाबला करने तथा सामाजिक और आर्थिक उद्देश्यों की पूर्ति के लिए गांधीजी की सत्याग्रह की पद्धति को अपनाना चाहिए। साधारण मनुष्य के लिए अधिकार तथा सम्मान प्राप्त करने के लिए उन्होंने सविनय अवज्ञा आन्दोलन (Civil Disobedience Movement) को अपनाया।

गांधीजी की भाँति डा. लोहिया ने भी छोटी मशीनों तथा लघु उद्योगों का समर्थन किया। बड़े उद्योग आर्थिक केन्द्रीकरण को प्रोत्साहन देते हैं, जबकि छोटी मशीनें आर्थिक दृष्टि से विकेन्द्रीकृत व्यवस्था के लिए उपयुक्त होती हैं। वे पूँजीवादी संग्रहण तथा बेकारी को दूर करने के लिए उपचार प्रस्तुत करते हैं।

स्पष्टतः गांधी की सत्याग्रह तथा विकेन्द्रीकरण की धारणा का, जोकि गांधीवाद का सार है, लोहिया के मन पर बहुत गहरा प्रभाव पड़ा है। अरुमुगम कहते हैं—"गांधीजी की विरासत का प्रभाव लोहिया द्वारा पश्चिमी तकनीकी आलोचना में देखा जा सकता है।"[14]

गांधीजी की अहिंसावाद की पद्धति का भी लोहिया पर बहुत प्रभाव पड़ा है। वे ट्रावनकोर-कोचीन मन्त्रिमण्डल की निन्दा करने से भी पीछे न हटे, जब उसने हिंसक प्रदर्शनकारियों पर गोलियाँ चलवाईं। उन्होंने उस मन्त्रिमण्डल से त्यागपत्र की माँग की और समाजवादी दल में संकट खड़ा कर दिया।[15]

आर्थिक विकेन्द्रीकरण के सुझाव के अतिरिक्त उन्होंने ग्राम-पंचायतों का भी समर्थन किया।

लोहिया ने एशियाई समाजवादियों से मौलिक चिन्तन तथा नेतृत्व की आशा की। उन्होंने उनसे कहा कि वे शताब्दियों पुरानी सभ्यता, जो कि सामंतवाद तथा निरंकुश शासन पर आधारित थी, उसके अनुसार अपने चिन्तन को न ढालें। उन्होंने उनसे धार्मिक सिद्धान्तों की राजनीति से अलग रखने को कहा, क्योंकि इस प्रकार का मिश्रण साम्प्रदायिकता को जन्म देता है और उसका प्रचार करता है।

नेहरू के समाजवादी विचारों को उल्लेख करते हुए, वह कहते हैं, "एशिया का यह उदारवादी ऐसे शब्दाडम्बर का अभ्यस्त हो चुका है कि जिसका कोई लेना-देना यथार्थ से नहीं है। बोलने में समाजवादी, कार्य में अनुदारवादी (conservative) वह अकाल के विरुद्ध युद्ध की बात करते हैं, अनाज में आत्मनिर्भरता की बात करते हैं, साथ ही अपना दोष वह आकाश के मत्थे भी मढ़ते हैं, वर्षा न होने पर। निरंतर भ्रष्टाचार, पूँजीवाद पर प्रहार करने पर भी वह पाखण्डपूर्ण धूर्ततामय संरक्षण भी उन्हें देते हैं। वह झूठे और धूर्त हैं। मोहक, आकर्षक शब्दावली के प्रयोग में ही वह सिद्धहस्त हैं।"[16]

उन्हें एशियाई राजनीति तथा समाज के नौकरशाही तथा व्यावसायिक शासन-समर्थक श्रेणी के उदय हो जाने के कारण दुःख हुआ। उनके अनुसार एशियाई समाज में इन दुर्बलताओं के कारण ऐसे लोगों के नेतृत्व का उदय हुआ है जो जननायकीय तथा नाटकीय सामाजिक दर्शन के द्वारा सत्ता को अपने हाथों में बनाए रखने का प्रयत्न करते हैं।[17]

वह चाहते थे कि गांधीजी के विचारों को एक ऐसा समाजवादी सुवयिल (be woven) परिधान प्रदान किया जाए, जिसमें सुसंगति और सुसंबद्धता हो, परिणामस्वरूप नवीन सभ्यता का उदय हो और मानवता को एक ऐसे युग की आशा हो जिसमें शान्ति और सुरुचिपूर्ण जीवन को सुनिश्चित किया जा सके।[18] उनका यह दृढ़ मत था कि पूँजीवाद और साम्यवाद सुधार नहीं ला सकते, जबकि

समाजवाद से सुधार सम्भाव्य है। गांधी का कार्य एक ऐसे छन्ने (Filter) का कार्य करता है जिसमें से समाजवादी विचार स्रवित होते हैं–शुद्ध, निर्मल रूप में। अप्पा दोराई ने लोहिया के इन विचारों को अर्थशास्त्रियों के प्रति ऐसा आह्वान कहा है जो मात्र विकसित देशों की ही अर्थव्यवस्था की बात करते हैं। लोहिया ने उन्हें अविकसित देशों की समस्याओं पर ध्यान केन्द्रित करने की बात कही है।[19]

अतः विकेद्रीकृत समाजवाद का समर्थक कहता है कि रूढ़िवादी तथा संगठित समाजवाद एक 'मृतक सिद्धान्त' तथा एक मरता हुआ संगठन है। उन्होंने समाजवाद का एक नया चित्र प्रस्तुत किया, जिसमें उन्होंने छः सूत्री योजना प्रस्तुत की। उन्होंने आय तथा व्यय के क्षेत्र में एक जैसे स्तर प्राप्त करने का समर्थन किया। अतः उन्होंने राष्ट्रीयकरण को एक महत्त्वपूर्ण उपचार समझा, भले ही एकमात्र नहीं। दुनिया के लोगों की आर्थिक क्षेत्र में आपसी निर्भरता, उन्हें अपने जीवन के स्तर को ऊँचा उठाने के लिए शक्तियों को प्रयोग में लाने के लिए उत्साहित करेगी।

आरक्षण नीति के संचालक

मंडल आयोग (Commission) की आरक्षण नीति की आलोचनात्मक दृष्टि से देखने पर प्रतीत होता है कि डॉ. लोहिया की बताई हुई जातिवाद नीति उसकी नींव है। डॉ. लोहिया को इसीलिए आज के आलोचक आरक्षण नीति का मुख्य निर्माता कहते हैं। उन्होंने इस बात पर बल दिया कि "भारत में जातिवाद भयानक रूप में उत्पन्न हुआ है चाहे यह परिवर्तनशील है फिर भी श्रेणी का जातिवाद में परिवर्तित होना और जातिवाद का श्रेणीवाद में निरंकुशता से बदलना सर्वव्यापी बन चुका है।"[20] उन्होंने कहा, कार्लमार्क्स ने श्रेणीवाद को समाप्त करने की कोशिश की परन्तु उन्होंने इस बात का ध्यान नहीं दिया कि श्रेणीवाद जातिवाद का रूप धारण कर सकता है। उन्होंने जून 1958 में एक लेख "Towards the destruction of castes and classes" द्वारा जातिवाद के सिद्धान्त का खुले तौर पर वर्णन किया। उनकी जातिवाद की नीति को कांग्रेस समाजवादी दल ने बनारस में अप्रैल 1959 में हुई एक बैठक में अपनाया। इस दल ने हरिजन, नारियों, मुसलमानों, ईसाइयों और आदिवासियों के लिए सरकारी नौकरियों में 60% आरक्षण की माँग की। इस दल की आगामी बैठकों में भी इस नीति को दोहराया गया।

डॉ. लोहिया एक दूरदर्शी थे, इसीलिए वह इस नीति के भयानक परिणाम से परिचित थे। उन्होंने ऊपर बताए लेख में स्वयं कहा था, "पिछड़ी जातियों और समूहों को उभारने की नीति भयानक रूप धारण कर सकती है क्योंकि इसमें पाँच

प्रकार का विष भरा है। 1. इसका लोगों के मन पर तुरन्त प्रभाव 2. निचली जाति वाले समूह इस नीति का लाभ तो उठा लेंगे परन्तु अन्य छोटी जातियों को उसका भागीदार नहीं बनने देंगे। 3. व्यक्तिगत उन्नति के लिए उसका दुरुपयोग 4. शूद्र व द्विज (Brahmain) कड़वी नोक-झोंक की सम्भावना 5. आर्थिक व राजनीतिक मुद्दों का पिछड़ना।

राज का सिद्धान्त और चार स्तम्भों वाले राज्य में उनका विश्वास

अराज्यवादियों तथा अतिवादी श्रमिक संघवादियों के विपरीत लोहिया ने राज्य को समाप्त करने का पक्ष नहीं लिया। न ही उन्होंने आदर्शवादियों की भाँति इसे महिमा-मण्डित ही किया। राज्य की महत्ता को स्वीकारते हुए उन्होंने मत व्यक्त किया कि राज्य जनता की आवश्यकता को समझने और उनकी पूर्ति के लिए गठित किया जाता है। बलात् लोगों को विवश करने की उससे अपेक्षा नहीं होती। सत्ता का कुछेक हाथों में केन्द्रीकृत हो जाना उन्हें पसन्द नहीं था। बॉर्डन, हॉब्स, आस्टिन तथा हीगल जैसे आदर्शवादियों की धारणा के पूर्ण तन्त्रवादी राज्य के वह विरुद्ध थे। सत्याग्रह के प्रति आस्थावान् होने के कारण वह राजकीय कानूनों, अध्यादेशों का प्रतिरोध करना समयानुसार उचित मानते थे।

बहुलवादियों की भाँति वह भी अद्वैतवादी राज्य के विरुद्ध थे। इस राज्य में सत्ता केन्द्र के पास ही निहित रहती है। उनका विश्वास सत्ता के बिखराव में था। उनके शब्दों में, "सत्ता केन्द्र अथवा कुछेक संघीय इकाइयों में निहित नहीं होनी चाहिए। इसे इतना खण्डित किया जाए कि यह छोटे राज्य तक पहुँच सके जहाँ पुरुष और नारियों का समूह रह सकें।"[21] किन्तु लोहिया का बहुलवाद दलीय अधिकारों पर बल देने वाले फिग्स, मेट लैण्ड, क्रेबे और मेकिवर के बहुलवाद से भिन्न था। लोहिया द्वारा समर्थित बहुलवाद लास्की के बहुलवाद के समान जनाधिकारों के संरक्षण का पोषक था। वह राज्य के अधिकार का विभाजन कर व्यक्ति के हितों की रक्षा चाहते थे। उनके शब्दों में, "सार्वजनिक सार्वभौमिकता उस समय तक कृत्रिम ही रहेगी जब तक विभिन्न स्तरों पर राज्य की सत्ता की भागीदारी और प्रशासन में सीधा सहभाग सुनिश्चित नहीं किया जाता।"[22] राज्य को वह अन्य संगठनों के समकक्ष नहीं रखते।[23]'Lohia and America Meet' की भूमिका में लोहिया कहते हैं, "राज्य एक ऐसा संगठन है जिसमें प्रत्येक को अनिवार्यतः सम्मिलित होना है।...अनिवार्य संगठन की शक्ति सीमाओं का निर्धारण सम्भव है।" लोहिया का राज्य विषयक सिद्धान्त, मात्र विचारधारा पर आधृत न होकर, क्रियात्मक सामाजिक आवश्यकताओं पर आधृत था। अतः मात्र सीमित हितों के पोषक पूँजीवादियों तक ही आलोचना को समिति न रखकर, विवशकारी समाजवादी

राज्यों की सत्ता भी आलोचना का केन्द्र बनी है।

रसेल, हक्सले, लास्की तथा गांधी की विचार-सरणि का अनुगमन करते हुए, लोहिया राजनीतिक तथा प्रशासनिक सत्ता के विकेन्द्रीकरण पर बल देते हैं, क्योंकि सत्ता के केन्द्रीकरण से अधिकारवाद की आशंका रहती है। उनका अनुभव था कि विकेन्द्रीकरण प्रशासन तन्त्र के अंगों में नवजीवन लाता है और इस प्रकार व्यक्ति को अपनी आवश्यकताएँ प्रकट करने की अधिकतम स्वतन्त्रता मिलती है।

यथार्थ व्यवहार में, उनका चार स्तम्भीय राज्य, प्रशासनिक तथा राजनीतिक सत्ता के विकेन्द्रीकरण की अभिव्यक्ति है। इसका अर्थ वास्तव में सत्ता का अन्तरण है। सत्ता का यह आंशिक त्याग है। प्रजातन्त्र को वास्तविक बनाने के लिए वह प्रभुसत्ता यथासम्भव टुकड़े करना चाहते थे। इससे साधारण मनुष्य के लिए राजनीतिक घटना-क्रम को समझना सरल हो जाता था। चार स्तम्भीय राज्य के चलन के संवैधानिक प्रावधान को ही वह ऐसा माध्यम मानते थे जिससे मनुष्य के रक्त में प्रजातन्त्र के उत्साह की उष्णता आ सकती थी। आंगिक रूपेण समानता के रक्त और मांस से ढँके रहने पर चार स्तम्भीय राज्य का यह ढाँचा प्रजातन्त्र में प्रसन्नता का संचार कर सकता है। अतः उन्होंने ऐसे राज्य के गठन का सुझाव दिया जिसके गाँव, जिला, प्रान्त और केन्द्र यह चार स्तम्भ वरण हो सकते हैं। अरुमुगम के शब्दों में, "लोहिया की चार स्तम्भीय राज्य की संकल्पना में जन साधारण का सामूहिक सहभाग और विकेन्द्रीकरण की ऐसी व्यवस्था है जिससे स्थानीय इकाइयों में गतिशीलता आए और संघटित राज्य के लिए काम किया जा सके।"[24]

लोहिया ने चार स्तम्भ वाले राज्य पक्ष का समर्थन किया। इस राज्य में उन्होंने केन्द्रीकरण तथा विकेन्द्रीकरण की धारणा को इकट्ठा करने पर बल दिया। लोहिया चाहते थे कि ग्राम, मण्डल (ज़िला) प्रान्त तथा केन्द्रीय सरकार अपने-अपने महत्त्व को बनाए रखें। क्रियाशील संघवाद की अनुकलित (integrated) प्रणाली का निर्माण करें। इस प्रकार के राज्य में उन्होंने जिला दण्डाधीशता (Magistracy) को समाप्त करने की राय दी, जो कि मिश्रित रूप में न्यायिक तथा कार्यपालिका शक्तियों का प्रतिनिधित्व करती है। इसके अतिरिक्त उन्होंने ज़िला, ग्राम तथा नगर पंचायत से कल्याणकारी कार्य करने की आशा की। उन्होंने राजनीतिक स्वतन्त्रता को कायम रखने के लिए भी अपनी आकुलता (keenness) व्यक्त की। उन्होंने लोकतन्त्रीय सरकार द्वारा लोगों की भाषण तथा संस्थाएँ बनाने की स्वतन्त्रता को छीनने तथा व्यक्तियों के निजी जीवन में हस्तक्षेप करने को अच्छा नहीं समझा।

लोहिया राज्य के पाँचवें स्तम्भ के बारे में भी जानते थे। वह स्तम्भ

विश्व-सरकार होगा। स्वप्नशील समाजवादी होने के नाते, उन्होंने वयस्क मताधिकार के आधार पर निर्वाचित विश्व-संसद् की भी कल्पना की।

संघर्ष का प्रयत्न

उनकी सम्मति में संघर्ष का जो प्रकार यूरोपियन समाजवादियों ने अपनाया, वह एशिया के लिए अनुपयुक्त है। फावड़ा, मत तथा जेल यह तीन कार्य के प्रकार हैं जिनका लोहिया ने प्रस्ताव किया है। फावड़ा कर्मशीलता का प्रतीक है, मत जनतन्त्र का परम्परागत प्रतीक है और जेल बुराई का प्रतिरोध करने का सीधा उपाय है। यह सभी अन्तःसम्बद्ध और एक-दूसरे के पूरक हैं।

द्वितीयतः वह संसद को परिवर्तन का सन्तोषप्रद माध्यम नहीं मानते। उनकी सम्मति में, "आधुनिक संसार में जहाँ दो-तिहाई लोग कष्ट और दरिद्रता में काफी गहरे डूबे हैं, वहाँ संसदीय उपाय अपर्याप्त ही पाए जाएँगे।"[25] यद्यपि वह मतदाता की मताभिव्यक्ति प्रकट करने में मत पत्र की महत्ता को स्वीकार करते हैं, तथापि उनके अनुसार वास्तविक चयन मतपत्र और गोली के मध्य न होकर सत्याग्रह तथा गोली के मध्य है।

"तीसरी बात यह है कि वह नागरिक अवज्ञा के साधन रूप में गांधीजी के सत्याग्रह को स्वीकार करते हैं। वह मानते हैं कि यदि औचित्य अपना प्रभाव बनाए रखे और साथ ही अपनी सहायता भी करे तो उसके लिए औचित्य की आज्ञा के अतिरिक्त अन्य कोई विकल्प नहीं है। वह कहते हैं, नागरिक नैतिक उनयन के अनुकूल है। जब सहस्रों व्यक्ति कष्ट-सहन की अग्नि-परीक्षा से निकलते हैं, लाखों में जागृति का संचार होता है। भारतीय इतिहास ने सदा ही अपने कार्यसूची-पटल पर विचारार्थ यह प्रश्न रखा है कि क्या इस भूमि पर हत्या के भाव का आधिपत्य होगा अथवा कष्ट-सहन की भावना का।"[26]

निष्कर्ष

इसमें कोई सन्देह नहीं कि डॉ. लोहिया ने एक बुद्धिजीवी समाजवादी होने के नाते गम्भीर चिन्तन किया है।[27] वे नहीं चाहते थे कि व्यक्ति के अस्तित्व को समाजवादी राज्य में मिला दिया जाए।

उन्होंने सत्याग्रह का समर्थन करने और स्वयं कष्ट सहने की बात का विरोध करके गांधीजी की सत्याग्रह की धारणा का फिर से वर्णन किया है। वास्तव में स्वयं कष्ट सहन किए बिना सत्याग्रह उसी तरह है जिस आत्मा के बिना शरीर होता है। लोहिया द्वारा चलाए जाने वाले आन्दोलन को 'सत्याग्रह' के स्थान पर 'दुराग्रह' कहा जा सकता है।

इसके अतिरिक्त गांधीवाद तथा मार्क्सवाद का प्रवीण मिश्रण ऊटपटाँग-सा लगता है। मार्क्सवाद, मार्क्सवाद नहीं रहेगा अगर उसमें से श्रेणी-संघर्ष तथा सर्वहारा की तानाशाही की धारणाओं को निकाल दिया जाए। गांधीवाद, गांधीवाद नहीं रहेगा अगर इससे निजी कष्ट-सहन करने के सिद्धान्त को निकाल दिया जाए और इसे मार्क्स के तर्कशील भौतिकवाद में मिला दिया जाए। अतः लोहिया द्वारा गांधीवाद और मार्क्सवाद का मिश्रण काल्पनिक और हमारी समझ से परे की बात होगी।

उनकी आर्थिक तथा राजनीतिक विकेन्द्रीकरण की धारणा की भी कोई विशेष उपयोगिता दिखाई नहीं देती। गरजते हुए उद्योगों तथा विशाल मशीनों से इस युग में लघु उद्योगों तथा छोटी मशीनों का विचार भारत जैसे विकासशील लोकतन्त्रों की अर्थ-व्यवस्था के लिए कालदूषण (Anachronism) तथा घातक दिखाई पड़ता है। इसी तरह पंचायतों की कार्यविधि के कटु अनुभव के आधार पर ग्रामीण सरकार का भविष्य उज्ज्वल दिखाई नहीं देता।

उनके नए प्रकार के समाजवाद में राष्ट्रीयकरण को सभी आर्थिक रोगों का इलाज नहीं माना गया, चाहे वह इसे एक महत्त्वपूर्ण औषधि मानते हैं। जैसा कि राज्य-समाजवादियों ने माना है। राष्ट्रीयकरण समाजवाद का एक अत्यन्त महत्त्वपूर्ण तत्त्व है। वास्तव में राष्ट्रीयकरण के बिना राज्य समाजवाद का भ्रम-सा बनकर रह जाएगा। अतः समाजवाद में राष्ट्रीयकरण को महत्त्वपूर्ण स्थान प्राप्त होना चाहिए।

अतः हम यह परिणाम निकाल सकते हैं कि डॉ. लोहिया के प्रकार के समाजवाद को सर्वप्रियता प्राप्त नहीं हो सकती और इसके प्रवर्तक को वैज्ञानिक समाजवादियों में महत्त्वपूर्ण स्थान प्राप्त नहीं हो सकता। किन्तु एक प्राधिकरण में सत्ता और शक्ति के केन्द्रीकरण के प्रति उनकी विरक्ति वैयक्तिक स्वतन्त्रता के प्रति उनकी उत्कट इच्छा, जन-संघर्ष पर उनका आग्रह, त्रिमुखी क्रान्ति के पक्ष में उनका मत, भारतीय राजनीति के वैचारिक क्षेत्र में उन्हें महत्त्व दिलाएँगे। किन्तु प्लेटो, हॉब्सन, काण्ट, हीगल तथा मार्क्स के वर्ग में उन्हें रखकर उन्हें एक विद्योचित्त (academic) व्यवस्थित, राजनीतिक विचारक के रूप में मान्यता नहीं दे सकते। उनके सिद्धान्त अधिकतर कार्यक्रमोन्मुखी हैं। एक तात्कालिक क्रान्ति प्रस्तुत करने के लिए वह प्रयत्नशील रहे। किसी सुदूर, अदृष्ट भविष्य के लिए वह कोई सिद्धांत प्रस्तुत नहीं कर सके। डॉ. लोहिया के मत और विचार जिनका निष्पक्ष परीक्षण उनके जीवन में नहीं हुआ, भविष्य में देश की समस्याओं का समाधान करने में उनकी प्रासंगिकता मान्य होगी। ऐतिहासिक परिप्रेक्ष्य में निस्सन्देह आधुनिक भारत के लिए उनका योगदान वरीयता-क्रम में गांधी के पश्चात् दूसरे स्थान का अधिकारी होगा।[28]

सन्दर्भ

1. Lohia : *Samajwadi Andolan Ka ltihas*, p. 20.
2. N.C. Mehrotra: Lohia, a Study, (1978 ed.), p. 56.
3. Lohia: Preface to Marx, Gandhism & Socialism, p. xix.
4. Lohia: Marx, Gandhi and Socialism, p. 427.
5. Ram Manohar Lohia Wheels of History, p. 51.
6. Report of the Panchmarti Special Convention of the Socialist Party, May, 1952, pp. 133-34.
7. Lohia : Marx, Gandhi and Socialism, p. 333.
8. Ibid., p. 427.
9. V. P. Verma : op. cit.. p. 437.
10. Lohia, op. cit., p. 111
11. Preface to Marx, Gandhi and Socialism, p. 8.
12. Lohia: Fragments of World Mind, p. 11.
13. Speech in Rangoon in preliminary meetings of the Asian Socialist Conference, March 26, 1952-'Will to Power', p. 53.
14. Arumugam : Socialist Thought in India (1977-1981). In a tribute to Lohia by Madhu Limaya, p. 77.
15. R. M. Lohia : Aspects of Socialist Policy, (1952 ed.), p. 17
16. Preface to Marx, Gandhi and Socialism, p. 138.
17. A. Appadorai : Lohia's contributions to Socialist Thought, Indian Express, March 27, 1968.
18. Mankind : June-July, 1969, p. 19.
19. Dr. N.C. Mehrotra : op. cit., p. 101.
20. Caste as Policy–a flash back into Lohia's doctrine by Lalit Mohan Gautam : an article in Hindustan Times, November 2, 1993. (Magazine Section).
21. Fragments of a World Mind, p. 70
22. Mankind, February, 1969, p. 611.
23. Foreword to Lohia and America Meet by Homs Wafford, p. 16.
24. N.C. Mehrotra : op. cit., p. 101.
25. Lohia : op. cit., p. 126.
26. Mankind, November, 1956, p. 314.
27. N.C. Mehrotra: op. cit., pp. 104-5.
28. Dr. N. C. Mehrotra, Foreword to Lohia, a study, pp. 224-27.

16

अशोक मेहता

"...भारत का आर्थिक पिछड़ापन हमारी नीतियों को अनेक दुर्निवार्य विवशताओं के शिकंजे में जकड़ लेता है।"

—अशोक मेहता

अशोक मेहता बहुमुखी प्रतिभा के स्वामी थे। क्योंकि उनके पिता और माता अहमदाबाद के निवासी थे, उनका बाल्यकाल औद्योगिक श्रमिकों के मध्य बीता। मेहता ने शहरी और औद्योगिक वातावरण को आरम्भिक वर्षों में ही ग्रहण कर लिया था। 1932 में वह नागरिक अवज्ञा आन्दोलन के अन्तर्गत राजद्रोह के मामले में नासिक में जेल भेज दिए गए। यहीं उनकी भेंट जे.पी. से हुई और यहीं उन्होंने मार्क्सवाद का पहला पाठ पढ़ा। किन्तु उनका अधिक आकर्षण यूरोपीय समाजवादी विचार-श्रृंखला के प्रति अधिक था। 1936 के पश्चात् वह 'कांग्रेस सोशलिस्ट', जो पार्टी की प्रमुख साप्ताहिक पत्रिका थी, के सम्पादक बने। उन्होंने बम्बई में 'लेबर ब्यूरो' का गठन किया तथा "श्रम आन्दोलन का अपना पहला पाठ पढ़ा।"[1] उन्होंने भारत छोड़ो आन्दोलन में स्पष्ट, महत्त्वपूर्ण योग दिया तथा तीन वर्ष का उन्होंने कारावास भी भोगा। पुनः 1947 में श्रमान्दोलन में अपनी भूमिका के कारण मेहता लोक-प्रसिद्धि के क्षेत्र में आए। कांग्रेस सोशलिस्ट पार्टी को एक उत्साही, गतिशील नेता की बड़ी आवश्यकता प्रतीत हुई, श्रमिक क्षेत्र में काम करने के लिए। उन्हें लगा मेहता ऐसे ही नेता हैं। मेहता ने सोशलिस्टों का आह्वान किया कि वह साम्यवादियों की A.I.T.U.C.

और कांग्रेस के आधिपत्य वाली I.N.T.V.C छोड़कर प्रजातांत्रिक आधार पर एक श्रमिक आन्दोलन खड़ा करें जो स्वतन्त्र भारत की नियति के अनुरूप हो। अतः उन्होंने बड़ी निष्ठा और मनोयोगपूर्वक युगान्तरकारी विचारों को लेखबद्ध किया। वह स्थानीय, राष्ट्रीय एवं अन्तर्राष्ट्रीय स्तर पर राजनीति में गहराई से डूबे रहे। उन्होंने बड़ी योग्यता से योजना आयोग के उपाध्यक्ष की भूमिका निभाई।

वह तीन सर्वोच्च समितियों के अति सुयोग्य सदस्य रहे—(i) भारतीय मन्त्रिमण्डल, (ii) राष्ट्रीय प्रतिरक्षा परिषद् तथा (iii) राष्ट्रीय-अन्तर्राष्ट्रीय परिषद्। इसके पश्चात् वह जनता पार्टी के अत्यन्त प्रमुख, ख्याति प्राप्त नेताओं में से एक थे। समाजवाद के विषय पर उन्होंने व्यापक रूप में लिखा है। उनकी प्रसिद्ध रचनाएँ हैं—

(i) Communal Triangle in India (1942),

(ii) Democratic Socialism (1951),

(iii) Studies in Socialism (1956),

(iv) India Today (1954) तथा Reflections of Socialist Era (1977).

कांग्रेस में सम्मिलित होने और योजना-आयोग के उपाध्यक्ष का पद सँभालने तथा संगठन-कांग्रेस का अध्यक्ष बनने से पहले,[2] अशोक मेहता प्रसोपा द्वारा प्रतिपादित लोकतन्त्रीय समाजवाद के मशाल-वाहक (torch-bearer) थे। उन्होंने सदैव कांग्रेस के साथ सहयोग बनाए रखने पर इस कारण बल दिया, कि भारत की पिछड़ी हुई अर्थव्यवस्था को देखते हुए ऐसा करना अनिवार्य था; जबकि डॉक्टर लोहिया ने समाजवादी दल को कांग्रेस तथा साम्यवादी दल से दूर रहने को कहा। अशोक मेहता के कांग्रेस में सम्मिलित होने से उनकी समाजवादी विचारधारा को सुदृढ़ बनाने की भीतरी लालसा की पूर्ति होती है। परन्तु मेहता के समाजवाद के समर्थक होने की बात तो उसी समय समाप्त हो गई जब उन्होंने श्रीमति इन्दिरा गांधी के नेतृत्व वाली समाजवाद पर आधारित कांग्रेस को छोड़कर संगठन-कांग्रेस का अध्यक्ष-पद स्वीकार करके प्रतिक्रियावादी दक्षिणपंथी तत्त्वों के साथ अपना नाता जोड़ लिया। जनता पार्टी की स्थापना से पहले उनका मुख्य उद्देश्य दूसरे समर्थकों से मिलकर श्रीमती इन्दिरा गांधी को निकालकर देश को उनके तानाशाही[3] शासन से मुक्त करवाना था। जनता पार्टी की विजय और 1977 में कांग्रेस की चुनाव में पराजय उनके लक्ष्य की सफलता स्पष्ट करती है।

अशोक मेहता के राजनीतिक विचार

(क) कांग्रेस के साथ सहयोग

उन्होंने स्वतन्त्रता के पश्चात् जयप्रकाश नारायण की भाँति कांग्रेस के साथ सहयोग करने पर बल दिया। उनका मत था कि भारत का आर्थिक पिछड़ापन हमारी नीतियों को अनेक दुर्निवार्य विवशताओं के शिकंजे में जकड़ लेता है। जातिवाद, साम्प्रदायिक और प्रादेशिक बातें और इनके प्रति आस्थाएँ—इन सभी का सम्मिलित परिणाम हुआ है—देश की सामाजिक जड़ता। इसी कारण जनसाधारण में निराशा है। अतः मेहता ने विरोधी दलों से शासक दल से सहयोग करने को कहा जिससे राष्ट्र-निर्माण का कार्य बाधक गुटों के दुष्प्रभाव से निश्चिन्त होकर सुचारु रूपेण हो सके। लोहिया के लिए पिछड़ेपन की अर्थव्यवस्था की बाध्यकारिता की अवधारणा दोषपूर्ण यान्त्रिक तर्क पर आधारित है। अशोक मेहता ने कांग्रेस के 1955 के अधिवेशन में समाजवादी समाज की स्थापना के प्रस्ताव का समर्थन किया, चाहे डॉक्टर लोहिया तथा मधु मिलये जैसे समाजवादियों ने इस प्रस्ताव को छल-युक्त कहकर कोई महत्त्व प्रदान नहीं किया। इसके फलस्वरूप पार्टी में फूट पड़ गई और 'भारतीय समाजवादी दल' नामक नई पार्टी का निर्माण हुआ। अशोक मेहता के प्रसोपा (P.S.P.) से अपना नाता तोड़कर योजना-आयोग के उपाध्यक्ष का पद सँभालने तक प्रसोपा तथा सो. पा. इ. (S.P.I.) दोनों पार्टियाँ अलग-अलग काम करती रहीं। इसके पश्चात् दोनों पार्टियों का विलय हो गया और संयुक्त समाजवादी दल (S.S.P.) नामक एक नई पार्टी का जन्म हुआ, चाहे कुछ-एक सदस्य अब भी पुराने दल के अलग अस्तित्व को बनाए हुए हैं।

प्रसोपा का सदस्य होते हुए उन्होंने कांग्रेस के साथ सहयोग पर जो बल दिया, उसके बारे में उनकी उस रिपोर्ट से पता चलता है, जो उन्होंने प्रधानमंत्री नेहरू तथा प्रसोपा के नेताओं के बीच में बातचीत की असफलता पर दी। उन्होंने कहा, "चाहे सरकारी दल से सहयोग का प्रश्न समाप्त कर दिया गया है, हमारे दल की ओर से विरोध के कुछ एक कठिन प्रश्न अब भी बने हुए हैं। भारत का आर्थिक पिछड़ापन अनिवार्य रूप से हमारी नीतियों का दबाव डाल रहा है। एक अविकसित अर्थव्यवस्था में, लोकतन्त्रीय तथा धर्म-निरपेक्ष नीति की निन्दा होना कोई अद्भुत बात नहीं, क्योंकि कांग्रेस-जैसे दल की असफलता के कारण ऐसा होना सम्भव है। दो में से एक विकल्प द्वारा संकट का मुकाबला किया जा सकता है—1. लोकतन्त्रीय दलों के बीच में कार्यक्रम-सम्बन्धी समझौता; अथवा 2. समझौते तथा मतभेद के क्षेत्रों का सीमांकन।

मेहता के इस वक्तव्य के अध्ययन से उनके चिन्तन का पता चलता है। उनका मत है कि पिछड़ी हुई अर्थव्यवस्था जाति तथा धर्म पर दबाव डालती है, जिसके फलस्वरूप सामाजिक प्रगति मन्द पड़ जाती है। देश के समाने जो पेचीदा आर्थिक समस्याएँ आईं हैं उनके समाधान के लिए समविचारी (Like-minded) देशभक्तों के बीच सहयोग अनिवार्य है। अतः एक उत्तरदायी विपक्षी दल को सरकार के काम में बाधा उपस्थित करने की अपेक्षा उससे सहयोग करना चाहिए। मेहता ने ठीक ही कहा कि राष्ट्रवाद, धर्मनिरपेक्षवाद तथा लोकतन्त्र जैसे महत्त्वपूर्ण राष्ट्रीय प्रश्न पर कांग्रेस तथा प्रसोपा के बीच समझौता होना चाहिए। अतः उन्होंने इन प्रश्नों पर प्रसोपा को कांग्रेस के साथ पूर्ण सहयोग बनाए रखने पर बल दिया, चाहे दूसरे प्रश्नों पर दूसरे विकल्प प्रस्तुत किए। लोहिया ने कांग्रेस से सहयोग के प्रयत्नों पर मेहता की निन्दा की और मेहता के समाजवाद को 'लंगड़ा समाजवाद' कहा। वास्तव में मेहता के पश्चिमी लोकतन्त्रीय समाजवाद में विश्वास ने उन्हें कांग्रेस के साथ सहयोग करने पर मजबूर किया, जो कि उस प्रकार के समाजवाद की समर्थक थी। यह एक पूर्ण सचाई है कि स्वतन्त्रता-प्राप्ति के पश्चात् कांग्रेस ने जिस समाजवादी विचारधारा का प्रचार किया, वह प्रसोपा तथा संसोपा (P.S.P. and S.S.P.) की समाजवादी विचारधारा के साथ मिलती-जुलती है। अतः कांग्रेस के साथ सभी समाजवादी दलों का सहयोग मेहता का वास्तविक दर्शन माना जा सकता है। उनके द्वारा प्रसोपा का त्याग और कांग्रेस में एक महत्त्वपूर्ण पद को स्वीकार करने से केवल प्रसोपा को ही धक्का नहीं लगा, बल्कि उनके कांग्रेस के साथ सहयोग तथा लोकतन्त्रीय समाजवाद के समर्थन के उद्देश्य की भी पूर्ति होती है।

(ख) लोकतन्त्रीय समाजवाद के बारे में उनके विचार

मेहता ने अति दृढ़ता से लोकतन्त्रीय समाजवाद के उद्देश्य का समर्थन किया है। अपने एक विवरण में उन्होंने कहा था, "समाजवाद न तो पूँजीवाद और साम्यवाद के मध्य कोई मध्यममार्ग है, न ही कोई ऐसा प्रयत्न है जिसके द्वारा दोनों की कुछ कठोर बातों को मृदुतर बनाया जाए। किन्तु यह निजी विशेषताएँ लिए अपने सामर्थ्य पर टिका एक विकल्प है। सामाजवादी प्रजातन्त्र, जो पश्चिम के विकसित देशों का है, उससे अनेक प्रकार से भिन्न हमारा समाजवाद एक अतिविशिष्ट, हमारे मतानुसार एक महत्त्वपूर्ण भूमिका निभाएगा।" उनका मन्तव्य था, "प्रजातन्त्र समाजवाद का हृदय है।"[4] उनके मतानुसार, "विचारों की दृष्टि से समाजवाद परिवर्तनशील तथा अभिव्यक्ति की दृष्टि से अत्युर्वर है।"[5] "जो भी अन्तर है, यह आकस्मिक नहीं है। उनमें से अनेक का

मूल इतिहास में, संस्कृति में, विकास में तथा दृष्टिकोण में विद्यमान है।"[6] अतः वह इसी निष्कर्ष पर पहुँचे कि भारतीय समाजवाद का अन्तिम स्वरूप वही होगा जो इसकी निजी विशेषताओं के समूह, समानता का वातावरण के समूह के आधार पर और पारिस्थितिक श्रेणीबद्धता (Concatenation of Cricumstances) के आधार पर निर्धारित होगा। विदेशी अनुभव कोई सद्यःनिर्मित उदाहरण नहीं दे सकते। इतना अवश्य है कि उनसे महत्त्वपूर्ण अन्तर्दृष्टि और ज्ञान प्राप्त हो सकता है।

उनका यह कहना था कि विदेशी अनुभव हमें एक बना-बनाया समाजवादी ढाँचा नहीं दे सकता चाहे उनके द्वारा हमें समाजवाद के बारे में महत्त्वपूर्ण ज्ञान प्राप्त होता है। उन्होंने समाजवाद, साम्यवाद और अराजकतावाद का भारतीय सन्दर्भ में उचित्य कहा है, "भारत के लिए इन सिद्धान्तों की आवश्यकता इस बात में है कि महात्त्वा गांधी ने पुरुधन (Proudhon) और करापटकीन (Kropotkin) की रीतियों को अपनाया और नेहरू ने सामाजिक लोकतन्त्रीय पथ को अपनाया और आज के प्रभावशाली भारतीयों पर साम्यवादी ढाँचे की चमक-दमक का प्रभाव पड़ा है।"[7]

मेहता ने भारत की समाजवादी विचारधारा पर भारतीय उदारवादियों की छाप के कारणों को खोजा है और गांधी तथा लोहिया के समाजवादी विचारों को कल्पनामात्र अथवा उमड़ा हुआ स्वप्नवाद कहा है।[8] उनका विचार है कि घनी आबादी वाले देश में, जहाँ पर कि पूँजी का अभाव है, उद्योगीकरण की अवहेलना नहीं की जा सकती, जैसी कि गांधी तथा विनोबा ने राय दी है। 'अपने लोकतन्त्रीय समाजवाद में' उन्होंने कहा है, "जर्मनी में जो सामान बाहर से धड़ाधड़ आने लगा, उस समस्या का समाधान करने के लिए फ्रेड्रिक लिस्ट ने शिशु उद्योगों की सुरक्षा का सिद्धान्त प्रस्तुत किया...भारत में भी स्वर्गीय जस्टिस रानाडे ने इसी सिद्धान्त का विकास किया था। सुरक्षा-सिद्धान्त इस बात को मानता है कि देश के आर्थिक जीवन में राज्य का महत्त्वपूर्ण योगदान होता है। मण्डी की अन्धाधुन्ध प्रयोग में लाई जाने वाली शक्तियों को अपना काम करने की आज्ञा नहीं दी जा सकती, क्योंकि अगर उन्हें ऐसा करने दिया जाए तो सारा धन इंग्लैंड में इकट्ठा हो जाएगा और शेष संसार में लोगों का पतन हो जाएगा।...रानाडे की आवाज़ की किसी ने भी परवाह नहीं थी की। मेरी धारणा यह है कि अविकसित देशों में मंडी के कानूनों को कोई महत्त्व प्रदान नहीं किया जाता।...राज्य को प्रत्येक चरण पर हस्तक्षेप करना चाहिए और आर्थिक फैसलों को मण्डी के मुताबिक नहीं छोड़ देना चाहिए। ये निर्णय तो केन्द्रीय योजना सत्ता (Central Planning Authority) द्वारा लिए जाने चाहिए।"

उपर्युक्त कथन से यह स्पष्ट हो जाता है कि मेहता ने राज्य के द्वारा हस्तक्षेप तथा नियोजित अर्थव्यवस्था पर बल दिया है। मेहता कहते हैं, "राज्य को प्रत्येक स्थिति में हस्तक्षेप करना चाहिए और बाजार की अन्धी शक्तियों को निर्णय करने का अधिकार देने के स्थान पर निर्णय का अधिकार केन्द्रीय योजना सत्ता के आधीन होना चाहिए।"[9] इस दृष्टि से वे साम्यवादियों से बिल्कुल भिन्न हैं जो कि राज्य द्वारा अधिकार जमाने को अत्याचार तथा दमन को एक साधन मानते हैं।

एक सच्चे समाजवादी के रूप में उन्होंने भारतीय पूँजीवाद की निन्दा की तथा शोषित समाजवाद की लोकप्रियता की घोषणा की। "जहाँ पूँजीवाद में जरावस्था, जीर्णता और यश के लक्षण हैं, वहीं संसार का समाजवादी क्षेत्र रूस की शक्ति उत्तरोत्तर बढ़ रही है। मार्क्स की भविष्यवाणियों को सत्य करते हुए, इन दोनों प्रक्रियाओं ने पूँजीवाद के विश्वास को नष्ट कर दिया है।"[10]

मेहता के समाजवाद में वितरण पर शोर मचाने की अपेक्षा उचित विकास पर बल दिया गया है। अतः उन्होंने कहा है, "यह स्पष्ट है कि जब तक विकास की गति शुरू से तीव्र नहीं होती, जनसख्ंया आगे होने वाले विकास में बाधा डालती है...केवल तेजी से होने वाली प्रगति ही जन्म-दर को रोक सकती है, रहन-सहन के स्तर को ऊँचा कर सकती है और लोकतन्त्र को बचाए रख सकती है...अतः समाजवाद का पहला सिद्धान्त वितरण नहीं, बल्कि विकास है।" देश के इस प्रकार के नियोजित विकास में उद्योगीकरण तथा यंत्रीकरण (Mechanization) को महत्त्वपूर्ण भूमिका निभानी ही होगी। उनके विचारानुसार राष्ट्रीय योजना आयोग ही केवल ऐसी एजेन्सी है जिसके द्वारा इस प्रकार को ठीक दिशा प्रदान की जा सकती है। बाद में उनके द्वारा योजना-आयोग के उपाध्यक्ष का पद ग्रहण कर लेने से उनके नियोजित अर्थव्यवस्था में विश्वास का पता चल जाता है।

उन्होंने व्यावहारिक समाजवादी होने के नाते, देश के नियोजित विकास पर विस्तारपूर्वक चर्चा की है, जोकि आर्थिक दबाव के कारण चीख रहा है। उन्होंने उपकरण-निर्माण तथा कलापटुता (Techniques) की उत्पत्ति को पहल देने पर बल दिया है। अतः लोहा, इस्पात, कोयला तथा शक्ति (Power) उद्योगों को प्राथमिकता दी जानी चाहिए। पूँजी का निर्माण करने तथा उसे लगाने के काम की ओर विशेष ध्यान दिया जाना चाहिए। उनकी राय है कि भारत ने जो असंलग्नता की नीति (Policy of non-alignment) को अपनाया है, उसके कारण पूँजी-निर्माण का काम एक समस्या बन सकता है। उन्होंने कहा है कि भारतीय समाजवादी पूँजी-निर्माण के लिए मितोपभोग (Austerity) की विधि में कम खपत की ही राय

दे सकते हैं। परन्तु भारत के पास जो अतिरिक्त मानव-शक्ति है, वह पूँजी का नया स्रोत है। उनके कथनानुसार, "भारत में एक अविकसित देश होने के नाते, पूँजी का संग्रहण कोई सुखद बात नहीं होगी। हमें पूँजी के निर्माण के लिए महान मानवीय स्रोतों पर निर्भर करना होगा। मनुष्यों की सहायता से सड़कें बनानी होंगी, नहरें खोदनी होंगी और तालाबों की मरम्मत करवानी होगी। मजदूरों को अपनी इच्छा से ही मजदूरी के लिए आगे आना होगा।" मेहता का विवेकी समाजवाद (Discriminating Socialism) में विश्वास है, अतः उन्होंने पूर्णरूप से राष्ट्रीयकरण पर बल नहीं दिया है। उन्होंने सरकारी क्षेत्र के साथ-साथ निजी क्षेत्र (Private Sector) को भी बनाए रखने पर बल दिया है।

इसके अतिरिक्त, मेहता ने कृषि-उत्पादन को बढ़ावा देने तथा नियोजित ग्रामीण अर्थव्यवस्था को शुरू करने पर बल दिया है। अनाज के उत्पादन को बढ़ाने के लिए उन्होंने किसानों के महत्त्वपूर्ण योगदान को भी मान्यता प्रदान की है। उन्होंने नेहरू के ग्रामोत्थान के लिए किए गए प्रयत्नों की भी निन्दा की है। सामुदायिक विकास खण्ड जिन्हें वैचारिक रूप में नेहरूजी ने प्रस्तुत किया, एक सशक्त केन्द्र के अभाव में, मात्र कुछ ग्रामों का समूह बनकर ही रह गए। पंचायती राज्य संस्थाएँ प्रशासकों के बिखराव के परिणामस्वरूप हुए कार्य तन्त्र के विखण्डन के नीचे दबकर रह गईं। सामुदायिक विकास खण्ड और पंचायती राज्य समितियाँ दोनों प्रशासन के शीर्षस्थ तन्त्र की दया पर रहीं। सहकारी कृषि वैचारिक क्षेत्र से निकल कभी कार्य क्षेत्र में नहीं आई। वास्तव में तो पूरा सहकारी आन्दोलन ही त्रुटिपूर्ण होने के कारण नियंत्रण में ही रखने योग्य समझा गया। उनकी सम्मति में ग्रामीण क्षेत्रों में संगठनात्मक शक्ति और लचीलापन का अभाव था। माओ के चीन द्वारा इस दिशा में किए प्रयत्न उनकी प्रशंसा का केन्द्र बने रहे। उन्होंने इसके विषय में कहा, "यह एक उदाहरण है कि कृषि को कैसे समृद्ध बनाया जाए, साथ ही इसका भी कि जटिल तकनीकी उत्पादन को भी एक विकेन्द्रीकृत योजना तन्त्र में कैसे मिलाया जाता है।"[11] अशोक मेहता के सपने का नियोजित, आत्मनिर्भर, स्वायत्त गाँव, गांधीजी की कल्पना वाले गाँव से भिन्न होगा। उनके अनुसार ग्रामीण अर्थव्यवस्था सम्पूर्ण अर्थव्यवस्था का एक अटूट अंग होनी चाहिए। उन्होंने उद्योगों के विकास की उपेक्षा नहीं की और न ही राष्ट्र के आर्थिक सुधार के लिए यन्त्रीकरण की ही अवमानना की। किन्तु उन्होंने यह सुझाव अवश्य दिया कि अत्यन्त सीमित संसाधनों को देखते हुए, एक योजना आयोग का गठन किया जाए जो प्राथमिकताओं के विषय में सुझाव दे। उनके शब्दों में, "सबसे महत्त्वपूर्ण बात यह है कि उस उत्पादनपरक गतिविधि को प्राथमिकता दी जानी चाहिए जिसके कारण उपकरणों तथा उनके

प्रयोग में क्रान्ति लाई जा सके।''[12]

उन्होंने बड़े पैमाने पर यान्त्रिक आयोगों के साथ-साथ लघु उद्योगों की आवश्यकता भी अनुभव की। उनके अनुसार दोनों का परस्पर कोई विरोध नहीं है। इसके विपरीत वह एक-दूसरे के पूरक हैं। बड़े पैमाने के बड़े उद्योगों स्वतः समाज की आवश्यकताओं की पूर्ति नहीं कर सकते। हल्के उद्योगों के अत्यन्त कुशलतापूर्ण उपयोग और पारम्परिक हस्तकला कृतियों के उत्पादन को प्रतिपादित कर उपभोक्ता वस्तुओं का उत्पादन बढ़ाया जा सकता है।

इसके अतिरिक्त उन्होंने विकेन्द्रीकरण के माध्यम से राजनीतिक सत्ता लोगों में निहित करने का भी सुझाव दिया। इसका परिणाम यह होगा कि वह महलों और झोंपड़ियों की तुलनात्मक विषमता को और अधिक सहन नहीं करेंगे। गांधीजी के समान ही वह भी मानते थे कि (Trusteeship) न्यासिता के विचार का समाजवाद से मौलिक सम्बन्ध है। वे पूछते हैं, ''क्या आर्थिक तपश्चर्या के गर्व को खतरे में डाले बिना एक विकासशील देश में समाजवाद लाया जा सकता है?'' उन्होंने गांधीजी द्वारा सुझाई गई उत्पादन की प्रक्रिया को यह कहकर विकासशील प्रजातन्त्र के लिए उपयुक्त बताया क्योंकि इससे सम्पत्ति का समान वितरण सुनिश्चित किया जा सकता है। 'निर्जीव उपकरणों को' संवेदनशील मानव उपकरणों की अपेक्षा गांधीजी द्वारा गौण स्तरीय कर देना, अशोक मेहता के अनुसार एक तथ्यपूर्ण मार्क्सवादी विश्लेषण था।

(ग) राज्य को अधिकेन्द्रित राज्य नहीं होना चाहिए

चाहे राज्य को ही देश के नियोजित विकास का कार्य अपने सिर पर लेना चाहिए फिर भी राज्य को अधिकेन्द्रित नहीं बनना चाहिए। अतः उन्होंने राज्य सम्बन्धी मार्क्सवादी अवधारणा का खण्डन किया और एक राज्य के अन्तर्गत एक ही दल की भूमिका को दुर्घटनाओं में से एक बताया जिनका बॉल्शेविकों ने शाश्वतीकरण किया है।[13] उन्होंने यह बलपूर्वक कहा कि एक दलीय राज्य में कोई ऐसा तन्त्र नहीं है जिसके द्वारा जनता के परिवर्तन भावों और मुद्राओं में परिचित हुआ जाए। इसके साथ ही कोई ऐसे वात दिग्दर्शक (Barometer) भी नहीं जो बदलते जनमत का पूर्वाभास दे पाएँ।[14] अतः उनकी दृष्टि में वह समाजवाद को संस्कृति का विलोम नहीं मानते थे। इसके स्थान पर लास्की तथा वार्कर की भाँति उन्होंने राज्य के बहुलवादी सिद्धान्त को माना है।[15] उन्होंने कहा है कि ''उनके द्वारा प्रतिपादित लोकतन्त्रीय समाजवाद सांस्कृतिक बहुलवाद तथा कुछ एक नैतिक धारणाओं का समर्थक है।''[16] यह राज्य के समाजवाद की बुराई का उन्मूलन करता है, जो कि केवल राज्य-पूँजीवाद का ही मंगल-भाषण है। गांधी की

तरह मेहता ने पंचायतों को शक्तिशाली बनाने पर बल दिया है। उन्होंने सुझाव दिया कि ग्राम निगम और ट्रेड यूनियन को सरकारी ढाँचे में महत्त्वपूर्ण स्थान तथा शक्तियाँ प्राप्त हों।

(घ) मार्क्सवाद के बारे में उनके विचार

अशोक मेहता ने मार्क्सवाद की भर्त्सना इस आधार पर की है कि "इसका अन्त स्वतन्त्रता की उड़ान से विस्मृति (Forgetfulness) में हुआ है।" अपनी पुस्तक 'एशियाई समाजवाद का अध्ययन' (Studies in Asian Socialism) में उन्होंने कहा है, "मार्क्सवाद के स्वप्न ने हौए का रूप क्यों धारण कर लिया है, इसका कारण उसके (मार्क्स) द्वारा कुछ एक समाजशास्त्रीय तथा मनोवैज्ञानिक वास्तविकताओं की अवहेलना किया जाना है।" उन्होंने पाठकों को इन वास्तविकताओं की जानकारी देते हुए कहा है कि "सर्वहारा के लम्बे संघर्ष की प्रक्रिया के द्वारा तथा तर्कवाद के सिद्धान्त के साथ इसे मिलाते-मिलाते सरलता में जाकर समाप्त हो जाता है। स्वतन्त्रता की तीर्थयात्रा अपने ही सिद्धान्त के कारागार में जाकर बन्दी हो जाती है।" उन्होंने Studies in Asian Socialism में कहा, "मार्क्सवाद लोकतन्त्र की भर्त्सना करता है और जहाँ पर सम्भव हो इसे छिन्न-भिन्न करने का प्रयत्न करता है।" अशोक मेहता के अनुसार, "एशियाई देशों में, जहाँ पर लोकतन्त्र शक्ति प्राप्त करने के लिए संघर्ष कर रहा है, वहाँ वह रूढ़िवादी मार्क्सवादी धारणा को अपनाना आसान है; और जहाँ पर समाजवाद लोकतन्त्र का एक अटूट अंग बन जाता है, वहाँ पर सुधारवादी पुनः व्याख्या अत्यन्त आवश्यक हो जाती है।"[17] अशोक मेहता के इस कथन के कारण आलोचक ठीक ही उनको (Fabianist) अथवा 'संशोधनवादी' (Revisionist) कहते हैं। वस्तुतः मेहता ने समाजवाद और प्रजातन्त्र के मध्य कोई विरोध नहीं दर्शाया। रूस में ऐसे किसी प्रयास के गम्भीर परिणामों से वह अपरिचित नहीं थे। उनकी सम्मति में, "राष्ट्रवाद प्रजातन्त्र और समाजवाद तीनों लोगों को ऐसे पद प्रदान कर सकते हैं कि वह गगन में उड़ान भरकर यात्रा कर सकें। अत्यधिक उड़ान और मोड़ के द्वारा वह दूसरी ओर कारा में भी जा सकते हैं। बात वस्तुतः उपयुक्त अनुपात में सन्तुलन बनाए रखने और उचित नियन्त्रण तथा तुल्य भार सुनिश्चित करने की है। रूसी साम्यवाद की योजनाबद्ध अर्थव्यवस्था में केन्द्रीकरण की प्रवृत्तियों की उन्होंने निन्दा की। चाहे राज्य को ही देश के नियोजित विकास का कार्य अपने सिर पर लेना चाहिए, फिर भी राज्य को अधिकेन्द्रित राज्य नहीं बनना चाहिए। उन्होंने आदर्श सभ्यता तथा आत्मनिर्भर स्वायत्त ग्रामों के उदय की कल्पना नहीं की है।

(ङ) गांधीवाद के बारे में उनके विचार

मेहता ने एक बार कहा था, "गांधीजी विचित्र प्रकार के क्रान्तिकारी थे, जो संरक्षण पर गर्व करते थे, भविष्य की ओर दौड़ने का आनन्द लेते थे, अतीत के पूर्वाग्रह से भी जो मुक्त नहीं हो पाते थे।"[18] परन्तु उन्होंने उद्देश्यों की पूर्ति के लिए गांधीजी की विधियों की सराहना की है। उन्होंने गांधीजी द्वारा प्रतिपादित उद्देश्यों तथा उनके साधनों के बीच में आंगिक संबंध की भी सारहना की है। गांधीजी की सत्याग्रह तकनीक की सराहना करते हुए, मेहता सम्मति देते हैं, "गांधीजी क्रान्ति अवश्य चाहते हैं, पर समाज को विकृत करने वाली विनाश और दुर्भावना के बिना। इसका सुधार साधारण है। जो मनुष्यों का संहार करना चाहते हैं, उनके अशोभनीय आचरण का नहीं, वह अशोभनीय आचरण को स्वीकार कर लेते हैं। यह लोग उससे भी निकृष्ट हैं जिन्हें वह यह समझकर मार देते हैं कि उनके साथ ही उनका अशोभनीय आचरण भी समाप्त हो जाएगा।"[19] उनके साक्ष्य और साधन सिद्धान्त का उल्लेख करते हुए वह कहते हैं, "साध्य पर साधनों की श्रेष्ठता को वरीयता का उनका सिद्धान्त उन्हें निष्काम कर्म के उस प्रधान बिन्दु तक ले जाता है।"[20] अनासक्तिमय कर्म और त्याग के द्वारा आनन्द की प्राप्ति मेहता सत्याग्रह को सत्ता हस्तगत करने की एक चाल मात्र ही नहीं मानते। यह अपने आप में एक क्रान्ति थी। गांधीजी स्थायी क्रान्ति के पक्षधर होने के कारण, पक्षधर थे सुधार की उस अन्तहीन प्रक्रिया के जिनके द्वारा सत्य, अहिंसा के माध्यम से मानव प्रकृति का परिष्कृत पुनर्भव हो।

उनके शब्दों में गांधी गहराई में पैठकर, क्रान्ति के लिए एक नया आयाम ढूँढ़ निकालते हैं।[21] गांधी के समान ही मेहता सर्वाधिक विकेन्द्रीकरण के पक्षधर हैं। सत्ता सम्पन्न पंचायत कोई काल्पनिक सृजन नहीं है। इतिहास के मलबे के नीचे दबा होने के कारण इसे निकालना पड़ता है। अतीत में पंचायत ग्रामीण प्रशासन की देखभाल करती थी। पंचायत की निष्क्रियता दूर कर उसे क्यों न सक्रिय किया जाए। ग्रामीण समस्याओं को निपटाने के लिए ग्राम के निवासियों और निकटवर्ती राज्यों के ग्रामों की सहायता आवश्यक है। सामुदायिक विकास खण्ड तथा पंचायत समिति के द्वारा अर्थव्यवस्था को गति मिलेगी। सुविधाएँ उपलब्ध होंगी।

(च) अशोक मेहता तथा समाज-सुधार

भारत में समाज सुधार की आवश्यकता के बारे में भी मेहता अचेत नहीं हैं। उनका विश्वास है कि सामाजिक सुधारों का देश की आर्थिक प्रगति पर बहुत प्रभाव पड़ता है। उनके विचारानुसार, "ग्रामीण समुदाय के पुनर्निर्माण के लिए

रचनात्मक कार्य ही सहयोगी सिद्ध हो सकते हैं और इसी के आधार पर रूढ़िवादी तत्त्वों को उत्पादन-कार्यों के लिए प्रयोग में लाया जा सकता है। आधुनिकीकरण आवश्यक है और सांस्कृतिक वातावरण पैदा करने के लिए एक नई भावना की आवश्यकता है, जिसमें अधिक पूँजी तथा तकनीक को खपाना सम्भव हो सकता है।''

वर्गीकरण (Methodology) : समाजवादी उद्देश्यों की प्राप्ति के लिए उन्होंने सुधार तथा क्रान्ति दोनों सुझाव दिए। किन्तु इन दोनों में से किसी के लिए वह वरीयता का क्रम निश्चित नहीं कर पाए। सर्वसत्तापरक साम्यवादी विचारों की उन्होंने भर्त्सना की और जनतान्त्रिक शान्तिपूर्ण तथा संसदीय उपायों की वकालत की। मद्रास सम्मेलन में उन्होंने कहा था, ''यह विश्वास कि समाजवादी चेतना केवल संघर्ष की भट्ठी से ही निखर कर आती है मात्र अर्द्धसत्य नहीं है।''[22]

एक अन्य प्रतिवेदन में उन्होंने कहा, ''सामाजिक परिधि के लिए समाजवादी पार्टी शान्तिपूर्ण उपायों के लिए प्रतिबद्ध है। राष्ट्र आन्दोलन और जनता में बढ़ती जनतांत्रिक जागरूकता से हमें जो अनुभव मिला है उससे हम इतना साहस जुटा पाए हैं कि हम ऐसी घोषणा कर दें।[23] तथ्य तो यह है कि स्वातंत्र्य पूर्ण काल में गांधीजी की सत्याग्रह तकनीक के अशोक मेहता पक्षधर थे। उन्होंने कहा था, ''सत्याग्रह से प्रत्येक को स्वतन्त्रता के लिए संघर्ष के लिए नैतिक, आध्यात्मिक स्वीकृति मिल जाती है, भौतिकवादी विचार वाले संसार में।''[24]

समाजवादी क्रान्ति लाने के लिए अशोक मेहता ने हिंसा पर आधारित उथल-पुथल का सुझाव नहीं दिया। उन्होंने कहा कि, ''हिंसात्मक उथल-पुथल से मनुष्य के जीवन के कार्यों और संस्कृति में किसी भी स्तर में आधुनिक परिवर्तन नहीं आ सकता। ऐसा परिवर्तन जनता को उत्साहित करने से ही आ सकता है। समाजवादी क्रान्ति लोकतन्त्रीय होनी चाहिए जो केवल जनता की भावनाओं पर सीमित न हो बल्कि उनके प्रतिदिन के कार्यों से स्पष्ट हो।''[25]

निष्कर्ष

अशोक मेहता के विचारों के निष्पक्ष विश्लेषण से पता चलता है कि उन्होंने अपनी कल्पना के लोकतन्त्रीय समाजवाद में नियोजित अर्थव्यवस्था को विशेष स्थान प्रदान किया है। इसके अतिरिक्त उनका समाजवाद उत्पादन के कुछ-एक साधनों के वरणनात्मक समाजीकरण का समर्थन करता है। दूसरे शब्दों में कहा जा सकता है कि उन्होंने सरकारी क्षेत्र का समर्थन करने के साथ-साथ निजी अथवा

गैर-सरकारी क्षेत्र का भी समर्थन किया है। हम इसको मिली-जुली अर्थव्यवस्था कह सकते हैं, जो कि कांग्रेस का भी मनपसन्द नारा है। इस प्रकार के दो चेहरों वाले समाजवाद का, जो कि पूँजीपति को भी मज़दूरों के हितों के नाम पर फुसलाने का काम करता है, डॉक्टर लोहिया जैसे समाजवादियों द्वारा 'लँगड़ा समाजवाद' कहकर खण्डन किया गया है।

दूसरे लोकतन्त्रीय समाजवादियों की भाँति, अशोक मेहता ने नियोजन के सिद्धान्त का समर्थन करते हुए व्यूह-बंधन तथा अधिकेन्द्रितवाद में कोई आस्था प्रकट नहीं की। वास्तव में रूसी साम्यवादियों द्वारा हंगरी तथा चैकोस्लोवाकिया में किए गए अत्याचारों के कारण भारतीय समाजवादियों की साम्यवाद में कोई आस्था नहीं रही। चीन में माओवादी (Maiost) अधिकेन्द्रवाद totalitarianism तथा चीन की विस्तारवादी नीति के कारण मेहता-जैसे भारतीय समाजवादी यह मानने लगे कि साम्यवाद एक भयानक प्रकार का समाजवाद है। अशोक मेहता जैसे समाजवादी स्वतन्त्रता, समानता तथा न्यायिक स्वतन्त्रता को अधिक महत्त्व प्रदान करते हैं। वे राज्य को स्वेच्छाचारी ढंग से शक्ति का प्रयोग करने की अपेक्षा उसे सामाजिक तथा आर्थिक पुनः निर्माण के साधन के रूप में प्रयोग में लाने के पक्ष में हैं। उनका विश्वास है कि एक सच्चे समाजवादी राज्य मे पूँजीवाद की बुराइयाँ अपने-आप समाप्त हो जाएँगी, और दलित श्रेणियाँ राज्य के पुनर्निर्माण में अपनी महत्त्वपूर्ण भूमिका निभाएँगी। निरक्षता समाप्त हो जाएगी। कला, साहित्य, विज्ञान तथा दर्शन पनपेंगे। नई नीति न तो रूसी प्रणाली का प्रतिरूप होगी और न ही चीनी प्रणाली की नकल होगी। यह तो भारतीय मूल की ही होगी। बुद्धिजीवी सृजनशीलता इसका आधार होगी। विज्ञान के आविष्कारों से लोगों को लाभ पहुँचोगा, पूँजीपतियों को नहीं; जैसा कि इस समय हो रहा है। दरिद्रता का नाम तक नहीं रहेगा। अध-भूखे लोगों को खाने को मिलेगा और अध-नंगे लोगों को पहनने के लिए कपड़े मिलेंगे। धन का बँटवारा न्यायपूर्ण होगा। अतः गरीब लोगों को नए धन में से उचित भाग मिलेगा और वे प्राविधिक समृद्धि से लाभ उठाएँगे।[26]

यह सारा विवरण हमें यह मानने पर विवश करता है कि मेहता भारत में समाजवाद के उत्तरोत्तर विकास के पीछे एक प्रमुख शक्ति थे। समाजवादी दर्शन का नया आधार देश में प्रस्तुत करने में भी वह सफल हुए। किन्तु अपनी समाजवादी अवधारणा को वह कांग्रेस की अवधारणा से पृथक् नहीं कर सके। अतः एक भारतीय विद्वान् समाजवाद के उनके निरूपण को 'मध्यमवर्गीय' समाजवाद कहते हैं, ऐसा समाजवाद जो सोचते-विचारते, अस्पष्ट गति से और रुक-रुककर आगे बढ़ता है।[27]

बाद की घटनाओं से पता चलता है कि लोकतन्त्रीय समाजवाद के सिद्धान्त के समर्थन में मेहता योजना-आयोग के उपाध्यक्ष के पद की ओर खिंच गए। परन्तु उनके इतने महत्त्वपूर्ण पद को सँभालने से भी समाजवाद की कोई प्रगति नहीं हुई। उनके द्वारा नई कांग्रेस को छोड़कर संगठन-कांग्रेस में शामिल होने की बात भी अपने आप में स्पष्ट है। उन्होंने उनके साथ मिलना पसन्द किया जो केवल ऊपर से समाजवाद की सराहना करते हैं और सदैव संपत्तिवानों (Propertied Classes) का साथ देते हैं। उन्होंने कांग्रेस के उस वर्ग की अध्यक्षता को स्वीकार कर लिया जो कि अपनी स्वार्थ-सिद्धि के लिए दक्षिणपंथी प्रतिक्रियावादियों से मिलने से भी पीछे नहीं हटता। अतः उनके समाजवाद की पोल खुल गई और हमें डॉक्टर लोहिया के शब्दों की याद दिला जाती है कि मेहता का समाजवाद 'लँगड़ा समाजवाद' है।

सन्दर्भ

1. G.S. Bhargava : Leaders of the Left, p. 60.
2. Before the split of the Congress.
3. All the opposition parties except C.P.I denounced her as a dictator.
4. Report of the Special Convention of the Socialist Party Panchmari 1952, pp. 117-18.
5. Asoka Mehta: Democrtic Socialism, p. 127.
6. Ibid : Reflections on Socialism, p. 20.
7. P. Arumugam: Socialist Thought in India, p. 56.
8. Asoka Mehta : op. cit., p. 39.
9. Ibid., p. 117.
10. Ibid., p. 472.
11. Asoka Mehta: Reflections on the Socialist Era, p. 468.
12. Ibid., 459.
13. Asoka Mehta : Democratic Socialism, p. 88.
14. Ibid., p. 65.
15. Ibid., pp. 159-60.
16. Asoka Mehta : Reflections on Socialist Party, (1977 ed.), p. 18.
17. Asoka Mehta: Democratic Socialism, pp. 162-73.
18. Ibid., p. 371.
19. Ibid., p. 392

20. Ibid., p. 380.
21. Ibid., p. 401.
22. Report of the Eighth National Conference of the Socialist Party held at Madras in 1950.
23. Report of the special convention of the Socialist Party Panchmari 1952, p. 37.
24. Asoka Mehta and Achyut Patwardhan : The Communal Triangle, p. 179.
25. Asoka Mehta: The Plan, Perspective and Problems, p. 31.
26. V.P. Verma: op. cit., p. 444.
27. L.N. Sarin: Studies of Indian Leaders, p. 10.

राजा

"...राजा पहले व्यक्ति थे जि
सन्देश दिया..."

राजा राममोहन राय—भारतीय इति
पुनर्निर्माण तथा आधुनिक भारत में प
जन्म 22 मई 1772 में हुआ था।
रमाकान्त राव के साथ हुआ था। उ
किया। इस्लामी अध्यात्मविद्या तथा
चलनों की आलोचना करने पर मज
थे। कहा जाता है कि उन्होंने हिब्रू
था। इतनी भाषाओं पर उनके अधिक
है। "उदारवादी दृष्टिकोण के अध्याप
16 वर्ष की आयु में उनके उदार वि
और अन्धविश्वास, जो तत्कालीन हिन
निबन्ध लिखा।

1809 में ईस्ट इण्डिया कम्पनी
कार्यविधि (1809-14) के अन्तर्गत
साथ ही अंग्रेज़ी आचरण का भी ज्ञान

अफसर ि
भूमि सर्वे
'ब्रह्मसमा
18
1818 में,
अनुसार
राजा के
ने 1829
में उन्होंने
उन्होंने ब्र
को किया
अधिनियम
बेन्थम, ल
के दौरान,
स्वतन्त्रता
विजय क
संसार के
अभियान
किया कि
खोलकर
विशाल ह
वे
लेजिसलेश
बहुत प्रभा
दार्शनिक
मुझे एक
जिस पर
एक महान्
को इंग्लैंड
रूप से
समाजवाद
अ
के कारण

प्रगतिवादी आन्दोलनों को जन्म देने का श्रेय भी उन्हें ही प्राप्त है। 'Life and Letters of Raja' की सम्पादक कुमारी कोलेट के शब्दों में, "...कलकत्ता में राजा राममोहन राय की गतिविधियों के समय से पहले, देश मे राजनीतिक जीवन का मन्द प्रकाश भी नहीं था। लोगों को अपने नागरिक अधिकारों तथा विशेषाधिकारों के बारे में कोई पता नहीं था; कभी भी किसी ने यह नहीं सोचा था कि सरकार के पास जाकर अपने दुखों को दूर करवाने के लिए प्रार्थना की जाए। राजा राममोहन राय पहले व्यक्ति थे, जिन्होंने लोगों को अधिकारों के बारे में जगाया और राष्ट्र के नाम पर उन्हें सरकार को, सर्वोच्च सत्ता होने के नाते, उसके कर्तव्यों तथा उत्तरदायित्व के बारे में बताने का ढंग सिखाया।"[4] राजा पहले व्यक्ति थे जिन्होंने अपने तथा अपने पाँच मित्रों के नाम पर 31 मार्च, 1823 को कलकत्ता के सर्वोच्च न्यायालय में कार्यवाहक गवर्नर-जनरल के विरुद्ध एक स्मरण-पत्र दिया। भले ही राजा के मन में उस समय कोई राजनीतिक उद्देश्य काम नहीं कर रहा था, फिर भी उन्हें आधुनिक भारत में सुरेन्द्रनाथ बनर्जी तथा बिपिनचन्द्र पाल आदि उत्तराधिकारियों द्वारा राजनीतिक आन्दोलन का पिता समझा जाता है। सुरेन्द्रनाथ बनर्जी के शब्दों में, "राजा राममोहन राय न केवल ब्रह्म समाज तथा बंगाल में सभी समाज-सुधारों के अग्रदूत ही थे, अपितु वे भारत में संवैधानिक आन्दोलन के भी पिता थे।"[5] बिपिनचद्र पाल ने यह भी कहा कि, "राजा ने व्यक्तिगत तथा सामाजिक स्वतन्त्रता के लिए काम किया।"[6]

राजा एक महान् लेखक थे। उनकी निम्नलिखित रचनाओं से उनके राजनीतिक विचारों के बारे में सामग्री प्राप्त होती है—1. सर्वोच्च न्यायालय तथा परिषद् सहित सम्राट् को प्रेस रेगूलेशन के विरुद्ध याचिका (1823), 2. अंग्रेज़ी शिक्षा सम्बन्धी लार्ड अह्मर्स्ट को लिखा पत्र (1823), 3. धार्मिक सहिष्णुता पर एक पुस्तिका (tract), 4. पैतृक सम्पत्ति पर बंगाल के कानून के अनुसार हिन्दुओं का अधिकार (1830), 5. यूरोपियनों के भारत में निवास के बारे में टिप्पणी (1830) तथा 6. भरत की न्यायिक तथा वित्तीय प्रणाली पर प्रश्नोत्तर।

राजनीतिक विचार

अंग्रेजी शासन के प्रशंसक

अनेक लेखों के अध्ययन से पता चलता है कि राजा शुरू में भारत में अंग्रेज़ी राज्य से घृणा करते थे, परन्तु बाद में उन्होंने अंग्रेज़ों का विरोध करना छोड़ दिया। इसके स्थान पर उन्होंने इस बात पर बल दिया कि अंग्रेज़ी राज्य भारत की जनता का कल्याण करेगा। 15 नवम्बर, 1823 को ब्रह्मनीकल पत्र में प्रकाशित एक लेख में उन्होंने लिखा, "अपनी पवित्र उपासना में हम प्रायः भगवान के प्रति भारत में

अंग्रेज़ी राज्य के वरदान के लिए अपना आभार प्रकट करते हैं और ईमानदारी से प्रार्थना करते हैं कि यह अपनी परोपकारी कार्य-प्रणाली के लिए, शताब्दियों तक चलता रहे।"[7] 1823 में, उन्होंने अंग्रेज़ों द्वारा भारत में संस्कृत कॉलेज की स्थापना का विरोध किया और राय दी कि इस संस्था को अंग्रेज़ी के माध्यम द्वारा उदार तथा प्रबुद्ध शिक्षा देने के लिए प्रयुक्त किया जाए।

वास्तव में प्राच्य और पाश्चात्य के उत्कृष्टतम तत्त्वों का समन्वय भारतीय विद्यार्थियों के लिए अंग्रेज़ी को शिक्षा का माध्यम बनाकर करने की उनकी उत्कट इच्छा थी। गांगुली के अनुसार, "प्राच्य संस्कृति तथा पाश्चात्य विज्ञान दोनों के समन्वय में वह उसे पूर्णता के दर्शन करते थे जो ज्ञान की समग्रता का सुन्दर प्रतिनिधित्व करती थी।"[8] अतः उन्होंने 1822 में एंग्लों इण्डियन हाई स्कूल की स्थापना की। उन्होंने अंग्रेज़ सरकार का निस्संकोच आह्वान किया कि "वह कुछ ऐसे व्यक्तियों को नियुक्त करे जो भारतीयों को अंग्रेज़ी तथा विज्ञान की शिक्षा द्वारा आधुनिक ज्ञान से सम्पन्न कर हिन्दू धर्म की रूढ़िवादिता तथा अन्धविश्वासों से उन्हें मुक्त कराएँ। वह तो यह बलपूर्वक कहने की सीमा तक जाते हैं। यूरोपियन भद्र पुरुषों से हमारा सम्पर्क जितना अधिक होगा हमारे साहित्यिक, सामाजिक तथा राजनीतिक ज्ञान में सुधार उतना ही अधिक होगा।"[9]

यह तो विरोधाभास लगता है कि आधुनिक भारत के निर्माता तथा यूनान तथा नेपल्स की स्वतन्त्रता के समर्थक ने विदेशी शासन की सराहना की हो। चाहे यह कहना अत्युक्ति होगा कि राजा ने भारत की प्रत्येक बात की आलोचना की, फिर भी यह कहना ही पड़ता है कि महाराष्ट्र के नेताओं के विपरीत, जिन्होंने स्वतन्त्रता के पहले सेनानियों के साथ आदर्शगत निरन्तरता कायम की, राजा न तो स्वराज्य के शहीद थे और न ही पैगम्बर। उन्होंने उस समय अंग्रेज़ी राज्य का गुणगान किया जब मराठे तथा सिक्ख सीमित ढंग से देश की स्वतन्त्रता के लिए प्रयत्न कर रहे थे। डॉक्टर वी.पी. वर्मा ने ठीक ही कहा है, "मैं भारत की बौद्धिक तथा सामाजिक मुक्ति की धारणा के महत्त्व को अनुभव करता हूँ, जैसा कि राजा राममोहन राय ने इस धारणा को बनाया तथा इसका प्रचार किया परन्तु मैं उन भावुक व्यक्तियों के साथ सहमत नहीं हूँ जो राजा राममोहन राय को भारतीय राजनीतिक स्वतन्त्रता का पैगम्बर कहते हैं।"[10]

उनके द्वारा भारत में अंग्रेज़ी राज्य की प्रशंसा से यह परिणाम निकाल सकते हैं कि वे केवल धार्मिक पुनर्जागरणवादी ही नहीं थे और न ही वे भारत के स्वरूप को पश्चिम के अनुरूप ढालना चाहते थे। फिर भी, वे भारत-विरोधी नहीं थे और न ही भारत की प्रत्येक बात के आलोचक थे। वास्तव में वे भारतीय संस्थाओं की समकालीन विकृति के आलोचक थे। उन्होंने कहा, "जो आधार मैंने अपने विरोधों

में अपनाया वह ब्राह्मणवाद के विरोध में नहीं था, परन्तु वह एक व्यक्ति का विरोध था और मैंने यह सिद्ध करने का प्रयत्न किया कि ब्राह्मणों की मूर्तिपूजा उनके पूर्वजों की रीति के उलट है और प्राचीन पुस्तकों तथा प्रमाण पुरुषों के विपरीत है, जिनका कि वे सत्कार करते हैं और जिनको वे मानते हैं।''[11]

निजी स्वतन्त्रता के कट्टर समर्थक

राजा स्वतन्त्रता के महान् प्रेमी थे और लॉक, ग्रोशियस तथा टोमसपेन की भाँति प्राकृतिक अधिकारों के सिद्धान्त के समर्थक थे। वे केवल जीवन, स्वतन्त्रता तथा सम्पत्ति के ही प्राकृतिक अधिकार के समर्थक नहीं थे, बल्कि व्यक्ति के नैतिक अधिकारों के भी समर्थक थे। उनका अधिकारों का सिद्धान्त सामान्य सामाजिक कल्याण के अनुरूप था, अतः उन्होंने समाज-सुधारों तथा शिक्षा के पुनर्निर्माण के लिए बिना झिझक राज्य द्वारा कानून बनाने का समर्थन किया।

एक हिन्दू होने के नाते, वे धार्मिक सहिष्णुता तथा वैयक्तिक आध्यात्मिकता के भी महान् मण्डनकारी थे। उनके शब्दों में, ''हमें उन (ईसाइयों) के साथ उनके धार्मिक मामलों में सहयोग करने के लिए केवल इसलिए कोई झिझक नहीं दिखानी चाहिए कि वे ईसा मसीह को भगवान का दूत तथा अपना आध्यात्मिक शिक्षक समझते हैं; अपितु हमें धार्मिक व्यवहार में भी अपनेपन की भावना से पूजा करने वालों के बीच में सहयोग पैदा करना चाहिए।''[12] उन्होंने ईसाइयों की इसीलिए भी निन्दा नहीं की कि वे ईसाई धर्म में लोगों को धर्म-परिवर्तन के लिए आग्रह करते हैं। उन्होंने ऐसे ईसाइयों के प्रति भी सहानुभूति रखने की राय दी, ''जो अन्धविश्वास के कारण गलत रूढ़ियों के शिकार स्वयं हो रहे हैं।''[13]

इसके अतिरिक्त वह रचनात्मक प्रतिभा की निर्बाध स्वतन्त्रता के प्रशंसक और उत्साही समर्थक थे। बौद्धिक (Intellectual) स्वतन्त्रता उनके विचार के अनुसार मानव का मौलिक अधिकार है। अन्धविश्वास, युक्तिविरुद्ध बातों के वह प्रबल विरोधी थे। अंग्रेज राष्ट्र की वह इस बात के लिए प्रशंसा करते थे कि वह नागरिक और सामाजिक स्वतन्त्रता का न केवल आनन्द ही ले रहा है, वरन् स्वतन्त्रता सामाजिक प्रसन्नता और तर्क सम्मत बातों के प्रसार में भी उसकी रुचि है।

मिल्टन की भाँति उन्होंने बड़ी तीव्रता से विचारों की स्वतन्त्रता तथा प्रेस की स्वतन्त्रता पर बल दिया। अपने बचपन से ही उन्होंने विचारों की स्वतन्त्रता के दमन तथा हिन्दू पुजारियों की पुरानी परम्परा, विश्वासों पर टिके रूढ़िवाद पर उन्होंने प्रबल प्रहार किया, जिन अपमानजनक प्रतिबन्धों के आधीन समाचार पत्रों के सम्पादकों और मालिकों को रहना पड़ता था, उन्हें वह अपनी मौन स्वीकृति नहीं दे सकते थे।

'जॉन्स गैग' नाम से प्रसिद्ध अध्यादेश का उन्होंने प्रबल विरोध किया। वह पुरातन पान्थवाद, निरक्षरता के वश होकर कराहते लोगों को उत्तरदायित्व की भावना प्रदान करने और 1823 में सर्वोच्च न्यायालय को दी गई एक याचिका में उन्होंने प्रेस की स्वतन्त्रता पर जोर दिया। याचिका के अस्वीकार होने पर उन्होंने परिषद् सहित सम्राट् को अपील की। उस अपील के सारांश से राजा की प्रेस की स्वतन्त्रता की आकांक्षा का पता चलता है–

..."सत्ताधारी लोग अगर प्रेस की स्वतन्त्रता पर प्रतिबन्ध लगाएँ तो यह उनके व्यवहार पर अप्रिय नियन्त्रण होगा, जब प्रेस के कारण कोई वास्तविक बुराई नहीं सामने आती, वे दुनिया को यह अनुमान लगाने के लिए बाध्य करते हैं कि शायद प्रेस मिलकर सरकार के विरुद्ध कोई कार्यवाही करे...एक स्वतन्त्र प्रेस अभी तक संसार के किसी भी भाग में क्रान्ति का कारण नहीं बना है, क्योंकि लोग आसानी से अपनी समस्याएँ सरकार के सामने रखकर सरकार से ही उनका समाधान करवा लेते हैं, अतः क्रान्ति की आवश्यकता ही नहीं होती..."। अतः राजा ने हमेशा इस बात पर बल दिया कि प्रेस की स्वतन्त्रता-शासकों तथा शासितों–दोनों के लिए जरूरी है। प्रबुद्ध व्यक्ति शासक वर्ग द्वारा अधिकारों के दुरुपयोग का प्रतिरोध करते हैं, न कि शासन करने वाले व्यक्ति विशेष का। अतः राजा अंग्रेजों के दिल से यह भय निकाल देना चाहते थे कि विचार व्यक्त करने की स्वतन्त्रता से भारत में उनके अस्तित्व को कोई खतरा पैदा हो सकता है। उन्होंने विचारों की स्वतन्त्रता को "एक अमूल्य विशेषाधिकार कहा जो कि हमें देश के कानून द्वारा प्राप्त होती है और जिसका हम काफी समय से उपभोग करते चले आए हैं और इसका दुरुपयोग होने पर भी इसे बदल नहीं सकते।"[14]

राजा ने यह भविष्यवाणी की कि इन न्यायसंगत अधिकारों की अवहेलना अंग्रेजों के विरुद्ध क्रान्ति को जन्म दे सकती है। परन्तु राजा ने प्रेस की निरंकुश स्वतन्त्रता का समर्थन नहीं किया। उन्होंने उन अखबारों पर जुर्माने की भी राय दी, जो भारत के लोगों में अंग्रेजों के विरुद्ध घृणा का प्रचार करते हों अथवा पड़ोसी राज्यों के विरुद्ध तोड़-फोड़ की कार्यवाही करने के लिए लोगों को भड़काते हों। उन्होंने कानूनी नियन्त्रण लगाने का विरोध नहीं किया चाहे उन्होंने मनमाने ढंग से अखबारों पर लगाए जाने वाले प्रतिबन्ध को चुनौती दी। दूसरे शब्दों में, राजा का प्रेस की स्वतन्त्रता की माँग करने का उद्देश्य लोगों के शासन के स्थान पर, कानून का शासन स्थापित करना था। सम्राट् सहित परिषद् को दिए गए एक स्मरण-पत्र में प्रेस पर लगाए जाने वाले प्रतिबन्धों तथा अंग्रेजी सरकार की इसे दबाने की बुरी नीयत का जिक्र करते हुए उन्होंने कहा, "...या तो सरकार ही उन्हें लागू नहीं करना चाहती, या वह न्याय के ठीक मार्ग में हस्तक्षेप करना चाहती है, वे जूरी द्वारा मुकदमे सुने

जाने के अधिकार को समाप्त करना चाहती है और वैधानिक तथा न्यायिक शक्तियों को इकट्ठा करके अपने हाथ में लेना चाहती है, जोकि सारी नागरिक स्वतन्त्रता के लिए घातक है।''[15] ऐसे विचार व्यक्त करने पर भी राज विदेशी शासकों से मधुर सम्बन्ध रखना चाहते थे, शर्त यह थी कि सम्पादक से न्यायोचित व्यवहार किया जाए। उनका अपना पत्र 'सम्वाद कौमुदी' लोगों के लिए सामाजिक तथा राजनीतिक ज्ञान का स्रोत था। वह साहित्यिक जागरूकता उत्पन्न करते हुए भारतीयों में राष्ट्रीय चेतना का संचार करता था। नाग के शब्दों में, ''राजा राममोहन राय का उद्देश्य स्पष्ट था। वह पत्रिकाओं का प्रयोग प्रचार साधन के रूप में प्रचार की गति सम्बन्धी कठोरता, विधवाओं पर अत्याचार, राष्ट्रीय जागरण, क्रान्तियों, नुकीले व्यंग्य, गम्भीर चर्चाओं, विवादों और तीखे हाज़िरजवाबी के उदाहरण हास्यपूर्ण माध्यम से होता था।''[16]

राजनीतिक स्वतन्त्रता का धर्मयोद्धा

उस दृष्टि से जिसके कि दूसरे भारतीय नेता थे, राजा राममोहन राय को राजनीतिक स्वतन्त्रता का धर्मयोद्धा कहना भले ही अतिशयोक्तिपूर्ण होगा, फिर भी राजा को आसानी से राजनीतिक स्वतन्त्रता का महान् प्रेमी कहा जा सकता है। नेपल्स के लोगों पर आस्ट्रियन द्वारा अत्याचारों की खबर को सुनकर वे इतने दुखी हुए कि उन्होंने बकिंघम के साथ अपनी पहले से निश्चित की गई भेंट को स्थगित कर दिया और उसे लिखा कि यूरोप से आने वाली खबरों को सुनकर वे बहुत दुखी हुए हैं। उन्होंने भविष्यवाणी की कि, ''स्वतन्त्रता के शत्रु तथा निरंकुशता के मित्र अन्त में न तो कभी सफल हुए हैं और न ही होंगे।''[17] टेबल ब्वाय की खाड़ी में खड़े दो फ्रांसीसी जहाजों पर लगे तिरंगे झण्डों को देखकर उनसे रहा न गया और वह वहाँ पर उन झण्डों को देखने के लिए चले गए, हालांकि वे वहाँ पर जीने पर से गिर भी पड़े। इसके अलावा उन्होंने स्वतन्त्रता के साथ प्रेम की भावना से ही 1832 के सुधार-अधिनियम की सराहना की। विधेयक पर बोलते हुए उन्होंने कहा, ''संघर्ष सुधारकों तथा उनके विरोधियों के बीच में नहीं है, बल्कि सारे विश्व में संघर्ष स्वतन्त्रता तथा दमन के बीच में न्याय तथा अन्याय के बीच में तथा ठीक और गलत के बीच में है।''[18] 1830 की फ्रांस की क्रान्ति तथा उसके पश्चात् फ्रांस के चार्ल्स X के पतन के कारण उन्हें अत्यन्त प्रसन्नता हुई और इन घटनाओं से उन्हें बहुत प्रोत्साहन मिला।

वाल्टेयर मानटेसक्यु तथा रूसो की भाँति उन्होंने स्वतन्त्रता की धारणा के साथ बहुत तीव्र स्नेह दिखाया। उन्होंने समय-समय पर राष्ट्रीय उद्धार के आदर्श का उल्लेख किया और व्यक्तियों की स्वतन्त्रता को मनुष्य के लिए अमूल्य निधि समझा।

वे भारत में अंग्रेजी शासन के वरदानों के बारे में जानकार थे, परन्तु उन्होंने भारतीयों की आर्थिक प्रगति के कारण उनके (अंग्रेजों के) निरन्तर प्रभुत्व का समर्थन नहीं किया। इस तथ्य को बिपिनचन्द्र पाल के निम्नलिखित कथन से स्पष्ट किया जा सकता है—"...राजा पहले व्यक्ति थे जिन्होंने भारत में राजनीतिक स्वतन्त्रता का सन्देश दिया। वे इस स्वतन्त्राता के खो जाने के कारण इतने दुखी हुए कि उन्होंने अपने लड़कपन में अपने देश का त्याग कर दिया—क्योंकि उनके लिए अपने देश में किसी अन्य राष्ट्र की प्रभुता को सहन करना कठिन था।...परन्तु उन्होंने इस बात में भी कोई विश्वास प्रकट नहीं किया कि भारत के लोगों के कल्याण के लिए भारत में अंग्रेजी राज्य को बनाए रखना आवश्यक है।"[19]

इससे स्पष्ट है कि राजा ने भारत के लोगों के लिए राजनीतिक स्वतन्त्रता पर बल दिया। "अतः उन्हें भारतीय तथा मानवीय स्वतन्त्रता के प्रखरतम आधुनिक प्रवक्ता तथा संघर्षकर्त्ता के रूप में सर्वोत्कृष्ट भारतीय के रूप में समादृत किया जाता है। वह अपने देशवासियों की दुर्दशा और उनके कष्टों से बड़े दुःखी होते थे। ग्रामीणवासियों की बिगड़ती दशा से उन्हें मर्मान्तक पीड़ा होती थी। वह देख रहे थे कि निरक्षर ग्रामीण तत्कालीन शासन की लगाम तथा न्याय-पद्धति के शोषण का ग्रास बन रहे थे। इतना होने पर भी स्वराज्य के तथा भारतीय राजनीतिक मुक्तिदाताओं के वर्ग में वह समाविष्ट नहीं किया जा सकते।" भारतीय राजनीतिक स्वतन्त्रता की जड़ें राजा राममोहन राय की रचनाओं तथा भाषणों में तथा महाराष्ट्र के नेताओं द्वारा शिवाजी की राजनीति में जीवित स्वतन्त्रता में खोजी जा सकती हैं। राजा राममोहन राय ने स्वतन्त्रता को अविभाज्य माना और जब कभी यह स्वतन्त्रता खो गई, तो उन्हें बहुत ही दुख हुआ।

एक समाज-सुधारक के रूप में

अधिकारों के पक्षधर होने तथा स्वतन्त्रता के समर्थक होने के अलावा राजा एक महान् समाज-सुधारक भी थे। उन्होंने सती की बुरी प्रथा की निन्दा की, जिसके द्वारा एक हिन्दू विधवा को जीते जी अपने पति की चिता में जल जाना होता था। नाग के शब्दों में, "इस अमानवीय, क्रूर प्रथा के पीछे गहरा अज्ञान है। एक बन्द मस्तिष्क है और वह स्वार्थ है जिसके पीछे समाज के लिए बोझ समझी जाने वाली विधवाओं को मिटा देने का घृणित मनोरथ था।"[20] उन्होंने बहु-विवाह की प्रथा का विरोध किया और विधवाओं के पुनर्विवाह के लिए प्रचार किया। उन्होंने अन्तर्जातीय विवाह का भी समर्थन किया। उन्होंने हिन्दू स्त्रियों को उत्तराधिकार देने का समर्थन किया। उन्होंने आधुनिक उत्तराधिकार के कानून के फलस्वरूप भारतीय स्त्रियों के साथ हो रहे अन्याय की ओर ध्यान दिलाया। 1822 में लिखे एक पत्र में, उन्होंने

परिवार के मुखिया की मृत्यु के पश्चात् उसकी सम्पत्ति का पुत्र के बराबर माँ को तथा एक-चौथाई हिस्सा लड़की को देने की राय दी। उनकी सम्मति में बौद्धिक दृष्टि से स्त्रियाँ किसी भी प्रकार पुरुषों से हीन नहीं हैं। पुरुषों ने स्त्रियों की सहज वश्यता का अनुचित लाभ उठाया है। स्त्रियाँ पुरुषों की अपेक्षा अधिक विश्वसनीय प्रमाणित हुई हैं।

उन्होंने कलकत्ता में इस उद्देश्य से एक अंग्रेजी स्कूल स्थापित किया ताकि भारतीय लोग अंग्रेजी भाषा के साहित्य का लाभ उठा सकें और विदेशों से विज्ञान की जानकारी प्राप्त कर सकें। समानता, सेवा तथा सत्यता के आधार पर हिन्दू समाज में सुधार के उद्देश्य से वह हिन्दू जीवन में ईसाई आदर्शवाद को संचालित करना चाहते थे। अतः उन्होंने पुरुषों और महिलाओं में शिक्षा, सामाजिक जीवन तथा सम्पत्ति सम्बन्धी मामलों में समानता रखने का प्रचार किया। एक पक्के मानववादी होने के कारण वह अनुभव करते थे यदि दोनों योनियों में से एक भी अपमान की स्थिति में रहे तो मानव जाति समृद्ध नहीं हो सकती। 1822-23 में प्राचीन भारतीय साहित्य की शिक्षा देने के लिए हिन्दू कॉलेज स्थापित करने का श्रेय भी उन्हें प्राप्त है।

वे बंगाल में लार्ड कार्नवालेस द्वारा चालू की गई स्थायी भू-व्यवस्था की योजना (permanent settlement scheme) को सहन न कर सके क्योंकि इसके कारण किसानों के साथ अन्याय हो रहा था। इससे उनकी उस समय के भूमिपति बनाम पट्टेदार की महान समस्या के बारे में सामन्तशाही-विरोधी धारणा का पता चलता है। यद्यपि के गरीब पट्टेदारों को जमींदारों तथा उनके दलालों द्वारा हो रही बर्बादी से बचाने के बहुत ज्यादा इच्छुक थे तथापि उन्होंने भूमिपतियों के हितों की भी अवहेलना नहीं की और सरकार से उन पर लागू किए जाने वाले प्रतिबन्धों को कम करने का आग्रह किया। उन्होंने हिन्दूधर्म में मूर्तिपूजा की आलोचना की, क्योंकि आधुनिक समय में हिन्दूधर्म में आई सभी बुराइयों की यह जड़ थी और निःसन्देह यह भूतकाल की हिन्दू संस्कृति की देन नहीं थी। उन्होंने इसकी पुष्टि करने के लिए कुछ उपनिषदों का अनुवाद किया।

नाग के अनुसार, "रुग्ण समाज जातिगत कठोरता, भ्रष्टाचार तथा अन्याय की स्थिति में कराह रहा था। बुद्धिवादियों को, जिनसे उन्हें आशा थी कि वह समाज का आधुनिकीरण करेंगे तथा जन सामान्य की तन्द्रा भंग करेंगे।"[21]

एक मानवतावादी के रूप में

मानवीय अधिकारों के योद्धा तथा स्वतन्त्रता की धारणा के समर्थक होने के नाते, राजा राममोहन राय का मानवतावादी होना भी आवश्यक था। उन्होंने सहयोग, सहिष्णुता तथा भ्रातृत्व का प्रचार किया। वे चाहते थे कि परम्परागत प्रतिबन्धों को

ढीला किया जाए और मनुष्य को सहिष्णुता, दया तथा तर्क के आधार पर समाज का निर्माण करने की स्वतन्त्रता प्रदान की जाए। विश्वबन्धुत्व के समर्थक होने के नाते, उन्होंने भ्रातृभाव तथा स्वतन्त्रता का प्रचार किया। उन्होंने विभिन्न धर्मों का अध्ययन किया और बाद में सार्वलौकिक धर्म की अनिवार्यता (indispensableness) पर बल दिया। अन्त में, उन्होंने कबीर, नानक, दादू तथा दूसरे सन्तों द्वारा जिन सामाजिक तथा आध्यात्मिक परम्पराओं के संश्लेषण (synthesis) पर बल दिया गया था, उसे आगे चलाया। नाग के शब्दों में, "मानवता में आस्था राममोहन राय का सहजात गुण था। वह श्रद्धालु होने के कारण, जहाँ तक उनका अपना सम्बन्ध था, प्रतिकार भावना को प्रश्रय दे ही नहीं सकती थे।"[22] सर ब्रजेन्द्रनाथ सील उनके विषय में लिखते हैं, "राजा में दृष्टिकोण की विश्वजनीन व्यापकता, बौद्धिक विचारणा, अपने ऐतिहासिक अभियान में प्रवृत्त मानव सभ्यता के प्रतिनिधि के अनुरूप विश्वजनीन दृष्टि, इन सभी का सुन्दर समन्वय था।"[23]

उन्होंने पूरे मानव-समूह को एक परिवार माना। विभिन्न राष्ट्र तथा कबीले इसकी शाखाएँ हैं। उन्होंने 'सार्वलौकिक सहानुभूति' के सिद्धान्त को माना और मानवता के साथ सहिष्णुता तथा प्रेम के आदर्श पर बल दिया। बेन्थम ने भी राजा राममोहन राय के सार्वलौकिकतावाद तथा मानवतावाद की सराहना की। एक पत्र में उन्होंने लिखा, "...आपकी रचनाओं के बारे में मैंने एक पुस्तक में पढ़ा है, जिसकी शैली को पढ़कर, अगर उसमें हिन्दू नाम न होता तो मैं यह कह सकता कि यह एक विद्वान् अंग्रेज की रचना है।"[24]

राजा तथा न्यायिक सुधार

राजा राममोहन राय ने भारत की न्याय--प्रणाली में सुधार लाने के लिए ठोस सुझाव दिए। सबसे पहले उन्होंने मजिस्ट्रेटों के न्यायिक तथा प्रशासकीय कार्यों को पृथक् करने का आग्रह किया। दूसरे, उन्होंने भारतीय न्यायालयों के क्षेत्राधिकार को युरोपियनों तक बढ़ाने का सुझाव दिया। तीसरे, उन्होंने कानूनों के संहितीकरण (codification) तथ ज्यूरी प्रणाली को शुरू करने की राय दी। उन्होंने कहा कि जूरी के सदस्य अवकाश प्राप्त न्यायिक अफसरों तथा वकीलों में से लिए जाएँ। चौथे, उन्होंने इण्डियन कोड ऑफ क्रिमिनल लॉ (Indian Code of Criminal Law) की आवश्यकता पर बल दिया जिसे सबके लिए सामान्य सिद्धान्त पर आधारित किया जाए और जो भारत के विभिन्न वर्गों द्वारा स्वीकार कर लिया जाए। पाँचवें, उन्होंने न्यायालय की कार्यवाही के बारे में रिपोर्ट देने के लिए सार्वजनिक प्रेस की स्थापना का सुझाव दिया। इनके अतिरिक्त उन्होंने उचित न्याय प्रदान करने के लिए लोगों तथा न्यायिक प्रशासकों के बीच में भाषाई तालमेल कायम करने का सुझाव दिया।

राजा सन् 1827 में पारित 'जूरी एक्ट' का विरोध करने से भी नहीं झिझके। इस एक्ट के अनुसार, एक ईसाई के मुकदमे की सुनवाई के समय जूरी में कोई हिन्दू अथवा मुसलमान सदस्य नहीं बैठ सकता था। इस एक्ट के विरुद्ध जो राजनीतिक आन्दोलन चलाया गया, राजा उसमें शामिल हो गए।

कानून बनाम नैतिकता के बारे में उनके विचार

अपने अंग्रेज समकालीनों की भाँति, राजा ने कानून तथा नैतिकता के बीच में अन्तर को स्वीकार किया। परन्तु उन्होंने कहा कि यह विचार उन्होंने सुप्रसिद्ध हिन्दू विधायकों से लिया है। राजा का विचार था कि रूढ़ियाँ तथा धर्म-पुस्तकों के आदेश कानून के लिए सामग्री प्रदान करते हैं। उन्होंने कानून तथा नैतिकता के क्षेत्र के बीच में रेखा खींची। उन्होंने यह प्रश्न किया, "हम उन अनैतिक कार्यों के बीच में कैसे रेखा खींचें, जिन्हें अवैध न माना जाए तथा उनके बीच में जो कानून की दृष्टि से अवैध माने जाएँ।" उन्होंने स्वयं इस प्रश्न का उत्तर दिया, "हमें प्रत्येक देश के सामान्य कानून तथा प्रचलित प्रथाओं को सामने रखकर एक वर्ग से दूसरे वर्ग के साथ अन्तर को समझना चाहिए।" उन्होंने इस धारणा को स्वीकार नहीं किया कि प्रत्येक अनैतिक कार्य गैरकानूनी होता है। अतः वह अवैध होता है। उन्होंने एक दृष्टान्त प्रस्तुत किया, "...किसी अयोग्य व्यक्ति के साथ, उसकी पदवी, उसके धन तथा दूसरी बातों को ध्यान में रखकर, अगर अपनी लड़की की शादी की जाए तो यह एक घटिया किस्म का अनैतिक कार्य होगा। क्या उनके संयोग को अवैध माना जाएगा? और उनके बच्चे अवैध बच्चे समझे जाएँगे..."।[25] इसका अन्तर बिल्कुल स्पष्ट है; न तो इस प्रकार का संयोग अवैध होगा और न ही इस संयोग के कारण उत्पन्न सन्तान को अवैध माना जाएगा। अतः राजा अपने मन में कानून तथा नैतिकता के बीच में अन्तर के बारे में स्पष्ट थे, और उन्होंने यह विचार आस्टिन अथवा बेन्थम से नहीं लिए थे, जैसा कि कुछ लेखकों का विचार है। हिन्दू कानून के लेखकों का उन पर प्रभाव अवश्य ही दिखाई पड़ता है।

भारतीय उदारवाद के जन्मदाता के रूप में

राजा को ठीक ही भारतीय उदारवाद का जन्मदाता कहा जाता है। वास्तक में वे भारत में उन्नीसवीं शताब्दी के उदारवादी आन्दोलन के अगुआ थे। उन्होंने व्यक्तिगत तथा राजनीतिक स्वतन्त्रता के अगुआ के रूप में कार्य किया। उन्होंने विचार व्यक्त करने तथा समाचार-पत्रों की स्वतन्त्रता का प्रचार किया। उन्होंने निजी सम्पत्ति की पवित्रता को चुनौती दी। उन्होंने भारत के गरीब किसानों का पक्ष लिया और उनकी ज़मींदारों तथा उनके एजेण्टों से मुक्ति की कामना की। नाग के शब्दों

में, "राय की उदारता उनकी उन टिप्पणियों में प्रभावी रूपेण मुखर होती है जिनमें किराए के बोझ से जर्जर रॉयतों के प्रति सहानुभूति दर्शाते हुए उन्हें अधिक न सताए जाने का आग्रह किया है। यह तभी सम्भव है जब तक भूमिपति किराए को पट्टे पर न दें।"[26] परन्तु उन्होंने सरकार से भी भूमिपतियों से कम पैसा लेने का आग्रह किया। चाहे खुले मुकाबले की (Laissez Faire) की नीति में उनका कोई विश्वास नहीं था, फिर भी उन्होंने इस बात को स्वीकार किया कि, "वर्तमान सम्पत्ति के अधिकार में कोई हस्तक्षेप न किया जाए और न ही सरकार द्वारा कानून की व्याख्या के आधार पर किए गए समझौतों की अवहेलना की जाए।"[27] राजा ने उद्योगों को प्रोत्साहन देने का पक्ष लिया। परन्तु यह कार्य वह सिद्धान्त और सम्मान के साथ करना चाहते थे। इससे स्पष्ट है कि वे समझौते की स्वतन्त्रता तथा सम्पत्ति के अधिकार के समर्थक थे। उन्होंने हिन्दू स्त्रियों की वकालत की और उन पर किए जाने वाले अत्याचारों तथा दमन के विरुद्ध संघर्ष किया। मृत की जलती चिता पर विधवा को जलाने की रीति की उन्होंने तीव्र भर्त्सना की और कहा, "एक स्त्री को उसके अन्त करने के लिए बाँध देना, उसे स्वर्गिक वरदानों का प्रलोभन देते हुए, एक जघन्यतम पाप है।"[28]

लार्ड विलियम बैन्टिक को लिखे एक पत्र में उन्होंने उसका आभार प्रकट करते हुए कहा, "मैं आपकी सरकार द्वारा भारतीय हिन्दू स्त्रियों को जो सुरक्षा प्रदान की गई है, उसके लिए हार्दिक आभार प्रकट करता हूँ।"

उदारवादी होने के नाते उन्होंने सार्वभौमवाद (universalism), तथा सहयोग, सहिष्णुता, भ्रातृत्व तथा विश्व बन्धुत्व के समर्थन में एक पैगम्बर की भूमिका निभाई। उन्होंने मानवता की विभिन्न राष्ट्रों तथा कबीलों से बने एक परिवार के साथ तुलना की। एस.एन. शास्त्री के शब्दों में, "एक नए युग के सूत्रधार के रूप में उन्होंने अन्य लोगों के समक्ष एक नया धर्म प्रस्तुत किया जो अपनी सहानुभूतियों, संवेदनाओं में विश्वजनीन था किन्तु उसका मूलभूत सिद्धान्त था, 'मानव की सेवा ईश्वर की सेवा है।"[29] प्रसिद्ध अंग्रेज़ लेखक बेन्थम ने भी राममोहन राय के सार्वभौमवाद तथा मानवतावाद की सराहना की, जोकि एक उदारवादी विचारक को प्रिय होते हैं। न्यायाधीश रानाडे ने उन्नीसवीं शताब्दी के अन्तिम दशक में राय के उदारवाद की व्याख्या की और राय के प्रति अपना आभार प्रकट किया। भारत में 'राष्ट्रीय उदार संघ' के सदस्यों ने उन्हें 'आधुनिक भारत का पिता' कहा है। नायक ने राजा को श्रद्धांजलि अर्पित करते हुए उन्हें भारतीय उदारवाद का आरम्भिकतम् पक्षधर कहा। उन्होंने कहा, "वे स्वयं स्वतन्त्रता के मन्दिर के पुजारी थे, उन्होंने 1820 में यह महसूस किया कि उचित रूप में अगर स्वतन्त्रता का आनन्द लेना हो तो यह नियमित स्वतन्त्रता होनी चाहिए, इस प्रकार की स्वतन्त्रता का अपना ही नियन्त्रण

होता है और साथ-साथ उसका आदेश भी। सामाजिक तथा धार्मिक सुधार के क्षेत्र में, तथा पत्रकारिता और राजनीति के क्षेत्र में उनका अपना प्रयत्न अपने देशवासियों को केवल उनके अधिकारों के लिए स्वतन्त्र व्यक्तियों के रूप में ही नहीं जागाना था, अपितु समाज की ओर उनके कर्त्तव्यों का भी ज्ञान कराना था।''[30] इन सभी तथ्यों से हम इस परिणाम पर पहुँचते हैं कि उन्हें ठीक ही आधुनिक भारत के निर्माताओं में गिना जाता है।

राजा तथा राज्य का कार्यक्षेत्र

जैसाकि पहले कहा जा चुका है, राजा ने भारत से सामाजिक बुराइयों को दूर करने के लिए राज्य के हस्तक्षेप का समर्थन किया। उन्होंने हिन्दू विधवाओं का पक्ष लिया और राज्य द्वारा कानून बनाकर सती की कुप्रथा को बन्द करने की आशा की। वे अपने मिशन में सफल हुए। उन्होंने प्रपीड़ित तथा सात पट्टेदारों की लालची भूमिपातियों के शोषण तथा अत्याचारों से बचाने के लिए सरकार पर बल दिया। उन्होंने सरकार से उदार तथा प्रबुद्ध शिक्षा-प्रणाली का अनुसरण करने के लिए अनुरोध किया।

चाहे उन्होंने सरकार से इन मामलों में हस्तक्षेप करने की आशा की, फिर भी उन्हें एक समाजवादी नहीं कहा जा सकता। उनका निजी सम्पत्ति की संस्था में विश्वास था और वे चाहते थे कि सरकार सम्पत्ति के वर्तमान पट्टों को सुरक्षा प्रदान करे। उन्होंने भूमि के पट्टे के लिए ज़मींदारी प्रथा के स्थान पर रैयतवारी (Ryotwari) प्रथा को अच्छा समझा, चाहे उन्होंने किसान को ज़मींदारों के अत्याचारी तथा दमनकारी व्यवहार के विरुद्ध सुरक्षित रखने का भी प्रयत्न किया। उन्होंने राय दी कि ज़मींदार के रैयत के लगान में वृद्धि करने के अधिकार को समाप्त किया किया जाए और रैयतों की स्थायी रूप से भूमि का स्वामी बन जाने की सुविधा का विकास किया जाए। अतः न तो उनको खुले मुकाबले (Laissez Faire) के सिद्धान्त का समर्थक ही कहा जा सकता है और न ही समाजवाद का अगुआ।

राजा राममोहन राय तथा ब्रह्म समाज

एक अदृष्ट ईश्वर की पूजा का प्रचार करने के लिए राजा राममोहन राय ने 1828 में ब्रह्म समाज की स्थापना की। अतः ब्रह्म समाज सभी धर्मों के तथा सारी मानवता के एक ईश्वर की पूजा करने वाले लोगों की संस्था है। इस समाज का पहला मन्दिर 23 जनवरी 1830 को कलकत्ता के जोरासेन्को क्षेत्र में खोला गया था। इस समाज का पहला मन्दिर 1830 में खोला गया था। सार्वकालिक, सार्वदेशिक तथा सर्वोच्च ईश्वर की पूजा किसी विशेष नाम अथवा किसी विशेष समुदाय द्वारा नहीं

की जाती थी और उसे कोई एक नाम नहीं दिया जा सकता था। मन्दिरों में मूर्तिपूजा की आज्ञा नहीं थी और न ही इनमें कोई बलिदान किया जा सकता था। जो भी कोई बात किसी धर्म के लिए पवित्र थी, उसकी भर्त्सना नहीं की जा सकती थी अथवा न ही उसे अनादरपूर्ण कहा जा सकता था। मन्दिर किसी जाति, रंग, मत अथवा धर्म विश्वास के भिन्न मत के बिना सबके लिए खुला था। दूसरे शब्दों में, ब्रह्म समाज एक सहनशील संस्था थी, जो कि पवित्रता, गुण तथा उदारता का प्रचार करने के लिए कायम की गई थी। उसका उद्देश्य सभी धर्मों, विचारों तथा मतों के अनुयायियों के बीच में एकता लाना था। ब्रह्म समाज आधुनिक धर्मों के बीच में सामाजिक एकता के लिए बनाया गया था।

ए. आर. देसाई का यह कथन युक्तियुक्त ही है, "वैयक्तिक स्वतन्त्रता, राष्ट्रीय एकता, संगठन तथा सहयोग के सिद्धान्तों की घोषणा कर ब्रह्म समाज ने भारतीय जनता के लिए नवयुग का द्वार खोला था। ब्रह्म समाज ने सभी सामाजिक संस्थाओं तथा सम्बन्धों के प्रजातन्त्रीकरण के सिद्धान्त की भी घोषणा की।"[31] यद्यपि आरम्भ में यह एक धार्मिक आन्दोलन था परन्तु समाज सुधार के कार्यक्रम को अपनी कार्य-योजना में सम्मिलित करने का लोभ ब्रह्म समाज संवरण नहीं कर सका। उनके नेतृत्व में समाज ने हिन्दू समाज की सभी कुरीतियों का खण्डन किया जिनका प्रचलन धर्म तथा सामाजिक चलन के नाम पर हो रहा था।'

नाग की यह भी सम्मति थी, "सभी धर्मों की मूतभूत एकता निदर्शित करने का राय ने भरसक प्रयत्न किया। प्राचीन ऋषियों द्वारा प्रचारित, प्रसारित सार्वभौमिकता को उन्होंने पुनरुज्जीवित किया। लोगों के सामने उन्होंने उस एकसूत्रता की महत्ता ही दर्शाई जो सभी धर्मों को मिलाती है, वह है सार्वभौमिकता तथा एकेश्वरवाद। चाहे फिर लोग किसी भी धर्म को मानते हों।"[32]

राजा राममोहन राय तथा शिक्षा

राजा पाश्चात्य शिक्षा-प्रणाली के महान् समर्थक तथा भारत की पुरानी शिक्षा-प्रणाली के महान् आलोचक थे। परन्तु इससे उनके भारतीय दर्शन तथा धर्म में निहित अमर निधि की सराहना करने के उनके उद्देश्य में कोई बाधा उत्पन्न नहीं हुई और वे इस ज्ञान को भारतीय जनता तक पहुँचाने के तीव्र इच्छुक थे। अब उन्होंने वेदों तथा कुछ एक उपनिषदों का अंग्रेजी तथा बंगाली में अनुवाद किया। इसके साथ वे इस तथ्य से भी पूर्ण रूप से सतर्क थे कि पाश्चात्य राष्ट्रों को उनके विज्ञान तथा प्राकृतिक दर्शन के कारण ही प्रभुता प्राप्त होती है। अतः उन्होंने भारतीयों से शिक्षा की मध्यकालीन तथा टीका-टिप्पणी वाली प्रणाली का त्याग करने को कहा और आधुनिक विज्ञान की पद्धति तथा भावना से शिक्षा ग्रहण करने की राय दी। उनके

अनुसार, "भारत के कल्याण के लिए यह आवश्यक है कि वह यूरोपीय बौद्धिक उपलब्धियों तथा ज्ञान से लाभ उठाए और यह जानने का प्रयत्न करें कि प्रकृति की शक्तियों पर कैसे विजय प्राप्त की जा सकती है। अतः राजा को प्राचीन पूर्व तथा आधुनिक पश्चिम के बीच की खाई को भरने का तथा पढ़े-लिखे हिन्दुओं में यूरोपीय विचारधारा भरने तथा यूरोपीय स्तर पर लाने का श्रेय प्राप्त है। कलकत्ता में हिन्दू कॉलेज स्थापित करने का श्रेय भी उन्हें ही प्राप्त है। उन्होंने भारतीय शिक्षा के क्षेत्र में ईसाई प्रचारकों पर आश्रित होने को भी बुरा न समझा। उन्होंने यूरोप तथा अमरीका के कई मिशनों से अनुरोध किया कि वे भारतीय लोगों में मुक्त रूप से ज्ञान बाँटने के लिए बहुत से गम्भीर तथा योग्य अध्यापकों को भेजें, जो कि यूरोपीय ढंग से पढ़े-लिखे हों और जो विज्ञान तथा ईसाई नैतिकता, जो कि धार्मिक सिद्धान्तों से ओत-प्रोत हों, के ज्ञाता हों।"[33]

राजा स्त्री शिक्षा के भी महान् समर्थक थे। परन्तु वे कोई अलग महिला शिक्षा संस्था स्थापित करने में सफल न हुए।

इसके अतिरिक्त राजा पहले व्यक्ति थे जिन्होंने बंगाली गद्य साहित्य की रचना की। उन्होंने अपने देशवासियों के ज्ञान के लिए बंगाली में (Prose Literature) बहुत-सी धार्मिक, दार्शनिक, साहित्यिक तथा ऐतिहासिक पुस्तकें लिखीं। उन्होंने कुछ उपनिषदों का बंगाली में अनुवाद किया और धार्मिक विवादों का बंगाली माध्यम से समाधान किया। बाद में उन्होंने बंगाली में 'संवाद-कौमुदी' नामक एक पत्रिका निकाली। उन्हें बंगाली गद्य-साहित्य का मुखिया कहना कोई अत्युक्ति नहीं होगी।

निष्कर्ष

राजा के विचारों के विश्लेषणात्मक अध्ययन तथा मूल्यांकन से पता चलता है कि राजा उन पहले तेजस्वी व्यक्तियों में से थे, जिन्होंने नए भारत की आत्मा को टटोला और अज्ञान, अन्धविश्वास तथा सामाजिक सांस्कृतिक पतन (decadence) के विरुद्ध पूर्वा भारत में पूरी निष्ठा तथा लगन से काम किया। अतः राजा को सार्वभौमवाद (universalism) के अग्रदूत, स्वतन्त्रता के एक उग्र अगुआ, प्रेस की स्वतन्त्रता के लिए एक राजनीतिक आन्दोलक (Agitator), दलित भारतीय किसानों के अधिकारों के धर्मयोद्धा, तथा दलित स्त्री जाति के समर्थक को ठीक ही आधुनिक भारतीय चिन्तन के विकास का नेता कहा जाता है। बृजेन्द्रनाथ ने उनकी बहुपक्षीय बुद्धिमत्ता का जिक्र करते हुए कहा,..."भारतीय सभ्यता के इतिहास ने उन्हें मौलिक महत्त्व की बहुत-सी बातें सिखाईं। जैसे कि, राज्य की नीति के क्षेत्र में, वैधानिक तथा कार्यकारी कार्यों में, मौलिक

पृथकता कानून शास्त्र के क्षेत्र में तथा कानून की उत्पत्ति में रूढ़ियों का योगदान, ...गाँव तथा उनकी पंचायत के केन्द्रीय आचरण तथा रैयतों की पट्टेटारी तथा भूमि का स्वामित्व...। उन्होंने उस प्राचीन तथा मध्यकालीन भारतीय राजनीति को नए अर्थ तथा नया उद्देश्य प्रदान किया। उन्होंने भारतीयों के लिए प्रतिनिधि सरकार, जूरी द्वारा मुकदमे की सुनवाई तथा प्रेस की स्वतन्त्रता को एक-दूसरे के साथ मिला दिया। उन्होंने भारत के आने वाले इतिहास तथा उनके इंगलैंड के साथ सम्बन्धों की भविष्यवाणी की...और अन्त में मरते समय इस मानवता के ईशदूत के सामने, स्वतन्त्र तथा जाग्रत भारत एशियाई राष्ट्रों को सभ्य तथा शिक्षित करने वाले सुदूर पूर्व की सुदूर पश्चिम के साथ सुनहरी कड़ी स्थापित करने वाले भूतकाल के आदर्श भारत की एक झलक दिखाई दी, जो कि मानवता के इतिहास का ईशदूत होगा।"[34] उसकी जीवन चरित्र लेखिका मिस सोफ़िया डॉब्सन कॉलेट ने बड़े सुन्दर शब्दों में उपसंहार रूप में कहा है, "आधुनिक भारत को राजा के योगदान के विषय में। राममोहन राय इतिहास में उस जीवन्त सेतु पर खड़े हैं जिस पर अपने अमापित अतीत से दूर जाता हुआ भारत अपने अनिश्चित भविष्य की ओर बढ़ रहा है। उनकी स्थिति उस फैली हुई चाप (Arch) की थी जो समाविष्ट करती है अपने विस्तार में अतीतकालीन जातिवाद और आधुनिक मानवता और विज्ञान के मध्य उबासी लेते अन्तर को। उनमें मूर्त हो उठी थी वह नवभावना जो जातियों, धर्मों और सभ्यताओं के अनिवार्य मिश्रण के परिणामस्वरूप उभरती है, मुखर हुआ था विशाल मानव संवेदना के अग्रगमन का वेग, मुखर हुई थी उसकी खोज की स्वतन्त्र वृत्ति, इसकी पवित्र एक अच्छी प्रकार विश्लेषित शिष्टाचारिता और साथ ही मुखर हुआ था अतीत के प्रति इसका श्रद्धापूर्ण पर साथ ही आलोचनापरक आदर भाव।"[35]

इसमें कोई सन्देह नहीं कि राजा को तीन संस्कृतियों को मिला देने का श्रेय प्राप्त है और धर्म के क्षेत्र में वे सार्वभौमवाद के अगुआ थे। उन्होंने राज्य की नीति के क्षेत्र में भी पूर्व तथा पश्चिम में समन्वय (synthesis) करा दिया। अपने दृष्टिकोण में वे पूर्वदेशीय तथा पाश्चात्य भी थे। अतः उन्हें संसार की सभी जातियों तथा राष्ट्रों का एक विश्व संगठन उनका चिर पोषित आदर्श था। इस सपने को मूर्त करने का कार्य उनके ब्रह्म समाज का था, परन्तु संगठनात्मक दुर्बलता के कारण इसका कार्य कुछ बुद्धिजीवियों के विचार-विमर्श तथा प्रार्थनाओं तक ही सीमित रहा। आधुनिक भारत का पहला प्राच्यवादी तथा पाश्चात्य व्यक्तिवादी कहना अत्युक्ति नहीं होगी। उन्होंने भारतीय संस्कृति में जो कुछ सर्वोत्तम था उसे यूरोप के सर्वोत्तम से मिला देने का प्रयत्न किया। इस प्रकार प्रकट है कि राजा के मौलिक चिन्तन के कारण उन्हें मेक्समूलर, बेन्थम, राबर्ट ओवन, राकबोन तथा विलियम एडम आदि

विदेशी विद्वानों की सराहना प्राप्त हुई। उनमें उत्कण्ठा थी नए भारत के निर्माण की। मिस कोलेट के शब्दों में, "नियति ने भारत के लिए कोई भी भविष्य निर्दिष्ट किया हो, किन्तु उसके स्वरूप को निर्धारित करने में राजा राममोहन राय के जीवन और कृतित्व का भाग इतना अवश्य होगा कि इसकी उपेक्षा नहीं की जा सकती।"

सन्दर्भ

1. Rabindra Nath Tagor's Presidential address at Rammohan Roy Centenary at Calcutta on Dec. 29, 1933.
2. Browing: Works of Bentham Vol X, p. 586.
3. Sophia Dobson Collet : Life & Letters of Raja Ram Mohan Roy (1931 ed.), p. 15.
4. Ibid.
5. Quoted in Ibid., p. 254.
6. B.C. Pal Writings & Speeches, Vol. I (1958 ed.), p. 173-74.
7. Works of Ram Mohan Roy (Calcutta Brahmo Samaj, 1928), Vol. I, p. 222.
8. N.C. Ganguli, Raja Ram Mohan Roy, p. 101.
9. Ibid., p. 101.
10. V.P. Verma : Modem Indian Political Thought, (1971 ed.), p. 16.
11. G.A. Natesan & Co., (ed. by): Autobiography, p. 274.
12. Ibid, p. 91.
13. Ibid, p. 92.
14. Ibid, p. 53.
15. Ram Mohan Roy : Memorial to the King-in-Council, p. 63.
16. Nag Jamuna : op. cit., p. 94.
17. Collet Sophia Dobson: Life and Letters of Raja Ram Mohan Roy, Introduction, p. LXXIII.
18. Ibid., p. 203.
19. B.C. Pal : Ram Mohan Roy as Reconstructor of Indian Life & Society contributed to Calcutta Municipal letter, Dec. 22, 1928.
20. Nag Jamuna: Raja Ram Mohan Roy, (1972 ed.).
21. Ibid, p. 13.
22. Nag Jamuna : op. cit., pp. 135-36.
23. Sir Seal Brajendranath : Raja Ram Mohan Roy Centenary Commemorative Vol., p. 49.

24. Browing: Works of Bentham, vol. X, p. 586.
25. G.A. Natesan & Co. (ed. by) : "Essay on the Rights of Hindus over ancestral Property", p. 144.
26. Nag Jamuna: op. cit., p. 99.
27. Raja Ram Mohan Roy : Speeches and Writings, p. 151.
28. The English Work of Raja Ram Mohan Roy, p. 33.
29. Shiv Nath Shastri : Extract from the history of Brahmo Samaj quoted by V.S.N. Arvane in Modern Indian Thought, p. 3.
30. V.N. Naik : Indian Liberalism, p. 1.
31. A.R. Desai : Social background of Indian Nationalism (1961 ed.), p. 290.
32. Nag Jamuna: op. cit., pp. 74-75.
33. Collet Sophia Dobson op. cit., p. XIII.
34. Brajendranath Seal: "Raja Ram Mohan Roy : The Universal man"– Ram Mohan Roy Centenary Volume Part II, pp. 108-109.
35. The English Works of Ram Mohan Roy, Introduction, p. 28.

18

गोपाल कृष्ण गोखले

"गोखले ऐसे थे जैसे गंगा। स्फूर्ति पाने को मनुष्य उस नदी में स्नान कर सकता था। नाव और डाँढे के साथ इस नदी पर होना बड़ा आनन्ददायी था।"

–गांधी

सर्वाधिक सम्मानित भारतीय राजनीतिक नेताओं में से एक गोपाल कृष्ण गोखले का जन्म 9 मई, 1866 को बम्बई प्रेसीडेन्सी के अन्तर्गत रत्नगिरि जिले के कॉट्लक ग्राम में हुआ था तथा उनका निधन 19 फरवरी, 1915 को पूना में हुआ था। वह एक दरिद्र परिवार में उत्पन्न हुए थे। उनकी आरम्भिक शिक्षा ग्राम में हुई थी, परन्तु हाई स्कूल शिक्षा 1876 में कोल्हापुर में हुई। 1879 में पिता के निधन के उपरान्त, उनके बड़े भाई ने दिवंगत पिता की इच्छा के अनुसार गोखले को शिक्षित करने का दायित्व सँभाला। 1881 में उन्होंने मेट्रिक की परीक्षा पास की। उसके पश्चात राजा राम कॉलिज कोल्हापुर में दाखिल हुए परन्तु बाद में स्नातक परीक्षा के लिए वह डेकन कॉलिज पूना में प्रविष्ट हुआ। डिग्री कोर्स की अन्तिम वर्ष की परीक्षा के लिए वह बम्बई के फर्गूसन कॉलिज में प्रविष्ट हुए। वह दरिद्रता में डूबे अपने परिवार की सहायता के लिए डिग्री प्राप्त करने को बड़े उत्सुक थे। यह दरिद्रता उन्हें निर्धन और अभावग्रस्त लोगों के निकट लाई और उन्होंने आजीवन उनका पक्षधर बनकर उनकी दशा सुधारने का बीड़ा उठाया। 1884 में वह स्नातक बन गए। पूना के न्यू इंग्लिश स्कूल में 1885 में वह अध्यापक बने। स्कूल का उद्देश्य राष्ट्रवाद को प्रोत्साहन देना था। अपने निष्कलंक देश-प्रेम, उनकी आत्मा की सज्जनता, निःस्वार्थ समर्पण

देश-प्रेम के प्रति—इन सभी के कारण वह लोगों में सर्वप्रिय बन गए और विदेश में भी उनके अनेक प्रशंसक बने।

जस्टिस रानाडे के सामाजिक तथा आर्थिक विचारों, धर्मनिरपेक्ष राष्ट्रवाद की उनकी संकल्पना और प्रचण्ड देशभक्ति ने उनके मन पर अमिट छाप छोड़ी। उन्हीं की प्रेरणा पर गोखले पूना की सार्वजनिक सभा के सम्पर्क में आए और इसके पश्चात् 1889 में इण्डियन नेशनल कांग्रेस से उनका सम्बन्ध हुआ। इसने उन्हें सार्वजनिक जीवन में अग्रिम स्थान पर खड़ा कर दिया। दादाभाई नोरोजी के पवित्र, सरल तथा आत्म-त्यागपरायण जीवन का उन पर गहरा प्रभाव पड़ा। पार्टी के मामलों तथा संगठन तकनीक का जहाँ तक सम्बन्ध था, फिरोज़ शाह मेहता से वह प्रभावित हुए। उन्होंने एक बार कहा था, "उनके साथ रहकर मैं ग़लत कहलाया जाना पसन्द करूँगा, पर उनके बिना मैं सही नहीं कहलाना चाहता।"

रानाडे और दादाभाई नोरोजी की भाँति गोखले भी परिश्चमी परम्पराओं की ओर आकृष्ट हुए और यह अनुभव करने लगे कि पश्चिमी आदर्श पर ही भारतीय सामाजिक और राजनीतिक संस्थाओं का सुधार किया जाए। यूरोपीय इतिहास में प्रजातान्त्रिक विचारों के विकास का व्यापक और स्पष्ट चित्रण किया गया है। हमारे विचार इन्हीं पर आधारित किए गए हैं। बर्क का 'रिफ्लेक्शन ऑन दि फ्रेंच गवर्नमेण्ट' गोखले के संविधानवाद का मूल स्रोत प्रमाणित हुआ। बर्क की भाँति उन्होंने भी किसी भी प्रकार की प्रगति के लिए व्यवस्था और स्थिरता की महत्ता पर बल दिया। यही कारण था कि गोखले ने भारत में अंग्रेज़ नौकरशाही की आवश्यकता और महत्ता अनुभव की। बर्क की भाँति उनका भी नरमवादिता में विश्वास था। इससे परिवर्तन धीरे-धीरे और व्यवस्थित रूप में लाया जा सकता है। अराजकता को जन्म देने के कारण वह क्रान्ति के समर्थक नहीं थे। ब्रिटिश लिबरल दल के विदेश मन्त्री लॉर्ड मार्ले के प्रति उनका अति सम्मानपूर्ण भाव था। भारत के लिए ब्रिटिश राज को वह एक ऐसे अवसर के रूप में देखते थे जो भारतीय जनता को सामाजिक, आर्थिक और राजनीतिक स्वतन्त्रता के लिए तैयार करने के लिए बड़ा उपयुक्त हो।

22 वर्ष की अवस्था में वह बम्बई विधान परिषद् के सदस्य बने। वहाँ दिए गए उनके भाषण अपनी सकारात्मकता, सहज समर्थनीयता और विश्वसनीयता के कारण अत्यन्त प्रशंसित होते थे। बजट पर दिए गए उनके भाषणों पर उनकी मौलिकता की छाप होती थी। देशभक्ति की भावना जिससे कूट-कूटकर भरी हो और जो पूर्णतः देश सेवा के लिए समर्पित हो, ऐसे कार्यकर्त्ताओं के वर्ग का गठन करना सोसाइटी का उद्देश्य था। यह सोसाइटी देशस्थ सभी समुदायों के सुमेल और मधुर सम्बन्ध को प्रोत्साहन देने के यह पक्ष में थी।

1905 में वह एक शिष्टमंडल के सदस्य के रूप में इंगलैंड गए थे और उन्होंने

वहाँ ब्रिटिश सरकार से अनुरोध किया था कि वह बंग विभाजन का कानून न बनाए। 1905 में उन्होंने बनारस कांग्रेस की अध्यक्षता की। उनके लिए सूरत में कांग्रेस की फूट घातक थी। 1907 में भारतीय विधान परिषद् सदस्य के रूप में उन्होंने निःशुल्क प्राथमिक शिक्षा का अनुरोध किया।

1912 में उन्हें भारतीय जन सेवाओं से सम्बद्ध अनेक समस्याओं और उनकी कार्यविधि के सम्बन्ध में प्रतिवेदन देने के लिए बैठाए गए इस्लिंगटन आयोग का एक सदस्य बनाया गया। सेवा तथा आत्मत्यागी जीवन की भारतीय परम्परा का अनुसरण करते हुए उन्होंने 1906 में सर्वेण्ट्स ऑफ इण्डिया सोसाइटी की स्थापना की। "इसे डॉ. गोयल ने दिवंगत आत्मा की अन्तिम इच्छा और वसीयत कहा है।"[1] इस सोसाइटी की प्रस्तावना में उन्होंने लिखा, "हमारे देशवासियों को अधिक संख्या में आगे आकर सेवा और निष्ठा की उसी भावना से कार्य करना चाहिए जिससे धार्मिक कार्य किए जाते हैं। सार्वजनिक जीवन का आध्यात्मीकरण होना चाहिए। देश प्रेम भाव से हृदय इतना भरा हो कि इसकी तुलना में सभी गतिविधियाँ महत्त्वहीन हों।

उन्होंने एक बार कहा था, "मैं हिन्दू के रूप में जला हूँ, परन्तु अनेक वर्षों से मेरी यह इच्छा रही है कि मैं मात्र एक भारतीय के रूप में ही अपना जीवन देशोन्नति के लिए अर्पित करूँ।"

गांधीजी उन्हें अपना राजनीतिक गुरु मानते थे। अतः वह गांधीजी के निमन्त्रण पर 1912 में दक्षिण अफ्रीका गए और भारतीय मामलों के सम्बन्ध में समझौता करवाने में किसी सीमा तक सफल रहे। 1913 में भारतीय सत्याग्रह के संचालन के लिए उन्होंने कोष भी एकत्र किया। कार्य की अधिकता से हुई थकान से फरवरी 1915 में उनका 49 वर्ष की अपरिपक्व अथस्था में देहान्त हो गया। सभी भारतीय संस्थाओं ने शोक-सन्देश भेजे। यहाँ तक कि ब्रिटिश सम्राट्, वायसराय, राज्यपालों, देशी राजाओं तक सभी राजनीतिक दलों के नेताओं ने उनके असामयिक निधन पर शोकोद्गार व्यक्त किए। तिलक ने उनके प्रति कहा, "गोखले भारत का हीरा था, महाराष्ट्र का आभूषण और कार्यकर्त्ताओं के मध्य एक राजकुमार था।" वह प्रसिद्धि की उच्च स्थिति तक अपनी प्रतिभा, योग्यता तथा कठोर श्रम के बल पर पहुँचे।" ऐम्से मेकडोनल्ड ने उनके विषय में कहा, "गोखले भारतीयों की उस नस्ल के व्यक्ति थे जिनके पास मन और आत्मा की वह शांत, अविचल प्रतिष्ठा थी जिसका उत्स अपनी नस्ल तथ सम्मान के प्रति अकाट्य विश्वास है।" वास्तव में उनके निधन से देश अपने लिए एक अत्यन्त मूल्यवान् आत्मा से वंचित हो गया। निःस्सन्देह उनमें बुद्धिवाद, साहस, देशभक्ति, सत्यनिष्ठा, दूरदर्शिता, उदार दृष्टिकोण और अनागत भविष्य दर्शन की दूरगामी दृष्टि—इनका विरल मिश्रण था। निर्धन

परिवार में जन्म लेने पर भी वह इस योग्य हुए कि अपने लिए राष्ट्रीय तथा अन्तर्राष्ट्रीय क्षेत्र में अभूतपूर्व प्रसिद्धि और महत्त्वपूर्ण स्थान अर्जित कर सके।

गोखले के राजनीतिक विचार

(अ) राजनीति का आध्यात्मीकरण (Spiritualization of Politics)— गोखले सार्वजनिक जीवन का आध्यात्मीकरण करने को बड़े उत्सुक थे। उनके अनुसार सार्वजनिक जीवन के इस प्रकार आध्यात्मीकरण करने का अर्थ राजनीति के प्रति धार्मिक दृष्टिकोण अपनाना है। उन्होंने राजनीति को धर्म के स्तर पर उठा दिया। धर्म को उसके रूढ़ अर्थ में ग्रहण करने से उनका अभिप्राय नहीं था। वास्तव में इसकी व्याख्या नीति और शिष्टाचार के अर्थों में होनी चाहिए। इस अर्थ में उन्होंने राजनीति के आध्यात्मीकरण का न केवल प्रचार ही किया, वरन् उस पर स्वयं आचरण भी किया। उनके सभी वक्तव्यों और कार्यों में सत्य निहित था। संवैधानिकवाद में उनकी आस्था और उग्रवादी उपायों के स्थान पर गांधीवादी ढंग के शान्तिपूर्ण प्रतिरोध का उनके द्वारा समर्थन, यह दोनों सार्वजनिक जीवन के आध्यात्मीकरण के उनके प्रयत्नों को अच्छी प्रकार प्रकट करते हैं। साधनों की पवित्रता का सिद्धान्त उनके राजनीतिक विचारों में भली प्रकार समाविष्ट था। तिलक की इस मान्यता से वह सहमत नहीं थे। उन्होंने नैतिकता का राजनीति से सम्बन्ध-विच्छेद नहीं किया। यदि साधन पवित्र न हों तो उद्देश्य भी अपवित्र हो जाते हैं। स्वतन्त्रता भी यदि बुरे साधनों से प्राप्त हो तो उसका कोई अर्थ नहीं है।

(आ) एक धर्मनिरपेक्ष राष्ट्रवादी के रूप में (As a Secular Nationalist) —अपने समकालीन व्यक्तियों की भाँति, गोखले भी एक धर्मनिरपेक्ष राष्ट्रवादी थे। सर्वेंट्स आफ इण्डिया सोसाइटी के वही सदस्य हो सकते थे, जो देश की सेवार्थ अपने को अर्पित करें और साम्प्रदायिक विचारों से ऊपर उठकर अपने निकटवर्ती लोगों के प्रति पूर्वाग्रहों का निवारण करें। उन्होंने इस समिति के सदस्यों से सात प्रतिज्ञाएँ लेने का अनुरोध किया, जिनमें से दो ये थीं—1. देश उसके विचारों में सर्वोपरि होगा, 2. वह सभी भारतीयों को अपना भाई समझेगा और जाति तथा कार्य का कोई भेद किए बिना सभी की उन्नति के लिए यत्नशील होगा। "उद्देश्यों के आधार पर साधनों के उचित-अनुचित होने का निर्णय होता है," इण्डियन नेशनल कांग्रेस के वह आरम्भिक सदस्यों में थे और 30 वर्ष की अल्पायु में ही वह इसके अध्यक्ष निर्वाचित हुए। तिलक और उनके मध्य राष्ट्रीय विषयों पर विचारों की भिन्नता सर्वविदित थी। अपने लक्ष्य की प्राप्ति के लिए प्रयोग में लाए जाने वाले साधनों पर उनमें मतभेद था। इंगलैंड में, जहाँ वह कई बार गए, उनकी सक्रिय गतिशीलता और विद्वत्ता का बड़ा सम्मान किया गया।

एक राष्ट्रवादी होने के नाते वह स्वराज्य के पक्षपोषक थे, यद्यपि एक व्यावहारिक आदर्शवादी नागरिक होने के नाते, वह समझते थे कि उस समय की राजनीतिक परिस्थितियों में स्वराज्य की प्राप्ति तत्काल ही सम्भव नहीं है। किन्तु, अपने राजनीतिक लक्ष्य के लिए उन्होंने स्वराज्य शब्द का प्रयोग नहीं किया। इसके स्थान पर उन्होंने स्वायत्त शासन (Self-Goverment) शब्द का प्रयोग किया। 1905 में कांग्रेस के बनारस अधिवेशन में उन्होंने प्रबल शब्दों में स्वायत्त शासन का पक्ष लिया और कहा कि इसी प्रकार हमें अच्छी सरकार मिल सकती है। इस प्रकार माँगा गया स्वायत्त शासन साम्राज्य की कार्यविधि के अन्तर्गत ही स्वायत्त शासन था जिसकी प्राप्ति धीरे-धीर की जानी थी।

बनारस कांग्रेस के सामने उन्होंने यह माँगें प्रस्तुत कीं–

(i) विधान परिषदों में निर्वाचित सदस्यों की संख्या आधी कर उनकी कार्य-क्षमताओं में सुधार।

(ii) इण्डियन काउन्सिल में तीन भारतीयों को सम्मिलित किया जाए।

(iii) ज़िला परामर्शदाता बोर्ड का देशव्यापी गठन किया जाए।

(iv) कार्यपालिका तथा न्यायपालिका को पृथक् करना।

(v) सैनिक व्यय में कटौती।

(vi) औद्योगिक तथा तकनीकी शिक्षा का विस्तार।

(vii) ऋण सम्बन्धी ग्रामीण देयता के लिए अग्रिम राशि दी जाए।

(viii) प्राथमिक शिक्षा का विस्तार।

उनके नेतृत्व में सूरत कांग्रेस ने अपने विधान की पहली धारा में कहा, "भारतीय राष्ट्रीय कांग्रेस का उद्देश्य भारतीय लोगों द्वारा एक ऐसी शासन प्रणाली की प्राप्ति है, जो ब्रिटिश साम्राज्य में स्वायत्तशासी लोगों की प्रणाली के समान ही है और जिसके द्वारा भारतीय बराबरी के आधार पर इन सदस्यों के समान ही अपने अधिकारों और उत्तरदायित्वों के भागी बनें।" इन उद्देश्यों को संवैधानिक उपायों से प्राप्त किया जाना था, उदाहरणार्थ, प्रशासन की वर्तमान प्रणाली का उत्तरोत्तर सुधार करना, राष्ट्रीय एकता को बढ़ावा देना, सार्वजनिक भावना को उत्साहित करना और देश के बौद्धिक, नैतिक, आर्थिक और औद्योगिक साधनों को विकसित और संगठित करना।

(इ) उनका राजनीतिक कार्यक्रम (His Political Programme)—कांग्रेस के नेतृत्व के अधीन उन्होंने नागरिक और सैनिक दोनों प्रकार की सेवाओं के भारतीयकरण की माँग की और शासन में भाग लेने का अधिकार माँगा। 1905 और उसके पश्चात् उन्होंने प्रतिकूल आर्थिक शाक्तियों के विरुद्ध लड़ने के लिए लोगों के एकमात्र अवलम्ब स्वदेशी का प्रचार किया। स्वदेशी आन्दोलन एक देशभक्तिपूर्ण

और आर्थिक–दोनों प्रकार का आन्दोलन था। उन्होंने इसे ब्रिटिश वस्तुओं के बहिष्कार से पृथक् कर दिया। वह समझते थे कि बहिष्कार शब्द का अर्थ बुरा है। इसके पीछे वह दूसरे के प्रति एक प्रतिशोधात्मक भावना छिपी देखते थे। दूसरे प्रकार से भी वह यह समझते थे कि तत्कालीन औद्योगिक परिस्थिति में विदेशी माल का कड़ा बहिष्कार व्यावहारिक नहीं था। उन्होंने विभिन्न सम्प्रदायों के मध्य सम्बन्धों में सुधार, हिन्दुओं में दलित-वर्ग के उत्थान और दक्षिणी अफ्रीका के प्रतिज्ञाबद्ध श्रमिकों की समस्याओं को सुलझाने का यत्न किया। मिण्टों मार्ले सुधारों से उनका निकट का सम्बन्ध था। वास्तव में, वह इनके लिए अपने को आंशिक रूप से उत्तरादायी समझते थे। यह कहना असंगत न होगा कि मिण्टों मार्ले सुधार भारतीय आशाओं से बहुत पीछे रह गए थे। महायुद्ध ने कांग्रेस को अधिक सुधारों की माँग करने को उत्साहित किया। एक प्रान्तीय राज्यपाल की प्रेरणा पर उन्होंने एक सुधार योजना तैयार भी की थी किन्तु इसे प्रस्तुत करने के पूर्व की फरवरी 1915 में उनका निधन हो गया। भारतीय इतिहासकारों का मत है कि मांटेग्यू चेम्सफोर्ड योजना में, जो 1919 के अधिनियम का आधार थी और गोखले निर्मित योजना में उल्लेखनीय समानता थी। डा. गोयल का यह निष्कर्ष उचित ही है, ''इस प्रकार प्रान्तीय स्वायत्तता की जो माँग उनके अन्तिम इच्छा-पत्र और वसीयतनामे में की गई थी, मांटेग्यू चेम्सफोर्ड प्रतिवेदन में व्यावहारिक रूप से स्वीकार कर ली गई थी।''[2]

अपने जीवन के अन्तिम दिनों में गोखले ने भारतीय संवैधानिक प्रगति की एक ऐसी योजना तैयार की थी, जिसका उद्देश्य एक प्रकार का संघवाद (Federalism) था। 1914-15 में उन्होंने गवर्नर जनरल के हस्तक्षेप करने के अधिकार को स्वीकार कर लिया।

(ई) एक संविधान वादी के रूप में–गोखले ने नरमदलीय होने के नाते तिलक और लाजपत राय की भाँति चरमपन्थियों का अनुसरण नहीं किया। वह एक ऐसे यथार्थ, तथ्यवादी थे जो समय के साथ चलने में विश्वास करते थे। अतः उन्होंने उग्रवादियों के पदचिह्नों का अनुसरण नहीं किया। अतः उन्होंने अतिवादियों के लिए अतीव अप्रसन्नता का कारण बनते हुए, उन्होंने संवैधानिक उपायों पर बल देते हुए, उदारवादी दृष्टिकोण अपनाने का आग्रह किया। किन्तु, गोखले की भूमिका किसी भिखारी अथवा चापलूस की नहीं थी। वह शासक और शासित के मध्य दुभाषिये का काम करना चाहते थे। एक ओर जहाँ वह सरकार को लोगों के कष्टों से अवगत कराते, वहाँ दूसरी ओर वह सरकार के मनोरथों को जनता तक पहुँचाते। वह प्रशासनिक सुधारों के लिए सभी अवसरों और सम्भावनाओं का पूर्ण उपयोग करने को उत्सुक थे।

उन्होंने इसे एक संवैधानिक आन्दोलन बताया। 4 फरवरी, 1907 को

इलाहाबाद में दिए गए एक भाषण में उन्होंने संवैधानिक आन्दोलन की परिभाषा इस प्रकार की कि यह जनता का ऐसे उपायों से किया गया आन्दोलन है, जिनके द्वारा वह वैधानिक अधिकारियों के कार्यों द्वारा अपनी इच्छानुसार परिवर्तन करा सकते हैं। इस प्रकार के वैधानिक उपायों में हिंसा के लिए कोई स्थान नहीं था। ऐसा विद्रोह जो बाहरी आक्रमण को सहायता दे और उकसाए अथवा अपराधों का आश्रय लेना, यह बातें असंवैधानिक थीं। इसके अतिरिक्त सब बातें संवैधनिक थीं। इस प्रकार न्यायपालिका को याचिकाएँ देना, निर्वाचित विधानमण्डलों द्वारा प्रस्ताव पारित करना, यहाँ तक कि कर न देना आदि सभी बातों को संवैधानिक समझा जाता था। उन्होंने यह भी कहा कि निराशाओं के बावजूद भी सम्बद्ध अधिकारियों पर शिकायतों के निवारण के लिए निरन्तर दबाव डाला जाना चाहिए। किन्तु, वास्तव में, इस प्रकार डाले गए दबाव की सफलता इससे प्राप्त होने वाले जनमत की शक्ति और निश्चय पर निर्भर करती है।

उस युग में संवैधानिक आन्दोलन के अन्तर्गत न केवल प्रार्थना पत्र ही आते थे, वरन् कर न देना आदि शान्तिपूर्ण प्रतिरोधात्मक उपाय भी आते थे। गोखले के क्रियात्मक कार्यक्रम में इस प्रकार का शान्तिपूर्ण प्रतिरोध (passive resistance) शामिल नहीं था जो उनके अनुसार व्याप्त परिस्थितियों में अबुद्धिमत्तापूर्ण और कार्यसाधक नहीं था। किन्तु वह शान्तिपूर्ण प्रतिरोध को एक संवैधानिक उपाय अवश्य मानते थे। बम्बई के टाउन हाल में 9 सितम्बर, 1909 को हुई एक सभा में उन्होंने कहा था, "यदि हम दृढ़ता से और स्पष्टता से किसी कानून की गम्भीर अन्यायपूर्णता को अनुभव करते हैं और कोई अन्य साधन हमारे कष्टों का निवारण करने को नहीं रहता, तो ऐसी स्थिति को मौन रह स्वीकार न करना ही ऐसे लोगों के लिए मेरी सम्मत्ति में विकल्प रह जाता है, जो अपनी चेतना और स्वाभिमान को अपने तात्कालिक भौतिक हितों से अधिक महत्त्व देते हैं। मैं समझता हूँ कि हम सबके विचारों में अन्य कोई उपाय न रहने पर गांधीजी का शान्तिपूर्ण प्रतिरोध का मार्ग अपनाना युक्तियुक्त ही है।"[3]

उन्होंने शान्तिपूर्ण प्रतिरोध को स्वभावतः सुरक्षात्मक बताते हुए कहा कि आत्मा ही ऐसी शक्ति है जो मानव में छिपे पिशाच का सामना करती है। इसमें कष्ट सहन करने का सामना अत्याचार से, चेतना का शाक्ति से और सही का गलत से सामना होता है। किन्तु गोखले द्वारा की गई शान्तिपूर्ण प्रतिरोध की परिभाषा तिलक की परिभाषा से भिन्न थी। गोखले ने इस उपाय की चर्चा एक सुरक्षात्मक, न कि आक्रामक उपाय के रूप में की थी। दूसरी बात यह थी कि वह आध्यात्मिक और नैतिक हो और इसका प्रयोग बिना प्रतिरोध की भावना के होना चाहिए। एक शान्तिपूर्ण प्रतिरोधक अपने विरोधी को कोई कष्ट नहीं पहुँचा सकता। तीसरे यह

कि उसे केवल उन्हीं कानूनों और नियमों का उल्लंघन करना था जो उसकी चेतना के प्रतिकूल हों और जिनके अधीन कोई अपने को नहीं कर सकता और उस उल्लंघन के परिणामों के लिए तैयार रहे। किन्तु, इसका अवलम्ब केवल तभी लिया जा सकता है, जब अन्य साधनों का प्रयोग निरर्थक सिद्ध हो जाए। गोखले ने सदा इस बात पर बल दिया कि भारत में शान्तिपूर्ण प्रतिरोध का प्रयोग असम्भव है। उन्होंने इस प्रकार कहा, "इसकी व्यावहार्यता की चर्चा करते हुए मैं यह केवल हास्यास्पद ही मानता हूँ कि भारत की वर्तमान परिस्थिति में कोई इसे व्यावहारिक समझे।" शान्तिपूर्ण प्रतिरोध के समर्थकों को चेतावनी देते हुए उन्होंने कहा, "यदि आज उनमें से कुछ व्यक्ति, जो प्रगति की इस अवस्था में स्वायत्त शासन की प्राप्ति के लिए शान्तिपूर्ण प्रतिरोध का प्रयोग करना चाहते हैं, इसका आज प्रयोग करें, तो उन्हें स्वयं पता लग जाएगा कि वह कहाँ हैं और उन्हें कितना समर्थन प्राप्त हो सकता है।"[4] शान्तिपूर्ण प्रतिरोध की तिलक की संकल्पना, जैसाकि आगे के अध्याय में बताया गया है, एकदम भिन्न थी।

तिलक के भाषणों के एक उद्धरण से शान्तिपूर्ण प्रतिरोध के प्रति उनकी व्याख्या स्पष्ट हो जाती है। उन्होंने कहा था, "यदि आपमें सक्रिय प्रतिरोध की शक्ति नहीं है, तो क्या आप में आत्म त्याग और आत्म संयम की ऐसी शक्ति भी नहीं है कि आप इस विदेशी सरकार को अपने ऊपर शासन करने में कोई सहायता न दें?

"यह बहिष्कार है–हम उन्हें लगान संचित करने और शान्ति बनाए रखने में सहायता नहीं देंगे। हम उन्हें सीमाओं पर अथवा भारत से बाहर, भारतीय रक्त और धन की सहायता से युद्ध करने में सहायता नहीं देंगे। हम उन्हें न्याय प्रशासन का संचालन करने में सहायता नहीं देंगे।"[5] तिलक का विचार था कि दलित और उपेक्षित लोगों में भी प्रशासन को असम्भव बना देने की क्षमता है। यहाँ तिलक ने पराधीन भारतीय राष्ट्र की शक्ति में गोखले से अधिक विश्वास प्रकट किया है।

एक उदारवादी के रूप में

अंग्रेजों के उदारवादी दर्शन का गोखले पर प्रभाव पड़ा। लॉक, बेन्थम तथा जे. एस. मिल के विचारों से वह अत्यन्त प्रभावित हुए थे। जे.एस. मिल की भाँति उन्होंने व्यक्तिगत स्वतन्त्रता का प्रबल समर्थन किया, जिसका अर्थ था, कुछ प्रतिबन्धों के साथ स्वतन्त्रता। वह चाहते थे कि सर्वेन्ट्स ऑफ इण्डिया सोसाइटी के सदस्यों का अनुशासनबद्ध जीवन हो और वह सब सोसाइटी के प्रथम सदस्य का अनुशासन स्वीकार करें। वह व्यवस्था और व्यक्तिगत स्वतन्त्रता के बीच सुखद मेल

चाहते थे। वह कुछ अच्छी प्रकार निर्दिष्ट सीमाओं के अन्तर्गत आलोचना करने की स्वतन्त्रता चाहते थे। वह भारतीयों के लिए भी आत्माभिव्यक्ति (Self-expression) का वही अधिकार चाहते थे, जैसा अंग्रेजों का था। उन्होंने निविदा की स्वतन्त्रता (Freedom of Contract) और निजी सम्पत्ति रखने के अधिकार का समर्थन किया।

उन्होंने यह आग्रहपूर्वक कहा कि देश में प्रतिनिधि संस्थाएँ बने बिना व्यक्तिगत स्वतन्त्रता सुरक्षित नहीं रह सकती। अतः राजनीतिक स्वतन्त्रता की उनकी माँग, प्रतिनिधि संस्थाओं की माँग से पृथक् नहीं थी। वह पूर्ण मताधिकार के पक्ष में नहीं थे। उन्होंने सम्पत्ति सम्बन्धी कुछ योग्यताओं का सुझाव दिया था। उदाहरण के लिए, वह गाँव, पंचायत के निर्वाचन के लिए भी मतदान का अधिकारी उसे बनाना चाहते थे, जो कम-से-कम दस रुपए वार्षिक लगान देता हो। उनके मतानुसार शिक्षित वर्ग, स्वाभाविक नेता होने के कारण सर्वसाधारण का प्रतिनिधित्व करता था। किन्तु, उन्होंने भविष्य में सभी लोगों के द्वारा मताधिकार का प्रयोग किए जाने की ओर से अपनी आँखें नहीं मोड़ीं।

उन्होंने न केवल विधान मण्डलों में जन प्रतिनिधित्व का समर्थन किया, वरन् वह अनेक हितों के प्रतिनिधित्व के भी पक्ष में थे। उदाहरण के लिए करांची के उद्योग संघ, अहमदाबाद के लिए मालिकों और दक्कन के सरदारों का वह प्रतिनिधित्व चाहते थे। धार्मिक अलपसंख्यकों को भी वह निःस्संकोच प्रतिनिधित्व देना चाहते थे। उन्होंने हिन्दुओं और मुसलमानों के मध्य साम्प्रदायिक मतभेदों को स्वीकार किया और राष्ट्रीय आन्दोलन में उनका सहयोग प्राप्त करने के लिए उन्हें पृथक् प्रतिनिधित्व भी देना चाहते थे। अतः वह पृथक् मताधिकार में विश्वास नहीं करते थे। जैसाकि लार्ड मिण्टो का दावा था। यह 1908 में सैक्रेट्री ऑफ स्टेट को दी गई संवैधानिक सुधारों पर उनकी टिप्पणी से प्रकट है। उन्होंने प्रादेशिक आधार पर निर्वाचनों से भरे जाने के लिए पर्याप्त स्थानों को छोड़ने का अनुरोध किया, जिसमें वर्ण और कार्य के भेद के बिना सभी योग्य मतदाता मतदान कर सकेंगे। इसके अनन्तर पूरक निर्वाचन अल्पसंख्यकों के लिए हों जो संख्या अथवा अन्य आधार पर विशेष प्रतिनिधित्व के पात्र हैं। इस प्रकार जे. एस. मिल की भाँति, गोखले का प्रतिनिधित्व का सिद्धान्त गम्भीर सीमाओं में बँधा हुआ है। वह केवल करदाता को ही मतदान का अधिकार देना चाहते थे और अशिक्षित जनता के स्थान पर शिक्षित व्यक्तियों को यह अधिकार देना चाहते थे। मिल की भाँति वह भी आनुपातिक प्रतिनिधित्व (Proportional representation) चाहते थे जिससे अल्पसंख्यकों का प्रतिनिधित्व अपर्याप्त न हो, यद्यपि ऐसा वह एक विलक्षण (Novel) रूप में ही करना चाहते थे।

राजकीय हस्तक्षेप के समर्थक के रूप में उनके आर्थिक और सामाजिक विचार

गोखले का विचार था कि सरकार लोगों के नैतिक और राष्ट्रीय हितों की रक्षा के लिए होती है। अतः सरकार को उनके विकास के मार्ग से सभी कष्ट देने वाले, अस्वाभाविक प्रतिबन्धों को दूर कर देना चाहिए। उनकी सम्मति थी कि लोगों को अपने स्तर की पूर्ण ऊँचाई तक विकास करने का अवसर दिया जाए। वह राज्य को मात्र एक पुलिस राज्य ही नहीं मानते थे। यह एक आवश्यक बुराई नहीं थी और इसे जहाँ कहीं यह निवार्य (Dispensable) हो, वहाँ तिलांजलि दी जा सकती है। वह राज्य से एक निश्चयात्मक भूमिका की आशा करते थे। उन्होंने निःशुल्क अनिवार्य शिक्षा, नशाबन्दी और सार्वजनिक स्वास्थ्य, उपयोगिता आदि के कई उपायों का सुझाव दिया जिससे मनुष्य के व्यक्तित्व के विकास के मार्ग की सभी बाधाएँ और कठिनाइयाँ दूर हो सकें। अज्ञान, अस्वच्छता और मद्यपान जैसी बुराइयों को राज्य द्वारा दूर किया ही जाना चाहिए। वह देशव्यापी प्राथमिक शिक्षा की प्राप्ति और मद्यपान जैसी बुराइयों को दूर करने के लिए सरकारी कार्यवाही को आवश्यक मानते थे।

उन्होने सरकार द्वारा विकासपरक कार्यों को हाथ में लेने का सुझाव दिया। राज्य को औद्योगिक और कृषि सम्बन्धी विकास के लिए हस्तक्षेप करना चाहिए। वैयक्तिक और सहकारी प्रयत्नों को राष्ट्रीय प्रयत्नों के समान प्रभावपूर्ण न होने की स्थिति में उन्होंने राजकीय हस्तक्षेप का सुझ्झव दिया।

इसके अतिरिक्त उन्होंने एक कल्याण राज्य के विकासपरक कार्यों के लिए आर्थिक साधन जुटाने के लिए कई मार्ग और साधन सुझाए। उन्होंने सुझाव दिया कि अधिक बल राज्य द्वारा उधार लेने और सरकार के पुलिस सम्बन्धी कार्यों के व्यय को घटाने पर दिया जाए, जिससे कि विकासपरक कार्यों के लिए रुपया बचाया जा सके। गोखले आवश्यकता से अधिक कर लगाने के विरुद्ध थे। उन्होंने बजट में बचत की राशि को राज्य के विकासपरक कार्यों में नियोजित करने का भी आग्रह किया। वह असन्तुलित बजटों के विचार को पसन्द नहीं करते थे।

वह कृषकों की दशा में सुधार करने में विशेष रुचि रखते थे। इसके लिए उन्होंने सरकार को भूमि से प्राप्त होने वाले लगान को घटाने का सुझाव दिया। उन्होंने कृषि में रत वर्ग को करों में छूट देने का भी सुझाव दिया। वह चाहते थे कि भारतीय उद्योग अपनी आय के साधनों के वितरण को ऐसा युक्तिसंगत बनाएँ जिसका परिणाम कार्यक्षमता में सुधार हो। वह सरकार की राजकर सम्बन्धी नीति का अभिविन्यास (Orientation) चाहते थे जिससे उत्पदान में वृद्धि हो और शिक्षित, मध्यवर्गीय युवकों को काम मिल सके। 1903-4 में उन्होंने नमक कर में कटौती

का प्रस्ताव किया और अन्त में 1907 में इसे पूर्णतः समाप्त कर देने का सुझाव दिया। उन्होंने नमक कर में 1903-4 में कमी करने का अनुरोध किया। उन्होंने 1903 और 1907 के बजट भाषणों में सूती वस्त्रों पर आबकारी कर हटा लेने की माँग की। उन्होंने कर लगने योग्य राशि की सीमाओं को बढ़ाने का अनुरोध किया। उन्होंने नए स्थापित उद्योगों (Infant Industries) को राजकीय संरक्षण देने की प्रणाली का भी समर्थन किया।

उन्होंने इस बात का भी समर्थन किया कि सामाजिक परिवर्तनों के लिए सरकार कानून बनाए। राज्य को प्रगतिशील तत्त्वों की विधायन प्रक्रिया (Legislative procedure) द्वारा सामाजिक परिवर्तन लाने के काम में सहायता करनी चाहिए। उन्होंने सिविल मैरिज विधेयक का समर्थन किया। वह राज्य द्वारा निर्भीकता से सामाजिक परिवर्तन लाने पर जोर देते थे, चाहे ऐसा करना तत्कालीन जनता की भावनाओं से मेल न खाता हो। उनके विचार में शिक्षित वर्ग जनता के स्वाभाविक नेता थे क्योंकि जिस पर जनता कल विचार करेगी उस पर वह आज ही विचार करने में समर्थ है। यही कारण है कि उन्होंने इस प्रकार के विचार प्रकट किए। इस प्रकार हम इस निष्कर्ष पर पहुँच सकते हैं कि जस्टिस रानाडे और जर्मन अर्थशास्त्री बर्गसन लिस्ट से प्रभावित होकर गोखले एक हस्तक्षेपकारी राज्य में विश्वास करते थे न कि किसी यथेच्छाचारी (Laissez Faire) राज्य में। उन्होंने न केवल औद्योगिक विकास और कृषि-सम्बन्धी सम्पन्नता के लिए राज्य के हस्तक्षेप का समर्थन किया, वरन् समाज सुधार के लिए भी। इसके कारण उन्हें उदारवाद में संशोधन करना पड़ा जिससे कि वह भारत जैसे आर्थिक दृष्टि से अविकसित और सामाजिक दृष्टि से पिछड़े देश के अनुकूल हो सके। "राष्ट्रीय आर्थिक स्थिति को उन्नत करने के लिए सर्वोपरि महत्त्व देना, इसका प्रमाण है कि इससे उनके उदारवाद को नग्न यथार्थवाद प्राप्त हुआ है।"[6]

उपसंहार

गोखले के विचारों के मूल्यांकन से पता चलता है कि यद्यपि वह एक प्रखर अर्थशास्त्री थे, तथापि वह एक अध्यात्मवादी, कट्टर आदर्शवादी, धर्म निरपेक्षता के पुजारी, दृढ़ लोकतान्त्रिक तथा मानववादी थे। उन्होंने राजनीति के आध्यात्मीकरण पर बल दिया और वह मानव प्रकृति की अन्तर्निहित अच्छाई और उदात्तता में विश्वास करते थे। ब्रिटिश राजनीतिज्ञ उनकी तुलना ग्लैडस्टोन तथा एस्किवथ से करते थे। गांधीजी ने उनके विषय में कहा था, "वह स्फटिकोज्जवल हैं, निरही मेमने की उनमें सरलता है, सिंह के समान वह वीर हैं, और पराकोटिक उदार हृदयता के वह स्वामी थे। राजनीतिक क्षेत्र की वह पूर्ण विभूति थे।" राजनीति के क्षेत्र में उनके

द्वारा नैकिता का सन्निवेश (Introduction) युक्ति तथा इसी क्षेत्र में मृदुता, मुक्ति तथा समझौते की प्रणाली का प्रचलन करना, भारतीय राजनीति विचारणा को उनकी महत्त्वपूर्ण देन हैं। ("as pure as crystal, gentle as a lamb, brave as a lion and chivalrous to a fault and the most perfect man in the political field.") यद्यपि वह एक आदर्शवादी थे, तथापि वह प्लेटो की भाँति कोरे स्वप्नशील आदर्शवादी नहीं थे। एक यथार्थवादी के रूप में उन्होंने वार्ता, संयम और दया के परिज्ञान को स्वीकार कर लिया। वह विरोधी के प्रति सावधानी से न्याय किए जाने और निश्चित रूप से उसके प्रति सदाचार-परक वृत्ति अपनाए जाने के समर्थक थे। वह उग्रवादी उपायों की भर्त्सना करते थे और आन्दोलन के लिए सवैधानिक उपाय अपनाते थे। उन्होंने भारत की असीम शक्तियों में विश्वास रखा और उसकी राजनीतिक आकांक्षाओं के लिए कोई सीमाएँ निर्धारित नहीं कीं।

किन्तु, समय की आवश्यकताओं के प्रति उनकी उल्लेखनीय अनुकूलनीयता (Adaptability) ने ही उन्हें मिन्टों मार्ले सुधारों को स्वीकार करने की और इस्लिंगटन आयोग में सेवाओं के भारतीयकरण के सम्बन्ध में कार्य करने की प्रेरणा दी। यद्यपि उनके विचार में स्वायत्त शासन का समावेश था, तथापि उन्होंने इसके लिए इतनी उग्रता से संघर्ष नहीं किया, जितनी उग्रता से तिलक और दूसरे उग्रपंथियों ने संघर्ष किया था। वह विधान परिषदों के सुधार, भारतीय मन्त्री परिषद् में कम-से-कम तीन भारतीयों की नियुक्ति, सारे देश में सभी जिलों में परामर्शदाता बोर्डों के गठन, न्यायपालिका और कार्यपालिका के पृथक्करण, भारतीय सैनिक व्यय में कमी, प्राथमिक शिक्षा का विस्तार, औद्योगिक और तकनीकी शिक्षा का विकास और विस्तार, ग्रामीण ऋणग्रस्तता का निवारण और विधि व्यवसाय (लीगल प्रोफेशन) में से न्यायाधीशों की भर्ती करना आदि हल्की माँगों से ही सन्तुष्ट थे।

उन्होंने भारतीय लोगों की नैतिक और भौतिक प्रगति की आवश्यकता को अनुभव किया था। अतः उन्होंने इम्पीरियल विधान परिषद् के सामने 1906 में एक सात सूत्री कार्यक्रम रखा था। उन्होंने विकेन्द्रीकरण की आवश्यकता को स्वीकार किया और वह सत्ता के व्यक्ति शासनात्मक (Monocratic) प्रयोग को हटाना चाहते थे। उन्होंने नौकरशाही के एकतन्त्रात्मक अधिकारों को संयमित करने और निकट भविष्य में एक संघ बनाए जाने का सुझाव दिया। दुर्भाग्य से वह इतने लम्बे काल तक जीवित नहीं रह सके कि वह भारतीयों के स्वायत्त शासन-प्राप्ति के अपने स्वप्न को साकार होता देख पाते। उनकी महानता इस बात से प्रकट है कि उनके राजनीतिक विरोधी तिलक ने उनकी अन्त्येष्टि में भाग लिया तथा एक मर्मस्पर्शी भाषण दिया। "प्रसन्नता प्रकट करने का यह अवसर नहीं है, यह समय आँसू बहाने का है, भारत का अमूल्य हीरा, महाराष्ट्र का रत्न, कार्यकर्त्ताओं में राजकुमार श्मशान

भूमि में आज अनन्त निद्रा में लीन पड़ा है।" तिलक ने केसरी के अगले अंक में कहा, "भारत का यह रत्न महाराष्ट्र का यह महामानव और कार्यकर्त्ताओं का राजकुमार आज चिरनिद्रा में सुला दिया गया है। उनकी ओर देखो और उनके पदचिह्नों का अनुसरण करो।"

गोखले और तिलक

क्योंकि गोखले और तिलक दो विभिन्न विचार वर्गों का प्रतिनिधित्व करते थे, अतः उनके आदर्शमय संघर्षों के अध्ययन से हमें उनके समय में व्याप्त सामाजिक तथा राजनीतिक विचारधारा में झाँकने का अवसर मिल जाएगा।

उनका उद्देश्य एक ही था। तिलक का उद्देश्य स्वराज्य था और गोखले का उद्देश्य था ब्रिटिश साम्राज्य की कार्यविधि के अन्तर्गत स्वायत्त शासन। किन्तु तिलक ने आग्रहपूर्वक कहा, "स्वराज मेरा जन्मसिद्ध अधिकार है और मैं इसे अवश्य प्राप्त करूँगा।" इसके विपरीत गोखले स्वायत्त शासन की ओर धीरे-धीरे जाना चाहते थे और उसका आधार था यह सिद्धान्त, "पहले योग्य बनो, फिर इच्छा करो।" एक बार लॉर्ड हार्डिंग द्वारा यह पूछे जाने पर कि यदि ब्रिटिश सेनाएँ एक मास के भीतर भारत छोड़ने का निश्चय कर लें तो उनकी प्रतिक्रिया क्या होगी, गोखले ने उत्तर दिया, "मुझे यह जानकर प्रसन्नता होगी, किन्तु तुम्हारे पहुँचने से पूर्व ही मैं तुम्हें तार द्वारा लौट आने का अनुरोध करूँगा।" इससे स्पष्ट है कि गोखले अंग्रेजों को भारतीय जनता और उसके हितों का संरक्षक गानते थे। इसके अतिरिक्त तिलक द्वारा प्रतिपादित स्वराज की संकल्पना आध्यात्मिक थी जबकि गोखले की स्वायत्त शासन की संकल्पना एक पश्चिमी राजनीतिक संकल्पना थी।

राजनीतिक कार्यक्रम का जहाँ तक सम्बन्ध है, दोनों में समानता का क्षेत्र स्पष्टतः दर्शनीय है। तिलक ने तीन सूत्री कार्यक्रम पर बल दिया—बहिष्कार, स्वदेशी और राष्ट्रीय शिक्षा, जबकि गोखले ने अन्तिम दो का प्रचार कांग्रेस के बनारस अधिवेशन में किया और ब्रिटिश माल के बहिष्कार को जैसे कि उसका व्यवहार बंगाल में 1904, 1905 में, अन्तिम अवलम्ब के रूप में हुआ, को न्यायोचित ठहराया।

जहाँ तक राजनीतिक उपायों का सम्बन्ध है, उनके मतों में पर्याप्त भिन्नता थी। तिलक सीधी कार्यवाही करना चाहते थे, जबकि गोखले संवैधानिक उपायों द्वारा। गोखले शान्तिपूर्ण प्रतिरोध में विश्वास केवल एक सुरक्षात्मक उपाय के रूप में ही करते थे और इसे वह नैतिक और आध्यात्मिक आन्दोलन में परिणत करने के उत्सुक थे, बिना प्रतिशोध की भावना के। उन्होंने स्पष्ट रूप से कहा, "भारत की परिस्थितियों में शान्तिपूर्ण प्रतिरोध न तो आवश्यक था और न ही उनके लिए कोई

अनुमति थी।'' उसके विपरीत, तिलक की दृष्टि में शान्तिपूर्ण प्रतिरोध विदेशी साम्राज्यवाद को हिला देने के लिए बड़ा प्रभावशाली शस्त्र था। अन्य उदारवादियों की भाँति गोखले भी ब्रिटिश राज की प्रशंसा करते थे और भारत के लिए उसे परोक्ष रूपेण एक वरदान मानते थे। इसके विपरीत तिलक इसे घोरतम् अभिशाप मानते थे। वह मानते थे कि भारतीय जितनी जल्दी इससे मुक्त हो जाएँ, वह उसके लिए उतना ही अच्छा है।

इसके अतिरिक्त गोखले जहाँ विशेष वर्गों के पक्षधर थे, वहाँ तिलक सर्वसाधारण के हितों के पोषक थे। गोखले, जहाँ बुद्धिजीवी वर्ग को गठित कर प्रशासन से उनके लिए रियायतें और सुविधाएँ प्राप्त कराने के लिए प्रयत्नशील थे, वहाँ तिलक सर्वसाधारण में जागृति का संचार कर उन्हें मुक्त आन्दोलन के लिए संघर्ष के लिए तैयार करने में सफल हुए।

गोखले ने अपने जीवन के आरम्भ से ही समाज-सुधारों पर बल देना आरम्भ कर दिया था। उनके मतानुसार समाज-सुधार की समस्या को राजनीतिक सुधार की समस्या से पृथक् नहीं किया जा सकता। तिलक भी समाज-सुधार चाहते थे, किन्तु उनके मतानुसार राजनीतिक सुधार पहले होने चाहिए। उन्होंने पुरातनवादी हिन्दू जनता का विरोधी होने से अपने को बुद्धित्तापूर्वक बचा लिया, क्योंकि यह समाज-सुधार का विरोध करते थे। उनका तर्क था कि एक बार स्वराज आने पर सामाजिक और आर्थिक सुधार परिणामस्वरूप स्वतः होते जाएँगे। वह एक विदेशी सरकार को लोगों के सामाजिक कार्यों में हस्तक्षेप करने की अनुमति नहीं देना चाहते थे। अतः वह प्रायः सामाजिक और धार्मिक बातों में राजकीय हस्तक्षेप का विरोध करते थे। उदाहरणार्थ, उन्होंने विवाह स्वीकृति देने की आयु सम्बन्धी विधेयक का विरोध किया, यद्यपि उन्होंने स्वयं अपनी पुत्रियों को अठारह वर्ष से पूर्व की आयु में विवाह की अनुमति नहीं दी। इसके विपरीत, यदि किसी जाति में एक प्रभावशाली और प्रबुद्ध अल्पमत समाज सुधार की माँग करे, तो राज्य के हस्तक्षेप में गोखले को कोई आपत्ति नहीं थी। किन्तु सरकार को यह हस्तक्षेप उस जाति के प्रबुद्ध-वर्ग की सहायता और सहयोग से ही करना चाहिए, भारत की सामाजिक दशा को सुधारने के लिए।

यद्यपि तिलक को उग्रवादी और गोखले को नरमदलीय कहा जाता है, तथपि यह कहना अप्रासंगिक न होगा कि दोनों ही स्वराज अथवा स्वायत्त शासन की प्राप्ति के लिए हिंसा को स्थान नहीं देते। तिलक ने कहा, "सरकार की सैनिक शक्ति बड़ी विशाल है। एक ही मशीनगन, जो एक मिनट में सैकड़ों गोलियाँ बरसाती है, हमारी बड़ी से बड़ी सार्वजनिक सभाओं के लिए पर्याप्त होगी।...क्योंकि हमारा युद्ध संवैधानिक है, हमारी मृत्यु भी अनिवार्य रूप से संवैधानिक होनी चाहिए। हमें किसी

प्रकार की हिंसा का प्रयोग नहीं करना है।"[7] किन्तु गणपति और शिवाजी उत्सवों पर दिए गए तिलक के भाषणों ने लोगों को हिंसा के लिए उकसाया। मराठा और केसरी में उनके आग्नेय भाषणों ने भी आलसी जनता को उत्साहित करने और समय-समय पर उन्हें हिंसा में प्रवृत्त होने की प्रेरणा देने में कुछ कम योग नहीं दिया। गांधीजी ने तिलक की समुद्र से और गोखले की गंगा से उचित ही उपमा दी है। "ज्ञान गंगा में नाव सहित उतरने में आनन्द था, यद्यपि हम समुद्र में इतनी सुगमता से नहीं पैठ सकते हैं।"[8]

सन्दर्भ

1. O.P. Goel : Political Thought of Gokhale, (1965 ed.), p. 15.
2. O.P. Goel : Political Thought of Gokhale, p. 28.
3. G.K. Gokhale : Speeches and Writings of Madras, (1918 ed.), pp. 891-92.
4. G.K. Gokhale : op. cit, p. 112.
5. M.R. Palande : Source Material for a History of the Freedom Movement in India (1958), p. 231.
6. O.P. Goel : op. cit, p. 67.
7. T.L. Shay Legacy of the Lokmanya (1956 ed), p. 106.
8. M.K. Gandhi : An Autobiography (1940 ed.), p. 220-21.

19

बाल गंगाधर तिलक

"मैं अपने घर की चाबी प्राप्त चाहता हूँ। मात्र एक परदेसी को निकाल देना ही मेरा अभिप्राय नहीं है। हमारा अन्तिम ध्येय स्वायत्त शासन है।"

—तिलक

दुर्जेय शक्ति और अदम्य साहस के धनी बाल गंगाधर तिलक का जन्म 23 जुलाई, 1856 में महाराष्ट्र में हुआ था। यह चितपावन ब्राह्मणों के उस परिवार से सम्बद्ध थे, जो शिवाजी के साम्राज्य पर शासन करता था। अंग्रेज शासक इस परिवार पर विशेषतः सतर्क दृष्टि रखते थे, क्योंकि विद्रोह और संघर्षोन्मुखी अवज्ञा उन्हें उत्तराधिकार में प्राप्त हुए थे। तिलक को अपनी आरम्भिक शिक्षा अपने पिता से प्राप्त हुई जो 10 रुपए मासिक वेतन पाने वाले प्राथमिक स्कूल में शिक्षक थे। कॉलिज की शिक्षा उन्होंने डेकन कॉलिज पूना से प्राप्त की। 1876 में उन्होंने स्नातक की परीक्षा पास की। डी.पी. करमारकर कहते हैं, "कॉलिज में तिलक का जीवन पुरातन विचारों के अनुसार था। भोजन करते समय वह सिल्क की धोती पहनते थे जैसा उस समय पुराने विचारों के हिन्दू करते थे। सामाजिक विषय सम्बन्धी उनका दृष्टिकोण भी दूसरों की अपेक्षा अधिक रूढ़िवादी था।" स्नातक होने के बाद उन्होंने कानून के क्षेत्र में प्रवेश किया जिससे विधि शास्त्र के ज्ञान से सज्जित होकर वह और अच्छी प्रकार देश की सेवा कर सकें। उनके सामने उच्च न्यायालय का न्यायाधीश बनने की लुभावनी सम्भावना आई जो उन्हें सुविधामय जीवन का निमन्त्रण दे रही थी। इसकी अपेक्षा कर उन्होंने अपने जीवन को सादा, त्यागमय बनाते हुए लोगों की सेवा में उसे समर्पित

कर दिया। 1880 में उन्होंने पत्रकारिता की वृत्ति अपनाई। दो साप्ताहिकों केसरी तथा मराठा की वह प्रेरक शक्ति थे। 1889 में वह इंडियन नेशनल कांग्रेस के सदस्य बने। सूरत विभाजन के पश्चात् 1907 में वह उससे पृथक् हो गए।

1908 में देशद्रोह के आरोप में उन्हें जेल भेज दिया गया। 1916 में उन्होंने होमरूल लीग आन्दोलन आरम्भ किया। उन्होंने चुनाव लड़ने के लिए कांग्रेस डेमोक्रेटिक पार्टी बनाई। 1 अगस्त, 1920 को अनके सुप्तात्माओं में जीवन और प्रकाश भरने वाली यह ज्योतिर्मयी विभूति लुप्त हो गई। उनके जीवन तथा कृतित्व की गाथा, भारतीय राष्ट्रीयता के उद्भव और विकास की भी गाथा है। गोखले, जो उनके आजीवन विरोधी रहे, उनके देहान्त पर अत्यन्त भावपूर्ण श्रद्धांजलि दी, "आज से 120 वर्ष पूर्व यदि वह जन्मे होते तो उन्होंने अपने लिए एक राज्य प्राप्त कर लिया होता।" वास्तव में उन्होंने भारतीय राजनीतिक विचारणा की धारण बदल दी, और कांग्रेस को देश की स्वतन्त्रता आन्दोलन में आमूल परिवर्तनकारी कार्यक्रम अपनाने के लिए मना लिया। उनका व्यक्तित्व पत्रकारिता, विद्वत्ता एवं शिक्षण की परिपक्व वृत्तियों का प्रभावपूर्ण सम्मिश्रण था। वह कांग्रेस के उग्रवादी दल के एक महान् नेता थे। उन्हें 'भारतीय विप्लव के जनक' की संज्ञा से अभिहित करना उनके आत्मोत्सर्गपरक कृतित्व एवं गरिमामयी उपलब्धियों के प्रति साभार याथार्थिक मान्यता प्रदान करना ही है।

वह गणित एवं संस्कृत में निष्णात थे। इस नाते वह अपनी शिक्षा के कारण समृद्ध भारतीय परम्परा के अधिक निकट आ सके। यहाँ तक कि विधि शास्त्र का अध्ययन करते समय भी उनका ध्यान भारत के पुरातन विधि शास्त्र पर ही केन्द्रित रहता था। डा. गुप्ता के शब्दों में, "बचपन से ही उन्हें इस स्वप्न की दायप्राप्ति हुई थी कि अपने गरिमामय अतीत और सभ्यता की भावना का आधृत एक नवीन भारत उदित हो।"[1]

पं. नेहरू के मतानुसार, "तिलक के रूप में हमारे पास भारतीय स्वतन्त्रता संघर्ष का प्रतीक है, एक ऐसा व्यक्ति जो न केवल एक वीर सैनिक है, वरन् कर्णधार है, कर्णधार किसी संगठित आन्दोलन का नहीं, वरन् देश की असंगठित जनता का कर्णधार...सभी के नहीं, वरन् अधिकांश लोगों के मस्तिष्क में जड़ता, गतिहीनता थी। उन्हें उद्वेलित कर उनमें चेतना, गतिशीलता, जागरण लाना, मेरे विचार में, मुख्यतः तिलक का ही कार्य था।

पुनरुज्जीवित कर्ता के रूप में

तिलक एक पुनरुज्जीवनकर्त्ता थे। वह भारत की संस्कृति और सभ्यता में जो भी उदात्त एवं भव्य था, उसे पुनरुज्जीवित करने को उत्सुक थे। वह पाश्चात्य सरणि

के अन्धानुकरण के विरोधी थे। उन्होंने महसूस किया कि अंग्रेजों की शिक्षा-प्रणाली का उद्देश्य उनके राज्य को भारत में और मजबूत बनाना है। पाश्चात्य शिक्षा लोगों को अपने ही धर्म का विरोधी और अपने ही सामाजिक ढाँचे का शत्रु बनाती है, इसके अतिरिक्त लोगों के मन को दूषित भी करती है। यह 'केसरी' में उपलब्ध उनकी एक टिप्पणी से सिद्ध होता है। 'केसरी' मराठी भाषा की एक साप्ताहिक पत्रिका थी जिसके वह स्वयं सम्पादक थे। उन्होंने लिखा था, "हमारे अनेक शिक्षित युवक बिना सम्यक् समालोचन के भौतिकवादी पाश्चात्य विचारधारा को स्वीकार करने लगे हैं। इस प्रकार पश्चिम के कोरे भौतिकवाद की कार्बन प्रतिलिपि अपने मनों पर अंकित करने वाले व्यक्तियों की विद्यमानता से हमारे देश में शोचनीय स्थिति उत्पन्न हुई हैं।"[2] तिलक ब्रिटिश जीवन दर्शन को स्वीकार करने को कभी तैयार न थे। यद्यपि वह भारतीय समाज व्यवस्था में भीषण परिवर्तनों की आवश्यकता अनुभव करते थे, तथापि उनके मतानुसार परिवर्तनों को भीतर से ही होना चाहिए, बाहर से नहीं। इनका आयात पश्चिम से नहीं होना चाहिए। भारतीय दर्शन ही भारत के पुनर्निर्माण में हमारा मार्गदर्शन करे।

"एक सच्चा राष्ट्रवादी प्राचीनता की नींव पर ही निर्माण चाहता है। प्राचीनता के प्रति पूर्ण निरादर के आधार पर हुए सुधार उन्हें रचनात्मक कार्य के रूप में युक्तिसंगत नहीं लगते। अपनी संस्थाओं का अंग्रेजीकरण कर उन्हें अराष्ट्रीय बनाना हमें अभिप्रेत नहीं है।"[3]

राष्ट्रीय शिक्षा के हित में उन्होंने एक नया आन्दोलन आरम्भ किया। देश की परिस्थितियों से सर्वसाधारण को अवगत कराने के लिए स्कूलों का एक जाल बिछा दिया। जनवरी 1880 में पूना में अपने द्वारा स्थापित न्यू इंग्लिश स्कूल सार्वजनिक जीवन का केन्द्र बन गया। उन्होंने इसी उद्देश्य के लिए एक कॉलिज की स्थापना करने का भी विचार किया। 1884 में इसी उद्देश्य के लिए एक कॉजिल की स्थपना करने के लिए डेकन एजूकेशन सोसाइटी का गठन किया गया। 1885 में सोसाइटी द्वारा फर्गूसन कालिज खोला गया। स्वयं तिलक ने इस कालिज में गणित तथा संस्कृत का अध्यापन 1890 तक किया।

उन्होंने पाश्चातय बुद्धिवाद और संदेहवाद को स्वीकार नहीं किया और सदा भारतीय दर्शन का मार्गदर्शन ही खोजा। वह साम्प्रदायिक गतानुगतिकता और रिवाजों से दृढ़तापूर्वक चिपके रहने का जहाँ विरोध करते थे, वहाँ उनका यह भी मन्तव्य था कि "हिन्दू धर्म का भवन रिवाज जैसी लचीली और फिसलने वाली नींव पर नहीं था। यदि ऐसा होता, तो बहुत पहले ही यह भवन धराशायी हो गया होता। यह अभी तक इसलिए स्थिर रहा है, क्योंकि यह चिरन्तन सत्य एवं परमेश्वर सम्बन्धी शाश्वत और पवित्र विचारों पर आधारित है।"[4]

तिलक ने इस प्रकार मानव जीवन के आध्यात्मिक जीवन पर चिन्तन ऐसे विश्वास से आरम्भ किया जिसे पाश्चात्य बुद्धिजीवी वर्ग ने स्वीकार नहीं किया। तिलक के कथन से ध्वनित होता है मानव जीवन के आध्यात्मिक उद्देश्यों के प्रति विश्वास, ऐसा विश्वास जिसको प्राचीन भारतीय दार्शनिकों ने निष्ठापूर्वक धारण किया, किन्तु जिसे पाश्चात्य बुद्धिजीवियों ने स्वीकार नहीं किया। केसरी में उन्होंने लिखा, ''आत्मा के अस्तित्व में विश्वास ढह जाने से विश्वास का ढाँचा ही गिर जाता है। अनात्मवाद की विचारधारा ने विश्वास की आवश्यकता को ही समाप्त कर दिया।''[5] उनका व्यक्तिगत जीवन सदा विश्वास के ढाँचे पर स्थिर रहा।

किन्तु उनका दृष्टिकोण संकीर्ण नहीं था। वह अंग्रेजी शिक्षा के महत्त्व को घटाकर बताने पर बल नहीं देते थे। उन्होंने हीगल, कांट, स्पेन्सर, मिल, बेन्थम, वाल्टेयर और रूसो आदि पश्चिमी लेखकों का कॉलिज के दिनों में अध्ययन किया था। वास्तव में उनका विरोध उन भारतीयों के प्रति था, जो एकांगी और अन्धविश्वासपरक दृष्टिकोण रखते हुए भारत के बिम्ब को पश्चिमी रंग देना चाहते थे। वह बलपूर्वक कहते थे, ''नवशिक्षित वर्गों को प्राचीन परम्पराओं और दर्शनों का समुचित ज्ञान प्रदान करना आवश्यक है और पण्डितों और शास्त्रियों को सद्यः परिवर्तित और परिवर्तनशील परिस्थितियों से अवगत रखना भी उतना ही आवश्यक है।''[6] वह यह निस्संकोच स्वीकार करते थे कि ग्रीक इतिहास और अन्तर्राष्ट्रीय खेलों के विचार से उन्हें गणपति त्योहार मनाने की प्रेरणा मिली है और इमर्सन (Emerson) और कार्लाइल (Carlyle) के नायक पूजा के दृष्टिकोण ने उन्हें शिवाजी उत्सव मनाने को प्रोत्साहित किया। वह इन ब्रिटिश विचारकों से सहमत थे कि महान बनने के लिए किसी भी राष्ट्र के लिए यह आवश्यक है कि वह अपने वीरों का उचित सम्मान करे। इस उत्सव में ही उन्होंने कहा था, ''यदि हमारे घर में चोर घुस आएँ और उन्हें बाहर खदेड़ने की हमारे पास पर्याप्त शक्ति नहीं हो तो क्या हमें उचित नहीं लगता कि हम उन्हें बन्द कर जीवित छोड़ दें।'' दण्ड संहिता के ऊपर उठकर अपने को गीता के विरलीकृत वातावरण में पहुँचाकर यह समझना चाहिए कि यह महज व्यक्तियों का काम है। उन्होंने शिवाजी द्वारा अफ़ज़ल खाँ को मारे जाने को उचित ठहराया और लोगों को इस महान् नेता का अनुसरण करने की प्रेरणा दी जिससे विदेशियों के चंगुल से मातृभूमि को मुक्त कराया जा सके।

वह अनुभव करते थे कि धार्मिक उत्सव धार्मिक संस्कारों को ही जीवित नहीं रखते, प्रत्युत् नैतिक, सामाजिक तथा राजनीतिक शिक्षण का भी प्रेरणास्रोत है। उनकी कतिपय महत्त्वपूर्ण रचनाओं के द्वारा एक उद्‌भट विद्वान के रूप में ही उनकी प्रतिष्ठा नहीं हुई, वरन् उनसे इस बात का भी प्रमाण मिलता है कि हमारी सांस्कृतिक विरासत कितनी समृद्ध है। उनके कतिपय महत्त्वपूर्ण ग्रन्थों से न केवल उनके

प्रकाण्ड पाण्डित्य का प्रभावपूर्ण निदर्शन होता है, वरन् उनसे अकाट्य प्रमाण भी उपलब्ध होता है[7] भारत की सांस्कृतिक परम्परा की समृद्धि का। उनके ग्रन्थ "Orion Studies in the Antiquity of the Vedas" जिसमें उन्होंने यह प्रकट किया कि ऋग्वेद की रचना 4500 ई.पू. के लगभग हुई, के द्वारा उन्हें (Oriental) अध्ययन में पाण्डित्य के कारण पाश्चात्य जगत् में महत्त्वपूर्ण स्थान प्राप्त हुआ। संस्कृत पाण्डित्य से पूर्ण, उनकी एक अन्य असाधारण कृति "The Arctic Home of the Vedas" है। अपनी इस मौलिक कृति में उन्होंने इस बात पर सुथरा बल दिया है कि आरम्भ में आर्य लोग एशिया महाद्वीप के सुदूर उत्तरी प्रदेशों में रहते थे। 'गीता रहस्य' तिलक की महत्त्व एवं पावनतम रचना है, जो गीता की शिक्षाओं के सम्बन्ध में दार्शनिक, अन्तर्दृष्टि प्रदान करती है। भारत के शास्त्रीय दर्शन का मूल्यांकन करने में यह प्रथमवर्गीय अध्ययन अत्यन्त सिद्ध हुए हैं।

सुधारक के रूप में

अपने समकालीन सुधारवादियों से पृथक् कार्य-सरणि अपनाने पर भी तिलक को एक महान् समाज-सुधारक के रूप में स्मरण किया गया है। ब्रह्म समाज और प्रार्थना समाज जैसे अनेक सुधार आन्दोलन पाश्चात्य आदर्शों और मूल्यों से प्रभवित थे। उदाहरणार्थ, सती प्रथा के विरुद्ध बेंटिक अधिनियम (Bentick Act) के पीछे प्रेरक शक्ति राजा राममोहन रायं की ही थी। आर्य समाज ने सरकार से विवाह सम्बन्धी अनेक अधिनियम प्राप्त किए थे। उदाहरणार्थ, शारदा और आर्य, विवाह अधिनियम आदि। डॉ. वी.पी. वर्मा के शब्दों में, "हिन्दुत्व में सुधार के नए आन्दोलन न केवल सरकार द्वारा सामाजिक विधान निर्माण में अविरोधी थे, बल्कि यथासमय वह इसमें सहायता भी करते थे।"[8] सामाजिक सुधार के विषय में तिलक का दृष्टिकोण मूलतः भिन्न था।

वह सामाजिक तथा राजनीतिक विषयों को परस्पर मिला देने के विरोधी थे। उनका मन्तव्य था कि राजनीतिक प्रगति सामाजिक परिवर्तन के पहले होनी चाहिए। उनका यह भी कहना था कि सामाजिक परिवर्तन धीमी गति से होता है। वह उन समाज सुधारकों के बहकावे में नहीं आते थे, जिनकी मान्यता यह थी कि समाज सुधार राजनीतिक प्रगति की एक आवश्यक पूर्वदशा है। किन्तु वह हिन्दू संस्कृति के नैतिक एवं सांस्कृतिक मूल्यों का संरक्षण अवश्य चाहते थे। उनकी यह दृढ़ मान्यता थी कि सांस्कृतिक स्वायत्तता की रक्षा हम राजनीतिक अधिकारों के अभाव में नहीं कर सकते। उन्होंने यह भी कहा कि राजनीतिक सुधार के बिना सामाजिक सुधार सम्भव नहीं और न ही राष्ट्रीय सरकार के बिना राष्ट्रीय शिक्षा सम्भव है। और इस प्रकार "हिन्दू दर्शन के शाश्वत मूलयों का यह अधिवक्ता भारतीय राष्ट्रवाद का भी अग्रणी बना।"[9]

सामाजिक परिवर्तनों सम्बन्धी उनके दर्शन का विशद निदर्शन उनके द्वारा 'केसरी' में लिखे गए अनेक लेखों में हुआ है। इन लेखों के विश्लेषण से प्रकट होता है कि बलपूर्वक लागू किए गए सामाजिक क्रान्ति के किसी भी पूर्ण एवं तात्कालिक कार्यक्रम के तिलक विरोधी थे। सरकार के द्वारा थोपे गए सुधार उन्हें मात्र यान्त्रिक ही प्रतीत होते थे। और उनका प्रभाव वर्तमान जीवन और समाज के लिए विनाशकारी ही होता है। उन्हें सामाजिक एकता को छिन्न-भिन्न करना अभिप्रेत नहीं था, यदि वह कार्यक्रम निर्धारण का एक आवश्यक अंग हो और यदि सुधारों के प्रश्न पर राष्ट्र में अनेक गुट उत्पन्न हों। वह जनसाधारण के मस्तिष्क में किसी प्रकार का भ्रम उत्पन्न नहीं करना चाहते थे, क्योंकि वह देश में राष्ट्रवाद की एक लहर उठती देखना चाहते थे और यही कारण था कि वह सामाजिक दर्शन सम्बन्धी परस्पर विरोधी विचार लोगों के सामने नहीं रखना चाहते थे। उनका विचार था कि हिन्दू धर्म के आदेश जिनके हृदयों को प्रिय हों, ऐसे नेताओं की प्रेरणा से क्रमिक समाज-सुधार धीरे-धीरे होने चाहिए।

सामाजिक एवं धार्मिक बातों में नौकरशाही के हस्तक्षेप का विरोध तिलक के समाज सुधार सम्बन्धी विचारों का एक अन्य महत्त्वपूर्ण तत्त्व था। एक अन्य सभ्यता के मूल्यों में आस्था रखने वाले विदेशी शासकों को वह सामाजिक विषयों में निर्णायक एवं विधायक के रूप में योग्य स्वीकार नहीं करते थे। तिलक इसे अत्यन्त लज्जाजनक मानते थे कि हिन्दू नौकरशाही से सामाजिक विधि विधान बनाने के लिए अनुनय-विनय करें और इस प्रकार स्वयं ऐसा करने में अपनी अयोग्यता का प्रदर्शन करें। इस प्रकार के याचकीय विनम्रतापूर्ण दृष्टिकोण से स्वराज्य की बौद्धिक एवं नैतिक जड़ें हिल जाने की आशंका थी। वह भारतीयों की राजनीतिक, संगठनात्मक और प्रशासन सम्बन्धी तीक्ष्ण बुद्धिमत्ता के प्रति जागरूक थे। इस प्रकार समाज-सुधारों के लिए प्रेरणा ऊपर से आने वाली वस्तु न थी। इस विचार को उपसंहार रूप में डॉ. वी.पी. वर्मा ने इन उपयुक्त शब्दों में व्यक्त किया है, "इस प्रकार नौकरशाही विधि निर्माण के प्रति तिलक के मौलिक विरोध में हमें दर्शन होते हैं, देशभक्ति की सुप्रतिष्ठित भावना के न कि हिन्दू समाज के धार्मिक पूर्वाग्रहों और अन्धविश्वासों को प्रभावित कर अपने नेतृत्व को सशक्त करने की जनोत्तेजक इच्छा के।"[10]

क्या वह प्रतिक्रियावादी थे

क्योंकि तिलक की आस्था आर्यधर्म में थी और वह सुधारों की उग्रवादी प्रक्रिया के विरोधी थे, अतः कतिपय उग्रपन्थियों ने उन्हें पुरातनपन्थी की निन्दापरक संज्ञा दी है। किन्तु यह सत्य नहीं है।

वह सामाजिक बुराइयों का निवारण करने और सामाजिक दशाओं में सुधार लाने के लिए अत्यन्त आतुर थे। जैसाकि पहले कहा जा चुका है, वह समाज-सुधार के प्रबल अधिवक्ता थे, यद्यपि इसके लिए वह पश्चिमी सुधारकों के आडम्बरपूर्ण उपाय को पसन्द नहीं करते है। वह मात्र कागजी और थोथी कार्य योजनाओं में विश्वास नहीं करते थे। वह लोगों की तात्कालिक आवश्यकताओं को पूरा करने के लिए उत्सुक थे। अकाल सहायता कार्यक्रम में उनकी पूर्ण आस्था और प्लेग निवारण के लिए किए गए उनके प्रयत्न इसका ज्वलन्त प्रमाण थे। वास्तव में सुधारवादी विचारों से वह ओत-प्रोत थे, किन्तु वह भारत का नवनिर्माण करते समय उसे पश्चिम का रूप नहीं देना चाहते थे। न ही वह विदेशी राज्य द्वारा किसी प्रकार के सुधार लादे जाने के पक्ष में थे। वह इस पक्ष में थे कि सुधारक स्वयं भारतीयों में से ही हों, न कि एक उदार शासक अपने पराधीन व्यक्तियों को वह कृपापूर्वक प्रदान करें। इस प्रकार वह भारत का पुनर्जागरण अपने गौरवशाली अतीत के आधार पर इस प्रकार करना चाहते थे कि उसकी भावी महानता उसके अतीत पर आधृत हो। इसके अतिरिक्त उन्होंने अपने देशवासियों के समक्ष यह भी स्पष्ट कर दिया था कि "स्वराज्य सभी वास्तविक राजनीतिक, सामाजिक, आर्थिक, सांस्कृतिक तथा आध्यात्मिक सुधारों का पूर्ववर्ती होना चाहिए।"

एक सुधारक के रूप में उन्होंने जनता को कर्म के धर्म की शिक्षा दी—एक ऐसा दर्शन, जो उन्होंने गीता से प्राप्त किया। उन्हीं के शब्दों में, "भाग्य से कोई व्यक्ति यह आशा नहीं कर सकता कि मात्र हाथ जोड़कर बैठे रहने से ही और दूसरों पर अपना बोझ लाद देने से किसी की रक्षा हो सकेगी। ईश्वर आलसी व्यक्तियों की सहायता नहीं करता। आपको अपने उत्थान के लिए यथासम्भव यत्न करने हैं और तभी आप ईश्वर पर अपनी कुशलता के लिए विश्वास कर सकते हैं।"[11]

इसके अतिरिक्त उन्होंने लोगों को 'एकता के धर्म' की शिक्षा दी। भारत धर्म में भारतीय एकता और भारतीय सभ्यता की एकता अर्थरूपेण निहित है। पुरातन पन्थ ने समाज को अनेक कक्षों में विभाति कर दिया और मनुष्य को पृथक् कर एक विशेष जाति और सम्प्रदाय की श्रेणी में स्थापित किया और यह समान उत्तराधिकार तथा समान उद्देश्य की भावना के प्रतिकूल है। उनके अनुसार धर्म, सुमेल, सहयोग और एकता की शिक्षा देता है और धार्मिक शिक्षा के द्वारा ही एकता की भावना को जाग्रत करना सम्भव है। उनके शब्दों में, "हिन्दू धर्मानुयायियों को एकता के सूत्र में बाँधना सम्भव है, क्योंकि हिन्दू धर्म को पुनर्जीवित करना और विकास मात्र जाति, खाने और पीने में ही नहीं है।" उन्होंने छुआछूत का विरोध किया। मार्च 1918 में मुम्बई में दलितों की कान्फ्रेंस में उन्होंने भाषण दिया और जोरदार शब्दों में कहा कि जब भारतीय एक ही मातृभमि की सन्तान हैं। उन्होंने घोषणा की, "अगर ईश्वर भी

छुआछूत में विश्वास रखता है तो मैं उसे ईश्वर मानने को तैयार नहीं हूँ।'' इसलिए उन्होंने दलितों को गणपति उत्सव में भाग लेने के लिए उत्साहित किया। उन्होंने विधवा के पुनर्विवाह का प्रचार किया और समाज सुधारकों को अपने परिवारों में इसे कार्यान्वित करने के लिए कहा।

तिलक द्वारा आयोजित गणपति और शिवाजी उत्सवों से लोगों में एकता लाने के उद्देश्य की सिद्धि होती थी। उनका विचार था कि एक ही देवता की उपासना करने वाले और एक ही ऐतिहासिक परम्परा को मानने वाले व्यक्ति संगठित होकर सभी के लिए यत्नशील हो सकते हैं। एक स्वप्नद्रष्टा के रूप में तिलक ने ऐसे संगठित भारतीयों का स्वप्न देखा था, जो परम्परा द्वारा एकता के सूत्र में बंधे थे और भविष्य को सामान्य आदर्शों के लिए स्वतन्त्र करना चाहते थे। उनका विचार था कि लोगों के सम्मिलित और संगठित प्रयासों से लोग स्वयं सामाजिक बुराइयों को मिटा सकते हैं। इनके अतिरिक्त वह इस बात पर बल देते थे कि राष्ट्रीय एकता और पारस्परिक सम्मान द्वारा ही राष्ट्रीय आत्म सम्मान की प्राप्ति हो सकती है। यह दोनों ही स्वायत्त शासन की प्राप्ति के लिए अत्यन्त आवश्यक हैं। स्पष्ट है कि एक प्रतिक्रियावादी कभी ऐसी बात नहीं सोच सकता।

उनका राजनीतिक दर्शन

डॉ. वर्मा के अनुसार, ''यदि राजनीतिक दर्शन का अर्थ कोरे आदर्शवादी संविधान का मात्र कल्पनात्मक स्वरूप है, तो राजनीतिक दर्शन के इन अर्थों में तिलक से हमें राजनीतिक दर्शन दृष्टि से पूर्ण समाज का कोई चित्र प्राप्त नहीं होता। वह सर्वोत्तम राज्य के गुणों और सम्भावनाओं पर प्लेटो, अरस्तू तथा सिंसरों की भाँति विचार नहीं करते। उनसे हमें संकल्पनात्मक रूपेण पूर्ण राज्य का शिल्प ज्ञान भी प्राप्त नहीं होता, उन अर्थों में जिनमें हीगल तथा वोजन्क्वे करते हैं। जीवन में उनका मुख्य उद्देश्य भारत की राजनीतिक मुक्ति था।''[12] तिलक के विचारों और दृष्टिकोण में हमें यथार्थवादी तत्त्वों के दर्शन होते हैं। उनके राजनीतिक विचार में प्राचीन भारतीय विचार और आधुनिक पश्चिम के बौद्धिक तथा प्रजातान्त्रिक विचारों का मिश्रण दृष्टिगोचर होता है। वह एक वेदान्ती थे। वह आत्मा को सर्वोच्च वास्तविकता मानते थे। क्योंकि सभी व्यक्ति उस पूर्ण सार का एक भाग और पक्ष हैं, अतः सभी में एक जैसी स्वतन्त्र आध्यात्मिक शक्ति होगी। इसने उन्हें स्वातन्त्र्य भावना की सर्वोच्चता में विश्वास रखने की प्रेरणा दी। उनके शब्दों में, '''स्वतन्त्रता' होमरूल आन्दोलन की आत्मा थी। स्वतन्त्रता का दिव्य संस्कार कभी बूढ़ा नहीं होता। स्वतन्त्रता तो व्यक्ति की आत्मा का जीवन है और वेदान्त यह घोषणा करता है कि आत्मा ब्रह्म से पृथक् नहीं, उससे एकरूप है। स्वाधीनता सदा अक्षुण्ण रहने वाला सिद्धान्त है।''[13] राष्ट्रीय स्वतन्त्रता तथा आत्म-निर्णय

के पाश्चात्य सिद्धान्तों का तिलक के मस्तिष्क पर बड़ा प्रभाव पड़ा। अपने 1908 के मुकद्दमे के भाषण में उन्होंने जान स्टुअर्ट मिल के राष्ट्रीयता के परिज्ञान का उदाहरण दिया था। इसी प्रकार आत्मनिर्णय के विल्सन के परिज्ञान को भी वह स्वीकार करते थे, किन्तु वह भारत के लिए भी इसका प्रयोग चाहते थे। डा. वर्मा की सम्मति में, "तिलक का राष्ट्रीयता सम्बन्धी दर्शन आत्मा को सर्वोच्च स्वाधीनता मानने वाले वेदान्तिक दर्शन और मेजिनी, वर्क, मिल और उनके अनन्तर विल्सन के पश्चिमी दर्शन का संश्लेषण (synthesis) था।" इस संश्लेषण को 'स्वराज्य' जो एक वैदिक शब्द है, के रूप में व्यक्त किया गया है।"[14]

तिलक का स्वराज्य विषयक परिज्ञान

मातृभूमि के प्रति अपनी भक्ति तथा समर्पण भावना के कारण तिलक को भारतीय 'राष्ट्रवाद का हरकयूलीस' इस संज्ञा से अभिधानित किया गया है। उनका राजनीतिक दर्शन 'स्वराज्य' शब्द पर ही केन्द्रित था। स्वराज्य एक पुरातन, वैदिक शब्द है। तिलक ने इसे हिन्दू शास्त्रों से प्राप्त किया। तिलक इसे मात्र एक अधिकार ही नहीं, वरन् धर्म मानते थे। उन्होंने 'स्वराज्य' को एक विशुद्ध नैतिक और आध्यात्मिक अर्थ दिया था। राजनीतिक दृष्टि से इसका अर्थ होमरूल था, अर्थात् अपने घर में अपना ही शासन। नैतिक दृष्टि से पूर्णता का इससे द्योतन होता था, आत्म-नियन्त्रण की पूर्णता की प्राप्ति का जो अपने कर्त्तव्य-पालन के लिए नितान्त आवश्यक है। इसकी आध्यात्मिक अर्थवत्ता निहित है। अपनी आन्तरिक आध्यात्मिक स्वतन्त्रता तथा विचारपरक आनन्द अनुभव करने में। तिलक के शब्दों में, "स्वराज्य एक ऐसा जीवन है, जो अपने पर ही केन्द्रित है और अपने पर ही निर्भर है। स्वराज्य इस लोक में भी है और परलोक में भी है। कर्तव्य के नियमों का निर्माण करने वाले ऋषि अपने को इसीलिए जंगल में ले गए, क्योंकि लोग स्वयं उस स्वराज्य का उपभोग कर रहे थे, जिसकी रक्षा क्षत्रिय राजा कर रहे थे। आने वाले जीवन में स्वराज्य का आनन्द उन लोगों के लिए नहीं है, जो इस जीवन में उसका उपभोग नहीं का सके।"[15] यह स्पष्ट है कि तिलक का 'स्वराज्य' राजनीतिक स्वतन्त्रता और आध्यात्मिक मुक्ति दोनों ही अर्थ में प्रयुक्त हुआ है। उन्होंने घोषणा की "स्वराज्य मेरा जन्म सिद्ध अधिकार है और मैं इसे प्राप्त करूँगा।"

इस प्रकार 1905 में जब कांग्रेस का विश्वास संवैधानिक उपायों में था और वह अधिकारों के लिए याचना की वृत्ति का अवलम्ब ले रही थी, उसी समय भारतीय राजनीतिक क्षितिज पर उदय हुआ एक ऐसे नेता का जिन्होंने संवैधानिक उपायों को व्यर्थ घोषित करते हुए स्वराज्य के प्रबल पक्षधर और मार्गदर्शक के रूप में अपने को प्रतिष्ठित किया।

स्वराज्य-प्राप्ति के उपाय

जैसा ऊपर कहा गया है कि संवैधानिक उपायों में तिलक का विश्वास नहीं था। अतः उन्होंने साग्रह कहा, "विरोध से कोई लाभ नहीं। मात्र विरोध यदि आत्मावलम्बन का परिचय देने वाले उपायों की शक्ति द्वारा सम्पुटित न हो तो प्रार्थना निष्प्रयोजन है। तिलक तथा उनके समान विचार वाले राष्ट्रवादियों ने स्वराज्य-प्राप्ति के लिए प्रभावपूर्ण कार्य करने के लिए राष्ट्र के सामने यह चार सूत्री कार्यक्रम रखा, बहिष्कार, स्वदेशी, राष्ट्रीय शिक्षा तथा शान्तिपूर्ण प्रतिरोध। वास्तव में इन उपायों के प्रयोग का आरम्भिक दशा में उद्देश्य बंगाल के विभाजन को समाप्त कराना था। किन्तु इसके शीघ्र पश्चात् राष्ट्रीय विषयों को लेकर भी इन उपायों को काम में लाया जाने लगा, अंग्रेजों पर यह दबाव डालने के लिए कि वह न केवल बंगाल के विभाजन को समाप्त करें, वरन् सारे देश पर से अपना आधिपत्य भी समाप्त कर दें। इन तीन उपायों को स्वराज्य-प्राप्ति के लिए प्रयोग में लाने के प्रबल पोषक होने के कारण तिलक को उग्रवादी की संज्ञा दी जाती है। इन उपायों का एक संक्षिप्त स्पष्टीकरण आवश्यक है, तिलक का उग्रवादी के रूप में मूल्यांकन करने के लिए।

(अ) **स्वदेशी** (Swadeshi)—यह मात्र एक आर्थिक आदोलन ही नहीं था, वरन् वह उनके हाथों में एक राजनीतिक हथियार था, जिसके द्वारा वह ब्रिटेन को आर्थिक दृष्टि से अपंग बनाकर उनके राजनीतिक आधार को भी हिला देना चाहते थे। उन्होंने घोषणा की, "यदि हम श्वेत व्यक्ति के दास नहीं रहना चाहते, तो हमें स्वदेशी के अभियान को पूर्ण शक्ति सहित चलाना चाहिए। हमारी मुक्ति का मात्र यही एक प्रभावशाली उपाय है। इस आन्दोलन का उद्देश्य एक ऐसी प्रणाली से मुक्त कराना है, जिसके अन्तर्गत यूरोपियन हमें अपना दास मानते हैं तथा इसके द्वारा हम सरकार को, हमें ब्रिटिश लोगों के नागरिकता के अधिकार देने को भी विवश करना चाहते हैं।"[16]

स्वदेशी का अर्थ भारतीय वस्तुओं पर निर्भर रहने के लिए स्वावलम्बी बनना है, न कि मान्चेस्टर तथा बर्मिंघम में बनी वस्तुओं पर ही निभर्र रहना। विदेशी कपड़ों की होली ही आग से रात्रि के गगन को आलोकित करने वालों में बंगाली पहले थे। धीरे-धीरे यह आन्दोलन सारे देश में फैल गया। स्थानीय भारतीय उत्पादन को प्रोत्साहन दिया गया। स्थानीय औद्योगिक उत्पादन की गति में तीव्रता आई। स्वदेशी का अर्थ मात्र आर्थिक स्वावलम्बन से अधिक बहुत कुछ समझा जाने लगा। सभी ओर से यह स्वीकार किया जाने लगा कि यदि आर्थिक क्षेत्र में स्वावलम्बन प्राप्त किया जा सकता है, तो अन्य क्षेत्रों में भी ऐसा सम्भव है।

डा. गुप्ता के शब्दों में, ''स्वदेशी एक युक्तियुक्त उपाय था जिसके द्वारा उस नवीन भावना का प्रभावपूर्ण प्रदर्शन हो सकता था, जिसकी शिक्षा तिलक तथा अन्य राष्ट्रवादी लोगों को देते थे।''[17]

स्वदेशी का यह आन्दोलन शीघ्र ही राष्ट्रीय पुनरुद्धार के आन्दोलन में परिणत हो गया।

इसे राष्ट्र के प्रति प्रेम के क्रियात्मक प्रयोग के रूप में माना जाने लगा। तिलक के शब्दों में, ''ऋषियों की भूमि को धरती माता के रूप में मानना ही स्वदेशी आन्दोलन है।'' इस प्रकार स्वदेशी 'वन्दे मातरम्' प्रमाणित हो गया।

(आ) बहिष्कार (Boycott)—आरम्भ में बहिष्कार एक ऐसा उपाय था, जिसके द्वारा भारत तथा विदेश में ब्रिटिश व्यापारिक हितों पर आर्थिक दबाव डाला जाता था। इसका अर्थ था, ब्रिटिश निर्मित वस्तुएँ खरीदने से लोगों का इन्कार करना।

किन्तु शीघ्र ही आन्दोलन ने नया मोड़ लिया। तिलक तथा उनके समकालीन इस बात पर बल देते थे कि भारतीय प्रशासन की सारी अधिरचना (Super structure) तथा ब्रिटिश शासन प्रणाली का आधार जनता का स्वैच्छिक किन्तु विचारहीन सहयोग था। अतः ब्रिटिश शासकों के प्रशासकीय आधार हिला देने के लिए बहिष्कार का प्रयोग आवश्यक था। पूना में 1902 में दिए गए एक भावपूर्ण भाषण में तिलक ने कहा था, ''आपको यह समझना चाहिए कि उस शक्ति में आपका बड़ा भाग है, जिसके द्वारा भारत में प्रशासन संचालित होता है। आप स्वयं ही उस चिकने तेल के समान हैं, जिससे यह विशाल प्रशासन यन्त्र इतने सुचारू रूप में चलता है। यद्यपि आप दलित एवं उपेक्षित हैं तथापि आप यदि यह निश्चय कर लें कि इस प्रशासन के लिए कार्य करना असम्भव है तो आप ऐसा कर सकते हैं।''

उन्होंने यह बलपूर्वक कहा कि स्वदेशी में विदेशी वस्तुओं के बहिष्कार के बिना क्रियात्मक दृष्टि से विश्वास अर्थहीन है। उन्होंने कहा, ''यदि आप स्वदेशी का वरण करते हैं, तो आपको विदेशी का बहिष्कार करना पड़ेगा। बिना इसके स्वदेशी की उन्नति नहीं हो सकती। बहिष्कार एक प्रबल शस्त्र है। यह युद्ध का विकल्प है। वास्तव में यह एक नया राजनीतिक उपाय है।'' नरमदलीय राष्ट्रवादी इसे स्वीकृति प्रदान करने में संकोच कर रहे थे। अतः तिलक का उनके दृष्टिकोण से मतभेद था। उन्होंने कहा, ''तथाकथित संवैधानिक उपायों पर आधृत कांग्रेस आन्दोलन मात्र समय गँवाना है तथा यह भारतीय परिस्थितियों के बिल्कुल अनुकूल नहीं है।''[18] उन्होंने लोगों को प्रेरित किया कि वह अपने अधिकारों के संरक्षण के लिए संघर्ष में प्रवृत्त हों। उन्होंने कहा, ''वह दिन अब लद गए जब

दाहिने गाल पर थप्पड़ मारने वाले के आगे बायाँ गाल भी कर दिया जाता था। यदि आप समझते हैं कि आपको मनुष्य कहलाने के अधिकार हैं, यदि सरकार अथवा किसी अन्य के अत्याचारों से आप उद्विग्न होते, यदि अपमान आपके हृदयों में उद्वेलन उत्पन्न करता है, यदि अपने वीर, योद्धा पूर्वजों पर आपको गर्व है तो आप विदेशी का बहिष्कार करें।" उन्होंने ब्रिटिश कपड़े पर उत्पादन शुल्क का प्रबल विरोध किया। 2 जनवरी, 1907 को कलकत्ता की सभा में दिए एक अन्य भाषण में उन्होंने कहा, "क्या आपमें आत्मात्सर्ग और आत्मसंयम की शक्ति इतनी नहीं है कि आप विदेशी शासन को अपने ऊपर राज्य करने में कोई सहायता न दें। यह बहिष्कार है...एक राजनीतिक शस्त्र। हम उन्हें लगान संचित करने और शान्ति बनाए रखने में सहायता नहीं देंगे। हम उन्हें न्याय प्रशासन को चलाने की भी अनुमति नहीं देंगे। हमारे अपने न्यायालय होंगे और जब समय आएगा, तो हम कर भी नहीं देंगे।"

स्वदेशी आन्दोलन तथा बहिष्कार आन्दोलन द्वारा सर्वसाधारण को राजनीतिक आन्दोलन के और निकट आने में सहायता मिली। अब तक कांग्रेस केवल शिक्षित तथा निम्न मध्यम वर्ग को ही अपनी ओर आकृष्ट कर सकी थी। तिलक तथा उनके सहयोगी कार्यकर्त्ताओं ने सर्वसाधारण को राजनीतिक कर्मक्षेत्र में उतारा। अतः धनंजय कीर के अनुसार तिलक भारत के सर्वप्रथम जननायक हैं।[19] मध्यवर्गीय जनता में स्वाभिमान तथा स्वावलम्बन जगाकर, तिलक अंग्रेजी शासन के अत्याचारों के विरुद्ध संघर्ष के लिए जनता को तैयार करने में सफल रहे। डॉ. वर्मा के शब्दों में, "स्वेदशी तथा बहिष्कार आन्दोलन अपने आप में एक ऐसा प्रयास था, जिसके द्वारा जनता के स्वायत्त शासनाधिकार का समर्थन किया जा सके। स्वदेशी तथा बहिष्कार आन्दोलन इस प्रजातान्त्रिक सिद्धान्त को बलपूर्वक समर्पित करने का एक संगठित प्रयास था कि शासकों द्वारा किसी देश में रहने वाले लोगों के व्यापक जनमत की अवहेलना नहीं होनी चाहिए।"[20]

(इ) राष्ट्रीय शिक्षा (National Education)—राष्ट्रीय शिक्षा प्रभावशाली राजनीतिक कार्यवाही का तीसरा महत्त्वपूर्ण तत्त्व था। तिलक की सम्मति में देश के भले के लिए पाश्चात्य शिक्षा घातक थी। पाश्चात्य शिक्षा द्वारा भारतीय नवयुवक नाम को ही भारतीय रह जाते थे। अपने गौरवशाली अतीत से सम्बन्ध टूट जाता था तथा वह अपने समृद्ध उत्तराधिकार को भूल जाते थे। यही कारण था कि तिलक तथा उनके समकालीन राष्ट्रवादियों ने राष्ट्रीय स्कूलों तथा कालिजों की आवश्यकता पर बल दिया। यह शिक्षण संस्थाएँ युवकों को सस्ती तथा स्वस्थ शिक्षा प्रदान कर, उनमें अपनी सहायता आप करने और स्वावलम्बन की भावना जगाने, जिसका शासन के नियन्त्रण में चलने वाली संस्थाओं में शोचनीय अभाव था। राष्ट्रीय शिक्षा इस प्रकार

बीसवीं सदी के भारत के राष्ट्रवादियों के कार्यक्रम का एक आन्तरिक अंग बनी।

(ई) **शान्तिपूर्ण प्रतिरोध** (Passive Resistance)—तिलक के अनुसार स्वदेशी तथा बहिष्कार आन्दोलन शान्तिपूर्ण प्रतिरोध की तकनीक स्वरूप थे। उन्होंने भारत के नरमदल द्वारा अब तक प्रयुक्त संवैधानिक उपायों के स्थान पर शान्तिपूर्ण प्रतिरोध को रखा। 1902 की उनकी सार्वजनिक घोषणा से यह एकदम स्पष्ट है, "दलित तथा उपेक्षित होने पर भी, यदि आप चाहें तो आप प्रशासन के संचालन को सम्भव बनाने की अपनी शक्ति के प्रति जागरूक हो सकते हैं।" किन्तु उनके शान्तिपूर्ण प्रतिरोध का अर्थ, जैसाकि सामान्यतः समझा जाता है, हिंसा के प्रयोग की अनुमति नहीं देता। एक दूरदर्शी राजनीतिज्ञ के नाते वह एक पराधीन राष्ट्र की परिसीमाओं से अवगत थे। वह जानते थे, "हमारे पास शस्त्र नहीं हैं और न ही उनकी कोई आवश्यकता है।"[21] हिंसा को प्रश्रय देने के वह पक्ष में नहीं थे, यद्यपि गांधीजी के समान वह अहिंसा के उद्घोषक भी नहीं थे। गांधीजी ने एक बार बाद में तिलक के शान्तिपूर्ण प्रतिरोध को कायरता का सिद्धान्त, दुर्बल का सत्याग्रह बताया। तिलक के मतानुसार निर्बल संवैधानिक उपायों के स्थान पर सशक्त संवैधानिक उपायों को अपनाने की यह सिफारिश थी। शिवाजी उत्सव समारोह के अवसर पर दिए गए अपने उस भाषण में, जिसमें उन्होंने शिवाजी द्वारा अफ़ज़ल खाँ की हत्या को न्यायोचित ठहराया था, हमें उनके शान्तिपूर्ण प्रतिरोध विषयक पक्ष के भीतर झाँकने का अवसर प्राप्त होता है। उन्होंने कहा, "उन्होंने उदारतामयी नीयत से दूसरों के भले के लिए ही अफ़ज़ल खाँ की हत्या की। यदि हमारे घर में चोर घुस आएँ और हमारी भुजाओं में उन्हें निकाल भगाने की पर्याप्त शक्ति हो, तो हमें निःस्संकोच उन्हें जीवित ही जला देना चाहिए।"[22]

एक अन्य भाषण में उन्होंने कहा, "यदि वह अपने उद्देश्य को प्राप्त करने को उत्सुक थे, यदि उनके कार्यों में अन्यापपूर्ण कृत्रिम कानून अथवा परिस्थितियों का कोई अन्यायपूर्ण संयोग बाधक था, तो युद्ध करना ही उनका कर्तव्य था। यदि वह शान्तिपूर्ण प्रतिरोध शब्द का प्रयोग नहीं करना चाहते थे, तो वह इसके स्थान पर 'सभी बलिदान देकर भी' का प्रयोग कर सकते थे। किन्तु वह स्वयं इन दोनों का प्रयोग उसी अर्थ में करेंगे, जो वह समझना चाहते हैं।"[23]

इस प्रकार चार सूत्री कार्यक्रम के द्वारा तिलक ने स्वराज्य-प्राप्ति का यत्न किया। यद्यपि आरम्भ में इस कार्यक्रम का श्रीगणेश बंगाल के पुनर्एकीकरण (reunify) के लिए किया गया था, तथापि शीघ्र में यही कार्यक्रम राष्ट्रीय पुनरुद्धार और देश की स्वाधीनता के लिए स्वीकार किया गया। साधारण शब्दों में एक स्थानीय आन्दोलन एक राष्ट्रीय विषय बन गया।

तिलक उग्रवादी के रूप में

आरम्भ में तिलक नरमदलीय थे। 1889 में कांग्रेस में सम्मिलित होने के समय ब्रिटिश सरकार के प्रति उनके हृदय में कोई कटुता नहीं प्रतीत होती थी। यह उनके एक भाषण से स्पष्ट है, "सरकार को दुर्बल करने का हमारा कोई विचार नहीं है। इसके विपरीत हम इसे सुदृढ़ करना चाहते हैं। और हम इसे सभी प्रकार के आक्रमणों जो चाहे वह रूस अथवा किसी अन्य शत्रु की ओर से हो, अभेद्य बनाना चाहते हैं। अतः हम सरकार से यह अनुरोध करते हैं कि वह हमारे देश को भी इससे सम्बद्ध करें।"[24] किन्तु 1895 तक ब्रिटिश सरकार की निष्पक्षता तथा न्याय के प्रति उनका विश्वास उठ गया। उन्होंने समझ लिया कि "भारतीय और अंग्रेज़ी हित परस्पर विरोधी हैं। अतः उन्होंने एक नवीन विचारधारा को अपनाया। सबसे पहले उन्होंने इंगलैंड में आन्दोलन प्रारम्भ करने पर बल दिया क्योंकि वहाँ पर बैठे न्यायाधीशों के द्वारा भारत के लोगों के भाग्य का निर्णय लिया जाता था। भारतीय साम्राज्य एक मृत कलेवर है, एक विदेशी तत्त्व है। हमें शल्य चिकित्सा के द्वारा जीवित साम्राज्य से विदेशी तत्त्व को बाहर निकालना होगा। हमें वही अधिकार मिलें जो साम्राज्य के अन्य सदस्यों को प्राप्त हैं। भारत एक मृत कलेवर के बोझ के रूप में साम्राज्य में नहीं, वरन् उसे एक समांग के रूप में इसमें आत्मसात् किया जाना चाहिए।"[25] उन्होंने कांग्रेस के प्रार्थना और अनुनय-विनय के उपाय की भर्त्सना की और उसे भिक्षापरक बताया। इस प्रकार याचनावृत्ति में रत होकर जनता अपने आपको निरुद्देश्य निर्जनता (Sterile Wilderness) के क्षेत्र में पाती है। कांग्रेस को वह एक ऐसी निर्जीव संस्था बताते हैं जो निवर्तमान वकीलों और उपाधिधारी व्यक्तियों का विश्राम स्थल है। एक लेख में उन्होंने लिखा, "हम गत बारह वर्षों से गला फाड़-फाड़ कर अपना स्वर सरकार तक पहुँचाना चाहते हैं, परन्तु उस पर इस स्वर का इतना ही प्रभाव पड़ा है जितना मच्छर के भिनभिनाने का। हम पर अविश्वास करने वाले अपने शासकों के कानों तक हमें अपनी शिकायतें अधिक शक्ति से पहुँचानी चाहिए।"[26]

बंग विभाजन ने तिलक को अपने आन्दोलन को प्रचण्ड रूप में प्रतिपादित करने पर विवश कर दिया। उनका स्वराज्य-प्राप्ति के लिए निर्धारित चार सूत्री कार्यक्रम चरमवादी विचार के लोगों का प्रेरक मंत्र बन गया। इसके पश्चात् स्वराज्य ही भारतीय राष्ट्रीय आन्दोलन का अन्तिम लक्ष्य बन गया। उन्होंने भारतीयों का आह्वान किया, "अब स्वराज्य माँगने का समय आ गया है। खण्ड-खण्ड में होने वाले सुधारों से काम नहीं चलेगा। देश के लिए विनाशकारी सिद्ध होने वाली इस शासन प्रणाली में या तो सुधार हो अथवा इसे समाप्त होना चाहिए।"[27]

अपने अशान्त समय के इस उत्साह भरित नेता ने लोगों का आह्वान करते

हुए कहा कि वह उस समय तक समाज सुधारों पर आग्रह न करें जब तक स्वराज्य नहीं मिलता। उन्होंने लिखा, "पहले लोगों को घर दो, फिर उनसे इन्हें व्यवस्थित रखने को कहो।"[28] उनकी दृष्टि में भारत केवल मातृभूति ही नहीं, वरन् एक देवी थी और भारतवासी उनके अपने सम्बन्धी। उनकी राजनीतिक एवं सामाजिक मुक्ति के लिए अनवरत निष्ठापूर्वक यत्न करना उनका धर्म था। उन्होंने बलपूर्वक कहा कि स्वदेशी बहिष्कार तथा शान्तिपूर्ण प्रतिरोध से ही स्वराज्य प्राप्त हो सकता है, न कि विदेशी शासकों के सामने प्रार्थना करने और विनय करने से। स्वराज्य ही भारत की सब बीमारियों की दवा है। इसलिए उन्होंने कहा, "हमारे लिए और कोई बचाव नहीं सिवाए इसके कि सत्ता लोगों को हस्तान्तरित की जाए और सदा उनके पास रहे।"[29]

तिलक उग्रवादी क्यों बने?

तिलक का उग्रवादी बनना इन तीन बातों के कारण हुआ—(अ) उनका स्वभाव—तिलक प्रसन्नवदन थे, जीवन से भरपूर थे और राष्ट्रीय भावनाओं से ओत-प्रोत थे। देशभक्ति का उत्साह भी उनमें अपार था। (आ) मराठा प्रभाव—कुछ विशेष मराठा नेताओं, मुख्यतः शिवाजी ने इस प्रसन्नवदन युवक पर बड़ा प्रभाव डाला। (इ) दमनकारी नौकरशाही—ब्रिटिश सरकार के बलात्कारी एवं दमनकारी उपायों ने तिलक को बहुत अंशों में उनके प्रति भ्रमहीन बना दिया। उन्हें विश्वास हो गया कि गोरे अधिकारी नरम भाषा को नहीं समझते। अतः वह नरमदलीय उपायों को भिक्षावृत्ति मानते थे। तिलक उत्कट राष्ट्रवादी थे। उनके नेतृत्व में देश में शक्तिशाली राष्ट्रवाद का उद्गम हुआ। उन्होंने सरकारी नीति को अत्यन्त निर्मम रूप से दमनकारी और एक नवजागरणशील भारत की भावनाओं की पूर्ति के प्रति नकारात्मक पाया। साम्राज्यवादी नौकरशाही समझौते की भावना शून्य और बलात्कारी थी। बंग विभाजन विरोधी आन्दोलन को बड़ी कठोरता से दबाया गया। मिण्टो मार्ले सुधार स्वायत्त शासन से बहुत पीछे रह गए थे। इन परिस्थितियों में राजनीतिक अशान्ति धीरे-धीरे बढ़ती गई। 'मराठा' तथा 'केसरी' के माध्यम से तिलक ने इस अशान्ति को राष्ट्रनिर्माण की स्वस्थ कार्यवाहियों में परिवर्तित करने का यत्न किया। किन्तु सत्ता के मद से उन्मत्त नौकरशाही ने तिलक के नेक परामर्श पर ध्यान नहीं दिया। 1908 में क्रमिक रूप से दमनकारी अधिनियम पारित किए गए। भाषण की स्वाधीनता पर प्रतिबन्ध लगाए गए। समाचार-पत्रों को मूक बना दिया गया। संस्थाओं और सभाओं को गैरकानूनी घोषित किया गया। वर्ण असमानता का व्यवहार जारी रखा गया। इस प्रकार अशान्ति को धीरे-धीरे नौकरशाही दुरभियान तथा एक पराधीन राष्ट्र के प्रति ब्रिटिश सरकार की प्रवृत्ति ने और तेज बना दिया।

तिलक ने कभी हिंसा का प्रचार नहीं किया, यद्यपि वह कभी टालस्टाय और

बाद में महात्मा गांधी की भाँति अहिंसा के पक्षपोषक नहीं रहे। उन्होंने अफजल खाँ की हत्या जैसे शिवाजी के कृत्य को न्यायोचित बताया। उन्होंने बंगाली क्रान्तिकारियों की अतीत प्रशंसा करते हुए उनकी हिंसात्मक कार्यवाहियों को इस आधार पर उचित ठहराया कि वह दुष्टतापूर्ण स्वार्थों के प्रतिरोधस्वरूप ऐसा करने पर विवश हुए हैं। किन्तु उन्होंने राजनीतिक हत्याओं की कभी शिक्षा नहीं दी और न ही लोगों को हत्याओं के लिए उकसाया। उन्होंने राजनीतिक आन्दोलनों तथा संगठनों के वैध उपायों पर बल दिया। 1906 में उन्होंने नासिक के लोगों को हिंसामक क्रान्तिकारी कार्यवाहियों में प्रवृत्त होने पर फटकार भी लगाई। उन्होंने लोगों को तात्कालिक लाभ होने के आधार पर भी हिंसात्मक कार्यों में प्रवृत्त होने से मना किया। एक दूरदर्शी तथा यथार्थवादी नेता होने के कारण वह जानते थे कि साम्राज्यवादियों की सैनिक शक्ति का सामना शस्त्रहीन भारतीय नहीं कर सकते और एक राजनीतिक हत्या से ब्रिटिश नौकरशाही को, राष्ट्रीय आन्दोलन–जो अभी अपनी शैशवावस्था में ही था, कुचलने का बहाना मिल जाएगा। किन्तु, वह सामान्यतः हत्या करने में प्रवृत्त होने वाले की निन्दा नहीं करते थे तथा न ही देश के लिए हिंसा कार्यों में प्रवृत्त होने वाला कोई व्यक्ति उनकी निन्दा का पात्र होता था।

उन्होने एक बार गांधीजी से कहा था, "मैं सशस्त्र क्रान्ति को भी संवैधानिक मानता हूँ। इस समय कठिनाई यही है कि ऐसा करना सम्भव नहीं है। यदि मुझे आज कोई यह आश्वासन दे दे कि आज सशस्त्र आन्दोलन को रुपए में आठ आना भर भी असफलता मिलेगी तो मैं ईश्वर में यह विश्वास रखते हुए यह आन्दोलन आरम्भ कर दूँगा ईश्वर पर विश्वास रख कि वह शेष आठ आना की सीमा तक भी हमारे आन्दोलन को सफल कर देगा।"[30]

इसके अतिरिक्त वह निःसन्देह उस समय के प्रमुख क्रान्तिकारी, जेसे, श्याम जी कृष्ण वर्मा, दामोदर पंत सावरकर तथा वीर सावरकर से सम्पर्क बनाए हुए थे। किन्तु कोई यथेष्ट प्रमाण इस बात का उपलब्ध नहीं है कि सावरकर को आतंकवादी कार्यों में उन्होंने उत्तेजित किया। किन्तु इसमें सन्देह नहीं कि सावरकर के कल्याण में उनकी बड़ी रुचि थी और वह उनके निरन्तर सम्पर्क में थे।

उन्हें इस आधार पर भी क्रान्तिकारी माना जाता है कि 1903 में नेपाल में शस्त्र निर्माणशाला के खुलवाने के पीछे मौलिक प्रेरणा उनकी थी। योजना का कार्य में लागू होने से पूर्ण ही भेद खुल गया। एक शस्त्र निर्माणशाला खुलवाने के लिए तिलक उत्सुक अवश्य थे, किन्तु इससे यह प्रमाण नहीं मिलता कि तिलक आरम्भ में सशस्त्र विद्रोह की इच्छा रखते थे। कुछ भड़कीले पत्रों के द्वारा, कहा जाता है कि तिलक ने कुछ युवकों को सैनिक प्रशिक्षण संगठन बनाने को उकसाया था। किन्तु यह सिद्ध करने के लिए कि तिलक स्वयं एक क्रान्तिकारी थे, कोई निश्चित प्रमाण नहीं है।

देश के नवयुवक पथप्रदर्शन के लिए उनकी ओर देखा करते थे, क्योंकि वह उत्साही राष्ट्रवादी थे और अपार उत्साह धनी देशभक्त थे।

तिलक के विदेशी विरोधी उन्हें अवश्य क्रान्तिकारी कहते थे, चिरोल (Chirol) के अनुसार, ''तिलक प्रथम व्यक्ति थे जिन्होंने हत्याओं के अनुकूल वातावरण उत्पन्न किया।''[31]

बेन्सन, मुख्य सरकारी वकील जिसने तिलक के विरुद्ध 1908 में सरकारी पक्ष रखा था, ने कहा, ''तिलक के लेखों से क्रान्ति की एक छिपी हुई धमकी का आभास मिलता है। उन्होंने 'Swarajy or Bomb' का प्रचार किया।''[32] जान. एस. हायलैण्ड, जो तिलक के जीवन चरित्र लेखक थे, की सम्मति थी, ''तिलक हिंसा के सिद्धान्त से खेल रहे थे।''[33] किन्तु यह सब कथन अतिशयोक्तिपूर्ण हैं तथा इनके द्वारा तथ्यों को अत्यन्त तोड़-मरोड़ कर प्रस्तुत किया गया है। उन्होंने निःस्सन्देह भारतीय राष्ट्रवाद की नींव रखी और अशान्ति तथा अंग्रेजों की ओर से विमुख होने की भावना को तेजी प्रदान की। वह उन अर्थों में क्रान्तिकारी नहीं थे, जिनमें वीर सावरकर थे और तत्पश्चात् नेताजी सुभाष बोस बने। यदि एक महान क्रान्ति का अर्थ मौलिक परिवर्तन है, तो तिलक ने अवश्य शासन की अधिरचना में मूलभूत परिवर्तन का विचार किया था। उन्होंने अपनी प्रसिद्ध कृति 'गीता रहस्य' में इस बात पर बल दिया है कि अन्त में पूर्ण सिद्ध मनुष्यों के समाज को हमने साकार रूप देना है। डा.वर्मा के शब्दों में, ''इस व्यापक और सर्वांगीण अर्थ में तिलक को क्रातिकारी की संज्ञा दी जा सकती है, क्योंकि वह समाज के ढाँचे में महत्त्वपूर्ण एवं मौलिक परिवर्तन चाहते थे। किन्तु वह संकीर्ण अर्थ में क्रान्तिकारी नहीं थे। वह बकूनिन (Bakunin), क्रोप्टोकिन तथा लेनिन जैसे क्रान्तिकारी नहीं थे।''[34]

अतः निष्कर्ष यही है कि तिलक न तो हिंसक विद्रोह का प्रचार करने वाली संस्था के सदस्य थे तथा न ही उन्होंने सामूहिक हत्याओं का उपदेश दिया। एक उत्कट यथार्थवादी होने के नाते तिलक जानते थे कि भारत जैसे निःशस्त्र तथा असंगठित देश में सशस्त्र क्रान्ति न केवल अव्यावहारिक है अपितु असम्भव भी है। अतः उन्होंने आन्दोलन के वैधानिक उपायों का पक्ष पोषण किया न कि क्रान्ति के बलात्कारी और सशस्त्र विद्रोह जैसे साधनों का। केवल शीघ्र प्रभावी हिंसा के प्रति तिलक की निन्दा इन शब्दों से प्रकट होती है, ''सरकार की सैनिक शक्ति अत्यन्त विशाल है। जनता के बड़े से बड़े विद्रोह को कुचलने के लिए सैकड़ों गोलियों की बौछार करने वाली उसकी एक मशीनगन ही पर्याप्त है।''[35] उन्होंने और भी कहा, ''क्योंकि हमारी लड़ाई संवैधानिक तथा वैध है, इसी प्रकार अनिवार्यतः हमारी मृत्यु भी संवैधानिक होनी चाहिए। हमने हिंसा को प्रश्रय नहीं देना है।'' तिलक के एक अन्य भाषण से भी यह सिद्ध है कि वे रक्तपातपूर्ण क्रान्ति में विश्वास नहीं रखते

थे। जून, 1907 में पूना में हुए शिवाजी उत्सव के अवसर पर उन्होंने कहा था, "राष्ट्रवादी दल जो भी चाहता है, सम्भवतः वह क्रान्ति प्रतीत हो, इस अर्थ में क्योंकि वह भारत सरकार के उस सिद्धान्त को परिवर्तित करना चाहता है, जैसा कि नौकरशाही ने अब चला रखा है। समय आ गया कि क्रान्ति रक्तहीन हो, किन्तु यह सोचना मूर्खता होगी कि—क्योंकि रक्त नहीं बहाया जाएगा, अतः लोगों को कष्ट नहीं करना पड़ेगा। किन्तु क्रान्ति रक्तहीन ही होनी चाहिए।"[36] इन वक्तव्यों से यह बिल्कुल स्पष्ट है कि तिलक के साधन संवैधानिक तथा जनतान्त्रिक थे और वह व्यापक अर्थों में क्रान्तिकारी थे तथा निश्चय ही वह ऐसे क्रान्तिकारी नहीं थे जो बम के सिद्धान्त में विश्वास रखते थे।

किन्तु वह अति शान्तिवादी नहीं थे तथा न ही एक पौरुषहीन नैतिकवादी। क्रान्तिकारियों को वह राजनीतिक अस्पृश्य नहीं मानते थे। व्यापक अर्थ में वह स्वयं एक क्रान्तिकारी थे, किन्तु ऐसे नहीं जो बम के सिद्धान्त में विश्वास करते हों। स्वयं उन्होंने ही कांग्रेस को एक उग्र संवैधानिक आन्दोलन का स्वरूप प्रदान किया था।[37]

नई पार्टी के नेता के रूप में

नरमदलीय राष्ट्रवादियों की नीतियों से मोह भंग होने पर तिलक ने जून, 1905-6 में नए दल की स्थापना की। 2 जून, 1907 को उन्होंने दल के सिद्धान्तों की घोषणा की। अपनी विद्वत्ता तथा उत्कट देशभक्ति के कारण वह नए दल के नेता चुने गए। नए दल ने ब्रिटिश निर्वाचनकर्त्ताओं को भारत के समर्थन में शिक्षित करने तथा सन्तुष्ट करने के कार्यक्रम का अनुसरण नहीं किया। पुराने दल का विश्वास था कि इस सम्बन्ध में ब्रिटिश राष्ट्र से अनुरोध किया जाए। नए दल को हाथ जोड़कर उनसे किसी भेंट करने का यह विचार अच्छा न लगा। तिलक चाहते थे कि यह दल मात्र अव्यावहारिक और भावनात्मक आदर्शवादी प्रचार के स्थान पर यथार्थवादी नीति का अनुसरण करे। स्वायत्त शासन नए दल का ध्येय निश्चित किया गया। उन्होंने स्पष्ट तथा प्रभावशाली ढंग से कहा, "मैं अपने घर की चाबी प्राप्त करना चाहता हूँ, केवल यही नहीं कि एक विदेशी यहाँ से निकाला जाए। स्वायत्त शासन हमारा ध्येय है और हम अपने प्रशासन तन्त्र पर अपना नियन्त्रण चाहते हैं। हम लिपिक (Clerk) ही नहीं बनना चाहते।" राजनीतिक माँगों की अस्वीकृति की दशा में छेड़े जाने वाले राजनीतिक संघर्ष की विशेष तकनीक भी निर्धारित की गई थी। वह चाहते थे कि उनका दल स्वराज्य प्राप्ति के लिए शान्तिपूर्ण प्रतिरोध की नीति अपनाए। उनके दल द्वारा काम में लाए जाने वाले उपायों का उल्लेख करते हुए उन्होंने कहा, "यह दल आपसे यह आशा करता है कि आप यह समझ लें कि आपका भविष्य वास्तव में आप पर ही निर्भर करता है। यदि आप वास्तव में

स्वतन्त्रता चाहते हैं, तो आप स्वतन्त्र हो सकते हैं, और यदि आप स्वतन्त्र नहीं होना चाहते तो आप पतित हो जाएँगे और सदा पतित ही रहेंगे।...यदि सक्रिय प्रतिरोध की शक्ति आपमें नहीं है, क्या आपमें आत्मत्याग, आत्मसंयम की शक्ति नहीं है और वह भी इतने अंश में कि आप पर शासन करने के लिए विदेशी सरकार को कोई सहायता न मिले? यह शक्ति बहिष्कार की है...हमारे अपने न्यायालय होंगे और यदि समय आया तो हम कर भी नहीं देंगे।'' तिलक चाहते थे कि उनका दल जो मिल चुका है, उसे लेने के पश्चात्, जो नहीं मिल सकता है, उसके लिए यत्नशील रहे। नए दल का प्रमुख आदर्श, बहिष्कार तथा स्वदेशी के सन्दर्भ में समझी जाने वाली परिकल्पना थी। उनका दल बहिष्कार, स्वदेशी तथा राष्ट्रीय शिक्षा के माध्यम से स्वराज्य के दर्शन के लिए वचनबद्ध था।

किन्तु वह चाहते थे कि उनके अनुयायी तत्कालीन कानून की परिधि में ही काम करें, इस प्रकार कि उग्रवादी राजनीतिक आन्दोलन उन सीमाओं में भी जारी रखा जा सके। वह कानून की कभी अवहेलना नहीं करना चाहते थे। दूसरे शब्दों में, वह अपने साथी अनुयायियों से यह आशा रखते थे कि वह तत्कालीन कानून की सीमा में ही कार्य करें।

तिलक तथा होमरूल लीग

जब महायुद्ध अपनी चरम सीमा पर आ रहा था और अंग्रेज यह घोषणा कर रहे थे कि वह संसार को प्रजातन्त्र के लिए सुरक्षित रखने के लिए लड़ रहे थे, तिलक ने इन उदार स्वामियों के भारत को स्वायत्त शासन प्रदान करने की माँग की। इस प्रकार उन्होंने श्रीमती बीसेन्ट के सहयोग से 1916 में होम रूल लीग की स्थापना की। इस लीग के द्वारा उन दोनों नेताओं ने बलपूर्वक यह कहा कि भारतीयों को अपने अधिकार प्राप्त करने के लिए अनवरत संघर्ष करना चाहिए। तिलक द्वारा स्थापित लीग ने ब्रिटिश साम्राज्य के अन्तर्गत ही होम रूल की माँग की। लीग यह चाहती थी कि ब्रिटिश संसद एक ऐसा कानून पारित करे, जिसमें भारतीय राजनीतिक माँगों को भी सम्मिलित किया जाए। अतः इसने यह आवश्यक समझा कि इंगलैंड में आन्दोलन और प्रचार का संचालन किया जाए। उन्होंने इस बात पर खेद प्रकट किया कि जब उपनिवेशों में रहने वाले लोगों को स्वायत्तशासनाधिकार दिया गया था, भारतीयों से अनाड़ियों-सा व्यवहार कर उससे वंचित रखा गया। उन्होंने कहा कि भारतीयों को युद्ध द्वारा प्रस्तुत अवसर का पूर्णतया लाभ उठाना चाहिए। 31 मार्च, 1916 को उन्होंने होमरूल पर अपना पहला भाषण अहमदनगर में दिया, जिसमें उन्होंने कहा था क्योंकि अंग्रेजी साम्राज्यवादियों के नौकरशाही शासक अपने स्वरूप से विदेशी हैं, अतः हमें विदेशी वस्तु को विदेशी कहने में

अपराध नहीं समझना चाहिए। पहली जून, 1916 के अपने एक अन्य भाषण में उन्होंने श्रोताओं को अपने उन अधिकारों को माँगने की प्रेरणा दी जो स्वाभाविकतः उनके हैं। वह यह भी चाहते थे कि ब्रिटिश नागरिकता का अधिकार भारतीयों को प्रदान किया जाए। इंगलैंड को अपने साम्राज्य के घटकों को स्वायत्तता अवश्य प्रदान करनी चाहिए। स्वराज्य में एक संघीय राजनीतिक ढाँचे पर बल दिया। 8 अक्टूबर, 1917 को दिए अपने एक अन्य भाषण में उन्होंने शान्तिपूर्ण प्रतिरोध की संकल्पना का विश्लेषण किया। उन्होंने इस बात पर बल दिया कि लोग ऐसे कानूनों का पालन नहीं कर सकते, जिनका आधार अन्याय और अनैतिकता हो। शान्तिपूर्ण प्रतिरोध एक साधन है, न कि अपने आप में एक उद्देश्य। उन्होंने इसे पूर्णतः संवैधानिक बताया। उन्होंने कभी अवैधानिकता का प्रचार नहीं किया। उन्होंने लोगों को संवैधानिक उपायों को अपनाने की प्रेरणा की किन्तु प्रत्येक कानून को वह संवैधानिक नहीं मानते थे।

तिलक तथा धर्म

तिलक, एक श्रद्धालु हिन्दू आर्यधर्म के अनुयायी होने पर भी पुरातन-पंथी नहीं थे। वह एक धार्मिक प्रतिक्रियावादी भी नहीं थे, यद्यपि उस समय के कुछ सुधारकों ने उन्हें ऐसा समझकर उनकी निन्दा भी की थी। उन्होंने बलपूर्वक यह दावा किया कि भारतीय धर्म 19वीं शती के भौतिकवाद और उपयोगितावाद जैसी यूरोपीय मान्यताओं से मेल नहीं खाता। उनका विश्वास था कि हिन्दुत्व भारत की अवनति का कारण नहीं था। बल्कि उसकी अवनति केवल इसलिए हुई कि लोगों ने धर्म को छोड़ दिया था। तिलक की हिन्दू शास्त्रों में दृढ़ श्रद्धा थी। 'गीता रहस्य' से प्रमाणित होता है कि तिलक की कृष्ण के प्रति बड़ी श्रद्धा थी और गीता के उपदेशों में उनकी गहन आस्था थी। कट्टर सनातनी होने के नाते वह भगवान कृष्ण को अवतारी पुरुष मानते थे। उन्हें अपने धर्म पर गर्व था। उनकी मान्यतानुसार, परमात्मा तथा आत्मा द्वारा मुक्ति प्राप्त करने के उपायों का ज्ञान धर्म के अन्तर्गत है। तिलक सभी धार्मिक संस्कारों तथा अनुष्ठानों के विरोधी नहीं थे। हाँ, वह इनमें से कुछ संस्कारों में परिवर्तित परिस्थितियों के अनुरूप परिवर्तन अवश्य चाहते थे। किन्तु वह इनका उस समय तक पालन करते रहने के पक्ष में थे, जब तक इनमें परिवर्तन नहीं किया जाता। इसके अतिरिक्त हिन्दू धर्म में उनकी श्रद्धा मात्र परम्परागत आधार पर ही नहीं थी तथा न ही उसकी बातों को उन्होंने बौद्धिक तर्क के ही आधार पर स्वीकार किया था। वह ऋषियों तथा योगियों द्वारा प्राप्त रहस्यवादी अनुभव की वास्तविकता में विश्वास करते थे।

उनके अनुसार, हिन्दू धर्म हमें एक नैतिक तथा सामाजिक सूत्र प्रदान करता

है। इसने भारतीयों में वैदिक काल में एकता सुरक्षित रखी थी। इस प्रकार वह एक महान् राष्ट्र के अंग हैं। इस एकता का अदृश्य होना पतन का कारण बना। अतः नेताओं को उसी एकता को पुनर्जीवित करने की प्रेरणा दी गई थी। एक भाषण में उन्होंने कहा, "यहाँ का हिन्दू उतना ही हिन्दू है, जितना मद्रास या बम्बई का।.. .गीता, रामायण तथा महाभारत के अध्ययन से सारे देश में एक से ही विचार उत्पन्न होते हैं। यदि हम विभिन्न वर्गों के मध्य विद्यमान अनेक मतभेदों को भूलकर इसी बात पर बल दें, तो हम ईश्वर-कृपा से उन सभी वर्गों को एक सशक्त राष्ट्र के रूप में संगठित कर सकते हैं।" उन्होंने कहा, "आइए, हम उन्मुक्त रूप से और प्रबल वेग से पवित्र रूप में हिन्दू सरिता को एक ही धारा के रूप में प्रवाहित होने दें।" वह हिन्दुत्व के आदर्शों को सारे भौतिकवादी संसार के कानों में बार-बार डाल देना चाहते थे। उनके विचार में विज्ञान एक ऐसा भ्रम उत्पन्न करता है, जो पवित्र हिन्दू धर्म के शाश्वत सत्यों का कभी स्थान नहीं ले सकता।

कुछ आलोचकों के अनुसार तिलक ने धर्म का प्रयोग एक राजनीतिक उपकरण के रूप में तथा स्वराज के लिए आन्दोलन का संगठन करने के लिए एक शस्त्र के रूप में किया। इसमें सन्देह नहीं कि तिलक ने लोगों को कर्मयोग की शिक्षा दी। यह प्रेरणा उन्हें गीता से मिली थी। उनका दर्शन गीता के कर्मयोग तथा एकता के धर्म का मिश्रण था। इसे भारतीय सभ्यता की एकता कहा जाता था। गणपति तथा शिवाजी उत्सवों के द्वारा वह लोगों में एकता लाने का प्रयत्न करते थे। उनका विश्वास था कि इस प्रकार लोगों में एकता लाकर स्वराज प्राप्त किया जा सकता है। किन्तु उन्होंने धार्मिक उद्देश्यों के लिए राजनीति का प्रयोग नहीं किया। वह राजनीतिक तथा धार्मिक प्रश्नों को मिला देना नहीं चाहते थे। अतः उन्होंने खिलाफत के लिए गांधीजी द्वारा चलाए गए असहयोग अन्दोलन को अनुचित बताकर उसका विरोध किया। उन्होंने खिलाफत की भूल को भारतीय मुसलमानों से सम्बद्ध एक धार्मिक प्रश्न बताया। अतः वह भारत के राजनीतिक तथा राष्ट्रीय प्रश्नों से इसे मिलाना नहीं चाहते थे। वह चाहते थे कि मुसलमान भी इस भूल का विरोध करें।

एक कट्टर हिन्दू होने पर भी तिलक हिन्दू-मुस्लिम एकता के प्रबल समर्थक थे। हिन्दू धर्म के प्रति अपने प्रेम के कारण वह एक हठधर्मी और पुरातनपंथी हिन्दू नही बने। भारतीय राष्ट्रीय कांग्रेस के लखनऊ अधिवेशन में, कांग्रेस-लीग समझौता तैयार करने में उनका मुख्य योग था। अतः हिन्दू धर्म के प्रति प्रेम के कारण वह हिन्दू सम्प्रदायवादी नहीं बने। इसके विपरीत वह एक अधिक व्यापक और अधिक संघटित होने वाले राष्ट्रवाद की नींव रखने के उत्तरदायी थे। अतः उन्हें हिन्दू धर्म के पुरातनपन्थी अनुयायी के स्थान पर भारतीय राष्ट्रवाद का संदेशवाहक कहना उपयुक्त होगा।

निष्कर्ष

तिलक के कार्यों के विश्लेषणात्मक अध्ययन, उनके भाषणों के समालोचनात्मक मूल्यांकन तथा अनेक राजनीतिक कार्यों का निरीक्षण करने से ज्ञात होता है कि वह एक विद्वान्, एक परिष्कृत हिन्दू, एक उत्कट राष्ट्रवादी तथा एक उच्चकोटि के देशभक्त थे। उन्होंने इस देश के निद्रालु लोगों को जगाकर उनमें देशभक्ति का संचार किया। उन्होंने प्रमाद और गतिरुद्धता की स्थिति से राष्ट्र को बचाया। भारतीय सन्तति के लिए एक भव्य और विशाल दाय उन्होंने छोड़ी। आने वाली भारतीय पीढ़ियों के लिए एक भव्य और विशाल विरासत छोड़ी। उनके निधन के समय गांधीजी द्वारा उन्हें दी गई श्रद्धांजलि में उनके देशप्रेम का स्पष्ट, प्रभावी चित्रण हुआ है, "देशभक्ति उनके लिए एक मनोवेग था, अपने प्रखर रूप में। देश भक्ति के सिवाय अन्य कोई भी धर्म उनके लिए अर्थहीन था। देशभक्ति के मन्त्र का प्रचार उन्होंने जिस सुसंगत और आग्रहपूर्ण रूप में किया, वैसा किसी और ने नहीं किया। हमारे लिए और आगे आने वाली संततियों में उनकी स्मृति एक ऐसे व्यक्ति की स्मृति के रूप में समाहित होगी जो उन्हीं के लिए जिया और उन्हीं के लिए जिसने प्राण दिए। भारतीय अशान्ति के जनक और स्वराज्य के संदेशवाहक तिलक एक पक्के यथार्थवादी थे, न कि कोरे आदर्शवादी विचारक थे। सार्वजनिक जीवन में उनका आविर्भाव ठीक ऐसा ही था मानों वर्षों से गतिरुद्ध पड़ी जीवनधारा को उद्वेलित करता हुआ कोई गतिशील व्यक्तित्व उसी में से उभरकर सामने आ जाए। अपने तथ्यपरक, यथार्थ प्रत्यक्ष ज्ञान के आधार पर उन्होंने अपना यह मत स्थिर किया कि राजनीतिक सुधार सामाजिक सुधारों से पूर्व हों, तथा राष्ट्रीय शिक्षा, राष्ट्रीय सरकार की स्थापना के पश्चात् स्वतः आ जाएगी। राजनीति के प्रति उनका दृष्टिकोण न तो मात्र आदर्शवादी था न ही वह अटकलों पर आधारित था। राष्ट्रवाद की उनकी संकल्पना पूर्वी और पश्चिमी विचारकों की शिक्षाओं का संश्लेषण (Synthesis) ही था। उनकी राजनीतिक विचारधारा को 'प्रजातान्त्रिक यथार्थवाद पर आधारित राष्ट्रवाद' कहकर डॉ. वर्मा ने उसकी सही परिभाषा की है।

सार्वजनिक जीवन में उनका आविर्भाव उस गतिशील व्यक्तित्व के रूप में हुआ जो अब तक रुके हुए राष्ट्र जीवन की धारा को उद्वेलित करने के लिए आया हो। अपने यथार्थ ज्ञान के आधार पर उन्होंने इस बात पर बल दिया कि राजनीतिक सुधार सामाजिक सुधार से पहले हों और राष्ट्रीय शिक्षा के लिए पद्धति राष्ट्रीय सरकार की स्थापना के पश्चात् निश्चित की जा सकती है। राष्ट्रवाद की उनकी संकलपना में पूर्वी और पश्चिमी शिक्षाओं का संश्लेषण था। डॉ. वर्मा ने उनकी राजनीतिक विचारणा की उचित परिभाषा की है। इन शब्दों में, "उनका राष्ट्रवाद प्रजातान्त्रिक यथार्थवाद पर आधारित राष्ट्रवाद है।"

सन्दर्भ

1. R. C. Gupta: Great Political Thinkers, p. 48.
2. Kesari, September 19, 1905.
3. Mahratta, Dec. 13, 1919.
4. V. S. Bapat: Gleamings from Tilak's Writings and Speeches, p. 346.
5. Kesari, Sept. 19, 1905.
6. Kesari, January 21, 1904.
7. Ibid.
8. V. P. Verma: Modern Indian Political Thought, (1971 ed.), p. 170.
9. Ibid, p. 172.
10. Ibid, p. 172.
11. B. G. Tilak : Speeches & Writtings of Tilak, p. 277.
12. V. P. Verma : op. cit., p. 179.
13. Tilak : Gita Rahasya (Hindi Edition), p. 399.
14. V. P. Verma : op. cit., p. 179.
15. Tilak: Karmayoga and Swaraj : Speeches and Writings of Tilak, pp. 276-80.
16. Ram Gopal : Lokmanya Tilak (1956 ed.), p. 235.
17. R. C. Gupta: (1970 ed.), p. 62.
18. Kesari, February 12, 1907.
19. Keer Dhananjaya Lokmanya Tilak-Father of Indian Freedom Struggle (1969 ed.), pp. 107-177.
20. Dr. V.P. Verma: op. cit., p. 186.
21. Lecture delivered at Calcutta in 1907.
22. Kesari : June 15, 1897.
23. Speech at Allahabad in October, 1917, quoted by A. A. Appadorai, in Indian Political thinking, p. 53.
24. Ramgopal : Lokmanya Tilak (1956 ed.), p. 76.
25. A.V. Kulkarni : The Last eight years of Lokmanya Tilak, p. 381-82.
26. Kesari, Jan. 12, 1897.
27. D.V. Thamankar: Lokmanya Tilak, (1956 ed.), p. 111.
28. Ibid, p. 19.
29. B.G. Tilak : His Writings & Speeches, p. 143-44.
30. G.V. Ketkar: In Reminiscences and anecdotes about Lokmanya Tilak, Vol. 1, p. 26.
31. V. Chirol : India, p. 122.
32. N.C. Kelkali : Tilak's Trials of 1908, pp. 197-98.
33. J.S. Hoyland : Tilak, p. 25.
34. V.P. Verma: op. cit., p. 196.
35. B.G. Tilak: His Writings and Speeches, pp. 64-69.
36. Ibid., pp. 229-30.
37. Keer Dhananjay : op. cit., p. 448.

20

मोहनदास कर्मचन्द गांधी

"वह एक ज्योतिर्मय सबका स्वपिता है, महात्मा जो प्रतिष्ठित है, जो अभिव्यक्त होता है, प्रेम इच्छा एवं विचार के माध्यम से--उसे जो जान पाता है, अमर हो जाता है।"

—टैगोर

मोहनदास कर्मचन्द गांधी, जो महात्मा गांधी के नाम से विख्यात हैं, का जन्म, भारत के पश्चिमोत्तरी भाग में स्थित एक अर्द्ध स्वतन्त्र (Semi independent) रियासत के पोरबन्दर नामक स्थान में 2 अक्टूबर, 1869 को हुआ था। उन्होंने दिल्ली में बिरला हाउस में 30 जनवरी, 1948 को अपना अन्तिम श्वांस लिया। अहिंसा का यह देवदूत स्वयं हत्यारे नाथू राम गोडसे की गोली का शिकार हुए। पिता की अपेक्षा वह अपनी धर्म परायणा निष्ठावान् माता से अधिक प्रभावित थे। उनके पिता कर्मचन्द गांधी जो एक सत्यनिष्ठ ईमानदार तथा निष्पक्ष सज्जन थे, रियासत के दीवान थे। उन्होंने गांधीजी को सात वर्ष की आयु में स्कूल भेजा। स्कूल में वह साधारण कोटि के छात्र थे। बारह वर्ष की आयु में उनका विवाह हुआ। 1888 में उन्होंने मेट्रिक्युलेशन की परीक्षा पास की। इसके पश्चात् उन्हें उच्च शिक्षा के लिए भावनगर भेजा गया जहाँ उनका मन नहीं लगा। वह एक सम्पन्न बनिया परिवार से सम्बद्ध थे (बनिया जाति आर्थिक दृष्टि से बड़ी सूझ-बूझ वाली होती है, किन्तु वैमनस्य के कारण इसमें फूट है।) उनके माता-पिता का सम्बन्ध हिन्दू धर्म के जैन स्कूल से था। महात्माजी के पिता ने अपनी बिरादरी की सरणि का पिष्ठ पेषण नहीं किया।

अतः वह भौतिक मूल्यों को अधिक महत्त्व नहीं देते थे। उनकी माताजी एक धर्मपरायण, निष्ठायुक्त महिला थीं। उन्नीस वर्ष की अवस्था में उन्हें उच्च शिक्षा के लिए विलायत भेजा गया। उन्होंने प्रस्थान से पूर्व जैनियों के तीव्र व्रत लिए—मद्य पान, मांस तथा मैथुन क्रिया से दूर रहेंगे। अपने इंगलैंड प्रवास के अन्तर्गत उन्हें भगवद्गीता के सौन्दर्य का बोध हुआ। वह 1891 में भारत लौट आए। इसके तुरन्त बाद उन्होंने बम्बई में कानून की प्रेक्टिस आरम्भ कर दी। किन्तु पूर्ण निराशा की स्थिति में उन्होंने शीघ्र ही इस वृत्ति को त्याग दिया। वह एक अनैतिक व्यवसाय के रूप में इससे घृणा करने लगे।

इसी बीच उन्हें एक सम्पन्न गुजराती व्यापारी अब्दुल्ला की ओर से पैरवी करने के लिए वकालत का एक केस मिला। यह केस दो भाइयों के विवाद का था। इसके लिए उन्हें दक्षिण अफ्रीका जाना पड़ा। यह उनके जीवन का नया मोड़ सिद्ध हुआ। दक्षिण अफ्रीका में भारतीय प्रवासियों के प्रति दुर्व्यवहार को देखकर उन्हें बड़ा आघात पहुँचा। स्वयं उन्हें प्रथम श्रेणी में यात्रा नही करने दी गई और मार्टिजबर्ग नामक स्थान पर उन्हे वैन कम्पार्टमेंट में यात्रा करने को कहा गया। उनके मना करने पर उन्हें डिब्बे से बाहर धकेल दिया गया। फिशर कहते हैं, ''मार्टिजबर्ग की इस कटुताभरी रात को ही गांधी के मानस में विद्रोह के बीज का वपन हो गया। गांधी जी ने 1904 से जुलाई 1914 तक सत्याग्रह दक्षिणी अफ्रीका में अनेक बार किया। वह बहुत अंशों में अपने उद्देश्य में सफल भी हुए। दक्षिण अफ्रीकी भारतीय मात्र लकड़ियों के गट्ठड़ की भाँति अपनी नगण्य स्थिति को सहन नहीं कर सकते थे। उन्हें मनुष्यों के रूप में मान्यता प्रदान की गई। जुलाई, 1914 में दक्षिण अफ्रीका छोड़ते समय उन्होंने भारतीयों को निम्न प्रकार सम्बोधित किया, 'वह प्रतीक्षा करेंगे, उस ब्स्ती की देखभाल करेंगे। इसमें वह अपने यूरोपियन मित्रों से सहयोग की अपेक्षा करेंगे। इस प्रकार जो कुछ भी समझौते के रूप में किया गया है, उसकी पूर्ति होगी।'' दक्षिण अफ्रीका में गांधीजी का प्रवास और उस देश से उनकी वापसी, इसे उनके सार्वजनिक जीवन का प्रथम चरण माना जा सकता है।

उनके सार्वजनिक जीवन के दूसरे चरण में घटित होने वाली प्रमुख घटनाओं में 25 मई, 1915 को साबरमती के किनारे आश्रम की स्थापना है। 1916 में उनका कांग्रेस में प्रवेश तथा 13 अप्रैल, 1919 को जलियांवाला बाग में ब्रिटिश साम्राज्यवादियों द्वारा निर्दोष, निहत्थे लोगों पर बर्बरतापूर्ण गोली वर्षा के विरोध स्वरूप रॉलट एक्ट विरोधी सत्याग्रह आरम्भ करना, 1927 में भगत सिंह तथा चन्द्रशेखर आजाद के हिंसात्मक आन्दोलन को नियन्त्रित करने के लिए सविनय अवज्ञा आन्दोलन छेड़ना आदि घटनाएँ भी इसी चरण के अन्तर्गत आती हैं। सितम्बर 1931 में उन्होंने दूसरी गोलमेज कॉन्फ्रेंस में कांग्रेस के एकमात्र प्रतिनिधि के रूप में उन्होंने भाग लिया।

कॉफ्रोंस के असफल होने के उपरान्त, 1932 में सविनय अवज्ञा आन्दोलन पुनः आरम्भ किया गया। 1942 का 'भारत छोड़ो' आन्दोलन, गांधीजी की गिरफ्तारी और 10 फरवरी 1943 को उनके द्वारा 21 दिन का अनशन रखा गया। 1947 में भारतीय स्वतन्त्रता अधिनियम के उपरान्त भारत स्वतन्त्र हुआ, परन्तु गांधीजी की आशा के नितान्त विपरीत इस विभाजन में गांधीजी का अखण्ड भारत का सपना चूर हो गया और इसे उन्होंने भारी मन और अतीव विवशता की स्थिति में स्वीकार किया।

उनके सार्वजनिक जीवन के तीसरे चरण का आरम्भ 1947 के पश्चात हुआ। खण्डित भारत की धरती पर व्यापक स्तर पर अमानुषिक बर्बरतापूर्ण नर संहार को गांधी जी मूक दर्शक के रूप में सहन नहीं कर सकते थे। उन्होंने प्रभावित क्षेत्रों का व्यापक दौरा किया। शरणार्थी बस्तियों में जाकर उन्होंने उन धार्मन्ध हिन्दुओं को हिन्दू-मुस्लिम एकता का पाठ पढ़ाया जिनके कारण अनेक निरीह मुसलमान 1947 के पश्चात् भारत छोड़कर चले गए। साम्प्रदायिक सौहार्द स्थापित करने के लिए उन्होंने आमरण अनशन किया। इसने सारे राष्ट्र को झकझोर दिया। अनशन के छठे दिन अनेक सम्प्रदायों के नेताओं ने परामर्श किया और साम्प्रदायिक सौहार्द सुनिश्चित करने के प्रतिज्ञा पत्र पर हस्ताक्षर करने का निर्णय किया। इस प्रकार गांधीजी ने अपना अनशन तोड़ दिया। लुई फिशर की सम्मति में इस अनशन ने जादू कर दिया। इससे न केवल भारत में साम्प्रदायिक उन्माद का शमन हुआ, उपद्रव बन्द हुए, वरन् पाकिस्तान में भी हिंसा बन्द हो गई। गांधीजी ने बड़ी प्रबलता से हिन्दू-मुस्लिम एकता का प्रचार आरम्भ कर दिया। उन्होंने यह भी आग्रह किया कि मन्दिरों के रूप में परिवर्तित मस्जिदें मुसलमानों को लौटाई जाएँ तथा जिस 55 करोड़ रुपए पर पाकिस्तान का दावा न्याय संगत है, वह उसे लौटाया जाए। पुरातन पंथी, संकीर्ण हृदय हिन्दुओं को यह अच्छा नहीं लगा। अतः वह व्यक्ति जिसने पराधीनता पाश में जकड़े लोगों के लिए प्रकाश स्तम्भ का कार्य किया, एक धर्मान्ध व्यक्ति, नाथूराम गोडसे द्वारा दिल्ली के बिरला हाउस में सायंकालीन प्रार्थना स्थल पर 30 जनवरी, 1948 को सदा के लिए शान्त कर दिया गया।

इस प्रकार वह प्रकाश जिसने अन्धकारमय संसार को प्रकाशित किया था सदा के लिए अस्त हो गया, संसार की राजधानियों के झण्डे झुका दिए गए और महान् नेताओं ने सुन्दर और भावभीने शब्दों में गांधीजी के बारे में विचार प्रकट किए। सर क्रिप्स ने कहा, "महात्मा गांधी से बढ़कर हमारे समय में आध्यात्मिक नेता पैदा नहीं हुआ।" डॉ. एस. जोन. ने कहा, "गांधी मृत्यु के पश्चात अपने जीवन काल से भी अधिक शक्तिशाली हैं।" पं. नेहरू को शब्दों में, "हमारे जीवन से रोशनी छिन गई है, हर ओर अन्धकार ही अंधकार है।' सरदार पटेल ने "गांधीजी को शक्ति का स्तून और राष्ट्र की प्रेरणा का स्रोत कहा।"

क्या गांधीवाद जैसा कोई वाद है?

महात्मा गांधी ने एक ऐसे युग में जीवनयापन किया जो परस्पर विरोधी, अहंभाव तथा प्रबल मांचेस्टरवाद के लिए प्रसिद्ध रहा। वह प्रेम और शान्ति के मसीहा बनकर रहे। यह छोटा-सा क्षीण व्यक्ति जिसका चेहरा पलता और आँखें बाहर को निकली हुई थीं, तन मोटे खादी के वस्त्रों में लिपटा हुआ था और पाँव जिसके नंगे रहते थे, अपनी विनम्र और सरल प्रकृति के कारण करोड़ों नग्न और दरिद्र लोगों के हृदयों पर शासन करता था क्योंकि उसने हृदय में असीम प्रेम और असीम धैर्य को धारण किया हुआ था। मूलतः एक धर्मपरायण और इससे भी बढ़कर मानववादी होने के कारण, वह मुख्यतः राजनीतिक विचारक नहीं थे। उनका व्यक्तित्व एक सूफियाना सन्त और एक यथार्थवादी का स्वेदशी मिश्रण था। मानवता के प्रति अपने उत्कट प्रेम के कारण राजनीति के क्षेत्र में वह एक विचित्र जीव ही लगते थे। कार्ल हीथ ने उनके विषय में कहा है, "वह सभ्य और मानवीय श्रेणी के व्यक्ति थे।"[1] स्वयं भी वह अपने को एक राजनीतिज्ञ नहीं मानते थे। वह उस प्रकार के व्यक्ति थे जो राजनीति में लोगों के प्रति प्रेम के कारण ही प्रवृत्त हुआ हो। एक कर्मशील व्यक्ति के रूप में उन्होंने किन्हीं सिद्धान्तों का वरण किया था जिनका स्वराज्य-प्राप्ति के निमित्त उहोंने कठोरता से पालन किया। स्वराज्य उनके जीवन का सर्वाधिक महत्त्वपूर्ण एवं रक्षित स्वप्न था। इन समस्त सिद्धान्तों के समन्वय को उनके कुछ प्रशंसक उनका राजनीतिक दर्शन बताते हैं। महात्मा गांधी स्वयं नहीं चाहते थे कि इन सिद्धान्तों को उनकी विचारधारा अथवा उनके राजनीतिक दर्शन के रूप में प्रस्तुत किया जाए। 1936 में उन्होंने कहा था, "गांधीवाद नाम की कोई वस्तु नहीं है तथा मैं अपने पीछे कोई पन्थ नहीं छोड़ना चाहता। मैं इस बात का कोई दावा नहीं करता कि मैंने किसी मौलिक सिद्धान्त अथवा विचारधारा को चलाया है। मैंने तो केवल अपने ही ढंग से शाश्वत सत्यों का दैनिक जीवन और उसकी समस्याओं के लिए प्रयोग करने की बात कहने का यत्न किया है। मेरे द्वारा निर्धारित सम्मति में और प्राप्त निष्कर्ष अन्तिम नहीं है। मैं उन्हें कल ही बदल सकता हूँ। दुनिया को सिखाने के लिए मेरे पास कुछ नहीं है। सत्य और अहिंसा उतने ही पुरातन हैं जितने पर्वत। मैंने तो केवल मात्र इन दोनों के यथासम्भव व्यापक स्तर का प्रयोग करने का ही यत्न किया है। जो कुछ भी मैंने कहा, उसी में मेरा दर्शन है। आप इसे गांधीवाद न कहिए। इसके सम्बन्ध में कोई वाद नहीं है।"

यदि किसी वाद का अर्थ एक निश्चित विचारधारा और मत के अस्तित्व का उल्लेख एक निश्चित फार्मूले के अन्तर्गत किया जाना ही है तो संसार में गांधीवाद नाम की कोई वस्तु नहीं है। अपनी सहज विनम्रता के कारण गांधीजी ने अपने विचारों के लिए कोई मौलिकता अथवा अन्तिम रूपेण प्रामाणिकता का श्रेय नहीं

लिया। उनके विचार कट्टर नहीं थे। वह अतिवाद से बचते थे और दूसरे के विचार यदि सन्तुष्टकारी और युक्तिसंगत होते तो वह उन्हें खुले मस्तिष्क से स्वीकार कर लेते थे। वह अपने अनुयायियों से यह आशा नहीं करते थे कि वह आँख मींचकर उनकी बातें स्वीकार कर लें। उन्होंने दिशा निर्देश किया है, किन्तु सदा के लिए उसमें उन्होंने विस्तार से नहीं बताया है। इस प्रकार उनके द्वारा प्रचारित सिद्धान्तों और प्रयुक्त कार्य के प्रकारों में कोई दृढ़ता नहीं थी। यह सत्य है कि उन्होंने किसी प्रणाली की स्थापना नही की और न ही किसी निश्चित विचारधारा और वाद को उन्होंने प्रस्तुत किया। किन्तु जीवन के प्रति उनका एक निश्चित दर्शन था और एक तकनीक भी थी जिसका उन्होंने राष्ट्रीय और अन्तर्राष्ट्रीय समस्याओं के समाधान के लिए सफलतापूर्वक प्रयोग किया।

विनोबा भावे ने लिखा है कि "किसी ने गांधीजी से जब यह अनुरोध किया कि वह अपने विचारों को एक सुव्यवस्थित और क्रमबद्ध विवेचन के रूप में रखें तो उन्होंने उत्तर दिया, "पहले तो मेरे पास इतना समय नहीं है, दूसरी बात यह है कि अभी वह प्रयोग की ही अवस्था में है। अतः यदि इस प्रकार के विवेचन को सामने आना ही है तो उसे स्वतः ही आने दो।"[2] उनकी रचनाओं के संकलन के 100वें भाग का विमोचन करते समय, उनकी 125वीं जन्मतिथि पर, भूतपूर्व प्रधानमन्त्री नरसिंह राव ने कहा था, "यह एक विडम्बना ही है कि गांधीजी पुस्तकों के माध्यम से उनके विचारों के प्रसार के विरुद्ध थे।"[3] मई, 1939 में गांधीजी ने सेवा संघ को सम्बोधित करते हुए कहा था, "वास्तव में तो मेरे विचारों को उन्हें आचरण में उतारकर, उन्हें यापित (Being Lived) कर ही फैलाया जा सकता है।"

गांधीजी के विचारों को किसने प्रभावित किया

गीता गांधीजी की प्रेरणा का मुख्य स्रोत थी। गीता की उनकी व्याख्या भी विलक्षण थी। उनकी सम्मति में सत्य तथा न्याय की रक्षार्थ गीता हिंसा का आश्रय लेने की शिक्षा देती है। इससे हमें निष्काम भाव से हथियार उठाने की प्रेरणा मिलती है। उनके विचारानुसार युद्ध निष्काम भाव से नहीं लड़ा जा सकता। इस प्रकार निष्कर्ष रूप से गीता द्वारा हिंसा की शिक्षा वास्तव में अहिंसा की ही शिक्षा है। उन्होंने इसे एक आध्यात्मिक सन्दर्भ ग्रन्थ माना। इससे उन्होंने सत्य और अहिंसा का पाठ पढ़ा। उनके अनुसार गीता एक निर्दोष, पूर्ण आचार संहिता है।

पातंजलि का योगशास्त्र, रामायण, महाभारत तथा कुछ जैनी तथा बौद्ध लेखों ने भी उनके मन पर बड़ा प्रभाव डाला। सत्य तथा अहिंसा के पाठ उन्होंने इन धर्मग्रन्थों से भी सीखे। अपरिग्रह में अपनी आस्था उन्होंने उपनिषदों से प्राप्त की। इसके अतिरिक्त 'सर्मन आन दी माण्उट' जैसे अहिन्दू स्रोतों ने भी उन पर गहरा

प्रभाव डाला। वह 'बुराई का प्रभु के सहारे सामना करो' जैसी उक्तियों के प्रभाव को अपने मन से मिटा नहीं सकते थे। इसके अतिरिक्त 'यदि एक गाल पर कोई थप्पड़ मारे तो तुम उसकी ओर दूसरा भी कर दो', 'अपने शत्रुओं से प्रेम करो, 'अपने को बुरा-भला कहने वाले का भी शुभ चिन्तन करो', 'जो तुम्हें कष्ट पहुँचाए और तुम पर दया न करे, उसका भी भला करो और उसके लिए प्रार्थना करो' और 'यदि तुम्हारा शत्रु भूखा हो तो उसे रोटी दो और प्यासा हो तो पानी दो', आदि उक्तियों का भी उनके मन पर अमिट प्रभाव पडा। दक्षिणी अफ्रीका में गांधीजी के एक मित्र रेवरेण्ड जे.जे. डोक की सम्मति यह थी कि नए टेस्टामेंट, विशेषतः 'सर्मन आन दी माउण्ट' ने गांधीजी को सत्याग्रह के मूल्य के प्रति जागरूक बनाया है। ईसामसीह द्वारा अपने बलिदान से पूर्व कहे शब्दों में गांधीजी ने सत्याग्रह के अन्यतम उदाहरण के दर्शन किए थे। वह शब्द थे, "हे पिता इन्हें क्षमा कर दो। यह नहीं जानते, यह क्या कर रहे हैं?" शोक है कि वह स्वयं अपनी ही मातृभूमि के नागरिक के हाथों बलिदान होने वाले भारतीय ईसामसीह बने।

लाओत्से तथा कन्फ्यूशस की शिक्षाओं ने भी गांधीजी के नैतिक और राजनीतिक दर्शन पर प्रभाव डाला था। लाओत्से के अनाग्रही (Non assertive) दर्शन का उन पर गहन प्रभाव पड़ा था, जब कि कन्फ्यूशन के सिद्धान्त, "मनुष्यों को औरों के साथ ऐसा व्यवहार नहीं करना चाहिए जैसा कि वह नहीं चाहते कि कोई उनके साथ करे" ने उनके मन पर चिरस्थायी प्रभाव डाला।

गांधीजी ने इस्लाम से भी अहिंसा की शिक्षा ली थी। इस्लाम शब्द का अर्थ ही, "शान्ति, सुरक्षा तथा मुक्ति" है। कुछ धर्मनिरपेक्षवादी लेखक जैसे थॉरू, रस्किन तथा टॉलस्टाय आदि ने गांधी पर बड़ा प्रभाव डाला था। थॉरू से उन्होंने नागरिक अवज्ञा तथा कर न देने के पाठ सीखे। रस्किन ने उनके मन में मानवीय श्रम के प्रति आदर की भावना का संचार किया। रस्किन के 'Unto The Last' के अध्ययन से उन्हें पता चला कि संसार में सर्वोत्तम जीवन किसान और श्रमिक का है। अपने पर पड़े इस पुस्तक के प्रभाव के विषय में उन्होंने कहा, "मुझे इस महान ग्रन्थ में अपने कुछ गहनतम विश्वासों की झलक मिली। यही कारण था कि इसके प्रबल प्रभाव में आकर मैं अपना जीवन एकदम बदल सका। उन्होंने इस पुस्तक से तीन बातें सीखीं, जैसे—अर्थव्यवस्था बड़ी अच्छी है जिससे सभी को लाभ हो। एक वकील का जीवन उतना की मूल्य रखता है जितना एक नाई का। एक श्रमिक का जीवन इसलिए जीने योग्य है कि उसके माध्यम से वह जीवन को प्रतिष्ठा के साथ जीता है। जब कि टॉलस्टाय ने उन्हें एक ईसाई अराजकतावादी बना दिया। प्यारेलाल के शब्दों में, "निर्माणकालीन प्रभाव जो गांधीजी और थॉरू में सामान्य थे, भगवद्गीता, उपनिषद् तथा यीशू की शिक्षाएँ थीं। टॉलस्टाय ने जीवन सम्बन्धी गांधीजी के समग्र

दृष्टिकोण का नियमन किया था।" ईश्वर का साम्राज्य तुम्हारे भीतर ही है, टॉलस्टाय के इस उत्कृष्टतम वाक्य ने गांधीजी को अहिंसा तथा असहयोग कार्यक्रम आरम्भ करने की प्रेरणा दी। दोनों की तुलना करते हुए रोम्यां रोला कहते हैं, "इन दो व्यक्तियों में समानता सर्वाधिक है।"

गांधी तथा टॉल्सटाय दोनों ही अहिंसा के प्रवक्ता थे। दोनों सत्य के अन्वेषी तथा निष्ठापूर्वक उसका व्यवहार करने वाले थे। दोनों इन्द्रियों के भोग का परितोष करने वाली, बल और शोषण पर टिकी आधुनिक सभ्यता की निन्दा करते थे। बुराइयों से जूझने के हिंसात्मक उपायों के दोनों विरोधी थे। सांस्कृतिक पुनरुद्धार के पहले चरण के रूप में वह व्यक्ति के आत्मिक सुधार को स्वीकार करते थे और उसी पर बल देते थे। सामाजिक आदर्शों को साकार करने के लिए वह साधनों की पवित्रता पर बल देते थे। दोनों तापसी नैकिता पर बल देते थे और पूर्ण सादगी के जीवनयापन का आग्रह करते थे। व्यक्ति के नैतिक उन्नयन के लिए वह अल्प मर्यादित आहार, श्रम तथा ब्रह्मचर्य को आवश्यक समझते थे। परन्तु गांधी समग्र रूपेण टॉलस्टाय का अनुसरण नहीं करते थे। वह टॉलस्टाय से कहीं अधिक व्यावहारिक थे। जहाँ तक महत्त्वहीन अथवा गौण महत्त्व की बातों का सम्बन्ध था, वह समझौतावादी थे। टॉलस्टाय के विपरीत बदलते विश्व के सन्दर्भ में वह स्वयं अनुकूलन सापेक्ष थे। टॉलस्टाय का अहिंसा का अर्थ जहाँ किसी भी रूप में हिंसा का पूर्ण निषेध था, वहाँ गांधी उद्देश्य पर बल देते थे। उनकी अहिंसा की परिभाषा थी, "क्रोध में आकर अथवा किसी स्वार्थ के कारण किसी को पीड़ा अथवा चोट पहुँचाना हिंसा है और इससे दूर रहना अहिंसा है। कुछ दशाओं में हत्या करना भी अहिंसा है।" जी. एस. धवन की सम्मति है, "इस महत्त्वपूर्ण, निर्णायक अन्तर के कारण गांधी अहिंसा की तकनीक को सामने लाने और सामाजिक बुराइयों से जूझने की युक्ति को खोज निकालने के कारण टॉल्सटाय की अपेक्षा कहीं उत्कृष्ट प्रमाणित होते हैं—उन बुराइयों को जिनका टॉलस्टाय अत्यन्त प्रभावी ढंग से पर्दाफाश करते हैं, परन्तु और इतने भावप्रवण होकर उनकी निन्दा करते हैं।" थियोसॉफिस्टों ने भारतीय सांस्कृतिक परम्परा के आदर्शों से उन्हें अवगत कराया। ऑर्नल्ड द्वारा गीता के 'Song of Celestial' के नाम से भगवद्‌गीता का अनुवाद और Light of Asia' शीर्षक, बुद्ध की कहानी का उनके आध्यात्मिक विकास में महत्त्वपूर्ण योग है। उन्होंने सहनशीलता तथा दृष्टिकोण की विशालता का पाठ हिन्दू धर्म से सीखा था।

गांधीजी ने वास्तव में इन सभी बातों को दार्शनिक रूप में प्रस्तुत किया किन्तु एक नई पद्धति उन्होंने तैयार नहीं की थीं। वह निःसन्देह एक महान् विचारक, सत्य के खोजी और सत्यवक्ता थे। वह अधिकतर कर्म के दर्शन में विश्वास करते थे। गांधीजी के निकट साथी तथा राजनीतिक शिष्ट नेहरूजी कहते हैं, "हम कदाचित्

ही तर्कपूर्ण विवादों अथवा दार्शनिक विवेचनों में एक-दूसरे के साथ होते। हम कर्मक्षेत्र में एक-दूसरे के साथ रहते थे।"

गांधी, धर्म तथा राजनीति

मेशियावेली के अर्थों में गांधीजी राजनीतिज्ञ नहीं थे। धर्म राजनीतिज्ञों के लिए विदेशी वस्तु है और पदार्थवादी मूल्यों का पोषण करने वाले राजनीतिज्ञ आर्थिक दृष्टि से अविकसित लोगों पर आधिपत्य तथा नियन्त्रण रखने के विचारों से ओतप्रोत थे। गांधीजी ने राजनीति को आध्यात्मिक रूप दिया। उन्होंने धर्म को राजनीति से पृथक् नहीं किया। धवन के शब्दों में, "उनका राजीतिक दर्शन तथा तकनीक उनके धार्मिक तथा नैतिक सिद्धान्तों के उपसिद्धान्त ही हैं। धर्म द्वारा प्रदत्त नैतिक आधार के बिना दुनिया अर्थहीन ध्वनि तथा आक्रोश की भूलभुलैया मात्र ही बनकर रह जाएगी। उन्होंने वास्तव में राजनीति तथा धर्म का संश्लेषण प्रस्तुत करने का सफल प्रयत्न किया था। उन्होंने जीवन के आध्यात्मिक तथा धार्मिक दृष्टि पर सभी सामाजिक तथा राजनीतिक विचारों को सुना था। उनके विचारों में "धर्महीन राजनीति मृत्यु का ऐसा पिंजरा है जो आत्मा की हत्या कर देता है।" अपने राजनीतिक गुरु गोखले की भाँति वह राजनीति को मात्र समय बिताने का साधन ही नहीं मानते थे। वह इसे परमात्मा की सेवा का एक साधन मानते थे। रोला के शब्दों में, "गांधीजी की गतिविधियों को जानने के लिए यह समझना आवश्यक है कि उनकी विचारधारा एक ऐसा विशाल भवन है जिसमें विभिन्न फर्श और आधार हैं। नीचे धर्म की नींव पर सुदृढ़ आधार है। इस विशाल और अविचलनीय नींव पर राजनीतिक तथा सामाजिक अभियान स्थित हैं।"

धर्म सम्बन्धी उनकी व्याख्या

उनके लिए धर्म कोई धर्म विशेष, अथवा हिन्दू धर्म नहीं था। उनके लिए धर्म वह था, जो सभी धर्मों में मेल करता हो। इस प्रकार राजनीति में धर्म के प्रवेश का अर्थ है सत्य और न्याय की नैतिक प्रतिज्ञाओं को पूरा करने की दिशाओं में उत्तरोत्तर बढ़ना।

किन्तु जब यह स्वीकार किया जाए कि गांधीवादी राजनीति का आधार धर्म है, तो हम इस बात की भी उपेक्षा नहीं कर सकते कि गांधीजी की विचार सरणि न तो किसी एक सम्प्रदाय के कट्टरपन पर आरम्भ होती थी, न ही उस पर आधारित थी। "उन्हें सीजर तथा यीशू मसीह के क्षेत्रों को एक-दूसरे से मिला देने में रुचि नहीं थी।" वह प्रागैतिहासवाद और मूर्तिपूजा अथवा म्लेच्छवाद का आश्रय लेने का भी प्रचार नहीं करते थे। वह तो वास्तव में एक ऐसी कठोर, अनवरत नैतिकतानुकूल

कर्मशीलता में विश्वास रखते थे जिसके द्वारा अपनी आत्मा तथा मानवता का कल्याण हो सके और जिससे अन्याय का निराकरण किया जा सके। उन्होंने कहा था, "धर्म हमारे लिए कोई विदेशी वस्तु नहीं है। इसको हमने अपने में से ही विकसित करना है। यह सदा हमारे भीतर ही है।" स्पष्ट है कि धर्म की ऐसी व्याख्या तथा धर्म तथा राजनीति के द्विभागीकरण से बचना, इसका अर्थ यह नहीं लेना चाहिए कि राजनीति को साम्प्रदायिकता के पुट से दूषित किया गया है।

धर्म का उनके लिए अर्थ था नैतिक प्रतिज्ञाओं की श्रेष्ठता को मान्यता देना। धार्मिक जीवन का वास्तविक अर्थ है इन प्रतिज्ञाओं का समर्पित रूपेण अनुसरण करना। इस प्रकार धर्म का राजनीति में प्रवेश करने का अर्थ है, "सत्य तथा न्याय की नैतिक प्रतिज्ञाओं की ओर उत्तरोत्तर बढ़ना।" एक धार्मिक जीवन का अर्थ है समर्पित भाव से इन प्रतिज्ञाओं का पालन करना। उन्होंने एक बार कहा था, "मैं किसी भी धर्म, ऐसे सिद्धान्त को नहीं मानता जो युक्तिसंगत न हो अथवा जिसका नैतिकता से टकराव हो।"[4] वह स्वयं लिखते हैं, "सत्य के प्रति मेरी आस्था ही मुझे राजनीति के क्षेत्र में खींच लाई है। मैं बिना किसी झिझक के तथा पूर्ण विनम्रता के साथ कह सकता हूँ कि जो लोग धर्म का राजनीति से कोई सम्बन्ध नहीं मानते, धर्म का अर्थ ही नहीं जानते। कृपलानी का भी यही विचार है कि गांधीजी के लिए धर्म तथा नैतिकता पर्याय हैं। यह दोनों शब्द अन्तर्विनिमेय (interchangeable) हैं। उन्होंने स्वंय स्वीकार किया था कि यद्यपि उन्होंने राजनीतिज्ञ का चोला पहना हुआ था तथापि वह एक धार्मिक पुरुष ही थे। वास्तव में गांधी आवश्यकतावश राजनीति में आए थे। परिस्थितियों ने उन्हें तूफानी नदियों से राज्य के जहाज का चालक बनने को बाध्य कर दिया। इस प्रकार वह अपने उस धार्मिक सिद्धान्त जिसके अनुसार वह सभी के लिए प्रेम और किसी के लिए घृणा नहीं का प्रचार करते थे, क्रियात्मक अभिव्यक्ति दे सकें।

अपने धार्मिक विचारों को जिनसे उनकी राजनीति मँजी हुई थी, उन्होंने किसी विशेष धर्म से प्राप्त नहीं किया था। उनका धर्म समस्त मानव जाति की सेवा था। उनके निकट धर्म प्रेम की ऐसी धुन थी जिसके द्वारा वह सारे जगत को चाहे वह मानव, पशु अथवा वानस्पतिक हों, अपने भीतर ही देख सकें। तुच्छातम परमाणु में भी ईश्वर का वास है। कुकर्मियों के प्रति उनके हृदय में घृणा नहीं थी। ईश्वर का प्रेम करने का अर्थ उसके बन्दों को प्रेम करना है। वह ईसामसीह के प्रेम के तथा मुहम्मद के भाईचारे के सिद्धान्त के पक्षधर थे।[5] इनके समान ही वह मानव की समानता तथा एकता के प्रबल पोषक थे। अतः उन्होंने क्षुद्रतम जीव को भी अपना प्रेम और सहानुभूति प्रदान की। इस प्रकार के उदात्त विचारों ने उन्हें अपने शत्रुओं से भी प्रेम करने के योग्य बना दिया। उन्होंने भारतीयों पर शासन कर निर्दयतापूर्वक

उनका शोषण करने वाले साम्राज्यवादियों से भी कभी घृणा नहीं की। राधाकृष्णन के मतानुसार, ‘‘गांधीजी के अनुसार धर्म वैयक्तिक धरातल पर ईश्वर से साक्षात्कार है। उन्होंने इस वास्तविकता को अपनी अन्तर्दृष्टि में लाने के लिए कठोर संघर्ष 40 वर्षों से भी अधिक समय तक किया। हिन्दू धर्म की भावना के अनुसार उन्होंने दिव्य ईश्वर को मात्र इन्द्रियातीत ही नहीं माना, मात्र पूर्णतम ही नहीं माना, प्रत्युत एक व्यक्तिगत ईश्वर भी माना। गांधीजी लोगों के हृदयों में से भय को दूर कर देने की प्रेरणा करते हैं, अपराध तथा बल प्रयोग के प्रति उनके विश्वास को भी वह नकारते हैं। वह धर्म को जीवन का एक महत्त्वपूर्ण अंग बनाकर अनेक समस्याओं के समाधान में उसका नियोजन करते हैं।’’

राजनीति का धार्मिक आधार क्या है?

किन्तु राजनीति के उनके धार्मिक आधार का यह अर्थ नहीं था कि राजनीति में धार्मिक हठधर्मी और कट्टरपन का समावेश हो। इसका अर्थ यह भी नहीं था कि धर्म का राजनीतिक शोषण किया जाए। उदाहरणार्थ उन्होंने खिलाफत आन्दोलन को 1920-22 में अपना समर्थन मानवीय आधार पर दिया न कि सौदेबाजी की भावना से। वह न तो एक साम्प्रदायिक थे तथा न ही एक पुनरुज्जीवनदाता थे। वह सभी मनुष्यों की एकता के पक्षपोषक थे तथा भारत के दो प्रमुख सम्प्रदायों में एकता और भ्रातृत्व उत्पन्न करने की वेदी पर उनका बलिदान हो गया। इस प्रकार जिस धर्म को गांधीजी राजनीति का आधार बनाना चाहते थे, उसकी संकल्पना को किसी धर्म विज्ञान के कट्टर विचार से सम्बद्ध नहीं किया जा सकता। वह सामाजिक संरचना (Structure) की ऐसी धार्मिक सफाई चाहते थे जिसके परिणामस्वरूप वे सभी भ्रान्तियाँ और रिवाज समाप्त किए जा सकें, जिन्होंने सच्चे धर्म के स्थान पर अधिकार किया हुआ था। इस प्रकार का पवित्र धर्म पहले मनुष्य का मनुष्य से तथा फिर मनुष्य का ईश्वर से सम्बन्ध जोड़ता। उन्होंने कहा था, ‘‘मैं ईश्वर का साक्षात्कार मानवता की सेवा के माध्यम से करने में प्रयत्नशील हूँ। मैं जानता हूँ ईश्वर न तो स्वर्ग में है न नीचे पाताल में। वह तो सभी में विद्यमान है।’’

उस अहिंसक समाज जिसका उल्लेख गांधीजी ने किया था, का आधार भी धार्मिक तथा आध्यात्मिक बहुमत पर आधारित था। सेंट आगस्टाइन की भाँति वह भी न्याय पर आधारित एक राष्ट्रमण्डल चाहते थे और राजनीति को मेशियवली द्वारा की गई व्याख्या से मुक्त करना चाहते थे। उन्होंने कहा, ‘‘मनुष्य की समस्त गतिविधियों के सप्तक (Gamut) द्वारा ही एक अविभाज्य समग्रता बनती है। आप राजनीतिक, धार्मिक तथा सामाजिक कार्यों को संकीर्ण परिभाषा के कक्षों में नहीं रख सके। धर्म सभी कार्यवाहियों को एक नैतिक आधार प्रदान करता है जिसके बिना

जीवन केवल मात्र शोर-शराबा ही रह जाता है।" इस प्रकार सिसरो, प्लेटो तथा काण्ट की भाँति गांधीजी सामाजिक तथा राजनीतिक जीवन में नैतिकता को प्राथमिकता देते थे।

उनके मतानुसार आध्यात्मिक शक्ति राष्ट्रमण्डल तथा राज्यों के सुनिश्चित नियमों से बड़ी है। इस प्रकार वह परमात्मा के प्रति सम्पूर्ण रूप से मिल जाने के विचार पर बल देते थे जिसका अर्थ यह था कि मनुष्य ईश्वर के प्रति अपनी आस्था को राजनीतिक और सामाजिक विचारों में आस्थाओं की अपेक्षा प्रथम स्थान दे। डॉ. वर्मा के मतानुसार, "इस प्रकार की विभाजित आस्था जिसके अनुसार ईश्वर के प्रति कर्त्तव्य अथवा अन्तश्चेतना की वरिष्ठता रहनी चाहिए, राजनीतिक दर्शन को गांधीजी का चिरस्मरणीय योगदान है।"[6] इसमें सन्देह नहीं कि नैतिक इच्छा की स्वायत्तता पर आधारित सत्याग्रह राजनीतिक अत्याचार और सर्वसत्तावाद के विरुद्ध प्रभावशाली प्रतिरोधक सिद्ध होने के योग्य ही है।

गांधी तथा हिन्दूधर्म

यद्यपि गांधीजी को संसार के सभी धर्मों से प्रेरणा मिली थी, तथापि हिन्दू धर्म का उनके मन पर गहरा प्रभाव पड़ा था। हिन्दू धर्म वास्तव में सत्य का धर्म है जो सत्य तथा धर्म और सत्य तथा ईश्वर में कोई अन्तर नहीं देखता। अतः गांधीजी ने कहा था, 'सत्य परमेश्वर है तथा उसके अतिरिक्त कोई अन्य परमेश्वर नहीं है।" गांधीजी ने हिन्दू धर्म के आध्यात्मिक तथा नैतिक सार को स्वीकार किया जो वास्तव में संसार के सभी महान् धर्मों का सार था। किन्तु वह हिन्दू शास्त्रों को अक्षरशः स्वीकार नहीं करते थे। वह शास्त्रों की किसी ऐसी व्याख्या को स्वीकार नहीं करते थे जो तर्क अथवा नैतिक भावना के प्रतिकूल हो। गीता और रामायण के प्रति उनके उत्कट प्रेम का प्रमाण उनके इन शब्दों से प्रकट होता है, "मुझे तुलसीदास की रामायण तथा गीता के संगीत से जो आनन्द मिलता है उतना किसी दूसरी वस्तु से नहीं। हिन्दू धर्म के यह दो ग्रन्थ ही ऐसे हैं जिन्हें मैं जानता हूँ।"[7]

आचार्य कृपलानी के शब्दों में, "गांधीजी के हिन्दू धर्म में इसके स्वरूप, समारोहों तथा संस्थाओं को कोई प्रश्रय नहीं था। जो युक्तिविरुद्ध अथवा एकता विरोधी हो, उसे वह अस्वीकार कर देते थे। यद्यपि अपने को पुरातनवादी हिन्दू मानने में उन्हें प्रसन्नता होती थी, तथापि वह अस्पृश्यता जैसी गर्हित तथा क्रूर प्रथा और जातिवाद को स्वीकार नहीं करते थे।"[8] इसके अतिरिक्त नैतिक मार्गदर्शन के लिए वह केवल हिन्दू धर्म की ओर ही नहीं देखते थे। उन्होंने कहा था, "वेदों के विशिष्ट दिव्यत्व पर विश्वास नहीं करता। मैं बाइबल, कुरान तथा जन्दावस्ता को भी उतना ही ईश्वर प्रेरित मानता हूँ जितना वेदों को। हिन्दू धर्म प्रचारकों का धर्म नहीं है।

इसमें संसार के सभी पैगम्बरों की पूजा की व्यवस्था है। हिन्दू धर्म सभी को अपने मत और ढंग से ईश्वर की उपासना करने को कहता है, अतः यह सभी धर्मों के साथ शान्ति से रह सकता है। क्या मेरे आधुनिक हिन्दू भाई अपने उदार, पतितोद्धारक पूर्वजों का अनुसरण कर अस्पृश्यता का कलंक सदा के लिए धो नहीं डालेंगे?''[9]

उनके मानवतावादी दृष्टिकोण ने उन्हें अस्पृश्यता के विरुद्ध संघर्ष के लिए उत्प्रेरित किया। इसके अतिरिक्त अपने मार्गदर्शन का स्रोत वह मात्र हिन्दू धर्म को ही नहीं मानते थे। उन्होंने कहा था, ''मैं वेदों के एकमात्र दैवी मूल का होने का दावा स्वीकार नहीं कर सकता। मैं मानता हूँ कि बाइबल, कुरान तथा जन्दावस्ता में भी दैवी प्रेरणा का उतना ही अंश है जितना वेदों में है। हिन्दू धर्म मिशनरी नहीं है। इसमें सभी मतों के महापुरुषों, मसीहाओं के प्रति आदर भाव को प्रश्रय दिया गया है। क्योंकि यह प्रत्येक को अपनी भावना और विश्वास के अनुसार ईश्वर की उपासना की अनुमति देता है, अतः यह सभी के साथ शान्तिपूर्वक मिलकर रह सकता है।

गांधी एक धर्मनिरपेक्षवादी

हिन्दू धर्म के प्रति गांधीजी की श्रद्धा का यह अर्थ नहीं है कि वह एक कट्टर हिन्दू थे और दूसरे धर्मों से घृणा करते थे। जैसा ऊपर कहा जा चुका है, इन्हें सभी धर्मों की अन्तर्निहित अच्छाइयों में विश्वास था। वह राज्य द्वारा किसी धर्म विशेष के प्रति पक्षपातपूर्ण रवैया अपनाने के विरुद्ध थे। वह राज्य द्वारा लोगों को कोई विशेष विचार रखने और किसी विशेष धर्म को रखने के लिए विवश करने के विरोधी थे। उन्होंने इस बात का समर्थन किया, ''प्रत्येक व्यक्ति को धर्म के उस रूप का अनुसरण करने की स्वतन्त्रता होनी चाहिए, जिसमें उसकी आस्था को बिना किसी राजकीय हस्तक्षेप के।''[10] वह किसी राजकीय धर्म का समर्थन नहीं करते थे। उन्होंने कहा, ''मैं एक राजकीय धर्म में विश्वास नहीं रखता, चाहे सारे राष्ट्र का एक ही धर्म क्यों न हो।'' राजकीय हस्तक्षेप शायद सभी दशाओं में अरुचिकर ही रहे। ''धर्म एकान्ततः वैयक्तिक विषय है...।''[11] वह पूर्ण अथवा आंशिक रूपेण धार्मिक संस्थाओं को राजकीय सहायता दिए जाने के विरोधी थे। वह राजकीय संस्थाओं में किसी प्रकार की विशेष साम्प्रदायिक अथवा वर्गीय शिक्षा दिए जाने के विरोधी थे। वह धार्मिक शिक्षा को धार्मिक संस्थाओं का ही मामला रखना चाहते थे। वह धर्म को वैयक्तिक निर्णय का विषय मानते थे। वह संगठित राज्य अभिकरणों द्वारा लोगों की धार्मिक बातों में पड़ने को पसन्द नहीं करते थे। उन्होंने कहा था, ''यदि मैं तानाशाह होता तो धर्म तथा राज्य दोनों को पृथक् रखता। अपने धर्म की शपथ लेकर मैं कहता हूँ, मैं इसके लिए प्राण दे सकता हूँ। किन्तु, यह मेरा व्यक्तिगत मामला

है। राज्य का इससे कुछ लेना-देना नहीं है।" अतः गांधीजी का धर्मोन्मुखी होना, धर्मनिरपेक्षता की उनकी अवधारणा से उन्हें विमुख नहीं करता। गांधी द्वारा की गई धर्म की व्याख्या तथा राज्य का धर्म इस धारणा का उनका प्रतिवाद भारतीय संविधान का मूल आधार बना। अपने धर्म का अनुसरण करने और सांस्कृतिक तथा शैक्षणिक अधिकार, यह दो मौलिक अधिकार जिनका प्रतिपालन गांधी ने किया, भारतीय नेताओं तथा संविधान निर्माताओं द्वारा अत्यन्त प्रशंसित हुए। कालान्तर में 'धर्मनिरपेक्ष' शब्द भारतीय संविधान में सम्मिलित किया गया। गांधीजी साम्प्रदायिक सौहार्द तथा एकता के पक्षधर थे। अतः उन्होंने कांग्रेस जनों को धर्म निरपेक्षता के सिद्धान्त को अपनाने की प्रेरणा दी। भयंकरतम साम्प्रदायिक उपद्रवों ने भी धर्मानिरपेक्षता और मानवता में गांधीजी के विश्वास को डिगाया नहीं। 19 अगस्त, 1947 को उन्होंने राजकुमारी अमृत कौर को लिखा, "तुम्हें मानवता में विश्वास नहीं खोना चाहिए, जो एक समुद्र है। यदि समुद्र की कुछ बूँदें मैली हों तो समुद्र गन्दा नहीं हो जाता।"[12] उन्होंने भारतीयों को सदा यह स्मरण कराया कि अनेक धर्म होते हुए भी वह एक राष्ट्र के अंग हैं। अतः वह परस्पर सद्भाव और एक-दूसरे के प्रति सहनशीलता बनाए रखें। यह एक धर्मनिरपेक्ष राज्य का आधार है। इस प्रकार हम देखते हैं कि गांधीजी की धर्मपरायणता इनकी धर्मनिरपेक्षता के अवधारणा (Concept) से उन्हें विमुख नहीं करती है।

गांधीवाद की विशेषताएँ

यद्यपि गांधीजी अपने साथ किसी वाद का सम्बन्ध जोड़ा जाना पसन्द नहीं करते थे, तथापि जैसा पहले कहा जा चुका है, कुछ निश्चित गांधीवादी विचारों को यदि संकलित किया जाए तो वह गांधीवाद तथा गांधीवादी राजनीतिक दर्शन का निदर्शन करते हैं। गांधीवादी विशेषताओं का निम्न प्रकार से वर्णन किया जा सकता है—

अहिंसा

राजनीति को विशेषतः तथा जीवन को सामान्यतः उनके द्वारा निरन्तर युद्ध और रक्तपात के युग में अहिंसा तथा उसकी प्रयोज्यता (Applicability) के सम्बन्ध में की गई व्याख्या उनकी महत्तम देन है। गांधीजी के लिए, "अहिंसा कोई नवीन राजनीतिक दर्शन नहीं है। यह मेरे जीवन का श्वास है। यह बुद्धि का विषय न होकर हृदय से सम्बन्ध रखता है।" उनकी अहिंसा मूलतः भारतीय विचारधारा से सम्बद्ध है। अहिंसा का शाब्दिक अर्थ हत्या न करना है, किन्तुः भारतीय विचारधारा से सम्बद्ध है। अहिंसा का शाब्दिक अर्थ हत्या न करना है, किन्तु गांधीजी के लिए

इसका अर्थ कहीं व्यापक था। उनके लिए इसका अर्थ था मन, कर्म और वचन से किसी को दुःख न देना। एक कठोर भाषण हिंसा का ही रूप है। दूसरों के विषय में बुरा सोचना भी हिंसा है। एक अहिंसक व्यक्ति किसी को अपना शत्रु नहीं समझता। वह किसी के प्रति दुर्भावना नहीं रखता। उनके द्वारा प्रस्तुत अहिंसा की इस व्याख्या का सत्यापन उनकी हत्या से कुछ दिन पूर्व की निम्न घटना से भली-भाँति हो जाता है। 20 जनवरी, 1948 को उनकी सायंकालीन प्रार्थना सभा में बम फेंका गया। अपने से कुछ दूरी पर फटे इस बम की उन्होंने पूर्णतः उपेक्षा कर दी। अग़ले दिन, जीवन रक्षा हो जाने पर लोगों की बधाइयों के उत्तर में उन्होंने कहा, "मैं इनका अधिकारी उस समय होता, जब मैं इसका शिकार होता और जीवन लीला समाप्त होने से पूर्ण मुख पर मुस्कान लिए, मैं यह प्रमाणित कर पाता कि उसके प्रति मेरे मन में कोई दुर्भावना नहीं है। उन्होंने वास्तव में पुलिस से यह अनुरोध किया था कि वह उस युवक को सताने के स्थान पर समझा-बुझाकर उसके हृदय-परिवर्तन का प्रयत्न करें।"[13] कहा जाता है कि गोली लगने के कुछ क्षणों पश्चात् तक यदि वह जीवित रहते तो वह गोडसे को मृत्युदण्ड दिए जाने का सुझाव नहीं देते। उनकी हिंसा की व्याख्या में वह सभी क्रियाएँ सम्मिलित हैं जिनसे व्यक्ति तथा समाज को आघात लगता है। अपनी हिंसा की कल्पना में गांधीजी प्रत्येक उस कार्य को शामिल करते थे जिससे व्यक्ति अथवा समाज को हानि पहुँचे।

अहिंसा की हिंसा से तुलना करते हुए उन्होंने कहा, "अहिंसा हमारी मानव जाति का नियम है और हिंसक क्रूर व्यक्ति में भावना सुप्त रहती है और वह शारीरिक शक्ति को छोड़ किसी भी नियम को स्वीकार नहीं करता। मनुष्य की प्रतिष्ठा के लिए यह आवश्यक है कि वह किसी उच्चतर नियम का पालन करे—वह है, भावना का संघर्ष। अहिंसा एक पूर्ण स्थिति है। यह वह लक्ष्य है जिसकी ओर सारी मानवता जा रही है, स्वाभाविक, किन्तु अनजाने रूप में।"

अहिंसा वीरों का सिद्धान्त है, कायरों का नहीं। इसका अर्थ अकर्मण्यता नहीं है तथा न ही इसका अर्थ है आक्रमण की आशंका या कठिनाई की स्थिति में हाथ पर हाथ धरे बैठे रहना। इसका अर्थ मूक और कायरतापूर्ण समर्पण तथा कुकर्मी के आधीन अपने को कर देना भी नहीं है। "यह आत्मा की शक्ति है, सत्य की खोज की शक्ति है। संक्षेप में यह सत्याग्रह है, बुराई का प्रतिरोध। अहिंसा का उद्देश्य मनुष्य की साँस के बन्धन से अन्तिम रूप से मुक्ति है, जिससे कि मनुष्य नश्वर शरीर की आवश्यकता के बिना भी जीवन सम्भव रहे जिसके पोषण से संहार अनिवार्य होता है।"

गांधीजी के सामने अपने शब्दों में, "अपने शत्रुओं से प्यार करने का उद्देश्य न केवल उदात्ततम आदर्शवाद है, वरन् यह सबसे अधिक व्यावहारिक राजनीति भी है।"

नैतिक तथा आध्यात्मिक शक्ति जिसका एक मनुष्य अधिकारी हो सकता है। यह नैतिक शक्ति का प्रयोग है अथवा सत्य का पक्षपोषण करने की दृढ़ता है। यह "आत्मिक बल है अथवा हमारे भीतर रहने वाली ईश्वरीय शक्ति।" यह कष्ट सहन, पूर्ण स्वार्थहीनता तथा विश्वजनीन प्रेम (Universal Love) को दर्शाती है। गांधीजी के अनुसार, "अहिंसा का अर्थ कुकर्मी की इच्छा के आगे मूकसमर्पण नहीं है...यह कोई नकारात्मक शक्ति नहीं है—वह शक्ति विद्युत से भी अधिक वास्तविक है और ईथर से भी अधिक शक्तिशाली है। इस प्रकार गांधीजी के मतानुसार, अहिंसा उपयोगी सामाजिक परिवर्तन के निमित्त एक निश्चयात्मक प्रक्रिया है। हिंसा का यदा-कदा उपयोग अनुचित नहीं कहा जा सकता। ऐसी परिस्थितियाँ उपस्थिति होती हैं जब किसी को हिंसा का हिंसा केन्द्र बनाना आवश्यक हो जाता है। ऐसा चुनाव उस स्थिति में करना पड़ता है जब हिंसा और कायरतापूर्ण आचरण का मामला हो।[14] पाकिस्तानी आक्रान्ताओं पर बमबारी करने वाले जहाजों को उन्होंने आशीर्वाद दिया। अहिंसा ईसाई सिद्धान्त प्रेम का सहार्थवाची है। यह स्वयं ईश्वर का पर्यायवाची है। अहिंसा हाउमांस के पुतले शरीर से आत्मा के मुक्त होने का नाम है। ऐसा इसलिए आवश्यक है जिससे मरणधर्मा भौतिक शरीर के बिना भी जीवन प्राप्त हो।[15] गांधीजी के अपने शब्दों में, "यह निर्देश कि अपने शत्रुओं से प्रेम करो, उदात्ततम आदर्श ही नहीं, वरन् सर्वाधिक व्यावहारिक राजनीति भी है।" उनके मतानुसार बड़ी से बड़ी हिंसा का सामना बड़ी से बड़ी अहिंसा से हो सकता है। अतः अहिंसा 'आत्मा की वीरता है। यह एक तपस्वी का युद्ध है।' और 'प्रेम का साहसिक कार्य है।' यह निश्चयात्मक, गतिशील तथा रचनात्मक है। सेन के अनुसार, "अहिंसा अप्रतिम शक्ति वाला शस्त्र है।"[16] उन्होंने उचित ही कहा था, "अहिंसा मानवता को उपलब्ध महत्तम शक्ति है। मनुष्य की गवेषणा बुद्धि द्वारा प्रस्तुत वह संहार का सशक्ततम शस्त्र है। अपने एक भाई के हाथों मारे जाने के लिए न कि उसकी हत्या के लिए सदा उद्यत रहने से मानव को जीवन प्राप्त होता है। कोई भी हत्या भले ही किसी कारण से हो, मानवता के विरुद्ध अपराध है।"[17]

अहिंसा की आवश्यकताएँ

(अ) सत्य—सत्य अहिंसा का मूल तत्त्व है। गांधीजी अपने को केवल मात्र 'परमात्मा सत्य', कथन तक ही सीमित नहीं रखते। उनके अनुसार, "सत्य ही ईश्वर है।" उनके अपने शब्दों में, "सत्य एक ऐसा प्रभुसत्तात्मक (Sovereign) सिद्धान्त है जिसमें कई अन्य सिद्धान्त सम्मिलित हैं। यह सत्य मात्र शब्दों की ही सत्यता नहीं है, किन्तु विचारों की भी और इसके अतिरिक्त वह न केवल हमारे परिज्ञान की अपेक्षा में सत्य हो, वरन् सम्पूर्ण सत्य जो कि 'ईश्वर' है।"[18] सत्य असत्य को

मिटाता है। प्रेम क्रोध को मिटाता है और कष्ट सहन हिंसा को मिटाता है। इस शाश्वत नियम पर केवल सन्तों का ही एकाधिकार नहीं है। यह सभी के लिए हैं। अहिंसा में विश्वास रखने वाला व्यक्ति सच कहने में काई संकोच नहीं करेगा, चाहे उसके आस-पास के लोगों की प्रतिक्रिया कुछ भी हो। गांधीजी ने यह निस्संकोच स्वीकार किया कि 1922 में अपने अहिंसात्मक आन्दोलन को समाप्त कर उन्होंने 'हिमालय जैसी बड़ी' भूल की। हॉरेस ने ठीक ही कहा है, "सत्य तथा अहिंसा यह दो शब्द गांधीवाद के ध्वज पर उज्ज्वल रूपेण अंकित प्रेरणात्मक शब्द हैं। स्वयं गांधीजी की सार्वजनिक जीवनावधि में यह उनके लिए प्रेरणात्मक रहे हैं।"[19]

(आ) आन्तरिक शुद्धता—अहिंसा में सच्चा विश्वास रखने वाले व्यक्ति से यह आशा भी की जाती है कि वह आन्तरिक शुद्धता का भी पालन करे। क्योंकि अहिंसा की लड़ाई एक तपस्वी की लड़ाई है, अतः इसे छेड़ने वाले को अपने आपको आत्मानुशासन, शालीनता तथा पवित्रता के लिए तैयार करना चाहिए। गांधीजी के शब्दों में, "ब्रह्मचर्य सबसे बड़े अनुशासनों में से एक ऐसा अनुशासन है जिसके बिना मन में पूरी दृढ़ता नहीं आती।" वास्तव में अहिंसा की खोज प्रकाश (Search light) को भीतर की ओर करने से ही आरम्भ और समाप्त होती है।

(इ) उपवास—उपवास आन्तरिक शुद्धता का साधन है तथा एक राष्ट्रीय आन्दोलन में राष्ट्रीय पश्चात्ताप का साधन है। गांधीजी के अनुसार, "एक विशुद्ध उपवास शरीर, मन तथा आत्मा को भी शुद्ध कर देता है। यह शरीर का जिस सीमा तक दमन करता है, उस सीमा तक आत्मा को स्वतन्त्र बना देता है।" शरीर को वश में रखना आध्यात्मिक उन्नति की एक शर्त है। एक पूर्ण उपवास पूर्ण आत्मत्याग भी है। यह एक अहिंसक सैनिक का सशक्त हथियार है। गांधीजी भूल करने वाले अपने देशवासियों को सीधे मार्ग पर लाने के लिए प्रायः इसका प्रयोग करते थे। कई बार तो उन्होंने अपने आमरण अनशनों द्वारा उस समय के श्वेत स्वामियों (अंग्रेजों) को उनकी माँगों के सामने झुक जाने पर विवश कर दिया। उदाहरणार्थ सितम्बर 1932 में गांधीजी ने उसी वर्ष अगस्त के साम्प्रदायिक अधिनिर्णय (Award) के विरोध में आमरण अनशन रखा। यह गांधीजी द्वारा अंग्रेजों पर दबाव डालने का यत्न था। इस अवसर पर गांधीजी की सम्मति थी, उपवास तन्द्रिल चेतना को आलोड़ित करता है तथा प्रेमभारित हृदयों को भी उद्वेलित कर क्रियाशील बना देता है। इसके द्वारा अहिंसात्मक दबाव उन लोगों के हृदयों को भी संवेदनशील बना देता है जिनके विरुद्ध यह रखा जाता है।

एक अवसर पर उपवास रखने पर उन्हें भीड़ के आक्रोश का केन्द्र बनना पड़ा। हॉरेस के अनुसार सब प्रकार निष्फल होने पर वह उपवास को अन्तिम रूप में प्रयुक्त करते थे। उनके अनुसार उपवास यदि स्वार्थमुक्त होकर पाक भाव से रखा जाए तो

हृदय शुद्ध होता है। यह भी इसके द्वारा जाना जा सकता है कि और ऐसा क्या है जो आवश्यक होने पर भी किया नहीं गया।[20] 13 जनवरी, 1948 को साम्प्रदायिक उपद्रवों के वेग को रोकने के लिए उनके अनशनसरत होने पर सभी सम्प्रदायों के नेताओं ने इन्हें बन्द कराने में सचेष्ट होने की शपथ ली।

(ई) निर्भीकता (अभय)–अहिंसाव्रती के लिए एक अन्य महत्त्वपूर्ण गुण निर्भीकता है। गांधीजी एक वीरोचित अहिंसात्मक कार्य पसन्द करते थे। वह दुर्बल के अप्रतिरोध (Non-resistance) के कभी समर्थक नहीं रहे। वह एक अहिंसक सैनिक से अपने में नैतिक साहस और शक्ति बढ़ाने की अपेक्षा रखते थे। 27 नवम्बर, 1946 को नोआखाली में उन्होंने कहा था, "एक मात्र आश्वासन (Guarantee) व्यक्तियों के निजी साहस में ढूँढ़ना चाहिए। शेष सब कुछ उसी पर निर्भर है। व्यक्तिगत चरित्र की पूर्णता से और ईश्वर के अस्तित्व में गहन विश्वास से निर्भीकता प्राप्त की जा सकती है। अहिंसा का अर्थ है, पूर्ण निर्भीकता। यह सबसे बड़ी तथा सबसे अधिक सूक्ष्म शक्ति है। यह एक वीर आत्मा की उस सुदृढ़ शक्ति का प्रदर्शन है जो किसी व्यक्ति को कष्ट पहुँचाना नहीं चाहता। एक अहिंसक सैनिक को भीरुता का त्याग करना ही पड़ता है। कायरता से तो हिंसा श्रेष्ठतर है। गांधीजी के शब्दों में, "कायरता स्वयं हिंसा का जटिल तथा भयानक्र रूप है तथा इसका निवारण शारीरिक हिंसा की आदत के निवारण से भी अधिक कठिन है। एक कायर व्यक्ति अपने जीवन को कभी संकट में नहीं डालता। हत्यारा प्रायः अपने जीवन को संकट में डालता है। एक अहिंसक व्यक्ति का जीवन सदा उसकी दया पर रहता है जो उसे कभी ले सकता है, क्योंकि अहिंसक जानता है कि उसमें विद्यमान आत्मा कभी नहीं मरती। जितना अधिक मनुष्य अपना जीवन देता है, उतना ही अधीक वह उसकी रक्षा करता है। इस प्रकार अहिंसा के लिए युद्ध के सैनिक से भी बड़े साहस की अपेक्षा होती है।"[21]

गांधीजी यह अनुभव करते थे कि कायर को हिंसा का पाठ देना उतना ही दुष्कर है जितना एक अन्धे को स्वस्थ दृश्य देखने का प्रलोभन देना। यदि एक व्यक्ति अहिंसा में पूर्ण विश्वास नहीं रखता तथा स्वयं कष्ट सहन तथा प्रेम द्वारा अपनी और दूसरों की रक्षा नहीं कर सकता, तो वह हिंसा का प्रयोग कर सकता है।

(ए) अपरिग्रह—एक अहिंसक सिपाही से यह अपेक्षा की जाती है कि वह जीवन में एक उदासीन दृष्टिकोण अपनाए और जीवन के भौतिक पदार्थों के प्रति भी वह निस्संग रहे। गांधीजी के अनुसार, "जीवन की अनेक सुविधाएँ न केवल परिहार्य (Dispensable) ही हैं, वरन् मानवता को ऊँचा उठाने के मार्ग में निश्चयात्मक बाधाएँ भी है।" अपरिग्रह सिद्धान्त विचारों पर भी उतना ही लागू हो सकता है जितना वस्तुओं पर। ऐसे विचार जो हमें ईश्वर की ओर प्रवृत्त नहीं करते अथवा ऐसे

विचार जो हमें उससे दूर ले जाते हैं, हमारे मार्ग में बाधाएँ बनते हैं। प्यारेलाल के मतानुसार, "गांधीजी के विचार में वैभव को संचित करना अहिंसा के सिद्धान्त के अनुकूल नहीं है।"

(ऐ) अध्यवसाय—अहिंसा का फल इतना शीघ्र प्राप्त नहीं होता, जितना हिंसा का। अतः अहिंसा के पक्षपोषक और उसमें विश्वास रखने वाले को दिव्य धैर्य और निर्भीकता का अभ्यास करना चाहिए। उसे यह जता देना चाहिए कि हिंसा द्वारा प्रस्तुत शीघ्र परिणाम, कदापि स्थायी और प्रभावकारी नहीं होते। अहिंसक व्यक्ति किसी पराजय को नहीं जानता, क्योंकि उसे ईश्वर में अनन्त विश्वास होता है। एक अहिंसक सैनिक जानता है कि बार-बार असफल हुए और बार-बार यत्न करने से ही एक भले उद्देश्य की सिद्धि हो सकती है। किन्तु धैर्य तथा अध्यवसाय का अर्थ *आलस्य* और *भाग्यवाद* नहीं है। गांधीजी का 'भारत छोड़ो आन्दोलन' और उसके अन्तर्गत व्यवहार में लाई जाने वाली 'करो और मरो' की नीति, इस बात के स्पष्ट प्रमाण हैं कि अहिंसा का प्रचारक देर कभी पसन्द नहीं करेगा, यदि परिस्थिति कार्य में शीघ्रता चाहती हो।

अहिंसा, सत्याग्रह तथा शान्तिपूर्ण प्रतिरोध

गांधीजी का अहिंसा दर्शन इन चार दशाओं से गुजर चुका था, शान्तिपूर्ण प्रतिरोध, (दक्षिणी अफ्रीका में असहयोग आन्दोलन, 1920-21 में), सिविल अवज्ञा आन्दोलन (1930-31 में) तथा सत्याग्रह (1940-41 में)। अन्तिम तीन दशाओं को सत्याग्रह की संज्ञा दी गई है। अहिंसा के अंग के रूप में सत्याग्रह तथा शान्तिपूर्ण प्रतिरोध के रूप में सत्याग्रह में उल्लेखनीय अन्तर है। पहली बात तो यह है कि शान्तिपूर्ण प्रतिरोध पूर्णतः अहिंसात्मक नहीं होता। परिस्थितिवश हिंसात्मक भी हो सकता है, जबकि सत्याग्रह में शक्ति के प्रयोग के लिए बिल्कुल गुंजाइश नहीं है। किन्तु गांधीजी सत्याग्रह की इस व्याख्या से कुछ अत्यन्त असाधारण परिस्थितियों में दूर हट गए थे। उनके आशीर्वाद से शक्ति का प्रतिरोध शक्ति से किया गया जब पाकिस्तान ने कश्मीर को हथियाने के लिए आक्रमण किया। दूसरी बात यह है कि शान्तिपूर्ण प्रतिरोध में उसके लक्ष्य व्यक्ति के विरुद्ध विवशकारी उपाय काम में लाए जा सकते हैं, जबकि सत्याग्रह आत्मयन्त्रणा में विश्वास करता है। तीसरी बात यह है कि सत्याग्रह का उद्देश्य विरोधी का हृदय परिवर्तन करना है, जबकि शान्तिपूर्ण प्रतिरोध का उद्देश्य विरोधी को परेशान कर अपनी माँगों के आगे झुकने को विवश करना होता है। चौथे, सत्याग्रह जहाँ प्रेम और दया के सिद्धान्तों से प्रेरित होता है, वहाँ शान्तिपूर्ण प्रतिरोध ईर्ष्या की नीयत से भी हो सकता है। पाँचवें, सत्याग्रह वीरों का हथियार है, अतः निश्चयात्मक है। इसके विपरीत शान्तिपूर्ण प्रतिरोध एक कायर

का साधन है, और इस प्रकार नकारात्मक है। छठी बात यह है कि शान्तिपूर्ण प्रतिरोध राजनीतिक औचित्य का शस्त्र है, जबकि शारीरिक शक्ति पर आत्मिक शक्ति की श्रेष्ठता स्थापित करने वाला सत्याग्रह एक नैतिक शस्त्र है। सातवें, सत्याग्रह जहाँ गतिशील है वहाँ शान्तिपूर्ण प्रतिरोध स्थिर है। सत्याग्रही निश्चयात्मक रूप से काम करता है तथा प्रेम भाव से सहर्ष कष्ट सहन करता है। अन्त में यही कहना है कि सत्याग्रह आन्तरिक शक्ति पर बल देते हुए अत्याचार और अन्याय का डटकर विरोध करता है, जो प्रभाव में शान्तिपूर्ण प्रतिरोध से कहीं अधिक होता है।

सुरक्षा के लिए अहिंसा का प्रयोग किस प्रकार किया जाए

प्रश्न उठता है कि किस प्रकार एक राष्ट्र अपनी सम्पत्ति को बाहरी आक्रमण से और आन्तरिक उथल-पुथल से अहिंसा द्वारा सुरक्षित रख सकता है? गांधीजी का विचार था कि प्रत्येक प्रकार की सम्पत्ति की रक्षा की जा सकती है अहिंसा से। हिंसा द्वारा प्राप्त किसी वस्तु की रक्षा केवल हिंसा से ही हो सकती है। इस प्रकार यदि कोई देश अपनी सम्पत्ति की रक्षा करने को आतुर है अहिंसा द्वारा तो पहले उसे वह सब कुछ त्यागना पड़ेगा, जो उसने हिंसा द्वारा प्राप्त किया है। दूसरे शब्दों में एक राष्ट्र को स्वेच्छा से अपनी कुअर्जित (illgotten) सम्पत्तियों और अन्य प्राप्तियों को त्यागना पड़ता है, पूर्व इसके कि वह उन आक्रमणकारियों को जो उसकी अहिंसा से प्राप्त सम्पत्ति से उसे वंचित करना चाहते हैं, खदेड़ा जा सके।

किन्तु गांधीजी के विचारानुसार अहिंसा द्वारा देश की रक्षा करने के लिए पर्याप्त तैयारियों की आवश्यकता है। इस योजना में अपने ही घर की **आर्थिक तथा सामाजिक स्थिति** को सुधारना शामिल है। अहिंसा के प्रत्याशी (Aspirant) को सर्वप्रथम अपनी ही जाति में सामाजिक सुधारों में परिवर्तन लाना चाहिए, रचनात्मक कार्यक्रम तथा सत्याग्रह के द्वारा। यदि वह खेतों और कारखानों में कड़ा परिश्रम करने वालों के लिए वास्तविक स्वराज्य चाहता है, तो उसे ऐसा करना ही होगा। मान लीजिए, इस लक्ष्य की प्राप्ति हो जाती है, किन्तु यदि बाहर से आक्रमण होता है और भीतर से तोड़-फोड़ और अव्यवस्था की आशंका हो तो, अहिंसक का आचरण किस प्रकार का होगा?

इस स्थिति का सामना करने के लिए गांधीजी ने सत्याग्रहियों की एक सेना संगठित करने का सुझाव दिया। यह सेना विरोधी लोगों से बात करेगी, यहाँ तक कि अपनी हत्या के लिए भी अपने को प्रस्तुत कर देगी, किन्तु अपने शत्रु को हानि पहुँचाने के लिए अपनी छोटी उँगली भी नहीं उठाएगी। वह अपने धैर्य द्वारा उस पर विजय पाएगी। इस सेना के सैनिक को यह अनुभव कराया जाए कि उसके जीवन को कोई खतरा नहीं है।

सामान्यतः यह तर्क दिया जाता है कि इस प्रकार का सत्याग्रहियों का आत्म-बलिदान कोई ध्यान में भी नहीं लाएगा। सत्याग्रहियों पर बम फेंके जाएँगे, टैंक उनके ऊपर चलेंगे, बन्दूकें और तोपें उन्हें अपना ग्रास बनाएँगी और इस प्रकार उनकी हत्या निरर्थक ही सिद्ध होगी। गांधीजी के पास इसका ठोस समाधान है। वह कहते हैं कि वह सशस्त्र सेना सत्याग्रहियों की भूमि पर अधिकार करेगी तो उनकी जीवन-रक्षा करने को तो वह बाध्य होगी ही, क्योंकि उन्हें दास बनाकर वह उनके काम लेना चाहेगी। अहिंसक सत्याग्रहियों को शत्रु दल के साथ अहिंसात्मक असहयोग का संगठन करना चाहिए। किन्तु वह घर फूँक नीति का समर्थन नहीं करते थे। लोगों को साहसपूर्वक आक्रमणकारियों का सामना करना चाहिए। उन्हें यह बता देना चाहिए कि उसके पास जो भी है, वह उसी को उनके साथ मिल बाँटने को तैयार होंगे, यदि सैनिक न्याय तथा समानता पर आधारित एक नया जीवन निर्माण करने को तैयार हों। किन्तु सत्याग्रही किसी भी मूल्य पर उनके इशारों पर नहीं चलेंगे और न ही कभी उनके दास बनने पर सहमत होंगे। गांधीजी का मत था कि "उन सत्याग्रहियों की प्रथम पंक्ति जो अपने जीवन का बलिदान देगी, वह अपने पीछे जीवित बचे सत्याग्रहियों में और साहस भर देगी और उसी के बूते पर वह अपने अहिंसात्मक सहयोग को जारी रखेगी। एक समय तक अधिकार रखने वाली सेनाओं की विचार शक्ति पर प्रभाव पड़ेगा। इस प्रकार वह उन सत्याग्रहियों के शान्त साहस और निश्चय पर आश्चर्य करने लगेंगे, ऐसे सत्याग्रहियों पर जिन्होंने स्वयं कष्ट सहे, किन्तु उनके जीवन के लिए कोई खतरा उत्पन्न नहीं किया, किन्तु फिर भी जिनमें समर्पण न करने की भावना है और निश्चय है अपने आन्दोलन को जारी रखने का, ऐसे जीवन के ढंग के लिए जिसमें सभी मनुष्यों के साथ भाइयों जैसा व्यवहार हो।"[22] गांधीजी, जिनमें महात्मा का तत्त्व अधिक था, अनुभव करते थे कि नीरो में भी हृदय तत्त्व का अभाव नहीं था। सत्याग्रही की आत्मयन्त्रणा से शत्रु का हृदय अवश्य पिलघता है और उसके हृदय में भी कष्ट सहन और स्वार्थहीनता के लिए आदर का भाव जाग्रत हो जाता है।

गांधीजी के आलोचकों ने उनके सामने प्रश्न रखा—क्या इस प्रकार का अहिंसात्मक प्रतिरोध मानवीय दृष्टि से सम्भव है? उन्होंने स्पष्ट कहा, हाँ, ऐसा सम्भव है। किन्तु, इसके लिए अत्यन्त उच्चकोटि के साहस की आवश्यकता है। गांधीजी का अनुभव था कि जब तक मानवता इस प्रकार के साहसपूर्ण कदम के लिए तैयार नहीं होती तो लोग भयानक और संहारक शस्त्रों की पागलपने की होड़ में प्रवृत्त होते रहेंगे और फलतः अधिक से अधिक नैतिक पतन होता जाएगा।

इस प्रश्न का उत्तर देते हुए कि हिटलर जैसे भयानक तानाशाह के हृदय को प्रभावित करना कैसे सम्भव है, गांधीजी का कहना था कि इस प्रकार के व्यक्ति में

चाहे हृदय-परिवर्तन सम्भव न हो तथापि हिटलर अकेला ही तो लड़ने वाला नहीं होगा। उसके आधीन लड़ने वाले अनेक सैनिक होंगे। सत्याग्रह का प्रभाव उनके हृदय पर तो पड़ सकता है। जब भी इस प्रकार सैनिकों का हृदय प्रभावित होगा, हिटलर तथा उसके अन्य सेनापतियों की विचारधारा का जादू समाप्त हो जाएगा और इस प्रकार हिटलर अकेला पड़ जाएगा। इस प्रकार हिंसा की केन्द्रीय शक्तियों को अकेले पड़ जाना ही वह सबसे बड़ा फल था, जिसकी उन परिस्थितियों में गांधीजी आशा कर सकते थे।

इस तथ्य से इन्कार नहीं किया जा सकता कि अपने अहिंसात्मक अभियानों के द्वारा गांधीजी ने ब्रिटिश साम्राज्यवादियों को आशा से पहले ही भारत छोड़ने पर विवश कर दिया। अहिंसा द्वारा वह साम्प्रदायिकता की फैलती लहर को रोकने में समर्थ हो सके, भारत विभाजन के समय। जो भारत के गृहमन्त्री सरदार पटेल नहीं कर सके, वह इस नग्न फकीर ने अपनी आत्मिक पवित्रता तथा आमरण अनशन द्वारा करके दिखा दिया।

सत्याग्रह

सत्याग्रह का विचार और उसका व्यवहार गांधीवाद की आत्मा है तथा वास्तव में उनका अद्‌भुत योग है। इसका अर्थ है 'आग्रह', सत्य के लिए नैतिक दबाव डालना। यह संसार में जो कुछ भी बुरा, अन्यायपूर्ण, अपवित्र तथा असत्य है, उसका प्रतिरोध प्रेम, आत्म-यन्त्रणा, आत्म-शुद्धता तथा विरोधी की आत्मा में स्थित दिव्यता पर सीधा प्रभाव डालते हुए करने की तकनीक है।[23] गांधीजी ने इसे आत्मा की और प्रेम की शक्ति कहा। गांधीजी के शब्दों में, "सत्याग्रह आत्म-यन्त्रणा तथा प्रेम के द्वारा सत्य का पक्षपोषण करना है।" यह जबर्दस्ती के विरुद्ध है तथा यह सबसे अधिक शक्तिशाली और वीर का हथियार है। एक सत्याग्रही प्रेम के द्वारा बुराई का प्रतिरोध करना चाहता है और कष्ट अपने ऊपर लेकर भी विरोधी को कष्ट नहीं पहुँचाता। सभी प्रकार के झगड़ों पर निपटारा हो सकता है। सत्याग्रह के द्वारा इन्हें भौतिक क्षेत्र से उठाकर आध्यात्मिक और नैतिक स्तर पर लाकर। यहाँ इनका समायोजन (Adjustment) आत्माओं के मेल द्वारा हो सकता है।

क्योंकि एक सत्याग्रही अपने विरोधी को चोट नहीं पहुँचाता और या तो उसकी विचार शक्ति को अपने विनम्र तर्क से प्रभावित करता है, अथवा अपने कष्ट सहन द्वारा उसके हृदय को प्रभावित करता है, अतः सत्याग्रह का मंगलकारी प्रभाव दो तरह का है। यह उसके लिए भी शुभ है जो इसका प्रयोग करता है और उसके लिए भी जिसके विरुद्ध इसका प्रयोग होता है। एक सत्याग्रही निश्चेष्ट रहकर विरोधी की आत्मा में परिवर्तन की प्रतीक्षा नहीं करता। वह तो साहसपूर्वक अपना मार्ग अपनाता

है, विरोधी को प्रबुद्ध कर और उसके हृदय में पविर्तन लाकर। गांधीजी का सत्याग्रह का सिद्धान्द कष्ट सहन की भावना पर आधारित है तथा उनके अनुसार इससे तीन उद्देश्यों की पूर्ति होती है—1. यह कष्ट सहने वाले को शुद्ध करता है। 2. यह समर्थनात्मक जनमत को बदल देता है। 3. यह सीधे अत्याचारी के हृदय पर प्रभाव डालता है।

गांधीजी के अनुसार कोई भी देश बिना आत्म-पीड़न की अग्नि में पवित्र हुए बिना उठ नहीं सका। गांधीजी इसीलिए शान्तिपूर्ण प्रतिरोध के स्थान पर सत्याग्रह का शब्द पसन्द करते हैं, राजनीतिक परिवर्तन के लिए अपने उपाय को वह यही नाम देना पसन्द करते थे। सत्याग्रही अपने विरोधी के हाथों चोट खाने के लिए तैयार रहता है जिससे कि आत्मपीड़न की भावना से उसके विरोधी की चेतना में परिवर्तन आ जाए और वह सच्चाई को देख सके। एक सत्याग्रही के पास इतनी आध्यात्मिक शक्ति होती है कि वह अपने विरोधी के हाथों मारे जाने की भी परवाह नहीं करता। उसके लिए, यह शरीर केवल मात्र अमर आत्मा का अस्थायी आश्रय ही है। शरीर चाहे नष्ट हो जाए, किन्तु आत्मा कभी नष्ट नहीं होती। वह मरने के लिए तैयार रहता है जिससे उसके उदाहरण से उसके विरोधी के हृदय में परिवर्तन आ जाए और उसे सत्य का समर्थन करने की प्रेरणा मिले। वह यह जानकर शरीर का बलिदान देता है कि आत्मा अमर है और विरोधी के विचार परिवर्तन के रूप में उसकी विजय होती है। रे. के. अनुसार, "सत्याग्रह दुर्दम्य है, क्योंकि यह स्वावलम्बी है। एक सत्याग्रही विरोधी की सहमति के बिना भी काम कर सकता है। सत्याग्रह की शक्ति का अनुमान भी उसके द्वारा वश में किए जाने वाले प्रतिरोध की मात्रा से ही मूल्यांकन किया जाता है।"[24] एक सत्याग्रही अतिशय धैर्यशाली होता है। वह विरोधी से धैर्य और सहानुभूति से लड़ता है। वह विरोधी के स्थान पर स्वयं कष्ट सहकर सत्य की रक्षा करता है। गांधीजी ने अपने आदर्श और शान्तिपूर्ण प्रतिरोध में अन्तर समझाने के लिए दक्षिणी अफ्रीका में सत्याग्रह शब्द का प्रयोग किया। उन्होंने 1919 में सत्याग्रह आन्दोलन आरम्भ किया। आरम्भ में, सत्याग्रह आन्दोलन सरकार के प्रति मात्र संवैधानिक विरोध ही था। यह एक प्रकार की आदरपूर्वक प्रार्थना थी कुछ तात्कालिक सुधारों के लिए। कालान्तर में, विभिन्न अवसरों के अनुकूल इसके रूप बने। ब्राऊन कहते हैं, "उन्होंने सभी अवसरों पर अपनी सत्याग्रह की तकनीक का प्रयोग किया और इस प्रकार वह भारतीय राजनीतिक मंच के प्रथम अवतरण पर ही एक प्रभावशाली अभिनेता बन गए।"[25] इसमें सन्देह नहीं कि अपने जीवनकालीन अनुसन्धानों के द्वारा उन्होंने सत्याग्रह को युद्ध के समानान्तर रखी जाने वाली एक नैतिक तकनीक बना दिया। इससे सामूहिक संघर्षों को निपटाने में सहयता मिलती है। नीचे कुछ रूप दिए जा रहे हैं, जो सत्याग्रह की तकनीक ने धारण किए हैं।

सत्याग्रह के रूप

(अ) **असहयोग**—गांधीजी का विचार था कि एक सरकार उस समय तक ही अत्याचार को जारी रख सकती है, जब तक कि जनता उसे सहयोग दे। जनता का असहयोग सरकार को पंगु और गतिहीन बना देगा। गांधीजी के शब्दों में, "संसार में बड़े-से-बड़ा निरंकुश शासन भी जनता के सहयोग और समर्थन के बिना स्थिर नहीं रह सकता। शासित व्यक्तियों की सहमति निरंकुश शासक द्वारा प्रायः बलपूर्वक प्राप्त की जाती है। किन्तु ज्यों ही प्रजा जन निरंकुश शक्ति से भय खाना छोड़ देते हैं, उसी समय निरंकुश की शक्ति भी समाप्त हो जाती है।" असहयोग इन रूपों में व्यवहार में लाया जा सकता है...हड़ताल, सामाजिक बहिष्कार तथा पिकेटिंग। यद्यपि यह एक वैध तकनीक प्रतीत होती है, तथापि सार्वजनिक पैमाने पर व्यवहार के लिए यह एक सशक्त तकनीक सिद्ध नहीं होती।

1. हड़ताल का अर्थ विरोध-स्वरूप काम-काज छोड़ देना है। इसका मुख्य उद्देश्य जनता तथा सरकार की चेतना को जगाना होता है। हड़ताल स्वैच्छिक (Voluntary) और अहिंसक हो सकती है और इसका व्यवहार बहुधा नहीं हो पाता।

2. सामाजिक निष्कासन का अर्थ है उन लोगों का बहिष्कार जो जनमत की अवज्ञा करते हैं। किन्तु सामाजिक निष्कासन का प्रयोग एक अत्यन्त सीमित रूप में ही हो सकता है।

3. **पिकेटिंग**—पिकेटिंग का अर्थ किसी ऐसे व्यक्ति का रास्ता रोकना नहीं है जो कोई विशेष काम करना चाहता है। पिकेटिंग ऐसी हो कि उसके द्वारा कोई बल प्रयोग और धमकाने का काम नहीं होना चाहिए। इसमें दुर्विनीनता, पुतलों का जलाना और दफनाना आदि भी निषिद्ध हैं। उदाहरणार्थ 1907 में, दक्षिण अफ्रीकी भारतीयों ने ट्रांसवाल में एशियाई पंजीकरण (Registeration) अधिनियम 1907 का विरोध करने का निश्चय किया। स्वयंसेवक अपनी जाति के सदस्यों से मिले जिन्होंने अज्ञानवश अथवा अपने हितों के वशीभूत होकर पंजीकरण प्रमाणपत्रों के लिए प्रार्थना-पत्र दिए थे। स्वयंसेवकों ने उन्हें इस बात के लिए राजी कर लिया कि वह यह प्रार्थना-पत्र वापस लें, क्योंकि ऐसा करना, जाति के व्यापक हितों के विरुद्ध है। गांधीजी का विचार था कि उनके असहयोग आन्दोलन का उद्देश्य न तो ब्रिटिश लोगों के तथा न ही लंकाशायर के उद्योगपतियों के विरुद्ध था। वह भारतीयों से साहस, जुर्रत और निर्भीकता का संचार करना चाहते थे। इसका अर्थ था नैतिक संकल्पों का सहृदयता से पालन और रचनात्मक कार्यक्रमों का निष्ठा से संचालन। डॉ. वर्मा के शब्दों में, "यद्यपि, 'असहयोग' शब्द से नकारात्मकता का भान होता है, तथापि वास्तव में यह रचनात्मक सामाजिक और राष्ट्रीय विकास का निश्चयात्मक दर्शन था।"[26]

गांधीजी ने इस आन्दोलन का रचनात्मक व्यवहार 1920-22 में खिलाफत और पंजाब हत्याकाण्ड की भूलों का निराकरण करने और स्वराज्य-प्राप्ति के उद्देश्य से किया था। सितम्बर 1920 में हुए कांग्रेस के विशेष अधिवेशन ने असहयोग के इस कार्यक्रम का समर्थन किया था। असहयोग कार्यक्रम में इन बातों का समावेश था–1. उपाधियों को लौटा देना, अवैतनिक पद छोड़ देना और स्थानीय निकायों (Local bodies) के मनोनयन पदों से त्यागपत्र देना। 2. राजकीय अधिकारियों द्वारा आयोजित अथवा उनके सम्मान में किए जाने वाले राजकीय समारोहों में उपस्थित होने से इन्कार करना। 3. राज्य द्वारा संचालित, सहायता प्राप्त और नियन्त्रित स्कूलों और कालिजों से धीरे-धीरे बच्चों को हटा लेना। 4. वकीलों तथा मुकद्दमेबाजों द्वारा धीरे-धीरे अंग्रेजी न्यायालयों का बहिष्कार करना और वैयक्तिक विवादों का निपटारा करने के लिए अराजकीय न्यायाधिकरणों की स्थापना करना। पंचायत परिषदों के लिए उम्मीदवारों को मत न देने का निर्णय जो कांग्रेस के परामर्श के बावजूद भी चुनाव लड़ रहे हों। 5. सेना, नागरिक सेवा तथा श्रमिक वर्ग द्वारा मेसोपोटेमिया में सेवाओं के लिए अपने को भर्ती करवाने से इन्कार करना। 6. अंग्रेजी माल का बहिष्कार। 7. हथियार डाल देना और निलम्बित कर देना। 1921 में चलाए और 1922 में समाप्त होने वाले असहयोग आन्दोलन द्वारा जन-साधारण की चेतना मुखरित हुई थी और अभिव्यक्ति मिली थी इसके द्वारा भारत के पुनरुज्जवित पुरुषत्व को।

(आ) नागरिक अवज्ञा–गांधीजी ने सविनय अवज्ञा को राजनीतिक सिद्धान्त की एक मान्य विधा का दर्जा इस तकनीक को प्राप्त कराने में महत्त्वपूर्ण योग दिया।[27] गांधीजी के अनुसार नागरिक अवज्ञा की परिभाषा यह थी कि यह उन कानूनी अधिनियमों का उल्लंघन है जो अनैतिक हों। वह इसे सशस्त्र क्रान्ति का एक पूर्ण, प्रभावशाली तथा रक्तहीन विकल्प मानते थे। वह एक प्रतिरोधी (Resistor) की शक्ति का अहिंसात्मक प्रदर्शन था। गांधीजी अवज्ञा को नागरिक और अहिंसक रखना चाहते थे। उनके अनुसार, "नागरिक अवज्ञा आन्दोलन के लिए सहृदयतापूर्ण, आदरपूर्ण, संयत, कुछ सुपरिचित सिद्धान्तों पर आधारित होना अनिवार्य है। इसे दुर्विनीततापूर्ण, चपल तथा किसी दुर्भावना और घृणा पर आधारित नहीं होना चाहिए।" उनका विचार था कि इसका प्रयोग बड़ी सावधानी से होना चाहिए। सामान्य रूप से हिंसा भड़कने और अराजकता फैलने का बचाव करने के लिए कदम उठाने चाहिए।

नागरिक अवज्ञा के प्रकार

गांधीजी के अनुसार नागरिक अवज्ञा के दो प्रकार होते हैं। पहले प्रकार की

नागरिक अवज्ञा आक्रामक नागरिक अवज्ञा होती है, दूसरे प्रकार की अवज्ञा रक्षात्मक होती है।

पहले प्रकार की अवज्ञा में राजस्व की आय से सम्बद्ध कानूनों और राज्य की सुविधा के लिए बनाए गए व्यक्तिगत आचरण-सम्बन्धी विनियमों की उपेक्षा होती है, यद्यपि इस प्रकार के कानूनों से कोई कष्ट नहीं होता और न ही इनके परिवर्तन की कोई आवश्यकता होती है। दूसरे प्रकार की अवज्ञा में स्वयंसेवकों का एक दल संगठित किया जाता है, शान्तिपूर्ण उपायों के लिए। इसके अन्तर्गत सार्वजनिक सभाएँ होती हैं, इस प्रकार के लेख प्रकाशित होते हैं जो हिंसा के लिए नहीं उकसाते और शान्तिपूर्ण धरना देना शामिल है। यह ठीक है कि यह सब कुछ निषेधाज्ञाओं के बावजूद भी किया जाता था।

आक्रामक तथा सुरक्षात्मक अवज्ञा में अन्तर

गांधी दोनों प्रकार की नागरिक अवज्ञाओं के बीच पहचान बताते हैं। उनके अनुसार आक्रामक अवज्ञा राज्य के विरुद्ध क्रान्ति की प्रतीक है, जबकि सुरक्षात्मक अवज्ञा को इसलिए व्यवहार में लाया जाता है कि मनुष्य अपना आत्मसम्मान और मानवता की प्रतिष्ठा की रक्षा कर सके। जहाँ पहले प्रकार की अवज्ञा में अवहेलना जानबूझकर होती है, वहाँ दूसरी प्रकार में यह अवहेलना अनैच्छिक होती है और सखेद इसका वरण करना पड़ता है। तीसरी बात यह है कि पहली अवज्ञा का सम्बन्ध जहाँ उन कानूनों से भी है जिसमें परिवर्तन की अपेक्षा नहीं है, वहाँ दूसरी का सम्बन्ध केवल उन्हीं कानूनों से होता है जो अपने आप में बुरे होते हैं।

वैयक्तिक और सामूहिक सविनय अवज्ञा

सविनय अवज्ञा आन्दोलन वैयक्तिक और सामूहिक भी हो सकता है। दूसरे प्रकार के सविनय अवज्ञा आन्दोलन में समाविष्ट है जनता द्वारा अत्यधिक स्वैच्छिक कार्य में प्रवृत्त होना। इसका प्रयोग शान्तिपूर्ण वातावरण में ही हो सकता है। किन्तु पहले प्रकार में वातावरण सदा ही विद्यमान रहा है। हाँ, अपवाद केवल एक ही स्थिति में होता है जबकि रक्तपात की आशंका होती है। सामूहिक सविनय अवज्ञा आन्दोलन जहाँ प्रायः स्वार्थ-प्रेरित होता है और हो सकता है, वहाँ वैयक्तिक आन्दोलन प्रायः प्रतिनिधिमूलक ही होता है।

गांधीजी के मतानुसार पूर्ण सविनय अवज्ञा आन्दोलन एक सशक्त हथियार सिद्ध हो सकता है। यहाँ तक कि यह सशस्त्र विद्रोह में भी भयानक हो सकता है। यह एक स्वेच्छाचारी शासक के अत्याचारों को जनता की परखने वाली दृष्टि में ले आता है, आत्मपीड़न के माध्यम से और अन्ततः ऐसे शासक का पतन हो जाता है।

(इ) उपवास—यह सत्याग्रह का अन्तिम रूप है, वास्तव में यह उसी का एक आन्तरिक भाग है। यह सर्वाधिक शक्तिशाली तीक्ष्ण शस्त्र है। यही कारण है कि गांधीजी इसके प्रयोग में अत्यधिक सावधानी बरतने का परामर्श देते थे।

उपवास सभी अवसरों के लिए नहीं, वरन् अत्यन्त असामान्य अवसरों के लिए था। उपवास इस पूर्व कल्पना पर ही रखा जाता है कि उपवासकर्त्ता आध्यात्मिक दृष्टि से योग्य है, पवित्र मन वाला है तथा उसमें अनुशासन, नम्रता और विश्वास है। उपवास का भौतिक पक्ष नहीं, वरन् उसमें निहित आध्यत्मिक तत्त्व ही उसे सशक्त बनाता है। इस अधिकार के अनेक दुरुपयोगों के विरुद्ध गांधीजी ने जितने भी व्रत रखे, उनकी प्रेरणा उन्हें अपने अन्दर के आध्यात्मिक तथा नैतिक विचार शक्ति के प्रकाश से प्राप्त हुई। दक्षिणी अफ्रीका में उन्होंने आत्मिक शुद्धि के लिए उपवास किए, किन्तु भारत में उन्होंने 1924, 32, 33 और 34 में जो उपवास रखे, उनके उद्देश्य सामाजिक तथा राजनीतिक थे, उन्होंने कलकत्ते में 1947 में और देहली में जनवरी 1948 में साम्प्रदायिक एकता और सौहार्द के लिए व्रत रखा। उन्होंने कभी एक उद्देश्य के लिए तो कभी किसी अन्य बात के लिए उपवास रखा। ऐसा उन्होंने 15 बार किया। उनके लिए यह अन्तरात्मा के नेत्रों का काम करते थे जिनसे प्रार्थना और पश्चात्ताप दोनों होते थे। यद्यपि उपवास बड़े प्रभावशाली सिद्ध हुए तथापि गांधीजी की सम्मति में उपवास तभी रखे जाने चाहिए, जब अन्य सभी उपाय परखे जा चुके और प्रभावहीन सिद्ध हो चुके हों। उपवास का आश्रय उसी समय लेना चाहिए जब ऐसा करना अनिवार्य हो जाए। सत्याग्रह के प्रणेता के रूप में उन्होंने यह निश्चित किया कि इसके सभी अभिलाषी पहले उनकी लिखित अनुमति लें। उपवास में होने वाले आत्मपीड़न से गलत काम करने वाले की भली प्रकृति पर प्रभाव पड़ता है।

यह एक गलत काम करने वाले को न तो कोई शारीरिक और पादार्थिक (Material) हानि पहुँचाता है और न ही इसका यह अभिप्राय होता है, किन्तु फिर भी यह सर्वाधिक प्रभावशाली शक्ति है। 'आमरण अनशन' सत्याग्रह द्वारा गलत कार्य करने वाले के हृदय को प्रभावित करने के लिए सहर्ष कष्ट सहने की इच्छा की सर्वोत्तम अभिव्यक्ति है।[28]

सत्याग्रही, आवश्यकता पड़ने पर अनशन के द्वारा अपनी जीवनलीला से वरण करने में कभी संकोच नहीं करेगा, सरकार की चौखट पर अथवा समाज के एक कलहप्रिय वर्ग के सामने, जिसे वह अधिक माननीय उपायों का अवलम्ब लेने के लिए प्रत्यायित करना चाहता है। एक विवशकारी अवलम्ब के रूप में उपवास का प्रयोग उन्हें रुचिकर नहीं। उनके शब्दों में, "एक भली प्रकार सुविचारित उपवास, जो एक अपेक्षित योग्यताधारी व्यक्ति ने रखा हो और जो स्वार्थ साधन के लिए न

हो, उसका स्रोत प्रेम होना चाहिए। यदि सन्तान का माता-पिता के प्रति अथवा माता-पिता का सन्तान के प्रति प्यार इसकी प्रेरणा हो तो यह विवशकारिता का प्रदर्शन है।" गांधीजी द्वारा रखे अनेक व्रतों ने लाखों हृदयों को स्पर्श किया और परिवर्तित भी। उदाहरणार्थ, हरिजनों के मन्दिर प्रवेश के लिए उनके ऐतिहासिक व्रत का यह सुखद परिणाम था कि हरिजनों के लिए न केवल मन्दिरों के द्वार ही खुल गए, वरन् पुरातनवादी कठोर हिन्दू हृदयों में भी परिवर्तन आ गया। उनके एक जीवनीकार के अनुसार जहाँ उनके पहले व्रत उस साधारण संगीत के समान थे जो एक वायलिन पर छेड़ा गया हो, पर इसकी वृद्धि के साथ उनके उपवास अन्यों के सह भाग के कारण व्रत एक सुमधुर वृन्दगान बन गए।"[29]

(ई) हिजरत (स्वैच्छिक पलायन)—इसका अर्थ अपने निवास-स्थान से स्वेच्छा से निर्वासित हो जाना है। जो व्यक्ति उत्पीड़ित अनुभव करते हैं और अपने स्थान पर बिना जीवन को खतरे में डाले नहीं रह सकते, वह किसी विशेष स्थान पर चले जाते हैं। गांधीजी के शब्दों में, "अत्याचार एक प्रकार का प्लेग है जो हमें क्रुद्ध और दुर्बल बनाता है। ऐसी अवस्था में बिना किसी हिंसा में प्रवृत्त होने के लोभ को त्यागकर उस स्थान से चला जाना ही बुद्धिमानी है।"[30] उन्होंने पैगम्बर मुहम्मद का मक्का से भाग जाना, असहयोग का एक उदाहरण बताया।

(उ) शान्तिपूर्ण धरना—गांधीजी के अनुसार यह भी सत्याग्रह का एक वैध तथा उपयोगी प्रकार है। स्वाधीनता-संग्राम के दिनों में सफलतापूर्वक इसका प्रयोग किया गया। इसकी न्यायता को 4 मार्च, 1931 के गांधी-इर्विन समझौते में भी स्वीकार किया गया था।[31]

(ऊ) हड़ताल—यह मजदूरों का हथियार है जिसके द्वारा वह अपनी शिकायतें दूर करवाते हैं। यह एक ऐसा स्वैच्छिक रूपेण ग्रहण किया जाने वाला कष्ट सहन है जिससे आत्मशुद्धि होती थी और जिसका प्रयोग एक गलती करने वाले विरोधी को राह पर लाने के लिए किया जाता था। गांधीजी ने न तो इनका समर्थन ही किया तथा न की वह इसमें विश्वास करते थे। इन्हें वह वर्ग युद्ध का एक प्रतीक मानते थे। वह इस मार्क्सवादी विचार से सहमत नहीं थे कि श्रमिक लोग स्वतन्त्रापूर्वक पूँजीपतियों से उद्योगों का स्वामित्व छीन लें। उनका विचार था कि उद्योग श्रमिकों तथा पूँजीपतियों दोनों ही का संयुक्त संस्थान है, वह दोनों उसके न्यासी (Trustee) हैं। हड़ताल का उद्देश्य पूँजीवादियों के भ्रष्टाचार, अन्याय, अकार्यकुशलता तथा अदूरदर्शिता का निवारण होना चाहिए। हड़ताल अहिंसात्मक हो और हड़तालियों की माँगें स्पष्ट, व्यवहार्य तथा न्यायपूर्ण हों।

(ए) शान्ति सेना—इस शताब्दी के 30वें वर्षों में गांधीजी ने शान्ति सेना के गठन का परामर्श दिया था। इसके सदस्यों से यह आशा की जाती थी कि वह

सामाजिक स्तर पर सत्याग्रह की तकनीक और सिद्धान्तों का प्रयोग करेंगे। शान्ति सेना को पुलिस तथा सेना के स्थान पर कार्य करना था तथा इसके सदस्यों से आशा थी कि वह सामूहिक हिंसा तथा साम्प्रदायिक उन्माद (Frenzy) के अवसर पर अपने को दाह के लिए भी समर्पित करेंगे। उन्होंने इसके लिए कुछ आध्यात्मिक, नैतिक तथा सामाजिक मानदण्ड निर्धारित किए थे। उदाहरण के लिए, विनम्रता, चरित्र की असंदिग्ध शुद्धता, अपने सहयोगी और सर्वशक्तिमान परमेश्वर में पूर्ण विश्वास और इस प्रकार वह संसार के सभी धर्मों का एक-सा ही आदर करता है। शान्ति सेना के दल में स्थानीय व्यक्ति हों जिससे उन्हें अपनी सेवा द्वारा लोगों का विश्वास प्राप्त हो सके। संगठन तथा अनुशासन के हित में उन्हें चाहिए कि वह एक अपनी विशेष वर्दी पहनें।

सत्याग्रही की प्रतिज्ञाएँ

एक सच्चे सत्याग्रही को कुछ प्रतिज्ञाएँ निभानी पड़ती हैं। उन्होंने वास्तव में, अहमदाबाद सत्याग्रह आश्रम में रहने वालों के लिए कुछ विशेष नियम निर्धारित किए थे। वह इस प्रकार थे—सत्य की प्रतिज्ञा, अहिंसा की प्रतिज्ञा, आहार के नियमन तथा नियन्त्रण की प्रतिज्ञा, जिससे ऐसे भोजन से बचा जा सके जो पाशविक भावों को उत्तेजित करता हो, चोरी न करने की प्रतिज्ञा, अपरिग्रह की प्रतिज्ञा और स्वदेशी तथा निर्भीकता की प्रतिज्ञा।

उपसंहार—इस प्रकार हम यह निष्कर्ष निकाल सकते हैं कि सत्याग्रह एक बलात्कारी शासन के प्रति विरोध करने के व्यक्ति के निर्विवाद अधिकार की स्थापना है। गांधीजी "राज्य की अंतिम सत्ता की स्थापना व्यक्ति की चेतना की स्वीकृति में करना चाहते हैं।"[32] इस प्रकार गांधीजी को अन्तरिक चेतना का मसीहा और अत्याचार तथा आधिपत्य के विरुद्ध सक्रिय, अहिंसात्मक और लम्बे प्रतिरोध का अग्रणी कहना उपयुक्त ही होगा। सत्याग्रह सत्यकारिता (Righteousness) के निमित्त संघर्ष है। यह तकनीक किसी को आघात नहीं पहुँचाती तथा धूर्तता और छल से एकदम परे है। संसार की कोई भी शक्ति इतनी सीधी तथा शीघ्र परिणामी नहीं है जितनी सत्याग्रह की शक्ति है। यह अपने स्वरूप में उत्तरोत्तर प्रगतिशील है। उन्हीं के शब्दों में, "मेरे अनुभव ने मुझे सिखाया है कि सत्यकारिता के निमित्त छेड़े गए प्रत्येक संघर्ष पर प्रगति के अनुक्रम का नियम लागू होता है। किन्तु जहाँ तक सत्याग्रह का प्रश्न है, यह नियम एक स्वतः सिद्ध सिद्धान्त बन जाता है। जैसे गंगा बढ़ती है, दूसरी धाराएँ इसमें आ जाती हैं। परिणामतः इसका मुख इतना बड़ा हो जाता है कि कोई किनारा नहीं दिखता और नदी पर तैरने वाला यह नहीं समझ पाता नदी कहाँ समाप्त होती है और समुद्र का आरम्भ कहाँ है। इसी प्रकार ज्यों-ज्यों

सत्याग्रह आगे बढ़ता हे, इसकी तरंगों में उछाल लाने के लिए अन्य तत्त्व इसमें आ मिलते हैं और इससे प्राप्त परिणामों में निरन्तर वृद्धि होती है। सत्याग्रह में न्यूनतम भी अधिकतम होता है और क्योंकि यह एक अखण्डनीय न्यूनतम है। पीछे हटने का प्रश्न ही नहीं है, इसकी गति आगे की ओर है। वास्तव में नैतिक आधार पर प्रतिरोध करना अविच्छेद्य अधिकार का पक्षपोषण, गांधीजी की न केवल राजनीतिक विचारों को वरन् विश्व सभ्यता को एक महत्त्वपूर्ण देन है। राष्ट्रीय स्वाधीनता का युद्ध आरम्भ करने के लिए एक नैतिक तकनीक के रूप में, सत्याग्रह ने नाटकीय और ऐतिहासिक रूप प्राप्त किया। स्टेन्ले जोन्ज ने उचित ही कहा है कि सत्याग्रह विश्व को गांधीजी की महत्तम देन है।[33]

डॉनल्ड ई. स्मिथ गांधीजी को संघर्षों में अहिंसात्मक उपायों द्वारा उनका समाधान करने की तकनीक विकसित करने के कारण एक क्रान्तिकारी नेता की संज्ञा प्रदान करते हैं। यहाँ यह उल्लेख अप्रासंगिक नहीं होगा कि गांधीजी ब्रिटिश प्रतिनिधियों को अपनी विचार सरणि की ओर आकृष्ट कर सके। इसका उनका चरम कोटि का आत्म-बलिदान और उसमें द्योतित होने वाली सत्याग्रह की अवधारणा में आत्मा की मुक्तता। परन्तु इसे एक विडम्बना ही कहा जाएगा कि सत्याग्रह में अब सर्जनात्मक ऊर्जा नहीं है और स्वातन्त्र्योत्तर काल में इस शस्त्र का प्रयोग गांधीजी के उत्तराधिकारियों ने अधिकतर उत्तरदायित्व हीनता का परिचय देते हुए किया है।

साध्य और साधन

उद्देश्य वह वस्तु है जो हम प्राप्त करना चाहते हैं तथा साधन से उन उपायों का भान होता है जो उसे प्राप्त करने के लिए हम काम में लाते हैं। गांधीजी एक शिष्टाचार सम्बन्धी पूर्णतावादी थे। अहिंसा पर उनका बल देना और उनका साधनों का नैतिक होने का आग्रह करना, इन दोनों में परस्पर बड़ा निकट सम्बन्ध था। उनका विचार था कि अनैतिक उपायों से सत्य तथा न्याय की प्राप्ति नहीं हो सकती। जैसा उद्देश्य हो, वैसे ही साधन भी हों। यह कहते हैं, ''साधनों की उपमा हम बीजों से दे सकते हैं और उद्देश्यों की वृक्षों से। साधनों तथा उद्देश्यों में उतना ही अभेद्य सम्बन्ध है जितना बीजों और वृक्षों में। नैतिक साधन अनिवार्यतः नैतिक उद्देश्यों की प्राप्ति कराएँगे। अनैतिक मूल्यों का अवलम्ब लेने में प्रतिक्रिया की एक क्रम माला-सी आरम्भ हो जाती है और इससे अन्ततः हमारा दृष्टिकोण भी दूषित हो जाता है।'' उनका मत था कि यदि हम साधनों की परख कर लेते हैं तो उद्देश्य स्वयं ही ठीक हो जाते हैं। उन्होंने इस बात पर बल दिया कि स्वराज्य के निमित्त अपनाए साधन स्वयं स्वराज्य हैं। जान स्ट्रेची का यह विचार ठीक ही था, ''यदि हमने इस युग में कुछ सीखा है तो वह यह है कि साधनों और उद्देश्यों की अच्छाई की स्थिति

पर गहरा प्रभाव पड़ता है।''

गांधीजी इस बात पर बल देते थे कि नैतिक साधन जहाँ समाज का गठन करते हैं और मिलाते हैं, वहाँ अनैतिक साधनों से इसमें अव्यवस्था और विघटन होता है। हिंसा, छल, धोखा तथा विश्वासघात ने सदा ही मानव समाज को क्षति पहुँचाई है। उनका मत था कि मानवता का एकीकरण वैयक्तिक एवं सामाजिक आचरण के स्तर पर अहिंसात्मक व्यवहार से ही सम्भव है। वास्तव में साधनों के नैतिक प्रकार पर बल देकर गांधीजी ने राजनीति को आध्यात्मिक रूप दिया है। उनके लिए राजनीति मात्र छलपूर्वक सत्ता हथियाने का ही उपकारण नहीं था। मूलभूत सिद्धान्तों पर वह समझौता करने को तैयार नहीं थे। नैतिक मूल्यों के प्रति आस्था इनके लिए सर्वोपरि थी। उनकी मान्यता थी जिसे हमारी चेतना न्यायोचित नहीं मान सकती, उसे हम राजनीतिक अथवा देशभक्ति के आधार पर भी न्यायोचित नहीं ठहरा सकते। वह कहते थे, ''जहाँ साधन स्वच्छ हों, वहाँ निस्सन्देह ईश्वर अपने आशीर्वाद सहित उपस्थित रहता है।''

साधन का साध्य से सम्बद्ध करना, राजनीतिक सिद्धान्त को महात्मा गांधी की महत्तम देने है। हॅरिस के अनुसार, ''पूर्ण विश्व के लिए गांधीजी अपनी सन्तति के लिए भविष्यद्रष्ट के स्तर पर प्रतिनिधित्व करते हैं। वह इस शती के मसीहा हैं जो निरन्तर बल देते रहे साधनों की शुद्धता पर, प्रत्येक अन्याय का प्रतिकार करने तथा प्रत्येक बुराई को सुधारने के लिए।''[34] गांधीजी से पूर्व प्लेटो ग्रीन ने भी राजनीति तथा नीतिशास्त्र में सम्बन्ध स्थापित किया था। उनकी दृष्टि में राज्य एक नैतिक संस्था थी जिसका उद्देश्य राज्य के नागरिकों की नैतिक भलाई ही होता है। किन्तु दोनों आदर्शवादी विचारकों में से कोई भी अपने इस विश्वास में गांधीजी के समान दूर नहीं गया कि न केवल आदर्श सामाजिक संगठन ही, वरन् हमारा दैनिक सामाजिक तथा राजनीतिक जीवन आचरण भी अहिंसा तथा सत्य पर ही आधारित होना चाहिए। गांधीजी की अहिंसात्मक सामाजिक व्यवस्था समकालीन राजनीतिक सिद्धान्त के लिए चुनौती है जिसके अनुसार समाज पृथक्-पृथक् श्रेणियों में विभक्त है, जहाँ स्वतन्त्र रूप से शोषण होता है तथा जहाँ मानव स्वार्थपरता विद्यमान है। उनका इस बात पर बल देना कि साधन और साध्य एक ही सिक्के के दो पक्ष हैं और उनके बीच में डाला गया अन्तर कृत्रिम तथा गलत है, इस प्रचलित सिद्धान्त का ही द्योतन करता है कि साधनों द्वारा ही साध्य की न्याय्यता सिद्ध होती है। गांधीजी साधनों की नैतिक स्वस्थता पर इतने दृढ़ थे कि वह देश की स्वतन्त्रता भी स्वीकार करने को तैयार न थे, यदि वह हिंसा तथा छल के परिणामस्वरूप प्राप्त हुई हो। अच्छे साधनों का अच्छे साध्यों से सम्बन्ध दर्शाकर गांधीजी ने राजनीति में क्रान्ति प्रस्तुत की थी। उन्होंने दृढ़तापूर्वक ऐसे सिद्धान्तों का विरोध करने का बीड़ा

उठाया जिनका राजनीतिक सामान्यतः तथा साम्यवादी और फासिस्ट विशेषतः दृढ़ता से पालन करते हैं। फ़ासिस्टों, साम्यवादियों तथा आज के राजनीतिज्ञों के विचार में साध्य ही साधन की युक्तियुक्ता को सिद्ध करता है। उनके लिए साधनों के अच्छे-बुरे होने से कोई अन्तर नहीं पड़ता। उद्देश्य को प्राप्त करना ही है। गांधीजी ने इस विचारधारा का खण्डन किया। यह एक कार्य के दो भागों में कृत्रिम विभाजन के भी विरुद्ध थे...साधन और साध्य। उनका विचार है कि साधन तथा साध्य अभिन्न हैं। इस प्रकार प्रत्येक गलत साधन उसके प्रयोगकर्त्ता और स्वयं उद्देश्य पर दूषित प्रभाव ही डालता है।

उन्होंने स्वाधीनता-प्राप्ति के लिए हिंसा के प्रयोग का त्याग किया क्योंकि स्वराज्य का सौन्दर्य तथा उपयोगिता दोनों ही नष्ट हो जाते, यदि यह रक्तपात से प्राप्त होता। वास्तव में, मानवता का आज का अधःपतन तथा चारित्रिक संकट निस्संकोच उन उपायों की अनैतिकता का सीधा परिणाम कहा जा सकता है, जिन्हें युद्धप्रिय तथा सत्तालोलुप राजनीतिक अपनाते हैं। गांधीजी ने सत्याग्रह के अपने परिज्ञान का अनुसरण और अहिंसा की तकनीक का वरण कर ब्रिटिश साम्राज्यवादी गढ़ को हिला दिया। जी.एन. धवन के अनुसार, "सत्याग्रह के रूप में साध्य और साधन के मध्य नैतिक समरूपता और समीपता लाना हमारे आज के युग में दर्शन तथा क्रान्ति की तकनीक को उनकी महत्तम देन है। आत्म-पीड़न की त्रासदी स्वयं झेलकर वह साम्प्रदायिकता की विषाक्त धारा को रोकने में बहुत अंशों में सफल हुए। जिस साम्प्रदायिक सौहार्द के पुनः स्थापन में तत्कालीन गृहमन्त्री, लौह पुरुष सरदार पटेल असफल रहे, उसमें अनशन का अवलम्ब लेकर गांधीजी ने सफल कर दिखाया। 'जैसे को तैसा' इस उक्ति के अनुरूप आचरण क्रूर एवं अनुन्नत का होता है। ऐसे लोगों का समाज में प्राबल्य रहा है। विश्व को आज प्यास है ऐसे विधान की जिसमें प्रावधान हो—घृणा के स्थान पर प्रेम करने का, असत्य के स्थान पर सत्य का अवलम्ब लेने का और असहिष्णु के प्रति सहनशील बनने का। यदि सुसंस्कृति, सुसंस्कृत शक्ति का विधान समाज में अपना उचित वर्चस्व प्राप्त नहीं करता तो यह संसार रसातल को चला जाएगा।[35] उन्होंने आत्मपीड़न के द्वारा साम्प्रदायिकता के बढ़ते वेग को रोकने में सफलता प्राप्त की। यदि वह हिंसा का ग्रास न बन गए होते तो वह अवश्य उन्हीं अहिंसक उपायों से एक अहिंसक समाज की रचना में सफल हो जाते।

वास्तव में आज के नैतिक पतन और चारित्रिक संकट का वास्तविक कारण है आज के सत्तालोलुप राजनीतिज्ञों द्वारा व्यक्तिगत साध्यों की प्राप्ति के लिए अपनाए जाने वाले भ्रष्ट और कलह का प्रोत्साहन देने वाले साधन।

अहिंसक समाज

गांधीजी ने स्वयं वर्गहीन और राज्यहीन समाज का चित्र उपस्थित नहीं किया जिसका उन्होंने इतने प्रभावपूर्ण ढंग से समर्थन किया था। उन्होंने स्वयं कहा था, "मैंने जान-बूझकर अहिंसा पर आधृत समाज में सरकार के स्वरूप की चर्चा नहीं की है। जब समाज का निर्माण जान-बूझकर अहिंसा का आधृत नियमों पर किया गया हो, इसका ढाँचा, राष्ट्रीय विषयों की दृष्टि से आज से निश्चय ही भिन्न होगा। मैं पहले से ही यह नहीं कह सकता कि पूर्णतः अहिंसा पर आधारित सरकार कैसी होगी।" इसलिए गांधीजी ने नए समाज में सरकार के स्वरूप विषयक प्रश्न को लोगों पर ही छोड़ दिया था, जिससे वह अपने आध्यात्मिक और नैतिक विकास के अनुसार इस प्रश्न का समाधान पर सकें। किन्तु अहिंसक समाज का एक प्रारूप उनके लेखों के आधार पर अवश्य तैयार किया जा सकता है।

पहली बात तो यह है कि उनके सपनों का अहिंसक समाज राज्यहीन होगा। गांधीजी राज्य के विरुद्ध थे, क्योंकि यह संस्था न तो स्वाभाविक थी और न ही आवश्यक। उन्होंने एक दार्शनिक अराजकतावादी की भाँति राज्य को निम्न आधारों पर अस्वीकार कर दिया था–1. राज्य का मूल्य हिंसा में है। यह हिंसा का विशुद्ध और संगठित रूप में प्रतिनिधित्व करता है। राज्य एक ऐसा अनात्मिक यन्त्र है जिसे हिंसा से विमुख करना अति दुष्कर है, क्योंकि इसका मूल ही हिंसा में है। 2. राज्य की बलात्कारी अधिकार एक मनुष्य के व्यक्तित्व तथा स्वतन्त्रता के लिए विनाशकारी है। 3. एक अहिंसक समाज में राज्य एक अनावश्यकता ही होगी। उन्होंने कहा था, "मेरे लिए राज्य साध्य न होकर एक ऐसा साधन है जिससे लोग जीवन के प्रत्येक क्षेत्र में अपना विकास कर सकें। राजनीतिक सत्ता का अर्थ है राष्ट्रीय प्रतिनिधियों के द्वारा राष्ट्रीय जीवन का नियमन करना। यदि राष्ट्रीय जीवन इतना परिपूर्ण हो जाए कि वह आत्मनियन्त्रित हो जाए तो किसी भी प्रतिनिधि की आवश्यकता नहीं है। तब हम एक प्रबुद्ध अराजकता की स्थिति में पहुँचते हैं। ऐसी स्थिति में प्रत्येक अपना शासक आप ही है। वह अपने ऊपर इस प्रकार शासन करता है कि वह अपने पड़ोसी के लिए कोई बाधा नहीं रहता। एक आदर्श स्थिति में कोई राजनीतिक सत्ता नहीं होती, क्योंकि उसमें कोई राज्य नहीं होता।

दूसरी बात यह है कि गांधीजी के राज्यहीन तथा वर्गहीन समाज में अनेक आत्म नियन्त्रक ग्रामीण बिरादरियाँ होंगी। एक गाँव स्वैच्छिक रूप में एक संघ होगा। इस प्रकार निर्मित संघ में कोई सेना और पुलिस नहीं होगी। बड़े नगर नहीं होंगे, न्यायालय, जेलें तथा बड़े उद्योग भी नहीं होंगे। सत्ता का कोई केन्द्रीयकरण नहीं होगा। जीवन सादा और सभ्यता देहाती होगी। स्वेच्छापूर्वक गहयोग तथा विकेन्द्रीकरण गांधीजी के अहिंसा समाज की विशेषताएँ होंगी। स्वेच्छापूर्वक सहयोग तथा विकेन्द्रीकरण

गांधीजी के अहिंसा समाज की विशेषताएँ होंगी। इस प्रकार जब ग्राम सब प्रकार से आत्मनिर्भर तथा स्वायत्तशासी होंगे, तब वास्तविक स्वराज्य होगा। मेरे सपनों का स्वराज दरिद्रनारायण का स्वराज है। जीवन के आनन्द और सुविधाओं का योग तुम भी वैसे ही करो जैसे राजा और सम्पन्न लोग करते हैं।[36] उन्होंने यह स्वीकार किया कि इस प्रकार के संघ के संपोषण (Maintenance) के लिए सरकार की आवश्यकता है। अतः एक आधुनिक आलोचक की सम्मति में आदर्श समाज से उनका तात्पर्य आदर्श राज्य से ही था, न कि एक अहिंसक और राज्यहीन समाज से, जैसाकि सामान्यतः समझा जाता है। आबिद हुसैन के अनुसार, नैतिक कानून द्वारा शासित उनका राम राज्य एक राज्यहीन समाज है, पूर्ण राज्यहीनता का स्वरूप जहाँ मिलता है। मानव प्रकृति में अधिनिष्ठित (Implicit) नैतिकता पर आधृत है, ऐसी अवधारणा है यह जहाँ प्रेम को छोड़ किसी अन्य शक्ति को कोई प्रश्रय नहीं है। शान्ति और व्यवस्था ऐसे समाज में मात्र आत्मिक बल के आधार पर रखी जा सकती है। मानव का मानव द्वारा एक वर्ग द्वारा दूसरे वर्ग के और एक राष्ट्र द्वारा दूसरे राष्ट्र का शोषण रोकने में यह अत्यन्त प्रभावी सिद्ध होगा। गांधीजी इतने यथार्थवादी अवश्य थे कि वह यह समझ सकें कि एक राज्यहीन और वर्गहीन समाज सहज प्राप्य नहीं है। एक सरकार क्योंकि सभी लोगों का प्रतिनिधित्व करती है, अतः वह पूर्णतः अहिंसक नहीं हो सकती। उन्होंने कहा था, "आज मैं ऐसे स्वर्णयुग की कल्पना नहीं कर सकता, किन्तु मैं एक प्रधानतः अहिंसक समाज की संभावना में अवश्य विश्वास करता हूँ।"

उनकी राज्य सम्बन्धी कल्पना

इससे पता चलता है कि गांधीजी राज्य के अधिकारी को तत्काल समाप्त कर देने के पक्ष में नहीं थे। उनका तात्कालिक उद्देश्य राज्य का अहिंसा के सिद्धान्तों के अनुसार गठन करना था। अहिंसक राज्य की एक प्रकार की सरकार होगी और सामाजिक आचरण का नियमन करने के लिए कुछ सीमा तक राजनीतिक अधिकार भी होंगे। किन्तु एक अहिंसक सरकार कम-से-कम शासन करेगी। इस प्रकार के अहिंसक राज्य में पूर्ण स्वतन्त्रता होगी और वह उन्नत होती जाएगी। सरकार का सम्बन्ध अनेक सामाजिक समस्याओं से होगा और वह इनसे एक अहिंसात्मक ढंग से निपटेगी। वह अपना कार्य समझाने-बुझाने से पूरा करेगी। किन्तु इसका एक पुलिस दल होगा जिसके सदस्य अहिंसा में विश्वास रखने वाले होंगे। वहाँ जेल भी होंगे, किन्तु वास्तव में यह सुधार-गृह ही होंगे।

गांधीजी उत्पीड़क सत्ता के विरोधी थे और वह राज्य के सम्पूर्ण सत्ताधारी होने को पसन्द नहीं करते थे। राज्य के पति एक व्यक्ति की आस्था केवल सीमित और

सापेक्षिक ही होगी क्योंकि अन्य संस्थाओं के प्रति भी उसकी आस्था होगी। यह विचार गांधीजी को मैक आइवर, ड्यूगर्ट तथा लास्की जैसे अनेक विचारकों के निकट ले आता है।

इस प्रकार गांधीजी का राज्य एक अहिंसक जनतान्त्रिक राज्य होगा जहाँ सामाजिक व्यवहार स्वयं नियमित होगा, जहाँ प्रत्येक व्यक्ति अपना शासक स्वयं होगा। ऐसे राज्य में राज्य के कानूनी तानाशाहों से व्यक्ति की प्रबुद्ध चेतना का स्वर अधिक महत्त्वपूर्ण होगा। किन्तु भारत की स्वाधीनता के पश्चात् गांधीजी ने राज्य के कानूनों का पालन करने की आवश्यकता पर बल दिया। उन्होंने सितम्बर, 1947 में लिखा, "जनतन्त्र में व्यक्ति की इच्छा का नियमन सामाजिक इच्छा द्वारा होता है, जो राज्य होता है और राज्य प्रजातन्त्र द्वारा और प्रजातन्त्र के लिए नियमित होता है। यदि प्रत्येक कानून को अपने हाथ में ले लें तो राज्य नहीं रहता, अराजकता आ जाती है, सामाजिक नियमों के अभाव में। इस प्रकार स्वाधीनता का नाश हो जाता है।"[37]

एक आदर्श प्रजातान्त्रिक राज्य में अधिकारों का विकेन्द्रीकरण होता है और समानता रखनी पड़ती है। प्रत्येक व्यक्ति के लिए पूर्णतमू स्वतन्त्रता का आश्वासन होना चाहिए, वह समाज सेवा में अपने सामर्थ्यानुसार रत हो सके। राज्य के कर्तव्य को न्यूनतम कर देना चाहिए। इनमें से अधिकांश कर्तव्यों को स्वैच्छिक संस्थाओं को सौंप देना चाहिए जिससे वास्तव में देश में स्वायत्त शासन की स्थापना हो सके। इस प्रकार का विचार गांधीजी को रसेल तथा जी.डी. कौल जैसे श्रेणी समाजवादियों के निकट ला देता है। अशोक मेहता के अनुसार, "जिस प्रजातान्त्रिक राज्यतन्त्र पर गांधीजी का आग्रह था, उसमें अधिकारों के हस्तान्तरण का विचार व्याप्त था। वास्तव में इसकी संस्था नीचे तल से ऊपर की ओर थी। जिसमें मानव समुदाय की जैविक कोशिकाओं को सुरक्षित रख सकें।"[38] वस्तुतः गांधीजी का विचार था कि भारत के सात लाख गाँव वहाँ के निवासियों की इच्छानुसार गठित होंगे। उन सभी को मैताधिकार का अधिकार होगा। इस प्रकार चालीस करोड़ वोटों के स्थान पर सात लाख वोट होंगे। प्रत्येक गाँव का एक ही वोट होगा। गाँव जिला प्रशासकों का निर्वाचन करेंगे। जिला प्रशासक प्रान्तीय प्रशासकों को निर्वाचित करेंगे। यह प्रशासक अपनी बारी पर एक अध्यक्ष एक राष्ट्रीय मुख्य कार्यकारी का निर्वाचन करेंगे। इस प्रकार केन्द्रीकृत होने के स्थान पर सत्ता का क्षेत्र फैलाव लिए अच्छी प्रकार वितरित होगा।

राज्य समाजवादी होगा

गांधीवादी जनतान्त्रिक राज्य एक समाजवादी राज्य होना था। किन्तु जिस

प्रकार के समाजवाद पर वह बल देते थे, उसकी प्राप्ति कठिन थी। भागवत पुराण से प्रभावित होने के कारण उन्होंने कहा था, "सम्पत्ति धारण करने का अर्थ है, भविष्य के लिए पूर्वयोजना बनाना। एक सत्य का खोजी और प्रेम के कानून को मानने वाला कल के लिए कुछ नहीं रख सकता। परमात्मा भविष्य के लिए कुछ बचाकर नहीं रखता। वह समय के लिए जितना आवश्यक हो, उससे अधिक कुछ भी उत्पन्न नहीं करता। इस प्रकार, यदि हमें उसकी दया पर विश्वास है तो हमें विश्वास होना चाहिए कि वह हमें प्रतिदिन हमारी रोटी अवश्य देगा। सम्पन्न व्यक्तियों के पास वस्तुओं का अतिरिक्त भण्डार होता है, जबकि करोड़ों व्यक्ति भरण-पोषण के अभाव में भूखों मरते हैं। यदि मनुष्य अपने पास इतना ही रखे जितने की उसे आवश्यकता है तो किसी को भी अभाव का अनुभव नहीं होगा और सभी सन्तोष का जीवन जी सकेंगे।"[39] गांधीजी के अहिंसक राज्य में समाजवाद का प्रवेश शान्तिपूर्वक समझाने-बुझाने तथा व्यक्तियों के चरित्रों में आमूल परिवर्तन करने से ही हो सकता है। इस प्रकार के समाजवाद में निजी सम्पत्ति समाप्त नहीं की जाएगी। यद्यपि अभी वह पूर्ण समानता को सम्भव मानते थे तथापि वह अपने समाजवादी राज्य में आर्थिक समानता के पोषक थे। आर्थिक समानता का अर्थ था पर्याप्त और सन्तुलित भोजन खाने के लिए, रहने को ढंग का मकान और अपने तन को ढकने के लिए पर्याप्त खादी। निर्दयतापूर्ण असमानता को अहिंसक उपायों से दूर करना चाहिए। गांधीजी अधिग्रहण द्वारा जमींदारों और पूँजीपतियों को उनकी सम्पत्ति से वंचित करना नहीं चाहते थे। ईसाई समाजवादियों की भाँति वह भी पूँजीपतियों की मनोवृत्ति में प्यार और समझाने-बुझाने से परिवर्तन लाकर अपना आर्थिक समानता का उद्देश्य प्राप्त करना चाहते थे। वह पूँजीपतियों से यह आशा करते थे कि वह कृषकों तथा श्रमिकों के न्यासी बनकर रहें। किन्तु यदि वह ऐसा न कर सकें तो सरकार को कानून बनाकर उनके उद्योगों को हाथ में ले लेना चाहिए। यह उद्योग लाभ कमाने के लिए नहीं वरन् लोगों के भले के लिए चलाए जाएँ। "यदि निर्धन लोगों की विपन्नता दूर करने में सहायता मिले, तो मैं अति जटिल, परिष्कृत मशीनों के उपयोग पर आपत्ति नहीं करूँगा।"[40] श्रमिकों को प्रबन्ध में उचित भाग मिले। अपने अहिंसक समाजवादी राज्य में गांधी लोगों से स्वयं चर्खा कातकर और घरेलू उद्योग चलाकर अपनी जीविका उपार्जित करने की आशा करते थे। इस प्रकार टॉलस्टाय की भाँति वह भी आर्थिक तथा राजनीतिक क्षेत्रों में सत्ता के केन्द्रीकरण को नापसन्द करते थे। वह अधिकार के भी केन्द्रीकरण के विरोधी थे। किन्तु यह उस व्यवहार से पृथक् है जो द्वितीय युद्ध के पश्चात् प्रचलित था। श्रेणी समाजवादियों की भाँति वह भी सत्ता को यथासम्भव विकीर्ण करने के पक्ष में थे। वह एक ग्राम को अपने में एक गणराज्य देखना चाहते थे, जो पूर्ण अधिकारयुक्त हो, अपना प्रबन्ध करने की क्षमता जिसमें

हो और जो सारी दुनिया से अपनी रक्षा करने में सशक्त हो। गांधीजी के अनुसार, ऐसा केवल उन्हीं के सपनों के अहिंसक राज्य में सम्भव है। इस प्रकार के समाज में राज्य अनेक ग्रामों का एक संघ होगा। उनके अनुसार, "यदि हम समाज का मानवीकरण तथा अपने कार्यों को और सम्बन्धों को नैतिक महत्त्व देना चाहते हैं तब हमें एक विकेन्द्रीकृत अर्थ-व्यवस्था के लिए यत्न करना पड़ेगा तथा मशीनों का प्रयोग उसी सीमा तक किया जाएगा जहाँ तक यह मूल सामाजिक ढाँचे और मानवीय भावना की रक्षा में किसी प्रकार का व्याघात उपस्थिति न करे।"[41]

अहिंसक राज्य में प्रजातन्त्र

गांधीजी का नया राज्य अहिंसक होगा। यह अपना कार्य समझाने-बुझाने से करेगा, डराने-धमकाने से नहीं। उस राज्य में ऐसा पुलिस दल होगा जो जनता के पारस्परिक सहयोग से उपद्रव कम करने का काम करेगा और जिसमें अहिंसक सिपाही होंगे। यह सिपाही, सिपाही से अधिक सुधारक होंगे। नए राज्य में बन्दीगृह ही सुधार-गृह होंगे। यह अपराधी को अहिंसा के नए ढंग पर लाकर उसका सुधार करते थे। वास्तव में, गांधीजी आशा करते हैं कि उनके स्वप्नों के अहिंसक प्रजातन्त्री राज्य में नागरिक ईमानदार, निर्भीक और आत्मानुशासित होंगे। इसका प्रकार अपराध अदृष्ट हो जाएँगे और राज्य को भी अधिकार का दुरुपयोग करने का लोभ नहीं रहेगा। जीवन शान्त होगा और पारस्परिक सहयोग और सहायता के सिद्धान्तों का दृढ़ता से पालन किया जाएगा। नागरिक शासन को संकल्प से विचलित नहीं होने देंगे, क्योंकि सत्याग्रह का शस्त्र उसके लिए एक प्रभावशाली प्रतिरोधक होगा। गांधीजी का अहिंसक समाज स्पष्टतः अराजकतावादियों के अहिंसक समाज से पृथक् है। गांधीजी के राज्य में सत्याग्रह का प्रयोग एक विवशकारी शस्त्र में किया जा सकता है, जहाँ दूसरे प्रकार के राज्य में इस प्रकार की विवशकारिता से एकदम इन्कार किया गया है।

सामाजिक विरोध

एक व्यक्तिवादी होने के नाते गांधीजी अपने अहिंसक प्रजातान्त्रिक राज्य में व्यक्ति की स्वतन्त्रता को बड़ा महत्त्व देते थे। किन्तु वह अनियन्त्रित व्यक्तिवाद के विरुद्ध थे। वह कुछ प्रकार के सामाजिक नियन्त्रकों पर धर्म का पालन कर अवश्य बल देते थे। उनका विचार था कि व्यक्तिगत तथा सामाजिक कर्त्तव्यों में मतभेद इसीलिए उत्पन्न होता है कि व्यक्ति कर्तव्य की अपेक्षा अधिकारों पर अनुचित बल देते हैं। अपने कर्त्तव्य पालन का अधिकार ही एक ऐसा अधिकार है जिसके लिए मनुष्य को जीना और मरना चाहिए। इसमें सभी उचित अधिकारों का समावेश है।

गांधीजी ने सभी लोगों को प्रेरणा दी कि वे समाज सेवा के अपने अधिकार का प्रयोग करें। सामाजिक कर्त्तव्य तथा वैयक्तिक स्वतन्त्रता के मध्य संघर्ष इसलिए उठता है कि हम अपने अधिकारों एवं कर्तव्यों के सामाजिक स्वरूप के प्रति जागरूक नहीं रहते और लोगों की इसकी निश्चयात्मक शक्ति के प्रति अनभिज्ञता रहती है। इस सहयोग के बिना सरकार का अस्तित्व नहीं रह सकता। कल्याण कार्यों में इस स्वाभाविक सहयोग तथा कानून का पालन करने से संघर्षों की सम्भावना कम होती जाएगी। सत्य तथा अहिंसा के सिद्धान्त के अनुसरण, धर्म द्वारा सामाजिक जीवन के नियमन से वैयक्तिक स्वतन्त्रता बनाम सामाजिक नियन्त्रण की समस्या हल हो जाएगी।

रोटी के लिए श्रम

टॉलस्टाय के प्रभाव के अन्तर्गत गांधीजी का विचार था कि प्रत्येक व्यक्ति को कड़ा परिश्रम कर पसीना बहाकर ईमानदारी से पैसा कमाना चाहिए। गांधीजी प्रत्येक व्यक्ति, यहाँ तक कि वह टैगारे जैसे बुद्धिजीवियों से भी यह आशा रखते थे कि वह प्रतिदिन थोड़ा-बहुत हाथ से श्रम अवश्य करें। हाथ के काम से कार्य की कोटि में सुधार होता ही है। क्योंकि देश में नब्बे प्रतिशत व्यक्ति कड़ी मेहनत करने वाले हैं, अतः दस प्रतिशत को भी अपनी जीविका के लिए श्रम करने में संकोच नहीं होना चाहिए। कृषि सम्बन्धी बहुत-सी कठिनाइयाँ दूर हो सकती हैं, यदि इस प्रकार के बुद्धिजीवी भी इसमें हाथ बटाएँ। इससे पद सम्बन्धी विशेषता भी समाप्त हो जाएगी। इससे बुर्जुआ वर्ग का स्वरूप ही बदल जाएगा और इससे निकट भविष्य में ही एक नए वर्गहीन समाज का उदय आरम्भ होने लगेगा।

राजनीति के क्षेत्र में भी मतदाताओं की योग्यता का आधार हाथ का श्रम होगा, न कि सम्पत्ति और स्तर। इस प्रकार इस सिद्धान्त की स्वीकृति से इससे सम्बद्ध हेयता की भावना दूर हो जाएगी और इससे तथाकथित श्रमजीवी वर्ग का स्तर भी ऊँचा हो जाएगा। 1947 में उन्होंने इस विचार का स्पष्टीकरण करते हुए कहा, "इस प्रकार एक अकेला श्रमिक सरलता से मतदाता बन जाएगा, जबकि एक लखपति, वकील, व्यापारी और अन्य कोई ऐसा व्यक्ति यदि राज्य के लिए कोई शारीरिक श्रम नहीं करेगा तो उसके लिए मतदाता बनना कठिन हो जाएगा।"[42]

वर्ण व्यवस्था

गांधीजी की कल्पना के अहिंसात्मक जनतन्त्र में वर्ग के सिद्धान्त को जो प्रकृति का एक अपरिवर्तनीय नियम है, स्वीकार किया जाएगा। चार मुख्य श्रेणियाँ प्राचीन ब्राह्मण, क्षत्रिय, वैश्य तथा शूद्र वर्गों के समकक्ष होंगी। किन्तु इन चार वर्णों

में यथासम्भव समानता होगी। वे किन्हीं निश्चित स्थितियों में काम करेंगे, क्योंकि हमारे समाज और उसमें रहने वाले लोगों में क्रान्तिकारी परिवर्तन हुए हैं। इनका वर्णन इस प्रकार किया गया है। (अ) सभी व्यवसायों को एक ही समान समझा जाएगा। किसी भी प्रकार का धर्मतन्त्रात्मक पदानुक्रम स्वीकार नहीं किया जाएगा। (आ) विभिन्न व्यवसायों की कमाई को यथासम्भव समान बनाया जाता है जिससे कि उनकी आयों में अत्यधिक विषमताएँ न हों जिससे अन्त में उनकी सामाजिक प्रतिष्ठा में भी विषमता आ जाए। (इ) एक व्यवसाय का अर्थ लिया जाता है कि इसके द्वारा व्यक्ति अपने कर्त्तव्य का पालन करे और इस प्रकार अपनी जीविका उपार्जित करे, न कि सम्पत्ति का अंधाधुंध संचय करे।

गांधीजी का दृढ़ विश्वास था कि एक नवीन सामाजिक व्यवस्था वर्णाश्रम-व्यवस्था के आधार पर ही तैयार हो सकती है किन्तु शर्त यह है कि वर्णाश्रम व्यवस्था में मूलभूत परिवर्तन किए जाएँ जैसाकि सुझाव दिया गया है और इसमें सामाजिक समानता का महान् आदर्श समाविष्ट किया जाए।

इस प्रकार यह निष्कर्ष निकाला जा सकता है कि गांधीजी का अहिंसात्मक राज्य विकेन्द्रीकरण, समाजवाद, न्यासिता (Trusteeship), वर्ण-व्यवस्था, जीविका के लिए श्रम और सामाजिक नियन्त्रण सहित वैयक्तिक स्वतन्त्रता के सिद्धान्तों पर आधारित होगा। यह एक ऐसा आदर्श राज्य होगा जिसमें पुलिस का गठन अहिंसक सिपाहियों द्वारा होगा और जेल सुधार-गृह होंगे। ऐसे राज्य में संघर्ष कदाचित् ही होंगे। जोर-जबरदस्ती का स्थान समझाने-बुझाने को दिया जाएगा। मजुमदार के शब्दों में, "राजनीतिक विचारों के क्षेत्र में गांधीजी की सर्वोत्तम उपलब्धि कानूनी राज्य का स्थान नैतिक राज्य को देना है। उन्होंने संसार के सामने शक्ति और हिंसा के स्थान पर अहिंसा और सत्य के द्वारा समझाने-बुझाने की तकनीक की स्थापना की।"[43]

गांधी तथा आर्थिक विचार

"हाल के समय में गांधीजी ऐसे एकमात्र राजनीतिक ही नहीं—सामाजिक विचारक भी थे, जिन्होंने एक पूरा राजनीतिक सिद्धान्त प्रस्तुत किया है। मार्क्स के विपरीत, उनके सिद्धान्त में सभी बातों का समावेश है। यह उनके अपने व्यावहारिक दर्शन पर आधारित है और वह सभी समस्याएँ जो हमारे समाज में व्याप्त हैं, इसके अन्तर्गत हैं।"[44] वास्तव में गांधीजी का आर्थिक सिद्धान्त तात्कालिक और अन्तिम दोनों प्रकार की आर्थिक सिद्धान्त सम्बन्धी समस्याओं का समाधान प्रस्तुत करता है। इस क्षेत्र में भी उन्होंने हमारी सांस्कृतिक और आध्यात्मिक विरासत में से बहुत कुछ लिया है। विश्वजनीन प्रेम गांधीवादी आर्थिक दर्शन का आधार है। उनके आर्थिक

दर्शन में रामकृष्ण, विवेकानन्द और रस्किन के 'अन्टु दी लास्ट' की गहन आध्यात्मिक छाप देखी जा सकती है। 'जीविका के लिए श्रम' का टॉलस्टाय का सिद्धान्त भी ऐसा है जिसका गांधीजी पर गहन प्रभाव पड़ा। गांधीजी के मुख्य आर्थिक विचार निम्नलिखित हैं–

(अ) अर्थशास्त्र के प्रति नैतिक दृष्टिकोण–बुद्ध के आत्मत्यागी जीवन, गीता के दर्शन और टॉलस्टाय के अर्थशास्त्र के प्रति नैतिक दृष्टिकोण ने गांधीजी को अपरिग्रह, अस्तेय और दरिद्र तथा दुःखी व्यक्तियों के साथ अपनी सम्पत्ति का उपभोग करने पर बल देने को प्रेरणा दी। गांधी जी के शब्दों में, "अर्थशास्त्र जो व्यक्ति और राष्ट्र दोनों के नैतिक कल्याण को हानि पहुँचाते हैं, अनैतिक और पापमय हैं।"[45] गांधीजी के अर्थशास्त्र का सारा भवन नीतिशास्त्रीय मूल्यों पर आधारित है। आचारिक पक्ष पर दिया गया यह बल गांधीजी के आर्थिक दर्शन को मार्शल और मार्क्स के आर्थिक दर्शन से पृथक् करता है। मार्क्स जहाँ वर्ग संघर्ष पर बल देते हैं वहाँ गांधीजी वर्गों के पारस्परिक तालमेल पर। मार्क्स जहाँ एक रक्तपातपूर्ण क्रान्ति से आर्थिक असमानता दूर करना चाहते हैं, वहाँ गांधीजी वही उद्देश्य अर्थशास्त्र में नैतिक मानदण्डों की स्थापना और लाभ के अर्थशास्त्र के स्थान पर सामाजिक न्याय के अर्थशास्त्र के विकास द्वारा प्राप्त करते हैं।

इसके अतिरिक्त गांधीजी ने 'पदार्थवाद के पैशाचिक देवता' की भी भर्त्सना की। उन्होंने सादगी, सम्पत्ति के बुद्धिमत्तापूर्ण नियमन और पूर्ण समाजिक न्याय पर बल दिया। उनका अनुभव था कि आधुनिक सभ्यता का रोग मनोवैज्ञानिक है। अतः संचय करने की सनक रहती है। गांधीजी अमीरों से यह आशा करते थे कि वह सभी जीवों में ईश्वर की अनिवार्य विद्यमानता देखें और विश्वजनीन (Universal) सन्तोष के लिए वह स्वैच्छिक रूप से अपनी सम्पत्ति को बाँटने को तत्पर रहें। उनके अनुसार ईश्वर उनका कभी मित्र नहीं जो दूसरों की सम्पत्ति को ललचाई दृष्टि से देखते हैं। निजी आवश्यकताओं को न्यूनतम कर देना ही ईश्वर की अनुभूति का मार्ग है। धन के लोभ और ईर्ष्या प्रेरित संचय तथा निरन्तर वृद्धि करने की इच्छा का दमन करने, वस्तुओं के एकाधिकारी संचय से विरत होने से ही राम राज्य की स्थापना सम्भव है। उन्होंने लोभ और संचय के स्थान पर दया और प्रेम को स्थान देने का सुझाव दिया। वह चाहते थे कि करोड़ों व्यक्तियों को उनका अधिकार मिले। वह श्रमिक के लिए दैनिक वेतन चाहते थे और चाहते थे कि कार्य एक पूजा हो न कि एक नीरस और कड़ी वस्तु।

न्यासिता

गांधी को मनुष्य के दिव्यत्व में विश्वास था। अतः मनुष्य-मनुष्य में भेद करना कठिन है। मनुष्य की आध्यात्मिकता तथा दिव्यत्व के प्रति इसी गहन भावना से

गांधीजी को अपना नैतिकत्तापरक अर्थशास्त्रीय न्यासिता और विरासत का सिद्धान्त प्राप्त हुआ। वह कहते थे, "प्रत्येक वस्तु ईश्वर की है और ईश्वर से ही प्राप्त होती है। अतः यह उसके सभी लोगों के लिए है, न कि किसी विशेष व्यक्ति के लिए। यदि एक व्यक्ति के पास अपनी आवश्यकता के अनुपात से अधिक होता है तो यह उस अतिरिक्त भाग के लिए ईश्वर के बन्दों के लिए न्यासी बन जाता है।"[46] अतः उन्होंने समानता के सिद्धान्त पर बल दिया और वह समान वितरण में विश्वास करते थे। उनका दृढ़ विश्वास था कि यदि समानता से एक अहिंसात्मक समाज-व्यवस्था की कुंजी प्राप्त होती है, न्यासिता हमें समानता प्राप्त के लिए हिंसात्मक उपायों से बचाती है। अमीर लोगों के लिए अपनी निजी आवश्यकताओं की पूर्ति के लिए अपनी सारी सम्पत्ति की आवश्यकता नहीं है। अतः उन्हें अपनी अतिरिक्त सम्पत्ति को समाज के लाभ के लिए प्रयोग में लाना चाहिए। धनी लोग अतिरिक्त सम्पत्ति के न्यासी होंगे। यदि धनी लोग स्वेच्छा से न्यासी नहीं बनते तो गरीब लोग अहिंसक, असहयोगात्मक आन्दोलन कर सकते हैं जो उन्हें और धन संचय से रोक सकते हैं। जमींदार कृषकों के सहयोग से ही धन संचय कर सकता है। उद्योगपति भी उसी समय धन इकट्ठा कर सकते हैं, यदि श्रमिक सहयोग प्रदान करें। अहिंसात्मक असहयोग ही कृषकों और श्रमिकों के लिए उचित हथियार है जिससे वह जमींदारों और उद्योगपतियों को धन संचय करने से रोक सकते हैं। यदि किसान अहिंसात्मक असहयोग के द्वारा जमींदारों को सताते रहें तो वह न्यासी होना और गरीबों का संरक्षक होना स्वीकार कर लेंगे। गांधीजी का दावा था कि न्यासिता धर्म संघर्ष को समाप्त करने का और श्रेणियों में सहयोग लाने का एक शान्तिपूर्ण उपाय है। किन्तु उन्होंने पूँजीपतियों को चेतावनी दी कि यदि उन्होंने शोषण बन्द नहीं किया तो उन्हें एक हिंसात्मक आन्दोलन का सामना करना पड़ेगा जिसके परिणामस्वरूप वह नष्ट हो जाएँगे। गांधीजी द्वारा रखे गए न्यासिता के सिद्धान्त की मुख्य बातें यह हैं–

(अ) न्यासिता एक ऐसा साधन है जिससे एक पूँजीवादी व्यवस्था को एक समतावादी व्यवस्था में परिणत किया जा सकता है। यह पूँजीपतियों को सुधारने का एक अवसर देता है। यह विश्वास इस पर आधारित है कि मानव प्रकृति एकदम असुधार्य नहीं है।

(आ) यह समाज द्वारा अपने कल्याण के लिए निश्चित सीमा से परे निजी सम्पत्ति के स्वामित्व की कल्पना को स्थान नहीं देता।

(इ) यह सम्पत्ति के स्वामित्व और प्रयोग के नियमन के लिए कानून बनाने की सम्भावना से इन्कार नहीं करता। एक व्यक्ति अपनी सम्पत्ति का धारण और प्रयोग सामाजिक हितों की उपेक्षा करते हुए नही कर सकेगा। न केवल एक उचित न्यूनतम वेतन ही निर्धारित किया जाना है, वरन् अधिकतम आय को भी सीमित

करना पड़ेगा। न्यूनतम तथा अधिकतम आयों के मध्य अन्तर को आँका आए और समय-समय पर समान अथवा परिवर्तनशील उत्पादन के स्वरूप का निश्चय वैयक्तिक लोभ और सनक पर आधारित नहीं होगा, वरन् सामाजिक आवश्यकता के आधार पर होगा।

कमलादेवी चट्टोपाध्याय ने निम्न शब्दों में गांधीजी की न्याय विषयक अवधारणा को बहुत अच्छी प्रकार चित्रित किया है। "गांधीजी की न्यास विषयक अन्तर्भावना तथा हृदय परिवर्तन की भावना—इसका ऐसा अन्तःसम्बन्ध है कि इन्हें पृथक् नहीं कर सकते। सच तो यह है कि उनका पूरा दर्शन मनुष्य की मूलभूत अच्छाई पर निर्भर है। अन्ततोगत्वा गांधीजी चाहते थे कि सत्ता कुछ ही के पास केन्द्रीकृत होने के स्थान पर इसका स्वामित्व धीरे-धीरे पूरे समाज को सौंप दिया जाए। इसके लिए वह भय तथा घृणा के शस्त्रों के स्थान पर प्रेम तथा अहिंसा के प्रयोग पर आग्रह करते थे। "न्यास का यह सिद्धान्त आत्म-त्याग की शिक्षा देता है, एक ऐसे विश्व को जो प्रधानतः जीवन की भड़कीली शैली का पक्षधर रहा है।" अतः कमलादेवी की यह सम्मति उचित ही है—"अत्म-त्याग का ऐसा जीवनयापन तो एक मठ में ही सम्भव हो सकता है।" किन्तु जब पूँजीपतियों से यह कहते हैं तो ऐसा नहीं लगता कि वह चेतावनी कल्पनालोक से दे रहे हैं, "यदि भरसक प्रयास के उपरान्त भी, वास्तविक अर्थ में पूँजीपति गरीबों के संरक्षक बन सामने नहीं आते तो वह भूख से मर जाएँगे। ऐसी दशा में क्या किया जाए! इस पहेली का समाधान मैं अहिंसात्मक असहयोग द्वारा चाहता हूँ। यदि वह न्यासी बन जाएँ तो मुझे प्रसन्नता होगी। ऐसा न होने पर न्यूनतम अहिंसा के द्वारा उनकी सम्पत्ति से उन्हें वंचित करना पड़ेगा।" इस प्रकार गांधी डेमोकल्स की तलवार उनके सिर पर लटकाए रखते हैं।

(ई) **समानता और न्यासिता** के उनके विचार को अलग-अलग कक्षों में रखकर उन पर विवेचन नहीं किया जा सकता। उनके लिए उनके अहिंसक जनतन्त्रवादी समाज की समानता एक प्रमुख विशेषता थी। एक अहिंसात्मक सामाजिक व्यवस्था धनी और दरिद्र में विशाल आय सम्बन्धी अन्तर होने की स्थिति में पनप नहीं सकती। वह सम्पत्ति एकत्रित करने के विरुद्ध थे। वह अमीरों द्वारा धन के एकाधिकार को पसन्द नहीं करते थे। वह नहीं चाहते थे कि करोड़ों लोग भुखमरी के कगार पर रहें। अतः वह समानता लाने के लिए उत्सुक थे। *समान वितरण* उनका आदर्श था और वह इसकी प्राप्ति के लिए आशंकित थे। किन्तु वह इसके लिए यत्नशील रहना चाहते थे। प्रत्येक व्यक्ति अपनी प्राकृतिक आवश्यकताओं की पूर्ति में समर्थ होना चाहिए। प्राकृतिक आवश्यकताएँ अलग-अलग होती हैं। व्यक्तियों की पचाने की शक्ति अलग-अलग होती है। इससे प्रकट है कि उनके नित्य भोजन के लिए आटे की अलग-अलग मात्रा की आवश्यकता है। इससे समान

वितरण के सिद्धान्त का अतिक्रमण नहीं होता। समानता का अर्थ है कि प्रत्येक व्यक्ति को अपनी आवश्यकतानुसार मिले, किन्तु आवश्यकता प्राकृतिक होनी चाहिए।

एक आदर्श राज्य में वकीलों, अध्यापकों और चिकित्सकों को दैनिक वेतन बराबर होना चाहिए। किन्तु वह इस प्रकार के आदर्श की अव्यावहारिकता के प्रति जागरूक थे। कुशल व्यक्तियों को अपनी अपेक्षा कम कुशल व्यक्तियों से अधिक धनोपार्जन करने से नहीं रोका जाना चाहिए। अन्यथा उनकी क्षमता समाप्त हो जाएगी। किन्तु उन्हें, अपनी प्राकृतिक आवश्यकताएँ पूरी कर लेने पर शेष कमाई को कल्याण कार्यों की उन्नति में लगा लेना चाहिए। उन्हें अपनी योग्यताओं का प्रयोग समाज सेवा के लिए करना चाहिए और इस प्रकार एक सुखी समाज के निर्माण में योग देना चाहिए। समानता की उनकी संकल्पना निम्न शब्दों से प्रकट है–''जब हम बराबर पैदा हुए हैं, हमें समान अवसर भी प्राप्त होना चाहिए। सभी की योग्यताएँ समान नहीं हैं। यह सम्भवतः अस्वाभाविक है। उदाहरणार्थ, सभी का कद, रंग, बुद्धि की मात्रा एक-सी नहीं होती। इसी प्रकार कुछ व्यक्तियों में कमाने की योग्यता अधिक होती है और कुछ में कम। अधिक योग्यता वाले व्यक्तियों के पास अधिक होगा और वह अपनी योग्यता का प्रयोग इस उद्देश्य के लिए करेंगे। यदि वह अपनी योग्यताओं का प्रयोग उदारता से करें तो वह राज्य के लिए कार्य करेंगे। इस प्रकार के व्यक्ति ही न्यासी होते हैं...मैं एक योग्य व्यक्ति को अधिक कमाने की अनुमति दूँगा, उसकी योग्यता को संकुचित नहीं होने दूँगा। किन्तु उसकी अधिक आय का बड़ा भाग राज्य के कार्य में ऐसे ही नियोजित होना चाहिए जैसे परिवार के सभी कमाने वाले पुत्रों की कमाई परिवार के सामान्य कोष में आती है। न्यासी के रूप में ही वह अपनी कमाई के संरक्षक होंगे।'' इससे समान वितरण के सिद्धान्त का आधार बनता है। समान वितरण का वास्तविक अर्थ यह है कि एक व्यक्ति के पास अपनी आवश्यकताओं की पूर्ति का सामान होना चाहिए और इससे अधिक नहीं। इसके लिए सारी समाज-व्यवस्था के पुनर्निर्माण की आवश्यकता होगी। एक व्यावहारिक अर्थशास्त्री होने के नाते, उन्होंने बड़ी-बड़ी कठिनाइयों को अनुभव किया। एक समाज में राष्ट्रीय सम्पत्ति का समान वितरण होना ही चाहिए। अतः उन्होंने कहा, ''मेरा आदर्श समान वितरण है किन्तु जहाँ तक मैं देख सकता हूँ, हम इसे प्राप्त नहीं कर पाएँगे। अतः मैं धन के न्यायपूर्ण वितरण के लिए यत्नशील हूँ।''[47]

एक सामाजवादी के रूप में

गांधीजी के समानता सम्बन्धी इस तर्कसम्मत दृष्टिकोण के कारण समालोचक

उन्हें एक सच्चा समाजवादी कहते हैं। वह चाहते थे कि प्रत्येक को खाने को भोजन और पहनने को कपड़े मिलें। वह बड़ी गम्भीरता से अनुभव करते थे कि यदि लाखों लोग भूखे और नंगे रहें तो प्रजातन्त्र और स्वतन्त्रता मात्र विडम्बना ही रह जाएगी। अभाव से मुक्ति उनके आर्थिक सिद्धान्त का मुख्य मुद्दा था तथा उन्होंने लोगों को दरिद्रता की अपमानजनक स्थिति से उबारने का आजीवन यत्न किया।[48] 1922 में अपने प्रथम मुकद्दमे के अवसर कर उन्होंने कहा था, "नगर में रहने वालों को कदाचित ही इसका अनुभव है कि भारत के आधे भूखे भारतीय किस प्रकार धीरे-धीरे मृत्यु की ओर बढ़ रहे हैं। किसी भी प्रकार का वाक्छल, और अंकों की भ्रामक जादूगरी उस तथ्य को छिपा नहीं सकती जिसे नरमुण्ड हमारी आँखों के सामने लाते हैं। वह सभी के लिए ऐसा चाहते थे कि उसका निर्वाह हो सके। अतः जीवन की मौलिक आवश्यकताओं के लिए आवश्यक वस्तुओं का उत्पादन वह सर्वसाधारण के नियन्त्रण में देना चाहते थे। वह चाहते थे कि वह सभी को ऐसे ही सुलभ हों, "जैसे परमात्मा द्वारा वायु और जल मिलते हैं या मिलने। उन्हें यातायात का यान बनाकर दूसरों के शोषण के लिए प्रयोग में नहीं लाना चाहिए।"[49] गांधीजी प्रत्येक नागरिक के लिए कार देना नहीं चाहते थे जैसा कि अमरीकनों का उद्देश्य है। न ही वह रूस जैसा समाजवाद चाहते थे जिसमें एक व्यक्ति का अपना स्वामित्व किसी पर नहीं होता, यहाँ तक कि अपने शरीर पर भी नहीं। उनके समाजवाद को शायद इस योग्य न समझा गया हो कि वह प्रत्येक नागरिक को काम दे सके, किन्तु वास्तव में यह लोगों को पर्याप्त भोजन प्राप्त कराने का यत्न अवश्य था। ऐसा वह उनकी वैयक्तिक स्वतन्त्रता को बिना बाधा पहुँचाए करना चाहते थे। उनका यह दृढ़ विश्वास था कि अहिंसा का आदर्श केवल उसी स्थिति में प्राप्त किया जा सकता है जब धनी और निर्धन के मध्य अन्तर को उत्तरोत्तर कम किया जाए। पूर्ण समानता का वह सिद्धान्त जिस पर कट्टरपंथी मार्क्सवादी इतना बल देते हैं गांधीवादी विचारधारा के अनुसार प्राप्य नहीं है। इसके अतिरिक्त वह ईसाई समाजवादियों की भाँति प्रेम और समझाने-बुझाने से उनकी मनोवृत्ति में पविर्तन कर आर्थिक समानता लाना चाहते थे। उनसे न्यासी के रूप में कार्य करने की आशा की जाती थी। यदि वह ऐसा करने में असमर्थ रहें तो उनकी भूमि और उनके उद्योग सरकार द्वारा अधिनियमन (legislation) द्वारा ले लिए जाएँगे। उद्योगों को लाभ कमाने के लिए नहीं, वरन् लोगों के लिए चलाया जाएगा। श्रमिकों को भी प्रबन्ध कार्य में भाग दिया जाएगा। इसके अतिरिक्त, उन्होंने टॉलस्टाय की भाँति लोगों पर अपनी आजीविका कताई करने से और छोटे उद्योग चलाकर कमाने पर बल दिया। क्योंकि वह शासन का विश्वास नहीं करते थे, अतः वह आर्थिक तथा राजनीतिक क्षेत्र में सत्ता के केन्द्रीकरण के विरोधी थे। उन्होंने विकेन्द्रीकरण का पक्ष लिया, क्योंकि केन्द्रीकरण और बड़े

पैमाने पर उत्पादन, गांधीजी के अनुसार प्रजातन्त्र के प्रतिकूल थे। श्रेणी समाजवादियों की भाँति, गांधीजी अधिकारों को यथासम्भव विकीर्ण करना चाहते थे। उन्होंने कहा था, "प्रत्येक ग्राम में एक पूर्णसत्ताधारी गणतन्त्र अथवा पंचायत होगी। प्रत्येक पंचायत आत्मपोषी हो और अपनी व्यवस्था स्वयं कर सकती हो।"

न्यासी के रूप में कार्य करने वाला एक पूँजीपति और उसमें विश्वास रखने वाला एक श्रमिक, भूमि जोतने वाले और श्रम करने वालों के लिए जीविका के लिए पर्याप्त वेतन, आज के विशालकाय गरजते वैज्ञानिक उद्योगों के स्थान पर ग्रामोद्योग स्वायत्त शासनाधिकार सम्पन्न पंचायतें—यह सब मिलकर गांधीजी के समाजवाद का चित्र उपस्थित करते हैं, जो उनके सपनों के रामराज का आह्वानकर्त्ता है। यद्यपि भौतिकवाद के आधुनिक युग में, आर्थिक प्रकृति का गांधीवादी परिज्ञान हमें असंगत प्रतीत होता है और हम इसे एक सन्त की आदर्शवादी भावना ही मान लें, तथापि उनके स्वप्नों के समाजवाद का निस्संग मूल्यांकन हमें विवश करेगा, यह मान लेने पर कि मानवता की मुक्ति निहित है, गांधीजी की विचार-सरणि में न कि कड़ी मेहनत करने वाले लोगों का रक्त बहाकर ठनकते सिक्कों के अन्धाधुन्ध संचय में।

गांधीवादी समाजवाद के मूल्यांकन से हम इस निष्कर्ष पर पहुँचते हैं कि गांधीजी न तो गूढ़ आध्यात्मिक बात कहने वाले सन्तमात्र ही थे तथा न ही उनके समाजवाद का केवल विचार से ही सम्बन्ध था। डॉ. गुप्ता के शब्दों में, "गांधीजी के विचार सामान्यतः और गांधीजी का समाजवाद विशेषतः केवल मात्र सिद्धान्त नहीं है, केवल मात्र बौद्धिक पकड़ ही नहीं है; दार्शनिक सन्तुष्टि ही नहीं है, जिसे मात्र अटकल और विचार से ही प्राप्त किया जा सके।"[50]

गांधीजी अनुभव करते थे कि व्यक्ति द्वारा *स्थिर रूप* से निरन्तर दिग्विन्यास (Orientation) के प्रयत्न के बिना समाजवादी व्यवस्था का आरम्भ नहीं हो सकता। सर्वोदय की गांधीवादी कल्पना गांधीवादी समाजवाद की चोटी है। सर्वोदय मात्र बहुमत को ही नहीं देता। यह सभी के *विकास और उत्थान* का समर्थक है।

गांधीवादी समाजवाद जीवों की एकता की संकल्पना पर बल देता है। वहाँ व्यक्तियों को समान महत्त्व है और प्रत्येक की अपनी उन्नति प्रत्येक अन्य शक्ति पर निर्भर है। दूसरे शब्दों में गांधीजी का समाजवाद व्यक्ति की क्षमता का महत्त्व दर्शाता है। इस प्रकार इसका उद्देश्य व्यक्ति अथवा व्यक्तियों के समूह का हित है। गांधीजी ने कहा था, "मेरा समाजवाद प्रत्येक व्यक्ति का हित चिन्तक है। मैं अन्धों, बहरों और गूँगों की राख पर खड़ा होकर उन्नति नहीं चाहता। मैं अपने व्यक्तित्व की अभिव्यक्ति के लिए पूर्ण स्वतन्त्रता चाहता हूँ...समाजवाद के दूसरे प्रकारों के आधीन वैयक्तिक स्वाधीनता नाम की कोई वस्तु नहीं है। वहाँ आप कुछ भी नहीं, यहाँ तक कि आपका शरीर भी कुछ नहीं है।"

गांधी और मार्क्स

सामान्यतः यह माना जाता है कि मार्क्सवाद में से हिंसा को निकाल देने पर वह गांधीवाद हो जाता है। यह सन्देहातीत होने पर भी कि दोनों विचारकों में अनेक समानताएँ हैं, यह भी सच है कि मूलभूत वैचारिक अन्तर होने के कारण, यह दोनों दो अलग-अलग सीमाओं पर हैं। मार्क्स को एक वैज्ञानिक समाजवादी समझा जाता है। वह राज्य को पूँजीपतियों द्वारा चलाए जाने वाला उत्पीड़न और अत्याचार का इंजन बताकर उसकी भर्त्सना करते थे। इस प्रकार राज्य को समाप्त होना चाहिए और एक वर्गहीन तथा राज्यहीन समाज का अन्त में उदय होना चाहिए। गांधीजी का उद्देश्य भी वर्गहीन तथा राज्यहीन समाज था। क्योंकि यह अभी प्राप्य नहीं है, अतः राज्य अभी रहेगा, किन्तु यह एक अहिंसक, समाजवादी तथा प्रजातान्त्रिक राज्य होगा। मार्क्स संक्रान्ति की अवधि में श्रमजीवी वर्ग की तानाशाही की बात करते हैं। इस प्रकार की तानाशाही सत्ता की उच्चतम अभिव्यक्ति होगी। दोनों ही निजी सम्पत्ति के विरोधी हैं। दोनों ही पीड़ित, दलित, दरिद्र के पक्षधर हैं। गांधी जहाँ त्यागने की बात करते हैं, परिग्रह के प्रभाव को दूर करने के लिए सीमा निर्धारण की बात करते हैं, वहीं मार्क्स भी परिग्रह की वृत्ति को शोषण का परिणाम मानते हैं। मार्क्स पूँजीपतियों को श्रमिकों का शत्रु बताते हैं। धनियों और दरिद्रों का श्रेणी संघर्ष सदा से रहा है और इसे जारी रहना चाहिए। गांधीजी पूँजीपतियों से श्रमिकों के न्यासी के रूप में काम करने की आशा करते हैं। वह उनके मध्य श्रेणी संघर्ष की बात नहीं करते। इसके विपरीत वह दोनों में सामान्य हित के लिए पारस्परिक सहयोग की बात करते हैं। गांधीजी जहाँ एक दार्शनिक आदर्शवादी थे, वहाँ मार्क्स एक कट्टर भौतिकवादी।

मार्क्स के लिए धर्म कुछ नहीं था। गांधीजी के जीवन का तो धर्म ताना-बाना था। गांधीजी जहाँ सामाजिक परिवर्तनों को अहिंसा द्वारा लाना चाहते थे, वहाँ मार्क्स सशस्त्र क्रान्ति में विश्वास करते थे।

गांधी और मार्क्स दोनों पूँजीवादी प्रक्रियाओं में होने वाले सामाजिक और आर्थिक शोषण के विरुद्ध थे। किन्तु वह दोनों अलग-अलग बातों का प्रतिपादन करते हैं। गांधीजी एक नैतिक और आध्यात्मिक व्यक्तिवादी हैं। एक व्यक्ति का नैतिक तकनीक द्वारा अपने चरित्र में सुधार लाना, गांधीवादी आचारशास्त्र का प्रथम सोपान है।

हैल्यून तथा हीगल के सामूहिकता के सिद्धान्त को ग्रहण कर मार्क्स पूँजीवादी सम्पत्ति हरणकर्त्ताओं के सशस्त्र श्रमिक जगत द्वारा सम्पत्ति हरण को समाज की बुराई दूर करने के लिए स्वीकार करते हैं।

मार्क्स के अनुसार पूँजीवादी राज्य का स्थान श्रमिक वर्गीय तानाशाही ले, इसी

में राज्य की सारी सत्ता केन्द्रित और प्रबलतम् रूप में व्यक्त होगी। इससे एक अन्तिम् वर्गहीन तथा राज्यहीन समाज की नींव पड़ेगी। इसके विपरीत गांधीजी जनतांत्रिक की तकनीक का प्रयोग कर राज्य को पूर्णता देना चाहते थे। उद्देश्य उनका वही था–एक राज्यहीन तथा वर्गहीन समाज।

गांधीजी आर्थिक स्वतन्त्रता को रचनात्मक कार्यक्रम का पालन कर प्राप्त करने की आशा करते थे। मार्क्स शोषित वर्ग के बहुमत की स्वतन्त्रता श्रमिक वर्ग की क्रान्ति द्वारा शोषण समाप्त करके प्राप्त करना चाहते हैं।

'हरिजन' में गांधीजी ने लिखा, "समाजवाद स्फटिक के समान उज्ज्वल है, अतः इसकी प्राप्ति के साधन भी ऐसे ही उज्ज्वल होने चाहिए। अपवित्र साधनों से प्राप्त उद्देश्य भी अपवित्र होते हैं।"

यद्यपि दोनों में साधनों के सम्बन्ध में मूलभूत अन्तर है, तथापि दोनों का उद्देश्य वही है। इसके अतिरिक्त दोनों ही मानवता के दलित वर्ग के हितों का पक्ष-पोषण करते थे। "गांधीजी भारतीय किसानों की न्यायोचित भावनाओं के अधिवक्ता बनकर और मार्क्स पश्चिमी यूरोप में रोजी कमाने वालों के हितों के लिए संघर्ष कर। वास्तव में तो दोनों मानवता के अधिकारों के लिए संघर्ष कर रहे थे। इस प्रकार गांधीवाद तथा मार्क्सवाद दोनों ही सामाजिक मुक्ति के महान संदेशवाहक के रूप में प्रकट हुए हैं।"[51] किन्तु गांधी की अपेक्षा मार्क्स अधिक अव्यावहारिक लगते हैं, जब एक रूढ़िवादी बनकर वह यह आग्रह करते हैं कि एक राज्यहीन, वर्गहीन, समाज का लक्ष्य मात्र साध्य ही नहीं, वरन् अवश्यम्भावी रूपेण साक्षात्करणीय है। विनोबा ठीक ही कहते हैं, "यह दोनों विचारधाराएँ अशाम्य (Irreconcilable) हैं। इसका परस्पर विरोध दिन की भाँति स्पष्ट है।"

खादी व घरेलू उद्योग–भारत के ग्रामोद्योग पर ब्रिटिश साम्राज्यवादी पूँजीवाद के विनाशकारी प्रभाव को देखकर गांधीजी बड़े क्षुब्ध हुए। भारतीय घरेलू उद्योग ब्रिटिश सरकार की स्वतन्त्र व्यापार की नीति से पंगु हो रहे थे। गांधीजी ने इसे मानवता के विरुद्ध इतिहास में एक अभूतपूर्व अपराध बताया। गांधीजी ने अनुभव किया कि भारत की मुक्ति मात्र नगरों के सुधार द्वारा ही प्राप्त नहीं की जा सकती। उन्होंने अनुभव किया कि लोगों के जीवन-स्तर को ऊँचा करने के लिए ग्रामीण पुनर्वास आवश्यक हैं। उन्होंने अपना प्रसिद्ध रचनात्मक कार्यक्रम तैयार किया, गाँवों के उत्थान के लिए। खादी इस कार्यक्रम का एक महत्त्वपूर्ण अंग प्रतीत हुआ। चर्खा उनके लिए असभ्यता का प्रतीक न होकर कष्ट संवलित लोगों के लिए कम-से-कम रोटी का टुकड़ा दिलाने का एक गतिशील और प्रभावशाली उपकरण था। वह अपनी भूमि पर कठोर श्रम करने पर उनकी अर्जित अल्प आय में वृद्धि ही करता था। अशोक मेहता के शब्दों में, "गांधीजी के लिए खादी शारीरिक तथा मानसिक श्रम

के मध्य एक स्वाभाविक सम्बन्ध था। चरखा कातना दरिद्र कृषकों के अवकाश की अवधि को लाभपूर्ण श्रम में नियोजित कर सकता था। उनकी दृष्टि में खादी प्रतीक था सर्वधारण द्वारा स्वयं किए उत्पादन का न कि बड़े पैमाने पर किए उत्पादन का।''[52]

खादी यद्यपि एक आर्थिक प्रक्रिया का प्रतिनिधित्व करती थी तथापि यह प्रतीक था भारतीय एकता का, जनसाधारण के उत्थान और शिक्षा का एक प्रभावशाली उपकरण था और था क्षुद्रतम लोगों की आवश्यकताओं की पूर्ति का एक दिव्य साधन। इसके अतिरिक्त इसका प्रयोग सूचना देना था उस यत्न की जो आधुनिक मशीनरी के विशिष्ट और शोषणकारी स्वरूप को दूर करने के लिए किया जा रहा था। उन्होंने कहा था, ''मैं यह नहीं मानता कि किसी भी देश के लिए स्थिति में औद्योगीकरण आवश्यक है। भारत की स्थिति में तो यह कथन और भी सत्य है। मेरा विश्वास है कि पीड़ित, कराहती दुनिया के लिए भारत अपनी भूमिका जीवन-स्तर को उदात्त बनाकर निभा सकता है। अपनी सहस्रों घरेलू दस्तकारियों का विकास कर और इस प्रकार भारत विश्व के अन्य लोगों के साथ शान्ति से रह सकता है।''[53] इसके अतिरिक्त घरेलू उद्योग के इस विकास से बड़ी मशीनों के शोषक स्वरूप को कम किया जा सकता है। एन्थोली पॉल के शब्दों में, ''गांधीजी द्वारा चरखे के प्रयोग का प्रायः गलत अर्थ ही लगाया जाता रहा है। वास्तव में उद्देश्य यह था कि भारत की ग्रामीण जनता जैसी परिस्थितियाँ उनके सामने थीं, उनमें रहते हुए ऐसा कुछ कर सकें जिससे अपनी सहायता वह स्वयं कर सकें। इसके माध्यम से गांधीजी एक नैतिक परिवर्तन भी करना चाहते थे। चर्खे को औद्योगीकरण की अस्वीकृति के प्रतीक के रूप में वह नहीं देखते थे।''

स्वदेशी

शाब्दिक दृष्टि से स्वदेशी का अर्थ है ''अपना देश''। राजनीतिक क्षेत्र में गांधीजी के राष्ट्रवाद का आधार इसी से बना है। यह प्रबुद्ध देशभक्ति का सिद्धान्त जो पड़ोसियों के प्रति हमारे कर्त्तव्यों को सीमाबद्ध कर देता है। गांधीजी ने इसकी परिभाषा करते हुए कहा है, ''यह हममें विद्यामान वह भावना है जो हमें अपनी गतिविधियों को हमारे तत्काल निकटस्थ क्षेत्र तक सीमित रखने पर विवश करती है। जो अति दूर हो, उसका विचार छोड़कर।'' आर्थिक क्षेत्र में इसका अर्थ है कि हम उन्हीं वस्तुओं का उपयोग करें जो हमारे निकटतम पड़ोसियों ने बनाई हों और जिससे उनके उद्योगों को लाभ पहुँचता हो और वह जहाँ कहीं उनमें कोई कमी हो वह उन्हें सक्षम और पूर्ण बनाएँ। यह सिद्धान्त वास्तव में, मानव द्वारा सेवा करने की क्षमता के सीमित होने के वैज्ञानिक तथ्य को स्वीकार करता है। गांधीजी के लिए

इसका स्वरूप धार्मिक कर्त्तव्य का भी है और उन्होंने अपने साबरमती स्थित सत्याग्रह आश्रम की प्रतिज्ञाओं में प्रमुख स्थान दिया था। गांधीजी के शब्दों में, "स्वदेशी एक धार्मिक अनुशासन है जिसमें से इससे होने वाली असुविधाओं की पूर्ण उपेक्षा करके भी व्यक्ति को गुजरना पड़ेगा। एक स्वदेशी को सैकड़ों ऐसी वस्तुओं के बिना भी काम चलाना पड़ेगा जिन्हें वह आज आवश्यक समझता है।"

स्वदेशी सिद्धान्त वास्तव में घरेलू उद्योगों के इस रूप में संरक्षण पर बल देता है कि उनमें विकास करने की निश्चित शक्ति विद्यमान रहे। किन्तु स्वदेशी का अर्थ किसी दूसरे देश के प्रति दुर्भाव कदापि न रहा। गांधीजी हमारे देश में ऐसे निर्माताओं का प्रोत्साहन देने में राष्ट्रीय समय और धन का अपव्यय करने के पक्ष में नहीं थे जिनके लिए यहाँ की स्थिति अनुकूल नहीं थी। गांधीजी के शब्दों में, "यह किसी भी दृष्टि से संकीर्ण नहीं है, क्योंकि जो कुछ भी मेरे विकास के लिए आवश्यक है, वह मैं संसार के किसी भी भाग से ले लूँगा। मैं संसार के किसी भाग से कोई वस्तु लेने को तैयार नहीं, चाहे वह कितनी ही सुन्दर हो, जो मेरे विकास में बाधक हो और उन लोगों को हानि पहुँचाए जिनकी भलाई को मेरी प्रकृति ने पहली चिन्ता बनाया है।"[54]

अतः गांधीजी सदा खादी, जो कि हाथों से कता और बुना कपड़ा है, के बनाने का प्रचार करते थे। सी.एफ. एन्ड्रयूज के अनुसार, "खादी हमें बेकारी की समस्या का तात्कालिक, व्यावहारिक तथा स्थायी समाधान प्रदान करती है, कृषि की पूरक किसी अन्य उपयुक्त वृत्ति के अभाव में जिसके परिणामस्वरूप लोगों में दीर्घकालीन भुखमरी है।" खादी के पुनरुद्धार से अन्य सम्बद्ध घरेलू उद्योगों का भी पुनरुद्धार हो सकता था। गांधीजी के स्वदेशी के सिद्धान्त ने लोगों का स्थानीय दशाओं और उन्हीं वस्तुओं से सन्तुष्ट रहने की प्रेरणा दी जो उन्हें परमात्मा ने भरण-पोषण के लिए दी है, बजाए इसके कि वह अन्य देशों का निर्माता से शोषण करें, अनावश्यक विलास सामग्री प्राप्त करने के लिए। यही कारण है कि उन्होंने खादी को स्वदेशी के सिद्धान्त का सर्वोपरि उपसिद्धान्त बताया था। गांधीजी ने तो इस उद्योग को वैधानिक संरक्षण देने के लिए विदेशी वस्तुओं पर कड़ी चुंगी तक लगाने का सुझाव दिया था।

श्रमिक बचाने का यन्त्र समूह

गांधीजी किसी ऐसे बड़े यन्त्र समूह के विरोधी थे जिसका परिणाम या तो बड़े पैमाने पर बेरोजगारी होगी अथवा विलासिता की सामग्री तैयार होगी। उन्होंने कहा था, "जिसका मैं विरोध करता हूँ वह यन्त्रों की लालसा है न कि यन्त्र स्वयं।[55] लालसा उन्हें इसके लिए होती है जिसे वह मजदूर बचाने का यन्त्र समूह कहते हैं। आदमी उस समय तक मजदूरी की किफायत करते हैं जब तक कि सहस्रों मजदूर

खुली सड़कों पर बेकार भूखों मरने के लिए नहीं छोड़ दिए जाते। आज मशीनरी कुछ इने-गिने व्यक्तियों को ही करोड़ों की पीठ पर सवारी करने के लिए रखती है। इसके पीछे प्रेरणा मजदूर बचाने की इतनी नहीं होती जितनी लालच की।''[56]

गांधीजी इस प्रकार मशीनों के विरोध में नहीं थे। वास्तव में वह यन्त्र युग के विरोध में थे। मशीनें शरीर की भाँति अनिवार्य हैं। ''स्वयं शरीर यन्त्र विज्ञान का सुन्दरतम उदाहरण है, किन्तु यदि वह आत्मा की उदात्ततम उड़ान में बाधक है तो हमें इसका त्याग कर देना चाहिए।''[57] गांधीजी यह नहीं चाहते थे कि मशीनें मनुष्य के अंगों को क्षीण कर दें। वह अत्यन्त जटिल प्रकार के यन्त्र समूह (Machinery) के विरुद्ध थे। उन्हें साधारण मशीनरी जैसे सिंगर सिलाई की मशीन रखने में कोई आपत्ति नहीं थी, यद्यपि इसका राष्ट्रीयकरण हो जाना था। किन्तु वह इस प्रकार के अपवाद का प्रयोग कार के लिए भी करना चाहते थे, क्योंकि इससे किसी की मूल आवश्यकताएँ पूरी नहीं होतीं। सुई एक मूल आवश्यकता है। गांधीजी के शब्दों में, ''किन्तु मैं इतना समाजवादी अवश्य हूँ जो इस प्रकार की फैक्ट्रियों के राष्ट्रीकरण की बात कहूँ। उन्हें सबसे अच्छी स्थितियों में काम करना चाहिए, लाभ कमाने के लिए नहीं, वरन् देश के लाभ के लिए, जहाँ लोभ का स्थान प्रेरणा के स्थान पर प्रेम ग्रहण करें।''[58] गांधीजी मशीन की उपयोगिता उसी सीमा तक मानते थे, जहाँ तक वह मनुष्य की सेवा करे, उस समय नहीं जब वह मनुष्य की स्वामिनी बने। वह भारत के विशाल पशुधन और मनुष्यधन का पूर्णतम उपयोग हो जाने पर ही व्यापक स्तर पर मशीनों का प्रयोग चाहते थे। वह इस विचार के थे कि औद्योगीकरण से वस्तुओं का अधिक उत्पादन भले ही हो, किन्तु इससे अधिक नैतिक उन्नति नहीं हो सकती। किन्तु उन्होंने यन्त्र समूह के बढ़ते हुए महत्त्व की उपेक्षा नहीं की। उन्होंने कहा, ''यन्त्रसमूह का हमारे औद्योगिक क्षेत्र में स्थान है और वह रहेगा। मैं सभी प्रकार की मशीनरी के निवारण के पक्ष में नहीं हूँ, वरन् मेरा उद्देश्य उसके प्रयोग को सीमित कर देना है। जिस चीज पर मुझे आपत्ति है, वह यन्त्र समूह के लिए लालसा है, न कि यन्त्रसमूह से।''

ग्रामीण अर्थ-व्यवस्था का पुनरुज्जीवन

गांधीजी का विचार था कि ब्रिटिश साम्राज्यवादी पूँजीवाद का ग्रामीण अर्थ-व्यवस्था पर विनाशकारी प्रभाव पड़ा है। घरेलू उद्योग को क्षति पहुँची। कृषक वर्ग ब्रिटिश शोषण से त्रस्त था। गांधीजी ने इस व्यापक शोषण को इतिहास में मानवता के प्रति एक अभूतपूर्व अपराध बताया जो आधे-भूखे अर्धनग्न लोगों पर जारी रखा गया और परिणामस्वरूप वह धीरे-धीरे निर्जीवता में खोने लगे। वह अनुभव करते थे कि भारत की स्वाधीनता मात्र नगरों में सधार करने से सम्भव नहीं होगी। ग्रामीण उत्थान लोगों

के जीवन-स्तर को ऊपर उठाने के लिए आवश्यक था। डॉ. वर्मा के शब्दों में, "उनके आर्थिक दर्शन का मूल सार यह था कि हृदय भारतीय गाँवों का पूर्ण विघटन और सर्वनाश देखकर क्षुब्ध था।" उनके हृदय से भारतीय ग्रामों की शोचनीय दशा देखकर रक्तस्राव होता था। अतः उन्होंने उनके लिए रचनात्मक कार्यक्रम तैयार किया।

साम्प्रदायिक एकता, अस्पृश्यता निवारण, नशाबन्दी, खादी, ग्रामीण उद्योग, ग्रामीण स्वच्छता, बुनियादी शिक्षा, प्रौढ़ शिक्षा, स्त्री शिक्षा की उन्नति, स्वास्थ्य विज्ञान, राष्ट्रभाषा का प्रचार, अपनी भाषा से प्रेम, कृषकों और श्रमिकों का उत्थान, आदिवासियों का उत्थान, कुष्ठ रोगियों की सहायता और विद्यार्थियों के कर्त्तव्य आदि इस कार्यक्रम के अंग थे।

गांधीजी की सम्मति में रचनात्मक कार्यक्रम के पूर्णानुसरण से शोषण समाप्त हो जाएगा और वास्तविक प्रसन्नता प्राप्त होगी। स्वेच्छा से मिले गाँवों की ग्रामीण अर्थ-व्यवस्था से भी एक अहिंसात्मक समाज का आधार बन सकता है। ग्रामीण पुनर्निर्माण से ही देश को नवजीवन प्राप्त हो सकता है और भारतीय जनतन्त्र सशक्त हो सकता है। उन्होंने कहा, "जनसंख्या का 75% से भी अधिक भाग कृषक है। किन्तु यदि हम उनसे उनके श्रम का सारा ही फल छीन लें तो हममें बहुत अंशों में स्वायत्त शासन की भावना नहीं आ सकती।" छोटे आत्मनिर्भर ग्रामों में प्रजातन्त्र को अर्पित शान्तिपूर्ण जीवन सम्भव है। अतः उन्होंने देश में आत्मशासी और आत्मपोषक ग्रामों का जाल बिछाए जाने पर बल दिया। अपने जीवन के बाद के चरण में उन्होंने भूमि स्वामित्व विषयक एक नए क्रान्तिकारी दृष्टिकोण को अपनाया। उन्होंने कहा कि भूमि उसकी है जो उसे जोतता है। इससे पूर्व उन्होंने यह कहा था कि जमींदार उनके न्यासी हैं। किन्तु दृष्टिकोण के इस परिवर्तन ने उन्हें जमींदारों और बुर्जुआ वृत्ति के लोगों पर संगठित प्रहार करने की स्वीकृति देने को प्रेरित नहीं किया।

गांधीजी के आर्थिक विचार हो सकता है। मात्र काल्पनिक हों और बुर्जुआ लोगों के लिए अयथार्थिक हों, किन्तु वह एक ऐसे व्यक्ति के विचार हैं जिन्होंने वर्षों की दासता के फलस्वरूप भारतीय समाज को ग्रस्त करने वाले रोगों का सही निदान किया था। उनके विचारों पर यथार्थवाद की स्पष्ट छाप लगी है।[59] उनके नागरीकरण, यन्त्रीकरण, व्यापक स्तर पर राष्ट्रीयकरण और पूँजीवाद के विरोध के कारण यह समझना भूल है कि वह अपने भूमि और कृषि सम्बन्धी विचारों में प्रतिक्रियावादी थे।

सीमाओं का सिद्धान्त

जहाँ तक सम्पत्ति विषयक दृष्टिकोण का सम्बन्ध है, गांधीजी ने सीमाओं का सिद्धान्त अपनाया जिसका उद्देश्य जीवन-सरल का सरलीकरण और स्वेच्छा से निजी

सम्पत्ति की सीमा निर्धारित करना था। उन्होंने आत्मत्याग के व्यवहार का पक्षपोषण किया। सम्पत्ति चिन्ताओं को जन्म देती है और उसके समाज विरोधी परिणाम होते हैं। वह कहा करते थे कि जीवन की तथाकथित सुविधाएँ मानवता के उत्थान में निश्चित अवरोध हैं। प्यारेलाल के अनुसार गांधीजी का विचार था कि सम्पत्ति का धारण अहिंसा और सारी दुनिया से एकाकार होने के सिद्धान्त के अनुरूप नहीं है। वास्तव में, गांधीजी ने अपने अर्थशास्त्र में नैतिक पक्ष को सर्वाधिक महत्त्व दिया। उनका मन्तव्य था, ''भौतिक सुविधाओं में वृद्धि किसी भी रूप में नैतिक विकास के अनुरूप नहीं है।'' अतः उन्होंने हमारी इच्छाओं को अत्यावश्यक वस्तुओं तक ही सीमित रखा था। सभी उपयोगितावादी और शास्त्री (Classical) अर्थशास्त्रियों के विचारानुसार पैसा मनुष्य की प्रबलतम इच्छा है और लाभ प्रसन्नता का सबसे बड़ा स्रोत। इसकी हानि कष्ट का मूल कारण है। गांधीजी के लाभ वृत्ति को आधुनिक औद्योगीकरण की प्रमुख विशेषता बताते बताते हुए उसकी भर्त्सना की। डॉ. बी.एस. शर्मा के शब्दों में, ''इस प्रकार इच्छाओं को आवश्यकताओं की परिधि में सीमित करना और आर्थिक विकेन्द्रीकरण, यह दो बातें गांधीजी के आर्थिक ढाँचे की मुख्य विशेषताएँ थीं, जैसा वह देखना चाहते थे। इस आदर्श की पूर्णता गांधीजी ग्रामीण अर्थ-व्यवस्था के उस रूप में देखते हैं जिसका आधार कृषि पर घरेलू उद्योगों पर आधारित है।''[60]

गांधी तथा सर्वोदय

गांधीजी द्वारा परिकल्पित (Conceived) सर्वोदय अभियान का अर्थ है भारत के आत्मा की खोज और उसकी प्रतिष्ठा का आर्थिक तथा सामाजिक क्षेत्र में उसकी पूर्णता के दर्शन करना। यह प्रतिपादित करता है भूमि सम्बन्धी पुनर्निर्मित परम्पराओं और व्यवहार के भारतीय आदर्शों के आधार पर सामाजिक और राजनीतिक ढाँचे को पुनः तैयार करना। सत्ता हथियाने की इस पागलपन की होड़ के युग में सर्वोदय का महत्त्व आत्मत्याग के चिरस्थायी मूल्यों में निहित है। यह चाहता है कि दलीय झगड़ों, ईर्ष्या और गले काटने की प्रतियोगिता का स्थान पारस्परिक सहयोग और सभी की भलाई की भावना प्रमुख रूप से ले। यह ग्रामीण पंचायतों में बहुमत प्रधान मतदान के स्थान पर सर्वसम्मति चाहते थे जिससे छलपूर्वक स्वग्राहिता (Self-assertiveness) थोपने की कुशलता के स्थान पर चारित्रिक भलाई की प्रमुखता प्रतिष्ठित हो सके। हमारी संस्कृति में जो कुछ अच्छा है उसके आदर्श अर्थों में यह हमारे हृदय और मस्तिष्क दोनों को उचित प्रतीत होता है। यह इस पर बल देता है कि हमारी संगठित संस्थागत (Institutional) क्रियाविधि का जो पतन हुआ है और उसमें जो भ्रष्टता आई है उसे दूर करने का उपाय है। आर्थिक और राजनीतिक क्षेत्रों में नैतिक और

आध्यात्मिक मूल्यों के आग्रह को मान्यता देना। गांधीजी के विचार में इसमें न केवल भारत, वरन् संसार की भी मुक्ति है। सच तो यह है कि गांधी, जे.पी. नारायण तथा विनोबा भावे द्वारा प्रस्तुत सर्वोदय की अवधारणा समकालीन राजनीतिक विचारधारा को इन भारतीयों की उल्लेखनीय देन है। ए. अप्पादोराम के अनुसार सर्वोदय का विचार स्वतः राजनीतिक विचारधारा को भारतीय योग देने की एक सर्वाधिक मौलिक समकालीन चेष्टा है। महात्मा गांधी का चिन्तन जहाँ उसका उत्स है, इसे विकसित करने का श्रेय विनोबा भावे तथा जे.पी. को है।

राष्ट्रीयता और अन्तर्राष्ट्रीयता

भारतीय देशभक्तों का उद्देश्य राष्ट्रीय स्वाधीनता प्राप्त करना था। गांधीजी इसका अपवाद नहीं थे। किन्तु, अन्य समकालीन देशभक्तों के विपरीत गांधीजी मानवतावादी अधिक थे। अतः विश्व का कल्याण उनकी दृष्टि में कम महत्त्वपूर्ण नहीं है।

एक फ्रांसीसी पत्र में उन्होंने कहा था, "मेरा राष्ट्रवाद उत्कट अन्तर्राष्ट्रीयतावाद है।" देहली में 1963 में हुई गांधीजी सम्बन्धी एक विचारगोष्ठी में भाग लेने वाले एक प्रसिद्ध व्यक्ति डॉ. राल्फ बंच ने कहा था कि यदि महात्मा गांधी के प्रयत्नों का मुख्य केन्द्र भारत था, तथापि वह सच्चे अन्तर्राष्ट्रीय व्यक्ति थे। उन्होंने एक बार कहा था, "मेरा उद्देश्य मात्र भारतीयों की ही दशा सुधारना नहीं है। मेरा उद्देश्य मात्र भारतीय स्वतन्त्रता ही नहीं है, यद्यपि आज वास्तव में मेरा सारा जीवन और सारा समय इसी में लगा हुआ है, किन्तु भारतीय स्वतन्त्रता की प्राप्ति के माध्यम से ही मैं मानवीय भाईचारे के उद्देश्य के लिए यत्नशील होकर उसे प्राप्त करूँगा।" निस्सन्देह गांधीजी बड़ी दृढ़ता से स्वराज्य के पक्ष में कार्य रह रहे थे, तथापि इसका अर्थ अलगाव (Isolation) नहीं था। इसके विपरीत इसका अर्थ था स्वस्थ तथा प्रतिष्ठापूर्ण परस्पराश्रय। उन्होंने एक अन्तर्राष्ट्रीय लीग होने को उसी स्थिति में उचित बताया जब इसमें समाविष्ट सभी बड़े और छोटे देश पूर्णतः स्वतन्त्र हों। उन्होंने कहा, "संसार में आज आवश्यकता है सम्पूर्ण रूप से स्वतन्त्र ऐसे राष्ट्रों की नहीं जो परस्पर झगड़ते रहें वरन् ऐसे देशों के संघ की जो परस्पर मित्र और परस्पराश्रयी हों।" क्योंकि वह एक अहिंसक समाज चाहते थे, अतः उनकी दृष्टि में छोटा राष्ट्र भी ऐसा हो जो सबसे बड़े राष्ट्र के समान अपने को बड़ा अनुभव करे। उत्कृष्ट देश के विचार को पूर्णतः समाप्त कर देना होगा। किन्तु, वह यह भी अनुभव करते थे कि एक नई अन्तर्राष्ट्रीय व्यवस्था के तैयार होने में समय लगेगा।

इस व्यवस्था में यह आवश्यक होगा कि शस्त्रों को तिलांजलि दी जाए और प्रमाणित अधिकारों (Proved rights) का पक्ष पोषण बिना शक्ति के प्रयोग के

होगा। उन्होंने कहा था, "किसी राष्ट्र को अपने को निरस्त्र कर बड़ी जोखिम मोल लेनी पड़ेगी। इस कार्य में, यदि यह प्रसन्नतापूर्ण सम्पन्न हो जाए, अहिंसा का स्तर इतना ऊँचा होगा कि इसे विश्वजनीन आदर प्राप्त होगा। उसके निर्णय अर्थपूर्ण होंगे, निश्चय दृढ़ होंगे, वीरतापूर्ण आत्मत्याग की उसकी क्षमता महान् होगी और वह राष्ट्र दूसरों के लिए उतने ही अंशों में जीना चाहेगा, जिनता अपने लिए।"[61]

वास्तव में, गांधीजी की देशभक्ति समावेशकारी (Inclusive) भी थी और निवारक भी। वह इन अर्थों में निवारक थी कि उन्हें अपने देश से उत्कट प्रेम था। समावेशकारी वह इन अर्थों में थी एक उनका देशप्रेम स्पर्धापरक अथवा विरोधमूलक नहीं था। राष्ट्रवाद, उनके विचार में कोई बुराई नहीं थी। वास्तव में आधुनिक राष्ट्रों की संकीर्णता, स्वार्थपरता और पृथकता ही है जो नाश का मूल है और इसलिए वह बुराई हैं। वह भारत को स्वतन्त्र और सशक्त देखना चाहते थे जिससे वह स्वेच्छा से विश्व के उत्थान के लिए अपने को प्रस्तुत कर सके और आवश्यकतानुसार त्याग कर सके। लुई फिशर के शब्दों में, "गांधीजी राष्ट्रों को मात्र एक ऐसा समूह नहीं मानते थे जो कानून द्वारा मान्य सीमाओं में बद्ध पृथक् भूखण्ड हो, उनकी दृष्टि में वह मानवों, नामों, जातियों, पीड़ाओं, मुस्कानों का समवाय, संपुंज (Agglomeration) हैं। उनका मानना था कि अन्तर्राष्ट्रीय सम्बन्ध का आधार स्वतन्त्रता तथा प्रेम पर होना चाहिए।[62] गांधीजी ने आदर्श अन्तर्राष्ट्रीय संगठनों के लिए सिद्धान्त निर्धारित किए। उदाहरणार्थ—अहिंसा, उपनिवेशवाद से मुक्ति, सच्चे राष्ट्रों के लिए समान प्रतिनिधित्व, सामान्य निशस्त्रीकरण, तथा यदि राष्ट्र अहिंसा पर सहमत हों तो एक लघु पुलिस दल व्यवस्था बनाए रखने के लिए पर्याप्त है। गांधीजी वास्तव में सभी मानवता के थे। गांधीजी ने राष्ट्रवाद बनाम अन्तर्राष्ट्रीयवाद सम्बन्धी अपने विचारों को इन सुन्दर शब्दों में व्यक्त किया है, "ठीक उसी प्रकार जैसे देशभक्ति का धर्म सिखाता है कि एक व्यक्ति को परिवार के लिए अपना बलिदान करना पड़ता है, गाँव के लिए एक परिवार को और जिले के लिए गाँव को, जिले को प्रान्त को देश के हितार्थ अपना बलिदान करना पड़ता है, उसी प्रकार एक देश को स्वतन्त्र होना पड़ता है जिससे आवश्यकता पड़ने पर विश्व के लिए यह अपने हितों का बलिदान कर सके। अतः राष्ट्रवाद की मेरी धारणा यह है कि हमारा देश स्वतन्त्र हो जिससे वह मानव जाति के लिए अपने आपको बलिदान कर सके।" इस प्रकार गांधीजी का सच्चा राष्ट्रवादी होना सिद्ध है। किन्तु उन्होंने अन्तर्राष्ट्रीय सम्बन्धों तथा कर्त्तव्यों के सिद्धान्तों पर न तो कोई विवेचन प्रस्तुत किया है तथा न ही उस पर बल दिया है। उन्होंने शान्ति सेना का उल्लेख अवश्य किया है किन्तु उसके प्रभावपूर्ण संगठन तथा प्रयोग पर वह मौन हैं। वह सुदूर भविष्य में साकार होने वाला स्वप्न बनकर ही रह गई। डॉ. शर्मा के शब्दों में, "गांधीजी का आदर्श किसी ऐसी अन्तर्राष्ट्रीय

परिधि की तैयारी में कोई योग नहीं दे सका जिसके अन्तर्गत शान्ति बनी रहे, राष्ट्रों के मध्य शत्रुता होने पर भी।''[63]

इस प्रकार यह सिद्ध है कि गांधीजी का राष्ट्रवाद अन्तर्राष्ट्रीयवाद का विरोधी नहीं है। इसके विपरीत वह तो उसका (अन्तर्राष्ट्रीयवाद) का आधार है। स्वराज्य की संकल्पना (Conception) का ही अर्थ है स्वस्थ और प्रतिष्ठापूर्ण परस्पराश्रय, जो मित्र और परस्पराश्रयी राज्यों का आधार है।

गांधीवाद का मूल्यांकन

''गांधी का देहान्त हो गया, किन्तु गांधीवाद उस समय तक जीवित रहेगा जब तक तारे चमकते हैं और सागर मचलते हैं।'' स्वर्गीय डॉ. राजेन्द्रप्रसाद के इन शब्दों में गांधीवाद के स्थायी प्रभाव की उचित अभिव्यक्ति हुई है। उसका राजनीति और नीतिशास्त्र को मिला देना और राष्ट्रीय तथा अन्तर्राष्ट्रीय समस्याओं के समाधान के लिए सत्य और अहिंसा के आदर्शों पर बल देना, गांधीजी की राजनीतिक विचारों को दी हुई एक अन्यतम देन समझी जानी चाहिए। उन्होंने संसार के समाने यह भली प्रकार सिद्ध कर दिया कि एक शस्त्रहीन पराधीन राष्ट्र लुटेरे साम्राज्यवादियों के चंगुल से अहिंसा और सत्य के द्वारा मुक्त हो सकता है। भौतिकवाद और अहं-प्रति अहं के युग में गांधीवाद ही इस अन्धकारमय और अव्यवस्थित संसार के लिए आशा की एक किरण है। इसी से मानव सभ्यता जो ज्वालामुखी के मुख पर खड़ी है, बच सकती है। वास्तविक क्रान्तिकारी वही है जो मानव प्रकृति में क्रान्ति उपस्थित करने की क्षमता रखता हो। वह आने वाले युग का स्वर है। उसका नहीं जो द्रुत गति से मिट रहा है। वह प्रयत्नशील है उस घात विसंगति को दूर करने के लिए जो मानव जैसा है और जैसा होना चाहिए, के मध्य की है। वह वास्तव में ऐसी भूमिका के लिए यत्नशील है जो शान्तिदूत की है, उस मानसिक शान्ति की जो मानव की पहुँच से दूर चली जाती है। 29 अगस्त, 1947 को राजकुमारी अमृत कौर से कहे गांधीजी के शब्द बड़े स्पष्ट एवं मुखर हैं, ''तुम्हें मानवता में विश्वास नहीं खोना चाहिए। मानवता एक समुद्र है। कुछ बूँदें मैली हो जाएँ तो समुद्र मैला नहीं हो जाता है। मृत्यु के क्षण तक तुम्हें यत्नशील रहना है कि समुद्र मैला न हो।''[64] डॉ. राधाकृष्णन के शब्दों में, ''ऐसे संसार में जो घृणा में प्रमत्त है, सद्भावहीनता के कारण खण्डित है, गांधी प्रेम और सद्भाव के अमर प्रतीक हैं। वह इतिहास में युग युगों से जुड़े हैं।''

गांधीजी के अपने शब्दों में उनका जीवन मानवता के लिए एक संदेश है, उस मानवता के लिए जो अपने जीवन के अन्तिम चरण में प्रतीत होती है। संयुक्त राज्य अमरीका के एक भूतपूर्व विदेश मंत्री, जार्ज मार्शल ने कहा था, ''महात्मा गांधी सम्पूर्ण

मानव चेतना के प्रवक्ता हैं। भारत के आजीवन मित्र रहने वाले सर स्टैफर्ड क्रिप्स ने गांधीजी की हत्या पर कहा, "मैं किसी भी समय के, निस्सन्देह निकट अतीत के किसी भी व्यक्ति को नहीं जानता जिसने भौतिकवाद पर आत्मा की शक्ति के प्रभुत्व को इस निर्णायक रूप में प्रदर्शित किया हो।"

गांधीजी के अपने शब्दों में उनका जीवन एक सन्देश है। अमरीकी विदेशी मंत्री जॉर्ज मार्शल के शब्दों में, "गांधीजी समस्त मानवीय चेतना के प्रवक्ता हैं।" सर स्टेफर्ड क्रिप्स जो आजीवन भारत के मित्र रहे, ने उनकी हत्या पर कहा था, "मैं इतिहास में, विशेषतः निकट इतिहास में किसी ऐसे व्यक्ति का उल्लेख नहीं कर सकता, जिसने गांधीजी के समान प्रभावी रूप से भौतिक सम्पत्ति पर आत्मिक शक्ति का वर्चस्व सिद्ध किया हो।" डॉ. राधाकृष्णन के शब्दों में "मानव भावना में जो भी उदात्ततम् है, वह उसको हमारे समक्ष प्रस्तुत करते हैं। उन्होंने मानवीय प्रयासों के शाश्वत महत्त्व के प्रति अपने विश्वास के द्वारा मानव अस्मिता को ज्योतित किया।"[65]

किन्तु गांधीजी के राजनीतिक और नैतिक दोनों प्रकार के विचारों ने कई आलोचकों की कड़ी आलोचना को भी निमन्त्रण दिया है और सी.ई.एम. जौड जैसे प्रबल आलोचक को यह कहने को उकसाया, "गांधीजी एक-तिहाई राजनीतिज्ञ हैं, एक-तिहाई महात्मा है और एक-तिहाई मनुष्य हैं।" पाश्चात्य आलोचक तो गांधीजी को मात्र एक काल्पनिक विचारक और हवा में उड़ने वाला आदर्शवादी मानते हैं, बलपूर्वक यह कहते है कि गांधीजी ने, जिसके आसपास पावनता की शोभा थी, सोने के एक बुत की लोगों के दिलों में प्रतिष्ठा करने के लिए उसका मिट्टी का पाँव दिखाया। इसकी प्रतिष्ठा ऐसे भारतीयों के दिलों में हुई जो पुष्टता देने वाले और क्षुधा निवारक भोजन की अपेक्षा अध्यात्म और रहस्यवाद के सहारे जीते हैं। उनकी इस अनुदारतापूर्ण आलोचना के मुख्य लक्ष्य थे, आधुनिक स्थिति के लिए प्रयुक्त गांधीजी की अहिंसा की संकल्पना। उनके आर्थिक सिद्धान्त और एक वर्गहीन तथा राज्यहीन समाज का उनका स्वप्न। उनकी इस विचार-सरणि का मूल्यांकन करने से हम उनके द्वारा गांधीवादी दर्शन की आलोचना की सत्यता जानने में समर्थ हो सकंगे।

आलोचकों की सम्मति है कि अहिंसा आणविक शस्त्रों द्वारा प्रस्तुत समस्याओं का कदाचित ही समाधान कर सकती है। आध्यात्मिक पुजर्जीवन, जैसा गांधीजी समझते थे, अणु बम का उत्तर नहीं हो सकता। एक महात्मा के रूप में गांधीजी आक्रमणकारी के विरुद्ध संघर्ष में 50% जनता की बलि चाहते थे और 50% लोगों को उसके विरुद्ध असहयोग करने के लिए छोड़ देते हैं। यद्यपि इस प्रकार शत्रु को आने देने और उनकी तोपों का भाजन बनने के लिए बिना प्रतिरोध किए अत्यधिक साहस की आवश्यकता है, तथापि देश की स्वतन्त्रता इस प्रकार खतरे में पड़ जाती

है। इस प्रकार की नीति का समर्थन करने वाली किसी सरकार को जनता सहन नहीं करेगी। एक भले और देवतास्वरूप मनुष्य के रूप में गांधीजी अनुभव करते थे कि नीरु में भी हृदय था किन्तु, आधुनिक नीरु जो सत्ता के मद से उन्मत्त है और जिसमें विस्तारवाद की भावना प्रबल से प्रबलतर हो रही है, अपने निर्मम आक्रमण के समय, वह संकोच नहीं करेंगे कि आक्रान्त (attached) देश के सारे मनुष्य मारे दिए जाएँ। इसी प्रकार, लोगों का असहयोग आन्दोलन भी वह कहते हैं, कठोरतापूर्वक कुचल दिया जाएगा।

यदि अंग्रेज भारत छोड़ने पर सहमत हुए तो उसका कारण यह नहीं था कि गांधीवादी अहिंसात्मक तकनीक का उन पर दबाव पड़ा। द्वितीय महायुद्ध द्वारा उत्पन्न परिस्थिति, हिंसक क्रान्तिकारियों की हिंसात्मक गतिविधियाँ, आजाद हिन्द फौज का गठन, थल सेना, वायुसेना और नौ सेना में विद्रोह और अमरीका और रूस जैसी महान् शक्तियों का ब्रिटेन (जो द्वितीय युद्ध के उपरान्त मात्र एक तृतीय श्रेणी की शक्ति रह गई थी) पर निरन्तर दबाव, इन सभी बातों ने मिलकर गोरे साम्राज्यवादियों द्वारा भारतीय नेताओं को सत्ता सौंपने में महत्त्वपूर्ण भूमिका निभाई। इस प्रकार गांधीजी ही अहिंसा की तकनीक ने लोगों को उत्साहित करने और उनमें ब्रिटिश नौकरशाही द्वारा जारी रखे गए उत्पीड़न के विरुद्ध विरोध की भावना जगाने की अत्यन्त लघु भूमिका निभाई।

डॉ. आदि एच. जैसे कुछ आलोचक अन्य आधार पर भी यह स्वीकार नहीं करते कि भारत द्वारा राष्ट्रीय स्वाधीनता प्राप्त करना अहिंसा की विजय थी। उनकी सम्मति थी कि यद्यपि अहिंसात्मक असहयोग ने अंग्रेजों को भारत छोड़ने को विवश करने में उल्लेखनीय भूमिका निभाई, तथापि, "इसमें बड़ा सन्देह है कि हमने वास्तव में उनके हृदयों में परिवर्तन कर दिया था। अंग्रेज गए, इसलिए कि उनके ऊपर दबाव पड़ा, इसलिए कि असहयोग के शासन सामान्य रूप में चलाना असम्भव बना दिया और इसलिए नहीं कि उन्हें किसी प्रकार का बोध प्राप्त हुआ था।"[66] गांधीजी का विचार था कि एक अहिंसक सैनिक विरोधी का हृदय आत्मपीड़न द्वारा जीत सकता है और इस प्रकार हिंसा का आश्रय लिए बिना अपना उद्देश्य प्राप्त कर सकता है। आलोचकों की सम्मति है कि आज के वैज्ञानिक युग में विरोधी दाँत के लिए दाँत और आँख के लिए आँख की भाषा समझता है, न कि तर्क और समझाने-बुझाने की भाषा। यह तथ्य कि भारत पाकिस्तानी आक्रान्ताओं के विरुद्ध अहिंसा का प्रयोग नहीं कर सका, इस बात को प्रकट करता है कि गांधीजी की अहिंसा की संकल्पना को उनके अपने ही देश में कोई आधार नहीं मिला। पंचशील और शान्तिप्रियता की नीतियों के पालन से हमें दूसरों से उपहास और तिरस्कार ही मिला। जब साम्यवादी चीन ने इस शती के 62वें वर्ष में हमारी उत्तरी सीमाओं पर

आक्रमण किया। इस प्रकार या आग्रहपूर्वक कहा जाता है कि एक देश की सीमाओं और स्वतन्त्रता की रक्षा अहिंसात्मक सत्याग्रहियों के दल का गठन करने से सम्भव नहीं है। इसके विपरीत एक सशक्त और भली प्रकार सज्जित सेना देश के भीतर का उपद्रव रोकने के लिए, बाहर से शत्रु के आक्रमण का समाना करने के लिए, देश अपरिहार्य आवश्यकता है।

वर्गहीन तथा राज्यहीन समाज का गांधीजी का स्वप्न एक काल्पनिक विचार ही समझा जाता है। आधुनिक सन्दर्भ में उनके स्वप्न का समाज न ही व्यावहारिक है तथा न ही सम्भाव्य है। आलोचकों का मत है कि इस प्रकार का समाज देवताओं के उड़ने का ही उचित स्थान हो सकता है और बेचारे नश्वर मनुष्यों के चलने के लिए उपयुक्त स्थान नहीं है। गांधीजी स्वयं इस प्रकार के समाज की अव्यावहारिकता को स्वीकार करते थे, क्योंकि उन्होंने साम्राज्यवाद और विकेन्द्रीकरण में विश्वास रखने वाले एक अहिंसक राज्य पर ही सन्तोष कर लिया था। किन्तु पंचायतों में जीवन संचार कर, उन्हें अधिक अधिकार-सम्पन्न करने का हमारा प्रयोग सफल नहीं हुआ है।

उनका समाजवाद सम्बन्धी विचार भी आलोचकों के निरन्तर चलने वाले आलोचना-तीरों का शिकार हुआ। एक ओर तो वह अपरिग्रह को, अहिंसा को एक आवश्यक गुण बताते हैं, दूसरी ओर वह न्यासिता के पक्ष का पोषण करते हैं। इससे उन व्यक्तियों के अस्तित्व का भान होता है जिसके पास सम्पत्ति होती है। गांधीजी पूँजीवादियों से अपने कर्मचारियों का न्यासी बनने की आशा करते थे। पूँजीवादी आदिकाल से ही शोषणकर्त्ता रहे हैं। उन्होंने सदा ही कठोर श्रम करने वालों के शोषण करने का ही यत्न किया है। वह कभी मानवीय भाव धारण कर श्रमिकों के साथ मनुष्यों जैसा व्यवहार नहीं करेंगे। एक समाजवादी राज्य में पूँजीवाद को बनाए रखना, भले ही न्यासी के रूप में सही, समाजवादी राज्य के मूल उद्देश्य के ही प्रतिकूल है। आलोचक 'न्यासिता' को मात्र एक बहाना बताते हैं जो धनी व्यक्तियों के लिए एक आश्रय प्रदान करता है। उनके समाजवाद में सम्पत्तिधारी और सम्पत्तिहीन दोनों ही प्रकार के वर्गों के लिए स्थान है और इससे श्रेणी संघर्ष जारी रहने की सम्भावना है। गांधी का सिद्धान्त कि, "प्रत्येक वस्तु परमात्मा की है और उसी से मिली है और इस प्रकार यह उसके सब बन्दों की है। किसी विशेष व्यक्ति के लिए नहीं है और एक व्यक्ति जिसके पास आवश्यकता से अधिक है, वह इस अतिरिक्त भाग के लिए भगवान के बन्दों का न्यासी होता है," एक ऐसा सिद्धान्त है जो पूँजीवादियों के हृदयों में आमूल परिवर्तन होने पर ही सार्थक हो सकता है।

इसके अतिरिक्त गांधी द्वारा खादी और सादगी पर विशाल उद्योगों के स्थान पर बल देने को मात्र काल दोष (Anachronism) ही कहा जाएगा। गरजते उद्योगों

और विशालकाय मशीनों के आज के युग में, घरेलू दस्तकारियों पर बल देना पीछे अतीत की ओर जाने को ही कहने के समान है। निस्सन्देह ग्रामीण क्षेत्रों में अतिरिक्त आय के लिए घरेलू उद्योगों की स्थापना स्वागत योग्य होगी, तथापि बड़े-बड़े आधुनिक उद्योगों का इसे स्थान देने से दरिद्रता आ जाएगी। आर्थिक स्वावलम्बन केवल बड़े-बड़े उद्योगों की स्थापना से और अपने करोड़ों अर्धनग्न भूखे व्यक्तियों के दूसरों की सहायता पर हमारी निर्भरता न होने की दशा में ही प्राप्त हो सकती है।

"एक समाजवादी के लिए यह दर्शन एक वंचना है, उसके अपने लिए और शोषित श्रमिक के लिए भी।"[67] हॉरेस के शब्दों में, "वह एक ऐसे समाजवादी हैं जो आत्म-सन्तुष्ट हैं।"[68] गांधीजी के बाद में अनुभव किया कि उद्योगों और यन्त्र समूह को हमें स्थान देना ही होगा। अतः वह चाहते थे कि कुछ उद्योग लाभ की दृष्टि से न चलाए जाएँ। वह चाहते थे कि उनका प्रयोग लोगों के लाभ के लिए किया जाए। वह इन पर राज्य का स्वामित्व और नियन्त्रण चाहते थे। गांधीजी स्थिति को इस प्रकार स्पष्ट करते हैं, "मैं इतना समाजवादी अवश्य हूँ कि कुछ उद्योगों के राष्ट्रीयकरण अथवा राज्य द्वारा नियंत्रित होने की बात कह सकूँ। वह अत्यन्त आकर्षक और आदर्श स्थितियों में काम करें, लाभ के लिए नहीं, वरन् मानवता की भलाई के लिए। उनका उद्देश्य लालच के स्थान पर प्रेम होना चाहिए। श्रमिकों की कार्य की दशाओं में सुधार ही है जो मैं चाहता हूँ। धन के लिए पागलपन की होड़ समाप्त होनी चाहिए और श्रमिकों के लिए न केवल जीवन के लिए वेतन होना चाहिए, वरन् ऐसा काम भी जो मात्र नीरस कार्य ही न हो।" किन्तु गांधीजी सामूहिक राष्ट्रीयकरण को पसन्द नहीं करते थे, क्योंकि इससे राज्य सर्वशक्तिमान हो जाएगा। वह निजी उद्योगों को चाहते थे, किन्तु इस शर्त पर कि उनके स्वामी कर्मचारियों के लिए न्यासी की भूमिका निभाएँ। वह यह भी चाहते थे कि उद्योगपति श्रमिकों को उत्पादन कार्य में सहयोगी बनाएँ। वह पर्याप्त यथार्थिक दृष्टिकोण प्रतीत होता है। उद्योगों पर राजकीय नियंत्रण होने से भी नौकरशाही द्वारा अत्याचारों की सम्भावना रहती है। इससे पहल करने की भावना सीमित हो जाती है और उद्योग को भी क्षति पहुँचती है। इसी प्रकार गांधीजी का 'साधन तथा उद्देश्य' को सिद्धान्त भी कठोर आलोचना का विषय रहा है। आज का राजनीतिक यदि अपने प्रयोजन को सिद्ध कर लेता है, वह सफल माना जाता है, भले ही साधन किसी भी प्रकार का हो। उद्देश्य यदि प्राप्त कर लिया जाए तो इससे स्वतः साधन का औचित्य सिद्ध हो जाता है, आज के राजनीतिज्ञ ने इसी सूत्र को पकड़ा हुआ है। फासिस्ट, मार्क्सवादी तथा साम्यवादी इसी के पक्षधर हैं। तथाकथित जनतन्त्रवादी भी इसी विचार के हैं। डी. ई. स्मिथ कहते हैं, पूर्णतावाद तथा चरमवादिता के व्यापक ह्रास के इस युग में मनुष्य

के लिए क्रान्तिकारी अमूल परिवर्तन का महत्त्व है। ऐसी स्थिति में गांधीजी के इस केन्द्रीय विचार कि उद्देश्य से साधनों का महत्त्व अधिक है, को लोगों द्वारा स्वीकार किया जाना अधिकाधिक कठिन होता जा रहा है।

गांधीजी द्वारा इस बात पर बल दिए जाने की भी कठोर आलोचना हुई है कि राजनीति से धर्म को अलग नहीं किया जा सकता है। कहा जाता है कि राजनीति के धर्म रंजित होने से धर्मनिरपेक्षता की भावना को हानि पहुँचती है। यह लोगों को पुरातनवादी तथा कट्टर बना देती है और तर्क और अन्तर्दृष्टि को समाप्त कर देती है। अतः धर्म को राजनीति से नहीं मिलाना चाहिए। यहाँ तक कि गांधीजी के राजनीतिक उत्तराधिकारी जवाहरलाल नेहरू भी राजनीति से धर्म को पृथक् रखने में विश्वास करते थे। यद्यपि निराशावाद के भविष्यवक्ताओं ने गांधीजी की विचारधारा को अव्यावहारिक आदर्श बताया है तथापि इसका महत्त्व कम नहीं किया जा सकता। केवल गांधीवादी आदर्श ही सभ्यता को पूर्णतः लुप्त होने से बचा सकते हैं। बायड ओरर ने ठीक ही कहा था, "क्या वह सम्भव है कि ये महान् सिद्धान्त, यह अद्भुत आदर्श विश्वव्यापी स्तर पर प्रयुक्त हों। मैं समझता हूँ कि समय आ गया है कि इनका प्रयोग हो सकता है और होना चाहिए और इनका प्रयोग होगा, क्योंकि लोगों का यह अनुभव है कि आधुनिक विज्ञान तथा वैज्ञानिकों द्वारा छोड़ी गई विपुल संहार शक्ति से उनकी आशा नहीं बँधती। यदि विज्ञान का प्रयोग एक हिंसात्मक विश्वयुद्ध के लिए किया गया तो सभ्यता समाप्त हो जाएगी।" इससे इन्कार नहीं हो सकता कि हिंसा का कोई अन्त नहीं। यह एक पापमय चक्र है। एक गाली का उत्तर मुक्के से और मुक्के का ठोकर से मिलता है। ठोकर का स्थान तलवार लेती है और अन्त में उद्जन बम आ जाता है। इस प्रकार मानवता का अस्तित्व ही इस बात पर निर्भर है कि संसार के राष्ट्र एक-दूसरे से किस प्रकार का व्यवहार करते हैं। सहयोग का विकल्प है सहविनाश। यदि सहृदयतापूर्वक अहिंसात्मक उपायों का प्रयोग किया जाए तो एक दरिद्रता मुक्त, रोगमुक्त, सत्ता के लिए तृष्णा से मुक्त और ऐसे संसार का जहाँ सांस्कृतिक दृष्टि से उन्नत और अध्यात्मवृत्ति वाले लोग रहते हैं, उदय हो सकता है।

यह भाग्य की एक विडम्बना ही है कि एक शान्ति और अहिंसा का देवदूत स्वयं अपने ही देश के हत्यारे की गोली से मारा जाकर हिंसा का शिकार हो गया, यह हत्यारा भी उसी देश का था जिसके लिए वह जिए और मरे। किन्तु गांधीजी एक ऐसे महान् क्रान्तिकारी के रूप में सदा याद रहेंगे जिसके सत्याग्रह और आत्मपीड़न के दर्शन द्वारा ऐसी स्थिति में भी सामान्य स्थिति बहाल की जा सकी, जबकि साम्प्रदायिकता के पिशाच का नर्तन भयानकतम् रूप में हो रहा था और जिसके अहिंसक संघर्ष से ब्रिटिश साम्राज्यवाद का गढ़ हिल गया। डॉ. राधाकृष्णन

के शब्दों में, "गांधीजी सदा नैतिक और आध्यात्मिक क्रान्ति के ऐसे संदेशवाहक के रूप में याद किए जाएँगे जिनके बिना इस उद्विग्न संसार को शान्ति नहीं मिलेगी।"[69]

वास्तव में गांधीजी एक नई सभ्यता के अग्रदूत हैं, शीघ्रता से पतन की ओर जा रही मानवता के उद्धारक हैं और तूफानी धाराओं में स्थित हमारे राज्य के जहाज के लिए एक प्रकाश-स्तम्भ हैं। हम भाग्यशाली हैं कि उन जैसा एक स्वप्नद्रष्टा हमारी शती में उत्पन्न हुआ जबकि हम विदेशी अत्याचारियों के दमन-चक्र में पिसते हुए कराह रहे थे। आइंस्टीन ने ठीक ही कहा था, "सम्भव है कि हमारे बाद आने वाली सन्ततियों को कदाचित् ही यह विश्वास होगा कि उन जैसा व्यक्ति हाड़ और मांस का साकार, सजीव पुतला बनकर इस धरती पर चलता था।"

सन्दर्भ

1. Carl Heath : Apostle of Life and Truth Force. (79th Birthday) of Gandhi Edited by S. Radhakrishnan, p. 93.
2. K.S. Mashruwala : Gandhi & Marx, p. 21.
3. Hindustan Times : Oct. 2, 1994.
4. Nirmal Kumar Bose: Selections From Gandhi, (1948 ed.), p. 225.
5. D.G. Tendulkar: Mahatma, Vol. VIII (1963 ed), p. 143.
6. V.P. Verma : op. cit., p. 93.
7. October. 6, 1921.
8. J.B. Kriplani : Life & Thought of Gandhi.
9. M.K. Gandhi : The Removal of Untouchability (1954 ed.), p. 21.
10. Harijan, Nov. 23, 1947.
11. Ibid., March 15, 1947.
12. Louis Fisher: The Life of Gandhi, Part II (1955 ed.), p. 286.
13. Alexander Horace : Gandhi Through Western Eye (1969 ed.), p. 75
14. Paul F. Power: The Meaning of Gandhi, p. 93.
15. G.N. Dhawan : The Political Philosophy of Mahatma Gandhi, p. 60.
16. N.B. Sen : The Wit & Wisdom of Gandhi, p. 162.
17. The Mind of Mahatma compiled by R.K. Pradhan and U.R. Rao (1945 ed.), p. 49.
18. Ibid., p. 228.
19. Horace Alexander : op. cit., p. 182.

20. Ibid., p. 174.
21. Young India, Dec. 18, 1924.
22. Nirmal Kumar Bose : Non-Violence & Defence, p. 29.
23. J.D. Brown : Gandhi's Rise to Power in Indian Politics, (1972 ed.), p. 51.
24. Javante Kumar Ray : Studies in Political Thought, p. 78.
25. J. D. Brown : Gandhi's Rise to Power—Indian Politics, p. 52.
26. V.P. Verma : op. cit., p. 206.
27. F. Paul Power: op. cit., p. 165.
28. A. Appadorai : Indian Political Thinking, p. 47.
29. Already discussed in the preceding pages.
30. M. K. Gandhi : Bardoli on Trial, Young India May 31, 1928.
31. Payer Robut : The Life and Death of Mahatma Gandhi, p. 557.
32. V. P. Verma : op. cit., p. 22.
33. F. Jones Stanley : Mahatma Gandhi, p. 108.
34. Horace Alexander: op. cit., p. 182.
35. Ibid., p. 187.
36. Nirmal Kumar Bose: Selections from Gandhi (1948 ed.), p. 111.
37. The Harijan, September 28, 1947.
38. Asoka Mehta : Reflection on the Socialist era, p. 399.
39. Ibid.
40. M. K. Gandhi : Sarvodaya (1954 ed.), p. 40.
41. N. K. Bose: op. cit., (1948 ed.), p. 66.
42. The Harijan, March 2, 1947.
43. Bimanbeharji, Majumdar: Mahatma Gandhi's ideas on state and society—an article on Gandhi in Theory & Practice; Social Impact and Contemporary Relevance, p. 326.
44. Vivek Ranjan Bhattacharya: Economic Thoughts of Mahatma Gandhi—an article in the above work, p. 84.
45. N. B. Sen : Glorious Thoughts of Gandhi, p. 84.
46. N. K. Bose : op. cit., p. 313.
47. Young India: March 17, 1927.
48. Frank Moraes : Gandhi, the Humanist (1944), p. 19.
49. Ibid., November 15, 1928.
50. S.C. Gupta : op. cit., p. 74.
51. Hiren Mukherjee : Gandhi—A study (1960), p. 206.

52. V.P. Verma: op. cit., p. 455.
53. Asoka Mehta : op. cit., (1977 ed.), p. 394.
54. D. G. Tendulkar: Mahatma, Vol. VII.
55. Young India, Vol. II, p. 664.
56. Yusuf Meherally : On Gandhi (1944), p. 238.
57. C. F. Andrews : Mahatma Gandhi's Ideas (1949 ed.), pp. 335-6.
58. Young India : Nov. 20, 1924.
59. V. P. Verma: op. cit., p. 136.
60. E. Asirvatham : Political Theory (1971 ed.), pp. 854-55.
61. B.S. Sharma: Gandhi as a Political Thinker, p. 145.
62. Young India. Vol. II, p. 863.
63. B. S. Sharma: op. cit., p. 118.
64. Louis Fischer: op. cit., Vol. II, (1955 ed.), p. 286.
65. Dr. Radhakrishnan : Memorial section of Gandhi's 70th birthday Volume (1949 ed.), p. 360.
66. Doctor Adi H. : Anarchist Thought in India, p. 90.
67. Jayaprakash Narayan : Why Socialism? (1936 ed.), p. 89.
68. Horace Alexander : op. cit., p. 179.
69. Gandhi Memorial Peace Number, p. 261.

21

श्री अरविन्द

"अपने ही हितों के लिए नहीं जी रहे हैं। और लोगों के लिए भी हमें कार्य करना है, उनके लिए जीवन देना है।"

—अरविन्द

अरविन्द का जन्म कलकत्ता में 15 अगस्त, 1872 को हुआ था। उनके पिता डॉ. कृष्णाधन घोष कलकत्ते के एक लब्धप्रतिष्ठ चिकित्सा क्षेत्रस्थ व्यक्ति थे। उन्होंने इंगलैंड की अबर्डीन यूनिवर्सिटी से चिकित्सा विज्ञान की शिक्षा प्राप्त की। उन पर पड़े पाश्चात्य प्रभाव ने उन्हें प्रेरित किया कि वह अपने बच्चों को भी पाश्चात्य शिक्षा उपलब्ध कराएँ। जो राधाकृष्णन के शब्दों में आधुनिक भारतीय विचारकों में श्रेष्ठतम सुयोग्यतम थे। श्री अरविन्द आधुनिक भारतीय विचारकों में सबसे अधिक प्रतिष्ठित विद्वानों में से एक थे। वह भारतीय नवजागरण और राष्ट्रवादी इतिहास के सबसे अधिक प्रमुख व्यक्तियों में से एक माने जाते हैं। रोम्याँ रोलाँ उन्हें पूर्वी और पश्चिमी प्रतिभाओं का उत्कृष्टतम संश्लेषण (Synthesis) मानते थे। डॉ. राधाकृष्णन के अनुसार वह भारतीय राजनीतिक विचारकों में सुयोग्यतम एवं सर्वोत्कृष्ट मानते थे। टैगोर उनकी प्रतिभा से इतने प्रभावित हुए कि उन्होंने यह कहा कि भारत उनके (अरविन्द के) माध्यम से संसार को अपना सन्देश देगा।

फ्रेडरिक्स (अमेरिकी शिक्षाशास्त्री) ने उन्हें अपने युग के ऐसे जाज्वल्यमान नक्षत्र के रूप में चित्रित किया है जो हमें दिशाबोध कराएगा तथा नवयुग का सन्देशहर भी सिद्ध होगा। वकील के रूप में पैरवी करते हुए देशबन्धु चितरंजन दास

ने 1909 में अलीगढ़ षड्यन्त्र केस में अभियुक्त अरविन्द के वकील के रूप में पैरवी करते हुए ठीक ही कहा था, "उनके दिवंगत हो जाने के पश्चात् लम्बे समय तक अरविन्द राष्ट्रभक्ति के कवि, राष्ट्रवाद के सन्देशहर तथा मानवता को प्रेम करने के रूप में स्मरण ही नहीं, समादृत किए जाएँगे। उनकी वाणी पुनः गूँजेगी, मात्र भारत में ही नहीं, समुद्र पार दूरस्थ देशों में भी उसकी गूँज सुनाई देगी।"

इसे नकारा नहीं जा सकता कि अरविन्द महान् कवि, गम्भीर विचारक, एक उल्लेखनीय तत्त्व ज्ञानी, एक महान् द्रष्टा तथा एक उत्कट देशभक्त थे। उनका व्यक्तित्व असाधारणतः सर्जनात्मक था। सुदूर अतीत में गहरी पैठ लिए आश्चर्यजनक अन्तर्दृष्टि के स्वामी थे। वर्तमान पर उनकी पकड़ दृढ़ थी तथा भविष्यवक्ता की भी उत्कृष्ट क्षमता उनमें थी।

अल्पायु में ही उनके पिता ने उन्हें किसी भी तरह के भारतीय प्रभाव से पृथक् रखने के लिए इंगलैंड भेज दिया। चौदह वर्ष तक वह भारतीय वातावरण से बिल्कुल दूर और अछूते रहकर इंगलैंड में रहे। यहाँ उन्होंने यूनानी और लेटिन की प्रथमवर्गीय रचनाओं (Classical) होमर और गेटे जैसे कुछ महान् यूरोपियन विचारकों का अध्ययन किया। कैम्ब्रिज में अपने निवास के अन्तर्गत उन्होंने भारतीय क्रान्तिकारी मजलिस में जो भारतीय क्रान्तिकारियों का संगठन था, में प्रवेश प्राप्त किया। वह इंगलैंड में रहते हुए राष्ट्रवादी बन गए। कुछ अन्य भारतीय मित्रों के साथ मिलकर उन्होंने भारत को विदेशी दासता के चंगुल से मुक्त कराने की प्रतिज्ञा की। उन्होंने I.C.S. परीक्षा अच्छी श्रेणी में उत्तीर्ण की परन्तु घुड़सवारी में असफल होने के कारण उन्हें अयोग्य घोषित कर दिया गया। वह स्वयं भी सरकारी नौकरी के पक्ष में नहीं थे। घुड़सवारी में असफलता का तुच्छ निराधार बहाना लेकर उन्हें अयोग्य घोषित कर देने से अंग्रेजों के प्रति उनकी घृणा और भी तीव्र हो गई।

उनके पिता ने भी, जो निर्दोष भारतीयों के प्रति अंग्रेजों के निर्दयतापूर्ण व्यवहार से निराश हो चुके थे, उनके मस्तिष्क में राष्ट्रवादी विचार भरने शुरू किए। अरविन्द के नाम अपने पत्रों में वह दुरभिमानी अंग्रेजों द्वारा भारतीयों के अवांछनीय तिरस्कार की घटनाओं का वर्णन करते और इस प्रकार उनमें राष्ट्रवाद का संचार करते।

भारतीय राजनीति में अरविन्द ने 6 वर्षों तक (1905-1910) भाग लिया। इस अल्पकाल में भी उन्होंने राजनीति पर निर्णायक प्रभाव डाला। वह बीसवीं शताब्दी के आरम्भ के ऐसे युगान्तरकारी नेताओं में से एक प्रमाणित हुए जिन्होंने भारतीय राष्ट्रवाद को एक शक्तिशाली जन आन्दोलन में परिणत कर दिया और इसे मात्र कुछ मनचले और आरामतलब राजनीतिज्ञों तक ही सीमित नहीं रखा। वह बी.सी. पाल द्वारा 'वन्दे मातरम्' नाम से निकाले गये दैनिक के सम्पादक बने। इसमें उन्होंने

लिखा, "देश के स्वतन्त्र होने से पूर्व हमें हृदय को स्वतन्त्र करना होगा।"[1] 38 वर्ष की अवस्था में वह राजनीति के क्षेत्र से हट गए और चिन्तन और योग में प्रवृत्त हो गए। जे. के. रे. के शब्दों में, "इस प्रकार हटना यद्यपि आकस्मिक और अबोध्य है, तथापि एक रहस्यवादी (mystic) ने उन्हें संसार के महत्तम योगियों और दार्शनिकों के रूप में विकसित होते देखा। वास्तव में, श्री अरविन्द के अतिरिक्त कोई अन्य राष्ट्रवादी गहन दार्शनिक चिन्तन और सीधी अध्यात्मपरक क्रान्तिकारी कार्य और राजनीतिक सिद्धान्तीकरण की गतिविधि का उन जैसा अद्भुत मिश्रण प्रस्तुत नहीं कर सका है।"

पांडिचेरी में रहते हुए अरविन्द गहन आध्यात्मिक साधना में तन्मय हो गए। साहित्यिक अनुधावन (Pursuit) में भी रुचि अनुसार उन्होंने अपने को व्याप्त रखा। इस अवधि में उन्होंने, "Life Divine, Essays on Gita, Synthesis of Yoga, Ideal of Human Unity, Defence of Indian Culture, Renaissance of India, Basic of Yoga, Riddles of the World, जैसी अत्युत्कृष्ट साहित्यिक रचनाएँ साहित्य जगत को भेंट कीं। पांडिचेरी के सन्त ने 1950 में अपना अन्तिम श्वास लिया।

अध्यात्मपरक राष्ट्रवाद

अरविंद भारत में नवराष्ट्रवाद के अग्रणी थे। वह नरम दलीय अथवा उदारवादी नेताओं को राष्ट्रवादी से अधिक देशभक्त मानते थे। उनके मन में ऐसे नेता भारत से प्रेम तो करते थे, तथापि उसके आत्मा का वह अनुभव नहीं कर पाते थे। भारत की आध्यात्मिक महानता और उनकी मौलिक प्रतिभा में उनका विश्वास नहीं था। ऐसा नेता तो भारत को मात्र यूरोप की ही प्रतिकृति बनाने में अपनी इतिकर्तव्यता समझते थे। राष्ट्रवाद मात्र एक राजनीतिक कार्य ही नहीं है, वरन् एक ऐसा धर्म है जिसके द्वारा हम परमात्मा की उपस्थिति का अनुभव करते हैं। देश के तीस करोड़ लोगों में हम उसके साक्षात्कार का अनुभव कर रहे हैं।

1908 में प्रकाशित एक व्याख्यान में उन्होंने यह तर्क उपस्थित किया कि राष्ट्रवाद केवल राजनीतिक धारणा ही नहीं बल्कि एक धर्म है, जिसके द्वारा हम अपने राष्ट्र तथा राष्ट्रवासियों में परमात्मा की उपस्थिति का अनुभव कर सकते हैं। वह कहते थे, "हम उसे अपने देश के तीस करोड़ लोगों में देखने का यत्न कर रहे हैं। हम मात्र अपने ही हितों के लिए नहीं, प्रत्युत औरों के लिए भी कार्य करते हुए मरने के लिए तैयार हैं। जब बंगाल में एक युवक कार्यकर्त्ता को जेल जाना पड़ता है, जब उसे कष्ट सहने को कहा जाता है, तब उसे किसी वेदना का अनुभव नहीं होता। उसे कष्ट से भय नहीं लगता।"[2] ऐसा इसलिए सम्भव है कि मनुष्य अपने पृथक

अस्तित्व को भूल जाता है और उस शक्ति के कारण, जिसमें व्यक्ति अपने से उच्चतर शाश्वत सत्ता की उन तीस करोड़ व्यक्तियों में परख कर पाता है जिसमें ईश्वर का निवास है।

अरविन्द मातृभूमि की दिव्यता में विश्वास करते हैं। भारत एक दिव्य शक्ति है, एक आध्यात्मिक सत्ता है, मात्र एक भौगोलिक अस्तित्व ही नहीं। उनके शब्दों में, "राष्ट्र भूमि का एक खंड मात्र ही नहीं है, शब्द और वाणी का रूपान्तरण ही नहीं है, और न ही मात्र वह काल्पनिक है। असंख्य इकाइयों की शक्तियों को समाहित कर बना यह महान राष्ट्र एक शक्तिपुंज है। ठीक वैसे ही, जैसे अनेक इकट्ठे हुए देवों की शक्ति को अपने में समाहित कर माँ भवानी, महिषासुर मर्दिनी प्रकट हुई। सभी देवों को इस प्रकार एक अपार शक्तिमयता प्रदान हुई। जिस शक्ति को हम भारत में भवानी भारती कहते हैं, वह तीस करोड़ लोगों की शक्ति का विशाल पुंज है। यह प्रतीक है एक जीवन्त, सशक्त राष्ट्रीय शक्ति के रूप में हमारे प्रभावी राष्ट्रीय अस्तित्व का। क्रूर विदेशी शासकों द्वारा पादाक्रान्त होकर कराह रहे हमारे देश के लिए, माता के प्रति प्रेम, उसकी सेवा में आत्मविलोपन और आत्मदाह जैसी यन्त्रणाएँ भी चमत्कारी प्रभाव वाली प्रमाणित हो सकती हैं। अरविन्द की दृष्टि में राष्ट्रीय मुक्ति संग्राम में अपने को झोंकना एक पवित्र यज्ञ के समान है। मातृभूमि देवी को प्रसन्न करने के लिए इस यज्ञ को समुचित रूपेण सम्पन्न होना आवश्यक है। इस पूर्ण बलिदान का सुफल ही स्वतन्त्रता है। स्वाधीनता के लिए जूझ रहा प्रत्येक व्यक्ति मात्र एक योद्धा न होकर एक धर्म योद्धा भी है। उनके शब्दों में, "राष्ट्रवाद ईश्वर की ओर से आने वाला एक धर्म है। राष्ट्रवाद एक ऐसा सिद्धान्त है जिसे राष्ट्रवादी बनने के लिए हमें प्यार करना होगा। राष्ट्रवाद रूपी धर्म का निष्ठा सहित निर्वहन करने के लिए हमें धार्मिक आस्था सहित इसके प्रति समर्पित होना पड़ेगा। आपको यह स्मरण रखना है कि आप ईश्वरीय राष्ट्रवाद की रक्षा का उपकरण है और कितने भी भयंकर, घातक शस्त्र इसके विरुद्ध क्यों न प्रयुकत किए जाएँ, अपनी ईश्वरीय शक्ति के कारण यह कुचला नहीं जा सकेगा। राष्ट्रवाद अमर है।" यही कारण है कि बंग-भंग आन्दोलन किसी वैयक्तिक स्वार्थ से प्रेरित न होकर, धार्मिक आस्था से प्रेरित था।

वह राष्ट्रवादियों को यह कहकर उत्साहित करते हैं कि राष्ट्रवाद कुचला नहीं जा सकता, क्योंकि वह परमात्मा की ओर से ही आता है। वह राष्ट्रीय स्वाधीनता की माँग को धार्मिक विश्वास की उच्चता प्रदान करते हैं जिससे सर्वसाधारण को जाग्रत किया जा सके। वह भारतीयों को प्रेरित करते हैं, कि वह लोगों को आध्यात्मिक नवजागरण का उद्देश्य पूरा करने के लिए नियति द्वारा निर्धारित किए गए अपने उद्देश्य को पूरा करें। इस उद्देश्य की प्राप्ति के लिए यह आवश्यक है कि भारत

राष्ट्रीय स्वाधीनता प्राप्त करे। भारत को उनके मतानुसार, स्वतन्त्रता की उतनी ही आवश्यकता है, जितनी संसार को भारत के आध्यात्मिक मार्गदर्शन की। भारत को संसार में आध्यात्मिक प्रकाश फैलाना चाहिए, जिससे पश्चिमी देश भौतिकवाद के कारण होने वाली पीड़ा और ऊब से दुःखी न हों। यदि भारतीय राष्ट्र को स्वतन्त्रता से वंचित रखा गया, तो मानवता एक आध्यात्मिक प्रकाश से वंचित रहेगी, जो उसे क्षय (Decay) से बचाने और शक्ति प्रदान करने का एकमात्र साधन है।

वास्तव में अरविन्द का राष्ट्रवाद का विचार संकीर्ण और कट्टर नहीं था। इसका स्वरूप सर्वदेशीय है। राष्ट्रवाद, उनके मतानुसार, मनुष्य के सामाजिक और राजनीतिक विकास में एक आवश्यक स्थिति है। उनका अन्तिम उद्देश्य विश्व एकता द्वारा मानव एकता की स्थापना है और वह अनुभव करते थे कि इस प्रकार पूर्णता (Consummation) का आभार एक मानव धर्म और आन्तरिक एकता की भावना के द्वारा प्राप्त किया जा सकता है।

वह जाति, व्यवसाय, धर्म, प्रादेशिक सीमाओं, वर्ण तथा लिंग आदि के प्रतिबन्धों को नकारते थे। वह अपनी आध्यात्मिक एकसूत्रता में समग्रता में विश्व को बद्ध करना चाहते थे। एक बार उन्होंने कहा था, "क्या हम विदेशियों के हितों और उनकी सनक पर अपने भाग्य की बलि चढ़ा देंगे अथवा इस गम्भीरता और साहस से अपने मात्र जीने के ही नहीं, वरन् नियति द्वारा निर्धारित उस दायित्व के निर्वहन के अधिकार को पाने के लिए भी संघर्ष करेंगे।" इस प्रकार भौतिकवादी मूल्यों से उत्प्रेरित विश्व को आध्यात्मिक मार्गदर्शन देना स्वाधीन भारत का मिशन होगा। पांडिचेरी के महान् योगी की ऐसी धारणा थी। इस प्रकार उनका राष्ट्रवाद न तो अन्धराष्ट्रवाद था तथा न ही कोई उद्धत राष्ट्रवाद (jingoism) था। भारत को स्वतन्त्र इसलिए वह कराना चाहते थे कि आध्यात्मिक आपूर्ति के उत्स की भूमिका उसे मानवता के लिए निभानी थी। उसे भौतिकवादी पश्चिम के लिए अध्यात्मवादी पूर्व के सांस्कृतिक दूत की भूमिका निभानी है। इस प्रकार उनके राष्ट्रवाद में जिस विश्व की परिकल्पना थी, उसमें पूरी मानवता का समावेश था। इस प्रकार वह सिद्ध करना चाहते थे कि आध्यात्मिक सम्बन्ध के सूत्र में समग्र विश्व को बाँधने की क्षमता है। 'वन्दे मातरम्' में उन्होंने यह सम्मति व्यक्त की, राष्ट्रवाद मात्र वह भावुकतामयी आकांक्षा है जिसके द्वारा राष्ट्र दिव्य एकता का अनुभव कर सकता है। राष्ट्रवाद के उस आदर्श में जो भारत विश्व के सामने रखेगा असमें जाति, व्यवसाय पन्थ और आर्थिक स्तर निरपेक्ष, मौलिक एकता होगी मानव मानव के मध्य। राष्ट्र एक विराट पुरुष है, अर्थात् व्यक्ति का आवर्धित बिम्ब और सभी व्यक्ति राष्ट्र-व्यक्तित्व के अंगभूत हैं।

इस प्रकार स्पष्ट है कि राष्ट्रवाद उनके लिए मात्र एक राजनीतिक कार्यक्रम

ही नहीं था। उनके लिए यह ईश्वरप्रदत्त धर्म था।[3] भारत की स्वतन्त्रता के वह इसलिए पक्षधर थे कि इसके द्वारा वह विश्व के आध्यात्मिक मार्गदर्शक की अपनी नियति निर्दिष्ट भूमिका का निर्वहन कर सकेगा। इस प्रकार हम देखते हैं कि उनके राष्ट्रवाद का अन्तर्राष्ट्रीय उद्देश्य है। हाथ-पाँव बँधे रहने की परवशता की स्थिति में रहते हुए भारत इस भूमिका को नहीं निभा सकता था। स्पष्टतः उनकी दृष्टि में भारत की स्वतन्त्रता भारत द्वारा नियति प्रदत्त बृहत्तर भूमिका निभाने की पूर्वपीठिका थी। डॉ. कर्णसिंह के शब्दों में, "उनकी यह दृढ़ धारण थी कि मानव विकास के अगले चरण का नेतृत्व भारत ने ही करना है।"[4]

पूर्ण स्वराज्य

अरविन्द की सम्मति के अनुसार भारतीय राष्ट्रवाद का ध्येय पूर्ण स्वराज्य था। एक राष्ट्रीय सरकार ही उसे वह क्षमता और शक्ति प्राप्त कर सकती है, जो विदेशी दासता के काल में शीघ्रता से क्षीण होती जा रही थी। अतः अरविन्द नर्मदलीय राष्ट्रवादियों के उन भ्रान्त यत्नों को पसन्द नहीं करते थे, जिनका उद्देश्य विधान परिषदों में सुधार, कार्यपालिका और न्यायपालिका का पृथक्करण और नागरिक सेवाओं के भारतीयकरण तक ही सीमित था। नर्मदलीय लोग ब्रिटिश सरकार से संवैधानिक सुधारों की प्रार्थना करते हुए उसके पास याचिकाएँ भेजने की नीति में विश्वास करते थे। अरविन्द अनुभव करते थे कि इस प्रकार के उपाय एकांगी होने के कारण प्रभावहीन हैं। इससे एक उत्तरदायी संवैधानिक सरकार का निर्माण नहीं हो सकता था। केवल विशुद्ध राष्ट्रीय स्वराज्य द्वारा ही इस प्रकार की सरकार की स्थापना हो सकती है। भारत में इस प्रकार की सरकार की स्थापना से ही कार्यपालिका के अत्याचार समाप्त हो सकते हैं। सामाजिक, आर्थिक तथा शिक्षा-सम्बन्धी सुधार आवश्यक तथा पर्याप्त महत्त्वपूर्ण थे, जिन पर उस समय के नरमदलीय बल देते थे, किन्तु यह पूर्ण स्वराज्य-प्राप्ति की दशा में ही साकार हो सकते हैं। इस प्रकार पूर्ण स्वराज्य ही सबसे अधिक आवश्यक था।

उन्होंने विदेशी शासन को राष्ट्र के लिए अस्वाभाविक और घातक बताया। उनका मत था कि पराधीन देश आश्रित और असंगठित हो जाता है और चिरकाल तक प्रयोग में न आने के कारण उसकी शक्ति नष्ट हो जाती है। इस प्रकार राष्ट्रीय स्वाधीनता के बिना राष्ट्रीय विकास नहीं हो सकता। एक विदेशी शासन अपने से सम्बद्ध और उसी के हितों में डूबी हुई उसी की भाषा में निपुण एक विशेषाधिकारप्राप्त श्रेणी का निर्माण करता है। इस प्रकार सर्वसाधारण की उपेक्षा आरम्भ होती है। एक पराधीन राष्ट्र में राष्ट्रव्यापी राजनीतिक चेतना तभी सम्भव है, जब स्वायत्त शासन प्राप्त हो।

हिंसात्मक प्रतिरोध

बंग-भंग को समाप्त करने के लिए सभी संवैधानिक उपायों की असफलता ने अपने उद्देश्य की प्राप्ति के लिए सीधी कार्यवाही करने की सम्भावनाओं पर गम्भीरता से विचार करने को विवश कर दिया। अरविन्द ने राष्ट्रीय स्वतन्त्रता के लिए हिंसात्मक प्रतिरोध का अवलम्ब लेने के औचित्य को अनुभव किया। पराधीन राष्ट्र के लोगों के लिए सशस्त्र विद्रोह करना युक्तियुक्त है, यदि इससे वह शीघ्रता से अपने उद्देश्य की प्राप्ति कर सकते हैं। किन्तु पहले उन्हें एक विशेष परिस्थिति में हिंसात्मक विद्रोह की सम्भावनाओं तथा व्यावहारिक उपयोगिताओं की अच्छी प्रकार परख कर लेनी चाहिए। अत्याचारी विदेशी सरकार हिंसात्मक उपायों को अपराधपरक और अनैतिक मानकर उनकी निन्दा करेगी, किन्तु मानवता की चेतना उत्पीड़ित लोगों के इस अधिकार को कभी अस्वीकार नहीं करेगी कि वह अपने आक्रान्ताओं को हिंसात्मक विद्रोह का अवलम्ब लेकर बाहर निकाल दे। उनका मत था कि सशस्त्र विद्रोह सर्वाधिक शीघ्र परिणामदायी और प्रभावी उपाय था और इसमें न्यूनतम यन्त्रणा और कष्ट सहन करना पड़ता है।

अपने राजनीतिक जीवनकाल के आरम्भ में, अरविन्द यह अनुभव करते थे कि हिंसात्मक उपायों से ब्रिटिश शासन को उलट देना एकदम असम्भव नहीं है। भारत में ब्रिटिश सेनाओं की शक्ति इतनी भयभीतकारिणी नहीं है। भारतीय सैनिकों को विद्रोह के लिए उकसाया जा सकता है। साथ-साथ ही सार्वजनिक प्रतिरोध का भी गठन ब्रिटिश शक्ति को बलपूर्वक समाप्त करने के लिए हो सकता है। उनकी सम्मति में, प्रशिक्षित तपस्वियों का एक दल क्रान्तिकारी विद्रोह का न केवल आध्यात्मिक मार्गदर्शन ही करेगा, वरन् संचालन भी करेगा। वह राष्ट्रीय संघर्ष के लिए आध्यात्मिक सहारे (Anchorage) का काम करेंगे। किन्तु, अरविन्द इससे भली-भाँति परिचित थे कि इस प्रकार का सशस्त्र विद्रोह उसी समय सफल हो सकता है, यदि लोग पूर्णतः एक हों और उनका उपयुक्त संगठन हो। एक सफल सार्वजनिक सशस्त्र विद्रोह के लिए आवश्यक शर्तें उस समय तत्काल ही पूरी नहीं हो सकती थीं। अतः मुख्यतः तकनीकी आधार पर ही वह समझते थे कि शान्तिपूर्ण प्रतिरोध ही ब्रिटिश आधिपत्य से मुक्त होने का सबसे उपयुक्त साधन था। ब्रिटिश अफसरों की हत्याओं और आतंकवाद की छुट-पुट घटनाओं से अंग्रेजों में घबराहट अवश्य फैल गई थी और भारत पर उनके अंकुश को ढीला करने में, उन्होंने अवश्य योग दिया। पर्याप्त यथार्थवादी बनकर, उन्होंने इस प्रकार के आतंकवादी कार्यों का उत्तरदायित्व भारतीयों पर नहीं डाला। इसके विपरीत उन्होंने ब्रिटिश सरकार को ही दोषी ठहराया, जिसने राजनीतिक आन्दोलन के शान्तिपूर्ण संवैधानिक उपायों को काम में लाना असम्भव बना दिया था। लोगों को जब अपनी शिकायतों को

सार्वजनिक रूप से व्यक्त करने की अनुमति नहीं मिली, तो उन्होने गुप्त षड्यन्त्रों का आश्रय लिया। गीता पर अपने एक निबन्ध में उन्होंने राष्ट्र के शत्रुओं के मर्दन को धर्मबुद्ध कहा है। उन्होंने कहा, "राजनीति क्षत्रियों का क्षेत्र है। क्षत्रियत्व के क्षेत्र में भद्रजन सुलभ, ब्राह्मणोचित बलिदान की भावना को आने देना, वर्णसंकर को प्रचारित करने के समान है।" सशस्त्र विद्रोह का समर्थन करने के लिए उन्होंने प्रकरण रूप में गीता का उद्धरण दिया। 'विद्रोह की नैतिकता' शीर्षक लेख में उन्होंने लिखा, "गीता उनके लिए सर्वोत्तम उत्तर है जो युद्ध से कतराते हैं, पाप समझकर और आक्रमण में इस भय से प्रवृत्त नहीं होते कि यह अनैतिकता को मोहक निमन्त्रण है।"

शान्तिपूर्ण प्रतिरोध

शान्तिपूर्ण प्रतिरोध उसी दशा में ठीक से समझ में आ सकता है, जब अरविन्द द्वारा चित्रित आक्रामक कार्यवाही और शान्तिपूर्ण प्रतिरोध में अन्तर स्पष्ट कर दिया जाए। आक्रामक प्रतिरोध का अर्थ है कि इस प्रकार प्रतिरोधक (Resistor) कोई ऐसा काम करे जिनसे सरकार को निश्चित हानि हो, जबकि शान्तिपूर्ण प्रतिरोध के उपाय का अर्थ ऐसे प्रत्येक काम से बचना है, जिससे सरकार को कोई लाभ हो। वह काम है विदेशी माल खरीदना, बच्चों को सरकार द्वारा सहायता प्राप्त और नियन्त्रित विद्यालयों में भेजना, न्यायालयों का प्रयोग करना और प्रशासन से सीधा संरक्षण और आवश्यक परामर्श माँगना इत्यादि। इस प्रकार की बातों में सरकार की सहायता करने वालों का शान्तिपूर्ण प्रतिरोधक द्वारा बहिष्कार होना चाहिए। उनके शब्दों में, "शान्तिपूर्ण प्रतिरोध में यदि बुराई को दंडित नहीं किया जाता, तो वह हमारी उत्साहपूर्ण भावना के लिए घातक सिद्ध हो सकती है और उस एकता को भी समाप्त कर सकती है, जो आन्दोलन के लिए इतनी अनिवार्य है।"[5] अरविन्द शान्तिपूर्ण प्रतिरोध के लिए कुछ बातें निर्धारित करते हैं। पहली बात तो यह है कि शान्तिपूर्ण प्रतिरोध को अन्यायपूर्ण, विवशकारी कानूनों की अवज्ञा करनी है। दूसरे, यह कि उसे अन्याय का सदा विरोध करना है, कार्यपालिका के अन्यायपूर्ण आदेशों की अवज्ञा करनी है और शान्तिपूर्वक इस अवज्ञा के लिए दिए गए दंड को सहन करना है। तीसरे, उसे कर देने से भी इन्कार करना चाहिए। अन्तिम बात है, उन लोगों को जाति से अलग कर देना जो विश्वासघातपूर्वक काम करते हैं और स्वतन्त्रता-सैनिकों के मार्ग में बाधा डालते हैं। अरविन्द के अनुसार शान्तिपूर्ण प्रतिरोध का उद्देश्य संगठित रूपेण ऐसा कुछ भी करने की प्रतिज्ञा है जिससे ब्रिटिश शासन को कार्य में किसी भी प्रकार की सहायता मिले, ब्रिटिश व्यापार और वाणिज्य को इतना विकास प्राप्त हो कि वह देश का शोषण करे। किन्तु इस प्रकार का

शान्तिपूर्ण प्रतिरोध हिंसक रूप ले सकता है, यदि निरंकुश शासक शान्तिपूर्ण प्रतिरोध को कुचलने में अन्तिम सीमा तक पहुँच जाए। उनके शब्दों में, "जब तक सरकारी कार्यवाही शान्त रहती है और लड़ाई के नियमों के अन्तर्गत रहती है, शान्तिपूर्ण प्रतिरोधक अपनी शान्ति की वृत्ति बनाए रखता है, किन्तु इससे परे, वह एक क्षण के लिए भी शान्तिपूर्ण रहने के लिए बाध्य नहीं है। अवैध और हिंसक विवशकारी उपायों को स्वीकार कर लेना, अतिक्रमण और गुंडागर्दी को वैधानिक प्रक्रिया के भाग के रूप में स्वीकार कर लेना, अपने अन्तर की और पृष्ठभूमि की दिव्यता के विरुद्ध एक ऐसा पाप है जिसमें राष्ट्रीय पुरुषत्व पापाचार के सामने बौना हो जाता है।"[6]

महात्मा गांधी भी शान्तिपूर्ण प्रतिरोध में विश्वास करते थे, किन्तु उनका प्रतिरोध अहिंसा पर आधारित था, जबकि अरविन्द का प्रतिरोध सुविधा के आधार पर था, क्योंकि समय के आग्रह और सुविधा को देखते हुए वह शान्तिपूर्ण प्रतिरोधक को हिंसा का अवलम्ब लेने को अनुमति दे देते थे। शान्तिपूर्ण प्रतिरोध केवल उसी समय तक एक सुदृढ़ राष्ट्र का निर्माण कर सकता है जब तक उसमें पुंसत्व हो, निर्भीकता, समर्पण भाव की उसमें उत्सुकता हो और अपने को इस स्थिति में रखे कि क्षणभर की सूचना पर सक्रिय प्रतिरोध में प्रवृत्त हो सके। उन्होंने कहा, "हमें ऐसा राष्ट्र विकसित नहीं करना चाहते जो स्त्रियों की भाँति मात्र यत्न करना और कष्ट सहना ही जानता हो। अरविन्द को पूरा विश्वास था कि यदि प्रशासन के विभिन्न विभागों के लिए शान्तिपूर्ण प्रतिरोध का प्रयोग किया जाए, तो विदेशी नौकरशाहों के पाँवों तले से भूमि सरक जाएगी। उनका अस्तित्व यहाँ असंगत हो जाएगा और इस प्रकार स्वतन्त्रता का मार्ग खुल जाएगा।"[7]

युद्ध विषयक उनके विचार

व्यक्ति तथा व्यापक समाज के मध्य सम्बन्धों के विषय में उनके विचार उस समय के भारतीय विचारकों में सबसे अधिक सन्तुलित और पूर्ण (Integrated) समझे जाते हैं। उनके मतानुसार युद्ध का दृश्य (Phenomenon) उसी स्थिति में अदृष्ट हो सकती है, यदि मनुष्य अपने सहयोगियों के मध्य एकता की भावना विकसित करे और जब वह विश्वजनीन आदर्शों की वृहद चेतना में रहना सीख लेगा। उनका अनुभव था कि कम-से-कम आधे युद्ध वाणिज्य के विस्तार, अधिक उत्पादन और आदान-प्रदान की तृष्णा को शान्त करने, मार्कीटों की संख्या में वृद्धि करने और उन्हें वस्तुओं से भरपूर करने की इच्छा और इस प्रकार अनावश्यक आवश्यकताओं का ढेर लगाने के कारण होते हैं। राज्यतान्त्रिक शासनों के समाप्त होने और प्रजातन्त्र के आरम्भ के साथ समझा गया था कि शान्ति का आरम्भ हो गया, किन्तु यह भ्रम

मात्र ही सिद्ध हुआ। इसी प्रकार अन्तर्राष्ट्रीय मध्यस्थता का न्यायालय भी लड़ाइयों को समाप्त कर शान्ति का समय नहीं ला सका, यद्यपि लोगों को इसके लिए उत्कट इच्छा थी। इस प्रकार अरविन्द इस निष्कर्ष पर पहुँचते हैं कि जब तक युद्ध मनोवैज्ञानिक रूप से असम्भव नहीं हो जाता, तो थोड़े समय के लिए हम इसे यदि निर्वासित भी कर दें, तो भी यह लौट आएगा। केवल उसी स्थिति में जब मनुष्य को न केवल भाई ही, वरन् अपना ही एक भाग समझेगा और जब वह वृहत् विश्वजनीन आदर्शों की चेतना के प्रभाव में रहना सीख लेगा, युद्धों की समाप्ति हो सकेगी। वह इस मत के हैं कि मानवता के स्वतन्त्र वर्गीकरण से युद्ध निवारण सम्भव हो सकेगा।[8] युद्ध को मिटा देना तथा लोगों के समान अधिकारों को मान्यता देना, यह दोनों बातें परस्पर ऐसे जुड़ी हैं कि इन्हें पृथक नहीं किया जा सकता।[9]

विश्व एकता पर उनके विचार

एक महान् स्वप्नद्रष्टा होने के कारण उन्होंने विश्व सरकार का स्वप्न भी देखा था। यद्यपि वह कुछ तुच्छ बातों और संसार में भयानक सम्भावनाओं की विद्यमानता के प्रति जागरूक थे, जैसे विचारधारा सम्बन्धी विभाजन और शीत युद्ध, शस्त्रों की होड़, शत्रुता आदि, तथापि वह समझते थे कि किसी-न-किसी प्रकार की विश्व एकता अवश्यम्भावी थी।[10] उनके विचार में इन सब बातों के कारण "प्रकृति का दबाव, हालात की मजबूरियाँ और मानव की वर्तमान और भविष्य की आवश्यकताएँ है।"

वह अनुभव करते थे कि सामान्य हितों की बढ़ती हुई निकटता अथवा एक विशाल, विशालतर क्षेत्र में हितों का पारस्परिक सम्बन्ध और अन्तर्ग्रन्थन (Interlacing) यह सभी राष्ट्रीय राज्यों तथा साम्राज्यों के उदय का कारण बने। परस्पर एक रहने का भाव जिसे बाह्य परिस्थितियों, जैसे बाहरी आक्रमण से सुरक्षा की इच्छा ने बल प्रदान किया हो, संघ के विकास का कारण बने। उनकी सम्मति में अपनी जाति के अन्य लोगों से मिलने की भावना की विद्यमानता ऐसे राज्य का स्वाभाविक विकास सम्भव बना देगी। समान हितों और भावों से एक अन्तर्राष्ट्रीय विश्व संगठन की स्थापना सुविधापूर्वक हो सकती है जो विश्वशान्ति के प्रति समर्पित हो। सबसे बड़ा हित जो साधन की अपेक्षा रखता है, वह है विश्वयुद्ध को रोकने के लिए प्रतिबद्धता और इस परमाणु युग में यह सुनिश्चित करना कि विज्ञान तथा तकनीकी ज्ञान का उपयोग जीवन-स्तर के उन्नयन के लिए होगा, युद्ध के लिए नहीं। यह सशक्त भाव ही ऐसे ही विश्व संगठन के निर्माण के पीछे प्रेरक शक्ति है। समान हित तथा भावनाएँ इनके परिणामस्वरूप अन्ततोगत्वा एक विश्व-राज्य की स्थापना हो जाएगी। इस प्रकार का विश्व-राज्य स्वतन्त्र राष्ट्रों का महा संघ लेगा। उनके शब्दों में, "समग्र हितों एवं वैमनस्य तथा पारस्परिक मतभेदों के निवारणार्थ पारस्परिक सहायता

अन्तर्विनिमय और सभी घटकों की आन्तरिक स्वतन्त्रता और आत्म निर्णय का सम्मान करना, इस महासंघ का प्रमुख सिद्धान्त होगा।"[11] इस प्रकार के महासंघ में सभी राष्ट्र घटकों को पर्याप्त स्वतन्त्रता दी जाएगी। इसका आधार मानवता के आध्यात्मिक धर्म पर आधारित होगा। आध्यात्मिक सामूहिक वाद घटकों के आध्यात्मिक दावों को नियन्त्रण में रखेगा और आध्यात्मीकृत (Spiritualized) समुदाय आधुनिक विश्व की सामाजिक तथा राजनीतिक अव्यवस्थाओं को वश में रखेगा। एक आध्यात्मिक समाज ही अच्छे जीवन की समृद्धि सुनिश्चित कर सकता है। इस प्रकार के समाज का उदय होना ही है कि तभी मनुष्य वह वाहन बनेंगे जिसके द्वारा दिव्यता अभिव्यक्त होगी। सभी अहं मिट जाएँगे और दिव्यत्व एक वास्तविकता बनकर अपना सुनहला आलोक नई उषा में छितराएगा। इस प्रकार का विचार श्री अरविन्द को एक वर्गहीन, राज्यहीन समाज की अराजकतावादी धारणा के निकट ले आता है। उन्होंने विश्व-राज्य की स्थापना के लिए संसार के समक्ष प्रस्तुत सभी समस्याओं के समाधान की पूर्ण मानवीय योजना प्रस्तुत की थी। यदि ऐसा राज्य कभी भी अस्तित्व में आया तो उन्होंने इसे सुरक्षित रखने के सभी उपाय भी सुझाए थे।

सर्वप्रथम अपराध का पता लगाकर उसकी स्थानीय और अन्तर्राष्ट्रीय पुलिस द्वारा जाँच होनी चाहिए। दूसरे, उचित शिक्षा द्वारा नैतिकता तथा स्वभाव में परिष्कार करने के लिए एक अधिक ज्ञानसम्पन्न उपाय का प्रयोग कर भविष्य में ऐसे अपराध न हों यह सुनिश्चित किया जाए। ध्यान में रखी जाने वाली तीसरी बात यह है कि समाज को भ्रष्ट मानवीय तत्त्वों का निरीक्षण और उनका उपचार करने के और ज्ञानसम्पन्न, वैज्ञानिक पक्षधर होने के कारण अरविन्द ने उन लोगों की विचार-सरणि को नहीं अपनाया जो इसे मात्र राजनीतिक नारा और एक बौद्धिक विचार ही मानते थे।

पूँजीवाद और समाजवाद विषयक उनके विचार

आधुनिक पूँजीवाद की वह आलोचना करते थे। दादाभाई नौरोजी के समान वह भी भारत के आर्थिक साधनों पर साम्राज्यवादी दबाव की बात करते थे। आधुनिक पूँजीवाद में वह केन्द्रीकरण, न्यास (Trusteeship) आदि प्रवृत्तियों की निन्दा करते थे। वह समाजवाद की भी इस आधार पर आलोचना करते थे कि इसका परिणाम एक सर्वशक्तिमान अधिकार तान्त्रिक राज्य का विकास होता है। एक समाजवादी राज्य में नौकरशाही को अनावश्यक महत्त्व मिलता है और एक सैनिक प्रकार का विचार क्रमण हो जाता है। यद्यपि यह समाजवाद के आलोचक थे। उन्होंने कहा कि समान अवसर का समाजवादी ध्येय तथा सब पुरुषों के लिए एक आवश्यक सामाजिक और आर्थिक न्यूनतम भाग का आश्वासन वेदना ग्रस्त मानवता के लिए

एक प्रशंसनीय लक्ष्य है।

इसका कारण उनकी दृष्टि में, "प्रकृति की प्रेरणा, परिस्थितियों की विवशता और मनुष्य की वर्तमान और भावी आवश्यकताएँ हैं।" वह समझते थे कि सामान्य हितों की बढ़ती हुई निकटता और कम-से-कम एक वृहत् से बृहत्तर क्षेत्र में हितों का अन्तर्सम्बन्ध और परस्पराश्रय, और इनका परिणाम राष्ट्रीय राज्यों और राष्ट्रीय साम्राज्यों के रूप में सामने आया। सामान्य एकता के उस विचार जिसे बाहरी आक्रमण से रक्षा की आवश्यकता जैसी बाहरी परिस्थिति ने बढ़ावा न दिया, संघ के विकास के लिए मार्ग तैयार किया।

उनके मत में एक विश्व-राज्य का आविर्भाव ऐसे ही स्वाभाविक रूप में होगा, जैसे मनुष्य में दूसरे व्यक्तियों से एकाकार होने की इच्छा निहित होती है।

समान भावनाओं और हितों के विकास के कारण एक ऐसे विश्व संगठन का जन्म होना स्वाभाविक है, जो शान्ति की स्थापना और उसे बनाए रखने के लिए कृतसंकल्प हो। सबसे प्रमुख हित उनकी सम्मति में, आज के परमाणु युग में युद्ध के विरुद्ध सुरक्षा का आश्वासन है और विज्ञान और तकनीकी ज्ञान का सबसे अधिक अनुकूल प्रयोग मानव का जीवन-स्तर ऊँचा करने के लिए किया जाना है। जीवन के लिए मानवतावादी ढंग, एक अन्तर्राष्ट्रीय विश्व संगठन की स्थापना की इच्छा के पीछे एक सशक्त स्फूर्ति थी।

समान हित और समान भावना, उपयुक्त समय पर एक विश्व-राज्य के निर्माण में सहायक हो सकते हैं। इस प्रकार का विश्व-राज्य एक प्रकार से स्वतन्त्र राष्ट्रीयताओं का संघ ही होगा। इस प्रकार के विश्वसंघ में पूर्ण समानता ही व्याप्त होगी।

आध्यात्मिक मुक्ति की उनकी संकल्पना

अरविन्द आन्तरिक आध्यात्मिक स्वतन्त्रता के आदर्श को स्वीकार करते हैं। उनकी सम्मति थी कि यदि मनुष्य एक अति मानसिक आध्यात्मिक शक्ति का माध्यम बन जाए तो प्रकृति की यान्त्रिक (Mechanical) आवश्यकता दूर हो सकती है। वह स्वीकार करते थे कि भारत ने सामाजिक और राजनीतिक स्वतन्त्रता का आदर्श पश्चिम से सीखा है। किन्तु वह अनुभव करते थे कि यदि मनुष्य आध्यात्मिक स्वतन्त्रता प्राप्त कर ले तो उसे सामाजिक और राजनीतिक स्वाधीनता भी प्राप्त हो जाएगी। उन्होंने लिखा, "पहले हमें हृदय की स्वतन्त्रता पानी होगी, इससे पूर्व कि देश स्वतन्त्र हो।"[12] इसीलिए उन्होंने आध्यात्मिक विकास पाने के लिए राजनीति का त्याग कर दिया। जीवन का शेष भाग उन्होंने भारतीय तथा पाश्चात्य विचारधारा में सामंजस्य लाने के प्रयत्न में लगा दिया। स्वतन्त्रता की उनकी परिभाषा यह थी

कि वह मनुष्य द्वारा अपनी आत्मा के नियमों का पालन करना है और अरविन्द के लिए यह नियम परमात्मा के ही नियम थे। वास्तव में स्वतन्त्रता सम्बन्धी उनकी संकल्पना भगवद्गीता तथा रूसो के विचारों की एकरूपता का प्रतिनिधित्व करती है। रूसो के अनुसार नैतिक स्वतन्त्रता का अर्थ उन नियमों का पालन है, जिन्हें "हम स्वयं अपने लिए निर्धारित करते हैं।" इस प्रकार स्वतन्त्रता की अरविन्द द्वारा की गई इस परिभाषा पर कि वह हमारी आत्मा के नियमों का पालन है, पश्चिमी प्रभाव की छाप है। किन्तु उन्होंने पश्चिमी विचार का प्रयोग 'स्वधर्म' की संकल्पना की अर्थपरिधि में ही किया है। 'स्वधर्म' भगवद्गीता में 'अपने धर्म' का ही परिचायक है। गीता मनुष्य को अपने सामाजिक और मनोवैज्ञानिक स्वत्व के अनुसार अपने ही कर्तव्यों और कामों तक अपने को सीमित रख, इन्हें निष्काम भाव से पूरा करने की प्रेरणा देती है। इस प्रकार व्यक्ति दिव्य चेतना प्राप्त करने में समर्थ होता है।

उपसंहार

अरविन्द, जो तिलक के प्रतिनिधि थे, भारतीय राष्ट्र के आरम्भिक शिल्पियों में से एक थे। एक प्रथम श्रेणी के देशभक्त होने के अतिरिक्त वह एक मानवता-प्रेमी भी थे। उन्होंने न केवल भारत की स्वतन्त्रता का ही नेतृत्व 1907-09 में किया, किन्तु वह विश्वसंघ के द्वारा एकता के भी पक्ष पोषक थे। हरिदास चौधरी के शब्दों में, "अरविन्द का व्यक्तित्व चमत्कारिक सर्जनात्मकता से समृद्ध था और अतीत में उनकी गहरी पैठ थी, वर्तमान पर उनकी पकड़ दृढ़ और भविष्यदर्शन की प्रभावी क्षमता से वह समुपेत थे। वह भारत से आशा करते थे कि वेदना और थकान की त्रासदी भौतिकवाद के कारण यापित करने वाले, विनाश के कगार पर खड़े पश्चिम को वह आध्यात्मिक प्रकाश प्रदान करे। भारत की स्वतन्त्रता मिलने पर ही ऐसा सम्भव हो सकता है। उनका प्रमुख योगदान यही है कि वह पूर्वी और पश्चिमी राजनीतिक विचारों को समीप लाने के लिए उद्यमरत रहे। डॉ. वर्मा का यह कथन उचित है, "अनुभववादी राजनीति विशेषज्ञ के लिए उन्होंने उचित मनोदशा के रूप में कार्य करने का ढाँचा प्रदान किया जिससे पूर्व के आध्यात्मिक अन्तर्दर्शन और पश्चिम के सैद्धान्तिक साधारणीकरण में सुमेल स्थापित किया जाए। इसका महत्त्व आज के इस परिदृश्य के सन्दर्भ में और भी समझा जा सकता है जब पूर्व और पश्चिम में ऐसा विचार बल पकड़ रहा है कि दोनों की बौद्धिक परम्पराओं में तारतम्य लाकर उनका आदान-प्रदान किया जाए। अरविन्द की इतिहास में इसी साधना में तल्लीन एक उच्च कोटि की बौद्धिक और आध्यात्मिक शक्ति के रूप में प्रतिष्ठा है। डॉ. राधाकृष्णन् उनके विषय में कहते हैं, "वह आधुनिक भारतीय विचारकों में सर्वाधिक गुणसम्मान और निपुण विचारक हैं। टैगोर की दृष्टि में वह भारतीय संस्कृति और

सभ्यता के मसीहा हैं। उनके विचारों के विश्लेषण के उपरान्त इन दोनों उच्चस्तरीय बौद्धिक प्रतिभाओं की अरविन्द विषयक सम्मति से हम सहमत हैं।"

शान्तिपूर्ण प्रतिरोध की उनकी अवधारणा जो कार्य साधक सुविधा के ऊपर आधारित है, अधिक व्यावहारिक और युक्तिसंगत लगती है। विदेशियों के चंगुल से देश को मुक्त कराने के लिए उन्होंने हिंसात्मक प्रतिरोध की सम्भावना को नकारा नहीं। देश की स्वाधीनता के लिए क्रान्तिकारियों की हिंसात्मक कार्यवाही की उन्होंने निन्दा नहीं की। उनकी सम्मति उचित थी कि इनसे अंग्रेज़ों का मनोबल क्षीण होता था। इस प्रकार उनकी व्यापक वैचारिक परिधि में न केवल शान्तिपूर्ण प्रतिरोध को ही वरन् हिंसा के पन्थ को भी प्रश्रय मिला है।

वह चाहते थे कि भारत पश्चिम को आध्यात्मिक प्रकाश प्रदान करे, जो भौतिकवाद के कारण उद्विग्न होकर विनाश के द्वार पर खड़ा है। यह तभी सम्भव है जब भारत स्वतन्त्रता का आनन्द ले। उनका मुख्य योगदान यह है कि उन्होंने पूर्वी और पश्चिमी राजनीतिक विचारों को निकट लाने का यत्न किया है। डॉ. वर्मा ने ठीक ही कहा है, "एक आनुभाविक (Empirical) राजनीतिक विज्ञानवेत्ता के लिए उन्होंने कम-से-कम एक ऐसा गठन प्रस्तुत किया है जिसके द्वारा पूर्व की आध्यात्मिक अन्तर्राष्ट्रीय और पश्चिम के सैद्धान्तिक सामान्यीकरण (Generalization) के मध्य मेल हो सके। आज की इस घड़ी में जब पूर्व और पश्चिम के विचारक दोनों संसारों की बौद्धिक परम्पराओं में सुमेल और संसाधन (Reconciliation) का स्वप्न देख रहे हैं। ऐसे समय में अरविन्द एक महान् बौद्धिक और आध्यात्मिक शक्ति के रूप में विद्यमान हैं।"[13] डॉ. राधाकृष्णन् ने अरविन्द को आधुनिक भारतीय चिन्तकों के तुलनात्मक अधिक निपुण कहा है। टैगोर ने उन्हें "भारतीय संस्कृति और सभ्यता का मसीहा कहा है।" इन बुद्धिजीवों की विचारधाराओं का विश्लेषण करने के पश्चात् हम महसूस करते हैं कि उनकी राय अरविन्द के बारे में पूर्णतया माननीय है।

शान्तिपूर्ण प्रतिरोध की उनकी धारणा, जो कार्य साधकता (Expediency) पर आधारित है, अधिक तर्कसंगत और व्यावहारिक प्रतीत होती है। वह भारत माता को विदेशी स्वामियों के चंगुल से मुक्त कराने के लिए हिंसात्मक प्रतिरोध की सम्भावना से इन्कार नहीं करते। उन्होंने मातृभूमि के लिए की गई क्रान्तिकारियों की हिंसक कार्यवाहियों की निन्दा की। उनका यह मत उचित ही था कि इस प्रकार की कार्यवाहियों से अंग्रेजों का मनोबल क्षीण होता है। इस प्रकार अरविन्द की विचारधारा ने अपने प्रवाह में न केवल शान्तिपूर्ण प्रतिरोध को ही लपेटा, वरन् क्रान्ति का पथ भी उसी में समाविष्ट था।[14]

पूर्ण स्वराज्य के पक्ष पोषक होने के नाते वह उन लोगों की कोटि में नहीं आते,

जो इसे मात्र एक राजनीतिक नारा ही समझते थे अथवा मात्र एक बौद्धिक विचार समझते थे। उनके लिए स्वराज्य एक उत्कट भावना थी और देशभक्ति धर्म। निस्सन्देह वह भारतीय राष्ट्र के अत्युच्च कोटि के शिल्पी थे। भारतीय राजनीति में अपने पाँच वर्षीय सक्रियता की अवधि में वह राष्ट्रीय क्षितिज को धूम्रकेतु की चमक प्रदान कर गए और देश के तरुण मानस पर अमिट छाप छोड़ गए। इसके अतिरिक्त अरविन्द का राष्ट्रवाद मात्र अपने ही देश के प्रति उत्कट प्रेम तक सीमित नहीं था। वह विश्व संस्कृति के प्रवक्ता थे। वह राष्ट्रीयता के साथ-साथ जो विश्वव्यापी है उसके भी उपासक थे। उन्हें 'राष्ट्रीय और विश्वजनीन का पूर्ण मिश्रण' की परिभाषा देना उपयुक्त ही है।[15]

सन्दर्भ

1. Bande Matram Weekly, ed. Aurobindo, April 12, 1908.
2. J.K. Ray : Studies in Political Thought (1963 ed.), p. 4.
3. Sir Aurobindo : Speeches, p. 6.
4. Karan Singh : Prophet of Indian Nationalism, p. 80.
5. A. Appadorai: op. cit., p. 52.
6. Ibid, pp. 52-53.
7. J.K. Ray : op. cit., p. 100.
8. Extract from Aurobindo Essay : The Passing of war.
9. Sir Aurobindo : The Ideal of Human Unity, p. 724.
10. Extract from Essay : The Ideal of World Unity.
11. Sir Aurobindo : op. cit., p. 730.
12. Bande Matram, Weekly edited by Aurobindo, April 12, 1908.
13. V.P. Verma : op. cit., p. 237.
14. Haridass Mukherjee, Uma Mukherjee : Sri Aurobindo and Indian Politic. p. xxxi.
15. Ibid. p.xxxiii

22

एम. ए. जिन्ना

"भारत एक विशाल उपमहाद्वीप है। यह न तो एक देश है और न ही राष्ट्र है। इसमें अनेक राष्ट्रीयताएँ तथा जातियाँ हैं, किन्तु प्रधान राष्ट्र हिन्दू तथा मुसलमान हैं। इस विशाल उपमहाद्वीप में एक सवैधानिक सरकार के आधीन एकता की बात कोरी कल्पना ही है।"

—जिन्ना

मुहम्मद अली जिन्ना, जो आरम्भ में पक्के राष्ट्रवादी थे और बाद में कट्टर साम्प्रदायिक बने, का जन्म कराची में 25 दिसम्बर, 1876 को हुआ था। उनके पिता खालों के व्यापारी थे। मैट्रिक करने के पश्चात् वह उच्च शिक्षा के लिए इंगलैंड रवाना हुए। 20 वर्ष की आयु में वह बैरिस्टर बन गए। 23 वर्ष के होने पर वह उच्च न्यायालय में प्रेक्टिस करने लगे। उनका पारिवारिक जीवन दुःखमय था। उनकी प्रथम पत्नी का देहान्त जल्दी हो गया। उनका पुनर्विवाह सर दिनशा पेटिट की पुत्री रूथी पेटिट से बड़ी आयु में हुआ। उनका विवाह भी रूथी के वस्त्र प्रेम, प्रचुर विनोद की भावना, नृत्य प्रेम तथा संगीत प्रेम के कारण असफल रहा।"[1] रूथी भी अधिक समय तक जीवित नहीं रही। वह एक पुत्री छोड़ गई जो अपने पिता के पास नहीं रह सकी और उसने अपने ननिहाल में आश्रय पाया। इसके पश्चात् उनकी बहन फ़ातिमा, जो कुँआरी रहीं और कट्टर सम्प्रदायवादी के रूप में विख्यात थीं, सदा उनके साथ रहीं। जिन्ना की राष्ट्रवादी विचारधारा का साम्प्रदायिकता में परिवर्तित हो जाना, अंशतः उनकी कट्टर साम्प्रदायिक बहन के कारण ही था।

जिन्ना बड़े सफल वकील थे। 1906 में उन्होंने भारतीय राष्ट्रीय कांग्रेस के आरम्भिक जनक दादाभाई नौरोजी के निजी सचिव का काम सँभाला। गोखले ने उन्हें हिन्दू-मुस्लिम एकता का दूत बताया। उनके शब्दों में, "उनमें सच्चा तत्त्व है जिसके कारण वह किसी प्रकार की संकीर्णता से मुक्त है और जिसके कारण वह हिन्दू-मुस्लिम एकता के सर्वोत्तम दूत बन सकते हैं।" जिन्ना भी गोखले का बड़ा आदर करते थे और मई 1915 में बम्बई में दिए गए एक भाषण में उन्होंने गोखले के विषय में कहा था, "वह एक महान राजनीतिक ऋषि, भारतीय वित्त विशेषज्ञ तथा शिक्षा एवं स्वच्छता के सबसे बड़े समर्थक थे।"[2]

कांग्रेस नेताओं से उनके व्यवहार तथा उसके प्रति कांग्रेसी प्रतिक्रिया के विश्लेषण से प्रकट होता है कि जिन्ना मूलतः एक अन्तर्मुखी व्यक्ति थे और उनमें एक नर्गिसी फूल की चोटी पर पहुँचने की अमिट प्यास थी।[3] ऐसा प्रतीत होता है कि कांग्रेसजन के रूप में उनके साथ अच्छा व्यवहार नहीं किया गया। गांधीजी ने उनके महत्त्व को ढाँप दिया था। इसका परिणाम यह हुआ कि हिन्दू-मुस्लिम एकता का प्रबल समर्थक अन्त में पाकिस्तान का संस्थापक बना। आंशिक रूप से अंग्रेज़ लोग भी उन्हें 'मुस्लिम हितों का संरक्षक' बताकर उनके महत्त्व को अनुचित रूप से बढ़ा-चढ़ा देने के लिए उत्तरदायी थे। पाठकों को यह जानकर आश्चर्य होगा कि वह मुसलमानों के मसीहा जिन्ना न तो मुसलमानों की लोकप्रिय भाषा उर्दू बोल सकते थे और न ही वह जनता के सामने शेरवानी या पाजामा पहनकर आते थे। उन्हें मुसलमानों की धार्मिक प्रार्थनाओं और कर्मकांड में भी कोई रुचि नहीं थी।

पाकिस्तान के संस्थापक, जिन्हें गवर्नर जनरल के रूप में स्वीकार किया गया था, शायद अपनी अस्वस्थता के कारण देश का नेतृत्व सँभालने के लिए सहमत नहीं किए जा सके। यद्यपि वह नाममात्र के अध्यक्ष ही थे, तथापि उन्हें नवोदित राज्य के भाग्य-विधाता के रूप में स्वीकार किया जाता रहा। वह अधिक समय तक जीवित नहीं रह सके और 11 सितम्बर, 1948 को अपने जन्म-स्थान कराची में ही उनका देहान्त हो गया।

कुछ आधुनिक अनुसंधानकर्त्ताओं का विचार है कि यदि तत्कालीन ब्रिटिश शासक उनके शीघ्र गति से बिगड़ते स्वास्थ्य और अवश्यम्भावी मृत्यु का आभास ले पाते तो भारत विभाजन की सम्भावना मूर्त रूप न ले पाती। जिन्ना के अतिरिक्त किसी अन्य मुस्लिम नेता के मुसलमानों के लिए पृथक देश के विषय में आग्रह उतनी हठधर्मी और दृढ़ता की आशा नहीं की जा सकती थी।

जिन्ना के राजनीतिक विचार

जिन्ना के राजनीतिक विचारों का निदर्शन उनके राजनीतिक जीवन की दो

अवस्थाओं में किया जा सकता है। जिन्ना राष्ट्रवादी के रूप में और जिन्ना सम्प्रदायवादी के रूप में।

एक राष्ट्रवादी के रूप में

जिन्ना के उत्कट राष्ट्रवाद का परिचय उनके आरम्भिक जीवन, कांग्रेसी नेताओं की उनके बारे में राय से मिलता है।

राष्ट्रवादी विद्यार्थी के रूप में

एक विद्यार्थी के रूप में जिन्ना मुस्लिम विद्यार्थी संघ के बम्बई में प्रधान थे। इस रूप में उन्होंने सदा विद्यार्थियों को दासता का चोला फेंक देने और अन्तःसम्प्रदायिक एकता के लिए यत्नशील रहने के लिए प्रेरित किया। बाद में वह होमरूल लीग के अध्यक्ष बने। उन्होंने लार्ड वेलिंगटन के विरुद्ध एक प्रदर्शन का नेतृत्व किया और राज्यभक्तों की एक सभा जो वेलिंगटन के बम्बई के गवर्नर के रूप में निवर्तमान होने पर विदाई रूप में की जा रही थी, को सफलतापूर्वक भंग कर दिया।

प्रारम्भिक राष्ट्रीय आन्दोलनवादियों से तालमेल

उन्होंने प्रसिद्ध राजद्रोह (1916) के मामले में लोकमान्य तिलक का प्रबल समर्थन किया और उन्हें बचा लिया। 1908 में भी उन्होंने एक इसी प्रकार के मामले में तिलक की वकालत की थी। 1912 में उन्होंने गोखले द्वारा प्रस्तुत प्रारम्भिक शिक्षा विधेयक का समर्थन किया था। बिल के प्रबल विरोधी हारकोर्ट बटलर के तर्कों का प्रतिवाद करते हुए जिन्ना ने कहा, "यदि आपके पास पैसा है तो आपको अध्यापक मिल सकते हैं, भवन मिल सकते हैं। अतः पैसा ढूँढ़िए! पैसा ढूँढ़िए!! मैं पूछता हूँ, सरकारी कोष से तीन करोड़ रुपए निकालना भी क्या एक न दूर होने वाली बाधा है? क्या यह भारत जैसे देश के लिए, उसके तीस करोड़ व्यक्तियों के लिए एक विशाल कार्य है? जनता को शिक्षित करना सभी सभ्य सरकारों का कर्तव्य है। यदि आपको इस कार्य में अलोकप्रिय भी बनना पड़े, किसी खतरे का भी सामना हो तो मैं कहूँगा—"कर्तव्य के नाम पर साहसपूर्ण इसका सामना कीजिए।" जिन्ना द्वारा किए गए हिन्दू-मुस्लिम एकता के समर्थन से गोखले इतने प्रभावित हुए कि वह उन्हें हिन्दू-मुस्लिम एकता का दूत कहने लगे। जिन्ना ने भी अपनी ओर से सगर्व कहा कि वह 'मुस्लिम गोखले' बनने के इच्छुक हैं।

कांग्रेस अधिवेशन तथा जिन्ना

जिन्ना ने 1908, 1910, 1913 तथा 1917 के कांग्रेस अधिवेशनों में भाग

लिया, किन्तु अपने वकालत के व्यवसाय में व्यस्त होने के कारण वह अकसर अधिवेशनों में भाग नहीं ले सके। 1915 में उन्होंने कांग्रेस तथा मुस्लिम लीग को निकट लाने में प्रमुख भूमिका निभाई। उसी स्थान तथा समय पर जब कांग्रेस अधिवेशन हो रहा था, उन्होंने बम्बई में मुस्लिम लीग का वार्षिक अधिवेशन बम्बई में करने का नियन्त्रण देकर जो कार्य किया, उसे एक अपूर्व विचार कहा गया है। उनके इस प्रयास से प्रभावित होकर सरोजिनी नायडू ने कहा, "जिन्ना एकता के अदम्य साहस के धनी हैं जिन्होंने देशभक्ति की अजेय ऊँचाई का स्पर्श किया है।"[4] किन्तु वकालत के कामों में अनिवार्य व्यवस्तता के कारण, वह अधिकार कांग्रेस अधिवेशनों में भाग लेने में असमर्थ रहते थे। 1919 के अधिवेशन में उन्होंने स्थानीय निकायों में साम्प्रदायिक प्रतिनिधित्व की योजना का प्रबल विरोध किया।

कांग्रेसी प्रतिनिधि के रूप में

अप्रैल 1913 में अंग्रेजों के समक्ष कांग्रेसी पक्ष प्रस्तुत करने के लिए कांग्रेस ने जिन्ना को अपना प्रतिनिधि चुना। 25 मई, 1914 को भारतीय परिषद् विधेयक पर हाउस ऑफ लॉर्ड्स में अपना दृष्टिकोण रखने के लिए कांग्रेस ने पुनः जिन्ना को अपना प्रतिनिधि चुना। जिन्ना ने यह पक्ष रखा कि सेक्रेटरी ऑफ स्टेट का वेतन राष्ट्रीय राज्यकोष से दिया जाए तथा भारतीय परिषद् के एक-तिहाई सदस्य भारतीय हों। यह भारतीय सदस्य उन भारतीयों द्वारा निर्वाचित हों जिन्हें जनता ने भारत में इम्पीरियल लेजिस्लेटिव काउंसिल के लिए चुना हो। इस विषय पर जिन्ना के विचारों को 3 जून, 1914 के टाइम्स में व्यक्त किया गया। पत्र में लिखा, "ब्रिटिश साम्राज्य का शायद भारत ही एकमात्र ऐसा सदस्य है जिसका वास्तविक प्रतिनिधित्व नहीं है। यही एकमात्र ऐसा सभ्य देश है जिसमें प्रतिनिधि सरकार की प्रणाली नहीं है।"

इम्पीरियल लेजिस्लेटिव काउंसिल के सदस्य के रूप में

बम्बई के मुस्लिम निर्वाचकों द्वारा 1910 में तथा पुनः 1914 में जिन्ना इम्पीरियल लेज़िस्लेटिव काउंसिल के सदस्य निर्वाचित हुए। यहाँ उन्होंने गोखले के 'प्रारम्भिक शिक्षा विधेयक' का समर्थन किया। इसके अतिरिक्त उन्हीं के दो अन्य विधेयकों 'जहाज प्रतिबन्ध हस्तान्तरण विधेयक तथा भारतीय फ़ौजदारी कानून संशोधन विधेयक' का भी समर्थन किया। आरम्भ में उन्होंने पृथक् निर्वाचनों का भी विरोध किया।

25 जनवरी, 1910 को कलकत्ता में हुई इम्पीरियल लेजिस्लेटिव काउंसिल की सर्वप्रथम बैठक में ही उनकी वायसराल लॉर्ड मिंटो से दक्षिण अफ्रीका स्थित भारतीयों की दुर्दशा पर झड़प हो गई। जिन्ना ने कहा, "यदि मैं आरम्भ में ही कह सकता

हूँ तो यह अत्यन्त दुःखद प्रश्न है। यह एक ऐसा प्रश्न है जिसने भारत के सभी वर्गों में दक्षिण भारत में रहने वाले सभी भारतीयों के प्रति क्रूर व्यवहार के विरोध में चरम सीमा की घृणा और क्षोभ की भावना का संचार किया है।'' वायसराय ने जिन्ना द्वारा प्रयुक्त क्रूर शब्द पर आपत्ति की। जिन्ना ने प्रतिवाद करते हुए कहा, ''अच्छा श्रीमान! मैं इससे भी अधिक विचित्र भाषा प्रयुक्त करने में प्रवृत्त होते हुए कहूँगा कि भारतीयों के साथ दक्षिण अफ्रीका में होने वाला व्यवहार उस सीमा तक क्रूर है जिसकी कल्पना हम कर सकते हैं। मैं इस परिषद् के गठन के स्वरूप से अच्छी प्रकार अवगत हूँ और मैं एक क्षण के लिए भी सीमा का अतिक्रमण नहीं करना चाहता। किन्तु जैसा, मैं कह चुका हूँ, मैं पुनः कहना चाहूँगा कि इस प्रश्न पर भारतीयों की भावना पूर्णतः एक समान है।'' वायसराय को इस प्रकार उत्तर देना यह प्रकट करता है कि जिन्ना ने अपने में राष्ट्रीय भावना का कहाँ तक समावेश कर लिया था।

मुस्लिम लीग को कांग्रेस के निकट लाने का यत्न

एक अन्य महत्त्वपूर्ण घटना जिससे जिन्ना की राष्ट्रीयता का पता चलता है यह थी कि उन्होंने मुहम्मद अली तथा सैयद वज़ीर की प्रेरणा पर मुस्लिम लीग की सदस्यता स्वीकार करते हुए यह स्पष्ट कर दिया था कि उनके द्वारा लीग की सदस्यता ग्रहण करना राष्ट्रीय हितों के विरोध में नहीं होगा और न ही यह राष्ट्रीय स्वतन्त्रता के लिए जागृति में किसी प्रकार बाधक होगा। उनकी प्रेरणा पर कांग्रेस तथा मुस्लिम लीग दोनों ने अपने-अपने अधिवेशन बम्बई में किए और इस प्रकार हिन्दू-मुस्लिम सौहार्द का मार्ग प्रशस्त किया। कांग्रेस तथा मुस्लिम लीग द्वारा संयुक्त रूप से तैयार की गई योजना अंग्रेज़ों के सामने जिन्ना, श्रीनिवास शास्त्री, तेज बहादुर सप्रु और वज़ीर हुसैन जैसे प्रसिद्ध भारतीयों द्वारा 1917 में प्रस्तुत की गई। कांग्रेस तथा लीग के अधिवेशनों में उस लखनऊ समझौते को स्वीकार किया गया जिसमें मुस्लिम अल्पमत वाले प्रान्तों में मुसलमानों के लिए पृथक् निर्वाचक मंडल तथा विशेष रियायतों (weightage) की व्यवस्था की। जिन्ना ने इस प्रसिद्ध लखनऊ समझौते के द्वारा दोनों संस्थाओं को निकट लाने में महत्त्वपूर्ण भूमिका निभाई। डॉ. सुखवीर के शब्दों में, ''जिन्ना के जीवन में लखनऊ समझौते का महत्त्व और भी अधिक था। वह हिन्दुओं तथा मुसलमानों के बुद्धिजीवियों को परस्पर मिलाने के अपने उद्देश्य में सफल हो गए और दोनों ने ही उन्हें अपने सम्मानित और विश्वस्त नेता के रूप में मान्यता दी।''[5] 1916 के दिसम्बर में मुस्लिम लीग के अधिवेशन में जिन्ना के शब्द स्वतः स्पष्ट है, ''सारा देश विधि के आह्वान पर जाग रहा है और नए क्षितिजों की जाँच बड़ी आशा और उत्सुकता से हो रही है। देश में सहृदयता, दृढ़ निश्चय एवं संकल्प की भावना व्याप्त हो रही है। भारत में मुसलमान अपने साथ ही धोखा

करते और प्राचीन परम्पराओं के साथ भी धोखा होता है, यदि वह उस भावना में साझीदार न होते जो इस समय देश को प्रेरित कर रही है, और यदि वह देश के आह्वान का उचित उत्तर देने में असमर्थ रहते।''[6]

उन्होंने तो यहाँ तक कहा, ''इस ऐतिहासिक भवन में और इस ऐतिहासिक अधिवेशन के समय आप जो निर्णय करेंगे वह ऐसी शक्ति और अन्तर्दृष्टि से आगे बढ़ेगा जिसका न्यायोचित दावा भारत के सात करोड़ मुसलमान कर सकते हैं। बहुत हद तक भारत का भविष्य, एकता और हमारे आर्थिक आदर्श तथा सवैधानिक प्रशासन को स्थापित करने की हमारी आशाएँ, इसी निर्णय पर निर्भर हैं।''[7]

जिन्ना के इन वक्तव्यों के मूल्यांकन से हमें पता चलता है कि उस समय तक वह धर्म-निरपेक्षता के कुशल समर्थक थे तथा राजनीति के प्रति उनका प्रजातान्त्रिक दृष्टिकोण था। वह हिन्दू-मुस्लिम एकता और अखंड भारत के प्रवक्ता थे। उनके लिए हिन्दू-मुस्लिम सौहार्द 'एक अखंड भारत के जन्म' का प्रतीक था। क्योंकि वह हिन्दू-मुस्लिम एकता तथा सौहार्द और संयुक्त भारत के प्रवक्ता थे, इसका प्रमाण उनके इन शब्दों में मिलता है, 'हमें यह नहीं भूलना है कि स्वराज्य के लिए हिन्दू-मुस्लिम सौहार्द अत्यावश्यक है। भारत में विदेशी शासन का मुख्य कारण हिन्दू-मुसलमानों में एकता, पारस्परिक विश्वास का अभाव है। उनकी दृष्टि में हिन्दू और मुसलमानों में पारस्परिक सद्भाव और सहमति प्रतीक बन सकता था अखंड भारत का। साइमन कमीशन की वार्ता भंग होने पर एक बार उन्होंने कहा था, ''यदि एक स्वीकृत कार्यक्रम को चलाने के लिए मुझे तीन नेता मिल जाते हैं तो स्वराज्य मात्र एक स्वप्न न रहकर एक ऐसी सम्भावना होगी जो वास्तविकता बन सकती है।''[8]

होम रूल लीग तथा जिन्ना

जिन्ना ने तिलक तथा एनीबेसेंट द्वारा क्रमशः अप्रैल और सितम्बर 1916 में स्थापित होम रूल लीग की सदस्यता प्राप्त नहीं की थी जिसकी स्थापना तिलक तथा श्रीमती बेसेंट ने क्रमशः अप्रैल तथा सितम्बर 1916 में की थी। जिन्ना के निजी सचिव ने कहा था, ''होम रूल द्वारा किया जाने वाला प्रचार तथा गांधीजी के लेख, इनकी तुलना यदि भारत के राजनीतिक भविष्य सम्बन्धी जिन्ना के दृष्टिकोण से की जाए तो यह एक-दूसरे के बिल्कुल विपरीत है।''[9] मिसिज़ बेसेंट के नज़रबन्द किए जाने के उपरान्त जिन्ना ने बम्बई होम रूल लीग में प्रवेश किया। होम रूल लीग के सदस्य के रूप में उन्होंने स्वायत्त शासन का पक्ष लिया। 1917 में कलकत्ता में हुए कांग्रेस अधिवेशन में उन्होंने कांग्रेस लीग योजना का और स्वायत्त शासन विषयक प्रस्ताव का समर्थन किया।

इन सभी तथ्यों से यह प्रकट है कि जिन्ना 1921 से पहले अपने को एक राष्ट्रवादी तथा कांग्रेसी समझने में गर्व का अनुभव करते थे। उनके राष्ट्रीय उत्साह के विषय में सन्देह को स्थान नहीं था। यह स्थिति उस समय तक रही जब तक वह मूल राष्ट्रधारा से पृथक् नहीं हुए और उन्होंने कट्टरपन्थी साम्प्रदायिकों के साथ अपने को नहीं जोड़ा।

जिन्ना एक साम्प्रदायिक और पाकिस्तान के निर्माता के रूप में

यह बड़े दुर्भाग्य की बात है कि राष्ट्रवादी जिन्ना, कट्टर साम्प्रदायिक जिन्ना के रूप में कालान्तर में सामने आए, एक ऐसे व्यक्ति के रूप में जो भारत के विभाजन के लिए प्रमुख रूप से उत्तरदायी था। 30 सितम्बर, 1921 को उन्होंने कांग्रेस को छोड़ दिया, क्योंकि उनके विचार में गांधीजी के नेतृत्व में कांग्रेस ग़लत दिशा में जा रही थी। वह व्यक्ति जो हिन्दू-मुस्लिम एकता का पोषक था, अब कांग्रेस को हिन्दू सम्प्रदाय का ही नेता मानने लगा और उसे आशंका भी होने लगी कि कांग्रेस को सत्ता हस्तांतरण की स्थिति में मुसलमानों पर हिन्दू अत्याचार करेंगे। कांग्रेस के प्रति उनकी उत्कट घृणा का पता उस प्रचंड विरोध से चलता है जो उन्होंने नेहरू रिपोर्ट के प्रति दर्शाया। हिन्दू-मुस्लिम समस्या के समाधान हेतु प्रस्तुत उनका 14 सूत्री कार्यक्रम भी इसी ओर इंगित करता है। कांग्रेस के प्रति उनकी घृणा कितनी गहरी थी, इसका प्रमाण उनकी मुसलमानों के नाम प्रकाशित 2 दिसम्बर, 1939 वाली यह अपील है जिसमें उन्होंने मुसलमानों से शुक्रवार 22 दिसम्बर का दिन 'मुक्ति और प्रार्थना दिवस' के रूप में मनाने का अनुरोध किया था, क्योंकि कांग्रेसी मन्त्रिमंडलों ने त्याग-पत्र दे दिया था और 1935 के भारत सरकार के आधीन प्रदत्त प्रान्तों की स्वायत्तता समाप्त कर दी गई थी। उन्होंने कहा, "कांग्रेस मन्त्रिमंडल ने मुस्लिम लीग की सम्मति की अवहेलना का भरसक यत्न किया। मुस्लिम संस्कृति को समाप्त करने के लिए उन्होंने धार्मिक तथा सामाजिक जीवन में हस्तक्षेप किया और उनके आर्थिक तथा राजनीतिक अधिकारों को कुचल दिया। विवादास्पद मामलों का जहाँ तक सम्बन्ध है कांग्रेसियों ने हिन्दू हितों का समर्थन कर उन्हें आगे बढ़ाया है और मुस्लिम हितों की पूर्ण उपेक्षा की है।"

पहली जनवरी 1940 को गांधीजी को लिखे पत्र में उन्होंने बलपूर्वक कहा, "मुझे किसी प्रकार का भ्रम नहीं है और मुझे पुनः कहने दीजिए कि भारत न तो एक राष्ट्र है तथा न ही एक देश है। यह एक उपमहाद्वीप है, अनेक राष्ट्रीयताएँ हैं जिनमें हिन्दू और मुसलमान प्रमुख हैं।" इस प्रकार जिन्ना एकदम नई भूमिका निभाने लगे। इस प्रकार उन्होंने दो राष्ट्रों के सिद्धान्त को सामने रखा। उनके मतानुसार मुसलमानों की पूजा पद्धति पृथक् है। उनके उपास्य देवता पृथक् हैं।

हिन्दुओं के धार्मिक स्थलों तथा भावनाओं के प्रति उनकी भावनात्मक एकरूपता नहीं है। उनके सांस्कृतिक मूल्य एकदम भिन्न है। इस प्रकार यह कैसे मान लें कि यह दोनों मिलकर एक राष्ट्र कहलाते हैं। उनके शब्दों में, "हिन्दुओं और मुसलमानों का सम्बन्ध दो पृथक् धर्मों, दर्शनों, सामाजिक प्रथाओं और साहित्य से है। वह न तो परस्पर वैवाहिक सम्बन्ध रखते हैं, न मिलकर भोजन करते हैं। निस्सन्देह वह दो ऐसी अलग सभ्यताओं से सम्बद्ध है जिनका आधार परस्पर विरोधी विचारों तथा अवधारणाओं पर है।" इससे राष्ट्रों को एक ही राजनीतिक संघ में मिलने से असन्तोष और विघटन ही बढ़ेगा। इस प्रकार ऐसे शासन के रूप में एकता के जिस तन्तु का वजन करेंगे वह टूट जाएगा। नियन्त्रणातीत रूप से बढ़ते द्वेष भाव का अन्त केवल देश का विभाजन ही हो सकता है। उन्होंने दो सम्प्रदायों के मध्य फूट डालने का काम किया। उन्होंने पृथक् राष्ट्रीयताएँ कहना आरम्भ किया जब कि कांग्रेस उन्हें दो ऐसी जातियों के रूप में मान्यता देती थी जो भारत राष्ट्र के अन्तर्गत है।

इसके अनन्तर उनके नेतृत्व में मुस्लिम लीग का लक्ष्य हो गया मुसलमानों के लिए एक पृथक् प्रदेश। उन्होंने कहा, "हम भारत के उत्तर-पश्चिम तथा पूर्व में एक पूर्णतः स्वतन्त्र राज्य की इच्छा करते हैं जिसका विदेशी मामलों, सुरक्षा, संचार व्यवस्था, कस्टम तथा मुद्रा विनिमय पर पूर्ण नियन्त्रण हो। हम किसी भी स्थिति में अखिल भारतीय स्तर का एक ऐसा महासंघ स्वीकार नहीं कर सकते जिसमें केन्द्र में एक सरकार हो। हम केन्द्र के किसी व्यक्ति अथवा सरकार के सहायक नहीं होंगे जहाँ तक उत्तर-पश्चिम क्षेत्र स्थित हमारे अपने प्रदेश का सम्बन्ध है।" उन्होंने मुस्लिम लीगी विचारधारा को आगे इन शब्दों में स्पष्ट किया, "इस विषय में किसी को कोई भ्रम नहीं होना चाहिए कि हम भारतीय उपमहाद्वीप में एक पूर्णतः स्वतन्त्र राज्य की स्थापना करना चाहते हैं।" इसके अनन्तर जिन्ना ने कांग्रेसी नेताओं की भर्त्सना की और उनके साथ असहयोग की नीति का अनुसरण किया।

उन्होंने भारत का व्यापक भ्रमण किया और विशाल मुस्लिम सभाओं में भाषण दिए जिसमें उन्होंने राष्ट्रवादी मुसलमानों को प्रदर्शन के लिए रखे कांग्रेसी कहकर उनका उपहास किया। इस प्रकार वह जहाँ भी गए, मुसलमान के कानों और हृदयों को अपनी ओर आकृष्ट करने में सफल रहे। 23 मार्च, 1943 को सारे भारत में पाकिस्तान दिवस मनाया गया। 1943 के अपने विषाक्त ईद सन्देश में उन्होंने मुसलमानों को प्रेरणा दी, "आप संगठित होकर पाकिस्तान के अपने ध्येय के लिए काम करें। या तो पाकिस्तान हम प्राप्त करेंगे, अथवा नष्ट हो जाएँगे।" उन्होंने गांधीजी को एक ऐसे लालची व्यक्ति की संज्ञा दी जिसका मुख्य उद्देश्य हिन्दूराज की स्थापना था। उन्होंने अपने ही शब्दों में कहा, "सारे भारत में अंग्रेजों से सत्ता हथियाकर वह अपने हाथ में रखना चाहते हैं और मुसलमान उनके आधीन रहकर

उनकी आज्ञा का पालन करें।" यह शब्द उन्होंने मुस्लिम विश्वविद्यालय अलीगढ़ के संघ के समक्ष कहे थे।

जिन्ना का राष्ट्र-विरोध और साम्प्रदायिक दृष्टिकोण इस बात से भी प्रकट है कि उन्होंने 'भारत छोड़ो' नारे पर व्यंग्य कसा। जहाँ राष्ट्र इस नारे से उत्साहित हुआ, वहाँ जिन्ना ने इसे एक धोखा कहकर इसकी निन्दा की। उनके मस्तिष्क की स्पष्ट अभिव्यक्ति 23 मार्च 1940 (पाकिस्तान दिवस) को मुसलमानी समुदाय के सामने उनके सन्देश से भी होती है। उन्होंने कहा था, "भविष्य का सामना करने के लिए हम मुसलमानों को अब एकान्ततः अपनी ही आन्तरिक विशेषताओं, अपनी ही प्राकृतिक प्रच्छन्न शक्तियों, अपनी आन्तरिक एकता और अपनी ही स्वतन्त्र इच्छा पर निर्भर रहना होगा, मैं अपने बुद्धिजीवी एवं विद्यार्थी वर्ग से विशेषतः यह अनुरोध करूँगा कि वह समय की पुकार पर खड़े हो जाएँ।" उन्होंने नेहरूजी को एक दोहरे सौदबाज़ की संज्ञा दी और गांधीजी के विषय में कहा कि वह हिन्दू महासभा में काम करने वाले साम्प्रदायिक थे। श्री पी.सी. राय के शब्दों में, "अब के पश्चात् जिन्ना आड़े-तिरछे होकर भारतीय क्षितिज पर केवल एक ही उद्देश्य के लिए मंडराते रहे—पाकिस्तान का निर्माण। दुर्भाग्यपूर्ण साम्प्रदायिक उपद्रव तथा कांग्रेस और महासभा के बीच पड़ी दरारों ने उन्हें बड़ी सहायता दी। ब्रिटिश कूटनीति भी जिन्ना की सनक के सामने लगभग झुक गई और अप्रत्यक्ष रूप से उसने भी जिन्ना की सहायता की।"[10]

बाद की घटनाओं से प्रकट है कि कांग्रेसी नेताओं द्वारा जिन्ना का एक कठोर कार्यसरिण अपनाने से रोकने के व्यग्रतापूर्वक किए गए यत्नों के बावजूद जिन्ना में दिशा विमुख हो जाने की प्रवृत्ति थी। जैसा कि 1945 के प्रसिद्ध शिमला समझौते से प्रकट है, जिन्ना अपने को मुसलमानों का एकमात्र प्रतिनिधि मानते थे। जिन्ना के नेतृत्व में मुस्लिम लीग ने वायसराय की कार्यकारी परिषद् में भी सभी स्थानों पर मुसलमानों की नियुक्ति करने का अधिकार माँगा। दूसरी ओर कांग्रेस ने भी एक राष्ट्रीय संस्था के अपने स्वरूप को त्यागने से इन्कार कर दिया। यहाँ तक कि जिन्ना ने आजाद से बात करने से इन्कार कर दिया था जिन्हें वह हिन्दू कांग्रेस का मुसमलान अध्यक्ष कहा करते थे। जिन्ना की इस अनुचित माँग पर कि सभी पाँच मुसलमानों के नामों का प्रस्ताव उन्हें ही करने का अधिकार दिया जाए, वायसराय द्वारा कोई आश्वासन न मिलने पर शिमला सम्मेलन असफल हो गया। भारतीय प्रदेश पर 24 मार्च, 1946 को उतरने वाले के बिनेट मिशन का उद्देश्य यह था कि प्रमुख दलों में कोई मैत्रीपूर्ण समझौता हो जाए और भारत को स्वतन्त्रता दी जाए। किन्तु, इंगलैंड के तत्कालीन प्रधानमन्त्री एटली ने हाउस ऑफ कॉमन्स में स्पष्ट कर दिया, "हम अल्पसंख्यकों के प्रति सजग हैं और उन्हें अभय होकर रहने का अधिकार

मिलना चाहिए। इसके साथ ही हम यह भी नहीं चाहते हैं बहुसंख्यकों की प्रगति पर कोई अल्पसंख्यक अपने वीटो का अंकुश लगा दें।''[11] इस प्रकार प्रकट है कि जिन्ना को पहली बार इस बात के प्रति जागरूक बनाया गया कि राष्ट्र के व्यापक हित में किए गए किसी भी निर्णय को उनका हठ वीटो नहीं कर सकेगा।

इस प्रकार के वक्तव्य से जिन्ना को केवल अस्थायी व्याघात ही लगा, क्योंकि घटनाओं से प्रकट है कि जिन्ना का अनुचित समर्थन करके उन्हें बहुत अधिक सन्तुष्ट किया गया। प्रस्तावित अन्तरिम सरकार में मुस्लिम लीग को पाँच मुसलमानों को मनोनीत करने का अधिकार दिया गया। स्पष्ट है कांग्रेस को किसी भी मुसलमान को मनोनीत करने का अधिकार नहीं दिया गया। यह कांग्रेस के राष्ट्रीय स्वरूप को एक खुली चुनौती थी और मुस्लिम लीग तथा उसके नेता जिन्ना के लिए बड़ी सफलता थी। किन्तु, नेहरू के केबिनेट मिशन योजना पर उत्तेजनात्मक भाषण पर जिन्ना ने बच निकलने का रास्ता बना लिया और इस योजना को दी हुई अपनी स्वीकृति वापिस ले ली। उन्होंने अपने अनुयायियों का पाकिस्तान प्राप्ति के अपने लक्ष्य के लिए सीधी कार्यवाही करने का आह्वान किया।16 अगस्त, 1946 को 'सीधी कार्यवाही दिवस' घोषित किया गया। जिन्ना ने लीग परिषद को संबोधित करते हुए कहा, ''आज हम संवैधानिक उपायों को अलविदा कहते हैं।'' ब्रेचर के शब्दों में, ''पाँसा फेंका जा चुका था। केबिनेट मिशन की दीर्घकालीन योजना मृत घोषित कर दी गई, यद्यपि यह सात महीने तक और साँसें लेती रही।''[12]

सीधी कार्यवाही का परिणाम 'कलकत्ता के महान नरसंहार' के रूप में हुआ। इसके परिणामस्वरूप दोनों समुदायों में मतभेद बढ़ता गया। कलकत्ता के 'स्टेट्समैन' ने यह समाचार दिया, ''हम समझते हैं कि एक महान् प्रान्त की राजधानी में जो भीषण नरसंहार हुआ, वह भारतीय इतिहास में निकृष्टतम साम्प्रदायिक उपद्रव है और इसका आरम्भ मुस्लिम लीग के राजनीतिक प्रदर्शन में हुआ।'' एक वरिष्ठ ब्रिटिश सैनिक अधिकारी ने भी कहा, ''फरवरी के उपद्रवों से हम सभी को धक्का लगा था, किन्तु यह तो एकदम खुले रूप में बर्बरता का तांडव था जिसमें भाग ले रहे थे मानव रक्त के प्यासे ऐसे नर पिशाच जो मनुष्य को अंगहीन, पंगु बनाने या उसे जला डालने के राक्षसी संकल्प से प्रेरित हों।''[13] आज़ाद के शब्दों में, ''सीधी कार्यवाही दिवस' भारत के इतिहास का एक काला दिन सिद्ध हुआ।''[14]

आरम्भ में जिन्ना ने नेहरू की अध्यक्षता में बनी अन्तरिम सरकार का बहिष्कार कर दिया, परन्तु बाद में उन्होंने इसमें सम्मिलित होना स्वीकार कर लिया, कांग्रेस से सहयोग करने के लिए नहीं, वरन् सरकार में अपना पाँव जमाने के लिए और अपने चिरपोषित लक्ष्य पाकिस्तान को प्राप्त करने के लिए। कहा जाता है कि जिन्ना दो कारणों से अन्तरिम सरकार में शामिल होने पर सहमत हुए–(i)

नकारात्मक दृष्टिकोण से, उन्होंने अनुभव किया कि लीग के बहिष्कार से केन्द्र में कांग्रेसी एकाधिकार का मार्ग प्रशस्त हो जाएगा और पाकिस्तान के लक्ष्य को ख़तरा हो जाएगा। (ii) लीग यह दिखाना चाहती थी कि दो सम्प्रदाय मिलकर काम नहीं कर सकते और इस उलझन से निकलने का एक ही मार्ग है—पाकिस्तान की स्थापना। एक-दूसरे पर दोषारोपण आरम्भ में ही होने लगा। जिन्ना ने स्वयं विदेशी संवाददाताओं से यह कहा था कि उनकी दृष्टि में अन्तरिम सरकार कोई मन्त्रिमंडल अथवा संयुक्त सरकार नहीं है। अतः संयुक्त उत्तरदायित्व का प्रश्न ही नहीं था। अन्तरिम सरकार एक फूटग्रस्त घर ही प्रमाणित हुआ।

उन्होंने भारी कांग्रेसी बहुमत के भय से संविधान सभा का बहिष्कार किया जिसका अधिवेशन 9 दिसम्बर, 1946 को होना निश्चित हुआ था। मुस्लिम लीग, जिसके वह अध्यक्ष थे, ने संविधान सभा के निर्वाचनों को गैरकानूनी और अवैध क़रार दिया। घटनाओं में श्री एटली की इस घोषणा से एक नाटकीय मोड़ आया, "परम आदरणीय सम्राट् की सरकार यह बिल्कुल स्पष्ट कर देना चाहती है कि वह उत्तरदायी भारतीय हाथों में सत्ता सौंप देना चाहती है, जून 1948 तक। ब्रिटिश सरकार को यह सोचना पड़ेगा कि इस निर्धारित तारीख तक ब्रिटिश भारत में केन्द्रीय सरकार की सत्ता किसे सौंपी जाए। प्रश्न यह भी है कि क्या सत्ता पूर्णतः एक ही केन्द्र सरकार को सौंपी जाए, अथवा कुछ क्षेत्रों में वर्तमान प्रान्तीय सरकारों को दी जाए, अथवा यह कार्य किसी अन्य ऐसे रूप में किया जाए जिससे भारतीय लोगों का सबसे अधिक हित साधन हो?" इस प्रकार के वक्तव्य ने जिन्ना को और भी साहसी बना दिया। वह और भी अधिक अड़ंगेबाज़ बन गए। उन्होंने सीमा-प्रान्त और असम से कांग्रेसी मन्त्रिमंडलों की और पंजाब से संयुक्त मन्त्रिमंडल का हटाने का निश्चय कर लिया। कांग्रेस प्रान्तों में वह अपने मनोरथ में असफल रहे, यद्यपि पंजाब में उन्हें सफलता मिल गई। दूसरी ओर कांग्रेसियों को उनके मनोरथों का संकेत मिल गया। भारत के विभाजन को अवश्यम्भावी मानकर वह जिन्ना से समझौते के लिए तैयार हो गए। गांधीजी विभाजन के विचार से ही घबराते थे। लॉर्ड माउंटबेटन ने नेहरू और पटेल को समझाने और उन्हें भारत के विभाजन को अपनी योजना पर सहमत करने में महत्वपूर्ण भूमिका निभाई। उनके फार्मूले में पंजाब और बंगाल प्रान्तों का विभाजन भी था, जो जिन्ना के लिए भी कड़वी घूँट के समान था।

1921 के पश्चात् की घटनाओं के अध्ययन से पता चलता है जिन्ना को उस अड़ंगेबाज़ी और धर्मान्धता का, जो भारतीय विभाजन के लिए मुख्य रूप से उत्तरदायी थी। निश्चित रूप से प्रश्न उठता है कि जिन्ना जो कभी एक प्रखर राष्ट्रवादी थे, अपना पहले का चोला बदलने को क्यों विवश हो गए और एक ऐसे कट्टर सम्प्रदायवादी बन गए कि उन्होंने इतिहास के क्रम को ऐसा मोड़ दिया कि कांग्रेस

नेता उत्तेजित हो उठे और शतरंज के खेल में ग़लत चाल चलने पर विवश हो गए।

जिन्ना ने विचारधारा क्यों बदली?

जिन्ना, जो कभी एक उत्कट राष्ट्रवादी थे, किस प्रकार कट्टर साम्प्रदायिक बन गए, यह एक विवादास्पद प्रश्न है। इस विषय में नवीनतम विचार के विश्लेषण से हम निम्नलिखित कारणों को जिन्ना के दृष्टिकोण परिवर्तन के लिए उत्तरदायी मान सकते हैं।

(i) जिन्ना का अहंकार (Egoism)

कांग्रेस का साथ छोड़ने में, जिन्ना के व्यक्तिगत अहंकार को, जो सदा उन पर सवार रहता था, प्रधान कारण माना जाता है। कांग्रेस गांधीजी को उपयुक्त नेता मानती थी। जिन्ना यह सहन नहीं कर सकते थे कि गांधीजी की महानता के आगे वह लुप्त हो जाएँ। छागला के शब्दों में, "वह अपने लिए एक नेता होना और सभी कार्यों के पीछे मुख्य प्रेरक रहना अत्यन्त आवश्यक समझते थे। भारतीय राजनीति में गांधीजी के पदार्पण से जिन्ना समझते थे कि उनकी महत्ता कम हो जाएगी।"[15]

(ii) जिन्ना, गांधी और नेहरू के विपरीत (Anti-thesis)

इसके अतिरिक्त गांधी और जिन्ना परस्पर एक-दूसरे के एकदम विरोध स्वरूप थे। गांधीजी जहाँ देवतुल्य थे और उनकी अहिंसा में परम आस्था थी, वहाँ जिन्ना का व्यावहारिक राजनीति में पक्का विश्वास था। एक ओर जहाँ गांधीजी सादगी के प्रतीक और खादी के पोषक थे, वहाँ दूसरी ओर जिन्ना तड़क-भड़क से रहने वाले थे, जिन्हें एकदम त्रुटिहीन सिलाई वाले सूट और ऊँचे कॉलरों का बड़ा शौक था। अतः दोनों एक साथ नहीं चल सकते थे। जिन्ना, अपने एक अन्य समकालीन, जवाहरलाल नेहरू को भी इस आधार पर पसन्द नहीं करते थे कि वह मात्र एक स्वप्नद्रष्टा थे। नेहरूजी भी जिन्ना से इसलिए घृणा करते थे, क्योंकि वह दुरभिमानी और तड़क-भड़क वाले थे और उनमें संस्कृति का अभाव था। नेहरू जिन्ना के घटिया योग्यता-स्तर के प्रति भी सजग थे। उन्होंने एक बार कहा था, "जिन्ना के विषय में ध्यान में रखने योग्य विशेष यह है कि उन्हें जीवन में अत्यन्त विलम्ब से, लगभग 60 वर्ष की आयु में सफलत मिली है। इससे पूर्व भारतीय राजनीति में उन्हें प्रमुखता नहीं मिली थी। वह एक सफल वकील तो थे, पर वस्तुतः अच्छे वकील नहीं थे।"[16] यह शब्द जिन्ना के बारे में जवाहर लाल जी के विचार प्रकट करते हैं। जिन्ना इस वास्तविकता से परिचित थे कि कांग्रेस में उनके राजनीतिक विरोधी उन्हें एक तुच्छ

व्यक्ति समझते थे। इस कारणवश जिन्ना का कांग्रेस का सदस्य बना रहना असम्भव था।

(iii) फ़ातिमा का प्रभाव

जिन्ना का दुःखद वैवाहिक जीवन अन्त में अपनी दूसरी पत्नी से पृथक हो जाना और अपनी बहन फ़ातिमा जिन्ना जिसने अपने भाई की उस समय देखभाल की जब उनकी पत्नी उन्हें बीच में छोड़ गई, पर उनका निर्भर रहना—वह सभी कारण आंशिक रूप से उनके साम्प्रदायिक बन जाने में सहायक हुए। फ़ातिमा कट्टर साम्प्रदायिक थी और उसने जिन्ना पर भी अपना रंग चढ़ा दिया। इसके परिणामस्वरूप वह हिन्दू सम्प्रदायवाद के प्रति सचेत हो गए। छागला इन शब्दों में इस विचार की पुष्टि करते हैं, "जिन्ना की पत्नी के देहान्त के पश्चात् जिन्ना की एकमात्र संगिनी उनकी बहन फ़ातिमा रही जो उनसे भी अधिक साम्प्रदायिक विचारों वाली थी तथा जिन्ना में बाद में आए परिवर्तन के लिए आंशिक रूप से उत्तरदायी थी।"[17]

(iv) जिन्ना का हठ

एक बार साम्प्रदायिक मंच स्वीकार करने के पश्चात् जिन्ना ने उस समय तक विश्राम नहीं किया जब तक वह पार्टी के सर्वोच्च स्थान पर नहीं पहुँचे। बात पर अड़े रहना उनका बड़ा प्रभावशाली गुण था। छागला के शब्दों में, "एक बार किसी बात का निश्चय कर लेने के पश्चात् संसार की कोई वस्तु उन्हें अपने लक्ष्य से डिगा नहीं सकती थी। कोई प्रलोभन, कोई रिश्वत और कोई दबाव उन्हें प्रभावित नहीं कर सकता था।"[18] उन्होंने यह नए नारे घड़े, 'इस्लाम खतरे में', 'मुसलमानों के लिए आत्म-निर्णय' और 'मुस्लिम राष्ट्र के लिए पाकिस्तान।' आँसू चाहे वह कितने भी वास्तविक क्यों न हों, उनका हृदय नहीं पिघला सकते थे। वह अपनी बात पर दृढ़ रहते थे।"

(v) मुस्लिम नेताओं का घटिया स्तर

जिन्ना मुस्लिम लीग के अन्य नेताओं से अपने को बढ़िया स्थिति में पाते थे। उनमें से अधिक सदस्य बड़े घटिया स्तर के थे। अतः वह अपने छा जाने वाले व्यक्तिगत और आधिकारिक दृष्टिकोण के कारण अपनी बात प्रभावपूर्ण ढंग से रखने की स्थिति में थे। दूसरी ओर कांग्रेस में न केवल हिन्दू नेता ही दृढ़ और उच्च मानसिक स्तर के थे, वरन् कुछ योग्य और देशभक्त मुसमलान भी जिन्ना के बराबर के थे। अतः उन्होंने मुस्लिम लीग के रूप में एक ऐसा मंच पाया जहाँ वह अपनी श्रेष्ठता प्राप्त करने और उसका प्रदर्शन करेन की अपनी इच्छा को पूरा कर सकते थे।

(vi) घायल अभिमान

ब्रिटिश सरकार के समाने भारतीय जनता का दृष्टिकोण रखने के लिए गोलमेज़ कांफ़्रेंस में भारतीय प्रतिनिधि के रूप में जिन्ना को चुना गया। अतः उन्हें ऐसा प्रतीत हुआ कि उनकी स्थिति कम महत्त्व के व्यक्ति की हो गई है और बागडोर गांधी के हाथ में होने से उनकी स्थिति और भी बिगड़ जाएगी। इस प्रकार उनके अभिमान को चोट लगी और उन्हें इस बात का विश्वास हो गया, "यदि संसार में उन्हें अपने लिए कोई स्थान बनाना है तो उन्हें साम्प्रदायिक मंच पर खड़ा होना पड़ेगा।"[19]

(vii) कांग्रेस द्वारा उन्हें अनुचित महत्त्व दिया जाना

कुछ हद तक स्वयं गांधीजी और कांग्रेस जिन्ना को अनुचित महत्त्व दिए जाने के लिए उत्तदायी थे। उन्होंने घोषित किया कि वह मुस्लिम जनता के नेता है। गांधीजी, उन्हें 'क़ायदे-आज़म' के नाम से पुकारते थे और कांग्रेस ने मुस्लिम लीग को मुसलमानों की एकमात्र प्रतिनिधि संस्था के रूप में मान्यता भी दे दी। वास्तव में, राष्ट्रवादी मुसलमानों की कांग्रेस ने उपेक्षा की। यदि कांग्रेस उन्हें उपेक्षित न रखती तो वह जिन्ना द्वारा छोड़ी गई साम्प्रदायिक शक्तियों को अपनी विचारधारा का बना लेते। कांग्रेस द्वारा लीग में जिन्ना की सर्वोच्च स्थिति को मान्यता प्रदान किए जाने से जिन्ना और अधिक अड़ गए, वे पाकिस्तान-सम्बन्धी अपनी माँग पर अपने को मुसलमानों के एकमात्र मुक्तिदाता के रूप में पेश करने लगे। छागला के अनुसार, "जिन्ना और उनके साम्प्रदायिक साथी सबसे अधिक महत्त्वपूर्ण लगते थे। इसकी तुलना में हमें कुछ नहीं समझा गया। जिन्ना को 'क़ायदे-आज़म' की संज्ञा गांधीजी ने दी थी जिसे उन्होंने बड़े गर्व और कृतज्ञता से स्वीकार कर लिया था। उस समय यह समझा जाता था–"मैं नहीं जानता, किस आधार पर मुस्लिम जनता जिन्ना के पीछे थी।"[20]

(viii) अंग्रेज़ी सहायता

ब्रिटिश नौकरशाही ने भी जिन्ना का साथ दिया और हिन्दू और मुसलमानों में फूट डाली और इसका परिणाम हुआ, भारत में ब्रिटिश सम्राट् का शासन और देर तक बना रहा। जिन्ना का न कोई आदर्श था तथा न किसी का समर्थन। और न ही उन्हें सर्वसाधारण की प्रशंसा मिली। अपनी योजनाओं आदि को लेकर वायसराय तथा अन्य आने वाले ब्रिटिश सम्भ्रान्त अधिकारी सीमा से बाहर जाकर भी जिन्ना के दृष्टिकोण को स्वीकार कर लेते थे। विशेषतः क्रिप्स और केबिनेट के मिशन और यहाँ तक कि खुले मस्तिष्क वाले प्रधानमन्त्री एटली ने भी जिन्ना के विचारों को बड़ा

महत्त्व दिया। उनकी सनक के प्रति भी काफी उदारता दिखाई गई। इस प्रकार के सहायतापूर्ण दृष्टिकोण से उन्होंने अपना दृष्टिकोण और भी दृढ़ बना लिया। अहंकार, जिसका उन पर अत्यधिक प्रभाव था, उनकी बहुत ही अस्थिर कर देने वाली भूल थी। नेतृत्व की उनकी लालसा, उनका एक अन्य ऐसा अवगुण था जिसके कारण वह एक दल को छोड़कर ऐसे दल में जा मिले, जहाँ उनका नेतृत्व इतना सुरक्षित था जिसे चुनौती नहीं दी जा सकती थी। जिन्ना, जिन्हें एक राष्ट्रवादी की भूमिका निभानी थी, एक खलनायक की भूमिका निभाने लगे। गांधीजी के स्वप्नों का अखंड भारत विघटित हो गया। राष्ट्रवादी नेताओं ने इस पर शोक व्यक्त किया, किन्तु जिन्ना के लिए यह विजय थी। न तो उनकी आँखों में आँसू थे तथा न ही अधरों पर कम्पन। भारत का विभाजन हो गया। मुसलमानों को अपना एक देश मिल गया, यद्यपि उनमें से अनेकों के घर उजड़ गए जिन्हें भारत छोड़कर पाकिस्तान जाना पड़ा।

स्टेंले वाल्पर्ट ने जिन्ना के विषय में ठीक ही कहा है, "थोड़े ही व्यक्ति ऐसे होते हैं जो इतिहास की धारा बदलते हैं। वह लोग इससे भी कम होते हैं जो विश्व के मानचित्र में परिवर्तन कर सकते हैं। कदाचित् ही कोई एक राष्ट्र में से कोई दूसरा राज्य निकालने की क्षमता रखता है। जिन्ना ने यह तीनों कर दिखाए। जिन्ना ने वास्तव में एक नया राष्ट्र बना लिया। पाकिस्तानी इतिहास में प्रमुख आधिपत्य की अपनी स्थिति की उनकी योजना अपने समकालीन की तुलना में एक ऊँचे मीनार के रूप में स्थिर है।"[21]

जिन्ना तथा पाकिस्तान राष्ट्र

इस उद्देश्य की प्राप्ति के उपरान्त जिन्ना पाकिस्तान में अल्पसंख्यकों के अधिकारों के संरक्षक के वेश में सामने आए। उन्होंने सभी को अपनी संकीर्ण विचारधारा को छोड़ देने और अपने को पाकिस्तान का नागरिक मानने की सलाह दी। दो राष्ट्रों के सिद्धान्त में विश्वास रखने वाले जिन्ना अब सभी का एक ही राष्ट्र—पाकिस्तान—में विलय कर देना चाहते थे। कैसी विरोधी बात है। 11 अगस्त, 1947 को संविधान सभा में अध्यक्षीय भाषण देते हुए उन्होंने कहा था, "आप स्वतन्त्र है। आप अपने मन्दिरों में जा सकते हैं। आप अपनी मस्जिदों में जा सकते हैं। पाकिस्तानी राज्य में आप किसी भी पूजा के स्थान पर कहीं भी जा सकते हैं। आप किसी भी धर्म अथवा जाति से सम्बद्ध हों, इससे हमारे मौलिक सिद्धान्तों में अन्तर नहीं आता। मौलिक बात यह है कि हम सब एक ही राष्ट्र के नागरिक हैं। हमें इस बात को आदर्श रूप में अपने सामने रखना चाहिए और कालान्तर में हिन्दू हिन्दू नहीं रहेंगे तथा मुसलमान मुसलमान नहीं रहेंगे। किन्तु ऐसा धार्मिक आधार पर नहीं होगा, क्योंकि यह सभी का व्यक्तिगत मामला है। परन्तु यह बात इस राष्ट्र के

नागरिक होने के नाते सभी पर व्यावहारिक रूप से लागू होती है।" किन्तु, एक जुलाई, 1948 को उन्होंने स्वयं अपने इस 'वक्तव्य का खंडन कर दिया। उन्होंने पाकिस्तान को एक इस्लामी राज्य घोषित किया। उन्होंने कहा, "हमें अपने भाग्य का अपने ही रूप में स्वयं निर्माण करना चाहिए, संसार के सामने इस्लामी संकल्पना का, मानवता की समानता और सामाजिक न्याय का सिद्धान्त हमें प्रस्तुत करना चाहिए। इस प्रकार मुसलमानों के रूप में हम अपने ध्येय की पूर्ति करेंगे, मानवता को शान्ति का सन्देश देकर, जिसके द्वारा ही उसका कल्याण हो सकता है और उसे प्रसन्नता और समृद्धि प्राप्त हो सकती है।"

इस प्रकार जिन्ना एक इस्लामी प्रजातन्त्र के प्रवक्ता थे, पाकिस्तान के नए राष्ट्र के लिए। बाद की घटनाओं से यह प्रकट हो गया कि पाकिस्तान में हिन्दू अल्पसंख्यक पूर्णतः असुरक्षित थे, यहाँ तक कि एक अन्य भाषा बोलने वाले बंगाली मुसलमानों को भी उनके पंजाबी भाई सहन नहीं कर सकते थे। इस प्रकार पाकिस्तान स्वयं विघटित होने लगा और दो राष्ट्रों के सिद्धान्त का खोखलापन सामने आ गया। भारत के मुसलमानों और हिन्दुओं ने बंगाली मुसलमानों की उनकी इस कष्ट की स्थिति में बड़ी सहायता की और उन्हें खूँखार पशुओं के पंजों से मुक्त कराया। पूर्वी बंगाल (जो आज बंगलादेश नाम से प्रसिद्ध है) से इनका व्यवहार इतना पाशविक था जिसका उदाहरण इतिहास में नहीं मिलता।

उपसंहार

यह निष्कर्ष बड़ी सुगमता से निकाला जा सकता है कि जिन्ना, जो मूलतः एक राजनीतिज्ञ थे, वह भी अहंकारी प्रवृत्ति के, अपने को मात्र मुस्लिम सम्प्रदाय के संरक्षक के रूप में प्रकट करते थे। वह न तो उनकी भाषा जानते थे, न मुस्लिम वेश में उनका विश्वास था तथा न ही उन्होंने जीवनभर मस्जिद देखी। उन्हें सत्ता की इच्छा थी और अधिकार की भूख। उन्होंने अपने आरम्भिक राष्ट्रीय उत्साह की बलि नेतृत्व की वेदी पर दे दी जिसके लिए उन्हें बड़ी उत्कट लालसा थी। मुस्लिम जनता उनमें विश्वास करने लगी, विशेषतः इस शताब्दी के चौथे दशक में। उनके रूप में अंग्रेज़ों को ऐसी शक्ति मिल गई जो उनके पाश से देश को मुक्त कराने के लिए छेड़े गए राष्ट्रीय आन्दोलन को दबाने के लिए बड़ी आवश्यक थी। वह अपने शासन को बनाए रखने में भी सफल हो जाते यदि द्वितीय विश्वयुद्ध के पश्चात् ब्रिटेन मात्र तृतीय श्रेणी की सत्ता न रह गया होता और प्रथम श्रेणी की सत्ताओं ने उन्हें भारतीयों के आत्मनिर्णय के अधिकार को स्वीकार करने के लिए बाध्य न किया होता। बंगला देश के उदय से जिन्ना के दो राष्ट्रों वाले सिद्धान्त की सारहीनता सिद्ध हो चुकी है। सिन्ध में शिया

मुसलमानों के व्यापक नरसंहार के पश्चात् हाल में आपात् स्थिति की कराची में घोषणा–यह ऐसे प्रमाण हैं जो उपेक्षणीय नहीं हैं।[22]

एक सम्पादकीय के अनुसार, "गत शनिवार को शिया मस्जिद में नमाज़ पढ़ने वालों की हत्या के उपरान्त कराची में आपात् स्थिति लागू कर पाकिस्तानी सरकार ने परोक्ष रूप से यह स्वीकार किया है कि ऐसी घटनाओं से रक्तपात का ऐसा अन्तहीन क्रम आरम्भ हो सकता है, जिसका परिणाम भयंकर होगा।"[23] वास्तव में आगामी सन्तति जिन्ना को एक ऐसे व्यक्ति के रूप में स्मरण करेगी जो भारत के विभाजन और उसके परिणामस्वरूप हुई भयंकर घटनाओं के लिए उत्तरदायी था। बंगला देश की वास्तविकताओं के बिना किसी सन्देह ने यह प्रमाणित कर दिखाया है कि पाकिस्तान न तो राजनीतिक दृष्टि से और न ही आर्थिक और भौगोलिक दृष्टि से व्यवहार्य (viable) राज्य था। जिन्ना की योग्यता रखने वाला व्यक्ति इससे अनभिज्ञ था, यह विश्वसर्नाय प्रतीत नहीं होता। उन्हें हिन्दू-मुस्लिम एकता के राजदूत की भूमिका को छोड़, भारत का विभाजन–मुस्लिम भाइयों के लिए एक पृथक् प्रदेश–माँगने वाला व्यक्ति बनने पर किसने प्रेरित किया, यह प्रकट ही है।

सन्दर्भ

1. J.N. Sahni : Fifty years of Indian Politics, 1921-71, p. 1952.
2. Speeches & Writings of Jinnah, p. 125.
3. Chaudhary P.C. Roy Gandhi and his Contemporaries, p. 178.
4. As Ouoted in M.H. Saiyid's : The Sound of Jury—A Political Study of Jinnah, p. 59.
5. Chaudhary Sukhbir: Growth of Nationalism in India, Vol. I, p. 56.
6. K.P. Kakaran (ed.) : Modern Indian Political Traditions, pp. 230-240.
7. Ibid.
8. M.H. Saiyid op. cit., p. 142.
9. Ibid., p. 75.
10. Chaudhary P.C. Roy : op. cit., p. 188.
11. Great Britan : H.C. Debates 1946, Vol. 420, Cols. 1420-1422.
12. Michael Brecher : Nehru, A Political Biography, p. 317.
13. Tucker White Memory Serves, p. 160.
14. A.K. Azad : India Wins Freedom, p. 159.
15. M.C. Chagla: Roses in December, An Autobiography, p. 79.

16. Quoted by M.H. Saiyid op. cit., p. 326.
17. M.C. Chagla: op. cit., p. 119.
18. Ibid., p. 80.
19. Ibid., p. 79.
20. Ibid., p. 10.
21. Stanley Wolpert: Jinnah of Pakistan, (Preface) (1988 ed).
22. Hindustan Times, Jan. 28, 1995, p. 12.
23. Ibid., p. 13.

23

मानवेन्द्रनाथ राय

"नया मानववाद सर्वदेशीय है। आध्यात्मिक दृष्टि से स्वतन्त्र मानवों का सर्वदेशीय राष्ट्रमंडल राष्ट्रीय राज्यों की सीमाओं में बद्ध नहीं होगा। यह सीमाएँ धीरे-धीरे बीसवीं सदी के नवजागरण काल के प्रभाव के अन्तर्गत अदृश्य हो जाएँगी।"

—एम.एन. राय

एम.एन. राय का जन्म 6 फरवरी, 1886 को बंगाल के 24 परगना जिले में हुआ था। उनकी शिक्षा कलकत्ता में हुई थी। वह एक जन्मजात क्रान्तिकारी थे। उन्होंने अपने राजनीतिक विचार बी.सी. पाल, अरविन्द घोष तथा सुरेन्द्रनाथ बैनर्जी से प्राप्त किए थे। उन्होंने जतीन मुखर्जी से प्रगाढ़ घनिष्ठता स्थापित की तथा वह युगान्तर ग्रुप (जो बंगाल में अपनी क्रान्तिकारी गतिविधियों के लिए विख्यात था) के निकट सम्पर्क में इसके नेताओं से सहयोग रखा। एम.एन. राय जन्मजात 'क्रान्तिकारी' थे। उनकी क्रान्तिकारी गतिविधि इस तथ्य से प्रकट है कि युवक राय को हावड़ा षड्यन्त्र केस में गिरफ्तार कर लिया गया था। कलकत्ता में एक अन्य राजनीतिक डकैती के सिलसिले में उन्हें 1915 में पुनः सीखचों के पीछे जाना पड़ा। 1915 के अन्त तक वह डच इंडीज भाग गए। वह जावा, फिलिपाइन्स, कोरिया तथा मंचूरिया भी गए, बाद में अमेरिका भी। अमेरिका में वह शेरे पंजाब लाला लाजपतराय के सम्पर्क में आए। 1920 में, लेनिन ने उन्हें रूस आने का निमन्त्रण दिया। उन्हें बाल्शेविक पार्टी के लिए औपनिवेशिक मामलों के परामर्शदाता का काम दिया गया। उन्हें कुछ समय पश्चात् मास्को इंस्टीच्यूट के पूर्वी विभाग का अध्यक्ष नियुक्त कर दिया गया। वह

साम्यवादियों की अन्तर्राष्ट्रीय संस्था की ओर से मुख्य प्रतिनिधि के रूप में 1926 के अन्त में चीन भेजे गए। वह 1927 के अन्त तक वहाँ रहे। स्तालिन के लाल क्षेत्रवाद और उग्र वामपन्थ की उनकी आलोचना का परिणाम यह हुआ कि उनका साम्यवादी संस्था से सम्बन्ध 1928-29 में पूर्ण और अन्तिम रूप से छूट गया। स्तालिनवाद से ऊबकर राय अज्ञात रूप से 1930 में भारत आ गए। वह कानपुर षड्यन्त्र केस के सिलसिले में पकड़े गए और उन्हें 1931 से 1936 तक जेल में रखा गया। जेल से बाहर आने पर वह भारत के राजनीतिक जीवन में कूद पड़े। उन्होंने 18 वर्ष तक कांग्रेस कार्यकर्त्ता के रूप में कार्य किया और रेडिकल डिमोक्रेटिक पार्टी के संगठनकर्त्ता के रूप में कुछ वर्ष काम किया।

राय आधुनिक भारत के सबसे अधिक विद्वान विचारक थे। उन्हें विद्योचित (Academic) बातों में बड़ी रुचि थी। अपने सक्रिय सार्वजनिक जीवन के बावजूद उन्हें क्रमबद्ध विचारण और सैद्धान्तिक निर्धारण के लिए पर्याप्त समय मिल जाता था। उन्होंने बड़े व्यापक स्तर पर लिखा है। उनकी कुछ कृतियाँ, उदारहणार्थ 'इंडिया इन ट्रांजीशन' (1922), 'इंडियन प्राब्लम एंड इट्स साल्यूशन' (1922) 'वन यीअर आफ नान कोऑपरेशन', 'दी फ्यूचर ऑफ इंडियन पालिटिक्स' (1926), 'रिवाल्यूशन एंड काउंटर रिवाल्यूशन इन चाइना' (1930), 'मेटीरियलिज्म' (1934), 'न्यू ओरियंटेशन, बियांड कम्यूनिज्म टॅ हयुमेनिज्म', 'न्यू हयुमेनिज्म एंड पालिटिक्स' (1934) आदि निस्सन्देह उच्च स्तर की रचनाएँ हैं।

उनका राजनीतिक दर्शन

उनका दर्शन तीन अवस्थाओं में से गुजरा। 1919 में समाप्त होने वाली पहली अवस्था में उन्होंने एक ऐसे राष्ट्रीय क्रान्तिकारी की भूमिका निभाई जो लुक-छिपकर बंगाल में आतंकवादी आन्दोलन के लिए शस्त्र तथा धन देता था। दूसरी अवस्था वह है जब वह एक कट्टर साम्यवादी बन गए और उन्होंने सक्रिय रूप से मेक्सिको, रूस और चीन अन्त में भारत में सक्रिय रूप से साम्यवादी आन्दोलन में भाग लिया। अन्तिम अवस्था वह थी जब उन्होंने मार्क्सवाद को त्याग दिया और उसके स्थान पर उदार मानववाद का प्रचार किया।

उनके विचारों का विश्लेषण करने से पता चलता है कि वह यद्यपि भारतीय साम्यवादी थे, तथापि, वह उन अर्थों में मार्क्सवादी नहीं थे, जिनमें स्तालिन और लेनिन थे। इसके अतिरिक्त, वह भारतीय अध्यात्मवाद के भी कड़े विरोधी थे और उन्होंने पश्चिमी सभ्यता की भर्त्सना नहीं की। वह गांधीजी और उनकी कांग्रेस से असन्तुष्ट प्रतीत होते थे। इसी कारण वह कांग्रेस को 'चर्खा कातने वालों का संगठन' तथा गांधीजी को 'परस्पर विरोधी बातों का बण्डल' कहा करते थे। अपने जीवन के

बाद के वर्षों में वह कार्ल मार्क्सवाद के भी प्रखर आलोचक बन गए और उन्होंने मानवतावाद के नए सिद्धान्त का विकास किया। नये मानवतावाद के प्रवक्ता के रूप में उन्होंने मानव की आध्यात्मिक स्वतन्त्रता का और राष्ट्रवाद की भावना का स्थान विश्वबन्धुत्व की भावना ले, इस बात का प्रचार किया। इसके अतिरिक्त वह राजनीतिक और आर्थिक सत्ता का विकेन्द्रीकरण चाहते थे। उनके कुछ मुख्य विचारों का यहाँ चित्रण करना, हमें उनके राजनीतिक दर्शन का मूल्यांकन करने में सहायक हो सकता है। कुछ आलोचकों के मतानुसार उनका यह दर्शन सुनियोजित और संघटित विचार प्रणाली का परिणाम नहीं है। यह तो विभिन्न विचार तत्त्वों का ऐसा संश्लेषण है जिसमें मौलिकता और गहनता दोनों का अभाव है।

राय और फ़ासिज़्म

राय फ़ासिज़्म के विचार के विरुद्ध थे। उन्होंने द्वितीय विश्वयुद्ध को प्रजातन्त्र और फ़ासिज़्म के मध्य संघर्ष बताया। अतः वह मित्र राष्ट्रों को जर्मनी के विरुद्ध बिना शर्त समर्थन दिए जाने के पक्ष में थे। उन्होंने किसी भी ऐसी नीति का अनुसरण करने का खुले रूप में विरोध किया जिसमें मित्र राष्ट्रों के युद्ध प्रयत्नों को किसी प्रकार व्याघात लगे। इसी कारण वह युद्ध काल में किसी प्रकार भारतीय स्वाधीनता आन्दोलन छेड़ जाने के विरुद्ध थे। उपनिवेशवाद विरोधी सिद्धान्त में पूर्ण विश्वास रखते हुए, उनका मत था कि आर्थिक उपनिवेश हीनता का कम ब्रिटिश बुर्जुओं (धनी) को भारत छोड़ने और अपने भारतीय प्रतिरूपों (Counterparts) को सत्ता सौंपने पर विवश कर देगा। यहाँ तक कि उन्होंने 1942 के भारत छोड़ो आन्दोलन की भी यह कहकर निन्दा की कि यह आन्दोलन अंग्रेजों के विरुद्ध सामाजिक शत्रुता की विकृत भावना के कारण आरम्भ किया गया है।

उनका विचार था कि कांग्रेस ने उन खतरों को ध्यान में नहीं रखा जो फ़ासिज़्म के विरुद्ध अंग्रेजों के युद्ध प्रयत्नों को विफल करने से उत्पन्न हो सकते थे। अतः उन्होंने कांग्रेस को भारत के नवोत्पन्न फ़ासिज़्म का संगठन कहकर उसकी भर्त्सना की। उन्होंने भारत छोड़ो आन्दोलन की कांग्रेस के औद्योगिक और आर्थिक संरक्षकों का आविष्कार बताया। उन्हें विश्वास था कि कांग्रेस का उद्देश्य प्रजातन्त्र नहीं है। इसके विपरीत इसका उद्देश्य फासिज्म था। इस प्रकार कांग्रेस के हाथों में सत्ता सौंपने का परिणाम भारत में फासिस्ट तानाशाही की स्थापना हो सकता है।

राय ने निम्नलिखित आधारों पर फ़ासिज़्म के विरुद्ध एक अनवरत संघर्ष छेड़ा : (1) फ़ासिज़्म केवल कुछ राज्यों के आक्रामक उपायों और तकनीक का ही प्रतिनिधित्व नहीं करता, वरन् यह प्रतिनिधित्व करता है पिछड़ेपन के दर्शन का जो मानव व्यक्तित्व को पतित कर देता है और मनुष्य की नैतिक प्रकृति को पूरी तरह

नष्ट कर देता है। (2) फ़ासिज़्म पूँजीवाद का अन्तिम पक्षपोषण है और यह सभी आधुनिक प्रवृत्तियों के विरुद्ध विद्रोह का सूचक है और मध्ययुग की ओर पीछे लौटने का प्रतीक है। (3) इसका उद्‌देश्य पूँजीवाद और साम्राज्यवाद को बढ़ावा देना और विचारधारा की दृष्टि से यह प्रतिनिधित्व करता है, "तर्क से पीछे हटने का।"[1] (4) यह एक पूर्णतान्त्रिक Totalitarian राज्य का पोषक है जिसे यद्यपि एक व्यक्ति पूँजीवाद से सुरक्षा के लिए चाहता है, किन्तु अन्त में यह उसे कुचल देता है। (5) यह प्रतिक्रान्तिकारियों और प्रतिक्रियावादियों के एकत्र होने का क्षेत्र प्रदान करता है। उक्त आलोचना के आधार पर वह महायुद्ध में मित्र राष्ट्रों के समर्थन का पक्ष लेते थे। ऐसा वह इस आधार पर करते थे कि यह एक प्रकार का अन्तर्राष्ट्रीय गृहयुद्ध था और फासिज्म के विरुद्ध था। वह भारत से भी मित्र राष्ट्रों का साथ देने का आग्रह करते थे।

राय द्वारा भारतीय अध्यात्मवाद की निन्दा

उन्होंने वेदान्त के आदर्श का तिरस्कार किया। उनके विचार में शंकर और रामानुज, कट्‌टरपन, मध्यकालीन विचारों का ही प्रतिनिधित्व करते थे। शंकर, राय की दृष्टि में बौद्धमत की स्वतन्त्रता की शक्तियों के एक ब्राह्मणीय प्रतिभार (Counterpoise) थे। उनकी दृष्टि में बौद्धमत एक क्रान्तिकारी शक्ति थी जिसने ब्राह्मणों के पंडिताऊपन के क्षेत्र में काफी भीतर तक प्रवेश कर लिया था। किन्तु ब्राह्मणवाद के पुनरुज्जीवित होने से बौद्धमत की विद्रोही भावना और जाति प्रणाली के लिए उसकी चुनौती भी पराजित हो गई यद्यपि ब्राह्मणमत अन्धविश्वास पर आधारित था। राय उस भारतीय अध्यात्मवाद के प्रति कभी आकृष्ट नहीं हुए जिसे विवेकानन्द, अरविन्द और यहाँ तक कि गांधीजी ने भी रहस्यवाद की ऊँचाइयों पर पहुँचाया था। उन्होंने भारतीय मनीषियों की इस बात को स्वीकार नहीं किया कि पश्चिमी लोग भारतीय अध्यात्मवाद के लिए बेताब है। भारतीय अध्यात्मवाद की प्रशंसा का अर्थ है भारत में पूँजीवादी व्यवस्था से पूर्व प्रचलित पिछड़ी हुई अवस्था को पुनरुज्जीवित करना। उन्होंने कहा, "पश्चिम में पतन केवल पूँजीवाद का हुआ है। पश्चिमी सभ्यता का संकट केवल यही रहा है कि वहाँ बुर्जुआ सामाजिक व्यवस्था का विघटन हुआ है। इस सन्दर्भ में भारतीय अध्यात्मवाद का केवल यही एक सांसारिक उद्‌देश्य रह जाता है कि वह एक ऐसी प्रणाली को समाप्त कर दे जिसका सत्ता के प्रति लगाव को, ऐसी दशाओं के प्रति जिन्हें आदर्श का रूप देकर प्रस्तुत किया गया हो। अतः यह स्पष्ट रूप से एक प्रतिक्रियावादी सामाजिक दृष्टिकोण का संकेत है।"[2] वह यह स्वीकार करने को तैयार नहीं थे कि भारत अपने दर्शन की समृद्धि, सूक्ष्मता तथा विविधता के कारण और इसकी आध्यात्मिक विरासत की

पृष्ठभूमि के कारण पश्चिम से श्रेष्ठतर है। वह भारत के इस दावे को मात्र अतिशयोक्ति मानते थे कि वह पश्चिम से नैतिक दृष्टि से उच्चतर और आध्यात्मिक उच्चता की दृष्टि से पश्चिम से श्रेष्ठतर है। वह कहते थे, "यह दावा कि भारतीय लोग पश्चिम से नैतिक दृष्टि से कम भ्रष्ट, भावनात्मक दृष्टि से कम सांसारिक हैं, संक्षेप में यह कि वह आध्यात्मिक दृष्टि से पश्चिम के अधिकांश लोगों से उन्नत है, वास्तविकता की पूर्ण अवहेलना है।"[3] भारतीय धर्म के बारे में इसीलिए सोचते हैं कि वह पिछड़े हैं सांस्कृतिक दृष्टि से और इसलिए भी कि वह अन्धविश्वासों में काफ़ी गहराई तक डूबे हैं। अतः पश्चिम की तुलना में भारत अपनी आध्यात्मिक श्रेष्ठता का दावा नहीं कर सकता।

राय गांधीजी के आलोचक के रूप में

राय अपनी पुस्तक 'असहयोग का एक वर्ष' (One Year of Non-Cooperation) में गांधीजी को अत्यन्त भावपूर्ण श्रद्धांजलि देते हुए उनकी तुलना थॉमस एक्विनॉस तथा सावोनेरेलो से करते हैं। वह गांधीजी की इन रचनात्मक देनों की सराहना करते हैं : (1) राजनीतिक उद्देश्यों के लिए सर्वसाधारण के कार्यों का उपयोग, (2) राष्ट्रीय कांग्रेस को पुष्ट करना, (3) राष्ट्रीय पत्रकारिता को राजकीय दमन से अहिंसा के नारे द्वारा मुक्त रखना और (4) असहयोग, कर न देना और नागरिक अवज्ञा की तकनीकों का प्रयोग करना।[4]

बाद में वह गांधीजी के आलोचक भी बन गए। उन्होंने गांधीजी के कुछ सिद्धान्तों की आलोचना की। उन्होंने आलोचना करते हुए गांधीवाद के विषय में यहाँ तक कहा, "गांधीवाद घिसीपिटी और नीरस बातों (Platitudes) का मुरब्बा और निराशापूर्ण परस्पर विरोधी बातों का समूह है।" उनका विचार था कि गांधीजी का दर्शन अपने आप में स्थिति को यथावत् रखने का एक प्रयत्न था। गांधीजी नहीं चाहते थे कि लोग पूर्व स्थापित आर्थिक व्यवस्था के विरोध में खड़े हो। अतः सामाजिक व्यवस्था के प्रति लोगों में अहिंसा और अप्रतिरोध (Non-resistance) का प्रचार करते रहे। इस प्रकार के दर्शन ने लोगों को निष्क्रिय बना दिया और इस प्रकार उससे यह प्रकट हो गया है कि सत्ताधारियों को लोगों के नियन्त्रण में रखने के लिए हिंसा का प्रयोग नहीं करना पड़ेगा। इसका उद्देश्य सामाजिक शोषण को छिपाना था। राय के मतानुसार आधुनिक समाज में, जो हिंसा का त्याग नहीं कर सकता, इस प्रकार के अहिंसात्मक सिद्धान्त की व्यवहार्यता सन्दिग्ध है। गांधीजी की अहिंसा देश के पूँजीवाद शोषण को छिपाए रखने का एक सूक्ष्म उपाय था। इसके अतिरिक्त गांधीवाद में श्रमिक वर्ग के किसी ऐसे संगठन की व्यवस्था नहीं है जिसके द्वारा वह जमींदारों और पूँजीपतियों से अपना उद्धार कर सकें। उन्होंने लोगों के सभी

वर्गों में एकता पर बल दिया।

राय ने गांधीजी के चर्खा अर्थशास्त्र को प्रतिक्रियावादी बताकर उसकी निन्दा की। उन्होंने गांधीवाद के विषय में कहा, "यह क्रान्तिवाद न होकर मात्र जल के समान तरल और फीका सुधारवाद है।" वह गांधीजी के रचनात्मक कार्य के आध्यात्मिक और नैतिक आधार को स्वीकार करने को तैयार नहीं थे। एक तीक्ष्ण निन्दापरक वाक्य में उन्होंने कहा, "गांधीवाद का सामाजिक आधार सांस्कृतिक पिछड़ापन है और इसका मुख्य बौद्धिक आश्रय अन्धविश्वास है। गांधीजी का स्वप्न एक समाज है—पूर्ण सामाजिक गतिरुद्धता की स्थिति।"[5]

उन्होंने गांधीजी को भारतीय पिछड़ेपन का प्रतीक और सुधार विरोधी बताया। युद्ध काल में गांधीजी के भारत छोड़ो आन्दोलन की भर्त्सना करते हुए राय ने कहा, "यह गहन तन्द्रा में पड़ी शक्तियों को प्रचंड रूप से जगाने की शरारत है जो भारत के घरेलू मोर्चो को दुर्बल करती है।"[6]

मौलिक मानवतावाद

आरम्भ में राय मार्क्सवादी थे, मार्क्सवाद के विषय में राय ने कहा कि, "इतिहास के आरम्भ में उदित विचारों के क्रमिक विकास का ही परिणाम होने के कारण यह मानवता को उत्तराधिकार रूप में प्राप्त हुआ है। विचारधारा रूप में प्राप्त प्रत्येक मानव के पास एक ऐसा उपकरण है जो वह एक श्रेष्ठतर संसार बनाने के लिए प्रयुक्त कर सकता है।" किन्तु यह मार्क्सवाद के प्रति रूढ़िगत दृष्टिकोण न रख पाने के कारण, अधिक समय तक मार्क्सवादी नहीं रह सके। उनकी विचारधारा में मार्क्सवाद से मूलवाद में परिवर्तन की प्रक्रिया 1940 से 1947 तक पूरी हुई। जुलाई, 1929 में उन्हें कामिंट्यूना से बाहर कर दिया गया था। उस समय से वह पुरानी मार्क्सवादी विचारधारा से परे हट गए। 1940 में उन्होंने रेडिकल डेमोकेटिक पार्टी का गठन किया और राजनीति को एक वैज्ञानिक दिशा देने का यत्न किया। उन्होंने मार्क्सवाद से मूलवाद की ओर नई यात्रा आरम्भ की।[7] मौलिक मानववाद का विकास करने में उन पर 18वीं शताब्दी के मार्क्स, फेवर बेक, लेनिन, हॉब्स तथा हैजलैंड जैसे विवेकशील विचारकों का बड़ा प्रभाव पड़ा। विभिन्न वैचारिक धाराओं का एक ही विचार-पद्धति के रूप में राय ने अन्तर्विलीनीकरण का प्रयत्न किया। उन्होंने मौलिक मानववाद को ऐसा स्वतन्त्र दर्शन जो वर्तमान वैज्ञानिक ज्ञान पर आधारित है, कहकर परिभाषित किया है। उनकी सम्मति में पूर्ववर्ती विचारधाओं की अपूर्णताओं और त्रुटियों के कारण समकालीन जीवन में क्षरण और अनैतिकता आई है। अतः उन्होंने वास्तव में नवीन, क्रान्तिकारी सामाजिक और राजनीतिक दर्शन की आवश्यकता पर बल दिया जो मानवता की आचारपरक विचारधारा को स्फूर्त करे और

संचारित कर सके। उन्होंने निम्नलिखित विशेष आधार पर कार्ल मार्क्स की आलोचना आरम्भ की–

(i) मार्क्स की भाँति राय अतिरिक्त पूँजी को पूँजीवाद की ही विशेषता नहीं मानते थे। कोई समाज उनके विचार में उन्नति नहीं कर सकता और न ही पूँजी एकत्र हो सकती है जब तक कि खपत से अधिक उत्पादन न हो और इस अतिरिक्त पूँजी को उत्पादन और बढ़ाने में पुनः नियोजित न किया जाए। एक पूँजीवादी समाज जिसमें अतिरिक्त पूँजी का निर्माण होता है, एक जागीरदारी राज्य से कहीं अधिक उन्नत होता है। अतः अतिरिक्त पूँजी की आवश्यकता रहती है।

(ii) राय इतिहास की मार्क्सवादी व्याख्या को स्वीकार नहीं करते थे, क्योंकि उसमें ऐतिहासिक प्रक्रिया में प्राकृतिक गतिविधियों की भूमिका को पर्याप्त स्थान नहीं दिया गया है। मार्क्स ने इतिहास को ऐसे द्वन्द्वात्मक प्रक्रिया के रूप में स्वीकार किया है जो उत्पादन तथा वितरण की शक्तियों द्वारा संचालित होती है। उनका मत था कि श्रेणी तथा क्रान्ति वह साधन है जिनसे इतिहास में परिवर्तन होता है तथा उत्पादन की शक्तियों तथा उत्पादन के सम्बन्धों द्वारा ही उन स्थितियों का निर्माण होता है जो इस परिवर्तन का कारण बनती हैं।

ऐतिहासिक विकास की प्रत्येक अवस्था में संस्कृति, धर्म, कला, दर्शन तथा कानून आदि सभी की स्थिति आर्थिक संरचना पर अवलम्बित होती है, अतः राय दृढ़ता से इस दृष्टिकोण को अस्वीकार करते हैं और मार्क्स द्वारा प्रस्तुत विकास के सिद्धान्त को अबुद्धिमत्तापूर्ण मानते हैं। इतिहास मनुष्य द्वारा स्वतन्त्रता की खोज की कहानी है, और एक ऊँचे स्तर पर पहुँचकर ही वह सहकारात्मक तथा सामूहिक बनती है। उन्होंने इसे विकास की जैविक प्रक्रिया माना है।

राय यह स्वीकार नहीं करते कि मात्र आर्थिक शक्तियाँ ही इतिहास के दौर में परिवर्तन लाती हैं। राय आर्थिक कारण को सर्वोपरि महत्व भी देने को तैयार नहीं। उन्होंने कहा, "दार्शनिक दृष्टि से इतिहास की भौतिकवादी संकल्पना को एक प्रबुद्ध चेतना की सृजनात्मक भूमिका को स्वीकार करना चाहिए। भौतिकवाद विचारों की प्रत्यक्ष वास्तविकता को अस्वीकार नहीं कर सकता।"[8] उन्होंने यह प्रतिपादित किया कि जीव विज्ञान ने, न कि अर्थशास्त्र ने मानवता की आरम्भिक गतिविधियों को प्रेरित किया। मानव जाति की आरम्भिक क्रियाएँ जीवविज्ञान सम्बन्धी प्रेरणाओं द्वारा संचालित और प्रभावित होती थीं। मनुष्य के बाद के इतिहास से भी यह प्रकट है कि मानवता को विभिन्न प्रकार के ऐसे कर्मों से भी आनन्द-प्राप्ति होती है जो अर्थशास्त्र की परिधि में नहीं आती। ऐतिहासिक घटना-क्रम का जहाँ तक प्रश्न है, सांस्कृतिक तत्त्वों की इसमें अत्यन्त महत्वपूर्ण प्रेरणार्थक भूमिका है। मध्यकालीन युग के आरम्भ की आर्थिक स्थितियों का अध्ययन हमें बताता है कि व्यापारी वर्ग के

उत्थान तथा नवजनन काल (Renaissance) के बीच कोई नैमित्तिक सम्बन्ध नहीं था। 'नवजनन काल' मानव के स्वतन्त्रता की खोज अभियान में प्रयुक्त होने वाला एक पद मात्र है। यह मानव के सांस्कृतिक इतिहास का वह अध्याय है जिसे प्राचीन यूनानी सभ्यता ने प्रेरणा दी थी, न कि मध्यकालीन व्यापारी वर्ग के आर्थिक हितों तथा उनकी राजनीतिक महत्त्वकांक्षाओं से वह प्रभावित हुआ है। उनकी यह भी धारणा है कि विचारों के उदय होने पर उन्हें अपनी स्वायत्तता का क्षेत्र भी मिल जाता है। विचारों के आधार पर लोग इतिहास का निर्माण करते हैं और अपने सामाजिक तथा आर्थिक वातावरण में परिवर्तन लाते हैं। राय के शब्दों में, "इतिहास मार्क्स प्रतिपादित द्वन्द्वात्मक संघर्ष की पद्धति का अनुसरण नहीं करता। यह सजातीय, जन समुदाय की ऐसी गति है जिससे वह अपने विशिष्ट व्यक्तित्व की स्थिति में पहुँचता है। ऐसा करते हुए वह सुमेलीकरण की अनेक प्रक्रियाओं को पार करते हैं।"

राय का मत है कि व्यक्ति इतिहास का निर्माण करते हैं, न कि आर्थिक विचार जो लोगों के वर्गों को मार्क्स के मतानुसार प्रभावित करते हैं। किन्तु, इतना होने पर भी उनके मन से मार्क्स का प्रभाव पूर्णतः लुप्त नहीं होता। मार्क्स के अनुसार, वह भी यह मानते हैं कि सांस्कृतिक तथा अन्य विधाओं सम्बन्धी विचार ऐसे व्यवस्था-क्रम को लक्ष्य में रखकर ही प्रस्तुत किए जाते हैं जिसे हम आज अप्रतिष्ठित पाकर, उसे प्रतिष्ठित करना चाहते हैं। जब पूर्व प्रतिष्ठित व्यवस्था क्रम स्वतन्त्रता तथा प्रगति की शक्तियों के लिए बाधक हो जाता है तो परिवर्तन की आवश्यकता अनुभव की जाती है। क्योंकि परिवर्तन साधारणतः नहीं होता, अतः क्रान्ति हो जाती है। आरम्भ में गुणी तथा प्रेरित लोगों की अल्प संख्या क्रान्तिकारी उपायों का प्रयोग करती है और धीरे-धीरे जनता इसके प्रभावान्तर्गत आ जाती है और कालान्तर में क्रान्ति विराट रूप ले लेती है।

इसके अतिरिक्त उन्हें मार्क्स नीतिविषयक (Ethical) आधार दुर्बल जान पड़ा, क्योंकि यह कट्टर है और उनका धार्मिक पक्ष स्वीकार्य नहीं है। उत्पादन की शक्तियों के अतिप्रबल आधिपत्य के आधीन मनुष्य को कर देने से व्यक्ति की उत्सुकता और स्वायत्ता शासन की भावना प्रभावहीन हो जाती है। राय का मानववादी नीतिशास्त्र मनुष्य की प्रभुसत्ता को बड़ा स्थान देता है और वह स्वतन्त्रता और न्याय को एक आवर्तनशील (Axiological) विरासत का रूप देने में विश्वास करता है। डॉ. वर्मा के अनुसार, "इस प्रकार नीतिशास्त्रीय बातों की भी व्याख्या श्रेणी संघर्ष के अर्थ में करने वाले मार्क्सवाद के स्थान पर राय यह स्वीकार करते हैं कि नैतिक मूल्यों में कुछ शाश्वत वस्तु है।"[9]

(iv) चौथी बात यह है कि राय मार्क्सवाद द्वारा व्यक्तिवाद की उदार संकल्पना की अस्वीकृति की निन्दा करते थे। उन्होंने इस बात पर बल दिया कि व्यक्ति की

उदार और उपयोगितावादी संकल्पना को अस्वीकार करना मार्क्स के आरम्भिक मानववाद के प्रतिकूल है। उनकी सम्मति में उन्होंने (मार्क्स ने) ऐसा नैतिक निश्चयात्मकवाद की हीगोलियन स्थापना के प्रभाव में आकर किया। इस स्थापना के आधार पर समाज तथा वर्ग को इतना उच्च स्थानीय माना गया है जो निर्वाह्य मर्यादाओं के प्रतिष्ठापक हैं। इस प्रकार व्यक्ति की भूमिका का महत्त्व निम्नतम स्तर का हो जाता है।

(v) राय वर्ग संघर्ष के मार्क्सवादी दर्शन को स्वीकार नहीं करते थे। इतिहास मार्क्स द्वारा वर्णित दो श्रेणियों के अतिरिक्त अन्य श्रेणियों के विषय में हमें बताता है। तनाव और संघर्ष के अतिरिक्त एक सामाजिक एकता लाने वाला सम्बन्ध भी प्रभावी रहा है।

इसके अतिरिक्त आज के समाज का एकदम विरोधी उद्देश्यों के लिए, विरोधी दिशाओं तथा क्षेत्रों में मार्क्स की कल्पना के अनुसार विभक्तिकरण नहीं हुआ है, जैसा कि मार्क्स ने अपने साम्यवादी घोषणापत्र में कहा है। इससे मार्क्सवादी सिद्धान्तों के प्रति राय के मन में और सन्देह उत्पन्न हो गए।

(vi) राय की दृष्टि में मार्क्स एक असत्य भविष्यवक्ता सिद्ध हुए जिन्होंने मध्यम वर्ग के अदृष्ट हो जाने की भविष्यवाणी की थी। आर्थिक प्रक्रिया के विस्तार से मध्यम श्रेणी में वृद्धि ही हुई है। 1919 के बाद के संसार के इतिहास में सांस्कृतिक और राजनीतिक नेतृत्व मध्यम श्रेणी ने ही प्रदान किया है।

(vii) राय द्वारा कर्मचारी वर्ग की तानाशाही के विचार को अस्वीकार कर देना। वास्तव में यह व्यक्ति को श्रेणी से अधिक महत्त्व देते थे, चाहे वह श्रेणी कर्मचारियों की हो अथवा मध्यम श्रेणी हो। उनका मत था कि आज के युग में संघर्ष पूर्णतन्त्र, सभी कुछ निगल जाने वाले अहंकारी राष्ट्र अथवा श्रेणी या अपनी स्वतन्त्रता के लिए संघर्ष कर रहे व्यक्तियों के मध्य है।[10] उन्होंने मध्यम श्रेणी को गर्व का स्थान दिया, न कि श्रमिक वर्ग को।

(viii) मार्क्स द्वारा दिए गए क्रान्ति पर बल की राय ने आलोचना की। उनके मतानुसार श्रमिक वर्ग की तानाशाही और क्रान्ति की विचारधारा का परिणाम स्वभावतः पूर्ण तनाव ही हो सकता था। उनका मत था कि क्रान्ति चमत्कार उत्पन्न नहीं कर सकती। किन्तु, वह क्रान्ति की पूर्णतः उपेक्षा नहीं करते थे। एक मौलिकतावादी मानववादी होने के नाते उनका विश्वास था कि क्रान्ति वर्ग संघर्ष के द्वारा अथवा सशस्त्र हिंसा द्वारा नहीं लाई जानी चाहिए। क्रान्ति आनी चाहिए शिक्षा द्वारा जिसमें लोगों को समझाने-बुझाने के सभी उपाय आते हैं।

वह दावे से कहते हैं कि क्रान्तियों में संकल्पवादात्मक, स्वच्छतावाद का पुट रहता है। क्रान्तियाँ सामूहिक भावनाओं का प्रतिनिधित्व करती हैं। इन्हीं के द्वारा

सांसारिक पुनर्निर्माण के प्रयत्नों को उच्चस्तरीय सशक्तता मिलती है। कार्लमार्क्सवाद पर आधारित साम्यवाद द्वारा प्रयुक्त हिंसात्मक उपायों से क्रान्ति का एक भिन्न चित्र सामने आता है। वास्तव में इससे पन्थ की सामूहिक विवेकहीनता का पता चलता है। एक और बात यह भी है कि मार्क्स का भौतिकवादी निश्चयवाद और क्रान्तिपरक सोद्देश्यमूलकता परस्पर असमाधानेय हैं। इतिहास और ब्रह्माण्ड की प्रक्रिया में निश्चयवाद की कल्पना जिसे धर्मशास्त्रीय अनुमोदन प्राप्त हो और इनके स्वरूप को बदलने के प्रति क्रान्तिकारी क्रियाशक्ति इन दोनों को मिलाने में मार्क्स यत्नशील रहे।[11]

मार्क्सवाद की त्रुटियों का ध्यान रखते हुए उन्होंने कहा, "हमें साम्यवाद के वंचनात्मक विचार से बहुत आगे दृष्टि डालनी चाहिए, यदि सम्भावित विभीषिका को हमें टालना है। हमें मानव की सर्जनात्मक प्रवीणता के प्रति विश्वास होना चाहिए और यह मानना चाहिए कि मानव मस्तिष्क की सर्जन क्षमता अभी लुप्त नहीं हुई है।"[12]

नया मानववाद

राय ने अपनी विचारधारा को मौलिक मानववाद तक ही सीमित नहीं रखा। कालान्तर में, राय मौलिकवाद को छोड़ एक संघटित वैज्ञानिक मानववाद की ओर आकृष्ट हुए। अगस्त 1947 में एक घोषणापत्र में राय ने अपनी राजनीतिक विचार प्रतिपादित किए जो किसी प्रकार कट्टर न होकर युक्ति और नीति पर आधारित थे। उन्होंने नवजागरण कालीन धर्मनिरपेक्ष मानववाद में, जिसे वैज्ञानिक आविष्कारों ने समृद्ध बना दिया, में नई समाज-व्यवस्था के दर्शन किए। अतः यह उचित ही कहा गया है कि राय के विचारों में प्राप्त मानववादी तत्त्वों का उस पाश्चात्य दर्शन के अनेक युगों तथा श्रेणियों में ढूँढ़ा जा सकता है। वह एक ऐसे मानववाद के लिए उत्सुक हैं जो नैसर्गिक युक्ति तथा मत निरपेक्ष चेतना पर आधारित हो। उनके अनुसार युक्तिसंगत मानववादी आचार शास्त्र अब से सभी मानवीय रोगों के लिए राम बाण है। जिसे राजनीतिक साधन को उन्होंने प्रयोग के लिए स्वीकार किया उससे उनका अभिप्राय न्यायपूर्ण उद्देश्यों की प्राप्ति के लिए उचित स्थानों को अपनाने से था। इस प्रकार राय गांधीजी की विचारधारा के अत्यन्त निकट प्रतीत होते हैं। किन्तु, जिस समाज व्यवस्था का राय ने स्वप्न देखा था, वह गांधीजी के राम राज्य से भिन्न था। उन्होंने गांधीजी की भाँति भारतीय संस्थाओं से प्रेरणा प्राप्त नहीं की थी। उनके मस्तिष्क पर उदारवाद और मानववाद की यूरोपीय परम्परा न प्रभाव डाला था। उन्होंने मनुष्य और समाज के अध्ययन में प्राकृतिक विज्ञान के सिद्धान्तों और साधनों के प्रयोग का अनुरोध किया और 19वीं शती के मूलवादियों

के मानवतावादी दृष्टिकोण अपनाने का अनुरोध किया।[13]

उनकी मानववादी संकल्पना सर्वदेशीय थी। यह किसी राष्ट्र और बिरादरी के अर्थों में विचार नहीं करती थी—वरन् मनुष्य की दृष्टि से। यही संकल्पना मानववाद का आधार थी। इसे नये रूप में ग्रहण किया गया है, क्योंकि इसे अधिक सशक्त बनाया गया है, ज्ञान द्वारा अधिक स्पष्ट किया गया है। और आधुनिक सभ्यता की अनेक शताब्दियों में प्राप्त सामाजिक अनुभवों द्वारा यह समृद्ध हुआ है। उन्होंने लिखा, ''नया मानववाद सर्वदेशीय है। आध्यात्मिक दृष्टि से स्वतन्त्र मनुष्यों का राष्ट्रमण्डल राष्ट्रीय राज्यों की सीमाओं में बँधा नहीं होगा—20वीं सदी के मनुष्य के नवजागरण के प्रभाव से यह राज्य स्वतः लुप्त हो जाएँगे।''[14]

वह अन्तर्राष्ट्रीय और सर्वदेशवाद का अन्तर स्पष्ट करते हैं। वह एक आध्यात्मिक बिरादरी और एक सर्वदेशीय मानववाद का अनुरोध करते थे। अन्तर्राष्ट्रीयवाद पृथक् राष्ट्रीय राज्यों के अस्तित्व को स्वीकार करता है। राय का विचार था कि एक वास्तविक विश्व सरकार बन सकती है यदि राष्ट्रीय राज्यों को प्रभावहीन बना दिया जाए।

इसके अतिरिक्त, जैसा पहले कहा जा चुका है उन्होंने ऐसे शिक्षण उपाय पर बल दिया जिससे एकदम नयी मानववादी क्रान्ति का सूत्रपात हो सके। यह उपाय उन संवैधानिक उपायों से अधिक भिन्न नहीं था जिनका प्रयोग दादाभाई नौरोजी, एम. जी. रानाडे, सुरेन्द्रनाथ बैनर्जी तथा गोखले जैसे नर्मदलीय और उदार नेताओं ने किया।

यह कुछ विचित्र ही प्रतीत होता है कि राय जिन्होंने अपना जीवन एक आक्रामक अधिकारी के रूप में आरम्भ किया और जिन्होंने क्रान्ति के मार्क्सवादी विचार को स्वीकार किया, अन्त में उदारदलीय और नरमदलीय लोगों के संवैधानिक उपायों की ओर आकृष्ट हो गए। उन्होंने उन्नीसवीं शताब्दी के उत्तरार्द्ध को भरातीय इतिहास का स्वर्णयुग बताया। उदारदलीय लोगों की इस काल में काफी प्रगति हुई।

राय इस तथ्य के प्रति सजग थे कि मानवता एक संकटकाल से गुज़र रही है। अतः उनकी सम्मति में समय का मूल प्रश्न था व्यक्ति के अधिकारों पर समाज के उत्क्रोच से उनकी रक्षा करना। पूँजी और श्रम के मध्य का आर्थिक प्रश्न अब प्रमुख प्रश्न नहीं रहा, उनके अनुसार, ''यद्यपि पीड़ित मानवता के हित में इसके भी समाधान की आवश्यकता है। नया मानववाद अपनी इस धारणा के द्वारा कि, इतिहास मानव की कार्यवाहियों का ही अभिलेख है और समाज को एक पूर्णतान्त्रिक शासक के रूप में अपने को उस पर थोपने का कोई अधिकार नहीं दे, इस बात पर आग्रह करता है।

इसके अतिरिक्त नये मानववाद ने आध्यात्मिक स्वतन्त्रता की आग्रहपूर्वक

स्थापना की और नैतिक तथा आध्यात्मिक स्वतन्त्रता और तर्क तथा शिष्टाचार आदि के मूल को स्वीकार किया। डॉ. वर्मा के शब्दों में, "संघटित मानववाद में मूल्य निर्धारण विषयक तीन तत्त्व हैं–स्वतन्त्रता, तर्क और नैतिकता। यह मात्र कल्पना पूरक न होकर ऐतिहासिक विकास के क्रम से प्राप्त अनुभवों को ठोस रूप देना है।"[15]

अरविन्द जहाँ स्वतन्त्रता को मानव में एक ऐसा संस्कार मानते थे जिसे ईश्वर ने प्रतिष्ठित किया है, वहाँ राय इसके विपरीत स्वतन्त्रता का मूल हाविजियन (Hobbesian) डार्वियन (Darwian) की अस्तित्व के लिए और आत्म-रक्षण के लिए संघर्ष सम्बन्धी संकल्पना को मानते हैं। राय के शब्दों में, "स्वाधीनता की खोज भावनात्मक और ज्ञानात्मक (Cognitional) स्तर पर अपने अस्तित्व के लिए संघर्ष का जारी रखना ही है।"[16] इस प्रकार वह स्वतन्त्रता को एक मौलिक प्रगति मानते हैं, जो मनुष्य में छिपी रहती है। इस इच्छा की साकारता मानव की परम्परागत पुरोहितवाद और अन्धविश्वास की शृंखलाओं को तोड़ने की अपनी सृजनात्मक शक्तियों के प्रति सजगता पर निर्भर है।

आध्यात्मिक स्वतन्त्रता सामाजिक और राजनीतिक स्वतन्त्रता की आवश्यक पूर्वस्थिति है। आध्यात्मिक स्वतन्त्रता उसे अपनी क्षमताओं के प्रति आश्वस्त करेगी तथा उसमें वह अपेक्षित विश्वास संचरित करेगी जिसके साथ वह एक-एक स्वतन्त्र संसार की रचना के लिए मानव के सामूहिक प्रयासों में सहभागी होगा। इस प्रकार सोचने के ढंग से वह राबर्ट ओवन, सेंट साइमन तथा कार्लग्रम (एक जर्मन समाजवादी जो मानसिक प्रबुद्धता को सामाजिक पुनर्निर्माण के लिए एक आवश्यक पूर्व स्थिति मानते थे) के निकट आ गए हैं।

इसके अतिरिक्त राय इस बात पर बल देते हैं कि राजनीतिक और सामाजिक पुनर्निर्माण की आवश्यक पूर्व विशेषता मनुष्य के बौद्धिक नवजागरण में और उसके द्वारा नये मानववाद के दर्शन के मूल सार को ग्रहण करने में है। साहस को उत्प्रेरित करने वाले विचारों के प्रति आकृष्ट, स्वतन्त्रता के प्रति जिनमें शमित न होने वाली ललक हो, स्वतन्त्र मानव के स्वतन्त्र समाज निर्माण के स्वप्न से जिनके नेत्र रंजित हों, स्वाधीन मानव के ऐसे स्वाधीन समाज का निर्माण, जहाँ व्यक्ति की गरिमा अपनी प्राथमिक स्थिति में हो, जिनकी अभिप्रेरणा हो, ऐसे भ्रातृभाव सम्पन्न लोगों का संगठन ही आधुनिक सभ्यता को वर्तमान संकट से उबार सकता है।[17]

एक मानववादी के रूप में उनके राजनीतिक और आर्थिक विचार–मानव को स्वतन्त्रता के पोषक होने के नाते वह आर्थिक और राजनीतिक दोनों प्रकार की सत्ताओं का विकेन्द्रीकरण चाहते थे। केन्द्रीकरण से आरम्भ करने का उत्साह और चुनने की स्वतन्त्रता दोनों का हनन होता है। विशाल आर्थिक साधनों वाले ऐसे

राजनीतिक दल जिनके संगठनों का गाँवों में जाल बिछा हो, केन्द्रीकरण के एजेण्टों का काम करते हैं। अतः वह रूस की राजनीति तथा अन्य मामलों में कंम्युनिस्ट पार्टी के कार्य को कम-से-कम किए जाने पर बल देते थे।

वह इस बात के विरुद्ध थे कि राजनीतिक सत्ता सामाजिक परिवर्तन का माध्यम बने। वह इस विचार के थे कि गाँवों में और कारखानों में तेजी से कार्य होना सामाजिक परिवर्तन के लिए राजनीतिक दलों के संगठन और उनकी स्थिति सुदृढ़ करने से अधिक लाभदायक सिद्ध हो सकता है। जे. पी. नारायण के समान वह भी दलहीन प्रजातन्त्र के समर्थक थे।

उनका विश्वास था कि सच्चा प्रजातन्त्र मनुष्य को अपने स्वतन्त्र निर्णय के प्रयोग की अनुमति देने और राज्य के मामलों में सक्रिय रूप से भाग लेने की अनुमति देने में निहित है। आधुनिक राज्य में व्यक्ति राज्य द्वारा विभिन्न प्रकार के अत्याचारों का शिकार सहज ही हो जाता है, राज्य चाहे किसी भी प्रकार का हो। राय अनुभव करते थे कि संसदीय प्रजातन्त्र में लोग निर्वाचकों के मध्य अशक्त होते हैं और संकटकालीन स्थिति में कानून का शासन उन्हें कोई सुरक्षा प्रदान नहीं करता। इस प्रकार वह संगठित प्रजातन्त्र का पक्ष लेते थे जहाँ अधिकार का प्रयोग ऐसे पूर्णतान्त्रिक शासक द्वारा नहीं होगा जो ऊँचाई पर बैठे हों। वहाँ तो स्थानीय लोगों की समितियाँ सत्ता का प्रयोग करेंगी। यह समितियाँ ऐसे विद्यालय होंगे जहाँ लोगों को सामाजिक और राजनीतिक कार्य हाथ में लेने के योग्य होने का शिक्षण दिया जाएगा। वह प्रजातान्त्रिक केन्द्रवाद की प्रणाली के विरुद्ध थे। उनका उद्देश्य था एक ऐसी सामाजिक प्रणाली "जिसमें सामाजिक तकनीकी विद्या और मानवीय तर्क और इंजीनियरी की सभी संचित शक्तियों का प्रयोग व्यक्ति की स्वतन्त्रता और सामाजिक भलाई और उन्नति में संसाधन (Reconciliation) लाने के लिए किया जाए।"[18]

वह प्रशासकों पर वापिस बुला लेने की (Recall) और जनमत संग्रह की प्रक्रियाओं द्वारा सीधा प्रजातान्त्रिक अंकुश रखे जाने के पक्ष में थे। वह चाहते थे कि स्थानीय प्रजातान्त्रिक एजेन्सियाँ निर्वाचनों के लिए प्रत्याशी खड़े करें। वह चाहते थे कि लोग पार्टी, वर्ग और प्रान्तीयता के विचार से मतदान न करें। इस बात से ऐसा प्रतीत होता है राय रूसो के सीधे प्रजातन्त्र के सिद्धान्त को स्वीकार करते थे, क्योंकि उन्होंने जनता की समितियों के द्वारा वयस्क लोगों के शासन में सीधे भाग लेने की व्यवस्था को प्रोत्साहन देने का यत्न किया था।

किन्तु, वह जानते थे कि इस प्रकार के संगठन प्रजातन्त्र (Organized Democracy) के आदर्श को प्राप्त करना सरल नहीं है। अतः उन्होंने बीच के समय के लिए निर्वाचन तथा चयन के मिला दिए जाने पर बल दिया था। वह एक

राजकीय परिषद् (Council of State) का गठन चाहते थे जो अवशिष्ट (Residuary) अधिकारों का प्रयोग करे। व्यवसायी दल राजकीय परिषद् के लिए एक सदस्यों की विशेष संख्या की सिफारिश करेगा। यह अधिकारी कुछ ऐसे अन्य व्यक्तियों को भी मनोनीत करेगा जो अच्छे सुयोग्य हों और जिनका किसी दल से कोई सम्बन्ध न हो। इस राज्य परिषद् को राज्य की अर्थनीति को प्रेरित और कार्यरूप देने, स्वास्थ्य तथा संस्कृति को भी प्रेरित, कार्य-रूप देने और आयोजित करने का अधिकार होगा।

इसके अतिरिक्त राय एकाधिकारपरक पूँजीवाद के उनके प्रचुर मात्रा में उत्पन्न होने वाले ट्रस्टों और उत्पादन संघों सहित, विरोधी थे। एकाधिकार से प्रतिस्पर्धा अपूर्ण हो जाती है और इससे वित्तीय तथा औद्योगिक शक्ति के विशाल केन्द्र बनते हैं। एकाधिकारपरक पूँजीवाद से उत्पन्न होने वाली सामाजिक और आर्थिक असमानताओं से संसदीय जनतन्त्र एक धोखा बनकर रह जाता है। उदार पूँजीवाद (Liberal Capitalism) ने भी यथेच्छाचारित के अपने सिद्धान्त और स्वतन्त्र व्यापार सहित प्रजातन्त्र को दबा दिया।[19]

राजकीय पूँजीवाद और राजकीय समाजवाद भी राजकीय व्यापार पर बल देकर स्वायत्तता को खतरे में डाल देता है। यह दोनों एकाधिकारपरक पूँजीवाद से भी अधिक खतरनाक है, क्योंकि यह सैनिक तन्त्र और नौकरशाही के दो इंजिनों की शक्ति पर काम करता है। राय, इसलिए विकल्प रूप में सहकारी अर्थव्यवस्था का सुझाव देते हैं जिसके अन्तर्गत उत्पादन मानवीय आवश्यकताओं की पूर्ति के लिए किया जाता है। इस प्रकार की अर्थव्यवस्था व्यापक (Widespread) विकेन्द्रीकरण और सहयोग की भावना तथा व्यवहार पर आधारित है। इस प्रकार निहित स्वार्थ का भ्रष्टाचारी प्रभाव दूर हो जाता है। सहकारी अर्थव्यवस्था की संकल्पना से राय गांधीजी के निकट आ जाते हैं जिनकी वह इतनी कठोर आलोचना करते हैं। अन्त में, यही कहा जा सकता है कि वह व्यक्तिवाद को प्रजातन्त्र का सैद्धान्तिक आधार मानते थे। उन्होंने व्यक्तिवाद की एक सर्वांगीण सामाजिक, राजनीतिक और दार्शनिक संकल्पना पर बल दिया। व्यक्ति, परिवार और समाज दोनों से ही पहले आता है। मूल रूप में समाज व्यक्तियों के स्वेच्छिक संघ के रूप में ही प्रकट हुआ था। उन्होंने स्त्रियों पर लगे अनेक प्रतिबन्धों को समाप्त करने का सुझाव दिया और उन्होंने पितृसत्तात्मकता पर आधारित संयुक्त परिवार को अतीत का एक अवशेष बताया।

उनके आर्थिक विचार (विस्तार में)

दूसरे आधुनिक चिन्तकों की भाँति, राय का भी यही विचार है कि लोकतन्त्र के रास्ते में आर्थिक व्यवस्था एक बड़ी बाधा है। उसके अनुसार न तो खुले मुकाबले के समर्थक उदारवादी और न ही राज्य के समाजवादी, व्यक्ति को सुरक्षा प्रदान कर

सकते हैं। 'खुले मुकाबले का सिद्धान्त' (Laissez-faire Theory) ने व्यक्तिगत स्वतन्त्रता के आदर्श को बहुत धक्का लगाया। उदारवादियों ने मनुष्य की व्याख्या एक आर्थिक प्राणी के रूप में की है, जो कि आर्थिक हितों को देखकर ही चलता है—जोकि मनुष्य के कार्यों के लिए ही प्रोत्साहन मात्र है। राय के शब्दों में, "आर्थिक व्यक्ति की धारणा से व्यक्तिवाद उदारवादी सिद्धान्त खत्म हो जाता है। धन के लिए व्यक्ति या तो गुलाम बन जाएगा या गुलाम बनाकर रखने वाला होगा।"[20] उदारवाद के सिद्धान्त ने व्यक्ति को निजी आर्थिक हितों को बनाए रखने के लिए प्रोत्साहन दिया, जिसके कारण आर्थिक प्रतियोगिता तथा बहुत बड़ी आर्थिक असमानता, इस युग में पैदा हुई, जिसके फलस्वरूप मनुष्य के द्वारा मनुष्य का शोषण होने लगा है और व्यक्ति निःसहाय हो गया है। व्यक्ति की इस असहाय दशा के कारण लोकतन्त्र की भावना को हानि पहुँची और समष्टिवाद के उदय होने का अवसर प्रदान किया।

समष्टिवाद, जिसे कि एक रूप में प्रयुक्त किया जाता है, वह पूँजीवाद की अपेक्षा बढ़िया नहीं है। राज्य के नियन्त्रण के क्षेत्र के बढ़ने के कारण शक्ति का केन्द्रीकरण हुआ, जिसके फलस्वरूप व्यक्ति की स्वतन्त्रता का ह्रास हो गया। रूस में व्यक्तिगत स्वामित्व के स्थान पर राज्य के स्वामित्व के सिद्धान्त को लागू करने में भी नई सभ्यता का उदय नहीं हुआ है। राय ने कहा, "निजी सम्पत्ति की संस्था को समाप्त करने से, उत्पादन के साधनों पर राज्य का नियन्त्रण कायम करने तथा नियोजित अर्थव्यवस्था के बावजूद भी मजदूरों का शोषण समाप्त नहीं होता और न ही धन के बराबर बँटवारे के उद्‌देश्य की पूर्ति की जा सकती है।"[21]

दूसरे, राय ने केवल लोकतन्त्रीय समाजवाद का ही विरोध नहीं किया, परन्तु उसने राज्य के नए कल्याणकारी सिद्धान्त की भी आलोचना की है। उसके लिए समाजवाद निरर्थक साम्यवाद है। परन्तु समाजवाद तथा साम्यवाद दोनों निजी सम्पत्ति को सभी बुराइयों की जड़ समझते हैं और राज्य के स्वामित्व को ही इसका एकमात्र इलाज मानते हैं। राय ने इस बात को महसूस किया कि सामाजिक भलाई तथा जन कल्याण के लिए राज्य की शक्ति को बढ़ाने के लिए लायी गई कोई भी योजना अन्त में सर्वसत्तात्मक का रूप धारण कर लेगी, जिससे व्यक्ति की स्वतन्त्रता का अन्त हो जाएगा। उसके शब्दों में, "लोकतन्त्रीय समाजवाद के आधीन भी, आर्थिक कल्याण को खरीदा जाना चाहिए, इसका मूल्य व्यक्तिगत स्वतन्त्रता तथा बलात् विचारक शासन का अन्त होगा।"[22] इसी तरह उसने राज्य के कल्याणकारी सिद्धान्त को एक धोखा ही समझा। राज्य व्यक्तियों को काफी रियायतें देता है, और इनके लिए वह व्यक्तियों से ही धन बटोरता है। राज्य नौकरशाही को बनाए रखने के लिए बहुत अधिक धन व्यय करता है। उसके कथानानुसार, "धन एक मज़दूर की जेब में से निकाला जाता है और लोभ के रूप में दूसरे की जेब में डाल दिया

जाता है। इसी प्रक्रिया में धन का लगभग 20 से 25% मूल्य कम हो जाता है।''[23]

पूँजीवाद तथा समाजवाद, दोनों को स्वीकार करने के पश्चात् राय ने सहकारी अर्थव्यवस्था का सुझाव दिया। उसने राज्य के प्रभाव से मुक्त, आपसी सहयोग के आधार पर समाज के आर्थिक जीवन के पुनर्गठन का सुझाव दिया है। अतः इससे उपभोक्ताओं तथा उत्पादकों का जाल सूत्र (network) कायम हो जाएगा। राय इन सहकरी सिद्धान्तों के द्वारा समाज के गठन में विकेन्द्रीकरण के सिद्धान्त को लागू करना चाहता था। लोगों की कमेटियों की भाँति, विकेन्द्रीकृत राज्य की मौलिक इकाई—प्रत्येक क्षेत्र की अपनी ही सहकारी समिति होगी—जो कि विकेन्द्रीकृत आर्थिक प्रणाली की धुरी होगी। स्थानीय बहुधन्धी (multipurpose) सहकारी समितियाँ एक बड़ी आर्थिक प्रणाली का निर्माण करेंगी। स्थानीय तथा क्षेत्रीय सहकारी समितियों के अतिरिक्त, बड़े पैमाने पर देश के लिए उत्पादन करने वाले उद्योगों की प्रगति के लिए उनको प्रयाग में लाया जाएगा। कुछ वस्तुओं का बड़े पैमाने पर उत्पादन तथा खनन आदि के प्राकृतिक साधनों का प्रयोग भी सहकारिता के आधार पर किया जाएगा।

स्थानीय सहकारी समितियों का उन पर नियन्त्रण होगा। इस प्रकार की उत्पादन की प्रणाली सामान्य रहन-सहन के स्तर को ऊँचा उठाएगी और मज़दूरों के शोषण का अन्त होगा। आर्थिक दृष्टि से इस प्रकार की सहकारी अर्थव्यवस्था आत्मनिर्भर होगी, शुरू में चाहे उसे राज्य से वित्तीय सहायता लेनी पड़ेगी। इससे न तो राज्य का नियन्त्रण होगा और न ही उसके द्वारा हस्तक्षेप की सम्भावना।

राय ने वर्तमान ग़ैर-सरकारी उद्योगों के साथ-साथ सहकारी अर्थव्यवस्था (co-operative economy) के विकास को भी बुरा नहीं समझा। इन उद्योगों को, या तो स्वतन्त्र रहकर नई अर्थव्यवस्था के साथ मुकाबला करने की छूट दी जाएगी, या सहकारी प्रणाली का अटूट अंग बनने दिया जाएगा। इनका अलग अस्तित्व खत्म हो जाएगा, क्योंकि सारे समाज द्वारा अपनाई गई अर्थव्यवस्था के मुकाबले में आना उनके लिए सम्भव नहीं होगा। इससे नफे पर आधारित निजी क्षेत्र की समस्याओं का अपने आप ही समाधान हो जाएगा।

सहकारी अर्थव्यवस्था आधुनिक, वैज्ञानिक तथा औद्योगिक प्रगति से लाभ उठायेगी, परन्तु औद्योगिक कार्य-कुशलता के कारण व्यक्तिगत स्वतन्त्रता का दमन नहीं किया जाएगा। उसके शब्दों में, ''मशीन आधुनिक सभ्यता के लिए खतरनाक सिद्ध नहीं होनी चाहिए। इसकी सृष्टि मनुष्य के द्वारा की गई है, अतः इसे मनुष्य के उद्देश्य की पूर्ति—उसकी स्वतन्त्रता को बनाए रखना चाहिए।''[24]

राय के आर्थिक विचारों का मूल्यांकन

आर्थिक आयोजना के बारे में राय के विचार अस्पष्ट हैं। उसने आयोजना का स्वतन्त्रता के साथ समझौता करने का यत्न किया है। अतः उसने सुझाव दिया है कि आयोजित अर्थव्यवस्था, धन के समान बँटवारे के सिद्धान्त को अपनाकर अधिक-से-अधिक लोगों के कल्याण की गारंटी देगी। अपने नवीन मानवतावाद (1947) में, उसने राज्य परिषद् को तथा व्यावसायिक संगठनों को समाज की सभी शाखाओं–आर्थिक, स्वास्थ्य, शिक्षा तथा संस्कृति के विकास करने की शक्ति प्रदान की है। बाद में उन्होंने राय दी कि आर्थिक संस्था को राज्य के प्रभाव से मुक्त किया जाना चाहिए। अपने मौलिक मानवतावाद (Radical Humanism, 1952) में उसने कहा, "यह एक निराधार धारणा है कि राज्य की आलोचना, निश्चित रूप से ही आर्थिक लोकतन्त्र तथा सामाजिक न्याय की ओर ले जाती है...। आयोजना उत्पादन में वृद्धि ला सकती है, पर इसने अमेरिका के अतिरिक्त कहीं भी कोई अच्छे लाभ नहीं दिखाए। रूस में इससे थोड़े समय में काफी औद्योगिक प्रगति देखने को मिली है। परन्तु वहाँ पर भी न्यायोचित बँटवारा तो दूर रहा, सम्पत्ति का समान बँटवारा भी अभी दूर का स्वप्न बना हुआ है। इसी दौरान आयोजना ने आर्थिक व्यूहरचना की है और स्वतन्त्रता को खत्म किया है।"[25]

अतः राय ने राज्य के द्वारा नियोजित आर्थिकता का पूर्ण रूप से त्याग किया और उसके स्थान पर सहकारी आर्थिकता की सिफारिश की। इससे पता चलता है कि उसने पूर्ण रूप से नियोजित अर्थव्यवस्था का खण्डन भी नहीं किया। उसके विचारों में अस्थिरता स्पष्ट देखने को मिलती है। इसके अलावा यह भी सन्देह वाली बात है कि समाज के आर्थिक जीवन को जीवन के हस्तक्षेप के बिना, विशेष रूप से एशिया तथा अफ्रीका के विकासशील लोकतन्त्रों में, विकसित किया जा सकता है।

किन्तु इसमें सन्देह नहीं कि राय द्वारा उद्योगों के विकेन्द्रीकरण तथा राष्ट्र में किन्हीं चुने स्थानों तक ही सीमित रखने, विशालकाय उद्योगों के स्थान पर मध्याकरणीय उद्योगों के क्षेत्र तक ही रखने के स्थान पर, पूरे राष्ट्र में उन्हें बिखेर देने पर बल देना, विश्व की औद्योगीकृत सभ्यताओं की 'जन समाज' तथा जन सभ्यता की विकट समस्याओं का बड़े अंश में समाधान कर सकता है।[26] पाश्चात्य चिन्तकों की भी विकेन्द्रीकृत अर्थव्यवस्था चिरकाल से सँजोयी इच्छा है।

राय द्वारा राज्य के कल्याणकारी संस्था होने की धारणा को अस्वीकार कर देना ठीक नहीं है। हॉबमैन के अनुसार, "कल्याणकारी राज्य, दो अतिवादी (extremes), एक ओर साम्यवाद और दूसरी ओर अनियंत्रित व्यक्तिवाद (Unbridled Individualism) के बीच में समझौता है और इसकी बहुत-सी त्रुटियों के बावजूद भी, यह

किसी भी मानवीय तथा प्रगतिवादी समाज के लिए एक आधार प्रदान करता है।"[27] कल्याणकारी राज्य, व्यक्तियों की स्वतन्त्रता को बढ़ावा देता है न कि उन्हें तानाशाही शासन के आधीन करता है।

व्यक्ति तथा समाज

व्यक्ति तथा समाज के बीच के सम्बन्धों की बात राय द्वारा प्रस्तुत राज्य की उत्पत्ति के सिद्धान्त से स्पष्ट होती है। राय ने स्पष्ट शब्दों में कहा है कि "समाज का निर्माण मनुष्य के द्वारा किया गया है।" यह विचार मनुष्य की वंश परम्परा के वैज्ञानिक सिद्धान्त से निकलता है। राय ने कहा, "यह तर्कसंगत रूप से मानवता के विकासवादी सिद्धान्त का अनुसरण करता है कि समाज तथा राज्य की उत्पत्ति से पहले भी विकास के निचले स्तर पर मानवता का अस्तित्व कायम था और समाज तथा राज्य मानवीकृत है। ऐतिहासिक दृष्टि से भी इसे सिद्ध किया जा सकता है, क्योंकि आज भी प्राचीन कबीले देखने को मिलते हैं, जो लगभग पशुओं के रेवड़ों की भाँति रहते हैं।"[28] इससे स्पष्ट है कि राय सामाजिक जीवन के क्षेत्र में प्राचीन कबीलों को सम्मिलित नहीं करता। वह समाज की मौलिक रचना को एक युक्तियुक्त कर्म मानता है। हॉबस द्वारा पूर्व-सामाजिक मानवता का चित्रण राय को अधिक वास्तविकता लगता है। उसका विचार था कि मनुष्य ने, जीवनार्थ संघर्ष के लिए तथा समाज के लिए अपनी इच्छा की पूर्ति के लिए, समाज का निर्माण किया। उसने कहा, "मनुष्य ने स्वतन्त्रता की खोज के लिए समाज का निर्माण किया है। मूल रूप में सहकारी सामाजिक नाते, जीवनार्थ संघर्ष को दोबारा कार्यान्वित करने के लिए, कायम किए गए, जिन्हें आदिकालीन मनुष्य ने व्यक्तिगत रूप से शुरू किया था। अतः यह स्पष्ट है कि मनुष्य के द्वारा, जीवनार्थ संघर्ष के उद्‌देश्यों की पूर्ति के कारण, उसे दूसरे मनुष्यों के और निकट लाने के लिए तथा उनके साथ मिलकर काम करने पर बाध्य किया। समाज की उत्पत्ति का यही कारण था।"[29]

डॉ. भट्टाचार जी के शब्दों में, "सामाजिक जीवन के उत्स के सम्बन्ध में राय के विचार सामने आने का कारण सम्भवतः पारिवारिक अथवा कबाइली जीवन का विकास है।"[30] राय ने स्वयं प्राचीन कबीलों के अस्तित्व को माना है, परन्तु वह इस बात से सहमत नहीं है कि सामाजिक जीवन कबायली जीवन के साथ जुड़ा हुआ है। उसने इस बात पर बल दिया है कि समाज व्यक्ति की ही रचना है, चाहे उसने इस बात की व्याख्या प्रस्तुत नहीं की कि किस तरह प्राचीन कबीले व्यक्तियों में घुलमिल गए।

इसके अलावा उसके द्वारा समाज का जो चित्र खींचा गया है उससे सामाजिक समझौते के सिद्धान्त का पुनरुत्थान होता है, चाहे राय ने स्वयं इस सिद्धान्त का

खंडन किया है। उसके शब्दों में, "इस विकासवादी विचार के आधार पर हमें अठारहवीं शताब्दी के सामाजिक समझौते के सिद्धान्त को अस्वीकार करना चाहिए. ..जिस प्रकार मानवीय जातियाँ और सामाजिक संस्थाओं का मनुष्य के उदय के साथ-साथ शुरू की दशाओं में एक घटना के रूप में उदय हुआ, और समय के साथ-साथ इसने अधिक-से-अधिक लक्ष्यपूरक तथा पेचीदा रूप धारण किए।"[31]

राज्य की उत्पत्ति

समाज की भाँति, राज्य भी मानवीय रचना है। यह मानवीय समुदाय का राजनीतिक संगठन है।[32] राज्य की रचना दो आवश्यकताओं की पूर्ति करने के उद्‌देश्य से की गई है—(क) सरकार का संचालन तथा कानून और व्यवस्था की स्थापना; (ख) सामाजिक जीवन के विभिन्न विभागों में तालमेल स्थापित करना। वास्तव में मनुष्य ने, स्वतन्त्रता की खोज में अपने ही हितों को सुरक्षित रखते के लिए राज्य का निर्माण किया। यह समाज पर अपना स्वामित्व बनाए रखने के लिए दबाऊ संस्था नहीं थी जो कि मनुष्य पर किसी व्यक्ति श्रेणी के द्वारा जबर्दस्ती थोपी गई थी। उसके शब्दों में, "यह एक अपने आप चलने वाली प्रक्रिया थी, जिसका कि मशीन की भाँति विकास हुआ, जिसके पीछे सार्वजनिक सहयोग सभी व्यक्तियों को सुरक्षा तथा सरकार के संचालन की, आवश्यकता की पूर्ति करने का उद्‌देश्य था।"[33] चूँकि राज्य समाज पर थोपा नहीं गया था, अतः वह मानवीय स्वतन्त्रता के असंगत नहीं था। यह उन सामाजिक संस्थाओं में से एक थी, जो स्वायत्त होती है।

समाज तथा राज्य एक साधन, व्यक्ति एक साध्य

समाज तथा राज्य की उत्पत्ति से स्पष्ट रूप से पता चलता है कि मनुष्य ने अपने हितों की पूर्ति के लिए इनका निर्माण किया। निर्माता के रूप में मनुष्य समाज तथा राज्य से पहले है। "समाज तथा राज्य मनुष्य की स्वतन्त्रता तथा प्रगति के उद्‌देश्य की पूर्ति के साधन हैं।"[34] चूँकि व्यक्ति समाज से पहले है, अतः व्यक्ति की स्वतन्त्रता को भी, सामाजिक संस्थाओं की अपेक्षा, पहल दी जानी चाहिए। इनका सम्बन्ध साध्य तथा साधन का है और साधन उसी दशा में उचित माने जाते हैं, जबकि वे साध्य की प्राप्ति में सहायता करते हों। अतः उसने उन सभी उपायों को खतरनाक समझा, जो सम्मिलित कल्याण की सुरक्षा के लिए व्यक्ति की स्वतन्त्रता पर प्रतिबन्ध लगाते हों। परन्तु उसने समाज तथा राज्य के महत्त्व को कम नहीं किया चाहे उनको साधक (Instrumental) के रूप में रखने की बात को स्वीकार कर लिया। समाज का व्यक्ति से पृथक् कोई अस्तित्व नहीं है। समाज का व्यक्तियों के हितों के अतिरिक्त और कोई अपना हित नहीं है, क्योंकि व्यक्ति ही समाज का

निर्माण करते हैं।

व्यक्ति तथा राज्य के बीच में वही सम्बन्ध है जो समाज तथा व्यक्ति के बीच में है। उसके अनुसार, "राज्य मानवीय समुदाय का एक राजनीतिक संगठन है, व्यक्ति के साथ इसका सम्बन्ध व्यक्ति तथा समाज के बीच के सम्बन्ध का जारी रहना है...मानवीय समुदाय के राजनीतिक संगठन के रूप में, राज्य भी मानव कृत है, अतः रचयिता तथा रचना के सम्बन्धों को तबदील किए बिना यह व्यक्तियों का प्रभुत्व का दावा नहीं कर सकता।"[35] उसने इस पर भी बल दिया कि राज्य भी समाज की भाँति साध्य के लिए एक साधन है। साध्य व्यक्ति का कल्याण तथा उसकी स्वतन्त्रता है। साधन निश्चित रूप से महत्त्वपूर्ण हैं, परन्तु वे साध्य की अपेक्षा अधिक महत्त्वपूर्ण नहीं है। अतः उसने यह निष्कर्ष निकाला कि सामाजिक अथवा सामूहिक कल्याण का नाम लेकर व्यक्ति की स्वतन्त्रता को न कुचला जाए। 'साध्य' का 'साधन' के कारण वध नहीं किया जाना चाहिए। उसने व्यक्ति की पूर्ण स्वतन्त्रता तथा सामंजस्यपूर्ण सामाजिक व्यवस्था में कोई आपसी विरोध नहीं माना। एक सामाजिक संगठन, जो मानवीय व्यक्तित्व के स्वतन्त्र विकास के रास्ते में बाधा उपस्थित करता है, वह उस मौलिक उद्देश्य का विरोध करता है, जिसकी पूर्ति के लिए समाज की रचना की गई थी। उसने राष्ट्रीय समृद्धि तथा सामाजिक प्रगति को एक विडम्बना ही समझा यदि वे व्यक्तियों की प्रगति, समृद्धि, कल्याण तथा स्वतन्त्रता के उद्देश्य की पूर्ति नहीं करते—सामाजिक प्रगति का अनुमान लगाने की यही एक कसौटी है।[36]

राय के विचारानुसार, समाज का व्यक्ति केवल आर्थिक आत्मनिर्भरता तथा सुरक्षा प्राप्त करके ही स्वतन्त्रता का आनन्द नहीं ले सकता, परन्तु एक मनोवैज्ञानिक वातावरण में, जो कि सांस्कृतिक व्यूहरचना से मुक्त हो और व्यक्ति को बौद्धिक तथा दूसरी मानवीय क्षमताओं के विकास में भी सहायक हों, का भी आनन्द ले सकता है।

व्यक्ति तथा समाज के बारे में राय के विचारों के मूल्यांकन से हम इस परिणाम पर पहुँचते हैं—(1) राज्य के व्यक्तिवाद को अहंवाद के साथ नहीं मिलाया जा सकता। वह चाहता था कि व्यक्ति समाज में रहकर दूसरे व्यक्तियों की आवश्यकताओं, इच्छाओं तथा भावों के अनुसार अपने आप को ढाल ले, (2) उसने व्यक्ति तथा कानूनों और नियमों के बीच में, जिनकी कि इन्हें उचित सीमाओं में रखने की आवश्यकता होती है, संघर्ष को भी समझा; (3) राष्ट्रीय तथा नैतिक भावना के विकास के साथ मनुष्य के लिए ऐच्छिक रूप से कानूनों तथा नियमों का सामाजिक सामंजस्य के लिए पालन करना सम्भव हो सकेगा। अतः व्यक्तिगत स्वतन्त्रता की धारणा सामाजिक उत्तरदायित्व के साथ असंगत नहीं होगी।

कानून बनाम स्वतन्त्रता

राय ने कानून के बारे में कोई अलग सिद्धान्त प्रस्तुत नहीं किया है। परन्तु उसने मानवीय स्वभाव तथा स्वतन्त्रता की समस्या के बारे में विचार प्रकट करते समय इसके बारे में इसका कुछ वर्णन अवश्य ही किया। उसने कानूनों को स्वतन्त्रता के विपरीत नहीं माना। वह चाहता था कि राज्य के कानून प्राकृतिक कानूनों की भाँति युक्तिपूर्ण हों और मनुष्य की स्वतन्त्रता-प्राप्ति में सहायक सिद्ध हों। उसने विचार व्यक्त किया कि सूझबूझ के आ जाने तथा नैतिक युक्तिपूर्ण स्वभाव के पीछे कानून की ही अन्तिम स्वीकृति का अनुभव करेगा और कानूनों को अपने ऊपर लादी हुई शक्ति नहीं समझेगा। अतः यह स्पष्ट है कि राय ने कानून को ईश्वरीय इच्छा अथवा प्रभुता-सम्पन्न श्रेणी द्वारा अपनी प्रभुता बनाए रखने अथवा श्रेष्ठ के द्वारा नीचे वाले को दिया गया आदेश नहीं माना। उसके अनुसार कानून तर्क पर आधारित है और उसका उद्देश्य अधिक-से-अधिक स्वतन्त्रता की प्राप्ति है। डॉक्टर भट्टाचारजी का विचार है कि, "चाहे राय ने कानून तथा स्वतन्त्रता के बीच में सामंजस्य स्थापित करने का प्रयत्न किया और समाज के महत्त्व को स्वीकार किया। उसका व्यक्तियों के बीच में एक लक्ष्य के रूप में तथा समाज के साधन के रूप से आपसी निर्भरता का विचार काफी यान्त्रिक है और इसे कार्यान्वित करने से यह खतरनाक सिद्ध हो सकता है।[37]

लोकतन्त्र तथा व्यक्तिगत स्वतन्त्रता

राय के अनुसार व्यक्तिगत स्वतन्त्रता लोकतन्त्रीय प्रणाली की सरकार में ही सम्भव है, जो कि सैद्धान्तिक दृष्टि से बढ़िया किस्म की सरकार है। वास्तविक लोकतन्त्र में लोगों की प्रभुसत्ता होती है। यह लोगों द्वारा चलाए जाने वाली लोगों की ही सरकार होती है। परन्तु उसने इस बात को स्वीकार किया कि वास्तविकता लोकतन्त्र तो एक वास्तविकता की अपेक्षा स्वप्न ही है। अतः व्यक्तिगत स्वतन्त्रता भी एक न पूरा होने वाला स्वप्न ही होती है। उसके अपने शब्दों में, "जबकि व्यक्तिगत स्वतन्त्रता अब भी एक स्वीकृत आदर्श बनी हुई है, जो कि सैद्धान्तिक दृष्टि से सभी आधुनिक लोकतन्त्रीय संविधानों द्वारा थोड़ी अथवा अधिक मात्रा में प्रदान की गई है, परन्तु वास्तव में यह संगठन की अत्यपेक्षा (Exigency) के आधीन है।"38 अतः उसने इस बात पर बल दिया कि लोगों की प्रभुसत्ता एक कानूनी कल्पित कथा ही है। वर्तमान प्रतिनिधि लोकतन्त्र, जो कि शक्ति की प्रदत्तता के सिद्धान्त पर आधारित है, लौकिक प्रभुसत्ता के सिद्धान्त का निषेध है। अतः उसने सुझाव दिया कि "शक्ति हमेशा लोगों के पास होनी चाहिए; लोकतन्त्र के लिए यही एक गारंटी है।"[39] व्यक्ति को जो मतदान का अधिकार दिया गया है, यह अप्रत्यक्ष

लोकतन्त्र है, जिसमें व्यक्ति अपनी शक्ति, एक व्यक्ति विशेष अथवा पार्टी, जिससे कि उस व्यक्ति का सम्बन्ध होता है, को दे देता है। उसने राय दी, "अब लोकतन्त्र के व्यवहार से पता चलता है कि दो चुनावों के बीच में प्रभुसत्ताधारी लोग बिल्कुल सामने नहीं आते और उनके उन लोगों पर, जो कि उनके आधार पर शासन चला रहे हैं, नियन्त्रण करने की कोई सम्भावना नहीं है।"[40] निर्वाचित प्रतिनिधि ज्यादा-से-ज्यादा यही कर सकते हैं कि वे लोगों के लिए सरकार की स्थापना करें। परन्तु वह निश्चित रूप से लोगों की सरकार नहीं होती। उसने कहा, "वास्तव में लोगों के लिए सरकार, लोगों की शासक बन गई है। प्रभुसत्ताधारी को प्रजा बना दिया गया है।"[41]

राय ने तानाशाही को संसदीय लोकतन्त्र का विकल्प नहीं माना, क्योंकि तानाशाही संसदीय लोकतन्त्र की त्रुटियों, जैसे कि व्यावहारिक रूप से लौकिक प्रभुसत्ता का अन्त और व्यक्तिगत स्वतन्त्रता के सिद्धान्त का निषेध, को और अधिक बढ़ा देती है। वास्तव में रूस वालों के तजुर्बे से उसे तसल्ली हो गई थी कि अगर एक बार तानाशाही कायम हो जाए, तो उसमें उसे बनाए रखने की रुचि काम करने लगती है। अतः संक्रमण समय में, अपनी सभी असफलताओं तथा त्रुटियों के बावजूद भी तानाशाही की अपेक्षा संसदीय लोकतन्त्र अच्छा है। उसने आधुनिक बड़े राज्यों के लिए भी वैकल्पिक रूप से प्रत्यक्ष लोकतन्त्र की स्थापना की राय दी है। उसने कहा, "वास्तविक लोकतन्त्र के लिए, निश्चित रूप में प्रत्यक्ष सरकार अवश्य ही लोगों के प्रत्यक्ष नियन्त्रण में हो।"[42]...अतः उसने देखा कि मौलिक लोकतन्त्र अथवा संगठित लोकतन्त्र, जिसकी मौलिक इकाई (जैसे कि पहले कहा गया है) परमाणुओं में परिवर्तन किए हुए व्यक्ति नहीं होंगे, बल्कि क्षेत्र के लोग 'लोक कमेटियों' में संगठित होंगे। ये लोक कमेटियाँ केवल स्थानीय स्वशासन की इकाई के रूप में ही काम नहीं करेगी, स्थानीय गणराज्यों के रूप में भी राज्य की मशीनरी पर नियन्त्रण रखेंगी और उसका पथ-प्रदर्शन करेगी।[43] इस प्रकार के लोकतन्त्र में राजनीतिक दलों का कोई स्थान नहीं होगा। उसने इस बात को भी माना कि लोक कमेटियों द्वारा प्रत्यक्ष लोकतन्त्र तब सम्भव तथा सफल हो सकता है और अपनी समस्याओं के समाधान के लिए वे सरकार पर निर्भर रहने की अपेक्षा सहकारिता से स्वयं प्रयत्न करें।

मूल्यांकन

डॉक्टर निरंजन धर तथा डॉक्टर प्रकाशचन्द्र, राय के संगठित लोकतन्त्र द्वारा व्यक्ति की स्वतन्त्रता की प्राप्ति के प्रस्ताव से सहमत हैं। डॉक्टर प्रकाशचन्द्र ने राय के प्रत्यक्ष लोकतन्त्र की सफलतापूर्वक प्राप्ति के विचार पर सन्देह प्रकट किया है।

राय ने दलीय प्रणाली के प्रति, संसार के विभिन्न देशों में अपने चालीस वर्षीय सक्रिय राजनीतिक जीवन के तजुर्बे के आधार पर, असहानुभूति दिखाई है। उसने इस बात को नहीं समझा कि लोग कमेटियों में भी दलों का प्रभाव कम नहीं होगा और वास्तविक लोकतन्त्र राजनीतिक दलों के बिना सम्भव नहीं। डॉक्टर भट्टाचारजी के अनुसार, "लोक कमेटियों के प्रतिनिधियों का उत्तरदायित्व दलों के षड्यन्त्रों तथा कलह का घर बन जाएगा।"[44] अगर दल लोक कमेटियों पर अपना प्रभुत्व कायम करने में असफल होंगे, जो कि सम्भव नहीं, वे राज्य विधार सभाओं तथा संसद पर विशेष तौर पर उस समय नियन्त्रण रखेंगे, जब लोक कमेटियों को विधान सभाओं तथा संसद पर नियन्त्रण रखने का अवसर दिया जाएगा। "अन्त में सारी योजना की दशा आकाश से गिरकर खजूर में अटकने की सी हो जाएगी।"[45]

दूसरे, लोक कमेटियों में क्षेत्र के सारे वयस्क शामिल नहीं होंगे। उनमें केवल क्षेत्र के कुल मतदाताओं में से 1/50 मतदाता शामिल होंगे। इससे स्पष्ट है कि राय की कल्पना वाले मौलिक लोकतन्त्रीय राज्य में कुल मतदाताओं के 98% मतदाताओं को प्रत्यक्ष भूमिका निभाने का अवसर प्राप्त नहीं होगा।

तीसरे, इस योजना में व्यावहारिक कठिनाइयाँ उत्पन्न हो सकती हैं, जैसे कि–(1) अगर सारे कानून लोक कमेटियों के पास भेजे जाएँ (सारे देश में) तो किसी भी सरकार का चलना सम्भव नहीं हो सकता, जो कि एक-दूसरे के साथ संशोधन के कारण झगड़ते रहेंगे। (2) लोक कमेटियों को सरकार द्वारा प्रस्तावित सभी कानूनों पर अपनी कानूनी राय का काम सौंपना बुद्धिमत्ता नहीं होगी। किसी कानून के गुणों तथा दोषों की परख करने की उनमें योग्यता नहीं होती। (3) लोक कमेटियाँ देश के प्रशासन को चलाने के वास्तविक उत्तरदायित्व के बिना, ग्राम्य दृष्टिकोण को अपनाए रख सकती हैं। वे किसी मामले को राष्ट्रीय दृष्टि से देखने की अपेक्षा स्थानीय हितों की दृष्टि से देखेंगी। (4) इसी तरह विधान मंडल में एक शक्तिशाली दल के समर्थन के बिना कार्यकारिणी की स्थिरता भी सम्भव नहीं। (5) उचित दलीय प्रणाली के बिना समुचित तथा स्थिर नीति भी सम्भव नहीं होती। (6) दलविहीन राजनीति अव्यवस्था को जन्म दे सकती है, जोकि तानाशाही का अड्डा बन सकती है।

अन्त में राय, बीच के समय में आध्यात्मिक दृष्टि से स्वतन्त्र व्यक्ति को विशेष शक्तियाँ प्रदान करता है। अब प्रश्न उठता है कि इन आध्यात्मिक दृष्टि से स्वतन्त्र तथा उपयुक्त व्यक्तियों का चयन कैसे किया जाए? राय ने विचार व्यक्त किया कि इस प्रकार के व्यक्ति व्यावसायिक गुटों की सिफारिश से चुने जाएँगे। स्पष्ट रूप से राज्य ऐसी विधियों द्वारा व्यावसायिक विशेषज्ञों की सेवाओं को ही प्रयुक्त करेगा और आध्यात्मिक रूप से स्वतन्त्र तथा असंगत व्यक्तियों के पीछे नहीं लगेगा।

राय द्वारा प्रस्तुत की गई योजना की इन त्रुटियों को देखकर हमें इस बात से आँखें नहीं हटानी चाहिए कि दल प्रणाली को समाप्त करने का सुझाव इस प्रथा की बुराइयों को दूर करने के प्रयत्नों में से एक है। डॉक्टर बी.एस. शर्मा ने ठीक कहा है, कि "दल प्रणाली की आलोचना, जो राय द्वारा दी गई है, इन त्रुटियों को दूर करने की ओर संकेत करती है।"[46]

इसके अलावा शिक्षा पर, लोकतन्त्र की पहली शर्त के रूप में जो बल दिया गया है, इसे आज बहुत महत्त्व प्राप्त हुआ है। राय यह काम सरकार अथवा राजनीतिक दलों के हवाले करने के लिए तैयार नहीं है क्योंकि सरकार लोगों के मन में खलबली पैदा कर देती है और राजनीतिक दल उनको उपदेश देते हैं। आंशिक रूप से यह विचार ठीक है। उदार लोकतन्त्रीय सरकार तथा सुदृढ़ दल प्रणाली लोगों को शिक्षित करने में अपनी महत्त्वपूर्ण भूमिका निभाते हैं।

राय के साम्यवाद के बारे में विचार

विश्वयुद्ध के बाद की अवधि में राय ने साम्यवाद को मानवीय सभ्यता के लिए एक बहुत बड़ा खतरा समझा। उसने कहा, "हमें साम्यवाद के आधीन रहकर भी स्वतन्त्रता के लिए संघर्ष करना चाहिए, अगर हम उसकी अवहेलना नहीं कर सकते।"[47] उसने युद्ध की अपेक्षा साम्यवाद को स्वीकार किया। साम्यवाद इसलिए एक मुसीबत नहीं है कि यह आर्थिक सुधार का समर्थक है, अपितु यह स्वतन्त्रता का घातक है और व्यक्ति के सम्मान को भी हानि पहुँचाता है। यह व्यूह-रचना का पक्षपाती है और शारीरिक तथा मानसिक दमन में विश्वास रखता है। उसने वर्तमान पूँजीवादी अथवा संसदीय लोकतन्त्र को साम्यवाद का विकल्प नहीं माना क्योंकि यह अब प्रगतिवादी नहीं रहा। मानवता की सभ्यता की प्रगति तीसरे विकल्प—मौलिक लोकतन्त्र, जो सरकारी आर्थिकता तथा नवीन मानवतावाद पर आधारित हो, पर निर्भर करती है।

शान्ति तथा विश्व सरकार के बारे में राय के विचार

राय ने सलाह दी कि वास्तविक तथा चिरस्थायी शान्ति उसी दशा में स्थापित की जा सकती है जबकि सभी देशों के निवासी राष्ट्रवादी भावना का दमन करके विश्व हितैषी मानवतावाद की भावना को मन में जगाएँ। विश्व सरकार ही युद्ध की समाप्ति का एक मात्र उपाय है। राष्ट्र-राज्यों की समाप्ति भी विश्व सरकार के लिए पहली आवश्यकता है। राष्ट्र-राज्य के अस्तित्व के कारण अन्तर्राष्ट्रीय सहयोग के आदर्श को धक्का लगता है। उसके शब्दों में, "राष्ट्रराज्यों वाला विश्व कभी भी शान्ति स्थापित नहीं कर सकता, क्योंकि शान्तिकाल में भी ये राज्य कूटनीति द्वारा युद्ध जारी

रखते हैं।''[48] राय के युद्ध के पश्चात् मानववादी दृष्टिकोण से पता चलता है कि अन्तर्राष्ट्रीय सम्बन्धों में वह नैतिक गुणों को लागू करने के लिए उत्सुक था। इस क्षेत्र में नैतिक गुणों का बहुत महत्त्व है, परन्तु दूसरे तत्त्वों, जैसे कि राष्ट्र राज्य, राष्ट्रीय हित तथा शक्ति जो कि अन्तर्राष्ट्रीय राजनीति को प्रभावित करते हैं, को भी भुलाया नहीं जा सकता। राय ने इनकी अवहेलना कर दी है। अतः युद्ध के पश्चात् अन्तर्राष्ट्रीय राजनीति का उसके द्वारा प्रस्तुत किया गया मूल्यांकन अयथार्थवादी है और युद्ध की समस्या के बारे में उसके द्वारा पेश किया गया समाधान स्वप्नदर्श ही है। किसी देश की विदेश नीति में बल नीति तथा नैतिकता को शामिल किया जाता है और, ''इसकी परख केवल नैतिकता के प्रामाणिक माप से ही नहीं की जानी चाहिए।''[49]

उपसंहार

एम.एन. राय भारत में राजनीति और दर्शन पर लिखने वाले सबसे अधिक विद्वान लेखकों में से एक थे। वह निरसन्देह बड़े व्यापक स्तर पर लिखने वाले थे और दर्शन तथा विज्ञान के क्षेत्र में होने वाली घटनाओं की जानकारी रखने वाले वह सर्वाधिक योग्य विद्वान थे।

उनके दर्शन के आलोचनात्मक (Ethical) मूल्यांकन से पता चलता है कि राय एक नैतिक पुनर्विचारक (Revisionist) थे। मध्यवर्गीय सन्तों तथा आधुनिक समाज-सुधारकों के विपरीत राय ने मानववादी दर्शन का माँस रक्त तथा मस्तिष्क की शरीर में स्थिति के सन्दर्भ में निरूपण करते हुए कहा है, ''इस दर्शन का आधार जनतन्त्र है, राष्ट्रवाद इसका मध्य है तथा मानव की प्रभुसतता शिर स्थानीय है।'' प्रो. दास गुप्ता लिखते हैं, ''आज के समय में जब पूर्व में मुख्यतः और पश्चिम के कुछ अशान्त उद्वेलन से गुज़र रहे हैं, मानव के आत्म-निर्णय और स्वतन्त्रता के अधिकार के लिए–राय ऐसे घटनाक्रम में[49(A)] अतुलनीय स्थिति में हैं। उन्होंने अपना कार्य मार्क्सवादी के रूप में आरम्भ किया, किन्तु बाद में मार्क्स के सभी सिद्धान्तों से धीरे-धीरे उनका मतभेद होता गया। उनका उग्र सुधारवादी (Radical) नया मानववाद कदाचित् ही एक मौलिक सिद्धान्त है। यह तो केवल मात्र मार्क्सवाद का नैतिक पक्षीय पुनर्वर्णन है। अतः डॉ. वर्मा ने राय की तुलना जर्मन पुनर्विचारक एडवर्ड बर्नस्टीन से की है जिन्होंने मार्क्सवाद के साथ पूरक रूप में (Kantian) नीतिश्शस्त्र को मिला दिया था। राय ने भी भौतिकवाद से मानववादी नैतिकता का पूरक रूप में मेल करने का यत्न किया था। तर्क, स्वतन्त्रता तथा मानववादी सामाजिक नीतिशास्त्र, राय द्वारा भौतिकवादी विचारधारा में की गई स्वागत योग्य वृद्धि है।[50]

किन्तु, राय इतने सावधान अवश्य हैं कि वह अपने मस्तिष्क से यह विचारधारा निकाल दें कि केवल मात्र भौतिकवाद ही ऐसा दर्शन नहीं है जो सम्भावना के क्षेत्र में हो। तीन आधुनिक विचार श्रेणियाँ हैं–तटस्थवाद, जीवरचनावाद (Organism) और अस्तित्ववाद। वह जीवन को अपने आपमें एक उद्देश्य मानते हैं। जीवन का एक मात्र उद्देश्य जीना है और मनुष्य के मन में रहने वाली इच्छाओं को पूरा करने की शक्ति प्राप्त करता है। बेन्थमवादी होने के नाते आत्मत्याग और सादगी में विश्वास रखने वाले भारतीयों में उन्होंने अपनी आवश्यकताओं की पूर्ति होने से उत्पन्न आनन्द का प्रचार किया। डॉ. वर्मा ने ठीक ही कहा है, "नए मानववाद के नाम पर राय ने आनन्दवाद के आधार को सुदृढ़ करने का यत्न किया है। एक भौतिकवादी के रूप में, वह जीवन को अपने आप में एक उद्देश्य मानते हैं।"[51]

भारतीय संस्कृति की कोई मौलिक समाजशास्त्रीय व्याख्या प्रस्तुत करने में वह असफल रहे हैं। उन्होंने भारतीय संस्कृति के मध्य युगवाद तथा प्रागैतिहासिकवाद की तीव्र आलोचना की और धार्मिक तथा आध्यात्मिक दर्शनों के सिद्धान्तों का यह कहकर तिरस्कार किया कि यह गहरी जड़ता और रहस्यवाद पर आधारित है। इस प्रकार के भारत विरोधी दृष्टिकोण ने डॉ. वर्मा को यह कहने पर विवश कर दिया, "राय ने प्रत्येक भारतीय और प्रत्येक हिन्दू वस्तु की बिल्कुल आधारहीन आलोचना की है।"[52]

गांधीजी के विपरीत जो नैतिकता शून्य राजनीति को मृत्यु का जाल मानते थे, राय ने राजनीति के नैतिक आधारों को बहुत कम महत्त्व दिया है। उन्होंने लिखा, "राजनीति का आध्यात्मीकरण नहीं हो सकता। आध्यात्मिक और नैतिक राजनीति प्रायः धूर्तों और असत लोगों का ही अवलम्ब हुआ करती है।"[53] इस प्रकार के विकृत विचार का परिणाम राजनीति के नैतिक आधारों के प्रवक्ताओं का खंडन हो सकता है। ईसामसीह, सिसरो, सेनेका और गांधी को हमें धूर्तों और असत लोगों की श्रेणी में रखना होगा, यदि हम राय के क्रोधपूर्ण तेज़ाब के समान दहनकारी कथन को स्वीकार करें। यह धीरे-धीरे अधिकांश रूप में स्वीकार किया जा रहा है कि भौतिकवाद और अहं-प्रत्यहं (Ego and Counter ego) के इस युग में आध्यात्मीकृत राजनीति (Spiritualized Politics) ही हमें पतन और अन्ततः विनाश से बचा सकती है।

भारतीय राष्ट्रवाद का उनका विश्लेषण दुर्भाग्यपूर्ण ही था। उनका कांग्रेस को भारतीय फ़ासिस्ट दल कहकर उसकी निन्दा करना और उसके द्वारा संचालित 'भारत छोड़ो' आन्दोलन को फ़ासिज़्म का प्रदर्शन बताना और उनका अंग्रेज़ों से यह आग्रह करना कि वह भारतीय फ़ासिज़्म के मूल पर आक्रमणा करें, आलोचकों को उनकी नीयत पर सन्देह करने को और उनके प्रति यह कहने को विवश करता है कि वह

एक ऐसे आधारहीन बुद्धिजीवी थे जो भारतीय राष्ट्रवाद के बीजों की गहराई को नहीं आँक सके।

गांधीजी के नेतृत्व वाली कांग्रेस को उनका चर्खा कातने वालों की संस्था कहना, गांधीजी की अहिंसा को पूँजीवादी शोषण को छुपाने का एक सूक्ष्म बुद्धिमत्तापूर्ण साधन बताना और गांधीवाद को दुर्बल और जल-सा तरल सुधार बताना, यह स्पष्ट करता है कि राय अपने लक्ष्य से बहुत आगे वार कर रहे थे। गांधी तथा उनके नेतृत्व में कांग्रेस, लोगों से सुप्त मस्तिष्कों में क्रान्ति अंकुरित करने और देश को विदेशी दासता से मुक्त कराने का माध्यम बने, अहिंसा के सशक्त शस्त्र द्वारा।

राय द्वारा गांधीवाद को बुर्जुआ मानवतावाद कहकर उसकी आलोचना करना भी अतिशयोक्ति ही है। गांधीजी चाहते थे कि पूँजीवादी अपनी अतिरिक्त पूँजी के न्यासी बनें और उन्हें सर्वसाधारण के कल्याण के लिए प्रयोग में लाएँ। यदि वह ऐसा करने में असमर्थ हों तो उन्होंने सामाजिक विधायन (Legislation) द्वारा उन्हें उनकी सम्पत्ति से वंचित करने का भी सुझाव दिया था। गांधीजी ने रक्तपात पूण्र क्रान्ति का पक्ष नहीं लिया, क्योंकि उनकी दृष्टि में साधन भी साध्य के समान ही महत्त्वपूर्ण थे।

राय एक दलहीन तथा सत्ताहीन प्रजातन्त्र के समर्थक थे और इसके साथ ही वह राजनीतिक और आर्थिक विकेन्द्रीकरण भी चाहते थे। यहाँ वह गांधीजी और सर्वोदय की विचारधारा के निकट प्रतीत होते हैं। किन्तु प्रश्न उठता है क्या एक दलहीन संसदीय प्रजातन्त्र राजनीतिक दृष्टि से व्यवहार्य और क्रियात्मक रूप से सम्भव है और इसके अतिरिक्त क्या एक विकेन्द्रीकृत देश में जीवन-स्तर ऊँचा किया जा सकता है जैसा कि राय गम्भीरता से चाहते थे। क्या यह सम्भव है कि एक उच्च श्रेणी की केन्द्रीकृत अर्थ योजना के होते हुए देश में विकेन्द्रीकृत राजनीतिक ढाँचा बनाया जा सके? इन प्रश्नों के जो ठोस उत्तर मिलते हैं, उनसे राय के यह विचार या तो खोखले प्रतीत होते हैं अथवा अत्यधिक आदर्शवादी। यद्यपि वह वैयक्तिक स्वतन्त्रता के प्रवक्ता हैं, जिसकी परिभाषा वह जीव विज्ञान के अर्थों में करते हैं, तथापि वह स्वतन्त्रता के क्षेत्र में कोई प्रगति करते प्रतीत नहीं होते।

इस प्रकार हम यह निष्कर्ष निकालते हैं कि राय में एक आलोचक अधिक था मौलिक रचनात्मक विचारक कम। उन्होंने कदाचित् ही किसी सुगठित विचार-पद्धति और सुसम्बद्ध दर्शन का योग दिया है। वास्तव में उन्होंने विभिन्न विचार तत्त्वों का संश्लेषण प्रस्तुत किया जैसे बुद्धिसंगत नवजागरण, एक भौतिक ब्रह्मांड विज्ञान, मानवपरक नीतिशास्त्र और स्वतन्त्रता की एक उत्कट खोज। किन्तु इन तत्त्वों का संश्लेषण (Synthesis) न तो बहुत गहन है न ही मौलिक। फिर भी, हाल के भारतीय राजनीतिक विचारकों में राय को हम सबसे अधिक विद्वान् और सुयोग्य

विद्वान् मान सकते हैं।

अपने विचित्र बौद्धिक चरित्रबल, गतिशील व्यक्तित्व तथा पौराणिक राजनीतिक जीवन के बावजूद, राय भारतीय लोगों को प्रभावित नहीं कर सके। अपने स्वाभाविक गर्व, न दबने की भावना, पश्चिमी सभ्यता एक राजनीतिक नेता के से आवश्यक गुणों के अभाव तथा स्वविरोध के कारण, वह भारतीय राजनीति में लगभग गुमनाम ही रहा। परन्तु उसके विचारों को पूर्ण रूप से निरर्थक नहीं कहा जा सकता। भूदान आन्दोलन तथा दलविहीन लोकतन्त्र के समर्थक जयप्रकाश नारायण उससे बहुत प्रभावित हुए। अपने नए दर्शन को प्रस्तुत करते हुए जयप्रकाश ने कहा, "एम.एन. राय की चिन्तन को महत्त्वपूर्ण तथा प्रजननीय देन है, जिससे कि मेरा वास्ता पड़ रहा है।"[54]

राय के मौलिक मानवतावाद के सिद्धान्त ने भारत के लोकतन्त्रीय समाजवादी आन्दोलन को प्रभावित किया है और करेगा। उसके मानवतावादी दर्शन को अन्तर्राष्ट्रीय क्षेत्र में भी कुछ मान्यता मिली है। यह अन्तर्राष्ट्रीय मानववादी तथा नैतिक संघ (I.H.E.U.) की स्थापना से स्पष्ट है, जो कि Amsterdam पर की गई और राय को जिसका एक उप-प्रधान चुन लिया गया। 25 जनवरी, 1954 को उसकी मृत्यु के कारण, राय के वैविध्यपूर्ण जीवन का अन्त हो गया—"तीन क्रान्तियों—रूसी, चीनी तथा भारतीय में एक व्यक्ति।"[55]

राय के राजनीतिक विचारों को विश्लेषणात्मक मूल्यांकन करने के पश्चात् हम इस परिणाम पर पहुँचते हैं कि राय ने एक क्रान्तिकारी के रूप में अपना राजनीतिक जीवन शुरू किया और इसे उदारवादी, मानववादी के रूप में समाप्त किया। उसने भूमि पर स्वर्ग को लाने का असफल यत्न किया। परन्तु उसने शीघ्र ही इस बात का अनुभव किया कि, "अगर स्वर्ग की प्राप्ति नहीं की जा सकती तो कम-से-कम धरती (मानवता) का सुधार किया जा सकता है। उसकी एक भ्रम से मुक्त व्यक्ति के रूप में मृत्यु हुई, परन्तु वह पूर्ण रूप से निराश व्यक्ति नहीं था।

सन्दर्भ

1. Mr. Shankar Ghosh : Socialism & Communism in India, (1971 ed.), p. 166.
2. M.N. Roy : India's message. pp. 190-211.
3. Ibid., pp. 190-218.
4. M.N. Roy : One year of Non-Cooperation, pp. 550-56.
5. M.N. Roy : Indian's message.

6. M.N. Roy : Freedom or Fascism (1942 ed.), p. 105.
7. M.N. Roy : New Orientation, (1946 ed.), p. 166.
8. Shankar Ghosh : op., cit., p. 170.
9. M.N. Roy : Reason Romanticism & Revolution, Vol. I, p. 11.
10. V.P. Verma: Modern Indian Political Thought, p. 414.
11. M.N. Roy : New Humanism : A Manifesto (1947).
12. V. P. Verma: op. cit., p. 415.
13. M.N. Roy : op. cit., p. 15.
14. Ibid.
15. M.N. Roy : Reason, Romanticism & Revolution, p. 310.
16. M.N. Roy : New Humanism, pp. 52-53.
17. M.N. Roy : Reason Romanticism & Revolution, Vol. II, p. 310.
18. S.P. Verma: Indian Political Thought, p. 654.
19. M.N. Roy : Problems of Democracy : The Problem of Freedom, p. 131-140.
20. Principle No. 13.
21. M.N. Roy : New Humanism, p. 40.
22. Ibid., p. 97.
23. M.N. Roy : op. cit., p. 97.
24. M.N. Roy : op. cit., p. 41.
25. M.N. Roy : Radical Humanism, p. 54.
26. G.P. Bhattacharjee : Evolution of Political Philosophy of M.N. Roy, p. 220.
27. D.L. Hobman : The Welfare State, p. 1.
28. M.N. Roy : Radical Humanism' XV, p. 400.
29. M.N. Roy: 'Reason, Romanticism & Revolution' Vol. II, p. 277.
30. G.P. Bhattacharjee : op. cit., p. 182-83.
31. M.N. Roy : Politics, Power & Parties, p. 34.
32. M.N. Roy : Radical Humanism, p. 22.
33. M.N. Roy : op. cit., p. 23.
34. M.N. Roy: 'Reason, Romanticism & Revolution', p. 283.
35. M.N. Roy : op. cit., pp. 22-23.
36. M.N. Roy : New Humanism, p. 29.
37. Dr. G.P. Bhattacharjee : op. cit., p. 189.
38. M.N. Roy : Radical Humanism, p. 20.

39. M.N. Roy : Politics, Power & Parties, p. 84.
40. Ibid., p. 52.
41. M. N. Roy : Radical Humanism, pp. 29-30.
42. M.N. Roy : Politics, Power & Parties, p. 67.
43. Already discussed in the preceding pages.
44. Dr. G.P. Bhattacharjee : op. cit., p. 208.
45. Ibid., p. 208.
46. Dr. B.S. Sharma: The Political Philosophy of M.N. Roy. p. 89.
47. M.N. Roy : 'Peace offer or Provocation', The Radical Humanist, Vol. XIV, p. 474.
48. M.N. Roy: 'Disunited Reactions', The Radical Humanist, Vol. XIII, pp. 203-304.
49. Lefever Ernest: 'Ethics & United States Foreign Policy', Chapter 1, Ethics and International Politics.

49(A). B.N. Das Gupta: M.N. Roy, Quest for Freedom, p. 37.

50. V.P. Verma: op. cit., p. 423.
51. Ibid., p. 423.
52. Ibid., p. 424.
53. M.N. Roy : Scientific Politics, pp. 5 1-52.
54. Jayprakash Narayan : Swaraj for the people, Introduction.
55. John Gunther: Inside Asia, p. 462.
56. Dr. G.P. Bhattacharjee, op. cit., p. 239.

24

जवाहरलाल नेहरू

"विश्व का अन्तर्राष्ट्रीयकरण हो चुका है, अन्तर्राष्ट्रीय हो गए हैं, यातायात और आवागमन के क्षेत्र। एक मात्र मानव के विचारों का क्षेत्र ही इससे अछूता रहा है। मनुष्य के विचारों पर आज भी रूढ़ि का आधिपत्य है जिसका आज कोई अर्थ नहीं है–कोई राष्ट्र वास्तव में स्वतन्त्र नहीं है।"

—जवाहरलाल नेहरू

संक्षेप में नेहरूजी के जीवन-चरित्र का वर्णन करने का उद्देश्य उन महान् घटनाओं का परिचय प्राप्त करना तथा उन घटनाओं के विकास में जिन प्रवृत्तियों का योगदान है, उनके बारे में ज्ञान प्राप्त करना है, जिन्होंने नेहरूजी के राजनीतिक चिन्तन पर महत्त्वपूर्ण प्रभाव डाला।

जवाहरलाल का जन्म 14 नवम्बर, 1889 को इलाहाबाद में हुआ। वे कुलीन तथा पश्चिमी रंग में रंगे कश्मीरी ब्राह्मण वकील मोतीलाल नेहरू के इकलौते बेटे थे। नेहरू का बचपन का जीवन एकाकी था, क्योंकि उनकी दोनों बहनों में से बड़ी बहन उनसे ग्यारह वर्ष छोटी थी। उनके आनन्दपूर्ण बाल्यकाल की परिस्थितियों के कारण नेहरू को कहना पड़ा, "मैं एक विशिष्ट धनी (Bourgeois) हूँ और मेरा लालन-पालन भी इसी वातावरण में हुआ है। इसी वातावरण का प्रभाव मैंने बचपन से ग्रहण किया है।"[1] वास्तव में पारिवारिक वातावरण तथा मोतीलाल के व्यक्तित्व का प्रभाव नेहरू के आचरण तथा विचारों पर बाल्यकाल में ही पड़ा। नेहरू के पैतृक घर आनन्द-भवन में हिन्दू-मुस्लिम तथा अंग्रेज़, तीन संस्कृतियों का मेल हुआ। मिली-जुली संस्कृतियासें

के प्रभाव ने नेहरू को विशाल हृदय तथा धर्मनिरपेक्ष बना दिया। उनके माता-पिता धार्मिक कट्टरता से दूर थे। अतः बचपन से ही नेहरू की धर्म में कोई रुचि नहीं थी। उन्होंने इसके बारे में कहा, "धर्म के बारे में मेरी शिथिल धारणाएँ हैं। यह तो स्त्रियों का ही एक धन्धा लगता है।"[2]

चाहे बहुत हद तक मोतीलाल पश्चिमी रंग में रंगे थे, फिर भी वे जवाहरलाल के विचार में एक राष्ट्रवादी थे।[3] नेहरू ने अपने सुविख्यात पिता से ही राष्ट्रीय गर्व की भावना ग्रहण की। परन्तु मोतीलाल नेहरू के प्रभुसत्तासम्पन्न (overbearing) व्यक्तित्व ने नेहरू के विकास में बाधा उपस्थित की और शुरू में नेहरू को अपने पिता तथा बाद में गांधीजी पर निर्भर रहना पड़ा। उनके बहुत से राष्ट्रीय महत्त्व के मामलों में अनिर्णयों तथा अस्थिरता का थोड़ा-बहुत कारण यह भी था।

नेहरू ने स्कूल में शिक्षा ग्रहण नहीं की। उनके निजी शिक्षक (Tutor) ने उन्हें घर पर ही शिक्षा दी। ग्यारह वर्ष की आयु में नेहरू के निजी शिक्षक फर्डीनेंड टी ब्रुक्स ने उन्हें बहुत प्रभावित किया। उसकी देखरेख में नेहरू ने ब्रह्मविद्या (Theosophy) तथा विज्ञान पढ़ा। तेरह वर्ष की उम्र में नेहरू ने थियोसोफीकल सोसाइटी की सदस्यता प्राप्त की। परन्तु ब्रह्मविद्या उनके जीवन का अस्थायी दर्शन था। विज्ञान तथा वैज्ञानिक विधियाँ उनके परिपक्व जीवन-दर्शन पर छाई रहीं। कहा जाता है कि इस समय नेहरू ने धर्म तथा दूसरे विषयों के बारे में सतर्क तथा सावधान होकर अध्ययन करना शुरू कर दिया। उन्होंने पूरी लगन तथा रुचि से उपनिषद, गीता तथा बौद्ध साहित्य पढ़ा क्योंकि उनमें वैज्ञानिक दृष्टिकोण की झलक दिखाई देती थी। गांधीजी के साथ लम्बे सम्पर्क के कारण उनकी रुचि धर्म के नैतिक पक्ष की ओर और अधिक बढ़ गई।

बोअरा युद्ध के कारण उनकी दिलचस्पी प्रचलित मामलों में जगी। 1905 के रूस-जापान युद्ध ने नेहरू में राष्ट्रवादी विचार भरे। पन्द्रह वर्ष की उम्र में नेहरू ने इंगलैंड में हैरो (Harrow) में शिक्षा ग्रहण करनी शुरू की। हैरो में पढ़ाई के दौरान उनकी रुचि अन्तर्राष्ट्रीय भामलों तथा राजनीति में उत्पन्न हुई। उन्होंने ट्राईवेलियन (Treveleyan) द्वारा गैरी बाल्डी (Gari Baldi) पर लिखी गई एक इनामी पुस्तक तथा इसी देशभक्त इटेलियन (Italian) पर लिखी कुछ अन्य पुस्तकों का भी अध्ययन किया। गांधीजी के जीवन के महान् कारनामों ने नेहरू में राष्ट्रवाद की भावना को और भी तीव्रता प्रदान की। उन्होंने कहा है कि "भारत में इसी प्रकार के स्वतन्त्रता में महान् संघर्ष के कारनामे मेरे सामने आए और मेरे विचारानुसार भारत तथा इटली एक अजीब ढंग से एक-दूसरे में मिल गए है।"[4] 1907 में उन्होंने कैम्ब्रिज के ट्रिनिटी कालेज में प्रवेश लिया और अध्ययन के लिए विज्ञान का विषय चुना। परन्तु उनकी, साहित्य, राजनीति, अर्थशास्त्र तथा इतिहास में बहुत रुचि थी,

जिनसे उनके बौद्धिक अनुभव का विकास हुआ। इस सारे समय में नेहरू ने भारतीय राजनीति से अपना सम्पर्क बनाए रखा। उनके पिता द्वारा उनको लिखे गए पत्रों में प्रायः भारतीय राजनीति का चित्र खिंचा हुआ होता था। नेहरू ने उदारवादियों की ओर कोई रुचि न दिखाई और तिलक तथा उनके क्रान्तिकारी उग्रवादी दल के साथ लगाव प्रकट किया। मेरिडेश टाउनसेंड (Meredith Townsend) की पुस्तक 'एशिया तथा यूरोप' ने नेहरू के राजनीतिक चिन्तन को बहुत अधिक प्रभावित किया। उन्होंने 1910 में केम्ब्रिज को छोड़कर कानून का अध्ययन करने के लिए 'इनर टेम्पल' (Inner Temple) में प्रवेश लिया। नेहरूजी की मानसिक रचना पर केम्ब्रिज का बहुत महत्त्वपूर्ण प्रभाव पड़ा।[5] उनकी कानून में कोई विशेष रुचि न थी। इस समय के दौरान वे फेबियनों (Fabians) तथा समाजवादी विचारों की ओर खिंच गए।

1912 में उन्होंने बैरिस्टरी शुरू की और जल्दी ही भारत लौट आए। उन्होंने संयुक्त प्रान्त (United Province) के उच्च न्यायालय में काम करना शुरू किया परन्तु शीघ्र उनकी रुचि इस व्यवसाय में न लगी। उन्होंने भारतीय राष्ट्रीय कांग्रेस में प्रवेश किया और विदेशों में रहने वाले भारतीयों के साथ हो रहे दुर्व्यवहार के बारे में चल रहे आन्दोलन में सक्रिय भाग लिया। परन्तु कांग्रेस की तत्कालीन राजनीति उन्हें एक मध्यवर्गीय मामला ही प्रतीत हुआ। विश्वयुद्ध ने राष्ट्रीय मामलों में उनकी रुचि को बढ़ाया, चाहे इससे नेहरू के जीवन पर कोई विशेष प्रभाव न पड़ा। 1916 तक राष्ट्रीय आन्दोलन को पुनर्जीवित किया गया था और नेहरू मिस एनी बसन्त (Mis Annie Beasant) की होमरूल लीग में सम्मिलित हो गए। उन्होंने तिलक की होमरूल लीग में भी रुचि दिखाई उन्हें उदारवादियों की कार्यपद्धति पसन्द न थी, क्योंकि वे उग्रवादियों से बहुत प्रभावित हुए थे और विदेशी शासन के प्रति 'अधिक कठोर तथा भिड़न्त की नीति' को अपनाने के इच्छुक थे।[6]

गांधीजी के साथ उनकी पहली मुलाकात 1916 में लखनऊ कांग्रेस के अधिवेशन में हुई, परन्तु गांधीजी उन्हें प्रभावित न कर सके, क्योंकि "वे बहुत, विभिन्न तथा गैर-राजनीतिक दिखाई दिए।"[7] नेहरू गांधीजी की सत्याग्रह सभा से प्रभावित हुए जो कि 1919 में अंग्रेज़ी सरकार के रौलट एक्ट तथा दूसरे दमनकारी कानूनों की अवज्ञा करने के लिए बनाई गई थी। उन्होंने कहा, "उलझन में निकलने का यही एक रास्ता था, एक सीधा तथा खुला ढंग जो कि सम्भवतः प्रभावशाली भी था।"[8] अमृतसर में जलियाँवाले बाग़ के हत्याकांड और उसके बाद भी कई स्थानों पर सरकार के दमन तथा लोगों की लाचारी के कारण वे उग्रवादी राष्ट्रवाद की ओर और अधिक खिंच गए।

1920 को गरमी के मौसम में संयोगवश उनका सम्पर्क अवध में चल रहे

किसान आन्दोलन के साथ आया। इससे उनके मानसिक झुकाव में बहुत परिवर्तन आया। वे परिश्रमी किसानों के सम्पर्क में आए और उन्हें उनकी दयनीय दशा का ज्ञान हुआ। उनके सामने नंगे, भूख दलित तथा अत्यन्त दुखी भारत का चित्र साकार हुआ। इसी तजुर्बे के समय कांग्रेस में गांधीजी का महत्त्व बढ़ा। गांधीजी द्वारा किसानों की दयनीय दशा के बारे में जो बल दिया गया, उसके कारण नेहरू की कृषक भारत के बारे में चेतना और अधिक मज़बूत हुई। दलितों के प्रति सहानुभूमि की इस भावना के फलस्वरूप ही नेहरू बाद में समाजवादी विचारों के समर्थक बने।

गांधीजी ने 1921 में असहयोग आन्दोलन चलाया और नेहरू ने इसमें बढ़-चढ़कर भाग लिया। उन्हें गिरफ्तार किया गया और तीन महीनों के पश्चात् छोड़ दिया गया। परन्तु सप्ताहों के पश्चात् फिर गिरफ्तार कर लिया गया। वे दूसरी बार 1923 तक लखनऊ जेल में रहे। यह गांधीजी के सत्याग्रह का नैतिक तथा सदाचारिक पक्ष था, जिसका बहुत से लोगों पर बहुत गहरा प्रभाव पड़ा। नेहरू ने अहिंसावाद को ही एकमात्र साधन न माना, परन्तु उन्हें विश्वास हो गया था कि भारतीय परम्पराओं की पृष्ठभूमि में इसी नीति का अनुसरण ही उचित है। उन पर गांधीजी के सिद्धान्त 'अच्छे उद्देश्यों के लिए अच्छे साधनों के प्रयोग' का भी गहरा प्रभाव पड़ा।

मार्च 1926 में नेहरू यूरोप चले गए। उनकी एक वर्ष तथा नौ महीनों की यह यात्रा उनके राजनीतिक चिन्तन में एक नया परिवर्तन लाई। वे बहुत से समाजवादियों के सम्पर्क में आए, अतः उनके समाजवाद के प्रति आकर्षण में तीव्रता आई। उन्होंने ब्रुसेल्स में भारतीय राष्ट्रीय कांग्रेस के प्रतिनिधि के रूप में दलित राष्ट्रीयताओं के सम्मेलन में भाग लिया। इस सम्मेलन में नेहरू को यूरोपियन मज़दूर वर्ग के अन्तर्द्वन्द्व का पता चला। साम्यवाद ने उन्हें बहुत प्रभावित किया। उन्होंने कहा है, "अतः मैं सद्भावपूर्ण साम्यवाद की ओर खिंच गया, चाहे इसमें जो भी त्रुटियाँ थीं, परन्तु यह दम्भी (Hypocritical) भी नहीं था और न ही साम्राज्यवादी था।" 1927 में वे वहाँ पर आए परिवर्तनों का मूल्यांकन करने के लिए रूस गए। उन्होंने प्रगतिवादी दृष्टिकोण की तथा जेल कर्मचारियों की मनोवृत्ति की प्रशंसा की, परन्तु उन्होंने कहा कि साधारण फौजदारी कानून की मानवीय शर्तें उन राजनीतिक कैदियों पर लागू नहीं की जातीं, जिन्हें रूसी समाज का शत्रु कहते हैं। अतः स्मिथ के शब्दों में, "जो नेहरू दिसम्बर 1927 में भारत लौटा, वह नेहरू राजनीतिक दृष्टि से उस नेहरू से भिन्न था जो इक्कीस महीने पहले यूरोप गया था।"[9] अतः इसमें कोई सन्देह नहीं है कि 38 साल की उम्र तक नेहरू ने किसी भी निश्चित विचारधारा का अनुसरण नहीं किया। "नेहरू के राजनीतिक चिन्तन में राष्ट्रवाद का महत्त्वपूर्ण स्थान था... सगाजवाद ने राष्ट्रवाद के लिए ढाँचा तैयार किया, जिसे पटले अपनाया

जा चुका था।"[10] उनके राष्ट्रवाद को नई दिशा मिली और उन्होंने भारतीय समस्याओं को संसार के विशाल सन्दर्भ में देखा। यहीं से आगे उन्होंने राजनीतिक स्वतन्त्रता तथा सामाजिक-आर्थिक निर्माण के दो लक्ष्य सामने रखे।

भारत में वापस लौटने के पश्चात् नेहरू ने ट्रेड यूनियन आन्दोलन के साथ सम्बन्ध स्थापित किया। दिसम्बर 1928 में उन्होंने झरिया (बिहार) में अखिल भारतीय ट्रेड यूनियन कांग्रेस में भाग लिया। उनकी श्रमिकों में सर्वप्रियता इसी से सिद्ध हो जाती है कि उन्हें ट्रेड यूनियन कांग्रेस का अध्यक्ष चुन लिया गया।

1929 में जब उनकी आयु केवल 40 वर्ष थी, उन्हें अखिल भारतीय राष्ट्रीय कांग्रेस की अध्यक्षता (जो उनके पिता के पास थी) से सम्मिलित किया गया। अपने पुत्र की उत्तरोत्तर बढ़ती लोकप्रियता की चर्चा करते हुए मोतीलाल ने गांधी को लिखा, "यदि आप और जवाहर साथ खड़े हो तो इसका कोई महत्त्व नहीं रहता कि कौन आगे और कौन पीछे खड़ा है।" अपने अध्यक्षीय भाषण में उन्होंने संकीर्ण राष्ट्रवाद की त्रुटियों की ओर संकेत किया और कहा कि स्वतन्त्र भारत विश्व-सहयोग को बढ़ावा देगा। आगे चलकर उन्होंने समाजवादी व्यवस्था की आवश्यकता पर बल दिया। 26 जनवरी, 1930 का दिन तरुण नेहरू द्वारा स्वतन्त्रता का दिन घोषित किया गया और स्वतन्त्रता-प्राप्ति तक प्रत्येक वर्ष सारे भारत में इसे स्वतन्त्रता-दिवस के रूप में मनाया जाता रहा। लोगों ने इस ऐतिहासिक दिन की प्रतीक्षा की, "यह भारतीय लोगों का अहरणीय अधिकार है, जैसा कि दूसरे लोगों का भी अधिकार है कि वे स्वतन्त्रता का आनन्द लें और अपनी मेहनत का फल लें और उन्हें जीवन की आवश्यकताएँ प्राप्त हों...अंग्रेजी सरकार ने भारत में, लोगों को केवल स्वतन्त्रता से ही वंचित नहीं किया है अपितु लोगों के शोषण को भी आधार मानकर भारत की आर्थिक, राजनीतिक, सांस्कृतिक तथा आध्यात्मिक दृष्टि से बर्बाद कर दिया है।"[11]

गांधीजी ने नमक का कानून तोड़ने के लिए तीसरे दशक में अहिंसावादी ढंग से सविनय अवज्ञा आन्दोलन चलाया था। इस आन्दोलन में भाग लेने के कारण नेहरू को अप्रैल 1930 में गिरफ्तार किया गया और उन्हें जनवरी 1931 तक जेल में रखा गया। नेहरू ने कार्यकारिणी समिति को मौलिक अधिकारों तथा आर्थिक नीति के बारे में सावधानी से पास किए गए समाजवादी प्रस्ताव को स्वीकार कर लेने के लिए प्रेरित किया। इनके द्वारा स्वतन्त्र तथा समान समाज की नींद डाली। यह नेहरू का देर का स्वप्न था जो कि उन्नीस साल के पश्चात् स्वतन्त्र भारत के संविधान द्वारा पूरा हुआ। इंगलैंड में गोलमेज सम्मेलनों की असफलता, बंगाल की उथल-पुथल और नये भूमि-सुधार सम्बन्धी आन्दोलन के कारण नेहरू को दोबारा जेल-यात्रा करनी पड़ी।

वे दिसम्बर 1931 से लेकर अगस्त 1933 तक जेल में रहे। इसी समय

उन्होंने अपनी प्रसिद्ध रचना 'विश्व-इतिहास की झलक' (Giimpses of World History) लिखी। इस पुस्तक में मार्क्स का प्रभाव स्पष्ट दिखाई पड़ता है। उन्होंने मार्क्स-लेनिन के सिद्धान्तों के अनुरूप पूँजीवाद का विश्लेषण किया और साम्राज्यवाद को पूँजीवाद की विकसित दशा कहा। साम्राज्यवाद तथा पूँजीवाद असुधार्य हैं। उन्हें अवश्य की समाप्त करना चाहिए और उनके स्थान पर समाजवाद लाना चाहिए। समाजवाद की सफलता के लिए इसे अन्तर्राष्ट्रीय स्वरूप देना होगा। उन्होंने कहा कि सच्चा समाजवादी संकीर्ण राष्ट्रवादी नहीं बन सकता। जेल में मार्क्स के अध्ययन से उन्हें काफी कुछ नई बातों का पता चला और इतिहास के नये अर्थ उनके सामने आए। परन्तु उन्होंने विचारों को कठोरतापूर्ण ढंग से कुचलने, सम्पूर्ण रूप से श्रमिकों के संगठन बनाने, और व्यर्थ की हिंसा का प्रयोग करने, जैसा कि रूस में हो रहा था, को अच्छा न समझा, चाहे उन्होंने साम्यवादियों की हिंसा को पूँजीपतियों की हिंसा की अपेक्षा अच्छा समझा। अपने साम्यवादी झुकावों के बावजूद नेहरू अपने आपको साम्यवादी कहलाने के लिए तैयार न थे।

अगस्त 1933 में उन्हें नैनी की केन्द्रीय जेल से मुक्त कर दिया गया। वहाँ से आकर उन्होंने घर के कामों की सम्भाल की और दो साल के पश्चात् गांधीजी से मुलाकात की। उन्होंने समाजवादी विचारधारा तथा विश्व की स्थिति की ओर लोगों का ध्यान दिलाने के लिए आन्दोलन चलाया। इस समय बढ़ रही साम्प्रदायिकता के कारण उनका मन दुःखी हुआ और उनका ध्यान इस समस्या की ओर खिंच गया। उन्होंने हिन्दू साम्प्रदायिकता जिसका विशेष रूप से हिन्दू महासभा ने प्रदर्शन किया, की कड़ी आलोचना की। उन्होंने इसे प्रतिक्रियावादी शक्ति की संज्ञा दी, जिससे भारत की एकता को कमजोर किया जा रहा था। उन्होंने आरोप लगाया कि 1957 से अंग्रेजों ने हिन्दू-मुस्लिम एकता को तोड़ने का प्रयत्न किया है। उन्होंने कहा कि धर्म एक तोड़ने वाली शक्ति है और डाक्टर मुहम्मद को लिखे अपने एक पत्र में उन्होंने कहा, "धर्म ने, जैसा कि भारत में उसे माना जाता है, केवल हमारी कमर को ही नहीं तोड़ा, वरन् चिन्तन की मौलिकता का हनन कर हमारी विचारणा को मूर्खतापूर्ण बना दिया है।"[12]

साढ़े पाँच महीनों की स्वतन्त्रता के पश्चात् उन्हें फिर से फरवरी 1934 में गिरफ्तार करके अलीपुर जेल में भेज दिया गया। उनको पत्नी की बीमारी के कारण सितम्बर 1935 में उन्हे मुक्त किया गया। जनवरी 1936 में वे दूसरी बार अनुपस्थिति में ही कांग्रेस के प्रधान चुने गए। इसके थोड़े समय के पश्चात् उनकी प्यारी पत्नी कमला नेहरू का देहान्त हो गया और नेहरू उदास तथा असहाय वापस भारत लौटे।

अप्रैल, 1936 में उनका अध्यक्षीय भाषण मार्क्सवाद तथा लेनिनवाद के

दृष्टिकोण से, भारतीय तथा अन्तर्राष्ट्रीय राजनीतिक स्थिति में सशक्त विश्लेषण से भरा हुआ था। उन्होंने सार्वजनिक मंच से समाजवाद के क्रान्तिकारी विचारों का ज़ोरदार प्रचार किया। उन्होंने कहा कि "भारत तथा विश्व की समस्याओं के समाधानों के लिए समाजवाद ही एकमात्र साधन है।"[13] उन्होंने विश्व की प्रगतिशील शक्तियों को अपना सहयोग देने की पेशकश की। यह वह समय था, जबकि नेहरू का समाजवाद में बौद्धिक लगाव तथा उनकी भावात्मक निष्ठा पराकाष्ठा तक पहुँच चुकी थी। परन्तु समाजवाद के प्रति नेहरू की आस्था उनके कुछ प्रतिक्रियावादी साथियों को चुभती थी। जब स्पेन में फ्रेंकों का विद्रोह हुआ तो वे त्यागपत्र देने के लिए कदाचित राजी न हुए। कांग्रेस में एकता बनाए रखने तथा विश्व में तनाव की अवश्यम्भाविता को दृष्टि में रखकर ही उन्होंने त्यागपत्र नहीं दिया। वे 1937 में फिर कांग्रेस के अध्यक्ष चुन लिए गए।

अंग्रेजी सरकार ने भारतीयों को खुश करने तथा प्रान्तों में उन्हें स्वायत्तता प्रदान करने के लिए 1935 का कानून (Act) पास किया। नेहरू ने इस कानून को 'दासता तथा दमन का राजपत्र (charter)' कहा और ऐसा कानून जिसके द्वारा 'ब्रेक तो लगा दी गई परन्तु इंजन कोई नहीं था।' परन्तु इसके बावजूद कांग्रेस ने 1937 के प्रान्तीय चुनाव लड़ने का निश्चय किया। चुनाव के दिनों में नेहरू एक चलती-फिरती मूर्ति बने हुए थे। उन्होंने विस्तृत यात्रा की और अपनी चुनाव-यात्रा को 'भारत तथा उसके लोगों की खोज-यात्रा' कहा। अतः उनकी महान् रचना 'Discovery of India' के लिए नींव रखी गई। उनकी अध्यक्षता में कांग्रेस को अद्भुत जीत प्राप्त हुई। इस चुनाव-अभियान के अनुभव ने उनकी बाद में बहुत सहायता की जब वे भारत के प्रधानमन्त्री बने। 1938 में वे अपनी आँखों से वहाँ पर चल रहे गृह-युद्ध को देखने के लिए स्पेन गए। उन्होंने इंगलैंड तथा चैकोस्लोवाकिया की भी यात्रा की। उन्हें संकट की घड़ी में तथाकथित प्रगतिवादी लोगों तथा गुटों के पतन के कारण बहुत ही निराशा हुई।

भारत लौटने पर उन्हें मुस्लिम लीग की बढ़ती साम्प्रदायिकता की भावना तथा गतिविधियों के कारण बहुत निराशा हुई। जिन्ना के नेतृत्व में लीग ने भारत का बँटवारा करके एक नए मुस्लिम राज्य की स्थापना की माँग की। कहा जाता है कि मार्च 1937 में नेहरू के शब्द, "भारत में आजकल केवल दो शक्तियाँ हैं, अंग्रेज साम्राज्यवादी और भारतीय राष्ट्रवाद, जिसका कि कांग्रेस प्रतिनिधित्व करती है", जिन्ना के इस प्रत्युत्तर के लिए उत्तरदायी है, "नहीं, एक तीसरा पक्ष मुसलमान भी है।" इतिहास ने इन शब्दों को कुछ ही वर्ष पश्चात् सत्य करके दिखा दिया।

अगस्त 1939 में उन्होंने चीन की संक्षिप्त यात्रा की, परन्तु 1939 में विश्वयुद्ध छिड़ जाने पर वे भारत लौट आए। अंग्रेजी सरकार ने भारतीय स्वतन्त्रता के सम्बन्ध

में अपने युद्ध के लक्ष्यों को स्पष्ट करने से इन्कार कर दिया चाहे वे यह घोषणा कर रहे थे कि वे विश्व में लोकतन्त्र की रक्षा के उद्देश्य से युद्ध लड़ रहे हैं। युद्ध के आतंक के कारण नेहरू को बहुत कष्ट हुआ। उनका विश्व के उज्ज्वल भविष्य के बारे में जो विश्वास था, वह डोल गया। कांग्रेसी नेताओं के साथ वार्तालाप तथा गांधीजी की नीतियों ने उनके कष्ट में और वृद्धि की। विश्व-राजनीति में सोवियत रूस की भूमिक ने उन्हें और अधिक दुखी कर दिया।

1940 के पश्चात् की घटनाओं ने नाटकीय रूप धारण किया। अंग्रेजी सरकार कांग्रेस को सन्तुष्ट करने में असफल रही और कांग्रेस द्वारा व्यक्तिगत सत्याग्रह शुरू किया गया। इससे पहले कि नेहरू एक सत्याग्रही बनकर गिरफ्तारी देते, उन्हें गिरफ्तार करके चार वर्ष की सख्त कैद की सज़ा दी गई, पर उन्हें दिसम्बर, 1941 तक ही जेल में रखा गया। जनवरी 1942 के अखिल भारतीय कांग्रेस कमेटी के अधिवेशन में आपसी मतभेदों के बावजूद गांधी ने नेहरू को अपना उत्तराधिकारी बनाने की घोषणा की। अंग्रेज हर सम्भव तरीके से भारतीयों को प्रसन्न करके घर में युद्ध को जीतना चाहते थे। इस उद्देश्य की पूर्ति के लिए क्रिप्स को भारत भेजा गया, परन्तु उसके सुझाव कांग्रेस तथा लीग, दोनों ने अस्वीकार कर दिए। अगस्त, 1942 में अखिल भारतीय कांग्रेस कमेटी ने प्रसिद्ध 'भारत छोड़ो' प्रस्ताव पास किया और उसके तुरन्त पश्चात् नेहरू को गिरफ्तार करके जून 1945 तक अहमदाबाद के किले की जेल में रखा गया। इस लम्बे कारावास में नेहरू ने अपनी रचना 'The Discovery of India' सम्पूर्ण की।

जून 1945 में नेहरू की रिहाई के पश्चात् भारत अपने सम्पूर्ण स्वतन्त्रता के लक्ष्य की ओर तेज़ी से बढ़ने लगा। फरवरी, 1946 में भारतीय समस्या का समाधान करने के लिए एक मन्त्रिमंडलीय मिशन भारत आया, पर यह भी भारतीय समस्या का समाधान करने में असफल रहा। नेहरू को अगस्त, 1946 में फिर कांग्रेस का अध्यक्ष चुन लिया गया। अगस्त, 1946 में लार्ड वेकेल ने नेहरू को अन्तरिम सरकार का निर्माण करने का निमन्त्रण दिया। नेहरू देश के विभाजन तक अन्तरिम सरकार के मुखिया के रूप में काम करते रहे। मुस्लिम साम्प्रदायिकता के बढ़ने के कारण बंगाल तथा बिहार में बहुत बड़े पैमाने पर साम्प्रदायिक दंगे हुए। नेहरू को इसके कारण बहुत मानसिक कष्ट हुआ। उन्होंने प्रभावित क्षेत्रों का विस्तृत दौरा किया और लोगों से शान्ति तथा साम्प्रदायिक सद्भाव बनाए रखने की अपील की।

1946 के अन्त में चुनाव करवाए गए और एक संविधान सभा का निर्माण किया गया। मार्च 1947 में लार्ड माउंटबेटन को भारत का गवर्नर-जनरल बनाकर भेजा गया और ब्रिटेन की मज़दूर सरकार ने उन्हें छः महीनों के अन्दर शक्ति के हस्तान्तरण के लिए कहा। उसने देश को 'भारत' तथा 'पाकिस्तान' दो राष्ट्रों में

विभाजित करने का प्रस्ताव रखा। नेहरू ने बहुत दुःखी होकर इस योजना को अथवा वास्तव में जिन्ना के दो-राष्ट्र सिद्धान्त को स्वीकार कर लिया।

अतः 14-15 अगस्त, 1947 को आधी रात के समय नेहरू ने संविधान सभा में प्रभावशाली भाषण देते हुए अपने उत्तरदायित्व को निभाने के अपने दृढ़ संकल्प को सामने रखा। उन्होंने कहा, "बहुत वर्ष पहले हमने भाग्य परियुक्ति का वचन लिया था और अब समय आ गया है जब हम अपनी प्रतिज्ञा को पूरा करेंगे...जिस प्राप्ति के उत्सव को आज हम मना रहे हैं, वह इससे बड़ी विजयों तथा प्राप्तियों के लिए एक कदम है।"[14]

नेहरू ने स्वतन्त्र भारत के प्रधानमन्त्री का पद सँभाला और वे अपनी मृत्यु—27 मई, 1964—पर्यन्त इस पद पर टिके रहे। स्वतन्त्रता के साथ साम्प्रदायिक दंगे भी आए जो कि विशेष रूप में पंजाब तथा बंगाल में बहुत भयंकर रूप धारण कर गए थे। दिल्ली भी इन दंगों से न बच सकी। इसके फलस्वरूप दोनों ओर से लोगों का निकलना शुरू हुआ और एक बहुत बड़ी शरणार्थी समस्या पेश आई। कश्मीर में कबायलियों के आक्रमण के फलस्वरूप पाकिस्तान तथा भारत के बीच युद्ध छिड़ गया। इसके बावजूद नेहरू ने अपनी धर्मनिरपेक्षवाद की धारणा का त्याग न किया। 30 जनवरी, 1948 को गांधीजी की हत्या कर दी गई और राष्ट्र का नेतृत्व करने के लिए नेहरू अकेले रह गए। पूरे साहस तथा दृढ़ता से उन्होंने कहा कि उनके प्रधानमन्त्री रहते भारत कभी एक हिन्दू राज्य नहीं बनेगा। संयुक्त राष्ट्र आयोग के द्वारा कश्मीर में लड़ाईबन्दी लागू की गई। चाहे युद्ध बन्दी जनवरी, 1949 में लागू की गई थी, पर इससे आज तक कश्मीर की समस्या का समाधान नहीं हो सका है।

इसी दौरान भारत की संविधान सभा गम्भीरतापूर्वक भारत के नए संविधान का निर्माण कर रही थी। चाहे संविधान सभा के बहुत से सदस्यों ने भारत को राष्ट्रमंडल की सदस्यता का त्याग करने पर बल दिया, परन्तु नेहरू ने भारत की राष्ट्रमंडल की सदस्यता को बनाए रखा। संविधान सभा ने अपना काम नवम्बर, 1949 में पूरा कर लिया था, और नया संविधान 26 जनवरी, 1950 को लागू किया गया।

इसके पश्चात् नेहरू बड़े साहस से आर्थिक, राजनीतिक तथा सामाजिक समस्याओं को सुलझाने में लग गए। भारतीय संघ में देशी रियासतों का विलय, पाकिस्तान से आए हुए लाखों शरणार्थियों के पुनर्वास, योजना आयोग तथा केन्द्र सरकार द्वारा पंचवर्षीय योजना को कार्यान्वित करना, सामुदायिक विकास-योजनाओं का सूत्रपात करना, सार्वजनिक तथा निजी क्षेत्र में औद्योगिक अर्थ-व्यवस्था का विकास करना, 1951-52, 1957 तथा 1962 में वयस्क मताधिकार के आधार पर आम चुनाव करवाना इत्यादि नेहरूजी के प्रधानमन्त्री के रूप में महत्त्वपूर्ण उपलब्धियाँ

थीं। अन्तर्राष्ट्रीय क्षेत्र में, उन्होंने गुट-निरपेक्षता का महान् मार्ग तैयार किया और वे किसी भी गुट के अनुयायी नहीं बने। उन्होंने अमेरिका, रूस, इंगलैंड तथा चीन की यात्राएँ कीं जो कि काफी लाभकारी सिद्ध हुईं। भारत के कोरिया, हिन्द-चीन, संयुक्त अरब गणराज्य की गाज़ा पट्टी तथा काँगो में महान् योगदान से, न केवल अन्तर्राष्ट्रीय क्षेत्र में भारत का सम्मान बढ़ा, अपितु इससे नेहरू के विश्व-शान्ति के सिद्धान्त में विश्वास को भी बढ़ावा मिला। नेहरू ने वास्तव में बहुत बढ़िया तरीके से पदार्थवादी पश्चिम में पूर्व के आध्यात्मिक राजदूत की भूमिका निभाई।

इस शान्ति के दूत को, अक्टूबर, 1962 में हमारी उत्तरी सीमाओं पर चीन द्वारा अकारण आक्रमण से बहुत ज़बर्दस्त धक्का लगा। यह उस देश की ओर से भारत की पीठ में छुरा घोंपने की बात थी, जिसके लिए नेहरू विश्व संस्था में झगड़ता रहा था। नेहरू ने इस चीनी आक्रमण को लोकतन्त्रीय मान्यताओं को चुनौती कहा, जो भारत के लिए अत्यधिक प्रिय है। उन्होंने कहा, "साम्राज्यवादी तथा विस्तारवादी चीन की यह चुनौती केवल हमारे लिए ही चुनौती नहीं, अपितु यह सारे संसार के लिए है, क्योंकि यह अन्तर्राष्ट्रीय कानून तथा व्यवहार का स्पष्ट उल्लंघन है...जो कुछ चीन ने किया है, वह विश्व-चेतना का अपमान है।"[15]

कहा जाता है कि नेहरू समाजवाद में विश्वास रखने वाले एक मित्र देश के विश्वासघात के धक्के के कारण जीवित न रह सके। चाहे उन्होंने इस राजनीतिक आँधी को थाम लिया, पर उनका स्वास्थ्य बिगड़ गया। उन्होंने स्वास्थ्य की खराबी की परवाह न करते हुए मातृभूमि की सेवा में अपने आपको लगाए रखा। 27 मई, 1964 को वह प्रकाश-स्तम्भ जिसने करोड़ों कष्ट संवलित लोगों में स्फूर्ति का संचार किया, बुझ गया। आधुनिक भारत के शिल्पी अब नहीं रहे। अच्युत मेनन के शब्दों में, "यह हमारा सौभाग्य था कि देश के निर्माण के आरम्भिक वर्षों में वह प्रधानमन्त्री और भाग्य विधाता रहे। अन्तर्राष्ट्रीय घटनाक्रम का उनका व्यापक ज्ञान, ऐतिहासिक स्रोतों पर उनका अधिकार, उनकी दूरदर्शिता और समाजवादी विचारों के प्रति उनका आकर्षण इन सभी ने सम्मिलित रूप से भारत के निर्माण में महत्त्वपूर्ण भूमिका निभाई।"[16] अपनी अन्तिम बीमारी तक वे प्रसन्न, चौकस, साहसी तथा दुर्दम्य बने रहे। वे गरीबों, अनाथों तथा दलितों के सहायक थे। उन्होंने अपने जीवन के बड़े कठिन समय में देश का नेतृत्व किया। उन्होंने देश के सम्मान को बढ़ाया और उसे अन्तर्राष्ट्रीय भाईचारे में उपयुक्त स्थान दिलवाया। वे देश की नैतिक पतवार तथा राजनीतिक वलयेक्ष (gyroscope) थे। उन्होंने एक कृतज्ञ राष्ट्र से अधिकतम सद्भाव प्राप्त किया और उसके बदले में देश को बहुत सद्भाव दिया। उनका अन्तिम इच्छापत्र देशवासियों के प्रति उनके प्रेम का एक साहित्यिक चित्र है। उन्होंने यह इच्छा प्रकट की कि उनकी राख काफी ऊँचाई से उन खेतों पर बिखेर दी जाए

जहाँ पर "भारत के किसान मेहनत करते हैं ताकि राख भारत की मिट्टी में मिल जाए और भारत का अटूट अंग बन जाए।"[17] चलपति राव ने इन शब्दों में उनका सम्यक् चित्रण किया है। वह कहते हैं, "वह बहुमुद्राओं वाले व्यक्ति थे और उनकी मुद्राएँ अनेक थीं। वह चिन्तनशील थे, शीघ्र क्रुद्ध होने वाले, तन्मयवृत्ति के, उद्धत स्वभाव वाले, एकाकी, अपनी प्रतिक्रिया में दृढ़, उदार, साहसी, सौम्य, क्रोधी क्षमाशील थे। किन्तु उनकी एक मुद्रा स्थायी थी। उनके मुख पर प्रसन्नता, नेत्रों में चमक और लोगों से मिलते और बातें करते समय सौम्य स्वभाव रखते थे।"[18]

कल्याणकारी राज्य

पाश्चात्य लोकतन्त्रों में पूँजीवाद के दमन तथा उसके क्षीण होने के पश्चात् और रूसी साम्यवाद में से श्रद्धा उठ जाने के बाद नेहरू ने अपनी पुरानी धारणाओं का त्याग कर दिया। उन्होंने मार्क्सवाद का समर्थन करना छोड़ दिया। उनके समाजवाद का लक्ष्य पूँजीवाद का अन्त करना न रहा। उसके स्थान पर उन्होंने एक नई योजना का आविष्कार किया—पूँजीवाद तथा समाजवाद के बीच का मार्ग, जिसे प्रायः मिली-जुली अर्थव्यवस्था की संज्ञा दी जाती है। पश्चिमी लोकतन्त्रों की भाँति भारतीय लोकतन्त्र का लक्ष्य भी सभी व्यक्तियों का कल्याण रखा गया। इसका आधार धर्मनिरपेक्षता, लोकतन्त्र तथा समाजवाद रखा गया। राजनीति, सामाजिक तथा आर्थिक समानता इसका प्रमाणांक (Hall-mark) होगा। स्वतन्त्रता इसका पोषक सिद्धान्त होगा। परन्तु समूचे समाज के हित में स्वतन्त्रता को नियन्त्रण में रखा गया।

भारतीय संविधान के माध्यम द्वारा कल्याणकारी राज्य के आदर्श को प्राप्त किया गया। भारतीय संविधान के, जनता के रहन-सहन के स्तर को ऊँचा उठाने, दरिद्रता को खत्म करने तथा बेकारी को दूर करने के उद्देश्यों की पूर्ति की गई। पिछड़ी श्रेणियों का उत्थान करना तथा ग्रामीण भारत को, जिसकी अब तक उपेक्षा की गई थी, भी उठाना था। कुटीर उद्योगों को भी लाखों भारतीयों की आजीविका का साधन बनाने के लिए उन्नत करना था। नेहरू ने इस बात पर बल दिया कि अगर उस रोग को खत्म करना है, जो कि लोगों को भारत भर में खराब कर रहा था, अगर ग्रामीण जनता के रहन-सहन के स्तर को ऊपर उठाना है...अगर उन्हें दूसरों पर निर्भर रहने की अपेक्षा आत्मविश्वास का पाठ पढ़ाना है, तो इस सबके लिए गांधीजी के खादी तथा कुटीर उद्योगों के कार्यक्रम को अपनाए बिना और कोई चारा ही बाकी नहीं है। सामुदायिक विकास योजनाओं द्वारा नेहरूजी गाँव वालों को धूल तथा मिट्टी, आलस्य तथा बीमारी, निरक्षरता तथा अज्ञान से मुक्त कराना चाहते थे।

परन्तु केवल गाँवों के कल्याण का ही लक्ष्य नहीं था। अतः गाँधीजी के उलट

नेहरू का विश्वास दहाड़ते हुए उद्योगों तथा भारी मशीनों में था, जिनके द्वारा आत्मनिर्भरता प्राप्त की जा सकती थी। भारत की दरिद्रता की समस्या का समाधान तब तक नहीं हो सकता जब तक इसका उद्योगीकरण नहीं होता तथा यह आधुनिक विज्ञान तथा औद्योगिकी का पूर्ण रूप से प्रयोग नहीं करता। नेहरूजी के निर्देशन में पंचवर्षीय योजनाओं का कार्यक्रम शुरू किया गया, जिनमें भारी उद्योगों की स्थापना पर बल दिया गया। परन्तु नेहरू उद्योगीकरण के खतरों से भली-भाँति परिचित थे, चाहे उन्होंने नियोजित तथा नियन्त्रित अर्थव्यवस्था में इसे अनिवार्य समझा। अपनी सुप्रसिद्ध पुस्तक, 'डिस्कवारी ऑफ इंडिया' में उन्होंने कहा है, "मैं व्यापार तथा बड़े उद्योगों के पक्ष में हूँ और मेरा विश्वास है कि गरीबी को दूर करने के लिए तथा रहन-सहन के स्तर को ऊपर उठाने तथा दूसरे मन्तव्यों की पूर्ति के लिए और भूमि पर से दबाव को कम करने के लिए तेज़ी से भारत का उद्योगीकरण आवश्यक है।" यदि हमें उद्योगीकरण का पूरा लाभ उठाना है और इसके खतरों से बचना है तो बहुत सावधानी से आयोजना बनाने तथा समंजन करने की आवश्यकता है। उद्योगीकरण के कारण उत्पादन में जो वृद्धि होगी उससे निःसन्देह लोगों का जीवन-स्तर ऊँचा होगा। इससे अधिक-से-अधिक लोगों को काम का अवसर मिलेगा।

नेहरू केवल लोगों के आर्थिक उत्थान के पक्ष में ही नहीं थे। वे जीवन के सांस्कृतिक तथा आध्यात्मिक मूल्य को अपनाने के पक्ष में भी थे। यहाँ पर नेहरू के विचारों पर गांधीजी की छाप दिखाई देती है। कल्याणकारी राज्य का उद्देश्य लोगों की आर्थिक तथा सांस्कृतिक भलाई होना चाहिए, क्योंकि नेहरू स्वयं भौतिक पश्चिम के लिए आध्यात्मिक पूर्व के दूत थे। उनके अपने शब्दो में, "हमारा अन्तिम उद्देश्य श्रेणी-विहीन समाज है जिसमें सबको बराबर का आर्थिक न्याय तथा सबको समान अवसर प्राप्त हों, एक ऐसा समाज जिसे आयोजनाबद्ध तरीके से संगठित करके लोगों के भौतिक तथा सांस्कृतिक स्तर को ऊपर उठाया जाए, जिसमें आध्यात्मिक स्तर को बढ़ावा मिले, लोगों में सहयोग, निःस्वार्थता और सेवा की भावना उत्पन्न हो और उनमें अच्छे काम करने, सद्भावना तथा प्यार का तत्त्व हो और अन्त में इस किस्म का संसार बने।"[19]

राजनीतिक क्षेत्र में नेहरू के कल्याणकारी राज्य में प्रतिनिधि सरकार होगी जोकि राजनीतिक संस्थाओं पर आधारित होगी। उनका समानता के सिद्धान्त में विश्वास था। वे पूँजीवादी व्यवस्था के जारी रहने के पक्ष में नहीं थे। अतः उन्होंने समाजवादी लोकतन्त्र पर बल दिया। चाहे बाद में उन्होंने पूँजीवाद के बारे में अपनी धारणा में कुछ परिवर्तन किया, फिर भी उनका अटूट विश्वास, समाजवादी समाज के आदर्श में बना रहा। उनकी लोकतन्त्र तथा समाजवाद में अगाध श्रद्धा के कारण ही, उन्होंने कल्याणकारी राज्य के सिद्धान्त को अपनाया। सामाजिक, आर्थिक तथा

राजनीतिक लोकतन्त्र तथा समाजवाद के बिना, वास्तविक स्वतन्त्रता अथवा प्रगति सम्भव नहीं है। उन्होंने कहा, "इसमें सन्देह नहीं कि राजनीतिक स्वतन्त्रता तथा आजादी आवश्यक हैं, पर वे केवल एक ठीक दशा में ही उठाए गए कदम हैं; सामाजिक स्वतन्त्रता तथा समाज और राज्य के समाजवादी ढाँचे के बिना, देश तथा व्यक्ति अपना विकास नहीं कर सकते।"[20]

इसके अतिरिक्त, नेहरू के कल्याणकारी राज्य में गाँव के स्तर पर स्थानीय स्वशासन एक आधार के रूप में होगा। उन्होंने कहा, "गाँव एक आत्मनिर्भर इकाई नहीं बन सकता, पर यह सफलतापूर्वक ढंग से सरकार तथा चुनाव की इकाई बन सकता है। प्रत्येक इस प्रकार की इकाई एक बड़े राजनीतिक ढाँचे के काम करने वाली एक स्वतन्त्र प्रशासकीय इकाई होगी और गाँव की आवश्यकताओं का ध्यान रखेगी...मुझे विश्वास है कि गाँव को एक इकाई माना जाना चाहिए। इससे सच्चा तथा अधिक उत्तरदायी प्रतिनिधित्व मिलेगा।"[21] इससे नेहरू की विकेन्द्रीकरण अथवा 'लोकतन्त्र की जड़' के बारे में लगन का पता चलता है।

इस प्रकार के लोकतन्त्र के आदर्श की प्राप्ति शान्तिमय उपायों से की जाएगी। ज़मीदारी प्रथा का उन्मूलन, बुनियादी तथा महत्त्वपूर्ण उद्योगों का राष्ट्रीयकरण और भारतीय ग्रामों का कायापलट, सभी शान्तिमय ढंगों से पूरे किए गए हैं। शक्ति का प्रयोग नहीं किया गया। सहयोगी ढंगों का प्रचार किया गया। नेहरू लोगों पर कोई नीति अथवा योजना थोपने के पक्ष में नहीं थे। वे लोगों को अपने साथ मिलाने में सफल हुए क्योंकि उन्होंने हमेशा लोगों के कल्याण की ही चिन्ता की और पूरी लगन से उनकी सेवा करते हुए जिए और मरे।

नेहरू तथा धर्मनिरपेक्षवाद

नेहरू किसी विशेष मत तथा कर्म के अनुयायी नहीं थे। उनका मनुष्य की आन्तरिक आध्यात्मिकता में विश्वास था। उनके विचारानुसार धर्म संकीर्ण तथा दूसरे विचारों को सहन नहीं करता। धर्म उनके लिए स्वकेन्द्रित (Self-centred) तथा अहंवादी है। अतः यह राष्ट्र की नैतिक तथा आध्यात्मिक उन्नति के मार्ग में बाधा है। विज्ञान में धर्म की पुरानी धारणा को चुनौती दी है। नए भारत का निर्माण अलौकिकतावाद तथा रूढ़िनिष्ठता (Orthodoxy) जो कि धार्मिक विश्वास का ही फल है, की निर्जीव बुनियाद पर नहीं किया जा सकता। 1948 में अलीगढ़ में दिए अपने एक भाषण में उन्होंने कहा, "क्या हम एक राष्ट्रीय राज्य में विश्वास करते हैं जिसमें सभी धर्मों और विचारों के लोग रहते हैं और जो मूलतः धर्मनिरपेक्ष हैं अथवा एक धर्म पर आधारित ऐसा राज्य जिसमें अन्य विचारों वालों के लिए कोई स्थान नहीं है।"[22] अतः उन्होंने भारत जैसे धार्मिक प्रवृत्तियों वाले देश में न्याय तथा

समानता पर आधारित धर्मनिरपेक्ष समाज कायम करने की बात सोची। महता के अनुसार, "भारत के राजनीतिक जीवन को उनकी विशिष्ट देन यह थी कि उन्होंने धर्मनिरपेक्षता पर आग्रह किया।"[23]

उनके अनुसार धर्मनिरपेक्षवाद केवल राजनीतिक सिद्धान्त ही नहीं, अपितु एक क्रान्तिकारी सामाजिक प्रवृत्ति वाला सिद्धान्त है जिसमें भारत के सभी धर्म तथा सम्प्रदाय आ जाते हैं। धर्मनिरपेक्षता का अर्थ धर्महीनता अथवा आर्थिक कल्याण ही नहीं। इसमें आध्यात्मिक तत्त्व भी विद्यमान है। उन्होंने कहा, "...धर्मनिरपेक्षता के सिद्धान्त की आर्थिक भलाई के अलावा भी कोई पृष्ठभूमि तथा उद्देश्य है। इसमें अवश्य ही कुछ आध्यात्मिक गुण तथा व्यवहार के कुछ मान हैं।"[24]

भारत में पक्षपात, कट्टरता, धर्मान्धता (Fanaticism) तथा साम्प्रदायकिता के बावजूद नेहरू ने भारत को धर्मनिरपेक्ष राज्य बना दिया। बोल्स (Bowles) के शब्दों में, "नेहरू की सबसे महान सफलता यह थी कि उन्होंने धर्मनिरपेक्ष राज्य कायम किया, जिस राज्य में साढ़े चार करोड़ मुसलमान जिन्होंने पाकिस्तान न जाने का निश्चय किया, शान्तिपूर्वक ढंग से रह सकें और अपनी इच्छा से पूजा आदि कर सकें।"[25] वास्तव में नेहरू किसी धर्म के प्रति भेदभाव नहीं रखते थे। देश की एकता पर बल देते हुए उन्होंने धर्मनिरपेक्षता को अपरिहार्य (Indispensable) माना। उनके शब्दों में, "साम्प्रदायिकता एक पिछड़े देश का पहचान चिह्न है, आधुनिक युग का नहीं। लोगों को अपने धर्म में निष्ठा रखने का अधिकार है, परन्तु धर्म को राजनीति में लाकर देश को खंडित कर देना, यह ऐसी बात है जो यूरोप में 300 या 400 वर्ष पूर्व होती थी।" ग़लत राह पर चलकर हमें स्वयं को खोना नहीं है। हमें देश को गिरने नहीं देना है। हमें यह सुनिश्चित करना है कि स्वतन्त्रता की अमूल्य निधि हमारी दुर्बलता के कारण हमारे हाथों से निकल न जाए।

नेहरू के धर्म-निरपेक्षवाद के चार पहलू हैं :

(क) धार्मिक स्वतन्त्रता

इसका अर्थ है भारत में सभी धर्मों को समान स्थान प्रदान करना। किसी भी धर्म को कोई विशेषाधिकार न दिया जाए। धर्म के आधार पर किसी भी सम्प्रदाय के वैध अधिकारों को न छीना जाए। उन्होंने कहा, "हम एक स्वतन्त्र तथा धर्मनिरपेक्ष राज्य का निर्माण कर रहे हैं जहाँ पर प्रत्येक धर्म तथा विश्वास को पूर्ण स्वतन्त्रता तथा समान आदर प्राप्त है, जिसके प्रत्येक नागरिक को समान स्वतन्त्रता तथा समान अवसर प्राप्त हैं।"[26] उन्होंने सभी सामाजिक असमानताओं को दूर करने पर बल दिया। उनके अनुसार, जातीय प्रथा पर आधारित समाज धर्मनिरपेक्ष कदाचित् नहीं बन सकता। चाहे वे लोगों के निजी विश्वासों में हस्तक्षेप के विरुद्ध थे, परन्तु अगर

ये विश्वास जातीय विभाजनों में उलझ जाते हैं, तो वे राज्य के सामाजिक ढाँचे को प्रभावित करते हैं। अतः समाज को इस बन्धन से मुक्त कराना होगा।

(ख) धार्मिक मामलों में राज्य की तटस्थता

धर्मनिरपेक्ष राज्य किसी विशेष धर्म को अपने साथ नहीं टाँकता। नेहरू ने हमेशा हिन्दू राज्य अथवा मुस्लिम राज्य का विरोध किया। उन्होंने लोकराज्य का समर्थन किया। वे चाहते थे कि राज्य धर्मों के सहअस्तित्व के सिद्धान्त को अपनाए। राज्य को धार्मिक स्वतन्त्रता के अतिलंघन (Infringe) नहीं करना चाहिए। नेहरू ने पाकिस्तानी संविधान सभा में पाकिस्तान को इस्लामी गणतन्त्र घोषित करने के कदम की निन्दा की। इस प्रकार की नीति लोकतन्त्र के विरुद्ध है, क्योंकि इससे, "...नागरिकों की दो श्रेणियाँ बन जाती हैं...जिनमें से एक को दूसरी की अपेक्षा कम अवसर प्राप्त होते हैं।"[27]

(ग) सामाजिक जीवन में धर्मनिरपेक्षवाद

नेहरू ने धर्मनिरपेक्षवाद को आधुनिक लोकतन्त्रीय समाज का एक अटूट अंग माना। आधुनिक भारत दो राष्ट्रों के सिद्धान्त को नहीं अपनाएगा, क्योंकि आधुनिक विश्व के दो या तीन राज्यों को छोड़कर, शेष सभी राज्य धर्मनिरपेक्ष राज्य हैं। उन्होंने इस बात को माना कि हिन्दू धर्म तथा इस्लाम दोनों ही भारत के सामाजिक जीवन में गहरे जमे हुए हैं। उनके कुछ सदाचारिक नियम तथा कायदे होते हैं, जिनका इनके अनुयायी पालन करते हैं। उन्होंने यह अनुभव किया कि विभिन्न प्रकार के विभिन्न धार्मिक सम्प्रदायों से सम्बन्धित नियमों का प्रचलित होना धर्मनिरपेक्ष समाज के असंगत है। अतः उन्होंने सभी भारतीयों के लिए, जाति तथा धर्म के आधार पर भेदभाव किए बिना, एक सामान्य नागरिक संहिता तैयार करने का प्रयत्न किया। चाहे उन्होंने धर्म को विशुद्ध निजी मामला समझा और किसी भी व्यक्ति के निजी विश्वास में हस्तक्षेप करने को अच्छा न समझा, फिर भी उन्होंने धर्म द्वारा सामजिक तथा राजनीतिक जीवन में किसी प्रकार के हस्तक्षेप को बुरा समझा। अतः उन्होंने ऐसे राज्य के निर्माण के लिए कार्य किया जो कि धर्मों को "सुरक्षा प्रदान करे, परन्तु एक को हानि पहुँचाकर दूसरे का पक्ष न ले और स्वयं किसी भी धर्म को राज्य-धर्म के रूप में न अपनाए।"[28] मेहता ने यह ठीक ही सम्मति दी है, "राष्ट्र को ऐसा धर्मनिरपेक्ष राज्य का देना जो धर्म के प्रति तटस्थ रहे, यह एक बात है कि कानून और राजनीति के क्षेत्र में यह प्रभावी हो, एक अन्य बात है। इसके सम्बन्धों में नेहरू का दृष्टिकोण सावधानी का था, विशेषतः जहाँ मुख्य अल्पसंख्यक वर्ग की भावनाओं का सम्बन्ध हो।"[29]

(घ) एक मानसिक विचार-पद्धति

नेहरू के अनुसार धर्मनिरपेक्षवाद का अर्थ विभिन्न समुदायों की मानसिक विचार-पद्धति है। चूँकि भारत में बहुत से धर्म हैं, अतः यहाँ पर ऐसी मानसिक विचार-पद्धति की आवश्यकता है, जिससे इन धर्मों के बीच में सुमेल तथा मैत्री की भावना उत्पन्न करने में सहायता मिले। वे धर्मों द्वारा एक-दूसरे में हस्तक्षेप करने अथवा राज्य की बुनियादी धारणाओं को चुनौती देने को बुरा समझते थे।

नेहरू इसके बारे में बिल्कुल स्पष्ट थे कि धर्मनिरपेक्षता के आदर्श की प्राप्ति की सफलता मुख्य रूप से बहुमत के अल्पमत के प्रति व्यवहार पर निर्भर है। उन्होंने हर समय भारतीयों से यह अनुरोध किया, "उन्हें वह बात अवश्य ही ध्यान में रखनी होगी कि अल्पसंख्यकों के हित तथा उनका कल्याण ही उनका पवित्र धर्म है। अगर वे इस दायित्व को निभाने में असफल रहे, तो वे न केवल देश को हानि पहुँचाएँगे, अपितु उनका अपना नुकसान भी होगा।"[30] उनका यह दृढ़ विश्वास था कि बहुसंख्यक वर्ग के आक्रामक व्यवहार से भारत में किसी भी अल्पसंख्यक समुदाय के मन में भय पैदा हो सकता है। उन्होंने अल्पसंख्यकों से भी सहनशील बने रहने की आशा की। अतः उन्होंने दोनों से विशाल दृष्टिकोण अपनाने तथा ऐसा व्यवहार न करने का अनुरोध किया जिससे भारत की अखंडता और राष्ट्र की एकता को ठेक पहुँचे।

वास्तव में नेहरू का धर्मनिरपेक्षवाद भारत के लिए एक वास्तविक आवश्यकता थी। यह उन सभी धार्मिक विभिन्नताओं तथा आपसी शत्रुता के लिए अचूक दवा थी, जो कि इन विभिन्नताओं के फलस्वरूप भारत में देखने को मिलती है। पृथक् मत-प्रणाली को समाप्त करके तथा उसके स्थान पर मताधिकार प्रणाली लागू करके इस दिशा में पहला कदम उठाया गया। कुछ एक मौलिक अधिकार जैसे कि, धर्म का अधिकार, सांस्कृतिक तथा शिक्षा का अधिकार तथा समानता का अधिकार और कुछ ऐसे लक्ष्य जो निर्देशक सिद्धान्तों में लिखे गए हैं आदि भारत को धर्मनिरपेक्ष राज्य बनाने की ओर उठाए गए दूसरे कदम हैं। डी.एफ. कराका, जो कि नेहरू के एक बहुत सख्त आलोचक हैं, ने ठीक ही कहा है कि "बावजूद हिन्दू साम्प्रदायिकता के दबाव के, भारत के धर्मनिरपेक्ष स्वरूप को बनाए रखने का श्रेय नेहरू को प्राप्त है।"[31]

सामुदायिक विकास कार्यक्रम

सामुदायिक विकास कार्यक्रम, जिसे गांधीजी के आदर्शों वाले आत्मनिर्भर ग्रामीण गणराज्यों के साथ मिलाया गया है, 2 अक्टूबर, 1952 को शुरू किया गया था। नेहरू ने कहा कि देश के द्वारा यह एक बहुत बड़ी बात शुरू की गई है। एक

भाषण में उन्होंने कहा, "जो काम आज यहाँ पर शुरू किया जा रहा है, उस क्रान्ति को लाने के लिए है, जिसके लिए लोग काफी समय से शोर मचा रहे हैं, और यह दरिद्रता को दूर करने का एक छोटा-सा प्रयास है।"[32] जब इसके सन्तोषजनक परिणाम सामने न आए, तो इन योजनाओं का मूल्यांकन करते हुए नेहरू ने कहा कि सरकारी पदाधिकारियों के व्यापारिक दृष्टिकोण के कारण ये योजनाएँ अधिक सफल नहीं हो पाई। अतः उन्होंने उनसे अनुरोध किया कि वे इनकी सफलता के लिए गाँव वालों की सहायता प्राप्त करें। उन्होंने कहा कि तुम्हें उनके मनों तथा हृदयों तक पहुँचना चाहिए और उन्हें अपने अधीन नहीं, अपितु साथी के रूप में काम करने के लिए आमन्त्रित करना चाहिए, ताकि धीरे-धीरे तुम्हारा काम करने वालों के साथ एक प्रकार का भातृभाव तथा उनसे बन्धुत्व कायम हो सके।[33]

उन्होंने बल दिया कि त्रुटियों के बावजूद, ये योजनाएँ जनता की विचारधारा में परिवर्तन ला रही हैं और लोग अपने आपको गतिहीनता (stagnation) तथा निष्क्रियता (passivity) से बाहर निकाल रहे हैं। वे देश की प्रगति के कार्य में स्वतन्त्रता तथा साझेदारी की भावना से काम रहे हैं। वह महसूस करते हैं कि वास्तविक स्वराज्य का युग आरम्भ हो गया है। अतः नेहरू ने इन योजनाओं की—इन मानवीय गतिविधियों के केन्द्रों की दीपक के साथ तुलना की, जो कि भारत के दूर तथा अँधेरे कोनो में प्रकाश भेज रहे हैं। सामुदायिक विकास योजनाओं का विश्लेषण करते हुए उन्होंने कहा, "अब तक सामुदायिक विकास योजनाओं द्वारा, गाँवों में रहने वाले लोगों को स्वावलम्बी (self-reliant), मिलकर काम करने तथा सहयोग से अपने गाँवों का नव-निर्माण करने और प्रायः प्रत्येक क्षेत्र में और विशेष रूप में कृषि के क्षेत्र में आगे बढ़ने के कार्य को पूरा करने का अवसर प्रदान किया गया है।"[34]

नेहरू एक समाजवादी

एक कुलीन परिवार में जन्म लेने तथा लालन-पालन होने के कारण 1920 तक नेहरू का दृष्टिकोण बिल्कुल धनवानों जैसा (bourgeois) था। वे भारतीय मज़दूरों तथा किसानों की दीन दशा से बिल्कुल अपरिचित थे। आकस्मिक रूप से 1920 की गर्मियों में अवध में उनका सम्पर्क किसान-आन्दोलन से हुआ। इससे उनके जीवन में एक महान् परिवर्तन आया। वे तीन दिन तक किसानों के पास ठहरे और उन्हें उनकी दुख तथा कष्ट-भरी गाथाओं को सुनने का अवसर मिला। इसके बारे में उन्होंने अपनी प्रतिक्रिया इस प्रकार व्यक्त की : "उन्हें तथा उनके कष्ट तथा उनकी बहुत अधिक कृतज्ञता को देखकर मेरा अपना मन आरामदेह तथा सुखदायी जीवन तथा तंगदिल शहरी राजनीति वाले जीवन को देखकर लज्जा तथा शोक से भर गया, जिस जीवन में करोड़ों नंगे-भूखे भारत के पुत्रों-पुत्रियों की उपेक्षा हो रही

है...मेरे सामने नंगे, भूखे, दलित तथा बुरी तरह मुसीबत में फँसे देशवासियों का एक नवीन चित्र प्रस्तुत हो गया।''[35] अतः नेहरू ग्रामीण भारत की भूमि सम्बन्धी समस्या के बारे में सचेत हुए। दलितों के लिए इस सहानुभूति के कारण बाद के जीवन मे उनका विश्वास समाजवाद में दृढ़ हुआ।

मार्च, 1926 में एक वर्ष नौ महीने की उनकी विदेश-यात्रा ने भी उनके राजनीतिक चिन्तन को बहुत प्रभावित किया। उनका कई समाजवादियों से सम्पर्क हुआ और समाजवाद की ओर उनका और अधिक आकर्षक हुआ। उस समय तक समाजवाद के प्रति उनकी प्रवृत्ति मुख्यतः विद्योचित (Academic) तथा आदर्शवादी ही थी। उनकी राष्ट्रवाद तक ही सीमित राजनीति की समाजवादी हितों के प्रति निष्ठा गौण स्थानीय ही थी। 1927 से अधिकाधिक रूप से समाजवाद के रूप में एक ऐसा प्रतिमान उन्हें प्राप्त हुआ, उस सूत्र के लिए जिसमें राष्ट्रवाद के पुराने धागे को पिरोया जाना था।[35A] भारतीय राष्ट्रीय कांग्रेस के प्रतिनिधि के रूप में उन्होंने फरवरी, 1927 में ब्रुसेल्स में दलित राष्ट्रीयताओं के सम्मेलन में भाग लिया। ब्रुसेल्स-सम्मेलन ने, उन्हें विश्व के विभिन्न भागों के वामपक्षी मज़दूर संगठनों से मिलने का अवसर प्रदान किया और वे यूरोपीय मज़दूरों के अन्दरूनी झगड़ों के बारे में जानकारी प्राप्त कर सके। माइकेल ब्रेचर का विचार है, ब्रसेल कांग्रेस नेहरू के राजनीतिक विचारों के विकास में दिशा संकेत मील का पत्थर प्रमाणित हुई। यह राजनीतिक विचार जहाँ तक समाज के उनके व्यापक अन्तर्राष्ट्रीय दृष्टिकोण का सम्बन्ध है।[35B] साम्यवाद ने उन्हें बहुत प्रभावित किया। उन्होंने कहा है, “मैं साम्यवाद की ओर झुका, चाहे इसमें कुछ भी त्रुटियाँ थीं परन्तु यह दम्भी तथा पूँजीवादी नहीं था।''[36] परन्तु वे उनके तानाशाही तरीके तथा हिंसावादी ढंगों के समर्थक नहीं थे। उन्होंने नवम्बर, 1927 में सोवियत रूस की यात्रा की और सोवियत साम्यवादियों के नियोजित रूप से देश में से दरिद्रता, बीमारी, अशिक्षा तथा सामाजिक-आर्थिक न्याय के प्रयत्नों का इनके मन पर बहुत गहरा प्रभाव पड़ा। उनके उदार तथा व्यक्तिवादी (individualistic) मन ने राजनीतिक कैदियों के साथ किए जाने वाले पाशविक व्यवहार के कारण बग़ावत की। अतः नेहरू अब नए राजनीतिक चिन्तन तथा परिवर्तित मान्यताओं वाले व्यक्ति थे। उन्होंने महसूस किया कि सामाजिक स्वतन्त्रता तथा समाज तथा राज्य के समाजवादी ढाँचे के बिना, देश तथा व्यक्ति का विकास सम्भव नहीं है।[37] अतः आर्थिक आत्मनिर्भरता ने उनके राष्ट्रवाद को एक नया विषय प्रदान किया। तब से उन्होंने दो उद्देश्यों की पूर्ति के लिए काम किया : 1. राजनीतिक स्वतन्त्रता तथा 2. न्याय पर आधारित सामाजिक-आर्थिक व्यवस्था। लाहौर कांग्रेस को 1929 में अध्यक्ष पद से सम्बोधित करते हुए नेहरू ने कहा, “समाजवादी दर्शन व्यापक रूपेण पूरी सामाजिक संरचना में प्रविष्ट हो चुका है तथा अब मात्र विवाद का विषय

यही है कि इसे साकार करने के लिए हम क्या उपाय बरतें और आगे बढ़ने की हमारी गति क्या हो। भारत को इस मार्ग पर जाना होगा, भले ही उपाय उसके अपनें हों तथा इस आदर्श का अनुकूल वह अपनी प्रतिभा के साथ करे।'' किन्तु उन्होंने धन के लिए मनुष्य का बलिदान करने की बात नहीं कही। उनका मत था यदि कोई उद्योग अपने लोगों को भूखा मारे बिना नहीं चलाया जा सकता तो उसे बन्द कर देना ही उचित है। यदि भूमि पर कार्य करने वाले व्यक्ति भोजन पाने में असमर्थ हैं और उनके उचित अधिकार का बड़ा भाग बिचौलिए के साथ चला जाता है तो बिचौलियों को अवश्य मार्ग से हटाया जाना चाहिए। वह चाहते थे कि खेत अथवा फैक्ट्री में काम करने वाले प्रत्येक व्यक्ति के लिए न्यूनतम वेतन सुनिश्चित किया जाए तथा उसे काम भी उतने ही निश्चित समय तक करना चाहिए जिससे उसके स्वास्थ्य पर कुप्रभाव न पड़े। लखनऊ कांग्रेस के अध्यक्ष के रूप में उन्होंने पुनः कहा, ''इसमें मुझे कोई सन्देह नहीं है कि विश्व की समस्याओं के साथ ही भारतीय समस्याओं का समाधान भी समाजवाद द्वारा ही सम्भव है। समाजवाद मात्र एक आर्थिक सिद्धान्त ही नहीं है, यह एक जीवन दर्शन भी है। इसीलिए यह मुझे रुचता भी है। निर्धनता निवारण, वृत्तिहीनता की समस्या का समाधान एवं पतन की स्थिति को दूर करने के लिए, मैं समाजवाद का कोई अन्य विकल्प नहीं देखता।''

मार्क्स के प्रभाव ने (जैसा कि पहले विचार किया गया है), उन्हें उन्नीसवीं शताब्दी के पूँजीवादी लोकतन्त्र को चुनौती देने के लिए प्रोत्साहन दिया। वे पूँजीवाद के कट्टर विरोधी थे, जो कि औद्योगिक युग की देन है और जो कि साम्राज्यवाद की अन्तिम दशा है। नेहरू के अनुसार, उनके लिए केवल विकल्प (Alternative) समाजवाद को अपनाना है। उन्होंने समाजवाद का अध्ययन व्यापक दृष्टिकोण से किया। उन्होंने कहा, ''आज का विश्व अनिवार्य रूप से अन्तर्राष्ट्रीय है, चाहे उसका राजनीतिक ढाँचा पीछे रह रहा है और राष्ट्रीय कहलाता है। अगर समाजवाद को सफल होना है, तो इसे अन्तर्राष्ट्रीय विश्व-समाजवाद का रूप धारण करना होगा।''[38] चाहे नेहरू का मार्क्सवाद की ओर काफी गहरा झुकाव था, पर वे साम्यवादी नहीं थे। उन्होंने स्वीकार किया, शायद आंशिक रूप से मेरी जड़ें अब भी उन्नीसवीं सदी में हैं और इसमें से पूर्ण रूप से बाहर निकल आने के लिए मैं उदार मानववादी प्रथाओं से प्रभावित हुआ हूँ।''[39] स्वतन्त्रता की प्राप्ति के पश्चात् नेहरू का सोवियत रूस की ओर झुकाव यह सिद्ध करता है कि नेहरू सोवियत व्यवस्था से प्रभावित हुए, यद्यपि यथार्थवादी होने के कारण वे उसे भारतीय परिस्थितियों के अनुकूल ढालना चाहते थे। नेहरू के ऊपर रूसी प्रभाव का अत्यन्त विश्लेषणात्मक प्रस्तुतन मेहता ने इन शब्दों में किया है, ''यह अधिकतर रूसी क्रान्ति का प्रभाव ही था जिसने नेहरू की आस्था को उदारवाद से समाजवाद की ओर अर्थात् मिल से मार्क्स की ओर

प्रवर्तित किया। जीवन के अन्त तक पुरातनपन्थी समाजवाद तथा इसके अन्तर्राष्ट्रीय स्वरूप के प्रति उनका सन्देह बना रहा।"[40]

नेहरू की यूरोप तथा रूस की यात्रा, उनके द्वारा सम्मेलनों में भाग लेने और वामपक्षी संगठनों से सम्पर्क स्थापित करने तथा भारत के मेहनतकश लोगों के बीच में घूमने के संक्षिप्त इतिहास से पता चलता है कि चाहे नेहरू बुर्जुआ श्रेणी में से थे, विभिन्न प्रभावों तथा धारणाओं के कारण समाजवादी बन गए। भारत के लोगों की ग़रीबी से प्रभावित होकर, और उसे विज्ञान तथा उद्योग-विज्ञान की सहायता से उत्पादन को बढ़ाकर, दूर करने की सम्भावना को देखकर, नेहरू ने समाजवादी जीवन के सिद्धान्त के रूप में उसे स्वीकार किया और भारतीय संसद द्वारा भारत के लिए समाजवादी समाज की व्यवस्था को अपना लिया गया।[41]

नेहरू के अपने शब्दों में, "मेरे लिए समाजवाद मात्र एक सिद्धान्त ही नहीं है, वह एक धर्म मत है जिसे मैं मस्तिष्क और हृदय दोनों में स्थान देता हूँ।"

यह कहा जा सकता है कि यद्यपि तीसरे दशक (Thirties) में नेहरू का विश्वास वैज्ञानिक समाजवाद में था, पर जब उनके प्रधानमन्त्री पद के दौरान उनके सामने प्रशासकीय समस्याएँ आईं तो वे यथातथ्यवादी बन गए। वे अपने लोगों पर किसी प्रकार की भी विचारधारा को थोपना नहीं चाहते थे। 26 दिसम्बर, 1950 को भारतीय केमिकल मैनुफेक्चुर्स एसोसिएशन को नई दिल्ली में सम्बोधित करते हुए उन्होंने अपने यथातथ्यवादी (pragmatic) होने का प्रमाण दिया। उन्होंने कहा, "इस विश्व में विभिन्न राजनीतिक विचारधाराएँ तथा सिद्धान्त हैं। मैं समझता हूँ कि उनमें कुछ-न-कुछ सच्चाई अवश्य ही है। परन्तु मेरी निजी धारणा यह है कि चाहे यह आवश्यक है कि हम अपनी विचारधारा को आधार बनाएँ, परन्तु उसे बलपूर्वक दूसरों से मनवाना न्यायोजित नहीं है...। व्यवहार में आपको स्थिति के तथ्यों को ध्यान में रखना होगा और या तो अपने आपको अथवा अपने सिद्धान्त को उनके अनुकूल ढालना होगा।"[42]

4 मार्च, 1949 को व्यापारी संघ तथा 4 जनवरी, 1957 को अखिल भारतीय कांग्रेस कमेटी के सामने दिए गए भाषण से उनके वास्तविक दृष्टिकोण तथा उनकी लोकतन्त्रीय समाजवाद की धारणा का स्पष्ट रूप से पता चलता है। उन्होंने इस बात पर बल दिया कि जिन विधियों से लोगों को लाभ पहुँचेगा और जनता की तसल्ली होगी, वे विधियाँ अपने आप उपयोगी सिद्ध होंगी। एक गम्भीर प्रेक्षक के रूप में, उन्होंने यह महसूस किया कि बहुत से देशों में पुराने ढंग के पूँजीवाद को नए लोकतन्त्रीय समाजवाद में परिवर्तित किया जा रहा है। अतः वे समाजवाद की कठोर परिभाषा बनाए रखने के पक्ष में नहीं थे। उन्होंने राय व्यक्त की कि लोकतन्त्रीय समाजवाद में तीन बातें होती हैं—(1) अभिग्रहण के स्थान पर सहयोग; (2) प्रत्येक

के व्यक्तित्व के विकास के लिए सामान्य अवसर प्रदान करना; तथा (3) इन उद्देश्यों की पूर्ति के लिए लोकतन्त्रीय प्रक्रिया तथा शान्तिपूर्ण और वैध विधियों का प्रयोग करना। उन्होंने ज़ोरदार शब्दों में कहा, "इन 'वादों' के प्रति मेरा विशेष आकर्षण नहीं है। और यही मेरा तरीका है। मैं यह कहना चाहता हूँ कि देश का तरीका भी इस समस्या पर विचार करने के लिए यथातथ्यवादी होना चाहिए, और मैं यह भूल जाना चाहता हूँ कि इसके साथ 'वाद' चिपका हुआ है। हमारी वर्तमान समस्या लोगों के जीवन-स्तर को ऊपर उठाने की है, उनकी दैनिक आवश्यकताएँ पूरी हों, उन्हें अच्छा जीवन व्यतीत करने के लिए रोटी-कपड़ा दिया जाए और जीवन में उन्नति करने के लिए उनकी सहायता की जाए।"[43]

वास्तव में तीसरे दशक के शुरू में नेहरू ने पूँजीवाद को साम्यवाद का चश्मा लगाकर देखा। उन्होंने पूँजीवाद की बुराइयों तथा इसके पतन की अवश्यम्भाविता के बारे में साम्यवादियों का अनुसरण किया। उन्होने मार्क्सवादियों की इस धारणा का समर्थन किया कि पूँजीवाद के कारण अमीर और अधिक अमीर बने रहें और ग़रीब और अधिक ग़रीब। उन्होंने महसूस किया कि चाहे पूँजीवाद ने उत्पादन को बढ़ाया है, वह धन के उचित बँटवारे की समस्या का समाधान करने में असफल रहा है। अतः ग़रीबी और बेकारी बढ़ रही है। उन्होंने वर्तमान झगड़ों के लिए पूँजीवाद को ही उत्तरदायी ठहराया। विलर्ड रेंज (Willard Range) के शब्दों में, "...उन्होंने तर्क द्वारा सिद्ध किया है कि साम्राज्यवाद पूँजीवाद का ही एक पैतृक लक्षण है और जब तक साम्राज्यवाद कायम रहेगा, प्रतिद्वन्द्वी साम्राज्यवादी शक्तियों में तथा शोषकों और शोषितों के बीच में युद्ध होते रहेंगे।"[44]

द्वितीय विश्वयुद्ध के पश्चात्, नेहरू ने पूँजीवादी देशों के रवैये में परिवर्तन देखा। संयुक्त राज्य अमेरिका में राष्ट्रपति रूज़वेल्ट के 'न्यू डील' (New Deal) कानून के पास हो जाने, तथा ग्रेट ब्रिटेन में कल्याणकारी राज्य के सिद्धान्त के उदय होने के कारण 'खुले मुकाबले के सिद्धान्त' (Policy of Laissez-faire) को काफी धक्का लगा और पूँजीवाद की धारणा में ज़बर्दस्त परिवर्तन हुआ। पूँजीवाद को सभ्य, विनीत तथा भावित किया गया। इसकी बहुत-सी बुराइयाँ दूर हो चुकी थीं। लोकतन्त्र की कार्यविधि के पुनरुत्थान (Resurgence) के कारण अमीरों को और अधिक अमीर बनने तथा ग़रीबों को और अधिक ग़रीब बनने से रोका गया। पहली बार पूँजीवादी राज्यों में बड़े-बड़े व्यापारियों तथा उद्योगों पर नियन्त्रण रखना शुरू किया और जनता की दशा को सुधारने की ओर कदम उठाए। इससे पूँजीवाद की ओर नेहरू के दृष्टिकोण में भी परिवर्तन आया। अब उन्हें पूँजीवाद से कोई चिढ़ न रही। पूँजीवाद के गुणों, जैसे कि उत्पादन को बढ़ावा देने तथा अनुसन्धान तथा औद्योगिकी को प्रोत्साहन देने के कारण नेहरू ने देश में पूँजीवाद को राज्य के नियन्त्रण में बनाए

रखने का निश्चय किया। जिस संशोधित व्यवस्थ को वे भारत में लागू करना चाहते थे, उसे मिली-जुली अर्थव्यवस्था (Mixed Economy) का नाम दिया गया। उनके दृष्टिकोण में इस परिवर्तन का यह अर्थ नहीं है कि उनके विचारों में असंगति थी। अपितु इससे उनके यथार्थवादी होने का पता चलता है। इससे उन्होंने समाजवादी विचारधारा का त्याग नहीं कर दिया। 1955 में उन्होंने कहा, "मैं भी भारत तथा विश्व में श्रेणीहीन समाज की स्थापना चाहता हूँ। मैं नहीं चाहता कि विशेषाधिकारों वाली कोई श्रेणी हो। मैं समाज में विभिन्न श्रेणियों के बीच में बहुत अधिक असमानता नहीं चाहता।"[45] उनकी प्रेरण पर कांग्रेस ने 1955 के आखिरी अधिवेशन में यह प्रस्ताव पारित किया, "हमारा राष्ट्रीय उद्देश्य है कि कल्याण राज्य तथा एक समाजवादी अर्थव्यवस्था। अतः आर्थिक नीति का उद्देश्य यह सुनिश्चित करना हो कि उपयोगी पदार्थों का वितरण पर्याप्त तथा समान हो।" नौ वर्ष उपरान्त उन्होंने अपने समाजवादी विचारों को कांग्रेस के सिद्धान्त में स्थान दिला दिया तथा समाजवादी नियोजन को कांग्रेस के आर्थिक कार्यक्रम के घोषणापत्र में स्थान मिल गया। इस कथन में कोई अत्युक्ति नहीं होगी कि नेहरूजी की सामाजिक विचारधारा के कठोर भावों में काफी परिवर्तन आया। स्मिथ के शब्दों में, "स्वतन्त्रता की प्राप्ति तथा ऊँचे पद के उत्तरदायित्वों ने नेहरू को देश की समस्याओं का समाधान करने के लिए कम क्रान्तिकारी साधन अपनाने के लिए बाध्य कर दिया।"[46]

किन्तु नेहरू का समाजवाद सदा एक क्रियाशील मानववाद रहा। ऐसा मानववाद जिसके द्वारा मानव मुक्ति पाना चाहता है कल की असुरक्षा की शक्तियों से और मानव की सर्जन-शक्ति का नियोजन रचनात्मक कार्यों में करने के लिए अपने समस्त जीवन में उन्होंने भारतीय जनता को समाजवादी भारत के निर्माण के महान् उद्यम से सम्बद्ध रखने का यत्न किया। उन्होंने जिस समाजवाद को सुदृढ़ नींव प्रदान की उसे उन्होंने नए सम्पृक्त अर्थ तथा मुख्यार्थ (Connotation & Denotation) प्रदान किए। समय बीतने के साथ उन्होंने यह सुनिश्चित किया कि समावाद की प्रतिबद्धता से मुकरने का कोई प्रश्न ही नहीं है।[47] पी.सी. जोशी के शब्दों में, "उनकी समाजवादी अवधारणा इतनी संश्लिष्ट थी कि वह उनके द्वारा स्वयं चुनी हुई प्रतीत होती थी। उपयुक्त ही लगता है कि इसे एक ऐसी दृष्टि के रूप में परिभाषित किया जाए जो इतनी ही समाजवादी थी जितनी मानववादी।"[47A]

मिश्रित अर्थव्यवस्था

जैसा कि ऊपर कहा गया है पाँचवें दशक में नेहरू के अनुसार देश की समस्याओं का समाधान मिश्रित अर्थव्यवस्था में ही है, जो कि कई क्षेत्रों में सार्वजनिक उद्यमों को गैर-सरकारी उद्यमों से मिलाती है। उनका लक्ष्य उन सभी उद्योगों पर राज्य

का नियन्त्रण स्थापित करने का था, जिनका सम्बन्ध प्रतिरक्षा, उत्पादन तथा दूसरे सभी बड़े बुनियादी उद्योगों से है। शेष में ग़ैर-सरकारी उद्यम की आज्ञा दे दी गई। अतः सार्वजनिक तथा निजी, दो क्षेत्र कायम हो गए। राज्य के उद्यम सार्वजनिक क्षेत्र में आते हैं जबकि निजी उद्यम ग़ैर-सरकारी क्षेत्र के अधीन आते हैं। बिखरी हुई अर्थव्यवस्था तथा सीमित आर्थिक तथा तकनीकी साधनों के कारण, राज्य के लिए सभी उद्योगों को नियन्त्रण में लेना कठिन था। यह अधिक अच्छा तथा उचित समझा गया कि जिस क्षेत्र में ग़ैर-सरकारी उद्यम काम कर रहे थे, उनमें सरकार कोई हस्तक्षेप न करे और भारत के नवनिर्माण के लिए राज्य के साधनों को प्रयुक्त करके उन क्षेत्रों में राज्य का नियन्त्रण शुरू किया जाए, जिनमें ग़ैर-सरकारी उद्यम कम लाभ की दृष्टि से काम करना पसन्द न करते हों। उदाहरण के तौर पर नदी घाटी-योजनाएँ (River-Valley Projects) तथा भारी बिजली के साज-सामान (Heavy Electricals) इस श्रेणी में आते हैं। अतः ग़ैर-सरकारी क्षेत्र को बनाए रखने से सिद्ध होता है कि हमारे समाजवादी ढाँचे में उद्योगों के पूर्णरूप में समाजीकरण के सिद्धान्त को नहीं अपनाया गया, जैसा कि पूर्ण रूप से समाजवादी अर्थव्यवस्था में होता है।

यह कहना भी अनुचित नहीं होगा कि ग़ैर-सरकारी क्षेत्र भी पूर्ण रूप से सरकारी नियन्त्रण से मुक्त नहीं है। ग़ैर-सरकारी क्षेत्र के लिए राष्ट्रीय योजना के मुख्य सिद्धान्तों को अपनाकर सार्वजनिक क्षेत्र में मिलकर काम करना आवश्यक है। इस क्षेत्र को राष्ट्रीय योजना के लक्ष्यों को स्वीकार करके अपने आपको इसके अनुकूल बनाना होगा। योजना आयोग को इसके ऊपर अपना नियन्त्रण रखने की जरूरत है। ग़ैर-सरकारी क्षेत्र को अपनी भूमिका निभाते समय सामाजिक मन्तव्य को सामने रखना होगा। अतः स्वार्थ को सार्वजनिक भलाई के अधीन रखा जाएगा। समय के साथ-साथ ग़ैर-सरकारी क्षेत्र का महत्त्व कम होता चला जाएगा और सार्वजनिक क्षेत्र में बढ़ोतरी होगी। परन्तु उन्होंने इस बात को स्वीकार किया कि "ग़ैर-सरकारी क्षेत्र में सार्वजनिक क्षेत्र के प्रगतिशील विस्तार की निर्भरता विभिन्न तत्त्वां पर, जिनमें प्राप्त किए गए परिणाम, प्राप्त स्रोत और देश की क्षमता आदि शामिल है, होनी चाहिए। इसकी कसौटी सामाजिक लक्ष्यों की प्राप्ति होनी चाहिए। अतः नेहरू चाहते थे कि भारत की मिश्रित अर्थव्यवस्था लचीली तथा बदलती हुई परिस्थितियों के अनुकूल ढलने वाली होनी चाहिए।"[48]

वास्तव में मिश्रित अर्थव्यवस्था के बहुत लाभदायक परिणाम सामने आए हैं। इससे सरकार को अर्थव्यवस्था को नष्ट-भ्रष्ट किए बिना वर्तमान अर्थव्यवस्था पर ही निर्माण करने का अवसर मिला है। नेहरूजी के विचार में ग़ैर-सरकारी क्षेत्र ने हमारी अर्थव्यवस्था के अन्तर्कालीन समय में बहुत महत्त्वपूर्ण भूमिका निभाई है। इसी तरह भारत की वर्तमान स्थिति को सामने रखते हुए सार्वजनिक क्षेत्र भी अपरिहार्य

(Indispensable) है। उन्होंने ठीक ही कहा है, "मिश्रित अर्थव्यवस्था बीच का मार्ग है जो कि भारत की वर्तमान स्थिति के अनुकूल है और जिससे ऊँचे परिणामों की आशा की जा सकती है। इस अन्तर्कालीन अवस्था में सार्वजनिक क्षेत्र की भूमिका भी अपरिहार्य है, परन्तु ग़ैर-सरकारी क्षेत्र का योगदान भी कोई कम महत्त्वपूर्ण नहीं है।"[49]

समाज का समाजवादी ढाँचा

नवम्बर 1954 में नेहरू ने समाज के समाजवादी ढाँचे का लक्ष्य सामने रखा। वर्तमान नीति को आमूल छोड़ने के बारे में बहुत से अनुमान लगाए गए। परन्तु नेहरू ने स्थिति को स्पष्ट करते हुए कहा कि मिश्रित अर्थव्यवस्था में कोई बुनियादी परिवर्तन लाने की कोई योजना नहीं है। परन्तु नए उद्योगों पर सरकारी मालिकी तथा नियन्त्रण पर अधिक बल दिया जाएगा। अतः इससे स्पष्ट है कि उन्होंने 'समाज के समाजवादी ढाँचे' के शब्द का प्रयोग सैद्धान्तिक रूप से नहीं किया। वे ग़ैर-सरकारी क्षेत्र को खत्म करने के पक्ष में नहीं थे। परन्तु उन्होंने उसे स्वतन्त्रता तथा प्रोत्साहन देने की राय दी। उन्होंने सीमित स्रोतों वाले अल्प-विकसित देश के लिए, जहाँ पर अर्थव्यवस्था का विस्तार किया जा रहा था, सार्वजनिक क्षेत्र के तेज़ी से बढ़ने की अपरिहार्यता पर बल दिया।

नेहरू के मार्गदर्शन में कांग्रेस ने अपने 1955 के अवाड़ी अधिवेशन में एक प्रस्ताव पारित कर समाजवादी आदर्श पर आधृत समाज के निर्माण को अपना लक्ष्य निर्धारित किया। 'भारत और संसार' शीर्षक पुस्तक में वह इन शब्दों में समाजवादी आदर्श पर आधृत समाज को परिभाषित करते हैं, "इस प्रकार के समाज से हमारा अभिप्राय एक ऐसे समाज से है जिसमें सभी को समान अवसर उपलब्ध हों तथा एक अच्छे जीवन की भावी सम्भावनाएँ खुली हों। अतः हमें समानता पर और असमानताओं के दूरीकरण पर बल देना है तथा यह भी सुनिश्चित करना है कि समाजवाद दरिद्रता के कारण नहीं बढ़ रहा है। सम्पत्ति तथा उत्पादन का होना आवश्यक है।" उन्होंने समाजवाद को एक जीवन शक्ति बताया जिसे नए दिग्विन्यास की आवश्यकता है, देश की परिस्थितियों के अनुरूप। "संसार की तथा भारत की समस्याओं का निदान समाजवाद में ही है", ऐसा नेहरू बलपूर्वक कहते हैं। "मैं जब कभी इस शब्द का प्रयोग करता हूँ तो यह मानववाद की दृष्टि से नहीं, वरन् वैज्ञानिक आर्थिक दृष्टि से मैं इसका प्रयोग करता हूँ। समाजवाद मात्र एक आर्थिक सिद्धान्त ही नहीं है। यह एक जीवन दर्शन है जो मुझे रुचता है। भारत में दरिद्रता-उन्मूलन तथा वृत्तिहीनता की विशाल, व्यापक समस्या के समाधानार्थ समाजवाद के अतिरिक्त कोई अन्य विकल्प नहीं देखता। इसी के द्वारा हम अपने देश में व्यापक अधोगति तथा

आधीनता के वर्तमान परिदृश्य को दूर कर सकेंगे।"

सम्पत्ति के अधिकार की परवाह न करते हुए ज़मींदारी प्रथा का उन्मूलन, जिसे देश के सर्वोच्च न्यायाधिकरण द्वारा स्वीकार किया गया था और उसको चुनौती दिए जाने पर नेहरू द्वारा न्यायपालिका को झिड़की देना कि वह देश में समाजवाद लाने के रास्ते में बाधक सिद्ध हो रही है, नेहरू के देश में समाजवाद स्थापित करने के इरादे का सूचक है। ज़मींदारी प्रथा का ज़िक्र करते हुए उन्होंने कहा, "यह प्रथा हमेशा के लिए जारी नहीं रह सकती; इसकी चिन्ता नहीं है कि आपके बुनियादी अधिकार क्या कहते हैं, अथवा आपका संविधान क्या कहता है या आपकी अदालतें क्या कहती हैं। अगर आप इससे परे देखने से इन्कार करते हैं, तो आपके सामने एक क्रान्तिकारी स्थिति पैदा हो जाएगी, जो कि इन सबकी अवहेलना कर देगी।"[50]

उन्होंने सहकारी खेती तथा सहकारी सेवाओं की स्थापना पर भी बल दिया। उनका विचार था कि सहकारी खेती तथा सहकारी सेवाओं द्वारा भारत के ग्रामों में समाजवाद की झलक देखी जा सकती है। उत्पादन में वृद्धि केवल बड़े तथा कुशल भूमिपति तथा सहकारिता से काम करने वाले कुशल परिवारों द्वारा की जा सकती है। चूँकि निजी मालिकी के अधीन बड़े फार्म चलाना सम्भव है, उसके लिए सहकारी खेती ही एकमात्र साधन है। इस प्रकार का सहकारिता का सिद्धान्त गाँव की सभी गतिविधियों में लागू किया जाना चाहिए, जैसे कृषि का प्रबन्ध तथा शिक्षा। इससे गाँवों की सर्वांगीण उन्नति की जा सकती है। साझी खेती द्वारा भारत की दरिद्रता को दूर किया जा सकेगा। वे साझी खेती के सिद्धान्त से इतने प्रभावित हुए कि उन्होंने कहा, "मैं हर खेत में तथा हर किसान के पास जाकर इस प्रोग्राम को स्वीकार करने की योजना करूँगा। अगर वे नहीं मानेंगे तो मैं इसे कार्यान्वित नहीं कर सकूँगा।"[51]

अतः इससे यह परिणाम निकाला जा सकता है कि भारतीय आर्थिक विकास की समस्या के बारे में नेहरू का दृष्टिकोण उनके पहले के समाजवादी विचारों की अपेक्षा अधिक सैद्धान्तिक था। तुरन्त परिणाम प्राप्त करने की दृष्टि से, मिश्रित अर्थव्यवस्था–जिसमें ग़ैर-सरकारी मालिकी तथा सरकारी मालिकी दोनों को उचित स्थान मिलता है, एक बढ़िया साधन था। उन्होंने विश्व में चल रहे झुकाव के सन्दर्भ में उद्योगों पर सरकारी नियन्त्रण को अपरिहार्य समझा। उन्होंने भविष्यवाणी भी की कि सार्वजनिक क्षेत्र राष्ट्र के नियन्त्रण एवं निदेशन में रहकर द्रुत गति से विकसित हो सकता है। इस प्रकार का राजकीय नियन्त्रण एवं निदेशन अर्थव्यवस्था के अन्तर्गत आने वाले सामरिक महत्त्व के स्थलों पर विशेषतः आवश्यक है। राष्ट्रीय सम्पत्ति का सामान्य जन हित में नियोजन तथा उसका कुछ हाथों में केन्द्रीकृत न होना सुनिश्चित करने के लिए आवश्यक है कि समाजवाद पर आधारित समाज एक

ऐसा समाजवाद रह जाता है जो मिलावट युक्त है। निजी क्षेत्र राष्ट्रीय हितों के प्रति समवेदनशील नहीं हो सकता। वास्तव में इस किस्म के समाजवाद में गांधी तथा मार्क्स के विचारों का मिश्रण था, जिनका कि नेहरू के मन पर गहरा प्रभाव था। उन्होंने साम्यवादियों के क्रान्तिकारी ढंगों को अपनाकर समाजवाद लाने की अपेक्षा धीमी गति से चलने वाले शान्तिपूर्वक लोकतन्त्रीय ढंगों को अधिक महत्त्वपूर्ण समझा। लिमये की सम्मति में, "नेहरू अपने मन्थरगामी सुधारों के दृष्टिकोण को मार्क्सवादी वैचारिक परिधान में प्रस्तुत करते हैं।"[51A] अशोक मेहता के अनुसार, "नेहरू प्रतिपादित समाजवाद उस सोरीलियन मिथक से अधिक कुछ नहीं जो अपनी वक्तृत्व शक्तिमत्ता के प्रभाव के कारण ही मूल्यवान है।" वस्तुस्थिति यह है कि नेहरू ने प्रजातन्त्र तथा समाजवाद को दो भिन्न प्रकोष्ठों में नहीं रखकर देखा। उन्होंने जो प्रस्तुत किया है वह दोनों का संश्लेषण है। अतः उन्हें सामान्यतः एक प्रजातान्त्रिक समाजवादी ही कहा जाता है। समाजवाद की प्राप्ति वह प्रजातन्त्र की विजय से न कि तानाशाही के अत्याचारों के माध्यम से चाहते हैं।[52] अपने सपनों के समाजवादी राज्य में नेहरू जिस वर्गहीन समाज को चाहते हैं, उसे विधि और व्यवस्था पर आधारित प्रजातान्त्रिक समाजवाद द्वारा ही अस्तित्व में लाना है जिसमें सोद्देश्यपरक योजना निर्माण सुनिश्चित हो। मेहता का यह कथन उपयुक्त ही है, "राष्ट्रवाद, प्रजातन्त्र, धर्मनिरपेक्षता तथा आर्थिक विकास जहाँ नेहरू की नीति के चार स्तम्भ हैं, वहाँ समाजवाद मुकुट स्थानीय गुम्बद है।"[53] किन्तु नेहरू का समाजवाद एक जीवित, गतिशील, उन्नत और विकासोन्मुख अस्तित्व बना रहा जो मात्र एक परिभाषा से कहीं अधिक गहरा उतरता है जीवन की, विचार की, कार्य की प्रक्रिया के भीतर। एस. गोपाल की यह सम्मति उचित ही है, "समाजवाद नेहरू के लिए एक सिद्धान्त के परिभाष्य कलेवर मात्र से कहीं अधिक एक प्रवृत्ति है।"[54] इस तथ्य से इन्कार नहीं किया जा सकता कि नेहरू एक निश्चित, निर्धारित सिद्धान्त के प्रति आस्थावान थे। मार्क्सवाद द्वारा ऐतिहासिक प्रक्रियाओं की वैज्ञानिक व्याख्या प्रस्तुत करने की जहाँ नेहरू सराहना करते थे, वहीं वह साम्यवादियों द्वारा मार्क्सवाद को 'पवित्र सिद्धान्त' मानने के लिए उनकी आलोचना भी करते थे। मार्क्स के कुछ निष्कर्षों को वह कुछ अनुवर्ती घटनाओं, उदाहरणार्थ प्रजातान्त्रिक विकास और तकनीकी प्रगति के सन्दर्भ में अनुपयोगी, अप्रासंगिक मानते थे। इससे कुछ आलोचक इस टिप्पणी करने पर बाध्य हुए कि नेहरू ऐसे उदार प्रजातन्त्रवादी थे जिनकी समाजवाद के प्रति स्वच्छन्द अनुरक्ति थी। उनकी प्रधान मन्त्रित्व की अवधि में राष्ट्र के दीर्घावधिक हितों को ध्यान में रखते हुए उन्हें अपने समाजवाद के उत्साह पर अंकुश लगाना पड़ा, उनके प्रयत्न मन्द पड़ गए और इस प्रकार मर्यादित प्रयत्नों के कारण वह अपने समाजवाद को उन पश्चिमी देशों से गहरा रंग नहीं दे सके जो

समाजवादी होने का दम नहीं भरते।[54A]

समाजवादी व्यवस्था वाले राष्ट्र ने व्यापक निन्दा की है। उनका आरोप है कि यह अर्थव्यवस्था मिश्रित होने के स्थान पर अस्थिर, संशयायित (Confused) अर्थव्यवस्था होगी।

लोकतन्त्रीय आयोजना

नेहरू तीसरे दशक से ही योजना की ओर झुक रहे थे। स्वतन्त्रता-प्राप्ति के बाद उन्होंने आयोजना द्वारा सामाजिक लक्ष्यों को प्राप्त करने का लक्ष्य बनाया, जिस आयोजना ने रूस जैसे पिछड़े हुए देश में अद्भुत काम किया है। एक लोकतन्त्रीय देश में आयोजन को लागू करने का एक नया तजुर्बा था। नेहरू आयोजना द्वारा भारतीय समाज में समानता लाने के लक्ष्य की पूर्ति करना चाहते थे। उन्होंने आयोजना को लक्ष्य नहीं बनाया, परन्तु उसे साधन बनाकर, "लोगों की भलाई तथा प्रगति, सबके लिए अवसर प्रदान करने तथा स्वतन्त्रता के विकास का लक्ष्य बनाया।"[55]

उनके लिए लोकतन्त्र तथा आयोजना एक-दूसरे से भिन्न नहीं थे। उन्होंने कहा, "अगर मुझे कोई यह कहे कि लोकतन्त्रीय ढाँचे का अर्थ है आयोजना का अभाव, तो मैं इस कथन को स्वीकार करने के लिए तैयार नहीं हूँ।"[56] पूँजीवादी लोकतन्त्र में विशेष सुविधा प्राप्त (Privileged) श्रेणियाँ जनता की अवहेलना करके अपनी ही भलाई के लिए योजनाएँ बनाती हैं। अतः उन्होंने कहा कि आयोजित लोकतन्त्र में, खुले बाज़ार की प्रणाली के स्थान पर उत्पादन के साधनों पर राज्य की मालिकी को अधिक महत्त्व दिया जाना चाहिए। उन्होंने कहा कि आयोजना एक ऐसा अमल है, जिसके द्वारा ऐसी शक्तियों पर प्रतिबन्ध लगाया जा सकता है, जो ग़रीबों को और ग़रीब बनाने में लगी हैं। उन्होंने इस बात पर बल दिया कि जब तक अमीर तथा ग़रीब के बीच में अन्तर को कम नहीं किया जाता और अधिक-से-अधिक समानता नहीं लाई जाती, आज़ादी केवल एक सिद्धान्त ही बनकर रह जाएगी।

एक नियोजित अर्थ-व्यवस्था के लिए आवश्यक है कि वह लोगों को स्वतन्त्रतापूर्वक सोचने का अवसर दे और वे योजनाओं को स्वीकार करें। नेहरू ने कहा कि समाजवादी आयोजना द्वारा लोकतन्त्र को जारी रखने के लिए ज़रूरी है कि लोगों के सद्भाव तथा सहयोग को प्राप्त किया जाए। अपने एक भाषण में उन्होंने कहा, "लोकतन्त्रीय नियेजना का अर्थ है–अपनी इच्छा से तथा ठीक दिशा में की गई मेहनत, जिससे समाज तथा व्यक्ति की भलाई हो सके।"[57]

नेहरू इस बात को मानने के लिए तैयार नहीं थे, कि नियोजित समाज में

स्वतन्त्रता का ह्रास होता है। राज्य के नियन्त्रण तथा निर्देश के बावजूद भी व्यक्ति को काफी मात्रा में निजी स्वतन्त्रता तथा नेतृत्व प्राप्त होता है। उन्होंने केन्द्रीकरण के विरुद्ध चौकस रहने की चेतावनी दी और स्वतन्त्रता तथा लोकतन्त्र को बनाए रखने के लिए कुछ एक नियन्त्रण रखने पर बल दिया। हमारा नियन्त्रण तो लोकतन्त्रीय ढंग से चुनी गई संसद है। संसदीय विधानमंडल, जो कि मार्किट के विकास तथा ट्रेड यूनियन पर नियन्त्रण रखता है, झगड़ों को निबटाने के कुछ दूसरे नियन्त्रण हैं।

उन्होंने कहा कि नियोजना एक निरन्तर चलने वाली प्रक्रिया है और यह पीढ़ियों तक चलती रहेगी। नियोजना से उनका अभिप्राय था, ''एक उद्देश्य को सामने रखना; वह उद्देश्य नहीं, जिसे जल्दी से पूरा कर लेना हो, वरन् वह उद्देश्य जो कि बहुत दूर है और जिसे निरन्तर प्रयत्नों द्वारा पूरा किया जाए। हम केवल कल के लिए ही योजना नहीं बना सकते, हमें तो वर्षों तक के लिए ऐसा करना होगा।''[58] इस तरीके से नियोजना राष्ट्र को विभिन्न गतिविधियों को देखने का एक समूचा ढंग है। अतः नियोजना का सम्बन्ध उत्पादन, खपत, रोज़गार तथा बहुत-सी दूसरी बातों से है, जैसे कि परिवहन, शिक्षा, स्वास्थ्य तथा सामाजिक सेवाएँ। अतः नियोजना का उद्देश्य उद्योगों तथा कृषि की ओर पूरा ध्यान देने का है। नेहरू के शब्दों में योजना का तात्पर्य, ''ऐसी सामाजिक व्यवस्था की स्थापना है, जो शोषण, ग़रीबी, बेरोज़गारी तथा अन्याय से मुक्त हो।''[59] वास्तव में नेहरू चाहते थे कि नियोजना का उद्देश्य जन-कल्याण हो। वे चाहते थे कि नियोजना द्वारा अधिकतम धन पैदा किया जाए और उसका बँटवारा ऐसे ढंग से किया जाए कि वह थोड़े से हाथों में ही इकट्ठा न हो, बल्कि वह अधिक-से-अधिक लोगों तक पहुँचे। नियोजना द्वारा भारत के सीमित साधनों का उपयोगी ढंग से इस्तेमाल किया जाना चाहिए। मेहता कहते हैं, ''नेहरू की तर्क की ओर प्रवृत्ति तथा चमत्कार के प्रति उनका सम्मोहन आर्थिक नियोजन के विचार द्वारा प्रेरित थे। इसे वह कृषि प्रधान व्यवस्था से औद्योगिक व्यवस्था लाने की दिशा में एक विश्वस्त कार्य तन्त्र के रूप में देखते थे।''[60]

नेहरू इस बात के भी समर्थक थे कि नियोजना का सामाजिक उद्देश्य भी है। इसके द्वारा नई सामाजिक व्यवस्था को कायम किया जा सकता है। इसके अलावा नियोजना से राष्ट्र को शक्तिशाली बनाने के उद्देश्य को भी पूरा किया जा सकता है। इस प्रकार नियोजना द्वारा, प्रान्तीयता, साम्प्रदायिकता, क्षेत्रीयता तथा जातीयता जैसी संकीण प्रवृत्तियों को दूर करने के लिए भी एक साँझा मोर्चा बनाया जा सकता है। लोकसभा में पहली पंचवर्षीय योजना के बारे में बोलते हुए नेहरू ने कहा था, ''भारत में कृषि, औद्योगिक, सामाजिक, आर्थिक तथा दूसरे पहलुओं को

एक प्रकार की विचारधारा में इकट्ठा करने का यह पहला प्रयास है। इससे सारा देश नियोजना के बारे में ही सोचने लगा है। इससे लोग एक होकर सारे देश के बारे में सोच रहे हैं।"[61]

नियोजना को शान्तिपूर्ण तथा लोकतन्त्रीय ढंगों द्वारा लागू किया जाना है, क्योंकि आर्थिक कल्याण तथा रहन-सहन के स्तर को ऊँचा उठाने के लक्ष्य को जीवन के उच्चादर्शों के आधार पर प्राप्त करना होगा, जिन आदर्शों ने शताब्दियों से लोगों को शिष्ट बनाया है। उन्होंने कहा, "आखिर हम स्वतन्त्रता, समानता, व्यक्ति के सम्मान तथा मानवीय भावना की स्वतन्त्रता में विश्वास रखते हैं। इसी वजह से हमने अन्त में लोकतन्त्रीय जीवन-प्रणाली अपनाई है।"[62] तीसरी योजना आरम्भ किए जाने के समय तक नेहरू शिक्षा क्षेत्र की न्यूनताओं से परिचित हो चुके थे तथा वह इस आवश्यकता के प्रति भी जागरूक थे कि ग्रामीण क्षेत्रों में कुछ न्यूनतम सुविधाएँ उपलब्ध की जाएँ। गन्दी बस्तियों की स्वच्छता, नगरों में उनके सुधार तथा बाल कल्याण के प्रति भी वह सजग थे। अतः उनकी नियोजन की अवधारणा स्वनिष्ठित (Self Contained) नहीं थी। उन्होंने कहा, "नियोजन प्रथम तथा द्वितीय योजनाओं का पुनराम्भ (Continuation) ही होगा। इन्हीं के साथ चौथी योजना तथा तत्पश्चात् और योजनाएँ भी बनेंगी। नियोजन अभीष्ट लक्ष्यों की ओर निरन्तर बढ़ने वाली प्रक्रिया है। अन्त में महत्त्व इसी बात का है कि मानव का विकास हो और उसकी समृद्धि में वृद्धि हो। यद्यपि नियोजन में भौतिक विकास भी समाविष्ट है तथापि अधिक महत्त्वपूर्ण यह है कि मनुष्यों के कल्याणार्थ निवेश किया जाए।

नेहरू की लोकतन्त्र के बारे में धारणा

नेहरू ने लोकतन्त्र की कोई नई धारणा प्रस्तुत नहीं की। उनके लोकतन्त्रीय चिन्तन में लॉक, रूसो, मोंटेस्क्यो, बेंथस, जे.एम. मिल तथा कार्ल मार्क्स आदि विचारकों के चिन्तन का मिश्रण है। अपनी प्रसिद्ध रचनाओं में नेहरू ने मोंटेस्क्यो की *'Esprit des Lois'*, रूसो की 'Du Contract Social' तथा जान स्टुअर्ट मिल की 'On Liberty' नामक रचनाओं के हवाले दिए हैं। इससे पता चलता है कि नेहरू पर इन विचारकों के चिन्तन का गहरा प्रभाव पड़ा, जिसके फलस्वरूप वे लोकतन्त्र के प्रेमी बन गए। 1935 में उन्होंने इस बात को स्वीकार किया था, "मेरे विचार अब भी उन्नीसवीं शताब्दी वाले हैं और मुझ पर मानववादी उदार प्रथाओं का बहुत गहरा प्रभाव पड़ा है।"

मानववादी तथा उदारवादी प्रभावों के अतिरिक्त नेहरू की व्यक्ति के समाज में सर्वांगीण विकास की धारणा ने उन्हें लोकतन्त्रवादी बना दिया। उनके शब्दों में, "...व्यक्ति ही को ध्यान में रखा जाता है...कोई भी व्यक्ति नगण्य (Trivial) नहीं

है। प्रत्येक व्यक्ति का अपना महत्त्व है और उसे विकास के पूर्ण अवसर प्रदान किए जाने चाहिएँ।"[63] समूह में व्यक्ति के अस्तित्व के खत्म हो जाने के कारण नेहरू को दुख होता था। अतः उन्होंने ऐसे लोकतन्त्रीय समाज की स्थापना पर बल दिया जिसमें व्यक्ति को विकास के पूर्ण अवसर प्राप्त हो सकें।"[64] उन्होंने एक बार कहा था, "मैं स्वभाव तथा प्राप्त प्रशिक्षण की अपेक्षा से एक व्यक्ति हूँ तथा बौद्धिक दृष्टि से एक समाजवादी हूँ। मैं समझता हूँ कि समाज व्यक्तित्व का दमन कर उसकी हत्या नहीं करता। निस्सन्देह आकृष्ट हूँ मैं इसकी ओर क्योंकि असंख्य लोगों को इससे आर्थिक और सांस्कृतिक बन्धनों से मुक्ति मिलेगी।"

व्यक्ति की प्रतिष्ठा में विश्वास ने नेहरू की लोगों में श्रद्धा उत्पन्न की। लोगों में श्रद्धा ही उनके लोकतन्त्र की संकल्पना का सार है। कलकत्ता में अपने एक भाषण में उन्होंने कहा, "विशाल जनता को विश्वास में लेना जरूरी है। उनके मन में यह संवेदना जाग्रत होनी चाहिए कि वे राष्ट्र को चलाने में साँझी हैं, वे सरकार तथा उद्योगों को चलाने में भागी हैं। यही लोकतन्त्र का सार है।"[65]

उनके मन में मानववादी भावों, व्यक्तिवाद में श्रद्धा तथा लोगों में अधिक श्रद्धा के फलस्वरूप, उन्होंने निरंकुशतावाद की निन्दा की और वे लोकतन्त्र की ओर बढ़े। उन्होंने फासिस्टवाद तथा साम्यवाद की एक दलवादी धारणा होने के कारण निन्दा की। अगर फासिस्टवाद (उग्र राष्ट्रवाद) पूँजीवाद को बनाए रखने के लिए एक भद्दा तथा अत्याचारी प्रयत्न है, तो साम्यवाद भी 'मनुष्य की स्वतन्त्रता भावना' को कुचलने का असभ्य तरीका है।

लोकतन्त्र की परिभाषा

इस प्रकार नेहरू ने अधिनायकवाद की निन्दा करते हुए लोकतन्त्र को जीवन की पद्धति तथा सामाजिक ढाँचे का आधार माना। लोकतन्त्र से उनका अभिप्राय कुछ एक राजनीतिक संस्थाओं की व्यवस्था नहीं था। लोकतन्त्र से उनका अभिप्राय एक गतिशील समाज की स्थापना था, जिसमें व्यक्ति को उसके विकास के लिए पूरे अवसर प्राप्त हों। वे लोकतन्त्र शब्द की कोई निश्चित परिभाषा देने के पक्ष में नहीं थे, क्योंकि इससे उसके विशाल क्षेत्र को सीमित करने वाली बात हो जाती है। अतः हम उनके मन में से समय-समय पर निकली लोकतन्त्र की विभिन्न परिभाषाओं को देखते हैं।

स्वतन्त्रता-संग्राम के दौरान उनके लिए लोकतन्त्र का अर्थ था, 'स्वराज्य' (Self-rule) तथा विदेशी दासता से मुक्ति। बाद में उनके समाजवादी विचारों के कारण उनके द्वारा लोकतन्त्र की व्याख्या में भी परिवर्तन आ गया। अपने जीवन के अन्त तक उन्होंने इस शब्द का विभिन्न अर्थों में प्रयोग किया। अपनी एक विशाल

परिभाषा में उन्होंने कहा, "लोकतन्त्र न केवल राजनीतिक, न केवल आर्थिक, परन्तु मानसिक वस्तु है,...इसमें जहाँ तक सम्भव हो, राजनीतिक तथा आर्थिक क्षेत्र में सबके लिए समान अवसरों की उपलब्धि शामिल है। इसमें व्यक्ति के विकास की स्वतन्त्रता तथा अपनी क्षमता तथा योग्यता का विकास करना भी शामिल है। इसमें उस स्थिति में दूसरों के विचारों को सहन करना शामिल है, जब उनके आपसे काफी मतभेद हों। यह एक गतिशील वस्तु है, गतिहीन नहीं है। यह एक आपसी पहुँच अथवा ढंग है, जिसे हम अपनी राजनीतिक तथा आर्थिक समस्याओं के समाधान में प्रयुक्त कर सकते हैं।"[66]

इस परिभाषा के विश्लेषण से पता चलता है कि नेहरू के विचारानुसार, लोकतन्त्र का अर्थ केवल व्यक्ति की आर्थिक दशा का सुधार ही नहीं, वरन् यह उसकी सर्वांगीण उन्नति है। एक अन्य भाषण में उन्होंने लोकतन्त्र के विभिन्न पहलुओं को इकट्ठा करके इसके बहुत गहरे तथा विशाल अर्थ प्रस्तुत किए। उन्होंने कहा, "...हम एक बढ़िया जीवन पैदा करना चाहते हैं, एक अच्छा व्यक्ति...हम वापस व्यक्ति की ओर जाते हैं, उसे अपने आपको जानने का अवसर देते हैं और संस्थाओं तथा सरकार के स्वरूपों का इस ढंग से गठन करते हैं, जिससे इस पहलू को प्रोत्साहन मिले।"[67]

लोकतन्त्र की इस विशाल व्याख्या से सिद्ध होता है कि नेहरू ने व्यक्ति को लोकतन्त्र से अलग नहीं माना। उन्होंने इस बात पर बल दिया कि मनुष्य के व्यक्तित्व का पूर्ण विकास केवल लोकतन्त्र में ही सम्भव है।

डी. ई. स्मिथ (D.E. Smith) ने नेहरू द्वारा समय-समय पर की गई लोकतन्त्र की परिभाषा का सारांश बताते हुए माना है कि कुछ अतिछादन (overlapping) अपरिहार्य था। इन परिभाषाओं का वर्गीकरण इस प्रकार किया जा सकता है : (क) स्वतन्त्रता के रूप में लोकतन्त्र की परिभाषा, जिसमें मानवीय आदर्शों को प्राप्त किया जा सकता है; (ख) लोकतन्त्र की कुछ सरकारी संस्थाओं तथा क्रियाओं के रूप में परिभाषा; (ग) एक सामाजिक व्यवस्था के रूप में लोकतन्त्र की परिभाषा, जिसमें धीरे-धीरे आर्थिक तथा सामाजिक समानता प्राप्त की जाए; (घ) लोकतन्त्र की परिभाषा, व्यक्ति तथा समाज द्वारा समस्याओं के समाधान के लिए उठाए गए कदम। इन परिभाषाओं की संक्षिप्त व्याख्या से हम नेहरू की लोकतन्त्र के बारे में धारणा को समझने के योग्य हो सकेंगे।

(क) लोकतन्त्र : व्यक्तिगत स्वतन्त्रता के रूप में
(Democracy as Individual Freedom)

व्यक्तिवादी होने के नाते नेहरू बीसवीं सदी में व्यक्ति के भाग्य को बहुत

महत्त्व प्रदान करते हैं। एक सच्चे लोकतन्त्रीय राज्य में, मानवीय आदर्शों की प्राप्ति तथा व्यक्ति के सृजनात्मक विकास के लिए स्वतन्त्रता होती है। नेहरूजी मनुष्य के अव्यक्तिकरण तथा पाशविकीकरण (Brutalization) के कारण अत्यन्त दुखी हुए। उन्होंने दुखी होकर कहा, "व्यक्ति अधिक-से-अधिक भीड़ को महत्त्व देता जा रहा है। भीड़ (Crowd) अपने ऊपर उत्तरदायित्व नहीं लेती और प्रायः व्यक्ति को ही ऐसा करना पड़ता है। भीड़ का व्यक्ति पर नियन्त्रण होता है, पर उसकी अपनी आत्मा होती है। लगभग हर जगह पर व्यक्ति अपने आपको भीड़ के अधीन करता चला जा रहा है, अथवा उसके द्वारा पकड़ा जा रहा है। भीड़ निर्दयी है। भीड़ मुझे डराती है।" उनके विचार में युद्ध तथा हिंसा ही व्यक्ति के इस दमन तथा असभ्याचरण के लिए उत्तदायी है। उन्हें आशंका थी कि अगर यही प्रक्रिया चलती रही तो समझदार व्यक्ति के लिए जीवन नीरस हो जाएगा। इससे तानाशाही सरकारों के प्रति उनका विरोध स्पष्ट हो गया।

उन्होंने इस बात पर बल दिया कि केवल लोकतन्त्रीय ढाँचे में ही मनुष्य की योग्यताओं का बढ़िया तरीके से विकास किया जा सकता है। उनकी सुप्रसिद्ध रचना, "Glimpses of World History" में उन्होंने विचार, लेखन तथा अन्तःकरण की स्वतन्त्रता के लिए कई हवाले प्रस्तुत किए हैं। दिसम्बर 13, 1946 को नेहरू द्वारा संविधान-सभा में रखे गए प्रस्तावों में भी उन्होंने भारतीयों के लिए विचार, कथन, धर्म, पूजा, काम, सभा तथा अमल की स्वतन्त्रता की गारंटी पर बल दिया। डॉ. राधाकृष्णन ने यह उचित ही कहा है, "जवाहरलाल नेहरू एक उल्लेखनीय राजनेता थे तथा मानव स्वतन्त्रता के प्रति उनकी सेवाएँ हम भुला नहीं सकते। उन्हें न केवल भारतीयों की, अपितु विश्व के सभी लोगों की स्वतन्त्रता अभीष्ट थी। इसमें वह वर्ग, पन्थ तथा देश का कोई भेद नहीं रखते थे।"[68]

परन्तु नेहरू निरंकुश स्वतन्त्रता के पक्ष में नहीं थे। संसद में एक बहस के दौरान उन्होंने कहा, "एक लोकतन्त्रीय समाज में, व्यक्तिगत स्वतन्त्रता की धारणा को सामाजिक स्वतन्त्रता के साथ सन्तुलित करना होगा और व्यक्ति को सामाजिक गुट के साथ। व्यक्ति को दूसरे व्यक्तियों की स्वतन्त्रता को हानि पहुँचाने का कोई अधिकार नहीं है।"[69] "Discovery of India" में भी उन्होंने इसी प्रकार के विचार व्यक्त किए हैं--"यह बात स्पष्ट है कि एक जटिल सामाजिक व्यवस्था में व्यक्तिगत स्वतन्त्रता को सीमित करना होगा और वास्तविक स्वतन्त्रता प्राप्त करने का यही एक रास्ता है कि सामाजिक क्षेत्र में कुछ इस प्रकार की सीमा लगाई जाए।"[70] एक पत्रकार के साथ भेंट में उन्होंने कहा, "स्वतन्त्रता तथा लोकतन्त्र को सीमित करना ही होगा, ताकि वे दूसरों को हानि न पहुँचाएँ।"[71]

उन्होंने स्वतन्त्रता को सुरक्षित रखने के लिए शक्ति के प्रयोग को भी बुरा नहीं

माना। वे राज्य की सुरक्षा तथा शक्ति की स्वतन्त्रता में सन्तुलन कायम करने के इच्छुक थे। यद्यपि व्यक्ति को अपनी सुरक्षा के लिए कानून की सहायता मिलनी चाहिए, तो भी समाज को भी स्वार्थी तथा लुटेरे व्यक्तियों से सुरक्षा की ज़रूरत है। उन्होंने इस बात का अनुभव किया कि राज्य की सुरक्षा तथा व्यक्ति की स्वतन्त्रता के बीच में रेखा खींचना कठिन है। एक भाषण में उन्होंने कहा, "युद्ध के समय लोकतन्त्र को राज्य का पक्ष लेना चाहिए और शान्ति-काल में व्यक्ति का।"[72]

नेहरू ने व्यक्ति की स्वतन्त्रता तथा केन्द्रीकरण की बढ़ रही रुचि के बीच में संघर्ष का भी अनुभव किया। उन्होंने ब्रिटिश संसदीय लोकतन्त्र में भी इस प्रवृत्ति का पता लगाया। इस प्रकार का संघर्ष केवल मन्त्रिमंडल में ही नहीं, अपितु मुट्ठीभर विशेषज्ञों में भी देखा जाता है, क्योंकि संसद के लिए कुछ एक जटिल तथा तकनीकी प्रश्नों का हल सम्भव नहीं होता। उन्होंने दलील दी कि सरकार का सारा ढाँचा इसी के कारण संकटग्रस्त हो गया है। इस प्रकार की स्थिति से वे चिन्तित नहीं हुए। उन्होंने कहा कि इस प्रकार का झुकाव भारत के लिए बहुत आवश्यक है, जो कि अपनी आर्थिक दशा को सुधारने में लगा है। उन्होंने कहा, "भारत का राष्ट्रीय आयोजना का तजुर्बा आधुनिक युग की कठिन समस्याओं में से एक महत्त्वपूर्ण समस्या का समाधान है। यह समस्या है व्यक्तिगत स्वतन्त्रता तथा उत्साह को कैसे बनाए रखा जाए और इसके साथ केन्द्रित सामाजिक नियन्त्रण तथा लोगों के आर्थिक जीवन की आयोजना कैसे बनाई जाए?"[73]

चाहे व्यक्तिगत स्वतन्त्रता को बहुत-सी चुनौतियों का सामना करना होता है, परन्तु यह आधुनिक लोकतन्त्रीय राज्य का अनिवार्य अंग है। अगर व्यक्ति को मानवीय आदर्शों को प्राप्त करने का अवसर दिया गया, तो लोकतन्त्र ठप्प हो जाएगा। अशोक मेहता के शब्दों में, "अपने लोगों के विश्वास के कारण वह एक पक्के प्रजातन्त्रवादी बन गए। वह कभी लोगों को व्यापक अधिकार तथा उत्तरदायित्व देने में संकोच नहीं करते थे, क्योंकि उन्हें यह विश्वास था कि इनके बुद्धिमत्तापूर्ण उपयोग की लोगों में योग्यता है।"

(ख) लोकतन्त्र : प्रतिनिधि सरकार के रूप में

नेहरू ने लोकतन्त्र की प्रतिनिधि संस्थाओं के रूप में भी परिभाषा प्रस्तुत की है। इस प्रकार की परिभाषा में निर्वाचित प्रतिनिधियों द्वारा लौकिक प्रभुसत्ता, बहुमत का शासन तथा उत्तरदायी राजनीतिक दल तथा नेता शामिल हैं।

नेहरू के अनुसार लौकिक प्रभुसत्ता का विचार भारतीय प्रथाओं के लिए विदेशी नहीं था। वे चाहते थे कि भारत के लोग अपने संविधान का स्वयं निर्माण करें। उन्होंने कहा कि "संविधान का ब्यौरा तैयार करना तो वकीलों का काम है, पर एक

राज्य तथा सारे भारत के संविधान के लिए बुनियादी आधार तो एक ही हो सकता है कि शक्ति तथा उत्तरदायित्व तथा अन्तिम प्रभुसत्ता तो आवश्यक ही लोगों में हो।"[74] इस आकांक्षा की पूर्ति हो गई, क्योंकि संविधान सभा में संविधान का प्रारूप तैयार करके उसे 26 नवम्बर, 1949 को स्वीकार कर लिया गया। लोगों की इच्छाओं को व्यक्त करने वाली पहली संसद का चुनाव 1951-52 में हुआ था। उनके अनुसार राजनीतिक समानता का अर्थ है मताधिकार प्रदान करना, जो कि लोकतन्त्र का एक अनिवार्य तत्त्व है। अपनी सुप्रसिद्ध रचना 'Glimpses of World History' में उन्होंने कहा कि इस प्रकार की राजनीतिक समानता अपर्याप्त है। उन्होंने कहा कि "राजनीतिक शक्ति, जोकि वोट द्वारा प्राप्त होनी थी, वह एक परछाई-सी बनकर रह गई, क्योंकि आर्थिक शक्ति इसके साथ नहीं थी, और पहले लोकतन्त्रवादियों की धारणा की समानता वोट के अधिकार के फलस्वरूप प्राप्त होगी, झूठी सिद्ध हुई।"[75] उन्नीस वर्ष पश्चात्, 1951 में, उन्होंने, "राजनीतिक समानता को दूसरी समानताओं की प्राप्ति का आधार माना।"[76]

इसके अलावा उन्होंने कहा कि बहुमत का शासन लोकतन्त्र का एक अभिन्न अंग है। उनके अपने शब्दों में, "अगर सरकार बहुमत के विचारों के अनुकूल चलती है तो वह लोकतन्त्रीय सरकार है।"[77] परन्तु नेहरू ने इस बात को भी माना कि बहुमत हमेशा ठीक नहीं हो सकता। अतः उन्होंने भारत में अल्पसंख्यकों की सांस्कृतिक तथा धार्मिक सुरक्षा के लिए संवैधानिक उपचारों की राय दी। उन्होंने इस बात पर बल दिया, "...भारत जैसे विशाल तथा विभिन्नता वाले देश में, एक साधारण प्रकार का लोक़तन्त्र, जिसमें अल्पसंख्यकों को शासन करने का अधिकार दिया जाए, बिल्कुल सन्तोषजनक तथा वांछनीय नहीं है, चाहे इसे स्थापित भी किया जा सके।"[78]

नेहरू 'बुद्धिहीन जनता' के बारे में सचेत थे, जो कि ग़लत प्रकार के नेताओं का चुनाव करके स्तर के पतन के लिए उत्तरदायी है। प्रचार-अभियान के शोर ने लोगों के चिन्तन को बदल दिया है, जिसके फलस्वरूप "तानाशाह तथा ऐसे राजनीतिज्ञों को चुन लिया जाता है, जो बिल्कुल बुद्धू होते हैं और संसार के सारे शोर की परवाह नहीं करते और फिर भी नेता बने रहते हैं। परन्तु उनका प्रतिद्वन्द्वी पराजित होता है, क्योंकि वह इस सारे शोर को सहन नहीं कर सकता।"[79]

अतः आधुनिक लोकतन्त्र गलत प्रकार के लोगों का चुनाव करने के लिए उत्तरदायी है, चाहे ऐसे राजनीतिक लोगों से ठीक प्रकार की नीतियों का निर्माण करवाने की आशा की जाती है। लोकतन्त्र को छोड़कर दूसरे ढंगों द्वारा ठीक प्रकार के नेताओं को चुनने के सारे प्रयत्न असफल हुए है। इससे कशमकश पैदा होती है, जिससे लोकतन्त्रीय राज्य को उलझना पड़ता है। परन्तु नेहरू ने इसमें कोई

उदासी न दिखाई और राय दी कि लोकतन्त्रीय राज्य को "ठीक ढंगों द्वारा ग़लत व्यक्तियों को चुनने से भी पीछे हटना नहीं चाहिए और अच्छाई की आशा करनी चाहिए।"[80]

उत्तरदायी राजनीतिक दलों का महत्त्व

शुरू में नेहरू इंगलैंड की दो-दलीय पद्धति के आलोचक थे, क्योंकि इस पद्धति में मतदाता शुरू में अपनी इच्छा के अनुसार अपने प्रतिनिधि चुनने का बहुत कम अवसर रह जाता है और निर्वाचित सदस्य भी अपने स्वतन्त्र विचारों को प्रकट करने की अपेक्षा अपने दल के ही अधीन हो जाते हैं। 1951 से उन्होंने इसके बारे में अपने विचारों में तब्दीली की और कहा कि अनुशासित राजनीतिक दलों द्वारा ही लोकतन्त्र सफलतापूर्वक काम कर सकता है। अनुशासित राजनीतिक दल न केवल कुशल सरकार के लिए ही अनिवार्य है, अपितु जनता का प्रतिनिधित्व करने के लिए भी वे महत्त्वपूर्ण हैं।

चाहे स्वतन्त्रता के पश्चात् राष्ट्रीय कांग्रेस को ही महत्त्वपूर्ण स्थान प्राप्त हुआ और नेहरू इसके अगुआ थे, परन्तु उन्होंने बहुत बार शक्तिशाली विरोधी दल की आवश्यकता पर बल दिया। उन्होंने कहा कि शक्तिशाली विरोधी दल कांग्रेस के लिए भी उपयोगी सिद्ध होगा। परन्तु प्रायः आलोचक, नेहरू पर विपक्ष के प्रति असहिष्णुता तथा कांग्रेस दल के लिए अगाध प्रेम का आरोप लगाते हैं। इसमें सन्देह नहीं कि नेहरू ने सदैव राष्ट्रीय एकता को सुदृढ़ बनाने के लिए कांग्रेस को ही श्रेय दिया। उन्होंने 1954 में कहा, "चह कांग्रेस के भाग्य में ही है कि वह इस संकट के समय देश की एकता के लिए परिश्रम करें।"[81]

उन्होंने ब्रिटिश संसदीय प्रणाली की भाँति विपक्ष की धारणा पर बल देने की रुचि की कई बार निन्दा की। उन्होंने भारत की एकता तथा स्थिरत के लिए कांग्रेस जैसे संगठन की आवश्यकता पर बल दिया। यह एक खतरनाक विचारधारा थी। स्मिथ ने भी कहा है, "नेहरू द्वारा राष्ट्रीय एकता के लिए केवल एक ही राजनीतिक दल पर बल देने से उनके लोकतन्त्रीय सिद्धान्त की दुर्बलता का पता चलता है।"[82]

उत्तरदायी राजनीतिक नेतृत्व

लोकतन्त्र में उत्तरदायी नेतृत्व की समस्या बहुत कठिन है। नेता लोग प्रायः सच्चाई को छिपाते हैं और नैतिक स्तरों की अवहेलना करते हैं। एक सच्चे नेता को, जिसकी धारणा दृढ़ है, अपने आपको साधारण जनता की सोच-शक्ति के बराबर नहीं लाना चाहिए। परन्तु उसे केवल अपनी मन-मरजी से काम नहीं करना चाहिए, क्योंकि इससे वह लोगों से, जिनका कि वह प्रतिनिधि है, अलग हो जाएगा। एक

सत्यनिष्ठा वाला राजनीतिज्ञ तब तक सफल नहीं हो सकता जब तक कि वह लोगों से सत्य का पालन नहीं करवा सकता। एक नेता के रूप में राजनीतिज्ञ को "वातावरण के अनुकूल अपने आपको ढाल लेना चाहिए और उसे कम बुराई (lesser evil) को अपनाना चाहिए।"[83]

नेहरू ने महसूस किया कि लोकतन्त्र में नेतृत्व की समस्या का कोई उत्तर नहीं है और प्रत्येक व्यक्ति तथा प्रत्येक पीढ़ी को अपना-अपना उत्तर ही ढूँढ़ना होगा।

अतः नेहरू की लोकतन्त्र के बारे में धारणा थी—कुछ सरकारी संस्थाओं तथा नीतियों, जैसे कि प्रतिनिधियों द्वारा लौकिक प्रभुसत्ता, वयस्क मताधिकार द्वारा चुनाव, बहुमत द्वारा शासन, उत्तरदायी राजनीतिक दल तथा उत्तरदायी (Responsible) नेतृत्व। उनके अनुसार इन महत्वपूर्ण तत्त्वों के अभाव के फलस्वरूप लोकतन्त्र का पतन हो जाएगा।

(ग) लोकतन्त्र : आर्थिक तथा सामाजिक समानता के रूप में

नेहरू ने लोकतन्त्र का चित्र खींचते हुए कहा कि यह समाज की एक ऐसी रचना है, जिसमें धीरे-धीरे सामाजिक तथा आर्थिक समानता को प्राप्त किया जाता है। उन्होंने स्पष्ट रूप से कहा है, "लोकतन्त्र का अर्थ है समानता और लोकतन्त्र केवल समानता वाले समाज में ही पनप सकता है।"[84]

उन्होंने यह भी अनुभव किया कि उन्नीसवीं शताब्दी में लोकतन्त्र तथा राजनीतिक शक्ति कुलीन वर्गों की एकाधिकार (monopoly) रही है। राजनीतिक समानता के सिद्धान्त, प्रत्येक व्यक्ति के लिए एक मत, के आधार पर बना राजनीतिक ढाँचा, वास्तव में लोकतन्त्र से बहुत दूर है। लोकतन्त्र की मशीनरी को सत्तारूढ़ दल अपने हितों को सुरक्षित रखने के लिए प्रयुक्त करता है। अतः नेहरू ने पूँजीवाद तथा लोकतन्त्र को दो परस्पर-विरोधी शब्द माना है। वास्तविक लोकतन्त्र, पूँजीवाद को समाप्त करके तथा आर्थिक समानता लाकर कायम किया जा सकता है। भारतीय संविधान में दर्ज राज्य की नीति के निदेशक सिद्धान्त, जिनमें नेहरू की आकांक्षाएँ देखने को मिलती हैं, "'श्रेणीहीन तथा जातिहीन समाज' की ओर एक स्पष्ट कदम है। समानता के लिए उनकी लालसा, लोकसभा में उनकी टिप्पणी से स्पष्ट होती है, "जो कुछ भी वर्तमान सामाजिक तथा आर्थिक असमानता को बनाए रखने का समर्थन करता है, वह बुरा है।"[85]

उन्होंने सारी जातीय प्रणाली की निन्दा की, जिसके कारण भारत में सामाजिक समानता के रास्ते में बाधा उपस्थित होती है और जो लोकतन्त्रीय घटनाओं तथा वर्तमान दशाओं का विरोधी है। उनके शब्दों में, "आज के समाज के सन्दर्भ में, जाति-प्रथा और वह सब कुछ, जो कि इसके साथ सम्बन्धित है, प्रगति के लिए

बिल्कुल बेमेल, प्रतिक्रियावादी प्रतिबन्ध तथा अवरोध (barrier) है। इसके ढाँचे के अन्तर्गत स्थिति तथा अवसर की समानता नहीं हो सकती और न ही राजनीतिक तथा आर्थिक लोकतन्त्र ही सम्भव हो सकता है।''[86]

चूँकि भारत का उद्देश्य लोगों का कल्याण है, इसलिए इसे नई सामाजिक व्यवस्था तथा आर्थिक ढाँचे की ज़रूरत है। इसे ऐसे समाज की ज़रूरत है, जो निजी नफे की लालसा तथा व्यक्तिगत लालच से भरा हुआ न हो, और जो कि सहकारी प्रयत्नों पर आधारित श्रेणीहीन समाज हो। इस प्रकार के समाज को नेहरू ने 'समाज का समाजवादी रूप' कहा और एक प्रकार का 'आर्थिक लोकतन्त्र'।

(घ) लोकतन्त्र एक सामाजिक आत्म-अनुशासन

नेहरू का विचार था कि लोकतन्त्र आत्म-अनुशासन का एक मार्ग है। अतः लोकतन्त्र की पृष्ठभूमि तथा आधार, ''जनता में उसकी शिक्षा के लिए होना चाहिए।''[87] उनके लिए लोकतन्त्र मूल्यों की योजना तथा जीवन में नैतिक स्तर था। लोकतन्त्र का अर्थ था : स्वतन्त्रता तथा अनुशासन। उनके शब्दों में, ''आप चाहे लोकतन्त्र की परिभाषा सौ तरीकों से करें, परन्तु इन परिभाषाओं में निश्चित रूप में एक परिभाषा समाज का आत्म-अनुशासन है। जितना कम अनुशासन ऊपर से थोपा जाएगा, उतना अधिक आत्म-अनुशासन होगा और लोकतन्त्र का विकास बहुत अधिक होगा।'' इस प्रकार के आत्म-अनुशासन में अल्पसंख्यकों का विचार-विमर्श के पश्चात् बहुमत द्वारा लिए गए निर्णयों को स्वीकार करना होगा।

इस प्रकार से कई लोकतन्त्र की परिभाषा के प्रमाण-चिह्न हैं, सहिष्णुता तथा शान्तिपूर्वक ढंग। नेहरू के अनुसार, ''लोकतन्त्र का अर्थ है (Tolerance) केवल सहिष्णुता नहीं जो हमारे साथ सहमत हैं, अपितु उनकी भी जिनके साथ हम सहमत नहीं हैं।''[88] दूसरे शब्दों में सहिष्णुता का मतलब है विभिन्न विचारों के अस्तित्व को स्वीकार करना तथा सबसे शक्तिशाली विचार का अभिभावी होना।

राजनीतिक मुक्ति प्राप्त करने के पश्चात्, नेहरू ने लोकतन्त्र में शान्तिमय ढंगों के प्रयोग पर बल दिया। उन्होंने कहा कि, ''एक लोकतन्त्रीय राज्य का सार उसके द्वारा शान्तिपूर्वक वातावरण में काम करना है। समस्याएँ चाहे कितनी भी पेचीदा क्यों न हों, उन्हें शान्तिमय ढंगों द्वारा, विचार-विमर्श द्वारा, समझौते द्वारा तथा परिवर्तन द्वारा हल किया जाता है।''[89] उन पर गांधीजी का इतना गहरा प्रभाव था कि उन्होंने हिंसा में विश्वास करने वालों को लोकतन्त्र का दुश्मन समझा, क्योंकि उनकी इसके सिद्धान्तों में कोई श्रद्धा नहीं होती। उन्होंने राय दी, ''अगर हमने शान्तिपूर्ण विधियों का त्याग किया तो इसका पहला शिकार लोकतन्त्र तथा दूसरा शिकार प्रगति होगी।''[90]

वास्तव में लोकतन्त्र की इस प्रकार की परिभाषा की जड़ें भारत की बीती हुई रूढ़ियों में हैं। हिन्दुओं के धार्मिक ग्रन्थों में विभिन्न जातियों के धर्म, कामों तथा कर्तव्यों की सूचियाँ दी गई हैं, पर उनमें से किसी में भी अधिकारों का कोई वर्णन नहीं किया गया है।

निष्कर्ष

हम यह परिणाम निकाल सकते हैं कि लोकतन्त्र की ये चार अनिवार्य शर्तें हैं। स्मिथ के अनुसार, "लोकतन्त्र को ऐसी दशा में ठीक ढंग में लागू नहीं किया जा सकेगा, अगर प्रतिनिधि संस्थाएँ व्यक्तियों के अधिकारों को कुचलती रहेंगी अथवा आर्थिक ढाँचे में बड़ी-बड़ी असमानताएँ होंगी अथवा संस्थाएँ प्रचलित धारणाओं के अनुकूल आत्म-अनुशासन के अनुसार चलकर काम नहीं करेंगी।"[91] वास्तव में सच्चे लोकतन्त्र के ठीक प्रकार से चलाने के लिए इन चार तत्त्वों को लागू करना आवश्यक है।

नेहरू का राष्ट्रवाद

माइकेल ब्रेचर ने ठीक ही कहा है, "बीसवीं शताब्दी में बहुत कम राजनेताओं (Statesmen) ने नेहरू की स्थिति को प्राप्त किया है। भारत के संक्रमण के युग में पूर्व प्रसिद्ध व्यक्ति के रूप में नेहरू का मुकाबला रूजवेल्ट, चर्चिल, लेनिन तथा माओ के साथ किया जा सकता है, जो अपने साथियों में ऊँचे उठे और जिन्होंने राष्ट्रीय संकट में अपने लोगों का पथ-प्रदर्शन किया।"[92] इसमें कोई सन्देह नहीं कि गांधी का बिना और कोई तीसरा व्यक्ति नहीं है जिसका लोगों पर इतना गहरा प्रभाव पड़ा हो, जितना कि स्वतन्त्रता के इस कर्णधार नेहरू का पड़ा है। बुद्धिजीवी वर्ग को राष्ट्रीय आन्दोलन में लाने का श्रेय नेहरू को ही प्राप्त है, जबकि गांधीजी ने किसानों को इस आन्दोलन में अपने साथ मिलाया। नेहरू की ग्रामीण लोगों के प्रति अपील भी कोई कम महत्त्वपूर्ण नहीं थी, क्योंकि उन्होंने उनकें लिए तीसरे तथा चौथे दशक में संघर्ष किया। वे हमेशा भारत की आशाओं तथा इच्छाओं की मूर्ति थे। एम. सी. छागला के शब्दों में, "वह एक ऐसे राष्ट्रवादी थे जिन्होंने भारतीय जनता को उसकी समग्रता में, उसके सभी वैविध्य में देखा, एक राष्ट्र के ऐसे नागरिकों के रूप में जो शताब्दियों पुरानी परम्परा को उत्तराधिकार में पाने के समान रूप से अधिकारी रहे हैं।"[93]

उन्होंने अपनी मातृभूमि को स्वतन्त्र कराने के लिए अपने जीवन के अमूल्य तीस वर्ष व्यय किए। उनके जीवन का राष्ट्रीय चरण 1947 में समाप्त हुआ। नेहरू के राष्ट्रवाद का पता उनके द्वारा अपने पूज्य पिता को लिखे गए पत्रों से चलता है,

जिनमें से एक पत्र का सार 'पायोनीयर' (Pioneer) में छपा था। उन्होंने अपने पिता को लिखा, "सरकार आपके व्यवहार के कारण आप पर बहुत प्रसन्न होगी। मेरा विश्वास है कि 'रायबहादुर' की अपमानजनक उपाधि अथवा इसी जैसा कोई अन्य प्रस्ताव आपको पहले से भी कम उदारवादी बना देगा।"[94] अपने लड़कपन में भी–उच्च शिक्षा के लिए हैरो जाने से पहले–उन्होंने भारत में विदेशियों की उपस्थिति तथा व्यवहार पर आपत्ति उठाई। रूस-जापान युद्ध में जापान की विजय के समाचार को सुनकर देशभक्त नेहरू को अत्यन्त प्रसन्नता हुई। इससे वे सफेद साम्राज्यवादियों के पंजे से मातृभूमि को मुक्त कराने के स्वप्न देखने लगे। उन्होंने अपनी आत्मकथा में लिखा है, "मैंने वीरता के कारनामों के स्वप्न देखे, कि किस प्रकार तलवार हाथ में लेकर मैं भारत के लिए लड़ूँगा और इसे स्वतन्त्र करवाने में सहायता करूँगा।"[95]

जब वे हैरो (Harrow) में पढ़ रहे थे, तो वे बंगाल में बँटवारा-विरोधी आन्दोलन, स्वदेशी तथा बहिष्कार आन्दोलन, प्रमुख बंगाली देशभक्तों के विपत्तन (Deportation) आदि के समाचारों को सुनकर बहुत उत्तेजित हुए। उन पर आयरलैंड के आन्दोलन का भी बहुत प्रभाव पड़ा और गैरीबालडी के देशभक्ति की कहानियों ने भी उन्हें प्रभावित किया। उनके मन में भारत में अंग्रेजी शासन की विरुद्ध भावनाएँ जगीं। अतः नेहरू के लिए राष्ट्रीय राजनीति में कूदना स्वाभाविक ही था। उन्होंने भारतीय राष्ट्रीय कांग्रेस की सदस्यता प्राप्त की, इसकी कई एक राजनीतिक गतिविधियों में भाग लिया और समकालीन उदारवादियों की राजनीति के कारण दुखी हुए। उन्होंने इसे मध्य श्रेणी का काम कहा। उन्होंने स्पष्ट कहा है, "मेरे विचारानुसार राजनीति का अर्थ विदेशी शासन के विरुद्ध उग्र राष्ट्रवादी गतिविधि है और इसमें विदेशी शासन के लिए कोई स्थान नहीं है।"[96] सन् 1916 तक उग्रवादियों की प्रसिद्धि पराकाष्ठा पर पहुँच चुकी थी। नेहरू उनके साथ मिल गए। उन्होंने तिलक तथा मिसेज एनी बीसेंट की 'होमरूल लीग' की सदस्यता प्राप्त कर ली। उन्होंने इसके लिए विशेष रूप से कार्य किया। जब वे पहली बार 1916 में लखनऊ-कांग्रेस अधिवेशन में गांधीजी से मिले, तो वे प्रभावित न हो सके। परन्तु रोलेट एक्ट तथा अंग्रेजी शासन के दूसरे दमनकारी कानूनों के विरुद्ध गांधीजी द्वारा चलाए गए सत्याग्रह आन्दोलन से वे बहुत प्रभावित हुए। 13 अप्रैल, 1919 के जलियाँवाला बाग अमृतसर के हत्याकांड के कारण नेहरू, विदेशी शासकों की क्रूरता तथा देशी लोगों की बेबसी का पता चला गया। डॉक्टर नीरज का विचार है "नेहरू कि इस दुखान्त घटना के कारण उग्रवादी राष्ट्रवादी बन गए।"[97]

अवध में किसानों के आन्दोलन के साथ उनके सम्पर्क के कारण उन्हें उनकी दुखभरी कथाएँ सुनने का अवसर मिला तथा उन्हें भारतीयों की ग़रीबी तथा विदेशियों के हाथों उनके दमन का पता चला। वे ग्रामीण भारत की भूमि समस्याओं के बारे

में चौकस हुए। "दलितों के लिए उनकी सहानुभूति ने समाजवाद में उनके विश्वास को और अधिक सुदृढ़ कर दिया।"[98] इसके कारण नेहरू भारत के झगड़ों लोगों के नज़दीक आए, जिनके साथ शासकों द्वारा अनुचित व्यवहार किया जा रहा था। गांधीजी ने 1921 में असहयोग-आन्दोलन चलाया और नेहरू ने इस आन्दोलन में बढ़-चढ़कर भाग लिया। चाहे नेहरू का अहिंसा में कोई गहरा विश्वास नहीं था, फिर भी नेहरू ने इसे परिस्थितियों के अनुकूल ठीक कदम ही समझा। नेहरू दिसम्बर, 1921 में गिरफ्तार हुए। मुकदमे की सुनवाई करने वाले जज के सामने उनके बयान से उनकी राष्ट्रवादी लगन का पता चलता है। उन्होंने कहा, "हम स्वतन्त्रता के लिए–अपने देश की स्वतन्त्रता तथा विश्वासों के लिए लड़ रहे हैं। हम किसी भी राष्ट्र तथा लोगों को कष्ट नहीं पहुँचाना चाहते। हम दूसरों पर प्रभुत्व नहीं जमाना चाहते। पर हम अपने देश में पूर्ण रूप से स्वतन्त्र होना चाहते हैं। हमारे लिए जेल स्वर्ग बन गया है, एक महान् तीर्थ...स्वतन्त्रता की लड़ाई में भारत की सेवा करना हमारे लिए सम्मानजनक है। स्वतन्त्रता के शानदार स्वप्न को सच्चा कर दिखलाने के लिए भारतीयों के लिए मर जाना भी कितना सौभाग्यपूर्ण होगा।"[99]

कांग्रेस के प्रभाव के अधीन नेहरू ने यह महसूस किया कि स्वतन्त्रता के लिए संग्राम साम्राज्यवाद के विरुद्ध एक साँझा संग्राम है। मार्च 1926 की उनकी यूरोप की यात्रा का उन पर बहुत गहरा प्रभाव पड़ा। वे केवल राष्ट्रीय स्वतन्त्रता के लिए ही चिन्तित नहीं थे। उनके दृष्टिकोण में परिवर्तन आया। अन्तर्राष्ट्रीय का उनके विचारों पर प्रभाव पड़ा। अप्रैल 23, 1927 को उन्होंने गांधीजी को एक पत्र लिखा, "मैं दूसरे देशों के साथ सम्पर्क करने की सभी विधियों का स्वागत करता हूँ और इस बात को स्वीकार करता हूँ कि हम उनके दृष्टिकोण को तथा विश्व-राजनीतिक को समझ सकते हैं...मैं कह सकता हूँ कि हमारा दृष्टिकोण संकीर्ण है और जितनी जल्दी हम इस संकीर्णता का त्याग कर सकें, राष्ट्र के हित में उतना ही अच्छा होगा।"[100] अतः इससे स्पष्ट है कि दिसम्बर 1927 में भारत लौटने पर नेहरू एक नए राजनीतिक चिन्तन तथा धारणा वाले व्यक्ति थे। तब से उनका राष्ट्रवाद अन्तर्राष्ट्रीय रूप धारण कर गया।

चालीस वर्ष की आयु में 1929 में उनके भारतीय राष्ट्रीय कांग्रेस के प्रधान चुने जाने से, राष्ट्रीय जीवन में उन्हें बहुत महत्त्वपूर्ण स्थान प्राप्त हुआ। अपने अध्यक्षीय भाषाण में उन्होंने स्पष्ट रूप में कहा कि सभ्यता का पतन संकीर्ण राष्ट्रवाद के कारण हो रहा है, और उन्होंने आशा व्यक्त की कि स्वतन्त्र भारत विश्व सहयोग का स्वागत करेगा।[101] उनकी अध्यक्षता में कांग्रेस ने 26 जनवरी, 1930 को सम्पूर्ण स्वराज्य का प्रस्ताव पास किया। एक नाटकीय ढंग से उन्होंने रावी नदी के किनारे, इस दिन को राष्ट्रीय झण्डा लहराया और भारत के स्वतन्त्र देश होने की घोषणा की।

उन्होंने लोगों से प्रतिज्ञा करने को कहा, जिसका प्रारूप उन्होंने स्वयं तैयार किया था। इस प्रतिज्ञा में से उनके राष्ट्रीय विचारों का स्पष्ट पता चलता है। प्रतिज्ञा इस प्रकार है–"हम मानते हैं कि दूसरे लोगों की भाँति हमें भी स्वतन्त्रता का अधिकार प्राप्त हो और हम अपनी मेहनत का फल खा सकें, और जीवन की आवश्यकताओं को पूरा करें, ताकि हमें विकास के पूरे अवसर प्राप्त हों...भारत में अंग्रेजी सरकार ने न केवल भारत के लोगों को स्वतन्त्रता से वंचित ही रखा है, अपितु उसने लोगों के शोषण को ही अपना आधार बनाया है और भारत को आर्थिक, राजनीतिक, सांस्कृतिक तथा आध्यात्मिक दृष्टि से बर्बाद कर दिया है।"[102]

तब से नेहरू सम्पूर्ण स्वतन्त्रता के महान समर्थक बन गए। कई बार उन्हें गिरफ्तार भी किया गया लेकिन विदेशी साम्राज्यवादियों के कठोर दंडों का उन पर कोई प्रभाव न पड़ा। उन्होंने मिस्र, मोरक्को, अलजीरिया, इंडोनेशिया तथा कांगों आदि देशों में राष्ट्रीय आन्दोलनों का स्वागत किया। उन्होंने अरब राष्ट्रवाद की आलोचना की। उन्होंने उन लोगों से असहमति प्रकट की जो यह कहते थे कि राष्ट्रवाद तेजी से अन्तर्राष्ट्रवाद तथा किसान-मजदूर आन्दोलन के आगे खत्म होता तथा पीछे को हटाया जा रहा है। उनके विचारानुसार सच्चे राष्ट्रवाद का अन्तर्राष्ट्रवाद के साथ कोई संघर्ष नहीं होता। गांधीजी ने द्वितीय विश्वयुद्ध में उनकी भूमिका का वर्णन इस प्रकार किया है : "उन्होंने कार्यकारिणी समिति द्वारा भारत को न केवल अपनी ही स्वतन्त्रता, बल्कि उन राष्ट्रों की स्वतन्त्रता के बारे में भी सोचने के लिए बाध्य कर दिया, जोकि शोषण के शिकार हैं।"[103] वास्तव में नेहरू का अन्तर्राष्ट्रीय दृष्टिकोण ही भारत के राष्ट्रवाद की देन था। वे अंग्रेजों के संकट में फँसे होने के कारण, उस स्थिति का दुरुपयोग नहीं करना चाहते थे। लोकतन्त्र के सच्चे प्रेमी होने के नाते वे उन लोकतन्त्रों की सहायता करना चाहते थे जो फासिस्ट तानाशाही के विरुद्ध संघर्ष कर रहे थे। परन्तु अंग्रेजी सरकार ने उनके उदार चिन्तन के प्रति कोई प्रतिक्रिया न दिखाई। इसके विपरीत उन्हें व्यक्तिगत सत्याग्रह शुरू करने से पहले ही गिरफ्तार कर लिया गया। मुकदमे के दौरान दिए गए उनके जोशीले भाषण से उनके भारतीय राष्ट्रवाद का पता चलता है। उन्होंने कहा, "आप केवल मेरा निर्णय अथवा निन्दा नहीं कर रहे, अपितु भारत के करोड़ों लोगों का फैसला कर रहे हैं। चाहे मैं आपके सामने पेशी भुगत नहीं रहा हूँ, पर मैं समझता हूँ कि अंग्रेजी साम्राज्य स्वयं विश्व की आदत के सामने खड़ा है।"[104]

एक राष्ट्रवादी के रूप में नेहरू, वर्तमान शताब्दी के चौथे दशक में तेज़ी से स्थिति का अध्ययन कर रहे थे। राष्ट्रपति गांधी ने भी, नेहरू के साथ मतभेदों के बावजूद, उन्हें अपना उत्तराधिकारी घोषित किया। उन्होंने कहा, "जवाहरलाल मेरा उत्तराधिकारी होगा। वह कहता है कि उसे मेरी भाषा की समझ नहीं आती...मुझे इस

बात का पता है कि जब मैं नहीं हूँगा तो वह मेरी भाषा बोलेगा।''[105] नेहरू के लोगों का नेता बनने तथा लोगों द्वारा उन्हें स्वीकार किए जाने का और कोई बढ़िया प्रमाण नहीं मिलता, कि उन्हें भारतीय राष्ट्र के प्रमुख निर्माता द्वारा ऐसा मान लिया गया हो।

'भारत के निर्माता' के रूप में नेहरू की भूमिका उनके जून 1945 में जेल से रिहा होने से महत्त्वपूर्ण बनती है। ज्योंहि भारत स्वतन्त्रता की ओर बढ़ा, नेहरू का योगदान अधिक महत्त्वपूर्ण होता गया। हमारे संवैधानिक इतिहास के अत्यन्त कठिन समय से—1946 से आगे—नेहरू को कांग्रेस के अध्यक्ष के रूप में राजनीति में बहुत से नए कदम उठाने पड़े। चाहे इन कदमों में कुछ गलत कदम भी उठाए गए परन्तु एक राष्ट्रवादी के रूप में उनकी सत्यनिष्ठा पर सन्देह नहीं किया जा सकता। उन्होंने भारत के विभाजन की बात को मानकर जिन्ना के दो राष्ट्र के सिद्धान्त को इसलिए माना, क्योंकि वे सद्भाव तथा शान्ति का नया युग आरम्भ करना चाहते थे, चाहे इसके लिए उन्हें बहुत बड़ी कीमत देनी पड़ी। भारत ने 14-15 अगस्त, 1947 की आधी रात को स्वतन्त्रता प्राप्त की। नेहरू ने मन पर पत्थर रखकर संविधान सभा को सम्बोधित किया। उन्होंने कहा, ''काफी समय पहले हमने भाग्य से मिलने का वायदा किया था और अब समय आ गया है कि हम अपनी प्रतिज्ञा को पूरी तरह नहीं, अपितु अधिकांश सार्थक अंशों में पूरा करेंगे...जिस स्वतन्त्रता-प्राप्ति को आज हम मना रहे हैं, यह एक कदम है, जो उन महान् विजयों तथा प्राप्तियों के लिए एक अवसर पेश करता है, जो हमारी प्रतीक्षा कर रही है।''[106]

स्वतन्त्र भारत में नेहरू सदैव अवसर के अनुकूल उतरते रहे। उन्होंने साहसपूर्ण ढंग से राष्ट्रीय संकट का मुकाबला किया। उन्हें शुरू से ही पेचीदा समस्याओं से उलझना पड़ा, परन्तु उन्होंने साहस को नहीं छोड़ा। एक उग्र राष्ट्रवादी होने के नाते, वे महान् समस्याओं से उलझे और पूर्ण निष्ठा से उनका समाधान किया। उनमें से कुछ महत्त्वपूर्ण समस्याएँ थीं—भारत से बड़ी संख्या में मुसलमानों का पाकिस्तान चला जाना तथा पाकिस्तान से ग़ैर-मुसलमानों का भारत आना तथा उनका पुनर्वास, पाकिस्तान द्वारा कश्मीर पर आक्रमण और भारत द्वारा उसे खदेड़ देना, देशी रियासतों का भारतीय संघ में विलय, सामाजिक तथा लोकतन्त्री आधार पर नए संविधान का प्रारूप तैयार करना, पंचवर्षीय आर्थिक योजनाओं को लागू करना ताकि अधनंगे लोगों को रोटी-कपड़ा मिल सके, हमारी उत्तरी सीमाओं पर साम्यवादी चीन का अकारण आक्रमण आदि ऐसी समस्याएँ थीं, जिनके समाधान के लिए अदम्य साहस, राजनीतिक कुशाग्रबुद्धि (Acumen), प्रशासकीय निपुणता, बेदाग ईमानदारी, तथा वास्तविक समझदारी (Practical Sagacity) की जरूरत थी। ये सारे गुण अकेले नेहरू में थे और वे ही राष्ट्र को आर्थिक संकट तथा राजनीतिक

अस्थिरता से बाहर निकाल सकते थे। ख़्वाजा अहमद अब्बास के शब्दों में, "वह एक ऐसे भारतीय थे जिन्होंने वह सभी कुछ अपने व्यक्तित्व और चरित्र में समाविष्ट और आत्मसात् कर लिया था जो भारत की सामाजिक संस्कृति में सर्वोत्कृष्ट था और जो कुछ भी प्राचीन आंज के सन्दर्भ में अनुपयोगी और अप्रासंगिक था, उसे अस्वीकार कर दिया। इतना होने पर भी इस देश के अतीत के प्रति उनका स्वस्थ, पूर्वाग्रहमुक्त आदर था।"[107] वह पूर्ण प्रतीक थे संगठित भारत के। वह अशोक तथा अकबर की परम्परा के ऐसे सच्चे अधिकरी थे जो संगठित भारत के स्वप्नद्रष्टास थे तथा धर्मगत और उनके भाषाओं तथा सभ्यताओं की धाराएँ जिसमें आकर विलीन हों।

एक कुशल कर्णधार के रूप में उन्होंने राष्ट्र के जहाज को बड़े कठिन समयों में सफलतापूर्वक पार लगाया। परन्तु उनका मन साम्प्रदायिकतावाद, प्रान्तीयवाद, जातिवाद तथा गुटबन्दी आदि बुराइयों को देखकर बहुत पीड़ित हुआ, क्योंकि ये बुराइयाँ भारतीय लोकतन्त्र की विशेषताओं को खत्म कर रही थीं। उन्हें अपने दल के लोगों का स्वार्थपूर्ण तंगदिली का व्यवहार, तथा उनकी शक्ति के लिए लालसा तथा धन के लोभ के कारण बहुत निराशा हुई, क्योंकि यह भारतीय राष्ट्रवाद की धारणा को कलंकित करने वाली बातें थीं। उन्हें कई लोगों के मनों पर राष्ट्रवाद के जकड़नकारी (Cramping) के प्रभाव के कारण भी बहुत दुख हुआ। अतः वे राष्ट्रवाद की ऐसी धारणा के विरुद्ध थे जिससे उग्र दृष्टिकोण तथा पृथक्तावादी रुचियाँ उत्पन्न होती हों। उन्होंने राष्ट्रवाद की ऐसी परिभाषा की निन्दा की, जिससे दूसरे राष्ट्रों के प्रति घृणा तथा जातिवाद, साम्राज्यवाद तथा राष्ट्रों के बीच युद्धों को बढ़ावा मिले। इस प्रकार का उग्र राष्ट्रवाद अन्तर्राष्ट्रवाद की धारणा के विरुद्ध था। सहअस्तित्व में उनका विश्वास था। विश्व को जो कि आज ज्वालामुखी पर खड़ा है, उनकी पंचशील की देन बहुत महान् है। उन्होंने ठीक ही कहा है, "सह-अस्तित्व का विकल्प सह-संहार है।" इस प्रकार के विचारों ने उनके अपने राष्ट्र को ऊपर उठाने के प्रयत्नों के मार्ग में कोई बाधा उपस्थित नहीं की। यह सोचना गलत होगा कि नेहरू अपने राष्ट्र के हितों की अवहेलना करके अन्तर्राष्ट्रवादी बने। परन्तु अपनी राष्ट्रवाद की नीति के कारण उन्होंने दूसरे राष्ट्रों के अपमान करने की नीति को नहीं अपनाया। 1959 में उन्होंने संविधान सभा में कहा, "मुझे अपने देशवासियों, देश तथा उसकी विरासत पर पर्याप्त गर्व है, परन्तु यह सोचना है कि मात्र हम ही उत्कृष्टता के लिए चुने व्यक्ति हैं तथा अन्य हमारी अपेक्षा हेय हैं, एक संकीर्ण दृष्टिकोण है।" अतः हम यह निष्कर्ष निकाल सकते हैं कि वह प्रमुख रूपेण राष्ट्रवादी थे और राष्ट्रवाद उनके लिए विशेष महत्त्व रखता था परन्तु उनका राष्ट्रवाद उन्हें यह अनुमति नहीं देता था कि वह अपने हितों का संवरण करते हुए, मात्र अपनी ही महत्त्वाकांक्षाओं का परितोष करें और अन्य राष्ट्रों को उसी प्रकार लज्जित करें जैसे क्रमशः इटली और जर्मनी ने किया था।

नेहरू का अन्तर्राष्ट्रीयवाद

नेहरू एक महान् राष्ट्रवादी थे, जिन्होंने जान-बूझकर बलिदान के मार्ग को चुना। "भारत के लोगों ने हमेशा यह महसूस किया कि वह उनका अपना व्यक्तित्व था और वह उनके लिए हर सम्भव तरीके से सब कुछ करना चाहता था।"[108] परन्तु इस प्रकार का राष्ट्रवादी संकीर्ण राष्ट्रवादी नहीं था जो कि अपनी प्रभुता को बढ़ावा देने की नीति का अनुसरण करके अपने राष्ट्र को ऊपर उठाता है। स्वामी विवेकानन्द, टैगोर तथा गांधी के राष्ट्रवादी की भाँति उनका राष्ट्रवाद भी अन्तर्राष्ट्रवाद की भावना से आच्छादित था।

एम.सी. छागला के शब्दों में, "नेहरू एक ऐसे राष्ट्रवादी थे जो चाहते थे कि उनका देश पूर्ण राष्ट्रत्व प्राप्त करे। किन्तु उनके अन्तस्तल के गूढ़तम स्थिति तक यह अभिलाषा थी कि एक अन्तर्राष्ट्रीयतावादी हों कि विश्व के विशाल रंगमंच पर वह एक अभिनेता के रूप में अपनी भूमिका निभा सकें।"[109] उनका राष्ट्रवाद केवल अपने राष्ट्र के लिए 'करो तथा मरो' की भावना तक ही सीमित नहीं था।

नेहरू के प्रयत्नों से ही भारतीय राष्ट्रीय कांग्रेस ने अपना दृष्टिकोण बदला और वह अन्तर्राष्ट्रीय मामलों में रुचि रखने के लिए प्रेरित हुई। फरवरी, 1927 में उन्होंने ब्रुसेल्स में भारतीय राष्ट्रीय कांग्रेस के प्रतिनिधि के रूप में दलित राष्ट्रीयताओं के सम्मेलन में भाग लिया। इससे उनका अन्तर्राष्ट्रीय दृष्टिकोण विशाल हुआ और उन्होंने अप्रैल 23, 1927 को गांधीजी को लिखा, "मैं दूसरे देशों के लोगों के साथ सम्पर्क बनाने तथा उनके दृष्टिकोण और विश्व-राजनीति को समझने के लिए सभी वैध तरीकों का स्वागत करता हूँ...मैं समझता हूँ कि हमारा दृष्टिकोण संकीर्ण है और जितना जल्दी हम इस संकीर्णता का त्याग करेंगे, उतना ही अच्छा होगा।"[110]

उन्होंने कांग्रेस को यह अनुभव कराया कि भारतीय संघर्ष विश्व-संघर्ष का ही एक भाग है। अपनी रचना 'Unity of India' में उन्होंने स्पष्ट कहा, "मेरा विश्वास भारतीय राष्ट्रवाद में है। मैं सच्चे राष्ट्रवाद के आधार पर ऐसा करता हूँ। साझी सुरक्षा के प्रत्यनों में, हम प्रसन्नता से विश्व की व्यवस्था के साथ सहयोग करने के लिए तैयार हैं और दूसरों के साथ मिलकर अपनी राष्ट्रीय प्रभुसत्ता को छोड़ने के लिए भी तैयार हैं।" डॉ. बी.बी. केलकर का यह कथन उचित ही है, "किन्तु वह राष्ट्रवाद के विरोधी नहीं थे। उनका विशाल मानवीय दृष्टिकोण था। वह अनुभव करते थे कि संकीर्ण कूपमंडूक वृत्ति ने भारतीय मस्तिष्क को विश्व की घटना धारा से अलग कर दिया था। उनका अन्तर्राष्ट्रीयवाद इस बात पर बल देता था कि राष्ट्रों के मध्य विचारों तथा अनुभवों का आदान-प्रदान हो।"[111]

स्वतन्त्रता की प्राप्ति से पहले भारत के दलितों का पक्ष लेने तथा शोषितों के साथ सहानुभूति प्रकट करने की भावना से स्पष्ट होता है कि नेहरू ने भारतीय

स्वतन्त्रता के संघर्ष को विश्व-संघर्ष का एक भाग बनाकर ही चलाया। इन ही आधारों पर विदेश-नीति का संचालन करने से नेहरू के अन्तर्राष्ट्रीय दृष्टिकोण को समझा जा सकता है। उनके साम्यवादी चीन को संयुक्त राष्ट्र-संघ की सदस्यता दिलाने के प्रयत्नों से यह स्पष्ट सिद्ध होता है कि वे अन्तर्राष्ट्रीय शान्ति के समर्थक थे। उन्होंने हमेशा दलित जातियों का पक्ष लिया। इंडोनेशिया के लोगों को डचों से मुक्त कराने का श्रेय मुख्य रूप से नेहरू को प्राप्त है।

उनके अन्तर्राष्ट्रवाद का पता उनके द्वारा अपनाई गई गुट निरपेक्षता (Non-alignment) की नीति से भी चलता है, जिसे अपनाकर उन्होंने दोनों गुटों में से किसी भी गुट में शामिल होने से इन्कार कर दिया। उनकी अमेरिका, रूस तथा चीन की यात्राओं से स्पष्ट होता है कि वे प्रत्येक राष्ट्र के साथ, चाहे उसकी विचारधारा कुछ भी हो, मैत्री बनाए रखना चाहते थे। जब कभी भी शान्ति को खतरा बना, वे मध्यस्थता करने के लिए तैयार हो गए। इसीलिए उन्हें 'शान्ति का दूत' कहा जाता है। विश्व-शान्ति में उनके विश्वास का प्रमाण भारत की कोरिया तथा हिन्द-चीन के संकट और बाद में संयुक्त अरब गणराज्य की ग़ाज़ा पट्टी में तथा कांगो में प्रभावशाली भूमिका से मिल जाता है।

अक्टूबर, 1962 में जब पंचशील के सिद्धान्तों पर हस्ताक्षर करने वाले एक देश, चीन ने भारत की उत्तरी सीमाओं पर बड़े विशाल पैमाने पर आक्रमण किया, तो शान्ति के दूत का भ्रम टूट गया। इससे एक क्षण के लिए अच्छाई तथा उच्च आदर्शों में से उनका विश्वास हिल गया। परन्तु उन्होंने शान्ति तथा लोकतन्त्रीय प्रगति के रास्ते को न छोड़ा। उन्होंने चीनी आक्रमण को लोकतन्त्रीय सिद्धान्तों की चुनौती के रूप में माना। उन्होंने जोर देकर कहा कि, "साम्राज्यवादी तथा विस्तारवादी चीन की चुनौती केवल हमारे लिए ही चुनौती नहीं, अपितु यह अन्तर्राष्ट्रीय कानून तथा व्यवहार का नंगा उल्लंघन है। अगर आज इस आक्रमण को सहन किया जाता है, तो यह भारत के लिए ही खतरा नहीं बना रहेगा, बल्कि एशिया के दूसरे देशों के लिए भी खतरा होगा।...जो कुछ चीन ने आज किया है, वह विश्व की चेतना का अपमान है।"[112] उन्होंने आशा व्यक्त की, कि लोकतन्त्र, शान्ति तथा अन्तर्राष्ट्रीय सहयोग जैसे आदर्शों को पीड़ित मानवता अपनाए रखेगी। नेहरू ने चीनी आक्रमण को खदेड़ दिया, इसका स्पष्ट प्रमाण इस तथ्य से मिलता है कि विश्व ने भारत के औचित्य (Cause) को न्यायपूर्ण तथा उचित मानकर इसे मान्यता प्रदान की और चीन के उद्देश्यों को भद्दा तथा लज्जाजनक कहा। उनका शान्ति तथा अन्तर्राष्ट्रवाद के प्रति प्रेम और भी पक्का हो गया, जब उन्होंने चीन को संयुक्त राष्ट्र संघ तथा सुरक्षा परिषद की सदस्यता दिलाने के लिए निरन्तर जोर लगाया।

साधारणतः अगर कोई कट्टर (arch) राष्ट्रवादी नेता होता, तो उसने शत्रु के

विश्वसंस्था में प्रवेश को रोकने के लिए एड़ी से चोटी तक का ज़ोर लगा दिया होता। परन्तु अन्तर्राष्ट्रीय भावनाएँ रखने वाले नेहरू ने साम्यवादी चीन का पक्ष लिया, ताकि वह विश्वशान्ति के लिए अपने उत्तरदायित्व को समझ सके।

वास्तव में नेहरू एक आदर्श स्वप्नदर्शी थे। उन्होंने 1934 में विश्व-संघ की स्थापना की सम्भावना का ज़िक्र किया था। उन्होंने कहा, "अगर विश्व संघ की स्थापना की जाती है, तो उसका स्वागत किया जाएगा।" वास्तव में सरकार की बागडोर सँभालने के पश्चात् नेहरूजी ने महसूस किया कि स्थायी विश्व-शान्ति केवल विश्व-सरकार की स्थापना द्वारा ही कायम रखी जा सकती है। नेहरू के Herald Tribune Forum को 1949 में दिए गए सन्देश से यह स्पष्ट हो जाती है : "इसमें कोई सन्देह नहीं कि किसी-न-किसी समय विश्व-सरकार जरूर ही कायम होगी, क्योंकि इसका एक ही विकल्प विश्व की आत्महत्या होगा।"[113] एक अन्य भाषण में उन्होंने कहा, "अन्तर्राष्ट्रीयवाद की माँग है कि प्रत्येक राष्ट्र विश्व-घटनाचक्र में बुद्धिमत्तापूर्ण रुचि ले। वह औरों से अलग-थलग रहने की बात छोड़ दे। आज के परमाणु शस्त्रों तथा स्पुतनिकों के युग में मानव सभ्यता को विनाश से बचाने का मात्र यही रास्ता है कि सभी देशों का विश्व महासंघ की दिशा में मुक्त सहयोग हो। विश्वशान्ति तथा एकता के लिए राष्ट्रवाद में सन्तुलन और सुमेल होना चाहिए।" एक यथार्थवादी होने के नाते उन्होंने इस बात को भी स्वीकार किया कि इस प्रकार का आदर्श आसानी से प्राप्त नहीं किया जा सकता, क्योंकि लोगों के मन इसके अनुकूल नहीं ढले हैं। चाहे विश्व में तेज़ी से परिवर्तन आ रहे हैं, हमारे मन एक ही जगह खड़े हैं और इसी बात पर अड़े हुए हैं कि आज वैसा ही है जैसा कि कल था, और आने वाला कल भी कोई विशेष रूप से भिन्न नहीं होगा।

विश्व में उनकी आशा का उनकी इस टिप्पणी से पता चलता है, "विश्व, विरोध तथा घृणा और भीतरी झगड़ों के बावजूद एक नए राष्ट्रमंडल के निर्माण के लिए निकट के सहयोग की ओर बढ़ रहा है। अतः इस एक विश्व के लिए स्वतन्त्र भारत काम करेगा।"[114]

अन्तर्राष्ट्रीयवाद के आर्थिक आधार का भी वह अनुभव करते थे। अतः उन्होंने अपने भाषणों के आधार पर इसका औचित्य सिद्ध किया। एक बात जिसका पर्याप्त रूप से अनुभव नहीं किया जा रहा है, शायद अन्तर्राष्ट्रीयवाद का मार्मिक रूप है। इसने राष्ट्रीय सीमाओं को खंडित कर दिया है और प्रत्येक राष्ट्र को, चाहे वह कोई भी हो, उसे दूसरे से परस्परावलम्बन के सूत्र में बाँध दिया है। राष्ट्रवाद का विचार आज भी पूर्ववत् प्रबल है तथा इसके पवित्र नाम पर युद्ध होते हैं तथा लाखों लोग मौत के घाट उतारे जाते हैं। परन्तु यह एक मिथक है जिसका वास्तविकता से कोई सम्बन्ध नहीं है। आज विश्व का अन्तर्राष्ट्रीयकरण हो चुका है, उत्पादन अन्तर्राष्ट्रीय

है, बाज़ार अन्तर्राष्ट्रीय है, आवागमन अन्तर्राष्ट्रीय है, केवल मनुष्य के विचार ही एक ऐसी रूढ़ि के सन्दर्भ में एकदम अर्थहीन हैं। कोई राष्ट्र वास्तव में स्वतन्त्र नहीं है, वह सब परस्पराश्रित हैं।

अन्तर्राष्ट्रवाद के रास्ते में बाधाएँ

नेहरू के अनुसार सबसे पहले दोनों देशों के बीच में आपसी भय तथा घृणा ने सच्चे अन्तर्राष्ट्रीय के मार्ग में बाधा उपस्थित की है। जिस मन पर भय तथा घृणा के बादल छाए रहे, वह ठीक प्रकार से सोच नहीं सकता। जिन देशों के विचार स्पष्ट नहीं है, उनमें मैत्रीपूर्ण सम्बन्धों की स्थापना कठिन है। उन्होंने एक बार लोकसभा में कहा था, "अगर किसी देश में घृणा और भय भरा है, तो उसका मन भारी हो जाता है। वह सीधा सोच नहीं सकता...अमेरिका में रूस के बारे में और रूस में अमेरिका के बारे में कोई स्पष्ट चिन्तन नहीं है क्योंकि दोनों के मन परस्पर भय तथा घृणा के कारण दबे हुए हैं...अगर वे एक-दूसरे को और अधिक समझ लें, तो घृणा तथा भ्रान्ति खत्म हो जाएगी..." वास्तव में नेहरू ने विश्व के दो शक्तिशाली राष्ट्रों–रूस तथा अमेरिका–के बीच सम्बन्धों को सुधारने के लिए अपनी महत्त्वपूर्ण भूमिका निभाई।

दूसरे, संकीर्ण तथा उग्र राष्ट्रवाद भी अन्तर्राष्ट्रवाद के रास्ते में एक बहुत बड़ी बाधा है। 'डिस्कवरी ऑफ़ इंडिया' में वह लिखते हैं, "यद्यपि व्यक्तियों को अथवा उनके छोटे समूहों को अन्तर्राष्ट्रीय विचारों का बनाया जा सकता है, उन्हें एक व्यापक उद्देश्य के लिए व्यक्तिगत अथवा सामूहिक हितों का उत्सर्ग करने के लिए मनाया जा सकता है, परन्तु राष्ट्रों के विषय में ऐसा नहीं है। अन्तर्राष्ट्रीय हित किसी राष्ट्र में उत्साह का संचार उसी सीमा तक कर सकते हैं जहाँ तक उसके अपने हितों से उनका मेल हो। कुछ एक उग्र राष्ट्रवादी उच्चता ग्रन्थि (superiority complex) के शिकार हैं। वे सोचते हैं कि केवल उनका ही राष्ट्र बढ़िया है और शेष सभी राष्ट्र घटिया हैं। इससे अन्तर्राष्ट्रीय शान्ति तथा मैत्री को क्षति पहुँचती है और अन्तर्राष्ट्रीयता की भावना का पतन होता है। अगर राष्ट्रों के बीच में आपसी सम्पर्क तथा सूझ-बूझ को बढ़ावा दिया जाए तो इस प्रकार की राष्ट्रवाद की बुराई को दूर किया जा सकता है।" अपने प्रधानमन्त्री के पद के दौरान नेहरू ने भारत तथा दूसरी जातियों के बीच में सूझ-बूझ को बढ़ावा देने का श्रेय प्राप्त किया।

चाहे नेहरू अन्तर्राष्ट्रवाद के महान् समर्थक थे, परन्तु यह कहना अत्युक्ति होगी कि नेहरू राष्ट्रवाद की अवहेलना करके अन्तर्राष्ट्रवादी थे। चीन ने जो भारत की पीठ में छुरा घोंपा उससे सिद्ध होता है कि नेहरू के अन्तर्राष्ट्रीय शान्ति तथा सहयोग से प्रेम के आधार को तथा भारत को एक बड़ा धक्का लगा और उसे सारी

दुनिया के सामने कटु अपमान सहना पड़ा। यह सच्चाई से दूर है। एक पड़ोसी देश के धोखा देने पर भी यह नहीं समझ लेना चाहिए कि नेहरू राष्ट्रवाद को छोड़कर अन्तर्राष्ट्रवादी थे। वे लगातार यही राग अलापते रहे कि किसी देश में अन्तर्राष्ट्रीय हित तभी जाग सकते हैं जब उनका राष्ट्रीय हितों के साथ समन्वय हो। अतः अन्तर्राष्ट्रवाद राष्ट्रवाद का विरोधी नहीं है, बल्कि संकटग्रस्त विश्व में राष्ट्रीय राज्यों की यही एक आशा है। मानवीय सभ्यता राष्ट्रों के विश्व-संघ जैसे स्वतन्त्र समुदाय के द्वारा ही जीवित रह सकती है, जिसकी कल्पना नेहरू जैसे चिन्तकों ने की। उनके जीवनी-लेखक ने ठीक ही कहा है, "...बहुत से पाश्चात्य लोगों के लिए वह ही एक विवेकशीलता की आवाज़ है, क्योंकि विश्व विपत्ति के पथ पर चल रहा है।..."

बहुत से लोगों के लिए वे शान्ति की सच्ची आवाज़ थे। उन्नीसवीं शताब्दी में उनका मुकाबला कैवर (Cavour) से किया जा सकता है, जिसमें राष्ट्रनिर्माता के रूप में गैरीबाल्डी का समावेश है, जिसमें रोमांचक राष्ट्रवादी की उग्रता है। इसमें बीसवीं शती के विल्सन को भी मिलाया जा सकता है, जो कि आदर्शवादी अन्तर्राष्ट्रवाद का प्रवक्ता है।"[115]

मार्क्सवाद का नेहरू पर प्रभाव

तरुण नेहरू के मन पर मार्क्सवादी सिद्धान्त का अमिट प्रभाव पड़ा। तीसरे दशक के शुरू में नेहरू को कई बार गिरफ्तार किया गया था। इस समय उनको मार्क्स का अध्ययन करने का पूग अवसर प्राप्त हुआ और उन्होंने समाजवादी विचारों का विकास किया, जिन्होंने वास्तव में उन्हें उस समय प्रभावित किया, जब वे कैम्ब्रिज (Cambridge) में विद्यार्थी थे। अपनी एक रचना में उन्होंने कहा, "...मार्क्सवाद के सिद्धान्त पर दर्शन ने मेरे मन के कई अँधेरे कोनों को प्रकाशमान कर दिया। इतिहास नए अर्थ लेकर मेरे सामने आया। इतिहास की मार्क्सवादी व्याख्या ने इस पर प्रकाश की धारा बहा दी।"[116] उनकी रचना 'Glimpses of World History' में मार्क्सवा का प्रभाव अधिक स्पष्ट दिखाई पड़ता है। उन्होंने कई आधारों पर उन्नीसवीं शताब्दी के पूँजीवादी लोकतन्त्र को चुनौती दी; वे आधार थे–(1) पूँजीवाद श्रेणी-व्यवस्था तथा श्रेणी संघर्ष को बनाए रखता है; (2) इसमें सम्पत्ति वाली श्रेणी का मजदूर श्रेणी पर प्रभुत्व कायम हो जाता है; (3) इससे असमानता कायम होती है, क्योंकि आर्थिक सुरक्षा प्रदान किए बिना प्रत्येक व्यक्ति को एक मत देने का अधिकार दिया जाता है; (4) इससे उग्र राष्ट्रवाद, साम्राज्यवाद तथा अन्तर्राष्ट्रीय युद्धों को बढ़ावा भी मिलता है।

उन्होंने यह भी महसूस किया कि पूँजीवादी साम्राज्य अपने अन्तिम चरण में हैं और यह अवश्य ही समाप्त होगा, क्योंकि वह बीसवीं शताब्दी की परिस्थितियों

के अनुकूल नहीं हैं। मार्क्स की भाँति उन्होंने विचार व्यक्त किया कि "साम्राज्यवाद तथा पूँजीवाद का विकास नहीं किया जा सकता। अतः यही अच्छा होगा कि उन्हें बिल्कुल ही खत्म किया जाए। इनको समाप्त करने का एकमात्र तरीका समाजवाद को लागू करना है। उनके विचारानुसार, विश्व दो प्रतिद्वन्द्वी शक्तियों में बँटा है—पूँजीवाद तथा समाजवाद—तथा इन दोनों विचारों में स्थायी रूप से कोई समझौता नहीं हो सकता है।"[117]

मार्क्सवाद के वैज्ञानिक दृष्टिकोण तथा इसके परम्परा-मुक्त होने के कारण वे उसकी ओर आकृष्ट हुए। परन्तु उन्हें जल्दी ही इस बात का पता चल गया कि रूस के मार्क्सवाद में काफी परम्परा देखने को मिती है। साम्यवाद के व्यावहारिक रूप से, जिसे रूस में प्रयोग में लाया जाता है, नेहरू को साम्यवाद की कुछ विशेषताओं का पता चला। उन्होंने अपनी आत्मकथा में कहा है, "रूस में बहुत-कुछ मुझे अच्छा नहीं लगता—प्रत्येक प्रकार की आलोचना का दमन, विभिन्न नीतियों के अनुसरण करने के लिए बिना आवश्यकता हिंसा का प्रयोग।"[118] परन्तु रूस के साम्यवाद का पूँजीवाद के साथ मुकाबला करते हुए उन्होंने कहा कि पूँजीवाद का आधार भी हिंसा है। दोनों में से उन्होंने साम्यवादी हिंसा को अच्छा समझा, क्योंकि "पूँजीवाद की हिंसा उस व्यवस्था में पैतृक है, परन्तु रूस की हिंसा चाहे वह बुरी है उसका उद्देश्य शान्ति सहयोग तथा लोगों की वास्तविक स्वतन्त्रता पर आधारित है।"[119]

उन्होंने मार्क्सवाद को संसार के सभी रोगों का एकमात्र इलाज नहीं माना। चाहे मार्क्स को सामाजिक व्यवस्था को गहराई से देखने का श्रेय प्राप्त है, फिर भी नेहरू के अनुसार, उसने बहुत-सी गलत बातें भी कही हैं। उन्होंने महसूस किया कि तथ्यों तथा उस समय की परिस्थितियों को दृष्टि में रखे बिना मार्क्स के सिद्धान्तों को लागू करना अन्यायपूर्ण होगा। चाहे नेहरू का काफी झुकाव मार्क्स की ओर था, परन्तु वे अपने आपको कम्युनिस्ट कहलाने के लिए तैयार नहीं थे। उन्होंने कहा, "मैं कम्युनिस्ट नहीं हूँ। मेरी जड़ें अब भी थोड़ी-सी उन्नीसवीं शताब्दी में हैं और मैं उसमें से निकलने के लिए मानववादी उदार प्रथाओं से बहुत प्रभावित हुआ है।"[120] मार्क्सवाद सम्बन्धी प्रतिक्रियाओं का सुन्दर उपसंहार करते हुए, वह डिस्कवरी ऑफ इंडिया में लिखते हैं, "मार्क्स और लेनिन के अध्ययन का मेरे ऊपर गहरा प्रभाव पड़ा जिसके कारण वर्तमान घटनाक्रम तथा इतिहास को समझने के लिए मुझे एक नई दृष्टि मिली। इसने पूर्णतः मुझे सन्तुष्ट नहीं किया तथा न ही मेरे सभी प्रश्नों का उत्तर मुझे प्राप्त हुआ। शायद, अनजाने ही, एक धुँधला, अस्पष्ट-सा दृष्टिकोण मुझे मिला, कुछ ऐसा ही जो वेदान्ती दृष्टिकोण से मिलता है। सामाजिक घटनाओं का मार्क्स का सामान्य विश्लेषण अवश्य उल्लेखनीय यथार्थिक है, तथापि कुछ ऐसी बातें भी हुईं जिनका निकटवर्ती भविष्य के प्रति मार्क्स के पूर्वानुमान से मेल नहीं बैठता।"

गुंथर (Gunther) को कहे गए उनके शब्दों से भी इस बात का पता चलता है। उन्होंने कहा, "मैं कम्युनिस्ट नहीं हूँ क्योंकि मैं साम्यवाद की इस धारणा को नहीं मानता कि साम्यवाद एक पवित्र सिद्धान्त है। मैं नहीं चाहता कि मुझे यह बताया जाए कि मैं क्या सोचूँ और क्या करूँ। मैं यह भी महसूस करता हूँ कि साम्यवादी ढंगों के साथ बहुत-सी हिंसा जुड़ी हुई है। साध्य को साधनों से अलग नहीं किया जा सकता।"[121] इससे यह सिद्ध होता है कि चाहे नेहरू साम्यवादी सिद्धान्त से बहुत प्रभावित हुए, फिर भी वे रूस के साम्यवादियों की भाँति एक साम्यवादी नहीं थे।

वास्तव में वे मार्क्सवादियों द्वारा प्रयोग में लाए जाने वाले हिंसक ढंगों के विरुद्ध थे। गांधीजी के साध्य तथा साधन की पवित्रता के सिद्धान्त का उन पर गम्भीर प्रभाव पड़ा। उन्हें हिंसा के बुरे परिणामों का पता था। अच्छे साधन प्रयुक्त किए बिना अच्छे उद्देश्य की प्राप्ति नहीं की जा सकती। मार्क्स के अनुयायी साम्यवादी, समाजवाद की प्राप्ति के लिए जन-संहार के समर्थक थे। अतः नेहरू ने इन हिंसावादी मूल सुधारवादियों की नीति का अनुसरण नहीं किया।

स्वतन्त्रता-संग्राम के दौरान भारतीय कम्युनिस्ट पार्टी की भूमिका के कारण भी नेहरू का झुकाव साम्यवाद की ओर नहीं हुआ। नेहरू जैसा राष्ट्रवादी ऐसे भारतीयों का साथ देने के लिए तैयार नहीं था, जो मास्को के इशारों पर नाचते रहे हों और जिन्होंने देशभक्ति की भावना न व्यक्त की हो।

परन्तु इसमें कोई अत्युक्ति नहीं होगी कि तीसरे दशक (Thirties of 20th Century) के अन्त तक नेहरू का झुकाव मार्क्सवादी समाजवाद की ओर रहा, चाहे वे देश में दूसरे साम्यवादियों की भाँति साम्यवादी नहीं थे। फ्रेंक मोरेस ने ठीक ही कहा है कि "तीसरे दशक में जवाहरलाल लोकतन्त्रीय विचारों वाले साम्यवादी सिद्धान्तों के समर्थक थे।" ("Marxist Theorist wedded to democratic practices.")

दूसरे विश्वयुद्ध के पश्चात् नेहरू पर से साम्यवाद का प्रभाव कम होने लगा था। उन्होंने सभी जगह पर पूँजीवाद का प्रभाव कम होते देखा। उन्होंने एक अन्य प्रगति देखी जिसका उनके मन पर काफी प्रभाव पड़ा। हर जगह पर पूँजीवाद की बुराइयाँ दूर हो रही थीं और वह सभ्य तथा नम्र और भावुक रूप में सामने आने लगा। उन्होंने देखा कि कुछ एक देशों में उद्योगों को धीरे-धीरे सरकारी नियन्त्रण में लाया जा रहा था। इससे पूँजीवादी देशों में भी समाजवाद का रंग दिखाई देने लगा। इसके अतिरिक्त पूँजीवादी राज्य भी कल्याण कर राज्य के सिद्धान्तों को अपनाने लगे। सामाजिक सुरक्षा का प्रोग्राम लागू किया जाने लगा। सार्वजनिक आवास, सार्वजनिक स्वास्थ्य तथा शिक्षा के प्रोग्राम शुरू किए गए। जनता के दुःखों तथा कष्टों को दूर

करने के लिए बहुत-सी योजनाओं की व्यवस्था की गई। इन सबका नेहरू के मन पर गहरा प्रभाव पड़ा। अतः पूँजीवाद के बारे में उनके दृष्टिकोण में परिवर्तन आया। उन्होंने स्वतन्त्र भारत के लिए मिश्रित अर्थव्यवस्था का प्रचार करना शुरू कर दिया। अतः उन्होंने गैरसरकारी क्षेत्र को भी राष्ट्रीय अर्थव्यवस्था में महत्त्वपूर्ण स्थान दिया। यह मार्क्सवाद तथा साम्यवाद से स्पष्ट रूप में हटने वाली बात थी।

मार्क्सवाद से इस प्रकार हटने के फलस्वरूप भारत में कट्टर साम्यवादियों ने नेहरू की कड़ी आलोचना की। पहले से अपनाए गए समाजवादी दृष्टिकोण से हट जाने तथा कांग्रेस पर प्रतिक्रियावादियों के प्रभाव के बढ़ जाने का आरोप लगाया गया। परन्तु नेहरू ने इस प्रकार के साम्यवाद के प्रति संकीर्ण दृष्टिकोण को अपनाना उचित न समझता। उन्होंने कहा कि वैज्ञानिक आधार वाले मार्क्स के सिद्धान्त को कोरे सिद्धान्त में नहीं बदला जा रहा। उन्होंने इस बात पर बल दिया कि मार्क्स के कुछ आर्थिक विचार पुराने हो रहे हैं और मार्क्सवाद एक 'संकीर्ण दृष्टिकोण' बन गया है। उन्होंने महसूस किया कि मार्क्स की बहुत-सी बातें भारत जैसे आर्थिक दृष्टि से पिछड़े हुए तथा अविकसित देश की आर्थिक समस्याओं के समाधान के लिए उपयोगी नहीं है। परन्तु इसका यह अर्थ नहीं कि नेहरू ने अपना झुकाव पूँजीवादी लोकतन्त्र की ओर कर लिया और साम्यवादी रूस के प्रति घृणा शुरू कर दी, जहाँ साम्यवाद को कार्यान्वित किया जा रहा था। उन्होंने सोवियत पद्धति की सराहना की और आने वाले भारत के लिए इस पद्धति को अपनाने की आशा व्यक्त की। उन्होंने कहा, "जहाँ तक मेरा सम्बन्ध है, मैं भारत में समाजवादी अर्थव्यवस्था को लागू करने के पक्ष में हूँ और मैं समझता हूँ कि थोड़े-बहुत परिवर्तनों से सोवियत प्रणाली की सरकार भारत के लिए उपयुक्त हो सकती है।"[122] यदि सोवियत रूस ने अपनी ही परिस्थितियों के अनुकूल मार्क्सवाद की परिभाषा की है तो भारत भी सोवियत समाजवादी व्यवस्था को अपनी परिस्थितियों के अनुकूल ढाल सकता है। उन्होंने आयोजना की सराहना की, क्योंकि उनके विचारानुसार, "यह पिछड़ेपन के विरुद्ध, पूँजीवाद के अवशेषों के विरुद्ध तथा जीवन के घटिया स्तरों के विरुद्ध एक महान् संघर्ष है।"[123]

उन्होंने ठीक ही कहा कि "वर्तमान युग में, जब कि लोगों की आशाएँ बढ़ी हैं और कल्याणकारी राज्य की भावना का उदय हुआ है, ऐसी कोई प्रणाली जीवित नहीं रह सकती जो इन बातों को पूरा नहीं करती।"[124] "आज की महान् समस्याओं का समाधान केवल तर्कों अथवा युद्ध से नहीं हो सकता, बल्कि उस ढंग से जिससे इस उद्देश्य की पूर्ति हो सके।"[125] अतः उन्होंने कहा कि विधि ऐसी नहीं होनी चाहिए जो कि उग्र हो और जो किसी विशेष विचारधारा पर आश्रित हो। मध्य का मार्ग अपनाना चाहिए जो भारतीय परिस्थितियों के अनुकूल हो। इससे नेहरू के

वस्तुवादी दृष्टिकोण का तथा एक विशेष प्रकार की विचारधारा से न चिपके रहने की नीति का पता चलता है।

अपने जीवन के अन्तिम दिनों में नेहरू नैतिक आदर्शवाद की ओर झुक गए। उन्होंने यह महसूस किया कि नैतिक तथा आध्यात्मिक झुकावों वाला मानवीय जीवन बेकार है। इससे उनके मन पर गांधीजी के प्रभाव का और उनके मार्क्सवादी साम्यवाद की ओर से हटने का पता चलता है जो कि व्यक्तिगत तथा सामाजिक जीवन में इन मूल्यों को कोई महत्त्व नहीं देता।

इससे हम यह परिणाम निकाल सकते हैं कि नेहरू, जो तीसरे दशक में मार्क्सवाद के प्रभाव के अधीन थे, बीसवीं सदी के चौथे तथा पाँचवें दशक में आकर इसके प्रभाव से मुक्त हो गए। उन्होंने महसूस किया कि साम्यवाद एक सामाजिक शक्ति का नेतृत्व करता है, परन्तु वे साम्यवाद के द्वारा हिंसा का प्रयोग करने के विरुद्ध थे। अन्त में उन्होंने महसूस किया कि मार्क्सवादी आर्थिक सिद्धान्त पूँजीवादी सिद्धान्त से अच्छा है, चाहे मार्क्सवादी सिद्धान्त पुराना भी हो चुका है। मलिक (Mullick) के शब्दों में, "वे साम्यवाद को काफ़ी हद तक स्वीकार करने के लिए तैयार थे, अगर साम्यवाद हिंसा के ढंगों का त्याग कर दे।"[126] एक सच्चे भारतीय के रूप में उन्होंने इच्छा व्यक्त की कि भारतीय समाजवाद का ढाँचा भारत में ही तय होना चाहिए, साथ ही हमें दूसरे समाजवादी देशों से भी लाभ उठाने में पीछे नहीं हटना चाहिए। भारत के समाजवाद की ओर झुकाव तथा भारतीय संविधान में दिए गए उद्देश्यों की पूर्ति के लिए किए जा रहे प्रयत्नों से सिद्ध होता है कि नेहरू के समाजवाद के लक्ष्य को पूरा किया जा रहा है। इस प्रकार का समाजवाद निश्चित रूप से द्वन्द्वात्मक प्रक्रिया का फल नहीं हैं, जिसका कि वर्णन मार्क्स ने किया है। यह जनता के दुखों तथा मुसीबतों तथा उनके अमीरों द्वारा शोषण का फल है। इसे दूर करने का एकमात्र तरीका यह है कि लोगों की मुसीबतों को कम किया जाए। अतः नेहरू का आधार मार्क्स का सिद्धान्त नहीं था। परन्तु शुरू-शुरू में नेहरू मार्क्स की विचारधारा से अवश्य ही प्रभावित हुए थे। आबिद हुसैन के शब्दों में, "उन्होंने इसे पूर्ण रूप से नहीं अपनाया, परन्तु इसका आलोचनात्मक ढंग से निरीक्षण किया और जो कुछ वैज्ञानिक था, उसे स्वीकार कर लिया और जो अंश अवैज्ञानिक था उसे त्याग दिया, जो कि वास्तव में विशुद्ध पारलौकिक (Metaphysical) तथा काल्पनिक था। समूचे तौर पर, इससे उन्हें जीवन के बारे में एक ऐतिहासिक अनुभूति तथा तर्कशील और आलोचनात्मक दृष्टिकोण प्राप्त हुआ।"[127]

वास्तव में नेहरू मार्क्सवाद के कट्टरपन्थी अनुयायी नहीं थे। पर इसमें भी सन्देह नहीं कि मार्क्स द्वारा निरूपित एक तत्त्ववाद तथा द्वन्द्वात्मक से वह बड़े प्रभावित हुए। मार्क्सवाद को वह एक नम्य (Flexible) तथा परिवर्तन सापेक्ष मानते

थे। लेनिन की भाँति वह भी मार्क्सवादी सिद्धान्त को पूर्ण तथा अकाट्य (Unassailable) नहीं मानते थे।[128] उन्होंने मार्क्स की इतिहास तथा समाज सम्बन्धी व्याख्याएँ स्वीकार कीं, परन्तु नागरिक स्वतन्त्रता की उनकी प्रतिबद्धता बनी रही।

गांधीजी का प्रभाव

राष्ट्रपति महात्मा गांधी ने नेहरू को अपना उत्तराधिकारी घोषित किया और कहा कि उनकी मृत्यु के पश्चात् नेहरू उनकी ही भाषा में बात करेंगे। नेहरू ने गांधीजी को सत्कार से भरकर 'बापू' कहा। अगर हम अपने राष्ट्रीय इतिहास पर दृष्टिपात करें तो पता चलता है कि नेहरू जब पहली बार 1916 में लखनऊ कांग्रेस अधिवेशन में गांधीजी से मिले, तो वे उनसे बिल्कुल प्रभावित न हुए। तरुण नेहरू तथा उनके समकालीन दूसरे लोगों को गांधी, जिन्होंने दक्षिणी अफ्रीका में सफलता प्राप्त की, "बहुत दूर, बहुत अलग अराजनीतिक लगे।"[129] नेहरू की गांधीजी के प्रति श्रद्धा उस समय बढ़नी शुरू हुई जब गांधीजी ने 1919 में रोलट एक्ट तथा अंग्रेजी सरकार द्वारा दूसरे दमनकारी कानूनों का विरोध करने के लिए सत्याग्रह सभा कायम की। नेहरू ने सत्याग्रह आन्दोलन की प्रशंसा की और कहा, "संकट में यही एक रास्ता तथा कार्रवाई की एक विधि थी जो सीधी, स्पष्ट तथा प्रभावशाली थी।"[130] जब गांधीजी ने 1921 में असहयोग आन्दोलन चलाया, तो नेहरू उस आन्दोलन में सबसे आगे थे। उन परिस्थितियों में उन्होंने गांधीजी के इस तरीके को प्रभावशाली माना। यही समय था जब नेहरू का इस सिद्धान्त में विश्वास जम गया कि एक अच्छे उद्‌देश्य की पूर्ति के लिए अच्छे साधनों की ज़रूरत होती है। परन्तु नेहरू ने अहिंसा को ही एकमात्र साधन नहीं माना।

गांधी के मन में नेहरू के लिए इतना प्रेम बढ़ा कि उन्होंने चालीस वर्ष की आयु में नेहरू को भारतीय राष्ट्रीय कांग्रेस का प्रधान बनवा दिया। वास्तव में विकट स्थितियों में गांधीजी ने नेहरू को कांग्रेस के प्रधान पद तक ऊँचा उठाने का दायित्व सँभाला।

नेहरू कट्टर गांधीवादी नहीं थे—नेहरू कभी कट्टर गांधीवादी नहीं रहे। कई बार उन्होंने महात्माजी की आलोचना की और उनसे अपनी विचार-विभिन्नता प्रकट की। दोनों के बीच में निम्नलिखित विभिन्नताएँ थीं—

(क) 1922 में जब चौरा-चौरी के स्थान पर हिंसक घटनाएँ घटीं और महात्मा गांधी ने असहयोग आन्दोलन को स्थगित कर दिया, तो नेहरू ने महात्मा गांधी के इस निर्णय की कटु आलोचना की। ए.आर. नन्दा के शब्दों में, "नेहरू जो उस समय जेल में थे, आन्दोलन के स्थगित किए जाने के समाचार से चकित, हतप्रभ रह गए। उनकी समझ में यह नहीं आया कि सुदूर गाँव में ग्रामीण किसानों की नगण्यतः अल्प

संख्या द्वारा उत्तेजित हो, हिंसा करने से, स्वतन्त्रता के लिए छेड़े एक आन्दोलन को कैसे प्रतिवर्तित (Reversal) किया जा सकता है। यदि विशुद्ध अहिंसा तीस करोड़ भारतीयों के लिए मूलभूत आदर्श माना जाए तो क्या गांधी का आन्दोलन एक धर्मनिष्ठ व्यक्ति के क्रूर. बर्बर के समक्ष तापसी आचार के समान निष्प्रयोजन नहीं रह जाएगा...?"[131]

(ख) इसी तरह देशी रियासतों में जन-आन्दोलन के बारे में कांग्रेस के रवैये के बारे में नेहरू गांधीजी से सहमत नहीं थे।

(ग) राष्ट्रीय प्रतिरक्षा के बारे में भी नेहरू गांधीजी से पूर्ण सहमत नहीं थे।

(घ) नेहरू ने अहिंसावाद को जीवन का एकमात्र सिद्धान्त नहीं माना। उदाहरण के रूप में नेहरू यह नहीं मानते थे कि अहिंसा द्वारा युद्ध के उस पैशाचिक तन्त्र को जो हिटलर ने बनाया था, इसके द्वारा मानवता को पराधीन बनाए जाने से पूर्व नष्ट किया जा सकता है। नेहरू ने सभी समयों तथा परिस्थितियों में अहिंसा की प्रभावी वैधता कभी स्वीकार नहीं की।[132] उन्होंने सोचा कि देश में कानून तथा व्यवस्था कायम करने के लिए राज्य की दमनकारी शक्ति अनिवार्य है।

(ङ) नेहरूजी का जीवन के प्रति दृष्टिकोण धर्मनिरपेक्षता वाला तथा वैज्ञानिक था, जबकि गांधीजी धार्मिक विचारों वाले व्यक्ति थे।

(च) गांधीजी प्रौद्योगिकी तथा उद्योगीकरण पर आधारित पश्चिमी सभ्यता के कट्टर आलोचक थे, और आदर्श समाज में उसका कोई महत्त्वपूर्ण स्थान नहीं समझते थे। परन्तु नेहरू पश्चिमी विज्ञान तथा प्रौद्योगिकी तथा इनके द्वारा प्राप्त की गई प्रगति के महान् प्रशंसक थे। अपनी आत्मकथा में वह लिखते हैं, "हम परिवर्तन की नदी का प्रवाह नहीं रोक सकते और उसकी धारा से अलग नहीं हो सकते। मनोवैज्ञानिक दृष्टि से, कहा जा सकता है कि अदन का सेव खाने वाले हम लोग, इसका स्वाद भूलकर अपनी आरम्भिक अवस्था में नहीं लौट सकते हैं।"[133]

(छ) चाहे गांधी तथा नेहरू के सामाजिक आदर्श समान हैं, फिर भी इनकी रचना तथा अभिव्यक्ति में अन्तर है। गांधीजी ने ज्यादा ज़ोर स्वतन्त्रता पर दिया, जबकि नेहरू ने समानता पर—चाहे दोनों स्वतन्त्रता तथा समानता के समर्थक थे। गांधीजी की कल्पना वाले आदर्श राज्यविहीन समाज में व्यक्ति को असीम स्वतन्त्रता प्राप्त होगी। बाहर की कोई भी शक्ति उसके जीवन में हस्तक्षेप नहीं कर सकेगी। कोई भी शक्ति शोषण करने वाली, दमनकारी अथवा अत्याचार करने वाली नहीं होगी। अगर कोई व्यक्ति इस प्रकार की उच्च प्रथाओं को तोड़ने का यत्न करेगा, तो दलित व्यक्ति सत्याग्रह के हथियार से उसका मुकाबला करेगा और उसके अपवित्र इरादों को खत्म कर देगा। इससे अपने-आप अधिकतम समानता प्राप्त हो सकेगी।

दूसरी ओर, नेहरू ने महसूस किया कि अनियन्त्रित स्वतन्त्रता से व्यक्ति को दूसरों की स्वतन्त्रता तथा अधिकारों को खत्म करने का अवसर मिलता है। इससे सामाजिक असमानता पैदा होती है। अतः समाज में प्रत्येक व्यक्ति को बराबर की स्वतन्त्रता प्रदान करने के लिए इसका ढंग से वितरण करना पड़ेगा ताकि प्रत्येक व्यक्ति को उसका उचित हिस्सा दिया जा सके। शोषण मुख्य रूप में आर्थिक क्षेत्र में ही होता है। अतः व्यक्तिगत स्वतन्त्रता को सम्मिलित आयोजन तथा नियन्त्रण द्वारा सीमित किया जाना चाहिए। इसलिए, दूसरे शब्दों में, हम यह कह सकते हैं कि नेहरू का आदर्श समाज नियन्त्रण तथा आयोजन द्वारा कायम किया जाने वाला समाज है। परन्तु उनका विचार था, व्यक्ति के व्यक्तित्व को धक्का पहुँचाने वाले अनुचित प्रतिबन्धों को खत्म किया जाए और व्यक्ति को इस प्रकार की स्वतन्त्रता प्रदान की जाए, जिससे स्वतन्त्रता तथा धन का न्यायोजित बँटवारा किया जा सके।

आदर्श जीवन के बारे में उनके विचार एक-दूसरे से बहुत भिन्न थे। "दोनों अपनी असीम यात्रा के लिए एक ही स्थान से चले—उसी उद्देश्य से अपने देशवासियों के लिए निःस्वार्थ प्रेम, सत्य की प्राप्ति तथा वही सामग्री, उग्र नैतिक सिद्धान्त—परन्तु दोनों ने अपनी यात्रा के लिए विभिन्न प्रकार की कार्य-पद्धति अपनाई, दोनों के लक्ष्य एक-दूसरे से भिन्न थे—किन्तु वर्तमान में उनके रास्ते समान थे, जो कि अन्त में अलग होने थे।"[134] गांधी चाहते थे कि हम सबसे छोटा तथा सीधा रास्ता अपनाकर पूरी लगन से सत्य के लक्ष्य की ओर चल पड़ें, परन्तु नेहरू उसी लक्ष्य की प्राप्ति के लिए लम्बा तथा पेचीदा रास्ता अपनाने के पक्ष में थे, जो कि "मोड़ों, चक्रों, ऊँच-नीचों, विभिन्नता के जादू-भरे दृश्यों को आनन्द लेते हुए, दुखों तथा आपत्तियों में भी खुश रहते हुए और फिर भी विभिन्नता में एकता की खोज करते हुए, संकट में भी शान्तिपूर्वक रहने का संकेत करता हो"[135]

गांधी के लिए धर्म तथा नैतिकता ही सारा जीवन था; नेहरू के लिए नैतिकता एक महत्त्वपूर्ण, बहुत अधिक महत्त्वपूर्ण तत्त्व है। मौलिक रूप में गांधी एक धार्मिक व्यक्ति थे और वे संयोग से राजनीति में आए थे। अतः वे दोनों को अलग न कर सके। उन्होंने सत्य तथा अहिंसा पर बहुत बल दिया और उन्होने कांग्रेस से देश के नैतिक तथा आध्यात्मिक पुनरुद्धार की आशा की। नेहरू ने नैतिकता को महत्त्व प्रदान किया, परन्तु धर्म को कोई विशेष महत्त्व न दिया। उनके विचारानुसार धर्म तो केवल महिलाओं का धन्धा है। उनका मुख्य उद्देश्य देश की स्वतन्त्रता था और नैतिक पुनरुद्धार गौण बात थी। अतः वे चाहते थे कि कांग्रेस राजनीतिक तथा आर्थिक क्षेत्र में महत्त्वपूर्ण भूमिका निभाए।

दोनों में दूसरा महत्त्वपूर्ण अन्तर यह था कि गांधीजी ने पश्चिम को भारतीय आँखों से देखा, परन्तु नेहरू ने भारत को पश्चिमी आँखों से देखा। अतः गांधीजी

जनता में नए जीवन का संचार करके भारतीय संस्कृति को सुरक्षित रखना चाहते थे। नेहरू, जिनका लालन-पालन पश्चिमी ढंग से हुआ था, भारतीय समाज का पश्चिम में हुई प्रगति के आधार पर कायाकल्प करने के पक्ष में थे। गांधीजी ने दोनों में अन्तर को स्पष्ट करते हुए सुन्दर ढंग से कहा है कि वह (गांधी) भारत में से पश्चिमी सभ्यता का अन्त करना चाहते थे और अंग्रेजों को देश की सेवा में मित्रों के रूप में रखना चाहते थे, जबकि जवाहरलाल उन्हें देश से निकालकर उनकी संस्कृति तथा सभ्यता को कायम रखने के पक्ष में थे। परन्तु गांधीजी के शब्दों में पूरी सच्चाई नहीं है।

नेहरू ने लार्ड माउंटबेटन को भारत का गवर्नर-जनरल बनाए रखा, यद्यपि वे उन्हें हटा सकते थे। नेहरू ग़ैर-सरकारी क्षेत्र में महत्त्वपूर्ण स्थान देते हैं परन्तु वे गांधीजी के ट्रस्टीशिप (Trusteeship) के सिद्धान्त से सहमत नहीं थे, जिसमें पूँजीवादी प्रकार की सेवा तथा बलिदान की बात कही गई है, ताकि पूँजीपति अतिरिक्त (Superfluous) फालतू धन, जो कि उनके पास है, के लिए न्यासी के रूप में काम कर सकें।

नेहरू ने गांधी से क्या लिया?

इन विभिन्नताओं के बावजूद यह मान लेना गलत होगा कि नेहरू गांधी के प्रतिद्वन्द्वी थे अथवा गांधीजी के साथ उनका सम्बन्ध केवल कार्यसाधकता के कारण था। संसार को गांधीजी को सन्देश पहुँचाने का काम नेहरू ने अपने जिम्मे लिया। गांधीजी की मृत्यु के समय कहे गए उनके शब्द इस बात को स्पष्ट करते हैं :

"हमारे जीवन में से प्रकाश चला गया है और हर ओर अँधेरा ही अँधेरा है. ..हमारे प्यारे नेता...राष्ट्रपिता...अब नहीं रहे...अब हम उनसे मन्त्रणा तथा धैर्य लेने के लिए उनके पास नहीं जा सकेंगे...। जिस प्रकाश ने अनेक वर्षों तक इस देश को प्रकाशवान किया है, वह इसे प्रकाशवान करता रहेगा और हजारों वर्षों के पश्चात् भी वह प्रकाश इस देश में दिखाई देता रहेगा और संसार भी इसे देखेगा और यह प्रकाश अगणित हृदयों को ढाढ़स देगा..."

इसमें कोई सन्देह नहीं कि भारत के नए ढाँचे के निर्माण में दोनों नेताओं में काफी मतभेद रहा, परन्तु वास्तविक जीवन के क्षेत्र में वे लगभग एक-से ही विचारों के थे। गांधीजी एक सन्त राजनीतिक थे जो कि अनिवार्य रूप से धार्मिक व्यक्ति थे। सत्य की खोज की लालसा ने उन्हें काम की ओर प्रेरित किया। दूसरी ओर नेहरू भी एक क्रियाशील व्यक्ति थे, जो कि ठीक व्यवहार की खोज में गांधीजी के पास आए और गांधीजी द्वारा जिसकी अभिव्यक्ति की गई थी, उस सत्य के नैतिक पक्ष के दर्शन किए। उनकी बहुत-सी बातों में एक राय थी, भले ही कई मामलों में वे

एक-दूसरे से भिन्न थे। व्यावहारिक जीवन में वे एक-दूसरे के निकट थे। दोनों ने एक-दूसरे के साथ निकट सहयोग से कार्य किया। हुसैन के शब्दों में, "उनके व्यक्तिगत स्वभावों की विभिन्नता के कारण उनके सामाजिक जीवन के आदर्शों में काफी अन्तर था, परन्तु वास्तविक समाज के ढाँचे में, जिसकी निकट भविष्य के लिए उन्होंने कल्पना की थी, उसमें दोनों के विचारों में काफी समानता दिखाई देती है और दोनों की अधिकांश विचारधारा का बहुत अधिक कठिनाई के बिना समायोजन किया जा सकता है।"[136]

दोनों की विचार-समानता

ध्यानपूर्वक विश्लेषण करने के पश्चात् पता चलता है कि गांधी तथा उनके उत्तराधिकारी नेहरू के विचारों में लक्ष्यों तथा उनकी पूर्ति के लिए अपनाए जाने वाले साधनों में बहुत समानता थी। नन्दा ने ठीक ही कहा है, "नेहरू से अधिक कोई नहीं जानता था कि वह गांधी के कितने ऋणी हैं। महात्माजी से उन्होंने नैतिकता प्रधान मनोदशा प्राप्त की, नग्न, क्षुधित भारतीयों के प्रति समवेदनशीलता प्राप्त की और पाया शान्ति और धैर्यपूर्वक उपायों के व्यवहार में विश्वास।"[137]

(क) गांधीजी भी नेहरू की भाँति भारत को धर्मनिरपेक्ष राज्य बनाना चाहते थे। गांधीजी अपने धार्मिक विचारों के कारण भारत में धर्मनिरपेक्ष राज्य की स्थापना करना चाहते थे। उन्होंने कहा, "निस्सन्देह राज्य को धर्मनिरपेक्ष होना चाहिए। प्रत्येक व्यक्ति को किंसी भी बाधा के बिना अपने धर्म को मानने का अधिकार होना चाहिए...धर्म-प्रचारकों के प्रयत्नों द्वारा इसमें कोई हस्तक्षेप नहीं होना चाहिए, परन्तु किसी भी धर्म को राज्य का संरक्षण प्राप्त नहीं होगा, जैसा कि विदेशी शासन के समय था।"[138] गांधीजी का राज्य के धर्म में कोई विश्वास नहीं था। नेहरू ने, जो भारतीय संविधान की आत्मा थे, इसी बात को धर्म के अधिकार तथा संस्कृति और शिक्षा-सम्बन्धी अधिकारों वाले अनुच्छेदों द्वारा संविधान में वास्तविक रूप दिया।

(ख) दोनों उदार लोकतन्त्रीय राज्य की स्थापना करना चाहते थे। गांधीजी का अन्तिम लक्ष्य 'अहिंसा पर आधारित एक राज्यविहीन समाज' था। परन्तु व्यावहारिक बुद्धिमत्ता रखने वाले व्यक्ति के रूप में, उनका विश्वास था कि इस प्रकार की स्थापना की बात अभी दूर की कल्पना है परन्तु आन्तरिक समय के लिए वे अहिंसा पर आधारित लोकतन्त्री राज्य को अपनाने के लिए तैयार थे। इस प्रकार का राज्य कम-से-कम शासन करेगा (Such state will govern the least)। इस प्रकार का राज्य दमन के स्थान पर प्रोत्साहन का प्रयोग करके सामाजिक सुधार लागू करेगा तथा सामान्य प्रशासन का संचालन करेगा। दूसरे, इस प्रकार का राज्य विशेष रूप से गाँवों के लिए विकेन्द्रीकरण की नीति का अनुसरण करेगा।

नेहरू का राज्य भी दमन तथा केन्द्रीकरण के सिद्धान्तों के विरुद्ध था। इसकी प्रकृति तो लोकतन्त्रीय तथा संघात्मक होगी। उन्होंने संविधान में देश की अखंडता तथा एकता को कायम रखते हुए, संघ की इकाइयों के लिए अधिक-से-अधिक अधिकारों की व्यवस्था की। दूसरे, ग्राम-पंचायतों को महत्त्व देने की नीति से, नेहरू की देश में विकेन्द्रीकरण लागू करने की इच्छा का पता चलता है। हुसैन् के शब्दो में "अगर मैं इसका तार्किक परिणाम निकाल सकूँ, तो कहा जा सकता है कि राजनीतिक संगठन का उनका विचार जिसके अधीन एक गाँव का एक मत होगा और उसे पूर्ण रूप से स्थानीय स्वायत्तता प्राप्त होगी, पंचायती राज्य एक वास्तविकता बन जाएगा और हम यह कह सकने के योग्य हो जाएँगे कि नेहरू का उदार राज्य गांधीजी का कम-से-कम शासन करने वाला राज्य ही होगा।"[139]

(ग) यद्यपि नेहरू पूर्ण रूप से गांधीजी के प्रिय सिद्धान्त अहिंसावाद के प्रति श्रद्धालु नहीं थे, परन्तु वे इसके नैतिक पहलू को महत्त्व देते थे। उन्होंने कहा, "उसने मुझे अधिक-से-अधिक आकृष्ट किया और मेरा विश्वास बना कि भारत में अपनी पृष्ठभूमि के साथ यह हमारी ठीक नीति है। राजनीति के अध्यात्मीकरण का विचार मुझे सुन्दर दिखाई पड़ता है।"[140] जब गांधीजी ने चोरी-चौरा में हिंसक घटनाओं के कारण सविनय अवज्ञा आन्दोलन को अचानक स्थगित कर दिया, तो नेहरू बहुत बिगड़े और कहा, "हमारे लिए तथा समूचे तौर पर राष्ट्रीय कांग्रेस के लिए अहिंसावाद का सिद्धान्त एक धर्म अथवा अपरिवर्तित धर्म या सिद्धान्त नहीं बन सकता।"[141] परन्तु यह अन्तःकालीन अवस्था थी। दबावों तथा तनावों के बावजूद जो कि कांग्रेस को सहन करने पड़े, नेहरू वाणी, कर्म तथा विचारों से हिंसा से दूर रहे। गांधीजी को यह पूर्ण विश्वास था कि चाहे कुछ भी हो, नेहरू उनकी विचारधारा का अनुसरण करेंगे। अतः उन्होंने कहा, "जवाहरलाल मेरा राजनीतिक उत्तराधिकारी है। चाहे मेरे जीवित रहते उसका मेरे से मतभेद रहेगा, परन्तु मेरे चले जाने के पश्चात्, वह मेरी ही भाषा में बात करेगा।"[142]

इससे इन्कार नहीं किया जा सकता कि राष्ट्रीय मंच से गांधीजी के चले जाने के बाद, नेहरू ने अहिंसावाद के महत्त्व को पूर्ण रूप से महसूस किया और संसार के राष्ट्रों से आग्रह किया कि वे इसका एक नीति के रूप में ही पालन न करें, अपितु एक मान्यता के रूप में इसे अपनाएँ। उन्होंने इसे अपनी राष्ट्रीय तथा विदेश-नीति की आधारशिला बनाया। उन्होंने इसे मानवता को विनाश से बचाने का एकमात्र साधन माना है। संयुक्त राष्ट्रसंघ की महासभा में अपने एक भाषण में उन्होंने गांधीजी के अहिंसावाद के सिद्धान्त में अपने अटल विश्वास की उद्घोषणा की।

इस सम्माननीय संस्था के सामने अपने भाषण में उन्होंने जोर देकर कहा, "हम नहीं समझते कि भारत अथवा विश्व की समस्याएँ, आक्रमण अथवा युद्ध या

हिंसा की भाषा में सोचने से हल हो सकती हैं। हम दुर्बल व्यक्ति हैं और हमेशा उन महापुरुषों की शिक्षाओं पर अमल नहीं कर सकते, जिन्होंने हमारे राष्ट्र को स्वतन्त्र कराया है, परन्तु उनकी शिक्षा हमारे मनों में गहरा घर कर गई है और जब तक हम उसे याद करते रहेंगे, मुझे विश्वास है कि हम सही रास्ते पर होंगे...मैं महासभा को यह राय देने का साहस करता हूँ।'' वास्तव में नेहरू की विदेश-नीति शान्ति तथा अहिंसा की भावना से ओत-प्रोत है और अगर गांधी कुछ वर्षों और जीवित रहते, तो उन्होंने उसका पूर्ण रूप से समर्थन किया होता। यद्यपि भारत की अर्थव्यवस्था छिन्न-भिन्न थी और उसे दूसरे देशों की सहायता पर निर्भर रहना पड़ रहा था, फिर भी नेहरू ने दोनों गुटों में से किसी गुट में शामिल होने की बात नहीं सोची। उन्होंने महसूस किया कि चाहे ऐसी नीति के रास्ते में कठिनाइयाँ थीं, फिर भी इसके परिणाम बहुत लाभकारी थे। तीनों गुटों में से एक गुट के साथ संलग्नता का परिणाम हिंसा, युद्ध तथा मानव जाति का शीघ्र ही विनाश हो सकता था।

भारत में कल्याणकारी राज्य की स्थापना के लिए उन्होंने हिंसा का प्रचार नहीं किया, यद्यपि वे साम्यवादी देशों में हिंसा द्वारा प्राप्त किए गए अच्छे परिणामों से भली-भाँति परिचित थे।

(घ) नेहरू बड़े उद्योगों के समर्थक थे, जब कि गांधीजी बड़े उद्योगों को केवल उसी स्थिति में स्वीकार करने के पक्ष में थे कि वे गाँवों में लगाए जाएँ और राज्य का उन पर नियन्त्रण हो तथा मजदूरों के हितों को सुरक्षित रखने के लिए पर्याप्त व्यवस्था हो। गाँवों के लोगों की आय की कमी को पूरा करने के लिए गांधीजी के कुटीर उद्योगों को प्रोत्साहन देने की नीति को दूसरी पंचवर्षीय योजना में महत्त्वपूर्ण स्थान दिया गया और संविधान में राज्य की नीति के निदेशक सिद्धान्तों में भी उन्हें महत्त्वपूर्ण स्थान दिया गया।

(ङ) गांधीजी ने आत्मनिर्भरता को व्यक्ति के आचरण का एक महत्त्वपूर्ण तत्त्व माना। जवाहरलाल ने आत्मनिर्भरता को धुरी बनाया जिसके चारों ओर सामुदायिक विकास-योजना घूमती है। अगर गांधीजी जीवित होते तो उन्होंने अवश्य ही नेहरू के सामुदायिक विकास-कार्यों की सराहना की होती।

(च) गांधीजी ने विवादों तथा झगड़ों के समाधान के लिए बातचीत का दरवाजा सदा खुला रखने पर बल दिया। वे समझौते के लिए इच्छा बनाए रखने के पक्ष में थे। अपने शत्रुओं के प्रति भी गांधीजी का रवैया मित्रतापूर्ण था। इस प्रकार के मनोवैज्ञानिक दृष्टिकोण के कारण शत्रु में शत्रुता की भावना खत्म हो जाती थी। जवाहरलाल इस लक्षण से बहुत प्रभावित हुए और उन्होंने चीन तथा पाकिस्तान की आक्रामक कार्यवाइयों के बावजूद उनसे मैत्रीपूर्ण सम्बन्ध बनाए रखने का प्रयत्न किया।

(छ) दोनों के राष्ट्रवाद में अन्तर्राष्ट्रवाद का प्रवेश हो चुका था। उनके विचारानुसार, भारतवासी समूचे मानव-परिवार का एक अंग है। गांधीजी भारत को शेष विश्व से पृथक् नहीं रखना चाहते थे। जवाहरलाल ने गुलाम देशों की स्वतन्त्रता पर प्रसन्नता प्रकट की और भारतीय स्वतन्त्रता-संग्राम को तथा दूसरे देशों की स्वतन्त्रता के संघर्ष को एक पूरे संग्राम का ही भाग माना।

(ज) दोनों कठिनाइयों से जूझते, उत्पीड़ित लोगों के पक्षधर थे। दलितों का तपस्वी था, वहाँ दूसरा आभिजात्यवर्गीय था। दोनों साथ रहने वाले लोगों को प्यार करते थे और बदले में उन्हें भी उनका प्यार भरपूर मात्रा में मिला। एक का अधिकार अध्यात्म पर था तो दूसरा सांसारिक विषयों की चर्चा करता था। पर दोनों ही अपने-अपने विषयों की बात लोगों के हृदयों के द्वारा करते थे।[143]

(झ) दोनों मानववादी थे। गुरु गांधी की भाँति नेहरू भी राजनीतिक समयोचित कार्यसाधकों की अपेक्षा मानवीय गुणों को अधिक महत्त्व देते थे। डॉ. केसकर के शब्दों में, "हमें यह नहीं भूलना चाहिए कि उन्होंने राजनीतिक क्षेत्र में मानव मूल्यों की प्रतिष्ठा की। इस दृष्टि से हमारे सार्वजनिक जीवन को उनकी देन उतनी ही महान् है जितनी गांधीजी की। वह महान् राजनीतिक नेता थे, परन्तु मानव रूप में वह इससे कहीं महान् थे।"[144]

गुरु तथा शिष्य के बीच में समानता के अंशों पर विचार करने के पश्चात् हम कह सकते हैं कि "नवीन भारत के ढाँचे की जो कल्पना गांधी तथा नेहरू ने की, आदर्श की दृष्टि से उनमें समानता दिखाई नहीं देती; परन्तु वास्तविक जीवन में जहाँ पर आदर्श को वास्तविकता द्वारा संशोधित किया जाता है, दोनों में काफी समानता है।"[145]

मूल्यांकन

इसके बावजूद कि जवाहरलाल ने लगभग पच्चीस वर्षों तक भारतीय संग्राम में अपने आपको लगा दिया तथा स्वतन्त्रता-प्राप्ति के पश्चात् सत्रह वर्ष तक प्रधानमन्त्री के रूप से पूरी लगन से शिशु लोकतन्त्र के भाग्य का पथ-पदर्शन किया, उन पर आलोचना के बाणों की लगातार बौछार होती रही। उनकी धर्मनिरपेक्षवाद, समाजवाद, लोकतन्त्रीय आयोजना, नियन्त्रित स्वतन्त्रता और राष्ट्रवाद की बलि देकर अन्तर्राष्ट्रीयवाद में विश्वास आदि धारणाएँ आलोचना का मुख्य विषय बनी रहीं। डॉ. लोहिया कहते हैं, "एशिया का यह उदारवादी नेता, भड़कीले शब्दाडम्बर के रूप में जाल फैलाने में प्रवीण है। उसके कथन को हम वास्तविकता पर आधृत नहीं मान सकते। वह भाषण में समाजवादी और क्रिया में अनुदारवादी लगते हैं। एक ओर जहाँ वह दुर्भिक्षों के विरुद्ध आवर्ती युद्ध की घोषणा करते हैं और खाद्यान्न की

प्रचुरता बनाए रखने का वचन देते हैं, वहीं दूसरी ओर वह अपनी असफलताओं का दोष आसमान पर मढ़ते हैं जो वर्षा नहीं भेजता। वह निरन्तर भ्रष्टाचार और पूँजीवाद को समाप्त करने की धमकी देते हैं और साथ ही धार्मिक अनुष्ठान की पावनता के अनुरूप अपने वास्तविक धूर्ततापूर्ण स्वरूप को प्रकट करते हुए, संरक्षण, परमिट तथा ऋण प्रदान करने के द्वारा करते हैं। वह लुभावने मनोहारी शब्दों के सम्मोहन का पुट लिए झूठ और मक्कारी का मूर्त रूप है।'[147] किसी ठोस परिणाम पर पहुँचने से पहले आलोचकों के दृष्टिकोण को देखना भी जरूरी है।

(क) नेहरू का धर्मनिरपेक्षवाद हिन्दू धर्म के विरुद्ध है

आलोचकों की यह आम राय है कि नेहरू ने हिन्दुओं की अवहेलना करके मुसलमानों को खुश करने की नीति का अनुसरण किया। आलोचकों का कहना है कि देश के विभाजन के पश्चात् भारत में रहने वाला वही एक राष्ट्रवादी मुसलमान है। अपने 1958 के चुनाव घोषणा-पत्र में भारतीय जनसंघ ने कहा, "आज धर्मनिरपेक्षवाद और कुछ भी नहीं, केवल मुसलमानों को खुश करने की ही नीति है। यह न तो राष्ट्रवाद है और न ही धर्मनिरपेक्षतावाद; परन्तु साम्प्रदायिकता के साथ एक समझौता है इस देश के प्रति केवल दिखावे की भक्ति कहा जा सकता है और जिसके लिए हमें भारी कीमत चुकानी पड़ेगी।" एक शरणार्थी नेता ए.एन. बाली ने अपनी पुस्तक 'Nehru unlimited' में कहा, "धर्मनिरपेक्षवाद के नाम पर यह पाकिस्तानी साम्प्रदायिकतावाद का पेट भरने वाली बात है...नेहरू कुछ एक मुल्लाओं को प्रसन्न करने तथा मुस्लिम लीगियों को सुदृढ़ बनाने और अपने पाकिस्तानी मित्रों को खुश रखने को अधिक महत्त्व देते हैं और जो लगभग अस्सी लाख बेबस शरणार्थी पश्चिम तथा पूर्वी पाकिस्तान से भारत आए हैं, उन्हें उनकी कोई चिन्ता नहीं।"[147]

परन्तु इस प्रकार की टिप्पणियाँ केवल पक्षपातपूर्ण तथा भावुक रूप से असन्तुलित मन के लोगों के द्वारा की गई हैं। नेहरू न तो हिन्दू-विरोधी थे और न ही मुस्लिम-समर्थक। वे एक भारतीय थे और उनकी भारतीय राष्ट्रवाद में गहरी श्रद्धा थी। अतः उन्होंने धार्मिक भावना वाले समाज को एक आधुनिक धर्मनिरपेक्ष राज्य में बदलने के लिए अटूट परिश्रम किया। चेस्टर बोल्स ने ठीक ही कहा है, "नेहरू की सबसे महत्त्वपूर्ण सफलता यह थी कि उन्होंने ऐसे धर्मनिरपेक्ष राज्य का निर्माण किया जिसमें साढ़े चार करोड़ मुसलमान जिन्होंने पाकिस्तान जाने की इच्छा प्रकट की, भारत में शान्तिपूर्वक रहकर अपनी इच्छा से पूजा कर सकें।"[148] मुख्य रूप में नेहरू एक लोकतन्त्रवादी थे। अतः वे ऐसे राज्य को सहन नहीं कर सकते, जिसमें एक ही धर्म तथा संस्कृति का आधिपत्य हो। भारतीय लोकतन्त्र को धार्मिक मामलों से असंलग्न घोषित करके, नेहरू ने स्थायी धर्मनिरपेक्ष राज्य की नींव रखी और देश

को धार्मिक कट्टरता तथा उत्कट देशभक्ति का शिकार होने से बचा लिया। उनके आलोचकों में से एक कट्टर आलोचक डी.एफ. कराका ने भी कहा है, "उद्देश्य की उस ईमानदारी का आधार, जिसके कारण हम उस कठिन समय में से पार हो सके, नेहरू का अटल धर्मनिरपेक्ष दृष्टिकोण था, जो कि लगभग उसमें एक मूल प्रवृत्ति थी।"[149]

(ख) समाजवाद : एक कपट

दक्षिणपन्थियों तथा वामपन्थियों—दोनों ने नेहरू की समाजवाद की धारणा की आलोचना की। स्वतन्त्र पार्टी के नेता श्री राजगोपालाचार्य ने, जो कि नेहरू के स्वप्नों वाले समाजवादी राज्य की व्यूह-रचना के सम्भावित खतरे से चिन्तित थे, कहा है, "व्यूह-रचना का गला घोटे बिना नेहरू की कल्पना वाले समाजवादी राज्य की प्राप्ति सम्भव नहीं है, क्योंकि यह कमाई किए बिना धन को खर्च करने वाली बात होगी। हम नेहरू की धारणा वाले समाजवादी ढाँचे में से, जो कि राज्य का समाजवाद है, व्यूह-रचना की बुराई को दूर नहीं कर सकते।"[150] उन्होंने भय व्यक्त किया कि नेहरू तथा उसके अनुयायियों द्वारा मानी जाने वाली इस प्रकार की समाजवादी नीतियाँ, भारत में साम्यवाद फैला देंगी। दूसरी ओर, पूँजीवाद को बनाए रखने के कारण, साम्यवादी भी नेहरू से सन्तुष्ट नहीं थे। उन्होंने कहा कि जहाँ पर पूँजीवादी अर्थव्यवस्था तथा स्वतन्त्र उद्योग, दोनों चलते रहेंगे, वहाँ पर धन का समान बँटवारा तथा जनता का कल्याण सम्भव नहीं है। तथाकथित मिश्रित अर्थव्यवस्था द्वारा न तो हमारा देश समाजवादी बन सकता है और न ही इससे हमारी अर्थव्यवस्था सुदृढ़ हो सकती है। साम्यवादी नेता एस.ए. डाँगे ने तो यहाँ तक कह दिया, कि "नेहरू केवल भावनात्मक बनकर ही विरोध करते हैं बर्जुआ झुकावों वाले नेहरू इस बात में विश्वास नहीं रखते कि ऐसा भी कोई समाज हो सकता है जिसमें मनुष्य द्वारा मनुष्य का शोषण न हो और इसकी स्थापना उत्पादन के साधनों, बँटवारे तथा विनिमय के समाजीकरण से हो सकती है।"[151] दूसरी ओर लोहिया नेहरू को आज एक कृत्रिम मूलवादी मानते हैं, ऐसा व्यक्ति जिसने अपने सामने यह मार्क्सवादी लक्ष्य नहीं रखा, "संसार के श्रमिकों—एक हो जाओ", तथा न ही यह गांधीवादी उद्देश्य रखा, "संसार के लोगों—एक हो जाओ।" उनका तो अपना विचित्र अलग उद्देश्य था—"संसार में बुर्जुआ लोगों, अफ़सरशाहों तथा नेता लोगों—एक हो जाओ।"[152]

वास्तव में नेहरू इसी प्रकार के समाजवाद के विरुद्ध थे जो कि साम्यवादी रूस में स्थापित था। क्योंकि इसने व्यक्तिगत नेतृत्व तथा स्वतन्त्र उत्साह को कुचला। उन्होंने राजाओं के आरोपों का खंडन करते हुए कहा है, "राजाजी प्रत्येक ऐसी बात

को साम्यवाद कहते हैं जो कि लोगों को आगे ले जाती है और उनकी शताब्दियों से चली आ रही गरीबी को दूर करती है। भारत तथा कांग्रेस कभी भी कम्युनिस्ट नहीं बनेंगे, क्योंकि साम्यवाद का मुख्य आधार हिंसा है।"[153] नेहरू ने मध्य मार्ग का अनुसरण किया, क्योंकि यह भारतीय परिस्थितियों के अनुकूल था। उनका भारतीय अर्थव्यवस्था के प्रति दृष्टिकोण फलमूलक तथा वास्तविक था। मिश्रित अर्थव्यवस्था ने देश को काफी लाभ पहुँचाया है। सरकारी तथा ग़ैर-सरकारी क्षेत्रों के शान्तिमय तालमेल से जनता को ऊपर उठाने तथा उत्पादन को बढ़ाने में सहायता मिली है। मिश्रित अर्थव्यवस्था व्यूह-रचना तथा शोषण की अवहेलना करके पूँजीवाद तथा साम्यवाद के मिश्रण का रूप धारण करती है। स्मिथ ने नेहरू के समाजवाद की प्रशंसा इन शब्दों में की है, "नेहरू ने एक अल्पविकसित देश में, जिसमें उत्पादन अब भी एक महान् आर्थिक समस्या बना हुआ था, समाजवाद के बुनियादी सिद्धान्तों को लागू करने का प्रयत्न किया। प्रत्येक वस्तु के राष्ट्रीयकरण के ऊँचे नारों से समस्या का समाधान नहीं हो सकता। लोकतन्त्रीय समाजवाद के सिद्धान्त को भारतीय परिस्थितियों के अनुरूप ढालना होगा।"[154] आज जब कि नेहरू का समाजवाद धीरे-धीरे साँझी खेती, बुनियादी उद्योगों के समाजीकरण, बैंकों के राष्ट्रीयकरण, जमींदारी प्रथा के उन्मूलन, भूमि की सीमा तथा शहरी सम्पत्ति की सीमा निर्धारित करने के कारण आगे बढ़ रहा है, नेहरू के समाजवाद को छल या कपट कहना, अत्युक्ति होगी। किन्तु यह कहा जा सकता है कि समाजवाद के लिए अनथक संघर्षरत नेहरू एक सहायक समाजवादी संगठन की स्थापना में असफल रहे।

अतः पी.सी. जोशी की सम्मति है, "यद्यपि नेहरू समाजवाद की दिशा में परिवर्तन के समर्थन में उत्साहपूर्ण प्रतिक्रिया कर पाए पर यह प्रतिक्रिया मात्र अव्यवस्थित, अनियत ही रही। इसका कोई ठोस आकार नहीं बन सका।"[154A]

(ग) लोकतन्त्रीय आयोजन : एक असफलता

आलोचकों का विचार है कि आयोजना केवल सर्वसत्तावादी राज्य में ही सफल हो सकती है। रूस के लोग इसलिए समृद्ध हैं क्योंकि वहाँ पर बड़ी सख्ती से आयोजना को कार्यान्वित किया गया है। भारत में यह असफल हुआ है, क्योंकि जन-साधारण की बुनियादी आवश्यकताएँ अभी तक पूरी नहीं हुईं। गरीबी का अभी भी बोल-बाला है। बेरोज़गारी भी प्रचंड है। अमीर-गरीब के बीच में असमानता स्पष्ट दिखाई देती है। आयोजना को लोगों का आन्दोलन नहीं समझा जाता। यह ऊपर से लादी गई है। इस सारी समस्या का उत्तरदायित्व नेहरू के सिर पर है जो कि एक आदर्श आयोजक तथा काल्पनिक समाजवादी थे।

लक्ष्यों की प्राप्ति की असफलता के कारण नेहरू पर आरोप लगाना उचित

नहीं। भारत में आयोजना की आंशिक असफलता के कई कारण हैं—क्षेत्रीयता तथा स्थानीयता, अनुदारता तथा किसानों का पिछड़ापन, गरीबी तथा अशिक्षा, जनसंख्या में निरन्तर वृद्धि और आयोजना में लोगों के उत्साह की कमी, आदि। यही कारण है जिनके कारण आयोजना को धक्का लगा है। हैरीसन ने ठीक ही कहा है, "भारत में आर्थिक विकास के रास्ते में सामाजिक प्रतिबन्ध इतने गम्भीर हैं कि इनमें लगातार तथा वैज्ञानिक खोज की एक प्रारम्भिक आवश्यकता है...।"[155] परन्तु हम अशोक मेहता से सहमत हैं, "नेहरू का दोष केवल यह है कि उसने संघटनात्मक आधार की ओर, जो कि सफल नियोजन के लिए आवश्यक है, उचित ध्यान नहीं दिया। नहीं तो नेहरू का आयोजना की ओर दृष्टिकोण ग़ैर-सिद्धान्तवादी तथा यथातथ्यवादी था। सरकारी तथा ग़ैर-सरकार क्षेत्रों में शान्तिपूर्ण तालमेल का सिद्धान्त आयोजना के क्षेत्र में नेहरू की एक बहुत महत्त्वपूर्ण देन है। हम टायसन की टिप्पणी से सहमत हैं, "...एक स्वतन्त्र समाज में नेहरू का आयोजना के बारे में बुनियादी सिद्धान्त, यदि उस पर पूर्ण रूप से विचार किया जाए, तो न्यायसंगत सिद्ध होता है और निःसन्देह भारत के लिए नेहरू की यह एक मुख्य सफलता है...।"[156]

इसी तरह लोकतन्त्रीय आयोजना का एक अन्य महत्त्वपूर्ण सामुदायिक विकास कार्यक्रम भी शुरू किया गया जिसके द्वारा ग्रामों की प्रगति का लक्ष्य पूरा किया जाना है, और ग्रामीण जीवन में क्रान्ति लाकर लोकतन्त्रीय आधार को सुदृढ़ बनाना है। एक भारतीय विद्वान् के अनुसार, "निःसन्देह सामुदायिक विकास-योजना के द्वारा भारत के अँधेरे कोनों को रोशन नहीं किया जा सका है, परन्तु नेहरू की महत्त्वपूर्ण देन यह है कि उन्होंने ग्रामीण विकास के बृहत् प्रोग्राम शुरू करके ग्रामीण क्षेत्रों के लोगों के विकास के महत्त्व पर बल दिया...।"[157]

(घ) स्वतन्त्रता—बन्धन में

आलोचक यह आरोप लगाते हैं कि नेहरू यद्यपि एक महान् लोकतन्त्रवादी थे, परन्तु उन्होंने सही अर्थों में भारत के स्वतन्त्र लोगों की नागरिक स्वतन्त्रता की ओर कोई विशेष ध्यान नहीं दिया। स्वतन्त्रता तथा निजी स्वतन्त्रता से सम्बन्धित बुनियादी अधिकारों पर बहुत से प्रतिबन्ध लगाकर उनके महत्त्व को कम किया गया। जब कभी न्यायालय ने इन अधिकारों को सुरक्षित रखने के लिए कोई निर्णय दिया, नेहरू-सरकार ने संसद में अपने दल के बहुमत के आधार पर संविधान में परिवर्तन करके कार्यकारिणी शक्ति को बनाए रखा।

वास्तव में नेहरू ऐसी स्वतन्त्रताओं के पक्ष में थे, जो दूसरी की स्वतन्त्रता को न छीनें। भारत जैसे देश में अनियन्त्रित स्वतन्त्रता से अराजकता के फैलने की सम्भावना हो सकती है, जिससे लोगों के हितों को हानि पहुँचेगी। प्रायः निवारक

निरोध (Preventive Detention) कानून की आलोचना की जाती है। इसमें कोई सन्देह नहीं कि इस कानून के द्वारा प्रमाणित लोकतन्त्रीय कानूनी प्रणाली की अवहेलना होती है। परन्तु नेहरू ने इसका दुरुपयोग नहीं किया। उन्होंने इसका प्रयोग खुले तौर पर और मितव्ययिता से किया। इसके अलावा बन्दियों के आश्रितों को भत्ता दिया गया और बन्दियों के साथ मानवीय व्यवहार किया गया। इसके सम्बन्ध में शेख अब्दुल्ला की मिसाल दी जा सकती है।

आलोचक नेहरू पर समाचार-पत्र तथा विचार व्यक्त करने की स्वतन्त्रता पर बहुत से प्रतिबन्ध लगाने का भी आरोप लगाते हैं। इसमें कोई सन्देह नहीं कि श्री नेहरू चाहते थे कि समाचार-पत्र लोगों में विष न उगलें और साम्प्रदायिकता तथा कट्टरता का प्रचार न करें, बल्कि अखबारों को नेहरू तथा उनकी सरकार के विरुद्ध लिखने की खुली छुट्टी थी। जेम्स मिकानेर के शब्दों से यह बात बिल्कुल स्पष्ट हो जाती है। उन्होंने कहा, ''नेहरू के बारे में जो कुछ अमेरिकी अखबार लिखते हैं, भारत के लोग प्रायः उस पर आपत्ति उठाते हैं; परन्तु भारत से बाहर नेहरू के बारे में जो कुछ कहा जाता है, उसके मुकाबले में डी.एफ. कराका (D.F. Karaka) की पुस्तक 'नेहरू : दी लोटस ईटर फ्राम कश्मीर', जो कि भारत में खुले रूप में बिकती है, उससे कहीं अधिक कटुता से भरी हुई है। पुस्तक का प्रत्येक शब्द नेहरू की आलोचना से भरा हुआ है, परन्तु नेहरू ने इस पुस्तक पर पाबन्दी लगाने की कभी भी नहीं सोची।''[158]

इससे यह परिणाम निकाला जा सकता है कि समाचार-पत्रों की स्वतन्त्रता नेहरू के लिए एक कोरा सिद्धान्त ही नहीं थी। उन्होंने इसे एक लोकतन्त्रीय वास्तविकता बनाया और अपने आलोचकों को अपने तथा अपने दल के विरुद्ध आलोचना करने की पूरी आज्ञा दी। परन्तु समाचार-पत्रों तथा विचारों की स्वतन्त्रता अथवा निजी स्वतन्त्रता की राष्ट्रीय स्वतन्त्रता को खतरे में डालने के लिए प्रयोग में लाने की आज्ञा नहीं दी जा सकती। स्मिथ ने ठीक ही कहा है, ''अतः निजी स्वतन्त्रता का अधिकार तथा समाचार-पत्रों की स्वतन्त्रता को न तो शून्यता में और न ही एक सौ वर्ष पुरानी हजारो मील की दूरी वाले देशों में प्रचलित परिस्थितियों में देखा जा सकता है। उनकी व्याख्या भारत की वर्तमान परिस्थितियों को ध्यान में रखकर ही की जा सकती है।''[159]

(ङ) अन्तर्राष्ट्रवाद द्वारा राष्ट्रवाद का स्थान लेना

कुछ एक कट्टर राष्ट्रवादी इस विचार के हैं कि नेहरू अधिकतर अन्तर्राष्ट्रवादी थे। उनकी विश्व में शान्ति स्थापित करने तथा राष्ट्रों के बीच में मैत्री कायम करने की नीति का अनुसरण करने की लगन ने उन्हें अपने निकट के पड़ोसियों की प्रसन्न

करने की नीति का अनुसरण करने पर बाध्य किया। पंचशील के दूत की पीठ में साम्यवादी चीन ने छुरा घोंपा और राष्ट्रीय सम्मान को उनके हाथों धक्का लगा। नेहरू ने शान्ति का दूत बने रहने की भावना से उस समय कश्मीर का मामला सुरक्षा-परिषद् में रखा, जब कि भारतीय सेनाएँ बड़ी आसानी से पाकिस्तानी आक्रमणकारियों को खदेड़ सकती थीं। अतः इसमें कोई सन्देह नहीं कि नेहरू विश्व-शान्ति तथा मैत्री के समर्थक थे। उनका संयुक्त राष्ट्र-संघ के सिद्धान्तों में पूर्ण विश्वास था। उन्होंने संयुक्त राष्ट्र संघ द्वारा दलित तथा शोषित राष्ट्रों की स्वतन्त्रता के लिए संघर्ष किया। वे चीन के साथ लड़ाई करने के लिए तैयार नहीं थे और उन्होंने पाकिस्तान को भी राजी करने का प्रयत्न किया। परन्तु प्रश्न यह उठता है कि नेहरू ने क्यों शान्तिवाद (pacifism) की नीति को अपनाया? क्यों उन्होंने पड़ोसी राष्ट्रों की मित्रता की इच्छा की? क्यों उन्होंने दोनों गुटों में से एक गुट के साथ अपना सम्बन्ध नहीं जोड़ा? इन प्रश्नों का सावधानी से विश्लेषण करने से पता चलता है कि नेहरू ने भारत जैसे अल्पविकसित देश के बारे में बड़ी गम्भीरता से महसूस किया। वे जानते थे कि अगर काफी पैसा प्रतिरक्षा के लिए रख दिया गया, तो लोगों की आर्थिक प्रगति नहीं हो सकेगी। अतः वे अन्तरात्मा से राष्ट्रवादी थे। परन्तु उनका राष्ट्रवाद न तो संकीर्ण था और न ही आक्रामक वाला (Aggressive) था। वे शान्ति चाहते थे जो चिरकाल से विश्व के राष्ट्रों के हाथों से निकलती जा रही थी। अतः उन्होंने लगभग सभी राष्ट्रों के साथ भारत के अच्छे सम्बन्ध स्थापित करने की कोशिश की और पूरी सच्चाई से आपसी सहयोग के लिए कार्य किया। इस प्रक्रिया में उन्हें एक मित्रदेश (चीन) ने धोखा भी दिया था। इसका मतलब यह नहीं कि उन्होंने अन्तर्राष्ट्रीय शान्ति तथा मैत्री के लिए अपने राष्ट्र की बलि दे दी। बल्कि उन्होंने विश्व-शान्ति तथा एकता को बनाए रखते हुए राष्ट्रवाद और अन्तर्राष्ट्रवाद के बीच में सन्तुलन कायम रखने के लिए भरसक प्रयत्न किया।

अतः यह कहना कि नेहरू की नीतियाँ अस्पष्ट और काल्पनिक थीं, उनका समाजवाद अयथार्थ था, उनकी विदेश-नीति एकदम से अव्यवहार्य (utopian) थी और उनकी धर्मनिरपेक्षता अल्पसंख्यकों को संरक्षण देने के लिए थी, एक ऐसे व्यक्ति के साथ अन्याय करने वाली बात होगी, जिसने संकट के समय हमारे राष्ट्र के जहाज़ को पार लगाया। वे सिद्धान्त तथा व्यवहार में एक लोकतन्त्रवादी थे। उनकी सबसे बड़ी देन यह थी कि उन्होंने भारत जैसे देश में, जो कि पश्चिमी लोकतन्त्रों की अपेक्षा, अविकसित अर्थव्यवस्था, अलोकतन्त्रीय सामाजिक संस्थाएँ तथा विशाल पैमाने पर निरक्षरता आदि लक्षणों के कारण भिन्न है, लोकतन्त्रीय आदर्शों तथा मूल्यों को नई व्याख्या प्रस्तुत करके लागू किया। अपने चिन्तन की गम्भीरता तथा दृष्टिकोण की गुरुता के कारण उन्होंने भारतीय समाज के कट्टर दृष्टिकोण को बदल

डाला और सामाजिक सुधारों के लिए एक नया वातावरण प्रस्तुत किया। उन्होंने सोए हुए हृदयों में प्राण भरे और उन्हें अपने भाग्य को स्वयं बनाने की प्रेरणा दी। अतः इसमें कोई सन्देह नहीं कि उन्होंने अपनी प्रतिज्ञा को पूरा किया—वह प्रतिज्ञा थी, भारतवर्ष तथा उसके लोगों की सेवा तथा सारी मानवता के हित के लिए काम करना। टाइसन के शब्दों में, "अपनी अन्तिम बीमारी तक वे केवल स्फूर्तिशील तथा चौकस ही नहीं थे, अपितु वे अनथक थे और उन्होंने भारत के लिए खुले दिल से अपनी शक्ति लगा दी...।"160 वे निःसन्देह पीढ़ियों के बीच में एक पुल के समान थे—भूतकाल के राष्ट्रवाद तथा युद्ध के पश्चात् एशियाई पुनरुत्थान (Asian resurgence) के बीच में एक कड़ी। उनके ही प्रयत्नों के फलस्वरूप भारत को विश्व-भाईचारे में एक सम्मानपूर्वक स्थान प्राप्त हुआ और इससे भारत में आत्म-सम्मान की भावना का उदय हुआ। उन्होंने संसार को दिखा दिया कि किस प्रकार एक अल्पविकसित तथा पिछड़ा हुआ देश लोकतन्त्र को अपनाकर व्यक्तिगत लोकतन्त्रीय योजना और समाज का समाजवादी ढाँचा रख सकता है।

डी.ई. स्मिथ ने इस एशियाई नेता के महत्त्व को बड़े बढ़िया ढंग से प्रस्तुत करते हुए कहा है, "विश्व ने हजारों वर्षों से केवल निरंकुश तानाशाही को देखा है, शताब्दियों से सवैधानिक शासकों के शासन देखे हैं, डेढ़ शताब्दी से लोकतन्त्रीय राजनीतिज्ञ देखे हैं और एक पीढ़ी बोलशेविकों का शासन की देखी है। आज विश्व एक नए वर्ग से उलझ रहा है। इसका नेतृत्व एक साहसी एशियाई राष्ट्रवादी नेता कर रहा है, जिसने गत तीस वर्ष लगातार संघर्ष करके पश्चिमी उपनिवेशवाद से मुक्ति प्राप्त की है। फिर भी उसका चिन्तन पश्चिमी लोकतन्त्रीय प्रथाओं के अनुकूल ढला हुआ है और वह समाजवाद के आदर्शों के प्रति वचनबद्ध है..."[161]

सन्दर्भ

1. J.L. Nehru : Towards Freedom, p. 323.
2. J.L. Nehru : An Autobiography, p. 8.
3. Ibid., p. 15.
4. Ibid., p. 19.
5. Gopi Ram : Trials of Jawahar Lal Nehru, p. 14.
6. J.L. Nehru : op. cit., p. 34.
7. Ibid., p. 35.
8. Ibid., p. 41.
9. D.E. Smith : I. Nehru & Democracy, p. 15.

10. Ibid., p. 17.
11. J.L. Nehru, op. cit., p. 612.
12. Unpublished Nehru—Mahmud Correspondence, Sept. 12, 1926.
13. Nehru : Towards Freedom, p. 363.
14. J.L. Nehru: Independence and After, p. 3.
15. Nehru's Speeches Vol. IV, p. 254.
16. B.K. Ahluwalia : Jawahar Lal Nehru, India's Men of Destiny, p. 163.
17. Extract from 'The Last Will & Testament', June 21, 1954.
18. B.K. Ahluwalia : op. cit., (1968 ed.), p. 147.
19. J.L. Nehru : An Autobiography.
20. Ibid., p. 166.
21. J.L. Nehru : Discovery of India, p. 637.
22. Secularism by Fakhruddin Ali Ahmad, An article on J.L. Nehru, India's Man of Destiny, (1978 ed.), p. 14.
23. Asoka Mehta : op. cit., p. 452.
24. J.L. Nehru : The Unity of India, p. 180.
25. Chester Bowles : Ambassador's Report, p. 104.
26. J.L. Nehru : Independence and After, p. 36.
27. J.L. Nehru's Press Conference, (1953), p. 87.
28. The Hindu, July 17, 1951.
29. Asoka Mehta,: op. cit., p. 453.
30. J. L. Nehru : Letters to the P.C.C. Presidents, p. 3.
31. D.F. Karaka: "God is absent from Nehru's Five-Years Plans" an article the Current, Vol. VI, No 1, (September 22, 1954), p. 10.
32. Quoted in Chester Bowles : Ambassadors Report, p. 195.
33. Nehru's Speeches, Vol. II, p. 55.
34. Jawahar Lal Nehru : On Cooperation, pp. 40-1.
35. J.L. Nehru : An Autobiography, p. 53.
35A. Donald E. Smith, op. cit., p. 17.
35B. Michael Brecher : Nehru—A Political Biography, p. 109.
36. J.L. Nehru : An Autobiography, p. 161.
37. Ibid., p. 166.
38. J.L. Nehru : Glimpses of World History, p. 905.
39. J.L. Nehru : An Autobiography, p. 591.
40. Asoka Mehta : op. cit., p. 458.

41. A. Appadoroi : Indian Political Thinking, p. 117.
42. Nehru's Speeches :1949-53, pp. 13-18.
43. Ibid., pp. 140-43.
44. Willard Range: J.L. Nehru's World Review, p. 69.
45. Nehru's Speeches, Vol. III, Speeches In Trichur, Dec. 26, 1953. pp. 136-13 7.
46. Donald E. Smith : op. cit., p. 104.
47. B.K. Ahluwalia : op. cit., p. 116.
47A. P.C. Joshi : Nehru and Socialism in India (1919-39) in B. R. Nanda's Socialism in India, p. 13.
48. The Hindu, July 14, 1951, p. 6.
49. Ibid., Dec., 6, 1949, p. II.
50. Nehru's Speeches, 1949-53, p. 532.
51. J.L. Nehru : On Cooperation, p. 22.
51A. Madhu Limaya: Politics after Freedom, p. 330.
52. K.V.R. Reddy's Article-Nehru's Democratic Socialism in B. K. Ahluwalias Jawaharlal Nehru, p. 56.
53. Asoka Mehta, op. cit., p. 457.
54. S. Gopal : Jawaharlal Nehru, p. 207.
54A. Gunner Myrdal : Indian Economic Planning, p. 28.
55. J.L. Nehru : The Discovery of India, p. 533.
56. Nehru's Speeches, Vol. III, p. 70.
57. Nehru's Speeches, Vol. II, p. 94.
58. Nehru's Speeches, Vol. IV, pp. 134-35.
59. Ibid., Vol. II, p. 96.
60. Asoka Mehta: op. cit., p. 460.
61. Ibid., Vol. II, p. 87.
62. Ibid., Vol. III, p. 46.
63. M. Brecher : Nehru: A Political Biography, p. 607.
64. N. Cousins : Talks with Nehru, p. 6.
65. Nehru's Speeches, Vol. II—Speech, New Delhi, Sept 17, 1952, p. 464.
66. N. Cousins : op. cit., pp. 18-19.
67. Indian Bureau of Parliamentary Studies : Future of Asian Democracy. p. 8.
68. B.K. Ahluwalia: op. cit., pp. 18-19.
69. Nehru's Speech, Vol. II. Speech in Parliament, May 18, 1951, p. 499.

70. J.L. Nehru : The Discovery of India, p. 48.
71. R.K. Karanjia : The Mind of Mr. Nehru, p. 48.
72. Nehru's Speeches, Vol. II-Speech in the House of the People, August 2. 1952, p. 589.
73. Nehru : The Discovery of India, p. 560.
74. The Hindu, August 28, 1946, p. 4.
75. Nehru : Glimpse of World History, p. 529.
76. N. Cousins, op. cit., p. 19.
77. Nehru : Visit to America, p. 95.
78. J.L. Nehru : The Discovery of India, p. 3 88-9.
79. Speech at UNESCO Symposium : J.L. Speeches, pp. 386-7.
80. Speech at Madras : The Hindu, Oct., 1953, p. 38.
81. Nehru : Circular to the Pradesh Congress Committee, Aug., 1954.
82. D.E. Smith : op. cit., p. 56.
83. Nehru : Foreword to Mahatma.
84. Nehru : Glimpses of the World History, p. 825.
85. Parliamentary Debates, Vol. XII, Part II: Speech in the House of the People, June. 1, 1951.
86. Nehru : The Discovery of India, p. 254.
87. Jawaharlal Nehru's Speeches 1949-53, p. 469.
88. Building New India, p. 34.
89. Nehru's Circular to the Presidents, of the P.C.C.S. August 25, 1954.
90. Speech at Trivandrum, Dec., 28, 1953, Building New India, p. 41.
91. Donald E. Smith, op. cit., p. 67.
92. Michael Brecher : Nehru, A Political Biography, p. 595.
93. B.K. Ahluwalia: op. cit., p. 101.
94. B.R. Nanda : The Nehrus' Motilal, Jawaharlal, p. 92.
95. Autobiography, p. 16.
96. Ibid., p. 30.
97. Dr. (Miss) Neeraj : Nehru and Democracy in India, p. 6.
98. Ibid., p. 6.
99. J.L. Nehru: 'An Autobiography', p. 161.
100. B.R. Nanda : op. cit., pp. 256-257.
101. J.L. Nehru : India and the World, p. 23.
102. J.L. Nehru : An Autobiography, p. 612.

103. D.G. Tendulkar: Mahatma, Vol. V, pp. 204-05.
104. Ram Gopal : Trials of Jawaharlal Nehru, p. 96.
105. Indian Annual Register, Vol. 1., 1942, pp. 282-83.
106. J.L. Nehru : Independence and After, p. 3.
107. B.K. Ahluwalia, op. cit., p. 195.
108. Tyson Geoffrey : Nehru : The Years of Power, p. 17.
109. B.K. Ahluwalia : op. cit., p. 99.
110. B.R. Nanda : op. cit., pp. 256-57.
111. B.K. Ahluwalia, op. cit., p. 193.
112. Jawaharlal Nehru : Visit to America, pp. 87-88.
113. Ibid., pp. 87-88.
114. Quoted in the Hindustan Times, May 27, 1965.
115. Michael Brecher, op. cit., p. 630.
116. Nehru : Toward Freedom, p. 230.
117. Jawaharlal Nehru: 'Glimpses of World History', p. 815.
118. Jawaharlal Nehru : An Autobiography, p. 361.
119. Ibid., p. 361.
120. Ibid., p. 591
121. Quoted Brecher, op. cit., p. 603.
122. Jawaharlal Nehru : The Unity of India, p. 370.
123. Jawaharlal Nehru : Glimpses of World History, p. 866.
124. Jawaharlal Nehru: Indian Constituent Assembly Debates, 1949, Vol. VIII, p. 7.
125. Jawaharlal Nehru : Independence and After, Speech in New Delhi, March 4, 1949, p. 90.
126. B.N. Mullick : My Years with Nehru, p. 145.
127. 5. Abid Hussain : The Way of Gandhi and Nehru.
128. J.L. Nehru : Glimpses of World History, p. 548.
129. J.L. Nehru : An Autobiography, p. 35.
130. Ibid., p. 41.
131. Paul F. Power: (edited). The Meanings of Gandhi, p. 14.
132. Ibid., p. 27.
133. Nehru : An Autobiography, p. 5.
134. S. Abid Hussain : op. cit., p. 162.
135. Ibid.

136. Ibid.,p. 163.
137. As Quoted in Alexander Horace, op. cit., p. 35.
138. Harijian, August 24, 1947.
139. S. Abid Hussain : op. cit., pp. 166-67.
140. J.L. Nehru : An Autobiography, p. 73.
141. Ibid., p. 84.
142. Gandhiji's address to A.I.C.C., Wardha, 1942.
143. B.K. Ahluwalia, op. cit., p. 162.
144. Ibid., p. 194.
145. S. Abid Hussain, op. cit., p. 163.
146. Rammanoher Lohia: Will to Power, pp. 15-16.
147. A.N. Bali : Nehru : Unlimited, p. ix
148. Chester Bowles : Ambassador's Report, p. 104.
149. D.F. Karaka : Nehru : The Lotus Eater from Kashmir, p. 104.
150. Swarajya, August 19, 1961.
151. R. Zakaria. A Study of Nehru, p. 303.
152. Lohia: India, China and Northern Nations, p. 231.
153. The Times of India, Feb. 11, 1962.
154. D.E. Smith, op. cit., p. 182.
154A. P.C. Joshi : Nehru and Socialism in India (1919-39) in B. R. Nanda (ed.) Socialism in India, p. 131.
155. A. H. Harison : The Crisis of Indian Planning. The Political Quarterly, Vol 34. Oct. Dec. 1963, p. 369.
156. Geoffrey Tyson : Nehru : The Years of Power, p. 12.
157. Dr. Miss Neeraj : op. cit., p. 250.
158. N. Cousins : (ed.) op. cit., p. 21.
159. D.E. Smith : op. cit., p. 182.
160. Geoffrey. Tyson : op. cit., p. 16.
161. D.E. Smith, op. cit., p. 1.

25

आचार्य विनोबा भावे

"मुझे यह जानकर प्रसन्नता होती है कि कोई व्यक्ति मेरे विचारों को समझने के उपरान्त उन पर आचरण नहीं करता, क्योंकि वह उन्हें स्वीकार नहीं करता। किन्तु बिना समझे उन पर किसी को आचरण करते देख मुझे दुख होता है।"

—विनोबा

गांधीजी के विश्वस्त अनुयायी विनोबा भावे का जन्म 11 सितम्बर, 1895 को पश्चिमी भारत के गंगोदा नामक गाँव में उच्च श्रेणी के चितपावन ब्राह्मण परिवार में हुआ। उनका बचपन का नाम विनायक था, परन्तु बाद में गांधीजी ने इसे बदलकर विनोबा रख दिया। बीस वर्ष की आयु में वे अध्ययन के लिए बम्बई भेजे गए, परन्तु बम्बई जाने की अपेक्षा वे बंगाल चले गए और वहाँ के राष्ट्रीय आन्दोलन में सम्मिलित हो गए। उन्होंने वाराणसी में संस्कृत का अध्ययन किया और उनकी रुचि हिन्दू धर्मतत्त्व में बढ़ गई। उन्होंने 1919 में गांधी जी को एक पत्र लिखकर उनसे भेंट करने के लिए आज्ञा माँगी। इससे उनके शर्मीले स्वभाव का पता चलता है। गांधीजी ने उनको साबरमती आश्रम में आकर रहने का निमन्त्रण दिया। विनोबाजी ने अपने माता-पिता को बताए बिना ही गांधीजी के निमन्त्रण को स्वीकार कर लिया। गांधीजी ने स्वयं उनके पिता को लिखा, "आपके विनोबा मेरे पास हैं, उन्होंने और मैंने काफी संघर्ष के पश्चात् आध्यात्मिक प्राप्ति की है।" भावे साबरमती आश्रम में ठीक से बैठ भी न पाए थे कि उन्होंने संस्कृत का और अध्ययन करने के लिए आश्रम का त्याग कर दिया। परन्तु जाने से पहले उन्होंने गांधीजी को बताया कि

अगर उन्हें मन की शान्ति प्राप्त न हुई तो वे एक वर्ष के भीतर लौट आएँगे। विनोबा ने अपने वचन को पूरा किया और ठीक एक वर्ष के पश्चात् रात होने से पहले वे गांधीजी के पास लौट आए। युवावस्था में ही उन्होंने ब्रह्मचर्य जीवन व्यतीत करने की प्रतिज्ञा की और मिठाइयों का त्याग कर दिया और नंगे पाँव रहना शुरू कर दिया। जीवित रहने तक उन्होंने अपने वचन को निभाया है। 25 वर्ष की आयु में गांधीजी ने उन्हें 'आचार्य' की उपाधि प्रदान की।

उन्होंने गांधीजी के नेतृत्व में सविनय अवज्ञा आन्दोलन में 1932 में भाग लिया और उन्हें गिरफ्तार किया गया। उन्होंने कई बार गिरफ्तारी दी और काफी वर्षों तक जेल में रहे। 1940 में गांधीजी ने उन्हें अंग्रेजों के भारत में युद्ध के प्रयत्नों के विरुद्ध सत्याग्रह आन्दोलन चलाने के लिए चुना। अतः आगामी पाँच वर्षों में उन्हें काफी समय तक जेल में रखा गया। इस अवधि के दौरान उन्होंने बहुत-सी भाषाओं तथा कुरान का अध्ययन किया, ताकि वे मुसलमानों को समझा सकें। भारत की स्वतन्त्रता के पश्चात् जब गांधीजी की हत्या की गई तो विनोबा कुछ वर्षों तक गुमनामी में रहे। 1951 में उन्होंने तैलंगाना में प्रसिद्ध भूदान आन्दोलन चलाया और अपने मंच को राष्ट्रीय आन्दोलन के लिए उपयुक्त पाया। समय-समय पर समाचार-पत्रों में उनके लेख प्रकाशित होते रहे।

इन लेखों में उन्होंने प्रायः धन के भाग की निन्दा की। इसके पश्चात् के परम-धाम, पवनार स्थित अपने आश्रम में, जहाँ तक सम्भव हो, पैसे का कम-से-कम प्रयोग के बारे में एक बड़ा तजुर्बा करने में लग गए। उनका विचार है कि विनिमय के एकमात्र माध्यम के रूप में धन ने सराहनीय भूमिका नहीं निभाई हैं। उन्होंने शारीरिक श्रम के महत्त्व की चर्चा की और इसके माध्यम से सारे निर्माण-कार्य के नव-निर्माण पर बल दिया। उन्होंने इस बात पर ज़ोर दिया कि धन-मुद्रा की समाप्ति और शारीरिक श्रम के नए विश्वास, उत्साह तथा पवित्रता से तथा स्पष्ट तथा सादा उपकरणों के प्रयोग से विश्व की स्थिति में अवश्य ही क्रान्ति आएगी। उनके अनुसार इस प्रकार के शारीरिक श्रम का फल अशोषण, विकेन्द्रीकृत समाज, सादगी, जीवन का सौन्दर्य तथा आर्थिक समानता होगा।

विनोबा ने ग्रामीण अर्थव्यवस्था में आमूल परिवर्तन लाकर भारतीय किसान को आर्थिक बन्धनों से मुक्त करने की जिम्मेदारी अपने सिर पर ली। उन्होंने गाँवों को आत्मनिर्भर बनाने का प्रयत्न किया। वे बड़े भूमिपतियों से प्यार से भूमि लेकर भूमिहीनों में बाँटने में विश्वास रखते थे। अक्टूबर 1952 में भूदान-आन्दोलन अपने शिखर पर पहुँच गया था। जब अमीर भूमि-पति सम्पत्तिदान तथा ग्रामदान के लिए राजी हो गए। देश का सबसे अमीर तथा कृष्ण व्यक्ति निजाम हैदराबाद भी विनोबा को भूमि देने के लिए तैयार हो गया। इस महान् साधु का लक्ष्य राम-राज्य अथवा

सर्वोदय था जिसकी प्राप्ति केवल उसी दशा में हो सकती है, जब गाँव वाले अपनी ही शक्ति--जन-शक्ति--में विश्वास रखें जो कि लोगों की इच्छा की अहिंसावादी शक्ति होती है।

गांधीजी के अतिरिक्त विनोबा सन्त ज्ञानेश्वर तथा शंकर से भी बहुत ज्यादा प्रभावित हुए हैं। उनके अपने शब्दों, "शंकर, ज्ञानेश्वर तथा गांधी ने मेरे जीवन पर बहुत गहरा प्रभाव डाला है...मैं भी शंकराचार्य का आभारी हूँ जिन्होंने मुझे बौद्धिक आधार पर वेदान्त की पृष्ठभूमि प्रदान की है। मैं महान् सन्त ज्ञानेश्वर का भी कृतज्ञ हूँ। उन्होंने जो महाकाव्य लिखा, वह बहुत ही उज्ज्वल है। इसी महाकाव्य ने मेरे मन में उत्साह तथा भावनाएँ भरी हैं।"[1] यह महान् सन्त अपने आश्रम में 16 नवम्बर, 1982 को स्वर्ग सिधार गए। अन्तिम श्वास लेने से कई दिन पहले उन्होंने किसी प्रकार का आहार नहीं लिया तथा अपनी नश्वर काया को अलविदा कहने की इच्छा प्रकट की।

नीचे विनोबाजी के कुछ नैतिक, सामाजिक, आर्थिक तथा राजनीतिक विचार प्रस्तुत किए जाते हैं। वास्तव में यह ब्रह्मचारी तपस्वी राष्ट्रीय गतिविधि की प्रत्येक दशा में रुचि रखता है।

नैतिक विचार

(क) विनोबा का भगवान के अस्तित्व में अटूट विश्वास था। वे इन्द्रिय-गम्य पदार्थों के अस्तित्व में अधिक विश्वास रखते थे। उनका विचार है कि इन्द्रियाँ कई बार हमें धोखा दे सकती हैं, जैसे कि भ्रान्ति तथा इन्द्रजाल में होता है, परन्तु ईश्वर की वास्तविकता को प्रस्तुत करने वाला तुच्छ अनुभव कभी भी गलत सिद्ध होता। विनोबा का वेदों तथा उपनिषदों में भी विश्वास था, जिनसे इसका ज्ञान होता है कि, "जो कुछ ब्रह्म है, वह पूर्ण है" (Whatever is—is Brahma, the Absolute) मनुष्य इसे कई गुणों से विभूषित करते हैं और वह भगवान की भाँति दिखाई देता है।

(ख) वे सभी धर्मों की समानता में विश्वास रखते थे, अतः वे सभी धर्मों से प्रेम करते थे। अगर हम संस्थात्मक धर्म की ओर आकर्षित नहीं होते और अपना सम्बन्ध केवल धार्मिक शुद्धता के साथ ही बनाए रखते हैं, तो हम अवश्य ही मानवता तथा धर्मों की बुनियादी एकता के लक्ष्य को प्राप्त कर लेंगे। पंढरपुर के मन्दिर में उन्होंने कहा था, "मेरा मस्जिदों, सिक्ख धर्म-स्थानों तथा ईसाई गिरजाघरों में इन धर्मों के अनुयायियों की ओर से भव्य स्वागत किया गया है। उस व्यक्ति से कौन प्रेम नहीं करता जिसका हृदय प्रेम से भरा हुआ होता है?"[2] उन्होंने धर्म की परिभाषा करते हुए कहा था कि 'धर्म-प्रेम', सेवा तथा करुणा (Compassion) का नाम है। अतः

धर्म के बारे में उनकी धारणा अधिक व्यापक है और वे जाति, रंग तथा धर्म के आधार पर कोई भेदभाव नहीं मानते। इससे विभिन्न धर्मों के लोगों में मैत्री का आधार पर कोई भेदभाव नहीं मानते। इससे विभिन्न धर्मों के लोगों में मैत्री का आधार तैयार होता है और धर्मों के बीच में झगड़ों को खत्म किया जाता है। दूसरी ओर संस्थात्मक धर्म ने विभिन्न धर्मों के बीच में झगड़ों को बढ़ावा दिया है और पृथक्ता तथा सुधार-विरोध को प्रोत्साहन दिया है। विनोबा इस प्रकार के धर्म के कट्टर विरोधी थे और उन्होंने राजनीति के साथ-साथ इस प्रकार के धर्म का भी अन्त करने का सुझाव दिया था, क्योंकि विश्व में यही भावना सभी बुराइयों की जड़ बनी रही है। उनकी धारणा वाले धर्म के द्वारा मनुष्य की आध्यात्मिक इच्छाओं की पूर्ति होती है और उन्हें आत्मानुभूति अथवा ईश्वरानुभूति की ओर मोड़ दिया जाता है। इससे मनुष्य की आत्मा को अन्तिम वास्तविकता–ईश्वर–के साथ जोड़ा जाता है और मनुष्य को स्वतः का ज्ञान प्राप्त करने के योग्य बनाया जाता है, जिसका अर्थ है ईश्वर (Supreme Being) के साथ सम्पूर्ण एकरूपता।

वास्तविक धर्म वर्तमान वैज्ञानिक ज्ञान के असंगत नहीं है। उनके लिए मूर्ति-पूजा मिथ्या धर्म नहीं है। सर्वव्यापक ईश्वर को मूर्तियों में भी पाया जा सकता है। मूर्तिपूजक इस बात को भूल जाता है कि जिस मूर्ति की वह पूजा कर रहा है वह उसका चिह्न है। मूर्तिपूजा ईश्वर-प्राप्ति का ही एक आधार है।

(ग) उन्होंने इस बात पर भी बल दिया कि नैतिक व्यवहार अकेले ही मनुष्य को जीवन के महान् लक्ष्य–आत्मा अथवा ईश्वर-प्राप्ति–की पूर्ति की ओर ले जाता है। उन्होंने इस बात के महत्त्व पर भी बल दिया कि सत्य, प्रेम, अहिंसा तथा आत्म-संयम को नैतिक जीवन का आधार बनाया जाए। एक बार उन्होंने कहा, कि सोने की चोरी, मदिरापान, व्यभिचार तथा हत्या गौण विकार (Blemishes) हैं, जबकि असत्य एक बुनियादी नैतिक दोष है...सत्यता एक बुनियादी नैतिक गुण है–परन्तु आजकल हमने इसे स्कूलों के बच्चों तथा पदाधिकारियों के लिए सुरक्षित कर रखा है...असत्य की केवल राजनीति, व्यापार, अदालतों तथा शादियों में ही निन्दा नहीं की जाती, बल्कि यह तर्क दिया जाता है कि इन अवसरों पर बोले जाने वाले असत्य को इस तरह नहीं देखा जाना चाहिए।[3]

गांधीजी की भाँति उन्होंने भी 'सत्य को ही ब्रह्म' माना है। अतः गांधीजी की तरह विनोबा ने भी अहिंसा अथवा प्रेम को जीवन का केन्द्रीय सिद्धान्त माना है। उनकी कल्पना वाले नए सामाजिक ढाँचे का आधार भी अहिंसा है। लोकतन्त्र के बारे में विनोबा के लेखन तथा भाषणों पर भी भारतीय आध्यात्मिकता की छाप लगी होती है।

(घ) विनोबाजी के चिन्तन में नैतिकता, आध्यात्मिकता तथा ईश्वरीय विश्वास

एक-दूसरे से एक कड़ी की भाँति जुड़े हुए हैं। उनके विचारानुसार मनुष्य के भीतर की नैतिक प्रेरणा की जड़ें उसकी आध्यात्मिक बुनियाद में होती हैं, जबकि उसके भीतर आत्मा उसे दैवी अग्नि को चिनगारी बना देती है। ईश्वर हमारी नैतिकता के लिए स्थिर आधार प्रदान करता है, जिसका निर्माण तर्क अथवा मानवतावाद के आधार पर नहीं किया जा सकता है। मानवतावाद पर निर्मित नैतिकता का ऊपरी ढाँचा (Superstructure) ढहकर ढेर हो जाएगा।

विनोबा की विभिन्न रुचियाँ

अपने गुरु महात्मा गांधी की भाँति विनोबाजी की भी विभिन्न रुचियाँ थीं। वे केवल व्यक्तियों की नैतिक उन्नति तथा आध्यात्मिक पुनरुद्धार (Regeneration) के ही समर्थक नहीं थे, अपितु उन्होंने विभिन्न प्रकार के आन्दोलनों द्वारा भारतीय जनता की सामाजिक, आर्थिक तथा राजनीतिक उन्नति पर भी बल दिया।

सामाजिक विचार

गांधीजी की भाँति विनोबा ने भी उपयुक्त शिक्षा के महत्त्व पर बल दिया है और इसे सामाजिक परिवर्तन लाने के लिए एक प्रभावशाली साधन माना है। उनके शिक्षा के बारे में विचार उनकी सुप्रसिद्ध रचना 'Thoughts on Education' में अंकित है। उन्होंने वर्तमान शिक्षा प्रणाली की इस आधार पर आलोचना की है कि यह किताबी है और इसका जीवन की वास्तविकताओं के साथ कोई सम्बन्ध नहीं है। यह शिक्षा न तो चरित्र-निर्माण में सहायता करती है और न ही इसके द्वारा व्यक्तित्व के विकास में कोई सहायता मिलती है। यह बच्चों के मनो में विभिन्न तत्त्व भर देती है जो शिक्षा-संस्थाओं से बाहर निकलते ही मिट जाते हैं। उन्होंने इसके स्थान पर नई तालीम अथवा बुनियादी शिक्षा का सुझाव दिया और शिक्षा का लक्ष्य 'शिक्षा-पद्धति में सत्य तथा अहिंसा की भावना को भर देना ही रखा।

वे शिक्षा पर सरकारी नियन्त्रण के विरुद्ध थे। उन्होंने शिक्षा के विकेन्द्रीकरण तथा प्रत्येक गाँव में उच्च शिक्षा की व्यवस्था का सुझाव दिया था।

अपने भूदान, सम्पत्तिदान तथा ग्रामदान आन्दोलनों द्वारा वे भारतीय गाँवों में बहुत बड़ी क्रान्ति लाने में सफल हुए।

चम्बल घाटी के खूँखार डकैतों के मन में जो मनोवैज्ञानिक क्रान्ति पैदा की गई है, वह कोई कम प्राप्ति नहीं है। अपने विशुद्ध शान्तिपूर्ण तथा अहिंसावादी तरीकों द्वारा उन्होंने बागी डकैतों को अपने हथियार उनके सामने डाल देने तथा अपने आपको पुलिस के हवाले कर देने पर बाध्य कर दिया। जहाँ पर पुलिस विफल हुई, वहाँ पर यह नंगा फकीर सफल हो गया। अतः हमारे समाज के निन्दित (condemned) वर्ग ने कानून का पालन करने वाले नागरिकों का सा जीवन व्यतीत करने का फैसला किया।

विनोबा के राजनीतिक विचार

विनोबा ने अपने सम्पूर्ण चिन्तन--सामाजिक, आर्थिक तथा राजनीतिक—में गांधीजी से प्रेरणा ली है। उनके विचार भूदान तथा ग्रामदान आन्दोलन के इर्द-गिर्द घूमते हैं, जिसे गांधीजी की सर्वोदय की धारणा की मौलिक देन माना जाता है। उनके राजनीतिक विचार स्वराज्यशास्त्र में अंकित किए गए हैं, जो मौलिक रूप में मराठी भाषा में 1942 में छपी थी जिसका अंग्रेजी अनुवाद डाक्टर कुमारप्पा (Dr. Kumarappa) ने 1945 में मशरुवाला की पुस्तक 'Introduction of Gandhi and Marx' ने किया था। इसके अतिरिक्त कई अवसरों पर दिए गए भाषणों का भी अनुवाद किया गया। उनके राजनीतिक विचारों को निम्नलिखित शीर्षकों में रखा जा सकता है।

आधुनिक लोकतन्त्र की त्रुटियाँ

(क) सबका शासन—एक उपहास

विनोबा के अनुसार लोकतन्त्र 'सभी का शासन' नहीं है, क्योंकि इसमें बहुमत के शासन के सिद्धान्त को माना जाता है। यह बहुमत का भी शासन नहीं होता, क्योंकि—(i) किसी भी लोकतन्त्र में सारे मतदाता भाग नहीं लेते, चाहे वह पाश्चात्य लोकतन्त्र हो, या भारतीय; (ii) बहुत कम हालतों में, जो दल चुनावों में विजयी होता है और जिसकी सरकार बनती है, उसे कुल मतों का स्पष्ट बहुमत प्राप्त हो पाता है; (iii) यह बहुमत भी उस दशा में समाप्त हो जाता है जब सत्तारूढ़ दल में भीतरी फूट को ध्यान में रखा जाए।

दूसरे, प्रधानमन्त्री प्रायः दल के द्वारा सर्वसम्मति से नहीं चुना जाता। उसका चुनाव उसके दल के बहुमत द्वारा होता है। अतः अन्तिम विश्लेषण से यह परिणाम निकलता है कि प्रधानमन्त्री तथा मन्त्रिमंडल में उसके साथी मतदाताओं के केवल एक भाग का ही प्रतिनिधित्व करते हैं। अतः वे लोगों के वास्तविक प्रतिनिधि नहीं होते।

तीसरे, मन्त्रिमंडल में जो निर्णय लिए जाते हैं, वे भी सर्वसम्मति से नहीं लिए जाते। अतः विनोबाजी ने निष्कर्ष निकाला है कि तथाकथित प्रतिनिधित्व लोकतन्त्र एक बहुत बड़ा मजाक है। उनका विचार है कि सबका शासन केवल प्रत्यक्ष लोकतन्त्र में ही, और वह भी छोटे क्षेत्र में, सम्भव हो सकता है।

(ख) लोगों द्वारा शासन—एक पाखंड

लोगों द्वारा शासन 'प्रधानमन्त्री का ही शासन' बनकर रह गया है। अगर प्रधानमन्त्री ईमानदारी और उच्चादर्शों की मूर्ति हैं, तो वह लोगों का कल्याण कर सकता है और स्वच्छ तथा ईमानदार प्रशासन लोगों को दे सकता है। और अगर वह चरित्रहीन हैं और गुटबन्दी, कुनबापरस्ती तथा भ्रष्टाचार फैलाता है, तो लोग उतने ही दुखी होंगे जितने कि भूतकाल में अत्याचारी राजाओं के समय में हुआ करते थे। अतः बहुत कुछ उस नेता पर निर्भर करता है जिसे लोग प्रधानमन्त्री अथवा राष्ट्रपति के रूप में चुनते हैं। साधारण तौर पर तथाकथित 'लोगों द्वारा शासन' तो कहीं भी देखने को नहीं मिलता।

(ग) धन का विषैला प्रभाव

विनोबा का विचार है कि चुनावों में तथा कानून-निर्माण में पैसे का काफी गन्दा प्रभाव रहता है। योग्य व्यक्ति धन के अभाव के कारण चुनावों में सफल नहीं हो पाते। अपनी इच्छा से कानून पार करवाने के लिए भी पैसा खर्च किया जाता है। जातिवाद तथा साम्प्रदायिकता भी चुनावों में महत्त्वपूर्ण दुष्ट भूमिका निभाते हैं।

(घ) चुनावों के लिए अयोग्य उम्मीदवारों को खड़ा करना

उम्मीदवार मतदाताओं की इच्छा से नहीं खड़े किए जाते। इनका चुनाव दल के उन नेताओं द्वारा किया जाता है जो काफी शक्तिशाली होते हैं और निर्वाचित प्रतिनिधियों पर नियन्त्रण रखते हैं। अतः उम्मीदवार अपने निर्वाचकों से अलग किए जा रहे हैं और ये केवल मतदाताओं के लिए एक मध्यस्थ अथवा एजेंट की ही भूमिका निभा रहे हैं। वर्तमान प्रवृत्ति मध्यस्थ को हमारे सभ्य जीवन के आर्थिक तथा राजनीतिक क्षेत्र में से निकालने की है। अतः विनोबाजी ने यह प्रश्न प्रस्तुत किया है कि "हम सरकार में मध्यस्थ को खत्म करके क्यों न छोटे, संक्षिप्त, विकेन्द्रीकृत समुदायों में अपने-आप पर शासन करने की ओर लौटें?"[4] क्यों न हम अपने समाज में से राजनीतिज्ञों को निकाल दें?

(ङ) केन्द्रित प्रशासन

अधिकतम केन्द्रित प्रशासन, जो कि अधिकतम केन्द्रित आर्थिक संगठन का ही फल है, आधुनिक लोकतन्त्र की एक और महान् त्रुटि है। व्यक्ति अपना अस्तित्व खो चुका है। यह केवल मशीन में एक दाँते (cog) की भाँति है। न तो वह स्वावलम्बी है और न ही स्वाधीन। कल्याणकारी राज्य के उदय होने से व्यक्ति की प्रशासन-निर्भरता बढ़ गई है। कल्याणकारी राज्य जन्म से मृत्यु तक व्यक्ति का ध्यान

रखता है। इससे व्यक्ति केवल भेड़ों के रेवड़ बन गए हैं। वे निष्क्रिय तथा आलसी बन गए हैं। भारत में कल्याणकारी राज्य की स्थापना के प्रयत्नों के फलस्वरूप मुट्ठी भर नेताओं ने लोगों के जीवन पर नियन्त्रण कायम कर लिया है। अतः भारत के लोग अपनी स्वतन्त्रता, आत्मनिर्भरता, उत्साह तथा साहस को खो रहे हैं। प्रेम, दया, दूसरों के साथ साधारण वस्तुओं को बाँटना आदि मानवीय गुणों के विकास का क्षेत्र संकीण होता जा रहा है। अतः विनोबा कल्याणकारी राज्य के सिद्धान्त के विरुद्ध हैं, क्योंकि इससे शासन केन्द्रित हुआ है और व्यक्ति का अस्तित्व इसमें घुल-मिल गया है। अपने आदर्श समाज में वे लोगों को ग्राम के स्तर से ऊपर को अपने कल्याण के लिए स्वयं योजना बनाने की शक्ति देने के पक्ष में हैं। राज्य केवल प्रेरणा तथा प्रोत्साहन देने का काम करेगा और लोगों के कल्याण के लिए संरक्षक के रूप में काम नहीं करेगा। लोग अपने कल्याण के लिए स्वयं योजनाएँ बनाएँगे और आप ही उन्हें वास्तविक रूप देंगे। उनके अपने शब्दों में, "...मैं कल्याणकारी राज्य के विचार की निन्दा करता हूँ और उसके स्थान पर ऐसे राज्य का समर्थन करता हूँ जिसमें नागरिक अपने कल्याण के कार्य को स्वयं पूरा करें।"

(च) योजनाओं की त्रुटियाँ

विनोबा ने भारत सरकार द्वारा लागू की गई पंचवर्षीय योजनाओं की भी आलोचना की है। योजना-निर्माताओं ने, विनोबा के विचारानुसार, खाद्य, काम तथा मजदूरी एक निश्चित अवधि के भीतर नागरिकों को देने की समस्या को ध्यान में नहीं रखा है। अगर उन्होंने ऐसा किया होता, तो योजनाओं पर सारा बल मूल रूप में विभिन्न होता। उनका यह भी विचार है कि योजना बनाने वालों को उद्योगीकरण की अपेक्षा कृषि के विकास पर अधिक बल देना चाहिए था, क्योंकि भारत मुख्यतया एक कृषि-प्रधान देश है।

नवीन सामाजिक तथा राजनीतिक व्यवस्था

विनोबा ने नई सामाजिक तथा राजनीतिक व्यवस्था की परिकल्पना की है, जिसमें लोगों का महत्त्वपूर्ण योगदान होगा और गाँव से लेकर ऊपर तक वे अपना प्रशासन स्वयं चलाएँगे और प्रशासकों तथा प्रतिनिधियों का कार्यभाग बहुत कम हो जाएगा।

(क) ग्राम स्वराज्य (गाँवों की स्वायत्तता)

इस प्रकार की व्यवस्था 'ग्राम स्वराज्य' को लाने के लिए होगी। गांधीजी की भाँति विनोबा का उद्देश्य भी गाँवों की स्वायत्तता है। वे चाहते है कि प्रत्येक गाँव स्वावलम्बी तथा आत्मनिर्भर हो तथा अपने मामलों को स्वयं सँभाल सकने की क्षमता

रखता हो। विनोबा द्वारा प्रस्तुत किया गया ग्राम-स्वराज्य का चित्र गांधीजी द्वारा प्रस्तुत किए गए चित्र से कोई विशेष भिन्न नहीं है।

एक आदर्श ग्रामदान गाँव की, जो कि अन्त में ग्राम-स्वराज्य ही बन जाएगा, कुछ विशेषताएँ इस प्रकार हैं—(1) भूमि के मालिक अपनी भूमि समाज को दे देंगे, अतः भूमि की निजी मालिकी समाप्त हो जाएगी। गाँव का समुदाय समूचे तौर पर भूमि का स्वामी बन जाएगा। सारी भूमि गाँव के उन परिवारों में बाँट दी जाएगी जो कि खेतों का धन्धा करते हैं और इस बात को कोई महत्त्व नहीं दिया जाएगा कि पहले उनके पास भूमि थी अथवा नहीं। भूमि के टुकड़े के आकार का निर्णय परिवार की अपेक्षा बड़े प्लाट दिए जाएँगे। प्रत्येक परिवार भूमि को जोतेगा और इस काम में वह दूसरे परिवारों से आवश्यकता पड़ने पर सहायता प्राप्त कर सकेगा। परिवार के प्रत्येक सदस्य को—प्रत्येक व्यक्ति से उसकी क्षमता के मुताबिक और प्रत्येक व्यक्ति को उसकी आवश्यकता के अनुसार के सिद्धान्त के अनुसार काम करना होगा। (2) ग्रामदानी गाँव के निवासी सामुदायिक जीवन व्यतीत करेंगे। वे खुशी तथा गमी में एक-दूसरे का साथ देंगे। प्रत्येक सदस्य अपना-अपना काम करेगा और उसे सालाना फसल का एक भाग दिया जाएगा। (3) उत्पादन का एक भाग बच्चों की शिक्षा तथा जरूरतमन्दों तथा शादियों जैसे सामुदायिक मन्तव्यों के लिए रखा जाएगा। (4) कोई भी व्यक्ति न तो भूमि को बेच सकेगा और न ही उसे गिरवी रख सकेगा। (5) प्रत्येक गाँव में एक दुकान होगी और सारे ग्रामीण सहकारिता से प्रसन्नतापूर्वक जीवन व्यतीत करेंगे। (6) प्रत्येक गाँव में उसके अपने कुटीर-उद्योग होंगे, ताकि गाँव को जहाँ तक सम्भव हो, आत्मनिर्भर बनाया जा सके। (7) गाँव वाले अपने आप खादों तथा उन्नत बीजों का प्रयोग करके, तथा सिंचाई के लिए बाँध बनाकर अथवा कुएँ खोदकर कृषि-उत्पादनों को बढ़ाकर 'ग्राम-निर्माण' के कार्य को हाथ में लेंगे। स्वदेशी के सिद्धान्त को उनके द्वारा प्रोत्साहन मिलेगा। अतः गाँव आत्मनिर्भतरा प्राप्त कर लेंगे और ग्रामीण समृद्ध हो जाएँगे। उनके शब्दों में, "भूदान द्वारा मैं राजनतिक, आर्थिक तथा सामाजिक क्षेत्र में समानता लाना चाहता हूँ। मैं चाहता हूँ कि प्रत्येक गाँव अपने लिए शिक्षा, उद्योगों, कलाओं, भूमि के बँटवारे, प्रतिरक्षा, क्रय-विक्रय का प्रबन्ध करे, तथा प्रत्येक गाँव का एक मंडल हो जो गाँव की वस्तुओं को बाहर बेचने और बाहर से गाँव के लिए वस्तुओं के खरीदने के बारे में फैसला करे।"[5]

(ख) स्वशासन

इस समय गाँवों में स्वशासन नहीं है। वहाँ पर केवल सरकार है। और यह सरकार हिंसा पर आधारित है और स्वशासन का अधार अहिंसा है। सरकार राजनीति

के आधार पर बनती है, परन्तु स्वशासन का आधार 'लोक-शक्ति' है। लोक-शक्ति का विकास पीड़ा, आत्मसंशय तथा अहिंसा द्वारा होता है। विनोबा का यह दृढ़ विश्वास है गांधीजी के अहिंसावादी आन्दोलन से लोक-शक्ति उत्पन्न की गई, जिसने शक्तिशाली ब्रिटिश साम्राज्य की जड़ें हिला दीं। अगर लोग-शक्ति का स्रोत सूख जाए तो लोगों तथा राज्य दोनों को क्षति पहुँचेगी और दोनों का अन्त हो जाएगा। अतः विनोबा ने अपने प्रसिद्ध भूदान तथा ग्रामदान आन्दोलनों द्वारा लोक-शक्ति को जगाने का प्रयास किया। लोक-शक्ति के विकास द्वारा ही लोग गाँव के स्वशासन में ग्राम स्वराज्य से लाभ प्राप्त कर सकते हैं। अतः नई राजनीतिक व्यवस्था में आज की भाँति अधिक केन्द्रीकरण नहीं होगा। प्रशासकों तथा विधायकों की संख्या बहुत कम होगी। लोग ग्राम-पंचायतों द्वारा अपने मामलों का प्रबन्ध करेंगे और ये पंचायतें लोक-शक्ति का प्रतिनिधित्व करेंगी।

उन्होंने कहा, "...राज्य की शक्ति को उसी दशा में प्रभावशाली बनाया जा सकता है, जब यह लोगों के उत्साह अथवा लोक-शक्ति पर आधारित हो।"[6] गाँवों के झगड़े गाँवों में ही निपटाए जाएँगे और शहर की अदालतें उनका फैसला नहीं करेंगी, जिससे कि शहर के लोगों की गाँव वाले लोगों पर मालिकी की भावना प्रतिबिम्बित होती है। उन्होंने उस समय की भी कल्पना की जब गाँव पूर्ण रूप से ऐसे झगड़ों से मुक्त हो जाएँगे। वह 'रामराज्य' का उदय होना होगा—जो कि ग्राम-राज्य की ओर अगला कदम होगा। राम-राज्य एक प्रकार के आत्मनिर्भर तथा स्वशासित गाँवों का समाज होगा।

(ग) आर्थिक विकेन्द्रीकरण

राजनीतिक विकेन्द्रीकरण के बाद आर्थिक विकेन्द्रीकरण होगा। आर्थिक दृष्टि से एक ग्रामदानी गाँव आत्मनिर्भर होगा। नई व्यवसथा में ग्रामीण उद्योगों का विकास सर्वोदय प्रोग्राम का एक अटूट भाग होगा।

(घ) राष्ट्रीय सरकार का निर्माण

आत्मनिर्भर गाँव विनोबाजी की सरकार के संगठन का आधार बनेंगे। उन्हें प्रत्येक प्रकार का अधिकार दिया जाएगा। वे ही इस बात का फैसला करेंगे कि गाँव में किस वस्तु का उत्पादन किया जाए, कौन-सी वस्तु बाहर से मँगवाई जाए और कौन-सी वस्तु गाँव से बाहर निर्यात की जाए। बुद्धिमान तथा योग्य व्यक्तियों को पंचायत में लिया जाएगा। पँचायत में सारे निर्णय सर्वसम्मति से किए जाएँगे। अगर पंचायत सर्वसम्मति से कोई फैसला नहीं कर सकेगी तो उसका विघटन किया जाएगा और नई पंचायत संगठित की जाएगी। पंचायतें प्रान्तीय सरकार के सदस्यों का

चुनाव करेंगी, जो कि स्वायत्त आत्मनिर्भर गाँवों का एक संघ होगा। प्रान्तीय सरकारें केवल परामर्शदाता के रूप में काम करेंगी। प्रान्तीय सरकारें अपने आपको एक नाममात्र की राष्ट्रीय सरकार के रूप में संगठित करेंगी जिनके पास शारीरिक सत्ता की अपेक्षा नैतिक सत्ता अधिक होती। योग्य, अनुभवी तथा सम्मानित व्यक्तियों की एक सलाहकार समिति होगी जो राष्ट्रीय सरकार का मार्गदर्शन करेंगें। लोग अपने लिए स्वयं योजनाएँ बनाएँगे और उन्हें वास्तविक रूप देंगे। राज्य केवल लोगों को प्रोत्साहन देगा और उनका पथ-प्रदर्शन करेगा। उनके शब्दों में, "...मेरी धारणा वाला राज्य, जिसका निर्माण लोग स्वयं करेंगे, यह एक विकेन्द्रित राज्य होगा।"[7] सभी शक्तियों को नीचे के स्तर पर केन्द्रित किया जाएगा, परन्तु शिखर पर पहुँचकर शक्तियों को घटा दिया जाएगा। शिखर मिस्र के पिरामिड के समान होगा जो कि आधार की शक्ति पर खड़े हैं। यहाँ पर आधार गाँव होगा। इसका मतलब राम-राज्य अथवा सर्वोदय के स्वप्न को पूरा करना होगा। राम-राज्य में सरकार की एकमात्र वैध शक्ति जन-शक्ति ही होगी।

(ङ) विश्व सरकार

विनोबा की कल्पना की उड़ान केवल राष्ट्रीय सरकार के निर्माण तक ही सीमित नहीं है। वह राष्ट्रीय सरकार की सीमाओं को भी पार करती है। उनका विचार है कि राष्ट्रीय सरकार अपने आपको एक नाममात्र की राजनीतिक विश्व-सरकार के रूप में संगठित करेंगी। विश्व संस्था को नैतिक शक्ति द्वारा चलाया जाएगा और इसके संसद के सदस्यों का चुनाव मतों के आधार पर नहीं, अपितु उनकी बुद्धिमत्ता तथा क्षमता के आधार पर किया जाएगा।

(च) विश्व-शान्ति

विनोबा अपने भूदान तथा ग्रामदान आन्दोलन को शान्ति का अग्रदूत मानते थे। उन्होंने पुरानी कहावत, "अगर शान्ति चाहते हो, तो युद्ध के लिए तैयार हो जाओ" को चुनौती दी है और इसके परिणामों को विनाशकारी माना है। अस्त्र-शस्त्रों का संग्रहण युद्ध को अवश्यम्भावी बना देता है। भय से ही शस्त्रों की होड़ शुरू होती है और मन में भय के बने रहने से कभी भी शान्ति स्थापित नहीं हो सकती। संयुक्त राष्ट्र युद्ध को स्थगित कर सकता है, परन्तु वह लोगों के मनों में से युद्ध के कारणों को नहीं निकाल सकता। संयुक्त राष्ट्र के सदस्यों का एक-दूसरे पर विश्वास नहीं है। अतः आपसी अविश्वास शान्ति तथा मैत्री को नष्ट कर देता है। शान्तिवादियों द्वारा चलाए गए नैतिक पुनः शस्त्रीकरण तथा शान्तिपूर्ण आन्दोलनों से कोई फल नहीं निकला है, क्योंकि उनके पास कोई रचनात्मक काम का प्रोग्राम नहीं है।

निम्नलिखित कारणों से विनोबाजी द्वारा चलाए गए भूदान तथा ग्रामदान आन्दोलनों के शान्ति स्थापित करने के विषय में सफलता की अधिक सम्भावना है—(क) इसका आधार नैतिकता पर है, क्योंकि यह त्याग तथा आत्मत्याग (Self-abnegation) का प्रचार करता है और आत्म-स्वार्थ विवर्धन (Self-aggrandisement) की ओर ध्यान नहीं देता। यह लोगों को अपने पड़ोसियों से इस प्रकार प्रेम करने की प्रेरणा देता है और सम्पत्तिवालों को सम्पत्तिहीनों की इस प्रकार देखभाल करने को कहता है, जैसे माँ भूखे बच्चे को अपने से पहले खिलाती-पिलाती है। (ख) यह अपनी खातिर ही शान्ति को महत्त्व प्रदान करता है और उसे राष्ट्रीय योजनाओं तथा राष्ट्रीय विकास की सफलता का साधन नहीं मानता। (ग) इससे सर्वोदय समाज का निर्माण होता है, जो कि सरकार को समाप्त करने और सरकार से मुक्त समाज की स्थापना में सहायता करता है। सरकार की समाप्ति का अर्थ युद्ध के एक अत्यन्त महत्त्वपूर्ण कारण को समाप्त करना तथा शान्ति स्थापित करना होगा। (घ) यह केवल पुरुषों तथा स्त्रियों को हिंसा से घृणा करने के लिए प्रोत्साहित ही नहीं करता और उन्हें अपने दैनिक जीवन में सत्य तथा अहिंसा का पालन करने की प्रेरणा ही नहीं देता, अपितु उनकी अर्थ-लालसा (Acquisitiveness) की भावना को भी जड़ से उखाड़ देता है और 'भूमि निजी सम्मति' की धारणा को भी समाप्त कर देता है।

अतः सर्वोदय समाज की स्थापना के लिए यह आन्दोलन उन सभी आन्दोलनों की अपेक्षा श्रेष्ठ है, जो विभिन्न सुधारकों तथा आदर्शवादियों द्वारा चलाए गए हैं। इसका लक्ष्य केवल भूमि का पुनः बँटवारा करना ही नहीं, वरन् एक नया मनुष्य पैदा करना है। केवल भारत में ही नहीं, बल्कि सारे विश्व में ऐसे मनुष्य पैदा किया जाना है, अतः इसका क्षेत्र विश्वव्यापी है। इसके सिद्धान्तों को अन्तर्राष्ट्रीय आधार पर लागू किया जा सकता है। इस आन्दोलन का संचालक साम्यवादी चीन के नग्न आक्रमण का मुकाबला करने के लिए 'शान्ति सेना' संगठित करके इस वास्तविक स्वरूप प्रदान करना चाहता था। भारत सरकार इससे सहमत न हुई। परन्तु यह निर्णय करना कठिन होगा कि हमारी उत्तरी सीमाओं पर चीनी आक्रमण का सामना करने के लिए विनोबा की अहिंसावादी शान्ति सेना किस हद तक सफल हो सकती थी।

(छ) साम्यवाद के बारे में विचार

उनके साम्यवाद के बारे में विचार का मशरूवाला की पुस्तिका 'गांधी तथा मार्क्स' की भूमिका से पता चलता है। वे गांधीवाद तथा मार्क्सवाद के उद्देश्यों की समानता की धारणा को नहीं मानते, परन्तु दोनों के बीच में जो जीवन के दर्शन के बारे में बुनियादी अन्तर है, उसका उन्होंने वर्णन किया है। वे इस सिद्धान्त को कदाचित मानने के लिए तैयार नहीं है कि गांधीवाद साम्यवाद है अगर इसमें से हिंसा

को निकाल दिया जाए; अथवा साम्यवाद गांधीवाद बन जाता है अगर उसमें हिंसा को और जोड़ दिया जाए। (Gandhism is Communism minus violence and Marxism is Gandhism plus violence) दोनों जनता के कल्याण के पक्ष में हैं और शोषण को समाप्त करके वर्गहीन तथा राज्यविहीन समाज की स्थापना के समर्थक हैं। दोनों के बीच का अन्तर बहुत गहरा है। दोनों जीवन के विभिन्न आदर्शों का पालन करते हैं। अगर गांधीजी के लिए मनुष्य आध्यात्मिक व्यक्ति है और आध्यात्मिक ब्रह्मांड में रहते हुए प्रेम, सहयोग तथा बलिदान के कानून का पालन करता है और सत्य, अच्छाई तथा सौन्दर्य की लालसा करता है तो मार्क्स के लिए मनुष्य के जीवन तथा भाग्य को स्वरूप प्रदान करने वाली आर्थिक शक्ति है, न कि नैतिकता।

गांधीजी का उद्देश्य नीचे से व्यक्ति के स्तर से काम करके मनुष्यों के हृदयों में क्रान्ति लाने का है और उन्होंने यह आशा व्यक्त की कि लोगों के मनों में क्रान्ति के आ जाने के फलस्वरूप उचित आर्थिक तथा राजनीतिक संस्थाओं का उदय होगा। मार्क्स ने इस उद्देश्य की पूर्ति के लिए शक्ति को शिखर पर केन्द्रित करके और उसके द्वारा आर्थिक तथा राजनीतिक संस्थाओं को सजाने की आशा प्रकट की। मार्क्स का हिंसा में विश्वास था और उसके साम्यवादी अनुयायी अपने उद्देश्यों की पूर्ति के लिए धोखे, चालबाजी, जालसाजी तथा दूसरे अनैतिक साधनों को प्रयोग करते हैं। वे नैतिकता या सत्य को साध्य रूप में कोई महत्त्व प्रदान नहीं करते। उनके लिए तो साध्य ही साधन को न्यायसंगत बना देता है। दूसरी ओर गांधीजी साधनों को भी साध्य के समान महत्त्वपूर्ण मानते हैं। अतः अच्छे लक्ष्यों की पूर्ति के लिए उन्होंने साधनों की पवित्रता पर बल दिया।

गांधीजी का अनुसरण करते हुए विनोबा ने मार्क्स की भर्त्सना की। वसन्त नार्गाल्कर के अनुसार, "विनोबा ने मार्क्स, ऐंजेल्स तथा लेनिन द्वारा प्रतिपादित ऐतिहासिक भौतिकवाद और सामाजिक क्रान्ति की अवश्यम्भाविता के सिद्धान्त पर अत्यल्प ध्यान देते हुए इसकी अवहेलना ही की है। अतः वह कठोर श्रेणीबद्ध वैचारिक बद्धता चाहे वह तरुण वर्ग की हो अथवा प्रौढ़ वर्ग की, के विरोधी थे।"

गांधीजी के शिष्य होने के नाते विनोबा ने कहा है कि अगर नए समाज को हिंसक क्रान्ति द्वारा जन्म दिया जाता है, तो "वह एक मृतजात (Still born) बच्चा होगा।" विनोबा ने तैलंगाना में भूमिहीनों के लिए प्रेम के साधन का प्रयोग करके भूमि प्राप्त करने में सफलता प्राप्त की, जब कि उसी क्षेत्र में साम्यवादी हिंसक ढंगों द्वारा वहाँ पर साम्यवादी समाज स्थापित करना चाहते थे। उनका विचार है कि अगर भारत सत्य और अहिंसा के आधार पर सामाजिक तथा आर्थिक व्यवस्था करने में सफल हो जाता है, तो विश्व के दूसरे राष्ट्र उसका अनुसरण करेंगे और नैतिक तथा

आध्यात्मिक विचारों के महत्त्व को समझेंगे। वे पुलिस के स्थान पर शान्ति सेना के समर्थक हैं। चम्बल क्षेत्र के डकैतों से हथियार डलवा लेने के उनके जादू से एक बात स्पष्ट होती है कि बुरे लोगों के मनों में परिवर्तन लाने में उनका अहिंसावादी तरीका बहुत सफल सिद्ध हुआ है।

उनके विचारानुसार, साम्यवादियों की यह धारणा कि अन्त में राज्य समाप्त हो जाएगा, केवल एक धोखा है। उन्होंने 'मजदूर का राज्य' परन्तु जब उनके पैर दृढ़ता से जम गए, उन्होंने इसे 'मजदूरों के लिए राज्य' के रूप में बदल दिया। उसके अतिरिक्त साम्यवादी जहाँ भविष्य के लिए मुक्त समाज में विश्वास करते हैं, वहाँ सर्वोदयवादी आज, वर्तमान के ही राज्यमुक्त समाज में विश्वास करते हैं, का नारा लगाकर क्रान्ति को शुरू किया, परन्तु क्रान्ति को पूरा कर चुकने के पश्चात् उन्होंने इसे बदल दिया, 'मजदूरों पर राज्य'। इसके अलावा, सर्वोदयवादी भविष्य में सत्ययुगवादी बनने में विश्वास करते हैं, अतः विनोबा ने अपने अनुयायियों से यही अनुरोध किया है कि राज्य की समाप्ति के अन्तिम लक्ष्य की प्राप्ति के लिए अभी से काम शुरू कर दें। साम्यवाद की दुर्बलताओं का उल्लेख करते हुए, वह कहते हैं, बीस वर्ष की अल्पावधि में ही रूसी क्रान्ति इतनी निष्प्रभ हो गई है कि इसने अपना आरम्भिक आकर्षण खो दिया है। इसका कारण यह है कि पूँजीवाद के चार पक्ष, उदाहरणार्थ, केन्द्रीकरण, विशालकाय मशीनों की पूजा तथा हिंसा में विश्वास और शोषण, वैज्ञानिक समाजवाद प्रथम तीन को ज्यों का त्यों रखता है और अन्तिम को दूर करना चाहता है। वह यह भूल जाते हैं कि यह असम्भव है। यह एक वंचनात्मक भूलभुलैया है। शक्ति से दूर रहने के सभी प्रयत्न विफल होंगे, क्योंकि पहले तीन के साथ अपरिहार्य सम्बन्ध हैं।

(ज) राज्य के बारे में उनके विचार

राज्य के बारे में बाद में उनके जो विचार सामने आए हैं, उनसे उनके चिन्तन में अराजकता की झलक दिखाई देती है। परन्तु शुरू में, उनका राज्य के प्रति दृष्टिकोण विपरीत नहीं था। यह उनके द्वारा समाज पर लागू करने के लिए राज्य की निर्भरता से स्पष्ट होता है। "यह परिवार की आर्थिकता का सिद्धान्त है अथवा लंगड़े तथा अन्धे के दृष्टान्त के समान हैं।" (The principle of the economics of the family or the parable of the lame and the blind.)[8]

समय के व्यतीत होने के साथ-साथ विनोबा ने निम्नलिखित आधारों पर राज्य का विरोध करना शुरू कर दिया। पहले, उन्होंने राज्य को एक काल्पनिक संस्था मानना शुरू किया। बच्चा पैदा होते ही अपना सम्बन्ध तीन चीजों से स्थापित कर लेता है; सबसे पहली चीज उसका शरीर है, जिसमें बुद्धि, इन्द्रियाँ तथा लालसाएँ

शामिल हैं; दूसरा समाज है जो व्यक्ति के माता-पिता, मित्रों तथा अन्य लोगों के साथ सम्बन्धों को बनाए रखने का काम करता है; तीसरा सरकार अथवा राज्य है। सरकार उस प्रकार प्राकृतिक नहीं है जिस प्रकार हम शरीर, हृदय तथा समाज को मानते हैं। अतः राज्य अथवा इसका एजेंट सरकार एक बनावटी वस्तु है जिसे समाज के ऊपर ठूँसा गया है।

दूसरे, राज्य बनावटी चीज़ होने के कारण बहुत-सी बुराइयों से भरा हुआ है। ये बौद्धिक स्वतन्त्रता को कुचलता है। भूतकाल में लोगों को विशेष प्रकार की पुस्तकों को पढ़ने के लिए बाध्य नहीं किया जाता था। आजकल राज्य का शिक्षा-विभाग पाठ्यक्रम के लिए पुस्तकें निश्चित और निर्धारित करता है जिन्हें हम पढ़ते हैं। अतः नवयुवक उपदेश लेने वाले बने रहते हैं। वे स्वतन्त्रता तथा पक्षपात से मुक्त होकर नहीं सोच सकते। अतः शिक्षा अब स्वतन्त्र पसन्द की बात नहीं रही। इसके स्थान पर यह सरकार की पसन्द की बन गई है।

तीसरे, राज्य समादेशन (Commanding) एजेंसी बन गया है। यह अनुशासन के नाम पर आज्ञा-पालन करवाता है। उनके शब्दों में, "अनुशासन के झंडे के अधीन बहुत से लोगों को एक व्यक्ति के आदेश का पालन करना होता है...हमने अपने ऋषियों तथा सन्तों के उपदेश को भुला दिया है, जिन्होंने हमें भगवान की आज्ञा के पालन नहीं शिक्षा दी है। इसके स्थान पर हमने सरकार में भगवान को देखना शुरू कर दिया है।"[9]

चौथे, यह उनको भ्रष्ट बनाता है जिनके पास शक्ति होती है। शक्ति की कुर्सी में नशा होता है। जो कोई भी इस कुर्सी पर बैठता हे, वही इस नशे का शिकार हो जाता है। उन्होंने कहा, "...शक्ति की कुर्सी ऐसी है कि जो कोई भी इस पर बैठता है, उसका दृष्टिकोण संकीर्ण हो जाता है, उसके मन में भय पैदा हो जाता है और वह बहुत बड़ी सेना रखकर अपने आपको सुरक्षित रखने की इच्छा करता है।"[10]

पाँचवें, राज्य मुट्ठी भर लोगों को ही सभी लोगों के भाग्यों का फैसला करने के लिए नियुक्त कर देता है। प्रधानमन्त्री, मन्त्रिमंडल के सदस्य, मुख्यमन्त्री अथवा राज्यों के मन्त्री न कि जनता राज्य की नीति का पथ-प्रदर्शन करते हैं। अतः लोकराज की अवहेलना की जाती है। यही हालत सम्राटों के समय थी जो कि लोगों पर विशेष नीति थोप देते थे।

छठे, आधुनिक लोकतन्त्रीय राज्य सभी के कल्याण में विश्वास नहीं रखता, क्योंकि वह बहुमत के सिद्धान्त में विश्वास रखता है। बहुमत अविवेकी तथा चरित्रहीन लोगों का भी हो सकता है। आधुनिक बहुमत का शासन बहुमत द्वारा अल्पमत पर अत्याचार बन सकता है।

सातवें, राज्य विश्व-शान्ति की ओर लोगों के प्रयत्नों में बाधा उपस्थित करता

है। यह उन्होंने एक अमेरिकी दम्पति, श्री/श्रीमती हालिस को बताया जो विशेष रूप से युद्ध तथा शान्ति के बारे में उनके विचारों को जानने के लिए न्यूयार्क से भारत आए थे। उन्होंने कहा कि लोग तो शान्ति चाहते हैं, परन्तु युद्ध की भावना वाली सरकारें उनकी इस इच्छा को पूरा नहीं होने देतीं।[11]

अन्त में, राज्य इसलिए भी बुरा है, क्योंकि यह एक गलती को बार-बार दुहराने में विश्वास रखता है। अगर एक सरकार कोई गलती करती है, तो उसकी उत्तराधिकारी सरकार को भी उसे चलाना पड़ता है। वह अपनी पूर्ववर्ती सरकार के निर्णयों में बाध्य होती है।

(झ) दलीय प्रणाली के बारे में विचार

विनोबा दलों पर पाबन्दी लगाने के पक्ष में हैं। दल लोगों को कई छोटे-छोटे गुटों में बाँट देते हैं। वे लोगों को आत्म-त्याग की सेवा-भावना से हटाते हैं। वे सदस्य को संकीर्ण गुट-भक्ति से ऊपर नहीं उठने देते। वे हर सम्भव तरीके से शक्ति को हथियाने का प्रयत्न करते हैं। वे अपनी झूठी स्तुति में लगे रहते हैं। वे विरोध का गला दबाते हैं। उनके विचार केवल राजनीतिक शक्ति ग्रहण करने के व्यापक चिह्न होते हैं। उनकी विचारधाराएँ अस्थायी होती हैं। वे केवल संगठन, अनुशासन तथा प्रोपेगेंडा पर ही बल देते हैं। अतः वे कहते हैं, "मैं बिल्कुल दलों को मान्यता नहीं देता...दल न केवल हमारे देश में केवल कुछ कर नहीं सकते, अपितु अन्त में वे सर्वनाशी भी सिद्ध हो सकते हैं।"[12]

(ण) चुनावों के बारे में विचार

दल की भाँति चुनाव भी मलिन भूमिका निभाते हैं। इसे तनाव तथा बँटवारे का कारण बनते हैं और समाज-सेवकों को किसी अच्छे उद्देश्य के लिए इकट्ठे होने से रोकते हैं। उन्होंने चुनाव का उस दौड़ के साथ मुकाबला किया है, जिसमें प्रत्येक दल दूसरे से आगे निकल जाने की अपेक्षा उसकी टाँग खींचता है। अगर एक दल कुछ समाज-सेवा करता है, तो दूसरे उससे ईर्ष्या करता है और उसमें अड़चन डालने की कोशिश करता है, ताकि चुनाव में सफलता की आशा मन्द पड़ जाए। इसके अतिरिक्त चुनावों में समय तथा धन का नाश होता है। दल राष्ट्र का ध्यान निर्माण-कार्यों की ओर से हटाते हैं। वे लोगों को झूठे सब्ज-बाग दिखाते हैं और उनमें यह विश्वास भरने की कोशिश करते हें कि वे स्वयं अपने पर शासन करते हैं, चाहे उनकी दशा भेड़ों की अपेक्षा विशेष अच्छी नहीं होती। विनोबाजी के अनुसार, "लोगों का मतदान का अधिकार भेड़ों को गड़रिये चुनने का अधिकार देने की भाँति है। इससे भेड़ों की दशा में कोई विशेष परिवर्तन नहीं होता। अन्त में चुनाव अमीरों को

नाजायज लाभ पहुँचाते हैं। जिनके बिना और कोई व्यक्ति चुनाव लड़ ही नहीं सकता। अतः विनोबा केवल दलीय प्रणाली को ही समाप्त करने के पक्ष में नहीं है वरन् उन्होंने चुनाव लड़ने की लालसा पर भी असन्तोष प्रकट किया है। 'विनोबा एंड हिज़ मिशन' में दलीय प्रणाली तथा चुनाव प्रणाली की त्रुटियों को अच्छी तरह स्पष्ट किया गया है। उनके शब्दों में, सारी प्रगति तथा नियोजन ठप्प हो जाएगा और डकैती, बन्द, वेश्यावृत्ति, धूम्रपान, मदिरापान आदि बुराइयों का बोलबाला हो जाएगा। यह हमारे गाँवों को फाड़कर टुकड़े-टुकड़े कर देगा; सामाजिक तथा आर्थिक स्वतन्त्रता सपना बनकर रह जाएगी। और तो और, हमारी राजनीतिक स्वतन्त्रता भी एक कल्पना (Myth) बनकर रह जाएगी।''

(ट) गांधीवाद पर उनके विचार

जैसा कहा जा चुका है, गांधीजी के पक्के शिष्य होने के नाते, विनोबा गांधीवाद को सभी भारतीय रोगों के लिए रामबाण मानते हैं। उनकी विचारधारा गांधीवाद के सान्निध्य में ही आगे चलती है। उन्होंने मानव समानता, विश्व भ्रातृत्व, श्रम का सम्मान, अध्यात्म शक्ति की महत्ता और शारीरिक बल पर उसके वर्चस्व का पाठ गांधी से ही पढ़ा था। विकेन्द्रीकरण और ग्रामीण स्वायत्तता का पाठ भी उन्होंने अपने गुरु के चरणों में बैठकर सीखा था। उनकी वैचारिकता पर गांधीवाद का जादू इस सीमा तक चढ़ा हुआ था कि अपने शिष्य की वाणी और आचरण में उनकी विचारधारा मुखर हो उठी थी उसे ही स्वतन्त्रता आन्दोलन में चलाए गए असहयोग आन्दोलन का प्रथम सत्याग्रही मनोनीत किया।

गांधीजी द्वारा प्रयुक्त, विरोध प्रकट करने की सत्याग्रह की तकनीक के वह उत्कट प्रशंसक थे। किन्तु वह स्वातन्त्र्योत्तर काल में इसके प्रयोग के पक्ष में नहीं थे। स्वतन्त्रता पूर्व के युग में इसकी उपयोगिता तथा इसके बाद के युग में इसे निरुपयोगी बताते हुए वह कहते हैं, "तत्कालीन परिस्थितियों में कार्य का स्वरूप नकारात्मक था, तथापि गांधीजी ने इसमें अनेक सकारात्मक बातें जोड़ दीं, जैसे रचनात्मक कार्यक्रम आदि। आज यदि हम यह अनुभव करते हैं कि सत्याग्रह हमारा मौलिक अधिकार है, भले ही लोकप्रिय शासन स्थापित हो गया है, तथापि हमें यह भी समझना चाहिए कि आज कार्य का स्वरूप बदल गया है। प्रजातन्त्र के युग में केवल निश्चयात्मक और रचनात्मक सत्याग्रह ही अधिक प्रभावी हो सकता है। भूदान आन्दोलन को हमें इसी दृष्टि से देखना चाहिए। वह तो यहाँ तक कहते हैं कि गांधीजी ने जिस सत्याग्रह की कल्पना की थी वह आज की अन्तर्राष्ट्रीय परिस्थितियों में प्रभावी नहीं हो सकता। आज की परिस्थिति से इसके लाभप्रद अनुकूलन के लिए यह आवश्यक है कि इसके स्वरूप में परिवर्तन किया जाए। अन्तर्राष्ट्रीय मामलों में

सत्याग्रह का क्या उपयोग हो सकता है, जब कि सत्याग्रह एक आध्यात्मिक शक्ति का प्रतिनिधित्व करता है। यह न तो शारीरिक है और न ही मानसिक। सत्याग्रह की इस शक्ति को समझने के लिए हमें उच्च मानसिक स्तर तक पहुँचना होगा। यदि जनमत तथा शासकीय अभिकरणों के स्थान पर हम अन्तर्राष्ट्रीय समस्याओं का समाधान सत्याग्रह द्वारा चाहते हैं तो हमें अलौकिक स्तर तक पहुँचना पड़ेगा। किन्तु हिंसा भूदान से अधिक प्रभावी सत्याग्रह के किसी अन्य उपाय को प्रस्तुत करने में असफल रही है। वसन्त नार्गोलकर इस तथ्य को इन शब्दों में प्रस्तुत करते हैं, "यद्यपि लगता था कि विनोबाजी बड़ा सोच-विचार कर रहे हैं, तथापि वह भूदान में अधिक प्रभावहीन सत्याग्रह का कोई अन्य उपाय विकसित नहीं कर पाए।"

(ठ) उनकी कल्पना वाला अराजकतावादी समाज

विनोबा को ठीक ही अराजकतावादी दार्शनिक कहा गया है। उनके द्वारा राज्य सरकार तथा सम्पत्ति का विरोध तथा उनके वर्गहीन, दलहीन और राज्यविहीन समाज की स्थापना के लक्ष्य से उनके अराजकतावादी विचारों का पता चलता है। Adi.H. Doctor के कथनानुसार, "...विनोबा की अराजकतावादी फिलासफ़ी का बुनियादी आधार यह है कि सारी सरकार व्यर्थ और बेकार होती है और सरकार की आवश्यकता की कल्पना भी बुरी है।"[13] विनोबा ने स्वयं कहा, "मैं इस बात को तो समझ सकता हूँ कि कोई यह कहे कि खेती-बाड़ी के बिना, उद्योग के बिना, कला, प्यार तथा धर्म के बिना उसका गुजारा नहीं होता। मैं यह भी समझ सकता हूँ कि अगर लोग यह कहें कि शादी के बिना उनका गुजारा नहीं चल सकता। परन्तु मैं यह नहीं देख सकता कि इन वस्तुओं में सरकार को कैसे गिना जाता है कि लोगों कहें कि सरकार के बिना उनका गुजारा नहीं चलता।"[14] उन्होंने राय दी है कि शासकों को दो साल की छुट्टी दी जाए, ताकि यह देखा जा सके कि उनकी अनुपस्थिति में क्या होता है। ऐसी स्थिति में उनके विचारानुसार कोई महान् परिवर्तन नहीं आ सकता।

राज्य के बिना समाज में अव्यवस्था नहीं फैलेगी, क्योंकि लोग स्वभाव से ही शान्तिप्रिय, सभ्य तथा प्रेम तथा दयालुता के पुतले होते हैं। अतः सरकार की अनुपस्थिति में आपसी झगड़ों के कारण अलग-अलग नहीं होंगे। उनका विचार है कि इस प्रकार के झगड़े पशु-जगत् में होते हैं, मानवीय समाज में नहीं होते। अगर कोई व्यक्ति दूसरे को लूटता है, तो यह आपसी झगड़े का फल नहीं कहा जा सकता, वरन् यह तो केवल अज्ञानता का ही फल होता है। अतः जब लोगों को ज्ञान होता है कि समाज तो परिवार का ही विकसित रूप है, तो इस प्रकार के झगड़े समाप्त हो जाएँगे। वास्तव में मनुष्य प्रेम के ही अधीन रहता है। उसका जन्म प्रेम से ही होता है। वह प्रेम द्वारा बढ़ता है, वह प्रेम से विकास करता है। उसे उसकी अन्तिम

घड़ी में प्रेम की प्यास लगती है और जब वह प्रेम के अनुसार कार्य करता है, तो उसके मन को पूर्ण शान्ति मिलती है।[15] विनोबा दयालुता के साम्राज्य की स्थापना के लिए आशावादी है, जिसमें बहुत जल्दी कोई भी व्यक्ति दूसरे पर अविश्वास नहीं करेगा।

उन्होंने अपने राज्य-विहीन तथा वर्गहीन समाज की स्थापना के लिए तीन स्वतन्त्र चरणों की कल्पना की है–(1) एक स्वतन्त्र केन्द्रीय स्वराज्य, (2) विभाजित स्वराज्य; (3) राज्य मुक्ति-स्वराज्य। राज्य-मुक्ति स्वराज्य दलीय प्रथा से मुक्त होगा। राजनीतिक दलों की कोई आवश्यकता नहीं होगी, जब गाँव बुनियादी इकाई होगा और गाँव के सब व्यक्ति एक-दूसरे को भली-भाँति जानते होंगे। अतः लोगों को कांग्रेसी, प्रजा-समाजवादी अथवा साम्यवादी कहने की जरूरत नहीं होगी।[16] जैसा कि पहले कहा जा चुका है, दलीय प्रणाली की समाप्ति के पश्चात् और चुनावों को खत्म करने के बाद भारत में गाँव अपने निवासियों में से सर्वसम्मति से उनको मनोनीत करेंगे, जिनको कि वे अपने बढ़िया सेवक समझेंगे। बहुमतवाद के सिद्धान्त के स्थान पर सर्वसम्मति के सिद्धान्त को अपनाकर महत्त्वपूर्ण मामलों पर फैसले किए जाएँगे। 'पंच बोले परमेश्वर' के सिद्धान्त को कठोरता से लागू किया जाएगा। अगर सर्वसम्मति के सिद्धान्त का अनुसरण नहीं किया जाता, तो विनोबा ने उसके लिए जो विकल्प प्रस्तुत किए हैं वे ये हैं–निर्णय को स्थगित करना, पंचायत का विघटन करना तथा उसके स्थान पर नई पंचायत का गठन करना। विनोबा द्वारा ये तीन विकल्प पेश किए गए हैं।[17]

चाहे गाँव प्रभुसत्ताधारी होंगे फिर भी उन समस्याओं के समाधान हेतु जिनका सम्बन्ध एक से अधिक गाँव के साथ है एक थाना या तालुका पंचायत को सर्वसम्मति से नियुक्त किया जाएगा और यह थाना या तालुका पंचायत भी निर्णय करते समय सर्वसम्मति के नियम का पालन करेगी। थाना तथा तालुका-पंचायत तथा जिला-पंचायत की समस्याओं से सम्बन्धित समस्याओं के समाधान के लिए जिला पंचायतों का गठन किया जाएगा। इसके बाद प्रान्तीय पंचायतें आएँगी और अन्त में केन्द्रीय पंचायत आएगी। इन सभी पंचायतों के सदस्यों की नियुक्ति नीचे वाली पंचायतों द्वारा सर्वसम्मति से की जाएगी। अतः विनोबा ने स्वयं ये अनुमान लगाकर तीन श्रेणियों वाली पंचायत-प्रणाली की परिकल्पना की है, कि ज़िन मामलों का फैसला उपर्युक्त पंचायत करेगी, उनका सम्बन्ध गाँव के दैनिक जीवन के साथ होगा और इस प्रकार का ढाँचा व्यक्तिगत स्वतन्त्रता में बाधक नहीं बनेगा। उन्होंने इस तीन श्रेणियों वाली प्रणाली का मुकाबला उस धागे से किया है जो माला के फूलों को आपस में मिलाता है। बढ़िया माला वही होती है, जिसमें केवल फूल-ही-फूल नजर आएँ, धागा दिखाई न दे। इसी तरह एक आदर्श समाज में प्रशासन अदृश्य

होगा।[18] वे महत्त्वहीन मामलों में ऊपर के स्तर पर सर्वसम्मति से तनिक हट जाने को स्वीकार करते है, परन्तु महत्त्वपूर्ण मामलों में वे सर्वसम्मति के पक्ष में है।

क्या उनकी कल्पना वाले अहिंसावादी समाज की समस्याएँ केन्द्रीय पंचायत की रचना से अन्तर-प्रान्तीय समस्याओं से टकराएँगी नहीं? विनोबा को इस प्रकार का कोई भय नहीं, क्योंकि उनके विचारानुसार केन्द्र, "कभी-कभी ही इन शक्तियों का प्रयोग करेगा। धीरे-धीरे समाज की नैतिक उन्नति के साथ-साथ, केन्द्र इन नाममात्र की शक्तियों का प्रयोग करना भी बन्द कर देगा और उसका कार्य केवल एक मन्त्रणा देने वाली संस्था का सा ही रह जाएगा। पूर्ण रूप से नैतिक दृष्टि से विकसित समाज में केन्द्र लगभग महत्त्वहीन ही हो जाएगा। हो सकता है, वह कभी-कभी नैतिक शक्ति का प्रयोग भी करे। इस प्रकार का समाज उस समय शिखर पर पहुँचेगा, जब सारी भौतिक शक्ति गाँव के पास होगी और नैतिक शक्ति का प्रयोग केन्द्र वाले लोग करेंगे।"[19] अतः उनके निकटस्थ लक्ष्य का वर्णन 'शासन-निरपेक्ष राज्य' से किया जा सकता है, जिसमें अस्तित्वहीन प्रकार का प्रशासन होता है, और जिसकी उपस्थिति को महसूस नहीं किया जाएगा। समाज के साधारण दैनिक जीवन का निर्माण 'जनशक्ति' के आधार पर किया जाएगा। इस मध्यवर्ती अवस्था के लिए भी तीन श्रेणियों वाली व्यवस्था की जरूरत होगी, जो कि कुछ समय के पश्चात् लोप हो जाएगी, जब शासन-मुक्त समाज का उदय होगा। उनके शब्दों में, "जैसे-जैसे लोक-शक्ति, क्षमता तथा ज्ञान बढ़ेगा, आपसी सहायता का तत्त्व उसी अनुपात में बढ़ेगा और सरकार की आवश्यकता कम रहेगी। तब सरकार आदेश देने वाली नहीं रहेगी और केवल मन्त्रणा देने तक ही अपने आपको सन्तुष्ट रखेगी। इस तरीके से जैसे ही समाज की नैतिकता का विकास होगा, प्रशासन की जरूरत कम होगी और अन्त में, मैं आशा करता हूँ कि प्रशासन अपने-आप ही लोप हो जाएगा।"[20]

आर्थिक दृष्टि से शासन-मुक्त समाज को परिवार के आदर्श पर ढाला जाएगा। सब कुछ साँझा होगा। पूर्ण रूप से सभी एक होंगे। प्रत्येक ग्राम अपने आप में एक परिवार होगा। एक महिला ने अपनी भूमि को दान में दे चुकने के पश्चात् यह प्रश्न किया कि बुढ़ापे में उसकी कौन सहायता करेगा? परन्तु उसने तुरन्त अपने आप ही उत्तर दिया कि, "मैं अब सारे गाँव की माँ बन गई हूँ जो कि सभी कष्टों में मेरे बेटों की अपेक्षा भी अधिक मेरा बचाव करेगा।" इसी तरह एक विधवा ने इसी प्रकार के प्रश्न का एक बार उत्तर दिया, "अब सारा गाँव एक परिवार बन गया है और मेरी सभी चिन्ताएँ दूर हो गई है। गाँव का परिवार मेरे पुत्र को ऐसा संरक्षण प्रदान करेगा, जैसा कि कोई माता-पिता भी न कर सकेंगे।"[21] प्रत्येक गाँव आत्मनिर्भर होगा। वह किसी बाह्य सहायता की आशा नहीं रखेगा। ग्राम-राज्य में धन से मुक्ति की बात भी होगी। उन्होंने मुद्रा के स्थान पर श्रम-मुद्रा को लागू करने का सुझाव

दिया है, जिसमें मुद्रा की गिनती नए पैसे के सिक्के से नहीं होगी, परन्तु काम के घंटों को ही धन माना जाएगा। विनोबा ने कर न लगाए जाने की भी राय दी है, क्योंकि इसमें दमन होता है तथा अनिच्छित तथा जबरदस्ती वसूली की जाती है। वे पूर्ण रूप से दान पर निर्भर रहना चाहते हैं।

इस प्रकार का अहिंसावाद पर आधारित 'शासन-मुक्त समाज' कोई सेना नहीं रखेगा और अधिकतम मैत्रीपूर्ण सम्बन्ध बनाए रखने का प्रयत्न करेगा। सेना बनाए रखना कायरता का कार्य है और इससे भय बना रहता है। अतः विनोबा ने भारतीय सरकार को सेना कम करने की राय दी है। इससे पाकिस्तान को भी प्रोत्साहन मिलेगा, क्योंकि उसे भारत के इरादों पर सन्देह नहीं रहेगा। साधारणतः एक अहिंसात्मक समाज किसी राज्य के विरुद्ध भी कोई बुरी भावना नहीं रख सकता और न ही किसी को उत्तेजित करता है। अतः यदि किसी राज्य को कोई शिकायत है, जो अहिंसात्मक राज्य उसको दूर करने का यत्न करेगा और अगर आपसी बातचीत से फैसला नहीं हो सकता, तो मामला मध्यस्थता के लिए रखा जाएगा। अगर मध्यस्थ भी इस प्रकार के राज्य को सन्तुष्ट करने में असफल रहता है और वह आक्रमण कर देता है, तो विनोबा का समाज अहिंसात्मक ढंग से इसका मुकाबला करेगा। सारे विश्व से उसे सहानुभूति के शस्त्र की सहायता मिलेगी। इसमें आक्रमणकारी की आत्मा को जगाया जाएगा और उसे हिंसा का त्याग करने पर बाध्य किया जाएगा।[22]

वर्गीविहीन तथा राज्यविहीन समाज की प्राप्ति के लक्ष्य की प्रक्रिया में शान्ति-सेना (अहिंसावादी अनुयायियों की सेना) को राज्य की सशस्त्र सेना का बिना हिचकिचाहट के मुकाबला करना होगा। उनका विचार है कि अहिंसात्मक कष्टों का अर्थ शत्रु पर विजय पाना और उसे और हिंसात्मक बनने से रोकना होगा। अहिंसात्मक तरीके से कष्ट को सहन करने से अत्याचारी लज्जित होगा और वह अपना अत्याचार बन्द कर देगा।

अतः उन्होंने निष्कर्ष निकाला है कि "राज्य शक्ति के समाप्त हो जाने के पश्चात् सरकार भी समाप्त हो जाएगी। सार्वलौकिक शान्ति पर आधारित एक नए युग का आगमन होगा। नए समाज में पुलिस-शक्ति नहीं होगी, न्यायालय तथा कारागार भी नहीं होंगे। राज्य की प्रभुसत्ता के स्थान पर नैतिक सिद्धान्तों की प्रभुसत्ता होगी। जो लोकराज्य की अवहेलना करेंगे तथा समाज की नैतिक भावना का विरोध करेंगे, उन्हें न तो कोई शारीरिक कष्ट दिया जाएगा और न ही वे सरकारी दमन का शिकार होंगे, क्योंकि ऐसी बातें इस समाज में होगी ही नहीं। इसके स्थान पर उन्हें कुछ उच्च आत्माओं के संरक्षण (Tutelage) में रखा जाएगा। इस नए समाज में लोग अपने ही बनाए हुए नैतिक कानूनों का पालन करेंगे। अतः वे स्वशासित होंगे। यह जनशक्ति पर आधारित एक वास्तविक लोकनीति होगी।"[23]

विनोबा और सर्वोदय

विनोबाजी द्वारा प्रतिपादित सर्वोदय आन्दोलन गांधीजी द्वारा विकसित तथा संचालित सत्याग्रह की तकनीक की जहाँ किन्हीं अंशों में अविरलता का प्रतिनिधि करता है, वहाँ यह इससे कई अंशों में स्पष्टतः भिन्न और उससे अपने विचलन का परिचायक है। स्मिथ के शब्दों में, "गांधीजी के इस सत्याग्रह तकनीक रूपी उत्तराधिकार के अनेक उपेक्षित पक्षों की ओर विनोबा ने ध्यान देकर उन्हें विकसित किया है, जनसमूह के गठन पर उन्होंने बहुत कम ध्यान दिया है, इसे उन्होंने संघर्ष की नीति से जोड़ दिया है। निरन्तर प्रस्तुत किए जाने पर भी उन्होंने राजनीतिक सत्ता को स्वीकार करने से इन्कार किया हैं।"[24] अपनी विचारधारा को विनोबा इन शब्दों में समझाते हैं, "हमारा कार्य वर्तमान समाज व्यवस्था में आमूल परिवर्तन करना है। यही भूदान अभियान का रहस्य है। यही कारण है कि जब मुझसे लोग पूछते हैं क्या यह कार्य विधायन द्वारा सम्भव है तो मेरा उत्तर, नकारात्मक होता है। यह आन्दोलन एकपक्षीय नहीं है। इसके सफल होने पर राज्य में परिवर्तन होगा, सरकार में परिवर्तन होगा—यही नहीं पूरे सामाजिक ढाँचे में परिवर्तन होगा।"[25]

सत्याग्रह से साम्यवाद की तुलना करते हुए वह कहते हैं, कि साम्यवाद दया भाव से उत्पन्न होता है। यद्यपि वह राज्य तथा श्रेणीहीन समाज के इसके चरम उद्देश्यों से सहमत है तथापि हिंसक उपायों पर बल देने को वह स्वीकार नहीं करते। वह कहते हैं, "आज हम क्या देखते हैं? हम देखते हैं जो व्यक्ति की शान्ति की बात करते हैं, वह स्थिति को यथावत् रहने देना चाहते हैं। मानव समाज में परिवर्तन से उन्हें भय लगता है। इसके विपरीत, दूसरे लोग हैं जो परिवर्तन तो चाहते हैं, पर अहिंसा की चारदीवारी में अपने को बन्द नहीं करना चाहते। पर, हम क्या हैं? हम क्रान्तिकारी होते हुए भी शान्तिपूर्वक कार्य करते हैं।"[26]

भूदान आन्दोलन जो सर्वोदय का प्रमुख अंग है, वह भी विशाल जन-संगठन को सुनिश्चित नहीं कर पाया है। उनकी प्रमुख तकनीक रही है एक गाँव से दूसरे गाँव में जाकर सभाओं को सम्बोधित कर, उपस्थित भूमिधरों से अनुरोध करना कि वह अपनी भूमि का कुछ भाग भूमिहीनों में बाँटें। यह गांधीकालीन सत्याग्रह की रणनीति के समान कदाचित् ही मानी जाएगी। मात्र एक नैतिक अनुरोध ही किया जाता है भूमिधरों से और सकारात्मक अथवा नकारात्मक उनकी प्रतिक्रिया जैसी भी हो, स्वीकार कर ली जाती है।

विनोबा राज्य सत्ता को क्रान्तिकारी परिवर्तन की कुंजी स्वीकार नहीं करते, वह संरचना से अधिक महत्त्वपूर्ण नैतिक मूल्यों को मानते हैं। विवशकारी परिवर्तन निष्फल हो जाते हैं क्योंकि वही पुराने मूल्य व्यवहारों को प्रेरित करते हैं। उदाहरणस्वरूप वह भूमि सुधार विषयक विधायन तथा अन्य सम्बद्ध सहयोगी विकास

कार्यक्रमों के विफल होने का उदाहरण अपने समर्थन में प्रस्तुत करते हैं।[27]

वास्तव में विनोबा का कार्यक्रम कठिनाइयों में पड़ गया है। इस आन्दोलन ने अनेक गम्भीर समस्याएँ प्रस्तुत की हैं। इसका कारण अफसरशाही के प्रति विनोबा का अविश्वास है। सच तो यह है कि उन्हें दान में मिले एक लाख गाँवों को सँभालने का वही एक विश्वसनीय उपकरण हो सकता है। स्मिथ ने उचित ही उपसंहार किया है, "यद्यपि जो परिणाम मिले हैं, वह 1951 में कल्पनातीत थे, और जो कुछ प्राप्त हुआ है, उसके महत्त्व को न्यून करना किसी को अभिप्रेत नहीं, तथापि आन्दोलन से बाहर के बहुत कम भारतीय प्रेक्षक इसे दूरगामी सामाजिक परिवर्तन की पूर्व पीठिका के रूप में स्वीकार करेंगे।"[28] भूदान भारतीय अर्थव्यवस्था के लिए एक आघात है, क्योंकि यह भूखंडों के और खंड बनने के रूप में अर्थव्यवस्था को अधिक रुग्ण बना देगा। अपनी नैतिक गरिमा के साथ-साथ भूदान की कुछ अन्य दुर्बलताएँ भी थीं। सत्याग्रह के विपरीत इसने हितों के अन्तर्विरोध के मूलभूत तथ्य की अनदेखी की और संघर्ष के बिना यह परिवर्तन के लिए यत्नशील रहा।

इसके अतिरिक्त भूदान करने का श्रेय उन्हें मिला जो अपने गले से ऐसी बंजर भूमि को उतार देना चाहते थे जो कृषि योग्य नहीं थी। कुछ उदाहरण तो ऐसे भी हैं जब भूमि के उत्तराधिकारियों ने दान में दी गई भूमि पर पुनः अपना अधिकार जताया। यहाँ तक कि जे.पी. नारायण ने भी इस आन्दोलन को असफल होने की बात स्वीकार की। विनोबा साधिकार कहते हैं कि भूदान का अर्थ उन लोगों के प्रति स्थायी प्रेम हैं जिन्हें भूमि दान में दी गई है। वह यह हमारा नैतिक कर्तव्य मानते हैं कि हम यह देखें कि हमारे पड़ोसी कष्ट में न रहें और उन्हें जीने को अच्छा जीवन मिले। यह उपाय यह सुनिश्चित करेगा कि सम्पन्न और विपन्न लोगों की श्रेणियों में समाज विभक्त न हो। सम्पन्न व्यक्तियों द्वारा निर्धन लोगों का शोषण न हो। यह विचार श्लाघ्य अवश्य है, पर यही कहा जा सकता है कि प्रबल मान्चेस्टरवाद तथा परस्पर टकराते अहं के सन्दर्भ में इसका व्यावहारिक सौकर्य (Practical feasibility) अत्यन्त सन्दिग्ध है।

ग्रामदान : भूदान से वह ग्रामदान पर आते हैं। ग्रामदान से उनका अभिप्राय है कि पूरे ग्राम का पूरे समाज को दान कर दिया जाए। उन्होंने यू.पी. के हमीरपुर जिले में मेनगढ़ गाँव से यह अभियान 24 मई, 1952 को आरम्भ किया था। वसन्त नार्गोल्कर ग्रामदान की परिभाषा इस प्रकार करते हैं, "यह निजी सम्पत्ति समाप्त करने का एक स्वैच्छिक प्रयास है। ग्रामदान में निजी भू सम्पत्ति के लिए कोई स्थान नहीं है। अन्य परिवारों की सहायता एक परिवार इसकी जुताई करेगा और मिलने वाली उपज में सभी का सहभाग होगा। वार्षिक प्रयोग के लिए उपज का एक भाग पृथक् रख दिया जाएगा और गाँव प्रत्येक ग्रामीण के उत्पादन का भाग देगा। गाँव

में आवश्यकताओं की पूर्ति के लिए कुछ दुकानें सामूहिक रूप से चलाई जाएँगी।" विनोबा ने भूदान और ग्रामदान का ठीक ही चित्रण किया है, "यह तो मात्र संयोगवश ही है। मूल बात तो यह है कि पूरे समाज के लिए लोगों की समर्पण भावयुक्त प्रतिबद्धता को सक्रिय बनाया जाए। इससे सहायता मिलेगी एक ऐसे वातावरण की सृष्टि में जहाँ मनुष्य सर्वोत्तम के प्रति ऐसी ही इच्छा रखेगा जहाँ तक समाज का सम्बन्ध है—जैसी कि वह अपने बच्चों के लिए करता है। ग्रामदान व्यक्ति और समाज के जीवन के मध्य द्वैतभाव को समाप्त कर देगा।"

सम्पत्ति दान : आरम्भ में वह धन संचय के पक्ष में नहीं थे, क्योंकि इससे विग्रह और कलह की स्थिति उत्पन्न होती है, परन्तु बाद में उन्होंने अपने अभियान की सफलता के लिए इसकी उपयोगिता अनुभव की। जिनके पास भूमि नहीं है, उन्हें अपनी आय का एक अंश भूमिहीन श्रमिकों को भूमि पर बसाने अथवा निस्वार्थ भूदान सेवकों के पालन-पोषण के निमित्त देना चाहिए। विनोबा चोरी के अपराध के समान कृपणता को भी दंडनीय अपराध मानते थे। वह कहते हैं, "आज जनमत एक चोर का सम्मान नहीं करता। एक कृपण के प्रति भी उसकी सम्मति ऐसी ही होनी चाहिए।"

बुद्धिमान : विनोबा उदार वृत्तियों में रत लोगों को भी आन्दोलन से सम्बद्ध करना चाहते थे। वह उनसे आशा करते थे कि वह प्रवचन करें, लेख प्रकाशित करें और संगोष्ठियाँ आयोजित करें। इसे वह बुद्धिदान कहते हैं, पवित्र उद्देश्यों के निमित्त अपनी बौद्धिक क्षमताओं का आंशिक दान। उनके मतानुसार सभी बुद्धिजीवी स्वतन्त्रतापूर्वक, साधिकार आन्दोलन में भाग ले सकते हैं। वह इसे एक महत्त्वपूर्ण योग मानते हैं जिसका महत्त्व कम नहीं आँका जाता।

श्रमदान : विनोबा ने न केवल भूमि और सम्पत्ति दान देने का ही परामर्श दिया, वरन् वह जनता के लिए उपयोगी परियोजनाओं को आरम्भ करने के लिए निःशुल्क श्रम दान का भी परामर्श देते हैं। उनका मत है कि वेतन और पारिश्रमिक रूप में धन का व्यय रुक सकता है और लोग स्वेच्छा से अपने हित के कार्य में यदि श्रम दान करेंगे तो धन का सदुपयोग होगा और कार्य भी सुचारु रूपेण चलेगा। इससे न केवल कार्य सम्पन्न होगा, इसमें श्रम दान करने वालों को भी आनन्द मिलेगा। इसके परिणामस्वरूप ग्राम दान के माध्यम से ग्राम स्वराज्य की स्थापना भी हो सकेगी।

ग्राम स्वराज्य : इसके माध्यम से श्रम दान करने वालों तथा जिनके लिए यह हो रहा है, उनके मध्य निकट का सम्बन्ध स्थापित होने में सहायता मिलेगी। वह इसे ग्राम स्वराज्य प्राप्ति का स्थायी उपाय मानते हैं। इस प्रकार ग्राम स्वराज्य का अर्थ ग्राम का पुनर्निर्माण होगा। इसके अन्तर्गत कृषि उत्पादन में सुधार, स्वदेशी को

प्रोत्साहन और ग्रामोद्योगों तथा घरेलू उद्योगों का यथासम्भव और विकास, यह सभी कुछ होगा। इससे जीवनवृत्ति हीनता का भी निवारण होगा और कृषि सम्बन्धी अर्थव्यवस्था में आमूल परिवर्तन होगा। भूमि पर किसी का एकाधिपत्य नहीं रहेगा। इस पर सभी का ऐसे ही समान अधिकार हो जैसा वायु और जल पर होता है। सभी के कल्याण की कामना होनी चाहिए। निर्धन लोगों को आर्थिक और सम्पन्न व्यक्तियों को आध्यात्मिक लाभ मिलेगा।

विनोबा के विचारों का मूल्यांकन

विनोबा एक अखंडनीय, आत्म-यागी, श्रद्धालु तथा भगवान के बच्चों की सेवा में लगे हुए व्यक्ति थे। वे परम्परागत गांधीवादी थे। वे केवल ऊपर से गांधीवाद का सम्मान नहीं करते। वे अपने दैनिक जीवन में भी गांधीवादी जीवन व्यतीत करते थे। एक सच्चे गांधीवादी होने के कारण, वे एक कुशल चर्खा कातने वाले, साम्प्रदायिक एकता में विश्वास रखने वाले, एक कट्टर धर्म-निरपेक्षवादी तथा एक सच्चे मानव थे, जिन्हें हरिजन—नीची जाति के हिन्दू या समाज का निर्धन वर्ग—बहुत प्रिय था। उन्होंने राजनीति को नैतिकता प्रदान की और सभी के कल्याण के उच्चादर्श को माना। शक्तिशाली स्वतन्त्र व्यापार तथा अत्यधिक आत्माभिमान के युग में, विनोबा द्वारा आध्यात्मिक विकास पर दिए गए बल की अवहेलना नहीं की जा सकती।

परन्तु विनोबा द्वारा भूदान का धर्मयुद्ध, अत्यधिक विकेन्द्रीकरण पर बल, चुनावों तथा राजनीतिक दलों का घोर विरोध, सर्वसम्मति के सिद्धान्त पर बल, उनके वर्गहीन तथा राज्यहीन समाज की प्राप्ति का काल्पनिक लक्ष्य, उनका अहिंसात्मक ढंग से इस लक्ष्य की प्राप्ति का नया ढंग और सशस्त्र सेनाओं का शान्ति-सेना की सहायता से मुकाबला करने के सिद्धान्तों की आलोचना की गई है।

आलोचकों ने इस बात के लिए भय प्रकट किया है कि विनोबाजी के भूदान के सिद्धान्त की तुलना साम्यवादियों द्वारा भूमि को हिसंक ढंग से हथियाने से की जा सकती है। परन्तु शुरू में विनोबाजी को वह बड़ा-चढ़ाकर कही गई बात लगी, जब उन्होंने तैलंगाना में अपनी विजय के पश्चात् साम्यवादियों को चुनौती दी—"क्या वास्तव में तुम अपनी विचारधारा में विश्वास रखते हो? अगर यह सत्य है, तो तुम दिन में क्यों नहीं आते, रात को क्यों आते हो? अगर तुम लोगों को लूटना चाहते हो, तो उस निष्कपटता तथा स्नेह से लूटो, जिससे कि मैं लूटता हूँ।"[29]

परन्तु जो विश्वास उन्होंने माननीय स्वभाव में बनाया, उसे जनवरी, 1956 में धक्का लगा जब भूदान के सिद्धान्त में विश्वास रखने वाले लोगों ने बिहार-उड़ीसा में भाषा की समस्या पर हिंसा का सहारा लिया और विनोबा को यह कहने पर मजबूर कर दिया, "मैं घोषणा करता हूँ कि मुझे सफलता प्राप्त नहीं हुई और मैं पराजय को

स्वीकार करता हूँ। लोग तो कहेंगे कि मुझे भूदान में लाखों एकड़ भूमि और ग्रामदान में सैकड़ों गाँव मिले हैं....परन्तु मैं बहुत दुखी हूँ। मैंने सोचा था कि भूदान शान्ति स्थापित करने का साधन बनेगा...परन्तु अब मैं बिहार में गड़बड़ तथा अव्यवस्था देखता हूँ, जहाँ पर हमें भूदान में अधिकतम भूमि प्राप्त हुई है और उड़ीसा में गोलियाँ चल रही हैं, जहाँ पर हमें ग्रामदान मै सैकड़ों गाँव मिले हैं।"[30]

यह भी आशा की जाती थी कि विनोबा की अमीरों की भूमि दान में देने की अपील उन्हें ऐसा करने के लिए प्रेरित करेगी, परन्तु उससे उसके (अमीर) दृष्टिकोण तथा मन में परिवर्तन नहीं लाया जा सका। अतः अमीर किसी समय भी विनोबा की अपील को अनसुनी कर सकता है। भूदान में जबर्दस्ती भूमि को छीनने की कोई व्यवस्था नहीं है। इसके अलावा भूमिपति एक बार भूमि दान में दे चुकने के पश्चात् किसी-न-किसी बहाने से उसे अपने पास ही रख सकता है। वास्तव में गुजरात प्रान्त के कुछ जिलों में ऐसा ही हुआ है। इसके अतिरिक्त कुछ चतुर भूमिधर बंजर भूमि से पीछा छुड़ाने के लिए भूदान में उसे दे देंगे, कुछ आलोचकों का ऐसा मत है। इसके अतिरिक्त इससे और भी भूखंड होंगे। पहले ही अनेक टुकड़े हो चुके हैं। स्वल्प भूखंड वाले से भी विनोबा भूदान लेते थे। इसके परिणामस्वरूप पहले ही शोचनीय हमारी अर्थव्यवस्था और भी चरमरा जाएगी। इसके अतिरिक्त यह भी कहा जा रहा है कि विनोबा द्वारा दान में प्राप्त भूखंडों के वितरण की कोई उचित प्रणाली हो। उनका 75% अभी भी वितरण की प्रतीक्षा में है। दानदाता की इस भूखंड में कोई रुचि नहीं रहती। यह उसके लिए अब कृषि योग्य नहीं है। इस प्रकार उत्पादन कम और विदेश-आयातित अन्न पर हमारी निर्भरता बढ़ जाती है।

बलपूर्वक यह कहा जाता है किं इस आन्दोलन ने भूमिधरों और सम्पन्न व्यक्तियों की चेतना को नहीं झकझोरा। अधिकांश मध्यवर्गीय लोग ही उनके दान के सिद्धान्त की ओर आकृष्ट होते थे। इस प्रकार धनी लोगों के मन में क्रान्ति लाने का उद्‌देश्य स्वतः नष्ट हो जाता है। सामन्तवाद के गढ़ अभी भी अनहिले, स्थिर खड़े हैं।

इसी तरह सम्पत्ति-दान, जिसका उद्‌देश्य अमीरों को अपील करके समानता स्थापित करना है उनको जँचेगा नहीं। यह कहा जाता है कि भारी कर लगाकर असमानता को समाप्त किया जा सकता है, परन्तु विनोबाजी इसे स्वीकार नहीं करते। फिर अमीरों के अतिरिक्त धन पर नियन्त्रण कैसे रखा जा सकेगा?

विनोबा के सरकार को समाप्त करने के विचार की भी आलोचना की गई है। सरकार कोई बनावटी वस्तु नहीं है, जो लोगों पर ऊपर से लाद दी गई हो। इसकी जड़ें मनुष्य के स्वभाव में हैं। सरकार समाज का नैतिक उत्तरदायी एजेंट है, जिसका निर्माण समाज द्वारा उसकी अपनी सुविधाओं तथा इच्छाओं की पूर्ति के लिए किया

गया है। अतः न तो यह बनावटी संस्था है, न ही उसे जबर्दस्ती थोपा गया है और न ही वह एक आवश्यक बुराई है। परन्तु यह एक नैतिक संस्था है–"एक कानूनी व्यवस्था जो कि समाज की सहायक है।"

सरकार के बिना समाज की परिकल्पना करना स्वप्नलोक की बात होगी। इसी तरह विनोबा-जैसे अराजकतावादियों द्वारा राज्य की समाप्ति की जो बात कही गई है, वह भी न्यायसंगत नहीं है। राज्य नैतिकता को समाप्त नहीं करता। इसके स्थान पर राज्य मनुष्यों के बाह्य व्यवहार को नियमित करता है, ताकि सामाजिक जीवन में वे परिस्थितियाँ पैदा की जाएँ, जिनके द्वारा नागरिक अपनी नैतिकता का पूर्ण विकास कर सकें। राज्य, केवल कानून तथा व्यवस्था स्थापित करके ही स्वतन्त्र तथा स्वाभाविक रूप से नैतिकता के विकास में सहायता नहीं करता, अपितु वह शिक्षा तथा रोजगार, स्वास्थ्य तथा मनोरंजन की सुविधाएँ भी प्रदान करता है। अरस्तू ने ठीक ही कहा है कि राज्य की उत्पत्ति जीवन के लिए हुई है, यह जीवन की आवश्यकताओं के लिए उत्पन्न हुआ है और जीवन को अच्छा बनाने के लिए विद्यमान है। विनोबा की कल्पना वाले समाज में व्यक्तियों की अनेक आवश्यकताओं की पूर्ति करना सम्भव नहीं है। लोग अपने आप रेलवे, तार-डाक, बन्दरगाहें तथा जलापूर्ति तथा बिजली आदि जैसी सार्वजनिक आवश्यकताओं का प्रबन्ध नहीं कर सकते।

आलोचकों ने विनोबा द्वारा दलों के विरोध की भी निन्दा की है। दल न तो बनावटी है और न ही अप्राकृतिक। मनुष्य सामाजिक प्राणी होने के कारण स्वाभाविक रूप से इकट्ठे होते हैं, अगर उनके विचारों में समानता होती है। इसी तरह शिकायतों को दूर करने के लिए अथवा अन्याय के विरुद्ध रोष प्रकट करने के लिए लोगों को अवश्य ही एक साँझा मोर्चा और दल बनाना पड़ता है, ताकि उनकी आवाज ऊँची हो और उन तक पहुँचे, जिनके हाथों में सत्ता है। इसके अलावा लोकतन्त्र का आधार ही दलील प्रणाली है, जो कि असंगत जनता को एक-दूसरे से मिलाती है और विभिन्नता में एकता स्थापित करती है। दल विचारों के दलाल के रूप में काम करते हैं और प्रत्येक प्रकार की विचारधारा के लिए एक साँझा मंच प्रस्तुत करते हैं। वे उग्रवाद को नियन्त्रित करने के लिए कदम उठाते हैं और समझौते के लिए एक विधि है। इसके अतिरिक्त दल महत्त्वपूर्ण नीतियाँ भी बनाते हैं। दलीय प्रणाली लोगों को स्थानीय प्रवृत्ति के वातावरण से निकालती है और उनके सामने विशाल राष्ट्रीय दृष्टिकोण प्रस्तुत करती है।[31] आलोचक यह कहते हैं कि विनोबा की 'शान्ति-सेना' वास्तविक रूप में एक पार्टी ना भी हो क्योंकि वह चुनाव नहीं लड़ेगी, परन्तु इसमें एक नियमित पार्टी–जैसी सभी विशेषताएँ होंगी। इसकी अपनी विचारधारा होगी। इसका उद्देश्य राज्य की शक्ति को समाप्त करना है। यह भूदान तथा ग्रामदान का प्रचार करती है। इसकी ओर से कठोरता से अनुशासन का पालन किया जाता है,

और जो उसका उल्लंघन करता है वह 'शान्ति सैनिक' नहीं रह पाता।

विनोबा द्वारा चुनाव के विरोध की भी आलोचकों द्वारा आलोचना की गई है। चुनाव ही विभिन्न मामलों पर लोक-राय को जानने का एकमात्र तरीका है। अगर दलीय प्रणाली और चुनाव भारत-जैसे कुछ विकासशील देशों में सफल नहीं हुए, तो उनमें सुधार करने के लिए कदम उठाए जाने चाहिए। वर्न्स ने ठीक ही कहा है कि, "इससे कोई इन्कार नहीं कर सकता कि वर्तमान प्रतिनिधि-सभाएँ त्रुटिपूर्ण हैं, परन्तु अगर एक मोटरगाड़ी ठीक प्रकार से काम नहीं करती, तो बैलगाड़ी में यात्रा करना मूर्खता होगी, चाहे वह कितनी ही रोमांचपूर्ण क्यों न हो।"

यह भी कहा जाता है कि आधुनिक कानून कोई आदेश नहीं है जैसा कि विनोबा- जैसे सर्वोदयवादियों ने कहा है। कानून रीति-रिवाजों तथा लोगों के सामाजिक तथा धार्मिक विश्वासों में से निकलते हैं। कानून समाज की न्याय की धारणा की व्याख्या होते हैं। विनोबा कानून की इस आधार पर निन्दा करते हैं कि इसका आधार हृदयों का पूर्ण परिवर्तन नहीं है। जिस कानून के पीछे सार्वजनिक शक्ति नहीं है, वह शिक्षा के मन्तव्य की पूर्ति नहीं करता है। उसका आधार लोकराय हो सकता है, परन्तु कभी-कभी इसे उसको आगे ले जाने में कोई झिझक नहीं होनी चाहिए। सती-प्रथा का अन्त करने, छोटी उम्र की शादी पर पाबन्दी लगाने तथा विधवा को पुनर्विवाह की आज्ञा देने से सम्बन्धित कानून, इसी प्रकार के कानून है। ये कानून निःसन्देह हृदयों में परिवर्तन लाने में सहायक सिद्ध हुए हैं। आलोचक कानून के पीछे दमन को भी इस आधार पर न्यायोचित मानते हैं कि "शारीरिक दंड से वांछित जागृति तथा अच्छे भावों को जगाने की शक्ति होती है।"[32]

विनोबा के विचारों वाले 'शासन-मुक्त समाज' का दल-विहीन तीन श्रेणियों वाला ढाँचा, जिसका आधार स्वायत्त गाँव है और जिसके शिखर पर राष्ट्रीय पंचायत हैं, जो कि तीन श्रेणियों वाले ढाँचे के निर्माण के लिए सर्वसम्मति के सिद्धान्त का अनुसरण करती है, वर्तमान स्थिति में एक स्वप्न है। एक भारतीय गाँव जातियों तथा वर्गों के झगड़ों को जन्म देने वाला स्थान होता है। पंच कैसे सर्वसम्मति से चुने जा सकते हैं, और विनोबा के उत्सुक विचारों के अनुसार वर्तमान परिस्थितियों में सर्वसम्मति से कोई फैसला कर सकते हैं? विनोबा को इस स्थिति का पूर्वानुमान हो गया था। अतः उन्होंने इसका एक बहुत ही घटिया समाधान प्रस्तुत किया—पंचायत के विघटन अथवा निर्णय को तब तक स्थगित रखना, जब तक सर्वसम्मति की बात पूरी नहीं होती। निर्णय को स्थगित करने वाला रास्ता केवल महत्त्वहीन मामलों में ही अपनाया जा सकता है, परन्तु महत्त्वपूर्ण मामलों में यह किसी तरह भी सम्भव नहीं है। पहले वाला रास्ता काफी समय लेता है और स्थिति की कार्य साधकता तथा महत्त्व की चट्टान से टकराकर टूट जाने का खतरा भी है। उच्च पंचायत की

सर्वसम्मत नियुक्ति भी बड़ी मुसीबत खड़ी कर सकती है।

काल्पनिक समाज के जिस आर्थिक ढाँचे की सन्त विनोबा द्वारा परिकल्पना की गई है, उसे न तो प्राप्त किया जा सकता है और न ही उसे कार्यान्वित किया जा सकता है। प्रत्येक व्यक्ति को अपनी पूरी क्षमता से काम करने और उसे उसकी जरूरत के मुताबिक देने से सख्त परिश्रम के लिए लोगों के उत्साह को समाप्त करना होगा। अतः कोई भी व्यक्ति अधिक काम करना पसन्द नहीं करेगा, जब उसे अपनी कमाई को अपने पास रखने की आज्ञा नहीं होगी। जरूरत के मुताबिक बँटवारे की बात से विभिन्न जरूरतों के वर्गीकरण तथा क्रमीकरण तथा बुनियादी और अधिक जरूरी आवश्यकताओं को सन्तोषपूर्ण ढंग से देखने के लिए कई समस्याएँ सामने आएँगी। परन्तु ग्राम-राज्य में, विनोबा आशा करते हैं कि, सभी ग्रामीणों की सम्पत्ति साझी होगी और शारीरिक दृष्टि से योग्य व्यक्ति ही भूमि को जोतेंगे। ग्रामीणों से यह आशा की जाती है कि वे सामान्य कल्याण के लिए काम करें और उनमें विलगता (detachment) की भावना हो। चाहे यह आदर्श तथा उचित लगता है, फिर भी व्यक्तियों की कब्जे की स्वाभाविक प्रवृत्ति को दृष्टि में रखते हुए यह व्यावहारिक नहीं लगता। विनोबा ने ग्रामीण सादगी पर बल दिया है तथा भारी उद्योगों, विराट मशीनों की निन्दा की है जो कि बेरोजगारी फैलाते हैं, असमानताएँ पैदा करते हैं और उन्हें बनाए रखते हैं और निकम्मेपन, सुस्ती, शोषण की प्रवृत्तियाँ उन्हें भी मान्य नहीं है। मशीनीकरण से अस्थायी तौर पर बेराजगारी फैलती है, परन्तु अन्त में समाज की बढ़ती हुई माँग को मशीनीकरण ही पूरा करता है और अन्त में बेरोजगारों को भी काम मिल जाता है। शोषण जरूरी नहीं कि मशीनी युग का ही एकाधिकार हो। भू-सम्पदा वाला कोई भी समाज इसका शिकार हो सकता है। शोषण की भावना को समाप्त करने के लिए मनुष्यों के स्वभाव को बदलने की आवश्यकता है। इसका मशीन-युग के साथ बिल्कुल कोई सम्बन्ध नहीं है। औद्योगिक युग के सभी रोगों का इलाज उत्पादन के साधनों का समाजीकरण है। तेजी से मशीनीकरण के कारण अवकाश में वृद्धि बुराइयों की जड़ नहीं है। इससे मजदूरों को दूसरे बड़े कामों में दिमाग लगाने के लिए अवसर प्राप्त हो जाएगा।

'धन-मुक्त अर्थव्यवस्था' का विचार भी काफी विस्मयजनक है। श्रम-मुद्रा को वर्तमान मुद्रा के स्थान पर लाने से धन के अस्थिर मूल्य की समस्या का समाधान नहीं किया जा सकता। चूँकि श्रम की माँग तथा पूर्ति का सिद्धान्त स्थायी नहीं है, अतः श्रम-मुद्रा भी स्थायी नहीं हो सकती। इसके अलावा इस प्रकार की बदली (substitution) का अर्थ धन का अन्त करना नहीं होगा, वरन् यह दूसरे रूप में प्रकट होगा। डॉक्टर अदी Doctor Adi के अनुसार, "पूर्ण रूप से आर्थिक दृष्टि से धन के परित्याग की कल्पना करना व्यर्थ होगा, क्योंकि धन वही कुछ है जो कुछ

वह करता है। जब तक धन के कार्य—मूल रूप में विनिमय के माध्यम—को समाप्त नहीं किया जाता, धन को समाप्त करने की इच्छा नहीं की जा सकती।"[33]

करों को समाप्त करके दान द्वारा सरकार को चलाने की बात को भी काल्पनिक कहा गया है। विनोबाजी की सम्पत्ति-दान के बारे में अपील को इतना प्रोत्साहन नहीं मिला कि इस प्रकार के दान से देश के प्रशासन को चलाना सम्भव हो सके।

आलोचकों ने विनोबा द्वारा अपने लक्ष्य की पूर्ति के लिए अहिंसात्मक साधनों को प्रयोग में लाने तथा देश को विदेशी आक्रमण से बचाने के सिद्धान्त की भी लगातार आलोचना की है। अहिंसात्मक समाज को, सार्वलौकिक सहानुभूति के शस्त्रों द्वारा विदेशी आक्रमण से बचाने की सम्भावना तो आदर्शवादियों तथा विनोबाजी के अनुयायियों को अपील कर सकती है, परन्तु वस्तुवादियों को यह अपील नहीं करती, जो कि देश की स्वतन्त्रता को खतरे में डालने को तैयार नहीं होंगे, अथवा विनोबा जैसे सन्तों के विचारों का अनुसरण करने के लिए कोई समझौता करने के लिए तैयार होंगे। विनोबा आक्रमणकारियों को भी भाई समझते हैं और परिवर्तन के जादू द्वारा प्यार के सिद्धान्त को अपनाकर, उन्हें सामाजिक ताने-बाने में ले आने की सफलता की आशा करते हैं। और अगर इस प्रयत्न में सफलता नहीं मिलती, तो उन्हें भूमि से हट जाने को बाध्य करने के लिए, अहिंसा तथा असहयोग के साधनों को लागू करना चाहते हैं। ये दोनों विकल्प केवल देवताओं के ही संसार में सफल हो सकते हैं, गरीब मर्त्य लोगों के संसार में नहीं।

आलोचक कहते हैं कि गाँवों जैसी छोटी इकाइयों को सत्ता सौंपने, जिसे गाँव के लोगों को उनके सर्वसम्मति के फैसलों को मनवाना होगा, का परिणाम व्यक्तियों को स्वतन्त्रता की गारंटी देने की अपेक्षा नकारात्मक होगा। दूरवर्ती सरकार इतनी अत्याचारी नहीं होगी और गाँव वालों पर इतना कठोर नियन्त्रण नहीं रख सकेगी, जितना कि गाँव की पंचायत, जिसे विधानपालिका, नगरपालिका तथा न्यायपालिका की शक्ति दी जाएगी, और जो सर्वसम्मति के सिद्धान्त का अनुसरण करेगी, रख सकेगी। अतः पंचों का सर्वसम्मति का निर्णय भगवान की आवाज माना जाएगा और कोई भी इसकी अवहेलना करने का साहस नहीं कर सकेगा।

सर्वोदय समाज में स्वतन्त्रता को भी खतरा बना रहेगा, क्योंकि राज्य तथा उसकी एजेंट सरकार की अनुपस्थितियों में अव्यवस्था के फैलने का भय रहेगा। राज्य की समाप्ति नकारात्मक सिद्ध होगी और इससे अधिकतम स्वतन्त्रता प्राप्त नहीं की जा सकेगी। इसके अलावा, इस धारणा से कि लोग अपनी साँझी जरूरतों को पूरा करने के लिए ऐच्छिक रूप से सहयोग देंगे, असहमत अल्पसंख्या की उत्पत्ति की सम्भावना हो सकती है, जिसे बल के प्रयोग द्वारा पंचायत के सर्वसम्मत फैसले को

मानने के लिए बाध्य किया जाएगा। अतः राज्य द्वारा दमन के स्थान पर गाँव की सत्ता की छोटी इकाई द्वारा दमन को अपनाया जाएगा। अतः व्यावहारिक रूप से हम कह सकते हैं कि शक्ति को समाप्त नहीं किया जाएगा और अन्त में व्यक्ति की स्वतन्त्रता सत्ता की छोटी इकाई पर निर्भर होगी।

रसल ने ठीक ही इस अराजकतावादी सिद्धान्त के बारे में कहा है, "अगर, जैसा कि अराजकतावादी कहते हैं कि, सरकार अपनी शक्ति का प्रयोग नहीं करेगी, बहुसंख्यक वर्ग फिर भी अपने आपको इकट्ठा कर लेंगे और अल्पसंख्यकों के विरुद्ध शक्ति का प्रयोग करेंगे। अन्तर केवल इतना ही होगा कि उसकी सेना अथवा पुलिस शक्ति तदर्थ (adhoc) होगी, स्थायी अथवा व्यावसायिक नहीं होगी।"

सर्वोदय के अराजकवादी सिद्धान्त के मूल्यांकन से हम इस परिणाम पर पहुँचते हैं कि यह प्रतिवाद का सिद्धान्त है, वर्तमान राजनीतिक तथा आर्थिक ढाँचे के विरुद्ध प्रतिवाद। जो प्रतिवाद राजनीतिक तथा आर्थिक ऊपर ढाँचे के विरुद्ध, वैसे सम्भव नहीं है। परन्तु यह कहना ही पड़ता है कि प्रतिवाद को "मिथ्या धारणा पर खड़ा किया गया है और उसे सभी रोगों का इलाज बताया गया है, जो एक स्वप्न है और अवास्तविक है और अपने आप ही वह अपने उद्देश्य में असफल होगा।"[34]

सन्दर्भ

1. Suresh Ram: Vinoba and his Mission, p. 266.
2. Vasant Nargolkar : The Creed of Saint Vinoba, p. 72.
3. Ibid., pp. 111-12.
4. Ibid., p. 234-35.
5. Suresh Ram : op. cit., p. 101.
6. Ibid., p. 409.
7. Ibid.,p. 312.
8. Swaraj Shastra, p. 39.
9. Sarvodaya ke Adhar (Hindi), p. 10.
10. Ibid., pp. 39-43.
11. Lok Niti (Hindi), pp. 27-28.
12. Suresh Ram : op. cit., p. 239.
13. Adi H. Doctor: Anarchist Thought in India, p. 62.
14. Lok Niti, pp. 81-82.
15. Suresh Ram : op. cit., p. 177.
16. Shasan Mukta Samaj Ki Aur (Hindi), p. 28.

17. As quoted in Communism and Sarvodaya by Ranadive.
18. Chunav (Hindi), pp. 5 1-52.
19. Bhoodan Ganga, Vol. I, p. 253.
20. Lok Niti (Hindi), p. 77.
21. Quoted in Vinoba and his Mission, pp. 313-14.
22. 'Swaraj Sastra', pp. 64-65.
23. Adi H., Doctor: op. cit., p. 70.
24. Donald E. Smith : Religious Revolutions of the Third World—an article in Alexander hoarce—the Meanings of Gandhi, pp. 143-44.
25. Vinoba Bhave : The Principles & Philosophy of the Bhoodan Yagna.
26. Win. T. De. Bary (ed.) : Sources of Indian Tradition, (1964 ed.).
27. Hallam Tennyson : India's Walking Saint, pp. 82-83.
28. Donald E. Smith, op. cit., 145.
29. Dr. S.C. Gupta: Great Political Thinkers, p. 117.
30. Vinoba and His Mission, p. 150.
31. Dr. Adi, H. : Anarchist Thought in India.
32. Ibid, p. 100.
33. Ibid. p. 105.
34. Ibid, p. 168.

26

जयप्रकाश नारायण

"समाजवाद का उद्देश्य समाज का सुमेलपूर्ण और सुसन्तुलित विकास है।"

—जे.पी. नारायण

आधुनिक भारत के अग्रणी समाजवादी नेता, जयप्रकाश नारायण का जन्म बिहार के एक मध्यवर्गीय परिवार में 1902 में हुआ था। परम्परागत राज्यभक्त, कायस्थ परिवार के बाबू हरसूदयाल तथा फूल राम की वह चौथी सन्तान थे। उनकी शिक्षा आंशिक रूपेण भारत तथा अमेरिका में सम्पन्न हुई। उनकी प्राथमिक शिक्षा गाँव के स्कूल में हुई तथा पटना में मेट्रिकुलेशन की शिक्षा उन्होंने ग्रहण की। अपनी कुशाग्र बुद्धि के कारण उनका विद्यार्थी स्तर मध्यम श्रेणी से ऊपर का माना गया। सरस्वती भवन से अपने सम्बन्ध के कारण स्कूल काल से ही वह राष्ट्रीय गतिविधियों से जुड़ गए थे। इसके अतिरिक्त 18 वर्ष की आयु में प्रभा से विवाह हो जाने के उपरान्त वह राष्ट्रीय नेताओं के और निकट आ गए, क्योंकि उनके ससुर बाबू ब्रजकिशोर स्वयं पटना के एक सुप्रतिष्ठित राष्ट्र स्तरीय नेता थे। राष्ट्रीय नेताओं के सम्पर्क में आने के पश्चात् उन्हें राष्ट्रीय समस्याओं से परिचित होने का अवसर मिला। अपनी इंटर परीक्षा को बीच में ही छोड़कर वह 1921 में गांधीजी के असहयोग आन्दोलन में सम्मिलित हो गए। बी.जी. तिलक, जिन्होंने उन्हें निर्भीक होकर कार्य करने की प्रेरणा दी, के प्रति भी वह आकृष्ट हुए। सरकार द्वारा संचालित स्कूलों में अरुचि होने के कारण वह विदेश चले गए। विद्यार्थी काल में ही उन्होंने उत्कट राष्ट्रवाद से अपने को आप्यायित कर लिया। क्रान्ति के प्रति उनकी प्रबल प्रवृत्ति थी। अमेरिका में जहाँ

वह 1922 से 1929 तक एक विद्यार्थी रहे, वह केलिफोर्निया, शिकागो, विस्कॉन्सिन तथा ओहियो विश्वविद्यालयों में पढ़े। पूर्वी यूरोप के बुद्धिजीवियों के सम्पर्क में आए तथा आश्चर्य की बात है कि एक मार्क्सवादी बन गए। उनके अपने शब्दों में, "यह मेडिसन विस्कॉन्सिन ही था जो ला फॉलेट प्रोगेसिविज्म का घर है, जहाँ यहूदी और यूरोप में उत्पन्न सहपाठियों के साथ बैठकर मैंने मार्क्सवादी प्याले से उसकी विचारधारा का भरपेट आस्वादन किया।" एम.एन. राय की तीखी टिप्पणियों का भी उन पर बड़ा प्रभाव पड़ा और उन्हें मार्क्सवादी बनाने में इनका भी बड़ा हाथ है।

मार्क्सवादी सम्मोहन के वशीभूत जे.पी. क्रान्ति के मार्क्सवादी दर्शन से बड़े प्रभावित हुए। वह मार्क्सवादी क्रान्ति को भारतीय स्वतन्त्रता का शीघ्र परिणामदायी, प्रभावी उपाय मानते थे। रूस में लेनिन की रोमांचक सफलता और समानता तथा भाईचारे के प्रचार का उन पर बड़ा प्रभाव पड़ा। उनके अपने शब्दों में, "वह कौन से आरम्भिक अनुभव थे जिन्होंने मेरे अवचेतन मन पर पीड़ितों के प्रति सहानुभूति की नींव डाल दी। सहानुभूति मेरे भीतर निहित थी, परन्तु ऊपर के चेतना-स्तर पर निश्चय ही इसे मार्क्सवाद उभारकर लाया।"[1]

यद्यपि वह एक मार्क्सवादी थे तथापि वह रूसी साम्यवाद के पक्ष समर्थक कभी नहीं बने। वास्तव में तो वह रूसी बाल्शेविक अत्याचारपूर्ण कार्रवाइयों से इतने दुखी हुए कि उन्हें रूसी साम्यवाद से घोर विरक्ति हो गई। 1940 में उन्होंने वैचारिक अनुशासन बलात् अपने पक्ष में करने की रूसी प्रवृत्ति की घोर निन्दा की।[2] तिब्बत के विषय में विस्तारपूर्वक चीनी मनोरथ की कटु निन्दा की। उन्होंने गांधी जी के नमक सत्याग्रह के प्रति साम्यवादियों के दृष्टिकोण के प्रति अपनी घृणा व्यक्त की। उनके द्वारा गांधी जी को भारतीय बुर्जुआवाद का पिट्ठू कहे जाने और राष्ट्रीय आन्दोलन को बुर्जुआ आन्दोलन कहकर उसकी भर्त्सना करने पर भी साम्यवादियों के प्रति अपना रोष प्रकट किया। उन्होंने अनुभव किया कि साम्यवादी मोस्को के इंगित पर नाच रहे हैं और उनका उद्देश्य है अखंड साम्यवादी राज्य की स्थापना। इसके अतिरिक्त सभी औपनिवेशिक देशों में राष्ट्रीय आन्दोलन से अपने को पृथक कर लेने की साम्यवादी नीति, जयप्रकाश नारायण की दृष्टि से मार्क्स विरोधी थी, साथ ही यह उस नीति के भी विपरीत थी जिसे लेनिन ने प्रकट किया था। परिणामस्वरूप, विचारधारा की दृष्टि से वह अपने को रूस से विमुख अनुभव करने लगे। साम्यवादी विचारधारा से भी वह विरत हो चले। वह अनुभव करने लगे कि मार्क्सवाद हमारी अधिकांश समस्याओं का उपयुक्त समाधान नहीं है। धीरे-धीरे उन्हें यह भी अनुभव होने लगा कि वह व्यक्तिगत स्वतन्त्रता भी प्रदान नहीं करता, जिसे सुनिश्चित करने का यह दावा करता है। इस प्रकार उनके प्रजातान्त्रिक समाजवाद का आरम्भ हुआ। उन्हें मार्क्सवादी साम्यवाद और प्रजातान्त्रिक समाजवाद में अन्तर स्पष्ट होने लगा।

स्वतन्त्रता के प्रति उत्कट प्रेम के कारण वह महात्मा गांधी के नेतृत्व में स्वतन्त्रता सेनानियों की पंक्ति में खड़े हो गए। परन्तु कांग्रेसी विचारधारा को वह अपनी प्रतिबद्धता सर्वांश में नहीं दे सके। वास्तव में मार्क्सवाद की ओर उनका पहला झुकाव तथा क्रान्ति के प्रति उनका आकर्षण इन दोनों के कारण वह गांधी तथा कांग्रेस का जहाँ तक सम्बन्ध है, दोलायमान स्थिति में रहे। इनसे उनका मतभेद भी रहा। कुछ अन्य ऐसे कांग्रेसियों के साथ जिनका संस्था से मोह भंग हो चुका था, उन्होंने 1934 में कांग्रेस सोशलिस्ट पार्टी का गठन किया। उनके अनुसार कांग्रेस की नीति में सामाजिक तथा आर्थिक तत्त्व को समाविष्ट करने में इस नए दल ने प्रमुख भूमिका निभाई। निस्सन्देह उन्होंने सोशलिस्ट पार्टी तथा उसके कार्यक्रम की प्रमुख विशेषताओं को ज्ञापित करने तथा उन्हें लोकप्रिय बनाने में उल्लेखनीय प्रतिभा का परिचय दिया।

मातृभूमि की मुक्ति के एक आन्दोलनकर्त्ता के रूप में 1942 के क्रान्ति आन्दोलन में अपनी प्रशस्त भूमिका के कारण उन्होंने एक अग्रणी नायक की ख्याति पाई। हजारी बाग सेंट्रल जेल से भाग जाने में वह सफल हो गए और उन्होंने स्वतन्त्रता आन्दोलन को संगठित किया। अप्रैल 1946 में उन्हें रिहा कर दिया गया। एक उत्साह भरित आन्दोलनकर्त्ता के रूप में उनकी योग्यता से गांधी जी इतने प्रभावित हुए कि उन्होंने उनका नाम कांग्रेस अध्यक्ष के रूप में प्रस्तुत किया, परन्तु कार्यकारिणी ने इसे स्वीकार नहीं किया। उन्होंने संविधान सभा की सदस्यता भी इस आधार पर स्वीकार नहीं की कि उनकी दृष्टि में इसके सदस्य जनता का प्रतिनिधित्व नहीं करते थे। मार्च 1948 में कांग्रेस ने घोषणा की कि किसी अन्य दल का सदस्य कांग्रेस में नहीं रह सकता। इससे कांग्रेस से उनके सम्बन्ध विच्छेदन का क्रम आरम्भ हुआ। जे.पी. ने लोहिया के साथ मिलकर 1948 से 50-51 के मध्य सोशलिस्ट पार्टी के पुनर्गठन का कार्य आरम्भ किया। 1952 के निर्वाचनों में उनके दल का प्रदर्शन अच्छा नहीं रहा, क्योंकि लोकसभा और विधानसभा चुनावों में उसे केवल 15% मत ही मिले। उनके प्रयत्न स्वरूप जून 1952 में किसान मजदूर प्रजा पार्टी तथा समाजवादी पार्टी में गठजोड़ हुआ जिसके कारण प्रजा सोशलिस्ट पार्टी का जन्म हुआ।

1953 में जवाहरलाल नेहरू के प्रयत्नों से कांग्रेस तथा जे.पी. नारायण की प्रजा सोशलिस्ट पार्टी जिसकी वह मूल प्रेरणा थे, को निकट लाने का कार्य आरम्भ हुआ। किन्तु, बातचीत सफल नहीं हो सकी, क्योंकि अधिकांश समाजवादी नेता किसी प्रकार के समझौते के विरुद्ध थे। 19 अप्रैल, 1954 को जे. पी. ने पी.एस. पी. की राष्ट्रीय कार्यकारिणी से त्यागपत्र दे दिया। इसका कारण इसके घटकों के मध्य पारस्परिक शत्रुता थी। इसके पश्चात् उन्होंने दलगत राजनीति से विदा ली और

दलीय प्रणाली का विरोध किया। उन्होंने सर्वोदय आन्दोलन के अन्तर्गत जीवन दानी के रूप में अपने लिए एक नई भूमिका चुनी। वास्तव में, 1953 में सम्पन्न बोध गया सम्मेलन का उन पर गहरा प्रभाव पड़ा। उन्हें विश्वास हो गया कि यदि समाजवाद का रूपान्तरण सर्वोदय में नहीं किया गया तो स्वतन्त्रता, समानता और भ्रातृत्व के आलोक स्तम्भ हमारे लिए सुलभ नहीं हो सकेंगे। विनोबा भावे के भूदान आन्दोलन की विस्मयजनक सफलता ने उन्हें गांधीवादी अन्तःशक्ति की प्रभावकारिता के प्रति आश्वस्त कर दिया। उनके अनुसार, "पहले की भाँति मैं आज भी निश्चयपूर्वक नहीं कह सकता कि कभी राज्य की सत्ता लुप्त होगी अथवा नहीं। किन्तु मैं इतना अवश्य कह सकता हूँ राज्य सत्ता के अधिकार, कार्य तथा क्षेत्र को यथासम्भव कम कर दिए जाने का लक्ष्य हमारे लिए सर्वोत्तम लक्ष्य है। पहले की भाँति आज भी मैं गांधी जी के साथ इस उक्ति में पक्का विश्वास रखता हूँ कि सरकार वही सबसे अच्छी है, जो सबसे कम शासन करती है। इस प्रकार जे.पी. जिन्होंने यात्रा मार्क्सवाद से आरम्भ कर, सर्वोदय के बिन्दु पर उसे विराम दिया, सर्वोदय को जनता का समाजवाद मानते थे। उनके मतानुसार मात्र सर्वोदय के द्वारा ही वास्तविक क्रान्ति सम्भव है। उनके शब्दों में, "इससे आने वाली क्रान्ति कितनी सुन्दर है, दूसरों से कितनी भिन्न है...।"

दूसरे देशों में अनेक प्रकार के उपायों से सम्पत्ति पर निजी स्वामित्व समाप्त किया गया है। परन्तु इनके परिणाम में सर्वत्र समान रूप से अप्रसन्नता, कटुता, घृणा तथा कष्ट ही देखने को मिला। अत्याचार और उत्पीड़न के भी अनेक उदाहरण सामने आए। इससे बढ़ावा मिला कृषिम नौकरशाही को और स्वतन्त्र कृषक मात्र अपने क्षेत्र में दास बनकर रह गए। इससे तानाशाही सत्ता का केन्द्रीकरण हो गया। इसके विपरीत ग्रामदान जैसे सुन्दर आन्दोलन के परिणामस्वरूप, स्वामित्व का हस्तान्तरण किसी सफल प्रयोग द्वारा नहीं हुआ, वरन् यह स्वामित्व स्वेच्छा से समाज को दिया गया। बाहरी सामाजिक परिवर्तन के साथ-साथ मानव के हृदय का आन्तरिक परिवर्तन भी देखने को मिला। यहाँ सामाजिक तनाव, संघर्ष के स्थान पर स्वतन्त्रता और पारस्परिक सौहार्द एवं सद्भावना ही थी।

बाद में जयप्रकाश दलहीन प्रजातन्त्र (Partyless democracy) और विकेन्द्रीकरण के पक्षधर हो गए। उन्होंने ग्रामीण सभ्यता प्रधान एक सादे समाज पर बल दिए। उन्होंने अति विकसित तकनीक प्रधान, आर्थिक केन्द्रीकरण वाले भौतिक समाज की निन्दा की। समाजवाद के प्रवक्ता के रूप में उन्होंने यह बलपूर्वक कहा कि केवल अहिंसात्मक उपायों से ही समाजवादी युग लाया जा सकता है। भ्रष्टाचार के वह प्रबल विरोधी थे और उन्होंने भ्रष्ट प्रशासन को अपने निन्दापरक उपहास का केन्द्र बनाया। उन्होंने समानता, प्रतिष्ठा एवं भ्रष्टाचार मुक्त युग लाने के लिए समग्र

क्रान्ति की अवधारणा प्रचारित की। विद्यार्थी इस क्रान्ति के ज्योतिर्वादक बनेंगे। किन्तु 20 वर्ष तक सर्वोदय के बंजर क्षेत्र में रहने के पश्चात् जे.पी. 1974 में पुनः सक्रिय आन्दोलनात्मक राजनीतिक क्षेत्र में प्रविष्ट हुए। इसके फलस्वरूप उन्हें 1975 में गिरफ्तार कर लिया गया तथा 1976 में पेरोल पर रिहा कर दिया गया। 1977 के ऐतिहासिक चुनावों के समय उन्होंने इन्दिरा गांधी विरोधी शक्तियों को एकजुट करने में महत्त्वपूर्ण भूमिका निभाई जिसके परिणामस्वरूप जनता पार्टी के रूप में एक संयुक्त मोर्चा सामने आया। इस प्रकार जे.पी. के प्रयत्नों ने सुनिश्चित कर दिया कि कांग्रेस की लज्जास्पद पराजय हो। जब कभी जनता पार्टी संकट की स्थिति में आती और उसे अपना अस्तित्व खतरे में दिखता तो वह जे.पी. को अपने रक्षक के रूप में निहारती। ऐसा उनके अन्तिम श्वास तक होता रहा। अतः वह अक्टूबर, 1979 में एक ऐसे निराश व्यक्ति के रूप में इस असार संसार से प्रयाण कर गए जिसका मित्रों से मोह भंग हो गया हो।

जे.पी. के राजनीतिक विचार

एक प्रजातन्त्रवादी के रूप में (As a Democrat) मानवीय स्वाधीनता के प्रति अपने उत्कट प्रेम के कारण वह संसदीय प्रणाली के मूल्यांकन करने और उसकी दुर्बलताओं को प्रकट करने पर विवश हो गए।

गांधी तथा विनोबा की भाँति उन्होंने भी प्रजातन्त्र के नैतिक आधार पर बल दिया। उनके शब्दों में, "प्रजातन्त्र की समस्या मूलतः एक नैतिक समस्या है। जब तक लोगों के नैतिक और आध्यात्मिक गुण यथेष्ट रूपेण विकसित नहीं होते तब तक सर्वोत्तम संविधान और राजनीतिक पद्धति से कुछ नहीं होगा।" अतः उन्होंने प्रजातन्त्र को प्रभावी रूपेण सक्षम बनाने के लिए इन बातों को आवश्यक माना। (i) अहिंसा के प्रति घृणा (ii) स्वतन्त्रता और अत्याचार के विरुद्ध लड़ने के साहस के प्रति प्रेम का भाव (iii) सहयोग की भावना (iv) सत्य में प्रवृत्ति (v) दूसरों की सम्मति के प्रति सहिष्णुता (vi) कर्तव्य, उत्तरदायित्व का भाव (vii) मानवीय समानता में आस्था और (viii) सादा जीवन बिताने की योग्यता।

दूसरे, उन्होंने अनुभव किया कि बड़े स्तर पर राजनीतिक तथा आर्थिक क्षेत्रों में केन्द्रीकरण होना व्यक्तिगत स्वतन्त्रता के लिए घातक है। प्रजातन्त्र पर भी इसका प्रतिकूल प्रभाव पड़ता है। इससे उनके विचार में बड़े-बड़े औद्योगिक लाभ कमाने वाले घरानों में आर्थिक और राजनीतिक सत्ता केन्द्रित हो जाती है।[3]

वह यह भी अनुभव करते थे कि सरकारी गतिविधियों में वृद्धि के साथ-साथ प्रभाव बढ़ता जाता था। इस अफसरशाही तन्त्र पर मन्त्रिगणों की निर्भरता उत्तरोत्तर बढ़ती जाती है। अफसर अपने कृत्यों के प्रति आज भी उत्तरदायी नहीं हैं। वह पहले

की भाँति आज भी रिश्वत लेता है।[4]

तीसरे, जे.पी. का मत है कि निर्वाचन व्यवस्था में वयस्क मताधिकार सुनिश्चित कर देने मात्र से हमारे प्रजातन्त्र को व्यापक आधार प्राप्त नहीं होता। हमारे प्रजातन्त्र में सम्पन्न वर्गगत प्रजातन्त्र को प्रश्रय मिलता है। जनता के सोत्साह सहभाग वाला प्रजातन्त्र नहीं। सामान्य व्यक्ति का मोह भंग हो जाता है, उसे लगता है कि काले व्यक्ति के स्थान पर श्वेत व्यक्ति सत्तारूढ़ हो गया है।[5] इसलिए उन्होंने जोरदार शब्दों में कहा कि सरकार को अधिक-से-अधिक प्रजातन्त्रीय बनाने के लिए सरकारी कार्यों को चलाने में जनता का सहयोग अधिक-से-अधिक होना चाहिए। भारत में जनता नीतियों को न तो बनाते और न ही लागू करने में भाग लेती है, इसी कारणवश हमारे लोकतन्त्र की नींव संकीर्ण रह जाती है। करोड़ों की संख्या में बिखरे हुए मतदाता हमारे लोकतन्त्रीय ढाँचे की नींव को ऐसा कमज़ोर कर रहे हैं जैसे रेत के कण-कण एक भवन को, जिस प्रकार रेत और मिट्टी को इकट्ठा करके ईंट का रूप दिया जाना आवश्यक है, इसी प्रकार अलग-अलग नर-नारी को समुदाय के रूप में एकत्रित करना होगा ताकि वह लोकतन्त्र की दृढ़ और स्थायी नींव बन सकें।

जे.पी. आगे कहते हैं, प्रजातन्त्र के समक्ष समस्या है, मनुष्य को मनुष्य के सम्पर्क में एक ऐसे सम्बन्ध के आधार पर रखने की जो नियन्त्रणीय सार्थक और इस प्रकार प्रयोजनमूलक हो कि मानव समुदाय उससे पुनर्गठित हो सके।[6] इसलिए उन्होंने राय दी कि ग्राम समुदाय को एक राजनीतिक इकाई (Unit) बनाया जाए और उसे अधिक-से-अधिक अपने क्षेत्र में राज्य करने का अधिकार दिया जाए, इसी ग्राम समुदाय को राज्यों की विधान सभाओं और देश की संसद बनाने का साधन बनाया जाए, केवल इसी प्रकार हमारे लोकतन्त्र की नींव विशाल होगी।

चौथी बात यह है कि वह विधान सभाओं के गठन की वर्तमान प्रणाली से सन्तुष्ट नहीं थे और उसे त्रुटिपूर्ण मानते थे। कांग्रेस केन्द्र तथा राज्यों में मान 50% मत भी प्राप्त न करने पर भी, सत्तारूढ़ होने में सफल हो गई। भुवनेवश्वर में श्रीमती गांधी के कथन पर टिप्पणी करते हुए उन्होंने कहा था, "इस तथ्य से कि उत्तर प्रदेश विधान सभा निर्वाचनों (1974) में 32% मत प्राप्त करने वाला दल बहुसंख्यक बन गया, हमारी निर्वाचन पद्धति की दोष पूर्णता को प्रकट करता है।"[7]

पाँचवीं बात की ओर ध्यान आकृष्ट करते हुए वह कहते हैं कि बड़े-बड़े औद्योगिक प्रतिष्ठानों के आर्थिक संरक्षण पर निर्भर रहने वाले राजनीतिक दलों की भूमिका राष्ट्र के लिए हानिप्रद होती है।

दलगत प्रणाली के सम्बन्ध में छठी अशोभनीय बात यह है कि इससे जनोत्तेजन की प्रवृत्ति बढ़ती है। राजनीतिक दल मत प्राप्त करने के लिए अनेक

अनैतिक उपायों का अवलम्ब लेते हैं। उनके मत में अशिक्षित करने के स्थान पर राजनीतिक दल लोगों को धोखा देते हैं। इस प्रकार लोगों की स्थिति उन भेड़ों की सी हो जाएगी जो समय-समय पर अपनी देखभाल करने वाले चरवाहों को चुनेगी।[8]

और भारतीय लोकतन्त्र को केवल दल प्रणाली कहते हैं। अहमदाबाद में 17 जनवरी 1975 में हुए एक बड़े जन समूह में उन्होंने कहा, ''भारतीय लोकतन्त्र बड़े खतरे में है विशेषकर 1975 में हुए लोक सभा के चुनाव के पश्चात निर्धनों और करोड़ों की संख्या में दूसरे लोगों की समस्या का समाधान नहीं हो पाया। देश के शासक लक्ष्य प्राप्त करने में असफल रहे। गरीबी हटाओ का स्थान गरीबी बढ़ाओ ने ले लिया है। उन्होंने एक बार अपने भाषण में विद्यार्थियों को लोकतन्त्रीय नियमों पर आधारित सरकार चलाने की सलाह दी क्योंकि प्रचलित लोकतन्त्र गल-सड़ चुका है और इसमें जन सहायक सरकार बनाने के लिए मौलिक परिवर्तन आवश्यक हैं उन्होंने गुजरात की भ्रष्ट सरकार के विरुद्ध विद्यार्थियों की सराहना की और कल्पना की कि विद्यार्थियों में से ही नए नेता उत्पन्न होंगे।

स्पष्ट है कि भारतीय संसदीय प्रणाली के जनता के शासन की वाहिका होने की बात को वह साग्रह अस्वीकार करते हैं। उन्होंने विद्यार्थियों को प्रेरणा दी कि वह भ्रष्ट सरकारों को च्युत करने के उद्देश्य से राष्ट्रव्यापी अभियान चलाएँ। ''मात्र एक ही सरकार के पतन से ही छात्रों को सन्तुष्ट नहीं रहना चाहिए। उन्हें लम्बा मार्ग तय करना है।''[9]

बाद में उन्होंने पुलिस तथा सेना को भी इस प्रकार सरकार के विरुद्ध आन्दोलन चलाने को कहा। ऐसा कहने पर सरकार ने उन्हें गिरफ्तार कर लिया।

लोकतन्त्रीय राज्य में सुधार कैसे?

संसदीय प्रणाली की त्रुटियाँ बताने के पश्चात हमारे राजनीतिक ढाँचे को पतन से बचाने के लिए उन्होंने कुछ सुझाव दिए ताकि जनता लोकतन्त्र का लाभ उठा सके। 1. विकेन्द्रीकरण, 2. ग्राम पंचायतों में सर्वसम्मति के नियमों का पालन 3. राज्य विधान सभाओं और संसद के चुनाव अप्रत्यक्ष हों (Indirect) 4. दल प्रणाली की भूमिका को कम-से-कम करना। जयप्रकाश इस प्रकार के लोकतन्त्र को अंगीक (Organic) या सह भाग (Participating) लोकतन्त्र कहते हैं। वह इसे दलविहीन (Partyless) लोकतन्त्र भी कहते हैं जिसका ढाँचा ग्राम पंचायत से लोकसभा तक ऊपर उठता है। संक्षिप्त में इसका वर्णन निम्नलिखित है।

राज्यतन्त्र को सुधारने के लिए गांधी तथा विनोबा के विचारों का अनुसरण करते हुए वह चाहते हैं कि ग्राम अपनी प्राचीन गरिमा जिसके द्वारा प्राप्त कर सकते हैं, वह हैं—

विकेन्द्रीकरण—पंचायती राज प्रणाली के वर्तमान स्वरूप से वह असन्तोष व्यक्त करते हैं। उनके मत में सच्चे प्रजातन्त्र का आधार होने के साथ-साथ ग्राम पंचायतों को स्वायत्त शासन के प्रसार में भी महत्त्वपूर्ण भूमिका निभानी चाहिए। "उन्होंने ग्राम समुदायों को अंगीक (Organic) लोकतन्त्र की नींव बताया है। उनका कहना है कि परिवार को भी प्रथम इकाई बताया जा सकता था परन्तु वह अधिक छोटी इकाई होती। कारणवश कुछ परिवार सम्मिलित होकर एक गाँव का रूप धारण करेंगे और एक-दूसरे को सहयोग देंगे। इस समुदाय का नाम ग्राम समुदाय या स्थानीय समुदाय होगा। स्वराज्य करोड़ों लोगों के लिए वास्तविकता बन सकता है यद्यपि सरकार उनके निकट लाई जाए। जयप्रकाश ऐसे पंचायती राज्य की प्रशंसा करते हैं जिनमें तीन सीढ़ियाँ हों—(1) ग्राम पंचायत (2) ब्लाक पंचायत समिति (3) जिला परिषद। जयप्रकाश इसी को लोकतन्त्रीय विकेन्द्रीकरण का आधार मानते हैं। पंचायती राज्य जिसकी स्थापना भारत के कई राज्यों में हो चुकी है। जयप्रकाश के विचारानुसार त्रुटियों से भरपूर हैं। इस पंचायती राज्य प्रणाली को शक्ति का प्रदान ऊपर से होता है न कि जनता से। इसलिए यह प्रणाली ऊपर से ठोस प्रतीत होती है और इसलिए इसे एक नौकरशाही के राज्य का स्वरूप कहा जाता है। जयप्रकाश का कहना है कि असली लोकतन्त्र का आधार ग्राम पंचायत होना चाहिए और इसी के द्वारा गाँव में सरकार चलनी चाहिए। वह उसे गाँव की कार्यपालिका कहते हैं या ग्राम पंचायत कहते हैं। ग्राम सभा को प्रजातन्त्र के भव्य भवन का सबसे नीचे का श्रेणी स्तर होना चाहिए। इसका आधार सुदृढ़तम और स्थायी होना चाहिए।"[10]

ग्राम सभा, जिसे सामुदायिक जीवन का जे.पी. महत्त्वपूर्ण अंग मानते थे, वह उनके द्वारा सुझाई राजनीतिक संरचना का आधार होना चाहिए। ग्रामीणस्थ सभी वयस्क स्त्री-पुरुष इसमें सम्मिलित होंगे। ग्राम पंचायत इसके कार्यकारी अंग के रूप में कार्य करेगी। यह निर्दलीय आधार पर कार्य करेगी। उनके मतानुसार, "लोगों की स्वायत्तशाली संस्थाओं को नीचे से ऊपर उठना चाहिए और लोगों के विचारों, उनकी इच्छाओं और आवश्यकताओं के प्रति संवेदनशील होकर सीधे उनके नियन्त्रण में होना चाहिए।"[11] जे.पी. ने कहा है कि पंचायती राज प्रणाली में कुछ त्रुटियाँ होते हुए भी सफलता प्राप्त हो सकती है अगर निम्नलिखित बातों को ध्यान में रखा जाएगा। (i) ग्राम सभा ना कि ग्राम पंचायत लोकतन्त्र के ढाँचे की पहली मंजिल हो। (ii) जनता को शिक्षा निष्पक्ष भावना और निष्पक्ष संस्थाओं द्वारा दी जानी चाहिए। सरकार को स्कूलों और लाइब्रेरियों को आर्थिक सहायता देनी चाहिए। (iii) राजनीतिक दल पंचायत के चुनाव में हस्तक्षेप न करे और सर्वसम्मति का नियम अपनाया जाए अगर सर्वसम्मति न हो सके तो चुनाव पर्चियाँ डालकर होना चाहिए। (iv) ऊपर के स्तर पर असली शक्तियाँ ग्राम सभा और पंचायतों को देनी चाहिए।

जिलाधीश राज्य सरकार का जिला परिषद में एक प्रतिनिधि के रूप में होना चाहिए। दूसरे शब्दों में वह इन संस्थाओं का चालक नहीं होना चाहिए। (v) दूर स्थानीय संस्था के पास काफी मात्रा में धन हो ताकि वह शक्तियों का प्रयोग ठीक ढंग से कर सके। (vi) पंचायतों का कर्मचारियों पर पूरा नियन्त्रण होना चाहिए। कर्मचारियों की नौकरी सुरक्षित हो। (vii) पंचायतें भिन्न स्तर पर शक्ति का प्रयोग जनता के द्वारा करे न कि राज्य सरकार के हाथ में कठपुतली बने (viii) पंचायती राज्य कही स्थापना और उनके कार्यों में सहायता और ऊपरी देखभाल का कार्य एक स्वतन्त्र संस्था को सौंपा जाए जिसका नियन्त्रण सरकारी कर्मचारी के द्वारा ना हो और जो पंचायती राज के कर्मचारियों के साथ पक्षपात न कर सके।

स्थानीय समुदाय का आदर्शोन्मुखी चित्रण करते हुए जे.पी. कहते हैं, "सच्चे समुदाय में ऐसा साम्यवाद होता है जो अनुभूतियों का मिलकर आस्वाद ग्रहण करता है, जिनके हितों में समानता होती है और एक स्वीकृत सामाजिक दायित्व की परिधि में स्वतन्त्रता का और विभिन्नता में भी एकता का अनुभव करते हैं। इसमें कृषि, श्रमिक वर्गस्थ, बुद्धिवादी संघर्ष से दूर रहते हुए, समुदाय की सेवा में लगे रहकर परस्पर हित साधन करते हैं।"[12]

स्थानीय समुदाय एकत्रित होकर लोगों की समस्याओं का समाधान करेगी, क्षेत्रीय समुदाय बनाएगी और क्षेत्रीय समुदाय मिलकर जिला स्तर की समुदाय बनाएगी। जिला समुदाय, प्रान्तीय और राष्ट्रीय समुदाय बनाएँगी परन्तु अधिकतर शक्तियाँ क्षेत्रीय समुदाय के पास रहेंगी।

(ख) ऊपर के स्तर पर परिवर्तन

जे.पी. ने सरकार के ऊपर के ढाँचे में अनेक परिवर्तन बताए। (i) बहुमत से प्रत्यक्ष चुनाव का स्थान अप्रत्यक्ष (Indirect) (ii) अगर ग्राम समुदायों की स्वायत्तता (autonomy) वास्तविक बनाने के लिए केन्द्रीकरण समाप्त होना चाहिए। (iii) राज्य विधान सभा और लोकसभा का चुनाव निर्वाचक मंडल (Electoral College) के द्वारा हर ग्राम की ग्रामसभा दो प्रतिनिधि निर्वाचक मंडल (Electoral College) के लिए चुनेगी। यह सब प्रतिनिधि मिलकर विधान सभा और लोक सभा के सदस्यों को चुनेंगे। अगर दो से ज्यादा नाम चुनाव के लिए आएँगे तो यह नाम बोर्ड पर लिख दिए जाएँगे और चुनाव होते रहेंगे जब तक केवल दो नाम नहीं रह जाएँगे। हर चुनाव में सबसे कम मत लेने वाले को चुनाव से निकाल दिया जाएगा। चुनाव हाथ खड़ा करके होंगे और किसी प्रकार का प्रचार नहीं होगा। इसके पश्चात् निर्वाचक मंडल (Electoral College) के सदस्य राज्य विधान सभा के सदस्यों को चुनेंगे। चुनाव जीतने वालों के मतों की संख्या निर्वाचित कर दी

जाएगी। इस प्रकार के चुनाव से राजनीतिक दलों की महत्त्वता चुनाव में कम होगी और चुनाव के तरीके से लोगों में फूट नहीं पड़ेगी। इस तरह से शक्ति का प्रयोग नीचे से ऊपर ना कि ऊपर से नीचे होगा। दलों के नेताओं की भूमिका (Role) कम होगी। चुनाव में खर्च कम होंगे। चुनाव के दिनों में भावनाओं का भड़काना और हानिकारक प्रचार बन्द होंगे। लोकतन्त्र वास्तव में सहभाग (Participating) लोकतन्त्र बन जाएगा क्योंकि ग्राम सभाएँ विधान सभा और लोकसभा को अपने चुने हुए प्रतिनिधियों के द्वारा प्रभावित करती रहेगी।

1972 के चुनाव में भ्रष्टाचार और चुनाव क्षेत्रों पर कब्जा और गड़बड़ी के कारण बदनाम हुए थे उन पर टिप्पणी करते हुए जे.पी. ने कहा कि "अगर लोकतन्त्र को जीवित रखना है तो चुनाव प्रणाली में पूरे तौर पर परिवर्तन लाना होगा। हम इस प्रकार की सरकार की स्थापना करना चाहते हैं जो बिना दलों के चल सके। शक्ति न ही केवल केन्द्रीय सदस्यों में बल्कि एक व्यक्ति के हाथ में आ चुकी हैं। समाजवाद के नाम पर निरंकुश राज्य बन चुका है और जिसमें सब-के-सब आर्थिक शक्ति केन्द्र के पास है इसके सब फैसले प्रधानमन्त्री पर निर्भर हैं।" जे.पी. इस प्रकार की घटना से परेशान थे और उन्होंने ऐसे राज्य की कल्पना की कि जिसमें दलविहीन पंचायतों का राज्य ग्राम स्तर पर हो और जिसमें राष्ट्रीय स्तर भी दलविहीन राजनीति अपनाई जाए।

उन्होंने इस नए राजनीतिक ढाँचे में अर्थव्यवस्था का विकेन्द्रीकरण पर जोर डाला। बड़े-बड़े उद्योगों का स्थान लघु उद्योगों को दिया जाएगा, इससे मजदूरों का शोषण समाप्त होगा। सहयोग की भावना बढ़ेगी और मजदूर स्वयं स्वामी होगा। श्रेणी संघर्ष समाप्त होंगे। इस प्रकार नई अर्थव्यवस्था का ढाँचा शोषण मुक्त और आत्मनिर्भर होगा।

जे.पी. के सपनों के स्वशासी और आत्मनिर्भर ग्राम में कृषि-उद्योग और नगर-ग्राम का रुचिर मिश्रण होगा। रेडियो तथा विद्युत उपकरणों का गाँव में निर्माण का स्वप्न भी जयप्रकाश नारायण देखते हैं। उनके शब्दों में, "जहाँ कहीं भी सम्भव हो, उपलब्धि सुगम हो, विद्युत शक्ति का प्रयोग, अर्थव्यवस्था की समग्रता तथा संगठित रूप में मूल्यांकन करने के उपरान्त किया जाए जिससे उत्पादन व्यय, खपत तथा रोज़गार सम्बन्धी विषमताओं को कोई प्रश्रय न मिल सके।"[13]

जे.पी. ने आत्मनिर्भर ग्राम के आदर्श को अपनाया है परन्तु उनका यह भी कहना है कि एक ही क्षेत्र के गाँव आपस में और भारत के संघीय सरकार के राज्य भी आपस में व्यापार कर सकते हैं। उन्होंने क्षेत्रीय राज्य और भारतीय स्तर पर उद्योग स्थापित करने की भी राय दी है, इसके अतिरिक्त उन्होंने अन्तर्राष्ट्रीय व्यापार का भी वर्णन किया है।

जे.पी. मानते थे कि "एक विकन्द्रीकरण अर्थव्यवस्था का उद्देश्य मानवीय और पदार्थ रूप में उपलब्ध सभी स्थानीय और प्रादेशिक साधनों का पूर्ण उपयोग होना चाहिए जिससे स्थानीय और प्रादेशिक माँगों की आपूर्ति हो सके। तथापि इसका अर्थ यह कदापि नहीं है कि एक क्षेत्र का इन वस्तुओं का अधिशेष अन्य क्षेत्र के अधिशेष के बदले में प्राप्त नहीं किया जाएगा। किन्तु इसका यह अभिप्राय अवश्य है कि प्रत्येक औद्योगिक क्षेत्र के कार्य करने का एक निर्धारित भौगोलिक क्षेत्र अवश्य होगा।"[14] जे.पी. के ऊपर के लिखे कथन से स्पष्ट होता है कि उन्होंने ना ही केवल खादी अर्थव्यस्था की कल्पना की बल्कि एक ऐसी आधुनिक अर्थव्यवस्था के बारे में सोचा जिसे अपनाने के लिए नई मशीन और नई आर्थिक तकनीक (Technology) की आवश्यकता होगी। दूसरे शब्दों में इस नई अर्थव्यवस्था में ऐसी योजना की आवश्यकता होगी जो भारत सरकार की योजनाओं से भिन्न होगी, क्योंकि जे.पी. की योजना की कल्पना नीचे स्तर से है न कि ऊपर से।

जे.पी. द्वारा प्रस्तावित श्रेणी क्रमानुगत (Hierachical) संरचना के परीक्षण से प्रतीत होता है कि वह विनोबा द्वारा प्रस्तुत संरचना के सदृश ही है। किन्तु एक मौलिक अन्तर स्पष्टतः सामने आता है। विनोबा जहाँ उच्च अधिकारी वर्ग के मात्र परामर्श देने तक अपने पास मात्र ऐसा नैतिक अधिकार रखने की बात करते हैं कि जो भविष्य में स्वतः ही समाप्त हो जाएगा, वहाँ जे.पी. कहते हैं, "जिस प्रकार प्राथमिक समुदाय ने प्राथमिक समुदाय को अपने अधिकार के प्रति निर्धारित (delegated) किए हैं वहाँ प्रादेशिक समुदाय को स्वशासी होना चाहिए।"[15]

यह कहना उचित होगा कि जे.पी. की पहले की विचारधारा जिसके अनुसार उत्पादन, वितरण और अदला-बदली के साधन और उनकी योजना राज्य सरकार के हाथ में होने से समाजवाद स्थापित किया जा सकता है, झुठला दिए गए इसलिए उन्होंने नागरिकों को आर्थिक सुरक्षा, समानता तथा शोषण से मुक्ति दिलाने के लिए सर्वोदय को अपनाया।

राज्य को अनावश्यक अधिकार दिए जाने की बात की निन्दा करते हुए वह कहते हैं, "प्रजातन्त्र के लिए यह आवश्यक है कि राज्य पर लोगों की निर्भरता उत्तरोत्तर न्यून होती जाए। मार्क्स तथा महात्मा गांधी दोनों मानते थे कि प्रजातन्त्र के चरमोत्कर्ष की अवस्था वही है जब राज्य पूर्णतः लुप्त हो जाए।"[16] विनोबा वस्तुतः एक दार्शनिक अराजकतावादी हैं, किन्तु जे.पी. थोड़े संकोची हैं, परन्तु उनकी तुलना में यथार्थवादी अराजकतावादी हैं। उन्होंने कहा, "यह राजनीति जितना अधिक बढ़ती है, पुरानी सिकुड़ जाती है। यही राज्य के धीरे-धीरे लुप्त होने की सही प्रक्रिया है।"[17]

दलविहीन लोकतन्त्र

यद्यपि संसदीय लोकतन्त्र में राजनीतिक दलों की बुराइयों पर संक्षिप्त रूप में विचार किया गया है, फिर भी इसके विश्लेषण को देखने की जरूरत है जो कि जयप्रकाश नारायण ने किया है, क्योंकि विषय बहुत विवादग्रस्त है और जवाहरलाल नेहरू जैसे नेताओं को इस विषय के बारे में अपनी उल्टी राय देनी पड़ी थी।

जयप्रकाश नारायण के अनुसार, राजनीतिक दलों की स्पष्ट त्रुटि यह है कि वे लोकतन्त्र को, लोगों द्वारा सरकार को ही असम्भव बना देते हैं। लोकतन्त्र उस समय लोगों की सरकार नहीं रहता, जब राजनीतिक दल जनता तथा सरकार के बीच में आ जाते हैं। इसलिए उनका सरकार के बीच में सीधा सम्पर्क स्थापित नहीं हो पाता। उम्मीदवार–जो कि बनने वाले प्रतिनिधि होते हैं, उनका चुनाव राजनीतिक दल करते हैं, लोगों द्वारा उनका चुनाव नहीं होता। प्रतिनिधि चुनाव जीतने के पश्चात् राजनीतिक दलों में अपनी श्रद्धा बनाए रखते हैं और लोगों के प्रति उनकी कोई श्रद्धा नहीं होती। अतः प्रतिनिधि लोगों का प्रतिनिधि नहीं रहता, चाहे वह ऐसा दावा अवश्य ही करता है। उनके शब्दों में, ''दलीय प्रणाली लोगों को पिछलग्गू बना देती है जिनकी प्रभुसत्ता का केवल एक ही काम, समय-समय पर मुखियों का चुनाव करना होता है, जो उनके कल्याण का ध्यान रख सकें।''

दूसरे, दल शक्ति की नीतियों को प्रोत्साहन देते हैं और चुनाव के दिनों में अनुचित तथा निर्लज्ज ढंगों का प्रयोग करते हैं। अतः वे राजनीति को भ्रष्ट कर देते हैं और लोकतन्त्र को स्वार्थी राजनीतिज्ञों की सरकार का रूप दे देते हैं, जो कि वोट बटोरने की कला से भली-भाँति परिचित होते हैं। इन्होंने लोकतन्त्र को 'गुंडों के लिए अन्तिम आश्रय' (last refuge of scoundrels) में परिवर्तित कर दिया है।

तीसरे, राजनीतिक दलों में ही पड़ोसियों में घृणा फैलाने का कार्य किया है। इन्होंने एकता लाने की अपेक्षा घृणा का बीच बोया है। अतः इनका योगदान एकता लाने की अपेक्षा शत्रुता फैलने वाला है।

अतः उनका सुझाव है कि भारत अपने प्रजातान्त्रिक तन्त्र में सुधार कर एक ऐसे प्रजातन्त्र को विकसित करे जिसमें जनता का सहयोजन प्राप्त किया जाए तथा इसमें समाविष्ट हो ऐसी व्यवस्था जो सरकार तथा जनता के मध्य तात्कालिक सम्पर्क सुनिश्चित कर सकें। ऐसा दलहीन प्रजातन्त्र में अधिकारों के विकेन्द्रीकरण से ही सम्भव है। वस्तुतः इंगलैंड फ्रांस, स्विट्जरलैंड, होलैंड, डेनमार्क, बेल्जियम, स्वीडन, आस्ट्रिया, इटली, यूनान, पौलेंड तथा युगोस्लोविया आदि देशों की यात्रा के उपरान्त उन्हें विश्वास हो गया कि दलीय प्रणाली निष्प्रयोजन है। यूगोस्लाविया में जन-समितियों के आकलन के पश्चात् 1959 में उन्हें विश्वास हो गया कि भारतीय राजनीति का

शोधजन्य पुनर्गठन किया जाए। इसी से उन्हें निर्दलीय पद्धति की अवधारणा प्राप्त हुई।

अतः जयप्रकाश नारायण ने ग्राम-सभा के गठन की राय दी है जो कि राजनीतिक दल-प्रणाली से मुक्त होगी, क्योंकि प्रत्येक वयस्क इस प्रकार की सभा का अपने आप ही सदस्य बन जाएगा। राजनीतिक दलों के प्रभाव को कम करने के लिए उन्होंने ग्राम-पंचायत के सदस्यों के चुनाव के सर्वसम्मति के आधार पर चुनने की राय दी। राजनीतिक दलों के अस्वस्थ प्रभाव से बचने के लिए राज्य विधान मंडलों तथा लोकसभा के चुनावों के लिए भी निर्वाचक-मंडल की विधि को प्रयुक्त करने की राय दी गई है। उन्होंने दलीय आधार पर मन्त्रियों के चुनाव को भी ठीक नहीं समझा। वे चाहते हैं कि मन्त्रिमंडल में केवल बुद्धिमान व्यक्ति ही लिए जाएँ, न कि दलीय आधार पर उन्हें लिया जाए।

इस प्रकार दलहीन प्रजातन्त्र को चार प्रकार से लागू किया जा सकता है। (i) गाँवों में लोग आम सहमति के आधार पर अपने प्रतिनिधियों को मनोनीत करेंगे। इनसे एक पंचायत अथवा ग्राम मंडल का गठन होगा। सामान्यतः इस मंडल में प्रत्येक परिवार का प्रतिनिधित्व उसका एक सदस्य करेगा। अपनी मासिक बैठक में मंडल में सभी ग्रामीण समस्याओं पर निर्णय करेगा। यह पंचायतें अथवा मंडल थाना पंचायतों का निर्वाचन करेंगे जिनके द्वारा जिला पंचायतों का चुनाव होगा। जिला पंचायतें अपने प्रतिनिधि प्रान्तीय पंचायतों में भेजेंगे और यह पंचायतें केन्द्रीय पंचायतों का निर्वाचन करेंगी। वह इसे दलहीन प्रजातन्त्र को मूर्त करने की एक संगठित युक्ति स्वीकार करते हैं। इस प्रकार का प्रजातन्त्र सामुदायिक सहमति तथा एकमत के सिद्धान्तों पर काम करेगा। इस प्रकार यह दलगत राजनीति तथा निर्वाचन प्रक्रिया का स्थान लेना। (ii) दलगत राजनीति से मुक्त एक सर्वोदय समाज की स्थापना होगी। (iii) वर्तमान सभी दलों को सर्वोदय के कार्य में सम्मिलित रूप से सहयोग करने के लिए आमन्त्रित किया जाएगा। यदि इस प्रकार अथक सम्मिलित प्रयास से सर्वपक्षीय क्रान्तिपूर्ण होगी तो सर्वोदय का स्वप्न साकार होगा और यह सभी दल समाप्त हो जाएँगे। (iv) दलहीन राजनीति के लक्ष्य की प्राप्ति से पूर्व दलों के निष्प्रभ करने का कार्य पूरा होगा। लोग दलीय आधार पर चुनाव लड़ सकते हैं। ज्योंही विधानमंडल अस्तित्व में आए, सदस्यों का दलों से सम्बन्ध नहीं रहेगा। दलों को कार्य नहीं करने दिया जाए। सदस्यों को अपनी सुविधा और चेतना के आधार पर मत देने की अनुमति होगी। मन्त्रियों का चयन दलीय आधार पर नहीं होगा। प्रत्येक प्रतिनिधि अपनी पसन्द के वरीयता क्रमानुसार एक सूची प्रस्तुत करेगा, वह व्यक्ति जिनकी वरीयता पक्षीय सहमति सर्वाधिक हो, वही मन्त्रिपद पर आसीन होंगे।

भारतीय जनतन्त्र के सुधार के लिए उनके सुझाव

निकट भविष्य में देश में दलीय प्रजातन्त्र की सम्भावनाओं के अभाव का अनुभव करते हुए जयप्रकाश ने देश में एक सशक्त एवं व्यवहार्य विरोधी दल की आवश्यकता पर बल दिया। उनकी सम्मति में यदि विरोधी दल अपने लघु खंडों के होते हुए, विचारधाराओं की विभिन्नता और वैयक्तिक महत्वाकांक्षाओं को विस्तृत कर, यह समझ लें कि उनके नेताओं का हित एक दूसरे में सक्षम रूपेण जुड़ा है, तो देश में एक प्रभावी विरोधी दल का प्रतीक्षित उदय हो सकता है।[18] एक रचनात्मक भूमिका निभाने वाले ऐसे विरोधी दल की बड़ी आवश्यकता है।

द्वितीयतः उन्होंने 'आया राम' 'गया राम' की राजनीति को समाप्त करने के लिए मतदाताओं को अपने प्रतिनिधियों को 'वापिस बुलाने' का अधिकार देने की बात कही है। इस प्रकार का उपाय, यद्यपि प्रत्यक्षतः प्रशंसनीय है, तथापि इससे एक विकासोन्मुखी जनतन्त्र में स्थानीय, राज्यीय और केन्द्रीय राजनीति में अस्थिरता आने की आशंका है, जो भारतीय लोकतन्त्र के हित में नहीं है।

तीसरी बात, जो उन्होंने कही है, वह यह कि निर्वाचन आयोग एक बहुसदस्यीय संस्था होनी चाहिए, जिसमें सदस्य रूप में ऐसे व्यकित लिए जाएँ जिनकी प्रतिष्ठा उच्च न्यायालय तथा उच्चतम न्यायालय के न्यायाधीशों के समान अनभियोज्य (unimpeachable) हो। उनका चयन एक ऐसा बोर्ड करे जिसमें उच्चतम न्यायालय के मुख्य न्यायाधीश, प्रधानमन्त्री तथा विरोधी दल के नेता अथवा विरोधी पक्ष का कोई सर्वमान्य व्यक्ति सम्मिलित हो। इस प्रकार का सुझाव अवश्य विचारणीय है।

उनकी चौथी बात यह है कि मतदान की न्यूनतम आयु 18 वर्ष की जाए।

इस प्रकार प्रजातन्त्र को एक व्यापक आधार दिया जाएगा और युवावर्ग को प्रजातन्त्र से सम्बद्ध किया जा सकेगा। 'ब्लिट्ज़' पत्रिका को दिए एक साक्षात्कार में इस बात पर बल दिया कि प्रजातन्त्र को सुदृढ़ करने के लिए यह आवश्यक है कि देश के नागरिक स्वतन्त्र, प्रबुद्ध हों। अधिकारों को प्राप्त करने का जहाँ उनमें उत्साह हो, वहीं कर्तव्यों के प्रति भी वह जागरूक हों। सुदृढ़ प्रजातन्त्र की अन्य आवश्यकताएँ हैं स्वतन्त्र न्याय पालिका, सजग विधानमंडल, स्वतन्त्र पत्रकारिता, सन्तुलित दलीय प्रणाली, जागरूक तथा प्रभावी जनमत एवं स्वतन्त्र, प्रबुद्ध विद्या समुदाय, सशक्त श्रमिक संगठन और विभिन्न सामाजिक क्षेत्रों का प्रभावी संगठन हैं। हम एक दलहीन पद्धति पर आधारित सरकार की स्थापना चाहते हैं। जिस उपाय से केन्द्र अधिकारों को अपने में निहित करता जा रहा है, यह हमारे लिए चिन्ता का विषय है। केवल इतना ही नहीं है कि सत्ता केन्द्रीय संस्थाओं में स्पष्टता से उभरी है। वह तो मात्र एक व्यक्ति के हाथों में आ गई है। सभी निर्णय प्रधानमन्त्री की

आज्ञा पर होते हैं। जे.पी. इन घटनाओं से स्तब्ध रह गए। वस्तुतः एक नई नीति सम्बन्धी उनके विचार ग्रामीण स्तर पर दलहीन पंचायत और तत्पश्चात् राष्ट्रीय स्तर पर दलहीन राजनीति के रूप में ठोस आकार लेने लगे।

जयप्रकाश—एक समाजवादी के रूप में

जैसा कि पहले कहा जा चुका है, जयप्रकाश नारायण शुरू में मार्क्सवादी थे। वह भारतीय समस्याओं के समाधान के लिए मार्क्सवाद की ओर देखते थे। यह समस्याएँ राष्ट्रीय आत्मनिर्णय तथा सामाजिक, राजनीतिक प्रगति से सम्बद्ध थीं। भूतपूर्व रूस में लेनिन की सफलता का उल्लेख करते हुए उन्होंने कहा, "लेनिन की रोमांचकारी सफलता जिसका विवरण प्राप्त करने की हमारी आतुरता इतनी प्रबल थी कि वह कभी शमित नहीं होती थी, उससे ऐसा लगता था कि मार्क्सवादी उपायों ने अपनी प्रभाविकता निश्चित रूप से प्रतिष्ठित कर दी है।"[19] परन्तु धीरे-धीरे उन्होंने रूस में इसकी कार्यविधि को देखते हुए तथा भारतीय साम्यवादी दल द्वारा गांधीजी तथा उनके कांग्रेस दल की कटु आलोचना के कारण, मार्क्सवाद का त्याग कर दिया। इसके फलस्वरूप जयप्रकाश नारायण के नेतृत्व में कांग्रेस समाजवादी दल का मार्क्सवादी सिद्धान्तों पर निर्माण हुआ। जयप्रकाश को सदैव यह आशा लगी रही कि दोनों दल एक-न-एक दिन अवश्य ही एक-दूसरे में मिल जाएँगे। भारत के प्रति रूस के रवैये में परिवर्तन के कारण भारतीय साम्यवादी दल कांग्रेस समाजवादी दल के निकट आ गया। जयप्रकाश के कहने पर साम्यवादियों को कांग्रेस समाजवादी दल में शामिल होने की आज्ञा दी गई थी। परन्तु यह एक अस्थायी मामला था। भारतीय साम्यवादी दल का पर्दा शीघ्र ही खुल गया। जयप्रकाश ने इस दल को शान्ति की स्थापना तथा सामाजिक सन्तुलन के लिए उचित साधन नहीं समझा। अतः उन्होंने मार्क्सवाद का परित्याग करके लोकतन्त्रीय समाजवाद में विश्वास व्यक्त किया। गांधीजी की विचारधारा की क्षमता ने भी इन्हें बहुत अधिक आकृष्ट किया। गांधीजी द्वारा स्वतन्त्र भारत की सरकार से अपने आपको अलग रखने के कारण उनके आत्मत्याग का जयप्रकाश नारायण पर बहुत गहरा प्रभाव पड़ा। विनोबा के भूदान आन्दोलन ने भी उनके सामने गांधीजी की पद्धति (technique) को प्रस्तुत किया। अतः वे सर्वोदय आन्दोलन में शामिल हुए और जीवनदानी बन गए। जैसा कि पहले कहा जा चुका है, उन्होंने सर्वोदय को जनता का समाजवाद कहा है।

समाजवाद जे.पी. की दृष्टि में सामाजिक पुनर्निर्माण की पद्धति है। आरम्भ में, जनतान्त्रिक समाजवाद के प्रवक्ता के रूप में वह समाजवादी समाज की स्थापना और उसे सशक्त करने के लिए राज्य की सत्ता का प्रयोग चाहते हैं। इस प्रकार के समाज का उद्देश्य पदवी, संस्कृति, अवसर आदि की असमानताओं को दूर करना

होगा। राज्य के प्रति उनका मोह उनके इस कथन से प्रकट है, "संसार में कोई दल ऐसा नहीं है जो बिना राज्यतन्त्र के समाजवाद की स्थापना कर सके।" उन्होंने स्वतन्त्रता के आदर्श पर आधारित एक जनतान्त्रिक अहिंसात्मक समाज व्यवस्था की योजना तैयार की। उन्होंने कहा, "भारत की समाजवादी सरकार पूर्णतः प्रजातान्त्रिक होनी चाहिए। प्रजातन्त्र के बिना समाजवाद अचिन्त्य है।"[20]

उनके लिए समाजवाद जीवन की एक पद्धति है। यह ऐसे मूल्यों की एक माला है जिनके प्रति उनकी प्रतिबद्धता इतनी प्रगाढ़ थी कि उन्होंने अपने जीवन में इन पर आचरण करने का प्रयास किया।

समाजवादी होने के नाते उन्होंने देश की आर्थिक समस्याओं के समाधान के लिए अधिक बल दिया है। उन्होंने अवसर की समानता के सिद्धान्त के महत्त्व पर भी बल दिया। उन्होंने राय दी है कि मौलिक आर्थिक आवश्यकताओं की पूर्ति के बिना सांस्कृतिक सर्जनशीलता कदाचित सम्भव नहीं है। उनके शब्दों में, "संस्कृति का फल लेने के लिए आर्थिक नियोजन पहली शर्त है।"[21]

समाजवादी होने के नाते उन्होंने सबसे अधिक महत्त्व देश की आर्थिक समस्याओं को दिया और इन समस्याओं के सुझाव पर जोर डाला। उन्होंने कहा कि हर व्यक्ति को समान अवसर प्रदान होने चाहिए। उनके शब्दों में धन की असमानता का कारण पूँजी जो प्रकृति का एक उपहार है और उत्पादन के साधन कुछ व्यक्तियों के हाथ में आ जाते हैं और जिनका प्रयोग उन्हीं के लाभ के लिए किया जाता है। उससे श्रमिकों का आर्थिक शोषण होता है और उन्हें केवल उतनी ही मजदूरी मिलती है जिससे वह जिन्दा रह सके।

उन्होंने निजी सम्पत्ति निजी मालिकयत को समाप्त करने के लिए कहा। उन्होंने राय दी कि उत्पादन के साधन राज्य या समाज के पास होने चाहिए। उन्होंने बैंकों, व्यापार और यातायात के राष्ट्रीयकरण का समर्थन किया। उन्होंने समाजवाद की पूँजीवाद के उत्पादन और वितरण और मालिकयत की प्रतिक्रिया (Reactor) कहा है।

उनके लिए समाजवाद जीवन का एक मार्ग है। "यह ऐसी धारणाओं का प्रतिनिधित्व करता है, जिनके प्रति उनकी श्रद्धा ऐच्छिक है और जिन्हें उन्होंने जीवन में वास्तविक रूप से देने का प्रयत्न किया है।"[22] वे यह मानने के लिए तैयार नहीं हैं कि समाजवाद पश्चिम से आयात किया गया है, क्योंकि बंटाई (Sharing) तो भारतीय संस्कृति का एक प्रमुख आदर्श बना रहा है।

यह स्पष्ट है कि मार्क्सवादियों के विपरीत, सर्वोदय की विचारधारा दीक्षित होने से पूर्व, जे.पी. राज्य को रखे जाने के पक्षधर थे। यहाँ तक कि वह राज्य को एक ऐसा तन्त्र मानते थे जो समाजवादी संरचना के लिए उपयोगी हो। उनके अपने शब्दों

में, "जो समाजवादी समाज का गठन चाहते हैं, उनके पास इसके लिए आवश्यक अधिकार तथा स्वीकृति होनी चाहिए। यदि राज्य आपके हाथ में है तो आप उस सारे भव्य प्रचार और शिक्षा के उपकरण तन्त्र का प्रयोग कर सकते हैं जो आधुनिक विज्ञान ने आपको उपलब्ध कराया है। आप विधायन भी कर सकते हैं। विधायन की प्रत्येक क्रिया के पीछे राज्य की समझाने-बुझाने और अन्ततः विवश करने की शक्ति होती है।"[23]

इसके अतिरिक्त एक सच्चे भारतीय समाजवादी के नाते, वह कठोर परिश्रम करने, खून-पसीना बहाने वाले श्रमिकों की दयनीय दशा मात्र एक मूक दर्शक बनकर नहीं देख सकते थे। अतः वह ग्रामीण स्थिति में क्रान्तिकारी परिवर्तन के पक्षधर थे। वह ग्रामों को, जो मात्र कुछ घरों का समूह थे, शेष संसार से अलग पड़े, शेष संसार से पुनः जोड़ देना चाहते थे, उनमें बिजली चालित रेल, टेलीफोन, रेडियो, सड़कें, बसें आदि आधुनिक सुविधाएँ देकर। अपने समाजवादी राज्य के प्रत्येक गाँव को, वह एक ऐसी औद्योगिक इकाई बना देना चाहते थे जो उत्पादन में सक्षम हो। वह इन्हें आत्मसन्तुष्ट एवं स्वावलम्बी बनाना चाहते थे। अतः उन्होंने भूमि कानूनों में मौलिक परिवर्तनों को सुझाव दिया।

उनके मतानुसार समाजवाद भारतीय संस्कृति के अनुरूप ही है। हमारी प्राचीन परम्पराओं में भी अच्छी बातों को दूसरों के साथ बाँटने की बात कही गई है। इसके समर्थन में उन्होंने जाति प्रथा, संयुक्त परिवार और ग्रामीण जीवन का उदाहरण दिया है। उन्होंने यहाँ तक कहा है, यद्यपि सुगठित समाजवादी सिद्धान्त एक पाश्चात्य निर्धारण है, तथापि इसका मूल आदर्श भारतीय संस्कृति का अंग है। किन्तु यह एक विरोधाभास ही लगता है कि जे.पी. अधिकार छीनने के लिए वर्ग संघर्ष का समर्थन करते हैं, जबकि ऐसे विचारों को कहीं भी भारतीय संस्कृति में प्रश्रय नहीं है।

गांधीजी के प्रभाव के आधीन उन्होंने समाजवाद को प्राप्त करने के साधनों के महत्त्व पर बल दिया है। मार्क्सवादियों द्वारा हिंसा के पक्ष में प्रचार उन्हें अच्छा नहीं लगा। 19 से 21 मार्च तक हुए 1948 के नासिक सम्मेलन में उन्होंने गांधीजी की भूरि-भूरि प्रशंसा की तथा उन्हीं के द्वारा सुझाई तकनीक के प्रयोग को समाजवाद प्राप्त करने के लिए उचित ठहराया। उन्होंने कहा, गांधी जी ने हमें बहुत-सी बातें सिखाई हैं। उन्होंने सर्वाधिक महत्त्वपूर्ण बात जो हमें सिखाई है, वह यह है कि बुरे साधनों से अच्छे उपाय प्राप्त नहीं किए जा सकते। एक अच्छे उद्‌देश्य द्वारा ही हमें अपने समाजवादी समाज के उच्च लक्ष्य को प्राप्त कर सकते हैं। इस सम्मेलन में उन्होंने मार्क्स द्वारा प्रचारित श्रेणी संघर्ष की भर्त्सना की और इस प्रकार वह उपायों की शुद्धता को वरीयता प्रदान करने वाली गांधीवादी विचारधारा की ओर आकृष्ट हुए। सत्याग्रह की तकनीक तथा विकेन्द्रीकरण के दर्शन का उन पर गहन प्रभाव पड़ा।

1951 में उन्होंने स्पष्ट घोषणा की कि समाजवाद उसी स्थिति में गांधीवाद की उपेक्षा कर सकता है, यदि वह अपने को विपदस्थ करना चाहता हो।"[24]

उनके शब्दों में, "प्रत्येक वैज्ञानिक समाजवादी का यह कर्त्तव्य है कि वह गांधीवाद को समझे और उसके सार को ग्रहण करे।"[25]

इसके अलावा, मार्क्सवाद के विपरीत, जयप्रकाश नारायण ने सर्वोदय के सिद्धान्त को अपनाने से पहले राज्य को बनाए रखने के सिद्धान्त में विश्वास व्यक्त किया। उन्होंने समाजवादी समाज की परिभाषा देते हुए कहा, "यह जीवन की एक सरणि है, मानसिक दृष्टिकोण है और नैतिक आचरण है। इसमें व्यक्ति स्वेच्छा से समाज के व्यापक हितों के लिए अपने हितों को छोड़ देता है।"[26]

दिसम्बर 1957 में उन्होंने, "राजनीति अब मेरे लिए निष्प्रयोजन हो गई है, यह मानते हुए समाजवादी पार्टी में त्यागपत्र दे दिया।"[27]

उन्होंने समाजवादी ढाँचे का निर्माण करने तथा समाज के पुनर्निमाण के लिए राज्य को अनिवार्य समझा। उनके शब्दों में, "जो लोग समाजवादी समाज का निर्माण करना चाहते हैं, ऐसा करने के लिए उनके पास शक्ति तथा पर्याप्त स्वीकृति होनी चाहिए। जब राज्य आपके हाथों में होगा, आप कानून बना सकेंगे, आप प्रचार तथा शिक्षा के सारे उपकरण प्रयोग में ला सकते हैं, जो कि आधुनिक समाजवाद द्वारा उपलब्ध हो सके हैं। प्रत्येक कानून के पीछे प्रेरित करने तथा दमन करने की राज्य अन्तिम शक्ति होती है। आज के विश्व में कोई भी पार्टी तब तक समाजवाद का निर्माण नहीं कर सकती, जब तक उसके हाथों में राज्य की मशीनरी नहीं होती।"

एक समाजवादी के रूप में वे ग्रामीणों के जीवन के ढंगों में क्रान्तिकारी परिवर्तन लाने के पक्ष में हैं। वे गाँवों को, जोकि केवल कुछ एक मकानों के समूह हैं, और जो दुनिया से टूटे हुए हैं, प्रगतिवादी समुदायों में परिवर्तित करने के समर्थक हैं, जोकि बिजली की रेलों, टेलीफोनों, रेडियो, सड़कों तथा बसों द्वारा शेष संसार से सम्बन्धित हों। वे चाहते हैं कि उनके समाजवादी राज्य में शहर की भाँति, गाँव भी उत्पादन की एक औद्योगिक इकाई बनें।

उन्होंने सरकारी खेती की भी राय दी है। उन्होंने कहा है कि "भारतीय जीवन के समाजवादी आधार पर ढालने के लिए कोई भी प्रयत्न—कृषि में समाजवाद अर्थात् सहकारी तथा सम्मिलित खेती—अत्यन्त आवश्यक है। लाखों किसान छोटे-छोटे भूमि के टुकड़ों पर अपने ही लाभ के लिए खेती करते रहे, तो वे स्वार्थी तथा तंगदिल किसान समाजवाद कभी भी नहीं ला सकते।" उन्होंने सहकारी खेती के बाद का अगला कदम सम्मिलित खेती बताया है। साँझी खेती में "किसी के पास भूमि की व्यक्तिगत मालिकी नहीं होती और वितरण का आधार केवल उसमें लगाई गई मजदूरी होती है और कुछ एक असाधारण स्थितियों में असाधारण आवश्यकताओं का

आधार भी वितरकपरक होता है। परन्तु साँझे गाँव में उपकरणों में भी व्यक्तिगत स्वामित्व बना रहता है, तथा सूअर, पशु तथा घोड़े भी व्यक्तिगत सम्पत्ति होते हैं।'' जहाँ पर साँझा रहन-सहन होगा, वहाँ पर कम्यून की स्थापना की जाएगी, पर यह अन्तिम कदम होगा।

कुछ वर्षों के पश्चात् जयप्रकाश को पता चला कि समाजवाद द्वारा उन आदर्शों की प्राप्ति नहीं होती, जिसका लक्ष्य उन्होंने सामने रखा है और मानवता को भी स्वतन्त्रता, समानता, भ्रातृभाव तथा शान्ति के लक्ष्यों की पूर्ति में सहायता नहीं मिलती। अतः 1953 में बोध-गया के सर्वोदय-सम्मेलन में, उन्होंने विश्वास व्यक्त किया कि जब तक समाजवाद सर्वोदय में परिवर्तित नहीं होता, स्वतन्त्रता, समानता तथा भ्रातृभाव का पथ-प्रकाश दूर का स्वप्न ही बना रहेगा। इसके पश्चात, जैसा कि कहा जा चुका है, जयप्रकाश जीवनदानी बन गए। उनके लिए राज्य महत्त्वपूर्ण साधन न रहा। वे सर्वोदय के सिद्धान्त की ओर कुछ गए जिसमें राज्य तथा राजनीति का कोई स्थान नहीं है।

सर्वोदय का सिद्धान्त—समाजवाद की एक नई पद्धति

जैसा कि ऊपर कहा गया है कि बोधगया-सम्मेलन में, जयप्रकाश ने राजनीति का त्याग करके जीवनदानी के रूप में विनोबा के प्रति अपनी सेवाएँ अर्पित करने की घोषणा की। उन्होंने इस बात को स्वीकार किया कि कानून दिलों को जोड़ नहीं सकता। राजनीतिक दल कानून पास करके भूमि को समाज की सम्पत्ति नहीं बना सकते। वास्तविक स्वतन्त्रता केवल राजविहीन समाज में ही पूर्ण रूप से प्राप्त की जा सकती है। उन्होंने लोकतन्त्रीय समाजवादी कम्युनिस्टों तथा कल्याणकारी कर्त्ताओं को राजनीतिज्ञ ही माना, जो राज्य को लाखों में प्रवेश करने के लिए पहले मालिक बनाने और बाद में राज्य के कार्यों को सम्मिलित करने की बात को सोचते हैं। उनका विचार है कि राज्य एक शक्तिमान व्यक्ति Leviathan है, जो लोगों की स्वतन्त्रता को समाप्त करता है। अतः उन्होंने राज्य द्वारा शक्ति को बनाए रखने का विरोध किया और राज्य की निरन्तर बढ़ रही शक्तियों के कारण उत्पन्न हुए सभी रोगों का एकमात्र इलाज माना है। उनके शब्दों में, ''एकमात्र इलाज यही है कि राज्य द्वारा शक्ति के प्रयोग के स्थान पर लोगों के ऐच्छिक प्रयत्नों द्वारा समाजवादी जीवन का निर्माण तथा विकास किया जाए।'' अतः जो इलाज उन्होंने बताया है, वह है राज्य के समाजवाद के स्थान पर लोगों के समाजवाद को अपनाया जाए। उनके विचारानुसार सर्वोदय लोगों का समाजवाद है। जितना अधिक लोगों का ऐच्छिक समाजवाद होगा, और राज्य के द्वारा लागू किया गया समाजवाद कम होगा, उतना ही सम्पूर्ण तथा अधिक वास्तविक समाजवाद होगा। अतः इस प्रकार के समाजवाद

में शक्ति तथा दल का कोई स्थान नहीं होगा। आत्म-त्यागी कार्यकर्त्ताओं की एक टोली जनता में रहेगी जो उनमें घूमेगी और उन्हें आत्म-निर्भर तथा आत्मसंयम के आधार पर अपने जीवन को बनाने के लिए उनकी सहायता करेगी। ऐसा लगता है कि स्वतन्त्रता-प्राप्ति के पश्चात्, गांधीजी के कांग्रेस को तोड़ देने तथा लोक-सेवक संघ की भूमिका को निभाने के निर्देश का जयप्रकाश नारायण पर भी प्रभाव पड़ा, जिसके कारण उन्होंने ऐसा विचार लोगों के सामने रखा।

राज्य की बढ़ती हुई शक्ति पर प्रतिबन्ध लगाने के लिए, उन्होंने विकेन्द्रीकरण की राय दी। इसके लिए उन्होंने गांधीवाद से भी सहायता ली। अतः उनके समाजवाद को गांधीवाद द्वारा संशोधित समाजवाद कहा गया है। भूदान, ग्रामदान, सम्पत्तिदान तथा ग्राम-स्वराज्य जयप्रकाश नारायण के नई किस्म के समाजवाद के विशेष लक्षण हैं, जिसे सर्वोदयवाद कहा जा सकता है। भूदान की चर्चा करते हुए उन्होंने कहा, "मात्र सतही दृष्टिपात करने वालों के लिए भूदान मात्र एक ग्राम-सुधार का ही आन्दोलन है। परन्तु जिनकी दृष्टि की पैठ गहरी है, उनके लिए यह एक कहीं अधिक महत्त्वपूर्ण आन्दोलन है। यह एक सर्वतोन्मुखी सामाजिक और मानवीय क्रान्ति है। मानवीय इसलिए क्योंकि समाज के साथ यह मनुष्य में भी परिवर्तन चाहता है। यह एक सामान्य, व्यापक स्तर पर अहिंसात्मक क्रान्ति की गांधीवादी तकनीक को व्यवहार में लाना है।"[28]

इसी प्रकार वह ग्राम-राज की परिभाषा भी करते हैं—"ग्राम-राज का अर्थ है स्वायत्तशासी ग्राम जो स्वतः विकसित होता है। यह एक ग्रामीण गणराज्य है। मात्र एक पंचायत नहीं है। ग्राम-राज ग्रामवासियों को ही अपने परिश्रम से स्थापित करना है और सरकारी अभिकरणों (Agencies) की सहायता के नहीं।"[29] वास्तव में मानवीय स्वतन्त्रता की लगन ने जयप्रकाश को सर्वोदय के बारे में सोचने पर मजबूर किया है। उन्होंने जोर देकर कहा, "जब तक समाजवाद को सर्वोदय में परिवर्तित नहीं किया जाता, लक्ष्यों की पूर्ति करना सम्भव नहीं होगा और जिस प्रकार हमें स्वतन्त्रता की राख को चखना पड़ा था, उसी प्रकार आने वाली पीढ़ियों को भी समाजवाद की राख को चखना होगा।"[30]

इससे स्पष्ट है कि वे वर्तमान समाज को बदलने के लिए उत्सुक हैं। उनकी कल्पना वाला समाज पेचीदा तथा ऊपर से भारी समाज नहीं होगा। यह नौकरशाही प्रबन्धकों, व्यावसायिक शासन-समर्थकों तथा राजनीतिज्ञों के लिए रहने का स्थान नहीं होगा। यह ऐसा भी समाज नहीं होगा, जिसका लालन-पालन खोखली रूढ़िवादिता द्वारा किया जाएगा। वास्तविक समाजवादी समाज का उद्देश्य स्वशासन, स्वप्रबन्ध, परस्पर सहयोग, समानता, स्वतन्त्रता तथा भ्रातृभाव वाला समाज होगा। यह दलवाद से मुक्त होगा। हम एक दलहीन राज्यतन्त्र चाहते हैं। हम न तो किसी

दल के पक्षधर हैं तथा न ही विरोधी। यद्यपि विचारात्मक, धरातल पर सर्वोदय का विचार समाजवाद तथा साम्यवाद के निकट है, तथापि हम आर्थिक तथा राजनीतिक सत्ता का विकेन्द्रीकरण इसलिए चाहते हैं जिनसे जनता के सामूहिक संगठनों में यह सत्ता निहित हो।[31] इस प्रकार का समाज केवल उसी दशा में सम्भव हो सकता है, जब कि मनुष्य छोटे-छोटे समुदायों में रहता हो। व्यक्ति के सन्तुलित विकास के लिए प्रकृति तथा संस्कृति का, जिसकी कि वह उपज है, मिश्रण जरूरी है। इस प्रकार का मिश्रण केवल छोटे समुदायों में ही सम्भव हो सकता है।

यह गांधीवादी मार्ग था। गांधीजी के अनुसार भी भारतीय गाँव तथा 'ग्राम-राज्य' उसके समाज के आधार हैं, समान तथा स्वतन्त्र लोगों का समाज, जो भाइयों की भाँति शान्तिपूर्वक ढंग से रहते हैं।

नए समाज में शक्ति की राजनीति तथा दलीय राजनीति का कोई स्थान नहीं होगा। जयप्रकाश नारायण पर केवल गांधीजी तथा विनोबा का ही प्रभाव नहीं अपितु एम.एन. राय का भी प्रभाव पड़ा है जो इन्हीं की भाँति मार्क्सवाद तथा साम्यवाद के सिद्धान्त तथा व्यवहार से भ्रान्तिमुक्त हो गए।

1959 में जयप्रकाश नारायण ने युगोस्लाविया के ढाँचे पर भारतीय शासन का चित्र प्रस्तुत किया, जो विकेन्द्रीकरण के सिद्धान्त पर आधारित है।[32] उन्होंने इस बात पर बल दिया कि राजनीतिक विकेन्द्रीकरण के बाद आर्थिक विकेन्द्रीकरण भी अवश्य ही होना चाहिए। वास्तव में जयप्रकाश नारायण पूर्ण रूप से साझेदारी का लोकतन्त्र कायम करने के पक्ष में हैं। इस प्रकार के लोकतन्त्र की स्थापना के लिए पंचायती राज एक साधन समझा गया। उन्होंने पंचायती राज की स्थापना के लिए भी कुछ शर्तें प्रस्तुत की हैं।[33] उनकी धारणा वाले पंचायती राज का क्षेत्र जिला-स्तर तक ही सीमित नहीं है। उसे शिखर के ढाँचे ले जाना होगा। उनके शब्दों में "अगर (क) प्रान्तीय स्तर के नीचे कोई 'स्व-शासन' की संस्था नहीं होगी तथा (ख) विभिन्न सरकारी स्तरों को आपस में एक नहीं किया जाता और ऊपर का स्तर नीचे वाले से अपनी शक्ति प्राप्त नहीं करता और अन्तिम रूप में सारा ढाँचा ग्राम-सभाओं पर ही आधारित नहीं होता, जिसमें कि देश की सारी वयस्क जनसंख्या सम्मिलित हो, तो न तो शक्ति विकास कर सकती है और न ही शासन का विकेन्द्रीकरण हो सकता है।"[34]

साझेदारी के लोकतन्त्र के विचार का विश्लेषण करने से पता चलता है कि यह गांधीवाद के विकेन्द्रीकरण तथा विनोबा के ग्राम-स्वराज्य का ही विकसित रूप है। डॉ. गोयल ने ठीक ही राय दी है कि, "गांधीजी ने ढाँचा प्रस्तुत किया, विनोबा ने रूपरेखा प्रस्तुत की और जयप्रकाश नारायण ने उसमें ब्यौरा भरा है और ब्यौरा जो पहले एक पिंजर ही नजर आता था, अब उसका विकास किया गया है तथा उसे मार्जित किया गया है।"[35]

सर्वोदय समाज का विकास कैसे किया जाए

गांधीजी द्वारा जिस अहिंसक सामाजिक क्रान्ति की सिफारिश की गई है, उसके द्वारा आत्मनिर्भर तथा आत्मनियन्त्रित सदस्यों वाले राज्य-विहीन सर्वोदय समाज का निर्माण किया जाएगा। ऐसी क्रान्ति में बल प्रयोग का त्याग कर उसके स्थान में समझाने-बुझाने के उपाय का प्रयोग किया जाता है। इस प्रकार की क्रान्ति में साध्य तथा साधन एक हो जाते हैं। चूँकि विश्व ने इस प्रकार की पद्धति का पहले कभी कोई तजुर्बा नहीं किया, अतः इसे सन्देह तथा संकोच की दृष्टि से देखे जाने की सम्भावना है। भारतीयों के लिए, जिन्हें इस विधि द्वारा स्वतन्त्रता प्राप्त करने का सौभाग्य प्राप्त हुआ है, "विनोबा के नए विचारों तथा पद्धति की सराहना कठिन नहीं होगा, क्योंकि यह उन्हीं विधियों तथा पद्धतियों का विस्तार है जिन्हें पहले राष्ट्रपिता ने प्रयुक्त किया था।"[36]

नवीन सामाजिक व्यवस्था के लिए उनके द्वारा सुझाया गया अध्याय

जयप्रकाश जी ने न केवल प्रजातन्त्र को सुधारने के ही उपाय सुझाए, वरन् देश के अनेकों दरिद्र और कष्ट संवलित लोगों को कतिपय महत्त्वपूर्ण सामाजिक और आर्थिक अधिकार दिलाने के लिए निम्न उपाय सुझाए :

(क) जनता के दुर्बल वर्ग के लिए जीवन योग्य आवश्यक सामग्री सुलभ कराने की व्यवस्था।

(ख) आवश्यक वस्तुओं के मूल्य को लागत से सम्बद्ध रखता और कृषि तथा औद्योगिक मूल्यों में सन्तुलन बनाए रखना जिससे मूल्यों को स्थिर किया जा सके।

(ग) आवश्यकतानुसार न्यूनतम आय का और वेतन का सभी के लिए प्रावधान हो।

(घ) आर्थिक असमानताओं को यथासम्भव कम करके उनमें 1 : 10 का अनुपात रखा जाए।

(ङ) कृषि श्रमिकों को न्यायोजित वेतन के प्रति आश्वस्त करके और भूमि के समान पुनर्वितरण को क्रियान्वित कर भूमि-सुधारों को लागू किया जाना चाहिए। इस प्रकार के वेतन का मुख्य भाग वस्तु रूप में दिया जाना चाहिए।

(च) पूर्ण रोजगार का आश्वासन एवं तदर्थ समुचित व्यवस्था की जाए। सम्बन्धित टैक्नॉलाजी का प्रयोग कर ग्रामीण अर्थव्यवस्था तथा कृषि के विकास को उच्चतम प्राथमिकता दी जाए। औद्योगीकरण के ऐसे कार्यक्रम भी लागू किए जाएँ जो ऐसी योजनाओं और तकनीकों पर आधारित हों जिनमें विशाल स्तर पर जन संघटन हों।

(छ) विलास सामग्री के आयात और देश में उसके निर्माण पर प्रतिबन्ध

लगाकर राष्ट्रीय मितव्ययिता का वातावरण उपस्थित किया जाए।

(ज) राष्ट्रीय आवश्यकता को ध्यान में रखकर शिक्षा के गुणात्मक और अन्तर्विषय सम्बन्धी स्तर को सुधारने के लिए प्रभावशाली उपाय किए जाएँ।

(झ) माध्यमिक स्तर से शिक्षा को व्यवसायपरक बनाया जाए और इसके साथ एक ऐसी आर्थिक आयोजना की व्यवस्था भी हो जो रोजगार का निश्चित आश्वासन दे।

(ञ) पाँच वर्षों में सार्विक (Universal) प्राथमिक और प्रौढ़ शिक्षा के लक्ष्य की प्रगति को उच्चतम प्राथमिकता दी जाए।

(ट) सरकारी हस्तक्षेप पर, शिक्षण संस्थाओं का जहाँ तक सम्बन्ध है, नियन्त्रण रखना और इसके प्रबन्ध को शिक्षक वर्ग को सौंप दिया जाए जिससे विद्यार्थियों के प्रजातान्त्रिक सहयोग से वह उन विद्यालयों का संचालन कर सकें।

(ठ) सार्वजनिक जीवन को भ्रष्टाचार रूपी केंसर के रोग से मुक्त कर उसे स्वच्छ किया जाए। इसके लिए यह आवश्यक है कि उच्च सत्ता प्राप्त अधिकारियों की नियुक्ति की जाए जो उच्च पदासीन व्यक्तियों के विरुद्ध भ्रष्टाचार के आरोपों की जाँच कराएँ। ऐसी जाँच के लिए सन्थानम् समिति की सिफारिशों को भी लागू किया जाए। श्रीमती गांधी के अधिनायकवादी शासन के विरुद्ध अनेक दलों को एकत्र करने की उनकी कोशिशें सफल हुईं। लोगों ने उनके आह्वान के प्रति अपना समर्थन जताया। नवगठित जनता पार्टी चुनावों में विजयी हुई। नई पार्टी उन्हें अपना आलोक-स्तम्भ मानती थी। भारत की कष्ट में फँसी जनता ने उन्हें लोकनायक की संज्ञा दी और कई ऐसी पार्टियों से मिलकर जो कभी-कभी अलग पक्ष रखतीं, अलग विचारधारा की बात करती थीं—को बचाने वाला मानकर उनका अभिनन्दन किया।

इसके अलावा दलीय प्रणाली को समाप्त करने से गुटबन्दी के रोगों को नहीं हटाया जा सकता। दलीय प्रणाली के स्थान या गाँवों में स्थानीय गुट बन जाएँगे। अतः राष्ट्रीय दलों का स्थान स्थानीय दल ले लेंगे, जो कि स्थिति को और बिगाड़ देंगे। इसके साथ सभी दलों को समाप्त करने से उचित विचार-विभिन्नता को समाप्त करने की बुराई भी सामने आ जाएगी। जयप्रकाश नारायण की दल-विहीन प्रणाली पर टिप्पणी करते हुए मौरिस जोन्स ने ठीक ही कहा है, "गलियों के सिरों पर, जहाँ पर भागदारी तथा हितों की समानता के लेबल लगे हैं, वहाँ पर अत्याचार तथा अनुकूलता के भद्दे चित्र देखने को मिलते हैं।" वास्तव में जे.पी. स्वयं यह अनुभव करते थे कि वह दलीय प्रणाली समाप्त नहीं की जा सकती। अतः उन्होंने बाद में यह सम्मति व्यक्त की थी कि यह दलीय प्रणाली के विरुद्ध इतना नहीं है जितना भेदपूर्ण भाव के इस व्यवहार के वह विरोधी हैं जिसे दलों ने अपना लिया है। जनता पार्टी को स्थापित करने तथा उसे जीवित और सशक्त करने के लिए उनके निरन्तर

प्रयत्नों से पता चलता है कि वह उस समय तक अपने विचारों में स्पष्ट परिवर्तन ला चुके थे। एकाधिपत्य की स्थिति वाले दल के स्वस्थ विकल्प के रूप में वह जनता पार्टी को बढ़ते देखना चाहते थे।

सही बात यह है कि निर्णय लेने में मतैक्य (Unaninuity) सम्बन्धी उनका विचार भी तीखी आलोचना का विषय रहा है। अन्त में, मतैक्य सम्बन्धी अवधारणा जिसे वह निर्णय लेने के लिए आवश्यक मानते थे, उसे भी तीव्र आलोचना का विषय बनाया गया। यह कहा गया कि अन्ततोगत्वा मतैक्य यथावत् स्थिति बनाए रखने के लिए एक छलावरण ही सिद्ध हो सकता है। इस प्रकार मतैक्य का तथाकथित सिद्धान्त परिवर्तन के मार्ग में अवरोध ही सिद्ध हो सकता है।

सार्वजनिक जीवन को भ्रष्टाचार के कैंसर के समान फैलते रोग के शुद्ध करने के लिए उन्होंने उच्च पदस्थ व्यक्तियों पर लगे भ्रष्टाचार के आरोपों की जाँच सम्बन्धी सन्थानम् समिति की सिफारिशों की स्वीकृति का आग्रह किया।[37]

विभिन्न राजनीतिक दलों को मिलने के उनके प्रयत्न जितना उद्देश्य श्रीमती गांधी के अधिनायकवादी राज्य को चुनौती देना था, उनका परिणाम सामने आने लगा। उनके आह्वान की लोगों में अनुकूल प्रतिक्रिया हुई। नव गठित जनता पार्टी चुनावों में जीत गई। नई पार्टी ने उन्हें प्रकाश प्रेरणा स्तम्भ के रूप में मान्यता दी। उन्हें लोकनायक के रूप में सम्मिलित किया गया। कष्ट संवलित जनता ने उन्हें अपना तथा उस पार्टी का रक्षक माना जो अब तक पृथक ही नहीं, वरन् विरोधी विचारधाराओं को मानने वाली पार्टियों से बनी थी।

जयप्रकाश नारायण—एक अन्तर्राष्ट्रीय

अन्तर्राष्ट्रीय क्षेत्र में वे विश्व-समुदाय की धारणा को स्वीकार करते हैं। वे संगठित सैन्यवाद तथा अधिकेन्द्रवाद के उपद्रवों द्वारा किए जाने वाले विनाश के विरोधी हैं। एक मानवतावादी होने के नाते वे शक्ति के प्रयोग को बिल्कुल अनुचित मानते हैं। उन्होंने एशियाई तथा अफ्रीकी मानवता के दलित वर्गों के साथ सहानुभूति प्रकट की है। वे मनोवैज्ञानिक प्रस्ताव को एक "चुम्बक पैदा करने वाले ढाँचे की आकृति के सन्तुलन के लिए एक प्रभावशाली बात मानते हैं।"[38] उन्होंने भारत, पाकिस्तान तथा आजाद कश्मीर का परिसंघ बनाने की सिफारिश की, ताकि कश्मीर के बारे में दो पड़ोसी देशों में तनाव कम हो और जवाहरलाल द्वारा कश्मीरियों को दिया गया आत्मनिर्णय का वायदा पूरा हो।

पूर्ण क्रान्ति की उनकी अवधारणा

5 जून, 1974 को जे.पी. ने लोगों को भ्रष्ट सरकार, निकृष्ट अर्थव्यवस्था तथा

जातिवादग्रस्त सरकार के लोगों को मुक्त कराने के उद्देश्य से क्रान्तिकारी कार्यक्रम आरम्भ किया। 50,000 विद्यार्थियों के विशाल समुदाय को पटना में सम्बोधित करते हुए उन्होंने कहा, "मैं एक क्रान्तिकारी कार्यक्रम आपके समक्ष प्रस्तुत कर रहा हूँ। यह एक पूर्ण क्रान्ति है। हम यहाँ मात्र इस उद्देश्य से एकत्र नहीं हैं कि विधान सभा भंग हो। यह तो हमारे लक्ष्य की ओर बढ़ने का प्रथम सोपान है। हमें सुदीर्घ मार्ग तय करना है। 27 वर्ष, स्वतन्त्रता के पश्चात् भी हमारे सामने राष्ट्र का ऐसा परिदृश्य है कि हमारे राष्ट्रवासी भूख, महंगाई तथा भ्रष्टाचार की त्रासदी में पिस रहे हैं। घूस के बिना कोई काम नहीं होता। जनता का दमन तथा उत्पीड़न अन्याय द्वारा किया जा रहा है। अनेक युवा विद्यार्थियों के जीवन विनाश के कगार पर हैं और उनका भविष्य अन्धकारमय है। हमारी शिक्षण संस्थाएँ भ्रष्ट हैं। प्रतिदिन जीवन-वृत्ति से हीन व्यक्तियों की संख्या में वृद्धि हो रही है।" गरीबी हटाओ का नारा लगाया जाता है, परन्तु गरीबी का दानव उत्तरोत्तर अपने ध्वन्स के तांडव को प्रचंड से प्रचंडतर करता जा रहा है। भूमिहीनों की संख्या प्रतिदिन बढ़ रही है। छोटा किसान लंगड़ाते-लंगड़ाते विपन्नता और विनाश की स्थिति में पहुँच रहा है। ऐसी स्थिति में सम्पूर्ण क्रान्ति के अतिरिक्त हम कुछ नहीं चाहते।[39] उन्होंने अपने लक्ष्य निर्धारित करते हुए इस प्रकार मूर्त रूप दिया : (i) विधान सभा को भंग करना, (ii) सरकार को निष्क्रिय करना, (iii) कर तथा आबकारी शुल्क न देना, (iv) एक वर्ष के लिए शिक्षण संस्थाएँ बन्द रखकर जनता को संगठित कर उन्हें लोगों की दैनिक आवश्यकताओं की पूर्ति में लगाना। इसके प्रचार भी उन्हें करना होगा। जे.पी. ने तो इस आन्दोलन के विषय में यहाँ तक कहा, "यह दूसरा 'भारत छोड़ो' आन्दोलन है, 1942 का।" उन्होंने विद्यार्थियों से एक वर्ष के लिए अपना अध्ययन बन्द करने को कहा। विद्यार्थियों को उन्होंने प्रेरणा दी कि वह संकटग्रस्त राष्ट्र के लिए कोई रचनात्मक कार्य करने में अपनी शक्ति लगाएँ। उन्होंने कहा, "मैं इन विद्यार्थियों को कहता हूँ कि वह बाहर आकर कार्य की तैयारी करें। गांधीजी ने लोगों से असहयोग करने का आग्रह किया था, किन्तु मैं आपसे केवल एक वर्ष माँगता हूँ। यदि आप एक वर्ष भी नहीं दे सकते तो कुछ नहीं हो सकता।"[40]

जे.पी. की सम्मति में सामाजिक जीवन के प्रत्येक क्षेत्र में और वैयक्तिक जीवन में भी, क्रान्ति होनी चाहिए, उनके अनुसार सम्पूर्ण क्रान्ति में सर्वांगीण क्रान्ति (सात क्रान्तियों—सामाजिक, आर्थिक, राजनीतिक, सांस्कृतिक, वैचारिक, शैक्षिक तथा आध्यात्मिक) इन सभी क्रान्तियों का जिसमें समावेश हो, वही होती है। इनकी संख्या बढ़ाई अथवा घटाई जा सकती है, क्योंकि इनका आगे और श्रेणी में वर्गीकरण हो सकता है। दूसरे शब्दों में जे.पी. के आन्दोलन का उद्देश्य मात्र सरकार को हटाना ही नहीं है, यद्यवि भ्रष्टाचार, भाई-भतीजावाद तथा कार्य-अकुशलता की स्थिति में

ऐसा अवर्जनीय हो सकता है। उनकी सर्वांगीण क्रान्ति में समाज के सामूहिक परिवर्तन के विचार को भी समाविष्ट किया गया है। ब्रह्मानन्द के इन शब्दों में सर्वांगीण क्रान्ति सम्बन्धी जे.पी. के विचार का सजीव प्रस्तुत किया है—"पूर्ण क्रान्ति एक रूढ़ि न होकर जीवन का एक दृष्टिकोण है। आकस्मिक परिवर्तन के अर्थ में यह क्रान्ति नहीं है। यह अपनी क्रमबद्धता तथा उद्देश्यों की दृष्टि में भिन्न है। इसके व्यवस्थाक्रम में हिंसा को कहीं प्रश्रय नहीं है। मूलतः यह एक जनआन्दोलन है। यह पक्ष विशेष तक सीमित आन्दोलन नहीं है। इसका उद्देश्य मनुष्य जीवन की सभी विधाओं—आर्थिक, राजनीतिक, शैक्षिक, सांस्कृतिक, सामाजिक सम्बन्ध में आमूल परिवर्तन है। वास्तविक तथा प्रभावी जनशक्ति का आधार, जिनके द्वारा सभी का उत्थान हो, उनकी कल्पना है।"[41] सरकारी क्षेत्र में वह सुझाव देते हैं कि (i) एक ऐसी स्वशासी संस्था का गठन जिसे केन्द्र तथा राज्य दोनों में कानूनी अधिकार प्राप्त हो। केन्द्र में इसे लोकपाल कहा जा सकता है। पाँच सदस्यीय इस संस्था को यह अधिकार हो कि वह जाँच के कार्य की पहल अपनी ओर से, किसी नागरिक, निजी संस्था अथवा दोनों की माँग पर करवा सकती है। (ii) निर्वाचन की प्रक्रिया को सस्ता बनाया जाए, उसे सच्चा प्रतिनिधि स्वास्थ्य प्रदान किया जाए तथा प्रशासन को जनता के अधिकाधिक निकट लाया जाए। जागरूक और सजग रहने वाली ऐसी जन समितियों का गठन किया जाए जो यह सुनिश्चित करें कि जनता को दिए वचनों का पालन किया जा रहा है। राजनीति के अतिरिक्त वह समाज में शिक्षा सम्बन्धी सुधारों के लिए इन उपायों का सुझाव देते हैं। (i) शिक्षा का सम्बन्ध राष्ट्र की समस्याओं से सम्बद्ध हो और इसके माध्यम से शिक्षित व्यक्ति उन समस्याओं से जूझने की योग्यता प्राप्त करें। (ii) शिक्षा का माध्यम व्यापक हो और निरक्षरता और अज्ञान को देश से निष्कासित कर दिया जाए (iii) विभिन्न आयोगों द्वारा प्रस्तुत आमूल परिवर्तन सम्बन्धी सभी सुझावों को स्वीकार कर लागू किया जाए। प्राथमिक स्तर से लेकर विश्वविद्यालीय स्तर तक शिक्षा प्रणाली का पूरी तरह पुनर्कल्पन (overhaul) किया जाना चाहिए। (iv) विद्यार्थी गाँवों में झुग्गी में रहने वाले प्रत्येक आयु के व्यक्ति का परिचय शिक्षा के मूलभूत सिद्धान्तों से, उसके आद्योगों (Rudiments) से कराए।

इसी प्रकार उन्होंने समाज में व्यापक कुछ कुरीतियों को उन्मूलित करने का भी सुझाव दिया। इन कुरीतियों में से अनेक उत्तराधिकार रूप में प्राप्त हुई हैं। उनके विचार से जाति प्रथा, विवाह, जन्म तथा मृत्यु से सम्बद्ध कुछ रीतियाँ ऐसी ही कुछ बुराइयाँ हैं। इन बुराइयों का समूलोच्छेदन अत्यन्त आवश्यक है। हरिजन तथा अनुसूचित जातियों के उन व्यक्तियों को जो आर्थिक दृष्टि से निर्धन और सामाजिक दृष्टि से पिछड़े हुए हैं उन्हें भारतीय समाज की मुख्य धारा में मिलाया जाए। उनके

शब्दों में, "इस प्रकार के रचनात्मक कार्य के बिना, पूर्ण क्रान्ति अपूर्ण रहेगी।"[42] अतः उन्होंने युवकों को सुझाव दिया। "यह हमारे कार्य का मुख्य घोषणा-पत्र या मोर्चा होना चाहिए कि युवकों को बुराइयों से लड़ने को प्रेरित किया जाए, बुराइयाँ जो दहेज प्रथा, जाति, वर्ग भेद, अस्पृश्यता तथा अनेक सम्प्रदायों में मतभेदों के रूप में आज भी विद्यमान है।"[43] वे आर्थिक मोर्चे पर, किसानों, भूमिहीन श्रमिकों, कर्मचारियों तथा अन्य मध्यमवर्गीय लोगों के सामने आने वाली दिन-प्रतिदिन की समस्याओं से अच्छी प्रकार परिचित थे। अतः उनका सुझाव था (i) मूल्य-वृद्धि पर रोक जिससे महँगाई पर नियन्त्रण किया जा सके (ii) कृषक मजदूरों की रहने तथा कार्य करने की स्थिति में प्रभावी सुधार। औद्योगिक मजदूरों की स्थिति में उनके पारिश्रमिक में वृद्धि कर सुधार लाना। राष्ट्र का आह्वान करते हुए उन्होंने कहा, "गांधीवादी वैचारिक परिधि के अन्तर्गत सामाजिक, आर्थिक समानता के आधार पर विशुद्ध प्रजातन्त्र की स्थापना की जानी चाहिए।"[44]

इसकी प्रगति के उपाय

जे.पी. के सपनों की इस पूर्ण क्रान्ति को अहिंसात्मक उपायों के द्वारा प्राप्त किया जाना था। उन्होंने कहा था, "पूर्ण क्रान्ति को शान्तिपूर्ण उपायों द्वारा प्राप्त करना है। यह कार्य समाज की प्रजातान्त्रिक रचना को किसी प्रकार का आघात पहुँचाए बिना होना चाहिए। लोगों की प्रजातान्त्रिक जीवन-पद्धति को भी स्थिर रखना होगा।"[45] किन्तु, वह लोगों द्वारा सीधी कार्रवाई का सुझाव देने में भी संकोच नहीं करते। इस कार्रवाई के अन्तर्गत नागरिक, अवज्ञा, शान्तिपूर्ण प्रतिरोध, असहयोग—संक्षेप में सत्याग्रह का व्यापक प्रयोग ही है। इस सत्याग्रह की कुछ अनकही बात जो अर्थापत्ति से प्राप्त होती है, वह है आत्म परिवर्तन।[46] उन्होंने दो प्रकार की समितियों के गठन का सुझाव दिया, "एक में विद्यार्थी होंगे तथा दूसरी में सामान्य जनता। पहली का गठन कालिजों तथा उच्चतर माध्यमिक स्कूलों में किया जाएगा तथा दूसरी का ग्राम पंचायतों के स्तर पर। लोगों को इस बात के लिए समझाया-बुझाया जाएगा कि वह अपने विवाद थानों अथवा न्यायालयों में न ले जाएँ। विवादों को उन्हें स्वयं ही सुलझा लेना चाहिए। इसका सम्भावित परिणाम समानान्तर प्रशासन के उभरने के रूप में सामने आ सकता है। विश्वविद्यालय बन्द कर दिए जाएँ। कक्षाओं और परीक्षाओं का बहिष्कार किया जाए। उन्होंने अभिभावकों तथा माता-पिताओं से भी अनुरोध किया कि वह इसे एक साधारण आन्दोलन के रूप में न देखें। वास्तव में यह एक ऐसा आन्दोलन है जिसके लाभ से पूरे समाज में परिवर्तन आ जाएगा।"[47]

क्रान्ति की उनकी धारणा पर यह टिप्पणी डॉ. लाल ने उपयुक्त ही की है।

वह कहते हैं, "इस अर्थ में कि यह क्रान्ति सत्ता अथवा पद सम्बन्धी कोई ठोस लक्ष्य अपने सामने नहीं रखती, इसकी सफलता अथवा असफलता का निर्णय किया जाना कठिन है। इसके सामने एक पारस्परिक राजनीतिक विजय का भी लक्ष्य नहीं है। इसक लक्ष्य व्यक्ति में पुनर्जागरण के द्वारा एक नए मानव में उसे रूपान्तरित करना है। इस लक्ष्य की ओर जे.पी. का जीवन एक जय-यात्रा है, विजय की ओर एक यात्रा।"[48] वास्तव में तो क्रान्तियों का उत्स होता है लोगों का हृदय तथा मन। पूर्ण क्रान्ति के झरने भी वहीं होते हैं। एक राजमहल में सत्ता में परिवर्तन करने की क्रान्ति एक रात में की जा सकती है। परन्तु जे.पी. के सपनों की पूर्ण क्रान्ति तो दूसरे ही प्रकार की है। इसके अनुसार तो सदियों से उनकी मानसिकता में अधिश्लिष्ट (Ingrained) रची-बसी वैचारिकता, दृष्टिकोण और मूल्य इन्हें दूर करने की बात आती है। इसके अतिरिक्त इसके लिए समर्पित, उत्साहित और उत्साह भरते व्यक्तियों की आवश्यकता है, ऐसे लोगों की जो अच्छी प्रकार इस सम्पूर्ण क्रान्ति के उद्देश्यों की जनता को जानकारी देकर उसका समर्थन पर सके। जयप्रकाश जनमानस को चिरयुगीन अन्धविश्वासों और ऐसी पुरातन, सर्वथा अप्रासंगिक और अनुपयोगी रीतियों के पाश से मुक्त देखना चाहते हैं। उनकी अवधारणा सर्व समावेशकारिणी है। वह प्रत्येक व्यक्ति को मिलाना चाहते है इस काम में कि समाज की पुनर्रचना हो जिससे यह अधिक-से-अधिक अंश में आत्मनियमन का उद्देश्य सिद्ध कर सके, सरकार का निगमन भी इस प्रकार हो कि वह एक परीक्षित और विश्वस्त माध्यम सिद्ध हो—जनादेश को प्रभावी रूपेण क्रियान्वित करने की सुपरीक्षित तथा विश्वस्त माध्यमों की भूमिका निभा सकें।

समग्र क्रान्ति की उनकी अवधारणा को देश के शान्त वातावरण में उद्वेलन उत्पन्न करने की कुचेष्टा के रूप में आलोचना करने वालों को जे.पी. का यह उत्तर है, "मैं मात्र इतना ही करना चाहूँगा कि जब राष्ट्रीय आन्दोलन चल रहा हो तो उसका मात्र यही सीमित उद्देश्य नहीं होना चाहिए कि इससे पूर्व आरम्भ में क्या स्थिति थी। उचित तो यह है कि क्रान्ति के इस गर्म वातावरण का लाभ उठाते हुए, हम अपने उद्देश्यों में व्यापकता लाएँ, उन अन्य क्षेत्रों को समाविष्ट करते हुए जहाँ सुधार की अपेक्षा है।"[49]

वास्तव में जे.पी. की क्रान्ति तो सामाजिक परिवर्तन के लिए सामाजिक क्रान्ति के रूप में एक गांधीवादी विकल्प ही है। समाज के प्रत्येक क्षेत्र तथा विधा को अपने परिवर्तनोन्मुखी करने के लिए यह एक जनतान्त्रिक और अहिंसक संघर्ष का वैज्ञानिक दर्शन है। यह स्पष्ट है कि जे.पी. को किसी भी स्थिति में यह अभिप्रेत नहीं था कि राष्ट्र की प्रजातान्त्रिक संरचना में किसी प्रकार कोई विकृति अथवा लोगों की प्रजातान्त्रिक पद्धति पर कोई कुप्रभाव पड़े। परन्तु उनकी यह सम्मति अवश्य

थी, कि यह प्रजातन्त्र की क्रिया वृत्ति को मात्र निर्वाचन, विधायक, संयोजन तथा प्रशासनिक क्रियान्वयन (Administrative Execution) तक ही सीमित रखा जाए। इसके अतिरिक्त लोगों द्वारा सीधी कार्रवाई भी होनी चाहिए—जो व्यापकतम अर्थ में सत्याग्रह है। ऐसे सत्याग्रह का एक अकथित, अप्रत्यक्षतः पड़ने वाला प्रभाव होगा, आत्म-परिवर्तन...। वास्तव में ऐसी क्रान्ति व्यक्ति तथा समाज में होने वाले गहरे परिवर्तन का परिचय देती है। इसका उद्‌देश्य है मनुष्य के प्रत्येक कार्य-क्षेत्र में सर्वपक्षीय, सर्वांगीण परिवर्तन लाना। सभी को कष्टमुक्त, सुखी करने के लिए इसकी परिकल्पना एक ऐसी सत्ता की है जो विशुद्ध रूपेण जनता में विहित हो।[50] पहले ही स्थिति को पूर्ववत् रखने के विचार के लिए एक आवरण ही सिद्ध हो। इस प्रकार तथाकथित मतैक्य का सिद्धान्त, परिवर्तन लाने के मार्ग में अवरोध उपस्थित कर सकता है। कभी-कभी यह धूर्तता पर पड़ा एक आवरण मात्र ही सिद्ध होता है जो परिणाम में चुनाव से भी भयंकर होता है।

मूल्यांकन (Evaluation)—जयप्रकाश नारायण के मानवतावाद के बारे में कोई विवाद नहीं है। उनके मानवतावादी दृष्टिकोण के कारण ही डकैतों ने, जो पुलिस से भी नहीं दबते थे, हथियार डाल दिए। जनता को साम्राज्यवादी राजनीतिक प्रभुत्व तथा देशी सामन्तशाही से मुक्ति दिलवाने के लिए समाजवादी विचारधारा के अनुस्थापन के प्रयत्न सराहनीय हैं। उनका राजनीति का त्याग करके जीवनदानी बनने का निर्णय भी अमूल्य है। वास्तव में उनका नए प्रकार का समाजवाद जो कि गांधी तथा विनोबा का जनता की सेवा का ढंग, केवल भारतीय समाज का सामाजिक तथा आर्थिक दर्शन ही नहीं है अपितु यह भारतीयों की नैतिक तथा आध्यात्मिक प्रगति के लिए भी एक निष्कपट प्रयत्न है। उनकी स्वतन्त्रता तथा पीड़ित मानवता के प्रति श्रद्धा तथा लगन के कारण ठीक ही उनकी प्रसिद्धि अलौकिक शिखरों को छू सकी है।

परन्तु उनके कुछ विचारों के कारण आलोचकों ने उन पर स्वप्नवादी चिन्तक, आदर्श स्वप्नद्रष्टा तथा एक उदार अन्तर्राष्ट्रीय होने का आरोप लगाया है। कश्मीर-समस्या के बारे में भी उनके दृष्टिकोण की कट्टर राष्ट्रवादी तथा युवक नेताओं विद्यार्थियों द्वारा कटु आलोचना की गई है। उन्होंने यहाँ तक कह दिया है कि जयप्रकाश नारायण दृढ़ राष्ट्रवादी होने के बजाय अधिकतर अन्तर्राष्ट्रवादी से होना चाहिए, आदर्शवादी अन्तर्राष्ट्रवादी है।

दूसरे उनके विकेन्द्रीकरण के सुझाव तथा केन्द्र को दुर्बल बनाकर उसे स्वायत्त गाँव समुदायों का नेतृत्व करने तथा उन्हें परामर्श देने का ही काम सौंप देने की बात राजनीतिक दृष्टि से सम्भव नहीं है। भारत दोबारा ऐसी महान् गलती नहीं कर सकता। कमजोर केन्द्र के कारण विदेशी आक्रमणकारी भारत में आकर अपने पाँव

पक्के करते रहे हैं। एक वास्तववादी राजनीतिज्ञ केन्द्र को कमजोर करके कभी भी भारत की स्वतन्त्रता को खतरे में डालने के लिए तैयार नहीं होगा। जयप्रकाश नारायण इस प्रकार की आलोचना के बारे में सजग है। अतः उन्होंने कहा है कि, "एक मजबूत केन्द्र प्रत्येक मामले में दखल देकर अपनी शक्ति का प्रदर्शन तो कर सकता है, परन्तु वास्तव में वह धीमी चाल चलने वाला अयोग्य तथा दुर्बल सिद्ध हो सकता है। राष्ट्रीय एकता अथवा शक्ति की निर्भरता उन विषयों की सूची पर नहीं होता, जो कि केन्द्रीय सरकार के पास हाते हैं, वरन् इसका निर्भर कोई दूसरे तत्वों पर है, जैसे कि भावात्मक एकता, सामान्य तजुर्बों तथा महत्त्वाकांक्षाओं राष्ट्रीय स्वाभाविक विशेषताओं, परस्पर सद्भाव तथा समझौतों तथा राष्ट्रीय नेताओं के हृदयों की विशालता तथा बुद्धिमत्ता, इत्यादि।"[51] वास्तव में जयप्रकाश नरायण ने राष्ट्रीय एकता को स्थापित करने के लिए शक्तिशाली केन्द्रीय महत्त्व को नहीं समझा।

तीसरे, उनके विचारों में ग्रामीण संस्कृति वाले, जो कि भूतकाल का चिह्न हैं, साधारण समाज का पूर्व अनुमान लगाया गया है, जो कि आधुनिक पदार्थवादी सभ्यता तथा विकसित प्रौद्योगिकी में ठीक नहीं बैठ सकता।

चौथे, उनका दलविहीन तथा राज्यविहीन समाज का लक्ष्य भी एक कोरी कल्पना ही है। इस प्रकार का समाज तो देवताओं के रहने के लिए ही हो सकता है, परन्तु संसारी जीवों के निवास के लिए ऐसा समाज सम्भव नहीं है।

पाँचवें, जयप्रकाश दल-प्रणाली से कुछ बहुत अधिक ही दुखी नजर आते हैं। जवाहरलाल नेहरू के अनुसार दलीय प्रणली के बिना लोकतन्त्र उसी तरह है जिस तरह किश्ती पतवार के बिना अथवा जहाज चालक के बिना हो। ब्रिटिश लोकतन्त्र के लिए दलीय प्रणाली सम्पत्ति सिद्ध हुई है। भारत में वर्तमान बहुदलीय प्रणाली के स्थान पर द्वि-दलीय प्रणाली अच्छी सिद्ध हो सकती है। दल प्रणाली के समाप्त होने से गुटबन्दी समाप्त नहीं होगी। दलों का स्थान ग्रामों में गुट लेंगे। राष्ट्रीय दलों का स्थान स्थानीय दल लेंगे जिससे स्थिति और बिगड़ेगी। इसके अतिरिक्त दलों का समाप्त होना अधिक हानिकारक सिद्ध होगा क्योंकि वास्तविक (Genunine) मतभेदों को कुचला जाएगा क्योंकि मॉरिस जॉन ने जे.पी. को दल विहीन प्रणाली पर टिप्पणी करते हुए कहा, "जन सहभाग और जनहित की समानता का स्थान निरंकुशता और पूर्ण सहमति (Conformity) लेगी।"[52] वास्तव में जे.पी. ने महसूस किया कि दल प्रणाली समाप्त नहीं हो सकती, इसलिए उन्होंने यह राय दी कि वह दल प्रणाली के विरोधी नहीं हैं बल्कि पक्षपात की भावना जो दल के समर्थकों के मन में आ जाती है। निःसन्देह मिसेज इन्दिरा गांधी के विरुद्ध जनता पार्टी का गठन करना इस बात को सिद्ध करता है कि दलविहीन लोकतन्त्र के समर्थक नहीं रहे।

छठे, निर्णय लेने में सभी के एकमत होने के उनके आग्रह को भी तीखी

प्रतिक्रिया का केन्द्र बनाया गया है। एकमत होना अन्ततः स्थिति को यथावत् रहने देने के लिए एक आवरण मात्र ही हो सकता है। इस प्रकार सर्वसम्मत होने के यह सिद्धान्त परिवर्तन लाने के मार्ग में गतिरोध ही सिद्ध हो सकता है। किसी समय, यह धूर्तता छिपाने के लिए एक आवरण सिद्ध हो सकता है।

सातवें, प्रत्यक्ष चुनावों की उनकी आलोचना अनावश्यक है। निस्सन्देह, चुनाव आवेगों को उभारते हैं, जातिगत और वर्गगत भावनाओं को भी उभारते हैं, तथापि वह प्रत्याशियों को सत्ता की ओर लुभाते हैं और उन्हें विकास के लिए उत्प्रेरणा भी देते हैं। इस प्रकार वह एक बोझ होने के स्थान पर एक गुण है।

आठवाँ, जे.पी. के सर्वोदय चिन्तन को समाजवाद नहीं कहा जा सकता। सर्वोदय जिसे जे.पी. जन समाजवाद (People's Socialism) कहते हैं। एक कल्पना थी भूदान आन्दोलन जिसे सर्वोदय की ओर एक महत्त्वपूर्ण कदम (Step) कहा जाता है, असफल रहा। जे.पी. ने स्वयं इस बात को बाद में स्वीकार किया इसी प्रकार ग्रामदान और ग्राम स्वराज्य असम्भव प्रतीत होता है। हर तरह के दान वास्तव में अस्थाई दौर समझे जाते हैं क्योंकि दानी भावना में बहकर दान की घोषणा करते हैं। समाजवाद भी धीरे-धीरे नई आर्थिक नीतियों–उदारता (Liberlization) और निजीकरण के कारण समाप्त होता जाता है।

नवाँ, उनके द्वारा विद्यार्थियों की अपनी पढ़ाई को छोड़कर भ्रष्ट सरकार को उलट देने की राय के भयंकर परिणाम निकल सकते हैं। प्रायः विद्यार्थी मार्ग भ्रष्ट अस्त्र होते हैं। वे मुसीबत खड़ी कर सकते हैं और हिंसा पर उतारू हो सकते हैं, जिसे जयप्रकाश ने ठीक नहीं समझा, परन्तु अगर युवक राजनीति में भाग लेंगे तो उन्हें रोकना असम्भव होगा। चतुर तथा चरित्रहीन राजनीतिज्ञ अपने हितों की पूर्ति के लिए बड़ी आसानी से उनका शोषण कर सकते हैं।

अन्तिम बात यह है कि पूर्ण क्रान्ति की उनकी संकल्पना शीघ्र प्रसिद्धि प्राप्त करने का एक सुलभ उपकरण ही लगता है। यह उनके आलोचकों की सम्मति है। अहिंसा का प्रवक्ता एक असाधारण विद्रोही बन गया। उनके द्वारा प्रज्वलित क्रान्ति की अग्नि शीघ्र फैलने लगी। युवक पागल हो गए। आशंका थी कि राष्ट्र को गम्भीर क्षति होगी, यदि सारा उपमहाद्वीप इस आग की लपेट में आ जाएगा। जे.पी. के राजनीतिक तथा आर्थिक विचारों के विरुद्ध आलोचकों की तीखी टिप्पणियाँ अतिश्योक्ति में ही है। उन्होंने मौन अहिंसात्मक क्रान्ति का मात्र प्रचार ही नहीं किया, स्वयं उस विचार के अनुरूप उनका व्यवहार भी था। मार्च 1977 के लोकसभा निर्वाचनों में जनता पार्टी की भव्य सफलता, यह प्रमाणित करती है कि जे.पी. को लोकनायक की उपाधि उचित ही दी गई थी। उन्होंने जो स्वर उठाया, वह नक्कारखाने में तूती की आवाज के समान अप्रभावी नहीं रहा। राष्ट्र ने इस समय जिस जागरूकता

का परिचय दिया, उसके परिणामस्वरूप उत्तरोत्तर क्षरण की ओर बढ़ने वाले हमारे राजनीतिक जीवन में क्रान्ति आई। निश्चय ही इसका श्रेय जे.पी. को ही जाता है जो अन्तिम साँस तक राष्ट्र-सेवा में संलग्न रहे।

सर्वोदय तथा इसका राजनीतिक तात्पर्य

सर्वोदय : इसकी परिभाषा–जैसा कि ऊपर के पृष्ठों में कहा गया है, सर्वोदय अपने उद्देश्यों की पूर्ति के लिए राज्य की मशीनरी तथा उसके उपकरणों के विरुद्ध है। यह राजनीति को बिल्कुल पसन्द नहीं करता। यह दलीय पद्धति तथा उसके परिणामस्वरूप उत्पन्न प्रतिनिधि लोकतन्त्र से दूर रहता है। सर्वोदय दलहीन लोकतन्त्र का समर्थक है, जिसे–(1) सामुदायिक भावना को, पंचायतें स्थापित करके तथा भूदान और ग्रामदान आन्दोलन चलाकर, पैदा करना; (2) ऐसे समाज की स्थापना करना, जो कि दलों के रोग से तथा दलीय आधार पर चुनाव-प्रणाली से मुक्त हो; (3) सबके द्वारा स्वीकृत कार्यक्रम को कार्यान्वित करने के लिए देश सभी अच्छे तथा ईमानदार व्यक्तियों का साँझा मोर्चा बनाना; (4) पार्टी-भावना तथा पार्टी के अन्धाधुन्ध तरीके से पालन करने की अपेक्षा अन्तःकरण के आदेशों के अनुसार काम कर सकें, आदि उपायों से प्राप्त करना।

इसके अतिरिक्त यह राजनीतिक तथा आर्थिक, दोनों क्षेत्रों में विकेन्द्रीकरण का प्रचार करता है। विकेन्द्रीकरण की सृजनात्मक नागरिकता के स्वस्थ विकास के लिए आवश्यकता होती है, जिसका विकास, लोगों को उनके अपने मामलों के प्रबन्ध तथा नियन्त्रण के लिए प्रशिक्षित करने तथा अनुशासित करने से विकसित किया जा सकता है। अतः ग्राम-पंचायतों को "ग्राम गणराज्यवाद तथा सामुदायिक लोकतन्त्र के लिए स्वाभाविक रूप से शिक्षण-केन्द्र के रूप में काम करना चाहिए।"[53] ग्राम-राज्य तभी सम्भव हो सकता है जब कि सारी राजनीतिक सत्ता ग्रामीणों के हाथ में हो। लोगों द्वारा प्रशासन को चलाने का वही सिद्धान्त जिला तथा प्रान्तीय स्तर पर भी लागू किया जाए। सर्वोदय की धारणा के अनुसार स्वशासन ही तानाशाही के अतिक्रमण के आगे रोक लगा सकता है।

इसके अतिरिक्त सर्वोदय स्वशासन के सार्वभौमीकरण (Universalization) अर्थात् सहयोग द्वारा लोगों के सक्रिय भागीपन से ग्राम कर्मचारियों के ऊपर कड़ी निगरानी रखी जाए, ताकि वे भ्रष्ट तथा पतित न होने पाएँ। सर्वोदय लोगों को ऊपर उठाता है और उन्हें ध्यान का केन्द्र बना देता है। वर्तमान स्वराज्य पर लिखते हुए विनोबा ने कहा, "स्वराज्य आया है, परन्तु क्या लोगों को इससे उत्साह मिला है? स्वराज्य का अर्थ सत्ता का विकेन्द्रीकरण होता है...ग्रामदान अथवा ग्रामीणीकरण से वह शक्ति लोगों के पास आई है जो कि उनकी है, परन्तु दुर्भाग्यवश इसके बारे में

वे संकेत नहीं थे। इससे अधिक दुर्भाग्य की बात यह है कि यह सत्ता दिल्ली तथा कुरनूल जैसे स्थानों पर केन्द्रित है, जिसके फलस्वरूप लोगों को स्वतन्त्रता द्वारा ही आज के दिल्ली राज्य को ग्राम-राज्य तथा राम-राज्य में परिवर्तित किया जा सकता है।''[54]

सर्वोदय का उद्देश्य जितना शीघ्र हो सके, वास्तविक अहिंसावादी लोकतन्त्र की स्थापना है। यह अधिकेन्द्रित कल्याणकारी राज्य की निन्दा करता है, जो लोगों की गतिविधियों पर एकाधिकार जमाता है और लोगों को, 'अधिकेन्द्रित व्यूहरचना के पाताल में ले जाकर'[55] सुलगा देता है। अतः सर्वोदय लोगों को यह सीखने की प्रेरणा देता है कि, ''वही सरकार उत्तम है जो कम शासन करती है (The government is the best, which governs the least)। सर्वोदय लोकशक्ति के महत्त्व पर बल देता है और इसे दंड-शक्ति अर्थात् दमनकारी हिंसा की शक्ति—का प्रतिरूप (Substitute) समझता है।

सर्वोदय का अन्तिम लक्ष्य राज्य का अन्त करना है।

इसका राजनीतिक तात्पर्य

सर्वोदय का तात्पर्य सबके लिए खुशी तथा सबकी प्रगति है। अतः इसके दो महत्त्वपूर्ण राजनीतिक तात्पर्य है—(क) वर्ग-संघर्ष के सिद्धान्त का परित्याग; (ख) बहुमतवाद की धारणा का अन्त करके अल्पमत के अधिकारों तथा हितों की सुरक्षा।

(क) वर्ग संघर्ष का विरोध

वर्ग-संघर्ष की धारणा इस आधार पर की जाती है कि सामाजिक ढाँचे में विभिन्न तथा विरोधपूर्ण हित बने होते हैं। दूसरी ओर सर्वोदय समाज में अपना काम मैत्री तथा सामंजस्य से शुरू करता है। सर्वोदय समाज में सामाजिक तथा राजनीतिक प्रयत्नों का लक्ष्य श्रेष्ठ श्रेणी को प्रसन्न करने की अपेक्षा सारे समाज की भलाई को बढ़ावा देना होता है। सर्वोदय अहंवाद से अलग रहता है तथा सत्ता के लिए लालसा और धन के लोभ से घोर घृणा करता है। यह निरपेक्ष सेवा तथा लोक-कल्याण पर बल देता है। अतः यह मार्क्सवाद के वर्ग-संघर्ष के सिद्धान्त के विरुद्ध है, जो कि निरन्तर श्रेणी-प्रतिवादियों तथा हिंसा का समर्थन करता है। सर्वोदय समाज में वर्ग-संघर्ष के सिद्धान्त का कोई स्थान नहीं है, क्योंकि इस प्रकार के समाज में हिंसा का बिल्कुल कोई स्थान नहीं है। इसके अतिरिक्त, इस प्रकार के समाज में सामाजिक भलाई तथा सामंजस्य का सिद्धान्त कार्ल मार्क्स के वर्गसंघर्ष सिद्धान्त का स्थान ले लेता है। सामाजिक सामंजस्य के सिद्धान्त की केवल ऊपर से सराहना नहीं की जानी चाहिए, बल्कि इसका प्रयोग दैनिक आचरण होना चाहिए। अमीरों से जबर्दस्ती धन नहीं छीनना चाहिए। वरन् इसके स्थान

पर जरूरतमन्द को इस धन में साक्षी बनाने के स्वाभाविक प्रयत्न किए जाने चाहिएँ। अतः जनता के नैतिक प्रस्ताव द्वारा शान्तिमय, सामाजिक पुनर्निर्माण के युग का आरम्भ करना चाहिए। इस प्रकार के शान्तिमय प्रस्ताव का उद्देश्य सत्ता को हथियाना नहीं होगा, बल्कि इससे लोगों के दृष्टिकोण तथा मानों में परिवर्तन आएगा। इससे सामाजिक तथा आर्थिक स्वतन्त्रता तथा न्याय कायम होगा।

(ख) बहुमतवाद की धारणा की अस्वीकृति

सर्वोदय के प्रचारक बहुमतवाद की धारणा को भी स्वीकार नहीं करते। उनके विचारानुसार यह जरूरी नहीं कि विशिष्टता का तत्व बहुमत के निर्णय में विद्यमान हो। समाज एक आंगिक ढाँचा है और इसके सदस्य नैतिक तथा सांस्कृतिक मानों (Values) को धारण करने वाले हैं। अतः छोटे-से-छोटे व्यक्ति के जीवन तथा हितों को हानि पहुँचाने का कोई औचित्य नहीं है। किसी एक गुट में नाम लिखवा लेने अथवा फीस देकर किसी दल की सदस्यता प्राप्त करने से कोई भी व्यक्ति बहुमत में अपना स्थान ग्रहण कर सकता है। अतः सत्य का गला घोंट दिया जाएगा अगर बहुमत के निर्णय का अनुसरण किया जाएगा। इसके स्थान पर अगर प्रत्येक सदस्य की सम्मति तथा महत्त्वाकांक्षा को मान्यता दी जानी हो तो आम समझौता के सिद्धान्त को माना जा सकता है। विचार-विमर्श तथा वाद-विवाद से अथवा तर्क-वितर्क से आपसी सद्भाव पैदा किया जा सकता है। किसी निर्णय पर पहुँचने के लिए अथवा किसी सामाजिक कर्म के लिए अप्राकृतिक ढंग से सिरों को गिरने की अपेक्षा यह बहुत बढ़िया तरीका होगा। अतः बहुमतवाद की धारणा को आम समझौता की धारणा से बदलना चाहिए। सर्वोदय आम समझौता की धारणा से बदलना चाहिए। सर्वोदय आम समझौता के सिद्धान्त का समर्थन करता है, जिससे विनोबा एक निर्णय के पक्ष में जबर्दस्त बहुमत (overwhelming majority) को मानने के लिए तैयार है। अल्पसंख्यक वर्ग के हितों को सुरक्षित रखने के लिए सर्वोदय अनुपाती प्रतिनिधित्व (Proportional representation) की विधि को ठीक नहीं समझता। वह बहुत तथा थोड़े की गिनती की कसौटी के सतही सिद्धान्त को अधिक महत्त्वपूर्ण समझाता है। सर्वोदय इस स्पर्द्धा को स्वीकार नहीं करता कि सामाजिक हित विभिन्न दलों को जन्म देते हैं। अतः यह सामाजिक हितों के सांख्यिक (Plurality) सिद्धान्त को समाज की नैतिक एकरूपता के बुनियादी हितों में परिवर्तित करना चाहता है।

(ग) भूदान तथा सत्याग्रह

सत्याग्रह स्वार्थी हितों के विरुद्ध सत्य की प्राप्ति के लिए गांधीजी की एक

सोची-समझी तकनीक है। यह भूदान के मुकाबले में एक अधिक प्रावैगिक (dynamic) तथा अभिघाती (aggressive) विधि है। सर्वोदय तर्क-वितर्क तथा समझौते में विश्वास करता है, यद्यपि शान्तिमय संघर्ष की सम्भावना को भी मानता है। बहुत से अवसरों पर एक अकेले व्यक्ति का जाग्रत अन्तःकरण भी सत्य के साथ एक स्वर होता है, चाहे बहुमत उसके विरुद्ध होता है। ऐसी स्थिति में व्यक्ति को सत्याग्रह का मार्ग ही अपनाना होता है। डॉक्टर वर्मा का विचार है कि सर्वोदय के आन्दोलन में गांधीजी के मौलिक सत्याग्रह के सिद्धान्तों को नहीं अपनाया गया है। यह इसलिए है, क्योंकि गांधीजी का संघर्ष एक विदेशी साम्राज्यवादी शक्ति के विरुद्ध था। दूसरी ओर, सर्वोदय आन्दोलन का लक्षण ग्रामीण जीवन का उत्थान करना है। अतः इसमें सत्याग्रह पर इतना बल नहीं दिया गया, जितना कि हम गांधीजी के जीवन तथा चिन्तन में देखते हैं।"[56]

निष्कर्ष

अतः हम यह परिणाम निकाल सकते हैं कि गांधीजी की अन्तर्दृष्टि पर आधारित सर्वोदय स्वतन्त्र भारत के ढाँचे में गांधीजी के विचारों का विकास करने के लिए एक स्वस्थ तथा बौद्धिक प्रयत्न है। परन्तु सर्वोदय की आधुनिक धारणा में चाहे गांधीजी के विकेन्द्रीकरण के विचार को अपनाया गया है, किन्तु वह दल-विहीन लोकतन्त्र का भी प्रचार करता है। दलविहीन लोकतन्त्र पर जो बल दिया गया है, वह सर्वोदय की देन है। डॉक्टर वर्मा ने भी कहा है, "...दल-विहीन लोकतन्त्र तथा ग्राम-स्वराज्य का मिश्रण भारतीय राजनीतिक चिन्तन तथा आचार की दृष्टि से एक महत्त्वपूर्ण देन हैं।"[57]

इसके अतिरिक्त, सर्वोदय केन्द्रित राज्य की मशीन का विरोध करता है जो कि एक कल्याणकारी राज्य तथा समाजवादी समाज के ढाँचे के नाम पर निरंकुश राज्य बन सकता है, जिसके फलस्वरूप राज्य के हाथों में राजनीतिक तथा आर्थिक शक्ति केन्द्रित हो सकती है, जो अन्त में व्यक्ति की स्वतन्त्रता का अन्त कर सकती है और हमारे शिशु गणराज्य की नींव को हिला सकती है।

जे.पी. के विचारों के समग्र विश्लेषण से प्रकट होता है कि उनकी राजनीतिक विचारधारा में स्पष्ट परिवर्तन आया है। ऐसी स्थिति में हम इसमें वैचारिक विसंगतियाँ पाते हैं। किन्तु दरिद्र और असहाय लोगों के प्रति उनकी चिन्ता तथा अन्याय और असमानता के प्रति उनकी घृणा एक ऐसी वास्तविकता है, जिसे नकारा नहीं जा सकता। इसे एक विडम्बना ही कहा जा सकता है कि अपनी निश्छल स्वार्थहीनता और सत्ता निर्लिप्तता के गुणों के कारण भी उनकी स्थिति इतनी अप्रभावी हो गई कि राजनीति की शतरंज की बिसात पर डाले जाने वाले मोहरों को वह मात्र

मूक दर्शक बनाकर देखते रहे। गांधी जी की भाँति वह भी दूर से प्रणम्य मात्र एक साधु प्रतिमा बनकर ही रह गए, जिसकी दुहाई तो दी जाती थी, पर सुनाई कहीं नहीं थी।

सन्दर्भ

1. J. P. Narayan : From Socialism to Sarvodaya (1959).
2. Narayan's letter to the Communists published in the Indian press on November 18, 1956.
3. J. P. Narayan: Socialism to Sarvodaya, pp. 36-37.
4. J. P. Narayan: Socialism, Sarvodaya and Democracy, pp. 241-42.
5. The Times of India, August 22, 1960.
6. J. P. Narayan : op. cit., p. 209.
7. Times of India. April, 1974.
8. Hindustan Times, February 4, 1974.
9. Hindustan Times, February 13, 1974.
10. J. P. Narayan : op. cit., p. 251.
11. "Community Development and Sarvodaya" Career and Courses issue November, 1963.
12. A Plea for the Reconstruction of the Indian Polity, p. 37.
13. J.P. Narayan: op. cit., p. 261.
14. Ibid, p. 281.
15. I. P. Narayan : Plea for the Reconstruction of the Indian Polity, p. 42.
16. As quoted in 'Rebel Extra ordinary : Jaya Prakash' by Dr. Lakshmi Narain Lal, (ed.), 1975. p. 126.
17. J.P. Narayan : Socialism to Sarvodaya, p. 48.
18. Hindustan Times, February 13, 1975.
19. Jayapraksh Narayan : A picture of Sarvodaya social order, p. 95.
20. J. P. Narayan : Towards Total Revolution, p. 62.
21. J. P. Narayan : Towards Struggle, p. 39.
22. R. C. Gupta : The Great Political Thinkers (East and West), p. 125.
23. J. P. Narayan : op. cit., p. 70.
24. Tribune, June 10, 1951.
25. Ibid.
26. J. P. Narayan : Towards Total Revolution, p. 170.
27. Quoted in Vasant Nargolkar : J. P.'s Crusade for Revolution, p. 62.

28. Dr. Laxami Narain Lal : Rebel Extraordinary Jaya Prakash, pp. 143-44.
29. Ibid.
30. J. P. Narayan : The Evolution towards Sarvodaya (1957), p. 23.
31. Ibid,p. 154.
32. Details already discussed.
33. Ibid.
34. J. P. Narayan : Swaraj for the People, p. 23.
35. 0. P. Goel : Contemporary Indian Political Thought (1955 ed.), p. 74.
36. J. P. Narayan: From Socialism to Sarvodaya, p. 51.
37. Hindustan Times, March 7, 1975.
38. V. P. Verma : op. cit., p. 435.
39. Dr. Laxmi Narayan Lal op. cit., pp. 174-75.
40. Ibid, p. 176.
41. Brahamanand : Extract from a note on the jacket of "Towards Total Revolution" (Vol. IV).
42. J. P.'s Jail Life: A collection of personal letters (1977 ed.), p. 51.
43. Ibid., pp. 52-53.
44. Current topics : August, 1977 issue, p. 541.
45. Jaya Parkash Narayan : Towards Total Revolution, Vol. IV, a note on the jacket of the book.
46. Ibid.
47. Ibid, p. 82.
48. Dr. Laxmi Narain Lal : op, cit., p. 179.
49. J. P. Narayan : Towards Total Revolution, Vol. 1, Remarks on the Jacket.
50. Ibid. Vol. IV, Remarks on the Jacket.
51. J.P. Narayan: Swaraj for the People, p. 6.
52. The Economic Weekly, Bombay, Annual Number, 1960.
53. V.P. Verma: op. cit., p. 454.
54. Vinoba Bhave : Bhoodan to Gramdan, p. 41.
55. V.P. Verma: op. cit., p. 455.
56. V.P. Verma : op. cit., p. 4.'
57. Ibid., p. 458.

❏❏❏